PONTIFICAL INSTITUTE OF MEDIAEVAL STUDIES

STUDIES AND TEXTS

1

NINE MEDIAEVAL THINKERS

A COLLECTION OF HITHERTO UNEDITED TEXTS

J. Reginald O'Donnell C.S.B.
Professor of Palæography
Editor

Toronto, 1955

NIHIL OBSTAT.
JOSEPHUS C. WEY
C.S.B.
Cens. Dep.

IMPRIMATUR.
✠ JACOBUS C. CARDINALIS McGUIGAN
Archiep. Torontin.

Foreword

THE present volume marks the beginning of a series which, it is hoped, will be an aid to the advancement of the study of the thought of the Middle Ages. Of itself, the publication of unedited material scarcely calls for an explanation. In spite of the considerable progress made in this field, there is still much to be done. Each new edition contributes something to extend the knowledge and deepen the understanding of the culture of the Middle Ages.

Perhaps a word about the origin and nature of the selections here presented would not be out of place. Plans for this publication were first conceived after the appearance of Étienne Gilson's *History of Christian Philosophy in the Middle Ages.* Several times M. Gilson was required, by way of annotation, to quote "*Abstracts*" of doctoral dissertations presented at the University of Toronto. It seemed something less than fortunate that a great deal of the research done by the doctoral candidates specializing in the philosophy and theology of the Middle Ages was not readily available to interested scholars. The usefulness of initiating a series which would guarantee for the future the publication of such material could hardly be questioned.

For quite some time, it has been the policy of the Pontifical Institute of Mediæval Studies to gather together in photographic copy unedited material necessary to carry on research in the Middle Ages. This material has been placed at the disposal of candidates working for the degree of Doctor of Philosophy in the University of Toronto under the direction of professors at the Pontifical Institute, many of whom are also members of the School of Graduate Studies in the University of Toronto. Most of the texts found in the present volume originated in this way. Others, as noted, were furthered through generous grants from the *Humanities and Social Sciences Research Grant* of the University of Toronto. At this point, I should like to proffer an expression of gratitude to the University of Toronto for its gracious permission to publish a good deal of this material, and to Professor Fulton H. Anderson, chairman of the department of philosophy in the School of Graduate Studies in the University of Toronto for his never failing cooperation in this project. I should also like, in a very special way to acknowledge his devotion to the cause of scholarship. Such good offices warrant the hope that the present practice will continue to be fruitful.

The aim of the present volume is to provide the reader with ready source material for the study of the thought of the Middle Ages. Too often, historians, limited to a few authors, have treated the Middle Ages as if the thinkers of that era were cast in a single mould. That such was not the case becomes apparent from a study of the texts here published. Rather, they bear witness to a surprising divergency of views.

Beginning with twelfth century commentaries on the *Opuscula* of Boethius it is possible to follow the development of the pedagogical method of the so-called scholastic tradition. In these commentaries there is evidenced the *Platonic* outlook along with the application of Speculative Grammar to theological problems ; likewise we find the crystallization of the *Quæstio*, which was to have such an important bearing on mediæval methodology. Several examples of the *Quæstio* in its most fully developed form are presented to the reader. Moreover, the method of comment on Aristotle's works represented an important stage in the progress of mediæval teaching ; Adam of Buckfield offers us an example of one common method. In many cases it is possible to study the curious invasion of *Aristotelianism* by the *Platonic* tradition, a fact very characteristic of fourteenth century thinking.

The views of English, French and German Masters, whether secular, Dominican or Franciscan are clearly discernible along with their various loyalties to certain "Schools of Thought" in the fields of Metaphysics, Theories of Knowledge and Logic. Furthermore, the interpretations given by these disciples of great Masters often tended to fix the trends of teaching which were to endure for centuries. From such an analysis, it is thought, the general character of the Middle Ages will become gradually and progressively more clear.

Finally, on behalf of the Staff of the Pontifical Institute of Mediæval Studies I should like to thank all who have contributed to this volume as well as those whose advice or financial aid have made its publication possible.

The Editor

Table of Contents

A Commentary on Boethius *De Hebdomadibus* by Clarenbaldus of Arras

NICHOLAS M. HARING S.A.C.

THE Chronicle of the abbey of St. Bertin near St. Omer, France, relates that, in 1171, abbot Godescalc ordered the transcription of certain recent works, including the *Glosses of magister Gislebertus* on the Pauline Epistles [1]. We know that the library of his Benedictine community contained what the twelfth-century catalogue describes as *Boetii liber de Trinitate* [2]. It was no doubt also desirable to acquire a gloss or commentary on this then famous Boethian *opusculum*. There is no historical evidence to prove that the abbey ever owned Gilbert's comments on the *opuscula sacra* of Boethius, but the library of St. Omer still possesses a twelfth-century manuscript (142) of a commentary written by Clarenbaldus and edited by W. Jansen [3] which was originally owned by the abbey of St. Bertin [4]. The fact that Clarenbaldus was on very friendly terms with the Benedictines of St. Vincent at Laon may be a reason why the Benedictines of St. Bertin took a special interest in his work. The author himself tells us that the abbot of St. Vincent, among others, had begged him to write the tractate on the Trinity because Gilbert was considered too obscure or even heretical [5]. In the St. Omer manuscript, which Jansen failed to examine, Clarenbaldus' treatise on the Trinity is as anonymous as the immediately following commentary on Boethius, *De Hebdomadibus* (fols. 77v-92) which I have shown to be a work by the same author [6].

Among the twelfth-century expositions of this third Boethian *opusculum* it is second only to Gilbert's interpretation of the same tract and although Clarenbaldus' dependence on Gilbert is undeniable it is the product of a very competent scholar who conceals neither his loyalty nor his debt to his revered teachers Hugh of St. Victor and Thierry of Chartres.

He begins his exposition with an introduction dealing with scientific principles. Demonstrative science, he holds, rests either on self-evident maxims which need no proof or on conclusions which become self-evident because of their necessary derivation from the former (2) [7]. A self-evident supposition may be what Clarenbaldus calls *scholastic and common* or it may be such that only the most learned are able to grasp it because it almost requires the faculty of intellectual intuition (3). The solution of the question which he is about to propose is of the second kind and its usefulness lies in the fact that it assures the readers that all goodness in creatures is derived from the First Good (4). The method (*modus*) of proving it is mathematical in as far as self-evident or commonly accepted axioms are laid down before applying them to the particular problem (5).

Following Boethius' introduction, Clarenbaldus refers us first to his discussion on the *quæstio* in the previous tractate (on the Trinity) and points out that Boethius has not neglected the rules of rhetoric in approaching the subject (6). Since the question is whether 'things which exist' are good, he proceeds to clarify the manner in which things are said to exist (*esse*), namely in the divine mind, in matter, and in 'existence'. Once they are 'in existence', they are said to be 'absolutely', otherwise relatively or *secundum quid*. As such they subsist whereas accidents are only 'notions' which are collected in the receptacle of the mind. If accidents were created beings or 'creatures', they would actually subsist because every created being subsists : *omnis enim*

1 *Gesta Abbatum* III, ii, 24 ; MGH 13, 669.

2 M. MANITIUS, *Handschr. antiker Autoren in mittelalt. Bibliothekskatalogen* (Leipzig, 1935), p. 289.

3 W. JANSEN, *Der Kommentar des Clarenbaldus von Arras zu Boethius De Trinitate* (Breslau, 1926).

4 *Catal. Gén.* III (Paris, 1861), p. 78.

5 See the introduction to his commentary which I published in *Mediæval Studies* XV (1953), 212.

6 'A hitherto unknown commentary on Boethius' *De Hebdomadibus* written by Clarenbaldus of Arras', *Med. Stud.* XV (1953), 212-221.

7 The numbers in brackets refer to the divisional numbers in the text of this edition.

creatura actu subsistit. Clarenbaldus claims this to be the doctrine of Priscian, Cicero and 'Augustine', an infallible authority in this matter, while Pythagoras and Boethius disagree. But if accidents actually existed as the abstracting intellect conceives them, they would have true and eternal being, because they would owe nothing to matter (7).

Consequently the problem under consideration does not concern accidents but truly subsisting created being. After proposing his derivation of the word *hebdomades* Clarenbaldus examines the reason for raising the question of created goodness and declares that goodness in substances cannot be substantial because it is not predicated as their genus, species, difference or definition. Since not even being itself (*ens*) can be predicated of substances as genus, it follows that neither the goodness of being nor the being of goodness is a genus of natural things (8 f.).

Such at least is the view of some scholars. Clarenbaldus, however, prefers to explain the term *substantiale bonum* as a good whose entire being is goodness to such a degree that the phrase *in eo quod est, bonum est* really means *bonum est, quia est* : it is *good* because it *exists*. Though this is true of God, it is not true of anything else. And yet it seems right to say that a derived good is good *in eo quod est* in the sense of *quia est.* Involved and obscure as it is, this is the question which John the Deacon raised when he turned to Boethius for enlightenment (9 ff.).

In his reply Boethius first formulates some rules or axioms as preliminary requirements for the discussion. Although the second of them is self-evident, it is not absolutely so and for that reason Boethius adds his proof to it. Clarenbaldus holds that in the rule *diversum est esse et id quod est* the word *esse* designates the divine Form, the *forma essendi* or *primordialis entitas* in which every subsisting being participates as the Apostle teaches (18). God, the first Form, cannot participate in something prior to, or coeternal with, Him just as whiteness cannot participate in whiteness. By adding *ipsum esse nondum est* Boethius meant to say that the divine Form of being is not yet being (*ens*) *i.e.*, participating in being prior to communicating being. Clarenbaldus had previously distinguished between *participatio in priori* and *in posteriori* only the former of which is not found in God. Hence God 'participates' only in being posterior or subsequent to His creative action and to indicate the descent of all being from God's eternity Boethius said *nondum est.* In other words, Clarenbaldus takes *esse nondum est* to designate the divine Form prior to communicating being to creatures (19).

The Boethian *id quod est* according to Clarenbaldus signifies a posterior being (subsisting in its 'definite possibility') which, as the third rule states, can participate in quantities and other accidents, though this participation follows the composition of matter and form by generation (20). In accordance with the previous exposition, Clarenbaldus interprets *esse* in the fourth rule as *entitas primæva* (21). In the fifth rule, he maintains that, contrary to Remigius, *esse aliquid* designates an accident and *esse aliquid in eo quod est* its subject or substance, as in his opinion both the Boethian text and Chalcidius seem to confirm. Clarenbaldus repeats that by 'accidents' he means notions as previously defined (21).

He also repeats, in the sixth rule, that the word *ens* used of a subsisting being is derived from the *essendi forma* and therefore a denomination as it were. This participation of being precedes the participation of any other substantial or accidental form by which a thing becomes an *aliquid, i.e.*, an animal or a stone or white or round or heavy and so on. Therefore the first of the 'natural questions' is : *an res sit.* Once this is established, the other questions follow in due order (22).

This explanation shows that Clarenbaldus' concept of participation in the divine Form belongs to the existential order, an important point in the evaluation of the so-called pantheistic tendencies of which the school of Chartres has been suspected. *Esse* in this context designates God as the author of an *id quod* as existing. It becomes a concrete subsisting being, an *aliquid,* by composition with 'posterior forms'. Accordingly, because of God's absolute simplicity, Clarenbaldus declines to call God a subsisting being or *id quod est,* for God is closer to being nothing than to being an *aliquid,* as Dionysius observes (19). It may be noted in passing that twelfth-century authors often use the word *essentia* in a sense which later generations attached to the word *existentia* so that participation in the divine *essentia* means participation in the order of existence.

Concerning the next two rules or maxims there was no agreement among the interpreters whether they were separate rules or clarifications of the previous one. Of greater interest is Clarenbaldus' concession that, in the eighth rule, the word *esse* may designate two things : either a nature by which a composite being is what it is or the divine Form of being (23). After illustrating the ninth rule, he promises to apply these axioms to the Boethian tractate as a 'prudent expositor' is expected to do (24 f.).

Boethius sets out to prove that all things that exist are good. This goodness is not accidental and apparently cannot be substantial because only God is good by substance (27). In this sense Boethius enquires : are they good by participation or by substance? Clarenbaldus avails himself of the opportunity to elucidate participation. First, in logic, many 'collections of things' united by genus or species or specific difference or common accidents participate in names common to them. In the predicamental order each thing may well be said to participate in the nature of the various branches of the Porphyrian Tree ascending from the individual to the most general. Things are also said to participate in qualities and other accidents.

In theology, however, we deal with a much higher participation in accordance with the adage : 'There is indeed but one God in nature. Yet nothing prevents there being many by participation of deity'. This participation, he adds, is also intended in the sixth rule (28) and we have seen that he interprets the second rule in the same theological sense.

Clarenbaldus agrees with Boethius that accidental participation does not provide a satisfactory answer to the problem (29 f.). At the same time, goodness cannot be the subsistence (*subsistentia*) or *id quod est* of all things, because the *id quod est* is rooted in its *esse* which may be understood to be the divine Form, theologically speaking, or the predicamental participation described above as belonging to logic. Thus man's *esse* as man is derived from a form called *humanitas* (31 f.). If goodness is identified with the *esse* of all things, they are most certainly not good by accidental participation (32). On the other hand, such an identification would result in all things being God because of their substantial similarity with God which conflicts with the seventh and eighth rules (33). Hence goodness cannot be the *esse* of all things.

To reach a solution, Boethius hypothetically removes God from the discussion and still assumes that all things are good. As a consequence following the fifth rule, their goodness could only be derived from accidental participation and as such would be distinct from their substance, roundness, color and so on (34-37). By virtue of such predicamental participation all things would indeed be good, but their very *esse* would not be good, though it cannot be denied that their *esse* is good because God cannot produce but good things.

We therefore leave the rules of logic and turn to theology (38). Otherwise we would be compelled to contradict the self-evident maxims established at the beginning (39 f.). Theology leads us to the 'primæval, supersubstantial' goodness which impressed upon its creatures a goodness which is neither substantial nor accidental (40) but denominational. The very *esse* of all things thus participates in the divine goodness from which it flows (41 f.). Only in this sense can we say that every existing thing is good *in eo quod est* or good because it exists (42) and that the *esse* of every existing thing is identical with its goodness.

In concluding Clarenbaldus insinuates that his teachers (Hugh of St. Victor and Thierry of Chartres) had given lectures on the *opusculum* and we may assume that his exposition reflects much of their doctrine. To Gilbert of Poitiers he mainly owes the explicit application of the nine rules which Boethius had left to the ingenuity of his readers. A comparison with earlier and contemporary commentaries [8] shows the re-

[8] See for instance E. K. RAND, *Johannes Scottus* (Munich, 1906), pp. 50-56.

markable progress made in this respect by Gilbert whom Clarenbaldus fails to mention. Clarenbaldus' implicit references to other expositors (10, 12) and his explicit mention of Remigius (21) point to earlier sources but in substance he seems to be inspired by Thierry of Chartres. He obviously saw no reason to disagree with Gilbert despite his pronounced insistence on *esse* as existential participation in the divine Form which Gilbert characterizes as the theological meaning of the word and eliminates entirely from his commentary with the exception of the seventh maxim. Being less determined Clarenbaldus cannot help admitting that the significance of *esse* must occasionally be extended to include substantial forms (23, 32). For the same reason he appears to extend *esse aliquid* to substantial forms (22) after restricting it to the accidental order (21).

Clarenbaldus' literary sources and the date of composition (1160-1170) will be found in the article quoted above in which I established his authorship of the following commentary on the Boethian *De Hebdomadibus*. No title is prefixed to it in the manuscript St. Omer, Bibl. Publ. 142 which is, to the best of my knowledge, the only extant copy of this work. Fortunately it is a beautifully and carefully written text and only nine words needed to be corrected. The Boethian text is clearly marked in the edition which mediæval scribes often did by underlining. However, the scribe of our manuscript neglected to do so. The treatise begins on *fol.* 77v and ends on *fol.* 92.

I

[1] Eam Logicæ partem, quæ dialectica dicitur, quidam [1] definiunt non solum ab ipsius genere sed etiam a materia in qua et instrumento per quod in materia operatur, rationem colligentes. Contendunt enim dialecticam esse scientiam disserendi de generali proposito ex probabilibus sive tenentibus necessitatem sive necessitate carentibus. Quippe scientiam ad dissertivam genus ponunt atque generale propositum materiam non falso esse ajunt, in qua dialecticus cum suo instrumento, i.e., inductione sive syllogismo, ex probabilibus conclusionem colligente versatur.

Sophistica autem et demonstrativa, cum in generali proposito, utpote in materia, æque cum dialectica versentur, instrumenti tamen qualitate, Aristotele teste, ab ipsa differre convincuntur, quoniam *sophisticus syllogismus vel ex eis quæ videntur probabilia, non sunt autem, vel qui ex probabilibus vel ex eis quæ videntur probabilia est apparens* [2]. Unde cum primus ex falsis concessis verum colligat, syllogismus est. Secundus autem, cum falsum ex probabilibus aut ex probabilium similibus inferat, syllogismus non est.

[2] Demonstrativa autem scientia est quæ ex veris et primis syllogizat aut ex talibus quæ ex necessitate verorum et primorum suæ fidei trahunt necessitatem. Prima autem et vera per se nota illa sunt quæ aliena probatione non egent, de cujusmodi Aristoteles *non oportet*, inquit, *in disciplinabilibus principiis inquirere propter quid, sed unumquodque principiorum* (78r) *ipsum esse fidem* [3]. Ex talibus autem per se notis et primis posteriora quædam per se nota fiunt ut cum ex eis suæ fidei traxerint necessitatem, verorum et primorum vires habeant sufficiantque eorum gerendis officiis. Unde Aristoteles in *Prioribus Analyticis* [4] per quattuor primæ figuræ modos, qui per se noti habentur, posteriores probat modos probatosque ad necessariam aliorum probationem inducit eo quod ex per se notis probati per se noti habentur.

[3] Duo autem omnium sunt genera per se notorum : unum quidem scholasticum et commune, aliud vero doctissimorum tantum quod pæne intellectibilitatis requirit capacitatem. Eorum vero cognitionem sequentia præstabunt exempla. Per se notis igitur ejus generis, quod defæcatæ mentis postulat subtilitatem, quæstionis, quam nunc exponendam suscepimus, terminatur solutio. Quæ quidem quæstio qualis sit jam tempus est proponere, ut philosophi intentio ea proposita clarescat. Nam illam solvere Johanni Romanæ Ecclesiæ diacono intendit qui in epistula quadam, quæ adhuc in ali-

[1] Cf. John of SALISBURY, *Metalogicon* II, 4 ff. ; ed. Clem. C. I. Webb (Oxford, 1929), pp. 65 ff. Hugh of St. VICTOR, *Didascalicon* II, 30 ; ed. Ch. H. Buttimer (Washington, D. C., 1939), p. 46.

[2] *Topic.* I, 1 ; PL 64, 910D.

[3] *Ibid.*

[4] *Prior. Analyt.* I, 4 ; PL 64, 641C.

quantis ecclesiarum archivis reposita reperitur [5], quæstionis solutionem desideranter a Boethio efflagitaverat.

[4] Solutio enim quæstionis hanc legentibus spondet utilitatem quod, cum ex ea cognoverint creaturis a primo bono omnem quam habent profluxisse bonitatem, ab omni creatura *in omnibus honorificetur Deus* et bonitas Creatoris immensis super omnia efferatur laudibus et sapientia ejus prædicetur inenarrabilis. Quæstio autem ipsa hujusmodi est : *Ea quæ sunt, bona sunt in eo quod sunt, cum non sint substantialia bona* [6]. Cujus solutionem quadam velat ex tractandi modo nascente obscuritate, ne, ut ipse se timere profitetur, stultis patefacta irrideatur et vilescat. Ut enim beatus pater Augustinus [7] scribit : *Bonæ sunt in scripturis sacris mysteriorum profunditates, ne mysteria ipsa vulgo prompte intellecta promptius vilescant.* Unde Macrobius [8] philosophi cujusdam Numenii in exponendis nimis vulgariter sacris Eleusinis oportune reprehendit curiositatem dicitque *Eleusinas deas* per visionem illi vultu lacero et *habitu meretricio* apparuisse conquerentes quod eas quasi meretrices (78^{v}) prostituisset, eo quod earum sacra ultime exposuisset.

[5] Modus autem hujus tractationis ex more mathematicorum sumptus est, quoniam per se nota sive *communis animi conceptiones* præmittit quas ad quæstionis probationem accommodandas nostris relinquit ingeniis. Nos tamen divina gratia confidentiam nobis suggerente unumquodque per se notorum suis adaptare tentabimus argumentis. Nec præsumat aliquis in hujuscemodi inquirere tractatibus de tribus illis doctrinæ modis principalibus, quorum Galienus [9] in capite libri quem *Tegni* intitulavit mentionem faciens *tres sunt*, inquit, *doctrinæ omnes quæ ordine habentur. Prima quidem est ex finis notione quæ secundum dissolutionem fit. Secunda quæ ex compositione secundum resolutionem inventorum. Tertia vero ex terminii dissolutione.* Hi quippe doctrinæ modi artibus docendis tantum proprie dedicati sunt. Expeditis igitur eis quæ tractandæ quæstioni præmittenda esse visa sunt, qualiter amicum cui scribit philosophus alloquatur, audiamus.

II

[6] POSTULAS, inquit, UT EX HEBDOMADIBUS NOSTRIS eam quæstionem, QUÆ CONTINET MODUM QUO SUBSTANTIÆ IN EO QUOD SUNT, BONÆ SINT, CUM NON SINT SUBSTANTIALIA BONA, DIGERAM ET PAULO EVIDENTIUS MONSTREM. IDQUE EO DICIS ESSE FACIENDUM QUOD NON SIT OMNIBUS NOTUM ITER hoc SCRIPTIONUM [10]. In expositione superioris quæstionis pro captu ingenii nostri de quæstione multa diximus et tam auctoritatibus quam rationibus asserta de ipsa communivimus. Quapropter ab illo tractatu ea, si cui placent, requirenda censemus.

Nunc autem quod nunc instat agamus : hoc est quæstionem propositam exponere si, prius invocata sancti Spiritus gratia, prologum expondituri ubi docilitas paretur lectoribus, ubi attentio excitetur, ubi benevolentia captetur, signaverimus. Movet igitur attentionem, ubi QUÆSTIONIS OBSCURITATEM commemorat ; docilitatem vero parat, ubi quæstionis propositæ obscuritatem, rogante diacono, paulo evidentius se pollicetur digesturum. Ab ejus vero cui scribit persona primo benevolentiam affectat, cum subtili indagatione quæstionis propositæ partes ipsum dicit fuisse complexum. A propria vero nihilominus benignum (79^{r}) captat affectum, cum ea quæ ab amico rogatus est se pollicetur effecturum [11]. Respondens itaque ad epistolam quam a Johanne diacono prætaxavimus illi fuisse directam, cujus quæstionis nodum Johannes sibi petat enodari, qualibusque argumentis eam sibi velit absolvi, prima fronte manifestat. Unde cum quæstio

[5] Cf. John SCOTTUS, *Glossæ in Opusc. Sacra Boethii ;* ed. Rand, p. 50 : Nam misit idem Johannes epistulam Boethio quæ usque hodie habetur.

[6] BOETHIUS, *Quomodo substantiæ in eo, quod sint, bonæ sint, cum non sint substantialia bona ;* ed. R. Peiper (Leipzig, 1871), p. 168.

[7] Cf. AUGUSTINE, *De Vera religione,* 17, 33 ; PL 34, 136.

[8] MACROBIUS, *Comm. in Somnium Scipionis* I, ii, 19 f. ; ed. F. Eyssenhardt (Leipzig, 1893), p. 483.

[9] GALENUS, *Ars medica ;* ed. C. G. Kühn, *Opera Omnia* I (Leipzig, 1821), p. 305.

[10] BOETHIUS, *De Hebdomadibus ;* ed. Peiper, p. 168.

[11] Concerning the application of these Ciceronian rules of rhetoric see also GILBERT's commentary on Boethius, *De Trinitate* ; PL 64, 1257*D*.

ipsa sit de his quæ sunt, an bona sint in eo quod sunt, opportunum videtur aperire quid "ea quæ sunt" appellet philosophus.

[7] Tribus enim modis res esse asseruntur : hoc est, in divina mente, in materia, in existentia. Sed in divina mente sunt, ut eas intellectibilitas comprehendit ; in materia vero sunt, ut a pronominibus significantur ; in existentia quoque sunt, ut sensibus qualitercumque innotescere queunt. Et eo quidem modo quo in existentia sunt, absolute esse dicuntur ; quibus vero modis in divina mente et in materia sunt, secundum quid. Ab his autem rebus quæ in existentia actus sui sortitæ sunt veritatem, notiones quædam animo abstrahuntur, sed ab imperitis creaturæ esse existimantur. Quod nequaquam verum est. Omnis enim creatura actu subsistit.

Accidentia autem, quæ notiones dicuntur, mentis tantum receptaculo colliguntur. Unde Priscianus [12], cum geminam vocis definitionem assignasset, *prior*, inquit, *definitio a substantia sumpta est, altera vero a notione, hoc est ab accidente, quam Græci ennoian dicunt,* hoc est in mente. Cicero [13] quoque in *Topicis* ad Gajum Trebatium *duo*, inquit, *sunt definitionum genera prima : unum eorum quæ sunt, alterum eorum quæ intelliguntur. Esse autem dico quæ cerni* vel audiri *sive tangi possunt ut fundum, aedes, parietem* et similia. Earum autem rerum, quæ non sunt, *non esse rursus dico ea quæ cerni demonstrarique non possunt aut tangi. Cerni tamen animo atque intelligi possunt ut si usucapionem, si tutelam, et si cognationem definias.*

Et ut firmior veritatis stet sententia, in medium producatur beati Augustini [14] super hac ipsa re auctoritas tam fallere quam falli nescia : *Cum in his, inquit, quæ sunt, alia sensibus, alia mentibus colligantur, separari hæc propriis nominibus homines eruditi maluerunt et id quod dignoscitur sensibus jam dici usiam, illud autem quod animi tractatu colligitur simbebicos, i.e., accidens nominari* (79v) *voluerunt.* Pythagoras tamen his ipsis rebus, quas Cicero non esse sed animo tantum colligi, Priscianus autem et beatus Augustinus, quamvis non aperte, eas esse negarent, notiones tamen mentis eas esse assererent, verum esse tribuebat.

Quem imitatus in secundo *Arithmeticæ* prologo Boethius [15] *esse*, inquit, *dicimus quæ nec intentione crescunt nec retractatione minuuntur nec variationibus permutantur sed in propria semper vi suæ se naturæ subsidiis nixa custodiunt. Hæc sunt autem qualitates, quantitates, formæ, magnitudines, parvitates, æqualitates, habitudines, actus, dispositiones, loca, tempora, et quidquid adunatum quodammodo corporibus invenitur. Quæ ipsa quidem natura incorporea sunt et immutabilis substantiæ ratione vigentia. Participatione vero corporis permutantur et tactu variabilis rei in vertibilem inconstantiam transeunt. Hæc igitur quoniam, ut dictum est, natura immutabilem substantiam vimque sortita sunt, vere proprieque esse dicuntur.*

Et nos quidem hæc supra quæstionem de unitate divinæ substantiæ et personarum Trinitate diligenter explicavimus et quod ea verum esse habere perhibentur eo quod, si actus veritate ita essent ut mathematica consideratio ea extra materiam perpendit, verum esse haberent et perpetuum, cum nihil materiæ deberent. De his ergo rebus quas natura peperit quæque creaturarum nomen sortitæ sunt, manifestum sit tractari hanc quæstionem, utrum videlicet ipsæ bonæ sint in eo quod sunt, cum bonitas non sit eis substantialis.

[8] Ad quam quidem quæstionem expediendam hoc modo accedimus : sed quoniam ex hebdomadibus quæstio ipsa digerenda est, primum hebdomadum nomen interpretantes ab *hebdo* Græco, quod Latine sonat concipio, dicimus derivatum vel, ut alii autumnant, ab *heb*, quod dicunt in, et *domas*, quod est anima, compositum [16]. Dicunturque hebdomades communis animi conceptiones, quoniam omnium animi paratissimi sunt earum assentire veritati, prout quæque suis disciplinis dedicatæ probationibus dubiorum accommodantur. Verbi gratia : regulæ positivæ grammaticæ subserviunt facultati, loci

[12] PRISCIAN, *Instit.* I, i, 1 ; ed. M. Hertz, *Gramm. Latini* II (Leipzig, 1855), p. 5.

[13] CICERO, *Topica* III ; PL 64, 1092*A*.

[14] PSEUDO-AUGUSTINE, *Categoriæ decem*, 5 ; PL 32, 1423. Cf. MACROBIUS, *Comm. in Somnium Scipionis* I, vi, 64 ; ed. Eyssenhardt, p. 509 : Hippocrates quoque ipse qui tam fallere quam falli nescit.

[15] *De Arithmetica* I, 1 ; PL 63, 1080*D*-1081*A*.

[16] Cf. GILBERT, *In Boethii de Hebdomadibus* ; ed. N. M. Haring in *Traditio* IX (1953), 184 : Hebdomades, hoc est *conceptiones*. John SCOTTUS, *Glossæ* ; ed. Rand, p. 50.

communes oratoribus, maximæ propositiones (80r) dialecticis, theoremata quadrivii probantur elementis[17]. Harum igitur artium professores suarum diversitate utuntur conceptionum.

[9] Instantis autem quæstionis causa est quod substantiis non est bonitas substantialis. Neque enim bonum de substantiis prædicatur ut genus nec vero ut species aut differentia aut definitio. Unde si bonitas de unaquaque substantia substantialiter prædicaretur, in eo quod unaquæque substantia est, bona esset ut, quoniam Socrates in eo quod homo est, animal est in eo quod est ; et in eo quod homo est, rationalis est in eo quod est ; et rursus animal rationale mortale in eo quod est. Quidquid enim ordine prædicamentali alicui supponitur in eo quod est, rem ejus suscipit, cui ipsum ordine prædicamentali subest. Denique ipsum ens de substantiis non potest prædicari ut genus, quoniam genere rei cognito, etsi non integre, quid tamen res sit potest intelligi. Res autem, quamvis esse dicatur, quid tamen ipsa sit, non necesse est intelligi. Cum igitur nec bonitas entis nec ens bonitatis neutrumque rerum naturalium sit genus, non immerito ambigitur, *utrum substantiæ in eo quod sunt, bonæ sint.*

[10] Sic quidam locum istum pertransire volunt. Sed melius est, ut in hoc loco substantiale bonum tale bonum esse intelligatur, cujus tota essentia sit bonitas. Quod nimirum in eo quod est, bonum est. Hoc est : bonum est, *quia* est. Vera enim consequentia est : Si Deus est, bonus est. De rebus autem quæ a primo bono fluxerunt non ita est. Non enim quia Socrates est, Socrates homo est, licet per simplex esse consequatur hominem esse, quia Socrates est. At de primo bono omnino sequitur : Si *Deus* est, Deus bonus est. Et item per simplex esse : Si Deus *est,* bonum est. Cum igitur nullum eorum, quæ sunt, substantiale bonum sit, i.e., primum aut denique tale cujus esse bonitas sit, dignum inquisitione videtur *quomodo ea, quæ sunt, bona sint in eo quod sunt.*

[11] Sic debet et pertransiri locus iste. Quod enim ante dictum est, inutile est huic loco, quia hæc dictio 'quod' conjunctio esse debet, non nomen, in hac oratione 'ea quæ sunt, bona sunt in eo quod sunt'. Hanc ergo quæstionis obscuritatem sibi diaconus postulabat evolvi, accommodatis ad quæstionis probationem communis animi conceptionibus, non ex illo communi et (80v) scholasticarum conceptionum genere sumptis sed ex illo naturalium conceptionum genere, quod in intimis philosophiæ penetralibus educatis non impervium dignoscitur. Atque idcirco ex ejusmodi per se notis quæstionis probationem fieri insinuat placuisse Johanni, ne vanis hominibus et stultis veritas quæstionis patefieret, si ex communi per se notorum genere probaretur. Nam id probationum genus potest clarere omnibus. Neque enim *sanctum dare canibus* convenit aut *margaritas spargere porcis*[18]. Hoc est igitur quod æquipollenter subdidit : *Idque eo dicis esse faciendum quod non sit omnibus notum iter* HUJUSMODI *scriptionum*[19].

[12] Sunt qui aliter intelligunt : sic nimirum quod idcirco Johannes ex naturalibus sibi conceptionibus postulaverit quæstionis obscuritatem a Boethio elucidari, quod hanc scribendi viam pauci didicerint et noverint[20]. Inter quos pollentissimum arbitratus fuerit Boethium. Quoniam vero conjecturari poterat quod præ difficultate Johannes perspicaciam in ipsa quæstione non haberet, vivacis perspicaciæ testimonium illi perhibet philosophus et utramque partem contradictionis subtili indagatione fuisse complexum et utrique parti suæ dubitationis causas ingeniose assignasse. Hoc autem ex illo versu rationabiliter colligi potest : TUUS VERO TESTIS IPSE SUM, QUAM HÆC VIVACITER FUERIS ANTE COMPLEXUS[21].

[13] Sequitur : HEBDOMADAS VERO IPSE MIHI COMMENTOR POTIUSQUE AD MEMORIAM MEAM SPECULATA CONSERVO QUAM CUIQUAM[22] PARTICIPO, QUORUM LASCIVIA AC PETULANTIA NIHIL A RISU ET JOCO PATITUR ESSE CONJUNCTUM[23]. Postquam Johannem diaconum solutionem sibi ex hebdomadibus postulantem quæstionis partes curiosa mentis investigatione complexum fuisse perdocuit, tales se hebdomadas comminisci

[17] Cf. GILBERT, *In Boethii de Hebdomadibus* ; ed. Haring, p. 186.

[18] Cf. *Matth.*, vii, 6.

[19] BOETHIUS, *De Hebdomadibus* ; ed. Peiper, p. 168.

[20] Cf. GILBERT, *In Boethii de Hebdomadibus* ; ed. Haring, p. 185.

[21] *De Hebdomadibus ;* ed. Peiper, p. 168.

[22] *Ms.* cuiquaque.

[23] *Ibid.*

profitetur, quæ sibi ad memoriam solvendæ quæstionis sufficere potius queant quam vanis hominibus ad intellectum patere, qui in suis lascivientes et in alienis petulantes nihil sibi præ joco et risu patiuntur esse conjunctum, hoc est gratum et familiare. 'A' namque præpositio multis in locis reperitur obtinens vim ejus quæ est 'præ' propositionis, sicut in Evangelio legitur : *Et jam non* (81r) *valebant rete trahere a multitudine piscium* [24]. In suis enim inventionibus sibi placentes aliorum inventa per impudentiam petulantiæ criminantur.

Vel, ut aliis placet, 'a' præpositionem causaliter hoc loco legentibus : quidquid a doctis conjunctum, hoc est compositum est, lascivientes in propriis inventis propter risum et jocum, quibus illi rebus maxime permoventur, sensu marcidum appellant. Cumque suas hebdomadas sibi ad memoriam facere et pseudo-philosophis intelligentiæ velamen obtendere philosophus jam asseruerit, exoratum esse diaconum supplicat, ne eum brevitatis pedissequam obscuritas offendat, eo quod ipsa vulgo publicari non sinat quæstionis secretum, immo illis, qui ad summos philosophiæ gradus conscenderunt, veritatem quæstionis aperiat, quæ quidem magna existimanda est philosophandi commoditas.

[14] Et hæc quidem sententia sequenti verborum æquipollentia exprimitur : PROHINC TU NE SIS BREVITATIS OBSCURITATIBUS ADVERSUS, QUÆ CUM SINT ARCHANI FIDA CUSTODIA, TUM ID HABENT COMMODI QUOD HIS QUI DIGNI SUNT COLLOQUUNTUR. Sed jam quod subditur audiamus : UT IGITUR IN MATHEMATICA FIERI SOLET CETERISQUE ETIAM DISCIPLINIS, PRÆPOSUI TERMINOS REGULASQUE QUIBUS CUNCTA, QUÆ SEQUUNTUR EFFICIAM [25]. Mathematicorum consuetudo est, cum probandam quamlibet speculationem proponunt, elementa disciplinalia secundum artem propositam inducere, ex quibus necessarias ad propositum conclusiones efficiant. Quod etiam in ceteris fieri disciplinis non dubium est, quoniam et in prædicamentis ad sequentium evidentiam æquivocorum, univocorum, denominativorum descriptiones præmittuntur et regulæ aliquot, quæ intelligendis multopere prosunt prædicamentis. In *Prioribus* quoque *Analyticis* ex quattuor primæ figuræ modis præmissis plurima posterioris tractatus elucidatur obscuritas.

III

[15] Ab his igitur philosophus similitudinis mutuatus exemplum regulas naturales, quibus quæstio terminetur, præcolligit quas, ut polliciti sumus, suis adaptare tentabimus argumentis. Hoc autem loco attendendum opportune videtur quod, cum ANIMI COMMUNIS CONCEPTIO dicatur ENUNTIATIO QUAM QUISQUE PROBAT AUDITAM [26], enuntiationis ibi vocabulum complexivi nominis vim habere, ut ipsa animi conceptio illa sit enuntiatio quam quisque probat auditam, ipsa quoque oratio, ex qua surgit conceptio, non minus enuntiationis (81v) nomine censeatur, necnon etiam conjunctim animi conceptio et oratio una sint enuntiatio. Lex enim est complexivorum ut et omnia, quæ nomen complexivum colligit, conjunctim nomen suscipiant complexivum et particulatim singula.

Unde hæc differentia inter complexivum esse perpenditur et collectivum, quod ea quæ collectivum complectitur, omnia conjunctim nomini collectionis subdantur, singula vero minime. Verbi gratia : omnes homines Laudunenses populus unus sunt. Nullus tamen Laudunensium hominum collectionis nomen sortitur. At in complexivis ex parte aliter est ut, quoniam nomen 'hic homo' hæc pars orationis nomen, 'est' sicut et hoc nomen 'animal' eadem orationis pars, omnia quoque nomina conjunctim hæc una pars orationis sunt. In rebus quoque creatis idem reperitur ut, quoniam unaquæque pars ignis simpla et minima hoc elementum ignis est, similiter et partes omnes ignis, videlicet hujus elementi, sunt hoc elementum ignis. Elementum enim est simpla et minima pars compositi corporis. 'Simplam' autem rem Hippocrates [27] appellat, quæ cum eadem sit in essentia, similis est in partibus.

[24] *John*, xxi, 6.
[25] *De Hebdomadibus ;* ed. Peiper, p. 168.
[26] *Ibid.*
[27] *Ms.* ypochras. Cf. GALEN, *De Elementis ex Hippocrate* ; ed. Kühn, p. 447.

Eandem autem in essentia rem intelligit quæ compositionem ex subjectis diversorum genere accidentium non capit, ut totius hujus elementi ignis partes earundem genere qualitatum penitus sunt. Atque in eo consistit rei simplicis ac simplæ differentia quod simplum partes habet quæ, ut Aristoteles ait, principia sunt homogeneos[28]. Simplex vero res omni caret divisione. Et supra memorato quidem modo complexiva differunt a collectivis et secundum quidem meos doctores enuntiationis vocabulum hoc loco complexive legendum est. Potest tamen sine complexivo intellectu animi conceptio dici enuntiatio et enuntiatio animi conceptio, quoniam quod concipimus, sæpe enuntiamus et quod enuntiamus, sæpe concipimus.

[16] Qualiter autem conceptionum animi philosophus supponat divisionem jam animadvertamus. HARUM, inquit, conceptionum DUPLEX EST MODUS. NAM UNA ITA COMMUNIS EST, UT OMNIUM HOMINUM SIT, VELUTI SI HANC PROPONAS : SI DUOBUS ÆQUALIBUS ÆQUALIA AUFERAS, QUÆ RELINQUUNTUR ÆQUALIA ESSE NULLUS ID INTELLIGENS NEGET. ALIA VERO EST DOCTORUM TANTUM, QUÆ TAMEN EX TALIBUS ANIMI CONCEPTIONIBUS VENIT, UT EST : QUÆ INCORPORALIA (82r) SUNT, IN LOCO NON ESSE. ET CETERA, QUÆ NON VULGUS SED DOCTI PROBANT[29].

Duo proponit per se notorum genera : unum quidem absolute per se notorum, alterum vero secundum quid. Et de per se notis quidem absolute primum inducit exemplum : *Si æqualibus æqualia auferas, quæ relinquuntur æqualia esse.* Cujus per se noti evidentia, ut in quantitate continua sic etiam assignari poterit in discreta. Sint enim nobis coram proposita spatia duo æqualia et sint decem pedalia, custodita pedum altrinsecus spatia ipsa mensurantium æqualitate. Demptis igitur ambifaria substractione pedibus duobus, nemo per se notum intelligens negare poterit relicta spatia sibi esse æqualia eo quod quantum ab uno tantum decisum est ab alio. Et in quantitate discreta, hoc est in numero, idem speculantibus occurret quoniam si duobus denariis binarium præsignata ratione subduxeris, duo sibi octonarii relicti æquabuntur.

[17] His ita distinctis, exemplum per se notorum quæ inter doctissimos secundum propositam doctrinam recipiuntur discutiamus. Est enim tale : *Quæ incorporalia sunt, in loco non esse.* Quod quidem per se notum ex hoc communi venire potest per se noto, quia nimirum ex eo potest probari : Nihil sine eo, quod ut suum proprium requirit, esse potest. Proprium autem est corpori tres habere dimensiones, ut scilicet longum sit et latum et altum. In longo igitur ante et retro mensuratur, in lato[30] dextrorsum et sinistrorsum, in altitudine sursum et deorsum. Nihilque umquam in rerum universitate reperitur quod secundum se has dimensiones recipere queat præter corpus. Cum igitur solum corpus et omne prædictas habeat dimensiones, necesse est ut nullum incorporale in se habeat ante vel retro, dextrorsum vel sinistrorsum, aut sursum aut deorsum. Nullum igitur incorporale in loco est. Sic enim hoc in loco 'in loco non esse' accipitur, hoc est omni carere dimensione. Neque enim aliunde locus continua quantitas est quam ex corporis occupatione.

Unde Augustinus in *Prædicamentis* suis : *locus*, inquit, *quem corpus quocumque circumdat et corporis partibus occupatur ita communi termino partitur quemadmodum partitur et corpus. Ac propterea necesse est cohærentem ut cetera nominari*[31]. Videtur etiam nullo modo locus esse posse, si corpora omnia quibus loca occupantur in nihilum reverterentur (82v). Unde mundus quem nullus circumdat locus in loco non est. Omnium enim creaturarum ipse locus est. Spiritus autem, quia prædictis carent dimensionibus, in loco quidem non sunt, quamvis tamen localiter moveantur. Unde in æternitate sicut nec corpora sic nec spiritus erant, nihilque aliud præter ipsam solitariam simplicemque naturam quæ ut inexcogitabilis sic et immobilis spiritus est, nisi forte quis cum Epicuro dementari volens dicat ante tempus inane fuisse cum atomis[32].

[18] Et hoc quidem modo hæc prima regula ex prædicto communi per se noto venire potest et idcirco jam alias proponentes regulas sensus earum aperiamus, ex quibus

[28] GALEN, *De Elementis* ; ed. Kühn, p. 449.

[29] *De Hebdomadibus ;* ed. Peiper, p. 169.

[30] *Ms.* alto.

[31] PSEUDO-AUGUSTINE, *Categoriæ*, 10 ; PL 32, 1128.

[32] Cf. CHALCIDIUS, *In Tim. Platonis*, 213 ; ed. F. Mullach, *Fragm. Phil. Græc.* II (Paris, 1867), p. 226. John of SALISBURY, *Metal.* II, 2 ; ed. Webb, p. 62.

quasdam magis theologice quam secundum aliam facultatem exponi et intelligi expedit hoc modo : DIVERSUM EST ESSE ET ID QUOD EST. IPSUM ENIM ESSE NONDUM EST. AT VERO QUOD EST, ACCEPTA ESSENDI FORMA EST ATQUE CONSISTIT. Per se notum ponit quod, quoniam absolute per se notum non est, ejus probationem supponit et evidentiam. *Esse* autem vocat primum bonum quod nimirum forma essendi est. *Id* autem *quod est,* omne subsistens appellat quod primordiali entitate, hoc est essendi forma, participat. Omne enim subsistens ex illa forma, ut etiam testatur Apostolus, esse capit, quia ex ea omnia et per eam omnia et in ea omnia [33]. Est itaque esse diversum ab eo quod est, quoniam *id quod est,* prima illa forma participat ac per eam est. Ipsa vero nec se nec ullo participat sicut nec albedo albedine. Unde et albedo alba non est.

Participatio autem omnis aut in priori est aut in posteriori. Deum autem priori se participare est impossibile sicut nec aliquo quod sit illi coæquævum quoniam ipse est primus omnium. Si autem aliquo posteriori se participaret, indigens aliquo videretur nec simplex esset. Vere itaque dictum est quoniam *diversum est esse et id quod est.*

[19] Quod probans philosophus ipse breviter subjungit : *Ipsum esse nondum est.* Ac si aperte dixisset : ipsa essendi forma nondum est ens, hoc est entitate participans. Neque est subsistens quoniam nullius aliquod subjectum est sed adeo simplex, ut magis videatur, ut beatus Dionysius [34] in *Hierarchia* commemorat, ad nihil accedere quam ad aliquid. *At vero quod est,* hoc est quod subsistit, summæ illius formæ participatione et opificio subsistens est. Sollerter autem et (83r) sollicite animadvertendum est quod ait : *nondum est.* In necessitate enim absoluta ab æterno omnia in simplicitate quadam complicata constiterunt et in eo omnia erant quod ipsa, ut Johannes Evangelista summus theologorum testatur : *Quod factum est in ipso vita erat* [35]. Cumque in ipso vita esset, descendentia per necessitatem complexionis ad heimarmenen jam se in possibilitate definita manifeste deprimunt ac fato subsistunt [36]. Ut igitur hunc ab æternitate philosophus notaret descensum, non ait 'non est' sed '*nondum est*'.

[20] Sequitur regula tertia : QUOD EST, PARTICIPARE ALIQUO POTEST. IPSUM VERO ESSE NULLO MODO ALIQUO PARTICIPAT. FIT ENIM PARTICIPATIO, CUM ALIQUID JAM EST. EST AUTEM ALIQUID, CUM ESSE SUSCEPERIT [37].

Secundæ regulæ diligens expositio, tertiam explanavit. Id enim *quod est,* hoc est subsistit, *participare aliquo potest* : ut homo præter hoc quod substantialiter est, participare potest quantitatibus pluriumque accidentium diversitate. Sed *ipsum esse,* id est essendi forma, *nullo modo aliquo participat,* quoniam forma extra materiam est. *Etenim* tunc primum *fit participatio, cum aliquid jam est* ex materia et forma concretum. Quando autem hoc sit, subjungit dicens : *cum esse susceperit,* hoc est generationem.

[21] Quarta quoque regula ex prioribus pæne fit simpliciter per se nota, quoniam ID QUOD EST, hoc est in possibilitate definita subsistens, ALIQUID PRÆTER QUAM QUOD IPSUM EST HABERE POTEST extrinsecum. IPSUM VERO ESSE, hoc est entitas primæva, NIHIL PRÆTER SE HABET ADMIXTUM [38], quoniam ex se est hoc quod est nihilque debet materiæ, cujus contagione omnis provenit mutabilitas.

Quinta regula dissonanter exponitur, quæ talis est : DIVERSUM EST TANTUM ESSE ALIQUID ET ESSE ALIQUID IN EO QUOD EST [39]. Remigius [40] enim *esse aliquid* putabat esse subjectum et *esse aliquid in eo quod est* subjecti accidens. Nobis autem commodius videtur in *esse aliquid* intelligere accidens subjecti et in *esse aliquid in eo quod est* subjectum accidentis constituere. Substantia enim esse simpliciter dicitur. Accidens vero qualecumque esse habet per substantiam. In superioribus enim præmissum est, quomodo quidam philosophorum accidenti non esse attribuebant. Verumtamen quoniam accidentia notiones sunt animi, *aliquid esse* accidens non negamus. Sed *esse aliquid* (83v) *in eo quod est,* non satis hoc loco concedimus, quoniam littera probationis per se noti

[33] Cf. *Rom.*, xi, 36 : Ex ipso et per ipsum et in ipso sunt omnia.
[34] Cf. PSEUDO-DIONYSIUS, *De Cæl. Hier.*, 2 ; PL 122, 1041C.
[35] *John*, I, 4. The letter 'o' in *ipso* is a correction. Referring to *simplicitas,* Clarenbaldus probably wrote *ipsa.*
[36] Cf. BOETHIUS, *De Consol. phil.* IV, 6 (prosa) ; ed. Peiper, p. 108. CICERO, *De Natura deorum* I, 20. Martianus CAPELLA, *De Nuptiis Phil.* I, 64 ; ed. A. Dick (Leipzig, 1925), p. 30. CLARENBALDUS, *De Trinitate* ; ed. Jansen, p. 64*.
[37] *De Hebdomadibus ;* ed. Peiper, p. 169.
[38] *Ibid.*
[39] *Ibid.*
[40] Cf. Johannes SCOTTUS, *Glossæ* ; ed. Rand, p. 52 : Aliquid i.e. substantia. Esse i.e. accidens.

idoneius ad hanc se habet sententiam. *'Illic'* enim abverbium ad id quod primo positum est, hoc est *tantum esse aliquid* commodius refertur. *'Hic'* autem abverbium ad id quod novissime positum est, hoc est *esse aliquid in eo quod est* convenientius applicatur, cum dicitur : ILLIC ENIM ACCIDENS, HIC SUBSTANTIA SIGNIFICATUR. Præterea hunc sensum magis eligere admonemur Chalcidii [41] auctoritate dicentis substantiam simpliciter esse et esse in eo quod est, accidentia vero non absolute esse sed per substantiam, a qua abstrahuntur, aliquid tantum esse.

[22] Sextum inter doctos per se notum supponitur ad hunc modum : OMNE QUOD EST PARTICIPAT EO QUOD EST ESSE, UT SIT ; ALIO VERO PARTICIPAT, UT SIT ALIQUID. AC PER HOC ID QUOD EST PARTICIPAT EO QUOD EST ESSE, UT SIT. EST VERO, UT PARTICIPET ALIO QUOLIBET [42]. Hujus per se noti intellectus sic explicandus est, ut id *quod est* res ex materia et forma subsistens intelligatur ; *esse* vero, ut in aliis, essendi forma a quo quidem esse ens, hoc est ipsum subsistens, quasi denominativam suo modo trahit appellationem. *Omne* igitur *quod est*, antequam sit, necesse est participet essendi forma, tantum *ut sit*. *Alio vero*, hoc est aliqua posteriori forma, sive ea sit substantialis sive accidentalis, *participat, ut aliquid sit*, hoc est vel animal vel lapis vel album vel rotundum vel grave vel his aliquid simile. Et quia aliquid esse non potest, nisi prius ex essendi forma sit, per hoc verum est, quod ens *participat eo quod est esse, ut sit*. *Est vero* ex forma essendi prius, *ut* deinde *participet* aliquo *quolibet*, hoc est posteriorem capiat formam, per quam aliquid sit, hoc est vel illud vel tale vel non tale. Unde inter decem quæstiones naturales prior est illa in qua quæritur, an res sit. Cujus veritate cognita, deinceps convenienter quæri potest, quid sit vel quanta vel qualis sicque deinceps, quæ in reliquis prædicamentis continentur.

[23] Sequitur secundum quosdam regula septima, secundum alios non regula sed antecedentis per se noti evidentia. Inde enim patere potest quasi ab opposito, quod *omne quod est participat eo quod est esse, ut sit. Alio vero participat, ut aliquid sit,* (84r) quia OMNE SIMPLEX, hoc est quod tantum forma est extra subjectum SUUM ESSE ET ID QUOD EST UNUM HABET [43], quoniam nihil aliud de ipso prædicatur, cum dicitur esse, quam cum dicitur esse aliquid, ut si dicatur de Deo "Deus est et Deus justus est". Si autem septima sit regula, eadem illi expositio neganda non est.

Eodemque modo de subsequenti per se noto convenienter dici potest, quod ipsum sit vel regula octava vel modo expositi per se noti evidentia. Cum enim dicit : OMNI COMPOSITO ALIUD EST ESSE, ALIUD IPSUM EST [44], per "ipsum est" intelligitur quod materia subsistit et ex forma concretum, per "esse" vel ea natura qua est vel essendi forma ex qua est. Quod minime in simplicitate reperies.

[24] In nona regula numerus per se notorum terminatur, quæ talis est : OMNIS DIVERSITAS DISCORS. SIMILITUDO VERO APPETENDA EST. ET QUOD APPETIT ALIUD, TALE IPSUM ESSE NATURALITER OSTENDITUR, QUALE EST ILLUD HOC IPSUM QUOD APPETIT [45]. Diversitatem hoc loco dissimilitudinis vocat contrarietatem ut quoniam ignis et terræ dissimilitudo proprietates per omnia ostendens contrarias ut in igne subtilitatem, acuitatem, mobilitatem, in terra vero obtusitatem, corpulentiam, immobilitatem, nonnisi mediorum interjectione connectuntur. Unde Martianus Felix Capella [46] : *Semina qui arcanis stringens pugnantia vinclis complexuque sacro dissona nexa foves.* Fugiunt enim naturaliter sese dissimilia sicut similia naturaliter ad sese applicantur, quoniam id quod aliud appetit, eandem aliquam naturaliter in se retinet qualitatem quam et illud quod appetit.

In quibusdam autem horum rationes et causæ evidentes sunt et manifestæ, aliorum autem causæ in latibulis naturæ reconditæ omnino nobis occultantur. Verbi gratia, aer sectus per medium facile ad sese relabitur, quoniam partium separatio easdem naturaliter in se retinet qualitates. Eadem est ratio et in aquæ separatione, quoniam ex naturali similitudine facile sese repetunt partes. Ignis vero aliter omnem refugit sectionem, quoniam ita in naturalibus se conservat qualitatibus, ut neque ejus partes

[41] Cf. CHALCIDIUS, *In Tim. Plat.*, 272 ; ed. Mullach, p. 242.
[42] *De Hebdomadibus* ; ed. Peiper p. 169.
[43] *Ibid.*
[44] *Ibid.*
[45] *Ibid.*, pp. 169-170.
[46] *De Nuptiis Philol.* I, 1 ; ed. A Dick, p. 1.

neque totus ipse ullatenus queant in qualitates contrarias permutari, quod de aliis elementis minime verum est. Permanentia enim hoc quod sunt (84v) accidentaliter naturalibus contrarias assumunt qualitates : ut quoniam aer naturaliter calidus et humidus ex accidente fit frigidus et siccus.

Quod in ascensu Montis Olympi a philosophis hoc modo probatum est. Volentes enim experiri, an in superlunaribus aliquis esset turbulentus aeris motus, in Montem Olympum ascendere frigiditas et siccitas aeris superioris eos vetuit, donec aquæ calefactæ fumositate aerem humectarent et igne calefacerent. Quo adminiculo adjuti ad verticem montis ascenderunt ibique super planum marmor cineres positos anno exacto solito adjutorio reversi omnino immotos repererunt. In gelu quoque vehementi aer frigefit et siccatur. De aqua autem et terra nulla est dubitatio, quin per calorem ignis in contrarias naturalibus labantur[47] qualitates, quoniam et aqua accidentaliter calefit et terram ipsam vis ignis in alimentum sibi rapit. Et sic quidem in plurimis similium ad sese applicationibus in propatulo sunt rationes, alii vero appetitus mutui in latibulis naturæ suas nobis occultavere causas. Cur enim adamas ferrum trahat, rationem reddere nescimus. Plurimaque alia.

[25] Sed jam hebdomadibus expositis videamus quod sequitur : SUFFICIUNT IGITUR QUÆ PRÆMISIMUS. A PRUDENTE VERO RATIONIS INTERPRETE SUIS UNUMQUODQUE APTABITUR ARGUMENTIS[48], hebdomades quas præmisit dicit quæstioni tractandæ sufficere. Sed eas, ut pridem prætaxavimus, prudenti expositori sui tractatus argumentis singulis committit adaptandas.

IV

[26] QUÆSTIO VERO HUJUSMODI EST : EA, QUÆ SUNT, BONA SUNT. TENET ENIM COMMUNIS SENTENTIA DOCTORUM OMNE, QUOD EST, AD BONUM TENDERE. OMNE AUTEM TENDIT AD SIMILE. QUÆ IGITUR AD BONUM TENDUNT, BONA IPSA SUNT[49]. Explicaturus prætaxatæ quæstionis obscuritatem quæ est, utrum ea, quæ sunt, bona sint in eo quod sunt, cum non sint substantialia bona, primum ea, quæ sunt, bona esse probat, et quidem commodissime atque opportune. Fatua enim quæstio videretur, an bona essent in eo quod sunt, si non prius constaret bona esse. Adaptat autem huic probationi duo inter doctos per se nota, quorum alterum in libro *De Consolatione Philosophiæ*[50], lucida veritatis assertione plenum reperitur, hoc est, omne quod est, ad bonum (85r) tendere. Alterum nonæ pars esse regulæ ex supra collectis manifestatur, quod tale est : *Similitudo appetenda est. Et quod appetit aliud, tale ipsum esse naturaliter ostenditur, quale est hoc ipsum quod appetit.*

[27] Ex his igitur per se notis talis conficitur argumentatio : Omne quod est ad bonum tendit. Omne autem quod naturaliter tendit ad aliquid, tendit ad simile. Quæcumque igitur ad bonum tendunt, bona ipsa sunt. Si enim bona non sunt, nequaquam naturaliter ad bonum tendunt. Quod item ex prima parte nonæ regulæ confirmari potest quæ est : *Omnis diversitas discors.* Declarato itaque ea quæ sunt, bona esse, hanc ipsam propositionem, quam jam veram esse constitit, in quæstionem format et utramque quæstionis partem ad inconveniens, ut videtur, deducit tali contra eum, qui adversari volet, utens disjunctionis syllogismo : Si ea, quæ sunt, bona sunt, aut accidentaliter bona sunt aut substantialiter. Et eum quidem qui, quod accidentaliter bona sint, tenere contendit ad hoc coarctat, ut jam concessa per se noto refragetur, hoc est, omne quod est ad bonum tendere. Unde cum ad tenendam alteram quæstionis partem redire cogatur, hoc est, ea, quæ sunt, substantialiter bona esse, rursus, ut videtur, ad hoc impossibile deducitur quod omnia, quæ sunt, Deus sint. Quare cum ad utriusque partis concessionem impossibile sequi videatur, relinquitur ea quæ sunt, si disjuncta ipsa vera est, nullo modo esse bona. Quod his breviter verbis complexus est.

[28] SED QUEMADMODUM SINT BONA, INQUIRENDUM EST, UTRUMNE PARTICIPATIONE AN SUBSTANTIA[51]. Opportunitas suggerit hoc loco commemorare quod participatio

[47] *Ms.* libantur.

[48] *De Hebdomadibus ;* ed. Peiper, p. 170. *Ms.* suis ut suum quoque aptabitur argumentis.

[49] *Ibid.*

[50] *De Cons. phil.* III, 10 (prosa) ; ed. Peiper, pp. 71 ff.

[51] *De Hebdomadibus ;* ed. Peiper, p. 170.

pluribus dicitur modis. Dicuntur enim plurimæ rerum collectiones sub eisdem contentæ generibus aut speciebus aut eisdem specificatæ differentiis aut communibus accidentibus subjectæ nominibus suorum continentium participare. Res quoque sub prædicamentis constitutæ sui singulæ generalissimi natura eorumque, quæ inter ipsa et generalissimum alternatim locantur, necnon et differentiis ipsis haud inconvenienter participare asseruntur. Et his quidem superioribus inferiora idcirco participant, quoniam specierum genera non totam complent essentiam sed potius ut partes præjacent. Similiter nec differentiæ. Ipsa quoque individua eodem modo specialissimis participant (85v) quoniam specialissima, tametsi totum esse substantiale individuis afferant, nequaquam tamen statum perficiunt individualem quem ex accidentium collectione provenire necesse est.

Alio modo res ipsæ qualitatibus ceterisque accidentibus participare dicuntur. Neque enim accidentia subjectis adveniunt ut partes, quibus tamen fortasse participare dicuntur idcirco quod universalia accidentia in pluribus subjectis distributa reperiuntur, quæ ut in ipsis perpenduntur suorum continentium partes recte dicuntur. Et prædictas quidem participationes logicus considerat. Theologus vero, quem in sua facultate *intellectibiliter versari oportet*[52], multo eminentiorem his tractat participationem, secundum quam alibi dicitur : *Unus quidem in natura Deus. Participatione vero deitatis nihil prohibet esse quam plurimos*[53]. In hoc opere hæc ipsa participatio supra commemorata est ubi ait : Omne *quod est participat eo quod est esse.* Esse enim pro essendi forma eo loco accipitur.

[29] Magna igitur cautela huic loco adhibenda est, quoniam cum utraque pars quæstionis indirecta ratiocinatione ad inconveniens perducitur, posterior sophisticum quiddam habet admixtum eo loco, ubi infert ea, quæ sunt, primo bono esse similia. Quod quare non sit, sequentia declarabunt. In ea vero ratiocinatione quæ est : SI PARTICIPATIONE bona sunt, NULLO MODO PER SE IPSA BONA SUNT, nihil fallaciæ deprendere possumus. Quippe de participatione accidentali manifestum est ibidem agi. Quod exemplo sic subdit : NAM QUOD PARTICIPATIONE ALBUM EST, PER SE ALBUM NON EST[54]. Deinde progrediens atque ad rem, quam tractabat, conversus intulit : Ea quæ sunt nullo modo ad primum bonum tendere, de hoc enim sermo est, si ipsa accidentaliter bona essent. Hoc autem illo per se noto recte confirmari potest : *omnis diversitas*, i.e., dissimilitudinis contrarietas *discors* est.

[30] Neque tamen concedimus secundum bonum ad primum tendere quod illi simile sit. Cur enim hoc non sit, posterius clarebit[55]. Sed quoniam a voluntate primi boni secundum defluxit, naturaliter ad suum principium reverti nititur. Sicut enim totius numeri series ab unitate incipiens unitate terminatur sic omnis creatura ab operante principio descendens ad fati seriem ad (86r) suum tandem principium reverti nititur, inquantum servat naturam. In complexionibus quoque humanis huic simile reperitur. Quæcumque enim complexiones æquam excedunt complexionem 'naturales distemperantiæ' nuncupantur a physicis. Unde cum gradus quattuor in quattuor primis qualitatibus constituant, definiunt gradum esse discretum dominium qualitatis in subjecto. Naturales igitur distemperantiæ in cibum et potum similia sibi concupiscunt, non contraria. Accidentales vero contraria. Unde Galienus[56] in *Tegni* de signis stomachi loquens, *ex ægritudinibus*, inquit, *factæ distemperantiæ in hoc differunt a naturalibus, quod contraria concupiscunt, non similia, quemadmodum neque naturales.* Nihil ergo mirum si secundum bonum quod a benignitate primi boni defluxit ad suæ originis dulcedinem reverti nititur.

[31] Deinceps vero tractemus quod sequitur : SED CONCESSUM EST, inquit. Ex ea concessione quod ea, quæ sunt, accidentaliter bona sunt illatum est non ea, quæ sunt, ad bonum tendere. Cujus contradictoriam quoniam superius pro communis animi conceptione inductam veram esse claruit, relinquitur esse falsum. Unde falsum sequitur. Atque idcirco philosophus illud destruit, cum sic infert : NON IGITUR PARTICIPATIONE

[52] BOETHIUS, *De Trinitate*, 2 ; ed. Peiper, p. 152.

[53] Cf. Johannes SCOTTUS, *De Divisione naturæ* I, 1 ; PL 122, 532D. John of SALISBURY, *Entheticus*, 701 f. ; PL 199, 980C : Natura Deus est unus sed munere plures, Gratia quos numen participare facit.

[54] *De Hebdomadibus ;* ed. Peiper, p. 170.

[55] *Ms.* clarebat.

[56] GALEN, *Ars medica*, 17 ; ed. Kühn, p. 349.

SUNT BONA SED SUBSTANTIA[57]. Hoc loco cavenda tibi est fallacia, cum ea, quæ sunt, bona esse substantialiter inducit. Oportet enim te meminisse triplicis rerum supra memoratæ participationis præter ea, quam in nominibus habent. Legenda tamen est littera quasi divisio ipsa bimembris sufficiens tibi videretur et ea, quæ sunt bona, substantialiter sint bona, hoc est, ex eo quod sunt, ut primum bonum bonum est ex eo quod est. Quod si esset, bonitas eorum quæ sunt esset subsistentia. Si autem bonitas eorum, quæ sunt, esset subsistentia, bonitas esset id quod sunt, hoc quod sunt. Hoc est igitur quod philosophus æquipollenter ponit : QUORUM VERO SUBSTANTIA BONA EST, ID, QUOD SUNT, BONA SUNT[58].

[32] Sequitur : ID AUTEM QUOD SUNT HABENT EX EO QUOD EST ESSE[59]. Versiculus iste theologice potest exponi. Potest et secundum logicam facultatem huic loco insertus videri. Res enim id quod sunt habent ex eo quod est esse, i.e., ex forma essendi a qua profluxerunt juxta sexti per se noti partem, quæ est : *Omne quod est participat eo quod est esse, ut sit.* Potest item secundum logicam facultatem hoc loco 'esse' exponi (86v) eo modo quo inferiora a superioribus esse substantiale trahere dicuntur. Sic enim homo id, quod est esse, habet ex humanitate, quæ ipsius esse est, quam nimirum genus proximum cum differentiis constituit.

Si ergo eorum quæ sunt bonitas est substantia et id quod sunt habent ex eo quod est suum esse, manifestum est quod *omnium rerum esse bonum est,* i.e. bonitas. Sed si esse omnium rerum bonitas est, res ipsæ in eo, quod sunt, bonæ sunt atque *illis idem est esse quod esse bona,* sicut hominum idem est esse quod esse animal rationale mortale. Hoc igitur est quod ait philosophus : *Quorum substantia bona est, id, quod sunt, bona sunt. Id autem quod sunt habent ex eo quod est esse.* ESSE IGITUR IPSORUM BONUM EST. OMNIUM IGITUR RERUM IPSUM ESSE BONUM EST. SED SI ESSE BONUM EST, EA QUÆ SUNT IN EO QUOD SUNT, BONA SUNT. IDEMQUE ILLIS EST ESSE QUOD BONIS ESSE[60], hoc est quod bona.

Quoniam vero secundum adversarii concessionem idem est rerum esse quod bonitas, convenienter infertur cum subditur : SUBSTANTIALIA IGITUR BONA SUNT, QUONIAM NON PARTICIPANT BONITATE. Hoc est : bonitas est eis substantialis. Vel potius : substantialia bona sunt, i.e., ex suo esse bona sunt, quoniam ex eo quod illis est idem esse quod bona esse apparet ea accidentaliter bona non esse. Quippe si accidentaliter essent bona, non esset illis idem esse quod bona esse, sicut corvo non est idem esse quod nigrum esse.

[33] Sequitur : QUODSI IPSUM ESSE IN EIS BONUM EST, NON EST DUBIUM QUIN SUBSTANTIALIA CUM SINT BONA, PRIMO SINT BONO SIMILIA. AC PER HOC IPSUM BONUM ERUNT. NIHIL ENIM ILLI PRÆTER IPSUM SIMILE EST. EX QUO FIT, UT OMNIA, QUÆ SUNT, DEUS SINT. QUOD DICTU NEFAS EST[61]. Supra philosophus admonuit inquirendum esse, qualiter ea, quæ sunt, bona sint, hoc est, an accidentaliter an substantialiter. Tenentem ergo quod substantialiter bona sint, captiose cum eo argumentans ad inconveniens deducit, quoniam si esse rerum bonitas est sicut et essentia divina, manifestum est omnia, quæ sunt, primo bono similia ac propterea ipsum primum bonum esse, cui nihil simile esse potest præter seipsum. Unde curiose tibi attendendum est quod dicitur : *nihil illi* summo bono *præter ipsum simile est.* Sicut enim unitas sibi ipsi æqualis et idem eidem idem dicitur, sic primum illud bonum sibi simile hoc loco asseritur. Si ergo ea, quæ sunt, suæ essentiæ proprietate primo bono similia sunt, cum nihil illi præter (87r) seipsum simile sit, procul dubio verum est omnia, quæ sunt, ipsum primum bonum esse. Ipsum autem primum bonum Deus est. Omnia ergo, quæ sunt, Deus sunt. *Quod dictu nefas est.*

Cui assertioni septima regula in confirmationem accommodatur. Ea enim est : *Omne simplex esse suum et id quod est unum habet.* Deus autem simplex est et extra materiam forma. Quare secundum octavam regulam ea, quæ sunt, Deum esse dictu nefas est. *Omni composito aliud est esse, aliud ipsum est.*

57 *De Hebdomadibus ;* ed. Peiper, p. 170.
58 *Ibid.*
59 *Ibid.*
60 *Ibid.*
61 *Ibid.*, pp. 170-171.

[34] Deinceps videamus quod sequitur : NON SUNT IGITUR, inquit, SUBSTANTIALIA BONA AC PER HOC NON IN HIS EST ESSE BONUM [62]. Volentem tenere ea, quæ sunt, substantialiter esse bona ad inconveniens absurdissimum perduxit. Per se notum autem est undecumque quoniam inconveniens sequitur, ipsum inconveniens est. Destruit ergo illud unde prædictæ impossibilitatis absurditas sequitur dicens sub dialectica illatione : *Non sunt* ea, quæ sunt, *substantialia bona ac per hoc,* i.e., ex hac consequentiæ cohærentia *non in his est esse bonum.* Ac si aperte dixisset : Bonitas non est eorum, quæ sunt, substantia. Quo illato quod ex eo sequi videtur indilate intulit : NON SUNT IGITUR IN EO, QUOD SUNT, BONA. Deinde alteram divisionis partem quam adversario tenenti destruxerat, cum inconvenienti quod ex ea sequebatur repetit, ex qua et illi opposita divisionis parte ea, quæ sunt, nullo modo bona esse. Sub fallacia tamen concludit ad hunc modum : SED NEC PARTICIPANT BONITATE. NULLO ENIM MODO AD BONUM TENDERENT. NULLO IGITUR MODO SUNT BONA [63].

Adductis igitur ad quæstionem contrariis, ut videtur, ratiocinationibus solutionem quæstioni adhibet : ut quæ solet in rebus fieri difficillimis positione utitur impossibilitatis per consensum adversarii, cujusmodi Græcorum philosophi *hypothesim* appellant. Ea enim facta, duo bona constituit ; primum videlicet et secundum. Quorum primi essentia nihil est nisi bonitas et ipsa bonitas nihil est nisi ejusdem essentia, ex qua impossibile est aliquid profluere nisi bonum. Secundi vero boni essentia quoniam a primo defluxit, bona quidem est, non bonitas. Nec tamen est accidentaliter bona nec substantialiter sed ab operante principio, a quo impossibile est aliquid provenire nisi bonum. Supra etenim hujus participationis mentionem fecimus. Quippe omne ens operantis principii bonitate participat. Ex hac igitur impossibilitatis (87ᵛ) positione et gemini boni ostensione quæstionis reperietur solutio et cur secundum bonum primo non sit simile liquebit.

V

[35] Ait ergo : HUIC QUÆSTIONI TALIS POTERIT ADHIBERI SOLUTIO : MULTA SUNT QUÆ, CUM SEPARARI ACTU NON POSSUNT, ANIMO TAMEN ET COGITATIONE SEPARANTUR, UT CUM TRIANGULUM VEL CETERA A SUBJECTA MATERIA NULLUS SEPARAT ACTUS, MENTE TAMEN SEGREGANS IPSUM TRIANGULUM PROPRIETATEMQUE EJUS PRÆTER MATERIAM SPECULAMUR [64]. Quemadmodum ab humanæ rationis usu abhorrere videbatur divinam præsentiam, quæ ubique tota est, per hypothesim ponere non esse, exemplo nos mathematicorum ad hujusmodi ausum hortatur et instruit qui ea, quæ actu et veritate in subjecta sunt materia quæque ab ea naturaliter separari non possunt, disciplinali tamen consideratione intellectu abstrahunt et mente dijudicant. Verbi gratia, triangulus vel sphæra a subjecta materia actus veritate non separantur. Mente tamen mathematicus triangulum et sphæram ceteraque suæ veritati subjecta extra materiam speculatur. Unde et ea, ac si præter materiam essent, dijudicat et definit. Ut enim in uno eorum præbeamus exemplum, *sphæram* dicit esse *circumductione semicirculi manente diametro* [65]. Proprietas enim eorum est, quæ mathematicus in sui veritate pertractat, extra materiam considerari. De hujusmodi autem in quæstione de sancta Trinitate plura diximus.

[36] Sed jam ad ipsam positionem perveniamus. AMOVEAMUS IGITUR, inquit, PRIMI BONI PRÆSENTIAM PAULISPER EX ANIMO, QUOD ESSE QUIDEM CONSTAT. IDQUE EX OMNIUM DOCTORUM INDOCTORUMQUE SENTENTIA BARBARARUM QUOQUE GENTIUM RELIGIONIBUS COGNOSCI POTEST [66]. Quæstionis hujus solutionem quærentes precatur philosophus primi boni præsentiam, hoc est primum bonum, quod ubique præsens est, ex animo removere. Et quidem paulisper, hoc est tamdiu donec per ejus amotionem quæstionis solutio reperiatur. Quod quidem bonum etsi quæstionis gratia solvendæ non esse proponatur, verissime tamen esse convincitur ex eo quod rationalis creaturæ universitas id esse consentit. Nulla enim rationalis creatura est, quæ non aliquid pro

[62] *Ibid.*, p. 171.
[63] *Ibid.*
[64] *Ibid.*
[65] BOETHIUS, *De Arithmetica* II, 30 ; PL 63, 1137*C*.
[66] *De Hebdomadibus ;* ed. Peiper, p. 171.

divinitate veneretur. *Hoc igitur* bono *paulisper*, ut expositum est, *amoto*, alia philosophus utitur positione, possibili quidem existente primo bono, impossibili autem eodem amoto. Ea (88r) autem est hæc : *Omnia, quæ sunt, bona esse.* Factis igitur positionibus duabus, altera simpliciter impossibili, altera ex hypothesi possibili et impossibili, considerare nos admonet qualiter *ea, quæ sunt, bona esse possent si a primo bono non descendissent.* Quem sensum talis continet littera : HOC IGITUR PAULISPER AMOTO PONAMUS OMNIA, QUÆ SUNT, ESSE BONA. ATQUE EA CONSIDEREMUS QUEMADMODUM ESSE BONA POSSENT, SI A PRIMO BONO MINIME DEFLUXISSENT [67].

[37] Sequitur : HINC INTUEOR ALIUD IN EIS ESSE QUOD BONA SUNT, ALIUD QUOD SUNT [68]. Postquam primi boni præsentiam gratia expediendæ quæstionis paulisper ab animo docuit amovere, quid solutioni quæstionis id conferat e vestigio manifestat. Cum enim jam non sit primum bonum, secundum vero sit et bonum sit, sollerter nobis rem intuentibus apparet in eis quæ sunt aliud esse quod bona sunt, hoc est aliunde bona esse, et aliud quod sunt, hoc est aliunde subsistere. Existente enim primo bono, ut quidem verissime existit, ab eodem, i.e., ab ipso ea quæ sunt habent procul dubio existere et ab ipso bona esse. Per consensum igitur primo bono non existente, ex bonitate accidentali ea quæ sunt, bona sunt et ex suis substantialibus habent existere. Aliunde igitur habent esse, aliunde bona esse.

Ad cujus veritatis assertionem commodum inducit exemplum quod tale est : PONATUR UNA EADEMQUE SUBSTANTIA BONA ESSE GRAVIS, ROTUNDA, ALBA [69]. Quod si poneretur, evidenter appareret quod aliunde esset ipsa illa substantia, ex suis nimirum substantialibus, et aliunde diceretur et esset gravis, siquidem ex gravitate, aliunde alba, procul dubio ex colore, aliunde bona, procul dubio ex bonitate. Hoc est enim quod ait : TUNC ALIUD ESSET ILLA SUBSTANTIA, ALIUD EJUS ROTUNDITAS, ALIUD COLOR, ALIUD BONITAS [70]. Quæ veritas ex quinta regula manifestatur : *Diversum est esse aliquid et esse aliquid in eo quod est. Illic enim accidens, hic substantia significatur* [71]. Cumque singula hæc ad hunc modum distinxisset, quoniam alicui videri poterat quod omnia hæc unum essent eo quod unum efficiunt actuale, antipophoram, hoc est responsionem tacitæ objectioni opponit inquiens : NAM SI HÆC SINGULA IDEM ESSENT QUOD (88v) IPSA SUBSTANTIA, IDEM ESSET GRAVITAS QUOD COLOR, QUOD ROTUNDITAS, QUOD BONUM ET BONUM QUOD GRAVITAS. Atque ita in identitatem conversa unum *simplex* fierent, quod *suum esse et id quod est unum haberet,* QUOD FIERI NATURA, i.e., prædicamentorum diversitas NON SINIT [72].

[38] Quoniam vero hoc natura non sinit, aliud est in rebus esse, aliud aliquid esse, i.e., rem esse longam vel brevem vel bonam vel rotundam vel gravem. Hoc est quod ait : ALIUD IGITUR TUNC IN EIS ESSET ESSE, ALIUD ALIQUID ESSE [73], quoniam et esse suo singula participarent ad hoc, ut essent, alio vero, i.e., bono accidentali participarent, ut aliquid essent. Et sic quidem, si "esse" placet hic logice accipi, sextum vel octavum ex per se notis hic potest accommodari. Sextum quidem tale est : *Omne quod est participat eo quod est esse, ut sit. Alio vero participat, ut aliquid sit.* Octavum vero est : *Omni composito aliud est esse, aliud ipsum est.* AC TUNC QUIDEM BONA ESSENT, manente positione, sed tamen eorum esse non esset bonum, quoniam nonnisi accidentalem haberent bonitatem ut homo albus albedinem. Licet enim homo albus sit, esse tamen non habet album. Hoc item in loco tertium ex per se notis potest adaptari, si logice interpretari placet "esse", quod tale est : *Quod est participare aliquo potest.* Sed *ipsum esse nullo modo aliquo participat.* Generibus enim et differentiis et speciebus, in quibus esse rerum consistit, accidentia non contingunt.

Eja, progrediamur : *Ac tunc bona quidem essent.* ESSE TAMEN IPSUM MINIME BONUM *haberent* [74]. In veritate autem existentiæ rerum, quamvis bonitas non sit eis substantialis, ab opifice tamen forma esse suum bonum habet. Nec quemquam movere debet quod bonitas nec substantialis creaturæ est nec accidentalis, quoniam hoc theologicæ rationis

[67] *Ibid.*
[68] *Ibid.*
[69] *Ibid.*
[70] *Ibid.*
[71] *De Hebdomadibus ;* ed. Peiper, p. 169.
[72] *Ibid.*, pp. 171-172. The words *quod rotunditas* are not found in Peiper's edition. They are also found in Gilbert's text ; ed. Haring, p. 203.
[73] *Ibid.*, p. 172.
[74] *Ibid.*

judicium est, quæ omnis logicæ excedit regulas. In ea enim *intellectibiliter*, ut alibi memoratur, *versari oportebit*[75].

[39] Jam vero ex præmissis quid inferatur audiamus : IGITUR SI ULLO MODO ESSENT, NON A BONO AC BONA ESSENT. AC NON IDEM ESSENT QUOD BONA. SED EIS ALIUD ESSET ESSE, ALIUD BONIS ESSE[76]. Manentibus supra memoratis positionibus, bona quidem essent ea quæ sunt. Esse tamen minime bonum haberent. Unde non inconsequenter infertur : Si ea bona essent suam bonitatem non a (89r) primo bono sortita, tunc non idem essent quod bona. Sed juxta secundum per se notum quod est : *Diversum est esse et id quod est,* aliud esset eis esse, aliud bona esse. Nunc autem revera idem sunt quod bona sicut idem homo quod animal. Quodsi a primo bono non fluxissent, sed essent accidentaliter bona, non essent idem quod bona sicut Ruthenus non est idem quod album. Neque enim quamvis Ruthenus albus sit sequitur : si Ruthenus est, albus est. Aliquo enim tempore verum esse potest antecedens, quod non necessario verum erit consequens. Contingenter enim Ruthenus albus est.

Notandum autem quod in hac illatione conjunctio, quæ antecedenti consequens copulat, pro "tunc" abverbio legenda est ut usitato more dicere solemus : Si hoc est, et illud est.

[40] Sequitur : QUOD SI NIHIL OMNINO ALIUD NISI BONA ESSENT, NEQUE GRAVIA NEQUE COLORATA NEQUE SPATII DIMENSIONE DISTENTA NEC ULLA IN EIS QUALITAS ESSET, NISI TANTUM BONA ESSENT. TUNC NON RES SED RERUM VIDERENTUR ESSE PRINCIPIUM[77], quoniam juxta septimum ex per se notis quod est : *Omne simplex esse suum et id quod est unum habet,* omnia unum essent. Unde indilate subditur : NEC POTIUS VIDERENTUR SED VIDERETUR et idcirco philosopho corrigendum visum est quod de simplicitate pluraliter dixerat "*viderentur*". Quare rursus subjunxit : UNUM ENIM SOLUMQUE EST HUJUSMODI, QUOD TANTUM BONUM ALIUDQUE NIHIL SIT[78], quoniam ut in quarto ex per se notis habetur : *Ipsum esse nihil præter se habet admixtum.* Ipsa vero quæ sunt nequaquam simplicia sunt, quoniam ut in parte ejusdem per se noti reperitur, *id quod est habere aliquid præter quam quod ipsum est potest* : ut homo præter hoc quod animal rationale mortale est, longitudinem, latitudinem, gravitatem, colorem, ceteraque similia et circa hæc crebras mutationes habere potest.

Homo vero ista non est sed ea, quæ ipsum constituunt, simul accepta est. Cum ergo ea quæ sunt non sint simplicia, nec ullo modo esse possent nisi per essendi formam, idcirco quod per ipsam habent esse, quæ non est nisi bonitas, habent et ipsa bona esse. Sicut enim album est quod albedo informat, sic bonum esse necesse est quod bonum substantiale exornat. Atque uti rationale est, quod per rationalitatem est, sic quod per primævam bonitatem est, bonum esse necesse est. Quippe sicut qualitates in rebus naturalibus suis subjectis accidentalem dant denominationem, sic bonitas supersubstantialis bonitatem (89v), quam theologica ratio quasi mediam inter substantialem judicat et accidentalem, creaturis suis impressit. Et hanc quidem sententiam ex illa littera colligere potes : QUÆ QUONIAM NON SUNT SIMPLICIA, NEC OMNINO ESSE POTERANT NISI EA ID QUOD SOLUM EST ESSE VOLUISSET. IDCIRCO QUONIAM ESSE EORUM A BONITATE DEFLUXIT, BONA ESSE DICUNTUR[79]. Atque ad hujus veritatis assertionem *primum bonum* et secundum distinguit ostendens *quoniam* primi boni essentia bonitas *est* et ejus bonitas eisdem essentia est nihilque aliud de ipso prædicatur per esse quam bonitas ac per hoc *in eo quod est, bonum est.*

[41] Secundi vero boni tametsi bonitas ejusdem essentia non sit, tamen ipsius esse necesse est esse bonum quoniam ex ea bonitate quæ supersubstantialis est nihil descendere potuit quod bonum non esset. Hoc igitur æquipollenter sic ponit : PRIMUM ENIM BONUM, QUONIAM EST, IN EO QUOD EST BONUM EST. SECUNDUM VERO BONUM, QUONIAM EX EO PROFLUXIT CUJUS IPSUM ESSE BONUM EST, IPSUM QUOQUE BONUM EST. Ac deinde, ut expressior evidentia fiat, argumento subjungit : SED IPSUM ESSE OMNIUM RERUM, quod nimirum bonum esse ostensum est, EX EO FLUXIT QUOD EST PRIMUM BONUM ET

[75] BOETHIUS, *De Trinitate,* 2 ; ed. Peiper, p. 152.

[76] *De Hebdomadibus ;* ed. Peiper p. 172.

[77] *Ibid.*

[78] *Ibid.*

[79] *Ibid.*

QUOD BONUM TALE EST, UT RECTE i.e. ex se proprieque et vere DICATUR IN EO, QUOD EST, ESSE BONUM. Quoniam vero ipsum primum bonum proprie ac vere et ex sese bonum est in eo quod est, secundum bonum quod principali illa bonitate ab ea suum esse sortitum participat, in eo quoque quod est, bonum est, quoniam accidentem sibi bonitatem a primæva bonitate non traxit. Atque ideo infert ad hunc modum : IPSUM IGITUR EORUM ESSE BONUM EST. TUNC ENIM IN EO [80].

[42] Sequitur : QUA IN RE SOLUTA EST QUÆSTIO [81]. In hac nimirum re quæstio præcipue solvitur quod duobus modis bonum esse ostensum est : unum quidem bonum et primum, cujus essentia bonitas est, ex quo quoniam secundum defluxit quod quadam denominatione bonum dicitur nec ab illo esse potuit nisi bonum, secundum esse non potuit nisi bonum. Unde et *bonum in eo quod est* esse concluditur, quamvis tamen non eo modo quo primum, quemadmodum id quod ab homine justo juste fit, ex eo quod a justo juste fit, usitato more et vere justum dicitur. Cumque et primum in eo quod est et secundum bonum dicatur, non idcirco tamen secundum simile est primo, quoniam primum omnibus modis et substantialiter bonum est et idcirco *in eo quod est.* Secundi vero boni esse inde tantum bonum est, quod a primo (90r) defluxit. Nec aliter esse bonum potuit in eo quod est.

Ergo simile illi non est a quo est, quoniam illud bonum est absolute in eo quod est, quippe non est nisi bonum. Istud autem, si non esset ab illo, per hypothesim saltem posset concedi accidentaliter bonum esse ; minime tamen in eo quod est, bonum esse posset concedi, quoniam tunc adjectiva participaret bonitate. Sed cum esse suum a primo bono non haberet, ipsum esse suum bonum habere non posset, sicut lapis albus accidentaliter esse suum, quod ex genere et differentiis confit, album non habet. Ipse tamen albus existens. Et hoc quidem modo solutionis confirmatio de quæstione proposita ex verbis quæ in serie litteræ supponuntur sumi potest. IDCIRCO ENIM LICET IN EO, QUOD SUNT, BONA SUNT, NON SUNT TAMEN SIMILIA PRIMO BONO, QUONIAM NON QUOQUO MODO SINT RES IPSUM ESSE EARUM BONUM EST. SED QUONIAM NON POTEST ESSE IPSUM ESSE RERUM, NISI A PRIMO ESSE DEFLUXERIT, I.E., BONO, IDCIRCO IPSUM ESSE BONUM EST. NEC EST SIMILE EI A QUO EST. ILLUD ENIM QUOQUO MODO SIT, BONUM EST IN EO QUOD EST. NON ENIM ALIUD EST PRÆTER QUAM BONUM. HOC AUTEM NISI AB ILLO ESSET, BONUM FORTASSE ESSE POSSET, SED BONUM IN EO QUOD EST, ESSE NON POSSET. TUNC ENIM PARTICIPARET FORSITAN BONO. IPSUM VERO ESSE, QUOD NON HABERET A BONO, BONUM HABERE NON POSSET [82].

Attendat igitur lector, si forte aliquis erit, quomodo hujus litteræ seriatim usque huc ordinatæ sensum ea, quæ post solutionem quæstionis induximus singula expediant, nisi quod duplicis boni primo loco ad confirmationem rei mentionem replicavimus.

[43] Deinceps progrediamur : IGITUR SUBLATO AB HIS PRIMO BONO MENTE ET COGITATIONE, ISTA LICET ESSENT BONA TAMEN IN EO QUOD ESSENT, BONA ESSE NON POSSENT. ET QUONIAM ACTU NON POTUERUNT EXISTERE NISI ILLUD EA QUOD VERE BONUM EST PRODUXISSET, IDCIRCO ET ESSE EORUM BONUM EST ET NON EST SIMILE SUBSTANTIALI BONO ID QUOD AB EO FLUXIT. ET NISI AB EO FLUXISSENT, LICET ESSENT BONA, TAMEN IN EO, QUOD SUNT, BONA ESSE NON POSSENT, QUONIAM ET PRÆTER BONUM ET NON EX BONO ESSENT, CUM ILLUD IPSUM BONUM PRIMUM EST ET IPSUM ESSE SIT ET IPSUM BONUM ESSE BONUM [83]. Superius cum quæstionis solutionem aggrederetur, ad sui negotii expeditionem gemina usus est hypothesi quarum prima impossibilis, altera possibilis videri poterat. Ex quibus quoniam tota vis solutionis emanavit, nunc quasi per epilogum utramque repetit hypothesim cum quadam præmissorum summa argumentorum, (90v) ut argumentis memoratis cum utroque hypothesi firmissima sibi capiat memoria quæstionis solutionem. Et quidem ubi ait : *Sublato ab his bono primo mente et cogitatione* impossibilem earum, quæ factæ sunt, repetit positionem. Ubi vero subjunxit : *Ista licet essent bona,* possibilem. Quod autem dixit : *Tamen in eo quod essent, bona esse non possent,*

[80] *Ibid.* Among different variants, Peiper chose the reading : Tunc enim in eo quod essent, non essent bona si a primo bono minime defluxissent. The shorter version of Clarenbaldus' copy was also found in Gilbert's *Boethius ;* ed. Haring, p. 206.

[81] *De Hebdomadibus ;* ed. Peiper, p. 172.

[82] *Ibid.*, pp. 172-173.

[83] *Ibid.*, p. 173.

accidentalis rerum bonitatis insinuatio est, quam haberent si amoto primo bono bona essent.

Per hoc vero quod supponit res non potuisse existere nisi illud ea, quod vere bonum est, produxisset atque idcirco esse eorum bonum esse, ejus argumenti recordationem facit quo probatum est esse rerum bonum esse in eo quod sunt, nec tamen idcirco secundum bonum simile esse primo. Quod subjungens enucleavit ad hunc modum : *Et nisi ab eo fluxissent, nisi essent bona*, quasi diceret, non a bono, *tamen in eo quod sunt, bona esse possent, quoniam et præter bonum*, hoc est primo bono positive amoto *ex nullo bono essent, cum* tamen veritate simplicis essentiæ *illud ipsum bonum primum est et ipsum esse* i.e., ipsa æternitas *sit* a qua tempus et omnia temporalia descenderunt. Sicut alibi dicitur : *Qui tempus ab ævo ire jubes stabilisque manens das cuncta moveri*[84]. Cumque illud ipsum bonum primum sit bonorum omnium ipsaque æternitas est etiam ipsum i.e. *simplex* bonum et ipsum esse bonum, hoc est tale quod esse non est nisi esse bonum et quod esse non est nisi esse bonum quoniam juxta septimam regulam *esse suum et id quod est unum habet.*

VI

[44] Eja, quod sequitur breviter percurramus quoniam difficiliora pertransivimus. **At non etiam alba**, inquit, **oportebit alba esse in eo quod sunt ea quæ alba sunt, quoniam ex voluntate Dei fluxerunt, ut essent alba? Minime. Aliud est enim esse, aliud albis**[85] **esse. Hoc ideo quoniam qui ea, ut essent, effecit, bonus quidem est, minime vero albus. Voluntatem igitur boni comitatum est, ut bona essent in eo quod sunt. Voluntatem vero non-albi non est comitata talis ejus quidem proprietas, ut esset**[86] **album in eo quod est. Neque enim ex albi voluntate fluxerunt. Itaque quia voluit ea esse alba, qui erat non-albus, sunt alba tantum. Quia vero voluit ea esse bona, qui erat bonus sunt bona**[87] **in eo quod sunt**[88]. Quasi a similitudine ejusdem causæ hanc objectionem videtur inducere, quoniam cum ea, quæ sunt bona in eo quod sunt, bona (91r) sint idcirco quod a voluntate primi boni fluxerunt, et alba videntur in eo quod sunt alba esse, quoniam ex eadem voluntate alba emanaverunt.

Sed hoc quidem minime verum esse dicit, quoniam eis, quæ bona sunt, idem est esse et bona esse. Albis vero non idem est esse quod alba esse. Quod idcirco contingit, quoniam qui singula effecit ut essent bona, substantialiter bonus est, non autem albus. Quodsi ipse substantialiter albus esset, tunc ab ipso creata in eo quod essent, alba esse videri possent. Et quoniam ille non est nisi bonus, qui voluit ut ea essent, bona sunt in eo quod sunt. Quoniam vero ille qui non est albus voluit, ut essent alba, sunt alba tantum, i.e., non in eo quod sunt. Bona vero sunt in eo quod sunt, quia qui ea esse voluit non est nisi bonus, ut dictum est.

[45] Sequitur : **Secundum hanc igitur rationem cuncta oportet esse justa, quoniam ipse justus est qui ea esse voluit? Ne hoc quidem. Nam bonum esse essentiam, justum vero esse actum respicit. Idem autem est in eo esse quod agere. Idem igitur bonum esse quod justum. Nobis vero non est idem esse quod agere. Non enim simplices sumus. Non est igitur nobis idem bonis esse quod justis. Sed idem nobis est esse omnibus in eo quod sumus. Bona igitur omnia sumus, non etiam justa. Amplius : Bonum quidem generale est, justum vero speciale. Nec species descendit in omnia. Idcirco alia quidem justa, alia aliud, omnia bona**[89]. Oppositionem quæ a simili propter eandem causam ipsi fieri poterat enervavit. Hac nimirum ratione quod ea, quæ sunt alba, non oportuit esse alba in eo quod sunt, quoniam qui fecit, ut ea essent alba, non est albus. Qui vero fecit, ut ea essent bona in eo quod sunt, est bonus. Unde quoniam ille qui cuncta fecit est justus, non absque rationis similitudine omnia justa esse videbuntur.

[84] Boethius, *De Cons. phil.* III, 9 ; ed. Peiper, p. 70.
[85] *Ms.* albus.
[86] *Ms.* essent.
[87] *Ms.* alba.
[88] *De Hebdomadibus ;* ed. Peiper, pp. 173-174.
[89] *Ibid.*, p. 174.

Sed philosophus ipse non hoc concedit idcirco quod creaturis idem est esse quod bonis, quoniam esse uniuscujusque creaturæ bonum est. Non vero esse uniuscujusque creaturæ justum est. Licet enim in Deo idem sit esse justum quod bonum quod benignum quod pium ceteraque similia, in creaturis tamen justum esse non ad substantiam respicit sed ad agere. Est enim justitia constans et perpetua voluntas distribuendi æquitatem. Distributio autem actio est, non essentia. Ergo bene dictum videtur quod justitia in nobis non essentiam respicit sed actum. In Deo vero non ita, quoniam in ipso [90] idem est esse quod agere.

[46] Sed hic nobis aliquid quæstionis occurrit (91v). Nam sicut in superiori quæstione demonstravimus : Deus est et numquam esse cœpit. Videtur autem quod aliquando agere cœperit sicut Moyses scribit : *In principio creavit Deus cælum et terram* [91]. In aliis quoque pluribus divinæ Scripturæ locis legitur Deum hæc et illa fecisse. Quomodo ergo dicemus in Deo idem esse quod agere ? Esse enim ejus procul dubio æternum est. Agere vero, ut videtur, temporale. Sed possumus dicere quod, licet ipse qui est æternitas numquam quidem esse, agere vero cœperit aliquando, quoniam tamen agendi prudentia numquam in ipso acceperit principium, idem est in eo esse quod agere.

Aliter autem et hanc quæstionem possumus pertransire. Agere quippe Dei est ejus dicere, sicut dicit Psalmista : *Ipse dixit et facta sunt* [92]. *Ipse mandavit et creata sunt.* Dicere vero ejus est ejus velle. Velle autem ejus benignitas est. Benignitas vero ejus essentia ejus est. Vere ergo dicitur quod in Deo esse idem est quod agere. Esse vero ejus idem est quod bonitas. Idem igitur ei est bonum esse quod justum. Nobis autem non sic quoniam, ut ipse philosophus ait, *non sumus simplices* sicut ipse. Quod ex quarto per se notorum confirmari potest quod tale est : *Id quod est habere aliquid præter quam quod ipsum est potest. Ipsum vero esse nihil præter se habet admixtum.* Et item ex octava regula quæ est : *Omni composito aliud est esse, aliud ipsum est.* Quoniam ergo non falso dictum est bonum ad essentiam, justum vero ad actum respicere, licet ille justus sit qui ut essemus effecit, non tamen sumus justi in eo quod sumus, quoniam justitia ex voluntate æque agendi in nos descendit. Bonitas vero ab ipsius Creatoris bonitate. Unde omnibus nobis idem est esse in eo quod sumus, i.e., bonos, non vero justos.

Est præterea alia hujus oppositionis solutio, quod quidem bonum generale est, justum vero boni species. Generalitas autem boni a Creatore in creaturam profluens omnia complectitur, siquidem, ut Plato de constitutione mundi sensilis scribens meminit, *speciali nulli mundum similem factum esse : perfectionem in genere, non in specie* [93]. Manifestum est quam nimirum perfectionem Plato ipse mundo attribuit. Cumque justum, ut dictum est, boni sit species, species vero omnis sui generis pars, species in omnia descendere non potuit. Et idcirco rerum parti per divisionem inesse reperitur. Quam (92r) quidem divisionem philosophus ipse operi suo finem imponens insinuat inquiens : *Idcirco alia quidem justa, alia aliud, omnia bona.*

[47] Superata tandem utcumque quæstionis arduitate, et communis animi conceptionibus suis locis pro posse nostro adaptatis, quiddam ad hunc superesse videmus quod arbitramur dicendum opportune. Quod nimirum idcirco in finem distulimus, ut post extricationem operis intricati facilius pateret intellectui. Neque enim omnia quæ ad quæstionem erant dicenda, ibi dicere nobis consilium fuit, ubi asperior nos difficultas urgebat.

Cum igitur multis modis bonum dicatur unumque bonum sit quod omnino et absolute bonum est aliudque quod ab illo suam sortitur bonitatem, prætermissis variis boni acceptationibus, bonum hoc loco appellamus ordinatum illud nimirum quod fluxit a primo. Illud vero a quo secundum defluxit cuncta ordinans recte intelligitur. Sicut enim dicit Moyses : *Vidit Deus cuncta quæ fecerat et erant valde bona* [94]. Valde, inquit, bona quia optime ordinata, ut nihil in regno divinæ providentiæ licere possit casuum temeritati. Unde et divinitas creare malum, i.e., ordinare legitur. Cui veritati Plato

[90] *Ms.* quoniam in ipso non idem est esse quod agere.
[91] *Gen.*, I, 1.
[92] *Ps.* xxxii, 9.
[93] PLATO, *Timæus* (Chalcidio interpr.) ; ed. Mullach, p. 159.
[94] *Gen.*, i, 31.

consentiens : *Nihil,* inquit, *fit cujus ortum non legitima causa et ratio præcedat*[95]. Boethius quoque in libro *De Consolatione Philosophiæ* divinam providentiam tam sapienter cuncta gubernare non mentitur, ut etiam mala, quæ gerimus, ad bonum convertat [96]. Quippe sicut ex falso verum sic ex malo proportionaliter divina ratione ordinante sequitur bonum. Bona igitur, i.e., ordinata cuncta sunt quæ ab ordinante principio profluxerunt. Neque enim cuncta ordinans recte diceretur principium, si non a principio descendentia vere dici possent ordinata. Et hoc quidem modo tam mihi quam meis doctoribus visum est hoc loco bonum accipi debere. Si cui autem aliter videtur, si tamen bene, nullum bonum criminamur.

95 Plato, *Timæus* (Chalcidio interpr.) ; ed. Mullach, p. 157.

96 Cf. Boethius, *De Cons. phil.* IV, 6 ; ed. Peiper, pp. 108 f.

The Commentaries of Gilbert, Bishop of Poitiers (1142-1154), on the Two Boethian *Opuscula Sacra* on the Holy Trinity

NICHOLAS M. HARING, S.A.C.

The commentaries on four *Opuscula Sacra* of Boethius by Gilbert, Bishop of Poitiers, were first printed among the works of Boethius published in Basel in 1570 [1]. The editor, H. L. Glareanus, describes them on the title page as *ante numquam editi* and notes in the index that this first printed edition was based 'on a very ancient manuscript' [2]. The preface to the edition of Boethius written by Adam Henricpetri yields no further information on the manuscript itself or its transcriber [3] and Glareanus does not even mention Gilbert in his introduction to the collected works of Boethius. But the edition comprises much more than the index indicates, i.e., commentaries not only on the *De Trinitate* but also on the second, third and fifth of the *Opuscula Sacra*, the original text of which precedes each commentary. Part of the preface written by Gilbert after the Council of Rheims (1148) is prefixed, not to Gilbert's commentaries, but to Boethius' treatise on the Trinity. These facts, as we shall see, created considerable confusion among students of history.

I

The text of the Basel edition is relatively good and there is sufficient evidence to assume that the transcription was made from a twelfth-century manuscript still preserved at Troyes [4] under number 1841 which once belonged to the library of Clairvaux where its shelf mark was G. 75. This manuscript is one of the best extant though the transcriber occasionally misread abbreviations, added some words to improve his text and, more frequently, obscured the text by faulty punctuation. However, the greatest weakness of the edition is the fact that, with the exception of initial lemmata, no distinction is made in print between the Boethian text and the commentator's words. Such a visual distinction is of particular importance in the case of Gilbert, who was so anxious not to omit a single word that the copy of the *Opuscula* which he used could be easily reconstructed. His endeavour to clarify and explain almost every word in Boethius appears to cramp his style and obstruct the progress and coherence of his thought, unless the reader becomes and remains visually aware of the fact that many remarks and sentences are only as it were stepping stones from one Boethian word to the next. In most manuscripts the Boethian text is underlined, and in many cases the commentary is written alongside of the respective *opusculum* which enabled the reader to verify whether Gilbert's text was true to the original Boethius. For that reason it was easier to read and understand a mediæval manuscript than the printed edition.

The shortcomings of the Basel edition were only multiplied in the reprint published by Migne [5] where each Boethian *opusculum*, revised by Ballin, precedes its commentary as in the Basel edition. Reading Gilbert's commentaries is no pastime under any circumstances, but the handy and commonly used Migne edition has often overtaxed the endurance of many students who were attracted by the magnetic power of a man, whom many of his contemporaries celebrated as the most learned scholar of their time,

[1] Ex Officina Henricpetrina, Basel, pp. 1119-1273.

[2] De sancta Trinitate cum Gilberti episcopi pictaviensis, cognomento Porretæ, doctissimi olim viri commentariis jam primum ex vetustissimo scripto codice in lucem editis . . .

[3] Item nuper inventa (commentaria) et antehac numquam visa Gilberti Porretæ, episcopi pictaviensis, in quatuor de Trinitate libros.

[4] *Catal. Gén.*, II (Paris, 1855), p. 768.

[5] Cf. R. Silvain, 'Le texte des commentaires sur Boèce de Gilbert de la Porrée', *Arch. d'Hist. doctr. et litt. du Moyen Âge*, XV (1946), 175-189.

which he undoubtedly was. As a result Gilbert is still under suspicion of error or even heresy, especially among theologians and historians of theology who have copied their verdict from similar predecessors without personal examination of provable historical facts.

To substantiate this observation I may quote from modern history, which we are prone to consider more reliable than mediæval records. The author responsible for the section on Gilbert in vol. XII of the *Histoire littéraire de la France*, first published in 1763 and revised in 1869, asserts that Gilbert wrote a commentary '*sur les livres de la Trinité de Boëce*' which, we learn, was published at Basel in 1470 (rather than 1570). The index of the Basel edition accounts for the inaccuracy in the listing of Gilbert's published works and the author tells us that a commentary '*très prolixe et assez peu intelligible*' [6] on the fifth Boethian *opusculum* was still unpublished. He adds that a handwritten copy was extant at Saint Amand. We learn from the same author that the manuscript of Gilbert's treatise on the Trinity, referred to by Oudin, was no longer found in the Bibliothèque des Carmes [7]. This twelfth-century copy of Gilbert's commentaries is still extant at the Arsenal Library in Paris, listed under number 1117B, and happens to contain the best text among all manuscripts collated in the preparation of this edition. The author was also ignorant of the fact that Gilbert's commentary on the third *opusculum*, commonly known as *De Hebdomadibus*, had been published in the Basel edition [8].

Although he even failed to examine what had actually been in print for almost two centuries, the author affirms of Gilbert's first commentary : '*Le style en est serré, dur et embarrassé, de manière que, loin de lever les obscurités du texte, cette glose auroit elle-même besoin d'un autre glose pour être entendue* [9]' The fact that such was the expressed opinion of Geoffrey of Auxerre, Gilbert's adversary, who had read the work, cannot justify any historian to propose it as his own conclusion unless he shows evidence that he made a study of the work he condemns. In our own days, L. De Simone [10] goes much further and claims that in theology Gilbert produced 'a heap of heresies' such as 'Nestorianism, adoptionism and other heretical propositions,' while others still accuse Gilbert of tritheism [11] or maintain that he taught the divinity to be a pure extrinsic accident of God [12].

A critical edition of Gilbert's commentaries on the *Opuscula Sacra* is therefore a fundamental necessity in any attempt either to confirm or destroy the accusations against Gilbert, the number of which, as we have seen, increased rather than decreased in the course of time and is often based not on Gilbert's own statement or the study of his works but on the *capitula* formulated against him [13] or on other contentions of his critics and accusers.

II

We may repeat that the *editio princeps* was transcribed from a manuscript now preserved at the library of Troyes, though this is not stated by the publisher who only described it as 'recently discovered.' Whoever made the discovery and the transcription must have noted that the *explicit* reads : *Explicit liber Boethii sanctæ Trinitatis* (*fol.* 169v) and that the large letters on the following folio reveal its provenance : *Liber Sanctæ Mariæ Claræ Vallis*. The librarian marked it G. 75 (Arabic numerals). The *explicit* may account for the error in editing the four commentaries as a work on the Trinity *in quatuor de Trinitate libros* [14]. The manuscript dates back to the twelfth century and was written by an old scribe who submitted the following request : *Dona*

[6] *Hist. lit.*, XII (Paris, 1869), pp. 471 and 475.
[7] *Ibid.*, p. 475.
[8] *Ibid.*, p. 475.
[9] *Ibid.*, p. 471.
[10] *Storia della filosofia medioevale* (Naples, 1949), p. 239.
[11] Cf. N. M. Haring, 'The case of Gilbert de la Porrée, Bishop of Poitiers', *Mediæval Studies*, XIII (1951), 4.
[12] C. Ottaviano, *Joachim Abbatis liber contra Lombardum* (Rome, 1934), p. 83. A more moderate but still inaccurate view on Gilbert's distinction between God and divinity is held by A. Hayen, 'Le concile de Reims et l'erreur théologique de Gilbert de la Porrée', *Arch. d'Hist. doctr. et litt. du Moyen Âge*, X-XI (1935-1936), 29-102.
[13] Cf. N. M. Haring, *art. cit.*, pp. 1-4.
[14] See notes 2 and 3.

superna seni lector pius oret Ugoni, scripta manu cujus documenta libri legit hujus (*fol.* 169ᵛ).

Judging by the shelf mark, it was the second copy of Gilbert's commentaries which entered the library of Clairvaux because in the manuscript Paris, Bibl. Nat. *Lat.* 18094, likewise of the twelfth century and originally owned by the library of Clairvaux, we find the shelf mark G. 74, apparently written by the same librarian [15]. At the end of the *codex* (*fol.* 102ᵛ) we read the following statements covering the entire folio : (in red) *In hoc volumine sunt tres libri, scilicet Boethius de Trinitate, B(oethius) de Hebdomadibus, B(oethius) de duabus naturis et una persona in Christo.* Then in large black script : *Liber Sanctæ Mariæ et beati Bernardi Parisius. Qui hunc librum furatus fuerit, anathema sit. Amen.* Then in smaller red characters : *Liber beati Bernardi Parisius. Qui hunc librum furatus fuerit vel titulum eraserit, anathema sit. Amen* [16].

Both copies must have been written after the Council of Rheims (1148) because both begin with the preface composed by Gilbert after the Council and in both this preface is immediately followed by Gilbert's prologue to the first *opusculum.* One reason why the library of Clairvaux procured a second copy of the work may be seen in the inferior quality of the Paris manuscript, and it is understandable that at a later date the owners parted with it in favour of Notre Dame in Paris. This may seem to conflict with the official prohibition to copy and read the commentaries which, as St. Bernard complains, was widely ignored among Gilbert's followers [17], unless we assume that the second copy was acquired to see whether any corrections were made by the author. We know on Geoffrey's authority that Gilbert never amended his work [18] and the twenty-five manuscripts used in the preparation of this edition confirm his statement. A revised version or second edition does not exist, for all manuscripts still contain the very passages which Geoffrey lists as conflicting with the Catholic faith [19], though in a few instances the text was tampered with by others.

III

Gilbert's commentaries on the *Opuscula Sacra* were copied up to the fourteenth century, but most of the manuscripts date back to the twelfth century and the early part of the thirteenth. The strongest interest in his teaching appears to have existed in the last quarter of the twelfth century and then it gradually subsided with the generation whose inspiration probably dated back to Gilbert's lectures or the enthusiasm of those who had heard him. His memory lingered on mainly in occasional references to the errors he was accused of or to different opinions held by the *Porretani.* The publication of the commentaries in 1570 marks little more than the discovery claimed by the editor, it failed to make an appreciable change in the general attitude towards Gilbert, his teaching and his influence. But in 1724, Martène and Durand [20] reported that they had discovered a handwritten copy of his commentaries '*sur les livres de la Trinité de Boëce*' at Saint Amand, now preserved at the library of Valenciennes. A masterpiece in script and illuminations, it yielded the names of four disciples : Jordanus Fantasma, Ivo Carnotensis decanus, Johannes Belet and a certain Nicolaus who 'shed the light of full explanation' on the *arcanæ sententiæ* of the Bishop of Poitiers. To these first traces of a school we may add the names of John of Salisbury and Otto of Freising who did not accept the view that Gilbert was guilty of heretical doctrines. The fourth disciple named in the Valenciennes manuscript has been identified with Nicholas of Amiens [21], and M. Grabmann [22] pointed to an anonymous collection of

[15] Another partly erased and later shelf mark apparently read H 47.

[16] Not quite accurate is the transcription of this text in L. DELISLE, *Inventaire des manuscrits latins de Notre-Dame*, etc. (Paris, 1877), p. 80. The manuscript was probably acquired after the death (1153) and before the canonization of St. Bernard (Jan. 18, 1174) by Alexander III.

[17] Cf. N. M. HARING, 'The case of Gilbert', p. 13.

[18] *Ibid.*, p. 1.

[19] *Contra & Capitula Gilberti*, 6 ff. ; PL 185, 597 ff.

[20] *Second Voyage littéraire* (Paris, 1724), p. 99.

[21] *Hist. litt.*, XII (Paris, 1869), p. 471. H. DENIFLE, *Die abendl. Schriftausleger* (Mainz, 1905), p. 185.

[22] *Gesch. der schol. Methode*, II (Freiburg, 1911), p. 432.

patristic texts at the Vatican Library [23] as a possible answer to the questions raised about the work to which the manuscript refers. F. Pelster has shown that the collection was made about the year 1180 by Adhemar of Saint-Ruf, Valence, to justify Gilbert's doctrines by compiling pertinent patristic texts [24].

It is understandable that Gilbert's followers preferred to remain anonymous and defend their *magister* by collecting patristic passages to prove his orthodoxy. The *Liber de diversitate naturæ et personæ* and the *Liber de homousion* at the University Library of Cambridge (II.iv.27, fols. 1-177^{v}) testify to this preference. A very remarkable work of the Gilbertan school is a *Dialogue* whose author, a certain Evrardus, discusses Gilbert's case with a Greek by the name of Ratius who wins every argument in his defense of Gilbert's principles [25]. Quite unworthy of Gilbert, however, is the *Liber de vera philosophia*, analysed by P. Fournier [26] and unjustly celebrated by M. Grabmann [27] as a 'remarkable literary achievement of Gilbert's school.' Apart from interesting details on which Fournier has well elaborated, it is a literary product of exceptionally low standing. It seems equally erroneous to consider the *Sententiæ divinitatis* a work of the Gilbertan school.

IV

The gradual discovery of Gilbert's influence evoked a greater interest in a scholar, who had promised Pope Eugene III to correct his work on the Trinity in matters contrary to the faith if such could be found. Convinced that his own faith needed no change and that a mere change of words would be of little advantage [28], Gilbert decided to stand by every word he had written. Instead of making corrections after the Council (1148) he composed a preface to which John of Salisbury refers as follows : *Scripsit ergo postea contra illos alterum prologum in expositionem Boetii sui* [29]. He wrote it, as John says, against those who, not educated enough to recognize real heresies, had branded him as a heretic [30]. R. L. Poole identifies this 'second prologue' with the preface beginning with the words *Libros quæstionum Annitii* [31]. This assumption is correct with the restriction that John speaks of it only in the following sentence and then proceeds to summarize Gilbert's reply to the four *capitula* formulated against him. This reply was no doubt made first at the Council, though it would seem that, in addition, John made use of a document written by Gilbert during or after the Council [32]. Quoting from Gilbert's preface, the *Dialogus Ratii* states that the quotation is found *in prologo primo* [33], but in point of time it is the second prologue. To avoid confusion it seems preferable to designate the post-conciliar prologue as preface or *præfatio*. The reason why the *Dialogue* calls it the first prologue is simple enough : all manuscripts actually containing it begin with it, with the exception of two which, as we shall see, are *gemelli*. Moreover, the addition *alius prologus* was made by a later hand and cannot be considered authentic.

The preface had a peculiar history of its own. In the printed editions part of the preface is missing because the missing section was not contained in the Troyes manuscript [34]. The reason for this omission seems obvious : the *codex* was written for Clairvaux, and the missing part is a caustic and severe attack on Gilbert's critics among whom St. Bernard had played a leading role. To Gilbert's contemporaries it must have been quite clear that the *quidam temporum nostrorum Ennii atque Pacuvii* ('who, having learned nothing, believe that they know everything, men who are philosophers

23 *Ms* Vat. *Lat.* 561, *fols.* 171-282.

24 Fr. Pelster, 'Die anonyme Verteidigungsschrift der Lehre Gilberts', *Studia Mediævalia* (Bruges, s.a.), pp. 113 ff.

25 N. M. Haring. 'A Latin Dialogue on the doctrine of Gilbert of Poitiers', *Mediæval Studies*, XV (1953), 243-289.

26 *Études sur Joachim de Flore et ses doctrines* (Paris, 1909), pp. 51 ff.

27 *Gesch. der schol. Methode*, II (Freiburg, 1911), p. 434.

28 *Hist. Pontificalis*, 13 ; ed. R. L. Poole (Oxford, 1927), p. 30.

29 *Ibid.*, p. 29.

30 *Ibid.*, p. 29.

31 *Ibid.*, p. 99.

32 However, F. Pelster, 'Die anonyme Verteidigungsschrift', p. 125, note 4, announces that he intends to prove that John's summary is an excerpt from the *alter prologus*.

33 *Dialogus Ratii*, ed. N. M. Haring, p. 281.

34 R. L. Poole, *Hist. Pontificalis*, p. 99 writes : 'I am inclined to believe that the omission of this paragraph was due merely to typographical considerations in order to avoid running the preface on to a second page'.

deprived of reason, prophets without vision, teachers of the impossible, judges of what is unknown') included St. Bernard and others who were still living (*quia non tam cognitores quam cogniti resident*) at the time the preface was composed.

The abbreviated preface appears in the Basel edition under the title of *Procemium* [35] and in Migne under the heading *In libros sequentes monitum* [36], and just as Usener [37] had missed it in the first edition M. Grabmann missed it in the second [38]. Usener was the first to draw attention to the missing section by publishing a transcription from a Vatican manuscript in 1879 [39]. Five years later, R. L. Poole noted Usener's oversight and republished the omitted paragraph without referring to Migne [40]. In 1893, B. Hauréau transcribed the missing part once more from manuscripts preserved in Paris [41]. In 1911, M. Grabmann published the entire preface, though not without errors [42].

In collating manuscripts I found that the names *Ennii* and *Pacomii*, as transcribed by Hauréau and Grabmann, or *Fennii* and *Preconii* by Usener and Poole, pose a problem because all manuscripts read *Fennii*, in the first place, and have several variants of the word *Pacomii*. Although neither Hauréau nor Grabmann noted that they corrected the reading of *Fennii*, I have adopted their correction and also followed Hauréau's suggestion that the reading *Pacomii* should be *Pacuvii* [43]. By comparing his critics with Ennius and Pacuvius, Gilbert implies that, as authors of satires and comedies, the two ancient poets were the forerunners of his opponents who made others the objects of satires and comedies.

The undertone of bitterness pervading part of this memorable preface is as clearly noticeable as the traces of proud self-assertion with which it brushes aside the suspicions cast on both his orthodoxy and moral conduct. According to his adversaries he 'hid his perfidy in guile and obscure words' but by others it 'was believed that in all things he excelled all men' [44]. When Pope Eugene III proposed that the work on the Trinity should be handed to him that he, *i.e.*, the Pope, might correct certain articles said to be contained in them, Gilbert replied that it was his own duty to alter whatever was amiss in the book [45]. We may repeat that there is no trace of evidence that he changed a single sentence.

More strikingly than the other parts, the prologues heading each commentary reveal Gilbert's masterful style [46] and penetrating subtlety. He states in his preface that he did not mean to repeat things said by others, as so many contemporary *recitatores* used to do. His explicit aim was to remove obscurities by interpreting and rearranging the text in accordance with certain rules and principles. Occasional references made by Gilbert indicate that he commented on the *opuscula* in the order in which they are generally known. He began with the introduction or prologue to the first Boethian tract and ended with the last word of the fourth without writing a title or adding his signature. The Boethian tract *De Fide catholica* may have been missing in his copy. Most extant manuscripts are anonymous and only later generations divided the work into four books and the books into chapters.

Gilbert's authorship needs no proof and the date of writing can be derived from the first official investigation which took place in 1147 at Paris. Controversies had arisen in the previous year [47] and it seems reasonable to assume that the work was completed in 1145. The *terminus a quo* is unknown, though I do not think that Gilbert spent many years in writing it. The few manuscripts which mention the author call him

[35] page 1119.
[36] PL 64, 1247.
[37] Cf. R. L. Poole, *Illustrations of the History of Mediæval Thought and Learning* (London, 1920), p. 318.
[38] *Gesch. der schol. Methode*, II (Freiburg, 1911), p. 417, note 3. Grabmann's error is repeated by M. E. Williams, *The Teaching of Gilbert Porreta on the Trinity* (Rome, 1951), p. 10.
[39] *Jahrb. für Prot. Theologie*, V (1879), 182 ff. He used *Ms* Vat. *Lat.* 560.
[40] *Illustrations of the History of Mediæval Thought and Learning* (London, 1884 and 1920), pp. 368 f. and 318 f.
[41] *Notices et Extraits*, VI (Paris, 1893), pp. 19-21. He used *Mss* Paris, Bibl. Nat. *Lat.* 18094, 16341, 16342.
[42] *Gesch. der schol. Methode*, II (Freiburg, 1911), pp. 417-419. He used *Ms* Paris, Bibl. Nat. *Lat.* 18094.
[43] See also M. Manitius, *Gesch. der lat. Lit. des Mittelalters*, III (Munich, 1931), p. 212, note 2.
[44] John of Salisbury, *Hist. Pontificalis*, 8 and 12 ; ed. Poole, pp. 18 and 27.
[45] *Hist. Pont.*, 11 ; ed. Poole, p. 24.
[46] *Hist. Pont.*, 12 ; ed. Poole, p. 27 : singulariter eleganti pollebat stilo.
[47] Cf. R. L. Poole, *Illustrations*, p. 159.

Gilbert, Bishop of Poitiers, and only three later copies refer to him as *Porretanus*. If, as F. Pelster claims [48], *Porreta* is the original surname, it may be added that Gilbert insisted that, being a qualification, it should precede his name [49].

V

Before listing the manuscripts and *sigla*, I may note that the list comprises all manuscripts which came to my attention. Of the twenty-five manuscripts collated in preparing the edition, eight are listed by Grabmann [50] and Manitius [51]. A detailed description can be found in the respective library catalogues some of which needed corrections. To enable the reader to locate Gilbert's preface and the four commentaries, each library number is followed by Pr. (Preface) with the folio numbers added in brackets. The Roman numerals of which I designates *De Trinitate*, II *De Prædicatione*, III *De Hebdomadibus*, IV *Contra Eutychen et Nestorium* are likewise followed by folio numbers added in brackets. The date, place of origin and other data are added to complete the essential information.

A — Paris, Arsenal 1117B : Pr (302-303^{v}) I (304-333^{v}) II (333^{v}-339^{v}) III (339^{v}-353) IV (353-394). *Saec.* XII. Provenance : Bibl. des Carmes déchaussés de Paris [52].

B — Basel, Univ. Bibl. O II 24 : Pr. (14-16^{v}) I (16^{v}-61^{v}) II (62-70) III (70^{v}-92) IV (92^{v}-149). *Sæc.* XII. Provenance : unknown [53].

C — Bamberg, Staatsbibl. Patr. 47 (Q. VI. 30) : incomplete. Pr. (98-99) I (130-156) III (115^{v}-130). *Sæc.* XII. Provenance : Michelsberg [54].

D — Paris, Mazarine 656 : Pr. (3-4) I (1-2^{v} ; 5-57^{v}) II (57^{v}-65^{v}) III (66-84^{v}) IV (85-144). *Sæc.* XII-XIII. Provenance : unknown. Gilbert's preface, designated by later hand as *item alius prologus*, follows the prologue to *De Trinitate* and seems to have been inserted at a later date [55].

E — Paris, Mazarine 657 : Pr. (2-2^{v}) I (2^{v}-36^{v}) II (36^{v}-42^{v}) III (43-59^{v}) IV (59^{v}-113^{v}). *Sæc.* XIII. Provenance : Collège de Navarre. It was once owned by a magister Johannes Gue.(?) and has a list of contents added by later hand [56].

F — Paris, Bibl. Nat. *Lat.* 16371 : Pr. (188-188^{v}) I (188^{v}-220) II (220-226) III (226-229) IV (229-284). *Sæc.* XIII *in.* Provenance : Sorbonne. The first part of the manuscript contains works of St. Bernard [57].

G — Paris, Sainte Geneviève 1394 : incomplete. Parts of I (10-25^{v}) IV (26-34). *Sæc.* XIII. It was once owned by Joffridus Henrici and later belonged to the *Bibliotheca PP. Carmelitarum Divionensium.* The date (*Sæc.* XIII) assigned to it in the catalogue seems to be too late [58].

H — Alençon, Bibl. Publ. 22 : incomplete. I (136-152^{v}) II (152^{v}-156) III (156-163) IV (163-165^{v}). *Sæc.* XIII. Provenance : S. Evroult. It is preceded by a commentary on the Psalms written in the twelfth century [59].

I — Bruges, Bibl. Publ. 133 : I (1-29^{v}) II (30-35) III (35-48) IV (48-87). *Sæc.* XII. Provenance : Dunes. Gilbert's text is followed by Boethius, *De Fide christiana* (88^{v}-90^{v}), *De Unitate et uno* (90^{v}-92^{v}) first attributed to Boethius and ending with : *Explicit liber de unitate et uno qui ab aliquibus dicitur Boethii.* Tables of contents added by later hand [60].

K — Paris, Bibl. Nat. *Lat.* 12120 : Pr. (115-116) I (116-146) II (146-152) III (155-168) IV (168^{v}-214). *Sæc.* XIII. Provenance : St. Germain-des-Prés. First part of volume contains Pseudo-Dionysius, *De Hier. cæl* [61].

L — London, Br. Mus. Harl. 3082 : Pr. (1-2) I (2-44^{v}) II (45-52^{v}) III (53-71) IV (71^{v}-133). *Sæc.* XIII. Provenance : unknown. It dates back to the turn of the twelfth century to the thirteenth [62].

[48] *Scholastik* XIX-XXIV (1944-1949), 401-403. I consider *Porretæ* (de la Porrée) the correct form.

[49] Cf. R. W. Hunt, 'Studies in Priscian in the twelfth century', *Mediæval and Ren. Studies*, II (1950), 42 : Porretæ Gilbertus.

[50] *Gesch. der schol. Methode*, II (Freiburg, 1911), p. 415.

[51] *Gesch. der lat. Lit. des Mittelalters*, III (Munich, 1931), p. 213.

[52] Henry Martin, *Catalogue des manuscrits de la Bibliothèque de l'Arsenal*, II (Paris, 1886), p. 290.

[53] M. Grabmann, *Gesch. der schol. Methode*, II (Freiburg, 1911), pp. 409 f.

[54] F. Leitschuh, *Katalog der Hss. der K. Bibliothek zu Bamberg*, I (Bamberg, 1895), pp. 409 ff.

[55] Auguste Molinier, *Catalogue des manuscrits de la Bibliothèque Mazarine*, I (Paris, 1885), pp. 298 f.

[56] *Ibid.*, p. 299.

[57] L. Delisle, *Inventaire des manuscrits de la Sorbonne* (Paris, 1870), p. 56.

[58] Ch. Kohler, *Catalogue des manuscrits de la Bibliothèque Sainte-Geneviève*, II (Paris, 1896), pp. 3 f.

[59] *Catalogue Gén.*, II (Paris, 1888), p. 499.

[60] A. De Poorter, *Catal. des manuscrits* (Gembloux, 1934), p. 176. De Poorter assigns the *Ms.* to the fourteenth century.

[61] L. Delisle, *Inventaire des manuscrits de l'ancien Saint-Germain-des-Près* (Paris, 1868), p. 37.

[62] *Catalogue of the Harl. Manuscripts*, II (London, 1808), p. 734.

M — Munich, Staatsbibl. (*clm*) 17741 : Pr. (1^v-2^v) I (3-27) II (27-31^v) III (31^v-44) IV (44-79^v). *Sæc.* XII. Provenance : Andreæ Conventualis ad sanctum Magnum (Mang in Stadtamhof). The preface was written by a different scribe and prefixed to the commentary [63].

N — Munich, Staatsbibl. (*clm*) 18478 : Pr. (1-1^v) I (1^v-21^v) II (21^v-26) III (26-33^v) IV (33^v-59^v). *Sæc.* XII. Provenance : Tegernsee (478). It is followed by Boethius, *De Musica* written in the eleventh century [64].

O — Munich, Staatsbibl. (*clm*) 15824 : Pr. (3-3^v) I (3^v-23) II (23-27) III (27-36) IV (36-62). *Sæc.* XIII. Provenance : Chapter of Salzburg. At the end of the *codex* the scribe added the *Capitula Remis collecta contra magistrum G* [65].

P — Paris, Bibl. Nat. *Lat.* 2178 : incomplete. I (1-5^v) II (5^v-10) III (10-17) IV (17-38^v). *Sæc.* XIV. Provenance : Mon. des Carmes de la place Maubert. The date seems to be the second half of the thirteenth century. The volume contains works of St. Augustine and Richard of St. Victor [66].

Q — Paris, Bibl. Nat. *Lat.* 16341 : Pr. (1-1^v) I (2-28^v) II (28^v-34) III (34-46) IV (46-78). *Sæc.* XII. Provenance : *Iste liber est collegii pauperum magistrorum studentium ex legato magistri Guerondi de Abbatisvilla.* Text is followed by Boethius, *De Fide christiana* [67].

R — Paris, Bibl. Nat. *Lat.* 16342 : Pr. (18-19^v) I (20-58^v) II (58^v-63^v) III (63^v-75) IV (75-114). *Sæc.* XIII *in.* Provenance : Sorbonne. The preface, written by a different scribe, was prefixed later and a list of contents was added on the blank space of *fol.* 19^v by a third hand [68].

S — Paris, Bibl. Nat. *Lat.* 18093 : I (2-19) II (19-22^v) III (22^v-31) IV (31-62^v). *Sæc.* XII. Provenance : Chapter of Notre Dame of Paris. It was owned by René Vallin who made the following entry : *Renatus Vallinus sibi et amicis comparavit* [69].

T — Paris, Bibl. Nat. *Lat.* 18094 : Pr. (1^v-2) I (2-34^v) II (34^v-40^v) III (40^v-54^v) IV (54^v-102). *Sæc.* XII. Provenance : Clairvaux (G. 74) [70].

U — Troyes, Bibl. munic. 1841 : Pr. (51-52) I (52-83) II (93-100^v) III (100^v-118) IV (118-169^v). *Sæc.* XII. Provenance : Clairvaux (G. 75) [71].

V — Valenciennes, Bibl. munic. 197 : Pr. (2^v-3) I (5-31^v) II (31^v-36^v) III (36^v-47^v) IV (47^v-87). *Sæc.* XII. Provenance : *Liber sancti Amandi Elnonensis Cœnobii Si quis abstulerit vel dederit, anathema sit. Fiat, fiat.* Text followed by *Sermo magistri Gisleberti de Natali Domini* (87^v-88^v) which seems to be compilation from the fourth commentary [72].

W — Vatican Library, *Lat.* 560 : Pr. (2^v-3^v) I (1-2^v : 3^v-44) II (44-51^v) III (52-69) IV (69-132^v). *Sæc.* XIII. Gilbert's preface follows the first prologue as in *D* from which it was copied. The volume contains *De unitate et uno* (133-135) [73].

X — Vatican Library, *Lat.* 561 : I (2-58) II (58^v-68^v) III (68^v-92^v) IV (93-170^v). *Sæc.* XII *ex.* Provenance : France. It was once owned by the Knights Templars in Paris. The text is followed by *Bœthius de Trinitate cum approbationibus multorum doctorum* [74].

Y — Vatican Library, *Lat.* 4254 : I (81-108) II (108-112) III (112-125) IV (125-166). *Sæc.* XIV [75].

Z — Vatican Library, *Reg. Lat.* 420 : I (26^v) II (26^v-31^v) III (31^v-43^v) IV (43^v-60^v). *Sæc.* XIII. Provenance : France [76].

The best text is found in *A*. Almost as excellent are *GIX* the first of which is unfortunately very fragmentary. The text of *U* is good and, being well corrected, both *E* and *M* can be classed as good copies. The value of the others varies from fair to bad. A fairly good text is found in *BFQ* and to a lesser degree in *DT*. The other manuscripts contribute little more than variants, unless they confirm a reading of the better copies. Gilbert's preface, written after the Council (1148), is actually missing in *GHIPSXYZ*. Among these, both *G* and *P* are incomplete. While *HSYZ* are of minor textual value they are still valuable as witnesses to a tradition which began prior

63 C. Halm, *Catalogues codicum latinorum Bibliothecæ Regiæ Monacensis*, II, 3 (Munich, 1878), p. 120.

64 *Ibid.*, p. 167.

65 *Ibid.*, p. 38.

66 Ph. Lauer, *Bibliothèque Nationale : Catalogue des manuscrits latins*, II (Paris, 1940), pp. 354 f.

67 L. Delisle, *Inventaire des manuscrits de la Sorbonne* (Paris, 1870), p. 54. Cf. Denifle-Chatelain, *Chart. Univ. Paris.*, I (Paris, 1889), 491.

68 *Ibid.*, p. 54.

69 L. Delisle, *Inventaire des manuscrits latins de Notre-Dame*, etc. (Paris, 1871), p. 80.

70 *Ibid.*, p. 80. B. Hauréau, *Notices*, VI (Paris, 1893), pp. 18-22.

71 *Catal. Gén.*, II (Paris, 1855), p. 768.

72 *Catal. Gén.*, XXV (Paris, 1894), p. 275. H. Denifle, *Die abendl. Schriftausleger* (Mainz, 1905), pp. 344 ff.

73 M. Vatasso, *Codices Vaticani Latini* (Rome, 1902), p. 420.

74 *Ibid.*, pp. 420 f. F. Pelster, 'Die anonyme Verteidigungsschrift', pp. 114 f.

75 Cf. M. Manitius, *Handschriften antiker Autoren* (Leipzig, 1935), p. 298. H. Usener, *Kleine Schriften*, IV (1913), p. 156 assigns it to the end of the twelfth century or the beginning of the thirteenth.

76 A. Wilmart, *Codices Reginenses Latini*, II (Vatican City, 1945), pp. 508 f.

to the Council of Rheims and is best represented in *IX*. In *DMR* the preface seems to have been added at a later date. The scribe of *D* inserted it after Gilbert's prologue to the first *opusculum* and, since *W* appears to be immediately copied from *D*, we find the same sequence in *W*, including the remark *item alius prologus* which was not written by the original scribe of *D*. In *M* and *R* the preface was written by a different hand. The fact that the presence or absence of the preface does not offer a clear line of division between two families of manuscripts convincingly disproves the assumption that Gilbert revised his work after the Council of 1148.

Geographically, the manuscripts point to some interesting facts [77]. We have already noted that the library of Clairvaux possessed two copies (*TU*) one of which (*T*) entered the library of Notre Dame. Very closely related, though much inferior to the latter (*T*), is the copy preserved in London (*L*), which is not only remarkable for its unusually numerous omissions but also for its many blank spaces or erasures, though it does not show any interference with the text. The Basel manuscript (*B*), a notable specimen of the scribal art, leads us to southern Germany and reveals a close relationship to two copies (*NO*) preserved in Munich and originating from Tegernsee and Salzburg. The Basel manuscript is not of outstanding textual value but it is the probable source of a copy in southern Germany which was severely tampered with by Gilbert's opposition whose most outspoken mouthpiece was Gerhoh of Reichersberg. In the Salzburg manuscript (*O*) most annotations are still marginal, while a number of them appear right in the text of the Tegernsee copy (*N*).

However, no such interpolations and marginal or even textual corrections are found in the third manuscript preserved at the library in Munich which, as we have seen, is also textually far superior to the other two. The magnificent and often described *codex* of Saint Amand, Valenciennes, reflects a high esteem for Gilbert in northern France towards the end of the twelfth century, and the same esteem is apparent in the beautiful writing and illuminations of the manuscript once owned by the Knights Templars (*X*) in Paris, now preserved at the Vatican Library. Textually much inferior to it are two (*YZ*) of the other three Vatican manuscripts, both of which were written at a relatively late date. One of them (*Y*) is closely related to the famous *codex* of Valenciennes. To the thirteenth century belongs the Vatican manuscript *W*, discovered by H. Usener and to all appearances a direct descendant of *D* which, in turn, shows traces of English origin. It seems, therefore, that no copy of Gilbert's commentaries reached Rome in the twelfth century.

Two Paris manuscripts (*FQ*) have much in common with *VY*, while *PR* are derived from a similar source. Little needs to be said about the other copies with the possible exception of *E* which should be classed with *BNO* in southern Germany, though it was only written at the beginning of the thirteenth century. The scribes of *C* (Bamberg) and *S* (Paris) were particularly careless or incompetent, but the value of *S* was improved by a good corrector [78]. *K* suffers from many omissions and *H* is of similarly low quality. The following diagram may serve as a general guide in the grouping of the manuscripts used in this edition.

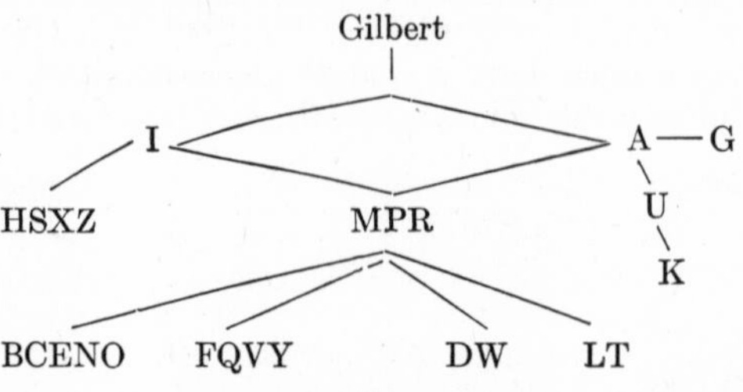

[77] According to mediæval library catalogues, copies of the commentaries were listed at Bec (1142-1164), St. Amand, Salzburg, Rolduc, Zwettl, etc. Cf. M. Manitius, *Gesch. der lat. Lit. des Mittelalters*, III (Munich, 1931), p. 213 and *Handschriften antiker Autoren*, pp. 280 ff.

[78] R. Silvain used *Q* and *S* in compiling his list of corrections.

VI

The text of this edition begins with Gilbert's preface in accordance with the arrangement found in the sources. The title is not original and the term *expositio* rather than *commentum*, *commentarium* or *explanatio* was chosen, because *expositio* is the term Gilbert uses in his references. Three manuscripts (*EIR*) contain tables of contents dividing the commentaries into four books and each book into a number of chapters. Although the division is not original and not even clearly marked in the text of these three manuscripts, I have adopted it. Since the first two books deal with the Trinity, they are here edited as *Liber primus* and *secundus de Trinitate*. Additions of this kind are clearly marked by brackets.

Gilbert's style poses some intricate problems of punctuation, and the existing editions often confuse the reader by an abundance in this regard. Gilbert's numerous parenthetical remarks are placed in brackets whenever their length appears to obscure grammatical relationships. The Boethian text differs in type to aid the reader in the understanding of Gilbert's method of interpretation. The variants are listed in the alphabetical order of the manuscripts. Many Greek words, which in the previous editions are printed in Greek characters, were written in Latin letters by Gilbert himself, and in transcribing them I have followed the accepted usage as in *usia*, *hyle*, *hypostasis* and other Greek terms. I have adopted Latin characters even in the Boethian text, principally because Gilbert did so on the evidence of manuscript tradition. If he knew Greek at all, it must have been very little despite his special interest in the Greek Fathers. Particularly in his fourth commentary this lack is strikingly evident where with the help of Boethius' translation he 'explains' some Greek words without realizing that they were actually missing in his copy of the *opusculum*. Even the scribe of *B*, who made persistent efforts to 'de-latinize' the Greek words and sentences by adopting Greek characters, failed to note this omission or Gilbert's faulty combinations of some Greek words for which Gilbert's source deserves part of the blame.

Gilbert's quotations from other authors are rare and have been noted in the critical apparatus. In the text itself, these quotes are italicized just as repetitions of the Boethian text. In addition, italics have been used in some instances to draw the reader's attention to the grammatical relationship of words which, being so far apart, may otherwise cause obscurities. Although modern spelling has been adopted throughout the text, in some cases the actual spelling, especially of Greek terms written in Latin characters, has been noted in the footnotes. No reference is made, in the footnotes, to the variants in both the Basel and Migne editions because they generally coincide with those of the Troyes manuscript (*U*).

To facilitate the understanding of Gilbert's Latin it is worth noting that as a general rule he places the noun after the words or sentences qualifying it. In doing so he followed a grammatical theory that, like matter, such qualifications must be stated before they are finally determined by the noun as form [79]. Occasionally Gilbert omits verbs and nouns where other writers would repeat them for the sake of greater clarity. In a number of cases I have supplied such omissions in the footnotes [80].

It was previously noted that Gilbert did not divide his commentaries in books and chapters. However, at a later date, a student compiled an index which is found in *EIR*. Since I have adopted his division, the transcription may follow :

[79] R. W. Hunt, "Studies in Priscian', p. 42.

[80] I may note here that I have published a critical text of the commentary of Gilbert of Poitiers on Boethius' '*De Hebdomadibus*' in *Traditio* IX (1953), 177-211. In addition, I should like to express my gratitude to the Humanities Research Council of Canada whose generous grant made the preparation of this edition possible.

LIBER PRIMUS : BOETHIUS SYMMACHO

QUÆSTIO PRIMI LIBRI : *Quare, cum Pater sit Deus, Filius sit Deus, Spiritus sanctus sit Deus, non tamen sunt tres dii.*

CAPITULA PRIMI LIBRI

I. De Trinitatis unitate sententia catholicorum.
II. Partes speculationum.
III. De veritate essentiæ divinæ ac simplicitate.
IV. De diversitate Patris et Filii et Spiritus sancti qui non sunt nisi unum.
V. Distinctio decem prædicamentorum.
VI. De substantia et qualitate et quantitate.
VII. De ubi.
VIII. De quando.
IX. De habere et facere et situ et pati.
X. De relativis.

LIBER SECUNDUS : BOETHIUS JOHANNI DIACONO

QUÆSTIO SECUNDA : *Quæ substantialiter de Deo prædicantur et quæ non*

CAPITULA SECUNDI LIBRI

I. Quæ substantialiter de divinitate prædicentur.
II. Quæ non substantialiter de Deo prædicentur.

Although Gilbert himself failed to prefix a title to his commentaries and although the spelling of his name varies in the manuscripts, I propose the following title which, not being authentic, is placed in brackets :

<GILBERTI PICTAVIENSIS EXPOSITIO IN BOETHII LIBROS *DE TRINITATE*>

<LIBER PRIMUS>

<*DE SANCTA TRINITATE*>

<PRÆFATIO> [1]

[1] Libros quæstionum Annitii, quos exhortationibus precibusque multorum suscepimus explanandos : altissimos rerum, de quibus in eis [2] agitur [3], themate [4], obscurissimos earundem rerum subtilitate, probatissimos tamen operis absolutione cognovimus. Quid enim altius infinito [5]? Quid ineffabili inscrutabilique subtilius? Quid autem probabilius eo quod, cum inexpugnabilibus rationibus constet, summis tamen ac celeberrimis auctoribus [6] nititur? Deus enim, de quo his agitur libris, magnitudine interminabilis, contemplatione incomprehensibilis, sermone inexplicabilis recte intelligitur et laudabiliter [7] prædicatur. Cujus tamen quædam arcana antiqui videntes, ipso inspirante, intellexerunt et [8] tam rerum quam verborum figurationibus variis sui temporis rudibus insinuaverunt.

[2] Posteri [9] vero [10], aliter quidem sed eodem sensu locuti, illarum ænigmata figurationum [11] consultissimis [12] interpretationibus declaraverunt [13] et non modo auctoritate

[1] Prologus de commentario magistri Gilleberti Pictavensis Episcopi incipit *V* : Prologus in commentum Bœthii de Trinitate *K* : Boethius de sancta Trinitate *O* : Item alius Prologus *DW*.

[2] *om.* in eis *L*.

[3] *om. K*.

[4] schemate *K* : *add* et *T*.

[5] *add.* et *EQ*.

[6] actoribus *FQ*.

[7] laudabilis *F*.

[8] quæ *V*.

[9] postremi *T*.

[10] autem *F*.

[11] significationum *DW*.

[12] cum subtilissimis *V*.

[13] *om. NO* : declamaverunt *V*.

sua verum etiam rationibus — quas vel [14] theologicæ [15] majestas sibi proprias vendicat vel humanæ philosophiæ ad ipsam qualiscumque proportio communes admittit — confirmaverunt [16]. Itaque [17] prædictus auctor, tamquam videntium a secretis [18] hæc arcana non nesciens, contra quorundam prava dogmata hæreticorum [19] pauca de illis scripsit : ea tamen scribendi qualitate, qua negligentibus et præsumptuosis aditum ad intelligentiam obstruat, studiosis vero [20] atque diligentibus attentionem quidem moveat sed pulsantibus animorum vehementi applicatione aperiat. Brevis enim sine [21] sua [22] amplificatione [23] oratio, latebrosa disserendi tacita ratione dissertio, obliqua [24] schemate sensuum aut verborum lexis, nova [25] præter grammaticorum regulam syntaxis [26] insciis et superbis illos, quibus sunt articulatæ, sensus obducunt. Sapientibus vero et his maxime, qui sacras scripturas veneratione colunt usu [27] assiduo et vigilanti attentione inspiciunt, eos [28] intus videre permittunt.

Convenienter ergo hujusmodi secretis et (ut ita dicatur) [29] significationis absconditæ [30] verbis, quibus examinet scios et inscios, humiles et superbos, secreta theologicæ [31] altioris Annitius [32] tetigit [33] : digne vocatus Annitius fortitudine, Severinus gravitate, opitulatione Boethius, meritis [34] Manlius [35].

[3] Nos vero auctoritate nostra nihil afferre sed, quos [36] præcedente [37] significatione percepimus [38], sensus auctoris referre volentes, illius non modo dicta verum etiam dictorum rationes attendimus. Et ne vel [39] timiditatis angustia nos ad silendum penitus strangulare [40] vel temeritatis audacia ad garriendum laxare putetur, illorum, quæ auctorem sensisse cognovimus, nec nihil dicimus nec nihil tacemus. Sed, cum duo sint videntium [41] genera (unum scilicet [42] auctorum, qui sententiam propriam ferunt [43], alterum lectorum, qui referunt alienam) cumque lectorum [44] alii sint [45] recitatores, qui eadem auctorum verba et [46] ex ipsorum [47] causis eisdem pronuntiant, alii interpretes, qui obscure ab auctoribus dicta notioribus verbis declarant, nos (in genere lectorum, non recitatorum, sed interpretum [48] officio facientes) [49] verborum [50] transpositiones in ordinem, schemata in consequentiam [51], novitates in regulam (addentes singulorum causas) reducimus.

[4] Multa vero, pro qualitate operis, divisionum aut [52] definitionum omnibus aut aliquibus partibus aut quorundam extra-sumptorum comparationibus aut etiam positarum [53] ab auctore [54] dictionum casibus aut earundem [55] significationum multivocis [56] pluribus aut rationum inductionibus explanamus : sollicite circumspicientes, ne aliquo sensu ab authenticis sanctarum [57] divinationum [58] scriptoribus recedamus, quamvis nos ab eis dissentire garriant quidam temporum nostrorum Ennii [59] et [60] Pacuvii [61] qui, cum nihil didicerint, opinione sua nesciunt nihil : homines sine ratione philosophi, sine visione prophetæ, præceptores impossibilium, judices occultorum, quorum mores plurimis notos describere nihil nostra interest. Ipsi vero tamquam *excussi propriis aliena negotia curant* [62]. Et, obliti suorum satiras [63] facinorum [64], de cæteris animi ingenio [65] et vitæ honestate præclaris multarum personarum fingunt comœdias.

[5] Qui etiam in Deum blasphemi illos [66] de ipso profitentur errores, quorum nomina diffitentur. Nam (ut ita dicatur) 'hæreticorum Catholici' in Sabellii, Donati, Pelagii

[14] *om. W.*
[15] theologiæ *BELQRTV.*
[16] conformaverunt *RT.*
[17] ita *R.*
[18] assecretio *BT.*
[19] *add.* et *EFQ* (*del. B*).
[20] *om. BEFLNOQT.*
[21] *om. W.*
[22] *om. NO.*
[23] applicatione *FNO* : explicatione *ELQT.*
[24] obliquo *D* : oblico *W.*
[25] novam *FQ.*
[26] sintasis *ALMOTUV* : sinthasis *BDEFKNQRW.* Cf. QUINTILIAN, *Inst. orat.*, IX, i, 1 ; IX, 1, 17.
[27] *add.* quoque *R.*
[28] *om. W.*
[29] ut indicatur E.
[30] abscondita *V.*
[31] *add.* attentionis *N.*
[32] *om. R.*
[33] tangit *U.*
[34] merito *UV.*
[35] Mallius *FQRV.*
[36] *add.* vel *R.*
[37] *add.* recedere *R.*
[38] *om. W : marg. D.*
[39] ulla *N.*
[40] transgulare *ADKMUVW* : transbulare *L.*
[41] scribentium *F.*
[42] videlicet *ABDFMNOQRUW.*
[43] ferit *W.*
[44] *om.* qui . . . lectorum *U.*
[45] sunt *W.*
[46] *om. B.*
[47] eorum *V.*
[48] interpretis *BN.*
[49] fungentes B.
[50] *add.* expositiones *W.*
[51] consequentis *R.*
[52] ac *L.*
[53] positorum *D.*
[54] auctoritate *FQ.*
[55] earum *BO.*
[56] *add.* aut univocis *V.*
[57] *om. N*
[58] divinitatum *R.*
[59] Fennii *mss.* The scribe of *V* left a blank space and in *T* the letter *F* of Fennius is erased.
[60] atque *FKLNOTV.*
[61] Pachomii *EV* : Pacomii *KLMRT* (*e corr. A*) : Paucomii *BFQ* : Paconii *O* : Praconii *WN* : Præconii *D.*
[62] HORACE, *Sat.* II, 2, 19.
[63] *superscr.* vel sarcinas *NO* : sarcinas *M* : *superscr.* vel satyras *M.*
[64] scelerum vel facinorum *M.*
[65] genio *AEM.*
[66] illorum *ELR* (*e corr. T*).

et aliorum hujusmodi pestilentium verba jurati, horum [67] nomina (eo quod edictis publicis damnata noscuntur) cum catholicis detestantur, ut, cum blasphemiarum causis sunt juste damnabiles, blasphemorum detestatione putentur indemnes. Sed quia non tam res nominibus quam nomina rebus accommodat impositio, quibuscumque res conveniunt, nomina non convenire non possunt. Quoniam ergo vere sunt, recte vocantur Sabelliani, Donatistæ, Pelagiani et hujusmodi.

[6] Et [68] bene, quod novi hæretici nihil afferunt [69] novi, ut ad [70] improbandum adinventiones novas novis sit laborandum inventis. Antiqua sunt dogmata olim per clari [71] et exercitati ingenii viros [72] evidentissimis atque necessariis rationibus improbata, quibus eadem novissimis his rediviva temporibus possunt refellere quicumque, recte intelligentes [73], virorum illorum scriptis lectitandis invigilant. Sed qui neque legunt neque lecturiunt ideoque scientiarum elementa, si qua prioribus annis attendere consueverant, post longa [74] desuetudine [75] desciverunt aut etiam [76] corruptis artibus a via veritatis exorbitaverunt, has omnino rationes ignorant [77]. Quorum si forte aliqui humano errore aut potestate aliqua præsunt aut præminent dignitate, præcipiunt ut verum falsum et falsum verum, itemque bonum malum et malum bonum esse credatur. Et (quod [78] impudentissimum est) ad sui magnificentiam quoslibet infames magnificant et magnificos infamant.

[7] Sed quia non tam cognitores quam cogniti resident, sæpe contingit ut, rerum consequentibus cancellatis, cujuspiam bonæ famæ [79] aliquid [80] illorum favor detrahat et vituperatio addat. Quod nimirum attendentes, illorum maledicta de nostris moribus et præcepta de rebus contemnimus. Nam neque mores nostros convictu neque rerum proprietates disciplina noverunt [81]. Quæ vero a nobis scripta sunt, bene exercitatis lectoribus non modo rationibus firma verum etiam scripturis authenticis adeo consona esse videntur, ut non tam nostra inventa quam furta esse credantur [82].

<GILBERTI PROLOGUS [1]>

[1] Omnium, quæ [2] rebus percipiendis suppeditant, rationum aliæ communes sunt multorum generum, aliæ propriæ aliquorum. Et communes quidem [3] sunt ut : Quidquid inest alicui, ab eodem diversum esse necesse est. Hoc in omni rerum genere verum est. Quod autem dicitur : species numquam de suo genere prædicari, definitionum genus recipit, non divisionum. Nam sicut in demonstratione definitiva species genere sic in divisiva genus specie declaratur. Hanc autem rationum omnium communitatem vel proprietatem non nescit, quisquis rerum diligens inquisitor non eas transeunter aspexit [4] sed mentis acie fixa notatas et ejusdem judicio comprehensas primum apud se memoriæ servandas tradidit, deinde (ne aliqui eas vel oblivione prorsus periisse [5] vel intra silentium languere putarent) sæpe aut in scenis sophistarum variis conformationibus, causa tamen exercitii, ludens aut seriis philosophiæ officiis [6] inter ejus conscios [7] agens eas exposuit.

[2] Nam, verbi gratia in civilium genere, sicut *pro Sexto Roscio* aut *pro Marco* [8] *Marcello* serius orator Tullius [9] sic et [10] Quintillianus et Seneca et Menander, oratorum [11] sophistæ atque conformatores, primus in causarum, secundus in declamationum, tertius in comœdiarum [12], fictis (de his tamen, quæ fieri poterant) argumentis ex rheto-

[67] eorum *FQ*.
[68] *om*. *K*.
[69] auferunt *R*.
[70] ab *T*.
[71] (per clari) præclari *BFLMNOQ-TW* : per præclari *A*.
[72] viris *BFNOQ* : virorum *LMT*.
[73] *add*. et *FNOQ*.
[74] longua *A*.
[75] dissuetudine *DFVW*.
[76] *add*. *N*.
[77] ignoraverunt *W*.
[78] *om*. *N*.
[79] *add*. et *F*.
[80] alicujus *FNQ*.
[81] *om*. quamvis nos ab eis dissentire . . . noverunt *U*.
[82] *add*. Incipit liber Severini Bœthii de Trinitate. Explanatio magistri Giselberti super eundem *Q* : Incipit commentarius magistri Gilleberti Pictavensis Episcopi super librum Annitii Bœthii de Trinitate aquilino stilo conscriptus *V*.

[1] Prologus in rem *E* : Prologus Gilleberti Porretani. Commentarius in librum Boethii De Trinitate *F* : Commentarius Porretani in Bœthium *S* : Bœthius De Trinitate *I* : Gilebertus super libro Boethii *V* : Incipit Liber Severini Boethii De Trinitate. Explanatio Giselberti super eundem *Q* : Boethius in Porphyrium *m. rec. H*.
[2] *add*. in *B*.
[3] *om*. communes . . . quidem *K*.
[4] aspexerit *C*.
[5] perisse *mss except D*
[6] officinis *R*.
[7] consocios *CHMNOW*.
[8] Marcho *DW*.
[9] Tulius *W*.
[10] *om*. *C*.
[11] orator *N*.
[12] *supple :* genere.

ricarum [13] principiis rationum locuti, eas se præ mente habuisse et non levi affectione [14] sed quodam difficile movendo scientiæ habitu tenuisse testati sunt. Similiter et alii in facultatibus suis aut theoremata mensurarum aut axiomata [15] ponderum aut aliorum nominum communes multorum sive proprias aliquorum generum rationes se firma scientia tenere et vigilanter attendere docuerunt : vel serio philosophantes vel inter sophistas sese confictis similitudinibus exercentes. Qualiter factum est, ut nec proprias [16] ultra suorum generum terminos usurparent nec communes multorum ad eorum aliquod [17] coartarent ac per hoc in singulis [18] facultatibus fines suos officia invenirent.

[3] Quisquis vero hanc rationum differentiam vel omnino nescit vel attendere negligit, sæpe præter officium [19] causam casu commutat. Ideoque, fine carens officii, vel contrarietatis alicujus, in quam nescius cecidit [20], admiratione [21] dubius fluctuat (quod periculosum est) vel quadam securitate præsumens, immo præsumptione securus, sententiam falsitatis affirmat [22] (quod damnosum est) et, omni genere vocis effuso, cum immoderatione [23] gestus et vultus [24] in grege imperitorum, non sine illorum detestatione qui aliter sentiunt, clamat [25] (quod impudentissimum est).

[4] Quales fuerunt Ariani et Sabelliani et multi alii qui naturalium proprias rationes theologicis communicaverunt et utrisque communes ab invicem contraxerunt. Est enim proprium naturalium quod sicut numero diversorum proprietates diversæ sunt ita quoque subsistentiæ numero sunt diversæ ; et quod una singularis subsistentia nonnisi unum numero faciat [26] subsistentem [27] : ut Platonis et Ciceronis non solum accidentales proprietates verum etiam substantiales, quibus ipsi sunt (verbi gratia) vel diversa corpora vel diversi homines, diversæ sunt. Et quæcumque singularis proprietas Platonem corpus esse vel hominem, eadem nullum alium idem esse facit. Nam etsi [28] generationis [29] propagatio generato dat esse corpus ab ea singulari corporalitate transfusi sanguinis, a qua generans fuerat [30] corpus [31], fit tamen decisione discessio, qua et generans ab illius corporis, quod deciso sanguine retinet, subsistentia [32] et generatus ab illius, quod [33] deciso sanguini [34] fomentis naturalibus additur [35], aliud [36] ab invicem corpus fit [37].

[5] Has igitur naturalium rationes recte (ut videtur) intelligentes, Arius [38], Ethius, Eunomius, itemque Noetus, Sabellius, Praxeas, Hermogenes et Priscillianus et alii multi, sed eorundem naturalium proprias [39] esse minime attendentes, in theologica [40] usurpaverunt [41]. Et quoniam unius Principii, ex quo et [42] per quem [43] et in quo sunt omnia, nonnisi una est essentia, quæ Græce dicitur usia [44], putaverunt quod sicut unus est solus Deus ita quoque [45] solus unus sit Deus. Hunc autem Arius vocat Patrem, de quo [46] vera quidem [47] ratione dicit [48] 'Pater est solus Deus'. Sed rationis usurpatione dicit [49] etiam 'Solus Pater est Deus'. Ex quo infert, quod neque Christus neque Spiritus sanctus est veritate essentiæ Deus. Et dicit Christum *esse creaturam, Spiritum vero sanctum* esse [50] *creaturam creaturæ* [51]. Quem secutus Ethius et ejusdem Ethii discipulus Eunomius [52] asserit [53] *dissimilem per omnia Patri Filium* et *Filio Spiritum sanctum* [54]. Noetus [55] vero atque discipulus ejus Sabellius, Praxeas [56] etiam et [57] Hermogenes [58] et Priscillianus illum unum, quem solum putat Arius esse Deum, ex ejusdem extra proprium genus rationis phantasia [59] solum similiter asserunt esse [60]

[13] rethoricarum *mss* : rethoricorum *L*.
[14] affectatione *N*.
[15] anxiomata *ADEIKMNORSTUVWY*.
[16] proprios *L*.
[17] aliquid *STW*(*e corr. D*).
[18] *om. B*.
[19] *add.* propositionem et finem *Y*.
[20] incidit *B*.
[21] animi ratione *N*.
[22] confirmat *N*.
[23] moderatione *W*.
[24] *add.* corporis *T*.
[25] clamitat *B* : clamant *FY*.
[26] facit *M*.
[27] subsistens *DMW* : subsistentiæ *N*.
[28] et *V* : si *R*.
[29] significationis *NV*.
[30] fuit *ERWZ*.
[31] *om.* ab ea . . . corpus *NO*.
[32] subsistentiam *N*.
[33] quo *I*.
[34] sanguinis *W*.
[35] accedentibus *NO*.
[36] *add.* aliter *NO*.
[37] sit *ABDHIKNOVXY*.
[38] Augustine, *De Hær.*, 36 ff. ; PL 42, 32.
[39] prius *Z*.
[40] theologia *DW* : theoloica *Z*.
[41] usurparunt *T* : insurpaverunt *Y*.
[42] *om. V*.
[43] quod *EVY* (*e corr. Y*).
[44] ysya *BR* : usya *DEHIMNORSWX* : usia *AFKLQTUV*.
[45] *om. E* : quod *T*.
[46] *add.* tamen *ENO*.
[47] *om. ENO*.
[48] dicitur *V* : *add.* nam *R*.
[49] dicitur *E*.
[50] *om. BT*.
[51] Augustine, *De Hær.*, 49 ; PL 42, 39.
[52] Eiminomius *R*.
[53] asserunt *LT*.
[54] Augustine, *De Hær.*, 54 ; PL 42, 40.
[55] *Ibid.* 41 ; PL 42, 32.
[56] Paraxeas *T*.
[57] *om. LTU*.
[58] Hemigines *W*.
[59] fanthasia *E* : fantasia *mss*.
[60] *om. N*.

Deum. Sed [61] in hoc ab [62] Ario differunt, quod solum illum unum putant esse et [63] Patrem et Filium et Spiritum sanctum : contra illam [64], quæ nullum rerum genus excipit, rationem quæ est 'diversarum personarum diversa propria uni convenire non posse'.

[6] Et quidem multa omni genere suo a se diversa et diversorum generum propria uni convenire possunt : ut longitudo et scientia, quæ omni genere suo diversa et [65] proprietate diversis [66] generibus sunt addicta, quia longitudo soli corpori, scientia vero [67] soli spiritui, uni [68] homini [69] (qui simul [70] est [71] et [72] corpus et spiritus) simul conveniunt. Sed diversarum personarum propria diversa unius esse non possunt, quoniam unum aliquod, etsi ex partibus diversorum generum et diversarum proprietatum, non tamen ex diversis personis [73] integrum constat. Omnis enim *persona* recte intelligitur *per se una* [74].

Et hi quidem omnes de divinitatis singularitate [75] recte sentientes, juxta naturalium rationem [76] opinati sunt non modo [77] quod unus sit Deus solus verum etiam quod solus unus sit Deus.

[7] Quidam vero alii, recte intelligentes Patrem et Filium et Spiritum sanctum [78] diversis proprietatibus diversas numero esse personas nec solum Patrem esse Deum sed et [79] Filium esse Deum et Spiritum sanctum esse Deum, tamen [80] illa naturalium propria ratione decepti, qua dicitur quod 'sicut numero diversorum proprietates diversæ sunt ita etiam [81] eorundem [82] subsistentiæ numero sunt diversæ', dixerunt non ejusdem sed *similis* [83] *essentiæ* [84] Patrem et Filium et Spiritum sanctum esse [85]. Macedonius [86] autem, recte sentiens [87] Patrem et Filium unius ejusdemque esse substantiæ [88] vel [89] essentiæ et ambos esse unum Deum [90], Spiritum sanctum dicit [91] non esse Deum. Sed quoniam Spiritus sanctus est utriusque [92] communiter, opinatur *divinitatem* utriusque esse *Spiritum sanctum et nullam habere substantiam.*

[8] Aliqui [93] vero sic *Deum* asserunt esse *triformem*, ut [94] unius diversis essentiis tamquam diversis partibus assignent : alii quidem quod Pater est, alii vero [95] quod Filius est, alii autem [96] quod Spiritus sanctus est idem [97] ipse unus et solus : ut omnipotentiæ dedunt [98] quod ipse [99] est Pater, sapientiæ quod est Filius, bonitati quod [1] est Spiritus sanctus. Et hoc [2] quoque ex illa naturalium ratione, quod unius subsistentis diversis subsistentiis diversa [3] addicta sunt : ut unius hominis corporalitati color, sensibilitati passio, rationalitati discretio. Sic igitur [4] rationum extra proprium genus abusionibus in diversa dogmata [5] (i.e. opiniones falsitatis) illi, quos exempli gratia commemoravimus, et alii multi detrusi sunt et (quod pejus est) contra catholicam de numero personarum et de [6] ipsarum [7] simplici atque [8] singulari essentia fidem quodam præsumptionis instinctu [9] confidenter locuti errores suos veritatem esse dixerunt.

[9] Quidam vero, nequaquam a [10] catholica recedentes et de numero personarum et essentiæ singularitate sane credentes [11], ex veris antecedentibus rationibus veritatis falsa posse deduci mirati sunt. Et quomodo, salvis prædictis rationibus veritatis [12], sint unius [13] simplicis ac singularis essentiæ diversæ personæ et diversarum personarum una singularis et [14] simplex essentia, humiliter quæsierunt.

[61] *add.* et *RX*.
[62] *add.* illo *R*.
[63] *om. ENRU*.
[64] quam *L*.
[65] *add.* diversorum *MR*.
[66] diversæ *N*.
[67] *om. N* : ergo *K*.
[68] in *L* : *add.* soli *H*.
[69] homine *L*.
[70] similis *N*.
[71] *om. Z*.
[72] *om. CERTV*.
[73] *add.* intelligitur *V*.
[74] Concerning this definition of person, see N. M. Haring, 'The case of Gilbert de la Porrée', MS XIII (1951), 19 ff.
[75] *add.* non *L*.
[76] rationes *V*.
[77] *om.* non modo *V*.
[78] *om. V*.
[79] etiam *M* : *om. NO*.
[80] *superscr.* in *D* : in *W*.
[81] quoque *C*.
[82] diversorum *E*.
[83] dissimilis *K*.
[84] Augustine, *De Hær.*, 51 ; PL 42, 39.
[85] *om. BCQS*.
[86] Augustine, *De Hær.*, 52 ; PL 42, 39.
[87] *om. NO*.
[88] *om. E*.
[89] *om. E*.
[90] *add.* et *W*.
[91] *om. K*.
[92] utrisque *K*.
[93] Augustine, *De Hær.*, 34 ; PL 42, 45.
[94] et *HKO*.
[95] *om. BV*.
[96] *om. ENOV*.
[97] *add.* est *T*.
[98] dederat *KNO* : dederunt *CRVWY* : detur *e corr. T*.
[99] ipsa *EKISUVY*.
[1] *add. ipsa C*.
[2] *add.* quidem *CFLMQTV*.
[3] *add.* propria *R*.
[4] ergo *NVY*.
[5] documenta *T*.
[6] Dei *B*.
[7] Patris *B*.
[8] ac *FQ* : *om. NO*.
[9] instructu *BQ* : intinctu *D* : intuitu *W* : *superscr.* vel instinctu *Q* : ausu *e corr. L*.
[10] *add.* fide *BLR*.
[11] intelligentes *C*.
[12] *om.* falsa . . . veritatis *N*.
[13] *om. N*.
[14] *om.* singularis et *K*.

[10] Illorum ergo detestabiles errores Boethius volens [15] destruere et humilium infirmitatem juvare, Symmacho et quibusdam aliis sapientibus scribit de trium numero personarum simplici ac singulari essentia et de tribus unius essentiæ numero diversis personis. Et utrumque rationibus ostendit sed secundum diversarum [16] genera facultatum diversis : nam primo theologicis [17] essentiæ singularitatem atque simplicitatem ; deinde naturalibus numerabilem personarum diversitatem. Unde recte intelligi poterit [18] prænominatos hæreticos ex eo, quod naturalium proprias rationes theologicis communicaverunt, esse deceptos [19].

<BOETHII PROLOGUS>

[1] Investigatam [20]. Præmittit prologum in quo, quamvis illud [21] de quo locuturus [22] est obscurum sit et plurimis ad cognoscendum difficillimis rebus implicitum, minime tamen verbis apertis sese locuturum promittit : sicut ab oratoribus, cum genus causæ [23] obscurum est [24], fieri solet. Immo, ut rei de qua loquitur dignitatem celet indignis, nec [25] eam [26] plena verborum exerit expositione [27]. Et si quid sermo loquentis auditoris intelligentiæ prodit [28], mox injectu novæ significationis obducit. Sed attentionem [29] maxime movet tum rei ipsius magnitudine tum verborum (quam diximus) brevitate atque obscuritate. Benevolentiam vero comparat et ab ipsius rei dignitate et a sua persona (cum *sine arrogantia* [30] dicit se ea [31], in quibus diu cogitavit, scripsisse) et ab illorum, quibus scribit [32], cum, contemptis cæteris, sui studii opus dicit se desiderantissime ipsorum offerre [33] auctoritati [34] atque ab eis sententiam [35] velle [36] judicii. A sui ergo negotii laude incipiens ait : Investigatam etc.

[2] Hic commemorandum [37] est [38] quod ex affirmatione et ejus contradictoria negatione quæstio constat. Non tamen omnis contradictio quæstio est. Cum enim altera contradictionis pars esse [39] vera, altera vero [40] nulla prorsus habere veritatis argumenta videtur (ut : 'omnis homo est corporeus, non ommis homo est corporeus' [41] ; itemque 'nullus homo est lapis, quidam homo est lapis') aut cum neutra pars veritatis et [42] falsitatis argumenta potest habere (ut : 'astra paria sunt, astra paria non sunt'), tunc [43] contradictio non est quæstio. Cujus vero utraque pars argumenta veritatis habere videtur [44], quæstio est.

[3] Hoc autem tribus modis contingere potest : videlicet [45] aut sophistica univocorum, æquivocorum, modorum, partium, temporum atque [46] relationum multiplicitate aut orandi qualitate aut rationum, ex quibus [47] sermo fit [48], genere. Et quidem sex generum multiplicitates sophisticæ arte et usu sophistarum pluribus [49] notæ sunt. Qualitas autem orandi vel in rerum atque dictionum consequentia [50] vel in earundem tropis attenditur, quorum (si unum in affirmatione est, alterum in negatione [51]) utraque vera esse potest : ut 'dies est lætus' vera est [52] tropo metonymiæ [53] i.e. conversione nominis ejus, quod [54] fit, ad id quod facit [55]. Item 'dies non est lætus' vera est, si quis rerum istarum naturalem convenientiam neget. Diversorum vero generum diversis rationibus utraque similiter [56] vera est : ut (quod supra diximus) 'nulla species de suo genere prædicatur' in definitionum genere verum est. Item 'omnis species de suo genere prædicatur' in divisionum [57] genere verum est [58].

[15] *om. W.*
[16] diversorum *N.*
[17] *supple :* rationibus ostendit.
[18] potest *C* : poterant *N.*
[19] Item alius prologus : Libros quæstionum . . . *DW* : Incipit prologus *U* : Incipit liber Boethii De Trinitate ad Symmachum virum clarum et illustrem, socerum suum *Z.*
[20] *om. BEH.*
[21] *om. BCFLMQT.*
[22] locutus N.
[23] esse *N.*
[24] sit *E.*
[25] non *ER.*
[26] ea *K.*
[27] compositione *LT* : expositione *e corr. Q.*
[28] pandit *T.*
[29] attentione *U.*
[30] Cicero, *De Inv.*, I, 16, 22.
[31] *om. BCFLMQ :* de eis *R.*
[32] scripsit *ELTY.*
[33] offerri *S.*
[34] auctoritate *N.*
[35] *add.* se *E.*
[36] *add.* expectare *B.*
[37] considerandum *S.*
[38] *om. N.*
[39] est *B.*
[40] *om. N.*
[41] *om.* non omnis . . . corporeus *W.*
[42] Beginning of *ms. G* (St. Geneviève).
[43] *om. W.*
[44] potest *V.*
[45] scilicet *K.*
[46] at *K.*
[47] quarum *e corr. L.*
[48] *om. L.*
[49] *om. V.*
[50] inconsequentia *DW.*
[51] *add.* fuerit *R.*
[52] *om.* vera est *R.*
[53] methonomiæ *BEFKOY* : metomiæ *H* : metonomiæ *mss.*
[54] quid *T.*
[55] Quintilian, *Inst. orat.* VIII, 6, 23 ; IX, 5, 1.
[56] simul *R.*
[57] definitionum *M.*
[58] *om.* item omnis . . . est *CV.*

[4] Ex [59] horum itaque [60] occulta multiplicitate locorum, aut arte deductis aut casu venientibus argumentis, quæstio in ambiguitatem adducitur [61]. Ideoque nonnisi eorum, quæ [62] ad eos pertinent [63] locos, divisione [64] dissolvitur [65]. Cum igitur utraque pars contradictionis habere veritatis argumenta videtur, diligentissime vestigandum [66] est, quæ [67] horum [68] universalitas [69] locorum propositas multiplicitatis [70] dictiones contineat, ut, hoc cognito, quæ per divisionem et per quam divisionem exeri [71] debent [72] et partibus quæstionis aptari, possit cognosci.

Quod ad hanc de singularitate ac simplicitate essentiæ Patris et Filii et Spiritus sancti et de ipsorum secundum diversas [73] proprietates numerali diversitate quæstionem [74], cujus utraque [75] pars veritatis argumenta habere videtur, Boethium investigasse dubium esse non debet, quandoquidem ait : INVESTIGATAM ; nec sine studii diligentia, quoniam ait : DIUTISSIME. Tot enim multiplicium [76] locos cito pertransire non potuit et an significatio, an modus, an quod [77] aliorum hanc [78] fecerit quæstionem perpendere. Sed et [79] cum in [80] aliis intelligentiam excitet certa rei proprietas aut certa vocis positio (ut cum dicitur 'homo [81] albus', quoniam certum est albedinem corporalitatis propriam esse, potest putari dictum esse secundum aliquam humani corporis partem ; aut cum dicitur 'canis est sensibilis', quoniam certum est, cujus speciei sit [82], quæcumque qualitas significatur hac voce), quamvis nesciat auditor, ex cujus illarum [83] sensu hoc [84] dictum sit, scit tamen quod nonnisi de eo [85], qui illarum [86] aliquam habet in multiplicitate [87] quam diversorum generum diversæ faciunt rationes, quæ adeo sunt occultæ, ut semper earum [88] genera, sæpe vero [89] et ipsæ et earum genera penitus taceantur [90], longiorem investigationis [91] laborem [92] esse contingit : ut in hac quæstione non significationibus, non modis, non partibus, non temporibus, non relationibus [93], non denique orandi qualitatibus [94] implicita [95] sed diversorum generum rationibus diversis. Quæ in utrisque [96] partibus quæstionis hujus adeo taciturnitas occuluerat [97], ut et [98] propter hanc occultationem QUÆSTIONEM istam se investigasse DIUTISSIME recte dixerit.

[5] Eam ergo FORMATAM RATIONIBUS etc. Quæstio [1] informis est, dum adhuc in [2] incognito loco manens indigesta multiplicitas formam veritatis (ut, cujus partis contradictionis sit, nesciatur) obducit. Cum vero, loco exposito, ipsa quoque [3] de loci universalitate [4] educitur et per divisionem significatio et significatio, modus et modus exeritur, et hæc [5] (vel quæ [6] cetera ostendit divisio) partibus quæstionis aptantur, ut plene cognosci possit [7], forma veritatis excluditur. Accedit tamen ad formam, quod hæc partium divisionis partibus [8] quæstionis aptatio [9] argumentis firmatur. Convenit enim, ut quæstio sicut argumentis in dubitationem [10] adducitur [11] ita quoque argumentis certa reddatur. Hanc igitur quæstionem sic investigatam, non quidem quod investigatione quidquid ad ejus pertineret solutionem [12] invenerim, sed tantum [13]; QUANTUM LUX DIVINA DIGNATA EST NOSTRÆ MENTIS IGNICULUM i.e. quantum naturali ingenio meo [14] divina gratia splendore suo dignum duxit [15] ostendere, hanc, inquam, *rationibus* (qualiter dictum est) *formatam* LITTERISQUE MANDATAM i.e. scriptam VOBIS OFFERENDAM [16] mecumQUE COMMUNICANDAM CURAVI. Qualiter autem et quare communicandam, supponit : TAM VESTRI CUPIDUS JUDICII i.e. circumspecti examinis

[59] et *W*.
[60] *om. B*.
[61] deducitur *BTW*.
[62] qui *BE*.
[63] pertinet *W*.
[64] divisionem *V*.
[65] solvitur *N*.
[66] investigandum *BIST* (*e corr. DY*).
[67] quod *C*.
[68] eorum *S*.
[69] universitas *CFHSTY*.
[70] multiplicitates *KNO*.
[71] exerceri *L*.
[72] deberet *N*.
[73] diversorum *N*.
[74] quæstione *N*.
[75] utriusque *DW*.
[76] *add.* rationes et *C*.
[77] quid *NO*.
[78] *om. H*.
[79] etiam *Q*.
[80] *om. R*.
[81] *add.* est *L*.
[82] fit *N*.
[83] illorum *NR*.
[84] hic *N*.
[85] *supple :* sensu.
[86] illorum *e corr. Y*.
[87] *add.* quæstionis *ET*.
[88] eorum *ES*.
[89] *om. L*.
[90] teneantur *N*.
[91] investigationem *BCFLQTVY*.
[92] *om. BCFLQTVY*.
[93] reclamationibus *N*
[94] qualitate *CW*.
[95] implicata *N*.
[96] utriusque *R*.
[97] occultaverat *T*.
[98] *om. BLM*.
[1] quoniam *N*.
[2] *om. ER*.
[3] *om. E*.
[4] universitate *RY*.
[5] hoc *N*.
[6] *om. E*.
[7] *add.* cognitio veritatis et etiam *K*.
[8] partium *BCHL*.
[9] adoptatio *e corr. Y*.
[10] dubitatione *DMNOW*.
[11] abducitur *W*.
[12] *om. N*.
[13] tamen *A*.
[14] modo *N*.
[15] duxi *V*.
[16] offendam *E* : ostendam *M*.

QUAM NOSTRI STUDIOSUS INVENTI. Quanto etenim [17] studio ad inveniendum, per quid hanc solverem quæstionem, me applicavi [18], tanta cupiditate vestræ auctoritatis sententiam super hoc habere volui.

[6] QUA IN RE etc. Dicens *investigatam* et *diutissime* et *rationibus formatam*, rei magnitudine attentionem [19] movet. Hic [20] benevolentiam comparat a sua [21] persona de factis et [22] negotiis suis [23] sine arrogantia dicens [24] (quasi : *vobis communicandam* offero) : QUA IN RE QUID [25] ANIMI i.e. quis animus MIHI SIT [26], scilicet quorum favorem quæram, QUOTIENS COMMENDO STILO i.e. quotiens scribo aliqua [27] diu EXCOGITATA, POTEST INTELLIGI TUM EX IPSA MATERIÆ hoc est [28] rerum, de quibus semper [29] scribo, DIFFICULTATE [30] TUM EX EO QUOD COLLOQUOR RARIS ID EST VOBIS TANTUM, tibi scilicet Symmacho (cui fere omnia scripta mea examinanda [31] offero) atque aliis prudentibus paucis. NEQUE ENIM [32] EXCITAMUR [33] ad aliquid optime faciendum JACTATIONE FAMÆ ET INANIBUS CLAMORIBUS VULGI : hac scilicet causa, ut fama nostra ad exteros [34] transeat et inter nostros [35] (sicut solet facere) comicos [36] et cæteros, qui *delectare volunt,* pœtas [37] scenicus nos et theatralis applausus extollat. Sensus : non exteriori [38] favore sed conscientiæ [39] secreto delector.

[7] SED et [40] SI QUIS EST nobis FRUCTUS EXTERIOR ex aliorum judicio, HIC NON POTEST SPERARE ALIAM [41] SENTENTIAM NISI SIMILEM MATERIÆ. Id est : non potest sperari [42] ex aliquorum sententia nisi ex talium, qualis est ipsa rerum, de quibus agitur, materia : scilicet quorum auctoritati quædam dignitas inesse cognoscitur ex virtutis excellentia atque singularitate sicut materiæ quædam inest dignitas ex sui magnitudine et incomparabili proprietate. Hic captat [43] ab illorum, quibus scribit, persona. Quorum auctoritatem volens intelligi singulariter excellentem ait : QUOCUMQUE IGITUR etc. Quasi : ut *materiæ similem* possim *sperare sententiam, vobis tantum* [44] *colloquor.* Ab aliis IGITUR similis [45] sperari non potest. Nam QUOCUMQUE i.e. ad quoscumque alios, quos [46] meorum tractatuum faciam judices, A VOBIS non dico converti sed DEJECI i.e. declinavi OCULOS, OCCURRIT MIHI PARTIM IGNAVA SEGNITIES i.e. homines segnitie ignavi et ignavia segnes PARTIM CALLIDUS LIVOR i.e. callidi et invidi adeo UT VIDEATUR CONTUMELIAM IRROGARE i.e. inferre DIVINIS TRACTATIBUS, QUICUMQUE TALIBUS non dico hominibus sed HOMINUM MONSTRIS, quos scilicet corporis quidem figura exterior homines esse ostendit sed interioribus (quæ prædicta sunt) vitiis mentis magis sunt beluæ, HÆC NON AGNOSCENDA i.e. examinanda POTIUS apposuerit QUAM tamquam porcis PROCULCANDA i.e. despicienda PROJECERIT.

[8] Quisquis ergo philosophiæ [47] secreta talibus pandit, ut ita dicatur, ipsam prostituit. Et quantum in se est, dignitatem ejus minus admirabilem [48] facit [49]. Quod [50] quoniam multiloquiis et sermone trivio contingere solet, IDCIRCO STILUM BREVITATE CONTRAHO. Id est : quod de hac [51] sentio quæstione, plena expositione [52] non explico, sed decurtatis scripturæ notis significo. ET SUMPTA EX PHILOSOPHIÆ DISCIPLINIS non dico exterioribus physicæ [53] vel interioribus mathematicæ SED INTIMIS theologicæ [54] NOVORUM VERBORUM novis [55] SIGNIFICATIONIBUS velo [56]. Qualia sunt : 'homo non [57] est id [58] quod est' et 'homo [59] magnus non [60] est ipsum homo nec ipsum magnus'. Hic movet attentionem [61]. Hac [62] autem et [63] brevitate contraho et novitate velo, UT HÆC scripta brevitatis et novitatis MIHI VOBISQUE TANTUM, SI QUANDO ab aliis studiis vestris [64] AD EA CONVERTITIS [65] OCULOS, non tam nota quam nutu COLLOQUANTUR.

[17] enim *DSW*.
[18] applicui *BCFMQRUVY* : applicui vel applicavi *S*.
[19] attentione *U*.
[20] hinc *Y*.
[21] propria *BCFLMQRSTVY*.
[22] *add.* et *GIMUZ*.
[23] *om. H*.
[24] CICERO, *De Inv.*, I, 16, 22.
[25] *om. W*.
[26] *om. W*.
[27] *om. I*.
[28] *add.* tum *EKMNOS*.
[29] super *FQ*.
[30] difficultatem *G*.
[31] examinando *MR*.
[32] *om. BCFLMRTVY*.
[33] excitor *B*.
[34] externos *N* : extremos *B* : posteros *e corr. Y*.
[35] meos *I*.
[36] amicos *G*.
[37] HORACE, *Ars poet.*, 333.
[38] exteriore *V*.
[39] scientiæ *N*.
[40] etiam *C* : *om. T*.
[41] *om. C* : aliquam *FT*.
[42] sperare *MU*.
[43] *supple* : benevolentiam.
[44] tamen *M*.
[45] simile *N*.
[46] *om. NO*.
[47] prophetiæ *N*.
[48] mirabilem *N*.
[49] fecit *MR*.
[50] qui *N*.
[51] *om. N*.
[52] *om.* plena expositione *L*.
[53] philosophicæ *NO*.
[54] theoloicæ *Z*.
[55] *om. W*.
[56] *om. W*.
[57] vero *W*.
[58] *om. O*.
[59] *add.* est *NO*.
[60] vero *W*.
[61] Cf. CICERO, *De Invent.* I, 16, 23.
[62] hanc *LS* : hic *F* : ac *W*.
[63] id est *R*.
[64] nostris *N*.
[65] converteritis *A*.

CÆTEROS VERO ab his ITA [66] SUBMOVEMUS scriptis, ut QUIcumque semiplena et [67] inusitata significatione commoti NEQUIVERINT [68] ea CAPERE INTELLECTU, non eo [69] quem scripta [70] faciunt sed eo potius ex quo facta sunt, AD EA non modo judicanda, verum ETIAM LEGENDA VIDEANTUR INDIGNI.

[9] Tria quippe sunt : res et [71] intellectus et sermo [72]. Res intellectu concipitur, sermone significatur. Sed neque sermonis nota, quidquid res est, potest ostendere neque intelligentiæ actus in omnia, quæcumque sunt ejusdem rei, offendere [73] ideoque nec [74] omnia conceptus tenere [75]. Citra conceptum etiam [76] remanet sermo. Non enim tantum rei significatione [77] vox prodit, quantum intelligentia concipit. Similiter et [78] scripturæ significatio ad auctoris sui conceptum se habet. Unde manifestum est quod, qui audit vel legit, oratoris quidem [79] seu scriptoris conceptum ex his, quæ significatio [80] prodit, perpendit. Sed de re nonnisi ex ejusdem oratoris [81] seu scriptoris sensu recte decernit. Ideo ab hujus sui tractatus lectione illos merito arcet, qui scriptoris intellectum [82], ex quo fit sermo sive scriptura, contemnunt et ad rei judicium significationem [83] sufficere [84] putant vel [85] (si quid, ad quod significatio certa non dirigit, attendunt) non tam referre, quæ veritati, quam afferre [86], quæ significationi conveniant, gestiunt. Sed et [87] (quoniam adusque [88] rei plenitudinem intellectus nequit attingere) [89] etiam illos, qui ex auctoris [90] intellectu verba vel scripta dijudicant, monet, ne [91] illum de re [92] perfecte scripsisse et, quidquid ipsa [93] est, dixisse existiment sed ex his, quæ concipi possunt, scriptorum seu dictorum perfectionem metiantur.

[10] Ait ergo : SED ET [94] TANTUM vel SANE TANTUM vel [95] SED NE TANTUM [96] etc. Quasi [97] : Illos *submovemus* ab his scriptis [98], *qui* ea [99] *intellectu capere nequiverint*. SED ET illis, qui intellectu capere poterunt [1], dicimus quod TANTUM etc., vel SANE TANTUM etc. [2], vel SED NE i.e. etiam [3] TANTUM etc. Est [4] enim hoc loco 'ne' confirmativa conjunctio, qualiter [5] et [6] Virgilius ponit dicens :

Tanta ne [7] me tenuit vivendi, nate, voluptas [8],
Ut pro me [9] hostili paterer [10] succumbere dextræ [11].

Hic enim [12] 'ne' pro 'etiam' dicit [13]. In pluribus quoque aliis locis invenitur 'ne' confirmativa [14]. Sic igitur [15] et hoc loco confirmativa ponitur, ut sit sensus : *Sed ne tantum*, hoc est sed [16] etiam tantum, QUÆRI A NOBIS [17] OPORTET i.e. eos, qui [18] scripta [19] nostra intellectu, ex quo sunt scripta, capere poterunt [20], tantum [21] convenit a nobis quærere QUANTUM INTUITUS HUMANÆ [22] RATIONIS VALET [23] CONSCENDERE [24] AD CELSA DIVINITATIS (quasi : ad quæ non omnino aspirat) et, si aliquid de ipsa tamquam per speculum videt quod scripto commendare est, scribendi officium debito fine perficere.

[11] Hoc autem e [25] cæteris intelligi potest. NAM CÆTERIS QUOQUE ARTIBUS idem [26] QUASI QUIDAM FINIS EST CONSTITUTUS : eousque [27] scilicet actu prosequi QUOUSQUE VIA RATIONIS POTEST ACCEDERE. Quo actu etsi minime id, propter quod fit [28], evenit, non tamen [29] minus ars finem habet officii. Non enim, sicut Marcomannus [30]

[66] *om. L.*
[67] atque *S.*
[68] nequiverunt *HLTY.*
[69] ea *K* : *om. M.*
[70] quæ scripta sunt *R.*
[71] *om. M.*
[72] BŒTHIUS, *In lib. de interpr.* (ed. II) I ; PL 64, 402B.
[73] ostendere *CDNW.*
[74] non *RZ.*
[75] *om.* neque intelligentiæ . . . tenere *K.*
[76] *del. Y.*
[77] significationem *H.*
[78] *om. N.*
[79] quia quod *Y.*
[80] *om. C.*
[81] *add.* quidem *BFQRS* (*del. M*).
[82] intellectu *O.*
[83] significatione *NOZ.*
[84] *om. W.*
[85] et *F.*
[86] aferre *W* : auferre *X.*
[87] *om. E.*
[88] usque ad *G* : cujusque *B.*
[89] attendere *BC.*
[90] actoris *EFY* : auditoris *W.*
[91] *om. N.*
[92] *om.* de re *C.*
[93] *add.* res *S.*
[94] *om. RW.*
[95] *om.* sane tantum vel *Z.*
[96] *om.* vel sane . . . tantum *W* : *del.* sed ne tantum *Y.*
[97] *om. W.*
[98] scripturis *LT.*
[99] eam *L* : eas *T.*
[1] potuerunt *BSWX* : potuerint *EHNO* : poterint *C.*
[2] *om. C.*
[3] *om. Z.*
[4] *om.* sane . . . est *I.*
[5] quomodo *B.*
[6] etiam *NO.*
[7] *om. N.*
[8] voluntas *SX.*
[9] te *V.*
[10] pater *H* : parere *Z.*
[11] dextris *O.* VERGIL., *Æn. X*, 846 f.
[12] etiam *S.*
[13] posuit *E* : dixit *S.*
[14] *add.* conjunctio *MNOX.*
[15] ergo *NO* : *om. E.*
[16] *om. K.*
[17] *om.* a nobis *BR.*
[18] *add.* in *W.*
[19] *add.* tantum *R.*
[20] potuerunt *ENO* : poterint M.
[21] *tamen FQ.*
[22] *om. W.*
[23] *om. C.*
[24] ascendere *V.*
[25] *om. C* : ex *E* : et *W.*
[26] id est *CU* : *om. X.*
[27] eosque *M.*
[28] *om. NO* : sit *Z.*
[29] *om. Y.*
[30] Marcomagnus *HIKTXY* : Marchomagnus *e corr. DE* : Marchus magnus *W* : Marcus magnus *S* : Marcomamius *M* : Marchomanus *A.* Marcomannus was known to Gilbert through Victorinus. Cf. M. MANITIUS, *Gesch. der Lat. Lit. des Mittelalters*, III (1931), 213.

rhetor existimat, cujuslibet artis finis putandus est esse rei eventus, propter quem [31] fit.

[12] NEQUE [32] ENIM MEDICINA SEMPER ÆGRIS AFFERT [33] SALUTEM propter quam fit. SED NULLA ERIT CULPA MEDENTIS. Id est [34] : ars habet [35] debitum finem, SI NIHIL EORUM QUÆ FIERI OPORTEBAT i.e. quæ ars facienda docebat OMISERIT. IDEMQUE EST IN CÆTERIS ARTIBUS. Sicut enim medicinæ officium est apponere ad salutem sic finis officii est non sanare absolute sed appositura sanare [36]. Similiter et hic auctoris officium est : multiplicitatem, qua [37] quæstionem implicitam intellectus videt, ad eam dissolvendam [38] dividere. Finis est [39] autem non simpliciter dico dissolvere sed divisione dissolvere [40]. Et in cæteris quidem si, quem [41] Marcomannus [42] finem putat, non evenit, auctor [43] faciendo quod convenit veniam promeretur. AT QUANTO HÆC QUÆSTIO DIFFICILIOR EST, quia occultarum diversitate rationum implicita, TANTO FACILIOR DEBET ESSE AD VENIAM.

[13] VOBIS TAMEN. Quasi : si in re adeo difficili ars caret eventu, facilis mihi venia [44] debetur. Non TAMEN ex me sunt omnia, quæ ad hanc quæstionem solvendam inducuntur. VOBIS enim [45] ETIAM ILLUD INSPICIENDUM EST et attentissime notandum, AN SEMINA i.e. principia RATIONUM VENIENTIA IN NOS EX SCRIPTIS [46] BEATI AUGUSTINI EXTULERINT ALIQUOS FRUCTUS. Quasi : Augustino auctore scripsi. Nam quæcumque de hac quæstione dixi, quamvis ab ejus [47] verbis [48] dicendi differant qualitate, sensu tamen conveniunt. Et ex intellectu, quo se scripsisse significat, deducta sunt. AC [49] DE PROPOSITA QUÆSTIONE HINC SUMAMUS INITIUM [50].

<CAPITULUM PRIMUM>

<*De trinitatis unitate sententia catholicorum*>

[1] CHRISTIANÆ RELIGIONIS etc. Religio juris naturalis prima species a pluribus ponitur, secundum quam in humanis officiis justitiæ virtus exhibet [51] Deo, quod ad [52] ipsius singularem pertinet dignitatem : sicut in eisdem eadem [53] secundum cæteras ejusdem generis species, quæ sunt *pietas, gratia, vindicatio observantia, veritas* [54], reddit hominibus quod ad eorundem [55] sub ipso [56] ordinatissimam pertinet diversitatem. In quibus tamen omnibus ipsa [57] justitia secundum jus religionis causam refert [58] ad Deum. Et hic unus omnium officiorum finis quaslibet juris partes facit esse virtutes. In religione prima est fides, quæ quidem generaliter est veritatis [59] cujuslibet rei cum assensione perceptio. Sed ad quorundam maxime perceptionem invisibilium hoc nomen per excellentiam usus contraxit, ut scilicet fides dicatur, qua rationalis mens vere et cum assensione percipit id, quod est omnium esse, et eum [60], quo ab omnibus honorandus est, cultum et quæ gratiæ ipsius præmia cultorum unitas sperat. Est etiam in religione metus et caritas divina et hujusmodi alia, in quibus ipsa religio christiana multum est reverenda [61].

[2] Sed ejus REVERENTIAM PLURES USURPANT dicentes se christianam religionem habere : non modo non [62] timentes divinam super se potestatem aut non amantes divinam erga se bonitatem verum etiam de his [63], quæ ad fidem pertinent, non recte credentes. SED, ut de cæteris taceamus, EA FIDES MAXIME AC SOLITARIE POLLET i.e. singulari ac summa dignitate est reverenda, QUÆ vel græce CATHOLICA VEL latine UNIVERSALIS VOCATUR. Et hoc duabus de causis : TUM scilicet PROPTER UNIVERSALIUM

[31] quam *X*.
[32] non *LMR*.
[33] confert *K*.
[34] *om.* id est *BCFHLQRVY* : et L.
[35] *om. K*.
[36] CICERO, *De Inv.*, I, 5, 6.
[37] quæ *W*.
[38] solvendam *V*.
[39] *om. C*.
[40] dividere *V*.
[41] quis *W*.
[42] Marcomagnus *KITX* : Marchomagnus *DW* : Marcus magnus *S* : Marchomannus *A*.
[43] *add.* tamen *T*.
[44] *om. Z*.
[45] *om. STW*.
[46] scripturis *F*.
[47] aliis *K*.
[48] verbi *X* : *om. I*.
[49] hac *L* : nunc *D*.
[50] *om.* ab ejus ... initium *F* : exordium *B* : *add.* Explicit prologus. Incipit tractatus *DW* : *add.* Finis prologi *C*.
[51] exhibetur *Z*.
[52] ab *M*.
[53] *marg.* virtus *Y*.
[54] CICERO, *De Invent.*, I, 22, 65.
[55] eorum *LQT*.
[56] *marg.* Deo *Y*.
[57] *om. N*.
[58] infert *BFLQRTVY*.
[59] virtutis *V*.
[60] eundem *DW*.
[61] veneranda *L*.
[62] vero *W*.
[63] *om.* de his *AEGX*(*del. M*).

PRÆCEPTA REGULARUM i.e. propter universales regulas præceptorum. Quæ hoc loco dicuntur 'universales', quia non uni populo sicut lex filiis Israel nec uni sexui sicut circumcisio masculis sed omni populo, omni [64] sexui, omni denique ætati atque condicioni indicuntur [65]. *Una* enim *fides, unum baptisma,* unus sacrificii ritus, una caritas, una spes omnibus prædicatur. QUIBUS regulis præceptorum EJUSDEM christianæ RELIGIONIS INTELLIGATUR [66] i.e. intelligi potest AUCTORITAS i.e. principalitas. TUM PROPTEREA QUOD EJUS fidei CULTUS, quo scilicet fideles [67] illud esse, ex quo est [68] quidquid est [69], venerantur [70], PER OMNES PÆNE MUNDI TERMINOS EMANAVIT i.e. usque ad fines orbis pervenit.

[3] CUJUS HÆC etc. Christianorum fide commendata, quid de Patris et Filii et Spiritus [71] amborum essentia [72] et proprietatibus ipsi sentiant, dicit. Et primo singularem et simplicem esse trium essentiam [73] dicit eos sentire. Et quod recte sentiant [74], theologicis rationibus probat. Quasi [75] : *fides* [76] *universalis maxime pollet.* CUJUS fidei SENTENTIA DE TRINITATIS [77] i.e. de trium numero diversarum personarum UNITATE i.e. singularitate secundum essentiam HÆC [78] EST quæ [79] sequitur. INQUIUNT enim fideles : PATER est DEUS, FILIUS est DEUS, SPIRITUS SANCTUS est DEUS. Atque inferunt : IGITUR [80] PATER et FILIUS et SPIRITUS SANCTUS sunt UNUS singularitate essentiæ DEUS, NON TRES DII, i.e. sunt unum omnium esse, non tria.

[4] Et attende quod non secundum naturalium sed secundum theologicorum propriam rationem hoc [81] inferunt. Nam secundum naturalium rationem (quæ est : numero diversorum diversas numero esse naturas) contra [82] evenit : ut 'Plato est homo, Cicero est homo, Aristoteles est homo ; igitur [83] Plato et Cicero et Aristoteles sunt tres homines, non unus [84] singularitate subsistentiæ [85] homo'. Cum enim dicitur 'Plato est homo', Cicero est homo, Aristoteles est homo', non solum de alio sed et singularitate sui aliud [86] dicitur secunda affirmatione quam prima, et [87] aliud tertia quam prima vel secunda. Quamvis enim secunda et tertia primæ [88] prædicativum repetant nomen, rem tamen [89] prædicatam non repetunt. Sed quamvis [90] conformes, tamen diversas (immo quia conformes, ergo numero diversas) a se invicem naturas de numero a se diversis affirmant. Et hæc trium de tribus prædicatorum [91] necessaria differentia non patitur hanc adunationem, ut dicatur 'Plato et Cicero et Aristoteles sunt unus singulariter homo'.

[5] Cum vero [92] dicitur 'Pater est Deus, Filius est Deus, Spiritus amborum [93] est Deus', quamvis de numero diversis, tamen non diversa [94] dicuntur. Et sicut nominis ita etiam [95] rei [96] prædicatæ [97] repetitio facta est. Et hæc [98] unius de tribus prædicati necessaria indifferentia permittit, immo exigit, eadem tria ad hujus ter prædicatæ essentiæ singularitatem conjungi ita : 'Pater, Filius [99], amborum Spiritus sunt unus singulariter Deus'. Recte ergo hanc [1] fidelium illationem ex [2] theologicorum propria indifferentiæ [3] ratione commendans ait : CUJUS etc. Quasi : fideles divisim dicunt 'Pater est Deus' ; item [4] 'Filius est Deus' ; item [5] 'Spiritus sanctus est Deus'. Atque inde [6] conjunctim inferunt : IGITUR PATER [7], FILIUS [8], SPIRITUS SANCTUS sunt UNUS Deus. Utique non sine ratione, quippe CUJUS CONJUNCTIONIS RATIO EST illius, quam de diversis agendo divisim de ipsis affirmant, essentiæ unius INDIFFERENTIA, quamvis aliqui sint, qui divisis [9] enuntiationibus illis putant sicut de [10] diversis ita quoque [11] diversa dici : qui scilicet Filium aut Spiritum sanctum opinantur [12] aut alium a Patre [13] aut aliter quam Patrem 'Deum' dici.

[64] *om. D.*
[65] inducuntur *V* : indicantur *MR.*
[66] intelligitur *BEFNOQRT.*
[67] fides *GKMNOU.*
[68] existit *B.*
[69] *om.* quidquid est *Z.*
[70] veneratur *KMNOUV.*
[71] *marg.* sancti *Z.*
[72] *om. C.*
[73] *del.* trium essentiam *C.*
[74] sentiunt *N.*
[75] et *W.*
[76] *add.* autem *H.*
[77] trinitate *Y.*
[78] hoc *W.*
[79] quod *W.*
[80] ergo *NO* : *om. T.*
[81] hic *N* : *om. C.*
[82] citra *BFLQTV.*
[83] ergo *BCFLMQRSTVY.*
[84] in unius *W.*
[85] substantiæ *CH* : *add.* est *Z.*
[86] alium *U* : *om. K.*
[87] *om. T.*
[88] *supple :* affirmationis.
[89] *om. R.*
[90] *om. R.*
[91] prædictorum *MS* : prædicamentorum *CV.*
[92] *om. V.*
[93] sanctus *X.*
[94] *add.* non *N.*
[95] et *NO.*
[96] nominis *C.*
[97] *om. C.*
[98] hic *N.*
[99] *add.* et *T.*
[1] *om. W.*
[2] ut *N.*
[3] indifferentia *CFHLNQVY.*
[4] *om. BKN.*
[5] *om. K.*
[6] *om. EW.*
[7] *add.* et *TW.*
[8] *add.* et *CDKTW.*
[9] diversis *EKNOST.*
[10] *om. X.*
[11] *add.* de *U.*
[12] opinatur *Z.*
[13] *add.* Deum dici *W.*

[6] Eos ENIM procul dubio COMITATUR DIFFERENTIA QUI, cum alium alii conferunt, VEL AUGENT alium dicendo majorem VEL MINUUNT alium dicendo minorem : verbi gratia, UT ARIANI QUI TRINITATEM i.e. hos tres [14], quorum unus Pater, alius [15] Filius, alius [16] Spiritus sanctus vocatur, VARIANTES quibusdam GRADIBUS MERITORUM atque dicentes Patrem esse majorem Filio et Filium Spiritu sancto DISTRAHUNT i.e. non modo personalium proprietatum verum etiam naturarum [17] numero distinguunt dicentes solum Patrem [18] veritate essentiæ Deum, Filium vero creaturam [19], et [20] Spiritum sanctum creaturam creaturæ. Quæ nimirum diversitas ex meritorum gradibus necessario intelligitur qui, nisi in diversis, etiam ejusdem generis natura esse non possunt. Neque enim homine homo major aut dignior esset, nisi naturæ diversitate alter ab [21] altero aliud [22] esset. Cum igitur [23] Ariani Patrem et Filium et Spiritum sanctum gradibus variant meritorum, eosdem [24] necessario naturarum differentia distrahunt ATQUE IN EAM, quæ secundum formam generis est, PLURALITATEM DIDUCUNT [25]. Illorum igitur opinione, cum Pater dicitur 'Deus' et Filius dicitur 'Deus' et Spiritus sanctus dicitur 'Deus', Filius intelligendus est alius deus quam Pater, et Spiritus sanctus alius deus quam Filius vel [26] Pater ; neque [27] hanc posse fieri conjunctionem, qua dicitur 'Pater et Filius et Spiritus sanctus sunt unus Deus' ; sed intelligendum [28] quod ipsi sint [29] plures dii, quandoquidem Filius est alter deus quam Pater, et Spiritus sanctus alter deus quam Filius vel Pater.

[7] OMNIS ENIM quæ vero nomine dicitur PLURALITATIS PRINCIPIUM EST ALTERITAS quæ est dualitatis [30]. PRÆTER hanc ENIM dualitatis ALTERITATEM NEC ETIAM INTELLIGI POTEST, QUID SIT PLURALITAS, quoniam [31] omnis pluralitas aut tota est [32] dualitas aut constat ex dualitate. Binarius enim nonnisi ex uno et altero constat [33] ; ternarius vero ex binario et uno ; quaternarius autem ex duobus binariis. Et deinceps [34] omnis numerus partem habet binarium. TRIUM NAMQUE [35] etc. Dixit pluralitatem esse ex alteritate. Nunc, secundum quæ sit alteritas sive pluralitas in naturalibus, juxta quorum [36] rationem Ariani Patrem et Filium et Spiritum sanctum numero distrahunt, naturarum divisione demonstrat. Quasi : pluralitas est ex alteritate. Vere. Nam vel [37] ex generis vel ex speciei vel ex numeri alteritate. TRIUM NAMQUE vel quattuor vel quinque VEL QUOTLIBET [38] RERUM subsistentium DIVERSITAS CONSTAT TUM GENERE TUM SPECIE TUM NUMERO.

[8] Quod [39] ex comparatione oppositi probat ita : QUOTIENS ENIM DICITUR 'IDEM', TOTIENS ETIAM [40] DIVERSUM PRÆDICATUR. 'IDEM' VERO DICITUR TRIBUS prædictis MODIS : scilicet vel genere vel specie vel numero. GENERE [41] UT 'IDEM' [42] est [43] HOMO QUOD [44] EQUUS, QUIA hominis et equi IDEM est [45] GENUS, verbi gratia : UT ANIMAL. Diversæ etenim [46] subsistentiæ [47], ex quarum aliis homines et ex [48] aliis equi sunt animalia, non imitationis [49] vel imaginaria sed substantiali similitudine ipsos, qui secundum eas subsistunt, faciunt esse conformes. Item SPECIE 'idem' dicitur UT 'IDEM' [50] est [51] CATO QUOD CICERO, QUIA scilicet et [52] Catonis et Ciceronis EADEM SPECIES est, verbi gratia : UT HOMO. Diversæ namque [53] subsistentiæ, quæ una sunt species, quarum [54] alia [55] Cato alia Cicero homo est, eosdem substantialiter faciunt [56] similes. NUMERO autem 'idem' dicitur quod, quamvis multis appelletur nominibus, tamen secundum eandem [57] singulariter qualitatem UT TULLIUS ET CICERO, QUIA videlicet [58] ex una singulariter qualitate, ex qua hæc uni sunt indita nomina [59], non dico 'sunt' sed EST NUMERO UNUS, cui indita sunt [60].

[14] *om. K.*
[15] alter *C.*
[16] alter *C.*
[17] naturalium *K.*
[18] *add.* esse *T.*
[19] *marg.* esse *Y.*
[20] *om. C.*
[21] sub *V.*
[22] *om. BFLQV.*
[23] ergo *N.*
[24] ejusdem *M.*
[25] distrahunt *W.*
[26] et *C.*
[27] *marg.* intelligendum posse *Y.*
[28] *add.* est *H.*
[29] sunt *HKMNOTUY.*
[30] dualitas *CDNOWZ.*
[31] quia *K* : quam quia *D.*
[32] *om. X.*
[33] *om.* ex dualitate . . . constat *K.*
[34] deinde *N.*
[35] *add.* enim *W.*
[36] quorundam *V.*
[37] *om. B.*
[38] quodlibet *IUY* : quolibet *NOZ* : qualibet *L.*
[39] *om. W.*
[40] *del. M* : et *N.*
[41] *add.* quia idem *M.*
[42] id *Z.*
[43] *om. R.*
[44] *add.* est *NO.*
[45] *om. DWZ.*
[46] enim *VZ.*
[47] substantiæ *H.*
[48] *om. VWY.*
[49] unitionis *Z.*
[50] id *Z.*
[51] *om. T.*
[52] *om. ST.*
[53] enim *V.*
[54] quorum *E.*
[55] alio *M* : una *O.*
[56] *add.* esse *VY.*
[57] eadem *X.*
[58] scilicet *EKNO.*
[59] numero *DW.*
[60] *add.* nomina *LT.*

[9] QUARE etc. Quasi : quotiens 'idem', totiens diversum dicitur. 'Idem' autem tribus modis. QUARE 'DIVERSUM' [61] ETIAM eisdem tribus i.e. VEL GENERE VEL SPECIE VEL NUMERO DICITUR. Unde manifestum est 'idem atque unum', ideoque [62] 'diversum et [63] alterum' in naturalibus [64] multipliciter dici. 'Unum' [65] vel 'idem' subsistens aliquando dicitur unius [66] tantum naturæ singularitate : ut 'Cicero unus homo et idem quod Tullius', immo 'idem qui Tullius' [67] ; et 'Plato unus rationalis et idem quod suus immo qui suus spiritus', quoniam [68] Plato et suus, unde ipse constat, spiritus sunt unum [69] rationale : non diversarum rationalitatum (quarum una Platonis, altera spiritus ejus esse [70] fingatur) [71] conformitate sed unius ejusdemque singularitate. Quæ unitas numerum collectione [72] unitatum rationis proportione [73] comparabilium [74] omnino non recipit. Nam Tullius et Cicero neque [75] duo neque [76] diversa sunt. Plato vero et ejus spiritus diversa quidem sunt sed non duo. Diversa vere, quoniam Plato est, quidquid est naturaliter spiritus ejus. Non autem spiritus ejus [77] est, quidquid est ipse. Et ratione omnino diversa sunt, quoniam [78] Plato [79] ex spiritu [80] constat et Platonem spiritus [81] suus constituit. Duo vero prorsus non sunt eo quod [82] similitudine aliquorum, quorum alterum de Platone alterum de spiritu ipsius [83] dicatur, quid [84] duo sint, assignari non potest [85]. Hæc vere [86] 'unitas', non 'unio' vocatur.

Si quis igitur [87] ab hoc uno diversum aliquid in naturalibus cogitet, rationis [88] proportione [89] convenit ut, omni [90] similitudinis et dissimilitudinis [91] ratione semota, aliud [92] quoque naturæ [93] singularitate unum illi opponat : ut huic homini hunc alium hominem vel [94] hunc lapidem.

[10] Dicuntur etiam multa subsistentia 'unum et idem', non naturæ unius singularitate sed multarum, quæ [95] ratione similitudinis fit, unione. Hac [96] enim plures homines 'unus vel idem homo' et plura animalia 'unum vel idem animal' esse dicuntur. Ab hoc igitur [97] uno diversum quis cogitans oportet, ut non modo essentia verum etiam dissimilitudine oppositum comparet et comparatione opponat : ut equum homini et lapidem animali. Et hæc [98] genere vel specie diversa dicuntur. Et altera sicut illa, quæ diversarum naturarum [99] adunat conformitas, genere vel specie unum dicuntur. In hac, quam facit unio, unitate semper est numerus non modo subsistentium verum etiam subsistentiarum. Sicut enim nonnisi [1] numero [2] diversa ita nonnisi secundum numero [3] diversa possunt esse conformia. Non enim similiter esset homo Cato sicut Cicero nisi subsistentiæ, quibus uterque aliquid est, essent etiam numero diversæ. Earumque numeralis diversitas eos numero facit esse diversos.

[11 Hanc autem [4] in naturalibus numeralem [5] non modo subsistentium verum etiam subsistentiarum diversitatem [6] eorum, quæ adsunt subsistentiis illis in eisdem subsistentibus, accidentium dissimilitudo non quidem facit sed probat. Et tamen, quia numeralis diversitatis accidentium aliquorum dissimilitudo semper [7] est comes, hoc junctissimæ proprietatis consortio [8] pro eo quod debuit dicere 'probat' dicit 'facit', cum secutus [9] adjungit : SED eam, quæ est IN NUMERO, DIFFERENTIAM dissimilium ACCIDENTIUM VARIETAS FACIT [10]. Vere. NAM generum vel specierum dissimilitudo taliter in ipsorum unione diversa non dividit. Verbi gratia : TRES HOMINES non dico [11] subsistentiis unius generis vel unius speciei sed NEQUE GENERE NEQUE SPECIE i.e. nulla [12]

[61] *add.* dicitur *E.*
[62] *add.* et *R.*
[63] atque *S.*
[64] *om.* in naturalibus *B.*
[65] unus *V* : unde *Y.*
[66] unus *C.*
[67] *om.* immo . . . Tullius *K.*
[68] *add.* et *KMRSU.*
[69] *om. Z.*
[70] *om. V.*
[71] *add.* non diversi *DW.*
[72] collatione *FOY* : colatione *LR.*
[73] propositione *H.*
[74] *om. H :* corporalium *IK* : corporabilium *G* : comporalium *C.*
[75] non *E.*
[76] *om.* duo neque *E.*
[77] *om. V.*
[78] qua *Q.*
[79] *om. NO.*
[80] suo *B.*
[81] *om. NO.*
[82] quidem *F.*
[83] ejus *CIN.*
[84] quod *M.*
[85] ponit *O.*
[86] vero *BRY.*
[87] *om. H :* vero *NO.*
[88] ratione *Y.*
[89] proportionis *Y.*
[90] omnis *AU.*
[91] *om.* et similitudinis *I.*
[92] aliquod *K.*
[93] nec *NO.*
[94] *om.* hominem vel *NO.*
[95] qua *Z.*
[96] hanc *W.*
[97] ergo *IKUVY.*
[98] hoc *NOW.*
[99] naturaliter *Y.*
[1] non sunt nisi *ENO.*
[2] *om. FQ.*
[3] numerum *DLNOW* : numeros *U*: sui numerum *C.*
[4] ergo *C.*
[5] *add.* diversitatem *DW.*
[6] *om.* diversitatem *DW.*
[7] super *L.*
[8] collegio *C.*
[9] (cum secutus) consecutus *CFHKMNOQRVUY* : cum sequenter *E* : consecutusque *B.*
[10] *om. NO.*
[11] *om. W.*
[12] *om. N.*

subsistentiarum dissimilitudine SED SUIS ACCIDENTIBUS dissimilitudinis [13] DISTANT. Nam (sicut jam dictum est) ut aliqua [14] subsistentium [15] genere vel specie diversa dicantur [16], oportet eorum subsistentias etiam dissimilitudine esse diversas. Cum autem [17] absque dissimilitudine est earum [18] diversitas, juxta illarum numerum (immo ex illarum numero) est subsistentium numerus. Quem [19] quoniam aliqua etiam [20] dissimilitudine diversa accidentia semper comitantur, hujus consortii (sicut dictum est) ratione [21] numeralem subsistentium differentiam accidentium varietas rectissime facere dicitur, sine quibus in subsistentibus subsistentiæ omnino esse non possunt.

[12] NAM (ut in cæteris jam positi exempli inductione hoc apertius et probabilius sit) etsi non quidem re sed VEL i.e. saltem ANIMO [22] AB HIS scilicet tribus hominibus SEPAREMUS CUNCTA ACCIDENTIA fingentes eis nulla omnino alia [23] inesse, TAMEN LOCUS non quantitatis (quo [24] 'locale' per se aliquid [25] dicitur) sed collocationis localium, quo ipsorum quodlibet [26] collatorum [27] localium recte 'locatum' appellatur [28], CUNCTIS [29] etiam dissimilitudine, si non generis, saltem speciei, DIVERSUS [30] EST. QUEM NULLOMODO POSSUMUS FINGERE vel unitate singularitatis vel unione specialissimæ similitudinis UNUM. DUO ENIM CORPORA NON OBTINEBUNT LOCUM singularitate aut specie UNUM sibi invicem collatorum. ATQUE IDEO tres, quos exempli gratia posuimus [31], homines SUNT conformantium ipsos [32] subsistentiarum NUMERO PLURES, QUONIAM scilicet [33] aliquibus etiam dissimilitudine diversis ACCIDENTIBUS PLURES FIUNT [34] i.e. hac [35] accidentium diversitate propria adunatarum similitudine [36] subsistentiarum [37] plures esse probantur [38].

[13] AGE IGITUR etc. Supra cum dixisset 'Pater est Deus, Filius est Deus, Spiritus sanctus est Deus', intulit dicens : Igitur [39] Pater, Filius, Spiritus sanctus sunt unus Deus. Et quod hoc secundum theologicæ [40] fecerit rationem, ostendit cum supposuit [41] : Cujus conjunctionis ratio est indifferentia [42]. Arianos autem [43] dixit in eam, quæ in forma generis immo in genere formæ est, pluralitatem Patrem et Filium et Spiritum sanctum distrahere. Et quod hoc ex [44] naturalium fecerint ratione, declaravit cum dixit : Principium pluralitatis alteritas est. Atque hanc [45] subsistentium alteritatem ex subsistentiarum dissimilium seu similium diversitate esse docuit, cum eam [46] genere vel specie vel numero constare subjunxit [47]. Ex quibus theologicæ atque physicæ [48] aliquas rationes manifestum est esse diversas. Ideoque (trium prædictorum i.e. Patris et Filii et Spiritus sancti una singularem ac simplicem essentiam, qua unusquisque illorum est id quod est, theologicis rationibus demonstraturus) eas a naturalium rationibus per hoc esse diversas ostendit, quod alii speculationi naturalia, alii theologica supponit.

[14] Quod quoniam expositis [49] speculationum partibus [50] melius intelligi potest [51], quot [52] ipsæ sint [53], juxta [54] rerum sibi [55] subjectarum [56] proprietates enumerat et ad quam propria theologicorum pertineat ratio monstrat [57]. Quasi : catholicæ fidei secundum [58] theologicæ [59] proprias rationes sententia hæc est : quod et divisim vere dicitur 'Pater est Deus, Filius est Deus, Spiritus sanctus est Deus' et conjunctim 'Pater, Filius [60], Spiritus sanctus sunt unus Deus'. Arianorum vero secundum naturalium rationes sententia est : quod Pater quidem solus veritate [61] substantiæ [62] dicitur 'Deus', sed neque Filius neque Spiritus sanctus veritate [63] substantiæ [64] vel divisim 'Deus' vel conjunctim 'unus' cum Patre Deus dicuntur.

[13] similitudinis *R*.
[14] aliquæ *H*.
[15] subsistentiarum *H*.
[16] dicuntur *HO*.
[17] *om. K*.
[18] eorum *DSW*.
[19] quæ *N*.
[20] in *DW*.
[21] rationem *N*.
[22] omnino *N*.
[23] aliqua *E* : aliam *Z*.
[24] quæ *X*.
[25] *om. Z*.
[26] quidlibet *MR* : quotlibet *T*.
[27] *om.* quo ipsorum ... collatorum *H*.
[28] locatam vocatur *N*.
[29] cæteris *C*.
[30] divisus *Z*.
[31] possumus *Y*.
[32] ipso *L*.
[33] *om.* quoniam scilicet *L*.
[34] sunt *C*.
[35] *del. T*.
[36] *om.* propria ... similitudine *W*.
[37] *add.* numero *N*.
[38] comprobantur *BRS*.
[39] ergo *BCFLMQRSTVY*.
[40] theologiæ *DTW*.
[41] supponit *KZ*.
[42] differentia *W*.
[43] ante *DW*.
[44] *om. L*.
[45] *om. B* : hac *C*.
[46] ea *X*.
[47] dixit *C*.
[48] philosophiæ *LT*.
[49] ex partibus *B*.
[50] positis *B*.
[51] solet *B*.
[52] quod *KNOTXZ* : quid *C*.
[53] sunt *GH*.
[54] *om. Z*.
[55] *om. CF*.
[56] subjunctarum *HU* : substantiarum *V*.
[57] demonstrat *B*.
[58] *om. K*.
[59] theologiæ *T*.
[60] et Filius et *ES*.
[61] unitate *B*.
[62] essentiæ *V* : subsistentiæ *L*.
[63] unitate *BFQ*.
[64] *om.* dicitur Deus ... substantiæ *H*.

[15] AGE IGITUR, INGREDIAMUR ET DISPICIAMUS [65] i.e. incipiamus et diversis speculandi modis aspiciamus UNUMQUODQUE i.e. naturalia et theologica, PROUT POTEST INTELLIGI ATQUE CAPI i.e. naturalia [66] suo modo et theologica suo, et si quid aliud ad perfectionem sui continebit [67] speculationum divisio. Quod utique ita facere debemus. NAM SICUT OPTIME DICTUM VIDETUR a Cicerone [68] ERUDITI EST HOMINIS UNUMQUODQUE UT IPSUM EST i.e. sicut rei proprietas exigit ita DE EO [69] FIDEM CAPERE TEMPTARE i.e. ea speculatione illud considerare, cui ipsum, quod considerandum proponitur, certæ [70] differentia rationis addicitur [71]. Non enim indiscrete [72] cuilibet speculationi quælibet pertinent [73].

<CAPITULUM SECUNDUM>

<*Partes speculationum*>

[1] NAM CUM TRES SINT SPECULATIVÆ PARTES etc. Scientiæ multorum sunt generum. Aliæ namque sunt [74] theoricæ [75] i.e. speculativæ : ut illæ quibus intuemur an sint et quid sint et qualia sint [76] et cur sint singula creata. Aliæ vero sunt practicæ i.e. activæ : ut illæ quibus post inspectionem scimus operari ut medici, magi et hujusmodi alii. Ut autem de practicis taceamus, speculativæ ex his quæ per ipsas inspicimus [77] contrahunt appellationem : et vocantur aliæ quidem physicæ i.e. naturales, aliæ vero ethicæ i.e. morales, aliæ autem logicæ [78] i.e. rationales. Et (ut item morales atque rationales prætereamus) illarum [79], quæ uno nomine 'naturales' dicuntur, quæ etiam usu majore 'speculativæ' vocantur, TRES PARTES SUNT : una quæ universali omnium nomine specialiter dicitur 'naturalis', alia quæ [80] 'mathematica', tertia quæ [81] 'theologica'. Has describit per motum atque separationem et eorum contraria, binas in singularum [82] notionibus differentias [83] ponens.

[2] Ait ergo : NATURALIS dicitur quæ est IN MOTU atque INABSTRACTA quod græce dicitur ANHYPEXAIRETOS [84], hoc est inseparabilis. Et quare inabstracta vel inseparabilis [85], supponit : CONSIDERAT ENIM CORPORUM FORMAS CUM MATERIA, QUÆ [86] formæ A CORPORIBUS SEPARARI NON POSSUNT non dico ratione sed ACTU.

[3] Hic dicendum [87] quod materia multiplex nomen est et forma similiter. Origo namque sive initium rerum [88], quod Plato vocat necessitatem et fraudem et receptaculum et nutriculam [89] et gremium et matrem et sinum et locum totius generationis, auditores ejus vero appellant hylem [90] i.e. silvam, ipse Plato [91] nominat primam materiam eo quod in ea formantur quæcumque recipiuntur ab ea, cum tamen ipsa [92] nullam ex [93] eis [94] contrahat formam. Quattuor etiam elementa, quæ in illa [95] mutuam habent concretionem [96], ex majoris [97] atque obtinentis cuncta vocabulo cognominantur 'materiæ' [98]. Et cæteræ deinceps in genere corporum secundum species suas diversæ ut aes, cera, lapis et hujusmodi aliæ dicuntur 'materiæ' [99].

[4] Ad generales quoque et speciales subsistentias [1], quæ subsistentium, in quibus sunt, 'esse' dicuntur (eo quod eis [2], ut sint aliquid, conferunt), ejusdem nominis i.e. materiæ alia fit denominatio. Nam et ipsæ eorum, quæ sibi adsunt et quodammodo post [3] ipsas [4] sequuntur, dicuntur 'subjectæ materiæ' eo quod omne, quod ex hujusmodi

[65] despiciamus *M*.
[66] *om.* et theologica . . . naturalia *S*.
[67] continebat *W*.
[68] Cf. CICERO, *Tusc.*, V, 7, 19.
[69] (de eo) debeo *N* : Deo *Z*.
[70] proponit *Z*.
[71] adicitur *FMQRW*.
[72] indiscreto *K*.
[73] pertinet *E* : pertineret *K*.
[74] *om. W*.
[75] theoriæ *V* : theologicæ *Z*.
[76] *om. T*.
[77] conspicimus *X*.
[78] loycæ *TZ*.
[79] illorum *V*.
[80] *om. N*.
[81] *om. R*.
[82] singularium *F* : singulorum *B*.
[83] indifferentias *L*.
[84] It is impossible to reproduce the Greek letters written by the various scribes. It seems that Gilbert wrote a twelve-letter word in Greek characters : *anipetairtos*. Only the scribe of *T* wrote it down in Latin characters : *ammetayptos*.
[85] *om.* et quare . . . inseparabilis *T*.
[86] *add.* quidem *T*.
[87] *add.* est *Y*.
[88] *add.* omnium *B*.
[89] nutriculum *R*.
[90] ylen *FQ* : hilen *DW* : ylem *AEIKLMNOTSVXZ* : (Greek letters) ylen *BL*.
[91] CHALCIDIUS, *In Tim. Platonis*, 266 ; ed. G. A. Mullach (Paris, 1867), p. 238. Cf. E. GILSON, 'Note sur les noms de la matière, chez Gilbert de la Porrée', *Rev. du Moyen Âge Latin*, II (1946), 173-176, and R. O'DONNELL, 'The Meaning of "Silva" in the Commentary on the *Timaeus* by Chalcidius', *MS* VII (1945), 1-20.
[92] *om. BFLQR*.
[93] ab *V*.
[94] his *W*.
[95] illis *C*.
[96] concreationem *X*.
[97] matris *DW*.
[98] Cf. CHALCIDIUS, *In Tim. Platonis*, 270 ; ed. G. A. Mullach (Paris, 1867), p. 239.
[99] *om.* et cæteræ . . . materiæ *H*.
[1] subsistentialia *G*.
[2] *om.* quod eis *Z*.
[3] *del. D* : *om. LTW*.
[4] *om. KL*.

esse est aliquid natura, ab eodem contrahit ut posteriorum, quæ [5] per illud suscipit, sit ratione materia. Verbi gratia : quoniam corporalitas, quæ est esse corporis in quo est et qua [6] ipsum est aliquid naturaliter i.e. corpus, eidem confert, ut figurarum et hujusmodi aliorum, quæ causa corporalitatis et ejus addicta [7] potestati cum eadem in se habet [8], sit materia, ipsa [9] quoque eorundem [10] 'materia' dicitur. Inde est quod definitiva demonstratio hujusmodi [11] esse primum exerit ; deinde, quæ illius accommodata sunt potestati, adjungit : ut si quæratur quid est [12] statua, primum dicitur 'aes' vel 'marmor' vel hujusmodi. Deinde quæ illud quodlibet esse comitantur, juxta quod statuæ ex [13] comparatione alterius quæsita proprietas exigit, numerantur.

[5] Forma quoque multipliciter dicitur. Nam essentia Dei quo opifice est : quidquid est aliquid, et quidquid est [14] esse [15] unde [16] illud est aliquid, et omne quod sic inest ei quod est aliquid ut ei quod est esse adsit, 'prima forma' dicitur. *Quatuor* [17] quoque *sinceræ substantiæ* i.e. ignis, aer, aqua, terra, non quidem quæ in silva mutuam concretionem habere prædicta sunt sed quæ ex silva et intelligibili specie sunt, *e quibus demum* [18] *hæ materiæ sensiles* [19] *igneæ, aereæ, aquatiles, terreæ* deductæ sunt (*corporum* scilicet [20], quæ nutriculæ omnia continentis suscipit sinus, *exemplaria*), eorundem corporum [21] *'ideæ'* græce, latine vero 'formæ' *cognominatæ* sunt.

[6] Illud etiam quorumlibet subsistentium quodlibet [22] esse, ex quo unumquodque eorum est aliquid, et quod eorum, quæ sibi adsunt, prædictum est esse [23] materia [24], eorundem subsistentium [25] dicitur 'forma' : ut corporalitas omnium [26] corporum. Dicitur etiam 'forma' illud [27] quartum genus qualitatis, quod est [28] corporum figura [29] ; et cætera, quæ ita subsistentibus insunt, ut eorum [30] potentiam [31] sequantur, ex quibus aliquid sunt.

[7] Ex his manifestum est quod materiarum alia [32] informis et ideo simplex ut hyle, alia formata et ideo non simplex ut corpora. Multiplex enim esse ipsorum et quæ plurima illi adsunt in ipsis, illa nequaquam sinunt [33] esse simplicia. Et hæc [34] utraque tantum 'materiæ' appellantur. Quæ vero sunt esse subsistentium, et [35] 'materiæ' dicuntur et 'formæ' ; divisim tamen : eorum scilicet, quæ sibi adsunt, 'materiæ' et eorum, quæ ex eis sunt aliquid, 'formæ'. Similiter formarum alia nullius materiæ et ideo simplex : ut Opificis essentia, qua [36] ipse [37] vere est. Neque enim ipsa ex multis essentiis constat neque illi in Opifice adsunt aliqua, quorum Opifex vel ipsa esse vel dici possint [38] aliqua ratione materia. Illæ quoque sinceræ substantiæ [39], quæ corporum exemplaria sunt, sine materia formæ sunt et ideo simplices. Non enim sunt id, quod esse dicuntur, ex multiplici essentia. Nec eidem [40] assistunt in eis, quorum illæ vel ipsa [41] possint [42] esse materiæ. Nam quod sensilibus [43] 'inesse' dicuntur, non ideo est quod illis insint [44] atque hæreant [45] inabstractæ (qualiter corporalitas inest corpori) sed quia, cum ab eis abstractæ sint [46] et eis minime concretæ, tamen quasi *e* [47] *regione* appositæ, ut ab illis tamquam exemplaribus sensilia [48] tamquam imagines ab Opifice deducantur, deductionis consortio non modo sensilibus [49] ipsæ sed et ipsis sensilia [50] 'inesse' dicuntur. Quæ vero sunt subsistentium esse, sicut jam dictum est, non modo 'formæ' [51] sed etiam 'materiæ' nuncupantur. Figuræ vero sensilium et cætera [52], quae in subsistentibus eorundem esse sequuntur, 'formæ' tantum cognominantur et non 'materiæ'.

5 quod *AHU*.
6 quia *K* : quo *Z*.
7 adjecta *F* : *add.* sunt *DW*.
8 *om.* in se habet *DW*.
9 ipsam *D* : ipsum *W*.
10 earundem *FQ* (*e corr. XY*).
11 *add.* deinde *NO*.
12 sit *R*.
13 *del. D* : *om. W*.
14 *om. H*.
15 *om. C*.
16 unum *M* : *add.* vel *B* : *add.* quidquid subest vel inest vel adest *TY*.
17 Chalcidius, *op. cit.*, p. 239.
18 deinde *BCFLQSVY* : denique *T*.
19 sensibiles *GN*.
20 secundum *L*.
21 *om. N*.
22 quidlibet *M*.
23 *om. KU*.
24 materiam *B*.
25 *om.* ex quo . . . subsistentium *L*.
26 omnino *Z*.
27 *om. B*.
28 *del.* quod est *L* : *add.* eorum *DW*.
29 forma vel figura *F*. Cf. Bœthius, *In Cat. Arist.*, III ; PL 64, 250D.
30 earum *E*.
31 potentia *NO*.
32 *add.* est *CFHLQTY*.
33 sinit *DW*.
34 hic *L*.
35 *om. T*.
36 quia *W*.
37 ipsa *N*.
38 possit *BE* : possunt *CMSYZ* : *om.* aliqua quorum . . . possint *W*.
39 substistentiæ *Z*.
40 idem *Z*.
41 *om.* vel ipsa *H* : illa *DW*.
42 possunt *CEFHNOQSZ*.
43 sensibilibus *DEGILMNORSTVXZ* : sensibus *Y*.
44 insunt *RVU*.
45 inhæreant *T*.
46 sunt *E*.
47 ex *BCFMQSVY*. Chalcidius, *In Timæum Platonis*, 300 ; ed. Mullach, p. 245.
48 sensibilia *ELNOST*(*e corr. Y*).
49 sensibilibus *LNOSTZ*.
50 sensibilia *LOST*.
51 *add.* sunt *N*.
52 *om.* sensilium et cætera *L*.

[8] His ita [53] divisis addendum est quod primaria materia i.e. hyle et primariæ formæ i.e. usia [54] Opificis et sensilium [55] ideæ, eo quod simplices sunt et abstractæ, (non enim vel illa [56] formis vel istæ materiis debent [57] quod [58] sunt [59]) omni motu carent. Quæ vero inabstracta a se invicem atque concreta sunt i.e. sensilia [60], moventur. Formæ vero sensilium [61], quamvis inabstractæ ideoque motum habentes, si tamen abstractim attendantur, hac vere [62] abstractorum imitatione [63] sine motu esse dicuntur. Non enim tantum sicuti sunt verum etiam aliter quam sint, res aliquæ sæpe vere concipiuntur. Propter quod etiam [64] ipsa animi speculatio dividitur et vel ex his, quæ inspicit [65], vel ex modo inspiciendi [66] cognominatur. Cum enim nativa [67] sicut sunt (i.e. concreta [68] et inabstracta) considerat, ex sua quidem [69] propria potestate, qua humano animo datum [70] est ex sensuum atque imaginationum præeuntibus adminiculis reri [71] sensilia, 'ratio' dicitur. Sed ex his, quæ considerat, nativis (scilicet [72] inabstractis et motum habentibus) 'naturalis' et 'in motu' et 'inabstracta' cognominatur.

[9] Et quod ex hac causa sit [73] hæc nuncupatio, manifeste demonstrat dicens : CONSIDERAT ENIM CORPORUM FORMAS i.e. figuras et hujusmodi alias [74] : non modo in materia, cui insunt [75], sed et [76] cum materia, cui in illa adsunt. Atque ex hoc [77] subsistentium omnium 'concretio' [78] dicitur. Creatio namque subsistentiam inesse facit ut, cui inest, ab ea aliquid sit. Concretio [79] vero eidem [80] subsistentiæ naturas posterioris rationis accommodat ut, cui [81] cum [82] illa insunt [83], simplex non sit. Quæ [84] quoniam [85] esse [86] non possunt, nisi sic subsistentibus insint, ut eorundem [87] subsistentiis, adsint, 'inabstractæ' dicuntur. Unde ait : QUÆ posterioris rationis formæ A CORPORIBUS NON POSSUNT [88] SEPARARI non dico [89] disciplinali ratione sed ACTU i.e. ut quod sunt, dum concretæ [90] sunt, retineant separatæ. Ex eadem concretione [91] contingit corporum, motus, cum scilicet concretas [92] vicissitudo decedentium succedentiumque commutat. Quæ enim concretione non simplicia sunt (videlicet CORPORA), IN MOTU SUNT : UT [93] verbi gratia in motu [94], qui est secundum locum, apparet, CUM ponderositatis suæ proprietate ET TERRA DEORSUM FERTUR ET IGNIS [95] SURSUM. HABETQUE MOTUM non illa, quæ est subsistentium esse (unde [96] unumquodque eorum aliquid est), prima materia sed, quæ illi materiæ in eisdem subsistentibus concretione [97] est FORMA CONJUNCTA.

[10] Alia vero speculatio, quæ nativorum inabstractas formas aliter quam sint i.e. abstractim considerat, ex fine quo illud facit græce quidem MATHEMATICA [98] latine vero [99] disciplinalis [1] vocatur. Recte utique. Cum enim sint [2] inabstractæ i.e. cum nisi in concretione [3] non sint [4], quid [5] tamen ibi sint oportet intelligi. Neque enim rationalis speculatio perfecte id, quod est esse aliquid, capit nisi disciplinalis quoque id, unde illud est, quid sit firmiter teneat. Verbi gratia : non perpendit ratio, quid sit esse corpus et esse coloratum et esse latum, nisi disciplina quid sit corporalitas, quid color, quid latitudo cognoscat. Quod fieri non potest, nisi hæc [6] inabstracta atque concreta [7] et ab eo, in quo sunt, et a se invicem abstrahat et discernat. Ex hoc ergo quod inseparabilia ad hoc separat, ut eorum natura perspici et proprietas valeat comprehendi, 'mathesis' sive 'disciplina' vocatur : INABSTRACTA quidem eo quod [8] inseparabilia sunt, quæ nisi separatim non perspicit. HÆC ENIM FORMAS SPECULATUR [9]

[53] itaque *RU*.
[54] ysya *M* : ysia *S* : usia *ADEIK LTUV* : usya *mss.*
[55] sensibilium *T*.
[56] ille *F*.
[57] debet *W*.
[58] quid *L*.
[59] *om. L*.
[60] sensibilia *NO*.
[61] sensibilium *NO*.
[62] vero *NO*.
[63] unitione *N*.
[64] quoque *V*.
[65] conspicit *C*.
[66] concipiendi *BCQTV*.
[67] natura *HW*.
[68] conjuncta *NO*.
[69] *om. Y*.
[70] dato *N*.
[71] rerum *W*.
[72] id est *DGKNOWX* : *add.* et *E*.
[73] fit *EHNZ*.
[74] alia *CDLW*.
[75] insint *BFQVY*.
[76] etiam *V* : *add.* subsistentiam *T*.
[77] hac *CIL*.
[78] concreatio *K*.
[79] concreatio *K* : conjunctio *NO*.
[80] ejusdem *BLV*.
[81] *om. M*.
[82] *om. NO*.
[83] insint *BERTV*.
[84] *om. C*.
[85] quamquam *C*.
[86] causæ *L*.
[87] eorum *N* : eodem *V*.
[88] *om.* nisi sic . . . possunt *L*.
[89] *om. N*.
[90] conjuncta *NO*.
[91] conjunctione *NO*.
[92] conjunctas *NO* : secreta *L*.
[93] *om. ELT*.
[94] *om.* in motu *L*.
[95] *add.* suæ levitatis proprietate *B*.
[96] verum etiam *L*.
[97] conjunctione *NO*.
[98] Greek letters in *D*.
[99] *om. AENOWX*.
[1] disciplinaris *X* : disciplinas *Z*.
[2] sunt *H*.
[3] conjunctione *NO*.
[4] *om. L*.
[5] quod *M*.
[6] hoc *NO*.
[7] conjuncta *NO*.
[8] *om. N*.
[9] *om. G*.

SINE MATERIA. Non dico [10] speculatur esse sine materia sed *speculatur sine materia.* Sine motu tamen. Si enim concretio [11] his, quæ sunt, confert motum, convenit ut separatio his, ex quibus sunt, tollat motum. Non tamen quod motabilia careant motu (sic ut inabstracta non possunt abstrahi) sed quod [12] (sicut dictum est) mathesis ea sine materia speculatur. AC PER HOC speculatur SINE MOTU [13]. Rei etenim actus formas semper continet inabstractas. Unde supponit : QUÆ FORMÆ, CUM IN MATERIA SINT [14] i.e. in corporibus, AB HIS corporibus SEPARARI NON POSSUNT. Ideoque quod [15] mathematica speculatio dicitur *'inabstracta'*, ab actu rei, quod vero *'sine motu'*, a modo speculandi metonymica [16] denominatio est.

[11] Tertia vero speculatio [17], quæ omnia nativa [18] transcendens in ipso eorum quolibet principio (scilicet vel Opifice, quo auctore sunt, vel idea, a qua [19] tamquam exemplari deducta sunt, vel hyle [20], in qua locata sunt [21]) figit intuitum, per excellentiam 'intellectualis' vocatur. Quod enim simplex [22] sine motu et semper est, verius percipitur quam vel [23] rationali opinione (immo opinabili ratione) [24] quæ non semper et in motu sunt (sensilia scilicet) percipi possunt [25] vel disciplinali [26] eorundem formæ inabstractæ, ideoque in motu, separatim atque sine motu possunt [27] attendi. Ab ipsius autem [28] rei, quæ percipitur, natura 'THEOLOGICA' et a proprietate 'SINE MOTU ABSTRACTA ATQUE SEPARABILIS' [29] cognominatur. Recte utique [30]. NAM DEI SUBSTANTIA i.e. Deus vel divinitas ET MATERIA CARET ET [31] MOTU. Id est : nec [32] Deus nec ejus essentia potest esse materia. Neque enim ea, qua [33] ipse [34] est, essentia (quæ græce [35] usia [36] dicitur) potest esse non simplex. Neque in eo eidem essentiæ adesse aliud aliquid potest, quo ipse sit. Non enim Deus simplex esset, si vel ejus essentia constaret ex multis essentiis vel eidem adessent [37] formæ in illo, quarum vel ipse Deus vere esset vel ejus essentia ratione diceretur 'subjecta materia' [38].

[12] Et hæc quidem est ex rerum, quæ [39] percipiuntur, diversitate speculationum diversitas. Quamvis IGITUR rerum speculationibus [40] subjectarum aliquæ sint rationes communes, plurimas tamen proprias esse necesse est. Ac per hoc IN NATURALIBUS quæ, sicut sunt, percipi debent, scilicet concreta [41] et inabstracta, OPORTEBIT philosophum VERSARI RATIONALITER [42] ut (scilicet posito nomine quo et id, quod est, et id [43], quo est, significatur) ea vi mentis, qua [44] concreta [45] reri debet [46], diligenter attendat : quid proprie sibi vel [47] quod [48] est vel quo est concretionis [49] consortio exigat, et quid cæterarum speculationum locis communicet.

[13] IN MATHEMATICIS vero, ubi inabstracta aliter quam sint i.e. abstractim attenduntur, oportebit eum versari DISCIPLINALITER ut (scilicet cum ea, quæ nisi subsistentibus insint omnino nihil sunt, separatim ab eis conceperit [50]) sic eorum propria ad disciplinam faciendam attendat, ut communes sibi cum cæteris speculationibus rationes ad ipsa [51] minime contrahat. In naturalibus enim dicitur homo 'species generis' i.e. animalis aut corporis. In mathematicis vero non generis sed 'individuorum' tantum dicitur 'species' homo. Ideoque naturalis concretionis [52] proprietate dicitur genus de specie prædicari. Mathematicæ vero abstractionis proprietate non genus sed generis genus de ea, quæ non generis sed individuorum tantum species est, vere et consequenter prædicari conceditur [53].

[14] IN DIVINIS QUOQUE, quæ [54] non [55] modo disciplina verum etiam re ipsa abstracta sunt, INTELLECTUALITER VERSARI OPORTEBIT i.e. ex propriis theologicorum rationibus

[10] *om. B.*
[11] conjunctio *NO.*
[12] *om. N.*
[13] *add.* speculatur *LT.*
[14] sunt *A.*
[15] *om. N.*
[16] methonomica *GIMQRXYZ* : metonomica *mss.*
[17] *add.* est *R.*
[18] natura *VW.*
[19] *om.* a qua *C.*
[20] ile *DW* : yle *mss.*
[21] *om. L.*
[22] *add.* et *S.*
[23] quod vel *D* : quod *W.*
[24] *om.* immo . . . ratione *L.*
[25] possint *AMNO.*
[26] *supple :* ratione.
[27] possint *AEFGHMNOQSUY.*
[28] *om. L.*
[29] semper *W.*
[30] *om.* recte utique *V.*
[31] *om. W.*
[32] non *L.*
[33] quæ *GKNOT* : quia *Z.*
[34] ipsa *N.*
[35] *om. H.*
[36] ysya *BMV* : usia *ADEILQ* : usya *mss.*
[37] adesset *W.*
[38] Cf. *Dialogus Ratii et Everardi* ; ed. N. M. Haring, *MS*, XV (1953), 256.
[39] qua *C.*
[40] speculationum *NO.*
[41] conjuncta *NO* : concretiva *H.*
[42] rationabiliter *ANORST.*
[43] *om.* quod est et id *N.*
[44] quæ *C.*
[45] conjuncta *NO.*
[46] debent *HUY* : *om. L.*
[47] *om. B.*
[48] quid *NO.*
[49] conjunctionis *NO.*
[50] concipit *ES* : concepit *A* : conceperint *H* : cum ceperit *RU.*
[51] ipsam *NOST.*
[52] conjunctionis *NO.*
[53] Cf. *Dialogus Ratii* ; ed. cit., p. 256.
[54] *om. W.*
[55] *om. V.*

illa [56] concipere [57] et non ex naturaliter [58] concretorum [59] aut disciplinaliter abstractorum proprietatibus judicare. Quod autem hoc ita [60] velit intelligi, aperit cum subjungit : NEQUE oportebit DIDUCI [61] ad aliqua creata, quæ vere existentium sunt IMAGINATIONES, SED POTIUS IPSAM ex suis rationibus INSPICERE singularem ac simplicem FORMAM.

<CAPITULUM TERTIUM>

<*De veritate essentiæ divinæ ac simplicitate*>

[1] QUÆ VERE etc. Hucusque speculativæ scientiæ partes et quibus quæ [62] speculari conveniat ostendit. Nunc quod Patris et Filii et Spiritus [63] amborum [64] una sit singularis et simplex essentia, qua [65] sola unusquisque illorum est id quod est, theologica utens speculatione demonstrat, ut per hoc catholici (qui dicunt 'Pater est Deus, Filius est Deus, Spiritus sanctus est Deus' et inde inferunt : 'Igitur Pater et Filius et Spiritus sanctus [66] sunt unus Deus, non tres dii) recte secundum propriam eorum, de quibus loquuntur [67], rationem inferre intelligantur. Quasi : In divinis oportebit ipsam [68] intellectualiter [69] inspicere formam, QUÆ VERE FORMA EST. Acsi dicat : Multa sunt, quæ vocantur [70] 'formæ' [71] : ut corporum figuræ [72] et alia [73] quæ in subsistentibus creatione seu concretione [74] fiunt, quibus id, cui insunt, aut aliquid est aut aliquid esse doctrinæ [75] ordine demonstratur. Sed hæc omnia præ se habent sua, ex quibus [76] aliqua ratione deducuntur [77] aut ad illa spectant, principia. Ideoque mutuata [78] ab alio [79] nuncupatione potius quam rationis veritate 'formæ' nominantur [80].

[2] Essentia vero, quæ principium est, omnia creata præcedit [81] : illis [82] omnibus, ut 'esse' dicantur, impertiens et a nullo alio, ut ipsa sit, sumens. Ideoque vero nomine forma NEQUE IMAGO EST. Et cum de ea quis loquens dicit 'essentia est', sic debet intelligi : Essentia est illa res, QUÆ EST IPSUM ESSE i.e. quæ non ab alio hanc mutuat dictionem ET [83] EX QUA [84] EST ESSE i.e. quæ cæteris omnibus eandem quadam extrinseca participatione communicat. Non enim de quolibet suæ essentiæ proprietate dicitur 'est'. Sed ab eo, qui non aliena sed sua essentia proprie [85] est, ad illud quod creata ab ipso forma aliquid est et ad ipsam creatam formam et denique ad omnia quæ de ipsis vere dicuntur (quoniam ex eo tamquam ex principio sunt) dictio [86] ista transumitur, ut de unoquoque divinæ formæ participatione [87] recte [88] dicatur 'est'.

[3] Quod non omnino a naturalium ratione diversum est. NAMQUE et in naturalibus OMNE [89] subsistentium ESSE EX FORMA EST. Id est : de quocumque subsistente dicitur 'est', formæ, quam in se habet, participatione dicitur [90], sicut ex his exemplis potest intelligi [91]. STATUA ENIM DICITUR esse statua NON SECUNDUM AES QUOD [92] ex forma, quæ aeris est esse, EST ejus i.e. statuæ MATERIA SED SECUNDUM illam FORMAM QUA [93] humano artificio IN EO [94] aere ANIMALIS EFFIGIES INSIGNITA EST. Hoc est : ad designandum et, qualiter potest, imaginaria similitudine demonstrandum verum animal [95], cujus est [96] imago, effícta [97] est [98]. IPSUMQUE [99] AES DICITUR 'aes' NON SECUNDUM TERRAM QUOD i.e. quæ terra ex forma, qua [1] terra est terra [2], EST [3] EJUS i.e. aeris MATERIA SED POTIUS SECUNDUM AERIS FIGURAM [4] quæ, cum lapis solvitur calore, in

[56] ita *DW*.
[57] accipere *L*.
[58] naturalibus *R*.
[59] conjunctorum *NO*.
[60] *om. NO*.
[61] deduci *BFLNOQTW*.
[62] quæque *ENO* : *om. L*.
[63] *add.* sancti *ENOSW*.
[64] *om. ENO*.
[65] quæ *H*.
[66] *om.* est Deus et . . . sanctus *Z*.
[67] loquitur *L*.
[68] ipsa *U*.
[69] *om. C*.
[70] dicuntur *N*.
[71] *om. N*.
[72] figura *Z*.
[73] aliæ *EN*.
[74] conjunctione *NO*.
[75] *add.* primum quid sit, secundo quantum sit, tertio quale, et deinceps *NO*.
[76] *om. C*.
[77] de quibus educuntur *C* : diducuntur *NO*.
[78] *add.* ut imago Achillis transumptione dicitur Achilles *NO*.
[79] alia *L* : illo *NO*.
[80] vocantur *B*.
[81] præcellit *H*.
[82] illius *W*.
[83] *add.* est *R*.
[84] quo *H*.
[85] propria *LT*.
[86] idcirco *DW*.
[87] participationem *HRV*.
[88] *om. NO*.
[89] esse *KN*.
[90] Cf. *Dialogus Ratii* ; ed. cit., p. 280.
[91] *om.* potest intelligi *C*.
[92] sed *K* : id est *Y*.
[93] quæ *DW* : quoniam *VY*.
[94] *om. NO*.
[95] *add.* esse *B*.
[96] *om. NO*.
[97] effecta *KLMNO*.
[98] esse *S*.
[99] ipsum *W* : *add.* quoque *F* : *add.* quod *R*.
[1] quæ *C*.
[2] *om. DINOWZ*.
[3] *om. DWZ*.
[4] formam *Y*.

ipso creatur. TERRA QUOQUE IPSA DICITUR 'terra' NON KATA TEN HYLEN [5] i.e. non secundum silvam. *Kata* namque 'secundum', *hyle* vero 'silva' interpretatur. *Ten* [6] autem articulus est. Vel NON APO TES HYLES [7] i.e. non a silva. Nam *apo* præpositio 'ab', *tes* [8] (sicut dictum est) articulus, hyle [9] 'silva'. Hæc est illa prima materia, quam Plato *receptaculum* vocat, in qua (sicut supra commemoravimus) formantur, quæcumque recipiuntur ab ea, cum tamen nullam ex eis ipsa [10] contrahat formam. Et est omnino informis. De hac igitur [11] ait, quod non secundum eam terra dicitur 'terra' SED SECUNDUM eas QUÆ SUNT FORMÆ ipsius terræ. Verbi gratia : SECUNDUM SICCITATEM GRAVITATEMQUE IPSIUS. Ex his IGITUR manifestum est, quod NIHIL omnino SECUNDUM MATERIAM, quæ prædicatæ [12] formæ subest, dictione qua illa [13] forma exponitur ESSE DICITUR SED tantum SECUNDUM eam, ex qua rei proposita [14] est [15] appellatio, rei ipsius PROPRIAM FORMAM.

[4] SED DIVINA etc. Quod formam divinam vocaverat esse omnium, ostendit non abhorrere a naturalibus, quorum omnium esse ex forma est. Nunc ad hoc, quod cœperat, redit. Et eam vere unam ex comparatione naturalium, quorum nullum suæ naturæ simplicitate [16] est unum, demonstrat. Quasi : Quod unumquodque subsistentium aliquid est, est [17] ex propria forma, quæ inest materiæ. SED quod eorundem vel quorumlibet aliorum unumquodque [18] (non dico naturali vel [19] etiam [20] mathematica speculatione 'est aliquid', sed theologica [21] dico simpliciter) est, ex forma, quæ non est [22] in materia, est [23], quia revera [24] DIVINA SUBSTANTIA EST FORMA SINE MATERIA [25]. Nam neque hylem tamquam sui principium et materiam, in qua eam esse necesse sit, habere potest usia [26] principii neque sic inest principio i.e. Deo, ut posterioris rationis naturas aliquas vel se componentes vel sibi adjacentes habeat in illo, ex quibus ipse sit et quarum (ex causa prioris, ad cujus pertineant potestatem) materia [27] esse possit. Ipsa enim et principio caret et compositione. Nec est, quo [28] sit, principium (ex quo [29] et per quod et in quo sunt omnia) nisi ipsa [30].

[5] ATQUE IDEO vere est UNUM ET adeo simplex in se et sine his, quæ adesse possunt [31], solitarium, ut recte de hoc uno dicatur quod de ipso principio, cujus usia [32] est, dicitur, scilicet : EST ID QUOD EST [33]. Sicut enim non est, quo Deus sit, nisi simplex atque sola essentia i.e. usia, sic non est, unde [34] usia ipsa sit [35], nisi quoniam [36] ea [37] simplex et solus Deus est. Unde etiam usus loquendi est, ut de Deo [38] dicatur non modo [39] 'Deus est' verum etiam 'Deus est ipsa essentia'. Recte utique. Si enim de aliquo, qui non modo sapiens sed etiam coloratus et magnus et multa hujusmodi est, ex sapientiæ præ cæteris abundantia dicitur : '*tu quantus quantus* [40] *es* [41], *totus sapientia es* [42], (tamquam nihil [43] aliud sit quod sibi esse conferat nisi sola sapientia [44]) multo proprius Deus, cui diversa non conferunt, ut sit, dicitur 'ipsa essentia' : et aliis nominibus idem [45] ut 'Deus est ipsa divinitas sua, ipsa sua sapientia, ipsa sua fortitudo' et hujusmodi alia [46].

[6] RELIQUA ENIM etc. Quasi : Divina substantia [47] est id quod est. RELIQUA ENIM i.e. [48] sive quæ subsistunt sive quæ in eis sunt NON SUNT ID QUOD SUNT. Scilicet : Non est simplex aut solitarium illud, unde [49] quodlibet eorum 'esse aliquid' dicitur.

5 Using Greek letters, Gilbert wrote *kata ton hylen* and the scribes copied it with varying accuracy.
6 το *BDW* : ton *mss.*
7 Gilbert wrote *apo ton hylen* using Greek characters. Gilbert either found both Greek phrases in his copy of Bœthius or incorporated a variant found in some other copy. Peiper (p. 153) adopted the reading *atopon hylen* His best *ms.* reads *apo ton hylen* which agrees with Gilbert's version.
8 toy *DW* : ton *mss.*
9 *add.* enim *FT.*
10 *om. CNO.*
11 *add.* forma *DW.*
12 prædictæ *BMNOS.*
13 nulla *DW.*
14 propositæ *NO.*
15 *om. DSWV.*
16 *add.* non *N.*
17 *om. NOS.*
18 unum quidem *F.*
19 sed *DW* : in *Z.*
20 *om. ENU.*
21 *add.* non *K* : *add.* quidem *F.*
22 *om. NO.*
23 *om. KNOY.*
24 *om. B.*
25 modo *NO.*
26 ysia *V* : ysya *B* : usia *DW* : usya *mss.*
27 materiam *W.*
28 quod *K.*
29 *add.* est *H.*
30 Cf. *Rom.*, xi, 36.
31 possint *NO.*
32 ysya *M* : ysia *V* : usia *ADU* : usya *mss.*
33 *marg.* quod sicut albedinis effectus est facere album et hoc est ejus esse sic deitatis facere Deum et hoc est deitatis esse *F.*
34 unum *K.*
35 *om. K.*
36 qua *L.*
37 ipsa *B.*
38 eo *BCFQR.*
39 solum *E.*
40 *om. ANO.*
41 est *Y.*
42 TERENCE, *Adel.*, III, 3, 40.
43 *om. K.*
44 *add.* et *B* : *add.* vere *V.*
45 id est *AK.*
46 Cf. *Dialogus Ratii* ; ed. cit., p. 270.
47 essentia *E.*
48 *om.* id est *NOT* : *om.* quasi . . . id est *C.*
49 unum *K.*

Cujuslibet enim subsistentis [50] tota forma substantiæ non simplex est. Atque illorum, quæ toti ipsi vel singulis ejus partibus adsunt, accidentium multo numerosior est multitudo. Quæ tamen omnia de subsistente dicuntur : ut de aliquo homine tota forma substantiæ, qua ipse est perfectus homo, et omne genus omnisque differentia, ex quibus est ipsa [51] composita (ut corporalitas et animatio et hujusmodi aliæ), et denique omnia, quæ vel toti [52] illi formæ adsunt (ut humanitati risibilitas) vel aliquibus partibus ejus (ut color, qui corporalitati [53], et [54] scientia, quæ adest rationalitati) et hujusmodi alia infinita. Ipsorum quoque, quæ de subsistente dicuntur ab efficiendo, natura [55] est multiplex. Nam et ea, quæ est tota forma substantiæ hominis, non modo ex eo, quod ipsa tota eum, in quo est, facit hominem sed et [56] ex eo, quod alia [57] parte sui eundem facit animatum, alia sensibilem, alia rationalem [58], recte dicitur 'esse aliquid'. Et ejus quælibet pars aut (quod [59] parti totive concretum [60] est) accidens quodlibet et communiter cum multis et dissimiliter a multis (ab efficiendo similiter aut dissimiliter) [61] 'esse aliquid' dicitur [62] : ut [63] rationalitas [64] alicujus et generaliter 'qualitas' [65] et specialiter [66] 'rationalitas' dicitur, quoniam et eum qualem facit (sicut et quælibet aliæ qualitates ea [67], in quibus sunt, faciunt qualia) et rationalem (sicut et cæteræ [68] rationalitates eos, in quibus sunt, faciunt rationales). Albedo quoque alicujus et qualem (sicut omnes qualitates) et coloratum [69] (sicut omnes colores) et album (sicut omnes [70] aliæ [71] albedines) eum, in quo est, facit. Et ideo generaliter cum qualitatibus 'qualitas', cum solis coloribus 'color' dicitur et cum solis albedinibus specialiter 'albedo' [72].

[7] Atque adeo multa sunt, quæ de istis [73] dicuntur, ut sæpe etiam efficiendi ratione a coaccidentibus ad ea, quibus coaccidunt, denominativa transumptio fiat : ut 'linea est longa, albedo est clara'. Sic [74] igitur aut non simplex aut non solitarium est illud, unde quodlibet [75] eorum, quæ sunt, aliquid est. UNUMQUODQUE ENIM [76] EORUM i.e. et subsistentium et subsistentiarum et eis [77] accidentium HABET ESSE SUUM EX HIS [78] EX QUIBUS EST. Et qualiter hoc velit intelligi, videtur explanare cum ait : ID EST EX PARTIBUS SUIS. Quod ex quo sensu dicat [79], diligenter est attendendum, quoniam (sicut supra, cum de hujus operis qualitate loqueretur, promisit) stilum brevitate [80] contrahit et intelligentiæ faciem (quam verborum novitate velaverat dicens : *Reliqua non sunt id quod sunt* et quam [81] aliquatenus velle detegere videtur, cum ait : Unumquodque enim habet esse suum ex his ex [82] quibus est) sequenti [83], quæ videtur, explanatione qua eam [84] penitus expositurus expectabatur, ne ipsius dignitas indignis prostituatur, potius obducit cum addit : *id est ex partibus suis*.

[8] Et quidem pronominis atque nominis infiniti vaga significatio, quorum altero quod vult intelligi quasi demonstrat, altero refert dicens '*ex his*' et '*ex quibus*', etsi animum lectoris in eo, quod est esse [85], proprietatis aut generis certa nota [86] non figat [87], non tamen ab eo avertit. Explanationis vero suppositæ nomen finitum, quo [88] dicit : *id est ex partibus suis*, eum [89] ab eo, quod est esse, penitus removet. Nihil enim [90] est [91] esse ejus, cujus pars est. Esse namque et id, quod eo est, nullo prorsus conveniunt genere. Pars autem et id, cujus [92] est pars [93], multis generibus etiam [94] singulariter unum sunt. Immo omne genus partis ejus, quod ex ea constat, genus esse necesse est. Item : quidquid est alicujus esse, aut est tota substantia illius, cujus dicitur esse, aut pars ejus, quod est tota substantia. Et tota quidem substantia [95] species,

[50] subsistentiis *e corr. Y.*
[51] ipse *Z.*
[52] totæ *N.*
[53] corporalitate *N.*
[54] *om. LT.*
[55] naturam *S.*
[56] *om. BCDEHKLNOTWXZ.*
[57] altera *C.*
[58] rationabilem *Z.*
[59] quæ *Y.*
[60] conjunctum *NO.*
[61] *om.* aut dissimiliter *L.*
[62] *add.* quia *NO.*
[63] *om. AGVXZ.*
[64] *add.* enim *AGVX.*
[65] qualiter *Z.*
[66] spiritaliter *Z.*
[67] ei *DW.*
[68] aliæ *E.*
[69] color *S.*
[70] *om. E.*
[71] *om. H.*
[72] *add.* dicitur *E.*
[73] eis *K.*
[74] *add.* dicitur *K.*
[75] quolibet *KR.*
[76] *om. CZ.*
[77] de his *S.*
[78] *om.* ex his *M.*
[79] dicatur *L.*
[80] qualitate *Z.*
[81] quoniam *DW.*
[82] *om. R.*
[83] *om. H.*
[84] ea *BFLQ.*
[85] *om. DW.*
[86] notat *U.*
[87] figurat *V.*
[88] quod *AU.*
[89] cum *CDHSVW.*
[90] *om. N.*
[91] *om. B.*
[92] *om.* et id cujus *NO.*
[93] *add.* est *C.*
[94] et *FL.*
[95] *add.* et *DW.*

quæ de eo dicitur, est. Pars vero ejus [96], quod est totum esse, genus est aut differentia quæ speciem ipsam constituit. Nulla autem pars ejus, cujus pars est, species aut genus aut differentia esse potest. Ideoque nulla pars est [97] esse [98] illius [99], cujus pars est.

[9] Cum ergo dixerit : *unumquodque habet esse suum ex his, ex quibus est* (quod recte potest intelligi, scilicet ex specie, quæ [1] est totum esse, et ex genere et ex differentia : quod, etsi non [2] totum, tamen est aliquid [3] esse) cur tamquam hoc explanans [4] supponit : *id est ex partibus suis?* Sed videamus sequentia. Forsitan per illa melius, ex quo hæc dicta sunt sensu, patebit.

[10] Prosequitur enim [5] dicens : ET EST HOC ATQUE HOC. Quod quis [6] interpretans convenienter posset [7] dicere : i.e. habet esse ex diversis. Et hæc [8] diversa intelligeret [9] vel diversa genera vel diversas differentias [10] vel diversas species vel genus et differentias. Vel in ipsa, quæ genus aut speciem facit [11], unione numeralem [12] saltem diversitatem attenderet. Sed ipse iterum hæc, quæ non sunt esse [13], in explanatione nominans ait : ID EST PARTES SUÆ. Sive autem partes (quod dicere videtur) sint esse illius, quod constat ex eis, sive quid aliud, certum est quod simplex aut solitarium non est. Quod ipse recte sentiens addit : CONJUNCTÆ.

[11] Et quod ex hoc sensu addat, aperit dicens : SED NON HOC VEL HOC SINGULARITER i.e. non [14] quodlibet [15] solum facit, ut id, quod est, aliquid sit. Immo multa sunt, quorum unumquodque hoc facit. Et quæ multa, exemplo [16] aperit. In quo simul [17] adverti [18] poterit ex quo sensu, cum dixisset : *unumquodque habet esse suum ex his, ex quibus est,* supposuit : *id est ex partibus suis* ; et item, cum dixisset [19] : *est hoc atque hoc,* subdidit : *id est partes suæ.* Ait enim : UT CUM [20] HOMO TERRENUS CONSTET EX ANIMA CORPOREQUE hoc est subsistens ex subsistentibus, EST idem [21] homo et CORPUS ET ANIMA. Id est : eo [22], quod est esse corporis, ex quo compositus est, est etiam ipse [23] corpus ; et eo [24], quod est esse animæ, est ipse [25] quoque anima. Et hoc nimirum volebat [26] intelligi, cum dicebat : *unumquodque* [27] *est* [28] *ex partibus suis et est partes suæ.*

[12] Quis [29] loquendi usus est sæpe, cum naturaliter inabstracta prout sunt rationalis speculatio concipit. Sic enim dicitur de specie quædam secunda [30] substantia prædicari [31]. Non enim hic [32] intelligendum est de eo, quod species est, aliquid prædicari sed de subsistente potius, in quo est [33], subsistentia specialis ; nec de eo id, quod est secunda substantia, quod scilicet solum subsistens est, (quod omnino impossibile est prædicari) sed, quæ in eo est, subsistentia. Et ad hunc modum plurima dicuntur, ut (cum diversa sint esse et id quod est), alterius nomine posito, non illi sed alteri conveniant quæ dicuntur. Ex hoc itaque consortio dixit [34] : *unumquodque habet esse suum ex partibus suis et est partes suæ,* quamvis non ipsas [35] sed, quæ ipsarum sunt esse, velit intelligi i.e. subsistentias, quæ illius etiam, quod ex partibus constat, sunt esse. Quidquid enim est esse cujuslibet [36] partis, ejus etiam, quod ex illa parte constat, est esse. Et de eo sicut de parte vere dicitur.

[13] Quod ex eorum propriis patenter ostenditur. Color enim, qui soli adest corporalitati, tam de homine qui constat ex corpore quam de ipso [37] quod [38] eum constituit corpore vere prædicatur. Et rationalitas (quæ genus spirituum [39] sequitur) et scientia soli rationalitati accommoda similiter tam de homine qui constat ex spiritu quam de ipso [40] ex quo constat spiritu [41] vere dicitur. Non solum enim corpus, ex quo constat

96 *om. DW.*
97 *om. H.*
98 *om. K.*
99 *om. S.*
1 quod *C.*
2 *add.* est *NO.*
3 aliquod *IM.*
4 explanat cum *L.*
5 etenim *ACFGEKMSY* : *om. N.*
6 quamvis *K.*
7 potest *Y.*
8 ea *AGX* : ex *Z.*
9 intelligere *HUR.*
10 *om.* vel diversas differentias *NO.*
11 faciat *NO.*
12 naturalem *N.*
13 *om. L.*
14 *om. K.*
15 quolibet *R.*
16 exempla *N.*
17 similiter *NS.*
18 averti *DGHWXZ.*
19 *om.* unumquodque . . . dixisset *DW.*
20 *om. Z.*
21 id est *C* : vel *L* : et idem *E.*
22 ex eo *VY.*
23 ipsum *NO.*
24 ex eo *VY.*
25 ipsum *N.*
26 *add.* ipse *BMRS.*
27 *add.* esse *DW.*
28 esse habet *B.*
29 qui *IU* : qui *e corr. DL.*
30 *om. NO.*
31 Cf. BOETHIUS, *In Cat. Arist.*, I : PL 64, 182B.
32 *om. NOZ.*
33 *om.* quo est *K.*
34 dicit *NO.*
35 *add.* substantias *S* : *add.* suas substantias *R. Supple :* partes.
36 alicujus *I.*
37 ipsa *NO.*
38 qui *LQV.*
39 spiritum *A.*
40 *om.* quod eum . . . ipso *F.*
41 *om. Z.*

homo, coloratum est sed et homo ipse, qui constat ex eo, coloratus est. Et cum homo et corpus, ex quo constat [42], diversa sint [43] adeo quod corpus, ex quo homo constat, non est homo, non tamen sunt [44] diversa corpora aut diversa colorata sed *unum* (non universalium conformitate, immo singularitate subsistentiæ) [45] *corpus* et *unum* (accidentis singularitate) *coloratum*. Similiter non solus spiritus, ex quo constat homo, rationalis aut sciens est sed et homo, qui ex eo constat, rationalis aut [46] sciens est. Cumque homo et spiritus, ex quo ipse constat, diversi sint adeo quod spiritus, ex quo homo constat, non est homo, non tamen sunt [47] diversi spiritus aut diversi [48] rationales aut diversi scientes sed *unus* [49] (non universalium conformitate, immo subsistentiæ singularitate) *spiritus* et (unius potentiæ singularitate) *unus rationalis* et (unius accidentis singularitate) *unus sciens*.

[14] Illa autem dialecticorum [50] maxima propositio per se nota est, qua dicunt [51] : De quocumque prædicatur id quod soli alicui adest proprium, de eodem prædicatur id [52], cujus est proprium. Quoniam igitur color (qui soli illi adest, unde [53] est corpus, quidquid vere dicitur [54] 'corpus') non [55] modo de hominis illa parte, quæ corpus est, sed etiam de homine prædicatur, necesse est, ut [56] etiam illud esse corporis (cui soli adest color) i.e. corporalitas non modo de hominis illa parte verum etiam de homine prædicetur [57]. Et quoniam rationalitas (quæ soli illi adest, unde est spiritus, quidquid [58] vere dicitur spiritus) et scientia (quæ soli illi adest, unde est rationale, quidquid recte [59] dicitur [60] 'rationale') non modo de hominis illa parte, quæ spiritus est, sed [61] etiam de homine prædicatur, necesse est, ut etiam [62] illa subsistentia [63] spiritus [64] (cui soli rationalitas adest) i.e. ipsa, si quis eam ita nominare velit, 'spiritualitas' non modo de hominis illa parte sed etiam [65] de ipso homine recte prædicetur [66].

[15] Est igitur homo corpus non ab eo, ex quo ipse constat corpore sed ab illius [67] corporis esse. Est et idem homo spiritus non ab eo, ex quo ipse constat spiritu [68] sed ab illius spiritus esse [69]. Itaque esse hominis non simplex aut solitarium est. Est enim (sicut dictum est) *et corpus* ab esse corporis sui, ex quo ipse constat, *et anima* [70] ab esse animæ suæ, ex qua scilicet [71] ipse constat. NON VEL CORPUS tantum VEL ANIMA tantum.

[16] Putant quidam [72] imperiti ex hoc quod ait [73] : *non* [74] *vel corpus vel anima*, quod nec etiam [75] dici horum alterum sine altero liceat i.e. quod non sit vera dictio, si quis dicat 'homo est corpus' (non addens 'et anima' [76]) aut si dicat 'homo est anima' (non addens 'et corpus') [77] : opinantes quod (ex quo diversa, ut unum componant, conjuncta sunt) esse utriusque adeo sit ex illa conjunctione confusum, ut *sicut* cum album et nigrum permiscentur [78], quod ex illis fit, nec 'album' nec 'nigrum' [79] dicitur sed cujusdam alterius coloris ex illa permixtione [80] provenientis, *ita* quod ex diversis constat, neutrius deinceps nomen suscipiat sed sit aliquid ex eo, quod ex permixtione provenit : et [81] ex hoc sensu dictum esse [82] 'homo est corpus et anima', non quod ipse sit [83] corpus vel anima sed quod ipse sit [84] quiddam [85], quod provenit ex permixtione, quæ ex corporis et animæ conjunctione contingit. Sed quod non semper contingat [86] ex conjunctione confusionis permixtio [87], in eo libro quem contra hunc [88] errorem Eutychis scribit satis disputabitur.

[17] Hic autem, ubi non simplex aut non solitarium, unde unumquodque est aliquid, demonstratur, dicimus quod *sicut* de homine et conjunctim 'homo est coloratus et

[42] *add.* et ex quo coloratus est *B*.
[43] sunt *MQWY*.
[44] *om. M.*
[45] substantiæ *EW*.
[46] atque *B*.
[47] sint *R*.
[48] *om.* spiritus aut diversi *N*.
[49] *add.* homo *NO*.
[50] dialeticorum *DKTWXYZ* : dyaleticorum *F*.
[51] dicitur *DW*. Cf. BOETHIUS, *In Isag. Porphyrii*, IV ; PL 64, 131A.
[52] illud *C*.
[53] unum *L*.
[54] est *T*.
[55] *om. L.*
[56] *om. DW.*
[57] prædicatur *CW*.
[58] *add.* est *X*.
[59] vere *EN*.
[60] *add.* et est *B*.
[61] verum *T* : et sed *X*.
[62] *om. HR.*
[63] substantia *X*.
[64] *om. LT.*
[65] et *ACFGTZ* : *om. X.*
[66] prædicatur *TV*.
[67] ipsius *E*.
[68] spiritus *H*.
[69] *add.* est *B*.
[70] est *T*.
[71] *om. E.*
[72] quidem *H*.
[73] *add.* ex hoc *L*.
[74] *om. B.*
[75] *om. N.*
[76] spiritus *L*.
[77] *om.* aut si . . . corpus *L*.
[78] permisceretur *D* : permiscitur *W*.
[79] *om.* permiscentur . . . nigrum *L*.
[80] commixtione *K*.
[81] *om. SZ.*
[82] est *VW*.
[83] *om. G.*
[84] *om.* corpus vel . . . sit *L*.
[85] quoddam *BFLMQ*.
[86] contingit *W*.
[87] *add.* infra *W*.
[88] *om. F.*

sapiens' et disjunctim [89] 'homo est coloratus' item 'homo est sapiens' verum est, *ita* et conjunctim 'homo est corpus et anima' et disjunctim 'homo est corpus' et item [90] 'homo est anima' verum est juxta prædictam dialecticorum [91] regulam [92] : *de quocumque prædicatur proprium, et illud cujus est proprium.* Ideoque in eo quod ait : *non vel hoc vel hoc,* et specialiter [93] : *non vel corpus vel anima,* non ex eo sensu intelligendum est quod una dictio sine alterius additione vera non sit sed quod nec illud unum nec alterum ad faciendum hominem, de quo etiam solitarie [94] dicitur esse [95] aliquid [96], solitarium esse [97] possit. Aliud enim est solitarium esse [98], aliud solitarium dici. Non enim solitarium esse necesse est quod solitarium dicitur. Et quod solitarium esse impossibile est [99], non est impossibile solitarium dici. Et hi quidem, qui dictionem utramque [1] dicunt non posse fieri solitariam [2], in argumentum sui erroris verisimiliter [3] prædictam albi et nigri confusionem [4] sibi cæterisque minus intelligentibus videntur assumere.

[18] Sed illi, qui alteram exsufflant, cum [5] alteram recipiant [6], adeo sine erroris sui argumento garriunt, ut non modo contra veritatem verum etiam contra seipsos hoc dicant. Concedunt namque [7] : 'homo est corpus', abominantes 'homo est anima vel spiritus'. Nec tamen cogitant, qua ratione unius partis esse ejus quoque, quod ex ea constat, sit esse et de eo [8] prædicari per se possit, cum esse partis alterius neque sit esse ejusdem, quod similiter constituit, neque de eo dici possit, præsertim cum et hujus generis, quod de composito prædicari negant, propriam potentiam (i.e. rationalitatem) [9] et accidentalem affectionem (i.e. scientiam) de ipso vere affirmare concedant [10]. Nam quod eorum aliqui [11] dicere gestiunt aliam rationalitatem quam illam [12], quæ est humani spiritus, de homine dici et similiter aliam scientiam et aliam corporalitatem quam quæ humani corporis est, ita contemnimus, ut tacendo quod contra hoc [13] dici potest omnino prætereamus.

[19] Contra illud vero quod nobis opponunt spiritum hominis esse incorporalem, hominem tamen [14] non esse incorporalem ac per hoc non esse verum 'quidquid de parte affirmatur, de eo quoque quod ex ea compositum est affirmari' respondemus : cum dicunt [15] 'spiritus est incorporalis' negare *potius* ab eo quod ad generis ejus pertinet potestatem *quam* naturam spiritus [16] de ipso [17] affirmare. Omnis enim privatio, quod debetur naturaliter, removet. Nec nos dicimus a toto ex necessitate removendum quidquid removetur a parte sed, quidquid de parte naturaliter, idem etiam [18] de composito affirmandum.

[20] In parte igitur. Quasi : Homo est et corpus et anima. In parte igitur una non est id, quod est in altera : scilicet [19] *aliud* numero saltem est esse partis unius, a quo compositum quoque [20] aliquid est, et *aliud* alterius partis esse, a quo similiter ipsum [21] compositum est et (conjunctim sive disjunctim) esse aliquid dicitur. Nec modo subsistentium ex diversis subsistentibus compositorum (ut est [22] homo vel lapis) verum etiam simplicium (ut est hominis anima, quæ subsistens ex nullis subsistentibus constat) et omnium subsistentiarum vel affectionum [23] accidentalium et denique omnium, quæ sic sunt ex principio, ut non sint principium, (qualiter prædictum est) multa sunt, ex quibus unumquodque est aliquid. Ac per hoc vera ratione nullum eorum est id quod est.

[21] Quod vero non est ex hoc atque ex [24] hoc i.e. non ex diversis sed tantum est ex hoc, scilicet cujus est unum solum, quo [25] sit, illud vere est id quod est, non aliud ab eo : ut Deus vel divinitas. Non enim est [26] a divinitate aliud, quo [27]

[89] distinctim *R.*
[90] *om. T.*
[91] dialeticorum *DFKSTWXYZ.*
[92] rationem *N.*
[93] spiritualiter *NO.*
[94] solitarium *L.*
[95] est *KM.*
[96] *del.* esse aliquid *B.*
[97] *add.* non *mss. except MV* (*del. B*)
[98] *add.* et *R.*
[99] *om. R.*
[1] *om. AGIVX.*
[2] solitarium *NX.*
[3] inde similiter *XZ.*
[4] et fusionem *W.*
[5] *del. Y.*
[6] *add.* non *Y.*
[7] enim *K.*
[8] ea *AGHIKNORSUZ.*
[9] rationalem *V.*
[10] concedunt *N.*
[11] aliquid *HZ.*
[12] *om.* quam illam *L.*
[13] *om. DW.*
[14] *om. NO.*
[15] dicitur *NO.*
[16] *om. L.*
[17] *om.* de ipso *NO* : ea *I* : eo *Y.*
[18] est *S* : et *U.*
[19] sed *LTY.*
[20] *om. N.*
[21] *om. C.*
[22] *om. S.*
[23] affectionem *DW.*
[24] *om. EN.*
[25] quod *HKSUVY* : *marg.* Cave *IO.*
[26] *om. KR.*
[27] quod *W.*

Deus sit. Nec est [28] unde divinitas ipsa sit, nisi quod ea Deus est [29]. ET quodlibet hoc *ita* singularitate et simplicitate generis singulariter et simpliciter unum EST PULCHERRIMUM propria summæ dignitatis [30] specie FORTISSIMUMQUE sua incomparabili potestate *quod* recte de ipso dicitur : QUIA hoc NULLO, cujus egeat, adminiculo NITITUR.

[22] QUOCIRCA [31]. Quasi : Quandoquidem [32], *quod tantum est* [33] *hoc, vere est id quod est*, QUOCIRCA HOC VERE est UNUM et tale unum, IN QUO NULLUS est essentiarum NUMERUS, quia NULLUM IN EO ALIUD [34] esse [35] PRÆTERQUAM [36] ID unum QUO [37] solo EST. Vere. NEQUE enim eo, quod juxta principalem suam essentiam in se aliquid habeat, SUBJECTUM FIERI POTEST. Quare? EST ENIM FORMA. Et quod per hoc recte probaverit illud non posse subjectum esse, per se nota mathematicorum propositione [38] declarat dicens : FORMÆ VERO SUBJECTÆ ESSE NON POSSUNT i.e. juxta aliquam, quam [39] in se habeant, subsistentiam [40] nullum accidens in se suscipiunt. NAM si quis opponat QUOD CÆTERÆ FORMÆ, quas mathematica speculatio abstractim attendit, SUBJECTÆ SINT [41] ACCIDENTIBUS et hoc etiam exemplo demonstret [42] dicens : UT HUMANITAS, dicimus verum esse quod dicit, non tamen ex eo sensu, quo homo suscipere dicitur. NON enim humanitas ITA SUSCIPIT ACCIDENTIA sicut homo : scilicet [43] EO QUOD IPSA humanitas ab aliqua subsistentia, quam in se habeat, aliquid EST, juxta cujus principalitatem ejus in se habeat proprietate quadam accommoda accidentia, SED EO QUOD EI scilicet [44] humanitati SUBJECTA et per eandem illorum nuncupata MATERIA ex ipsa EST aliquid, ut, quæ [45] illi [46] proprietate dat adesse concretio [47], cum ipsa possit suscipere. Nam quidquid vero nomine subjectum accidentibus et eorum materia dicitur, oportet ut primum (si non tempore, saltem ratione) sit ex aliqua subsistentia, ut per hoc ejusdem habeat propria. Quoniam vero (qualiter dictum est) subsistentia causa est, ut id, quod per eam est aliquid, suis propriis sit subjectum, ipsa quoque per denominationem eisdem [48] 'subjecta' [49] dicitur et eorundem 'materia'.

[23] DUM [50] ENIM MATERIA quæ subsistit [51] SUBJECTA HUMANITATI i.e. in se habens humanitatem SUSCIPIT in se ALIQUOD [52] ei ACCIDENS, IPSA HUMANITAS quodammodo VIDETUR immo ea, quæ fit ab effectu ad causam, denominatione [53] HOC SUSCIPERE dicitur. FORMA VERO QUÆcumque EST SINE MATERIA NEC etiam metonymice [54] POTERIT ESSE SUBJECTUM NEC VERO INESSE [55] MATERIÆ. Nam etsi contingat, ut [56] 'inesse' dicatur (ut sæpe in theologicis scripturis dicitur divinitas inesse Patri aut ideæ elementis), non tamen ut materiæ. Divinitas enim in Patre dicitur esse ut essentia in eo, qui vere est : et ideæ in elementis ut exemplaria in his [57], quæ sunt earundem [58] imagines. Nam neque ideæ in elementis neque usia [59] in Patre creatæ subsistentiæ [60] sunt [61], quibus in ipsis accidentia concreta sint [62], quorum [63] ex earum [64] causis ipsa [65] sint et ex [66] effectu illæ [67] dicantur [68] materiæ. Itaque nec Pater aliquorum prorsus nec elementa ex ideis materiæ [69] sunt accidentium. Ideoque neque usia [70] neque ideæ cognominantur 'materiæ' [71].

[28] *om. LT.*
[29] *om. S.*
[30] divinitatis *Z.*
[31] *add.* hoc vere est unum *ENO.*
[32] quod quidem *B.*
[33] *om. UZ.*
[34] *om. NO.*
[35] est esse *A* : *add.* potest *EDMN OSTVWY.*
[36] quam *DTW* : *om. L.*
[37] *marg.* Boethius hic ponit QUO, non quod *Q* : *marg.* emendatiora exemplaria habent PRÆTER ID QUOD EST *NO.* Peiper (p. 153) adopted the reading QUOD against his best *ms.* (Tegernsee, tenth century). ST. BERNARD, *De Consid.*, V, 7, 17 (PL 182, 798C) also read QUOD, whereas the author of the *Dialogus Ratii* ; ed. Haring, p. 276, maintains that "without a doubt" only QUO is correct and that St. Bernard's copy or some scribe was a fault. Although there is no doubt that Gilbert himself read QUO, the Boethian text accompanying his commentary is not uniform in the extant mss. However, no scribe changed QUO to QUOD in Gilbert's text.
[38] proponere *L.*
[39] *add.* quidem *NO.*
[40] substantiam *DW.*
[41] sunt *BCDFKLMQTVWY.*
[42] demonstrat *BDKLMNOQSTW XY* : demonstrator *V* : ostendit *F.*
[43] *add.* in *B.*
[44] *om. S.*
[45] quod *C.*
[46] ille *N* : est illa *DW.*
[47] conjunctio *C.*
[48] eandem *L.*
[49] *add.* esse *H.*
[50] dicitur *K.*
[51] subsistat *W.*
[52] aliquid *FHLNQTY. Boethius :* quodlibet.
[53] de numero *W* : denominative *F* : denominationem *U.*
[54] methonomice *FLNST* : metonomice *mss.*
[55] inest *DW.*
[56] *om. X.*
[57] sunt *L.*
[58] eorundem *BMV.*
[59] ysya *B* : usia *ADEU* : usya *mss.*
[60] substantiæ *BLTV* : subjectæ *FQ.*
[61] sint *Z.*
[62] sunt *RWY.*
[63] *superscr.* accidentium *T.*
[64] eorum *DNOW.*
[65] *marg.* elementa *T.*
[66] *om. DW.*
[67] ipsæ *T* : quod *M* : *marg.* scilicet subsistentiæ *T.*
[68] prædicantur *M* : dicuntur *S.*
[69] *om. C.*
[70] ysya *BM* : ysia *T* : usia *ADEK RUW* : usya *mss.*
[71] *om.* itaque nec . . . materiæ *L.*

[24] Et quare forma, quæ est sine materia, non modo non sit sed nec denominatione cognominetur 'materia', ostendit dicens : NEQUE ENIM ESSET vero nomine FORMA SED potius [72] IMAGO. Recte utique. EX HIS ENIM FORMIS, QUÆ SUNT PRÆTER MATERIAM [73] i.e. ex [74] sinceris substantiis [75] : igne scilicet et aere et aqua et terra (non utique his, quæ in hyle habent [76] mutuam concretionem, sed quæ sunt ex silva et intelligibili specie quæ sunt ideæ sensilium [77]) ISTÆ FORMÆ, QUÆ SUNT IN MATERIA ET ei, quod est esse materiæ [78], advenientes CORPUS EFFICIUNT quadam exempli ab exemplari suo conformativa [79] deductione [80] VENERUNT [81]. Ac per hoc illæ sinceræ ideæ i.e. exemplares et vero nomine formæ vocantur. NAM CÆTERAS [82], QUÆ IN CORPORIBUS SUNT [83], VOCANTES [84] FORMAS hoc nomine ABUTIMUR, DUM non ideæ sed idearum SINT eikones [85] i.e. IMAGINES. Quod utique nomen eis melius convenit. ASSIMILANTUR ENIM non quidem [86] plena in [87] tota sui substantia aut in parte suæ substantiæ semiplena substantiali similitudine, qua [88] æternis temporalia nullatenus possunt [89] conferri, sed quadam extra substantiam imitatione HIS FORMIS, QUÆ NON SUNT IN MATERIA CONSTITUTÆ : sinceris scilicet [90] (sicut dictum est) substantiis et æternis ideis.

[25] NULLA IGITUR [91] etc. In præcedentibus, cum dixisset : *quod non est* [92] *hoc* [93] *atque hoc sed tantum est hoc, illud vere est id quod est*, intulit : *quocirca* [94] *hoc vere unum* [95] *in quo nullus numerus.* Et ad hoc iterum probandum dixit : *Neque enim subjectum fieri potest.* Hoc igitur [96] ostenso, iterum infert idem. Quasi : quandoquidem id [97], quod *tantum est hoc*, neque subjectum est [98] neque in subjecto [99], IGITUR IN EO NULLA prorsus est [1] ex differenti esse DIVERSITAS : NULLA EX hac DIVERSITATE PLURALITAS : NULLA [2] etiam EX ACCIDENTIBUS MULTITUDO : ATQUE IDCIRCO NEC ille, quem diversorum [3], nec ille [4] quem [5] unius diversum esse vel diversum accidens vel esse et accidens solet facere, NUMERUS [6]. Nam diversum (saltem numero vel etiam dissimilitudine) esse et ei accidens semper [7] est [8] diversorum [9] : ut hominum non dissimilitudine sed solo numero diversum est omne esse. Accidentia vero quædam numero solo (ut duorum alborum albedo et albedo), quædam etiam dissimilitudine [10] (ut albi et nigri albedo et nigredo) diversa sunt. Hominum vero atque equorum plurimum esse et ei accidens non solo numero sed etiam dissimilitudine diversum est. Unius [11] quoque (ut cujuslibet hominis) et esse plurimum est et accidentia plurima nec modo numero sub uno genere verum etiam dissimilitudine aliquorum generum suorum seu [12] omnium inter se diversa : ut animatio, sensibilitas, rationalitas, colores, lineæ et hujusmodi.

[26] DEUS VERO A DEO i.e. Filius [13] vel Spiritus sanctus a Patre vel Spiritus sanctus a Filio NULLO horum DIFFERT. Quod ideo [14] dico, NE [15] Deus et Deus DISTENT [16] i.e. distare intelligantur aliquibus POSITIS [17] in Deo tamquam IN SUBJECTO : scilicet [18] ne intelligantur distare [19] DIFFERENTIIS cujuslibet rationis, hoc est VEL ACCIDENTIBUS [20] VEL SUBSTANTIALIBUS [21] quas quoniam (sicut et accidentia) alicujus certi generis potestati ratio proprietatis addicit [22], in eodem, in quo genus ipsum est, tamquam in subjecto esse dicuntur, quamvis et ipsæ (quia [23] id, quod est totum [24] esse, constituunt) in subjecto esse recte negentur. Nam [25] quod in Patre nec plures essentiæ nec plura accidentia nec accidens cum essentia sint [26], nullus ignorat qui, qua ratione Pater 'id quod est esse' dicatur [27], non nescit. Idem et de Filio ejus et de utrorumque Spiritu intelligi convenit.

[72] *om. C.*
[73] formam *L.*
[74] in *DW.*
[75] subsistentiis *N.*
[76] habeant *S.*
[77] sensibilium *E.*
[78] materia *NO* : *om. B.*
[79] conformatura *N.*
[80] *om. NO.*
[81] veniunt *NO* : Cf. CHALCIDIUS, *In Tim. Platonis*, 270 ; ed. G. A. Mullach (Paris, 1867), p. 239.
[82] cæteris *L.*
[83] *om. BCFQTV.*
[84] vocantur *LT.*
[85] icones *LRUV* : iacones *NO* : ycones *mss.*
[86] quod *LW.*
[87] *del. Y.*
[88] quia *M.*
[89] possint *FQ.*
[90] *om. T.*
[91] *om. B.*
[92] *om. C.*
[93] *om. M.*
[94] quod circa *R.*
[95] *add.* est *ES.*
[96] ergo *C.*
[97] idem *BCDFIMQSVWXZ.*
[98] *om. DW.*
[99] *add.* est *E.*
[1] *om. DW.*
[2] *om. C.*
[3] *add.* esse *ENOY.*
[4] *om.* quem diversorum nec ille *B.*
[5] quæ *DW.*
[6] *add.* est *Q.*
[7] speciem *V.*
[8] *om. V.*
[9] conversorum *V.*
[10] *om.* esset et ei . . . dissimilitudine *C.*
[11] unus *K.*
[12] sive *K* : vel *W.*
[13] *add.* a Patre *V.*
[14] idcirco *CFLMTV.*
[15] nec *W.*
[16] differt *Y.*
[17] propositio *DW.*
[18] sed *E.*
[19] aliquibus *C.*
[20] accidentalibus *CDW.*
[21] specialibus *NO.*
[22] adicit *ADW.*
[23] *add.* et *DW.*
[24] *om. L.*
[25] *marg. bis* Cave *NO.*
[26] si *M.*
[27] dicitur *W.*

[27] UBICUMQUE VERO i.e. sive in uno sive in multis NULLA EST vel essentiæ et essentiæ [28] vel accidentis et accidentis vel essentiæ et accidentis [29] DIFFERENTIA, NULLA EST OMNINO [30], unde vel illud unum vel illa multa intelligantur esse, PLURALITAS. QUARE NEC aliquis eorum, quæ [31] vel illi uni vel illis multis esse, quod sunt, conferant [32], NUMERUS. IGITUR tam multorum quam unius UNITAS essentiæ [33] i.e. una essentia TANTUM, qua vel Pater vel ejus Filius vel amborum Spiritus et est et est [34] unum et est id quod est : qua etiam simul et æqualiter [35] ipsi et sunt et sunt unum et sunt id quod sunt. Essentia namque illorum (quæ græce usia [36] dicitur) et essentia est [37] et singularis est [38] et simplex est [39]. Ideoque et horum quilibet per se et omnes simul [40] dicuntur et esse et esse unum et esse id quod sunt.

[28] Nec moveat aliquem quod sicut in naturalibus [41], cum tres sint Plato, Aristoteles [42], Cicero, et juxta illorum numerum trina sit 'hominis' nuncupatio (quoniam et Plato est homo et Aristoteles est homo et Cicero est homo) et hæc trina nuncupatio [43] in quendam sub eodem nomine numerum componatur, secundum quem [44] recte Plato [45], Aristoteles, Cicero 'tres homines' esse dicuntur, non tamen similiter [46], quamvis tres sint Pater [47], Filius [48], Spiritus sanctus et juxta horum numerum actu dicendi trina sit Dei nuncupatio (quoniam et [49] Pater est Deus et [50] Filius est Deus et Spiritus sanctus est Deus), non, inquam, trina hæc [51] nuncupatio componi [52] potest in aliquem sub hoc nomine numerum, ut scilicet recte dici possit 'Pater, Filius, Spiritus sanctus sunt [53] tres dii'.

[29] NAM QUOD de his ter dicitur 'homo' [54], propter formarum (quæ de illis [55], uno tamen [56] nomine, dicuntur) diversitatem [57] singulares, quæ per se factæ [58] sunt, appellationes aggregantur in numerum, ut (quoniam unusquisque a sua, quæ non est alterius, subsistentia dicitur 'homo') ipsi [59] simul dicantur [60] esse tres homines. Et quamvis [61] ratione [62] significationis [63] illius, qua nomen quodlibet appellativum 'quale aliquid' significare dicitur, repetitio ejusdem nominis fiat, rerum tamen eodem nomine est prædicata numeralis diversitas.

[30] Quod vero TERTIO REPETITUR hoc nomen quod est 'DEUS', CUM ET PATER nuncupatur [64] 'Deus' ET FILIUS nuncupatur [65] 'Deus' ET SPIRITUS SANCTUS NUNCUPATUR [66] 'Deus', sicut nominis (ratione significandi) sic et rei illius, ex qua horum quisque dicitur 'Deus' ratione propositi, repetitio fit. Ideoque istæ, quæ ex [67] repetitione videntur, TRES UNITATES NON FACIENT [68] PLURALITATEM NUMERI i.e. numeralem pluralitatem IN EO QUOD IPSÆ SUNT, sicut videntur esse, tres. Non enim vere sunt tres [69]. Quod nimirum ex comparatione intelligere possumus : SI scilicet ADVERTAMUS AD RES NUMERABILES [70] i.e. ad ea [71], ex quorum diversitate solet numerus esse, AC NON advertamus AD IPSUM numerationis, qua [72] re ipsa [73] aut [74] imitatione multitudo exponitur, NUMERUM.

[31] ILLIC ENIM i.e. numerationis expositione [75] sæpe quidem diversitas rerum multarum, quandoque vero unius tantum REPETITIO quendam [76] quasi diversarum UNITATUM NUMERUM FACIT. IN EO AUTEM, QUI non imitatione dicitur, NUMERO [77] sed rerum vera ex proprietate [78] diversitate IN REBUS ipsis ex illa diversitate NUMERABILIBUS CONSTAT, illam quæ vere est NUMEROSAM DIVERSITATEM RERUM vere numerabilium MINIME [79] FACIT unius REPETITIO, quæ fit [80] tamquam multarum UNITATUM numeratio

[28] *om. L.*
[29] *om.* et accidentis . . . accidentis *L.*
[30] aliquorum *T.*
[31] qui *G.*
[32] conferat *BCDFHLNOQSWZ.*
[33] *add.* est *L.*
[34] *om.* et est *BNOS.*
[35] æqualis *NO.*
[36] ysia *M* : ysia *M* : usia *ADEU* : usya *mss.*
[37] *om. LT.*
[38] *om. N.*
[39] *om. LT.*
[40] *add.* vere *V.*
[41] *om.* in naturalibus *Z.*
[42] *add.* et *T.*
[43] *om.* quoniam et . . . nuncupatio *L.*
[44] quod *F.*
[45] *om. S.*
[46] similis *NO.*
[47] *add. HNO.*
[48] *add.* et *FHNO.*
[49] *om. W.*
[50] *om. W.*
[51] *om.* Dei nuncupatio . . . hæc *K.*
[52] poni *W.*
[53] sint *FGINOU.*
[54] *add.* est *T.*
[55] *add.* in *U.*
[56] tantum *CENOSTVY.*
[57] diversitate *NZ.*
[58] perfecte *L.*
[59] ipsis *F.*
[60] *om.* in numerum . . . dicantur *L.*
[61] quoniam *B.*
[62] relatione *F.*
[63] significationes *W.*
[64] nuncupetur *F.*
[65] nuncupetur *F.*
[66] nuncupetur *F.*
[67] *om. BFLMQT.*
[68] faciunt *MSTY.*
[69] *marg.* extranee quamvis subtiliter *NO.*
[70] numerales *T.*
[71] *add.* quem *N.*
[72] qualiter *L* : aut *E.*
[73] ipsa *B.*
[74] *om. L.*
[75] exponere *L.*
[76] quoddam *DW* : quandam *F.*
[77] *add.* qui in rebus numerabilibus constat *S.*
[78] proprietatibus *NO.*
[79] *om. W.*
[80] sit *AFHLNOQRT* : sic *C.*

ATQUE tamquam ex rerum diversitate PLURALITAS. Quasi : sed potius rerum diversa [81] proprietas numerosam facit diversitatem rerum. Ex his igitur [82] apparet quod, cum numerando dicimus 'unus, unus, unus' vel 'homo, homo, homo' vel hujusmodi, aut ex [83] intellectu diversarum proprietatum (quarum semper comes est diversitas unitatum) hoc dicimus aut unius repetitione quæ numerum imitatur.

[32] NUMERUS ENIM DUPLEX EST i.e. loquendi usu duplicitur dicitur. UNUS QUIDEM numeratio, QUO scilicet NUMERAMUS. ALTER VERO etc. Dicendo '*unus*' et '*alter*' non vult intelligi eum, quo numeramus, ab eo, qui in rebus numerabilibus constat, rei proprietate semper esse diversum. Eo namque numeramus, qui in rebus numerabilibus constat [84]. Sed ideo dicit [85] '*unus*' et '*alter*' [86], quoniam alia ratio est numerum [87] rebus inesse, alia res ipsas numero numerare. Numerationis [88] quoque diversi sunt modi. Fit enim numeratio quandoque distributione, quandoque collectione. Nam et qui dividit numerat. Unde numerus dicitur [89] unitatum quorumlibet diversorum ex diversis inter se proprietatibus multitudo. Et qui colligit numerat. Unde numerus dicitur [90] *quantitatis acervus* atque *unitatum collectio* [91].

[33] Distributione numeramus cum dicimus 'unus, unus' [92]. Et hoc duobus modis : scilicet vel unitatis ipsius vel ejus, quod [93] ab ipsa unum est, significatione. *Unitatis ipsius significatione :* cum [94] ipso ejus nomine plus quam semel dicimus 'unus, unus' vel [95] 'unitas, unitas'. *Ejus* vero [96] *significatione, quod ab ipsa* unitate *unum est,* vel diversa penitus unumquodque tantum [97] semel dicimus vel, quæ [98] significandi ratione sunt [99] eadem, dicimus plus quam semel. Et *penitus* quidem *diversa* numeramus, vel cum dicimus 'homo, beryllus' (in quibus tam ea, quæ sunt, quam ea, ex quibus sunt, distributione numerata intelliguntur) vel cum dicimus 'homo [1] albus', ubi non qui est homo vel albus sed ipsa, qua est homo, singularis humanitas et singularis albedo, qua idem est albus, numerata sunt. *Quæ* vero [2] *significandi ratione eadem sunt,* plus quam semel dicendo numeramus distributione vel ea, quæ vere [3] est sicut dicitur distributio [4] : (ut cum de Platone et Cicerone loquentes [5] dicimus 'homo, homo' : numerantes tam illos, qui sunt, quam diversas humanitates, ab altera quarum alter et alter ab altera dicitur 'homo') vel ea [6], quæ non vere est [7] sed quadam imitatione dicitur 'distributio' : ut cum unum solum quod est et unum solum unde [8] illud [9] est, (verbi gratia Ciceronem et ejus singularem aliquam proprietatem intelligentes) dicimus uno nomine 'homo, homo' vel diversis [10] 'Marcus Tullius Cicero' et 'ensis, gladius, mucro' : aut diversa quæ sunt, unum tamen [11] unde [12] sunt, intelligendo : ut cum dicimus 'album, album' loquendo de corpore, ex quo constat homo, et de homine ipso, qui constat ex eo [13] ; item 'rationale, rationale' loquendo de spiritu hominis et de homine, qui constat ex [14] eo. Hæc autem, quæ non vere est sed imitatione dicitur, distributio vero [15] nomine 'iteratio' vocatur [16] seu 'repetitio'.

[34] Collectione [17] vero numeramus, cum uno nomine simul et semel dicimus vel plures unitates [18] (ut 'duo') [19] vel plura [20] una (ut 'homines') : qua semper et ea, quæ sunt, et ea, ex quibus sunt, sub uno illorum nomine vel naturaliter communi vel multiplici numerantur [21]. Et hæc quidem, quæ [22] collectione [23] fit, numeratio ex distributionis partibus constat. Sed ex cujus [24], diligenter est attendendum. Nam partes illius distributionis, qua [25] numerantur tam nominibus quam proprietatibus diversa et ea quæ sunt et ea ex quibus sunt (ut 'homo, beryllus') vel qua [26] non id quod est sed

81 *om. L.*
82 ergo *X.*
83 *om. NO.*
84 *om.* eo namque . . . constat *B.*
85 dicitur *B.*
86 *om.* non vult . . . alter *K.*
87 numeri *W.*
88 nominationis *DW.*
89 *add.* quarumlibet *N.*
90 *om.* quorumlibet . . . dicitur *C.*
91 BOETHIUS, *De Arithmetica*, I, 3 ; PL 63, 1083D : Numerus est unitatum collectio vel quantitatis acervus.
92 *add.* unus *M.*
93 qui *K.*
94 cujus *W.*
95 *om. W.*
96 non *W.*
97 tamen *N.*
98 *om. L.*
99 *om. L.*
1 *add.* est *N.*
2 non *W.*
3 *add.* sunt *N.*
4 distributione *I.*
5 *om. LT.*
6 *om. T.*
7 *om. DW.*
8 quo *C.*
9 est *C.*
10 *supple :* nominibus.
11 unde *DVW.*
12 unum *DVW* : unum unde *NO.*
13 ipso *B.*
14 de *S.*
15 nec *V.*
16 *om. Z.*
17 collatione *MNO.*
18 humanitates *DW.*
19 *add.* vel tria *RS.*
20 *om. NO.*
21 nuncupantur *L.*
22 *om. DW.*
23 collectio *DW* : collatione *MN* : *add.* qua *DW.*
24 *supple* : distributionis partibus.
25 quæ *C.*
26 quæ *C.*

ea ex quibus est (ut 'homo albus')[27], vel partes illius[28], quæ[29] imitatione dicitur 'distributio', nulla cujuslibet propositi nominis pluralitate collectio numerat. In illis enim duabus diversitas absque unione, in hac tertia unitas absque diversitate collectionis[30] numerationem fieri non permittit.

[35] Itaque relinquuntur[31] collectioni partes illius distributionis, qua illa, *quæ significandi ratione eadem sunt,* plus quam semel dicendo (ut de diversis 'homo, homo') tam ea, quæ sunt, quam ea[32], ex quibus sunt, numeramus. Quæ[33] igitur duabus prioribus re et nomine diversa distribuuntur (unum[34] scilicet[35] et aliud unum), non facit collectio duo aliquid. Et quod tertia[36] repetitur bis unum[37], non est nisi unum. Sed quæ sub eodem nomine[38] quarta[39] distribuuntur, vere (propter rerum, quæ sunt et ex quibus sunt, proprietatem diversam[40]) unum et aliud unum et[41] (propter ejusdem nominis significationem eandem)[42] bis unum duo aliquid[43] sunt[44] : ut 'homo, homo' homines duo.

[36] Sic igitur numerus unus[45] et[46] idem[47] est : et qui in rebus est et quo numeramus vel colligendo vel distribuendo vel veri nominis distributione vel repetitione. Sed quoniam (sicut[48] prædictum[49] est)[50] alia ratio[51] est[52] in rebus ipsis numerum consistendi, alia res ipsas eodem[53] numerandi, recte dividens ait : UNUS QUIDEM est QUO NUMERAMUS, ALTER VERO est[54] QUI IN REBUS NUMERABILIBUS CONSTAT vere diversus, ab his, in quibus est. ETENIM quod est UNUM, RES EST unitati[55] subjecta, cui[56] scilicet vel[57] ipsa unitas inest (ut albo)[58] vel adest[59] (ut albedini). UNITAS vero[60] est id, QUO[61] ipsum cui inest et ipsum cui adest DICIMUS UNUM : ut album unum[62], albedo una[63].

[37] RURSUS ea, quæ dicimus esse DUO, IN REBUS SUNT i.e. res sunt dualitati similiter subjectæ, qua[64] duæ sunt : UT HOMINES duo VEL LAPIDES duo[65]. DUALITAS vero NIHIL EST i.e. non est aliquid, cui vel adsit vel insit dualitas, quia nihil ei aut[66] inesse[67] aut[68] adesse[69] potest. SED TANTUM[70] est DUALITAS, QUA[71] DUO HOMINES vel DUO LAPIDES FIUNT[72] DUO. Sicut enim qualitate non ipsa[73] sed subjectum, cujus ipsa est, quale est : ita[74] quantitate non ipsa[75] sed, quod ei subjectum est, quantum est. Ideoque non unitas ipsa[76] sed, quod ei subjectum est, unum est. Nec dualitas ipsa sed, quod ei subjectum est[77], recte dicitur 'duo', quamvis tropo, quo nomen effectus ad[78] causam transumitur, unitas ipsa 'una' et dualitas ipsa (i.e. unitas et unitas) 'duo' dicatur[79].

[38] ET EODEM MODO EST IN CÆTERIS NUMERIS i.e. ternario[80], quaternario et deinceps. Nam vere omnis numerus non numeri ipsius sed rerum sibi[81] suppositarum est numerus, quas (sicut sæpe jam diximus) vel collectione[82] (quæ semper vere pluralitatis[83] est et eorum, quæ sunt, et eorum, ex quibus sunt) numeramus vel distributione (quæ non semper)[84]. ERGO IN NUMERO, qui dicitur numeratio, QUO scilicet NUMERAMUS, sæpe (sicut prædictum est) REPETITIO unius quasi multarum UNITATUM eam[85], quæ sola imitatione dicitur, PLURALITATEM FACIT. IN RERUM VERO NUMERO, qui vere est ex ipsarum rerum proprietate diversa, NON REPETITIO unius, quæ est quasi[86] sit[87] UNITATUM MULTARUM, PLURALITATEM FACIT : UT SI DE EODEM (in vocis materia, non in rerum significatione) diversis nominibus DICAM 'GLADIUS UNUS, MUCRO UNUS, ENSIS UNUS'. Et recte præmisi : '*si*[88] *de eodem dicam*'. Quoniam ENIM hoc quod-

[27] *add.* est *FQ.*
[28] ejus *DVWY.*
[29] qua *C.*
[30] *add.* pluralitatem vel *NO.*
[31] reliquitur *HR* : linquuntur *X.*
[32] ex ea *Y* : *om. HKR.*
[33] quod *W.*
[34] unde *W.*
[35] *om. W.*
[36] *marg.* collectione *Y.*
[37] *om. R.*
[38] *om. Z.*
[39] quarto *CNO* : *marg.* collectione *Y.*
[40] diversa *CK.*
[41] etiam *BM.*
[42] eadem *K.*
[43] quidem *M.*
[44] (duo aliquid sunt) non est nisi unum *LT.*
[45] *om. BQ.*
[46] *del. B.*
[47] eidem *W.*
[48] *om. C.*
[49] supra dictum *DWY* : dictum *T.*
[50] *om. F.*
[51] ratione *W.*
[52] *om. W.*
[53] *marg.* numero *Y.*
[54] *om. S.*
[55] unitatis *W.*
[56] cujus *NO.*
[57] et *L.*
[58] albedo *W.*
[59] eadem *K.*
[60] *add.* et *W.*
[61] quod *C.*
[62] *add.* vel *L.*
[63] *add.* duo *W.*
[64] quæ *DFMNOW* : quo *Y.*
[65] *om. K.*
[66] vel *CV.*
[67] adest *T* : inest *W.*
[68] vel *CV.*
[69] inesse *T.*
[70] tamen *C.*
[71] quia *CFMQ* : *om. L.*
[72] sunt *BHIKLMRST.*
[73] *supple :* qualitas.
[74] *om. N.*
[75] *supple :* quantitas.
[76] *om. DW.*
[77] *om.* unum est . . . est *M.*
[78] *om. C.*
[79] dicantur *RY.*
[80] *add.* et *ST.*
[81] ipsi *AGKZ.*
[82] in *V.*
[83] pluralitas *DNVW.*
[84] *marg.* est vere pluralitas *Y.*
[85] ea *H* : *marg.* extranee valde a texto (*sic*) *NO.*
[86] quamvis *N.*
[87] *om. KN.*
[88] non *FOQ* : ut *L.*

libet nomen naturaliter [89] est commune multorum et quæ sunt et ex [90] quibus sunt, possunt quidem ex intellectu [91] diversorum hæc eadem aut diversa proferri, tamen et [92] ex intellectu unius dici : eo quod POTEST UNUS singularis GLADIUS et ab una singulari natura TOT vocum diversitate VOCABULIS appellatus [93] AGNOSCI. HÆC ENIM, quæ forte diversarum UNITATUM putari potest, numeratio NON est NUMERATIO [94] multarum [95] sed POTIUS EST [96] unius tantum ITERATIO.

[39] Et repetit idem exemplum [97] dicens : VELUT [98] SI ex intellectu unius tantum et [99] quod est et quo est ITA DICAMUS voce diversis nominibus 'ENSIS, MUCRO, GLADIUS' REPETITIO QUÆDAM [1] EST EJUSDEM [2] : NON NUMERATIO [3] DIVERSORUM [4]. Et alio exemplo, quo tam vox quam significatio eadem est, idem ostendit dicens : VELUT SI, communem naturaliter [5] appellationem usu ad unum contrahens, ex illius tantum [6] intellectu DICAM 'SOL, SOL, SOL', NON eorum, quæ sunt, et eorum, quibus sunt, pluralitate TRES SOLES numeratione EFFECERIM SED tantum DE UNO quod est et tantum unum quo [7] est repetitione TOTIES i.e. ter PRÆDICAVERIM.

[40] NON IGITUR etc. Ab exemplis infert. Quasi : Dicendo diversis (non significatione sed voce) [8] nominibus *'ensis, mucro, gladius'* et uno (tam voce quam significatione) [9] nomine [10] *'sol, sol, sol'* [11] non facit numerum prædicatio repetitione trina. Similiter ergo SI et [12] DE PATRE AC [13] de [14] FILIO ejus ET de amborum SPIRITU SANCTO [15] TERTIO PRÆDICETUR [16] 'DEUS', NON IDCIRCO TRINA hæc PRÆDICATIO prædicatorum NUMERUM FACIT. HOC ENIM i.e. hæc [17] numero [18] rerum hoc nomine, quod est 'Deus', prædicatarum trina prædicatio ILLIS solis (UT præDICTUM EST) IMMINET i.e. esse videtur, QUI INTER EOS i.e. Patrem et Filium et Spiritum sanctum sua opinione FACIUNT quandam DISTANTIAM MERITORUM, quibus Patrem Filio et Filium Spiritu sancto majorem esse dicunt.

[41] CATHOLICIS VERO NIHIL CONSTITUENTIBUS hac [19] DIFFERENTIA [20] meritorum i.e. non conjicientibus [21] ex hac, quæ ab aliis fingitur, meritorum diversitate prædicatorum hoc nomine, quod est 'Deus' diversitatem IPSAMQUE prædicatam [22] FORMAM PONENTIBUS ESSE UT ipsa EST i.e. unam singulariter esse NEQUE ESSE ALIUD QUAM EST IPSUM [23] QUOD [24] EST i.e. omnino simplicem usiam esse [25] OPINANTIBUS RECTE VIDETUR [26] ESSE [27] DE EODEM prædicato facta REPETITIO potius QUAM DIVERSI prædicati [28] ENUMERATIO, CUM DICITUR 'PATER est DEUS, FILIUS est DEUS, SPIRITUS SANCTUS est DEUS'. Non enim diversæ essentiæ his tribus propositionibus prædicatæ sunt. ATQUE HÆC TRINITAS est [29] i.e. hi [30] tres, quibusdam [31] proprietatibus a se invicem diversi, sunt [32] singulariter et [33] simpliciter UNUS DEUS VELUT [34] ENSIS ATQUE [35] MUCRO una singulari prædicata [36] nominum qualitate UNUS singulariter [37] GLADIUS [38]. Item VELUT SOL, SOL, SOL, una singulari forma UNUS [39] SOL [40].

<CAPUT QUARTUM>

<De diversitate Patris ac Filii et Spiritus sancti qui non sunt nisi unum>

[1] SED HOC INTERIM [41] etc. Hucusque singularem ac simplicem Patris et Filii et Spiritus amborum essentiam, qua unusquisque illorum et [42] est et Deus est et tres sunt unus Deus, theologicis rationibus ostendit. Nunc diversis proprietatibus esse diversos

[89] naturale *H.*
[90] *om. X.*
[91] *add.* verborum *W.*
[92] *om. CEU.*
[93] appellatur *V.*
[94] *om.* non est numeratio *S.*
[95] multorum *W.*
[96] *om. V.*
[97] *om. E.*
[98] vel *N.*
[99] id *NO.*
[1] quæ *W.*
[2] ejus *W.*
[3] *add.* quædam *T.*
[4] diversarum *R.*
[5] materialiter *W.*
[6] *om.* illius tantum *M.*
[7] quod *C.*
[8] *om.* sed voce *BCFLQ.*
[9] significatio *W.*
[10] *om. K.*
[11] *om. L.*
[12] ac *GIXZ* : *om. E.*
[13] *om. W* : et *NO.*
[14] *om. NO.*
[15] scilicet *L.*
[16] prædicatur *BCFMQSTV.*
[17] hoc *CDFILW* : ex *ANOVY.*
[18] numeratio *BHR.*
[19] hanc *NO* : id est ac *F.*
[20] differentiam *MNO.*
[21] continentibus *IKU.*
[22] prædictam *e corr. Y.*
[23] *add.* id *U.*
[24] *om. C.*
[25] *om. W.*
[26] videbitur *S.*
[27] *om. C.*
[28] *om. DW* : *del. M.*
[29] *om. C.*
[30] *om. NO.*
[31] qui *L.*
[33] sed *NO.*
[32] ac *X.*
[34] *add.* gladius *V.*
[35] gladius *H.*
[36] prædicta *W.*
[37] *om.* et simpliciter . . . singulariter *F.*
[38] *marg.* Caute : nomine enim singularitatis nimis approximatur Sabellianis *NO.*
[39] *om.* singulariter gladius . . . unus *K.*
[40] *add.* Caute legendum est ubi essentiam Patris et Filii et Spiritus sancti a subsistentibus dividit *N*(*marg. O*).
[41] verum *L.*
[42] *om. NO.*

eosdem, quorum nonnisi singularis ac simplex est essentia, naturalium rationibus vult demonstrare. Quæ illorum in hac unitate diversitas ut aliquatenus possit intelligi, genera naturalium prædicamentorum omnia commemorat. Et quæ et qualiter de creaturis et de Deo dicantur, præmittit. Attendendum vero, quam artificiose transit ad eorundem ostendendam diversitatem, quorum unitatem ostenderat [43] : occasione videlicet exemplorum, quæ ad intelligendam unitatem induxerat. Dixerat enim : *cum dicitur Deus* [44] *Pater, Deus Filius, Deus Spiritus sanctus, repetitio de eodem* [45] magis *quam enumeratio diversi videtur.* Et, ne quis dubitaret, multivoci atque univoci comparatione [46] firmaverat [47] dicens : *velut* [48] *ensis, mucro, gladius vel ut* [49] *sol, sol, sol.* Sed in his tam ejus, quod est, quam ejus, quo est, repetitio facta est. Cum vero dicitur 'Deus, Deus, Deus' [50] (primum de Patre, secundum de [51] Filio, tertium de Spiritu sancto [52]. Quod et ipse aperit dicens : *Deus Pater, Deus Filius, Deus Spiritus sanctus*), eorum quidem [53], qui sunt Deus, numeratio facta est ; ejus vero, quo sunt Deus [54], repetitio.

[2] Sed hoc divisione melius intelligetur [55]. In naturalibus enim aliud est quod est [56], aliud quo est. Item aliud numeratio, aliud iteratio. His igitur sibi invicem junctis, quatuor partium divisio nascitur. Nam vocum [57] dictione aut utraque [58] (scilicet et quæ sunt et quibus sunt) [59] numerantur aut utraque repetuntur : aut repetuntur [60] quæ sunt sed numerantur quibus sunt : aut numerantur quæ sunt [61] sed repetuntur quibus sunt. *Utraque numerantur* sæpe diversis nominibus (ut 'homo, lapis'), sæpe eodem [62] (ut de Platone et Cicero 'homo, homo' vel 'homines'). *Utraque repetuntur* sæpe diversis nominibus propriis [63] (ut Marcus, Tullius, Cicero) vel appellativis [64] (ut 'ensis, mucro, gladius'), sæpe eodem proprio (ut 'Cicero, Cicero') vel appellativo [65] (ut 'sol, sol') [66]. *Repetuntur vero* [67] *quæ sunt sed numerantur quibus sunt:* ut si quis de uno homine (verbi gratia, de Platone) dicat 'animal rationale'. *Numerantur autem quæ sunt sed repetuntur quibus sunt:* ut si quis de diversis (verbi gratia, de anima hominis et de homine, qui constat ex ea) dicat 'rationale, rationale'.

[3] His ita [68] divisis [69], si quis horum aliquid [70] ex aliorum comparatione volens [71] intelligi dicat : " 'animal rationale' numeratio est sicut 'homo, lapis' ", recte dicit. Nam etsi tam ea, quæ sunt, quam ea [72], quibus sunt, numerantur, cum dicitur 'homo, lapis' (cum vero dicitur 'animal rationale' non quidem [73] id, quod est, sed ea, quibus est [74], numerantur) [75], non minus tamen similitudo comparationis in his, propter quæ fit comparatio, manet. Vere [76]. Etenim his duobus nominibus, quibus dicitur 'animal rationale', ea quibus unum aliquod [77] est numerata sunt sicut illis duobus, quibus dicitur [78] 'homo, lapis', et ea quæ sunt et ea quibus sunt numerata sunt [79]. Item recte comparat qui ait : "sicut numeratio est, cum de Platone et Cicerone dicitur 'homo, homo' vel de solo Platone 'animal rationale', ita numeratio est, cum dicitur 'rationalis anima, rationalis homo' [80]". Nam etsi non id quo [81] sunt (i.e. rationalitas), tamen ea, quæ sunt (i.e. anima et homo), numerata sunt : quemadmodum, cum dicitur de diversis [82] 'homo, homo', tam ea quæ sunt quam ea quibus sunt (et [83] cum de uno dicitur 'animal rationale', sola ea quibus illud est) numerantur.

[4] Similiter si quis repetitionis comparatione repetitionem [84] velit intelligi, recte quodlibet trium prædictorum [85] generum repetendi comparat sive ejusdem sive alterius generis repetitioni [86]. Id est : si ei, quod tantum repetit id quo [87] est (ut 'rationalis anima, rationalis homo'), comparet [88] vel id quod ejusdem rationis [89] aliquid repetit

[43] *om.* unitatem ostenderat *L.*
[44] *add.* est *S* : *add.* Deus *W.*
[45] *om.* de eodem *C.*
[46] *marg.* vel similitudine *Y.*
[47] confirmaverat *NO* : affirmaverat *E* : firmaverat *H.*
[48] sicut *C.*
[49] ut *LT* : vel *HR* : *om. Z.*
[50] *add.* Deus *LM.*
[51] *om.* Patre . . . de *K.*
[52] *marg.* Cave *H* : *marg.* Nota *D.*
[53] quod *K.*
[54] *om. CK.*
[55] intelligitur *IKT* : intelletur *R* : *marg.* Nota bonam distinctionem numerorum(?) in divinis *Y*
[56] *om. L: add.* et *W.*
[57] vocis *OY.*
[58] *om.* aut utraque *L.*
[59] *add.* et *L.*
[60] *om.* aut repetuntur *W.*
[61] *om.* quæ sunt *N.*
[62] *add.* de *N.*
[63] *om. NO.*
[64] appellativus *NO.*
[65] appellativis *C.*
[66] *add.* sol *W.*
[67] autem *T.*
[68] itaque *HRS.*
[69] diversis *DW.*
[70] aliquod *BCM.*
[71] *add.* nobis *V.*
[72] *add.* ex *LNT.*
[73] quod *CKW.*
[74] *add.* unum aliquid *R.*
[75] numeratur *H.*
[76] *om. K.*
[77] aliquid *DVWY.*
[78] *om.* animal . . . dicitur *NO.*
[79] *om.* sicut illis . . . sunt *C.*
[80] *om.* vel de . . . homo *C.*
[81] quod *HIW.*
[82] *om.* de diversis *C.*
[83] *om. K.*
[84] repetitione *O* : *marg.* aliam *Y.*
[85] prædicatorum *DTW.*
[86] repetitione *CZ.*
[87] quod *F.*
[88] comparat *GS.*
[89] *add.* est *V.*

(scilicet [90] id quo est : ut 'longum corpus hominis [91], longus homo') vel id quod diversæ rationis (scilicet [92] id quod est : ut 'animal rationale') vel et [93] ejusdem et diversæ (i.e. utrumque : tam id quod est [94] quam id quo est : ut 'Cicero, Cicero'). Errant tamen aliqui in comparationibus, immo ex comparationibus, cum aut, si quid in eis est dissimile, illas omnino abjiciendas existimant aut in his, propter quæ [95] non fit [96] illarum inductio, easdem usurpant ut Sabelliani. Qui (cum audiunt unius substantiæ tres esse personas et propter eam, quæ ex [97] illarum proprietatibus est, diversitatem aut æqualitatem aut cooperationem [98] aut coæternitatem aut processionem ostendendam inductas similitudines legunt [99] : scilicet vel unius [1] animæ mentem, notitiam, amorem, vel unius mentis memoriam, intelligentiam, voluntatem, vel unius radii splendorem et calorem vel hujusmodi alias) putant quod sicut [2] unus [3] solus est radius (de quo dicuntur calor et [4] splendor) [5] aut una sola est mens (de qua et memoria et intelligentia et voluntas) aut una sola [6] anima (de qua et mens et notitia et amor) ita quoque unus solus subsistens sit, qui, cum sit natura Deus, idem [7] ipse personalibus proprietatibus sit et [8] Pater et Filius et Spiritus sanctus.

[5] Quos hic ipse error patenter ostendit omnino nescire hujus nominis, quod est 'substantia', multiplicem in naturalibus usum : videlicet [9] non modo id, quod est, verum etiam [10] id, quo est, hoc nomine nuncupari et prorsus ignorare, qua ratione dicatur 'personalis' quæcumque sic appellatur alicujus proprietas : et quod eadem alia ratione 'singularis', alia 'individua', alia 'personalis' vocetur [11]. Quæ suo loco distinguenda [12] posterius reservamus [13].

[6] Nunc tamen interim [14] de comparationum [15] inductionibus, qualiter sint accipiendæ, et de Sabellianorum, qui ex comparationibus et hujus nominis quod est 'substantia' multiplicitate contingere potuit, errore commemoravimus, ne quis eos secutus ex multivoci [16] (quod est 'ensis, mucro, gladius') aut univoci (quod est 'sol, sol, sol') comparationibus, quibus et quod est et quo est i.e. et [17] subsistens et subsistentia iterata significatione repetitur in eo quod de Patre et Filio et amborum Spiritu dicitur 'Deus, Deus, Deus' [18], subsistentis [19] unius putet esse factam repetitionem [20] sed tantummodo subsistentiæ, quæ de diversis i.e. de Patre et Filio et ipsorum [21] Spiritu una et individua prædicatur [22]. Cujus tantum [23] repetitionem ex comparationibus se voluisse intelligi et hac de causa comparationes induxisse auctor ipse aperit dicens : SED HOC quod inducimus *'ensis* [24], *mucro, gladius'* et [25] *'sol, sol, sol* [26], INTERIM cum scilicet nondum, quibus proprietatibus diversi sed quo unum sunt Pater et ejus Filius et amborum Spiritus [27], vestigamus [28], DICTUM SIT i.e. dictum esse accipiatur AD EAM SIGNIFICATIONEM DEMONSTRATIONEMQUE i.e. ad demonstrativam [29] significationem qua [30] non modo verbis significatur sed etiam [31] proportione comparationum [32] OSTENDITUR NON OMNEM, quæ significatione fit [33], unitatum REPETITIONEM rerum ipsarum diversitate NUMERUM PLURALITATEMQUE i.e. [34] vere numerosam [35] pluralitatem PERFICERE.

[7] NON VERO ITA DICITUR aliquod unum et ab aliquo uno PATER AC [36] FILIUS AC [37] SPIRITUS SANCTUS QUASI QUIDDAM [38] MULTIVOCUM. Immo hæc [39] diversorum et ex diversis sunt nomina. NAM MUCRO ET ENSIS ET IDEM gladius EST subsistentiæ singularitate ET IPSE [40] proprietate. PATER VERO AC [41] FILIUS ET [42] SPIRITUS SANCTUS IDEM [43] sunt [44].

[90] *om. Y.*
[91] *om. L.*
[92] id est *BFLMQRT.*
[93] *om. LNOR.*
[94] *om. O.*
[95] quod *X.*
[96] sit *FIKQZ.*
[97] diversis *NO.*
[98] comparatione *BDLMNOWXYZ.*
[99] legant *D* : legavit *W.*
[1] unus *W.*
[2] *om. Z.*
[3] unius *Z.*
[4] vel *NO.*
[5] *add.* vel hujusmodi *W.*
[6] *add.* est *N.*
[7] id est *F.*
[8] *om. EN.*
[9] scilicet *K*
[10] omne *I.*
[11] vocatur *W.*
[12] distinguendam *W.*
[13] reservemus *NO.*
[14] iterum *NO.*
[15] comparatione *DW* : comparationibus *Z.*
[16] multiplici voce *W* : *marg.* Cave pestem Sabellianam ... *NO.*
[17] *om. EKX.*
[18] *om.* Deus, Deus *C.*
[19] subsistens *C.*
[20] *add.* ex comparationibus *LT.*
[21] amborum *V.*
[22] Pater *NO.*
[23] tamen *ET.*
[24] essensis *W.*
[25] *om. W.*
[26] *om. K.*
[27] *om. Z.*
[28] investigamus *H.*
[29] demonstrandam *V.*
[30] quæ *C.*
[31] et *E.*
[32] comparationem *H.*
[33] sit *H.*
[34] *om. C.*
[35] numeros ac *DW.*
[36] et *ENO.*
[37] et *SW.*
[38] quoddam *NW.*
[39] ex *DIWZ.*
[40] ipsa *NO.*
[41] et *KN.*
[42] ac *DMSVW.*
[43] *om. C.*
[44] est *e corr. G.*

[8] Ita verbo plurali, quod est *'sunt'*, de Patre et Filio et Spiritu sancto, qui numero plures sunt, deberet eam (qua [45] ipsi sunt, quod sunt) essentiam prædicare, quoniam non quod dicitur sed de quo dicitur juxta grammaticorum regulam [46] est verbi persona. Ideoque cum de uno dictio est, verbo singulari sive unum sive multa dicuntur (ut 'Plato est homo' vel Plato est homo [47] albus') : cum vero multorum enumerationem sequitur dictio, verbo plurali de illis tam unum quam plura enuntiantur [48] (ut 'Plato et Cicero sunt rationales' et 'Plato et ejus spiritus sunt unum rationale'). Sic ergo [49] quoniam enumeratio hæc *'Pater ac* [50] *Filius et* [51] *Spiritus sanctus'* dictionem [52] præcesserat, sequi debuit 'idem sunt'. Quia tamen una singularis et individua est essentia, qua illi plures sunt idem, verbi numerum non suppositorum pluralitati sed illius, quæ [53] de ipsis dicitur, essentiæ [54] referens unitati, ut non tam verbi ex [55] essentia quam essentiæ ex verbo singularitas intelligeretur, ait : PATER AC [56] FILIUS ET [57] SPIRITUS SANCTUS IDEM EQUIDEM EST [58] usiæ i.e. essentiæ, quæ [59] de ipsis vere dicitur, singularitate.

[9] NON VERO [60] est IPSE, scilicet non [61] est his subjecta [62] nominibus hypostasis una i.e. subsistens unus et solus una et [63] solitaria proprietate, qui et Pater et Filius et Spiritus sanctus sit [64] diversa ratione. Non enim Pater et Filius et Spiritus sanctus sunt [65] homo-hypostaseon [66] sed homo-usion [67] : videlicet non unius [68] subsistentis vel essentis sed unius subsistentiæ vel essentiæ. Quod autem dico *'non* [69] *unius subsistentis vel essentis'* [70] non ideo dico, quod velim intelligi illos tres unum subsistentem vel essentem non esse (nam vere sunt unus subsistens vel essens una, qua sunt, usia) [71] sed quod [72] numquam de aliquo illorum ea, quæ de alio, prædicatur personalis proprietas. Unde supponit : IN QUA RE i.e. an de uno solo hæc diversa dicantur, PAULISPER ex catholicorum [73] auctoritate CONSIDERANDUM EST. Aliquibus ENIM REQUIRENTIBUS a catholicis, an IPSE EST PATER QUI est FILIUS, INQUIUNT catholici : MINIME ipse est Pater [74] qui est [75] Filius. RURSUS aliquibus requirentibus ab eisdem [76] catholicis, an ALTER [77] illorum sit IDEM, non dico essentiæ singularitate 'quod alter' sed subsistentis unius proprietate QUI ALTER, NEGATUR ab eis [78]. Ex hoc IGITUR [79] manifestum est quod NON IN [80] OMNI RE EST INTER EOS INDIFFERENTIA [81]. Quamvis enim in eo, quo [82] sunt, i.e. in [83] essentia, quæ de illis prædicatur, sit eorum indifferentia, est tamen ipsorum per quædam, quæ [84] de uno dici non possunt (ideoque quæ [85] de diversis dici necesse est), differentia. QUARE [86] scilicet secundum eorum diversitatem SUBINTRAT eorum [87], de quibus illa dicuntur, NUMERUS, ut, qui unius essentiæ singularitate [88], quæ de ipsis dicitur, sunt unum, diversis (quas de uno dici non convenit) proprietatibus plures numero sint [89].

[10] QUEM numerum CONFICI i.e. probari EX SUBJECTORUM, sive subsistentium dicas sive subsistentiarum inter se [90] substantialiter conformium, illa (quam dissimilitudo accidentium facit) DIVERSITATE [91] SUPERIUS, cum de naturalium numerali [92] ageremus pluralitate, EXPLANATUM EST. DE QUA RE i.e. de illorum numero, qui una singulari et [93] simplici et ab omnibus illis, quæ priorum potestatem posteriora comitantur, solitaria essentia [94] sunt singulariter ac simpliciter unus et tantummodo Deus, BREVITER CONSIDERABIMUS, SI PRIUSquam [95] hoc consideremus, PRÆMISERIMUS ILLUD : QUEMADMODUM UNUMQUODQUE, quod DE DEO [96] dicitur, de ipso PRÆDICATUR.

[45] quam *Y*.
[46] rationem *N*.
[47] *om. C*.
[48] enumerantur *CLT*.
[49] igitur *S*.
[50] et *CEFHNOQRS*.
[51] ac *DMTW*.
[52] dictione *E*.
[53] qua *W*.
[54] essentiæ *T*.
[55] *om. L*.
[56] et *ENO*.
[57] ac *DMW*.
[58] sunt *Y*.
[59] quod *W*.
[60] vere *W*.
[61] unum *DW*.
[62] substantia *NO*.
[63] *om. DW*.
[64] sint *K*.
[65] *om. C*.
[66] ypostaseon *W* : homoypostaseon *X* : omoypostaseos *V* : omoipostasyon *R* : omoypotaseon *IZ* : omoypostaseon *mss*.
[67] omousion *TUY* : omousyon *AB CGLMRSVZ* : homousyon *DE HIKNOWX* : *om. FQ*.
[68] unus *W*.
[69] *om. L*.
[70] *om.* vel essentis *LT* : *om.* sed unius . . . essentis *C* : sed unius subsistentiæ vel essentiæ *NO*.
[71] *om.* qua sunt usia *C*.
[72] *om. W*.
[73] *add.* proprietate *H*.
[74] *om. NO*.
[75] et *U*.
[76] *add.* est *K*.
[77] aliter *M*.
[78] eisdem *E*.
[79] ergo *CV*.
[80] *om. X*.
[81] differentia *NOZ*.
[82] quod *EK*.
[83] *om. ENO*.
[84] *om. W*.
[85] *om. ABDEFIMNOQRSTW*.
[86] qua in re *B*.
[87] *om. FQ*.
[88] *marg.* Cave nomen singularitatis in usia quæ Deus est *NO*.
[89] sunt *CDEFIKLQRTVWY*.
[90] *om. NO*.
[91] diversitatem *HL*.
[92] *om. T*.
[93] ac *EDKNOUW*.
[94] *marg.* Caute lege nomen solitariæ et singularis essentiæ *NO*.
[95] *om. W*.
[96] eo *K*.

<CAPITULUM QUINTUM>

<*Distinctio decem prædicamentorum*>

[1] DECEM [1] etc. Hic commemorandum est quod [2], cum facultates secundum genera rerum de quibus in [3] ipsis agitur diversæ sint [4], i.e. naturalis, mathematica, theologica, civilis, rationalis, una tamen est, scilicet naturalis [5], quæ in humanæ locutionis usu promptior est [6] et in transferendorum sermonum [7] proportionibus prior. Nam, verbi gratia, 'quantum' et 'quale' in naturalibus recte dicuntur : ut 'quantus et qualis homo vel lapis'. Hæc eadem ab ipsis naturalibus, proportionis [8] alicujus habita ratione, ad cætera transferuntur, ut dicatur et [9] in mathematicis 'quanta et qualis [10] linea' et in theologicis 'quantus et qualis Deus' et in civilibus 'quanta et qualis præpositura' et in rationalibus [11] 'quanta et qualis [12] honestas'. Similiter etiam illa [13], quæ sunt a rationibus [14] naturalium : ut 'contrarium' dicitur primum et proprie in naturalibus album nigro, deinde in mathematicis albedo nigredini [15], et in theologicis aut civilibus malum [16] bono [17], et in rationalibus falsum vero. Et ad hunc modum plurima naturalium propria, sumpta [18] ex ipsis proportionis [19] aliqua ratione, ad alia transferuntur.

[2] Hunc igitur verborum usum philosophus iste non modo ex quotidiana omnium hominum locutione verum etiam ex scripturarum, quæ a diligentissimis atque probatissimis viris editæ sunt, auctoritate accipiens [20], (cum ostendisset, secundum quid Pater et ejus Filius et amborum Spiritus [21] unum sunt, et dicturus esset, secundum quæ [22] ipsi [23], qui [24] sine numero sunt unus [25], plures etiam [26] numero sunt, quoniam et [27] id, secundum [28] quod [29] unum sunt, et ea, secundum quæ sunt plures [30], de ipsis prædicantur) recte omnium genera naturalium prædicamentorum enumerat et, quæ et [31] ex quo sensu vel de subsistentibus vel de Deo dicantur, divisione declarat.

[3] Ait ergo : TRADUNTUR a philosophis, maxime ab Aristarcho et Aristotele, PRÆDICAMENTA numero suorum generum DECEM OMNINO. Præter quæ scilicet in nulla facultate aliquid prædicatur et QUÆ DE REBUS OMNIBUS UNIVERSALITER i.e. nullo de quo aliquid dici conveniat excepto, vel proprie vel transumptione aliqua PRÆDICANTUR [32]. Et quæ illa sint [33], supponit.

<CAPITULUM SEXTUM>

<*De substantia et qualitate et quantitate*>

[4] ID EST : SUBSTANTIA etc. Hoc nomen, quod est 'substantia', non a genere naturalium sed a communi ratione omnium, quæ sunt esse subsistentium, inditum [34] est non solum illis, quæ sunt esse i.e. subsistentiis, sed etiam illis, quorum ipsæ sunt esse i.e. omnibus [35] subsistentibus. Quoniam tamen omnium (i.e. et [36] corporalium et incorporalium) subsistentium, quod ab illorum subsistentia [37] communi [38] generalissimum esset, nomen non habetur, sæpe latini hoc pro eo ponunt. Unde et in [39] *Isagogis* Porphyrius [40], ubi ait : *substantia est quiddam*, supponit [41] : *et ipsa est* [42] *genus*. Quem [43] iste secutus, pro omnium subsistentium generalissimo ait 'substantia'.

1 *add.* omnino prædicamenta sunt etc. *E.*
2 *om. W.*
3 *om. HR.*
4 sunt *CKVY*
5 *om. W.*
6 *om. W.*
7 verborum *V.*
8 proportionibus *H.*
9 ut *M.*
10 *add.* est *S.*
11 irrationabilibus *M.*
12 *om.* quanto . . . honestas *NO*
13 *om. Z.*
14 rationalibus *FIQ.*
15 nigredo *R* : nigridini *G.*
16 bonum *S.*
17 malo *S.*
18 sumptis *M.*
19 proportionibus *H.*
20 *add.* id est *DW.*
21 sanctus *H.*
22 quid Pater *C.*
23 illi *T.*
24 quæ *H.*
25 *marg.* Deus *Y* : *marg.* Çave tres unus *NO.*
26 *add.* in *DW.*
27 *om. DW.*
28 *om. LMT.*
29 quo *LT.*
30 *om.* ipsi qui . . . plures *C.*
31 *om. C.*
32 prædicentur *V.*
33 sunt *W.*
34 indictum *R.*
35 *om. B.*
36 *om. IY.*
37 *om. B.*
38 omnium *W* : *add.* significatione *B.*
39 *om. NO.*
40 Porphilius *KR* : Porphyrii *L.* Porphyrius, *Isagoge* ; PL **64**, 102A.
41 *om. BLS.*
42 *om. LT.*
43 quid *W* : quomodo *M.*

[5] QUALITAS vero [44] in mathematicis omnium qualitatum generalissimum [45] est : et QUANTITAS omnium quantitatum. Et sunt, quod dicuntur [46], non a causis quæ in ipsis intelligantur [47] sed ab [48] efficiendo [49] ea [50], in quibus sunt, subsistentia : illæ [51] quidem qualia, istæ [52] vero quanta. Et attendendum quod, si dixisset 'quale' et 'quantum', non minus convenientia posuisset [53] exempla. Qualitas enim et quale, etsi diversa sunt [54], non tamen diversa genera. Similiter [55] quantitas et quantum. Unde et reliqua genera non mathematicæ abstractionis sed naturalis participationis nominibus exemplat. Non enim ait 'relatio' sed 'AD ALIQUID', quod de relatione dici non potest. Nulla namque [56] relatio sed id tantum, de quo ipsa prædicatur, ea [57] ad aliquid est. Sicut nulla qualitas qualis est sed ea [58] id tantum [59], de quo dicitur ipsa. Ipsa, inquam, non ejus genus. De quocumque enim aliquid prædicatur, impossibile est genus ejusdem prædicari [60]. Ideoque qualitas est qualitas genere cujuslibet qualitatis. Quale vero est quale qualitate cujuslibet generis. Ac per hoc nullum quale qualitas est [61] et nulla qualitas qualis [62]. Similiter nullum, quod est ad aliquid, relatio est. Et nulla relatio est ad [63] aliquid. Sed (sicut dictum est) id, de quo ipsa dicitur, est ad aliquid i.e. relatum. Ipsa vero est [64] relatio, non relatum. Et tamen idem genus relatio et relatum [65].

[6] UBI quoque et QUANDO et HABERE et SITUM ESSE et FACERE et PATI nomina sunt generalissima non eorum, quæ prædicantur, sed eorum, de quibus prædicantur : ideoque a prædicamentis generum, non a generibus prædicamentorum [66]. Non enim in loco locus est nec [67] in tempore tempus. Nec habet habitus nec sistitur situs. Nec facit actio nec patitur passio. Sed quæ subjecta sunt eis, dicuntur ex ipsis et in loco et in [68] tempore esse et habere et sisti et facere et pati.

[7] HÆC IGITUR etc. Prædicamentorum omnium decem genera posuit [69]. Nunc eadem non dico genera sed prædicamenta omnia in duobus locis naturalium colligit [70] quæ sunt : substantia et accidens. Quidquid enim est [71] subsistentium esse [72], eorundem 'substantia' dicitur [73]. Quod utique sunt subsistentium omnium *speciales* subsistentiæ et omnes, ex quibus hæ compositæ sunt (scilicet eorundem subsistentium, per quas ipsa [74] sibi conformia sunt), *generales* et omnes, per quas ipsa dissimilia sunt, *differentiales*. Hæ vero quæ a logicis dicuntur 'subsistentiæ' sive [75] 'substantiæ', si quis quærat, quid sint apud mathematicos genere, respondemus : simplices quidem alicui novem [76] generum supponi : ut animatio supponitur habitui [77], rationalitas [78] qualitati [79]. Compositas vero (ut est [80] humanitas et cæteræ speciales, quas ex generalibus atque [81] differentialibus constare nullus ignorat) dicimus esse eorundem generum, quorum simplices illæ sunt quæ ipsas componunt : ut humanitas genere est quod [82] animatio et item quod rationalitas. Et similiter secundum cæteras sui partes est eadem, quidquid sunt ipsæ. Et sic [83] quidem aliqua [84] prædicamentorum, quæ abstractio mathematica suis supponit generibus, logici 'subsistentias' sive 'substantias' appellant.

[8] Cætera vero omnia quorumlibet generum 'accidentia' nominant [85]. Sed quoniam hæc [86] ex logica ratione prædicamentorum nomina sunt, attendendum est [87], quorum substantiæ [88] sint [89] illa prædicamenta, quæ dicuntur 'substantiæ' [90] ; et quorum [91] sint [92] accidentia illa, quæ vocantur 'accidentia'. Et dicimus quod subsistentiæ [93] et

[44] *om. NO.*
[45] generalissime *W.*
[46] *add.* non enim qualitas habet causam præcedentem, quæ faciat eam qualem. Sed ipsa qualium causa est. Similiter et quantitas *N(marg. O).*
[47] intelligatur *M* : intelliguntur *K.*
[48] *om. X.*
[49] afficiendo *X.*
[50] *add.* quæ *HR (del. BS).*
[51] *supple :* qualitates.
[52] *supple :* quantitates.
[53] potuisset *H.*
[54] sint *C.*
[55] *add.* et *X.*
[56] enim *CNO.*
[57] enim *W.*
[58] et *DW* : *om. E.*
[59] quantum *NO.*
[60] *add.* de eodem *B.*
[61] *om. C.*
[62] *add.* est *K.*
[63] *om. HV.*
[64] *om. EK.*
[65] *om.* ipsa vero . . . relatum *C.*
[66] prædictorum *M.*
[67] neque *E.*
[68] *om. W.*
[69] sunt *W.*
[70] colligitur *DW.*
[71] *om. DLW.*
[72] *add.* et *Z.*
[73] *add.* esse *C.*
[74] *om. Q.*
[75] vel *DW.*
[76] homine *DW* : undecim *NO.*
[77] habitu *K.*
[78] rationalitati *O.*
[79] qualitas *O.*
[80] *om. K.*
[81] *add.* ex *W.*
[82] quædam *F.*
[83] si *N.*
[84] aliquæ *H* : alia *M.*
[85] nominatur *DW* : appellant *S* : *superscr.* vel nominant *S.*
[86] *om. DW.*
[87] *add.* vero *Y.*
[88] substistentiæ *C.*
[89] sunt *HLRTW.*
[90] subsistentiæ *C.*
[91] quæ *C.*
[92] sunt *HY.*
[93] substantiæ *DIRW.*

eorum, quorum sunt esse, dicuntur 'substantiæ' [94] (ut corporalitas omnium corporum est substantia : scilicet est [95] eorum illud esse [96], quo unumquodque ipsorum [97] est aliquid) et eorum quæ, cum non sint aliquorum esse, tamen id, quod est esse, sequuntur (ut eadem corporalitas colorum substantia est : non scilicet eo quod ipsa sit illud esse colorum [98], quo quilibet illorum [99] sit aliquid, sed quod nisi per eam [1] nullus color dici de corpore possit). Accidentia vero de illis quidem substantiis [2], quæ ex esse sunt aliquid, dicuntur (sive in eis creata sive [3] extrinsecus affixa sint) [4] sed eis tantum, quæ esse sunt, accidunt, quia illis recte non 'inesse' sed 'adesse' dicuntur.

[9] Unde his duobus omnium prædicamentorum [5] naturalium locis i.e. substantiæ et accidenti ipsa prædicamenta auctor iste [6] supponens [7] ait [8] : HÆC IGITUR prædicamenta TALIA SUNT [9] relationibus logicæ facultatis QUALIA illa SUBJECTA [10], de quibus ea convenit dici [11], PERMISERINT [12]. NAM PARS EORUM prædicamentorum EST loco rationis SUBSTANTIA non modo [13] in [14] subsistentium suppositione (qua [15], quorum sint esse, manifestatur : ut 'Plato est corpus') verum etiam IN RELIQUARUM RERUM PRÆDICATIONE qua, quid adsit ei quod est esse, complexionis consequentia declaratur : ut 'corpus est coloratum'. PARS vero prædicamentorum loco rationis est IN NUMERO ACCIDENTIUM : scilicet cum de subsistentibus dicantur [16], tamen eorum subsistentias, comitantur. Et sic quidem in naturalium genere quæcumque prædicantur, naturalium propriis rationibus [17] 'substantiæ' [18] vel 'accidentia' nominantur.

[10] AT CUM QUIS VERTERIT [19] HÆC prædicamenta IN DIVINAM PRÆDICATIONEM, cum scilicet de Deo prædicari dicentur [20] sive substantiæ sive qualitates etc. [21], CUNCTA, QUÆ PRÆDICARI POSSUNT MUTANTUR. Id est : quamvis, quod [22] de Deo prædicatur, nominetur 'substantia' vel 'qualitas' vel 'quantitas' vel aliquo naturalium [23] nomine appelletur, non tamen est quod dicitur. Sed aliqua rationis proportione ita nominatur. AD ALIQUID VERO i.e. relatio NON OMNINO i.e. nequaquam sicut id, quo [24] Deus est, POTEST de ipso PRÆDICARI.

[11] NAM SUBSTANTIA. Quasi : Vere. Quæ de Deo [25] prædicantur, non sunt quod [26] nominantur. NAM quæ [27] vocatur ejus [28] SUBSTANTIA, IN ILLO quidem [29], de quo prædicatur, est ; sed NON in eo VERE EST [30] SUBSTANTIA. Id est : non ea rationis veritate, qua dicitur 'substantia' quodlibet [31] illud esse, quo subsistens est aliquid, est substantia quod [32] in eo est [33]. Sed aliqua [34] rationis proportione vocatur 'substantia'. Verbi gratia : corpus est aliquid i.e. est [35] corpus et [36] coloratum et lineatum. Sed quo sit corpus, quo coloratum, quo lineatum, dividendum est. Et est quidem corporalitate corpus, colore coloratum, linea lineatum. Sed adhuc dividendum est, quibus hæc rationum locis contineantur. Et dicimus quod non corporalitas colorem aut lineam sed color et linea corporalitatem sequuntur. Non enim hæc corporalitatis [37] sed horum corporalitas causa est. Qua ratione illa corporis est esse, hæc vero in eodem corpore illi adsunt. Ideo [38] primum illa, deinde quod ea [39] corpus est, vera ratione est horum substantia : hæc vero primum corporalitatis et per eam corporis accidentia. His enim vere [40] substat [41] et corporalitas, cui adsunt, et corpus, cui insunt.

[12] Id vero, quo [42] Deus est quod [43] est [44], non modo in se simplex est sed etiam ab his, quæ adesse subsistentiis [45] solent, ita solitarium est, ut præter id *unum* proprietate *singulare* [46], dissimilitudine *individuum* [47], quo [48] est, aliud aliquid [49] quo [50]

[94] subsistentiæ *DWZ*.
[95] *om. WX*.
[96] est *K*.
[97] illorum *E*.
[98] color *N*.
[99] eorum *KR*.
[1] illam *N*.
[2] subsistentiis *E*.
[3] *om. R*.
[4] sunt *Y*.
[5] *om. B*.
[6] ipse *AENO*.
[7] supponit *W*.
[8] dicens *W*.
[9] *om. K*.
[10] substantia *K*.
[11] dicit *H*.
[12] permiserunt *CIHNORW*.
[13] *om.* non modo *L*.
[14] *om. ENO*.
[15] quæ *C*.
[16] dicatur *DWZ*.
[17] *om.* quæcumque . . . rationibus *K*.
[18] *om. R*.
[19] vertit *LM* : averterit *DW* : converterit *EGKNOUXZ* (*e corr. A*).
[20] dicuntur *BV* : diceretur *DW*.
[21] et cum *NO*.
[22] quidem *M*.
[23] *om. L*.
[24] quod *HRS*.
[25] quo ipsa *L*.
[26] quæ *VW*.
[27] quod *VW*.
[28] *om. S* : *del. E*.
[29] quod *K*.
[30] *add.* subsistentia vel *E*.
[31] quilibet *DHW*.
[32] quid *DW*.
[33] *om. FR*.
[34] *om. L*.
[35] *om. DLWX*.
[36] *add.* et *H*.
[37] corporalitas *R*.
[38] ideoque *IKRSX*.
[39] illa *S*.
[40] animo *C*.
[41] constat *V*.
[42] quod *UZ*.
[43] id *E* : *om. R*.
[44] *om. R* : *marg.* Cave *H*.
[45] subsistentes *NO*.
[46] singularitate *C*.
[47] *add.* est *NO*.
[48] quod *S*.
[49] *om. W*.
[50] quod *R* : *marg.* Cave *I*.

esse intelligatur prorsus non habeat. Ideoque nec ipsum nec qui eo Deus est, subjectionis ratione aliquibus [51] substat. Quapropter nequaquam rationis proprietate vocatur 'substantia'. Sed quoniam eo Deus proprie *est*, recte [52] nominatur 'essentia'. Quia tamen non est tanta dictionum [53] copia, ut quæque suis possint nominibus designari [54], (sicut prædiximus) humanæ locutionis usus ab aliis et maxime a naturalibus ad alias facultates ex aliqua [55] rationis proportione nomina transfert : ut (quoniam, sicut dicimus [56] corpus album magnum : *corpus* substantia, *album* qualitate, *magnum* quantitate, ita quoque dicimus Deus justus maximus quasi dictum sit : *Deus* substantia, *justus* qualitate, *maximus* quantitate) dicimus nominatum [57] substantia Deum, qualitate justum, quantitate maximum, cum tamen [58] nihil horum rationis aut generis proprietate sed tantum proportionali transumptione dicamus.

[13] Quod igitur [59] in illo 'substantiam' nominamus, non est subjectionis ratione quod dicitur. SED ULTRA omnem, quæ accidentibus est subjecta, SUBSTANTIAM [60] est [61] essentia : absque omnibus, quæ possunt accidere, omnino solitaria. ITEM QUALITAS ET CÆTERA, quæ evenire [62] queunt [63] (ut quantitates), non sunt in Deo quod [64] vocantur. QUORUM OMNIUM UT FIAT AMPLIOR INTELLECTUS, EXEMPLA SUBDENDA [65] SUNT quæ sunt [66] hujusmodi : NAM CUM [67] sive [68] de [69] Patre sive de Filio sive de amborum Spiritu loquentes DICIMUS 'DEUS', VIDEMUR eam, qua [70] horum trium quilibet [71] est, SIGNIFICARE SUBSTANTIAM. Et significamus QUIDEM, SED non eam quæ illius sit rationis, cujus sunt quæ in naturalium genere appellantur hoc nomine, immo EAM [72] QUÆ SIT principalis et æterna [73] essentia [74] ULTRA OMNEM naturalium, quæ ex tempore initium habet [75], SUBSTANTIAM.

[14] CUM VERO de quolibet eorum [76] dicimus 'JUSTUS', QUALITATEM significare videmur. Et 'qualitatem' QUIDEM [77] vocamus id quo [78] 'justus' dicitur : SED tamen NON ratione mathematicorum ACCIDENTEM [79] SED [80] potius EAM QUÆ SIT SUBSTANTIA, non [81] quidem [82] subjectionis ratione SED (sicut prædictum est) ULTRA eam, quæ a subjectione sic vocatur, SUBSTANTIAM. NEQUE ENIM. Quasi : Vere. Non qualitate sed (qua dictum est) [83] substantia de illorum quolibet dicimus 'justus'. NEQUE ENIM ALIUD EST QUOD ipse EST, ALIUD EST [84] QUOD JUSTUS EST : videlicet non est aliud, quo [85] justus est, ab eo quo ipse est [86]. SED potius IDEM [87] EST DEO ESSE QUOD JUSTO : scilicet eodem, quo est, justus est. ITEM CUM DICITUR 'MAGNUS' VEL 'MAXIMUS', per [88] hoc [89] quod magnitudo quantitatis propria est, QUANTITATEM SIGNIFICARE VIDEMUR. Et significamus QUIDEM SED non accidentem, immo EAM QUÆ SIT [90] IPSA SUBSTANTIA : utique TALIS QUALEM ESSE DIXIMUS, scilicet ULTRA SUBSTANTIAM. Vere utique. IDEM ENIM EST ESSE DEO [91] QUOD MAGNO i.e. quilibet illorum [92] trium eodem [93], quo est, magnus est.

[15] DE FORMA ENIM etc. Quasi : quod in eo 'qualitas' sive 'quantitas' vocatur, non est quod dicitur sed illa, quam diximus, singularis et simplex ac [94] solitaria ab omnibus, quæ accidere possunt, essentia. Et sic [95] rectissime vocatur, quidquid in eo quasi post substantiam tamquam forma diversa ab eadem substantia prædicatur. SUPERIUS ENIM hoc idem DEMONSTRATUM EST DE FORMA EJUS, QUONIAM [96] scilicet IS [97] i.e. Deus sit vera FORMA [98] ET ejus singularitate [99] UNUM VERE et adeo *simplex* [1] in se et ab his, quæ adesse [2] solent, *solitarium*, quod NEC ex [3] ejus partibus nec ex illi accidentibus est ejus, qui propter hoc est id quod est, ULLA PLURALITAS.

[51] aliquid *R*.
[52] *om. B*.
[53] dictionis *H* : dictione *DW*.
[54] appellari *K*.
[55] alio *NO*.
[56] diximus *BCFLQRSVY*.
[57] nominatim *IL*.
[58] *add.* enim *Y*.
[59] ergo *DW*.
[60] substantia *R*.
[61] *om. C*.
[62] venire *CDFGHKLMNOQRTWXZ*.
[63] qualiter *K*.
[64] quo *H*.
[65] supponenda *ENO*.
[66] *om. L*.
[67] *om. S*.
[68] sum *W*.
[69] *om. Z*.
[70] quæ *C*.
[71] quodlibet *F*.
[72] ea *Y*.
[73] *add.* et *R*.
[74] *add.* et *T*.
[75] habere *H*.
[76] illorum *SV*.
[77] quidam *DW*.
[78] quod *HR*.
[79] accidentes *C*.
[80] *om. C*.
[81] *del. I*.
[82] quam *L*.
[83] *om. N*.
[84] *om. E*.
[85] *del.* videlicet . . . quo *L* : quod *H*.
[86] *om. HS*.
[87] id *K*.
[88] propter *I*.
[89] *om. IN*.
[90] *add.* substantia *Z*.
[91] de eo *R*.
[92] eorum *T* : horum *CHIKUXYZ*.
[93] eo *NO*.
[94] et *BCGHIKUXYZ*.
[95] sicut *R*.
[96] quod *T* : *om. L*.
[97] nec *K*.
[98] *superscr.* vel no(minativus) vel abla(tivus) *S*.
[99] singulare *L*.
[1] *add.* esse *L*.
[2] abesse *Z* : accidere *E*.
[3] *om. LY*.

[16] SED HÆC etc. Quasi : substantiæ, qualitates, quantitates dicuntur, quæ prædicantur seu de subsistentibus his seu [4] de Deo. SED diligenter attendendum est quod alio sensu quam cæterorum generum prædicamenta de ipsis dicuntur. Nam HÆC PRÆDICAMENTA [5] TALIA SUNT UT et [6] his, de quibus prædicantur, insint [7] et [8] ut [9] etiam illud IPSUM, IN QUO SUNT, FACIANT [10] ESSE QUOD DICITUR. IN CÆTERIS QUIDEM, quæ non sunt [11] Deus, DIVISE i.e. ut prædicatio [12] multa, quibus est is de quo [13] loquimur, ita partiatur [14] ut, unum prædicando [15], alia plurima quæ de ipso prædicari possunt relinquat.

[17] IN DEO VERO CONJUNCTE ATQUE COPULATE, hoc est, ut quælibet [16] prædicatio, sive qua substantiam [17] sive qua [18] qualitatem sive qua [19] quantitatem dicimus prædicatam, nihil, quo sit is de quo loquimur, prædicandum dimittat. HOC MODO. NAM CUM DICIMUS 'aliquid est SUBSTANTIA' (ut [20] 'aliquid est homo VEL DEUS'), hoc ITA DICITUR QUASI ILLUD IPSUM [21], DE QUO [22] hæc vel illa [23] PRÆDICATUR substantia [24], SIT SUBSTANTIA i.e. eum, de quo dicitur, faciat esse quod dicitur, scilicet faciat [25], UT illud sit SUBSTANTIA, hoc est sit HOMO VEL DEUS. Quod utique facit [26]. SED quamvis dicendi modus idem sit, cum de aliquo dicitur 'est homo' et de alio [27] dicitur 'est Deus', sensu tamen, ex quo dicitur, alterum dictorum ab altero DISTAT. QUONIAM scilicet [28] is qui prædicatur esse [29] homo, quamvis sit HOMO, NON tamen EST INTEGRE hoc IPSUM quod prædicatur HOMO. Id est : non toto, quo est, prædicatur esse, quod est, in eo quod dicitur esse homo. Sed qui hoc de aliquo dicit, plurima, quibus idem ipse est, de ipso adhuc dicenda (i.e. qualitates, quibus [30] est qualis, et quantitates, quibus [31] est quantus) reliquit [32]. AC PER HOC NEC in eo quod dicitur esse SUBSTANTIA, plene prædicatur totum quo [33] est. QUOD ENIM EST, cum eo quo [34] est homo [35] ALIIS DEBET, QUÆ NON SUNT HOMO i.e. quæ nequaquam prædicat, qui dicit 'est homo'.

[18] Ille VERO, de quo dicitur 'est DEUS', EST [36] perfecte HOC IPSUM quod dicitur esse : scilicet Deus. Id est : Nihil prorsus, quo ipse [37] sit, de ipso adhuc dicendum [38] relinquit [39]. Ipse ENIM NIHIL ALIUD EST prorsus NISI id solum singulare et simplex QUOD ipse EST. Nihil scilicet, quo [40] ipse sit [41], habet nisi singularem [42] simplicemque [43] essentiam. Ea namque et est et Deus est [44]. AC PER HOC, quia [45] videlicet [46] qui de illo dicit 'est Deus', nihil quo ipse sit dimisit, recte potest dici quod ille EST hoc IPSUM solum quod prædicatur esse, cum de ipso dicitur 'est DEUS'. Et hoc [47] quidem sensu prædicamentum, quod [48] nominatur 'substantia', sive de Deo sive de cæteris prædicatur.

[19] RURSUS cum aliquis dicitur esse [49] JUSTUS eo QUOD in mathematicis EST genere QUALITAS, ITA i.e. hoc sensu DICITUR QUASI IPSE DE QUO hæc qualitas PRÆDICATUR, SIT vera essendi ratione HOC quod esse [50] dicitur [51]. ID EST, verbi gratia, SI DICAMUS 'HOMO est JUSTUS' VEL DEUS est JUSTUS', PROPONIMUS IPSUM HOMINEM VEL DEUM non extrinseca rei minime inhærentis [52] ipsi, de quo eam prædicamus, participatione [53] sed vere ESSE JUSTOS [54]. SED [55] quamvis in hoc sensu rei vera essendi ratione et de homine et de Deo prædicatæ [56] propositio [57] utraque conveniat [58], DIFFERT tamen una ab alia in eo QUOD altera nulla, altera plurima, quibus illud (de quo loquimur) vere esse prædicari potest, dimittit. Cum enim dicitur 'homo est justus', non dicitur esse justus

[4] vel *K*.
[5] *om.* de ipsis . . . prædicamenta *L*.
[6] ex *U*.
[7] insunt *EHLRW*.
[8] *om. MY*.
[9] *om. NO*.
[10] faciunt *Y*.
[11] *om. M*.
[12] præditio *WX*.
[13] *add.* ita *Z*.
[14] patiatur *Z*.
[15] partiendo *I* : *superscr.* vel partiendo *S*.
[16] quilibet *Y*.
[17] subsistentiam *L*.
[18] *om. LT*.
[19] *om. LT*.
[20] *om. L*.
[21] *add.* quod *L*.
[22] ipso *L*.
[23] *superscr.* substantia *T*.
[24] *om. L*.
[25] facit *M*.
[26] faciat *WZ*.
[27] aliquo *U*.
[28] *om. Y*.
[29] est *L*.
[30] *add.* ipse *S*.
[31] *add.* ipse *S*.
[32] relinquit *ABDEST*.
[33] quo *HRW*(*e corr. Y*).
[34] quo *e corr. Y*.
[35] hoc *M*.
[36] *om. C*.
[37] ipsum *NO*.
[38] dicendi usu *K*.
[39] reliquit *LT*.
[40] quod *R*.
[41] *om. R*.
[42] singulare *H*.
[43] et simplicem *H* : ac simplicem *DW*.
[44] *om.* nihil . . . est *C*.
[45] quod *Y* : *om. H*.
[46] scilicet *K*.
[47] *om. Z*.
[48] vel *I*.
[49] est *LRT*.
[50] est *R*.
[51] *add.* est *R*.
[52] inhærentes *NO*.
[53] participationem *NZ*.
[54] justus *CN*.
[55] *om. Z*.
[56] prædicare *R*.
[57] proprio *U*.
[58] *add.* sed *W*.

toto, quo ipse est. Sed divise, justitia sola, dicitur esse [59] justus [60], a qua [61] non modo sui proprietate verum etiam specie atque genere multa diversa sunt, quibus idem eadem ratione est : ut forma ipsa, qua homo est. Nam vere (ut novis loquar [62] verbis) ALTER HOMO, ALTER est [63] JUSTUS. Id est : aliud est id, quo [64] est homo, aliud [65] id quo est [66] justus. Cum VERO dicitur 'Deus [67] est justus', toto eo, quo ipse est [68], dicitur esse justus. Nec aliquid prorsus [69], quo ipse sit, dictio hæc dimittit. Nam DEUS, IDEM IPSUM EST QUOD EST JUSTUM i.e. eodem, quo est [70] Deus, est [71] justus.

[20] DICITUR ETIAM esse [72] MAGNUS idem HOMO VEL DEUS [73]. ATQUE ITA i.e. hoc sensu dicitur uterque esse magnus, QUASI IPSE HOMO SIT vera essendi ratione MAGNUS VEL quasi ipse DEUS vera essendi ratione [74] sit MAGNUS. SED sicut de qualitate atque [75] substantia dictum est, differt hæc dictio ab ea in hoc [76] quod eorum, quibus homo est [77], divisio fit cum dicitur 'homo est magnus'. Hac enim [78] propositione non toto, quo ipse est [79], dicitur esse magnus sed, multis aliis dimissis quibus similiter est, proponitur HOMO TANTUM esse MAGNUS. Illa VERO qua [80] proponitur 'Deus est [81] magnus', nihil quo Deus sit dimittit, quoniam DEUS IPSUM [82] MAGNUS EXISTIT i.e. eodem est [83] magnus quo [84] Deus. Et hæ [85] quidem i.e. substantiæ, qualitates, quantitates sunt talia, quibus vere sunt, quæcumque his esse proponuntur. Ideoque [86] recte de ipsis [87] prædicari dicuntur.

<CAPITULUM SEPTIMUM>

<*De ubi*>

[1] RELIQUA VERO SEPTEM generum accidentia NEQUE DE DEO NEQUE DE CÆTERIS vera essendi ratione PRÆDICANTUR. NAM 'UBI' i.e. locus POTEST QUIDEM PRÆDICARI VEL DE HOMINE VEL DE DEO : DE HOMINE UT cum dicimus 'homo est IN FORO' ; DE DEO UT cum dicimus 'Deus est UBIQUE'. SED ITA dicitur vel [88] homo esse [89] in foro vel Deus esse [90] ubique UT, quamvis in prædicando ea dicatur 'est' [91], NON tamen ita dicatur [92] QUASI IPSA RES, DE QUA DICITUR [93], SIT ID i.e. habeat esse eo QUOD PRÆDICATUR. Nam est quidem, quidquid in loco est [94]. Sed tamen illud esse in loco non est esse quomodo, quod est quale vel quantum, est et [95] esse quale vel quantum est esse [96] : ut homo, qui est albus vel longus, est et eum [97] esse album vel longum est esse. Sed esse in foro non est esse, quamvis, qui in foro est, vere sit. NON ENIM ITA [98] i.e. eo vere essendi sensu DICITUR HOMO [99] ESSE [1] IN FORO QUEMADMODUM i.e. quo vere essendi sensu dicitur idem [2] ESSE [3] ALBUS VEL LONGUS. Nam cum dicitur esse in foro, intelligitur quidem CIRCUMFUSUS ET DETERMINATUS : NEC tamen hoc esse QUASI ex PROPRIETATE ALIQUA, QUA POSSIT SECUNDUM SE DESIGNARI i.e. sine [4] exeunte et [5] ad aliud [6] extra se facta sui [7] collatione monstrari, sicut absque sui ad alterum [8] comparatione per se designatur esse humana forma homo, qualitate corporis albus, quantitate ejusdem corporis, quæ vocatur linea, longus. Econtra quod dicitur '*circumfusus et determinatus*' in eo quod dicitur esse in foro, non per se dicitur sed collatione sui ad illa [9], quibus extra [10] se circumdatus continetur et [11], offendens [12] in ea, suorum finibus intervallorum determinatur [13].

[59] inesse *LT*.
[60] justo *LT*.
[61] quo *DW*.
[62] loquamur *DW*.
[63] *om. H*.
[64] *om. U*.
[65] *add.* est *DW*.
[66] *om. E*.
[67] *om. R*.
[68] *om. C*.
[69] *om.* quo ipse .. prorsus *L*.
[70] *om. W*.
[71] et *H*.
[72] *om. CV*.
[73] *om. H*.
[74] *om. NOX*.
[75] et *EN*.
[76] eo *N* : *del. M*.
[77] om. *MN*. End of text in *ms. G* (fol. 25v).
[78] igitur *V*.
[79] *om. CM* : *add.* et *CKU*.
[80] quæ *H*.
[81] esse *K*.
[82] ipse *K*.
[83] *del. A* : esse *DW* : *om. XZ*.
[84] *add.* est *S*.
[85] hæc *BDETZ*.
[86] ideo *H*.
[87] his *S*.
[88] *om. LT*.
[89] est *LTVXYZ*.
[90] est *LTV* : *om. ENO*.
[91] esse *I*.
[92] dicitur *e corr. S*.
[93] *om.* de qua dicitur *W*.
[94] *marg.* Nota esse album est esse. Et esse in loco non est esse *D*.
[95] est et *V* : *om. H*. *Supple :* quomodo.
[96] *om.* quale vel quantum est esse *H*.
[97] enim *HIKS*.
[98] *add.* est *R*.
[99] *om. X*.
[1] *om. EDW*.
[2] *del. I*.
[3] est *E* : *add.* vel *BCHKLNOUVY*.
[4] si non *NO*.
[5] *om. C*.
[6] alium *DW*.
[7] *om. NO*.
[8] alteram *R*.
[9] illam *W*.
[10] ultra *e corr. M*.
[11] ut *X*.
[12] ostendens *Y*.
[13] determinatus *BELMS*.

[2] Quod tamen i.e. esse in foro extrinsecis [14] scilicet [15] *circumfusus et determinatus* [16] minime prædicaretur [17], si non prius suis [18] esset [19] per se proprietatibus informatus. Sic igitur [20] per hoc quod dicitur homo esse [21] in foro, nequaquam homini [22] inhærens, qua [23] ipse vere sit, proprietas grammaticorum vel dialecticorum propria significatione notatur. SED PER [24] HANC PRÆDICATIONEM hoc TANTUM, quod [25] per naturam oportet prius esse, ex [26] consortio [27] consequentis [28] OSTENDITUR : scilicet QUOD ILLUD, quod [29] circumfusum et determinatum per esse [30] in foro dicitur, REBUS ALIIS quam sint [31] circumfusio vel determinatio vere SIT INFORMATUM. Et [32] hoc quidem sensu locus de homine prædicatur.

[3] DE DEO VERO [33] NON ITA i.e. non hoc sensu. NAM QUOD dicitur 'Deus UBIQUE EST', ITA i.e. hoc sensu DICI VIDETUR scilicet [34] NON QUOD [35] SIT IN OMNI LOCO i.e. quod [36] circumfusus contineatur aut offendens in aliqua exteriora intervallaris ejus protensio terminetur. OMNINO ENIM ex hoc circumfusionis atque determinationis sensu IN LOCO ESSE dici NON POTEST. SED hoc sensu dicitur esse ubique QUOD OMNIS quorumlibet LOCUS EI ADSIT AD EUM intra [37] se sine termino CAPIENDUM, CUM IPSE tamen NON tamquam circumfusus aut exterioribus terminatus SUSCIPIATUR IN aliquorum [38] extra [39] positorum LOCO. ATQUE IDEO, quia scilicet nec circumfusus aliis [40] extra se circumpositis nec suorum quasi [41] spatiorum finibus determinatus est, NUSQUAM [42] ut IN LOCO ESSE DICITUR, QUONIAM revera UBIQUE totus est [43] : SED (sicut dictum est) NON [44] ut IN LOCO [45].

<CAPITULUM OCTAVUM>

<*De quando*>

[1] 'QUANDO' VERO i.e. illud quod non quantitatum genere sed ex temporum [46], quæ quantitates sunt, collatione dicitur 'tempus', PRÆDICATUR EODEM MODO quo [47] et ille (qui non genere quantitatum sed eorum, qui [48] sunt quantitates, sibi invicem facta collatione dicitur) [49] locus [50] : UT DE HOMINE dicitur 'HERI VENIT', DE DEO dicitur 'SEMPER EST'. Nam HIC QUOQUE, sicut et [51] in prædicatione loci, ILLUD IPSUM DE QUO DICITUR HESTERNUS [52] ADVENTUS NON hac dictione DICITUR vera essendi ratione [53] QUASI ESSE ALIQUID, quamvis illud, cujus est hesternus adventus, multis, quæ de illo per se dicuntur, sit aliquid [54]. SED potius hac dictione PRÆDICATUR, QUID aliud ei facta quadam extrinscus collatione [55] SECUNDUM TEMPUS et tempus (suum scilicet secundum adventum : et illius secundum [56] aliquid, quod tunc vere de eo poterat dici) ACCESSERIT [57]. Ut sit sensus verbi gratia : 'Heri, dum sol ascendebat [58], homo venit' vel hujusmodi aliud. Atque ad hunc modum alicui aliud secundum tempus et tempus [59] idem vel diversum confertur.

[2] QUOD VERO DE DEO DICITUR 'SEMPER EST', usu QUIDEM, quo de naturalibus hoc philosophi prædicant [60], SIGNIFICAT UNUM TANTUM. Nam de [61] quocumque naturalium dicitur 'semper est' [62], ita intelligitur QUASI dicatur : quod OMNI PRÆTERITO FUERIT [63], OMNI etiam PRÆSENTI EST, QUOQUO [64] scilicet MODO illud quodlibet præsens [65] SIT, OMNIQUE similiter FUTURO ERIT i.e. dum fuerunt [66] quæque [67] cætera et dum quælibet

[14] extrinsecus *H*.
[15] id est *NO*.
[16] *om.* in eo . . . determinatus *C* : *om.* quod tamen . . . determinatus *L*.
[17] prædicatus *L*.
[18] *om. X*.
[19] esse *R* : sit *Y*.
[20] ergo *BM*.
[21] est *LTY*.
[22] hominis *B*.
[23] quia *R*.
[24] *om. W*.
[25] *om. X* : quo *A*.
[26] et *HR*.
[27] consortium *HR*.
[28] consequenti *L* : consequens *W*.
[29] *om. K*.
[30] se *KZ*.
[31] sit *LT* : sunt *ADHNORWXZ*.
[32] quia *Y*.
[33] *om. V*.
[34] sed *E*.
[35] quo *UZ*.
[36] quo *Z*.
[37] inter *R*.
[38] aliquo *V*.
[39] *add.* se *DW*.
[40] *marg.* extrinsecus *Y*.
[41] neque *X*.
[42] numquam *DW*.
[43] *om. C*.
[44] *om. C*.
[45] *add.* esse dicitur *LT*.
[46] tempore *DSW* : ipsorum *U*.
[47] quod *R*.
[48] quæ *CMW*.
[49] *om.* tempus . . . dicitur *L*.
[50] *om.* prædicatur . . . locus *T*.
[51] *om. V*.
[52] externus *L*.
[53] *om. C*.
[54] *om.* quamvis . . . aliquid *L*.
[55] *om. CDHIKWYZ*.
[56] *add.* et aliud *T*.
[57] accesserat *R* : accessit *U*.
[58] acenderet *e corr. A*.
[59] *om.* et tempus *W*.
[60] dicunt *N*.
[61] *om. R*.
[62] esse *NO*.
[63] fuit *LT*.
[64] quocumque *K*.
[65] *om. M*.
[66] fuerint *C*.
[67] quæcumque *IK* : *add.* et *Y*.

sunt et dum quælibet erunt [68], et fuit et est et erit. Ex [69] his potest intelligi, cum in naturalibus et in mathematicis et etiam [70] in pluribus aliis dicitur 'heri [71] fuit' vel [72] 'hodie est' [73] vel 'cras erit' vel 'semper [74] est', neque absolutam neque simplicem esse intelligentiam. Intelligitur [75] enim diversorum temporum [76] collatio atque collectio. Nam qui dicit de aliquo [77] 'heri fuit album', tempus (quo illud heri fuisse album prædicat) nullis [78] quidem [79] instantibus, nullis futuris, nec omnibus præteritis, sed his tantum [80] temporibus confert, quibus vel idem secundum alia vel quæcumque cætera secundum quælibet intra ejusdem diei finem atque initium (sive simul sive succedendo aliis) alia fuerunt hesterna. Qui vero dicit de aliquo 'hodie est album', tempus (quo id hodie albere [81] proponit) nullis quidem præteritis, nullis [82] futuris comparat sed solis (tamen omnibus) his temporibus, quibus vel idem secundum alia vel quæcumque alia secundum quælibet sunt hodierna. Similiter qui ait de quolibet 'cras erit album', omnium aliorum et [83] ejusdem secundum cætera [84], quibus erunt [85] crastina, colligens tempora confert eis [86] tempus, quod dicendo 'cras erit album' significat.

[3] In his ergo collationibus [87] non omnium sed multorum tempora colliguntur, quibus aliquod [88] aliud tempus [89] confertur [90]. Nihil enim in quolibet rerum genere sibi ipsi potest conferri. Unde si dicatur 'Plato [91] sedet, dum sedet', ridiculum est. Qui autem (exceptis tribus, quæ [92] philosophi ponunt, principiis i.e. usia, idea, hyle) de aliquo dicit 'semper est', universorum [93], quæ fuerunt et sunt et futura sunt, universa tempora colligit : scilicet *et* illa omnia, quibus vel fuit vel est vel erit, quod semper [94] esse proponit *et* aliorum omnium omnia [95], quibus quocumque modo vel fuerunt [96] vel sunt vel futura sunt. Et [97] his illa confert dicendo 'semper est' [98]. Cum enim sive præteritorum inter se vel cum cæteris sive præsentium sive futurorum similiter facta collatio multa colligendo plura [99] relinquat (ut cum dicitur 'heri, hodie, cras, pridie [1], perendie [2], horno, ante, post, nunc, olim, modo' et si quod aliud est quod [3] proprie vel præsens vel [4] præteritum vel futurum vel communiter horum quodlibet [5] significetur) [6], hæc collatio, qua dicitur 'numquam vel semper est', sicut dictum est, nullum omnino relinquens omnium omnia tempora colligit.

[4] Unde recte ait quod, cum [7] dicitur aliquid semper esse, significatur quod [8] *omni præterito* [9], etc. QUOD [10] i.e. semper esse ex hoc collationis [11] atque [12] collectionis [13] sensu POTEST [14] SECUNDUM PHILOSOPHOS DICI et [15] DE CÆLO ET DE CÆTERIS CORPORIBUS perpetuitate sui motus IMMORTALIBUS. Cujuslibet enim illorum id [16], quo est aliquid, nequaquam est solitarium. Immo sunt in quolibet illorum [17] diversa non modo proprietatibus verum [18] etiam generibus, quorum aliquibus decedentibus [19] alia succedunt. Ac per hoc temporum diversitate et [20] esse et moveri dicuntur. Nam juxta numerum rerum, quæ durant temporibus, ipsorum quoque, quibus durant, est temporum numerus. Quorum tamen aliqua decedentium et succedentium continuatione vel simul essendi consortio uniuntur [21]. Ac per hoc multa tempora [22] unum tempus i.e. unus annus, unus mensis, unus dies, una hora, unum momentum dicuntur.

[5] AT DE DEO NON ITA dicitur 'semper [23] est'. Intelligitur [24] quidem collatio atque collectio, sed differt [25]. Nam in cæteris, quæ dicuntur semper esse, tempora temporibus

[68] *om.* et dum . . . erunt *C.*
[69] et *K.*
[70] *om. DKWY.*
[71] erit *ACDFLMQTUVWXYZ.*
[72] *om. S.*
[73] *om. C.*
[74] *add.* erit vel *K.*
[75] intelligi *O.*
[76] *om. K.*
[77] *om.* de aliquid *NOV.*
[78] nullus *VX* : in illis *K.*
[79] qui de *W.*
[80] tamen *W.*
[81] album est *R.*
[82] nullisque *S.*
[83] *om. FQ.*
[84] *om. B.*
[85] erit *L.*
[86] ei *S.*
[87] collatio *K* : *superscr.* vel collectio *E.*
[88] aliquid *W.*
[89] *om. M.*
[90] confert *RZ.*
[91] *add.* legit dum legit vel *HRS* : *marg.* legit dum legit vel *Y.*
[92] *om. M.*
[93] multorum *K.*
[94] *om. F.*
[95] nomina *U.*
[96] fuerint *N.*
[97] ex *NO.*
[98] *om. R.*
[99] plurima *N.*
[1] *om. L.*
[2] *om. K.*
[3] quo *e corr. A.*
[4] *om. L.*
[5] quilibet *DIW.*
[6] significet *E.*
[7] cumque *ADW.*
[8] quasi *NO.*
[9] *add.* fuerit, omni quoquo modo sit præsenti est, omni futuro erit *B.*
[10] *om. K.*
[11] collatione *K.*
[12] vel *K.*
[13] collationis *KR* : *om.* atque collectionis *H.*
[14] prædicatur *L.*
[15] *om. F* : *om.* dici et *L.*
[16] *add.* est *K.*
[17] eorum *W.*
[18] *om. NO.*
[19] descendentibus *Q.*
[20] *om. W* : *marg.* de pluralitate temporum *D.*
[21] numeratur *L.*
[22] ipsa *R.*
[23] *add.* enim *NO* : *marg.* Cave *NO.*
[24] *add.* enim *G.*
[25] differunt *TW* : *marg.* Nota hic coexistentiam futurorum ad Deum in æternitate *D.*

conferuntur. In hoc vero æternitas temporibus. Deus enim est, quod [26] est, non mora temporis sed æternitatis. Cætera vero, quæ quolibet [27] modo sibi invicem adunantur (scilicet vel intrinseco concretionis vel extrinseco cujuslibet appositionis habitu), moris temporum [28], quas diversorum diversis habitibus diversas ipse horum omnium auctor accommodat, durant. Excedit [29] etiam omnia tempora hæc æternitatis [30] Dei ad illa facta collatio [31]. Dicitur enim Deus semper esse, non modo quia [32] fuit omni præterito, est omni præsenti, erit omni futuro, verum etiam ante et post omnia tempora : vel et [33] actu et natura vel saltem natura temporalium. Nam omne, quod fuit vel est vel erit, essendi initium vel habuit vel habet [34] vel habebit. Finem vero quantum ad actum quidem non omnia, sed quantum ad naturam et ad illius, quo auctore sunt, potestatem omnia habent.

[6] Æque etenim [35] universa ejus subjecta [36] sunt potestati, ut scilicet sicut, quæcumque non fuerunt, possunt [37] fuisse et, quæcumque non [38] sunt vel non erunt, possunt [39] esse, ita etiam, quæcumque fuerunt, possunt non fuisse et, quæcumque sunt vel erunt, possunt non esse. Naturaliter enim nullum intervallum unus [40] simpliciter [41] terminat finis. Unde et 'intervallum' vocatur quod scilicet diversis interjacens [42] terminis eorum pluralitate valletur [43]. Sic enim et *gramme* [44] (hoc [45] est linea) diversis punctis et *epipedon* [46] (hoc est superficies) diversis grammis et *stereon* [47] (hoc est solidum) diversis epipedis [48] et interjacens vallatur et vallatum interjacet. Similiter ergo, quoniam *æterna lege* naturæ *sancitum* [49] *est, ut constet genitum nihil* [50], temporum quoque [51] intervalla non uno sed diversis terminantur [52] : essendi videlicet naturali statione atque incohatione. Quidquid enim mora temporis non dico actualiter sed naturaliter durat, naturaliter [53] et [54] incohat [55] et est et desinit [56].

[7] Quod vero mora [57] æternitatis durat, sicut non actu ita nec [58] natura incipit vel desinit esse. Ideoque nec 'intervallum' potest vocari. Et sine [59] aliquorum decedentium et succedentium motu est omni temporali intervallo protensior. Cum ergo [60] semper esse dicitur Deus (esse quidem usia, semper vero æternitate), intelligitur æternitatis cum temporibus hoc sensu facta collatio, ut hac dictione, quæ est 'semper', dictum accipiatur eum [61] *fuisse* non modo dum fuerunt, quæ fuisse dicuntur, verum sine aliqua vel [62] actuali vel naturali incohatione, antequam [63] fuerint, *et esse*, dum quæque [64] præsentia sunt vel actu [65] vel saltem natura, *et futurum esse* non modo dum erunt, quæ futura sunt, sed etiam sine actuali vel naturali termino, postquam sive actu sive saltem natura non erunt. Et sic quidem excedit tempora æternitatis ad [66] ipsa (dictione qua [67] de Deo dicitur 'semper') [68] facta collatio.

[8] Collectione [69] vero omnia (quibus vel fuerunt vel sunt vel futura sunt vel actu vel natura) universorum tempora colligit, qui [70] ad ipsa [71] consortio collationis respiciens ait : 'Deus semper est' [72]. Sed quoniam non sunt multa (vel simul [73] vel [74] decedentium vel [75] succedentium [76] continuatione)[77], quibus Deus sit, nulla est etiam [78] multitudo morarum quibus illud esse, quod significamus cum [79] dicimus 'Deus est' [80], duret. Ideoque [81] qui dicit 'Deus semper est', quamvis eorum, quibus confert,

[26] qui *DW* : quidem *K*.
[27] quodlibet *Z*.
[28] temporibus *R*.
[29] *add.* enim *KMS*.
[30] æternitas *DIKNOW*.
[31] collectio *U*.
[32] qui *K*.
[33] etiam *S*.
[34] *om.* vel habet *L*.
[35] enim *N*.
[36] substantia *N*.
[37] *om. B*.
[38] *om. V*.
[39] *add.* non *L*.
[40] *om. H*.
[41] simplex *L*.
[42] *om. R* : interjacentis *W*.
[43] velletur *V*.
[44] grammeis *K* : gramine *O*.
[45] id *BCFLMQSTV*.
[46] epippeda *ABFILMSVXZ* : eppipeda *HU* : epipecta *C* : epypeda *T* : eppeday *Y* : epidedia *W* : epipeda *DEKNOQR*.
[47] hstereon *DW*.
[48] epippedis *BDILMSVXYZ* : eppipedis *HU* : epypedis *T* : epipedis *ACEFKNOQRW*. Cf. *Euclidis Geometria, II* ; PL 63, 1337B : Planum est quod a Græcis dicitur epipedon . . . Solidum etiam est quod Græci stereon vocant.
[49] sanctitum *R*.
[50] Boethius, *Phil. cons.*, II, 3 ; CSEL 67, 27.
[51] quæcumque *R* : quos *W*.
[52] terminandum *L* : terminatur *H*.
[53] *om. BC* : *add.* sicut non actu et est *B*.
[54] *om. DEW*.
[55] *add.* sic *B*.
[56] definit *CW*.
[57] *om. L*.
[58] non *X* : *marg.* Cave *NO*.
[59] si non *W*.
[60] *om. Y*.
[61] cum *RW*.
[62] *om. K*.
[63] quam *W*.
[64] quoque *W*.
[65] *om.* vel actu *A*.
[66] ab *OY*.
[67] quæ *LU*.
[68] *om. FL*.
[69] collectio *mss. exc. X* (*e corr. A*).
[70] *add.* vel qua *NO*.
[71] ipsam *H*.
[72] *om. R*.
[73] sunt *F*.
[74] *om. NO*.
[75] et *BDEFMNQSW*.
[76] *om.* vel succedentium *L*.
[77] continuationem *NO*.
[78] *om. BW*.
[79] dum *K*.
[80] *om. R*.
[81] *om. L*.

temporalium morarum infinitam multitudinem colligat, multitudinem tamen illarum, quibus duret [82] illud [83] quod confert [84], quia nulla est, nullatenus colligere potest. Deus ENIM SEMPER EST, QUONIAM SEMPER quod [85] (cum temporalibus temporalia conferuntur) [86] utrorumque [87] collatorum tempora colligit, hic (ubi [88] æternus temporalibus confertur) in eis [89] quidem [90], quibus [91] confertur [92], diversitas præteritorum et præsentium et futurorum omnium collecta intelligitur : IN EO autem, qui confertur [93], quamvis ipse fuisse, esse, futurus [94] esse dicatur, quia tamen eadem et singulari et simplici mora æternitatis intelligitur fuisse et futurus esse qua [95] hoc instanti esse, absque cujuslibet diversitatis collectione [96] PRÆSENTIS EST TEMPORIS.

[9] UTQUE [97] apertius ex comparatione intelligatur quod dicitur : INTER NOSTRARUM i.e. temporalium RERUM AC DIVINARUM PRÆSENS QUOD utrumque EST NUNC i.e significatur hac dictione qua dicitur 'nunc', TANTUM [98] INTEREST QUOD NOSTRUM NUNC i.e. quorumlibet naturalium [99] instans FACIT rerum naturali saltem decessione et successione [1] vel earum [2], quæ actu non moventur, cum illis, quæ actu moventur, consortio QUASI CURRENS TEMPUS ET collectione [3] diversarum inter se morarum SEMPITERNITATEM [4]. DIVINUM VERO NUNC i.e. instans quod significatur cum dicitur 'Deus nunc est' [5] vere [6] PERMANENS NEQUE ulla rei [7], qua [8] intelligitur Deus esse [9], actuali vel naturali decessione et successione MOVENS SESE ATQUE ita CONSISTENS quod et [10] cum dicitur 'Deus fuit, Deus erit', eadem singulari mora fuisse et futurus esse [11] proponitur quæ [12], cum dicitur 'Deus est', cogitatur, ÆTERNITATEM FACIT. Non enim ejus, quo fuisse dicitur, abscessu vel ejus, quo futurus [13] esse proponitur, accessu sed [14] ejus, quo [15] dicitur esse, permanentia sicut esse ita fuisse [16] et futurus esse pronuntiatur.

[10] Ac per hoc : sicut est una [17] singularis et individua et simplex et solitaria essentia, qua [18] æternus ipse fuit, est, erit Deus, ita est una singularis et individua et simplex et solitaria [19] mora, quæ vocatur 'æternitas', qua Deus ipse fuit, est et [20] erit æternus. Ipse namque et est et est Deus et æternus. Sed et [21] est et est Deus [22] essentia. Est vero æternus mora. Et sic quidem hoc nomine quod est 'nunc' [23], cum dicitur 'Deus nunc est', una tantum singularis intelligitur mora, quæ vocatur 'æternitas' [24], qua etiam sine principio fuisse et sine fine futurus [25] prædicatur.

[11] Cum vero de aliquo temporali proponitur ut 'homo nunc est' vel 'cælum nunc est', quoniam hæc [26] non uno tantum sed pluribus vel simul vel decedentium et succedentium naturali [27] saltem motu sunt, non est tantum [28] una sed plures moræ. Quarum [29] sæpe aut diversæ [30] simul aut quandoque una quandoque [31] alia est, quibus vel qua illud quodlibet nunc [32] esse pronuntiatur : nec eadem sæpe sed alia fuisse, alia futurum esse.

[12] CUI NOMINI scilicet 'nunc' quod hoc (quo [33] dictum est) æternitatis unius de Deo, temporum [34] multorum de temporalibus sensu [35] dicitur [36], SI loquendo de temporalibus ADJICIAS 'SEMPER', FACIES hac propositione EJUS QUOD EST 'NUNC' [37] illarum morarum, quas sub hoc nomine locutionum vicissitudo commutat [38], omnium decedentium et succedentium motu quasi CURSUM [39] quendam JUGEM [40] sine intermissione INDEFESSUMQUE sine terminatione AC PER HOC PERPETUUM quadam æter-

[82] durat *H*.
[83] id *C*.
[84] refert *L*.
[85] quo *e corr*. *A*.
[86] conferunt *Z* : consequuntur *K*.
[87] utroque *W*.
[88] enim *NO* : nam *Y*.
[89] eisdem *R*.
[90] *om*. *R*.
[91] *om*. *NO*.
[92] *om*. in eis . . confertur *L*.
[93] confert *Z*.
[94] Beginning of *ms*. *P*.
[95] quia *CFILMPQR* : qua *e corr*. *DE* : et *BVY* : quia *del*. *Y*.
[96] collatione *BFLMNQT*.
[97] uterque *L* : ut autem *W*.
[98] tamen *KLO*.
[99] temporalium *M*.
[1] *om*. et successione *BFLQ*.
[2] eorum *L*.
[3] collatione *BCFLNQSTV* : *superscr*. vel collectione *S*.
[4] sempiternitatum *X*.
[5] esse *DW*.
[6] *om*. *P*.
[7] *add*. in mora nunc *NO*.
[8] quia *H*.
[9] *add*. vel *E*.
[10] *om*. *LT*.
[11] *om*. *L*.
[12] qua *Q*.
[13] futurum *DW*.
[14] *om*. ejus quo futurus . . . sed *V*.
[15] quod *R*.
[16] *om*. abscessu . . . fuisse *F*.
[17] *add*. et *FQST*.
[18] *marg*. Cave : essentia qua est *NO*.
[19] *om*. essentia . . . solitaria *C*.
[20] *om*. *CDFLMQRTW*.
[21] *om*. *MNPY*.
[22] *om*. *DW* : *add*. et *Z*.
[23] immo *R*.
[24] *om*. qua Deus ipse . . . æternitas *B*.
[25] *add*. esse *CT*.
[26] *superscr*. id est temporalia *S*.
[27] *om*. *P*.
[28] tamen *FQR*.
[29] quorum *C*.
[30] *om*. *K*.
[31] *om*. una quandoque *R*.
[32] *add*. est *P*.
[33] quod *CDHKMQRS* : quidem *F* : *om*. *W*.
[34] tempore *I*.
[35] seu *W*.
[36] *add*. quo *DW*.
[37] *add*. est *L*.
[38] *add*. et *W*.
[39] cursu *Z*.
[40] *add*. et *R*.

nitatis imitatione. QUOD [41] i.e. quæ cursus perpetuitas collectione [42] morarum, quibus fit [43] motus, EST vero nomine SEMPITERNITAS. Differt tamen a perpetuitate, quoniam hoc nomine, quod est 'perpetuitas', intelligitur sine collatione [44] collectio : hoc vero, quod est 'sempiternitas', cum collectione [45] collatio [46]. 'Æternitatis' autem nomine neutrum i.e. neque collatio neque collectio. Sicut enim [47] prædictum est [48] : una singulari et individua et simplici et solitaria mora, quæ vocatur 'æternitas', Deus proprie prædicatur æternus. Hæc [49] et [50] fine [51] et principio et decisione et continuatione ideo carere dicitur, quia Deus ea, qua [52] fuit et est et [53] erit, essentia simplici nec actu nec natura desinet [54] esse vel cœpit. Pro hac tamen 'perpetuitas' et 'sempiternitas', quoniam [55] utraque sui cursus interminabilitate eam quæ sine motu est interminabilem æternitatis instantiam imitatur, sæpe ponitur, cum scilicet Deus 'perpetuus' ac 'sempiternus' vocatur.

<CAPITULUM NONUM>

<*De habere et facere et situ et pati*>

[1] RURSUS etc. Quod nulla res sit aliquid vel loco, quo homo et hujusmodi alia esse alicubi et Deus esse ubique dicitur [56], vel [57] tempore, quo homo et hujusmodi quodlibet [58] esse aliquando et Deus semper esse pronuntiatur, hucusque dixit. Nunc de habitu et actione idem dicit ita : RURSUS HABERE ET FACERE i.e. habitus et actio EODEM MODO quo locus et tempus de Deo et aliis prædicantur. Verbi gratia [59], ENIM [60] DE HOMINE DICIMUS prædicando habitum 'VESTITUS', prædicando actionem 'CURRIT' : DE DEO autem [61] prædicando habitum [62] 'CUNCTA POSSIDENS' et [63] prædicando actionem 'REGIT'. Ecce [64] quod [65] his verbis RURSUS (quasi : prout de loco et tempore diximus) NIHIL DE UTRISQUE i.e. neque de homine neque de Deo [66] DICTUM EST ita quod dictio intelligenda sit DE EO QUOD EST ESSE i.e. ex [67] hoc sensu quod vestitum esse [68] vel currere hominem sit ipsum aliquid esse : et quod Deum possidere cuncta vel regere sit eum aliquid esse, quamvis, qui vestitus est vel [69] currit, sit aliquid et, qui cuncta possidet vel regit, aliquid sit.

[2] SED OMNIS HÆC habituum atque actionum PRÆDICATIO EXTERIORIBUS DATUR. UTQUE [70] hoc [71] aliis verbis dicatur : HÆC OMNIA i.e. habitus et actiones, de quibus nunc loquimur, et loca et tempora, de quibus prædiximus, QUODAMMODO REFERUNTUR AD ALIUD [72] i.e. aliis quam his, quibus quodlibet subsistens est aliquid, putat mens rationalis aliquod [73] subsistentium vel esse [74] alicubi [75] vel esse aliquando vel facere aliquid [76] : et Deum vel ubique vel semper esse vel possidere vel regere, quæ [77] possidet aut regit. Nam etsi [78] quis [79] naturalem habitum cogitet [80] (quem multi philosophi dixerunt esse substantiam et [81] ejus vel accessu generationem vel abscessu corruptionem contingere : ut animatum, manutum [82], capitatum et [83] hujusmodi), nec eo etiam id, cujus ad aliud concursu [84] vocatur 'habitus', esse aliquid intelligitur. Nam etsi esse hominem (quod est esse aliquid) confert vel aufert partim animatum, partim [85] capitatum, partim manutum [86], minime tamen vel corpus, cui conjungitur [87] anima, vel truncus humani corporis, cui jungitur [88] caput, vel lacertus, cui jungitur [89] manus,

[41] quæ *C*.
[42] collatione *FLMNQT* : secundum collectionem *S*.
[43] sit *NR*.
[44] collectione *W* : cessione *Y*.
[45] collatione *DLRT*.
[46] collectio *DLTZ* : *om.* *P* : om. hoc vero . . . collatio *K*.
[47] et *C*.
[48] *om.* *R*.
[49] hoc *CDW*.
[50] *om.* *CDW*.
[51] sine *PU*.
[52] quæ *F*.
[53] *om.* *E*.
[54] desinit *Y* : *marg.* Cave semper in Deo divisionem sentire ejus quod est ab eo quo est *NO*.
[55] quam *LQR*.
[56] prædicatur *C*.
[57] *om.* alia . . . vel *M*.
[58] quælibet *BCFLMQT* : quolibet *DHW*.
[59] *add.* cum *LT*.
[60] *om.* *ELW*.
[61] vero *KU* : *om.* *EMO*.
[62] *om.* vestitus . . . habitum *P*.
[63] *om.* *EY*.
[64] ex *L*.
[65] quidem L.
[66] *om.* neque de Deo *W*.
[67] *om.* *P*.
[68] est *K*.
[69] *add.* qui *N*.
[70] utique *NO* : ut utique *Y*.
[71] *om.* *W*.
[72] aliquid *M*.
[73] aliquid *KRT*.
[74] *om.* *P*.
[75] alicui *Z*.
[76] *add.* vel habere aliquid *B*.
[77] qui *C*.
[78] et *C*.
[79] qui *C*.
[80] cogitat *T*.
[81] vel *P*.
[82] inanimatum *KW*.
[83] vel *LT*.
[84] concursus *R*.
[85] *om.* animatum partim *R*.
[86] *add.* Glossa textui interposita : qui fit perfectionis et imperfectionis *O* : *add.* qui fit perfectionis et imperfectionis *N*.
[87] adjungitur *R*.
[88] conjungitur *ADEKNPWXY* : adjungitur *R*.
[89] conjungitur *DKPUWYZ*.

(et quorum concursu in homine quodlibet [90] prædictorum dicitur 'habitus') hac [91] junctura [92] est [93] aliquid [94].

[3] Quod autem [95] ex alterius ad alterum [96] concursu in eo, qui [97] constat ex eis, ipse, qui constat hæc habere, dicatur et 'animatus' ab habendo junctam corpori animam et 'capitatus' ab [98] habendo junctum [99] trunco humani corporis caput et 'manutus', ab habendo junctam lacerto manum, ex his patet : Quæ [1] toto aliquo ita sunt aliquid, ut non sit eorum aliqua [2] pars, ad quam solam (dum illorum quidlibet [3] eo toto esse aliquid cogitat) intuitu [4] mentis aspiciat : ut si quis [5] animam esse spiritum cogitet, nequaquam hoc cogitando hoc eam esse secundum aliquam ejusdem partem existimat. Unde manifestum est [6] quod ipsa non ab habendo in se spiritum spiritus est. Similiter et homo non ab [7] habendo in se [8] hominem homo est. Sic ergo [9] prædicatio alia est, qua [10] vere inhærens inhærere prædicatur [11], alia quæ [12], quamvis forma inhærentium fiat, tamen ita exterioribus datur, ut ea nihil alicui inhærere intelligatur.

[4] CUJUS PRÆDICATIONIS DIFFERENTIAM, quod scilicet [13] alia sit [14] inhærentium, alia non inhærentium, SIC i.e. [15] conductis in unum utriusque [16] jam positis exemplis FACILIUS INTERNOSCIMUS. Attende [17] quod non ait [18] 'noscimus' sed '*internoscimus*' [19]. Nam in oppositis et maxime illis, quæ ut ad aliquid [20] aut ut habitus et privatio aut ut affirmatio et negatio opponuntur, quoniam unius ratio [21] quodammodo pendet ex altero [22], ex vicissitudine nunc hoc nunc illud attendendi [23] facilius contingit utriusque cognitio. Et manifestius patet differentia si [24], utrisque [25] in sui ad se [26] comparationem propositis, ab uno eorum aliquid removetur, ut alteri conferatur, aut uni confertur, ut ab altero removeatur : ut in his [27] : QUI HOMO EST ut [28] Plato vel [29] Cicero vel Tripho VEL qui est DEUS ut Pater vel Filius vel Spiritus sanctus [30]. Quod dicitur illorum quilibet esse homo et istorum quilibet esse [31] Deus, REFERTUR AD SUBSTANTIAM, non quæ est sed QUA [32] EST i.e. non ad subsistentem sed ad subsistentiam. Non enim subsistens tantum sed etiam subsistentia appellatur [33] 'substantia' eo quod utraque accidentibus, diversis tamen rationibus, substant. Subsistens igitur est substantia non qua aliqua rerum est aliquid (nihil enim subsistente est aliquid), sed est illa substantia, quæ est aliquid [34]. Subsistentia vero [35] est substantia, non cui quid nitatur [36] quo ipsa aliquid sit, sed qua [37] solum subsistens est [38] ALIQUID ID EST est [39] HOMO VEL est [40] DEUS : ut quilibet illorum prænominatorum.

[5] Similiter QUI JUSTUS EST : hoc quod dicitur esse justus, REFERTUR AD QUALITATEM i.e. intelligitur esse justus qualitate, non quæ [41] aliquo [42] sibi nitente sit [43] aliquid sed QUA [44], scilicet subsistens cui ipsa nititur, EST ALIQUID, ID EST vera essendi ratione est JUSTUS. Eodem modo QUI est MAGNUS : hoc quod dicitur esse [45] magnus, REFERTUR AD QUANTITATEM, non quæ alio [46] quolibet [47] aliquid sit sed QUA subsistens, cui nititur ipsa, EST ALIQUID [48], ID EST vera [49] essendi ratione est MAGNUS. Quod secundum quantitates spatiorum i.e. linearum, superficierum, soliditatum [50] intelligitur esse. Nihil enim vel puncto vel unitate vel numero vel loco [51] vel tempore magnum est [52].

[90] quilibet *DW* : quolibet *HR*.
[91] ac *DIW* : *add.* in *L*.
[92] conjunctura *L*.
[93] dicitur *C*.
[94] *add.* habitus naturalis qui est partium ad totum alius accidentalis, alius substantialis ut animatus ac galeatus, rationalis ut medianus qui est naturarum ad subjecta, civilis qui est possessionis exterioris *NO. marg.* Glossa textui interposita *NO*.
[95] *om. V*.
[96] alteram *R*.
[97] quo *R*.
[98] *om. W*.
[99] junctura *W*.
[1] quo *Z*.
[2] alia *P*.
[3] quodlibet *ELNT* : quilibet *DW*.
[4] intuitus *NO*.
[5] quid *R*.
[6] eo *X*.
[7] *om. HINP*.
[8] *om.* spiritum . . . se *L*.
[9] igitur *PX* : *om. L*.
[10] quæ *BCKVXY*.
[11] potest *F*.
[12] *om.* vere . . . quæ *B*.
[13] secundum *L*.
[14] fit *R*.
[15] idem *U*.
[16] *supple :* prædicationis.
[17] adtendum *O*.
[18] dixit *C*.
[19] *om.* attende . . . internoscimus *Z*.
[20] aliqua *L*.
[21] idem *P*.
[22] *add.* et *HR*.
[23] attendenti *VY*.
[24] in *FQ* : sed *X*.
[25] utriusque *CNOVY*.
[26] esse *P*.
[27] *marg.* exemplis *Y*.
[28] vel *Y*.
[29] *om. N*.
[30] *marg.* Cave. Calumnia Gisilberti de substantia. Nota et cave *NO*.
[31] *om.* homo . . . esse *I* : *marg.* Nota *BE*.
[32] quia *H*.
[33] vocatur *N* : dicitur *C*.
[34] *om.* nihil . . . aliquid *NO*.
[35] *om. NO*.
[36] innitatur *B*.
[37] quæ *C*.
[38] *om. M*.
[39] *om. E*.
[40] *om. K*.
[41] qua *CY*.
[42] alio *P*.
[43] fit *DW*.
[44] qui *L*.
[45] *om. NO*.
[46] *om. Y*.
[47] qualibet *K*.
[48] *om.* sit . . . aliquid *L*.
[49] vere *R*.
[50] solidatum *X*.
[51] *om.* vel loco *P*.
[52] *add.* hoc ergo magnum est *L*.

[6] Hæc ergo sunt (i.e. subsistentiæ, qualitates, quantitates spatiorum), quibus solis subsistens esse [53] aliquid prædicatur. NAM IN CÆTERIS i.e. cæterorum PRÆDICATIONIBUS NIHIL TALE EST i.e. nullo aliorum (hoc est : neque quantitatibus illis [54], quibus nihil est magnum, neque aliorum generum prædicamentis) subsistens est aliquid. Etenim, verbi gratia, QUI DICIT ALIQUEM IN FORO ESSE ut hominem VEL esse UBIQUE ut Deum, REFERT QUIDEM AD PRÆDICAMENTUM QUOD EST 'UBI' i.e. loco, [55] qui ex collatione [56] solet accipi [57], accidente [58] hoc esse [59] intelligit [60] SED NON QUO loco aliquis ille [61] (i.e. vel homo, quem esse in foro, vel Deus, quem esse ubique dicit) vera essendi ratione EST ALIQUID VELUT vere est JUSTUS JUSTITIA.

[7] ITEM CUM DICO 'CURRIT homo' VEL 'REGIT Deus' VEL 'homo NUNC [62] EST' VEL 'Deus SEMPER EST', REFERTUR QUIDEM VEL AD 'FACERE' ut currit vel regit VEL AD TEMPUS ut nunc et [63] semper : SI [64] TAMEN ILLUD DIVINUM TEMPUS i.e. æternitas simplex INTERIM dum scilicet, quod [65] cogitamus, propriæ significationis verbis [66] explanare non possumus et aliqua proportionis ratione verba transferimus, POTEST DICI 'SEMPER'. Quod verbum non modo ex collationis sed etiam [67] ex [68] collectionis dicitur sensu.

[8] SED NON. Quasi : refertur quidem [69] 'currit' et 'regit' ad facere, 'nunc' et 'semper' ad tempus, quoniam actione currit vel regit, tempore nunc vel semper est [70]. SED NON QUO ALIQUO ISTORUM [71] i.e. vel cursu [72] homo vel regimine Deus vel tempore [73] homo vel Deus EST ALIQUID VELUT uterque ipsorum EST [74] MAGNITUDINE aliquid [75] i.e. MAGNUS. Similiter habitus nulli eorum, quorum concursu [76] dicitur 'habitus', esse aliquid confert. De quo hic [77] non recapitulat, ubi [78] exempli gratia cætera, de quibus magis videbatur, rememorat. De relatione idem [79] inferius latius dicturus [80] est [81]. Situs quoque et passio illis, de quibus prædicantur, non conferunt [82] aliquid esse, quoniam ipsis et maxime Deo non insunt. NAM SITUM PASSIONEMQUE REQUIRI IN DEO NON OPORTET. NEQUE ENIM in Deo SUNT sicut nec in cæteris subsistentibus.

[9] JAMNE etc. Hucusque prædicationum differentiam exemplis prædicamentorum diversi [83] generis demonstravit. Unde generaliter [84] concludit prædicationes differre : aliis verbis eandem differentiam [85] replicans [86]. Ait ergo : JAMNE PATET his quæ posita sunt exemplis, QUÆ SIT omnium PRÆDICATIONUM DIFFERENTIA? Quasi : patet utique hoc [87] QUOD [88] scilicet ALIÆ QUIDEM [89] earum [90] QUASI [91] MONSTRANT REM i.e. esse quidlibet [92] eo [93] quo [94] est : ALIÆ VERO non rem i.e. non esse quidquam eo quo est sed QUASI quasdam CIRCUMSTANTIAS REI. Loca, tempora, actiones [95], passiones, habitus, situs recte vocat *rei circumstantias* quoniam [96], quamvis [97] esse in loco vel in tempore non sit esse aliquid, tamen nihil est in loco vel in tempore [98], nisi ipsum sit aliquid [99]. Similiter quamvis agere vel pati vel habere vel sisti [1] non sit esse aliquid, tamen quidquid agit vel patitur vel habet vel situm est, est [2] aliquid. Quoniam ergo nihil est [3] loco nec tempore nec actione nec passione nec habitu nec situ, tamen [4] ea, de quibus hæc prædicantur, sunt subsistentiis et [5] qualitatibus omnia, aliqua vero [6] etiam intervallorum suorum quantitatibus.

[10] Patet quod hæ tres prædicationes rem, illæ [7] vero rei circumstantias monstrant [8] : QUODQUE ILLA tria ITA PRÆDICANTUR UT REM subsistentem eis [9] ESSE

[53] est *M*.
[54] vel *W*.
[55] in loco *E* : locum *L*.
[56] collectione *NO*.
[57] *om. CFLMPQT*.
[58] accidere *LMPT*.
[59] est *Y*.
[60] intelligitur *BFH* : intelliguntur *L* : intelligunt *Q*.
[61] *del. S* : illorum *T*.
[62] non *K*.
[63] vel *C* : *om.* vel ad facere . . . et *I*.
[64] sed *U*.
[65] *om. F*.
[66] ubi hoc *R*.
[67] *om. EM* : et *B*.
[68] *om. U*.
[69] qui *L*.
[70] *om.* quoniam . . . est *K*.
[71] *om. K*.
[72] cursus *P*.
[73] *add.* ut *C*.
[74] *om. L*.
[75] *om. P*.
[76] cursu *W*.
[77] id *IPUXYZ*.
[78] *del. E* : ut *NO*.
[79] id *W* : id est *L*.
[80] dicuntur *P*.
[81] *om. P* : sit *Y*.
[82] confertur *W*.
[83] diversis *UX*.
[84] *add.* exemplis *M*.
[85] *om.* exemplis . . . differentiam *L*.
[86] replicamus *NO*.
[87] hæc *ABIHZ*.
[88] quia *LT* : *om. K*.
[89] qui *W*.
[90] eorum *NO*.
[91] *om. N*
[92] quilibet *DW* : quodlibet *L*.
[93] *om. P*.
[94] quod *LR*.
[95] *om. L*.
[96] qui *P* : quorum *DW*.
[97] quam is *W*.
[98] *om.* non sit . . . tempore *L*.
[99] *om. DW*.
[1] situm *K*.
[2] *om. NO*.
[3] *add.* in *CR*.
[4] tamquam *NO*.
[5] *om. M*.
[6] *om. K*.
[7] illa *L*.
[8] demonstrant *U* : vocant *C* : monstrat *R*. *om. K*.

ALIQUID OSTENDANT. ILLA VERO alia prædicantur quidem sed NON ita UT rem subsistentem eis ESSE aliquid ostendant SED POTIUS EXTRINSECUS i.e. ex aliorum collationibus et diversæ rationis consortiis accommodatum [10] ALIQUID QUODAMMODO AFFIGANT [11]. Non IGITUR hæc secundum rem sed recte [12] extrinsecus comparatæ [13] prædicationes dicuntur [14]. ILLA vero QUÆ id [15] de quo dicuntur i.e. subsistens DESIGNANT, non aliis *e* [16] *regione* sed seipsis prædicatis, ESSE ALIQUID, VOCANTUR PRÆDICATIONES [17] SECUNDUM REM. QUÆ secundum rem prædicationes CUM DICUNTUR DE REBUS causa subsistentiarum suarum [18], quibus in illis adsunt, sibi SUBJECTIS, VOCANTUR quidem ACCIDENTIA, eo quod rerum illarum subsistentiis adsunt, sed tamen SECUNDUM REM eo quod ipsis subsistentibus ipsa quoque insunt et eadem esse aliquid faciunt. CUM VERO dicuntur DE DEO, QUI, quoniam simplex est, NON EST accidenti [19] SUBJECTUS, NUNCUPATUR PRÆDICATIO non modo secundum rem verum etiam SECUNDUM SUBSTANTIAM [20] illius, de qua dicitur, REI.

<CAPITULUM DECIMUM>

<*De relativis*>

[1] AGE NUNC etc. Hucusque prædicamenta secundum diversas prædicandi rationes divisit [21]. Nunc secundum quam harum rationum relationes prædicentur, ostendit. Ait ergo : AGE NUNC SPECULEMUR DE RELATIVIS i.e. videamus, qua ratione prædicantur [22] relationes de his, quæ referuntur per eas. Ipsæ namque sunt PRO QUIBUS (i.e. ut, qualiter ipsæ prædicantur [23], intelligatur) [24] OMNE, QUOD DICTUM EST de prædicamentorum atque prædicandi diversitate, SUMPSIMUS AD DISPUTATIONEM. Et dicimus relationes de his, quæ per eas referuntur, relativis [25] nominibus sic prædicari, qualiter loca et [26] tempora et cætera, quæ prædiximus rei circumstantias, et extrinsecus affigi [27] : scilicet [28] his [29], de quibus prædicantur, minime conferre [30], ut aliquid sint, quamvis, quidquid eis refertur, non esse aliquid non possit.

[2] MAXIME ENIM [31] HÆC i.e. [32] relativa NON [33] VIDENTUR FACERE PRÆDICATIONEM SECUNDUM SE. Id est : nullo eorum sic [34] prædicatur relatio ut id, de quo prædicatur, ea esse aliquid intelligatur, quippe QUÆ PERSPICUE EX ALIENO ADVENTU CONSTARE PERSPICIUNTUR. Recte ait : *ex alieno* et *constare*. Nam vera [35] definitione non secundum se sed potius aliorum nec modo dicuntur sed etiam sunt [36], quæcumque ad aliquid sunt. AGE ENIM, QUONIAM DOMINUS AC [37] SERVUS RELATIVA nomina SUNT, quibus de his, quæ ad aliquid sunt, relationes prædicantur. VIDEAMUS UTRUMNE PRÆDICATIO earum [38] ITA SIT, UT SECUNDUM SE SIT, AN MINIME secundum se sed [39] ex alieno adventu.

[3] ATQUI [40] hoc ex comparatione alicujus secundum se prædicatorum et alicujus ex alieno adventu extrinsecus affixorum intelligi poterit. SI enim intellectu [41] alicui AUFERAS esse SERVUM, non dico 'auferes' sed eodem intellectu jam ABSTULERIS [42] alium [43] QUOQUE [44] esse DOMINUM eo quod [45] dominus servi 'dominus' [46] ita dicitur, quod non modo qui dominus est habet servum sed etiam esse dominum est habere servum. AT opponit quis dicens : 'Cum album albedine album sit, NONne similiter ETIAM, SI AUFERAS ALBEDINEM, in eodem ABSTULERIS QUOQUE ALBUM ? Respondemus : utique, sublata [47] albedine, album quoque in eodem esse [48] sublatum : sicut, sublato

10 occommodant *K*.
11 assignant *DLNORVW*.
12 *om.* sed recte *N*.
13 comparationis *V*.
14 dicantur *HR* : dicentur *BFMQSTVY*.
15 *om. R*.
16 a *PR* : *superscr.* i.e. extrinsecis *S*.
17 prædicationes *Z*.
18 *om. B*.
19 accidentibus *L*.
20 subsistentiam *M*.
21 divisi *H*.
22 prædicentur *KLP*.
23 prædicentur *V*.
24 intelligantur *NO*.
25 relationis *IKTZ* : *add.* relationis *U* : *add.* relationes *L*.
26 *om. E*.
27 affligi *P*.
28 sed *Y*.
29 id *M* : *marg.* rebus *Y*.
30 conferri *P*.
31 autem *NO*.
32 *om.* hæc id est *R*.
33 minime *V*.
34 sicut *FQY*.
35 ita *Y*.
36 *om. U*.
37 et *DKUWZ*.
38 eorum *AIUXY* : eorum vel earum *S*.
39 vel *P*.
40 atque *DLTW*.
41 intellectui *NO*.
42 substuleris *K*.
43 animum *C*.
44 *om. K*.
45 *add.* dicitur scilicet *O*.
46 *om. O*.
47 allata *K*.
48 *om. NO*.

servo, dominus quoque in eodem sublatus est. SED quamvis hæc [49] sese similiter consequantur [50], tamen INTEREST i.e. consequendi ratio ex connexorum inter se diversa ratione differt QUOD scilicet ipsa ALBEDO albi ACCIDIT ipsi ALBO. Non enim aliquid aliud ab [51] albedine intelligitur quod, cum acciderit albo, ejus gratia dicatur albedo esse albi. Sed ideo dicitur albi [52] albedo, quoniam ipsa [53] albedine album est. QUA SUBLATA i.e. cujus ipsius non alterius rei abscessu PERIT NIMIRUM ALBUM.

[4] AT IN DOMINO non est ita sicut in [54] albo [55]. SI enim AUFERAS (sicut dictum est) aliquem [56] esse SERVUM, PERIT quidem VOCABULUM QUO alter aliquis VOCABATUR DOMINUS i.e. alter aliquis desinit esse dominus. SED SERVUS [57] NON ACCIDIT DOMINO. Id est : non ideo [58], cum aliquis desinit esse servus, alter desinit esse dominus, quod servitus [59] ita accidat domino SICUT ALBEDO accidit ALBO. SED ratione [60], quæ in civilibus consideratur, domino accidit QUÆDAM POTESTAS QUA [61] SERVUS [62], ne ultra quod [63] debet præsumat, COERCETUR. QUÆ [64] potestas domino accidens, QUONIAM DEPERIT [65] i.e. a domino recedit SUBLATO SERVO [66] i.e. sublata servitute ab altero, CONSTAT EAM potestatem non dico non accidere sed NON PER SE ACCIDERE DOMINO sicut albedo albo SED PER ACCESSUM SERVORUM [67] QUODAMMODO i.e. alia ratione quam accessus [68] locorum vel temporum vel habituum vel [69] quorumlibet aliorum contingat EXTRINSECUS comparatum.

[5] NON IGITUR. Quasi : Quandoquidem extrinsecus accessu [70] comparato relatio prædicatur, IGITUR NON POTEST DICI PRÆDICATIONEM RELATIVAM i.e. [71] relationem prædicatam VEL ADDERE secundum se QUIDQUAM REI, DE QUA DICITUR, VEL MINUERE secundum se VEL MUTARE SECUNDUM SE [72]. QUÆ relativa prædicatio TOTA CONSISTIT (sicut prædictum est) NON IN EO QUOD EST ESSE, quoniam nulli confert aliquid esse, SED potius consistit IN EO [73] tantum QUOD EST HABERE SE ad aliud [74] IN COMPARATIONE alterius ad alterum. Nec quolibet [75] sed ALIQUO MODO se habendi i.e. non quomodo [76] locorum vel temporum (quod jam prædictum est) vel aliorum extrinsecus affixorum comparationibus ea, de quibus hæc prædicantur, se habent sed quo [77] sese habent ad se [78]. Quæ hoc ipsum, quod [79] sunt, aliorum vere et [80] dicuntur et sunt [81]. Habentque sæpe vicissitudinem (quasi [82] commutationis cujusdam) illa, quæ relationum accessu se habent [83] ad se. Sæpe vero non habent [84].

[6] Pater enim cujuslibet ejusdem filius esse non potest. Et alicujus duplum non potest ejusdem esse dimidium. Et hoc modo multa referuntur. Quæ omnia ideo ad aliud hoc loco se habere dicuntur, quoniam earundem [85] relationum commutatione vicem [86] sibi comparationis talibus relationibus [87] collata non reddunt [88]. NEC tamen ita SEMPER absque vice [89] commutationis relata [90] se habent AD ALIUD. SED ALIQUOTIES, facta relationum commutatione, se habent AD IDEM. QUOD hoc exemplo potest videri : AGE ENIM STET [91] QUISQUAM. SI IGITUR ACCEDAM [92] EI stanti DEXTER, ERIT ILLE AD ME COMPARATUS SINISTER. *Erit* quidem dico, NON tamen ex hoc sensu QUOD ILLE IPSE vera essendi ratione i.e. aliqua re sibi inhærente SIT [93] quod dicitur i.e. SINISTER, SED ideo QUOD EGO illi [94] jam [95] ex sibi vere inhærentibus perfecte subsistenti [96] extrinsecus ACCESSERIM DEXTER.

[7] RURSUS eadem [97] i.e. me ipsi et ipsum mihi commutatis [98] relationibus comparo, ut, qua ille ad me se habebat, ea nunc ad eundem me habeam : et qua ego ad illum me habebam [99], ea nunc ad me idem se habeat. Nam EGO ACCEDO ad eum SINISTER.

[49] hoc *K* : *om. Z.*
[50] consequuntur *VY* : consequentur *NPW.*
[51] *om. U.*
[52] *add.* esse *CBFLMPQSTV.*
[53] illa *H.*
[54] *om. K.*
[55] album *S.*
[56] aliquid *DW.*
[57] servitus *CP.*
[58] *om. K.*
[59] servus *L.*
[60] ratio *T.*
[61] quæ *R.*
[62] *add.* quod *P.*
[63] quo *E* : quam *NO.*
[64] quam *C.*
[65] perit *P.*
[66] End of *ms. C.*
[67] suorum *DRW* : *om. Z.*
[68] processus *K.*
[69] *om. W.*
[70] accessus *K.*
[71] *om.* prædicationem . . . id est *V*
[72] *om.* vel mutare . . . se *R.*
[73] *om.* quod . . . eo *L.*
[74] *add.* id est *NO.*
[75] quodlibet *DW.*
[76] quoquo modo *I.*
[77] quod *ATU.*
[78] hoc *L* : *om.* ad se *P.*
[79] quæ *DW.*
[80] *om. ELT.*
[81] similiter *K.*
[82] *om. K.*
[83] habeant *HR.*
[84] sunt *L* : *om. P.*
[85] eorundem *R.*
[86] inesse *F.*
[87] *om. P.*
[88] reddant *Y.*
[89] voce *H.*
[90] relativa *L.*
[91] stat *H.*
[92] concedam *L.*
[93] *add.* id *V.*
[94] illa *K.*
[95] *om. HP* : aut *K.*
[96] subsistentiæ *V.*
[97] eidem *T.*
[98] commutato *L.*
[99] habeam *DFLMPQ.*

Ecce ITEM [1] ILLE ad me se habet sed relatione illi opposita, qua se ad me prius habebat [2]. Modo enim FIT [3] ad me et prædicatur esse DEXTER, NON quidem ex hoc intellectu QUOD [4] PER SE i.e. vera essendi ratione et re [5] sibi inhærente ITA SIT quod dicitur, scilicet DEXTER, VELUT qualitate sibi inhærente est ALBUS AC quantitate sibi inhærente est LONGUS, SED ideo QUOD ME extrinsecus ACCEDENTE ad eum, qui jam ex sibi vere inhærentibus subsistebat, ipse FIT [6] DEXTER. ATQUE ID [7] QUOD [8] EST [9] dexter [10], A ME ET (si magis placet [11] dici) EX ME EST i.e. ex hoc mei [12] ad ipsum accessu, quo ego quoque fio (magis quam 'sim' nec 'ut sim') sinister. MINIME VERO est dexter EX SESE i.e. aliquo [13] quo vel sit aliquid vel esse possit. Ideoque [14] esse [15] dextrum aut sinistrum neque addit aliquid ei, de quo dicitur, nec minuit illud nec mutat aliquo modo.

[8] QUARE certum est QUOD EA QUÆ NON FACIUNT [16] PRÆDICATIONEM i.e. quæ non prædicantur [17] SECUNDUM PROPRIETATEM quæ ita sit [18] REI ALICUJUS quod de illa dicatur 'IN EO QUOD IPSA EST' [19] i.e. qua prædicata id, de quo prædicatur, sit aliquid, NIHIL prorsus QUEUNT ALTERNARE VEL qualibet [20] veri nominis mutatione [21] MUTARE [22] NULLAMQUE [23] OMNINO ESSENTIAM VARIARE. Nam de quocumque dicuntur hæc, minime conferunt ut id, de quo dicuntur, sit eisdem aliud quam erat, antequam de illo dicerentur.

[9] QUOCIRCA etc. Ab eo loco, ubi dixit *decem omnino prædicamenta traduntur*, hucusque omnia prædicamenta tum [24] secundum genera [25] ipsorum tum secundum rationes prædicandi illa sive de creatis his subsistentibus sive de Deo divisit [26]. Nunc ad id, propter quod de [27] prædicamentorum et prædicandi differentia [28] interseruit, redit. Et dicit qualiter Pater ac [29] Filius et [30] Spiritus sanctus, qui sine numero unum sunt, sint [31] etiam [32] numero plures. Quasi : Quandoquidem nulla illorum, quæ non prædicantur [33] de re in eo quod ipsa sit, id, de quo prædicantur, alternare possunt, QUOCIRCA, SI PATER AC [34] FILIUS DICUNTUR AD ALIQUID (ut utique vere dicuntur) NIHILQUE ALIUD i.e. nullo naturæ prædicamento (ut dictum est) DIFFERUNT NISI SOLA RELATIONE qua et ad Filium Pater et ad Patrem Filius dicitur, RELATIO VERO [35] NON PRÆDICATUR AD ID, DE QUO PRÆDICATUR, QUASI id [36] IPSA relatione SIT ET de re, DE QUA DICITUR, nequaquam prædicatur ea prædicatione [37], quæ vocatur [38] 'prædicatio [39] SECUNDUM REM' quia id, de quo prædicatur, vel esse vel aliquid esse ea [40] non potest, manifestum est quod relatio NON FACIET illam ALTERITATEM quæ dicitur RERUM i.e. illam [41] quam ea [42] faciunt, quæ secundum rem prædicari [43] dicuntur, et quorum quolibet [44] id, de quo prædicatur, aliquid est : SED potius, SI DICI POTEST, faciet alteritatem quæ dicitur PERSONARUM.

[10] Nec hanc interpretationem aliquis tamquam verbum profanæ novitatis exsufflet quoniam [45] QUIDEM ID, scilicet hanc [46] Patris et Filii alteritatem qua Pater [47] et [48] est et dicitur alter [49] a Filio et Filius alter a Patre, nullius naturalis prædicamenti nisi relationis tantum diversitate eo modo [50] nunc interpretatus sum (dicens hanc alteritatem esse [51] personarum) QUO MODO ab aliis pluribus ante me [52] INTERPRETATUM [53] EST. QUOD tamen VIX INTELLIGI POTUIT. Et ideo ego, id expressurus et dicturus '*personarum*', præmisi '*si dici potest*'.

[11] Attende quam recte ait : *si dici potest* et item *quod vix intelligi potuit* [54]. Nec ait : 'dici non potest' sed '*si dici potest*'. [55] Nec item ait : 'non intelligi potuit' sed

[1] iter *W*.
[2] habeat *e corr. M*.
[3] sit *HL*.
[4] qui *W*.
[5] *om. K* : se *W*.
[6] sit *DHKLMNORSUWZ*.
[7] idem *NO*.
[8] *om. VY*.
[9] *om. L*.
[10] *om. VY*.
[11] *om. R*.
[12] enim *H* : tantum *R* : unde *W*.
[13] alio *P*.
[14] *om. R*.
[15] est *L* : *om. Z*.
[16] *add.* aliquam *K*.
[17] prædicant *P*.
[18] fit *DNORW*.
[19] *om. L*.
[20] quilibet *Z*.
[21] imitatione *K*.
[22] imitare *K*.
[23] nullam *N*.
[24] *om.* hucusque . . . tum *L*.
[25] signa *L*.
[26] dimisit *R*.
[27] *om. FMPQRTV*.
[28] differentiam *FY*.
[29] et *BEHKNORUVY*.
[30] ac *DPRW*.
[31] sunt *LT*.
[32] et *W*.
[33] prædicatur *H*.
[34] et *Z*.
[35] vera *R*.
[36] ad *K*.
[37] prædictione *Z*.
[38] vocantur *M*.
[39] *om. KS*.
[40] eam *DW*.
[41] eam *U*.
[42] eam *K*.
[43] prædicare *K*.
[44] libet *K*.
[45] quando *L*.
[46] hac *R*.
[47] *om. R*.
[48] *om. K*.
[49] *om. LNO*.
[50] *add.* quo *E*.
[51] *om. K*.
[52] *om. N*.
[53] interpretatus *H*.
[54] *om.* attende . . . potuit *K*.
[55] *om.* sed . . . potest *K*.

'*vix intelligi potuit*'. Quibus verbis ostendit neque dictionem hanc a nostræ locutionis usu omnino abhorrere neque rem omnino ab humanæ intelligentiæ sensu remotam : sed et ex aliqua rationis [56] proportione [57] transumptum sermonem rem ipsam sicut est minime posse explicare et præter rationis plenitudinem [58] sensum [59] mentis in eo, quod [60] nonnisi ex parte concipi potest, laborare.

[12] Ut ergo non tam ex rationis plenitudine quam ex ejus aliqua (sicut dictum est) proportione [61] intelligatur hujus [62] nominis, quod est 'persona', a naturalibus [63] ad theologica facta transumptio, dicendum videtur, quæ subsistentium qua ratione vocantur [64] 'personæ'. Quod ut facilius possit intelligi, illa, quæ superius huic [65] loco distinguenda [66] reservavimus [67], distinguamus : scilicet quod alicujus proprietas alia ratione 'singularis', alia 'individua', alia 'personalis' vocatur. Quamvis enim, quidquid est [68] individuum, est singulare et, quidquid est persona, est singulare et individuum, non tamen omne singulare est individuum [69]. Nec omne singulare vel individuum est persona. In naturalibus enim [70], quidquid est, alio, quam [71] ipsum sit, aliquid est. Et quoniam [72] id, quo est aliquid, singulare est [73], id quoque, quod eo est aliquid, singulare est [74]. Nam plura numero sicut uno singulari non sunt aliquid, ita unum aliquid sine numero esse non possunt [75]. Itaque singularitate ejus, quo est, singulare est [76] etiam id [77], quod [78] eo aliquid [79] est.

[13] Sæpe autem diversa numero singularia secundum aliqua [80] eorum, quibus sunt, conformia sunt. Ideoque non modo illa, quæ sunt, verum etiam [81] illa [82], quibus conformia sunt [83], unum [84] dividuum [85] sunt. Ac per hoc neutrum illorum, quibus conformia sunt illa quæ sunt, individuum est [86]. Si enim dividuum facit similitudo, consequens est ut individuum faciat dissimilitudo.

[14] Attendendum vero [87] quod ea quibus id, quod est, est aliquid aut [88] simplicia sunt ut rationalitas aut composita ut humanitas. *Simplicia* omnia vel actu vel natura conformia sunt [89]. Ideoque nulla eorum vera dissimilitudinis ratione sunt individua. *Composita* vero alia [90] ex aliquibus tantum [91], alia ex omnibus [92]. Quæ non ex omnibus, similiter sicut et simplicia vel actu vel natura conformia sunt [93]. Ac [94] per hoc nulla eorum sunt individua. Restat igitur [95], ut illa tantum sint individua quæ, ex omnibus composita [96], nullis aliis in toto possunt esse conformia : ut ex omnibus, quæ et [97] actu et natura fuerunt vel sunt vel futura sunt Platonis, collecta Platonitas.

[15] His ita se habentibus addendum est quod omne subsistens multorum, quibus est (i.e. generis et differentiæ et [98] accidentis), concretione subsistit [99]. Ac per hoc aliquo [1] alioque est aliquid. Neque necesse est rem illam [2], quæ sic aliquid est, ideo aliam [3] esse, quoniam non tantum aliquo aliquid sed etiam alio aliud et item [4] alio [5] aliud aliquid est : ut [6] anima Platonis non modo [7] genere spiritus est (quod est eam [8] esse aliquid) verum etiam alio (i.e. rationalitate) [9] aliud est (i.e. rationalis). Atque multis aliis aliud et aliud [10] est. Non tamen [11] idcirco alia est. Nam aliis atque [12] aliis aliud est atque aliud ipsa.

[16] Sed econverso [13] generaliter dici potest quod quæcumque res subsistens, alii collata, ab ea est alterutrius [14] numero alia, nullo illorum est aliquid, quorum quolibet [15]

[56] *add.* pro *O* : ratione *T*.
[57] proportionis *T*.
[58] plenitudine *X*.
[59] sensus *Y* : *add.* nostræ *O*.
[60] *om. K*.
[61] proportionis ratione *T*.
[62] *add.* quidem *K*.
[63] *om.* a naturalibus *B*.
[64] vocentur *E*.
[65] hoc *P*.
[66] distringenda *E*.
[67] servavimus *N*.
[68] *om. I*.
[69] *om.* non . . . individuum *V*
[70] vero *K*.
[71] quod *DW*.
[72] quia *T*.
[73] *superscr.* ut Plato homo est *NO*.
[74] *om.* id quoque . . . est *OW* : *om.* est *Y*.
[75] *superscr.* ut homines duo una humanitate unus homo singularitate essentiæ *NO*.
[76] *om* : *N*.
[77] *add.* singulare *NO*.
[78] quo *KU*.
[79] aliquod *M*.
[80] aliquid *W*.
[81] *om. B*.
[82] *om. P*.
[83] *om. V*.
[84] unde *D* : *superscr.* unione *NO*.
[85] individuum *UKMY*.
[86] *om. P*.
[87] *add.* est *W*.
[88] ut *K*.
[89] *superscr.* ut aliqua soliditatis proprietas *NO*.
[90] *om. F*.
[91] *add.* ut humanitas *NO*.
[92] *add.* ut Platonitas *NO*.
[93] *superscr.* ut phœnicitas vel solitas *NO*.
[94] atque *AHMUXZ*.
[95] ergo *E*.
[96] *add.* sunt *KY*.
[97] ex *H*.
[98] *om. EO*.
[99] subsistat *W*.
[1] alio est *NO*.
[2] ullam *R*.
[3] *del. L*.
[4] tunc *K* : inter *W*.
[5] aliud *K*.
[6] *add.* jam *K*.
[7] *om. K*.
[8] eandem *H*.
[9] *add.* id est *Q*.
[10] *om.* et aliud *H*.
[11] *om. P*.
[12] et *R*.
[13] converso *U*.
[14] alterius *H*.
[15] libet *K*.

illa, a qua est alia, aliquid est. Nam etsi [16] utræque subsistunt aliquibus ad se invicem eisdem similitudine, numquam [17] tamen [18] eisdem [19] essentiæ singularitate. Res enim a re numquam dicitur alterutrius numero *alia*, nisi omnibus, quibus [20] est, sit ab ea diversa. Sic igitur unaquæque res a qualibet [21] *alia* quolibet eorum, quibus aliquid est, *per se* [22] ab ea, a [23] qua alia est aliquid, *est*. Et quoniam, quidquid aliquid est, ejus [24] quo est singularitate *unum* est, sicut res ab aliquo alia [25] per se aliquid est, ita quoque *per se una* est. Hac itaque ratione et hæc qualitas ab alia qualitate per se una est : et hic qualis ab [26] alio quali per se unus est.

[17] Non tamen hæc ratio sufficit, ut res quælibet sic *per se una* nominetur 'persona'. Multæ enim sic per se unæ in uno sunt : ut in homine uno corpus et anima et omnia, quibus illa sunt. Quamvis igitur anima hominis nullo illorum aliquid sit, quibus ejus corpus aliquid est, ideoque [27] a corpore *alia et per se una* sit, quia tamen et [28] illis omnibus, quibus anima [29], et illis omnibus, quibus et [30] corpus aliquid est, unus (qui ex his constat) homo est aliquid, neutrum illorum i.e. nec corpus [31] hominis nec ejus [32] anima nominatur 'persona', quia non omnino *per se* sunt. Quæ etsi omnibus, quibus sunt, aliis [33] alia a se sint [34], in uno tamen sunt homine : qui [35] est, quidquid sunt corpus et anima, et aliud, quam [36] sunt corpus et anima. Corpus vero et anima non sunt, quidquid est ipse homo.

[18] Plato vero a Cicerone ita est alius, quod et nullo illorum alter quibus alter est. Et omnino nihil est quod sit omnibus his quibus uterque est. Ideo [37] a Cicerone Plato et a Platone Cicero et quilibet eorum ab universis, a quibus similiter differt, vere per se unus, vera ratione persona est. Et quæcumque cætera a se invicem eodem modo sunt alia (i.e. quodlibet animal et quælibet [38] arbor et hujusmodi infinita), quamvis [39] ad rationales tantum substantias [40] hoc nomen, quod est 'persona', philosophorum usus contraxerit : sicut in libro *Contra Nestorium et Eutychem* dicetur.

[19] Et in naturalibus quidem [41] sic [42] est per se una, quæcumque res 'persona' vocatur, ut scilicet et cujuslibet illorum, quibus est, singularitate *una* sit : et dissimilitudine illius, quo nulli a se alii potest uniri, *individua* : et nullo illorum [43], quibus ipsa est aliquid [44], simul et singulariter illa sit, quæ in naturalium genere ab eadem est alia. '*Simul*' [45] dicimus, quoniam ab aliquo generatus aliquo singulariter etiam eodem est, quo et genitor ejus : sed non in eodem tempore. Ea namque paterni [46] sanguinis corporalitate genitus aliquid est, qua singulariter [47] genitor ejus non dico 'adhuc est' sed 'fuit aliquid'. '*Singulariter*' vero [48] dicimus, quoniam multorum, quibus est [49], conformitate idem sunt ea, quæ ab eadem re sunt alia. '*In naturalium* autem *genere*' dicimus, quoniam in mathematicis [50] et aliis generibus plura [51] et a se invicem et a naturalibus ita sunt alia, quod et [52] proprietatibus diversis *diversa una* sunt [53] et dissimilitudine *diversa individua* [54]. Et quocumque unum illorum est, nullum [55] aliorum est. Et tamen personæ non sunt : ut cujuslibet [56] personæ ex omnibus collecta proprietas.

[20] In theologicis vero certum est quod et Pater alius est a Filio et a Spiritu sancto et Filius a Patre alius et a Spiritu sancto [57] et Spiritus sanctus [58] a Patre et a Filio alius [59] : et quod unusquisque horum trium est illa [60] singulari [61] et [62] simplici et individua et sola usia i.e. essentia [63] hoc, quod est, qua alius [64] est unus et simplex et individuus et absque diversæ essentiæ consortio Deus ita quod ipsi tres simul sunt [65]

[16] etiamsi *LQ*.
[17] non quantum *BLQ*.
[18] *om. L : del. D.*
[19] *om. B.*
[20] *om. P.*
[21] quælibet *Z*.
[22] *add.* est *F*.
[23] *om. VY.*
[24] *om.* per se . . . ejus *P*.
[25] alio *R*.
[26] *om. U.*
[27] ideo *LY*.
[28] ex *BFQT*.
[29] omnibus *S*.
[30] *om.* anima . . . et *VW* : *om.* et *BDFHLNOPQT*.
[31] corporis *L*.
[32] *om. X.*
[33] alii *P* : illis *e corr. S*.
[34] sunt *LTVY*.
[35] *om.* qui est *FLQ*.
[36] quod *DW*.
[37] ideoque *E*.
[38] *om.* et quælibet *Y*.
[39] quam *ENO*.
[40] subsistentias *U*.
[41] *om. S.*
[42] sicut *W*.
[43] eorum *T*.
[44] *om. NO.*
[45] similiter *DWY*.
[46] *om. L.*
[47] singularitate *V*.
[48] *om. E.*
[49] sunt *W*.
[50] *add.* quidem *EN*.
[51] *marg.* sunt *Y*.
[52] *om. T.*
[53] *superscr.* ut Platonitas *NO*.
[54] *superscr.* ut Socratitas *NO*.
[55] ullum *DW* : nullo *P*.
[56] cuilibet *W*.
[57] *om.* et Filius . . . sanctus *LV*.
[58] *om. L.*
[59] ejus *F*.
[60] una *T* : *add.* et *FQ*.
[61] *marg.* Cave : singulari qua est, ne sabellizes *NO*.
[62] ac *US*.
[63] *add.* qua *O*.
[64] *om.* qua alius *NO*.
[65] sint *E*.

unus [66] essentiæ proprietate, *simplex* sine illius compositione, *individuus* ipsius dissimilitudine, et ejusdem ab aliis essentiis solitudine *ipsum Deus.*

[21] Ex his ergo manifestum est hoc nomen [67], quod est 'persona', theologicis minime convenire secundum plenitudinem ejus, a qua nomen est, rationis sed ex proportione, quæ in ejusdem [68] rationis parte convenit, a naturalibus ad illa esse transumptum [69]. Quod enim de naturalibus dictum est personam aliquam ita esse per se unam, ut nullo illorum, quibus est ipsa, sit [70] alia : non convenit theologicis personis. Immo eodem, quo est una, est alia [71].

[22] Sunt [72] tamen quædam, quæ sicut [73] in naturalibus ita et in theologicis uni convenire non possunt. Immo sicut ipsa sunt a [74] se invicem alia, ita de aliis a se invicem [75] dicuntur : ut generatio, nativitas atque connexio. Hæc enim de uno eodemque dici non possunt. Non enim genitor natus est [76] nec natum genitori connectit. Neque natus est genitor nec natum genitoremque connectit. Et qui ab utroque procedens [77] eorundem connexio est [78], neuter [79] horum [80] est [81] i.e. nec natus nec genitor. Sed alius est qui est genitor, alius est qui est genitus, alius [82] qui est [83] genitoris natique [84] connexio.

[23] Sic igitur theologica cum naturalibus in parte rationis illius i.e. personalitatis, a [85] cujus plenitudine naturalibus hoc nomen inditum est, convenire intelliguntur et in parte differre. In quo maxime illud [86] est attendendum quod naturales [87] personæ his, quibus unaquæque aliquid est, prius a se invicem sunt aliæ, ut de [88] his per hæc a se aliis deinde hujusmodi extrinsecus affixa prædicamenta dicantur : quorum oppositione etsi non sint alia [89], recte tamen eorum, quibus sunt, oppositione probantur esse alia. Theologicæ [90] vero personæ, quoniam ejus, quo sunt, singularitate unum sunt et simplicitate id quod sunt, essentiarum oppositione a se invicem aliæ esse non possunt. Sed harum (quæ dictæ sunt) extrinsecus affixarum rerum oppositione [91] a se invicem aliæ [92] et probantur et sunt. Ideoque nomen et numerum personarum in theologicis et [93] tam ineffabile verbis quam incomprehensibile ratione secretum auctor admirans : *alteritatem* illam, qua Pater et Filius et Spiritus sanctus a se invicem alii sunt, appellaturus '*personarum*' recte præmisit : *si dici potest* et *quod* [94] *vix intelligi potuit.*

[24] OMNINO ENIM etc. Quod alteritas hæc, qua Pater et Filius et Spiritus sanctus a se invicem esse alii prædicantur, non sit rerum i.e. non sit secundum res illas [95], quibus aliquid sint ea de quibus ipsæ dicuntur, sed potius secundum relationes sit, adhuc demonstrat. Nam quæcumque sive corporalia sive incorporalia distant, his [96] quibus sunt (sive [97] substantialibus sive accidentalibus) distant. Et corporalia quidem etiam locis his, qui ex comparatione intelliguntur (i.e. quibus corpus aliquod citra corpus aliud vel ultra vel extra vel intra vel [98] hujusmodi esse dicuntur), distant : incorporalia vero numquam locis sed solis his [99] (quibus dictum est) differentiis. OMNINO ENIM MAGNA VERITAS REGULÆ i.e. magnæ veritatis regula EST IN REBUS INCORPORALIBUS [1] NON LOCIS sed DIFFERENTIIS, quibus eis [2] subjecta [3] subsistunt, EFFICI vel numerales vel individuales vel personales DISTANTIAS. Talium enim differentiarum diversa proprietas *plures* numero et dissimilitudine *individuas* : et inconvenientia, qua uni convenire non possunt, *personas* esse facit.

[25] Cujusmodi differentiarum pluralitas in Patre et [4] Filio et [5] Spiritu sancto, qui nonnisi una essentia sunt [6], esse non potest. Certum [7] est enim quod non sunt sub-

66 *add.* simul *S.*
67 nomine *NO.*
68 eisdem *O.*
69 *marg.* Hoc secundum magistrum Gisilbertum, non secundum catholicæ fidei regulam *NO.*
70 *om. R.*
71 altera *LT.*
72 sed sunt *HNR.*
73 *om. H.*
74 ad *BILOPUVXZ.*
75 *om.* alia ita . . . invicem *L.*
76 *add.* genitor *R.*
77 *add.* ab *R.*
78 connexione *R.*
79 neutrum *DW.*
80 eorum *S.*
81 *om. P.*
82 aliud *Z.*
83 *om.* qui est *FLMPQ* : *om.* est *N.*
84 *add.* omnino *S.*
85 ad *U.*
86 *illis HR.*
87 in naturalibus *LT.*
88 *om. U.*
89 aliæ *L.*
90 *marg.* Cave *NO.*
91 appositione *e corr. S.*
92 *om. L.*
93 est *DW.*
94 quo *R.*
95 alias *LM* : aliquas *e corr. Q.*
96 add. ex *H.*
97 *om. B.*
98 *om. L* : intra vel *M.*
99 *om. E.*
1 corporalibus *HP* : in comparabilibus *X.*
2 ea *BFLQ.*
3 substantia *L.*
4 *add.* in *BM.*
5 *add.* in *BM.*
6 sint *Z.*
7 circum *H.*

stantialibus pluribus NEQUE vero accidentalibus [8]. Non enim POTEST vere DICI DEO ALIQUID secundum tempus ACCESSISSE, UT FIERET PATER. Vere. NON ENIM Pater CŒPIT UMQUAM alicujus accessu ESSE PATER sicut numquam alicujus accessu [9] cœpit esse [10]. Hoc autem dico EO QUOD SUBSTANTIALIS EST EI i.e. Patri PRODUCTIO FILII. Scilicet : id, in [11] quod [12] ex se Filium generatione produxit, nonnisi substantia est. Sane aliter quam [13] in naturalibus fit [14] generatione productio. Homo namque filium suum generatione non modo in hominem *subsistentiis* : verum etiam [15] in coloratum et longum et hujusmodi *accidentibus affectum* [16] produxit [17]. Ideoque naturalis generationis [18] productio partim substantialis partim accidentalis est, maxime cum ipsa generatione aliquibus, quibus ante non erat, accidentibus generans sive generatus esse incipiant [19].

[26] In theologicis vero ea, quæ est [20] generatione [21], productio nonnisi substantialis est. Pater enim Filium nonnisi in id, quod [22] ipse Pater substantiali essentia semper erat, i.e. in Deum generatione produxit. Qua utique productione neuter esse aliquid cœpit. Nam et Filius semper est quod a Patre nativitate [23] accepit. Et hoc QUIDEM sensu dictum intelligitur : *Substantialis est Patri productio Filii* : et per hoc recte monstratum [24] quod alteritas personarum theologicarum non est rerum [25] i.e. non secundum aliqua, quibus ipsæ sint [26]. Cæterum hoc nomen, quod est ‘productio’, non est [27] divinæ essentiæ nomen, quoniam solus Pater dicitur ex se generatione Filium produxisse. Essentia igitur [28], qua Filium esse Deum generatione dedit, substantialis est non modo ei, qui genuit, sed etiam Filio ejus et Spiritui, qui ab utroque procedit. RELATIVA VERO est [29] PRÆDICATIO PATRIS qua [30] scilicet dicitur ‘Pater’ solus ille, qui genuit.

[27] AC SI MEMINIMUS etc. [31] Quæ [32] superius de Patris et Filii et Spiritus sancti secundum essentiam unitate et eorundem secundum [33] relationes numerali diversitate diffusius [34] (et quibusdam aliis, horum tamen causa, interpositis) dixerat, hic breviter recapitulat. Quasi : Pater et [35] Filius et Spiritus sanctus nonnisi relationibus differunt. AC SI MEMINIMUS OMNIUM, quæ IN PRIORIBUS hujus scilicet operis partibus DE DEO dictæ sunt, SENTENTIARUM, ITA sicut nunc breviter dicemus COGITEMUS : EX DEO QUIDEM PATRE FILIUM DEUM PROCESSISSE ET EX UTRISQUE processisse SPIRITUM SANCTUM Deum. Cogitemus videlicet HOS MINIME LOCIS DISTARE. Quæ [36] utique recta est cogitatio, QUONIAM INCORPORALES [37] SUNT. QUONIAM VERO scilicet quod [38] PATER est DEUS ET FILIUS est DEUS ET SPIRITUS SANCTUS est DEUS (supple [39] : cogitemus), DEUS VERO NULLAS omnino neque similium neque dissimilium essentiarum HABET DIFFERENTIAS QUIBUS DIFFERAT [40] A [41] DEO, scilicet vel [42] Deus Pater a [43] Deo Filio vel idem Deus Pater a [44] Deo Spiritu sancto vel Deus Filius a [45] Deo Spiritu sancto [46], (sensus : cogitemus quod quilibet trium) A NULLO EORUM eo, quo [47] ipsi sunt [48], DIFFERT [49].

[28] UBIcumque VERO ABSUNT hujusmodi DIFFERENTIÆ, ABEST illa, quæ secundum earum diversitatem solet esse, PLURALITAS. UBI autem [50] ABEST hæc [51] PLURALITAS ADEST essentiæ UNITAS. Qua essentiæ unitate unusquisque eorum, qui est ea, et etiam omnes simul sunt unus [52]. Ideoque et Pater est unus Deus et Filius [53] unus Deus et Spiritus sanctus [54] unus Deus : et Pater et Filius et Spiritus sanctus [55] simul nonnisi unus Deus [56]. NIHIL AUTEM. Quasi : *Ubi abest* [57] *pluralitas, adest unitas* [58]. In his,

[8] accidentibus *O*.
[9] abscessu *U*.
[10] *om.* sicut . . . esse *L*.
[11] *om. P*.
[12] quo *A*.
[13] quoniam *U*.
[14] sit *AILMNOUXZ*.
[15] *om. P*.
[16] *add.* vere *L*.
[17] *om. E* : producit *DHR*.
[18] generalis *Y*.
[19] incipiat *IS* : incipiunt *FQ*.
[20] in *S*.
[21] generationis *M* : generatio est *DSW*.
[22] quo *U*.
[23] nativitatem *U*.
[24] *add.* est *B*.
[25] verum *L*.
[26] sunt *PRU*.
[27] *om. L*.
[28] ergo *E*.
[29] *om. R*.
[30] quia *Z*.
[31] *om. E*.
[32] quod *DW*.
[33] *om. L*.
[34] differentiis suis *H*.
[35] ac *A*.
[36] quod *DW*.
[37] incomparabiles *O*.
[38] *om. NO*.
[39] suppe *OX*.
[40] differant *LQR*.
[41] ab *ABFHMPQU* (*e corr. RX*).
[42] ut *SV*.
[43] ab *A* (*e corr. MX*) : differt a *S*.
[44] ab *ABFHHILMPRQUY* (*e corr. X*).
[45] ab *ABFHIMQRU* (*e corr. X*).
[46] *om.* vel . . . sancto *V*.
[47] quod *DFMW*.
[48] sint *BFQ* (*e corr. M*).
[49] differunt *NO*.
[50] vero *R*.
[51] *om. R*.
[52] *marg.* Cave ‘unus’ dicere sine ‘alius’ substantialis additione *NO*.
[53] *add.* est *EINOUVYZ*.
[54] *add.* est *ELNOUVYZ*.
[55] *add.* scilicet *W*.
[56] *add.* sunt *N* : *om.* et spiritus sanctus unus . . . Deus *L*.
[57] adest *e corr. S*.
[58] *add.* et econverso *ENO*.

AUTEM de quibus nunc sermo est, non est omnino alia unitas [59] nisi quæ est ex singularitate divinitatis. NAM EX DEO NIHIL ALIUD GIGNI POTUIT NISI DEUS qui tamen a Patre nec est alius nec ipse. Nec [60] ab utroque procedere potuit nisi Deus qui tamen nec alius ab eis [61] Deus est nec ipsi.

[29] Dicitur autem 'Deus, Deus, Deus' distributione [62] quidem illorum, qui sunt Deus, quia [63] primum de Patre, secundum de Filio, tertium de Spiritu sancto dicitur : ejus vero [64], quo sunt Deus [65], non distributione sed distributionis imitatione quæ proprius [66] dicitur 'repetitio unitatum' quam distributio. Quæ REPETITIO IN REBUS NUMERABILIBUS NON FACIT MODIS [67] OMNIBUS i.e. nullo modo facit PLURALITATEM eorum quæ repetuntur.

[30] TRIUM IGITUR. Quasi : Quandoquidem 'Deus, Deus, Deus' illorum, qui sunt Deus, distributio est : ejus vero, quo sunt Deus, repetitio, IGITUR TRIUM i.e. Patris et Filii et Spiritus sancti IDONEE [68] CONSTITUTA EST essentiæ UNITAS. SED QUONIAM NULLA RELATIO POTEST AD SEIPSAM REFERRI [69] i.e. quoniam nulla relatione aliquid ad se potest referri [70] sed semper ad aliud, IDCIRCO utique [71] QUOD EA PRÆDICATIO QUÆ RELATIONE CARET i.e. qua non refertur ad [72] aliquid SECUNDUM SEIPSAM [73] EST, FACTA QUIDEM EST [74] ILLA quæ dicitur TRINITATIS [75] hoc est trium NUMEROSITAS IN EO i.e. secundum id QUOD EST PRÆDICATIO RELATIONIS : SERVATA VERO est [76] eorundem [77] UNITAS IN EO i.e. secundum id QUOD EST INDIFFERENTIA scilicet VEL SUBSTANTIÆ unius [78], quæ de [79] tribus illis dicitur, VEL OPERATIONIS unius, qua æqualiter ipsi operantur, VEL OMNINO indifferentia [80] EJUS PRÆDICATIONIS QUÆcumque DICITUR SECUNDUM SE i.e. qua vel [81] usia ipsa prædicatur [82] (ut 'Deus') vel secundum usiam quodlibet [83] extrinsecus affixorum (ut 'semper esse' vel 'ubique' vel 'operari').

[31] Sic enim hoc loco intelligenda est secundum se prædicatio dici, qua scilicet (sicut dictum est) vel ipsa essentia vel secundum eam aliquid prædicatur : sive hoc per se sive ad [84] aliud dicatur. *Per se* quidem sicut illa quæ posuimus, scilicet 'semper esse' vel 'ubique' vel 'operari'. *Ad aliud* vero ut 'auctoritas' et 'principalitas', quæ sicut ipsa essentia indifferenter et ideo singulariter de tribus dicuntur. Nam et [85] unusquisque illorum trium et omnes simul sunt omnium creaturarum unus auctor et unum principium. Quam auctoritatis [86] atque [87] principalitatis indifferentiam ex usiæ ipsorum, secundum [88] quam de illis prædicantur [89], indifferentia esse putamus.

[32] Unde et secundum personalitatis rationem quæ, proprietatum [90] secuta differentiam, de unoquoque illorum non relative [91] sed per se prædicatur, minime illa est indifferentia, ut et [92] unusquisque per se et tres simul sint [93] una persona. Pater namque, quoniam Deus est, creaturarum omnium auctor et principium est [94]. Similiter et Filius et Spiritus sanctus. Quia vero idem Pater [95] proprietate, qua dicitur 'Pater', qualiter in præcedentibus diximus, alius a Filio et Spiritu sancto est [96], persona est. Similiter et Filius et Spiritus sanctus. Idcirco Pater et Filius et Spiritus sanctus omnium non tres auctores sed unus solus [97] auctor sunt : nec tria principia sed unum solum principium : non vero simul omnes una persona sed tres personæ.

[33] Et [98] his quidem rationibus intelligimus de Patre et Filio suo et amborum Spiritu 'auctoritatem' atque [99] 'principalitatem' non pluraliter sed singulariter prædicari [1] : scilicet propter essentiæ, secundum quam de illis dicuntur, singularitatem. 'Personalitatem' vero econtra i.e. non singulariter de illis collectis sed pluraliter dici : propter proprietatum scilicet, quibus a se invicem alii sunt, diversitatem. Unde recte inferens

[59] *om.* in his . . . unitas *L* : *marg.* Cave *O*.
[60] neque *S* : nam *W*.
[61] eisdem *T*.
[62] distributionise *H*.
[63] qui *R* : quod *S*.
[64] secundo *H*.
[65] *om.* distributione . . . Deus *L*.
[66] prius *DN* : *marg.* potius *Q*.
[67] monadis *H*.
[68] idonea *U*.
[69] seipsa *Z* : seipsum *NO*.
[70] *om.* id est . . . referri *I*.
[71] *om. U*.
[72] *om. AMN* : *del. H*.
[73] seipsum *X*.
[74] *om. EL*.
[75] Trinitas *W*.
[76] *om. DW*.
[77] *om. WX*.
[78] unitas *H*.
[79] *om. U*.
[80] indifferentiam *R*.
[81] (qua vel) qualis *BDEFHKMNO PQRVWY* : quali *I* : quasi *Z*.
[82] dicitur *NO*.
[83] *superscr.* vel quodlibet comitans ut animalitas essentiis *NO*.
[84] *om. Z*.
[85] *om. E*.
[86] auctoritas *H*.
[87] et *T*.
[88] scilicet *L*.
[89] prædicant *L* : prædicatur *V*.
[90] *superscr.* generationis, nativitatis, connexionis *NO*.
[91] *superscr.* ut albus per se *NO*.
[92] *om. NQX*.
[93] sunt *DW*.
[94] *om. X*.
[95] *add.* et *R*.
[96] *om. F*.
[97] *om. VY*.
[98] ex *NU*.
[99] et *Z*.
[1] sed *X*.

ait : ITA [2] IGITUR i.e. per hæc [3] manifestum est [4] quod SUBSTANTIA, quæ græce 'usia' dicitur, CONTINET UNITATEM i.e. facit ut Pater et Filius et Spiritus sanctus sint ipsa [5] essentia et ejus singularitate Deus unus, magnus unus, bonus unus et hujusmodi : atque his, quæ secundum essentiam prædicantur, Dominus unus, auctor unus, principium unum.

[34] RELATIO vero MULTIPLICAT TRINITATEM i.e. eos, qui essentiæ singularitate sunt unus [6], relationum (quæ de eodem [7] dici non possunt) diversitate [8] facit esse [9] multos et specialiter tres. ATQUE IDEO [10] (quoniam scilicet [11] relationes [12], quas de diversis dici necesse est, faciunt multos) SOLA illa prædicamenta, QUÆ dividentis RELATIONIS SUNT [13], PROFERUNTUR SINGILLATIM ATQUE SEPARATIM i.e. de quo dicitur unum, non dicitur aliud. NAM NON EST IDEM PATER QUI FILIUS i.e. ille, qui est Pater, non est Filius : et ille, qui est Filius, non est Pater. NEC IDEM UTERQUE QUI [14] SPIRITUS SANCTUS i.e. nec ille, qui est Pater, est ille, qui [15] utrorumque i.e. Patris et Filii dicitur [16] Spiritus sanctus : nec ille, qui est Filius, est ille ipse, qui dictus est Spiritus sanctus [17] : nec ille [18] amborum Spiritus sanctus est aliquis [19] illorum [20], a quibus procedit i.e. nec est [21] Pater nec [22] Filius.

[35] TAMEN PATER ET FILIUS ET SPIRITUS SANCTUS sunt [23] IDEM DEUS, IDEM JUSTUS, IDEM BONUS [24], IDEM MAGNUS, denique IDEM OMNIA illa [25] QUÆ SECUNDUM SE POTERUNT PRÆDICARI. Ita plurali verbo debuit dicere *'sunt'*, quoniam illi, de quibus unam essentiam [26] tot nominibus i.e. 'Deus, bonus, magnus' prædicabat [27], relationum diversitate plures sunt. Dixit tamen EST : verbi singularitatem [28] juxta usiæ, quam prædicabat, metiens unitatem. Quis [29] loquendi usus sæpe in humana pagina invenitur : ut *iræ amantium redintegratio amoris est* [30]. Non ait 'sunt' pluraliter. Quod tamen deberet quoniam nomen, quod verbi personam simul et numerum juxta grammaticorum regulam continebat, pluraliter præmiserat dicens *'iræ'*. Sed ait singulariter *'est'* propter hujus nominis, quod est *'redintegratio'*, singularitatem. Quod tamen non propter verbi personam et numerum sed propter qualitatem, qua fit demonstratio, positum intelligitur. Similiter dictum est *Omnia Cæsar erat* [31]. Et multa hujusmodi.

[36] SANE etc. [32] Dixit quod Pater et Filius et Spiritus sanctus secundum id, quo [33] sunt id [34] quod [35] sunt, omnino idem sunt. Qualia in subsistentium genere ad se referri non possunt. Quæcumque enim subsistentium ad [36] se invicem referuntur, his quibus sunt [37] differunt. Ut tamen (quali potest) similitudine hoc quod est ineffabile innuat, Patrem scilicet et Filium et Spiritum sanctum, qui eo quo sunt [38] idem sunt, diversis relationibus ad se referri, ait : SANE etc. Quasi [39] : Pater, cum quo Filius idem est, prædicatur relative [40] ad Filium 'Pater' [41]. Quod utique convenienter potest. Nam SANE SCIENDUM EST [42] etiam [43] in rebus creatis PRÆDICATIONEM RELATIVAM, qua scilicet aliquid referri ostenditur, NON SEMPER TALEM [44] ESSE, UT SEMPER AD aliquod [45] tam nomine quam re DIFFERENS PRÆDICETUR [46], scilicet UT EST [47] SERVUS AD DOMINUM. Hæc [48] ENIM nomina et res illis significatæ (i.e. servitus et [49] dominium) et illa, de quibus ipsæ dicuntur [50] DIFFERUNT.

[37] Sed (sicut dictum est) non semper ad ita [51] differens fit [52] prædicatio relativa. NAM OMNE ÆQUALE ÆQUALI ÆQUALE EST. ET SIMILE SIMILI SIMILE EST. Quæ [53]

[2] itaque *Y*.
[3] hoc *DOW*.
[4] *om. L*.
[5] una *V*.
[6] *marg.* Cave : **non unus** sed unum *NO*.
[7] eo *V* : Deo *N*.
[8] diversitatis *H*.
[9] eos *U*.
[10] non *M*.
[11] solum *DW*.
[12] rationes *U*.
[13] sint *PR*.
[14] *add.* est *AS*.
[15] *add.* est *H*.
[16] *add.* et *NOPR*.
[17] *om.* nec ille . . . sanctus *K*.
[18] *add.* qui est *B*.
[19] aliquid *H*.
[20] eorum *ENO*.
[21] *om. ENO*.
[22] *add.* est *LRTY*.
[23] *add.* unus Deus et *V*.
[24] *om.* et bonus *V*.
[25] ille *Z* : *add.* idem *B*.
[26] *om. ENO* : essentia *H*.
[27] *om. E* : *add.* substantiam *ENO* : *superscr.* scilicet essentiam *NO*.
[28] singularitate *FHNQU*.
[29] qui *ENOPRTU* (*e corr. LY*).
[30] TERENCE, *Andria*, III, 3, 23 : Amantium iræ amoris integratio est.
[31] LUCAN, *De Bello civili*, III, 108.
[32] *om. ES*.
[33] quod *HLZ*. *marg.* Cave : quo sunt *NO*.
[34] *om.* quo sunt id *VY*.
[35] quo *B*.
[36] *add.* esse *Y*.
[37] *om. N*.
[38] est *R*.
[39] *add.* et *E*.
[40] relatione *L*.
[41] *om. BN*.
[42] *om. W*.
[43] et *FQ*.
[44] tale *N*.
[45] aliquid *FXPQRY*.
[46] prædicaretur *B* : prædicatur *e corr. M*.
[47] *om. N*.
[48] nec *L*.
[49] ad *H*.
[50] prædicantur *U*.
[51] ista *U* : illa *F*.
[52] sit *DFPUWY*.
[53] quod *DRW*.

videlicet ejusdem nominis sunt relationes. Ipsæ quoque [54] quantitates et qualitates, secundum quas ea [55], in quibus sunt [56], æqualia sunt atque similia [57] : etsi illa proprietate, qua subjectorum suorum altera quidem hujus, altera vero illius propriæ sunt, diversæ intelligantur, non tamen adeo diversæ sunt sicut dupli et dimidii et cæterorum inæqualium quantitates aut [58] sicut albi et nigri vel trianguli et quadrati [59] et cæterorum contrariorum seu disparatorum qualitates. Et ut [60] a [61] posito [62] exemplo non recedamus : quantitates et qualitates, secundum quas 'æqualia' et 'similia' dicuntur, non adeo diversæ sunt sicut potestas et vilitas [63], secundum quas ille [64] 'dominus', iste [65] vero 'servus' dicuntur. Sed quodammodo unum sunt : non quidem ea, quæ ex singularitate est, unitate sed [66] ea, quæ ex proportione comparatur, unione.

[38] Sed ET [67] ubi non unio [68] collationis [69] sed unitas proprietatis est [70], fit quandoque prædicatio relativa : ut IDEM EI, QUOD EST IDEM, IDEM EST non modo identitate unionis (ut 'homo idem quod homo est', nam Plato et Cicero [71] unione speciei sunt idem homo) verum etiam identitate veræ [72] (et quæ ex proprietate est) unitatis : ut 'rationale idem quod rationale est' [73]. Veluti anima hominis et ipse homo non unione speciei sed unitate proprietatis [74] sunt unum rationale, cum tamen partialitatis et totalitatis relationibus se ad sese invicem habeant. Anima enim pars hominis est et homo totum animæ, quamvis homo sit quidquid est anima. Nam etsi anima non omnino est idem [75] quod [76] homo, homo tamen est idem [77] quod anima.

[39] ET ut veniamus ad id propter quod de taliter indifferentium relationibus diximus, IN hac maxime, de qua agimus, TRINITATE i.e. in his tribus, Patre scilicet [78] et [79] Filio et Spiritu sancto, SIMILIS [80] EST [81] RELATIO videlicet [82] PATRIS [83] AD FILIUM ET item [84] UTRIUSQUE AD SPIRITUM SANCTUM. *Similis*, inquam, UT EJUS, QUOD EST IDEM, AD ID QUOD EST IDEM. Quoniam scilicet sic (ut in his quæ dicta sunt) non aufert relationem illa [85] qualiscumque eorum identitas, ita Patris ad Filium et utriusque ad Spiritum sanctum relationem non aufert hæc, qua tres singulariter unus Deus sunt, eorum [86] identitas. ID [87] autem [88], scilicet vel referri aliqua inter se [89] quæ omnibus, quibus sunt, invicem idem sunt vel quæ referuntur invicem idem esse omnibus, quibus sunt, NON POTEST INVENIRI IN CUNCTIS ALIIS [90] REBUS i.e. nullæ aliæ res sunt, in quibus hoc possit inveniri. QUOD SI hoc est, ut [91] utique est, quod in nullis aliis [92] hoc inveniri possit, revera FACIT HOC ALTERITAS quæ est COGNATA CADUCIS REBUS.

[40] Non enim sine [93] illorum, quibus sunt, alteritate diversa sunt a se quælibet subsistentia. Nec nisi hac [94] alteritate diversa possunt ad se invicem referri. Cum VERO hac alteritate omnia, quæ in his caducis ad se referuntur, a se sint [95] altera, NOS, qui ex horum [96] aliqua proportione theologica cogitamus [97], NULLA IMAGINATIONE [98] ab his, quæ theologicorum sunt propria, DEBEMUS DIDUCI [99], ut scilicet (quoniam naturalium nomina ad theologica transferentes dicimus Patrem ad Filium, et Filium ad Patrem, et Spiritum sanctum ad utrumque, et utrumque ad Spiritum sanctum [1] referri) putemus eos aliquibus illorum [2], quibus sunt ad [3] se invicem, alteros. SED potius a proprietate naturalium recedentes OPORTET NOS ERIGI INTELLECTU SIMPLICI, ut scilicet horum trium (quamvis ad se relatorum et relationum [4] proprietatibus diversorum) intelligamus [5] unam solam simplicemque, qua unusquisque est [6] et omnes simul sunt unus et simplex Deus, essentiam : et nullatenus alterius alteram et [7] alterius alteram [8].

[54] *om. L.*
[55] ei *H.*
[56] *om. V.*
[57] *om. Y.*
[58] ac *L.*
[59] quadranguli *EPRS.*
[60] *om. Z.*
[61] *om. DHMPTUW.*
[62] apposito *IKUWXYZ* : proposito *L* : præposito *R.*
[63] servilitas *O.*
[64] iste *SV.*
[65] ille *SV.*
[66] *add.* ex *B.*
[67] etiam *N.*
[68] *om. L.*
[69] collectionis *U.*
[70] *add.* et *Q.*
[71] *add.* non solum *K.*
[72] naturæ *K.*
[73] *om. V.*
[74] *superscr.* rationalitatis *NO.*
[75] id *L* : *om. V.*
[76] quidquid est *V.*
[77] *om. L.*
[78] *om. ENO.*
[79] *om. H.*
[80] similiter *F.*
[81] esse *P.*
[82] scilicet *K.*
[83] Patri *ADHLNOQZ.*
[84] *om. K.*
[85] illam *W.*
[86] eorundem *NO.*
[87] idem *W.*
[88] *add.* potest *DW.*
[89] *om. H.*
[90] *om. K.*
[91] quod *VY.*
[92] *add.* rebus *S.*
[93] scilicet nisi *I.*
[94] *add.* subsistentiarum *Y.*
[95] sunt *HR.*
[96] eorum *R.*
[97] *superscr.* ut putemus similitudinem *NO.*
[98] *superscr.* vel omnia *NO.*
[99] deduci *DEFHLMNOPQRSTW.*
[1] *om.* ad . . . sanctum *KL.*
[2] eorum *BENOSU.*
[3] a *DW* (*e corr. A*).
[4] relativum *H.*
[5] intelligantur *L.*
[6] *om. PR.*
[7] *om. NO.*
[8] alterum *W.*

[41] ET denique [9] QUIDQUE [10] sive theologicum sive naturale sive quidlibet [11] aliud PROUT POTEST INTELLIGI ITA ETIAM AGGREDI INTELLECTU OPORTET, ne quem [12] in proportionum comparationibus extra illa, propter quæ comparationes [13] inducuntur, aliqua phantasia imaginationis decipiat. SED DE PROPOSITA QUÆSTIONE qua ex [14] principiis naturalium rationum quæsitum est : an sit una essentia eorum qui [15] proprietatibus invicem a se sunt alii, et an proprietatum diversitas faciat a se invicem alios, quorum non est diversa essentia ; et theologicis rationibus demonstratum [16] quod, qui a se invicem alii sunt [17], nonnisi una singulari et individua et omnino simplici essentia sunt [18] idipsum [19] quod sunt ; naturalibus vero [20] quod, qui una essentia sunt id quod sunt [21], proprietatum diversitatibus absque illa, quæ vero nomine 'alteritas' vocatur, a se invicem alii sunt, SATIS DICTUM EST.

[42] NUNC, o Symmache et quicumque alii [22] sapientes, quibus hanc quæstionis investigationem, *vestri judicii cupidus, offerendam curavi*, SUBTILITAS formatæ rationibus QUÆSTIONIS EXPECTAT NORMAM i.e. regulam VESTRI JUDICII cujus quasi [23] quadam appositione [24] hæc, quæ de quæstione dicta sunt, vere et ordine congruo esse dicta monstrantur [25]. Quod et ipse supponit dicens : QUÆ videlicet quæstionis subtilitas UTRUM [26] RECTE AN MINIME ordine et perfectione rationum DECURSA SIT i.e. adusque [27] terminum explanationis deducta, STATUET sola VESTRÆ PRONUNTIATIONIS AUCTORITAS. QUOD SI DIVINA GRATIA OPITULANTE ARGUMENTORUM IDONEA ADJUMENTA PRÆSTITIMUS catholicorum SENTENTIÆ [28] SPONTE i.e. sine rationum [29] argumentis FIRMISSIMÆ FUNDAMENTIS FIDEI i.e. quoniam in fide fundatæ, LÆTITIA PERFECTI OPERIS nostri ILLUC REMEABIT [30] UNDE [31] VENIT EFFECTUS. Id est : In eo lætabimur Deo scilicet Trinitate, quo auctore perfecimus. QUOD SI HUMANITAS i.e. humanæ naturæ infirmitas NEQUIVIT [32] ASCENDERE [33] ULTRA SE, ut scilicet ineffabilia ex rationum locis ostenderet, QUANTUM intelligentiæ IMBECILLITAS perfectioni operis SUBTRAHIT, tantum incomprehensibilibus semper hærentis [34] voluntatis VOTA SUPPLEBUNT [35].

<LIBER SECUNDUS>

<*DE DIVINITATIS ET TRINITATIS PRÆDICATIONE*>

<PROLOGUS> [1]

[1] Ex illius, de qua Symmacho [2] Boethius scripserat, quæstionis investigatione satis manifestum erat prædicamenta naturalium, generibus rationibusque diversa, quarundam [3] proportionibus [4] rationum ad theologica transferri et de Deo quoque quemadmodum et de subsistentibus alia quidem secundum se, alia vero ex collatione alterius ad alterum : et eorum, quæ *secundum se*, alia quasi rem [5], alia quasi rei circumstantias [6] demonstrantia (qualia sunt etiam [7], quæcumque dicuntur ex collatione) prædicari.

[2] Quia tamen aliqui [8] sensu parvuli (audientes quod Deus est simplex) ipsum [9] et quæcumque de eo [10] nominum diversitate dicuntur (ut Deus, unus, æternus, persona,

[9] idemque *K*.
[10] quicumque *U* : quisque *H* : quicumquid *V* : quidquid *DW*.
[11] quodlibet *NPU* : quilibet *W* : quolibet *H*.
[12] quidem *P* : que *W*.
[13] *marg.* sicut radius solis splendorem, sic et Pater Filium emittit : unde splendor Patris, non tamen usquequaque similis *NO*.
[14] de *Y*.
[15] *add.* ex *P*.
[16] demonstratio *H*.
[17] *om. K*.
[18] super *V*.
[19] *om.* id *DLW* : *om.* ipsum *M*.
[20] *supple* : rationibus demonstratum.
[21] *om.* naturalibus . . . sunt *FQ*.
[22] aliis *R*.
[23] *om. L*.
[24] appellatione *L*.
[25] demonstrentur *BDFHLMOPQR TVWY* : *om.* dicta monstrantur *N*.
[26] verum *R*.
[27] usque ad *FMT*.
[28] sententiam *Y*.
[29] ratione *W*.
[30] remanebit *K*.
[31] *om. K*.
[32] nequit *W*.
[33] accedere *K*.
[34] habentis *W*.
[35] Explicit liber primus *DW* : Explicit expositio Gisilberti Pictaviensis episcopi super Bœthium de Trinitate *B* : Explicit liber Bœthii de Trinitate ad Symmachum Patricium missus *Z*.
[1] Incipit expositio ejusdem in librum Boethii ad Johannem diaconum : Utrum Pater et Filius et Spiritus sanctus de deitate substantialiter prædicentur *B* : Incipit Prologus *W* : Incipit Liber Boethii ad sanctum Johannem diaconum ecclesiæ romanæ, postea Papam : Utrum . . . prædicentur. Et primo proloquium commentatoris super eundem librum *Z*.
[2] *add.* et quibusdam aliis sapientibus *B*.
[3] quorundam *LT*.
[4] propositionibus *U*.
[5] *om.* alia quasi rem *H*.
[6] circumstantiam *F*.
[7] *om. DZ*.
[8] Cf. GEOFFREY, *Contra Gilbertum*, 8 ; PL 185, 598BC.
[9] *add.* quod Deus *B*.
[10] Deo *BFLMQT* (*e corr. S*).

principium, auctor, Pater, Filius, Connexio et hujusmodi alia), ejusdem naturæ ejusdemque rationis [11] esse ita accipiunt, ut [12] et [13] essentia, qua [14] dicitur esse [15], Deus sit et unitas, qua unus est, et æternitas, qua æternus est, et similiter cætera : et econverso ipse etiam Pater sit paternitas et unus unitas et æternus æternitas et [16] conversim : et eodem modo in aliis omnibus, quæ de ipso quacumque ratione prædicantur, scribit [17] idem Boethius Johanni Romano [18] Diacono de illis specialiter, quæ nominibus his 'Pater, Filius [19], Spiritus sanctus' prædicantur.

[3] Ostendit autem illa et de [20] diversis prædicari et esse diversa non modo a se invicem verum etiam ab essentia, quæ diversis nominibus una de eisdem dicitur, de [21] quibus et illa diversa, salva Dei simplicitate, dicuntur. Quamvis autem hæc diversitas aut non posse penitus aut vix posse monstrari videatur, tum [22] quia naturalium leges theologica speculatio non omnino admittit tum [23] quia (sicut dictum est) in simplici Deo nomen cujuslibet diversitatis error parvulorum adhorret, non tamen eam (sicut in re [24] propter difficultatem obscura et propter obscuritatem difficili fieri solet) multis vel probatarum scripturarum testimoniis persuadet vel necessariarum [25] inventionum connexionibus [26] probat vel eorum, quæ incidenter et quasi a latere disputationis emergere possent, amplificatione explanat : sed, quia nec malevolus nec tardus est suus [27] cui scribit [28] auditor, sola proprie unumquodque prædicandi ratione demonstrat.

[4] Illius [29] enim proprietas [30] prædicationis qua, de quo unum horum prædicatur, aliud prædicari non potest, satis patenter ostendit non modo inter se verum etiam ab omnibus illis, quæ de illorum subjectis [31] communiter dicuntur, et [32] ab eo maxime, quod unum [33] de tribus multis [34] nominibus substantialiter prædicatur [35], hæc [36] esse diversa. Est [37] autem hæc diversitas non modo numero (quo scilicet *hoc* est [38] unum, quodlibet vero [39] *illud* est aliud unum) verum etiam natura generis et loco rationis [40]. Sed de numerali atque ea, quæ secundum genus est, diversitate modo tacens : eam, quæ secundum rationem est, prius vestigat [41] ; circa finem illam [42], quæ secundum genus est, quam numeralis ex necessitate sequitur, commemoraturus [43].

<CAPITULUM PRIMUM>

<*Quæ substantialiter de Deo prædicentur*>

[5] Igitur tamquam in sophistarum scena vere [44] dubiis [45] indubius [46] ipse [47] sese conformans [48] ait [49] : QUÆRO AN PATER ET FILIUS ET SPIRITUS SANCTUS i.e. horum nominum illa [50] significata, quæ diversis rationibus grammatici 'qualitates', dialectici [51] 'categorias' [52] hoc [53] est prædicamenta vocant, PRÆDICENTUR [54] SUBSTANTIALITER i.e. an juxta proportionem [55] eorum, quæ in naturalibus [56] vocantur 'esse subsistentium', prædicentur DE DIVINITATE [57] i.e. de illis qui, quoniam sola divinitate sunt id quod sunt, non modo 'Deus' verum etiam 'divinitas' appellantur, AN non substantialiter prædicentur [58] de ea sed ALIO MODO. Addit : QUOLIBET [59], quoniam in naturalibus, a quibus ad theologicam [60] hujusmodi verborum ex alicujus rationis proportione translatus est [61] usus, non unus solus prædicandorum est modus.

[11] *om.* naturæ ejusdem *L.*
[12] *om. H.*
[13] *om. E.*
[14] quæ *H.*
[15] *om. W.*
[16] *om. LT.*
[17] scripsit *W*
[18] *om. N.*
[19] *add.* et *F.*
[20] *om. MP.*
[21] *om. N.*
[22] tamen *MU* (*del. B*).
[23] *del. B.*
[24] *ras.* sicut in re *P.*
[25] necessarium *HW* (*e corr. AS*).
[26] connexibus *DRW.*
[27] sui *K.*
[28] scripsit *U.*
[29] Cf. GEOFFREY, *Contra Gilbertum,* 41 ; PL 185, 609C.
[30] *add.* sola *NO.*
[31] substantiis *U.*
[32] etiam *E.*
[33] *om. H.*
[34] *om. V.*
[35] *add.* et *V.*
[36] hoc *W.*
[37] et *H.*
[38] *om.* hoc est *V.*
[39] nec *BFLQ* (*e corr. Y*) : et *T.*
[40] taceres *W.*
[41] investigat *S.*
[42] eam *ES.* *Supple :* diversitatem.
[43] commemoratur *FLNQW* : commemorat *BV.*
[44] *add.* a *L.*
[45] *add.* rationibus *P* (*del. HR*).
[46] in dubiis *Z.*
[47] in *H.*
[48] confirmans *PRVW.*
[49] *add.* Incipit liber secundus ejusdem ad sanctum Johannem diaconum ecclesiæ romanæ : Utrum Pater . . . prædicentur *DW* : Incipit liber ad Johannem diaconum Z.
[50] *om. NO.*
[51] dialetici *DSTWXY* : dyaletici *FQ.*
[52] cathegorias *mss.*
[53] id *Z.*
[54] *om. K.*
[55] propositionum *K.*
[56] numerabilibus *H.*
[57] Cf. GEOFFREY, *Contra Gilbertum,* 9 ; PL 185, 598C.
[58] prædicetur *Z.*
[59] quemlibet *K* : quodlibet *Z.*
[60] theologica *E* (*e corr. RS*).
[61] *om. NO.*

[6] Nam illorum etiam, quæ non sunt aliquorum esse, quædam secundum se (i.e. non ex [62] aliqua collatione) [63] intelliguntur : ut album nullius collatione dicitur 'album'. Alia vero sic prædicantur quod eorum prædicatione ea, de quibus prædicantur, aliis [64] conferuntur : ut locus, quo aliquid [65] dicitur esse ultra, et tempus quo dicitur hodiernum, et [66] habitus quo dicitur galeatum [67], et relatio qua dicitur tale vel tantum. His enim [68] omnibus [69] quædam alia subintelliguntur. Item horum alia secundum rem : ut idem album ; alia affixa extrinsecus : ut idem locus et cætera [70], quæ [71] modo dicta sunt, et aliorum generum alia. His et aliis, qui [72] secundum divisiones alias possunt ostendi, modis de subsistentibus multa dicuntur. Ideoque, cum hæc ad theologica transferuntur, ibi quoque ea prædicandi modus est multiplex.

[7] VIAMQUE etc. Quasi : Tamquam sophista quæro, an substantialiter, an alio modo, et quo alio, hæc prædicta de [1] Deo i.e. de his, qui [2] sunt unus Deus, immo una divinitas, prædicantur [3]. Tamquam vero serius [4] demonstrator, quod horum [5] de his verum sit, indagare magnopere curo [6]. VIAMQUE INDAGINIS ARBITROR ESSE SUMENDAM HINC UNDE OMNIUM RERUM MANIFESTUM, hoc est manifeste firmum, CONSTAT EXORDIUM : ID EST AB IPSIS CATHOLICÆ FIDEI FUNDAMENTIS.

[8] In [7] cæteris facultatibus, in quibus semper consuetudini [8] regulæ generalitas atque necessitas accommodatur, non [9] ratio fidem sed fides sequitur rationem. Et quoniam in temporalibus nihil est, quod mutabilitati non sit obnoxium, tota illorum consuetudini [10] accommodata necessitas nutat [11]. Nam in eis quidquid prædicatur [12] necessarium vel esse vel non esse, quodammodo nec esse nec non esse necesse est [13]. Non enim absolute necessarium est, cui nomen 'necessitatis' sola consuetudo accommodat.

[9] In theologicis autem, ubi est [14] veri nominis atque absoluta necessitas, non ratio fidem sed fides prævenit rationem [15]. In his enim non cognoscentes credimus sed credentes cognoscimus. Nam [16] absque rationum principiis fides concipit non modo illa, quibus intelligendis humanæ rationes suppeditare non possunt, verum etiam illa, quibus ipsæ possunt esse principia. Spiritus enim, qui ex Deo est, dat hanc ipsi fidei præ rationibus dignitatem et in theologicis et etiam [17] in his, quæ infra theologica sunt : naturalibus scilicet et [18] hujusmodi aliis, quorum rationibus philosophorum fidem [19] spiritus hujus mundi [20] supposuit. Nam et in naturalibus et in aliis omnem [21] rationem spiritualium [22] fides antevenit, ut fide magis, prius [23] quam ratione, omnia judicent. Ac per hoc non modo theologicarum [24] sed etiam *omnium rerum* intelligendarum catholica fides recte dicitur esse [25] *exordium* sive [26] nulla [27] incertitudine nutans [28] sed etiam [29] de rebus mutabilibus certissimum atque firmissimum fundamentum.

[10] Ab hoc ergo exordio seu fundamento prædictæ indaginis [30] viam incohans ait : SI IGITUR INTERROGEM etc. Quæsivit [31], *an Pater et Filius et Spiritus sanctus* de eis [32], de quibus dicuntur, *substantialiter prædicentur* [33] *an quo alio modo*. Quæ [34] quæstio [35] non est simplex sed ex diversis quæstionibus juncta [36]. His enim verbis de tribus illis [37] diversa quæsisse intelligitur : primum, an substantialiter an non substantialiter [38] prædicentur sed [39] alio modo quam substantialiter. Deinde [40], quo alio [41]. Sed videtur primo quærere debuisse, an prædicentur [42] an non. Quod et recte quæsisse posset, quoniam omnium rerum aliæ prædicantur, aliæ non prædicantur [43]. Quod si non prædicari constaret, nihil quærendum relinqueretur. Si vero constaret prædicari, recte

[62] *om. Q.*
[63] collectione *L.*
[64] *om. B.*
[65] aliquis *AV.*
[66] *om. BLPQR.*
[67] galeatus *NO.*
[68] *om. ENO.*
[69] nominibus *E.*
[70] cum *K.*
[71] quo *K.*
[72] quæ *D.*
[1] *add.* eodem *S.*
[2] quæ *V.*
[3] prædicentur *I.*
[4] servus *NO.*
[5] eorum *X.*
[6] curro *W* : quæ curo *E.*
[7] id est *K.*
[8] consuevi *P.*
[9] nec *N.*
[10] *om.* regulæ . . . consuetudini *L.*
[11] mutat *LNOW.*
[12] pater *NO.*
[13] *om. B.*
[14] *om.* ubi est *YZ.*
[15] rationum *K.*
[16] namque *K.*
[17] *om. S.*
[18] *om. W.*
[19] fide *EDW.*
[20] modi *FKLQ.*
[21] omnium *K.*
[22] *add.* supra hominum *S.*
[23] *om. S* ; *del. A.*
[24] theologicorum *N.*
[25] *om. BLPV.*
[26] *om. NO* : sine *AEW* : *add.* quod *PR.*
[27] ulla *E* (*e corr. A*).
[28] mutans *H.*
[29] *add.* omnium *NO.*
[30] indagationis *T.*
[31] quæ sunt *DPW.*
[32] his *HNU.*
[33] prædicari *K.*
[34] *om. P.*
[35] quoniam *Z.*
[36] *ras.* sed ex . . . juncta *L* : conjuncta *T.*
[37] istis *K.*
[38] *om.* an non substantialiter *DLW.*
[39] vel *L.*
[40] denique *U.*
[41] *add.* modo *K.*
[42] prædicetur *Z.*
[43] *om. ENS.*

quæreret, quomodo prædicarentur : scilicet [44] an substantialiter an alio modo. Et si non substantialiter sed potius alio modo, restaret quærendum quo alio.

[11] Ipse vero (prætermissa prima quæstione, eo quod omnibus certum est [45] illa [46], a quibus trina horum nominum appellatio est, prædicari) secundam [47] et [48] tertiam in una [49] conjungit [50]. Sed in [51] indagatione, qua utrarumque decutit dubitationem, eas dividit. Et primum, quid de illa, qua quæritur [52] an substantialiter an non substantialiter prædicentur, sentiendum sit [53], aperit ea ratiocinatione quam [54] Cicero [55] 'simplicem conclusionem' appellat. Quæ est hujusmodi : Quidquid [56] de Deo substantialiter prædicatur, id [57] et [58] de Patre et de [59] Filio et de [60] Spiritu sancto et divisim de [61] quolibet et simul de omnibus [62] dicitur. Nullum autem horum, a quibus tres illæ sunt appellationes, scilicet 'Pater, Filius [63], Spiritus sanctus', prædicatur de omnibus vel [64] singillatim vel simul. Nullum igitur horum substantialiter prædicatur.

[12] Hujus autem ratiocinationis [65] primam partem (quam [66] dialectici [67] 'propositionem' vel 'sumptum' [68], rhetores 'expositionem' nominant) catholicæ fidei auctoritate [69] confirmat. Ab hac IGITUR, inquit, *viam indaginis* [70] sumens : SI INTERROGEM, AN ille QUI DICITUR 'PATER', SIT secundum usiam [71] generis sui SUBSTANTIA i.e. essens [72] sive subsistens, RESPONDETUR catholicæ fidei auctoritate quod vere EST SUBSTANTIA. QUOD [73] SI [74] QUÆRAM, AN ille, qui dicitur 'FILIUS', SIT SUBSTANTIA [75], ejusdem catholicæ fidei auctoritate [76] IDEM DICITUR, videlicet : est [77] substantia. SPIRITUM QUOQUE SANCTUM NEMO catholicæ fidei DUBITAVERIT i.e. dubitare poterit [78] ESSE SUBSTANTIAM.

[13] Sic igitur de singulis per se atque divisim prædicatur substantia. Nec modo divisim de singulis SED et [79] collectim de tribus eadem prædicatur substantia. CUM [80] enim RURSUS COLLIGO simul supponens PATREM et FILIUM et SPIRITUM SANCTUM [81], eadem fide NON PLURES numero essentiarum SED essentiæ unius singularitate et omnino sine numero UNA OCCURRIT, qua [82] ipsi dicuntur esse, substantia : ideoque vere ESSE una SUBSTANTIA. Manifestum est IGITUR quod horum TRIUM est UNA tantum [83] SUBSTANTIA, quæ græce quidem usia [84] dicitur, latine vero (sicut dictum est) substantia vel subsistentia vel (ut expressius dicatur) essentia [85]. Quæ [86] NEC SEPARARI [87] ULLO [88] MODO AUT [89] DISJUNGI POTEST NEC VELUT PARTIBUS IN UNUM [90] CONJUNCTA [91] EST.

[14] Quod [92] enim essentia dicitur 'una singularitate seu [93] proprietate rei, quæ de ipsis prædicatur', intelligendum est non diversorum unione (qua [94] sæpe multa 'unum' dici contingit) vel conformitate aliqua (qualiter plures homines dicuntur 'unus homo', quoniam scilicet, qui suis [95] subsistentiis, quæ a mathematicis nominari possunt 'humanitates', sunt homines et earum numerali diversitate plures, earundem conformitate similes, et similitudine sunt conformes) vel integritate (qualiter corpus et anima dicuntur 'unum animal' [96] : non quidem quod hæc, ex quibus animal constat, sint aut esse possint animal — numquam [97] enim [98] partes [99] alicujus sunt a tota [1] forma [2] totius — sed quod [3] ipsum animal, quod ex eis constat, est [4] animal a [5] forma, quæ ex omnibus illius animæ atque [6] illius [7] corporis subsistentiis constat, quæ etiam [8] singularum partium singulæ de eo, quod sine alterius vel utrarumque [9] confusione

[44] *om. P.*
[45] *om. H.*
[46] alia *L.*
[47] secundum *HZ.*
[48] tertium *L* : ac *H.*
[49] unam *BFLQPT.*
[50] contingit *HKV.*
[51] *om. BEILMPTVWXY.*
[52] qualiter *NO.*
[53] *add.* sic *F.*
[54] qua *Z.*
[55] *De Invent.*, I, 29, 44.
[56] quid *W.*
[57] idem *T* : id est *L.*
[58] *om. EINOS.*
[59] *om. ENOSTVZ.*
[60] *om. ENOSTV.*
[61] *om. P.*
[62] *add.* prædicatur vel *F*
[63] et Filius et *Q.*
[64] *om. V.*
[65] rationis *S.*
[66] qua *Z.*
[67] dialetici *ADHPRSXW* : dyaletici *FQ.*
[68] *add.* vel *LT.*
[69] auctoritatem *N.*
[70] indagationis *T.*
[71] ysiam *BHV* : usiam *R* : usyam *mss.*
[72] existens *F.*
[73] quid *NO.*
[74] sit *NO.*
[75] *om.* quod si . . . substantia *Z.*
[76] *om.* quod vere . . . auctoritate *K.*
[77] *om. S.*
[78] potuit *W.*
[79] *om. LTWX.*
[80] sed cum *W.*
[81] *om. NO.*
[82] quasi *DW.*
[83] *om. S.*
[84] ysia *B* : usia *PR* : usya *mss.*
[85] *add.* vero *Y.*
[86] quod *U.*
[87] *om.* nec separari *Y.*
[88] nullo *Y.*
[89] *om. K.*
[90] *om.* in unum *H.*
[91] juncta *H.*
[92] qui *NO.*
[93] vel *DW.*
[94] quia *H* : quæ *UZ.*
[95] *om. NO.*
[96] *om. S.*
[97] non quoniam *DW.*
[98] etenim *NO.*
[99] *om. Z.*
[1] (a tota) tota a *DW* : tota et *H.*
[2] *marg.* alicujus *E.*
[3] *om. L* : quia *NO.*
[4] *om. Y.*
[5] et *H.*
[6] et *Z.*
[7] *om. V* : istius *Y.*
[8] et *N.*
[9] *om.* vel utrarumque *V.*

constat ex partibus, prædicantur : de quo in expositione libri, qui *Contra Eutychem* scriptus est, plenius dicetur).

[15] Sunt et aliæ rerum inter se ex suis proprietatibus diversarum secundum alia ipsarum [10] consortia uniones. Sed has quas (ut videtur) [11] contra quorundam errores a divinæ essentiæ unitate auctor removet, ut [12] hujus operis qualitati [13] explanatio [14] responderet [15], tacitis cæteris, quæ huic loco non [16] faciunt, commemorare curavimus. Quidam enim hæretici, quorum errorem (ipsius [17] erroris tacito auctore) commemorat Epiphanius [18], dicunt Filium *similis* [19] *essentiæ* cujus [20] et Pater est. In quo partim consentiunt Arianis, partim dissentiunt ab eis. Ideoque Semi-Ariani vocantur.

[16] Nam Ariani, quibus Eunomius consentit, tam unione diversarum essentiarum quam unius essentiæ singularitate negant Patrem et Filium unius esse substantiæ. Quia namque creatura suo principio nec similis esse potest, Filium, quem illorum dogma creaturam esse tota [21] sui natura confirmat, Patri [22] omnino dissimilem putant. Hi vero Semi-Ariani Filium et Patrem esse unius substantiæ secundum unius [23] quidem [24] essentiæ singularitatem [25] negant : sed secundum diversarum essentiarum conformitatem affirmant. Sic ergo substantiam [26] (hoc [27] est essentiam) [28] Patris et Filii, quæ singularitate intelligitur una [29], quodammodo disjungunt et separant [30], qui unione similitudinis [31] unam putant. Sicut enim ipsa, quæ sunt similia, sic et illa, secundum quæ sunt similia, necesse est esse diversa.

[17] Alii autem hæretici, quos similiter tacito auctore Philaster [32] commemorat, sic *triformem* asserunt *Deum, ut quædam pars ejus sit Pater, quædam Filius, quædam Spiritus sanctus : hoc est quod Dei unius partes sint* [33], *quæ istam faciunt Trinitatem, velut ex his* [34] *tribus partibus compleatur Deus nec sit perfectus in seipso vel Pater vel Filius vel Spiritus sanctus.* Juxta quem errorem quidam, legentes in Patre Filium esse, interpretantur hoc tamquam in majore [35] vase vas minus. Unde et Philaster *Metangismonitas* hos vocat. Nam *angismon* [36] græce, vas dicitur latine. *Metangismon* [37] autem *introitus* [38] *vasis unius in alterum.* Hi ergo substantiam (hoc est essentiam) Dei sua opinione velut partibus in unum conjungunt. Si enim Deus ex partibus conjunctus est, essentia quoque, qua ipse est, ex illis [39] essentiis, quibus Dei partes sunt, conjuncta est. Quoties enim subsistens ex subsistentibus conjunctum est, necesse est ejus totum esse i.e. illam, qua ipsum perfectum est, subsistentiam ex omnium partium suarum omnibus subsistentiis esse conjunctam.

[18] Non tamen econverso [40] dicimus quod, quoties alicujus esse constat ex multis, ipsum quoque, quod eo est, constet similiter ex multis. Contingit enim subsistens esse simplex i.e. ex [41] subsistentibus [42] minime esse conjunctum, cum tamen ejus esse sit multiplex : ut anima simplex est, multis tamen subsistentiis [43] aliquid est. Qualiter et aliqui, Deum multiformem opinantes, potentiam, sapientiam, bonitatem tamquam diversas uni simplici Deo attribuunt. Et ipsum unum eundemque Deum secundum potentiam esse Patrem, secundum sapientiam esse Filium, secundum bonitatem esse Spiritum sanctum, quibus possunt (vitreis tamen) [44] non tam argumentis quam argutiis, asserunt [45].

[19] Hos itaque omnes destruit cum ait : *Nec separari ullo modo aut disjungi potest* illa una [46] trium [47], qua [48] sunt, essentia. *Nec velut ex partibus in unum conjuncta est.* SED potius EST UNA SIMPLICITER, qua [49] illi tres sunt unum et simplex et [50] omnino

[10] ipsorum *ENOPR*.
[11] *om. L*.
[12] et *H*.
[13] qualitate *X*.
[14] explanatione *Z*.
[15] respondeat *BLT*.
[16] vero *W*.
[17] impius *F*.
[18] Ephiphanius *KM*. AUGUSTINE, *De Hær.*, 51 ; PL 42, 59.
[19] simul *P*.
[20] sicut *K*.
[21] totam *DW*.
[22] prædicari *NO*.
[23] *om. U*.
[24] quem *Y*.
[25] singularitate *NO*.
[26] essentiam *B*.
[27] hæc *M* : id est *K*.
[28] *om. V* : substantiam *B*.
[29] unam *AEFIMQRUVXZ*.
[30] separent *W*.
[31] similitudine *O*.
[32] Phylaster *ILT* : Filaster *PR* : Philaster *mss.* AUGUSTINE, *De Hær.*, 74 ; PL 42, 45.
[33] *add.* quædam *B*.
[34] istis *DW*.
[35] majori *BD* : minore *V*. AUGUSTINE, *De Hær.*, 58 ; PL 42, 41.
[36] agismon *V*.
[37] metangismos *LTW* : mentagismon *BMNOVY* : metangismon *mss*.
[38] Introitum *U*.
[39] aliis *K*.
[40] ex converso *U*.
[41] *om. BLT*.
[42] subsistentiis *P*.
[43] subsistentibus *V*.
[44] *ras.* vitreis tamen *L*.
[45] afferunt *K*.
[46] unum *H*.
[47] *om. L*.
[48] *marg.* Cave : qua *NO*.
[49] quia *FQ*.
[50] quia *ES*.

id quod sunt. Non enim est aliud, quo sint [51], nisi illa individua et simplex essentia. Illa [52] autem [53] de tribus communiter et divisim et collectim (sicut dictum est) prædicatur.

[20] IGITUR *quod* [54] DE DIVINA SUBSTANTIA i.e. de Deo substantialiter *prædicatur* [55], *id* [56] TRIBUS i.e. Patri et Filio et Spiritui sancto OPORTET ESSE *commune*. Ita singulariter debuit dicere *quod* et *prædicatur* et *id* et *commune*, quoniam (sicut dictum est) nonnisi [57] unum est, quod de his substantialiter dicitur. Quia tamen id quarundam [58] rationum proportionibus sæpe diversis significandi modis ostenditur i.e. vel ad generum vel ad qualitatum vel ad [59] quantitatum imitationem [60], cum dicimus 'Deus, bonus [61], magnus' et hujusmodi aliis nominibus significatur, pluraliter dixit QUÆCUMQUE et [62] PRÆDICANTUR et EA et COMMUNIA. Nec mirum, si in theologicis (ubi cognatos rebus de quibus loquimur non possumus habere sermones sed [63] ad illa significanda illos, qui sunt cæterarum facultatum, ex aliqua rationis [64] proportione transumimus) multis nominibus et diversis modis idem significamus, cum in naturalibus, ubi non tanta est inopia nominum, idem sæpe faciamus : ut 'corpus, corporale, corporeum' [65] idem sed diverso modo significant [66] : item 'animal, animale', et [67] 'homo [68], humanum' et hujusmodi plurima.

[21] IDQUE SIGNI ERIT etc. Quasi [69] : *Quæcumque de divina substantia prædicantur, tribus communia sunt.* IDQUE SIGNI [70] i.e. [71] hoc signum ERIT, per hoc scilicet probabiliter intelligi poterit [72], QUÆ SINT [73] illa QUÆ DE DIVINITATIS SUBSTANTIA i.e. de Deo substantialiter PRÆDICENTUR [74], QUOD scilicet QUÆCUMQUE etc. [75] Quod ait '*signum*' a rhetoribus [76] sumit. Cicero [77] namque inter illa probabilia inventa, quæ fere [78] fieri solent, signum ponit : quo [79] quidem id, cujus dicitur signum, quoquo modo [80] significari dicit sed majoris *testimonii et gravioris confirmationis* [81] indigere.

[22] Qualiter et hoc loco prædicationis (de tribus simul et divisim [82] de singulis [83] singulariter factæ) [84] communitas substantialitatis ejusdem prædicati [85] dicitur signum. Sicut enim *cruor, fuga, pallor, pulvis, et his similia* [86] quorundam factorum *signa* quidem sunt, quæ in continentibus [87] cum [88] negotiis vel in gestionibus negotiorum [89] fieri solent, tamen *infirma,* quoniam et præter negotia quibus attribuuntur contingunt [90] : sic [91] ista prædicandorum [92] de tribus divisim et conjunctim communitas substantialitatis prædicatorum [93] *signum* quidem est, quoniam multis hoc convenit communiter prædicatis, *infirmum* tamen, quoniam aliqua [94] sunt, quæ et de singulis divisim et conjunctim de tribus tam rei quam nominis singularitate communiter prædicantur, quæ illorum substantiæ esse non possunt, quia non secundum rem sed extrinsecus affixa prædicamenta sunt : ut principalitas et actio.

[23] Nam et per se verum est : 'Pater est principium' ; et item [95] per se [96] : 'Filius est principium' ; et item [97] per se : 'Spiritus sanctus est principium' ; et [98] etiam, simul : 'Pater [99] et Filius et Spiritus sanctus sunt unum principium'. Sic [1] et [2] per se : 'Pater est factor' ; et [3] item [4] : 'Filius est factor' [5] ; et item : 'Spiritus sanctus est factor' ; [6] ; et etiam [7] simul : 'Pater et Filius et Spiritus sanctus [8] sunt unus factor' [9]. Neque tamen principalitas neque actio est eorum, qua [10] sunt id [11] quod sunt [12], essentia.

[51] sunt *V.*
[52] ideo *V.*
[53] *om. R.*
[54] quæcumque *X* (*e corr. R*).
[55] prædicantur *R.*
[56] *add.* de *Z.*
[57] non hic *H.*
[58] quorundam *HP.*
[59] *om. ES.*
[60] mutationem *W* : unitionem *QV* : unionem *S.*
[61] *add.* et *K.*
[62] *om. O.*
[63] *add.* et *IT.*
[64] *om. L.*
[65] *add.* et *H.*
[66] *add.* sed *K.*
[67] *om. AB.*
[68] *add.* et *NO.*
[69] *add.* dicat *N.*
[70] *add.* erit *QT.*
[71] *om.* id est *B.*
[72] *potuit W.*
[73] sunt *K.*
[74] prædicantur *T.*
[75] *om. BFLMPQTV.*
[76] rectoribus *XP* : rhetoribus *ER* : rethoribus *mss.*
[77] *De Inv.*, I, 29, 46.
[78] foro *NO* : *om. L.*
[79] quod *U.*
[80] *om.* quoquomodo *S.*
[81] CICERO, *De Inv.*, I, 30, 48.
[82] *add.* et *IT* (*del. A*).
[83] *om.* de singulis *B.*
[84] facta *STV.*
[85] prædicari *PR* : prædicandæ *T.*
[86] CICERO, *De Inv.*, I, 39, 48.
[87] continenti *NO.* Cf. CICERO, *De Inv.*, I, 26, 37.
[88] *add.* in *K.*
[89] *om. DW.*
[90] contingit *T.*
[91] sicut *K.*
[92] prædicamentorum *V* : *add.* et *AKMRUXZ.*
[93] prædicamentorum *V.*
[94] alia *LT.*
[95] iterum *K.*
[96] *om.* per se *K.*
[97] iterum *K.*
[98] *om. W.*
[99] simpliciter *NO.*
[1] sicut *P.*
[2] *om. HT.*
[3] *om. Q.*
[4] iterum *K* : *add.* per se *T.*
[5] fortior *Y.*
[6] *om.* sunt unum . . . factor *NO.*
[7] *add.* semper *NO.*
[8] *om.* est factor . . . sanctus *Z.*
[9] *om.* et etiam . . . factor *W.*
[10] quia *FQ* : quo *V* : quæ *W.*
[11] idem *FQR.*
[12] *om. Q* : *del. Y.*

Sed qui [13] essentia sua sunt id quod sunt, relatione (quæ vocatur 'principalitas') referuntur ad creaturas et dicuntur earum principium. Actione vero [14] facere ipsa [15] dicuntur. Et attendendum quod [16] non cœperunt esse principium. Facere vero cœperunt.

[24] Ex quibus apparet quædam [17] esse, quæ [18] æternaliter, alia, quæ secundum tempus tribus [19] istis communiter conveniunt. Nec tamen de ipsis substantialiter prædicantur. Ideoque communitas prædicatorum infirmum signum est substantialitatis [20] eorum [21]. Ad [22] demonstrandum [23] ergo [24], quæ sint [25] quæ de Deo [26] substantialiter prædicantur, valet quidem communitas prædicationis, quoniam omnium substantialium prædicatio tribus est revera communis, sed indiget ipsa substantialitas testimonio alterius rationis et loco gravioris ad confirmationem inventi [27], quoniam non omnia, quæ communiter de his dicuntur, necesse est [28] de ipsis [29] substantialiter dici.

[25] Unde et [30] auctor iste, cum dixisset '*idque* [31] (hoc est prædicationis communitas) *signum* [32] *erit, quæ de divinitatis substantia prædicentur* [33], non ait : *quod* quæcumque de tribus in unum collectis singulariter prædicantur [34], dicuntur de singulis hoc modo i.e. substantialiter (quod falsum esset) sed potius ait [35] : QUÆCUMQUE [36] DE SINGULIS i.e. per se DICUNTUR HOC MODO i.e. substantialiter, DE TRIBUS etiam IN UNUM COLLECTIS hoc [37] est simul suppositis SINGULARITER PRÆDICABUNTUR [38]. Quod exemplorum quoque testimoniis confirmatur [39] HOC MODO : SI scilicet DICIMUS divisim 'PATER DEUS EST', item [40] 'FILIUS DEUS EST', item 'SPIRITUS SANCTUS DEUS EST' [41], collectim quoque 'PATER, FILIUS, SPIRITUS SANCTUS UNUS DEUS sunt' [42]. Hoc enim exemplo patet deitatem [43], quæ de singulis divisim prædicatur, de eisdem simul [44] collectis prædicari.

[26] IGITUR [45] UNA DEITAS [46] EORUM i.e. Patris et Filii et Spiritus sancti SI [47] EST (ut [48] utique est) UNA eorundem illa SUBSTANTIA [49] quæ græce quidem usia [50] dicitur, latine vero essentia, manifestum est quod DEI NOMEN i.e. deitatem [51] hoc nomine, quod est 'Deus', LICET PRÆDICARI SUBSTANTIALITER DE DIVINITATE i.e. de Deo : de [52] Patre videlicet [53] et de [54] Filio et de [55] Spiritu sancto. ITA i.e. sicut [56] deitatem [57], quæ substantialiter prædicatur, diximus et divisim de singulis et collectim de tribus prædicari, similiter dicimus [58] veritatem, quæ eorundem [59] essentia est nec alia quam divinitas, de illis et divisim et collectim prædicari.

[27] Nam et divisim PATER [60] VERITAS i.e. verus EST ; item FILIUS [61] VERITAS i.e. verus EST [62] ; item SPIRITUS SANCTUS [63] VERITAS [64] i.e. verus EST ; et collectim PATER [65], FILIUS [66], SPIRITUS SANCTUS NON sunt TRES VERITATES SED [67] sunt UNA singulariter et simpliciter VERITAS i.e. unus verus. Ita pluralitati personarum verbi pluralitatem reddere debuit et dicere [68] '*sunt*' [69]. Tamen propter prædicatæ veritatis singularitatem singulariter dixit EST [70].

[28] Ecce hoc item [71] exemplo patet veritatem, quæ de singulis divisim prædicatur, de eisdem simul collectis prædicari. IGITUR UNA VERITAS horum SI EST (ut utique est) IN HIS UNA SUBSTANTIA hoc est essentia, NECESSE EST eandem VERITATEM de ipsis SUBSTANTIALITER PRÆDICARI. DE BONITATE quoque et [72] DE INCOMMUTABILITATE et

13 quod *KN*.
14 vel *W*.
15 ea *T*.
16 quia *NO*.
17 *add.* enim *Y*.
18 *om. L*.
19 *om. M*.
20 substantialiter *NO*.
21 prædicantur *NO*.
22 *om. NO*.
23 monstrandum *NO*.
24 vero *NO*.
25 sunt *H*.
26 eo *DW*.
27 CICERO, *De Inv.*, I, 30, 48.
28 *om. ES*.
29 his *D* : *om.* de ipsis *W*.
30 *om. ES*.
31 id quod *DW*.
32 *Bœthius : SIGNI*.
33 prædicarentur *BM*.
34 prædicarentur *L*.
35 esset *P*.
36 *add.* igitur *ES*.
37 id *Z*.
38 prædicantur *P*.
39 comprobatur *V*.
40 *om. P*.
41 *om. E*.
42 *om. LT*.
43 divinitatem *BEKS*.
44 *om. B*.
45 si igitur *W*.
46 divinitas *PY*.
47 *om. S*.
48 quod *M* : et *Z*.
49 *marg.* Hilarius : Hujusmodi una substantia potest pie dici et pie taceri *B*. HILARY, *De Synodis*, 71 ; PL 10, 527B.
50 ysia *B* : usia *DHIPQR* : usya *mss*.
51 divinitatem *BDESW*.
52 *om. LTWZ*.
53 *om. Y* scilicet *K*.
54 *om. KSVY*.
55 *om. IKY*.
56 sic *U*.
57 divinitatem *BS*.
58 diximus *U*.
59 eorum *V*.
60 prædicatur *NO*.
61 *add.* est *Y*.
62 *om. S*.
63 *add.* est *NV*.
64 *add.* est *U*.
65 *add.* et *UY*.
66 *add.* et *UY*.
67 scilicet *Z*.
68 differentiæ *K*.
69 *del. Y*.
70 esse *Y* : eis *L*.
71 in *W*.
72 *om. XZ*.

DE JUSTITIA et DE OMNIPOTENTIA [73] AC DE CÆTERIS OMNIBUS, QUÆ TAM DE SINGULIS divisim QUAM simul DE OMNIBUS SINGULARITER PRÆDICAMUS, (supple : idem dicimus quod de deitate [74] et de veritate dictum est, quod [75] videlicet [76] *si sunt* [77], ut utique sunt, *una horum trium substantia*) MANIFESTUM EST ea immo (sub multorum diversitate nominum) id [78] de ipsis SUBSTANTIALITER DICI.

[29] UNDE etc. Hucusque catholicæ fidei auctoritate confirmavit illam suæ ratiocinationis partem qua dicitur : *Quidquid de Deo* [79] *substantialiter prædicatur* [80], *id et de Patre et de* [81] *Filio et de Spiritu sancto et divisim et simul suppositis singulariter dicitur*. Nunc (assumpturus quod nullum eorum [82], a quibus tres illæ sunt appellationes i.e. 'Pater, Filius [83], Spiritus sanctus' [84], neque divisim neque simul de omnibus dicitur ; et conclusurus : 'nullum igitur eorum substantialiter prædicatur' ; et hoc per singula demonstraturus) prius tacitis nominibus istis i.e. 'Pater, Filius [85], Spiritus sanctus' generaliter ait : EA [86] et QUÆ, in quorum generalitate hæc [87] specialia continentur. Tamquam igitur [88] assumptionis atque [89] conclusionis locum breviter suæ ratiocinationi [90] interserens generaliter ait : UNDE APPARET EA [91]. Quasi : deitas [92], veritas, bonitas et quæcumque cætera de tribus substantialiter prædicantur, de illis omnibus et [93] divisim et conjunctim [94] suppositis dicuntur. UNDE APPARET EA (generaliter quæcumque sint) QUÆ CUM [95] IN SINGULIS SEPARATIM [96] DICI CONVENIT NEC [97] TAMEN eodem [98] singulari nomine IN OMNIBUS DICI QUEUNT, NON SUBSTANTIALITER PRÆDICARI SED potius ALIO MODO. QUI VERO ISTE modus SIT, POSTERIUS QUÆRAM.

[30] NAM QUI etc. Quasi [1] : Vere. Quæcumque de quolibet istorum trium separatim dicta non [2] de omnibus eodem singulari nomine dicuntur [3], non substantialiter prædicantur [4] de ipsis [5]. NAM ista (scilicet 'Pater, Filius [6], Spiritus sanctus') quæ sic [7] prædicantur de singulis quod non de omnibus, minime substantialiter prædicantur. Quod sine ambiguitate certum est. Ille etenim QUI EST PATER, HOC VOCABULUM quo [8] ipse [9] vocatur 'Pater', NON TRANSMITTIT AD FILIUM NEQUE AD SPIRITUM SANCTUM, ut scilicet vel qui Filius est vel qui Spiritus sanctus est, eodem vocabulo nominetur 'Pater'. QUO FIT UT HOC NOMEN [10], quod est 'Pater', ei, qui solus dicitur 'Pater', NON SIT INDITUM SUBSTANTIALE. Id est : res, quæ hoc nomine prædicatur, non est ejus, de quo prædicatur, substantia. Vere. NAM SI ESSE SUBSTANTIALE hoc nomen i.e, res, quæ eo [11] prædicatur : UT DEUS i.e. deitas [12], UT VERITAS, UT JUSTITIA, UT IPSA QUOQUE SUBSTANTIA i.e. ut [13] usia [14] quam hoc nomine, quod est 'substantia', prædicamus [15], DE CÆTERIS quoque i.e. Filio [16] et [17] Spiritu sancto DICERETUR.

ITEM FILIUS SOLUS RECIPIT HOC NOMEN, quod est 'Filius'. NEQUE enim CUM ALIIS i.e. Patre et Spiritu sancto illud JUNGIT. Id est : hoc nomine neque ille, qui Pater est, neque qui Spiritus sanctus est, dicitur esse [18] 'Filius'. SICUT IN DEO i.e. in hoc nomine, quod [19] est 'Deus'. SICUT IN VERITATE i.e. [20] in hoc nomine [21], quod est 'veritas'. SICUT IN CÆTERIS nominibus QUÆ SUPERIUS DIXIMUS quibus una usia [22] (quæ illis significatur) de tribus, quorum est essentia, divisim et collectim prædicatur.

[31] Ille QUOQUE qui, etsi cum Patre et Filio non modo ab usia [23] 'Spiritus' sed etiam [24] ab usu muneris (qui [25] ex tribus æqualiter est) vel ab æternitate (qua semper sunt [26], quod usia [27] sua sunt) 'sanctus' vocatur, tamen horum nominum appellationibus (ad proprietatem, qua ab eodem Patre et Filio intelligitur alius, contractis) nominatur

[73] *add.* et *Z.*
[74] divinitate *BSW.*
[75] *om. S.*
[76] scilicet *S.*
[77] sint *V.*
[78] idem *ALST.*
[79] eo *I.*
[80] *om. P* : prædicari *A.*
[81] *om. U.*
[82] illorum *S.*
[83] *add.* et *F.*
[84] *add.* sed *T* : secundum *L.*
[85] et Filius et *PR.*
[86] *om. P.*
[87] ista *ES.*
[88] *om. N.*
[89] et *LTZ.*
[90] ratiocinationis *FDW.*
[91] *add.* et *S.*
[92] divinitas *E.*
[93] *om. BFLPQV.*
[94] collectim *NO.*
[95] cumque *AKTUXZ.*
[96] specialiter *T.*
[97] nunc *NO.*
[98] eo quod *IRUX.*
[1] *om. E : add.* dicat *NO.*
[2] vero *W.*
[3] prædicantur *V.*
[4] dicuntur *V.*
[5] singulis *P.*
[6] et Filius et *S.*
[7] sicut *K.*
[8] quod *N.*
[9] scilicet *ES.*
[10] nomine *NO* : *add.* scilicet *ES.*
[11] hoc nomine *S.*
[12] divinitas *BE.*
[13] *om. S.*
[14] ysia *BHS* : usia *DLPQR* : usya *mss.*
[15] prædicabimus *NO.*
[16] de Filio *V.*
[17] *om. NO.*
[18] est *H.*
[19] quia *NO.*
[20] *om.* id est *P.*
[21] *om. NO.*
[22] ysia *S* : ysya *B* : usia *DPQ* : usya *mss.*
[23] ysua *S* : ysya *B* : usia *DP* : usya *mss.*
[24] *add.* qui *Y.*
[25] quod *B.*
[26] est *B.*
[27] ysia *S* : ysya *B* : usia *PRTZ* : usya *mss.*

'Spiritus sanctus', non est idem qui Pater est [28] ac qui Filius est. Deinde suam ratiocinationem concludit et ait : ex his igitur i.e. quandoquidem quidquid de Deo substantialiter prædicatur, id [29] et [30] de Patre et de Filio et de Spiritu sancto et divisim, et simul suppositis singulariter dicitur, neque vero Pater neque Filius neque Spiritus sanctus de eisdem [31] omnibus vel divisim vel simul suppositis dicitur [32], recte intelligimus [33] Patrem et Filium et [34] Spiritum sanctum i.e. ea, a [35] quibus tres istæ sunt appellationes, non substantialiter dici de ipsa divinitate [36] i.e. de illis [37], qui (quoniam sola divinitate sunt) non modo 'Deus' verum etiam 'divinitas' appellantur [38], sed potius alio [39] quodam qui jam [40] exponetur [41] modo ea intelligimus dici.

Si enim. Quasi : Recte intulimus [42] hæc [43] non substantialiter dici ex eo, quod non de omnibus vel divisim vel simul suppositis [44] Patre et Filio et Spiritu sancto dicuntur [45]. Si enim quodlibet horum substantialiter prædicaretur [46], certum est [47] quod et de singulis divisim et de omnibus simul suppositis singulariter diceretur, quoniam omnium illa, qua [48] sunt, substantia [49] est [50] tantummodo una.

<CAPITULUM SECUNDUM>

<*Quæ non substantialiter de Deo prædicentur*>

[32] Hæc [51] vero. Dixit [52] hæc non [53] substantialiter dici sed alio modo. Nunc, quis ille modus sit, aperit dicens : manifestum vero est hæc dici ad aliquid i.e. secundum ea, quæ his nominibus prædicantur, illos, de quibus dicuntur, hoc [54] ipsum, quod his prædicatis sunt, aliorum esse. Vere. Nam et Pater alicujus i.e. Filii est Pater. Et conversim Filius quoque alicujus i.e. Patris est Filius. Spiritus etiam alicujus i.e. Patris aut [55] Filii, immo et Filii est [56] Spiritus i.e. [57] connexio.

[33] Quo fit etc. Hic commemorandum videtur quod unitas omnium a se diversorum [58] in quolibet facultatum genere prædicamentorum comes est. Nam de quocumque aliquid prædicatur, id prædicato quidem [59] est hoc, quod nomine ab eodem sibi indito et verbi substantivi compositione (cujus adminiculo prædicatur) esse significatur. Sed unitate ipsi [60] coaccidente est unum : ut album *albedine* quidem [61] *album* est [62] sed *unitate* coaccidente albedini [63] *unum*. Et simul albedine et ejus comite [64] unitate [65] est album unum. Quapropter, cum multa prædicantur de uno, quodammodo illud [66] unum est multa, quoniam scilicet est multis [67]. Quamvis enim non sit numerus ejus [68], quod [69] multis est, est tamen numerus et [70] eorum, quorum unoquoque est, et unitatum [71] illis accidentium, quarum unaquaque [72] unum est.

[34] Cum vero unum prædicatur de multis, multa sunt unum : et cum multa de multis, multa sunt multa. Nam juxta numerum eorum, quæ prædicantur, unorum [73] est etiam earum, quæ illis accidunt, per quandam conformationem [74] numerus unitatum [75]. Et caret unitas numero, cum illius [76] unius prædicati, cui coaccidit [77], nullus est numerus.

[35] Quoniam ergo paternitas et filiatio et connexio diversa sunt, oportet unitates quoque, quæ illis adsunt, a se invicem esse diversas. Et quia [78], quamvis substantiæ substantia [79] alia [80] aut accidens adsit (ut corporalitati [81] animatio et color), accidenti

[28] *om. U.*
[29] ut *U.*
[30] *om. N.*
[31] illis *NO.*
[32] *om.* neque vero . . . dicitur *V.*
[33] intelligitur *ENO.*
[34] *Bœthius : AC FILIUM AC.*
[35] *om. ENOPRS.*
[36] deitate *BS.*
[37] his *L.*
[38] appellatur *P.*
[39] aliquo *P.*
[40] *om.* qui jam *L.*
[41] exponentur *L.*
[42] intuimus *I.*
[43] hoc *T.*
[44] positis *K.*
[45] *om. NO.*
[46] prædicetur *L.*
[47] *om. NO.*
[48] quæ *FNTZ.*
[49] *add.* melius dicitur 'quæ sunt' substantia *N* (*marg. O*).
[50] *om. P.*
[51] *add.* eo *L.*
[52] dixi *NO* : dicit *UY.*
[53] *om. L.*
[54] hæc *O.*
[55] et *L.*
[56] *om. NO.*
[57] *om.* id est *T.*
[58] divisorum *U.*
[59] quod *L.*
[60] sibi *ABEHS.*
[61] quod *Y.*
[62] *om. MT.*
[63] *add.* est *NO.*
[64] *om.* ejus comite *NO.*
[65] *add.* coaccidente *ENO* (*del. S*).
[66] illis *L.*
[67] *add.* ex *NO.*
[68] est *NO.*
[69] qui *NO.*
[70] *del. S.*
[71] *add.* et *H.*
[72] unquæque *NOP.*
[73] numerorum *SV* : *del. LY.*
[74] conformitatem *L* : confortionem *X.*
[75] numerum *L.*
[76] istius *V.*
[77] accidit *P.*
[78] quæ *V.*
[79] substantialia *HKU.*
[80] *om. HKU.*
[81] corporeitati *A.*

tamen non potest adesse [82] substantia, unitates quæ adsunt paternitati et filiationi et connexioni (quibus sunt tria non modo hæc prædicata verum etiam illa, de quibus hæc [83] prædicantur i.e. Pater et Filius et Spiritus sanctus) nequaquam poterunt esse substantiæ. Unde [84] et auctor [85] recte infert dicens : QUO FIT UT NEC TRINITAS QUIDEM DE DEO SUBSTANTIALITER PRÆDICETUR.

[36] Quod et ex eo manifestum est, quod non [86] de unoquoque illorum i.e. Patre et Filio et Spiritu sancto divisim dicitur [87]. PATER ENIM NON est TRINITAS i.e. Pater non est [88] tres isti [89]. Vere. Ille ENIM QUI EST PATER, Pater quidem est, sed NON EST [90] FILIUS AC [91] SPIRITUS SANCTUS. Quæ *approbatio* [92] omnino necessaria est. Quoniam enim [93] unitates solis his, quæ prædicantur, adsunt [94] nec nisi secundum prædicata de subjectis aliquibus dici possunt, impossibile est [95] eas illis, quibus adesse debent, absentibus prædicari. Non ergo potest esse *unus* Filius, qui non est Filius : nec *unus* Spiritus sanctus, qui non est Spiritus sanctus.

[37] SECUNDUM EUNDEM MODUM NEC FILIUS est TRINITAS i.e. non est tres [96] isti, quoniam qui est Filius, Filius quidem est, sed [97] non est Pater neque [98] Spiritus sanctus. NEQUE [99] SPIRITUS SANCTUS est TRINITAS i.e. non est tres isti, quoniam qui [1] Spiritus sanctus est i.e. connexio, hoc [2] proprium [3] nomen habet. Alia vero duo [4] non recipit i.e. non est Pater neque [5] Filius. Quoniam vero [6] una sola divinitas trium est, necesse est ut, qui illa sunt Deus, *unitate* (quæ secundum eam est) sint [7] *unus* : et simul *divinitate* et illa [8] (quæ secundum ipsam est) *unitate* sint *Deus unus*. Sunt [9] igitur [10] Pater et Filius et Spiritus sanctus et tres et unus.

[38] SED [11] (sicut dictum est) TRINITAS QUIDEM CONSISTIT IN PLURALITATE PERSONARUM. Id est : unitatum numerus de illis prædicatur secundum numerum proprietatum, quæ et a se invicem diversæ sunt et *ita* de diversis prædicantur, *quod* numquam de aliquo plenitudine proprietatis (quæ colligatur [12] ex his et ex aliis prædicamentis omnibus) uno dicuntur. Unde quilibet eorum ab alio sua proprietate per se unus i.e. alia persona est.

UNITAS VERO eorundem consistit IN SUBSTANTIÆ i.e. usiæ [13], quæ de ipsis prædicatur, SIMPLICITATE : videlicet [14] unitas de illis prædicatur [15] secundum singularem [16] et simplicem, qua [17] sunt id quod sunt, suam essentiam [18].

[39] QUOD SI etc. Adhuc idem dicit : quod scilicet hæc, quæ tribus non sunt communia i.e. Pater [19], Filius [20], Spiritus sanctus et Trinitas, minime substantialiter prædicantur [21]. Quæ vero sunt substantiæ, communiter de ipsis dicuntur. Quasi : Trinitas in personarum diversitate, unitas [22] in substantiæ simplicitate consistit. QUOD SI Pater [23] et Filius et Spiritus sanctus SUNT DIVERSÆ [24] PERSONÆ (ut utique sunt proprietatibus, quæ de uno dici non possunt), SUBSTANTIA VERO i.e. usia [25], qua sunt id quod sunt, INDIVISA SIT, NECESSE EST id [26] VOCABULUM, QUOD CAPIT ORIGINEM EX PERSONIS i.e. quod ex personali proprietate vel una (ut 'Pater') vel duabus (ut 'procedens', quod non de Patre sed de Filio et Spiritu sancto dicitur [27], vel 'emittens, quod non de Spiritu sancto sed de Patre et [28] Filio prædicatur) vel omnibus (ut 'tres' quod de nullo divisim sed de omnibus collectim) enuntiatur, AD SUBSTANTIAM i.e. essentiam, qua sunt, NON PERTINERE i.e. minime substantialiter prædicari.

[40] AT TRINITATEM i.e. unitates, quibus collectim dicuntur esse tres, FACIT DIVERSITAS illa proprietatum, ex quibus est diversitas quæ dicitur PERSONARUM. Quoniam igitur [29]

[82] esse *V*.
[83] ipsa *HIUZ* : *om. K*.
[84] *add.* coacta expositio *N* (*marg O*).
[85] actor *RY*.
[86] *om. L*.
[87] prædicatur *FLT*.
[88] *om.* i.e. Pater non est *S*.
[89] *om. S*.
[90] *om. DLW*.
[91] aut *ENOS*.
[92] Cf. CICERO, *De Inv.*, I, 36, 62.
[93] *om. Q*.
[94] absunt *O*.
[95] in *K*.
[96] *add.* et *EPR*.
[97] *om. L*.
[98] nec est *U*.
[99] nec *IK*.
[1] *om.* est Filius . . . qui *Z*.
[2] sed *P*.
[3] prima *P*.
[4] *om. LP*. *Supple :* nomina.
[5] nec *ENS*.
[6] *om. KV*.
[7] sunt *KM*.
[8] *om. BENOS :* illam *L*.
[9] sin *L*.
[10] *add.* et *U*.
[11] *om. L*.
[12] colligitur *FT*.
[13] ysyae *B* : usiæ *PS* : usyæ *mss.*
[14] *om. V*.
[15] *om.* simplicitate . . . prædicatur *S*.
[16] *marg.* Cave dicere 'singularem *NO*.
[17] quia *N*.
[18] *om.* suam essentiam *W* : sua essentia *L*.
[19] *add.* et *BEPRS*.
[20] *add.* et *BENPRS*.
[21] prædicentur *V*.
[22] *om. NO*.
[23] prædicatur *W*.
[24] divisæ *AFUVY* (*e corr. R*).
[25] ysya *B* : ysia *S* : usia *PRY* : usya *mss.*
[26] *add.* est *N*.
[27] *om. L*.
[28] *add.* de *NO*.
[29] ergo *S* : *om. N*.

illæ proprietates non sunt substantiæ (quod ex eo maxime certum est, quia non singulariter dicuntur de omnibus divisim et collectim suppositis), multo magis NON PERTINET AD SUBSTANTIAM i.e. non est substantialis [30] TRINITAS : videlicet [31] unitates quibus illæ proprietates et illi, quorum ipsæ sunt, numerantur. Quæ nec prædicantur simul omnes nec divisim de singulis. Ut enim item itemque dicatur, illa est certissima regula qua dicitur non esse [32] substantia [33], quidquid de tribus divisim et simul suppositis non prædicatur.

[41] QUO [34] FIT UT NEQUE PATER NEQUE FILIUS NEQUE SPIRITUS SANCTUS i.e. quælibet istarum proprietatum, a quibus hæc sunt indita nomina, NEQUE TRINITAS, qua secundum eas Pater [35] et [36] Filius et Spiritus sanctus sunt tres, DE DEO scilicet Patre et Filio et Spiritu sancto SUBSTANTIALITER PRÆDICETUR [37] SED potius, UT supra DICTUM EST, AD ALIQUID, quoniam revera Pater et Filius paternitate et filiatione inter se referuntur et Spiritus sanctus ad eosdem se habet connexione. Trinitas vero, qua ipsi dicuntur tres, ipsa quidem non est relatio (omnis enim numerus est [38] per se) sed relationum [39], quibus ipsi referuntur, comes est. Ideoque ipsarum [40] consortio dicitur ad aliquid prædicari.

[42] DEUS VERO i.e. divinitas, quæ hoc nomine intelligitur, et VERITAS et JUSTITIA et BONITAS et OMNIPOTENTIA et SUBSTANTIA et IMMUTABILITAS et VIRTUS et SAPIENTIA et QUIDQUID HUJUSMODI (i.e. [41] diversum quidem nomine, idem vero re) [42] EXCOGITARI POTEST, DE DIVINITATE i.e. de Patre et de [43] Filio et de [44] Spiritu sancto SUBSTANTIALITER DICUNTUR, cum una usia [45] dicuntur [46] vel divisim vel simul 'Deus, verus, justus, bonus, omnipotens, subsistens, immutabilis, fortis, sapiens' [47] et hujusmodi aliis ab eadem [48] usia [49] nominibus esse id, quod sunt [50], prædicantur.

[43] HÆC SI etc. Quasi : Quod Pater et Filius et Spiritus sanctus non de divinitate substantialiter prædicantur [51], mihi videor prædictis ratiocinationibus, quæ [52] ex catholica fide habent initium, demonstrasse. Tuum tamen [53], o Johannes, super his [54] judicium expecto. SI ergo [55] HÆC SE HABENT RECTE secundum locos rationum theologicis convenientium ET si etiam rationes sunt [56] EX FIDE i.e. juxta catholicam fidem, PETO UT tuæ contestationis auctoritate ME INSTRUAS i.e. in eorum, quæ dicta sunt, intelligentia [57] confirmes. AUT SI FORTE DIVERSUS ES a me aliter sentiendo de ALIQUA RE i.e. de aliquo [58] prædictorum, peto ne rationi [59] per fictam fidem vel fidei per [60] fabricatam rationem præjudices. Sed DILIGENTIUS i.e. valde diligenter INTUERE QUÆ DICTA SUNT vel esse [61] catholicæ fidei vel ex his, quæ tenet fides catholica, sequi. ET SI utcumque [62] POTERIS, FIDEM RATIONEMQUE CONJUNGE [63], ut scilicet primum ex fide auctoritas rationi : deinde ex ratione assensio fidei [64] comparetur [65].

[30] substantia *LT*.
[31] scilicet *K*.
[32] est *TV*.
[33] substantiam *R*.
[34] quod *U*.
[35] prædicatur *W*.
[36] est *I*.
[37] prædicentur *TV* : prædicantur *P*.
[38] *om. P*.
[39] *add.* in *U*.
[40] earum *V*.
[41] *add.* et *V*.
[42] *om. V*.
[43] *om. BHLMNPRUY*.
[44] *om. HLMPRV*.
[45] ysya *AB* : usia *PS* : usya *mss.*
[46] *om.B : om.* cum una . . . dicuntur *OW*.
[47] *om. BENOS*.
[48] eodem *W*.
[49] ysya *B* : usia *MPRS* : usya *mss.*
[50] habet *K*.
[51] *add.* non *K*.
[52] *add.* et *DEFHINPQWZ* (*del. RS*).
[53] vero *E*.
[54] *om.* super his *R*.
[55] igitur *FLQT* : enim *R*.
[56] *om.* rationes sunt *L*.
[57] intelligentiam *V*.
[58] aliquorum *L*.
[59] rationem *K*.
[60] *om. L*.
[61] *om. L*.
[62] utrumque *KY*.
[63] conjungere *K*.
[64] sibi *L*.
[65] *add.* Amen. Explicit liber de Trinitate *DW* : Explicit Boethius de Trinitate *K* : Explicit expositio Gisilberti P(ictaviensis) E(piscopi) in librum Boethii : Utrum . . . prædicentur *B*.

Adam of Buckfield

SENTENTIA SUPER SECUNDUM METAPHYSICÆ [1]

ARMAND MAURER, C.S.B.

Although Adam of Buckfield's importance as a pioneer in Aristotelian studies in England is well known, none of his works has yet been edited [2]. The present edition is the opening book of his commentary on the *Metaphysica Nova*, the Latin translation of Aristotle's *Metaphysics* made from the Arabic in the early thirteenth century [3]. A word of explanation is required for calling this opening book of the commentary Book Two. At the beginning of the commentary Buckfield tells of the current dispute concerning the numbering of the books of the *Metaphysics* [4]. Some considered the *Metaphysica Vetus* (the Latin translation made from the Greek, which stopped at Book IV, ch. 4) Book One, and the beginning of the *Metaphysica Nova* Book Two. Others counted the introductory part of the *Metaphysica Nova* Book One [5]. Buckfield tells us that he himself does not care which reckoning is used. In calling the present book *Sententia super Secundum Metaphysicæ*, the Balliol manuscript, which has been used as the base for this edition, has been followed [6].

Little is known of this early English commentator on Aristotle. He was born probably about 1220 at Buckfield or Buckingfold in Northumberland. He was a secular master of Arts at Oxford in 1243. He died between 1279 and 1292. His extensive glosses on Aristotle, which cover all the Stagirite's works except the Logic, Ethics and *De Animalibus*, are generally dated about the middle of the thirteenth century. They reflect the influence of Averroes, both in their technique of commenting on Aristotle's text, which Buckfield carried out to perfection, and in their interpretation of it. Although he sometimes used the Question-technique, for example in his commentary on the *De Anima* [7], he generally preferred the literal exposition or gloss, as in his commentary on the *Metaphysica Nova*. This type of commentary does not enable him to investigate philosophical problems in a very independent way, but it does reveal him as a remarkable teacher for the clarity and order of his thought.

The manuscripts of Buckfield's commentary on the *Metaphysica Nova* have already been described by M. Grabmann, F. Pelster and S. H. Thomson. Only the sigla to be used and the essential data about the manuscripts need be stated.

[1] This edition was made with the help of a Humanities and Social Sciences Research Grant from the University of Toronto. The editor wishes to express his gratitude to this University for its generous assistance.

[2] For the life and works of Buckfield, cf. F. Pelster, "Adam von Bocfeld (Bockingfold), ein Oxforder Erklärer des Aristoteles um die Mitte des 13. Jahrhunderts. Sein Leben und seine Schriften", *Scholastik XI* (1936), 196-224. M. Grabmann, "Die Aristoteles Kommentatorem Adam von Bocfeld und Adam von Bouchermefort. Die Anfänge der Erklärung des 'neuen Aristoteles' in England", *Mittelalterliches Geistesleben* II (Munich, 1936), 138-182 ; same author, "Mitteilungen über Werke des Adam v. Bocfeld aus Ms. lat. quart. 906 der Preussischen Staatsbibliothek in Berlin", *Divus Thomas, XVII* (Freiburg, 1939), 5-29. (Texts, pp. 24-29). S. H. Thomson, "A Note on the Works of Magister Adam de Bocfeld (Bochermefort)", *Medievalia et Humanistica* II (1943), 55-87. D. Callus, *Introduction of Aristotelean Learning to Oxford. Proceedings of the British Academy* 29 (London, 1943), pp. 29-30, 45.

[3] For the Latin translations of Aristotle's *Metaphysics*, cf. G. Lacombe, *Aristoteles Latinus* I (Rome, 1939), pp. 61-66.

[4] Cf. *infra*, p. 101.

[5] I have not been able to identify these authors. The following anonymous text is a witness to the dispute mentioned by Buckfield : "Unde sciendum quod quidam incipiunt primum librum ibi : 'Consideracio quidem de veritate', et illi dicunt quod terminatur ibi : 'maxime etc', et quod ibi incipit liber secundus, et terminatur ibi : 'necesse est nobis', ubi incipit liber tertius. Melius tamen dicendum quod vetus metaphysica computatur pro primo libro et durat usque ibi : 'Consideracio quidem' ubi, incipit liber secundus. Cod. *Vat. lat.* 2081, fol. 140r. Very probably written at Oxford about the middle of the 13th century. Quoted by F. Pelster, "Neuere Forschungen über die Aristotelesübersetzungen des 12. und 13. Jahrhunderts. Eine kritische Übersicht", *Gregorianum*, 30 (1949), 52.

[6] This title is found on the upper right hand corner of each recto. In *Ms* Florence, Bibl. Laurenziana Pl. XIII, sin 7, the first book of the *Metaphysica Vetus* precedes the *Metaphysica Nova*. Buckfield's commentary is found in the margin of the latter work. The marginal gloss on the former may be Buckfield's. Cf. S. H. Thomson, *art. cit.*, pp. 72-75.

[7] Cf. D. Callus, "Two Early Oxford Masters on the Problem of the Plurality of Forms. Adam of Buckfield — Richardus Rufus of Cornwall", *Revue Néoscolastique de Philosophie* XLII (1939), 411-445. Texts, pp. 433-438.

A — Oxford, Balliol College 241, fols. 2r-79v. Cf. H. Coxe, *Catalogus Codicum mss. qui in Collegiis Aulisque oxoniensibus hodie adservantur* I (Oxford, 1852), p. 82. 14th century. English provenance.

B — Bologna, Biblioteca Universitaria 1180 (2344), fols. 263r-333v. Late 13th century. French provenance.

C — Cambridge, Gonville and Caius College 367 (589), fols. 164r-258v. Cf. M. James, *Descriptive Catalogue of the Manuscripts in the Library of Gonville and Caius College* II (Cambridge, 1908), pp. 416-417. Middle of 14th century. English provenance.

F — Florence, Biblioteca Nazionale G. IV. 355, fols. 27r-90r. Second half of 13th century. French provenance.

L — Florence, Biblioteca Mediceo-Laurenziana Pl. XIII, sin. 7, fols. 99r-192v. Cf. A. M. Bandini, *Catalogus codicum latinorum Bibliothecæ Laurentianæ* (Florence, 1774-1777) IV, 106. Late 13th century. French or Italian provenance.

P — Padua, San Antonio 416, fols. 1r-51r. Late 13th century. Italian provenance.

I have dated some of the manuscripts later than S. H. Thomson, in most cases following M. Grabmann. The latter did not describe *C*, which seems to be a fourteenth-century manuscript and not, as Prof. Thomson says, thirteenth-century. Indications of this are the cursive influence and the use of round s's in the middle of words. *P* appears to be Italian and not English, as S. H. Thomson and F. Pelster say. This is indicated by the typical Italian abbreviation of *qui*. S. H. Thomson calls *L* English, but I can detect no English traits in the hand. The text of Aristotle's *Metaphysics* appears to have been written by an Italian hand, as the typical abbreviation for r indicates. Buckfield's gloss seems to be in either a French or Italian hand.

If the above dating of the manuscripts is correct, Prof. Thomson's assertion that Buckfield's works were hardly ever copied in the fourteenth century needs to be qualified, at least as far as the *Metaphysics* is concerned. [8]

A has been used as the basic manuscript for the edition. The variants of the other manuscripts are given, except those of *C*. After gathering the variants of this manuscript, it was decided that their relatively small value was out of proportion to the cost of printing them. As a sample of the worth of this manuscript, its variants are given for the first few pages. I have omitted unimportant inversions of word order and the variant readings *ergo, igitur* ; *illa, ista*. In the phrase *in quarum prima*, which Buckfield frequently uses in dividing Aristotle's text, *CBFLP* consistently omit *quarum*. The same manuscripts sometimes omit *ut* in the expression *ut ibi* used before Aristotle's text. These omissions are not included in the variants.

Since there is no critical edition of the *Metaphysica Nova*, I have simply followed *A* for the *lemmata*. They have been corrected from the other manuscripts only when *A* is obviously corrupt. An occasional *etc.* or an additional word at the end of the *lemmata* in the other manuscripts has not been noted. The reference for each *lemma* is given to the edition of the *Metaphysica Nova* in the 1574 Venice edition of Averroes's commentary. The Bekker numbering of the Greek text is also given.

[8] Cf. S. H. Thomson, *art. cit.*, p. 65

SENTENTIA SUPER SECUNDUM METAPHYSICÆ

Consideratio [1] *autem,* etc. Supposito, ut vult Avicenna [2] et etiam Algazel [3], quod subjectum hujus philosophiæ [4] sit ens in quantum ens, ad divisionem hujus scientiæ [5] attendamus [6] ; quæ primo dividitur in duas partes, scilicet [7] in prooemium et tractatum. Et incipit tractatus ibi : *Et* [8] *manifestum est* [9] *quod res.* Et, ut volunt [10] quidam [11], primus liber [12] hujus metaphysicæ novæ non continet nisi istam [13] partem prooemialem ; secundum tamen alios, dicitur vetus [14] metaphysica primus liber, et quod in principio novæ metaphysicæ incipit secundus. Sed de hoc non est curandum. Pars autem prooemialis dividitur in quatuor partes [15], quia [16], ut [17] vult Commentator [18], cognitio veritatis in multis rebus est manifesta [19] et possibilis. Propter hoc in principio hujus libri [20] notificat dispositionem veniendi in cognitionem veritatis secundum facilitatem et difficultatem. In secunda parte prooemii, quæ ibi incipit : *Et* [21] *justum est,* agit [22] gratias prædecessoribus suis qui tractaverunt de veritate. In tertia parte, ut [23] ibi : *Rectum est vocare* [24], ostendit quod hæc philosophia continetur [25] sub philosophia speculativa, et non sub operativa. In quarta, ut [26] ibi : *Et nos* [27] *non* [28] *scimus,* ostendit ordinem sive nobilitatem veritatis de qua [29] consideratur in hac scientia [30], ad alias [31] veritates de quibus consideratur in aliis scientiis.

In parte prima sic procedit. Primo ponit conclusionem quam intendit, dicens quod consideratio de veritate, sive via ducens [32] in veritatem, uno modo est [33] difficilis et [34] alio modo facilis [35]. Secundo cum dicit *Et* [36] *signum ejus est,* verificat eam per signa, ubi [37] sic procedit : Primo dat signum difficultatis ejus [38]. Et est [39] quod nullus [40] hominum sine adjutorio alterius potuit [41] pervenire ad [42] comprehensionem illius [43] veritatis sufficienter [44] ; quod non est nisi propter suam difficultatem. Secundo cum dicit *Licet deviaverunt* [45], dat signum facilitatis. Et est quod omnes antiqui considerantes de veritate aliquid comprehenderunt de ipsa, licet modicum. Et licet unusquisque ipsorum [46] modicum comprehendat [47] de ipsa, tamen si conjunctum fuerit [48] quod ab omnibus comprehenditur, erit tandem pervenire ad aliquam quantitatem sufficientem [49] in comprehensione ipsius. Unde consideratio de veritate secundum [50] hunc modum facilis est. Et quod unusquisque antiquorum modicum comprehendat [51] de ipsa ostendit per quoddam simile cum dicit *Et* [52] *est modus.* Et est quod comprehensio antiquorum de veritate similis est ei quod communiter dicitur. Et est [53] quod nullus ignorat januam domus eo quod omnibus manifesta est; interiora autem [54] domus [55] et secreta, quæ multo majora sunt ipsa janua, bene potest quis [56] ignorare. Similiter, licet [57] unusquisque antiquorum aliquid modicum comprehendat [58] de veritate, tamen [59] nullus eorum sufficienter eam comprehendit. Et ne putetur quod comprehensum ab omnibus antiquis [60] sit sufficiens ad comprehensionem veritatis, redit [61]

[1] 28G (993a30). *Om.* Consideratio autem, etc. *BFP* ; autem : quidam *C*, quidem *L*.
[2] AVERROES, *C*. Cf. AVICENNA, *Metaph.*, I, 2 (Venice, 1508), fol. 70v*C*.
[3] *Metaph.*, I, 1, ed. J. Muckle (Toronto, 1933), p. 4, ll. 17-19.
[4] scientiæ *C*.
[5] scientia *A*.
[6] accedamus *BCFL*.
[7] *om. B*.
[8] 30G (994a1). ed. Venice : At vero quod sit principium. *Om.* Et *CL*.
[9] autem *C*.
[10] voluit *C*, vult *P*.
[11] Cf. *supra*, p. 000.
[12] *om. B*.
[13] istam . . . prooemialem : prooemium *B* ; *om.* istam *CFLP*.
[14] *om. C*.
[15] *om. BFLP*.
[16] *add.* enim *CFLP*.
[17] *om. B*.
[18] AVERROES, *In II Meta.*, t. c. 1 (Venice, 1574) VIII, fol. 28 *I-K*.
[19] inanimata *C*.
[20] scientiæ *BCFLP*.
[21] 29*E* (993b12).
[22] agat *F*, ait *P*.
[23] ut ibi : quæ ibi incipit *BCFLP*, *add.* Et *C*.
[24] 29*H* (993b19). vocare : notare *A*.
[25] *om.* continetur sub philosophia *B*.
[26] ut ibi : quæ ibi incipit *C*.
[27] 29*L* (993b23). *om.* nos *F*.
[28] *om. L*.
[29] quo *C*.
[30] philosophia *C*.
[31] illas *BL*.
[32] ducente *BL* : ducens in : inducens *C*.
[33] *om. C*.
[34] *om. BFLP*.
[35] *add.* est *C*.
[36] 28*G* (993a31).
[37] ut *P*.
[38] *om. B* ; ipsius *CP*.
[39] etiam *L*.
[40] *add.* unus *BCFLP*.
[41] *om. L*.
[42] *add.* cognitionem vel *BFLP*.
[43] alterius *C*.
[44] infert *BL*.
[45] 28*G* (993b1). Licet deviaverunt : Neque deviavit se *BFLP*, Neque deviant *C*.
[46] eorum *L*.
[47] comprehendit *CF*, comprehenderit *P*.
[48] fuit *B*.
[49] sufficiente *F*, simplicem *L*.
[50] per *P*.
[51] comprehendit *BCF*, comprehenderit *P*.
[52] 28*H* (993b5).
[53] *om.* et est *BCFLP*.
[54] tamen *BCL*.
[55] eo . . . domus et secreta : etc. *F*. *om.* eo . . . domus *P*, *om.* domus *BL*.
[56] aliquis *BCFLP*.
[57] *om. FP*.
[58] comprehendit *CFP*.
[59] ut *C*.
[60] *om. L*.
[61] redigit *C*.

super [62] causam difficultatis [63] comprehensionis veritatis [64] cum dicit *Et* [65] *demonstrat*, dans adhuc [66] aliam causam difficultatis a prædicta, per quam tollitur [67] dubitatio prædicta. Et est [68] quod ante tempus suum neque [69] ab uno aliquo [70], neque [69] ab omnibus fuit ipsa veritas comprehensa ; et hoc neque secundum totum neque secundum partem majorem. Et innuit per hoc, sicut dicit Commentator [71], quod ipse comprehendit veritatem simpliciter aut in majori parte, secundum quod possibile est in natura humana.

Et quia jam dedit causas difficultatis in comprehensione veritatis ; et difficultas [72] potest esse in comprehensione veritatis [73] aut ex parte comprehensi [74] aut ex parte comprehendentis, ne [75] putetur quod difficultas in comprehensione veritatis accidat [76] ex parte ipsius veritatis [77], ostendit quod non, immo ex parte nostra [78], cum dicit *Et cum* [79] *difficultas*. Ubi sic procedit. Primo dicit quod cum [80] difficultas comprehensionis entium sit [81] duobus modis [82], scilicet aut ex parte comprehensi aut ex parte [83] comprehendentis [75], difficultas non est in considerando de veritate ex parte ipsius veritatis, sed ex parte nostra.

Secundo cum dicit *Dispositio* [84] *enim*, dat causam hujus [85]. Et [86] est per quoddam simile [87], comparando intellectum nostrum possibilem in [88] comprehensione veritatis ad visum debilissimum, scilicet ad visum vespertilionis in comprehendendo [89] lucem solis. Sicut enim visus vespertilionis, propter suam debilitatem, non potest comprehendere lucem solis [90], quæ in se est maxime [91] visibilis, similiter intellectus noster [92] possibilis ex sua [93] debilitate aut nullo modo aut cum difficultate comprehendit ipsam veritatem, quamvis ipsa de se valde sit manifesta et naturaliter scita et [94] intellecta. Et non est intelligendum quod velit Aristoteles, propter istam comparationem [95] intellectus nostri ad visum vespertilionis, quod [96] impossibile sit [97] intellectum nostrum comprehendere veritatem [98], sicut impossibile [99] visum vespertilionis comprehendere solem ; quia si ita esset, tunc [1] otiose egisset natura, ut vult Commentator [2], si [3] illud quod de sui [4] natura naturaliter habet intelligi ab intellectu, nullo modo posset intelligi [5]. Et [6] notandum est, ut vult [7] Commentator [8], quod prima causa [9], et universaliter substantiæ separatæ, sunt intellectæ [10] in se naturaliter, et idem potest intelligi de primis principiis in scientiis, et universaliter in unoquoque genere de eo quod est primum et minimum et mensura omnium quæ sunt in illo genere. Unde difficultas in comprehensione talium [11] est ex parte nostra et non ex [12] parte ipsorum. In [13] formis autem materialibus [14] e contrario tenet [15]. Difficultas enim [16] in comprehensione ipsarum est magis ex ipsis quam ex nobis, quoniam, ut dicit Commentator [17], nos facimus eas esse intellectas [18].

Et [19] *justum est non tantum*. Hæc est secunda pars [20] procemii, in qua agit gratias prædecessoribus qui consideraverunt de veritate. Et procedit sic : Primo dicit quod justum est reddere gratias illis qui [21] communicaverunt cum ipso in opinionibus in considerando de veritate, hoc est, qui aliquantulum in hoc veras opiniones habuerunt. Et non tantum illis, sed etiam [22] illis [23] qui non [24] communicaverunt cum ipso [25], hoc

[62] supra *CP*.
[63] *add.* ipsius *C*.
[64] *om. C*, ipsius *BFLP*.
[65] 28*H* (993b6).
[66] ad *F*.
[67] colligitur *B*.
[68] *om. L*.
[69] nec *C*.
[70] *om. B*.
[71] Averroes, *loc. cit.*, fol. 29*A*
[72] difficultatis *L*.
[73] alicujus *BCFLP*.
[74] comprehensiva *C*.
[75] *om.* ne . . . comprehendentis *F*.
[76] accidit *C*.
[77] *om. L*.
[78] *add.* secundo *C*.
[79] 28*H* (993b7). *om.* cum *C*.
[80] *om. L*.
[81] fit *L*.
[82] *om. C*.
[83] *om.* comprehensi . . . parte *B*, *om.* ex parte *C*.
[84] 28*I* (993b9).
[85] *om. BL*.
[86] et est : in hoc *F*.
[87] *add.* quod *P*.
[88] in comprehensione : est comprehensionem *P*.
[89] comparando *B*.
[90] *om.* sicut . . . solis *CL*.
[91] magis *C*.
[92] intellectus noster : intellectum nostrum *P*.
[93] una *C*.
[94] *add.* non *B*.
[95] convenientiam *C*.
[96] *add.* sicut *C*.
[97] est *C*.
[98] ipsam *BCFLP*.
[99] *add.* est *BCFLP*.
[1] *om. BFLP*.
[2] *om.* ut . . . Commentator *FP*. Averroes, *ibid. C*.
[3] sed *B*.
[4] sua *BFLP*.
[5] *add.* similiter *BFLP*.
[6] etiam *P*.
[7] ut vult : quod vult hic *BFLP*.
[8] Averroes, *ibid. B*.
[9] prima causa : prædicta *F*.
[10] intellecta *BFLP*.
[11] causarum *P*.
[12] de *P*.
[13] de *BFLP*.
[14] naturalibus *B*.
[15] est *BFL*.
[16] *om. L*.
[17] Averroes, *ibid*.
[18] intellectus *BL*.
[19] 29*E* (993b12). *add.* consequenter cum dicit *FLP*.
[20] *add.* hujus *BLP*.
[21] quæ *B*.
[22] *om.* sed etiam *P*, *om.* sed etiam illis *B*.
[23] his *F*.
[24] *om. ABFL*.
[25] *add.* vel *L*.

est [26], illis [27] qui falsas opiniones de veritate habuerunt ; et [28] hoc quia [29] juverunt ipsum quantum ad opinionem [30] suam. Secundo cum dicit *Quoniam prædecessores* [31], dat [32] causam quare juverunt ipsum ; et est quia [33] excitaverunt intellectum suum [34] ad comprehensionem veritatis. Tertio cum dicit *Quoniam* [35] *si Thimeus,* hoc manifestat per simile sic [36] : Sicut [37] in musicali compositione, si [38] Thimeus non esset [39], non haberemus compositionem musicalem sufficienter, cum [40] Thimeus multum profuit nobis ad ipsam habendam ; adhuc etiam si Gerosius non esset [41], et alii prædecessores ejus non essent [42], tunc non fuisset Thimeus expertus in talibus ; similiter est [43] in consideratione de veritate, quia nos [44] accipimus [45] magnum juvamen [46] ad considerationem de ipsa ex sermonibus quorundam antiquorum, et etiam illi [47] antiqui a suis prædecessoribus. Propter [48] quod dignum est ut agamus [49] grates prædecessoribus nostris de veritate considerantibus.

Consequenter cum dicit *Et* [50] *rectum est vocare,* sequitur tertia pars procemii, in qua ostendit quod philosophia [51] ista [52] sub speculativa philosophia [53] habet contineri, et non sub practica. Ubi sic procedit : Primo ponit conclusionem quam intendit ; et patet ex dictis. Secundo cum dicit *Finis* [54] *enim scientiæ speculativæ,* eam probat sic : Finis scientiæ speculativæ est veritas, et finis operativæ [55] sive practicæ est [56] actio. Cum igitur in hac philosophia consideretur de veritate (est enim, ut vult Algazel [57], principaliter intentio [58] in hac philosophia [59] cognitio gubernationis [60] Dei altissimi, qui est summa veritas) [61], rectum [62] est istam philosophiam sub speculativa contineri. Hujus rationis [63] solum dat medium. Et quia [64] diceret aliquis quod licet finis scientiæ operativæ sit actio, ipsa tamen scientia operativa utitur ratiocinatione [65] et speculatur de causis et definitionibus rerum et [66] ita de veritate ipsarum, secundum [67] quod [68] posset videri ista scientia contineri sub operativa, hanc dubitationem removet [69] cum dicit *Operantes* [70] *enim,* dicens quod quamvis scientia operativa utatur rationibus [65] et ceteris prædictis, tamen non debet [71] (2v) hæc philosophia sub ipsa contineri, quia ipsa propter hoc [72] non debet dici speculativa. Non enim pertractatur [73] de causis et definitionibus rerum [74] nisi propter [75] actionem [76], scilicet, ut [77] scientes rem agant, et non finaliter ut sciant, sicut est in scientiis speculativis. Et intelligendum est [78] quod licet alibi velit Aristoteles [79] finem scientiæ operativæ esse bonum, convenienter tamen dicit [80] finem ejus esse actionem ; actio enim est finis proximus per quem [81] devenitur in bonum, quod est finis ultimus.

Consequenter cum dicit *Et* [82] *nos non scimus veritatem,* sequitur quarta pars hujus [83] procemii, in qua ostendit ordinem sive nobilitatem veritatis de qua consideratur [84] in hac philosophia ad veritates [85] de quibus agitur in aliis scientiis, ostendens quod hæc veritas est causa illarum veritatum [86], sine qua non scitur aliqua ipsarum. Quod [87] sic probat : Nullum causatum vere [88] scitur nisi sciatur sua causa, ut habetur in libro *Posteriorum* [89] et etiam in libro [90] *Physicorum* [91]. Sed quandocumque multa, sive

[26] *add.* cum *B.*
[27] *om. L.*
[28] in *B.*
[29] *om. L.*
[30] considerationem *BFLP.*
[31] 29*E* (993b13).
[32] dicit *F.*
[33] quod *F.*
[34] *om. B,* nostrum *FLP.*
[35] 29*E* (993b15).
[36] scilicet *P.*
[37] *om. P,* si *F.*
[38] *om. F.*
[39] *add.* nos *BLP.*
[40] unde *BFLP.*
[41] *om.* non esset *BFLP.*
[42] fuissent *BLP,* sufficeret *F.*
[43] *om.* tunc . . . est *FP.*
[44] *add.* non *BL.*
[45] accepimus *L.*
[46] juvamentum *F.*
[47] alii *A.*
[48] semper *A,* per *L.*
[49] agantur *BFLP.*
[50] 29*H* (993b19).
[51] scientia *F.*
[52] hæc *L,* ipsa *P.*
[53] *om. F.*
[54] 29*H* (993b20).
[55] speculativæ *L.*
[56] *om. BFP.*
[57] I have not found this in Algazel, but cf. AVICENNA, *Metaph.* I, 3, fol. 71r *C.* It is contained in a long extract from Gundissalinus in a marginal note on one of the *mss.* of Alzagel's *Metaphysics.* Cf. *ed. cit.,* Appendix *A,* p. 202.
[58] intentum *FLP.*
[59] *om.* consideretur . . . philosophia *B.*
[60] *add.* et *L.*
[61] summa veritas : summum veritatis *F.*
[62] recte *P.*
[63] Hujus rationis : hoc *P, om.* rationis *F.*
[64] *add.* licet *F.*
[65] ratiocinationibus *BFLP.*
[66] *om. P.*
[67] propter *BFLP.*
[68] hoc *L.*
[69] *add.* tertio *BFLP.*
[70] 29*H* (993b22).
[71] *add.* dici *F.*
[72] *om.* propter hoc *F.*
[73] perscrutatur *FP,* debet perscrutari *BL.*
[74] *om. B.*
[75] per *A.*
[76] *add.* et *BFLP.*
[77] *om. BFLP.*
[78] *om. BFLP.*
[79] *Nich. Ethics,* II, 2, 1103b28.
[80] tamen dicit : tendit *P, add.* hic *BFLP.*
[81] quam *AFLP.*
[82] 29*L* (993b23).
[83] *om. B.*
[84] consideretur *L.*
[85] veritatem *A.*
[86] veritatum *BFLP.*
[87] Et *F.*
[88] veri *A, add.* rerum *P,* verum *BL.*
[89] *Post. Anal.,* I, 2, 71b10.
[90] *om.* etiam in libro *FP,* in libro *BL.*
[91] *Physics,* I, 1, 184a10 ; II, 3, 194b20.

principium [92] et principiata, in aliquo genere communicant in aliquo nomine et [93] intentione nominis, illud quod maxime habet illud nomen et suam intentionem est causa illius intentionis [94] in omnibus aliis in quantum communicant ipsam, sicut multa communicant hoc nomen "calidum" et suam intentionem ; ignis tamen, quia [95] maxime habet illam intentionem, dignum est ut sit causa ejus [96] in aliis in quantum talia. Cum igitur omnia entia [97] sunt vera, illud quod est maxime verum, scilicet verum [98] de quo consideratur in hac scientia, necesse est ut sit causa veritatis in omnibus aliis scientiis, et etiam quia [99] nulla alia veritas possit sciri sine ipsa. Omnia enim [1] entia, ut dicit Commentator [2], non [3] adquirunt esse et veritatem nisi [4] ab illa veritate quæ quidem veritas [5] est causa prima [6].

Hujus rationis [7] primo ponit majorem propositionem [8]. Secundo ut ibi : *Et unumquodque principiorum* [9] ponit minorem, quam declarat per exemplum, et [10] patet. Tertio cum dicit [11] *Ex* [12] *quo oportet* infert conclusionem.

Consequenter cum dicit *Et* [13] *ideo necesse est principia*, ex immediata ratione infert duo corollaria. Quorum primum est quia [14] in causis et causatis ita est quod semper posteriora veritatem et entitatem suam habent a prioribus, et omnia a [15] causa prima, ex hoc sequitur [16] corollarium, scilicet quod res quæ sunt semper et semper [17] vera, ut sunt corpora cælestia, habent [18] causas et principia [19] quæ semper sunt [20] et semper vera, et adhuc verissima inter omnia vera quæ sunt partes universi ; ita [21] enim quod [22] principia [23] non sunt [24] aliquando vera et [25] aliquando non [26], sed semper vera ; nec indigent aliis principiis sive causis, quæ quidem sunt [27] partes universi ad hoc quod sint causæ ; immo ipsa sunt principia et causæ aliorum in hoc quod sunt vera. Sic [28] exponit Commentator [29]. Aliter tamen posset exponi de prima causa, nisi propter hoc quod dicit [30] "principia" in numero plurali ; et forte propter hoc [31] exposuit [32] Commentator. Dicit enim Commentator [33] quod per [34] hoc innuit dispositionem principiorum [35] corporum cælestium cum corporibus cælestibus ; et possunt [36] hæc principia dici motores ipsorum corporum [37] cælestium.

Consequenter cum dicit *Quapropter* [38] *necesse est*, infert aliud corollarium. Et est quia, ut [39] dictum est, omnia causata entitatem habent [40] et veritatem a prima causa, ex hoc infert quod necesse est [41] ut dispositio cujuslibet [42] rei in esse sit [43] sicut sua dispositio in veritate. Unumquodque enim [44] sicut se habet ad [45] esse, sic se habet ad [46] veritatem. Et sicut [47] dicit Commentator [48], quanto magis fuerit perfectum in esse, tanto [49] erit perfectum in essendo verum. Et ex hoc, ut videtur, potest haberi [50] quod malum, et defectus, et universaliter privationes, non sunt de genere entium, quia [51] non habent vera principia et causas entium in quantum entium [52], in quantum [53] hujusmodi ; immo magis possunt dici talia per recessum a prima causa et a prima veritate, quæ est pura [54] bonitas, a qua omnia entia, in quantum hujusmodi, entitatem et [55] veritatem et bonitatem habent.

Et manifestum est [56] *quod res habent principium.* Determinato [57] procemio, hic aggreditur tractatum. Et potest dividi iste totalis tractatus primo [58] in duas partes,

[92] principia *F*.
[93] *add.* in *LP*.
[94] *om. B*, *add.* et *F*.
[95] qui *FP*, cum *BL*.
[96] illius *B*.
[97] *add.* in quantum entia *FLP*.
[98] *om.* scilicet verum *P*, verum *L*.
[99] quod *BFLP*.
[1] *om. F*.
[2] Averroes, *In II Meta.*, t. c. 4, fol. 30*C*.
[3] *om. B*.
[4] *om.* nisi ab illa veritate *A*.
[5] esse *A*, *om. F*.
[6] *om. P*.
[7] *om. FLP*.
[8] *om. BFLP*.
[9] 29*L* (993b24), principium *L*.
[10] ut *FLP*.
[11] *om.* cum dicit *P*.
[12] 29*L* (993b27) et *L*.
[13] 29*L* (993b28).
[14] quod *B*.
[15] *om. F*.
[16] *add.* hoc *BFLP*.
[17] *om.* et semper *B*.
[18] habeant *ABFP*.
[19] *add.* et *F*.
[20] sint *ABP*.
[21] ista *BFLP*.
[22] *om. BFLP*.
[23] prima *BL*.
[24] sint *A*.
[25] *om. F*.
[26] *om. F*.
[27] sint *AP*.
[28] sicut *F*.
[29] Averroes, *ibid. CD* ; consequenter *F*.
[30] *add.* Commentator *F*, quod *L*.
[31] *add.* sic *BFLP*.
[32] exponit *L*.
[33] Averroes, *ibid. D. om.* dicit enim Commentator *P*, Commentator *F*.
[34] propter *A*.
[35] principaliter *L*.
[36] posuit *A*, possint *B*.
[37] *om. L*.
[38] 29*M* (993b30).
[39] *add.* prius *BFL*, supra *P*.
[40] habere *BL*.
[41] *om. P*.
[42] *add.* partis *L*.
[43] fit *A*.
[44] *om. P*.
[45] *om. AB*.
[46] se habet ad : habet *A*.
[47] sic *F*.
[48] Averroes, *ibid. E*.
[49] *add.* magis *BFLP*.
[50] habere *A*.
[51] quod *F*.
[52] *om.* quia . . . entium *L*.
[53] *om.* entium in quantum *BFP*.
[54] prima *B*.
[55] *om. BLP*.
[56] 30*G* (994a1), ed. Venice : At vero quod sit principium. *om. BF*.
[57] declarato *L*.
[58] *om. P*, prima *L*.

in quarum prima determinat de introductoriis ad principale propositum, quorum cognitio necessaria est ad principale [59] intentum ; et terminatur ad sextum librum hujus. Et in secunda accedit ad principale intentum.

Prima pars [60] dividitur in duas, in quarum prima determinat de causis rerum in omni genere causæ, ostendens [61] ipsas non esse [62] infinitas sed finitas [63] ; et etiam in quo numero finito, ostendens quod non excedunt numerum quaternarium. Et etiam determinat de difficilibus quæstionibus ad istam scientiam pertinentibus, et terminatur ad quartum [64]. In secunda parte [65] intendit de potestate hujus scientiæ, ut ibi patebit plenius. Prima in duas, in quarum prima determinat de ipsis [66] causis, ut dictum est, et terminatur ad tertium librum [67] hujus [68] ; in secunda de difficilibus quæstionibus ad istam scientiam pertinentibus. Prima dividitur [69] in duas, in quarum prima ostendit causas non esse infinitas sed [70] finitas ; in secunda, ut ibi : *Sed obedire ei quod* [71] *audivimus,* ostendit quod non excedunt numerum quaternarium.

In prima autem [72] parte intendit ostendere quod causæ rerum non [73] sunt infinitæ secundum rectitudinem nec secundum speciem. Et procedit sic : Primo ponit conclusionem ; secundo, ut ibi : *Impossibile* [74] *enim est,* determinat [75] eam. Conclusio autem satis patet, intellecto quod [76] intendit [77] per infinitum [78] secundum rectitudinem et infinitum [79] secundum speciem. Ad quod intelligendum, sciendum [80] quod utrumque dicitur dupliciter secundum expositionem Commentatoris in hoc loco [81]. Infinitum enim [82] secundum rectitudinem uno modo potest dici in quolibet genere causæ si ipsum [83] causatum [84] sit [85] ex aliquo et illud ex alio [86], et sic in infinitum, ita scilicet quod omnia sint simul existentia quasi in una linea recta. Et tunc potest [87] dici infinitum secundum [88] speciem cum causæ sunt [89] infinitæ, ita tamen quod non simul existentes ; immo [90] cum una est, reliqua corrumpitur [91], sicut est de individuis ejusdem speciei. Alio autem modo potest dici [92] infinitum secundum rectitudinem quando [93] unum est ex alio ejusdem speciei [94] in infinitum, ut homo ex homine. Et tunc potest dici infinitum secundum speciem quando [95] unum fit [96] ex alio [97] diversæ speciei in [98] infinitum, quæ tamen sunt [99] ejusdem generis, ut si terra fiat ex aqua, et aqua ex aere, et sic in infinitum. Adhuc autem potest intelligi [1] infinitum secundum rectitudinem tertio [2] modo, ut vult Commentator multotiens [3] super librum *Physicorum* [4] et etiam [5] super finem *De Generatione* [6], quando, scilicet, unum est ex alio [7] in infinitum essentialiter, ita scilicet quod semper [8] illud quod prius est sit causa posterioris, ita [9] quod si non esset prius, non esset posterius. Et omnes istos modos infinitatis [10] intendit [11] Aristoteles negare in hoc loco. His intellectis, patet conclusio.

Consequenter cum dicit *Impossibile* [12] *enim est* determinat conclusionem. Et habet illa pars duas, in quarum prima ostendit unam [13] partem conclusionis, scilicet quod causæ non sunt [14] infinitæ secundum rectitudinem. In [15] secunda, ut ibi : *Et etiam si* [16] *species causarum,* ostendit alteram partem ipsius [17], scilicet quod non sunt infinitæ secundum speciem. Prima in duas, in quarum prima declarat intentum per modum narrationis. In secunda, ut ibi : *Res* [18] *enim mediæ,* probat quod in parte prima narravit [19].

59 *om. BFLP.*
60 *om. B, om.* pars dividitur *FLP.*
61 omnes *P.*
62 cum *L.*
63 non ... finitas : esse finitas et non infinitas *FLP, om.* sed finitas *B.*
64 secundum *L, add.* librum *BFP.*
65 *om. BFLP.*
66 dictis *BL.*
67 *om. F.*
68 *om. BLP.*
69 *om. BFLP.*
70 *om.* sed finitas *L, add.* esse *P.*
71 34*H* (994b33), *om. B.*
72 *om. BFLP.*
73 nec *BFLP.*
74 30*H* (994a4), ed. Venice : Nec enim.
75 declarat *BFLP.*
76 quid *L.*
77 intendat *LP.*
78 imperfectum *L.*
79 *om. BFL.*
80 *om. BFLP.*
81 Averroes, *op. cit.*, t. c. 5, fol. 30 *I-K.* libro *BL.*
82 *om. BFLP.*
83 causæ si ipsum : supremum *FP.*
84 *add.* quod *F.*
85 fit *L, om. P.*
86 aliquo *BFLP.*
87 Et tunc potest : potest autem *B.*
88 *om. L.*
89 sint *ABFL.*
90 numero *L.*
91 corrumpatur *ABP.*
92 *om. B.*
93 *om. F.*
94 *om.* Alio autem ... speciei *A.*
95 quod *L.*
96 sit *P.*
97 aliquo *F.*
98 ut *A, om. L.*
99 sint *A.*
1 *add.* in *B.*
2 alio *L.*
3 *om. BL.*
4 Averroes, *In VIII Phys.*, t. c. 34, IV (Venice, 1562), fol. 372*M*-373*F.*
5 *om. P.*
6 Averroes, *In II De Gen. et Corr.*, t. c. 68, V (Venice, 1574). fol. 388*G.*
7 *add.* et illud ex alio *BFL.*
8 super *L.*
9 *add.* scilicet *F.*
10 istos modos infinitatis : istas infinitates *BFLP.*
11 ostendit *AF.*
12 30*H* (994a4), ed. Venice : Nec enim.
13 *lac. P.*
14 sint *F.*
15 *om. BL.*
16 34*E* (994b28), *om. F.*
17 *om.* partem ipsius *F.*
18 30*L* (994a11).
19 narrat *BFL.*

In prima parte [20] sic procedit : Primo probat [21] quod in genere causæ materialis impossibile est causas esse [22] infinitas secundum rectitudinem. Secundo, ut ibi : *Neque* [23] *est possibile,* probat [24] quod nec [25] in genere causæ efficientis. Tertio, ut ibi : *Et* [26] *similiter etiam est,* quod nec in genere causæ finalis. Quarto, ut ibi : *Et sic* [27] *est in eo quod est,* quod nec in genere causæ formalis [28]. Aliter [29], ut volunt [30] quidam [31], potest dici quod in hac parte primo ostendit ratione communi quod causæ non sunt infinitæ secundum rectitudinem ; secundo, ut ibi : *Res* [18] *enim mediæ,* ostendit idem [32] ratione speciali in unoquoque genere causæ [33]. Et hoc modo [34] sic procedit : primo dat medium suæ rationis, quæ potest sic extrahi : Omnes ponentes infinitatem in causis secundum rectitudinem ponunt unum fieri ex alio naturaliter in infinitum. Sed unum fieri ex alio naturaliter [35] in infinitum [36] est impossibile. Ergo, etc. Medium hujus rationis primo ponit. Secundo, ut ibi : *Verbi* [37] *gratia,* declarat ipsum exemplificando in unoquoque genere causæ præterquam in genere causæ formalis [38] ; quod forte facit quia forma et finis in quibusdam idem sunt, et propter hoc exempla de [39] fine sufficiunt in causa formali [40].

Res enim [41] *mediæ.* Hic declarat [42] prænarratum. Et dividitur [43] hæc [44] pars in [45] quatuor, in quarum prima declarat prænarratum quantum [46] ad causam (3r) efficientem ; in secunda, ut ibi : *Et* [47] *etiam impossibile,* quantum [46] ad causam materialem ; in tertia, ut ibi : *Et etiam* [48] *illud quod* [49] *est propter* [50] *quid,* quantum [46] ad [51] finalem ; in quarta, ut ibi : *Et* [52] *etiam dispositio,* quantum [46] ad formalem [53].

Intentio igitur [54] in prima parte est ostendere quod causæ efficientes sive moventes non procedunt in infinitum secundum rectum. Quod sic probat : Causa totius motus in causis efficientibus secundum prius et posterius moventibus secundum rectitudinem est primum movens. Sed in causis efficientibus infinitatem habentibus secundum rectitudinem non est primum [55] movens. Ergo in causis efficientibus infinitatem habentibus secundum rectitudinem [56] non est causa [57] motus ; quod [58] est impossibile. Sic enim esset [59] aliquis motus sine causa [60] ; quod in libro *Physicorum* [61] improbatum est.

Hujus rationis [62] primo ponit majorem cum sua probatione [63]. Secundo ponit [64] minorem. Tertio infert conclusionem. Major patet ; quam probat [65] cum dicit *Si* [66] *enim quæsitum fuerit* sic [67], quia in paucioribus via major [68] ponatur [69] tria esse [70], scilicet primum, medium, et ultimum ; quorum primum [71] sit movens tantum, medium sit movens et motum, tertium, scilicet ultimum, motum [72] tantum [73]. Si igitur quæratur quid sit [74] causa hujus motus totalis, non potest dici quod ultimum, quoniam ipsum nullius est causa, nec etiam [75] medium quia ipsum tantum est causa motus ultimi ; movet enim tantum unum, scilicet ultimum. Necesse est igitur ponere [76] primum movens esse causam totius motus. Et addit [77] cum dicit *Et* [78] *indifferenter* quod non refert quantum [79] ad propositum sive ponatur tantum unum esse medium in hujusmodi motu sive plura ; nec etiam refert, si ponantur plura, utrum fuerint [80]

[20] *om. BFP.*
[21] *om.* In . . . probat *L* ; probat : narrat *BFP.*
[22] *om.* causas esse *BP.*
[23] 30*G* (994a5), ed. Venice : Nec unde principium motus.
[24] *om. BFLP.*
[25] *om. A.*
[26] 30*H* (994a8), *om. B.*
[27] 30*H* (994a10), ed. Venice : Et in quod quid erat esse ; sicut *P*, *add.* ostensa ? *B.*
[28] *om.* finalis . . . formalis *AL.*
[29] *add.* tamen *BFL.*
[30] vult *P.*
[31] Non inveni.
[32] *om. L.*
[33] *om. F.*
[34] *om.* Et hoc modo *L*, Et hoc modo: ubi *B* ; *om.* sic procedit *A.*
[35] secundum naturam *L*, *om. BFP.*
[36] *add.* secundum naturam *B.*
[37] 31*I* (994a20).
[38] finalis *F.*
[39] exempla de : exemplando *P.*
[40] *om.* in causa formali *L.*
[41] 30*L* (994a11) ; vero *BFP.*
[42] determinat *FLP.*
[43] habet *BFLP.*
[44] *om. L.*
[45] *om. BFLP.*
[46] quo *BFL.*
[47] 31*I* (994a19).
[48] 32*K* (994b9), est *A.*
[49] *om. F.*
[50] secundum *A.*
[51] *add.* causam *BL.*
[52] 33*E* (994b17).
[53] *om.* in . . . formalem *L.*
[54] *om. BFLP.*
[55] *add.* efficiens sive *BFLP.*
[56] *om.* infinitatem . . . rectitudinem *A.*
[57] *add.* totius *BFL.*
[58] quod : hoc autem *BFLP.*
[59] *om. L.*
[60] *add.* esset *B.*
[61] *Physics*, VII, 1, 241b24 — 242a16; VIII, *4*.
[62] *om. FLP.*
[63] *om.* cum sua probatione *B.*
[64] *om. BFLP.*
[65] major . . . probat : majorem probat *B.*
[66] 30*L* (994a13).
[67] *om. BFLP.*
[68] magis *P.*
[69] ponantur *A.* Cf. Averroes (31*A*) : non potest imaginari in paucioribus quam tribus.
[70] *add.* in motu *BFLP.*
[71] quorum primum : quod *P.*
[72] *om. L.*
[73] tantum . . . tantum : tantum, medium movens et motum, ultimum motum (*om.* motum *L*) tantum *BFLP.*
[74] *om. L.*
[75] quod . . . etiam : quoniam ultimum, ipsum enim nullius motus est causa, nec etiam quoniam *BFLP.*
[76] *om. BL.*
[77] *add.* consequenter *L.*
[78] 30*M* (994a16).
[79] quo *BFL.*
[80] *om. F.*

finita aut [81] infinita ; semper enim necesse est ut medium [82] sit causa motus posterioris tantum sive ultimi, et non causa totius motus. Ex his patet verificatio majoris.

Consequenter cum dicit *Et* [83] *partes rerum*, ponit minorem, quæ de se patet per rationem infiniti ; ex quibus infert conclusionem consequenter cum dicit *Quapropter* [84] *necessarium*.

Consequenter [85] cum dicit *Et etiam* [86] *impossibile* declarat illud quod prænarravit [87] de causa materiali. Ubi sic procedit : Primo ponit conclusionem quam intendit [88]. Secundo probat eam. Ponit igitur primo conclusionem, dicens quod impossibile est illud quod manifestum est habere principium ex parte superiori [89], ut est [90] in causa materiali, procedere in infinitum ad superius [91] secundum [92] rectitudinem ; ut scilicet si dicatur [93] ex igne fieri aquam, et ex aqua terram, et sic semper materiam [94] ex materia in infinitum [95], et hoc secundum rectitudinem. Et intelligendum quod [96] dicit hic Commentator [97], quod de causis moventibus notum est eas habere ultimum [98] ; et propter hoc quæsitum est in parte præcedente utrum habeant principium a [99] superiori. De causis autem materialibus est e contrario, scilicet, quod habent principium a superiori ; et propter hoc quæritur hic [1] utrum habeant ultimum [2] an [3] non.

Consequenter cum dicit *Fit* [4] *enim aliquid* declarat suam conclusionem ; et hoc per duas rationes, quarum prima [5] durat usque ibi : *Et* [6] *cum hoc impossibile est.* Et est : Aliquid fieri ex alio sicut ex causa [7] materiali proprie non est nisi [8] duobus modis [9], scilicet, aut sicut completum dicitur fieri ex incompleto, ut [10] ex puero [11] vir, aut sicut contrarium completum dicitur fieri ex contrario completo, ut unum elementum ex alio. Sed neutro istorum modorum procedunt causæ materiales in infinitum secundum rectitudinem ; ex quo relinquitur intentum, scilicet, quod causæ materiales nullo modo procedunt in infinitum secundum rectitudinem.

Hujus rationis [12] primo ponit majorem cum sua explanatione. Secundo ut ibi : *Et secundum hos* [13] *duos modos*, ponit minorem et eam probat. Circa majorem sic procedit : Primo distinguit duos modos prædictos quibus dicitur fieri aliquid ex alio ut ex materia, et [14] excludit tertium modum quo non dicitur proprie aliquid fieri ex alio ut ex materia [15]. Et est quod [16] nebula [17] non proprie dicitur fieri ex vapore ut ex materia ; immo magis proprie dicitur nebula fieri post vaporem. Secundo cum dicit [18] *Cum autem dicimus*, exponit duos modos [19] prædictos de quibus intendit [20] ; et primo primum, secundo secundum. Et in [21] exponendo primum sic procedit [22] : Primo dicit quod cum dicimus virum fieri ex puero, dicimus quod ex re quæ [23] in potentia est [24] ad completionem sive futura ut sit completa post transmutationem, fit res jam completa in [25] actu. Secundo cum dicit *Quoniam* [26] *quemadmodum*, quia in sua expositione dixit quod generatio [27] in talibus fit ex eo [28] quod est incompletum, et non ex eo [29] quod est completum [30], inducit rationem super hoc. Et est : Sicut generatio media est inter esse et non esse, est enim via [31] a non esse in esse, similiter illud generatum [32] modo prædicto in quantum tale est medium inter esse et non esse, dum est in [33] via generationis. Ad quod dat exemplum cum dicit *Addiscens* [34] *enim*. Et est [35] quod cum dicimus addiscens [36] generari sciens [37], non dicimus quod sciens fiat ex se [38], neque

[81] et *F*.
[82] *add.* in quantum medium *BF*, in quantum *L*.
[83] 30*M* (994a18).
[84] *ibid.*
[85] *om.* Consequenter . . . impossibile *F*.
[86] 31*I* (994a19).
[87] prænarrat *F*.
[88] innuit *A*.
[89] superiorum *P*.
[90] *om. BFLP*.
[91] inferius *BLP*.
[92] *om. P*.
[93] dicamus *BFLP*.
[94] materia *L*.
[95] ex . . . infinitum : a materia fieri in infinitum *FL*, aliquam fieri in infinitum *P*. Ex : a *B*.
[96] cum *P*.
[97] AVERROES, *In II Meta.*, t. c. 7, fol. 32*A*.
[98] *Added by later hand A*.
[99] in *A*.
[1] *om. F*.
[2] universaliter *P*.
[3] aut *BL*.
[4] 31*I* (994a22).
[5] *add.* talis *B*.
[6] 31*M* (994b6).
[7] *om. FP*.
[8] *om. L*.
[9] duobus modis : dupliciter *BFLP*.
[10] et *P*.
[11] *add.* fit *BFLP*.
[12] *om. FP*.
[13] 31*M* (994b3), hoc *LP*.
[14] *om. ABL*.
[15] *om.* excludit . . . materia *BL*.
[16] secundum *L*.
[17] *om. BFLP*.
[18] 31*K* (994a25), *om.* cum dicit *BFLP*.
[19] *om. F*.
[20] innuit *A*.
[21] *om. FLP*.
[22] *om.* prædictos . . . procedit *B*.
[23] quoniam *L*.
[24] *om. F*.
[25] sive *P*.
[26] 31*K* (994a27).
[27] quando ratio *L*.
[28] illo *BFLP*.
[29] illo *B*.
[30] *om.* et . . . completum *L*.
[31] ut *A*.
[32] generatum : quod generatum est *BFLP*.
[33] *om. AB*.
[34] 31*K* (994a29).
[35] Et est : *rem P*.
[36] ex addiscente *F*.
[37] *add.* vero *L*.
[38] esse *F*.

ex non esse sciens [39], sed ex medio inter scientiam et ignorantiam, quæ est privatio scientiæ, hoc est, ex [40] addiscente.

Consequenter cum dicit *Cum* [41] *vero dicimus*, exponit secundum modum prædictum, dicens quod cum dicimus [42] contrarium completum fieri ex contrario completo, ut unum elementum ex alio, hoc non est ita sicut prædictum est incompletum fieri completum, sed est per corruptionem alterius ipsorum [43], scilicet ejus ex quo fit aliud. Ex quibus concludit [44] corollarie [45] cum dicit *Et ideo non revertuntur* [46], quod [47] cum dicimus fieri completum ex incompleto, non est ibi reciprocatio, ut scilicet sit [48] possibile iterum incompletum fieri ex completo. Non enim dicimus puerum fieri ex viro ; et hoc quia impossibile est ut ex completo fiat incompletum [49] tanquam [50] ex materia, sed in quibusdam ita est [51] quod post completum fit [52] incompletum. Et secundum hunc modum dicitur dies fieri ex mane, quia est post [53] mane ; non tamen propter [54] hoc dicitur [55] mane fieri ex die. In aliis tamen [56] ubi fit [57] contrarium completum ex contrario completo est reciprocatio, ita scilicet quod unum fit ex alio et e contrario, ut possibile est ex aqua fieri aerem et e contrario ex aere aquam. Et sic posita est [58] major cum sua explanatione.

Consequenter [59] cum dicit *Et secundum hos* [60] *duos modos*, ponit ipsam minorem, quæ patet. Quam probat cum dicit *Ea* [61] *autem* sic : Cum fit completum ex incompleto, illud ex quo fit, sive ea, si [62] plura fuerunt, sunt media inter [63] duo finita, scilicet inter [64] esse et non esse in quantum talia ; quare illa necessario finita sunt. Cum autem [65] ex contrario completo fit contrarium completum, in talibus fit reciprocatio. In talibus enim semper [66] est corruptio unius [67] generatio alterius. Sed reciproca necessario finita sunt secundum rectitudinem. Ex quibus patet minor propositio, scilicet, quod nec primo modo nec secundo est procedere in infinitum in causis materialibus secundum rectum.

Consequenter cum dicit *Et cum* [68] *hoc impossibile est*, dat aliam [69] rationem ad eandem conclusionem, quæ sic potest [70] extrahi : Si causæ materiales essent infinitæ secundum rectum, principium materiale primum, quod est æternum, esset corruptibile. Sed [71] hoc est impossibile ; ergo primum. Circa hanc rationem sic procedit : Primo supponendo hypothesim pro antecedente, dicit consequens esse impossibile quod ex ipsa hypothesi sequitur. Secundo cum dicit *Quoniam* [72] *quia generatio*, dat causam necessitatis consequentiæ sic : Quoniam manifestum est generationem unius ex alio [73] tanquam [74] ex materia non procedere in [75] infinitum ad superius secundum rectitudinem, sed stare cum pervenerit ad ignem, necesse est, si [76] procedat [77] in infinitum, aliquando devenire ad primum principium [78] materiale æternum ; et quia in [79] infinitum procedit, adhuc ulterius ex illo principio aliud [80] fieri [81] tanquam ex materia. Cum igitur unius generatio alterius est corruptio, ergo [82] illud primum [83] principium [84], quod ponitur esse æternum, esset [85] corruptibile.

Et [86] *etiam illud quod est propter quid sunt res*. Hic [87] declarat tertium prænarratum [88]. Et est quod causæ finales non sunt infinitæ secundum rectitudinem. Ad quod dat tres rationes, quarum prima est : Videtur [89] finis est illud gratia cujus alia fiunt, cujus etiam [90] esse non est propter aliud, sed omnia alia propter ipsum. Cum igitur mani-

[39] scientiæ *A* ; *add.* vel esse *B*.
[40] *om.* *P* ; quod addiscentem *L*.
[41] 31*L* (994a30).
[42] *om.* quod cum dicimus *A*.
[43] istorum *P*.
[44] infert *BL*.
[45] Ex . . . corollarie : Et in his . . . corruptio quod ostendit *F* ; *om.* corollarie *P*.
[46] 31*L* (994a31), generatur *FP*, generantur *L*.
[47] *om.* *BFP*.
[48] *om.F*.
[49] *om.* ut . . . incompletum *B*.
[50] ut *P*.
[51] sed . . . est : in quibusdam autem ita *B*.
[52] fiat *F*.
[53] ex *P*.
[54] proprie *F*.
[55] *om.* *B*, *add.* hoc *L*.
[56] vero *B*.
[57] sed *L*.
[58] Et . . . est : ut sicut ponitur *P*, et sic ponitur *BFL*.
[59] *om.* *L*.
[60] 31*M* (994b3), nos *F*.
[61] 31*M* (994b4).
[62] quæ *F*.
[63] intermedia *FLP*.
[64] *om.* *BFLP*.
[65] *om.* *L*.
[66] *om.* *P*.
[67] *add.* et *F*.
[68] 31*M* (994b6), *om.* *L*.
[69] eandem *B*.
[70] quæ sic potest : et potest sic *B*, et est et potest sic *FLP*.
[71] et *L*.
[72] 31*M* (994b7).
[73] altero *F*.
[74] *om.* unius . . . tanquam *P*.
[75] *om.* *P*.
[76] ut *F*.
[77] præcedat *A*.
[78] *om.* *F*.
[79] *om.* *L*.
[80] ad *F*.
[81] est *P*.
[82] sequitur *BFLP*.
[83] *om.* *L*.
[84] *om.* *F*.
[85] *om.* æternum esset *L*.
[86] 32*K* (994b9).
[87] *om.* *F*.
[88] declaratum *L*.
[89] *om.* *BFLP*.
[90] cujus etiam : et *L*.

festum sit finem esse, manifestum est in causis finalibus esse aliquam ultimam causam [91] propter quam sunt aliæ ; aut si non est aliqua causa ultima [92], omnino non erit [93] finis ; quod est inconveniens [94]. Hæc ratio fundatur super definitionem finis quam primo dat. Secundo cum dicit *Necesse* [95] *est igitur,* virtute ipsius [96] definitionis arguit [97] intentum.

Consequenter cum dicit *Et illi qui* [98] *faciunt,* dat secundam rationem ad idem [99]. Et est : Qui destruunt [1] ultimum [2] in finibus sive in causis finalibus [3], ponendo causas finales [4] infinitas, destruunt [1] bonum. Nihil enim dicitur esse bonum nisi quia [5] finis aut propter finem, cum nullum agens intendat (3v) aliquam actionem nisi propter aliquem [6] finem. Sed destruere bonum est inconveniens ; ergo illud ex quo sequitur. Hanc rationem primo ponit. Secundo ut ibi : *Quamvis nihil* [7] *incepit* [8] declarat necessitatem consequentiæ ; quæ patet ex dictis.

Consequenter cum dicit *Et* [9] *cum hoc etiam,* dat [10] tertiam rationem ad [11] idem. Et est : Qui [12] destruunt [1] ultimum in finibus sive in causis finalibus [13], destruunt [1] intellectum operativum sive practicum. Omnis enim agens secundum intellectum operativum [14] et discrete non agit nisi propter aliquid quod est ultimum [15] et principaliter intentum. Sed destruere intellectum operativum est inconveniens ; ergo illud ex quo sequitur. Hanc rationem primo [16] ponit [17]. Secundo ut ibi [18] : *Habens* [19] *enim intellectum,* declarat necessitatem consequentiæ. Et intelligendum quod hæc ratio non [20] recipit instantiam [21] de intellectu dementis ; demens [22] enim [23] non agit discrete, sed indiscrete et infinite. Unde intellectus ejus non debet dici practicus proprie [24].

Consequenter cum dicit *Et* [25] *etiam dispositio,* ostendit quartum prænarratum, scilicet, quod causæ formales non procedunt in infinitum secundum rectitudinem [26]. Ubi sic procedit [27] : Primo ponit conclusionem ; et patet. Secundo ut ibi : *Prius* [28] *enim,* eam probat ; et hoc quatuor rationibus, quarum prima [29] est : Si non est causa prima [30], non est [31] causa posterior. Sed si causæ formales sunt infinitæ [32], non est aliqua prima [33] ; quare nec aliqua posterior ; et ita omnino nihil est ens [34], cum forma det esse unicuique. Hoc autem est inconveniens ; ergo illud ex quo sequitur [35]. Hujus rationis [36] solum dat medium.

Consequenter cum dicit [37] *Et* [38] *qui hoc dicit,* dat secundam rationem ad idem [39]. Et est : Qui ponit causas formales infinitas, ponit quod non contingit scire aliquid vere. Non enim scitur aliquid [40] vere nisi cum perventum fuerit ad formas ultimas, ulterius [41] individuales [42], ad quas est status. Sed consequens est inconveniens ; ergo illud ex quo sequitur. Hanc rationem primo ponit. Secundo ut ibi : *Scire* [43] *enim,* declarat [44] necessitatem consequentiæ, ut prædictum est.

Aliter autem possent [45] hæ duæ rationes exponi secundum Commentatorem [46]. Vult enim quod in prima ratione concedatur forma ultima esse, et [47] ostendatur [48] forma prima esse ; in secunda autem [49] e contrario vult quod ponatur forma prima esse, et ostendatur [50] forma [51] ultima [52] per primam. Etiam rationem ducit ex hypothesi ad hoc inconveniens, quod non sit aliquid cognoscere cognitione definitiva, quæ adquiritur

[91] *om. FLP.*
[92] ulterius *F.*
[93] omnino non erit : ideo non exit *A.*
[94] *add.* sed *FLP.*
[95] 32*L* (994b10).
[96] *om. BFLP.*
[97] infert *F*, concludit *P.*
[98] 32*L* (994b12), *add.* non *FLP.*
[99] *om.* ad idem *BFLP.*
[1] destruit *F.*
[2] universaliter *P.*
[3] *om.* sive . . . finalibus *B.*
[4] *add.* esse *L.*
[5] *add.* est *BF.*
[6] *om. BFLP.*
[7] 32*L* (994b13), ubi *A.*
[8] incipit *BP.*
[9] 33*C* (994b14).
[10] declarat *L.*
[11] *om.* tertiam . . . ad *F*, *om.* ad idem *BLP.*
[12] quia *P.*
[13] *om.* sive . . . finalibus *BFLP.*
[14] *add.* est *FLP.*
[15] universaliter *FP.*
[16] *om. L.*
[17] *om. P.*
[18] ut ibi : cum dicit *BFLP.*
[19] 33*C* (994b15), hunc *F.*
[20] *om. A.*
[21] in ista naturam *F.*
[22] dicens *F.*
[23] *om. BLP*, quod *F.*
[24] *om. BL.*
[25] 33*E* (994b17).
[26] rectum *BL.*
[27] *om.* Ubi sic procedit *FP*, procedit : fit *L.*
[28] 33*E* (994b18).
[29] *add.* talis *B.*
[30] prior *BFP*, ponit *L.*
[31] *om. L.*
[32] causæ . . . infinitæ : sit abire in infinitum in causis formalibus *BL*, sed causæ formales *FP.*
[33] prior *BFLP.*
[34] *om. F.*
[35] *om.* ergo . . . sequitur *FP.*
[36] *om. P.*
[37] cum dicit : ibi *BFLP.*
[38] 33*H* (994b20), *add.* etiam *LP.*
[39] *om.* ad idem *BLP*, *om.* ad *F.*
[40] *om. B.*
[41] *om. BLP.*
[42] formas . . . individuales : causas ultimas, formas indivisibiles *F.*
[43] 33*H* (994b21), sciret *B.*
[44] determinat *L.*
[45] autem possent : tamen possunt *BFLP.*
[46] AVERROES, *In II Meta.*, t. c. 10, fol. 33*F-G* ; t. c. 11, fol. 33*K.*
[47] ut *P.*
[48] ostenditur *F.*
[49] *om.* in. . . autem *P.*
[50] ostenditur *FLP.*
[51] *om. BFLP.*
[52] *add.* esse *BFLP.*

per compositionem. Si enim ponatur differentia ultima et infima [53], et colligantur differentiæ superiores usque ad genus, si genus non sit forma prima, sed habeat adhuc formas [54] ipsum constituentes, et illæ alias [55] in infinitum, hoc modo nunquam [56] erit aliquid scire per definitionem. Per secundam autem rationem ducit ad hoc inconveniens, quod non sit aliquid cognoscere via definitionis, quæ adquiritur per divisionem. Si enim ponatur [57] forma suprema esse sive genus supremum [58], et divisionem ipsius [59] procedere [60] in infinitum in [61] descendendo, nunquam erit devenire ad formam ultimam, et ita nec aliquid scire definitione adquisita per divisionem. Hos [62] duos modos tangit Commentator [63].

Consequenter cum dicit *Et erit* [64] *sciens*, dat tertiam rationem. Et est quod si causæ formales sint [65] infinitæ, omnino nihil est [66] scire, cum impossibile sit infinita comprehendi ab [67] intellectu, cum sit finitus [68]. Sed consequens est inconveniens ; ergo illud ex quo sequitur, scilicet hypothesis. Hanc rationem primo ponit. Secundo ut ibi : *Res* [69] *enim infinitæ*, declarat necessitatem consequentiæ. Et [70] potest dici quod hæc ratio differt a duabus prædictis in hoc quod [71] est communius [72] ; illæ autem sunt [73] speciales.

Consequenter cum dicit *Dispositio* [74] *enim de linea*, removet quamdam cavillationem contra tertiam rationem. Diceret enim aliquis quod possibile est comprehendere per intellectum lineam, quæ tamen divisibilis [75] est in infinitum, et ita est possibile [76] scire aliquod infinitum. Hanc cavillationem removet, dicens quod impossibile est lineam comprehendi ab intellectu nisi secundum quod [77] finitur et terminatur per duo puncta quæ sunt termini ejus. Intellectus enim semper distinguit et terminat illud [78] quod intelligit [79]. Unde licet possibile sit imaginari [80] lineam infinitam, non tamen est possibile eam intelligere ; apud enim imaginationem et fantasiam potest fingi aliquid quod in re non est. Unde fingendo, imaginari potest linea infinita, licet non sit aliqua infinita ; intelligi autem [81] nequaquam potest linea infinita [82], cum intellectus solum verorum sit.

Consequenter cum dicit *Et* [83] *etiam materia*, dat quartam rationem. Et est : In omni re mota necesse est intelligere materiam ; quæ quidem materia, licet de se [84] sit infinita in potentia, non tamen est in aliquo infinita [85] in actu ; immo [86] in quocumque est [87], est terminata [88] per formam. Cum igitur materia sub forma sit finita et terminata per formam [89], multo fortius et ipsa forma finita erit [90]. Et intelligendum quod licet hæc ratio non ostendat [91] nisi [92] finitatem formæ perfectæ solum, sufficiens [93] tamen est. Si enim forma ultima perfecta [94] est finita, necesse est omnes formas præcedentes ipsam [95] esse finitas, cum omnes sint in potentia ad ipsam et essentialiter in ipsa, et in nullo finito sint [96] infinita. Ex quo patet per hanc rationem quod causæ formales non sunt infinitæ. Et sic ostensum est universaliter quod in nullo genere causæ sunt causæ infinitæ secundum rectitudinem ; quod fuit una [97] pars conclusionis principaliter intentæ.

Consequenter cum dicit *Et etiam* [98] *species*, ostendit reliquam partem illius conclusionis, scilicet, quod causæ non sunt [99] infinitæ secundum speciem, sic : Si causæ sunt infinitæ secundum speciem, sive species causarum [1] numero infinitæ, omnino non erit scientia de aliquo, eo quod non est possibile per intellectum infinita comprehendere ; quod tamen oporteret [2] si sic esset, cum nihil sciatur nisi [3] sciantur causæ ejus. Hoc

53 *om.* et infima *BFLP*.
54 differentias *BFP*, *om. L*.
55 *add.* sic *B*.
56 non *L*.
57 *om. F*.
58 *om.* sive genus supremum *BFLP*
59 et . . . ipsius : in divisione *B*.
60 procederet *F*.
61 *om. B*.
62 istos *LP*.
63 Averroes, *ibid*.
64 33*I* (994b22), rerum *F*, ipsum *P*.
65 sunt *F*.
66 erit *P*.
67 sub *P*.
68 infinitus *P*.
69 33*I* (994b22).
70 ut *P*.
71 *add.* hæc *BLP*.
72 universalis *BFLP*.
73 *om. FLP*.
74 33*I* (994b23).
75 definibilis *P*.
76 est possibile : quod possibile est *BFLP*.
77 *om. F*.
78 id *B*.
79 intendit *FLP*.
80 imaginare *BL*.
81 *om. A*.
82 *om.* potest . . . infinita *BFLP*.
83 34*A* (994b26).
84 *om.* de se *P*.
85 infinito *BFLP*.
86 *om. B*.
87 *om. BFLP*.
88 determinata *F*.
89 *om.* cum . . . formam *P*.
90 dicitur *L*.
91 ostendit *F*.
92 *om. FP*.
93 *lac. P*.
94 perfectiva *LP*.
95 *om. F*.
96 sunt *F*.
97 causatæ *P*.
98 34*E* (994b28), *om. BFLP*.
99 *add.* si *BFL*.
1 sint *L*.
2 oportet *B*.
3 nihil . . . nisi : non *B*, *om.* nisi sciantur *P*.

autem est inconveniens ; ergo primum. Hanc rationem primo ponit. Secundo ut ibi : *Nos enim* [4] *videmus*, declarat necessitatem consequentiæ. Alio tamen modo, ut vult Commentator [5], adaptari posset hæc ratio ad ostendendum [6] universaliter quod in nullo genere causæ procedunt causæ in infinitum secundum rectitudinem ; utrumque enim modum tangit Commentator [7].

Sed [8] *obedire ei quod audivimus.* Monstrato quod causæ non [9] sunt infinitæ secundum rectitudinem nec secundum speciem, ostendit in hac parte quod non excedunt numerum quaternarium. Et hoc [10] declarat ex sententiis omnium philosophantium qui locuti sunt de causis. Et quia illi loquentes de causis diversificati [11] sunt in opinionibus suis, ita scilicet quod in quibusdam dixerunt verum et in quibusdam [12] recesserunt a veritate, et diversi diversimode, propter hoc ostendit in hac parte primo quædam impedimenta propter [13] quæ prohibentur quidam [14] a cognitione veritatis, et remedia contra illa impedimenta dat. Secundo accedit [15] ad principale propositum, ubi incipit secunda pars [16] : *Posuerunt* [17] *autem quidam.* Prima in duas, in quarum prima docet illa [18] impedimenta. In secunda ut ubi : *Et ideo* [19] *oportet* [20] *hominem*, dat remedia contra illa impedimenta [21]. Quia quædam impedimenta [22] ortum habent ex prava [23] consuetudine in pueritia, quædam autem [24] ex natura hominis, et quædam ex [25] paucitate instructionis in logica, propter hoc potest prima pars dividi [26] in duas, in quarum prima docet unum impedimentum quod est ex prava consuetudine. In secunda ut ibi : *Et quidam homines* [27], docet impedimenta [28] quædam [29] quæ partim sunt a natura, partim a paucitate instructionis in logica. In prima parte [30] sic procedit : Primo dat ipsum [31] impedimentum, dicens quod nos, quia [32] assueti [33] sumus a pueritia audire quædam, magis consentimus illis, quamvis non sint vera, quam suis oppositis, dicentes et judicantes ea esse vera ad quæ assueti [34] sumus, et convenientia et etiam sua opposita [35] inconvenientia. Et non solum hoc [36], sed [37] etiam judicamus [38] ea ad quæ non [39] sumus assueti [40] universaliter esse inopinabilia ; et hoc [41] quia animus noster magis delectatur et magis noscit ea ad quæ sumus assueti [40] quam alia. Secundo cum dicit *Et* [42] *tu potes scire*, dat signum ad hoc [43] ; et est quod juvenes, assuescentes se a [44] pueritia apologis et fabulis, magis delectantur in ipsis quam in ipsa veritate.

Consequenter cum dicit *Et* [45] *quidam homines*, dat impedimenta quæ partim sunt a natura, partim a paucitate instructionis in logica [46], dicens quod quidam homines prohibentur cognoscere [47] veritatem ipsam in scientiis eo quod in omnibus scientiis quærunt [48] demonstrationes potissimas [49] et certas, ad modum demonstrationum mathematicarum, quamvis non sit possibile in omnibus scientiis tales demonstrationes reperire. Et hoc accidit eis, sicut vult Commentator [50], quia non sunt instructi in logica. Ipse tamen, ut dicit [51], vidit quosdam quibus accidit hoc [52] per naturam. Adhuc etiam [53] sunt alii qui prohibentur a veritate eo quod in omnibus scientiis [54] quærunt [55] testimonium virorum famosorum ; quod [56] tamen non sufficit ad veritatem inquirendam. Et hoc, sicut vult Commentator [57], accidit eis per naturam. Innatum enim est multis ut non possunt [58] pertransire sermones [59] probabiles et famosos [60]. Isti etiam [61] negarent [62] prima [63] principia si essent eis proposita, nisi essent famosa.

[4] 34*E* (994b29), *add.* non *L.*
[5] Averroes, *In II Meta.*, t. c. 13, fol. 34*F*.
[6] *add.* ut *F.*
[7] Averroes, *ibid.*, *EF.*
[8] 34*H* (994b32).
[9] nec *F.*
[10] *om. L.*
[11] diversi *FP.*
[12] *om.* dixerunt ... quibusdam *A.*
[13] *om. L.*
[14] quod *L.*
[15] accede *P.*
[16] ubi ... pars : ibi *BFLP.*
[17] 5*M* (987a5), possunt L.
[18] *om. BFLP.*
[19] 35*A* (994a12), non *F.*
[20] *add.* quod *P.*
[21] *add.* et *BFL.*
[22] *om.* quia quædam impedimenta *P*, *om.* impedimenta *L.*
[23] *om. L.*
[24] *om. F.*
[25] a *FP.*
[26] propter ... dividi : propterea prima pars dividitur *BFLP.*
[27] 34*M* (995a6), rationes *A.*
[28] *add.* quod *BL.*
[29] *om. BL.*
[30] *om. BFLP.*
[31] *om. FLP.*
[32] qui *FLP.*
[33] consueti *P.*
[34] consueti *BFLP.*
[35] *add.* scilicet *BFLP.*
[36] *om. B.*
[37] *om.* sed *FP*, sed etiam *L.*
[38] vidimus *L*, *add.* sed *F.*
[39] nos *L.*
[40] consueti *F.*
[41] *add.* est *F.*
[42] 34*H* (995a3).
[43] *om.* ad hoc *P.*
[44] in *B*, *om. F* ; *om.* a pueritia *FP.*
[45] 34*M* (995a6).
[46] *om.* in logica *P.*
[47] cogitare *P.*
[48] communiter *P.*
[49] primas *BL*, ipsas *FP.*
[50] Averroes, *In II Meta.*, t. c. 15, fol. 35*B*.
[51] *ibid.*
[52] accidit hoc : acciderunt hæc *B*, accidunt *FLP.*
[53] autem *BFP.*
[54] *add.* solum *BFLP.*
[55] *add.* scilicet *BFLP.*
[56] quæ *FL.*
[57] Averroes, *ibid.*, *C.*
[58] possint *BFP.*
[59] *In marg.* propositiones *B.*
[60] famosas *BF* ; *om.* et famosos *P.*
[61] autem *F.*
[62] negaverunt *FP.*
[63] prius *A.*

(4r) Adhuc etiam [64] sunt quidam [65] qui solum [66] quærunt in scientiis testimonium versificatorum [67] et poetarum ; propter quod [68] prohibentur a veritate. Et [69] hoc accidit eis, sicut vult Commentator [70], per naturam ; et sunt tales in [71] quibus dominatur virtus imaginativa super [72] virtutem cogitativam sive rationalem ; et tales non possunt credere demonstrationibus et imaginationibus nisi secundum quod imaginatio concomitatur eis. Unde non possunt credere aliqua [73] esse nisi [74] fuerint corporea et mota [75]. Adhuc etiam sunt quidam qui in omnibus scientiis quærunt perscrutationem [76] profundam ; cum tamen non sit in omnibus quærenda. Et ista [77], ut dicit [78] Commentator [79], est natura philosophi [80]. Isti etiam [81] inter omnes meliorem modum habent ad inquisitionem [82] veritatis, quamvis in omnibus istum modum non possint exercere [83]. Adhuc etiam sunt quidam [84] qui abhorrent et odiunt perscrutationes profundas in scientiis, et hoc [85] per [86] impotentiam, scilicet [87], quia [88] non possunt tales perscrutationes comprehendere, nec comprehensas retinere, eo quod subtiles sunt et ipsi rudes [89] ; aut propter fatuitatem suam, quia, scilicet, assimilant [90] perscrutationes et disputationes in scientiis [91] mentationibus [92] ; et potest dici mentatio [93] protervitas [94] in mente aut in cogitando [95]. Ipsi enim putant quod sicut vile et malum [96] est protervire in mente [97], quod [98] similiter sit malum protervire in disputationibus [99] ad inquisitionem veritatis ; cum tamen hoc non sit verum. Et in hoc dedit ipsa [1] impedimenta prohibentia cognoscere [2] ipsam veritatem.

Consequenter cum dicit *Et ideo* [3] *oportet hominem*, dat remedia contra ipsa [4] impedimenta. Et [5] dat duo, quorum primum proprie [6] est contra impedimenta quæ sunt a paucitate instructionis in logica, et etiam per extensionem [7] contra impedimenta quæ sunt a consuetudine. Secundum est contra impedimenta [5] quæ sunt [8] a natura, et etiam per extensionem contra omnia reliqua [9]. Et dat secundum remedium cum dicit *Et* [10] *non oportet quærere*. Primum autem remedium est [11] quod cum aliquis voluerit devenire in cognitionem alicujus scientiæ, prius [12] oportet ipsum inquirere modum et viam deveniendi in illam scientiam ; et hoc quia valde [13] difficile est simul [14] inquirere scientiam a materia [15] et viam deveniendi in ipsam [16]. Utrumque enim ipsorum est difficile in [17] se. Et propter [18] hoc dat [19] intelligere quod in [20] inquisitione scientiarum prius [21] oportet [22] instrueri [23] in scientiis logicalibus ; ibi enim docetur modus universaliter [24] deveniendi in cognitionem scientiarum. Et qui hoc modo exercitatus [25] fuerit, poterit [26] vitare impedimenta quæ sunt [27] a [28] paucitate instructionis [29] in logica, et etiam quæ sunt a prava consuetudine a [30] pueritia. Et [31] dicit super hoc Commentator [32], quod qui simul quærit scientiam et viam deveniendi in ipsam, similis est illi qui docet homines viam dum etiam ipse addiscit eam [33]. Aut [34] est similis ei [35] qui intendit medicinari hominem et post addiscit medicinam ; sicut fuit de quodam

[64] autem *BLP*.
[65] *om. L*.
[66] *om. F*.
[67] ædificatorum *P*.
[68] hoc *L*.
[69] sed *B*.
[70] AVERROES, *ibid.*, *D*.
[71] *om. L*.
[72] per *FL*, *om.* super . . . cognitivam *P*.
[73] alia *P*.
[74] qui *L*.
[75] *P corrupt*, nota *F*.
[76] per destructionem *L*.
[77] ita *A*, isti *F*.
[78] vult *B*.
[79] AVERROES, *ibid.*, *E* : "ista est natura philosophiæ".
[80] natura philosophi : vera (?) philosophia *A*.
[81] enim *L*.
[82] adquisitionem *B*.
[83] in omnibus . . . exercere : non in omnibus possunt istum modum exercere *BL*, *om.* possint *FP*.
[84] *om. B*.
[85] *add.* aut *B*.
[86] propter *BFLP*.
[87] *om. L*.
[88] quod *FP*.
[89] sunt . . . rudes : non sunt sed rudes *L*.
[90] consimilant *A*.
[91] *add.* et *A*.
[92] mentationi *F*, mercationibus *L*.
[93] mercatio *L*. Cf. AVERROES, *ibid. F* : "quia assimilant disputationem mercationi, et credunt quod protervire in sermone est malum, sicut malum est protervire in mercatione." It appears that Buckfield read *mentatio*, which appears for *mercatio* in at least some of the mss. of the *Meta. Nova*.
[94] profunditas *P*.
[95] cognoscendo *F*.
[96] male *L*.
[97] *om. L*.
[98] et *F*.
[99] dispositionibus *ALP*.
[1] ipse *A*.
[2] cogitare *P*.
[3] 35*A* (995a12), *om. B*.
[4] ista *BFLP*.
[5] *om.* Et . . . impedimenta *L*.
[6] proprium *P*.
[7] executionem *FP*.
[8] *om.* a . . . sunt *BP*.
[9] per . . . reliqua : omnia per extensionem *A* ; reliqua : remedia *F*.
[10] 35*H* (995a15).
[11] *om. L*.
[12] primo *FL*.
[13] *om. BFP*.
[14] *om. FP*.
[15] *om.* a materia *BFP*.
[16] *om.* et hoc . . . ipsam *L*.
[17] de *BL*.
[18] per *BFLP*.
[19] *om. BFLP*.
[20] *om. LP*.
[21] plus *P*.
[22] est *BL*.
[23] instrui *P*, instrumenti *L*.
[24] ut *F*, uterque *L*.
[25] excitatus *A*.
[26] ponit *L*.
[27] *om. F*.
[28] in *FP*.
[29] instructionibus *L*.
[30] in *FP*.
[31] ut *BL*, consequenter cum *FP*.
[32] AVERROES, *ibid. G*.
[33] ipsam *P*.
[34] *add.* etiam *BFLP*.
[35] illi *BFP*, isti *L*.

qui, cum accessit ad infirmum et propinavit ei [36] medicinam [37], post inspexit [38] libros suos, et mortuus est infirmus.

Consequenter cum dicit *Et non oportet quærere* [39], dat secundum remedium. Et est quod ad bene inquirendum veritatem in scientiis sicut possibile est, non debemus in omni scientia niti indifferenter ad hoc ut habeamus demonstrationes ad modum demonstrationum mathematicarum [40]. Et subjungit causam hujus [41] cum dicit : *Hoc* [42] *enim non oportet.* Et est quia [43] tales demonstrationes non debemus quærere nisi in scientiis quæ considerant de rebus a motu et a materia separatis, ad minus secundum considerationem. Unde infert cum dicit *Et* [44] *ideo ille modus* quod talis modus demonstrandi non est quærendus in naturali scientia, licet [45] Commentator hoc aliter exponat [46], et hoc quia fere tota [47] naturalis philosophia est de rebus admixtis [48] materiæ. Et dicit "fere", secundum [49] Commentatorem [50], propter intellectum, qui est perfectio postrema [51] hominis et est [52] abstractus a materia ; vel dicit "fere" [49] propter corpora cælestia, quæ non habent materiam nisi æquivoce, nec famoso modo dicuntur naturalia.

Et [53] ex his [54] remediis jam dictis infert corollarie [55] cum dicit *Et ideo oportet* [56] *nos,* quod si voluerimus addiscere philosophiam naturalem, primo debemus inquirere de natura quid sit, quia [57] hoc cognito [58], manifestum est [59] cujusmodi demonstrationes quærendæ sunt [60] in naturali philosophia, et etiam de quibus in ipsa agendum sit. Manifestum etiam erit utrum in naturali philosophia [61] considerandum sit de omnibus causis aut non, sed in aliis [62], quia de omnibus non est manifestum quod ibi [63] sit considerare, licet sit manifestum de causa materiali. Et quod hoc [64] sit manifestum, de ipsa probat cum dicit *Videtur* [65] *enim,* per hoc quod quælibet res naturalis videtur [66] habere materiam. Unde patet manifeste quod consideratio de causa materiali pertinet ad naturalem philosophiam [67], licet non sit ita manifestum de aliis.

Et propter istam interpositionem concludit iterum idem corollarium quod prius, cum dicit *Et ideo oportet* [68] *quærere,* scilicet, quod volentes addiscere scientiam naturalem primo [69] debent inquirere quid sit natura, quia hoc cognito patebunt ea de quibus in naturali scientia est considerare. Et est [70] notandum quod dicit hic Commentator [71] quod natura est universaliter principium [72] transmutationis in rebus transmutabilibus [73] per se, et principium privationis, transmutationis [74] sive quietis in rebus quæ quandoque transmutantur et [75] quandoque non. Illa autem quæ semper remanent in eodem modo modorum transmutationis, scilicet, in motu locali, æquivoce dicitur de eis natura et de aliis. Istam tamen litteram ab illo loco *Et utrum* [76] *considerandum sit de causis* non sic exponit Commentator ; immo secundum ipsum [77] ibi dicit Aristoteles quod qui voluerit considerare in hac philosophia debet in principio inquirere utrum [78] unius scientiæ sit [79] considerare [80] de omnibus causis aut non, sed [81] plurium [82] ; sed de hoc non est multum curandum.

Posuerunt autem quidam [83] *principium.* Hic accedit ad principale intentum, declarans ex opinionibus aliorum quod causæ non excedunt numerum quaternarium. Et dividitur hæc pars [84] in duas, in quarum prima dat opiniones aliorum in numero causarum, et contra eas [85] disputat. In secunda, ut ibi : *Quoniam* [86] *autem illud dictum fuit,* fere in fine hujus secundi, inducit [87] ex determinatis in prima parte, et etiam ex

36 *om. F.*
37 *add.* et *FLP.*
38 inspexerit *L.*
39 35*H* (995a15), inquirere *BFL.*
40 *om.* ut . . . mathematicarum *L.*
41 *om. B.*
42 35*H* (995a16).
43 quod *FL.*
44 35*H* (995a16).
45 *add.* tamen *BFLP.*
46 Averroes, *In II Meta.*, t. c. 16, fol. 35*M*.
47 *om. P.*
48 unitis *B*, mixtis *FLP.*
49 *om.* secundum . . . fere *F.*
50 Averroes, *ibid.*
51 extrema *BLP.*
52 etiam *B.*
53 *om. B.*
54 duobus *BFLP.*
55 corollarium *P.*
56 35*I* (995a17), *om. AB.*
57 *om. BL, add.* ex *F.*
58 cognitione *F.*
59 erit *BFLP.*
60 erunt *BFLP.*
61 *add.* et etiam de quibus in ipsa *A.*
62 sed in aliis : sicut intellectus *P*, *add.* et *L.*
63 quod ibi : quid *L.*
64 sic *A.*
65 35*I* (995a17).
66 *om. L.*
67 philosophum *FLP.*
68 35*I* (995a17), dicitur *P.*
69 prius *P.*
70 *om. P.*
71 Averroes, *ibid.*, 36*A*.
72 *om. B.*
73 *om.* in rebus trans. *B*, trans. *F.*
74 transmutabilis *P.*
75 transmutantur et : transeunt *F*
76 35*I* (995a19), utrumque *P.*
77 Averroes, *ibid.*, *B.*
78 *om. B.*
79 *om. B.*
80 *om.* in hac . . . considerare *FP.*
81 *add.* non *BL.*
82 plurali *L.*
83 5*M* (987a5). Posuerunt autem quidam : Et quidam posuerunt *L.*
84 *om.* hæc pars *BFL.*
85 eos *ABF.*
86 27*F* (993a11).
87 concludit numerum causarum *F.*

dictis in libro *Physicorum* [88], quod causæ non excedunt numerum quaternarium. Prima in duas, in quarum prima dat opiniones aliorum in numero causarum. In secunda, ut ibi : *Quomodo* [89] *autem locutus fuit,* disputat contra illas opiniones. Prima in duas, in quarum prima dat opiniones naturalium [90] de causis. In secunda, ut ibi : *Pythagorici* [91] *autem,* dat opiniones non naturalium.

In prima parte [92] sic procedit : Primo dicit quod quidam philosophi posuerunt tantum [93] unum esse principium entium, scilicet principium materiale, qui diversificabant [94] in positione sua secundum diversitatem elementorum [95]. Quidam enim posuerunt illud [96] principium ignem, quidam aerem, etc. [97] Et notandum, secundum Commentatorem [98], quod dicit illos posuisse illud unum principium quasi species materiæ, quia materia est in potentia [99], et ita [1] elementa sunt in actu, et quia [2] in rei veritate neque generatur neque corrumpitur ; ista [3] autem sunt [4] generabilia et corruptibilia. Et sic dicentes, ut dicit Commentator [5], non perceperunt de causis nisi materialem.

Secundo cum dicit *Quidam* [6] *autem,* dicit quod quidam posuerunt duas causas rerum, scilicet materialem et efficientem, sed in causa efficienti diversificati [7] sunt, quia quidam posuerunt cum [8] causa materiali tantum unam causam efficientem, ut Anaxagoras, qui tantum posuit intellectum causam moventem. Alii autem posuerunt duas causas efficientes, ut Empedocles, qui tantum [9] posuit duos motores [10], scilicet [11] amicitiam et litem ; et addit quod philosophi usque ad tempus Italorum tantum sciverunt [12] has duas causas, scilicet materialem et efficientem. In temporibus [13] enim ipsorum locuti sunt quidam aliquantulum aliter de causis ; verumtamen qui tantum [14] duas causas posuerunt, scilicet materialem et efficientem, diversificati [15] sunt, ut dictum est [16], in causa efficiente, in hoc quod quidam posuerunt ipsam unam et quidam duas [17].

Consequenter cum dicit *Pythagorici* [18] *autem,* dat opiniones non naturalium, cujusmodi sunt Pythagorici et [19] Plato. Et dividitur illa pars [20] in duas, in quarum prima dat opiniones [21] Pythagoricorum. In secunda, ut ibi : *Et* [22] *post hoc quod dictum fuit,* dat opinionem Platonis. In parte [23] prima [24] sic procedit : Primo dat opinionem Pythagoricorum, dicens quod Pythagorici posuerunt duo principia entium, et [25] in hoc conveniunt [26] cum prædictis naturalibus. Verumtamen non eodem modo posuerunt [27], nec [28] eadem principia entium [29], quia ipsi posuerunt principium materiale et formale. Dixerunt enim unum, quod est principium numeri, sive finitum [30], quæ significant [31] eandem intentionem apud ipsos, esse principium [32] formale ; infinitum autem, sive multa, posuerunt principium [33] materiale. Et non posuerunt [34] aliquod naturale [35] principium entium, ut scilicet ignem aut aliquid aliud elementorum, sed solum infinitum et unum, quæ [36] posuerunt esse substantias ex [37] quibus dixerunt omnia entia consistere ; quæ quidem entia secundum ipsos sunt numeri. Posuerunt [34] enim numerum esse substantiam [38] cujuslibet entis ; et quia prædicta duo principia, scilicet unum et multa, sunt principia numeri, dixerunt hæc duo esse principia universaliter entium.

Hoc facit primo. Secundo cum dicit *Et usi sunt* [39] *consideratione* [40], (4v) increpat istam opinionem, dicens quod ipsi usi sunt consideratione [41] valde debili in determi-

[88] *Physics,* II, 3, 194b23-195a26, *add.* de causis *BLP,* de causis scilicet *F.*
[89] 11*C* (989b22), quoniam *BL,* quando *FP.*
[90] naturales *BL,* naturaliter *P.*
[91] 6*E* (987a13).
[92] *om. BFLP.*
[93] *om.* posuerunt tantum *B,* tantum : tamen *L.*
[94] diversificabantur *F.*
[95] objectorum *A.*
[96] *om. P.*
[97] *om. BP.*
[98] Averroes, *In I Meta.,* t. c. 1, fol. 6*AB.*
[99] materia *B.*
[1] ista *F,* illa *L.*
[2] *add.* materia *BFLP.*
[3] ita *P.*
[4] *om. BL.*
[5] Averroes, *ibid. B.*
[6] 5*M* (987a7), quod *L.*
[7] diversi *FP.*
[8] *add.* sua *FLP,* a sua *F.*
[9] *om. BFLP.*
[10] *Lac. F.*
[11] *om. B.*
[12] sumpserunt *F.*
[13] partibus *A.*
[14] *add.* dat *A.*
[15] diversi *BF.*
[16] *om. L.*
[17] scilicet ... duas : et ipsam unam posuerunt *A, add.* ipsam unam et quidam duas posuerunt *F.*
[18] 6*E* (987a13).
[19] *add.* non *P.*
[20] *om.* illa pars *BFLP.*
[21] opinionem *L.*
[22] 7*E* (987a29).
[23] *om. BFLP.*
[24] secunda *L.*
[25] *om. AB.*
[26] consequenter *L.*
[27] possint *L.*
[28] ut *A.*
[29] *om.* in ... entium *B,* entium *FLP.*
[30] quod ... finitum : principium quod est universum finitum *A.*
[31] significat *P.*
[32] *om. A.*
[33] principia *A,* principale *L.*
[34] ponunt *L.*
[35] materiale *BFLP.*
[36] qui *AFL.*
[37] substantias ex : istas *P.*
[38] primam *P.*
[39] 6*L* (987a22), usi sunt : universaliter *F.*
[40] consuetudine *BFLP.*
[41] consuetudine *BLP.*

nando illud quod inter omnia dignius [42] est et [43] esse et cognitione [44], per unum [45], infinitum, et numerum, ut prædictum est. Et hoc quia consideratio talium similis est ac [46] si quis [47] æstimaret dualitatem et duplum esse idem et ejusdem naturæ propter hoc quod [48] duplum universalius est dualitate et prius ea naturaliter [49] ; non enim est eadem natura dupli et dualitatis, sed alia et alia. Aut si dicat quis [50] quod natura dupli et dualitatis non sit alia et alia quia duplum est [51] universalius et prius [52] dualitate, sicut illud est prius sine quo non est aliud ; ipsum tamen non [53] potest esse sine eo. Si sic dicat quis [54], sequitur eandem esse naturam [55] unius et pluris, sive unum et multum idem esse, cum unum sit universalius et prius quam multa ; quod est inconveniens. Et hoc idem inconveniens [56] accidit dicentibus entia [57] esse numerum [58], licet numerus sit prior entibus [59] modo prædicto. Multa enim sunt priora entibus eo modo prioritatis [60] quo [61] et numerus, de quibus non dixerunt Pythagorici quod [62] sint [63] substantia [64] entium [65] ; quare non [66] deberent dixisse de numero.

Consequenter cum dicit *Et propter* [67] *hoc quod dictum fuit* [68], dat opinionem Platonis. Et habet illa pars duas [69], in quarum prima declarat [70] tempus [71] in quo tradita fuit philosophia Platonis, et etiam cui prædictarum opinionum magis adhæret opinio Platonis. In secunda, ut ibi : *Et hoc* [72] *fuit dictum*, dat opinionem Platonis. In prima parte [73] sic procedit : Primo dicit quod philosophia Platonis inventa fuit post opiniones [74] Pythagoricorum, et universaliter aliorum [75] qui posuerunt mathematica principia [76] entium, et etiam post opiniones quorundam [77] naturalium, scilicet Anaxagoræ, et Empedoclis, et Democriti. Secundo cum dicit *Et* [78] *sequebatur eos* declarat [79] cui prædictarum [80] opinionum magis adhæret opinio Platonis, dicens quod Plato in multis opinionibus suis secutus est Pythagoricos, in paucis autem Italos sive naturales ; et hoc quia Pythagorici ponebant [81] mathematica causas entium ; propter quod [82] in multis sequebatur eos Plato. Posuit enim Plato formas exemplares, ut infra patebit, et opinabatur naturam formarum et naturam [83] numerorum [84] esse eandem. Opinabatur [85] etiam quod quatuor elementa sunt [86] composita ex superficiebus æqualium laterum et angulorum. Ipse enim [87] Plato sequebatur naturales in [88] dicendo [89] primam naturam [90] esse [91] quatuor elementa.

Hoc facit secundo. Tertio cum dicit *Et post* [92] *quæ contingit*, addit adhuc quod philosophia [93] Platonis inventa fuit [94] post opinionem Herculeorum, quia [95] prima opinio quæ [96] fuit post opinionem Democriti, qui fuit unus ex Italis, fuit [97] opinio Herculeorum, qui, ut dicit Commentator [98], faciebant dubitare omnes dantes se ad philosophiam in illo tempore. Et fuit opinio illorum [99] quod omnino nulla est scientia. Posuerunt enim [1] omnia entia [2] sunt semper [3] in continuo fluxu et transmutatione, et propter [4] hoc de illis non esse [5] aliquam scientiam [6] ; dicentes quod si scibilia sunt [7] transmutabilia, necesse est scientiam de ipsis esse transmutabilem [8], et talem scientiam [9] non esse scientiam. Ex quo [10] concludit [11] cum dicit *Istas* [12] *igitur opiniones*, quod [13] jam dictæ sunt opiniones [14] quæ præcesserunt opinionem Platonis in naturalibus,

42 dignus *L*.
43 cognitio *F*.
44 *om. BFP*.
45 *add.* et *BFLP*.
46 et *P*.
47 aliquis *BFLP*.
48 quia *F*.
49 *om. FP*.
50 aliquis *BFL*.
51 *om. AF*.
52 *om.* et prius *F*, plus *P*.
53 *om. FLP*.
54 aliquis *B*.
55 materiam *P*.
56 *om.* hoc idem inconveniens *A*, inconveniens *B*.
57 *om. FP*.
58 *add.* substantiam entis *F*.
59 ente *B*.
60 *om. B*, quo prioritas *LF*, quo paritas *P*.
61 *om. F*.
62 *add.* non *FP*.
63 sunt *BFL*.
64 simili *AF*, principia *P*.
65 entia *P*.
66 nec *BFLP*.
67 7*E* (987a29), post *BFLP*.
68 est *L*.
69 habet ... duas : dividitur in duas *BFLP*.
70 determinat *FLP*.
71 *om. BFLP*.
72 7*M* (987b4), *add.* ibi *P*.
73 *om. FLP*.
74 opinionem *F*.
75 quorum *A*.
76 math. prin. : manifesta *B*.
77 aliorum *BL*.
78 7*E* (987a30).
79 determinat *P*.
80 istarum *BFLP*.
81 posuerunt *BFLP*.
82 hoc *F*.
83 *om. FP*.
84 numeri *BLP*.
85 opinatur *BP*.
86 sint *F*.
87 *om. BL*, etiam *FP*.
88 *om. F*.
89 vivendo *FP*.
90 materiam *BFP*.
91 *add.* et *BF*, in *LP*.
92 7*E* (987a32), prima *LP*, præterea *F*.
93 opinio *F*.
94 *add.* adhuc *B*.
95 et *P*.
96 *om. P*.
97 *om.* unus ... fuit *F*.
98 Averroes, *In I Meta.*, t. c. 5, fol. 7*H*.
99 eorum *BLP*.
1 *add.* quod *BFLP*.
2 *add.* quæ *A*.
3 *om. B*.
4 propter hoc : propterea *BLP* ; proprie *F*.
5 *om. F*.
6 *om. B*.
7 sint *P*.
8 transmutatio *BP*.
9 *om. F*.
10 quibus *BFLP*.
11 considerandum *F*.
12 7*F* (987a33).
13 quia *AB*.
14 *om. A*.

quia Socrates, qui fuit primus loquentium de philosophia morali, nihil addidit eis quæ dicta sunt ab antiquis de [15] natura [16] universali, id est de philosophia speculativa.

Consequenter cum dicit *Et* [17] *hoc fuit dictum,* dat opinionem Platonis, ad cujus positionem motus fuit ex opinione Herculeorum prædicta. Et dividitur illa pars [18] in duas, in quarum prima dat opinionem Platonis et eam comparat ad opinionem Pythagoricorum. In secunda, ut ibi : *Qui* [19] *autem posuerunt* [20] *unum,* dat modum quo venit Plato in suam opinionem. Prima in duas ; in quarum prima dat ipsam opinionem ; in secunda, ut ibi : *Et* [21] *multa univoca,* comparat ipsam ad opinionem Pythagoricorum. Opinio Platonis fuit hæc [22], quia [23] Plato invenit [24] individua unius speciei contineri sub sua [25] specie sicut individua aliarum specierum sub suis speciebus ; percepit hoc non esse a casu [26] vel a fortuna [27], sed ab [28] aliqua [29] causa necessaria. Ex [30] hoc etiam posuit quod [31] nullum individuum sive singulare est incorruptibile, sed omnia corruptibilia [32] et transmutabilia, nullam habentia communem formam in qua conveniant [33] nisi in nomine solum [34], et ita sensibilium nullam esse definitionem. Et propter hoc posuit formas separatas extra singularia et etiam [35] extra animam existentes, quas vocat formas exemplares, formas [36] scilicet singularium et exemplaria naturæ, ad quas formas respiciens, natura producit [37] res naturales in esse, sicut artifex respiciendo exemplar [38] producit exemplatum in esse. Nisi enim essent hujusmodi formæ exemplares, secundum ipsum, non proveniret semper ex semine hominis homo, nec ex semine equi [39] equus ; immo indifferenter quidlibet [40] ex quolibet. Per istas etiam formas exemplares posuit [41] omnia sensibilia existere, et propter eas, sicut res inveniuntur [42] existentes per sua exemplaria. Istas autem formas exemplares dicit [43] Plato esse causas formales ; principia autem [44] materialia ex quibus producit natura res in esse ad imitationem istarum formarum exemplarium posuit Plato causas materiales. Et ita posuit duas causas, scilicet formalem et materialem.

Et propterea [45] *multa* [46] *univoca* [47]. Hic comparat opinionem Platonis ad opinionem Pythagoricorum. Et quia Plato et Pythagorici in hoc convenerunt [48], quod [49] utrique posuerunt unum esse principium ; posuit enim Plato [50] unitatem ex parte formæ [51], ut infra [52] patebit ; utrique etiam [53] posuerunt infinitum [54], quia Plato posuit infinitum [55] ex parte materiæ ; utrique etiam [53] posuerunt numeros ; propter hoc dividit [56] illa pars in tres, in quarum prima comparat unum [57] Platonis ad unum [58] Pythagoricorum. In secunda, ut ibi : *Et* [59] *quidam posuerunt,* comparat infinitum [60] Platonis ad infinitum [60] Pythagoricorum. In tertia, ut ibi : *Et quidam posuerunt numerum* [61], comparat numerum Platonis ad numerum Pythagoricorum.

In prima parte sic procedit : Primo quasi innuens Platonem esse magis increpandum Pythagoricis, comparat unum Platonis ad unum ipsorum. Cum enim ita sit, secundum veritatem, quod species communis est pluribus individuis [62] et univoce participata [63] ab ipsis, Plato omnino [64] destruxit univocationem [65] in formis quas posuit. Homo enim in materia et homo per se existens extra materiam, ut ipse posuit, æquivoce dicuntur. Pythagorici autem non sic. Immo licet peccaverunt in ponendo entia [66] esse numeros, tamen posuerunt hoc secundum univocationem et similitudinem [67] in natura, assimilantes numeros entibus [68], eo quod crediderunt entia esse numeros [69] ;

[15] *om. P.*
[16] naturali *B.*
[17] 7*M* (987b4).
[18] *om.* illa pars *BFLP.*
[19] 9*D* (987b29), quoniam *BFLP.*
[20] autem posuerunt : apposuerunt *P.*
[21] 8*A* (987b9).
[22] talis *L.*
[23] quod *F.*
[24] non venit *L.*
[25] una *F.*
[26] causa *BLP.*
[27] forma *L.*
[28] sub *LP.*
[29] alia *BF.*
[30] et cum *F.*
[31] quia *L.*
[32] incorruptibilia *L.*
[33] conveniunt *BLP.*
[34] nisi . . . solum : non solum in nomine *P.*
[35] *om. BFLP.*
[36] *om. BL.*
[37] producat *BL.*
[38] exempla *L.*
[39] *om.* ex . . . equi *BFLP.*
[40] quodlibet *BLP.*
[41] possint *L.*
[42] invenitur *F*, *add.* res *L.*
[43] dixit *BFP.*
[44] *om. BFLP.*
[45] 8*A* (987b9), *om. BFLP.*
[46] Et . . . multa : Et multa *BFLP.*
[47] univocata *BFLP.*
[48] conveniunt *BFLP.*
[49] quia *L.*
[50] *om. FP.*
[51] materiæ *B.*
[52] in littera *B.*
[53] enim *B.*
[54] infinitatem *BFLP.*
[55] *om. BFLP.*
[56] dividitur *FP.*
[57] opinionem *F.*
[58] opinionem *F.*
[59] 9*D* (987b25).
[60] infinitatem *F.*
[61] 9*D* (987b27), numeros *P.*
[62] indivisibilis *F.*
[63] *om. L.*
[64] opinio *B.*
[65] unionem *A*, *om. B.*
[66] et *B.*
[67] *add.* et *BL.*
[68] *om.* tamen . . . entibus *P.*
[69] *om.* tamen . . . numeros *F.*

quare [70] univocationem non [71] destruxerunt [72]. Unde [73] quoad hoc magis videtur Plato [74] increpandus. Cum enim destruxit univocationem [75], destruxit scientiam, ponendo æquivocationem [76], eo quod de æquivoco non est scientia.

Secundo cum dicit *Communicatio* [77] *vero*, communi increpatione increpat Platonem et Pythagoricos in [78] hoc quod ipsi solum pertractati [79] sunt [80] de convenientia individuorum in specie, sed [81] convenientiam [82] specierum in genere non considerant [83]; unde in hoc diminuti fuerunt. Et [84] licet in hoc convenerunt [85], contradixerunt tamen sibi invicem in suis positionibus, quia Pythagorici solum posuerunt sensibilia, Plato autem [86] posuit sensibilia [87] et formas separatas, quas vocat [88] formas exemplares, et etiam [89] mathematica [90] quæ sunt media inter sensibilia et formas separatas.

Tertio cum dicit *Sensibilia* [91] *autem*, increpat Platonem speciali increpatione; et hoc duplici, quarum prima est eo quod posuit omnia [92] sensibilia esse corruptibilia et in continuo fluxu, cum [93] quædam sensibilia sint [94] semper existentia et incorruptibilia, ut scilicet [95] corpora cælestia [96]. Commentator [97] tamen [98] non sic introducit illam increpationem; immo secundum ipsum intendit [99] Aristoteles hic solvere quæstionem Herculeorum superius tactam, quæ [1] voluit scientiam non esse eo quod omnia [2] sensibilia sunt transmutabilia; quod solvitur in [3] hoc quod in omni sensibili, licet sit transmutabile, sunt [4] duo principia, scilicet materia et forma [5], quorum unum [6], scilicet forma, non est transmutabilis [7] essentialiter, sed semper permanens secundum essentiam, licet [8] accidentaliter [9] transmutetur [10] secundum esse, scilicet per transmutationem materiæ sive compositi. Reliquum autem principium, scilicet materia, semper transmutatur; et propter hoc de sensibilibus transmutabilibus potest esse scientia gratia suæ formæ, quæ secundum essentiam est incorruptibilis [11].

Consequenter cum dicit *Species* [12] *autem*, increpat Platonem alia speciali increpatione, eo quod posuit species rerum separatas ab ipsis individuis [13] per se existentes; quod tamen falsum est. Propter hoc enim sunt [14] species, quia [15] comparatæ [16] sunt ad multa, ita quod a quibuslibet [17] participatæ [18], et etiam sunt causæ ipsorum singularium. Et dicuntur species respectu ipsorum [19], secundum quod una [20] species communicatur a multis singularibus. Et notandum est hic [21], secundum Commentatorem [22], quod una [23] intentio speciei, quæ est in istis rebus [24] individualibus, non in quantum communicata a multis, sed secundum quod unicuique eorum appropriatur [25], est [26] individuale [27]. Eadem tamen intentio [28], in quantum communicata est ab individuis, dicitur species. Et [29] primo modo est illa intentio causa [30] individuorum; secundo modo est causa [31] cognoscendi individua et non essendi; et est eadem intentio sic considerata, et sic solum differens secundum esse.

Et quia Plato et Pythagorici in hoc different [32] (5r) quod unum Platonis est unum separatum a sensibilibus, unum autem Pythagoricorum non, propter hoc addit consequenter [33] cum dicit *Qui autem dicere* [34], quod aliqui [35] dicunt [36] unum quod est principium numeri, sive unum numero non separatum a sensibilibus, esse substantiam

[70] unde *BLP*, *add.* æquivoce *A*.
[71] *om. A*.
[72] destruunt *L*.
[73] quia *F*, quare *BLP*.
[74] *om. P*.
[75] unitatem *A*, *om.* univocationem destruxit *B*.
[76] *om.* ponendo æquivocationem *B add.* in *B*.
[77] 8*A* (987b13), communicato *L*.
[78] ex *F*, et *P*.
[79] perscrutati *BFLP*.
[80] *om. P*.
[81] licet *F*.
[82] convenientium *F*.
[83] consideraverunt *BFLP*.
[84] *om. B*.
[85] conveniunt *BFL*.
[86] tantum *L*.
[87] *om.* Plato ... sensibilia *P*.
[88] vocavit *BFLP*.
[89] et etiam : in *F*.
[90] mathematicas *BFLP*.
[91] 8*B* (997b16).
[92] omnino *F*.
[93] et *L*.
[94] sicut *P*.
[95] ut scilicet : cujusmodi sunt *BFL P*.
[96] supracælestia *BFLP*.
[97] Averroes, *In I Meta.*, t. c. 6, fol. 8*BC*.
[98] *om. L*.
[99] innuit *A*.
[1] qui *A*.
[2] omnino *L*.
[3] per *BFLP*.
[4] in ... sunt : modi sensibiles sint transmutabiles secundum *B*, sunt : secundum *FL*.
[5] scilicet ... forma : materialia at formalia *L*.
[6] *om. P*.
[7] transmutabile *FP*.
[8] sed dum *P*.
[9] secundum accidens *F*.
[10] transmutatur *P*.
[11] corruptibilis *F*, *add.* et intransmutabilis *BL*.
[12] 8*B* (987b17).
[13] *om. BFLP*.
[14] fuerit *F*.
[15] *om. L*.
[16] comparata *BFLP*.
[17] quolibet *BLP*, qualibet *F*.
[18] participata *BFLP*.
[19] respectu ipsorum, *lac. P*, principaliter *F*.
[20] *om. FP*.
[21] *om. B*.
[22] Averroes, *op. cit.*, t. c. 7, fol. 8*M*.
[23] *add.* est *F*.
[24] *om. BFLP*.
[25] appropriatum *BFL*.
[26] *add.* unum *BFLP*.
[27] *add.* et causa essendi *F*.
[28] tamen intentio : species *BFLP*.
[29] in *L*.
[30] *add.* esse *FLP*.
[31] *om. P*.
[32] differunt *BFP*.
[33] *om. P*.
[34] 8*L* (987b22), Qui ... dicere : Quia autem dixit *BFLP*.
[35] illi qui *A*.
[36] dant *L*.

entium, et nihil esse ens nisi quod fuerit [37] tale unum, licet ipsi non ponant [38] numerum esse substantiam entium, tamen magis conveniunt cum positione Pythagoricorum, qui posuerunt numeros [39] esse substantiam entium, quam cum Platone. Utrisque [40] enim contingunt eadem inconvenientia, ut dicit Commentator [41].

Consequenter cum dicit *Et* [42] *quidam posuerunt*, comparat infinitum Platonis ad infinitum Pythagoricorum, dicens [43] quod quidam sunt [44] Pythagorici, qui [45] posuerunt unum et infinitum esse principia ; et [46] dixerunt infinitum esse unum [47], scilicet numerum parem ; aut [48] dixerunt infinitum esse duo sicut unitatem, id est, dualitatem non habentem contrarietatem [49], hoc est, numerum parem. Plato autem [50] posuit [51] infinitum suum, quod [52] posuit ex parte materiæ magnum et parvum. Et in hoc magis proprie posuit quam Pythagorici, magis enim secutus est in hoc antiquos [53] naturales quam Pythagorici [54], eo [55] scilicet quod [56] posuit [57] contrarietatem.

Consequenter cum dicit *Et* [58] *quidam posuerunt numerum*, comparat numerum Platonis ad numerum [59] Pythagoricorum, dicens quod Plato posuit numerum suum, non in [60] sensibilibus, sed [61] extra ipsa [62]. Opinabatur enim naturam formarum quas posuit [63] et naturam [64] numeri esse eandem. Pythagorici autem dixerunt ista sensibilia esse numeros ; et ita numerum esse in ipsis et non ens separatum per se. Ipsi enim nec posuerunt mathematica, nec numeros aut formas separatas, sicut posuit Plato.

[65] *Qui* [66] *autem posuerunt unum et numeros*. Hic [67] dat modum quo venit Plato in positionem [68] suam. Et primo dat modum quo venit in positionem causæ formalis. Secundo ut ibi : *Qui autem* [69] *fecit materiam*, dat modum quo venit in positionem [68] causæ [70] materialis. Et quia posuit unitatem ex parte formæ et multitudinem ex parte materiæ [71], cum posuit magnum et parvum ex parte materiæ, ex quibus dixit [72] infinitum causari, propter hoc tertio, ut ibi : *Et species diversificatur* [73], dat modum quo venit in unitatem ex parte formæ et multitudinem ex parte materiæ [74]. Modum autem quo venit in positionem causæ formalis dat ex perscrutatione [75] de definitione sic : Quia ipse vidit quod scientia quæ est [76] de sempiternis habetur [77] per definitionem, posuit ipse subjectum definitionis sempiternum et incorruptibile. Quia etiam [78], secundum ipsum, omnia sensibilia sunt corruptibilia, non potuit [79] aliquod sensibile, nec aliquid [80] existens in sensibilibus [81], esse subjectum definitionis. Et propter hoc posuit [82] formas separatas, scilicet formas exemplares esse subjectum definitionis ; quod quidem [83] subjectum dixit esse causam formalem. Et quasi [84] alludens Platoni [85], subjungit cum dicit *Et* [86] *non habuerunt*, quod non fuit mirum [87] si sic [88] deceptus fuit [89] per [90] perscrutationem [91] de definitione, cum apud ipsum et prædecessores ejus non [92] fuit ars definiendi [93].

Consequenter cum dicit *Qui* [94] *autem fecit naturam*, dat modum quo venit in causam suam materialem. Et est [95] quia ipse vidit artificiatum generari [96] ex sua materia propria ad imitationem [97] sui exemplaris, similiter posuit res naturales educi ex sua propria materia naturaliter ad imitationem [98] suarum formarum exemplarium. Si enim illa eductio esset accidentalis, fieret modo contrario quam nunc [99] fit [1], hoc est,

[37] fiunt *B*.
[38] *om.* licet . . . ponant *P*.
[39] numerum *P*.
[40] utriusque *A*, utrique *B*.
[41] Averroes, *ibid.*, fol. 9*A*, *om.* ut dicit Commentator *BFLP*.
[42] 9*D* (987b25).
[43] dicunt *F*.
[44] sint *B*, sicut *L*.
[45] *om. FP*.
[46] *om. BLP*.
[47] *om.* esse unum *P*.
[48] sive *BFLP*.
[49] *om. L*.
[50] enim *L*.
[51] posuerit *L*.
[52] et *P*.
[53] *om. FP*.
[54] *om.* magis . . . Pythagorici *A*.
[55] *om. BFLP*.
[56] quia *F*, qui *L*.
[57] posuerunt *F*, posuerit *L*.
[58] 9*D* (987b27).
[59] *om.* comparat . . . numerum *P*.
[60] in non *B*.
[61] scilicet *BP*.
[62] extra ipsa : e contra ipse *P*.
[63] ponit *L*.
[64] materiam *P*.
[65] 9*D* (987b29), *add.* consequenter cum dicit *BFLP*.
[66] quoniam *BFLP*.
[67] *om. BL*.
[68] opinionem *L*.
[69] 9*E* (987b33). ed. Venice : Qui autem posuit aliam naturam. Qui autem : quidam *BL*.
[70] *om.* formalis . . . causæ *P*.
[71] *om.* et . . . materiæ *B*.
[72] dixerat *P*.
[73] 10*A* (988a5), cicatur *BFLP*.
[74] *add.* dat *L*.
[75] ex perscrutatione : perscrutationem *A*.
[76] *om. A*.
[77] hoc est *A*.
[78] *om. F*.
[79] posuit *BF*, ponit *L*.
[80] aliquod *BFL*.
[81] sensibile *FP*, sensibili *F*.
[82] ponit *L*.
[83] *om. P*.
[84] *om. F*.
[85] Platonem *L*.
[86] 9*E* (987b32).
[87] *Lac. F*, *om. B*.
[88] si sic : sicut *A*, *om.* si *F*.
[89] sive *B*.
[90] *om. L*.
[91] *add.* et *P*.
[92] *om. F*.
[93] definiendo *F*.
[94] 9*E* (987b33). Qui autem posuit aliam naturam. quoniam *BFL*.
[95] *om. F*.
[96] artificiatum generari : causam artificialem generare *A*.
[97] imaginationem *B*, imaginem *FLP*.
[98] imaginationem *BF*, imaginem *L*.
[99] non *A*.
[1] sic *F*.

non fieret semper aut in majori parte eodem modo sed [2] raro, cum ea quæ ab accidente sunt, raro contingant. Ex quo concludit cum dicit *Dicere* [3] *igitur*, quod dicere res naturales fieri ex materia, bene dicitur et recte secundum [4] Platonem.

[5] Consequenter cum dicit *Et species diversificatur* [6], dat modum quo venit in unitatem [7] ex parte formæ et multitudinem [8] ex parte materiæ ; quod facit comparando unitatem formæ masculo fecundanti [9] plures mulieres, et multitudinem materiæ multitudini [10] plurium mulierum ab eodem masculo fecundatarum. Sicut enim vidit unitatem ex parte masculi et multitudinem ex parte mulierum, sic [11] ponit [12] unitatem ex parte [13] formæ et multitudinem ex parte materiæ, ponens ex parte materiæ [14] magnum et parvum, quæ secundum ipsum sunt causa [15] infinitatis et ita [16] multitudinis. Ex quibus concludit consequenter cum dicit *Ista* [17] *igitur sunt,* quod jam dicta exempla et consimilia sunt [18] ex quibus devenit Plato in positionem suam de principiis ; modo enim jam dicto determinavit de ipsis in libro suo [19] de quæstionibus.

[20] Adhuc etiam concludit ulterius [21] corollarie [22] cum dicit *Et* [23] *manifestum est,* manifestum esse ex prædictis [24] quod Plato, secundum positionem suam, tantum posuit duas causas, scilicet formalem et materialem. Dixit [25] enim species, quas posuit, esse formas aliarum rerum quæ non sunt formæ ; et has species dixit [25] esse causas formales. Materiam autem [26] subjectam [27], in qua sunt formæ sicut continens in contento et finiens in finito, posuit causam materialem. Multitudinem etiam, quam posuit ex parte materiæ, scilicet magnum et parvum, dixit esse [28] in forma [29] educta a materia [30], sicut contentum [31] in [32] continente et finitum in finiente, et etiam dixit esse substantiam formæ, quam posuit dualitatem. Adhuc etiam [33] de magno et parvo, quæ posuit ex parte materiæ, dixit ipsa [34] esse causam [35] boni et laudabilis [36], et suorum oppositorum ; et etiam in omnibus rebus dixit esse bonum [37] et laudabile per naturam ipsorum. Et exponit res alias cum dicit *Et* [38] *sunt ea,* dicens quod illa in quibus sunt bonum et laudabile per naturam magni et parvi [39] sunt res posteriores, quarum causæ [40] quæruntur ex principiis primis. Non tamen sic exponit Commentator ab illo loco, *Et* [41] *manifestum est* ; immo [42] secundum expositionem [43] suam potest [44] notari et [45] ex textu et [46] ex [47] commento quod [48] species et universaliter universale non est forma sola, sed aggregatum [49] ex materia et forma, cujus tamen contrarium vult Aristoteles in septimo hujus [50]. Propter [51] quod [52] intelligendum [53] quod species sive [54] universale aliter dicitur hic et in septimo. Hic enim appellat illud speciem [55] cujus est definitio ; et tale necessario est [56] aggregatum ex materia et forma. In septimo autem [57] hujus vocat speciem qualitatem, a qua primo [58] imponitur nomen definiti, quæ aggregatum non dicit.

Consequenter cum [59] dicit *Et videtur quod* [60] *omnes isti,* concludit adhuc ulterius [61] ex præhabitis [62] quod omnes antiqui loquentes de causis testantur ei in numero causarum, scilicet quod non excedunt numerum quarternarium, cum nullus ipsorum potuit dare causam quintam. Et cum hoc etiam manifestum est quod perscrutator [63] de causis

[2] licet *F*.
[3] 9*E* (988a2).
[4] per *P*, *add.* etiam *F*.
[5] et *F*, *add.* etiam *P*.
[6] 10*A* (988a5), dividitur *P*, *corrupt F*.
[7] unitate *L*.
[8] unitatem *F*.
[9] fecundari *F*.
[10] multum *F*.
[11] *add.* scilicet *F*.
[12] posuit *FLP*.
[13] *om.* masculi . . . parte *A*.
[14] *om.* ponens . . . materiæ *AFP*, *add.* scilicet *F*.
[15] causæ *F*.
[16] *add.* causa *BL*.
[17] 10*A* (988a7), isti *L*.
[18] *om. L*.
[19] *om. F*. Based on a mistranslation of Aristotle, *Metaphysics*, I, 6, (988a8). Cf. ed. Venice, fol. 10*A*.
[20] *add.* et *L*.
[21] *om. L*.
[22] *add.* ex dictis *BFP*, ex dictis consequenter *L*.
[23] 10*A* (988a8).
[24] dictis *B*.
[25] dicit *F*.
[26] *om. P*, de *L*.
[27] subjectivam *LP*.
[28] enim *P*.
[29] *om. A*.
[30] *om.* a materia *F*.
[31] extentum *F*.
[32] a *P*.
[33] *om. L*.
[34] ipsam *F*.
[35] causa *AB*.
[36] laudis *B*.
[37] *om. F*.
[38] 10*B* (988a15).
[39] naturam . . . parvi : materiam magnum et parvum *P*.
[40] esse *BL*.
[41] 10*A* (988a8).
[42] nunc *FP*.
[43] complexionem *F*, positionem *L*, Averroes, *In I Meta.*, t. c. 9, fol. 10*D*.
[44] *add.* hic *BFL*.
[45] *om. BFLP*.
[46] *om. FP*.
[47] *om. F*.
[48] et *A*.
[49] *om. L*.
[50] Aristotle, *Meta.*, VII, 7, 1032b1, 2 ; b14.
[51] *om.* hujus, propter *BFLP*.
[52] et *F*.
[53] *add.* est *B*.
[54] si sit *A*.
[55] species *P*, *add.* in *L*.
[56] *om. F*.
[57] *om. L*.
[58] *om. L*.
[59] *om. F*.
[60] 10*L* (988b17), *om. L*.
[61] *om. BFLP*.
[62] dictis *F*.
[63] perscrutantes *F*, perscrutatio *L*, perscrutatis *P*.

aut debet de omnibus [64] causis pertractare [65] aut de quibusdam. Cum enim quædam [66] entia habeant omnes causas, volens hujusmodi entia cognoscere, de omnibus causis debet perscrutari ; volens autem alia [67] entia cognoscere [68], de quibusdam. Et in hoc terminatur illa pars, in qua [69] dat opiniones aliorum de [70] numero causarum.

Quomodo [71] *autem locutus fuit unusquisque*. Datis opinionibus aliorum de [70] numero causarum, hic disputat contra ipsas [72]. Quamvis enim in parte præcedente aliquo modo increpavit eas [73], hic tamen ex intentione disputat contra ipsas [74]. Ubi [75] primo [76] sic procedit : Primo dat intentionem, dicens quod post jam dicta, intendendum est [77] quomodo locuti sunt antiqui de principiis sive [78] causis, et etiam quomodo [79] obviandum sit eis [80], secundum quod possibile est obviare [81] loquentibus de principiis. Secundo cum dicit [82] *Omnes ponentes toti*, prosequitur intentionem. Et dividitur illa pars primo [83] in duas, in quarum prima disputat contra [84] opiniones naturalium primo tactas, et etiam ostendit quod hujusmodi disputatio non est inconveniens huic [85] philosophiæ. In secunda [86], ut ibi : *Qui vero* [87] *vocantur Pythagorici*, disputat contra opiniones non naturalium. Prima in duas, in quarum prima disputat contra ipsas opiniones. In secunda, ut ibi : *Sed* [87a] *isti sermones*, ostendit istam disputationem non [88] esse inconvenientem huic [89] philosophiæ. Prima in duas, in quarum prima disputat contra illas [90] in speciali. In secunda, ut ibi : *Quoniam* [91] *autem in fundamento*, obviat ipsis in communi. Prima in duas, in quarum prima disputat contra opiniones ponentium elementa esse principia entium. In secunda, ut ibi : *Anaxagoras* [92] *autem*, contra ponentes [93] alia ab elementis esse principia. Prima in duas, in quarum prima disputat contra ponentes aliquod unum elementorum tantum esse principium. In [94] secunda, ut ibi : *Et* [95] *per istam* [96] *viam*, contra ponentes omnia elementa esse principia. Prima in duas, in quarum prima disputat contra ponentes aliquod trium elementorum esse principium [94], scilicet ignem aut aquam aut aerem ; in secunda, ut ibi : *Dicentes* [97] *autem contra* [98] *elementum*, contra ponentes unum elementum esse principium [99], quod est terra [1] ; illa enim opinio debilissima fuit.

Prima in [2] tres, in quarum prima [3] disputat contra ponentes [4] aliquod [5] elementorum prædictorum esse principium. In secunda, ut ibi : *Et* [6] *cum* [7] *hoc dicunt*, disputat contra modum generandi ex illo principio. In tertia, ut ibi : *Opinio autem* [8] *quæ magis*, ostendit quæ illarum opinionum est probabilior [9]. In prima parte [10] sic procedit : Primo dicit quod omnes [11] ponentes tantum unum [12] esse elementum universi, et illud esse corporeum [13], magnitudinem habens, ut scilicet [14] ignem aut [15] aerem aut aquam, errant [16] pluribus modis. Secundo ut ibi : [17] *Quia non posuerunt*, dat tres [18] errores illorum, sive ducit [19] ad tria inconvenientia quæ sequuntur ipsos. Quorum primum est quia [20] ipsi non posuerunt aliquod elementum rerum non corporearum, sed tantum elementum corporeum [21].

Secundum [22] inconveniens dat cum dicit *Et volunt* [23] *loqui*. Et est [24] quod cum ipsi conabantur dare principia [25] et causas generationis et corruptionis, et etiam aliarum rerum naturalium, non potuerunt dare subjectum sive principium generationis et cor-

[64] *add.* quatuor *FLP*.
[65] debet . . . pertractare : de rebus de quibus quatuor causis perscrutari *B*, debent *F*, perscrutari *FL*, *om.* pertractare *P*.
[66] *om. A*.
[67] aliqua *AF*.
[68] *om.* de . . . cognoscere *F*.
[69] in qua : quæ *B*.
[70] in *BFLP*.
[71] IIC (989b22).
[72] *add.* opiniones *BFLP*.
[73] eos *A*.
[74] eas *BFLP*.
[75] ut *P*.
[76] *om. BFLP*.
[77] *om. F*.
[78] *add.* de *P*.
[79] quando *P*.
[80] obviandum sit eis : videndum est ei *B* ; sit : est *FLP*.
[81] obedire *B*.
[82] 11*C* (989b22), *add.* et *BFLP*.
[83] *om.* illa . . . primo *BFLP*.
[84] *om. L*.
[85] hujus *AP*.
[86] secundo *L*.
[87] 15*I* (989b29), tunc *F*
[87a] 15*C* (989b21).
[88] *om. P*.
[89] isti *F*.
[90] eas *BFLP*.
[91] 14*F* (989b6).
[92] 13*M* (989a30).
[93] opponentes *L*.
[94] *om.* In . . . principium *B*.
[95] 13*B* (989a19), *om. F*.
[96] illam *P* ; istam viam : naturam unam *L*.
[97] 12*G* (989b6), *om. L*.
[98] *om. BFLP*.
[99] *om.* esse principium *BFLP*.
[1] *om. B*.
[2] habet *BFLP*.
[3] in . . . prima : primo *F*.
[4] positionem *A*, opinionem ponentium *F*.
[5] *add.* unum *BFLP*.
[6] 11*H* (988b29), *om. BL*.
[7] *add.* enim *BL*.
[8] 12*C* (988b35), aut *L*.
[9] probabiliorum *B*.
[10] *om. BFLP*.
[11] *add.* sic *B*.
[12] *add.* principium *FL*.
[13] et corpoream *B*, et corporum *F*.
[14] si *A*.
[15] *om.* aut aerem *A*.
[16] *add.* etiam *F*.
[17] 11*D* (988b24), *add.* et *FL*.
[18] etiam *P*.
[19] duxit *L*.
[20] quod *BFLP*.
[21] corporum *F*.
[22] *om. F*.
[23] 11*D* (988b26), voluerunt *BLP*.
[24] *om.* et est *BFLP*.
[25] principium *P*.

ruptionis [26], sed solum dabant principium motus ; corpus enim est subjectum motus et non generationis et corruptionis. Et licet sic [27] dederunt subjectum motus [28], tamen negaverunt (5v) causam moventem, et ita generationem et corruptionem, quia vera generatio et vera corruptio non inveniuntur [29] nisi in corruptibilibus [30] per causam moventem, quam ipsi abstulerunt.

Tertio cum dicit *Et* [31] *etiam non posuerunt*, dat tertium inconveniens. Et est [32] : Ipsi nullam causam dederunt substantiæ in actu, nec [32] locuti sunt de quidditate ejus, et hoc quia non posuerunt causam formalem, quæ dat quidditatem unicuique et causam essendi et actum [33]. In hoc enim [34] quod abstulerunt causam efficientem, negaverunt formam sive causam formalem, cum forma non [35] educatur [36] ex [37] materia nisi per agens.

Consequenter cum dicit *Et cum* [38] *hoc* [39] *dicunt* [40] *facile*, disputat contra modum generandi ex illo uno principio. Et primo dat modum generandi ex ipso secundum eos, dicens quod [41] quidam antiqui dicebant facile esse ponere unumquodque corporum elementarium [42] principium generationis præter terram, scilicet ignem, aerem, et aquam ; quod non dixerunt nisi propter hoc quod ponebant quædam ipsorum generari ex [43] quibusdam secundum congregationem aut segregationem, id est [44] secundum densitatem aut raritatem. Qui [45] enim posuerunt ignem principium, dixerunt aerem et [46] alia generari ab [47] ipso per condensationem. Qui autem [48] posuerunt aerem principium, dixerunt ignem generari ex ipso per rarefactionem, et aquam et alia per condensationem, et similiter de aqua. Et licet [49] negaverunt terram esse principium generationis, dicit tamen Commentator [50] quod bene potuerunt [51], secundum hunc modum, ponere terram esse [52] principium.

Secundo cum dicit *In* [53] *postremo autem*, increpat istum modum generandi [54], intendens quod licet possibilis esset [55] ille modus generandi in [56] elementis ex se invicem solum secundum condensitatem [57] et raritatem, in [58] elementatis [59] autem, quæ sunt post ipsa [60], valde differens est generatio a prædicta. Res enim generatæ magna [61] diversitate differunt, et [62] ab elementis et a se [63] invicem, cujus [64] diversitatis causa non posset [65] dari per raritatem et densitatem solum, quia ipsa differunt ab [66] invicem in [67] definitione.

Consequenter cum dicit *Opinio autem* [68] *quæ magis*, declarat quæ prædictarum opiniorum [69] est probabilior, dicens quod illa opinio, si qua illarum est hujusmodi, qua ponitur [70] aliquod elementorum esse compositum prima compositione [71] ex corporibus minimis et [72] divisibilibus. Unde inter omnes probabilius posuerunt qui [73] dixerunt ignem esse elementum propter subtilitatem suarum partium. Et dicuntur [74] isti probabilius dicere quia [75] hoc modo dicendo [76] non destruunt definitionem elementi ab antiquis datam, quæ est quod elementum est illud cujus ordo est ultimus [77] in resolutione et primus [78] generatione. Sic enim dicentes possunt dicere quod elementum est [79] corpora indivisibilia [80], ad quæ stat resolutio. Et non possunt definire [81] elementum, dicendo quod elementum est unum corporum simplicium ; ordo enim nullius elementi est ultimus in resolutione, cum [82] non stet divisio corporis [83] in elementis.

[26] *add.* et etiam aliarum rerum *B*.
[27] hic *F*.
[28] *om. B*.
[29] invenitur *BL*
[30] corporibus *BL*.
[31] 11*D* (988b28).
[32] *add.* quod *BFLP*.
[33] essendi et actum : et actum essendi *BFLP*.
[34] etiam *A*, *om. F*.
[35] *add.* habet *P*, *om.* non *L*.
[36] educitur *BFL*.
[37] de *BFLP*.
[38] 11*H* (988b29), tamen *P*.
[39] *om. F*.
[40] dat *F*.
[41] *om. L*.
[42] corporum elementarium : corruptibilium elementorum *B*, elementorum *FL*.
[43] a *BFLP*.
[44] *om.* id est *A*, id est : et *B*.
[45] quoniam *F*.
[46] aerem et : autem ex *F*.
[47] ex *P*, ab ipso : et ex ipsa *F*.
[48] enim *B*.
[49] sic *P*, hoc *F*.
[50] Averroes, *In I Meta.*, t. c. 12, fol. 11*L*.
[51] posuerunt *ALP*.
[52] *om. FLP*.
[53] 11*I* (988b34).
[54] generari *B*.
[55] esse *L*.
[56] *om. L*.
[57] densitatem *BFL*.
[58] et *F*.
[59] elementis *AB*.
[60] ipsam *F*.
[61] magis *A*.
[62] *om. F*.
[63] a se : ad *F*
[64] cum *F*.
[65] possit *FL*.
[66] ad *L*.
[67] *add.* quidditate et *BFLP*.
[68] 12*C* (988b35).
[69] opinio *L*.
[70] qua ponitur : quæ ponit *BFLP*.
[71] prima compositione : contra positionem *B*.
[72] *om. BL*, et divisibilibus : indivisibilibus *FP*.
[73] *om.* posuerunt qui *L*.
[74] dicunt *F*.
[75] quod *L*.
[76] dicendi *BFP*.
[77] ultimum *A*.
[78] *add.* tempore et *BLP*, in tempore et *F*.
[79] elementum est : elementa sunt *F*.
[80] individua *P*.
[81] discernere *B*.
[82] *add.* enim *A*.
[83] divisio corporis : corpus *B*.

Consequenter cum dicit *Dicentes* [84] *autem elementum,* disputat contra ponentes tantum unum principium, et illud esse terram. Ubi sic procedit : Primo ponit rationem [85] illius opinionis [86], dicens quod dicentes [87] unum esse [88] elementum, et illud esse terram, dicunt hoc [89] propter magnitudinem et grossitiem [90] suarum partium, modo contrario prædictis. Licet enim quidam, negantes terram esse principium, dicant unumquodque aliorum [91] elementorum [92] esse principium, ut scilicet [93] ignem aut aerem [94] aut aquam, non tamen concedunt hoc de terra, sicut fecerunt quidam alii, dicentes terram esse principium omnium [95]. Et fuit Hesiodus famosus [96] in hac [97] opinione et auctor ipsius, qui, ut dicit Commentator [98], famosus [96] fuit in legibus [99]. Ipse enim dixit terram esse principium primum omnium [1] corporum ; quod opinatur esse manifestum et famosum apud omnes. Unde [2] secundum positionem [3] ipsius [4], nullus dicens ignem aut aerem aut aquam esse elementum recte dixit.

Secundo ut ibi : *Si* [5] *igitur illud,* increpat illam opinionem per hoc quod supponit oppositum definitioni elementi prædictæ. Si enim illud [6] est [7] elementum, cujus generatio prior est tempore, et quod est ultimum in resolutione, et illud quod est generatum ex elemento et distinctum sit tale cujus [8] generatio sit [9] posterior tempore, tunc [10] patet quod dicens aquam [11] esse ante [12] aerem, et terram ante aquam tanquam elementum ejus, ut vult illa [13] opinio, ponit contrarium definitioni elementi. Dicit enim [14] Commentator [15] quod cum [16] aqua est ante [17] aerem in generatione, et aqua est in majoribus partibus quam [18] aer, sic [19] ponens posuit majus ante [20] minus in [16] generatione et elementum ei ; cum tamen sit manifestum quod minus sit ante majus in generatione, cum majus dissolvatur in minus.

Consequenter cum dicit *Sunt igitur ea* [21], epilogat quod jam dicta sunt [22] : ea [23] quæ possunt dicit contra ponentes aliquod unum elementorum esse principium entium.

Et [24] *per illam viam eamus.* Hic disputat contra ponentes omnia quatuor elementa esse principia entium, cujus opinionis fuit Empedocles [25]. Et procedit sic : Primo dando intentionem, dicit quod procedendum est contra ponentes causam materialem [26] esse plura elementa una eadem via qua processum [27] est contra ponentes causam materialem [28] aliquod unum elementorum, de quibus prædictum est. Et nominat auctorem [29] hujus opinionis [30], dicens ipsum [31] esse Empedoclem, qui posuit quatuor elementa principia materialia. Secundo cum dicit *Contingit* [32] *enim,* dat causam quare [33] eadem via procedendum est contra istos [34] et contra prædictos. Et est quia [35] aliqua eadem [36] inconvenientia contingunt utrisque [37]. Utrique [38] enim ponunt [39] generationem et corruptionem per congregationem et segregationem, quod non sufficit, ut patet ex parte præcedente. Et [40] licet quædam inconvenientia sint eis communia [41] addit cum dicit *Et alia* [42] *propria* quod quædam propria inconvenientia contingunt Empedocli. Hoc facit secundo [43]. Tertio cum [44] dicit *Et* [45] *jam locuti sumus,* dat proprium inconveniens contingens Empedocli [46]. Et [47] est quod ipse destruxit [48] alterationem universaliter in elementis, scilicet tam in formis substantialibus quam in qualitatibus [49]. Ex quo sequitur ulterius inconveniens, scilicet [50] quod generata [51]

[84] 12*G* (989b6).
[85] opinionem *L.*
[86] rationis *L.*
[87] ponentes *BFLP.*
[88] *om. A.*
[89] *om. L.*
[90] grossitudinem *BL*, grossitatem *F.*
[91] aliud *A.*
[92] *om. F.*
[93] *add.* aut *FLP.*
[94] *om.* aut aerem *L.*
[95] *om. L.*
[96] famosissimus *BFLP.*
[97] ista *BFLP.*
[98] Averroes, *In I Meta.*, t. c. 14 fol. 12*K*.
[99] logicalibus *B.*
[1] *om. FL,* primum omnium *B*
[2] *om. BFLP.*
[3] opinionem *BL.*
[4] *add.* quod *F.*
[5] 12*I* (989a15).
[6] *om. B.*
[7] *om. F.*
[8] quod ejus *F.*
[9] est *FLP.*
[10] tamen *F.*
[11] aerem *BFLP.*
[12] aut *F.*
[13] alia *L.*
[14] tamen *L.*
[15] Averroes, *ibid.*, 12*M*
[16] *om. L.*
[17] *om. A.*
[18] quod *A.*
[19] sicut *A.*
[20] aut aut *A.*
[21] 13*B* (989a18), eam *B.*
[22] *om. LP.*
[23] *om. BL.*
[24] 13*B* (989a18), sed *B.*
[25] *om. F.*
[26] causam materialem : contra causam naturalem *F.*
[27] processit *FLP.*
[28] *om.* esse . . . materialem *A*, esse : est *FP*, materialem : naturalem *F.*
[29] auctoritatem *P.*
[30] positionis *P.*
[31] *om. F.*
[32] 13*D* (989a27).
[33] propter quam *BFLP.*
[34] ipsos *B.*
[35] quod *BL.*
[36] aliqua eadem : est ita quod *A.* ista eadem *P.*
[37] *om. BF.*
[38] *om. LP,* utriusque *F.*
[39] ponit *F.*
[40] *om. L.*
[41] ex . . . communia : et *A.*
[42] 13*C* (989a22).
[43] cum dicit *P*, ex *F.*
[44] *om. A.*
[45] 13*C* (989a24).
[46] *om. B.*
[47] *add.* hoc *B.*
[48] *om.* Et jam . . . destruxit *A.*
[49] accidentalibus *BFP.*
[50] *om. BFLP.*
[51] generatio *F.*

ex [52] elementis non differunt ab ipsis, sed sunt idem ipsis nomine et definitione [53]. Procedit ergo [50] sic : Primo supponit oppositum [54] prædicti inconvenientis ex [55] naturali philosophia, scilicet quod elementa sunt transmutabilia et alterabilia [56] ad invicem, et secundum substantias et secundum qualitates. De hoc enim satis habetur in naturali philosophia, ut scilicet in libro *De Generatione* [57], ubi determinatum est de elementis, et etiam ubi determinatum est de [58] causis vel elementis [59] moventibus, utrum sint [60] una vel [61] plures.

Secundo cum dicit *Et non recte dixit* [62], increpat Empedoclem, dicens ipsum non recte dixisse ; et tangit [63] inconveniens prædictum quod sequitur ex positione sua ; et [64] patet. Tertio ut ibi [65] : *Contingit* [66] *enim*, ostendit [67] quod illud inconveniens [68] sequitur ipsum Empedoclem per hoc quod posuit quatuor elementa esse prima principia materialia. Posuit ipsa omnino ad invicem intransmutabilia [69] secundum suas substantias ; aliter enim non essent prima ; et si hoc, sunt [70] intransmutabilia secundum suas qualitates, cum idem [71] corpus manens in actu non transmutabile secundum substantiam non mutetur de contrario in contrarium. Idem enim inconveniens [72] est ponere aliquod tale corpus recipere passionem quam non habet et mutari de contrario in contrarium. Et ita ex sermone suo patet elementa nec alterari [73] secundum substantias [74] nec secundum qualitates ; quod est inconveniens. Et [75] ex hoc inconvenienti concludit ulterius aliud inconveniens cum dicit *Quapropter* [76] *natura universalis.* Et est quod sequitur ex hoc naturam [77] rei generatæ ex elementis esse eandem nomine et definitione cum natura elementi, ita quod si aliquid [78] ponatur generari ex igne, ipsum generatum erit ignis, et sic [79] de aliis ; quod [80] nullus concedit.

Consequenter cum dicit *Anaxagoras* [81] *autem,* cum in parte præcedenti disputavit contra naturales ponentes aliquod elementorum esse principium, disputat hic [82] contra eos [83] qui posuerunt aliud [84] ab elementis, scilicet contra Anaxagoram et suos. Posuit [85] enim Anaxagoras principium materiale primum [86] unum, mixtum ex [87] omnibus partibus consimilibus quiescentibus [88] in illo mixto ante generationem mundi secundum [89] tempus infinitum ; et cum generabatur mundus, posuit Anaxagoras intellectum causam agentem segregantem omnes partes universi ex illo mixto [90].

In hac parte sic procedit : Primo dicit [91] quod Anaxagoras, qui posuit tantum duo elementa, ut dictum [92] est, scilicet materiale et efficiens, non intellexit sermonem suum ; immo ductus fuit [93] ad sic ponendum non per rationes veras, sed per [94] sophisticas. Secundo cum dicit *Et* [95] *turpe est,* disputat [96] contra istam opinionem, ducens ex ea [97] ad tria inconvenientia ; quorum primum est quod ipse posuit principium [98] in contraria dispositione [99] naturæ [1] principii. Et ut hoc [2] pateat [3], tangit opinionem ejus cum dicit *Omnia* [4] *enim sunt,* dicens quod principium quod ipse posuit [5] est mixtum ex omnibus partibus consimilibus. Ex quo concludit prædictum inconveniens cum dicit *Quapropter* [6], scilicet quod cum dixit [7] mixtum esse principium, sequitur ipsum non esse principium ; [8] principium enim est ante quod non est aliud in quantum tale. Sed [9] mixtum quod ipse posuit [5] principium [10] est [11] ante quod est aliud. Non enim [12] in-

[52] ab *L.*
[53] *add.* et *BFLP.*
[54] opinionem *F.*
[55] in *F.*
[56] *om.* et alterabilia *B.*
[57] *De Generatione et Corruptione,* II 1-10, 328b25-337a34.
[58] *om.* elementis . . . de *BFLP.*
[59] *om.* vel elementis *BLP.*
[60] sunt *F.*
[61] aut *BF,* an *P.*
[62] 13*D* (989a27), dicere *A,* dicit *P.*
[63] tanquam *A*
[64] ut *F.*
[65] ut ibi : cum dicit *B,* ubi dicit *L.*
[66] 13*D* (989a27).
[67] ostendens *BL.*
[68] *om. F.*
[69] *add.* ad invicem *L.*
[70] sequitur ipsa esse *FLP,* sequitur ipsa *B.*
[71] enim *A.*
[72] *om. L.*
[73] *add.* nec *P.*
[74] substantiam *F.*
[75] *om. F, add.* hic *P.*
[76] 13*D* (989a29).
[77] materiam *P.*
[78] aliquod *F.*
[79] ita *BLP.*
[80] quia *L.*
[81] 13*M* (989a30).
[82] *om. P.*
[83] illos *BLP* ; disputat . . . eos : disputavit contra naturales *F.*
[84] aliquod *B.*
[85] ponit *L.*
[86] *om. BFLP.*
[87] in *BF.*
[88] convenientibus *A.*
[89] *om.* secundum tempus *FP* ; secundum : per *BL.*
[90] *om. B.*
[91] dixit *B.*
[92] prædictum *BLP.*
[93] ductus fuit : ducens *F.*
[94] *add.* rationes *BFLP.*
[95] 13*M* (989a32).
[96] disputavit *L.*
[97] *om.* ex ea *F.*
[98] principia *L.*
[99] definitione *A.*
[1] *om. FP.*
[2] hic *L, om. B.*
[3] pateant *L.*
[4] 15*B* (989b15).
[5] ponit *L.*
[6] 13*D* (989a29).
[7] cum dixit : est dicere *A,* dixerunt *F,* dicit *L.*
[8] *om.* sequitur . . . principium *BP.*
[9] sic *F.*
[10] *add.* non *A.*
[11] *om. P,* esse *F.*
[12] *om. F.*

telligitur mixtio, sicut [13] vult Commentator [14], nisi post segregationem ; ex quo patet quod posuit principium in dispositione contraria naturæ principii. (6r)

Consequenter cum dicit *Et* [15] *admixtio rerum,* dat secundum inconveniens. Et est quod miscibilia in mixto non [16] transmutantur, sed solum transferuntur [17] secundum situm. Partes enim similes quas posuit [5], propter sui parvitatem non vere miscentur [18], sed solum secundum sensum apparent misceri. Unde solum est mixtio ad sensum [19] ; quod in libro *De Generatione* [20] destructum [21] est. Mixtio enim [22] vera, sicut vult Commentator [23], est ut mixta alterentur ad invicem donec fiat ex eis forma [24] media, verbi gratia [25], forma oximellis [26], quæ fit ex mixtione mellis et aceti.

Consequenter cum dicit *Et* [27] *cum hoc passiones,* dat tertium inconveniens. Et est quod qualitas [28] propria [29] separabitur a suo proprio subjecto, subjecto [30] tamen manente in actu. Cum enim ex partibus consimilibus quæ sunt in actu secundum ipsum fit unum mixtum, et contrariæ qualitates non insunt [31] simul eidem [32] in actu, simul [33] cum partes similes quæ sunt propria [34] subjecta qualitatum admiscentur, oportet passionem ejus separari ; quod est inconveniens.

Consequenter cum dicit *Et* [35] *qui diligit,* quasi illudendo Platoni, dicit quod qui diligit verum, verum apparet in sermonibus suis [36] ; quasi [37] innueret per hoc quod eo quod in sermonibus Anaxagoræ apparet falsum [38] et sophisticatio, quod ipse magis dilexit sophisticationem quam verum.

Consequenter cum dicit *Quoniam autem* [39] *in fundamento,* cum jam disputavit contra opiniones [40] naturalium in speciali [41], obviat [42] eis in communi. Et [43] sic procedit : Primo dat unum inconveniens eis commune. Et est quod ipsi omnes posuerunt primum principium materiale esse [44] actu corporeum et actu formatum, cum tamen manifestum [45] sit ipsum omnino nullam habere formam in actu, quia nec generalem nec specialem. Non enim est dicere [46] materiam primam esse albam aut nigram, nec universaliter habere aliquam qualitatem [47] in actu ; nec [48] est [49] dicere universaliter [50] aliquam naturam [51] esse admixtam cum ea, ut scilicet saporem aut [52] odorem, nec universaliter aliquod consimile. Dicit enim [53] Commentator [54] quod, cum ex [55] primo principio [56] fuerunt [57] omnes [58] dispositiones substantiales et accidentales, et generatio non est [59] ex eo quod est ens sed ex [60] eo quod [61] non ens, manifestum est quod illud principium non debet esse in aliqua dispositione, neque secundum [62] qualitatem [63] accidentalem, neque [64] substantialem, neque secundum quantitatem, quoniam si diceretur de eo [65] aliquod istorum, tunc esset [66] antequam generaretur [67].

Hoc facit primo. Secundo cum dicit *Et* [68] *non æstimabitur,* ostendit per [69] impossibile [70] primum principium materiale non habere aliquam formam in actu, ut scilicet qualitatem, aut quantitatem, aut aliquam [71] aliam ; quia si sic, tunc [72], cum non sit major ratio [73] quare habeat unam formam quam formam sibi contrariam, eo quod est in potentia ad omnes, erunt in illo principio formæ contrariæ. Sed contraria non possunt esse [74] in eodem ut in subjecto simul. Quare erunt in ipso sicut in aliquo communi [75] prædicabili de ipsis ; et ita illud [76] principium erit universale sive genus

[13] ut *L.*
[14] AVERROES, *In I Meta.*, t. c. 16, fol. 14*C*.
[15] 13*M*-14*A* (989b2), *om. BL.*
[16] si *L.*
[17] transferentur *P.*
[18] mutantur *F.*
[19] *om.* apparent . . . sensum *L.*
[20] *De Generatione et Corruptione*, I, 2, 315a34-315b15.
[21] reprobatum *P* ; destructum est : destruxit *F.*
[22] autem *P.*
[23] AVERROES, *ibid.*, fol. 14*CD*.
[24] sub una *F.*
[25] *add.* et *F.*
[26] *om. FL*, mellis *B.*
[27] 14*A* (989b3).
[28] quantitas *L.*
[29] proprie *P.*
[30] *om. A.*
[31] multum *F*, sunt *L.*
[32] eisdem *B.*
[33] similiter *F.*
[34] proprie *L.*
[35] 14*A* (989b4).
[36] sermonibus suis : sermone suo *L.*
[37] *om. F.*
[38] *om. F.*
[39] 14*F* (989b6), *om. F.*
[40] opinionem *L.*
[41] specie *F*, *add.* hic *F.*
[42] obviavit *B.*
[43] ubi *BFLP.*
[44] *add.* in *BFLP.*
[45] materia *L.*
[46] *om. FP.*
[47] quantitatem *L.*
[48] neque *F.*
[49] *om. F.*
[50] *om. A.*
[51] materiam *P.*
[52] et *B.*
[53] *om. F.*
[54] AVERROES, *op. cit.*, t. c. 17, fol. 14*H*.
[55] *om. A.*
[56] *add.* materiali *BFLP.*
[57] sunt *FLP.*
[58] *om. B.*
[59] *om. F.*
[60] in *P.*
[61] *add.* est *LP.*
[62] *add.* aliquam *BFLP.*
[63] quantitatem *L.*
[64] nec *L.*
[65] *add.* quod *P.*
[66] *om. F.*
[67] generetur *L.*
[68] 14*G* (989b11).
[69] quod *BL.*
[70] *add.* est *L.*
[71] *om. L.*
[72] *om. FLP.*
[73] *om. A.*
[74] *om. BL.*
[75] et in *P.*
[76] istud *FL.*

et illa quæ dicuntur esse in ipso erunt species ipsius ; quod est impossibile. Sicut enim dicit Commentator hic [77], genus est aliud a materia. Genus enim est forma universalis ; materia autem, cum sit in potentia ad omnes formas, nullam habet formam omnino, neque universalem neque particularem, sed primo recipit formam universalem mediante qua recipit formas alias [78] secundum ordinem usque ad individuales [79]. Et [80] adhuc etiam [81] dicit quod est una numero secundum quod est subjectum [82] formarum individualium [83], et multa secundum formas quia dividitur per eas. Adhuc etiam est [84] universaliter similis generi [85], licet differat a genere in hoc quod ipsa est una numero [86] in multis, secundum quod esse ejus est in potentia ; genus autem est unum in forma, media inter actum et potentiam in multis, hoc est, in forma incompleta [87]. Et ideo potest genus prædicari de multis speciebus et de individuis illarum specierum ; materia autem non potest prædicari de speciebus generatis ex eo.

Consequenter cum dicit *Omnia sunt* [88] *admixta*, specialiter extendit [89] prædictum inconveniens commune [90] contra Anaxagoram. Anaxagoras enim, ut prædictum est, posuit principium materiale mixtum, dicens universaliter omnia [91] esse mixta præter intellectum, quem solum dixit esse purum et immixtum [92]. Et in hoc erravit, ut patet ex prædictis, quoniam in [93] istis rebus, hoc est in [94] principiis, est ponere aliquod ut primum principium materiale omnino purum [95] et immixtum de se [96], nullam [97] habens formam in actu ; et ita recte est ponere aliud principium ab intellectu esse simpliciter [98] et indeterminatum, antequam adveniat forma determinans ipsum aliquo modo, cujusmodi est principium materiale. Et qui aliter dicunt [99], non [1] bene dicunt ; et per [2] hoc innuit omnes alios philosophos qui dixerunt principium materiale esse aliquid [3] (6r) ens in actu, et præcipue Platonem, qui posuit [4] elementa esse in actu et quod non alterantur ad invicem.

Sed [5] *isti sermones convenerunt.* Hic declarat quod disputatio contra opiniones aliorum loquentium de causis non est inconveniens huic philosophiæ ; quod tamen [6] posset putari cum illæ opiniones sint naturales aut mathematicæ, supra quas [7] est hæc [8] philosophia. Et dat duas rationes, quarum prima est : Licet prædictæ opiniones naturalium non sint nisi [9] de causis generationis et corruptionis, et de motu, eo quod sunt [10] naturales, quia tamen hæc philosophia considerat de causis universaliter entium in quantum entia, convenienter potest in hac philosophia [11] disputare [12] contra prædictas opiniones. Secundam rationem dat cum dicit *Et* [13] *qui ponit.* Et est : Qui considerat secundum quod exigit hæc philosophia, considerat [14] de omni ente in quantum ens [15] ; et ita tam de [16] sensibilibus quam de [17] insensibilibus [18] in quantum entia [19] sunt. Sed [20] quædam prædictarum opinionum non solum considerant de sensibilibus [21], sed [22] etiam [23] de insensibilibus [24], ut sunt [25] illæ [26] quæ posuerunt principia [27] mathematica [28] rerum naturalium. Quare qui voluerunt contra tales [29] disputare convenienter, debet hoc fieri in hac philosophia. Hujus rationis primo ponit majorem ; secundo minorem cum dicit *Et* [30] *manifestum est.* Tertio infert [31] conclusionem cum dicit *Et ideo si quis* [32]. Et sic disputatum est contra naturaliter loquentes de causis.

Qui [33] *vero vocantur Pythagorici.* Hic disputat contra opiniones non naturales, cujusmodi fuerunt Pythagorici et Plato. Et dividitur hæc pars [34] in duas, in quarum prima

[77] Averroes, *ibid.*, fol. 14*K*.
[78] *om. A.*
[79] individualia *A.*
[80] *om. BFLP.*
[81] autem *BFLP.*
[82] sub una *F.*
[83] indivisibilium *L.*
[84] *om. A.*
[85] similis generi : simul generalis *F* ; generi licet : generari vel *L.*
[86] *add.* in numero *B.*
[87] et composita *A*, completa *BL.*
[88] 15*B* (989b15), *om. F.*
[89] ostendit *L.*
[90] et est *BFLP.*
[91] *add.* principia *BFLP*
[92] mixtum *L.*
[93] *add.* secundis *A.*
[94] ex *P.*
[95] prædicatum *L.*
[96] *om.* de se *F.*
[97] naturam *A.*
[98] simplex *BF.*
[99] dicuntur *B.*
[1] *om. A.*
[2] propter *ABL.*
[3] aliquod *F.*
[4] ponebat *BFLP.*
[5] 15*C* (989b21).
[6] quod tamen : quantum *F.*
[7] quæ *BFLP.*
[8] *om. BFL.*
[9] *om. B.*
[10] sint *F.*
[11] *om.* considerat . . . philosophia *B.*
[12] disputari *BF.*
[13] 15*C* (989b24).
[14] *om. P.*
[15] est *B.*
[16] *om. FP.*
[17] *om. P.*
[18] sensibilibus *L.*
[19] *om. F.*
[20] Et *P.*
[21] insensibilibus *BFLP.*
[22] et *P.*
[23] *om. BFL*, et *P.*
[24] sensibilibus *BFL.*
[25] *om. BL.*
[26] illa *F.*
[27] principium *LP.*
[28] mathematicarum *BL.*
[29] illos *P.*
[30] 15*D* (989b26).
[31] *om. BL.*
[32] 15*D* (989b27), aliquis *BFLP.*
[33] 15*I* (989b29).
[34] *om.* hæc pars *BFLP.*

disputat contra Pythagoricos. In secunda, ut ibi : *Plato* [35] *autem dicit*, contra Platonem. Prima in duas, in quarum prima [36] dividit [37] Pythagoricos [38] a naturalibus contra quos prius disputatum est [39]. In secunda, ut ibi : *Ascendamus* [40] *igitur*, incipit disputare contra eos. In prima parte [41] sic procedit : Primo dicit [42] quod Pythagorici diverso modo posuerunt [43] principia rerum naturalium a naturalibus loquentibus de principiis. Secundo cum dicit *Et* [44] *causa illius est*, dat causam illius [45] diversitatis. Et est quod Pythagorici non dicunt principia rerum naturalium esse res naturales neque sensibiles, sed ponunt ipsa [46] de rebus mathematicis ; quæ quidem mathematica omnia [47] sunt sine motu, præter ea de quibus est [48] astrologia. Super quod [49] notandum est, secundum Commentatorem [50], quod licet subjecta astrologiæ [51] sint mota [52], scilicet corpora cælestia, astrologus tamen non considerat de ipsis [53] secundum quod sunt [54] mota, sed considerat de figuris et sitibus eorum secundum qualitatem motuum, et secundum [55] velocitatem et tarditatem, et etiam de quantitate eorum [56], quia de proportionibus eorum et [57] approximatione et elongatione eorum ad invicem [58]. Naturalis autem considerat de naturis ipsorum corporum cælestium secundum quod mobilia sunt, declarans quis [59] motus possibilis est in ipsis [60] et quis [61] non.

Hoc facit secundo. Tertio cum dicit *Et* [62] *isti semper disputant*, addit [63] quod licet Pythagorici sic ponant principia mathematica, tamen semper loquuntur de naturis rerum [64], et de cælo, et de [65] partibus cæli [66], et de actionibus et [67] passionibus rerum naturalium, et de his quæ sequuntur [68] ad ipsa, et in omnibus conantur reddere causas et principia ex mathematicis, scilicet [69] ex numeris [70]. Et hoc faciunt ut in hoc numerentur cum loquentibus de [71] natura. Dixerunt enim omnia entia esse sensibilia ; insensibilia autem dixerunt esse principia entium. Adhuc etiam ipsi posuerunt cælum et hæc inferiora generabilia et corruptibilia esse ejusdem naturæ, et in omnibus, ut dictum est, volebant reddere causas et principia eorum [72] quæ apparent ex mathematicis.

Consequenter cum dicit *Ascendamus* [73] *igitur*, incipit disputare contra [74] Pythagoricos Et quia ipsi [75] posuerunt omnia [76] entia [77] ex numeris, et adhuc posuerunt duo principia numeri [78], scilicet unum [79] sive [80] finitum et infinitum, quæ dixerunt esse contraria principia numeri [81], propter hoc dividitur hæc pars in duas, in quarum [82] prima disputat contra ipsa contraria quæ sunt finitum et infinitum. In secunda, ut ibi : *Et* [83] *quomodo potest esse*, disputat contra ipsos numeros. In parte prima redarguit Pythagoricos quantum ad contraria prædicta in tribus. Quorum primum est quod non bene dixerunt finitum et infinitum esse principia numeri, cum non approprientur [84] numero ; immo dicuntur de motu. Propter quod aut [85] videtur quod non [86] sint [87] principia numeri, aut quod motus sit numerus, quorum utrumque est contra eos. Secundum [88], in quo redarguit eos, tangit cum dicit *Et* [89] *nihil de subjecto*. Et est [90] : Cum ipsi posuerunt (6v) prædicta duo contraria, et omnia contraria indigent subjecto [91], de subjecto [92] illorum [93] contrariorum nihil dixerunt. Non enim potuerunt dicere numerum esse illud [94] subjectum quia [95] secundum illos [96] illa [97] contraria sunt principia et partes [98] numeri. In hoc igitur peccaverunt [99] secundo.

[35] 17*G* (990a30).
[36] *om.* disputat . . . prima *B*.
[37] diversificat *BFL*, disputat contra *P*.
[38] *om. F*.
[39] disputatum est : disputavit *F*.
[40] 16*D* (990a6), accedamus *F*.
[41] *om. BFP*.
[42] *om.* Primo dicit *A*.
[43] ponunt *FLP*.
[44] 15*K* (989b31).
[45] hujus *BFL*.
[46] *om. F*.
[47] omnino *F*.
[48] *om. FLP*.
[49] *om. FP*.
[50] Averroes, *op. cit.*, t. c. 19, fol. 15*M*, *om. L*.
[51] *om. B*.
[52] *om.* sint mota *FP*, *om.* mota scilicet *B*.
[53] de ipsis, *lac. F*.
[54] *om. BL*.
[55] *om.* et secundum *BFLP*.
[56] earum *F*.
[57] *add.* de *BFLP*.
[58] ab invicem *P*.
[59] quod aliquis *F*.
[60] illis *BFLP*.
[61] aliquis *F*.
[62] 15*K* (989b33)
[63] *om. F*.
[64] eorum *L*.
[65] *om. FLP*.
[66] ejus *BFLP*.
[67] in *FP*.
[68] consequuntur *B*.
[69] sed *F*.
[70] necessariis *F*.
[71] *om. F*.
[72] earum *F*.
[73] 16*D* (990a6).
[74] *add.* ipsos *BF*.
[75] Pythagorici *P*.
[76] *om. L*.
[77] *add.* etiam *L*.
[78] *om. B*, mundi *A*.
[79] ut *F*.
[80] *om. AP*.
[81] *om.* scilicet . . . numeri *P*.
[82] *om. FP*.
[83] 16*G* (990a10).
[84] comprehenditur *A*.
[85] *om. P*, autem *BL*.
[86] *om. AL*.
[87] sunt *BFP*.
[88] *om. FP*.
[89] 16*D* (990a9).
[90] *om.* numerus . . . est *A* ; *add.* quod *F*.
[91] *add.* et *A*.
[92] *om.* de subjecto *L*.
[93] aliorum *BL*.
[94] idem *B*.
[95] *om. A*.
[96] eos *BP*, ens *F*.
[97] ita *F*.
[98] et partes : ex parte *P*.
[99] peccavit *F*.

Consequenter cum dicit *Et* [1] *pari et impari*, tangit tertium in quo redarguit eos. Et [2] est : Cum par et impar [3] per se approprientur [4] numero, magis deberent [5] posuisse par et impar principia [6] numeri quam finitum et infinitum. Cum igitur de pari et impari nihil dixerunt [7], peccaverunt.

Consequenter cum dicit *Et* [8] *quomodo potest esse*, disputat contra ipsos numeros. Et habet illa pars [9] duas, in quarum [10] prima disputat contra eos ostensive ; in secunda, ut ibi : *Et cum* [11] *æstimaverunt* [12], ducendo ad impossibile. Prima in duas [13], in quarum prima disputat contra eos ostensive et in universali. In secunda, ut ibi : *Et cum hoc fuerit* [14] *concessum*, descendendo [15] in speciali [16] ad res naturales, ostendit quod non generatur ex numeris. In prima parte dat unam rationem [17]. Et est : Si omnia entia sunt ex numeris [18], eo quod numeri res mathematicæ sunt ex numeris [19], ut [20] ipsi ponebant, tunc omnino non est motus, cum motus [21] non insit numeris, eo quod numeri res mathematicæ sunt. Et si motus non est, non est alteratio nec etiam motus cælestes diversi. Et si hoc [22], non generantur [23] res ex numeris, cum generatio non fiat sine alteratione et [24] sine motibus corporum supracælestium. Hujus rationis solum [25] dando conclusionem [26], innuit medium.

Consequenter cum dicit *Et cum hoc* [27] *fuerit*, descendit in speciali ad res naturales, declarans quod non generantur [28] ex numeris. Et habet illa pars duas [29] in quarum prima ostendit quod corpora naturalia, quæ sunt sub cælo, non generantur ex numeris. In secunda, ut ibi : *Et* [30] *numeri qui sunt ex cælo*, ostendit quod cælum et cælestia non generantur ex numeris. Prima in duas [31], in quarum prima ostendit quod ipsa [32] corpora quæ sunt sub cælo non generantur ex numeris ; in secunda, ut ibi : *Et* [33] *etiam quomodo*, quod passiones illorum corporum non generantur ex numeris. Primum ostendit sic : Corpora quæ sunt sub cælo aut sunt gravia aut levia. Cum igitur numerus non habeat gravitatem aut levitatem (sic enim [34] esset unitas gravis aut levis, cum sit tota substantia numeri, quod improbatum est [35] in tertio *Cæli et Mundi*) [36], corpora gravia et [37] levia ex numeris non generantur, cum [38] habens gravitatem aut levitatem ex non gravi et [39] levi non generetur [40], quod similiter [41] in tertio *Cæli et Mundi* [42] ostensum est.

Hujus rationis primo [43] quasi sub conditione [44] innuit conclusionem. Secundo dat medium cum dicit *Corporum* [45] *enim*, dicens quod corpora [46] quæ sunt sub cælo aut sunt gravia aut levia nisi sint [47] corpora mathematica ; quæ tamen secundum Pythagoricos sunt eadem cum [48] corporibus sensibilibus. Et nullum ipsorum dignius est [49] alio, cum [50] tam hæc quam illa secundum eos constent [51] ex eisdem principiis, scilicet [52] ex numeris. Ex quo concludit cum dicit *Et* [53] *ideo non dixerunt*, quod [54] propter hoc quod posuerunt eadem principia corporum sensibilium et mathematicorum, non [55] possunt reddere causam de [56] igne et de aliis elementis quare quædam sunt gravia et [57] quædam levia ; nec etiam possunt convenienter reddere causam [56] alicujus eorum quæ apparent in sensibilibus, eo quod nitebantur [58] reddere causas naturalium et mobilium ex non naturalibus neque mobilibus.

[1] 16*D* (990a9).
[2] *om.* *L*, *om.* Et est *P*.
[3] *om.* et impar *FP*.
[4] approprietur *FP*.
[5] debuerunt *P*.
[6] *om.* *A*, principium *BFP*.
[7] dixerint *P*.
[8] 16*G* (990a10).
[9] *om.* *A*.
[10] habet . . . quarum : illa pars dividitur in duo (duas *B*). In prima *BL* ; *om.* quarum *FP*.
[11] 17*B* (990a22), *om.* *A*.
[12] Et cum æstimaverunt : Et æstimaverit *A*, existimaverunt *F*.
[13] in duas : adhuc habet duo *B*.
[14] 16*G* (990a12), posuerunt *BFLP*.
[15] *om.* *P* : docens ducendo *F*, deducendo *L*.
[16] *om.* in speciali *F*.
[17] *add.* communem *BFLP*.
[18] *om.* *F*.
[19] *om.* eo . . . numeris *BFLP*.
[20] sicut *BL*.
[21] *om.* cum motus *P*.
[22] *add.* tunc *BFLP*.
[23] generetur *L*.
[24] *om.* *F*.
[25] simul *FLP*.
[26] *add.* simul *L*.
[27] 16*G* (990a12), hæc *B*, hic P.
[28] probantur *F*.
[29] habet . . . duas : dividitur in duo (duas *L*) *BFLP*.
[30] 16*L* (990a21), *om.* Et . . . ibi *L*, *om.* Et *B*.
[31] Prima in duas : Et dividitur in duo *B*.
[32] *om.* *B*, prima *F*.
[33] 16*L* (990a18).
[34] non *FP*.
[35] *om.* *B*.
[36] Aristotle, *De Cælo et Mundo*, III, 1, 300a15-19.
[37] aut *BFLP*.
[38] *om.* *A*.
[39] et : aut non *BF*.
[40] generatur *A*, generantur *B*.
[41] quod similiter : et simile *F*.
[42] Aristotle, *op. cit.*, III, 1, 299a2-300a19.
[43] *om.* *BFLP*.
[44] quæstione *BFLP*, *add.* primo *BFLP*.
[45] 16*H* (990a14).
[46] corporum *A*.
[47] sunt *L*.
[48] in *FL*.
[49] *om.* *BLP*.
[50] *om.* *F*.
[51] constant *FP*.
[52] *om.* *FP*.
[53] 16*H* (990a16).
[54] *om.* *B*.
[55] *add.* enim *F*.
[56] *om.* de . . . causam *B*.
[57] *om.* *P*.
[58] intendebantur *F*.

Consequentur cum dicit *Et*[59] *etiam quomodo,* ostendit quod passiones corporum quæ sunt sub cælo non[60] generantur ex numeris, quia si sic, non generentur[61] nisi ex passionibus numeri[62], quæ sunt par et impar ; quod est inconveniens, cum passiones numeri ad passiones rerum naturalium, cujusmodi sunt albedo et[63] nigredo, et hujusmodi, nullam habeant[64] proportionem.

Consequenter cum dicit *Et*[65] *numeri qui sunt,* ostendit quod cælum et cælestia non generantur ex numeris, quia[66] tunc numeri ex quibus generatur cælum essent appropriati ipsi cælo et semper existentes sicut et[67] cælum, et ita[68] alterius naturæ quam numeri de quibus generantur hæc inferiora generabilia et corruptibilia. Sed secundum Pythagoricos non sunt numeri alterius naturæ ex quibus generatur cælum et hæc inferiora, sed ejusdem. Quare cælum ex numeris non generatur. Hujus rationis[69] primo ponit majorem ; secundo minorem cum dicit *Et*[70] *nullus*[71] *alius numerus.*

Consequenter cum dicit *Et cum æstimaverunt*[72], disputat contra numeros, ducendo ad impossibile. Et supponens omnia entia generari ex numeris, ducit ad duo impossibilia. Quorum primum est quod omnis scientia et æstimatio habita de[73] particularibus[74] erit incorruptibilis et intransmutabilis, cum particularia constent ex numeris, qui de se intransmutabiles et incorruptibiles sunt[75]. Hoc tamen[76] est impossibile.

Consequenter cum dicit *Et dicunt*[77] *quod hoc est,* ducit ad aliud impossibile ; ubi sic procedit : Primo tangit duas rationes[78] ducentes Pythagoricos in suam positionem. Secundo ut ibi : *Quapropter*[79] *contingit,* ex positione eorum[80] ducit ad impossibile. Est autem prima ratio[81] ipsorum[82] quia[83] entia in majori parte sunt in numero pari ; quædam enim sunt superius et quædam inferius, et similiter de aliis contrariis ; propter quod posuerunt Pythagorici entia esse[84] ex binario, qui est numerus par. Secundam rationem tangit cum dicit *Et*[85] *mixtio est*[86], quia[83] omnia mixta ante mixtionem sunt distincta et discreta ad invicem[87]. Hujus autem distinctio et discretio non est sine numero[88] ; propter quod posuerunt[89] omnia entia esse ex numeris.

Consequenter cum dicit *Quapropter*[79] *contingit,* ex[90] positione Pythagoricorum ducit ad impossibile sic : Cum entia constent ex numeris, et numeri sint quanti et non quales, magnitudines et[91] quantitates ipsorum entium ex numeris causabuntur, ita quod quantum ad numeros natura omnium entium erit eadem natura. Sed qualitates et differentiæ[92] substantiales, secundum quas diversificantur entia ab invicem[93] nomine et definitione, ita quod quoddam corpus[94] dicitur cælum et quoddam ignis, et sic de aliis, ex numeris non[95] causabuntur secundum eos, sed ex locis ipsorum corporum ; ita scilicet quod forma[96] substantialis non erit causa loci, sed locus causa ipsius formæ ; quod est impossibile, quia[97] ex hoc sequeretur quod idem corpus, cum fuerit in loco sursum, erit cælum aut[98] ignis, cum autem in loco alio, erit aqua aut terra ; quod[99] est inconveniens. Et illud inconveniens, secundum eos, accidit[1] universaliter in omni corpore.

Plato[2] *autem dicit esse aliud.* Hic disputat contra opinionem Platonis. Et procedit sic : Primo diversificat positionem Platonis de numeris a positione Pythagoricorum. Secundo ut ibi : *Qui*[3] *autem posuerunt,* incipit disputare contra eos[4]. In prima ergo parte diversificat Platonem[5] a Pythagoricis, dicens quod Pythagorici posuerunt numeros esse causas et principia sensibilium, et omnes numeros dixerunt esse sensibiles. Plato autem non sic ; immo posuit ipsa[6] sensibilia esse numeros, et similiter[7] causas et

[59] 16*L* (990a18).
[60] *om. FP.*
[61] generantur *FL.*
[62] numeris *P.*
[63] *om. BFL.*
[64] habent *BFLP.*
[65] 16*L* (990a21).
[66] quia : si cælum generaretur ex numeris *BFLP.*
[67] *om. B.*
[68] *om. A.*
[69] *om. FP.*
[70] 16*M* (990a21), quod *P.*
[71] malus *F.*
[72] 17*B* (990a22), æstimavit *F.*
[73] ex *F.*
[74] partibus *A.*
[75] *om. F.*
[76] *add.* non *P.*
[77] 17*C* (990a24), dant *L.*
[78] causas *P.*
[79] 17*C* (990a25).
[80] *om. A.*
[81] intentio *BFLP.*
[82] eorum *P.*
[83] quod *F.*
[84] *om. B.*
[85] 17*C* (990a24), *om. B.*
[86] *add.* et est *BFLP.*
[87] ab invicem *FP.*
[88] *add.* immo debetur numero *BL.*
[89] *om. B.*
[90] *add.* ista *BFP,* illa *L.*
[91] *add.* non *F.*
[92] *om. P.*
[93] ad invicem *BL.*
[94] quoddam corpus : corpus quod *FL.*
[95] *om. B.*
[96] differentia *BFLP.*
[97] quare *F.*
[98] ut *AL.*
[99] sed *L,* ideo *P.*
[1] accidat *L.*
[2] 17*G* (990a30).
[3] 17*I* (990a34), quoniam *BL.*
[4] Platonicos *BLP,* Platonem *F.*
[5] positionem *L.*
[6] illa *F, om. L.*
[7] *add.* esse *F.*

principia sensibilium [8] dixit [9] esse numeros, ita tamen quod numeros, quos [10] dixit esse causas sensibilium, posuit naturæ [11] intelligibilis [12] ; quos quidem dixit esse ideas. Numeros autem, quos dixit esse ipsa [13] sensibilia [14], posuit naturæ sensibilis. Et quia satis disputatum est in parte præcedente contra numeros positos a Pythagoricis, propter hoc subjungit cum dicit *Dimittamus* [15], quod vult nunc [16] dimittere opiniones [17] Pythagoricorum, quia contentus est ad destructionem ipsarum [18] ex præcedentibus.

Consequenter cum dicit [19] *Qui autem dixerunt* [20], incipit disputare contra Platonicos. Et dividitur illa pars [21] in duas [22], in quarum prima [23] quasi narrando increpat eos ex sua positione. In secunda, ut ibi : *Verificantes* [24] *autem sermones,* ex intentione et per rationem [25] disputat contra eos [26]. In prima parte narrando innuit [27] quatuor increpationes contra Platonicos. Quarum prima est quod Platonici, cum [28] volebant quærere causas scientiæ et existentiæ ipsorum sensibilium, quæsiverunt eas ex rebus per se existentibus, ab ipsis [29] sensibilibus separatis, hoc est, ex [30] ideis, quas posuerunt, et non ex speciali natura ipsorum sensibilium. Unde in hoc primo peccaverunt. Secundo [31] cum dicit : *Et* [32] *secundo accipiunt,* dat aliam increpationem. Et est quod Platonici posuerunt species ipsorum [33] sensibilium, quas dixerunt numeros, esse [34] æquales in numero ipsis [35] sensibilibus [36] generatis et non pauciores ipsis. Sicut si [37] aliquis vellet per aliquem numerum numerare aliqua [38] numerabilia, et non [39] posset [40] per illum numerum numerare pauciora numerabilia unitatibus existentibus in illo numero, sicut nec potest [41] numerare plura ; immo [42] numeraret [43] numerabilia æqualia unitatibus illius numeri. Sic posuerunt Platonici æqualitatem [44] in suis ideis et [45] in ipsis sensibilibus generatis. Ex quo concludit cum dicit [46] *Species igitur* [47], quod species, secundum Platonicos, aut sunt æquales ipsis sensibilibus aut non pauciores ipsis ; (7^r) quorum utrumque est inconveniens ; multa enim [48] et quasi infinita sunt sensibilia unius speciei. Non [49] tamen sic exponit Commentator [50] istam increpationem ; immo secundum ipsum increpat Platonicos in hoc quod solum posuerunt ideas sive numeros suos [51] numerum parem et non numerum [52] imparem ; cum tamen nullam haberent rationem ad hoc, eo quod numerus impar est species numeri sicut et numerus par. Intendit [53] enim per æqualitatem paritatem, ut dicit Commentator [54].

Consequenter cum dicit *Et* [55] *isti dimittunt,* dat tertiam increpationem. Et est quod Platonici, in [56] inquirendo causas scientiæ et existentiæ sensibilium, declinant a via recta inquirendi eas cum inquirunt modo prædicto ; et hoc quia recta via inquirendi eas est inquirendo unum commune omnibus [57] ipsis sensibilibus de quibus quæritur scientia non æquivocum sed [58] univocum, et hoc sive quæratur scientia et sensibilibus [59] generabilibus et corruptibilibus, sive de æternis. Et illud commune, secundum Commentatorem [60], est natura specialis quæ nullum habet esse secundum quod facit cognoscere [61] sensibilia, nisi secundum quod [62] est in intellectu. Istam autem viam rectam dimiserunt Platonici cum quæsiverunt causas scientiæ sensibilium [63] ex ipsis ideis, quas posuerunt [64] formas singulares et non communes.

Consequenter cum dicit *Et* [65] *non declarant,* dat [66] quartam increpationem. Et est quod Platonici, in ponendo ipsa sensibilia et suas ideas [67], non determinaverunt diver-

[8] sensibilia *BFLP*.
[9] dixerit *L*.
[10] quorum *F*.
[11] vere *B*.
[12] intelligibiles *B*, intellectus *F*.
[13] *om. F*.
[14] *add.* ipse *F*.
[15] 17*G* (990a33).
[16] *om. FP*.
[17] opinionem *BL*.
[18] ipsorum *ABL*.
[19] *om. B*.
[20] 17*I* (990a34), posuerunt *BFLP*
[21] *om.* illa pars *BFLP*.
[22] duo *B*, *add.* partes *L*.
[23] *om.* in quarum prima *L*.
[24] 18*I* (990b15), verifices *L*.
[25] rationes *BFL*.
[26] ipsos *L*.
[27] increpat *L*.
[28] *om. L*.
[29] *add.* rebus *BFLP*.
[30] *add.* ipsis *B*.
[31] consequenter *BFLP*.
[32] 17*I* (990b2).
[33] istorum *F*.
[34] *om. BFL*, esse æquales : essentiales *P*.
[35] numero ipsis : numeros ipsius *F*.
[36] *lac. P*.
[37] nec *F*.
[38] alia *A*.
[39] ideo *FLP*.
[40] possit *B*.
[41] potens *AB*.
[42] plura immo : aliqua numerabilia *A*.
[43] numeret *L*.
[44] essentialitatem *P*.
[45] *add.* etiam *F*.
[46] *om.* cum dicit *L*.
[47] 17*K* (990b5), autem *P*.
[48] *om.* multa enim *B*.
[49] nec *A*.
[50] Averroes, *op. cit.*, t. c. 25, fol. 17*L*.
[51] *om. BL*, *add.* in *F*.
[52] *om. BFLP*.
[53] intelligit *BFLP*.
[54] Averroes, *ibid.*, 17*M*.
[55] 17*M* (990b6).
[56] *om. FL*.
[57] *om. BFLP*.
[58] et *P*
[59] *om. FP* ; sensibilibus . . . sive : definibilibus generatis corporibus *L*.
[60] Averroes, *op. cit.*, t. c. 26, fol. 18*AB*.
[61] *om. L*.
[62] *om. B*.
[63] *om.* sensibilia . . . sensibilium *A*.
[64] posuit *A*.
[65] 18*C* (990b10).
[66] dicit *AL*.
[67] *om.* et suas ideas *F*.

sitatem inter esse universalis [68] et particularis, eo quod posuerunt tam singularia quam suas ideas singulares res, de forma universali dicentes nihil. Et quia [69] hæc omnino [70] destruxerunt scientiam, eo quod ex particularibus non [71] potest fieri [72] syllogismus, nec etiam ex ipsis possunt nobis manifestari formæ universales, de quibus est scientia. Scientia enim per syllogismum [73] adquiritur, quoniam [74] per demonstrationem, scilicet [75] per naturam scientiæ et sermonum acceptorum, a scientiis manifestum est nobis quod formæ universales sunt illæ de quibus est scientia, cujusmodi est illa [76] forma quæ una est in multis et una prædicta [77] de multis, et hoc secundum affirmationem, ut [78] dicitur aliquid [79] prædicari de aliquo, dicendo [80] hoc esse [81] hoc.

Et quia jam distinxit [82] inter universalia et particularia, et intellectus comprehendit [83] universale et imaginatio particulare, propter hoc distinguit consequenter [84] cum dicit *Ex* [85] *imaginatione,* inter naturam imaginationis et intellectus, intendens quod comprehensio alicujus corruptibilis [86], collocati sub genere, est imaginatio, et illud comprehensum est imago [87] et non res intellecta ; intellectus autem non comprehendit nisi [88] universale. Super [89] quod [90] notandum est quod dicit [91] Commentator [92] quod dicit [93] hoc quasi intendit [94] quod ista [95] sensibilia habent duos modos comprehensionis, unum [96] scilicet qui non est [97] scientia eorum sed imaginatio, et alium qui est scientia eorum ; et hoc est cum [98] comprehenduntur universalia ab intellectu. Si tamen placeret, posset aliter [99] introduci hæc [1] pars ab illo loco : *Qui* [2] *autem posuerunt,* dicendo quod hucusque dedit causam positionis Platonis [3], et quod in [4] parte sequente destruit [5] suam positionem ; sed modo primo exponit Commentator.

Consequenter [6] cum dicit *Verificantes* [7] *autem,* incipit ex intentione disputare contra Platonicos. Et dividitur illa pars [8] in duas, in quarum prima disputat contra eos per rationes [9] aliorum ; in secunda, ut ibi : *Et* [10] *erraverunt,* per rationes proprias. In prima parte [11] dat quinque rationes, quarum prima [12] est ostensiva ; aliæ vero [13] quatuor ducendo [14] ad impossibile. Ratio [15] prima est hæc [16] : Quidam vere [17] opinantes circa species, dicunt species esse de numero correlativorum, et si hoc, non sunt [18] per se existentes [19] et absolute separatæ a sensibilibus, ut posuit Plato. Hujus rationis primo [20] dat [21] medium, secundo conclusionem [22] cum dicit *Et non opinantur* [23]. Quod autem [24] species sunt [25] correlativæ, dicit Commentator [26] manifestum esse ex definitione speciei, quæ est quod species est illud quod est [27] magis proprium duorum universalium [28] quod potest responderi ad quæstionem factam per quid.

Consequenter cum dicit *Et* [29] *quidam dicunt,* dat secundam rationem. Et est : Si hujus singularis hominis est homo separatus forma exemplaris [30], ut posuit Plato, cum homo [31] separatus [32] secundum ipsum sit forma singularis, adhuc est dicere hominem [33] ab ipso separatum esse ejus [34] ideam eadem ratione qua prius, cum sit res [35] singularis ; et sic est procedere in infinitum in ponendo ideas idearum ; quod est inconveniens [36]. Hujus rationis solum dat medium.

[68] *om. L.*
[69] quod *P.*
[70] omnia *F.*
[71] nec *P.*
[72] *om. B.*
[73] nullum *L.*
[74] quando *L.*
[75] sed *BFL,* et *P.*
[76] *om. B.*
[77] prædicandi *P.*
[78] ubi *A.*
[79] quid *L.*
[80] *add.* quoniam *BFLP.*
[81] est *BFLP.*
[82] distinguitur *P.*
[83] apprehendit *F.*
[84] Commentator *P.*
[85] 18*D* (990b14).
[86] intelligibilis *BLP,* intellectus *F.*
[87] *om.* et . . . imago *L.*
[88] *om. FLP.*
[89] Propter *P.*
[90] *om. A.*
[91] dixit *L.*
[92] Averroes, *op. cit.,* t. c. 27, fol. 18*G,* hic *B.*
[93] *om.* dicit hoc quasi *B.*
[94] intenderet *BFP,* intendet *L.*
[95] *add.* duo *FP.*
[96] unius *B,* unus *FLP.*
[97] *om. A.*
[98] quia *BL.*
[99] alio modo *L.*
[1] ista *L.*
[2] 17*I* (990a34).
[3] *om. L.*
[4] ex *BL.*
[5] destruxit *FP.*
[6] *om. L.*
[7] 18*I* (990b15), verificationes *P.*
[8] *om.* illa pars *BFLP.*
[9] rationem *BFLP.*
[10] 18*K* (990b22).
[11] autem *F.*
[12] una *BL.*
[13] autem *BFP.*
[14] ducentes *BFLP.*
[15] *om. BFLP.*
[16] quod *B, om. FLP.*
[17] vero *P.*
[18] est *L.*
[19] existens *L.*
[20] *om.* rationis primo *FP.*
[21] ponit *B.*
[22] secundo conclusionem : in secunda *BFL,* in secundo *P.*
[23] 18*I* (990b16), opinatur *F, add.* ipsum exponit *BLP.*
[24] quæ *A, om. L.*
[25] sint *BP, add.* sicut species *A.*
[26] Averroes, *op. cit.,* t. c. 28, fol. 18*K.*
[27] *om. FP.*
[28] sensibilium *L.*
[29] 18 *I* (990b17).
[30] exemplari *F.*
[31] hoc *L.*
[32] *om.* forma . . . separatus *B.*
[33] tertium *P.*
[34] ipsius *BFLP.*
[35] rei *AP.*
[36] *om.* quod est inconveniens *FP.*

Consequenter cum dicit *Et* [37] *isti auferunt,* dat tertiam rationem. Et [38] est : Qui ponunt ideas formas singulares, ut posuit Plato, auferunt definitionem speciei [39] et ita universaliter [40] universalis, et ita [41] destruunt [42] scientiam. Quia enim quælibet forma exemplaris, secundum Platonem, est [43] una numero, cum unum numero non [44] prædicetur de pluribus, et definitio speciei sive universalis est quod prædicatur de pluribus, patet quod destruunt definitionem speciei [45] et universaliter [46] universalis. Et addit cum dicit *Et* [47] *præcipue,* quod [48] illud inconveniens maxime accidit illis qui dicunt quod natura specierum abstracta est eadem cum natura sensibilium.

Consequenter cum dicit *Et* [49] *contingit,* dat quartam rationem [50]. Et est ducendo [51] ad hoc inconveniens, quod alius numerus a dualitate erit [52] prior dualitate ; quod [53] sic sequitur [54] secundum Platonem. Ipse [55] posuit tanquam consequens [56] ex sua positione quod genus et species sint [57] priora elementis, ex quibus componuntur illa quæ collocantur sub illo genere ; et hoc quia posuit genus et species existentes res per se. Similiter [58] cum posuit speciem quaternariorum [59] esse quaternarium singularem posuit quaternarium prius secundum naturam [60] elementis collocatis sub quaternario, ipsum quaternarium constituentibus. Cum igitur dualitas sit unum elementorum constituentium quaternarium, sequitur ex sua positione quaternarium esse priorem dualitate, et similiter potest intelligi de aliis numeris, et universaliter ex sua positione quod compositum ex elementis prius est ipsis elementis ; quod est inconveniens.

Consequenter cum dicit [61] *Et* [62] *hoc est relatum,* dat quintam rationem. Et est : Idea quam posuit Plato comparationem habet ad illud cujus est idea, ita quod prædicabilis est de ipso. Sed [63] ipsa etiam idea de seipsa [64] prædicabilis est. Quare cum ipsa sit forma singularis, secundum Platonem, et una numero, unum numero [65] prædicabile est de pluribus ; quod est inconveniens.

Consequenter cum dicit *Et* [66] *alia quæ dicunt,* quasi epilogando, subjungit quod jam dictæ rationes et plures aliæ sunt quas posuerunt quidam contra opinionem Platonicorum de formis.

Et [67] *erraverunt.* Hic dat rationes proprias [68] contra opinionem Platonis de ideis. Et dividitur hæc pars [69] in duas [70], in quarum prima disputat contra hoc quod posuit ideas esse [71], et ipsas esse numeros [72] ; in secunda [73], ut ibi : *Et* [74] *cum philosophia,* contra hoc quod posuit ipsas esse causas [75] sensibilium. Prima [76] in duas, in quarum prima disputat contra hoc quod posuit ideas esse ; in secunda, ut ibi : *Et etiam* [77] *si species fuerunt,* contra hoc quod posuit ipsas [78] esse numeros. Primam in duas [79], in quarum prima declarat quod ideæ non sunt apud res naturales. In secunda, ut ibi : *Et* [80] *etiam cum species,* declarat quod ideæ non sunt apud res artificiales [81]. Prima in duas [79], in quarum prima destruit ideas esse apud res naturales, et ipsas esse utiles generationi et cognitioni sensibilium, ut posuit Plato. In secunda, ut ibi : *Dicere vero* [82] *species,* destruit ipsas ideas esse res exemplares, quod similiter posuit Plato. Prima in duas, in quarum prima destruit ideas esse apud res naturales. In secunda, ut ibi : *Et* [83] *ambigit homo,* disputat contra hoc quod Plato posuit ipsas esse [84] utiles. Prima in duas, in quarum prima ex positione ipsius [85] Platonis ducit ad inconveniens. In secunda, ut ibi : *Secundum autem necessarium* [86], ex veritate æstimata [87] a Platone ducit ad oppositum suæ opinionis. Ex positione autem [88] Platonis ducit ad inconve-

37 18*I* (990b17).
38 quæ *BFLP*.
39 speciei et ita : ipsorum et *A* ; *add.* scientiam et *BFLP*.
40 *add.* et *L*.
41 isti *P*.
42 destruit *F*.
43 *om. F*.
44 *om. F*.
45 specierum *L*.
46 *add.* et *L*.
47 18*I* (990a18).
48 et *FP*.
49 18*I* (990a19).
50 *add.* ad hoc *BFLP*.
51 est ducendo : inducendo *P*.
52 est *FLP*.
53 quia *BFLP*.
54 sequeretur *B*.
55 *add.* enim *BL*.
56 conveniens *L*.
57 sunt *BFL*.
58 *add.* autem *BFLP*.
59 quaternarium *F*.
60 *om.* secundum naturam *BFLP*
61 *om.* Consequenter cum dicit *B*.
62 18*K* (990b20), *add.* etiam *BLP*.
63 *om. BFP*, et *L*.
64 ipsa *B*.
65 *om.* unum numero *B*.
66 18*K* (990b21).
67 18*K* (990b22).
68 secundas *P*.
69 *om.* hæc pars *BFLP*.
70 duo *F*.
71 *om. P*.
72 *om.* et . . . numeros *BL*.
73 *om. A ;* in secunda : secundo *BLP*, *om.* in *F*.
74 24*H* (992a24).
75 *om.* esse causas *L*.
76 *add.* adhuc *B*.
77 21*K* (991b9), *om. B*.
78 *om. A*.
79 duo *B*.
80 21*C* (991b4).
81 naturales *L*.
82 20*K* (991a20), vere *FL*.
83 20*D* (991a8).
84 *om. BFLP*.
85 *om. BFLP*.
86 19*E* (990b27), intelligi *P*.
87 existimata *P*.
88 Ex . . . autem : Et *P*, Ex opinione *F*.

niens sic : Plato, ut salvaret scire et intelligere, posuit ideas substantiarum esse [89], ut patet ex prædictis. Cum igitur non solum sit intelligere et scire [90] substantias, sed [91] etiam accidentia, erravit Plato in ponendo ideas [92] substantiarum [93] tantum et non accidentium ; aut si posuisset ideas accidentium [94], posuisset [95] formam accidentalem per se existentem, separatam a subjecto ; quod est inconveniens. Ergo positio Platonis, ex quo sequitur inconveniens [96], fuit inconveniens.

Consequenter cum dicit *Secundum* [97] *autem necessarium*, ex veritate æstimata [98] secundum Platonem [99] ducit ad oppositum suæ opinionis. Et continet hæc pars duas rationes, quarum prima terminatur ibi : *Si* [1] *igitur est species.* Et est : Formæ quas posuit Plato, etiam secundum [2] suam opinionem, determinant et notificant sua subjecta, et hoc essentialiter et non accidentaliter [3], sicut accidentia [4] determinant [5] sua subjecta cum dicuntur de ipsis. Cum igitur formæ quas posuit Plato, et universaliter formæ universales, essentialiter determinent [6] sua subjecta, manifestum est quod non sunt separatæ a suis subjectis per se existentes, sed sunt unitæ ipsis ; ita quod secundum quod prædicantur de ipsis sunt eædem cum ipsis [7] in actu, cujus oppositum posuit Plato. Hujus rationis [8] primo [9] ponit conclusionem ; secundo ut ibi : *Quia determinatio* [10], dat medium. Tertio cum dicit *Dico* [11] *ut* [12] *in aliquo*, exponit per exemplum hoc quod dixit : accidens determinare suum subjectum accidentialiter, sic [13] : Si aliquid sit duplum et æternum, si alterum ipsorum [14] dicatur de reliquo [15], hoc erit accidentaliter [16] ; ut si dicatur quod duplum est æternum, prædicatum determinat subjectum accidentaliter, sicut dicitur quod medicus est musicus, quia medicus et musicus accidunt eidem subjecto [17]. Ex quibus infert quarto, cum dicit *Et res quarum species* [18], conclusionem principalem, iterum dicens [19] quod propter hoc quod [20] formæ universales essentialiter [21] (7v) determinant sua subjecta, significant ipsa subjecta [22] formas suas, ita quod non absolvuntur ab intellectu ipsorum, et etiam [23] ipsæ formæ sunt in ipsis subjectis [24], ita quod forma existens una prædicabilis est [25] de multis ; quod totum negavit Plato [26].

Si igitur est species specierum [27]. Hic [28] dat tertiam [29] rationem. Et est [30] : Si formæ separatæ sunt apud res naturales, sicut posuit Plato, cum forma ipsa, et sensibile cujus est illa [31] forma, in aliquo conveniant secundum [32] Platonem ; aut ergo conveniunt in nomine [33] et in re [34], sive intentione aliqua [35] significata per nomen, aut in nomine solum. Si primo modo, tunc illud in quo conveniunt est prædicabile de ipsis [36] et etiam de seipso [37] ; et ita cum illud prædicatum sit forma singularis secundum Platonem, forma singularis prædicabilis [38] est de multis ; quod est inconveniens. Si autem solum conveniant forma et sensibile in nomine, tunc est illud nomen æquivocum ad formam sensibilem [39] et ad suam [40] ideam ; et si hoc, non demonstrabit [41] quidditatem [42] et substantiam ipsius sensibilis ; et sic [43] non [44] erit scire aut cognoscere ipsum sensibile cum per æquivocum non deveniatur in scientiam.

[45] Hæc ratio est quasi divisiva, habens duo membra, circa quam sic procedit : Primo ponit unum membrum ; secundo ut ibi : *Quid igitur est* [46] *illud*, in exemplo [47] prosequitur illud membrum sic : Si [48] dualitas est communis omnibus dualitatibus [49] gene-

[89] *om.* substantiarum esse *BFLP*.
[90] *om.* et scire *FP*.
[91] et *A*.
[92] *om. B*.
[93] substantiam *F*.
[94] accidentia *FL*.
[95] *om.* ideas . . . posuisset *B*.
[96] *om. BP*.
[97] 19*E* (990b27), secundo *BFL*, secunda *P*.
[98] existimata *P*.
[99] secundum Platonem : a Platone *L*.
[1] 19*FG* (991a1), non *F*.
[2] *om. F*.
[3] *om.* et non accidentialiter *B*.
[4] *om. L*.
[5] declarant *B*.
[6] determinant *FL*.
[7] *om.* sunt . . . ipsis *P*.
[8] *om. FP*.
[9] positio *P*.
[10] 19*E* (990b29), determinato *F*.
[11] 19*F* (990b31), dictio *B*.
[12] enim *L*.
[13] *om. L*.
[14] istorum *BL*.
[15] altero *BL*.
[16] *om.* hoc . . . accidentaliter *FP*.
[17] substantiæ *L*.
[18] 19*F* (990b34), specierum *L*.
[19] iterum dicens : intendens *P*.
[20] *om. B*.
[21] universaliter *B*.
[22] *om.* ipsa subjecta *F*.
[23] *om.* et etiam *BFP*
[24] *om. F*.
[25] esse *L*.
[26] *add.* Consequenter cum dicit *BFLP*.
[27] 19*FG* (991a1), *om.* species specierum *B*.
[28] *om.* Si . . . Hic *FL* ; *om.* specierum hic *P*.
[29] secundam *BFLP*.
[30] *add.* quod *BFLP*.
[31] *om. BFLP*.
[32] *add.* etiam *BFLP*.
[33] *add.* secundum etiam ipsum Platonem *BFLP*.
[34] *add.* aliqua *BFLP*.
[35] *om. BFLP*.
[36] ipso *B*, *om.* et etiam de seipso *B*.
[37] seipsa *F*, ipso *P*,
[38] possibilis *P*.
[39] formam sensibilem : sensibile *BFLP*.
[40] *om. FP*.
[41] *add.* ipsa idea *BL*.
[42] quid prima idea (*lac.*) et *P* ; quid prima idea dicentem *F*
[43] *om.* et sic *BFLP*.
[44] *add.* etiam *BFLP*.
[45] *add.* et *BL*.
[46] 19*G* (991a3), *om. A*.
[47] *om.* in exemplo *BFLP*.
[48] sicut *A*.
[49] duabus *B*.

rabilibus et corruptibilibus, aut omnibus dualitatibus [49] æternis, ita quod determinet et notificet substantias illarum dualitatum [50] sicut forma universalis [51] substantialis notificat formam particularem et determinat, tunc ipsa [52] dualitas communis prædicabilis est de illis dualitatibus [53] ad quas est communis. Secundum quod determinat et notificat substantias illarum, ipsa etiam de se prædicabilis est [54]. Similiter intelligendum [55] in proposito quod illud [56] commune prædicabitur [57] de singulari et [58] de [59] sua idea et de seipso. Hoc facit secundo [60]. Tertio [61] cum dicit *Et* [62] *si species*, ponit secundum membrum et explanat [63] ipsum per exemplum, quod satis patet.

Consequenter cum dicit *Et ambigit homo* [64], ostendit ideas non esse utiles ; quod tamen [65] posuit [66] Plato. Et habet illa pars duas, in quarum prima ostendit quod ideæ non sunt utiles generationi sensibilium neque scientiæ aut existentiæ ipsorum. In secunda, ut ibi : *Et* [67] *ista etiam*, ostendit quod magis sunt nocivæ. Primum ostendit sic : Generationi non sunt utiles cum non sint nec possunt esse [68] causa [69] motus nec alterationis, sine quibus non fit generatio. Scientiæ etiam [70] sensibilium non sunt utiles cum non [71] univocent ipsa in aliquam naturam [72] communem. Existentiæ etiam [73] sensibilium non sunt utiles cum sint omnino [74] separatæ ab ipsis sensibilibus secundum Platonem. Hæ [75] igitur sunt tanquam tres verificationes [76] ; quarum primam primo tangit ; secundam [77] cum dicit *Et* [78] *talis est dispositio* ; tertiam [79] cum dicit *Neque* [80] *sunt adjuvamen*.

Consequenter cum dicit *Et* [81] *ista etiam*, ostendit quod non solum non sunt utiles ; immo quod [82] magis sunt nocivæ ; et hoc quia destruunt tam individua quam universalia. Et dividitur illa pars [83] in duas [84], in quarum prima ostendit quod positio idearum [85] destruit individua ; in secunda, ut ibi : *Et* [86] *Anaxagoras*, quod destruunt [87] universalia Primum sic : Si non fuerit [88] forma universalis unita [89] ipsis individuis, determinans et notificans ipsa, ipsa [90] individua non essent [91] entia, sicut album non est ens nisi albedo fuerit unita suo subjecto. Cum igitur, secundum positionem Platonis, non fuerit forma universalis [92] ipsis individuis unita modo prædicto, secundum positionem ipsius, destruuntur individua.

Hanc rationem primo ponit. Secundo ut ibi : *Ut* [93] *aliquis æstimat*, in exemplo verificat necessitatem consequentiæ [94]. Et quia [95] comparavit unionem [96] accidentis cum suo subjecto unioni formæ universalis [97] cum suis particularibus [98], ne putetur quod omnimoda sit similitudo, subjungit cum dicit *Sed* [99] *hoc est bonæ motionis*, quod adunatio formæ [97] universalis substantialis cum suis [1] particularibus [98] est major quam adunatio accidentis cum subjecto, ut albedinis cum subjecto ipsius.

Consequenter cum dicit *Et* [2] *Anaxagoras*, ostendit quod positio idearum destruit universalia sic [3] : Secundum positionem Anaxagoræ et multorum aliorum philosophorum, possibile est et facile invenire aliquod unum commune multis singularibus in quo [4] congregantur sicut in forma universali ; quod quidem commune est [5] universale. Sed [6] secundum positionem Platonis ponentis ideas, impossibile est tale commune invenire. Ergo positio Platonis in ideis destruit universalia. Ex quibus quasi [7] epilogando subjungit cum dicit *Neque* [8] *aliæ res*, quod secundum positionem Platonis, nec universalia

[50] substantiarum *P*.
[51] *om. FLP*.
[52] illa *BFLP*.
[53] duabus *L*.
[54] *om.* de illis . . . est *FP* ; *add.* et *BL*.
[55] *add.* est *BP*.
[56] *om. F*.
[57] prædicatur *BFLP*.
[58] *om. B*.
[59] *om. FLP*.
[60] tertio *A*.
[61] Et *A*.
[62] 19*G* (991a5), *om. BL*.
[63] explicat *B*.
[64] 20*D* (991a8), *add.* hic *L*.
[65] *om. L*.
[66] imponit *L*.
[67] 20*D* (991a13).
[68] *om.* nec possunt esse *BFL*, nec possunt *P*.
[69] causæ *BFLP*.
[70] enim *AB*.
[71] *om. F*.
[72] *add.* unam *BFLP*.
[73] *om. B*, et *A*, etiam sensibilium : insensibilium *P*.
[74] *om. B*.
[75] hic *BFL*.
[76] definitiones *L*.
[77] secundo *FP*.
[78] 20*D* (991a12), ut *A*.
[79] tertia *AB*.
[80] 20*D* (991a12).
[81] 20*D* (991a13).
[82] *om.* non . . . quod *BFLP*.
[83] *om.* illa pars *BFLP*.
[84] duo *B*.
[85] individuarum *P*.
[86] 20*E* (991a16), parti *A*.
[87] *om. BFP*.
[88] fuit *B*.
[89] *om. A*.
[90] *om. BL*.
[91] erunt *FLP*.
[92] *add.* in *L*.
[93] 20*D* (991a14).
[94] communem *F*.
[95] *om. F*.
[96] unitatem *B*.
[97] universalis : substantialis *A* ; *om.* universalis . . . formæ *L*.
[98] partibus *A*.
[99] 20*E* (991a16).
[1] *om.* cum suis *L*, suis *FP*.
[2] 20*E* (991a16).
[3] sicut *B*.
[4] in quo : et *B*.
[5] et *P*.
[6] *om. B*.
[7] reliqua ? *A*.
[8] 20*E* (991a19).

nec etiam sensibilia ab ipsis ideis causari possunt ; et hoc neque [9] ita quod ipsæ ideæ sint causæ generationis ipsorum neque causa scientiæ.

Consequenter cum dicit *Dicere* [10] *vero species,* disputat contra hoc quod Plato posuit ideas res exemplares, et ipsas esse æternas. Et primo contra hoc quod posuit ipsas res exemplares [11] ; secundo ut ibi : *Et etiam* [12] *impossibile est* [13], contra hoc quod posuit ipsas esse æternas [14]. Circa primum sic procedit : Primo dicit sermonem dicentium [15] ideas esse res exemplares esse vanum. Secundo dat rationem illius [16] positionis. Tertio ducit ad [17] inconvenientia [18] illam positionem sequentia. Dicit ergo primo [19] quod dicere species continentes se, id est ipsas [20] formas exemplares per se existentes [21], est sermo vanus, similis sermonibus versificatorum sive fabulantium. Secundo cum dicit *Et quid* [22] *est illud,* quamvis iste sermo sit vanus, tamen dat rationem ipsius ; et est quod nisi [23] essent formæ [24] exemplares, ad quas inspiciens natura in generatione produceret [25] generata similia [26] in specie ipsis generantibus, non magis generaretur [27] generatum conveniens in specie cum generante [28] quam non conveniens [29], sicut exemplificat de Socrate. Cum igitur generans et generatum debeant convenire in specie, videbatur eis necesse [30] ponere formas exemplares existentes per se ; cum tamen [31] non sit ita quod [32] illud quod ipsi attribuebant formis exemplaribus per se existentibus ascribendum [33] est intentioni naturæ agentis et ordinantis omnia in generando propter finem intentum.

Consequenter cum dicit [34] *Secundum hunc modum,* ducit ad inconvenientia istam [35] positionem sequentia. Et sunt tria, quorum primum est quod ex hac positione sequitur singulare [36] aliquod esse æternum et habere definitionem sicut et species habet. Ponatur [37] enim aliquod [38] generatum ut [39] Socrates : iste Socrates generatus habebit Socratem æternum qui est species sua et exemplar. Cum igitur species habeat [40] definitionem, ille Socrates æternus definitionem habebit, cum tamen sit forma singularis secundum Platonem ; quod est inconveniens.

Secundum inconveniens dat cum dicit *Et* [41] *habet multa.* Et est quod unius sensibilis, erunt plures formæ exemplares, sicut homo habet plures formas determinantes et [42] notificantes ipsum, scilicet, ut [43] animal et bipes, cum tamen homo idem sit ; non enim habebit istas formas diversas nisi a diversis exemplaribus secundum Platonem.

Consequenter cum dicit *Et etiam* [44] *species,* dat tertium inconveniens. Et est quod idem erit exemplar sui ipsius. Si enim homo [45] habet genus et differentiam, quæ sunt formæ exemplares ipsius, tunc aggregatum ex his, sive definitio, erit forma exemplaris hominis. Cum igitur definitio idem sit definito, idem erit forma exemplaris [46] sui ipsius ; quod est inconveniens.

Consequenter cum dicit *Et etiam* [47] *impossibile est,* disputat contra hoc quod posuit ideas esse æternas simul [48] cum hoc quod posuit eas [49] esse formas sensibilium, ducens ex hoc ad unum impossibile. Et est quod forma substantialis ipsius sensibilis, quæ est pars formalis ipsius, erit [50] existens, ipso [51] sensibili non existente. Et procedit sic : Primo dicit impossibile esse ponere formam quæ est actus alicujus substantiæ existere, ipsa substantia [52] non existente, cujus est actus. Secundo cum dicit *Et* [53] *si non,* innuit inconveniens prædictum quod sequitur si ponatur oppositum ex [54] hypothesi. Et quia diceret aliquis illud inconveniens non esse inconveniens [55] Platoni [56], subjungit quod sic, cum dicit *Et* [57] *hoc dictum fuit,* dicens Platonem [58] dixisse in quodam

[9] nec *FLP.*
[10] 20*K* (991a20).
[11] *om.* et ipsas . . . exemplares *L.*
[12] 21*D* (991b1), *om. LP.*
[13] *om.* contra . . . *est B.*
[14] *om.* Et primo . . . æternas *F.*
[15] dicentem *BFLP.*
[16] talis *BFLP.*
[17] ducit ad : dat *BFLP.*
[18] *add.* ad *BFLP.*
[19] *om. BFLP.*
[20] se, idest ipsas : seipsas *A.*
[21] existere *F.*
[22] 20*K* (991a22), qui *P.*
[23] ibi *L.*
[24] *om. F.*
[25] producendo *BL,* producere *F.*
[26] nulla *F.*
[27] generetur *BL.*
[28] generando *FP.*
[29] inconveniens *L.*
[30] necessario *L.*
[31] *om. B.*
[32] quia *FP.*
[33] attribuendum *BFLP.*
[34] 20*L* (991a26), *add.* Et *BFLP.*
[35] *om. A.*
[36] significare *BP.*
[37] ponitur *F.*
[38] ibi *FP.*
[39] sicut *B.*
[40] habeat : exemplares habeant *L.*
[41] 20*L* (991a27).
[42] *om. L.*
[43] *om. FP.*
[44] 21*C* (991a29).
[45] *om. A.*
[46] *om.* hominis . . . exemplaris *B* ; hominis : omnibus *FLP* ; *om.* exemplaris *P.*
[47] 21*D* (991b1).
[48] similiter *F, lac. P.*
[49] ipsas *BFLP.*
[50] *om. B.*
[51] ipsi *FP.*
[52] *om. FP.*
[53] 21*D* (991b2).
[54] pro *B.*
[55] *om.* non esse inconveniens *B.*
[56] Platonis *BFP.*
[57] 21*D* (991b3).
[58] *add.* philosophum *BL.*

libro suo quod ideæ sunt causæ generationis et corruptionis, et quod sunt [59] partes [60] formales rerum sensibilium.

Consequenter cum dicit *Et etiam* [61] *species*, ostendit quod ideæ non sunt apud res artificiales sic [62] : Si ita esset, tunc cum ideæ sint formæ singulares, non esset aliqua forma universalis determinans et notificans ipsa artificialia. Non enim potest dici quod lectus aut domus aut aliqua forma artificialis sit forma universalis per se existens extra animam, notificans et determinans ipsa. Hujusmodi enim formæ, prout universales [63] sunt, non habent esse sine anima. Sed ponere artificialia [64] non habere determinans et notificans ipsa est inconveniens ; ergo illud ex quo sequitur. Quare oportet ponere apud res artificiales genus et differentias, notificantes et determinantes [65] ipsa artificialia. Ex quo concludit, cum dicit *Manifestum* [66] *est*, quod ponenda sunt artificialia esse, et non habere suam determinationem et existentiam a formis exemplaribus, sed a veris causis suis [67] quæ sunt materia et forma ; de quibus dictum est in principio hujus quod non procedunt [68] in infinitum secundum rectitudinem aut secundum speciem.

Et etiam si species [69] *fuerunt numeri*. In hac [70] parte præcedente disputatum est contra hoc quod Plato posuit [71] ideas esse, et contra hoc [72] quod posuit ipsas [73] formas universales et [74] exemplares. In hac parte [75] disputat principaliter contra hoc quod Plato [76] posuit ipsas esse numeros et esse principia [77] ; qui quidem numeri sunt principia entium [78]. Et habet hæc pars duas [79], in quarum prima (8ʳ) disputat contra hoc quod [80] posuit ideas [81] numeros, qui sunt principia rerum naturalium ; in secunda, ut ibi : *De* [82] *necessitate igitur*, contra hoc quod posuit ipsas [83] numeros qui sunt principia rerum mathematicarum.

In prima parte [84] sic procedit : Primo dicit [85] quasi sub modo quæstionis [86] : si ideæ sunt [87] numeri, quomodo possunt esse causæ et [88] principia rerum naturalium? quasi innuendo quod nullo modo.

Secundo [89] cum dicit *Primo* [90] *vero*, hoc probat ducendo ad inconvenientia si diceretur quod sic. Et ducit ad quinta [91], quorum primum est quod idem individuum erit compositum ex diversis numeris [92] secundum formam, et ita multa erit [93] numero et non unum. Quod sic patet, cum idem ens indivisibile [94] est animal, et homo, et [95] Socrates, secundum opinionem Platonis habebit numerum per quem est animal [96], et numerum [97] per quem est homo [98], et numerum [99] per quem est Socrates [1] ; qui quidem numeri diversi erunt secundum formam [2]. Quare individuum compositum ex ipsis erit compositum ex numeris diversis secundum formam, et ita multa numero et non unum. Et cum hoc est impossibile, relinquitur numeros non esse principia et causas rerum sensibilium [3].

Consequenter cum dicit *Et* [4] *non adjuvat*, ducit ad secundum inconveniens. Et est quod æternum et incorruptibile erit causa [5] et pars formalis corruptibilis [6] ; quod quidem dicere non adjuvat [7] positionem Platonicorum, sed magis nocet, ut præhabitum est. Est enim impossibile, ut præhabitum [8] est ex proxima lectione ; quod loco suo [9] patet qualiter sequitur hoc impossibile ex positione Platonis.

Consequenter cum dicit *Et* [10] *cum definitiones*, ducit ad tertium inconveniens. Et est [11] : Forma specialis [12] definita non erit numerus sive ex numero, sed numeri sive [13]

[59] sint *F*.
[60] causæ *B*.
[61] 21*G* (991b4), *add*, cum *FLP*.
[62] sed *F*.
[63] singulares *L*, utiles *P*.
[64] accidentalia *A*.
[65] *om*. et determinantes *B*.
[66] 21*G* (991b7).
[67] *om*. *B*.
[68] *om*. non procedunt *B*.
[69] 21*K* (991b9), *om*. *B*.
[70] *om*. *BFLP*.
[71] *add*. ideas numeros qui sunt principia rerum naturalium *P*.
[72] *add*. est *P*.
[73] *om*. *BFL*, esse *P*.
[74] *om*. universales et *BFLP*.
[75] In hac parte : Hic *FP*.
[76] *om*. *BFLP*.
[77] *om*. et esse principia *BFLP*.
[78] entia *BFP*.
[79] habet . . . duas : dividitur in duo *BFLP*.
[80] *om*. *F*.
[81] *add*. esse *B*.
[82] 22*I* (991b27).
[83] ipsa *P* ; *add*. esse *F*.
[84] *om*. *BFLP*.
[85] dat *P*.
[86] *add*. quod *BL*.
[87] sint *BFLP*.
[88] *om*. causæ et *B*.
[89] *add*. vero *F*.
[90] 21*K* (991b10).
[91] quintum *L*.
[92] *lac*. *B*.
[93] erunt *BFLP*.
[94] individuum *BFLP*.
[95] sed *F*.
[96] homo *B*.
[97] *om*. *B*.
[98] animal *B*.
[99] *om*. *B*
[1] scientia *F*.
[2] *om*. secundum formam *A*.
[3] naturalium *BFLP*.
[4] 21*K* (991b12).
[5] principium *BFLP*.
[6] *om*. *L*.
[7] adiuvant *B*.
[8] habitum *BFLP*.
[9] quod . . . suo : ex quo loco satis *BFLP*.
[10] 22*A* (991b14).
[11] *add*. quod *BFLP*.
[12] substantialis *BL*.
[13] *om*. ex . . . sive *F*.

ex numeris [14], cum partes definitionis quæ sunt eædem ipsi [15] definito sint numeri. Quod patet si aliquis dicat definitionem hyli consistere ex numeris ignis, et [16] terræ, et aquæ, tunc non est dicere istum hominem secundum [17] hylum notificari per numerum antequam in sua notificatione comprehendantur [18] omnes numeri prædicti et non aliquis unus numerus ; quod est inconveniens Platoni. Et sicut dictum est de hylo [19], similiter intelligendum est de omnibus sensibilibus, quod [20] nullum ipsorum est [21] numerus, sed numeri, cum in suis notificationibus plures cadant numeri. Commentator [22] tamen non sic exponit hanc litteram ; immo secundum ipsum ducit Aristoteles [23] hic ex prædicta positione Platonis ad hoc inconveniens, quod definitio numeri erit numerus ; quod habet pro inconvenienti [24]. Sicut enim dicit [25], nec definitio numeri est [26] numerus [27], nec definitio hominis est [26] homo, nec definitio [28] animalis animal.

Consequenter cum dicit *Et* [29] *etiam ex pluribus*, ducit ad quartum inconveniens. Et est quod sicut unus numerus componitur ex numeris diversis secundum speciem, ut quinarius [30] ex [31] binario et trinario, similiter ex positione Platonis sequitur quod una forma sit composita ex diversis formis secundum speciem ; quod tamen est inconveniens. Et quia diceret cavillator unum numerum non componi ex [32] numeris [33] diversis secundum speciem, sed ex convenientibus in specie, ut millenarius componitur ex centenariis, et centenarius ex [34] denariis, contra istam cavillationem opponit consequenter [35] cum dicit *Et* [36] *si non fuerit*, sic : Si numerus non componatur [37] ex diversis numeris sed ex convenientibus, tunc [38] unitates ex quibus componitur numerus aut sunt eædem in specie et forma, aut non, sed diversæ. Si primo modo, sequuntur multa impossibilia ; quorum unum est quod omnes species numeri sunt convenientes [39] in forma, et ita omnia generata ex ipsis [40], secundum Platonem, erunt convenientia in [41] forma. Si [42] secundo modo, et [43] si unitates sint diversæ in specie et forma, tunc omnino non erit numerus, cum nullus numerus unus secundum speciem constet ex unitatibus diversis secundum speciem.

Consequenter cum dicit *Et quid* [44] *proficit*, ducit ad quintum inconveniens. Et [45] est quod generati passivi et transmutabilis erunt principia [46] componentia [47] omnino non passiva nec transmutabilia ; quod est inconveniens, cum passiva necessario componantur ex passivis.

Consequenter cum dicit *De* [48] *necessitate igitur*, disputat contra hoc quod Plato posuit ideas esse numeros, qui sunt principia rerum mathematicarum. Et dividitur illa pars in duas, in quarum prima disputat contra hoc quod sint [49] principia [50] rerum arithmeticarum ; in secunda, ut ibi : *Linea* [51] *autem ponitur*, contra hoc quod sunt [52] principia rerum [53] geometricarum. In prima parte [54] sic procedit : Primo dicit quod Plato necesse habet ponere alium numerum a formis separatis per se existentibus, scilicet (8rb) numerum arithmeticum [55] ; quem [56] quidem numerum dicit esse medium inter numerum arithmeticum [55] ; quem [56] quidem numerum dicit esse medium inter formas separatas et ipsa sensibilia. Super [57] quod notandum est [58] quod distinguit Commentator [59] tres species numerorum. Est enim numerus mathematicus, qui non numeratur [60] per multiplicationem numeratorum ; et est numerus [61] formalis, qui diversificatur per connumerationem [62] entium ; et est numerus cujus ille numerus est forma, et sunt sensibilia. Et forte de istis numeris potest dici quod [63] numerus

[14] *om.* sed . . . numeris *B*.
[15] *om.* *BFLP*.
[16] *om.* *BFLP*.
[17] scilicet *F*, sed *L*, si *P*.
[18] comprehenduntur *F*.
[19] hyle *L*.
[20] quia *P*.
[21] erit *BFLP*.
[22] Averroes, *In I Meta.*, t. c. 36, fol. 22*C*.
[23] secundum . . . Aristoteles : secundum Aristotelem *A*.
[24] pro inconvenienti : per inconvenientiam *P*.
[25] Averroes, *ibid.*
[26] erit *B*
[27] *om.* quod . . . numerus *L*.
[28] *om.* *BFLP*.
[29] 22*E* (991b21).
[30] quarternarius *A*.
[31] in *FP*.
[32] de *L*.
[33] *om.* *F*.
[34] *om.* centenarius ex *F*, centenariis *A*.
[35] *om.* *P*.
[36] 22*E* (991b22).
[37] componitur *P*.
[38] *add.* autem *BL*, aut *FP*.
[39] convenientes in : inconvenientes et *L*.
[40] *om.* ex ipsis *BFLP*.
[41] *om.* in forma *FP*.
[42] *om.* *P*.
[43] id est *BFLP*.
[44] 22*I* (991b26), quia *BFL*, qui *P*.
[45] *om.* *P*.
[46] *add.* convenientia *F*.
[47] composita *BL*, exponentia *P*.
[48] 22*I* (991b27).
[49] sunt *FP*.
[50] primarum *L*.
[51] 23*K* (992a11).
[52] sint *BLP*, posuit *F*.
[53] *om.* *L*.
[54] *om.* *BFLP*.
[55] arithmeticarum *B*.
[56] *om.* *FLP*.
[57] propter *P*.
[58] *om.* *BFLP*.
[59] Averroes, *op. cit.*, t. c. 38, fol. 22*K*.
[60] multiplicatur *BFLP*.
[61] *om.* et . . . numerus *B*.
[62] numerationem *FLP*.
[63] *om.* *P*.

primo modo dictus [64] est numerus quo numeramus [65] ; numerus autem dictus duobus ultimis modis est numerus [66] numeratus.

Hoc facit primo. Secundo cum dicit *Et* [67] *omnia media,* improbat jam dictum modum ponendi numeros ; et hoc per quatuor rationes [68], quarum prima est : Si numerus apud Platonem est medius inter formas separatas et sensibilia [69], tunc cum omne medium componatur ex suis extremis, ita scilicet quod aut ex [70] extremis simpliciter, ut humores ex elementis, aut [71] extremis respectu medii, ut caro ex [72] humoribus, aut [73] extremis ipsi medio appropinquantibus, ut homo ex carne et osse ; cum in quantum ita sit, sequitur [74] numerum apud Platonem componi ex suis extremis prædictis. Hoc autem est inconveniens, cum sensibile non ingrediatur compositionem alicujus mathematici, eo quod grossius non ingreditur [75] compositionem subtilioris, sed magis e converso. Et dicit Commentator [76] pro [77] Platone quod ipse [78] non [79] intellexit istum modum contra quem opponit Aristoteles, cum dixit quod numerus mathematicus est medius inter formas [79a] et sensibilia. Sed intendit [79b] Plato quod natura numeri est quasi natura media inter formas abstractas et formas sensibiles materiales ; quod secundum [80] modum ponendi [81] confirmat [82] Commentator [83], dicens manifestum esse per se quod nulla natura [84] est media inter abstractum et materiale. Hæc enim duo contraria, scilicet æternum et corruptibile, manifestum est quod sunt immediata [85].

Consequenter cum dicit *Et* [86] *etiam unitates,* dat secundam rationem. Et est : Si numerus est medium inter formas et sensibilia, et ita ex ipsis compositus [87], ut præconclusum est, tunc [88] sequitur necessario ut unitates illum numerum constituentes sint [89] compositæ ex illis extremis ; et si hoc, unitas erit composita [90] ex dualitate [91] ; quod est inconveniens.

Consequenter cum dicit *Et* [92] *etiam non erit,* dat tertiam rationem [93]. Et est : Si numerus sit medius modo prædicto, tunc non erit numerus iteratio unitatum, quia [94], ut dicit [95] Commentator, iteratio secundum individuum causatur ex materia, ita quod unum individuum non est aliud numero ab alio nisi propter materiam [96]. Cum igitur numerus [97] prædicto modo consideratus consideratur [98] non ut in materia, secundum illam positionem, non erit iteratio unitatum.

Consequenter cum dicit *Et* [99] *similiter dicimus,* dat quartam rationem. Et [1] quasi ostendendo [2] quod [3] unitates constituentes numerum modo prædicto consideratum non sunt diversæ in forma et [4] specie (sic enim ex ipsis non esset numerus unus), ratiocinatur supponendo [5] quod istæ unitates sint [6] convenientes in specie. Ubi sic procedit : Primo dat similitudinem inter ponentes unitates convenientes [7] in specie esse elementa, et ponentes corpora simplicia elementaria esse elementa ; dicens quod simile [8] est dicere unitates convenientes in specie et forma esse [9] elementa, et dicere [10] quatuor corpora simplicia aut duo ipsorum esse elementa, et non aliquod commune ipsis ut corpus ; et hoc sive corpus fuerit [11] eis commune sive non. Et verificat Commentator [12] istam similitudinem per hoc quod unitates existentes extra animam sunt unitates in materia et in hoc conveniunt cum corporibus simplicibus, quia etiam [13] ex hypothesi sunt con-

[64] *add.* quo numeramus *BL.*
[65] *om.* quo . . . numeramus *B*, est . . . numerarum *L.*
[66] *om. B.*
[67] 22*L* (991b29).
[68] per . . . rationes : quatuor rationibus (positionibus *P*) *BFLP.*
[69] *om.* et sensibilia *P.*
[70] *om. F.*
[71] *add.* ex *FL.*
[72] respectu *A.*
[73] *add.* ex *FLP.*
[74] *om. FP.*
[75] ingrediatur *F.*
[76] Averroes, *op. cit.*, t. c. 39, fol. 22*M*-23*A*.
[77] cum *P.*
[78] pro . . . ipse : quod ipse Plato *F.*
[79] *om. B.*
[79a] *add.* separatas *BF.*
[79b] innuit *A.*
[80] quod secundum : quem *BFLP.*
[81] *om. F.*
[82] infirmat *FP.*
[83] Averroes, *ibid.*, fol. 23*A*.
[84] *om. B.*
[85] *add.* verba sunt Commentatoris (secundum Commentatorem *P*) *BFLP.*
[86] 23*B* (991b31).
[87] componitur *F.*
[88] *om. L.*
[89] sicut *L.*
[90] *om.* erit composita *FP.*
[91] *om.* ex dualitate *L.*
[92] 23*B* (992a1).
[93] *om.* dat tertiam rationem *F*, *om.* rationem *P.*
[94] *om. B.*
[95] vult *BFLP* ; Averroes, *op. cit.*, t. c. 40, fol. 23*BC*.
[96] propter materiam : per numerum *L.*
[97] *om. L.*
[98] *om. FP.*
[99] 23*E* (992a2).
[1] *add.* est *B.*
[2] ostendo *FLP.*
[3] *om. B.*
[4] *add.* in *B.*
[5] superponendo *P.*
[6] sunt *BLP.*
[7] constituentes *A.*
[8] similiter *BL.*
[9] *om.* esse elementa *F.*
[10] *lac. P.*
[11] fuit *F.*
[12] Averroes, *op. cit.*, t. c. 41, fol. 23*G*.
[13] quasi *FP.*

venientes in specie habent aliquam formam communem sicut et partes consimiles [14] unius [15] elementi [16] communicant in forma una [17].

Hoc facit primo. Secundo cum dicit *Et cum* [18] *ita sint* [19], ex ista similitudine contradicit prædictæ positioni Platonis sic : Cum simile sit [20] dicere unitates esse elementa et corpora simplicia, tunc patet manifeste quod numeri, quos posuit [21] Plato, non sunt substantiæ separatæ per se existentes, nec etiam mediæ inter formas separatas et sensibilia ; immo sunt simpliciter formæ consideratæ in materia. Unde addit, cum dicit *Sed* [22] *manifestum est,* quod si determinatum [23] fuerit esse aliquod unum existens per se extra animam, quod [24] illud est principium omnium entium. Et forte intelligit per hoc principium primam causam, quæ est principium sive causa in triplici genere causæ, scilicet [25] finali [26], formali [27], efficiente.

Consequenter cum dicit *Et* [28] *unum dicitur multis modis,* increpat Platonem in ponendo numeros modo prædicto in duobus ; in primo [29] quia cum [30] posuit [21] (8ᵛ) unitates esse elementa entium sive numeros, solum locutus est de unitate numerali, cum tamen unum [31] dicatur multis modis, ut in quinto [32] hujus habetur. Adhuc autem increpat illum [33] in hoc quod, cum voluerit [34] quærere principia entium, elevavit substantias entium ad principia ad quæ non est possibile eas elevare [35], ut scilicet ad mathematica. Aliter posset dici quod hic dat quintam rationem ad propositum suum.

Linea autem [36] *componitur* [37] *ex longo et brevi.* Hic disputat contra hoc quod Plato posuit ideas esse numeros qui sunt principia rerum geometricarum. Et procedit sic : Primo narrat positionem Platonis in geometricis [38], quæ secundum suppletionem Commentatoris [39] sic est intelligenda : Plato posuit lineam esse ex contrariis quæ sunt longum et breve, sive magnum et parvum. Superficiem autem posuit [40] ex contrariis quæ sunt latum et strictum ; corpus autem ex contrariis quæ sunt imum [41] et profundum. Adhuc etiam posuit corpus componi ex superficiebus tanquam ex partibus ipsum constituentibus, et superficiem ex lineis, et lineam ex punctis. Adhuc autem, ut supplet Commentator [42], posuit unitatem esse formam et principium puncti, dualitatem [43] formam lineæ, trinitatem formam [44] superficiei, et quaternitatem formam corporis. Et ita omnia hæc dixit esse ex numeris.

Hanc positionem primo [45] destruit. Secundo cum dicit *Et etiam* [46] *quomodo superficies,* increpat [47] Platonem in duobus, in uno scilicet quia [48] posuit corpus componi ex superficiebus, superficiem ex lineis, et lineam ex punctis ; in alio [49] quod posuit [50] omnia hæc reduci ad numeros tanquam ad [51] principia.

Unde secundum hoc habet illa pars [52] duas, in quarum prima increpat eum [53] in primo [54] ; in secunda, ut ibi : *Quoniam* [55] *autem multum,* in secundo [56]. In primo sic : Contraria, ex quibus posuit Plato corpus, nec reducuntur ad contraria ex quibus posuit [57] superficiem aut lineam, nec etiam continentur sub eodem genere. Quare [58] corpus ad superficiem non reducitur sicut ad illud ex quo constituitur, nec superficies ad lineam ; quod est intentum. Hujus rationis [59] primo ponit conclusionem. Secundo ut ibi : *Genus* [60] *enim lati,* dat medium.

Consequenter cum dicit [61] *Quoniam autem multum,* increpat Platonem in secundo sic : Contrarietates [62] primæ, ex quibus sunt corpus [63], superficies, linea, secundum

[14] consequentes *BL.*
[15] illius *BL.*
[16] cum *L.*
[17] *om. FP.*
[18] 23*F* (992a8), *om. BFLP.*
[19] sunt *BF*, fuit *L.*
[20] *om. B.*
[21] ponit *L.*
[22] 23*F* (992a8).
[23] declaratum *BFLP.*
[24] et *L.*
[25] *om. BFLP.*
[26] *add.* et *B.*
[27] *add.* et *FLP.*
[28] 23*F* (992a9).
[29] in primo : imprimis *P.*
[30] non *A.*
[31] *om. A.*
[32] sexto *P.*
[33] eum *BFLP.*
[34] voluit *BFLP.*
[35] elevari *BFLP.*
[36] 23*K* (992a11), vero *BFP.*
[37] ponitur *A.*
[38] in geometricis : ingentis *P.*
[39] communem *B*, *om. F.* Averroes, *op. cit.*, t. c. 42, fol. 23*L*, t. c. 43, fol. 24*BC*.
[40] *add.* esse *BFLP.*
[41] altum *F.*
[42] autem . . . Commentator : secundum Commentatorem *B*, autem secundum Commentatorem *L* ; supplet Commentator : suppletionem *F.* Averroes, *ibid.*, fol. 24*B*.
[43] dualem *F.*
[44] *om.* et . . . formam *B.*
[45] *om. AFP.*
[46] 24*A* (992a13), *om. P.*
[47] increpans *FP.*
[48] quod *BFL.*
[49] *add.* eo *FLP.*
[50] *om.* corpus . . . posuit *B.*
[51] ex *L*, *add.* sua *BFLP.*
[52] *om. A.*
[53] eam *BL.*
[54] *om.* in primo *FP*, prima *B.*
[55] 24*A* (992a16), qui *P.*
[56] *om.* in secundo *L.*
[57] *add.* Plato *B.*
[58] quia *B.*
[59] *om. FP.*
[60] 24*A* (992a18).
[61] 24*A* (992a16), ed. Venice : Post quam autem multum ; cum dicit : ibi *FLP.*
[62] contrarietas *A.*
[63] corpora *F.*

Platonem, nec [64] sunt eadem cum prima contrarietate in numero, quæ est multum et paucum, nec ad ipsam reducuntur, nec etiam [65] communicant cum ipsa in aliquo genere uno. Ergo corpus, superficies, linea ad numerum [66] non reducuntur tanquam ad sua principia ipsum [67] constituentia. Hujus rationis [68] solum dat medium ; quod declarat cum dicit *Immo* [69] *neque genus*, per [70] hoc quod contrarietates [71] corporis et superficiei non [72] reducuntur [73] ad se invicem, nec sunt in aliquo genere uno. Quare multo fortius illæ contrarietates non reducuntur ad primam contrarietatem in numero, nec erunt in eodem genere cum ipsa.

Consequenter cum dicit *Superficies* [74] *enim*, dat causam quare hoc contingit Platoni, scilicet quod corpus, superficies, et linea [75] non reducuntur ad numeros, sicut ipse posuit. Et est quia, ut prædictum est, Plato posuit corpus esse ex superficiebus, et superficiem ex lineis, et lineam ex punctis, quæ ad primam [76] contrarietatem in numero non reducuntur [77]. Et addit cum dicit *Et illud genus considerat* [78], quod Plato valde sollicitus fuit ad declarandum [79] illam compositionem [80] corporis ex superficiebus, etc., quia ipse [81] opinabatur [82] quod magnitudines geometricæ sunt principia corporum cum numeris, ut imponit ei Commentator [83]. Et quia opinabatur [82] lineam componi ex punctis [84], ex hoc sequitur ipsum ponere [85] continuum [86] de natura discreti [87]. Et [88] addit cum dicit *Sed vocat eos* [89], quod Plato non dixit aperte [90] puncta esse partes lineæ, sed vocavit ea principia lineæ ; et hoc ne contingeret ei prædictum inconveniens [91]. Adhuc [92] propter idem inconveniens multotiens posuit Plato [93] lineam non componi ex punctis, sed ex lineis indivisibilibus non discretis.

Et dicit contra Platonem consequenter [94], cum dicit *Et* [95] *hoc necessarium est*, quod [96] propter istam positionem non evadet Plato [97] a prædicto inconveniente, quia semper sequitur ipsam [98] lineam componi [99] ex punctis ; et hoc quia ubi est linea, ibi est punctus [1] necessario [2]. Quare cum, secundum ipsum, linea sit divisibilis [3] secundum totum, necesse est [4] tandem suam [5] divisionem [6] stare ad [7] puncta.

Et cum philosophia [8] *consideraret* [9]. Disputato in parte [10] præcedenti contra esse idearum, et etiam contra hoc quod sunt numeri, hic disputat principaliter contra hoc quod posuit Plato ipsas esse causas et principia [11] generationis et scientiæ entium. Et hæc pars habet duas [12], in quarum prima breviter et [13] in communi ostendit quod non sunt causæ generationis et scientiæ ; in secunda, ut ibi : *Et etiam* [14] *si aliquis*, in speciali. [15] In communi sic [16] : Vera philosophia et scientia [17] non est nisi [18] de entibus apparentibus in anima existentibus [19]. Ideæ autem non sunt res apparentes neque [20] existentes in anima ; et ita [21] de ipsis non est vera philosophia, et ita nec scientia. Quare principia et causæ entium [22] non erunt [23]. Adhuc ideæ non [24] sunt [25] transmutabiles nec alterabiles, nec causæ transmutationis aut [26] alterationis. Quare principia et causæ generationis entium non erunt. Ex quibus concludit cum dicit *Cum* [27] *ergo intendimus*, quod si fiat sermo de substantia idearum, et conceditur [28] ipsas esse, oportet dicere quod substantiæ idearum sunt simpliciter [29] aliæ a substantiis ipsorum sensibilium, quorum ponuntur ideæ, ita scilicet quod si concedatur substantia [30]

[64] non *F*.
[65] *om. BFLP*.
[66] numeros *BFLP*.
[67] ipsa *BFLP*.
[68] *om. BFLP*.
[69] 24*A* (992a18).
[70] *om. L*.
[71] contrarietas *F*.
[72] nec *BFLP*.
[73] reducitur *F*.
[74] 24*A* (992a19).
[75] superficies et linea : linea, superficies, etc., *BFLP*.
[76] ipsam *A*.
[77] reducitur *L*.
[78] 24*B* (992a20), genus considerat : cujus consideratur *A*.
[79] considerandum *BL*.
[80] opinionem *L*.
[81] *om. F*.
[82] opinatur *FLP*.
[83] Averroes, *ibid.*, fol. 24*E*.
[84] *add.* et *BLP*.
[85] posse *F*.
[86] *om. P*.
[87] discreta *L*.
[88] *om. BFLP*.
[89] 24*B* (992a21), eas *A*.
[90] *om. BFLP*.
[91] *add.* et *FLP*.
[92] *om.* Adhuc ... inconveniens *B*, hoc *P*.
[93] *om. B*.
[94] *om. FP*.
[95] 24*B* (992a23), *add.* propter *P*.
[96] et *BFLP*.
[97] evadet Plato : vadet *FP*.
[98] *om. BFLP*.
[99] esse *B*.
[1] ubi ... punctus : universaliter est linea ex punctis *BFLP*.
[2] *om. B*.
[3] *om.* sit divisibilis *A*.
[4] et *L*, *om.* est tandem *P*.
[5] *om. L*.
[6] compositionem *F*, *om. P*.
[7] *add.* sua *L*.
[8] 24*H* (992a24), philosophica *L*.
[9] consideretur *B*.
[10] *om. BFLP*.
[11] *om.* et principia *B*.
[12] hæc ... duas : dividitur in duo (duas *L*) *BFLP*.
[13] *om. B*.
[14] 25*B* (992b1).
[15] *add.* et *P*.
[16] *om. L*.
[17] *om.* et scientia *BFLP*.
[18] hic *FP*.
[19] *om.* in anima existentibus *B*.
[20] *om. BFLP*.
[21] et ita : ergo *BFLP*.
[22] scientiarum *BLP*, scientium *F*.
[23] *add.* ergo *A*.
[24] nec *BL*.
[25] *add.* formæ *BFLP*.
[26] et *F*.
[27] 24*I* (992a26).
[28] concedatur *FL*.
[29] *om. F*.
[30] *om. FP*.

ideæ esse eadem cum substantia ipsius sensibilis [31], aut principium generationis suæ aut scientiæ, falso concedetur [32]. Et quia jam dictæ rationes solum destruunt ideas [33] esse principia generationis [34] et scientiæ [35] entium, et non destruunt ipsas esse in se, propter hoc subjungit cum dicit *Quoniam autem* [36] *sunt continentes,* quod dicere ideas esse continentes, id est, existentes per se, aut continentes [37] sensibilia sicut species continet ea quæ sunt sub illa, nihil est, sicut in [38] præcedentibus [39] determinatum [40] est, ubi etiam similiter habetur quod ipsæ ideæ non sunt [41] causæ scientiæ sensibilium. Ex quibus concludit cum dicit [42] *Et ideo non videmus,* quod non videmus [43] aliquem discrete ponentem [44] ponere ideam esse causam in cogitando [45] et sciendo [46] sensibilia, nec in hoc quod sensibilia habeant [47] esse sive [48] principium [49] generationis. Dicit [50] enim *Aliquem* [51] *intellectum,* quantum ad cognitionem, *Et naturarum* [52], quantum ad esse rerum.

Ex quo concludit ulterius cum dicit [53] *Ergo species,* quod universaliter non est dicere ideas assimilari principiis [54] ipsorum sensibilium, neque scilicet principiis scientiæ neque generationis ; ex quo manifestum est quod omnino non sunt ideæ principia sensibilium. Et [55] licet ideæ non sunt [56] principia scientiæ sensibilium [57], subjungit cum dicit *Et* [58] *doctrina etiam,* quæ sunt illa quæ sunt [59] principia scientiæ, dicens quod licet per ideas non [60] adquiratur scientia, non [61] sunt formæ universales quibus utitur considerans in aliqua philosophia, ut mediantibus ipsis perveniat ad cognitionem de sensibilibus.

Consequenter cum dicit [62] *Et etiam si quis* [63], ostendit in speciali quod ideæ non [64] sunt principia generationis neque [65] scientiæ sensibilium. Et primo quod non sunt principia generationis [66] ; secundo ut ibi : *Et* [67] *omnis magna perscrutatio,* quod non sunt principia scientiæ. [68] Primum sic : Si aliquis ponat ideas esse principia generationis sensibilium [69] alicujus generis [70], non debet hoc facere nisi per illas [71] ideas possit [72] determinare primam contrarietatem illius generis [73] ; quorum unum est quasi media [74], reliquum quasi forma. Quæ quidem contraria secundum quosdam sunt magnum et parvum, secundum quosdam rarum et densum. Et si hoc, cum hæc contraria sint, et quælibet alia reducantur ad additionem [75] et [76] diminutionem, sive [77] ad completum et diminutum, et hæc ulterius ad motum, cum ideæ apud positionem istam sunt [78] substantiæ entium, ipsæ ideæ ad motum reducentur [79]. Quare ideæ mobiles erunt et transmutabiles. Ejus [80] oppositum posuit Plato.

Consequenter cum dicit *Et* [81] *omnis magna perscrutatio,* ostendit quod ideæ non sunt causæ [82] sensibilium [83] in sciendo. Et hoc ostendit primo ostensive ; secundo ut ibi : *Et etiam æstimatur* [84] per impossibile. Ostensive sic [85] : Subjectum scientiæ est unum univocum [86] commune multis, sicut species aut genus, et non unum numero. Adhuc etiam non omne commune multis est tale unum quod possit esse subjectum scientiæ. Sed [87] quælibet idea, secundum Platonem, est una numero. Quare de idea non erit scientia ; et ita idea non erit causa in sciendo sensibile.

Hujus [88] rationis [89] primo [90] ponit majorem propositionem [91], quæ habet duas partes ; circa quas sic procedit : Primo ponit primam, dicens quod omnis [92] profunde consi-

[31] *om.* *F.*
[32] *om.* falso concedetur *A*, conceditur *B*, concederetur *P*.
[33] *om.* *P.*
[34] generandis *L.*
[35] *om.* et scientiæ *FP.*
[36] 24*I* (992a28), propter hoc *BFLP*
[37] *om.* quod . . . continentes *F.*
[38] *om.* *A.*
[39] prioribus *FL.*
[40] declaratum *BFLP.*
[41] sint *B.*
[42] 24*I* (992a30), *om.* cum dicit *FP* ; cum dicit : ibi *BL.*
[43] *om.* quod non videmus *L.*
[44] *om.* *P.*
[45] cognoscendo *FP.*
[46] in ponendo *L.*
[47] habent *BFLP.*
[48] *om.* *B.*
[49] principia *F.*
[50] dicet *BFLP.*
[51] 24*I* (992a30).
[52] 24*I* (992a31), istorum *AB*, naturarum et *FP* ; *om.* et *L.*
[53] 24*I* (992a32), *om.* cum dicit *BFLP.*
[54] *add.* scilicet *BFLP.*
[55] *om.* *L.*
[56] sint *B.*
[57] *om.* Et . . . sensibilium *P.*
[58] 24*I* (992a32).
[59] *om.* illa . . . sunt *B.*
[60] nec *P.*
[61] tamen *BFLP.*
[62] 25*B* (992b1), cum dicit : ibi *BFL*, ut ibi *P.*
[63] aliquis *BFLP.*
[64] nec *BFLP.*
[65] nec *L.*
[66] *om.* neque . . . generationis *FP.*
[67] 25*G* (992b8).
[68] *add.* circa *F.*
[69] sensibiliter *A.*
[70] generationis *FL.*
[71] alias *A.*
[72] possunt *B.*
[73] generationis *L.*
[74] *add.* et *BFP.*
[75] divisionem *F.*
[76] *add.* et *P.*
[77] sicut *F*, fuit *P.*
[78] sint *BFLP.*
[79] reducuntur *BFLP.*
[80] cujus *BFLP.*
[81] 25*G* (992b8), *om.* *BL.*
[82] *om.* *FP.*
[83] sensibiles *F.*
[84] 26*C* (992b17), æstimat *A.*
[85] si *A* ; *add.* et *B*, secundum *F.*
[86] *om.* æstimatur . . . univocum *F.*
[87] *add.* ideæ sed *F.*
[88] *om.* *L.*
[89] *om.* *FP.*
[90] solum *BFLP.*
[91] *om.* *BFLP.*
[92] *om.* *B.*

derans de natura scientiæ et scibilium concedit de facili posse probari [93] quod [94] illud unum univocum commune multis, quod est subjectum scientiæ, non est unum numero, cujusmodi est species et [95] genus ; et hoc quia illud unum non est unum [96] individuale, sed est una intentio universalis. Quam quidem intentionem, cum aliquis ponit communem multis, hoc non erit nisi secundum quod ponit eam [97] intentionem universalem, et non secundum quod una intentio [98] individualis in actu.

Secundo cum dicit *Et* [99] *hoc est impossibile*, dat secundam partem majoris propositionis, dicens quod (9r) non omne [1] commune multis potest esse subjectum scientiæ ; immo hoc est impossibile in quibusdam, quoniam quantitas, quæ est communis lineæ, superficiei, et numero, non potest esse unum subjectum scientiæ ; et hoc quia non dicitur de ipsis nisi [2] æquivoce, ut vult Commentator [3]. [4] Adhuc etiam [5], licet idem sit commune [6] præsentibus, præteritis, et futuris, et etiam existentibus in actu et in potentia, non tamen potest tale commune esse subjectum scientiæ.

Consequenter cum dicit *Ista* [7] *enim non sunt*, subjungit quod intellecta quæ sunt genera et [8] species, de quibus possibilis est scientia [9], nec nata sunt ut sint formæ per se existentes, nec etiam [10] ut sint numeri sive formæ [11] exemplares, nec etiam ut sint media inter formas separatas et ipsa sensibilia, hoc est, mathematica [12], sicut posuit Plato, nec [13] sunt [14] formæ materiales [15] et [16] sensibiles ipsorum generabilium et corruptibilium. Et posset ex hoc, si placeret [17], extrahi [18] alia [19] ratio ostensiva ad ostendendum quod [20] ideæ non sunt [21] causæ scientiæ ipsorum sensibilium.

Consequenter cum dicit [22] *Et etiam æstimatur*, ostendit idem per impossibile. Et ducit ad duo impossibilia, quorum primum est [23] cum sua [24] prosecutione [25] usque ibi : *Si igitur scientia in nostra* [26]. Et est [27] quod si ideæ sunt [28] causæ scientiæ [29] sensibilium, cum ideæ, secundum Platonem, sint res scientiæ [30] per se existentes extra animam et extra sensibilia, oportet esse aliud [31] genus scientiæ de ipsis a scientia divina aut mathematica aut [32] naturali ; et ita [33] oportet ponere [34] quartum genus scientiæ. Et cum ideæ, secundum Platonem, sint causæ et principia omnium entium, in illa scientia perscrutatur [35] de causis omnium entium [36], ita quod [37] nulla alia [38] scientia potens erit scire aliquid ex principiis in ipsa suppositis [39] ; quod est inconveniens.

Circa autem [40] hoc impossibile sic procedit : Primo quasi supponendo hypothesim pro antecedente [41], dat ipsum [42] impossibile quod sequitur ex hypothesi. Secundo cum dicit *Absque eo quod aufert* [43], ostendit illud quod sequitur [44] ex hypothesi esse impossibile. Et primo per hoc quod in nulla scientia erit aliquid ignotum quod possit sciri per aliquid notius in illa [45] scientia. Hoc enim sequitur ex illa positione ; quod tamen falsum est, quoniam aliæ [46] scientiæ ab illa quarta quærunt [47] et considerant causas et principia eorum quæ ignota sunt in [48] ipsis ; ut quædam considerant de causis actionis et passionis, ut [49] forte naturalis ; quædam [50] autem de causa convenientiæ inter materiam [51] et formam, ut scientia divina [52]. Verumtamen non quælibet scientia potest universaliter considerare causas omnium entium [53], sed solum illa quæ est de substantia in quantum substantia [54], sive [55] de ente in quantum ens ; hoc est, scientia

[93] probare *L*.
[94] contra *B*.
[95] *om*. *A*, vel *BLP*.
[96] *om*. *B*.
[97] *add*. in *F*.
[98] *add*. est *L*.
[99] 25*H* (992b12).
[1] dicimus quod *L*.
[2] unum *P*.
[3] *om*. ut vult Commentator *FP* ; Averroes, *In I Meta*., t. c. 46, fol. 25*L*.
[4] *add*. sive analogice *BL*.
[5] autem *BFLP*.
[6] sit commune : cum *BL*.
[7] 25*I* (992b15).
[8] *add*. quæ *L*.
[9] *om*. *B*.
[10] *om*. *FLP*.
[11] *om*. per . . . formæ *B*.
[12] meditata ? *F*, *lac*. *P*.
[13] neque *BFLP*.
[14] *om*. *L*.
[15] naturales *P*.
[16] aut *BFLP*.
[17] placet *BL*.
[18] contrahi *L*.
[19] vera *L*.
[20] *add*. prædictæ *B*, *om*. *P*.
[21] sint *F*.
[22] 26*C* (992b17), *om*. *B*.
[23] *om*. *BFLP*.
[24] *om*. *B*.
[25] perscrutatione *L* ; *add*. durat *BFLP*.
[26] 27*A* (992b33), in nostra : est in una natura *BFLP*.
[27] *om*. Et est *L*.
[28] sint *BFLP*.
[29] *om*. *BL*.
[30] *om*. *BFLP*.
[31] illud *L*.
[32] ut *A*.
[33] *om*. *B*.
[34] poni *P*.
[35] perscrutabitur *FP*.
[36] *om*. in . . . entium *A*.
[37] *add*. in *F*.
[38] sua *P*.
[39] in ipsa suppositis : sumptis *BL* ; suppositis : sumptis *FP*.
[40] *om*. *BFLP*.
[41] pro antecedente : probantem *F*, prohabitæ *P*.
[42] *om*. *P*.
[43] 26*C* (992b18), advenit *F*.
[44] dictum est sequi *BFLP*.
[45] alia *B*.
[46] illæ *FP*.
[47] conveniunt *P*.
[48] *om*. *F*.
[49] et *AF*.
[50] quod *P*.
[51] naturam *AP*.
[52] *om*. *L*.
[53] *om*. *B*.
[54] scientia *L*.
[55] *om*. *FP*.

divina. Ex prædicta [56] tamen positione sequitur quod aut omnes tres scientiæ, scilicet [57] divina et [58] mathematica et naturalis, perscrutari possint [59] de causis omnium de quibus considerant, et etiam [60] de causis causarum [61]. Quod tamen falsum est, quoniam nulla præter divinam potest hoc facere, aut quod nec divina, nec aliqua [62] alia præter illud quartum genus scientiæ potest [63] hoc facere ; quod est inconveniens.

Secundo ut ibi : *Et* [64] *quomodo potest homo*, ostendit idem esse impossibile [65] eo quod omnino destruit scientiam et doctrinam. Et procedit sic : Primo quærit qualiter [66] possit hoc esse, ut causæ omnium dubitatorum in scientiis considerari et determinari habeant in illo quarto genere scientiæ, innuendo [67] hoc esse impossibile. Secundo ibi : *Impossibile* [68] *enim est*, ostendit hoc esse impossibile [69], ducendo ad prædictum inconveniens sic : In omni scientia necesse est scire illud quod est incognitum [70] in illa [71] per aliqua cognita et scita in eadem ; ut [72] si aliquis voluerit addiscere geometriam, non potest hoc facere nisi præsciat aliqua per se scita in illa scientia [73] et non addiscendo ea ex [74] scientia alia [75], cujusmodi [76] sunt principia. Si enim necesse habuit addiscere principia, ut vult prædicta positio, oportet ut addiscat ea [77] per causas scitas [78] in aliqua [79] scientia, et eadem ratione illas causas oportet addiscere per alias in alia scientia ; et sic in infinitum. Et ita si aliquis voluerit aliquam [80] scientiam addiscere, nunquam sciet illam ; quod est inconveniens. Sic enim destrueretur scientia et universaliter [81] doctrina.

Et quia dixit specialiter in scientiis demonstrativis, ut in geometria et hujusmodi, scilicet [82] quod necesse est ponere et [83] scire ignotum per aliquid notius et scitum in eadem scientia, ostendit similiter esse universaliter in omni scientia, tam activa quam speculativa, tam demonstrativa quam disputativa, cum dicit *Et etiam* [84] *omnis doctrina*, dicens quod omnis doctrina in artibus operativis et [85] considerativis quæ addiscuntur [86] per exempla [87], manifestum est quod [88] fit [89] per cognitionem rerum notarum per se in illo artificio ; rerum dico notarum, aut omnium aut plurium. Et similiter est in doctrina quæ fit per demonstrationem aut per [90] definitionem. Semper enim oportet scire principia per se nota in illa doctrina. Adhuc et [91] similiter est ubi fit [92] doctrina per inductionem sive per artem disputativam.

Consequenter cum dicit *Si* [93] *igitur scientia*, ducit ad secundum impossibile sic : Si scientia sit de ideis sive per ipsas, tunc [94] ipsarum [95] scientia est nobis innata [96]. Hoc autem [97] est inconveniens ; ergo primum. Necessitas hujus [98] consequentiæ patet per hoc quod cum ideæ sint res per se existentes et immediate natæ ad intellectum secundum Platonem [99], habebitur scientia de ipsis neque [1] per experimentum, neque [2] per memoriam, neque per sensum, nec [3] etiam per doctrinam ; immo aspiciet [4] eas intellectus sicut sensus aspicit sensibilia. Cum ergo cognitio sensibilium est naturalis in nobis, cum non adquiritur ex cognitione antecedenti [5], necesse est ut ideæ intellectæ sint in nobis naturaliter [6]. Et ita, si fuerit [7] scientia de ipsis, scientia earum erit nobis innata [8]. Hujus rationis [9] solum destruit consequens ; et hoc per duas rationes, quarum prima est : Si scientia de ideis fuerit nobis innata, cum ipsa sit firmissima scientiarum, contingentia [10] omnia erunt scita a nobis et cognita ; quod est inconveniens.

56 præhabita *BL*.
57 *add.* scientia *F*.
58 *om. BLP*.
59 possunt *BFL*.
60 ita *P*.
61 scientiarum *BL*.
62 *om. B*.
63 *om. F*.
64 26*D* (992b24).
65 possibile *F*, *add.* ex *F*.
66 *om. F*.
67 in movendo *B*.
68 26*D* (992b25).
69 *om.* Secundo . . . impossibile *A*.
70 ignotum *L*.
71 *add.* scientia *BL*.
72 *om. L*, et *P*.
73 *om. BFLP*.
74 a *BFLP*.
75 *om. FP*.
76 ejus *F*.
77 eas *F*.
78 *add.* et *B*.
79 alia *BFLP*.
80 aliam *L*.
81 universalis *P*.
82 secundum *A*.
83 *om.* ponere et *BFLP*.
84 26*I* (992b30), *om. A*.
85 *om. A*.
86 addiscantur *A*.
87 exemplar *BFLP*.
88 quoniam *BFL*.
89 *om. F*, sit *L*.
90 *om. B*.
91 etiam *BFLP*.
92 sit *F*.
93 27*A* (992b33).
94 tamen *L*.
95 ipsa *B*.
96 ipsarum . . . innata : cum scientia ipsa quæ est nobis ignota *L*.
97 *om. BFLP*.
98 *om. BFLP*.
99 *add.* non *BFLP*.
1 *om. BFLP*.
2 nec *BL*.
3 neque *FP*.
4 aspicit *BL*.
5 consequentiæ *BL*.
6 *om. P*.
7 fuit *L*.
8 scientia . . . innata : non erit scientia nobis innata *BFLP*.
9 *om. BFLP*.
10 *om. BFLP*.

Hanc rationem primo ponit. Secundo cum dicit *Cum*[11] *in nobis,* tangit necessitatem consequentiæ. Tertio cum dicit[12] *Et etiam quomodo,* destruit consequens, ducendo ex ipso ad quatuor inconvenientia ; quorum primum est quod æqualiter et æque primo scietur a nobis res aliqua et ejus causa. Hoc enim sequitur si omnia sunt[13] a nobis scita. Secundum inconveniens dat cum dicit *Et*[14] *quomodo erit hoc.* Et est[15] quod nihil erit manifestum nobis post latentiam sive postquam fuit[16] dubitatum, nec accidet aliqua[17] dubitatio[18] in causis rerum ; quod tamen est inconveniens. Tertium inconveniens dat cum dicit *Et*[19] *quidam rixati sunt.* Et est quod[20] numquam inter[21] homines erit disputatio sive[22] controversia ; immo idem apud omnes eodem modo erit comprehensum ; quod tamen non[23] est verum, quia[24] multi videntur[25] litigantes et quasi rixantes in elementis multarum rerum, sicut accidit grammaticis[26] sui[27] temporis quod[28] rixati sunt de littera Z[29], utrum sit simplex an[30] composita. Quidam enim[31] dixerunt[32] ipsam esse compositam ex *c* et[33] *d* et *a*. Alii autem dicebant[34] ipsam esse litteram per se simplicem[35], ex aliis litteris notis non compositam.

Consequenter cum dicit *Et*[36] *etiam illud quod est,* dat quartum inconveniens. Et est quod comprehensio sensibilium fiet ab[37] omnibus, licet impediti fuerint[38] in instrumentis[39] sensuum[40], ita scilicet[41] quod naturaliter cæcus cognosceret[42] naturas colorum[43], et naturaliter surdus[44] naturas vocum ; quod est inconveniens[45].

Consequenter cum dicit *Et*[46] *etiam ista,* dat secundam rationem ad destructionem consequentis principalis rationis. Et est : Si scientia idearum fuerit nobis innata, cum[47] ideæ sint elementa propria omnium entium secundum Platonem, sicut vox habet sua elementa propria, scientia omnium entium erit nobis innata ; et hoc quia scientia de ideis non est alia a[48] scientia de entibus, cum ideæ sint propria[49] elementa entium. Sed consequens est impossibile ; ergo antecedens. Et in hoc terminatur tota illa pars, in qua ostendit ex opinionibus antiquorum loquentium de causis quod causæ non excedunt numerum quaternarium.

Quoniam[50] *autem illud.* Habito ex præcedentibus quod causæ non excedunt numerum quaternarium[51], hic[52] innuit[53] ex[54] prædeterminatis in hoc libro[55], et etiam[56] ex determinatis in libro *Physicorum*[57] de causis, quod causæ sunt quatuor ; de quibus omnibus habet primus philosophus determinare et[58] considerare, et ita de causis omnium entium, dicens manifestum esse ex determinatis[59] de causis[60] in hoc libro[61], et[62] in libro *Physicorum*[63], quod antiqui idem dixerunt de numero causarum quod et ipsemet opinatus est, scilicet causas esse quatuor ; et etiam quod nec ipse nec alii potuerunt apponere[64] aliam causam[65] a quatuor[66], de quibus omnibus dicit primæ philosophiæ, hoc est, hujus esse perscrutandum ; et ita quod perscrutatio[67] primæ philosophiæ erit de omnibus entibus in quantum entia sunt, cum sit de causis et principiis omnium entium[68].

Consequenter cum dicit *Et quia Empedocles*[69], quia antiqui loquentes de rebus naturalibus pro majori parte locuti sunt de materia et non de forma præter Empedoclem,

[11] 27*A* (993a2).
[12] *Ibid.*, *om.* *Cum* . . . dicit *L.*
[13] sint *BLP.*
[14] 27*A* (993a3).
[15] *om.* Et est *BFLP.*
[16] fuerit *BL.*
[17] *om.* *BL.*
[18] *add.* tanquam *BL.*
[19] 27*A* (993a4).
[20] *om.* *B.*
[21] *om.* *A.*
[22] et *BFLP.*
[23] *om.* *P.*
[24] quod *A.*
[25] dicuntur *BFLP.*
[26] *lac.* *A.*
[27] sive *A*, sui temporis, *lac.* *F.*
[28] *om.* *B.*
[29] *lac.* *A*, et *FP.*
[30] aut *BFL*, vel *P.*
[31] *om.* *A.*
[32] dicebant *BFP.*
[33] p *B*, per *FLP.*
[34] *om.* *F.*
[35] simplex *BF*, simpliciter *L*, et simpliciter *P.*
[36] 27*B* (993a7).
[37] ex *A.*
[38] fuerunt *L.*
[39] *lac.* *FP.*
[40] sensibilium *F.*
[41] *om.* *BFLP.*
[42] cognoscet *P.*
[43] cælorum *L.*
[44] *om.* *L.*
[45] cæcus . . . inconveniens : cognoscet visus colorem et cæcus secundum Platonem. Et sic vox habet sua elementa propria si scientia esse entium esset nobis innata ; et hoc quia scientia de ideis non est alia scientia de entibus cum ideæ sint elementa entium naturaliter sequitur docendo naturas vocum ; quod est inconveniens *A.*
[46] 27*B* (993a8) : *Ista enim sunt.*
[47] quod *L.*
[48] *om.* *B.*
[49] *om.* *BFLP.*
[50] 27*F* (993a11).
[51] *om.* *P.*
[52] qui *L.*
[53] intendit *BFLP.*
[54] *om.* *L.*
[55] Cf. *supra* p. 120.
[56] *om.* *BFLP.*
[57] *Physics*, II, 3, 194b23-195b30.
[58] *om.* et considerare *B*, *om.* determinare et *FLP.*
[59] prædictis *B*, prædeterminatis *FLP.*
[60] *om.* de causis *B.*
[61] *Meta.*, I, 3-10, 983a24-993a27
[62] *add.* etiam *BFLP.*
[63] *Physics*, *ibid.*
[64] ponere *L*, *add.* aliquam *BL.*
[65] rationem *F.*
[66] *om.* et . . . quatuor *P.*
[67] *om.* et . . . perscrutatio *F.*
[68] *om.* *B.*
[69] 27*K* (993a17), *om.* quia Empedocles *B.*

qui solum [70] posuit formam, licet non aperte secundum sermones suos ponat formam, propter hoc [71] docet (9v) quomodo non aperte posuit Empedocles formam sive causam formalem, dicens quod de osse dixit Empedocles quod os in quantum os est definitio et distinctio ossis [72] ab aliis [73] compositis, et quod definitio est id [74] quod est [75], et etiam quod est substantia rei. Et [76] sicut dixit [77] de osse, similiter dixit de carne et de unoquoque alio [78] composito. Cum igitur [79] definitio et distinctio ab aliis non fiat nisi a forma, patet quod Empedocles concessit formam sive causam formalem, aut si non, nullum nomen compositum erit definitio, sicut ipse dixit. Ex quo concludit [80], secundum opinionem Empedoclis, cum dicit *Ideo* [81] *erit caro*, quod hoc quod significat hoc nomen "caro", et "os", et hujusmodi, non est tantum propter [82] materiam, quam dixit Empedocles, sed necesse habet ponere causam additam materiæ, scilicet [83] formam. Verumtamen aperte non dixit causam formalem. Et quia Empedocles non posuit aperte causam formalem, subjungit cum dicit *Et* [84] *declaratum est*, quod ipse sufficienter, secundum quod exigebat illa doctrina, determinavit in libro *Physicorum* [85] de causa formali [86] et etiam [87] de aliis, et quod adhuc revertendum est in hoc libro [88] ad quæstiones difficiles circa causas ; quod [89] facit in septimo hujus et [90] in octavo [91]. In proxima tamen parte [92] sequente, vult incipere perscrutari de difficilibus quæstionibus ad hanc philosophiam spectantibus. Et in hoc dedit intentionem proximi libri sequentis [93].

[70] *add.* simul cum materia *BFP*, solum : cum materia *L*.
[71] propter hoc : propterea *BFLP*.
[72] *om. BFLP*.
[73] *add.* rebus *BFLP*.
[74] illud *BFL*, istud *P*.
[75] quod est : per quod res est *FLP*, *add.* hoc quod est *BL*, id quod est *F*.
[76] *om. L*.
[77] *om. B*, dicit *L*.
[78] de . . . alio : unoquoque *BFLP*.
[79] *om. A*.
[80] concedit *F*.
[81] 27*L* (993a20), non *BLP*.
[82] *om. F*.
[83] id est *B*.
[84] 27*L* (993a24).
[85] *Physics*, II, 2, 194a12-II, 3, 195b30.
[86] *om.* de causa formali *A*.
[87] et etiam, *lac. P*.
[88] *om. BFLP*.
[89] causas quod : quas sic *B*.
[90] *om. B*.
[91] in octavo : in parte *B*, septimo *P*, *om.* hujus . . . octavo *L*.
[92] In . . . parte : tamen proxima *B*.
[93] *om.* Et . . . sequentis *P*.

Quæstiones in Metaphysicam Petri de Alvernia

ARTHUR MONAHAN

INTRODUCTION

The Manuscripts

There are seven manuscripts known to us containing the *Quæstiones in Metaphysicam* of Peter of Auvergne. In the following listing of these manuscripts, we shall give a description of each manuscript along with indications of pertinent literature concerning it. The physical description of each is obtained from various catalogues and other secondary sources, since our examination of the manuscripts was limited to their microfilm reproductions.

B. Paris. *Bibliothèque Nationale* 16158 (*olim* Sorbonne 625).
Parch. 308 × 221 mm., 2 col., to the half-folio. Sæc. XIII ca. finem.
Incipit : Sicut Philosophus dicit in X *Metaphysicæ* suæ, in omni genere est aliquod unum quod est principium et metrum omnium eorum quæ sunt in genere illo . . . (fol. 163ra).
Explicit : Primum principium esse in entibus manifeste declaratur . . . (fol. 258vb).

This manuscript breaks off in the middle of book XII, question 6. The first two words (*voces reclamantes*) of the sentence to be continued on the next folio are indicated in the bottom right margin, pointing to a loss of one of the *peciæ*.

Cf. L. Delisle, "Inventaire des manuscrits latins de la Sorbonne, conservés à la Bibliothèque Impériale sous les nos 15176-16718 du fonds latin", *Bibliothèque de l'École des Chartes,* XXI (1870), 42. A. Franklin, *Les Anciennes Bibliothèques de Paris,* vol. I, Paris, 1867, p. 236. E. Hocedez, "Les Quæstiones in Metaphysicam de Pierre d'Auvergne", *Archives de Philosophie,* IX (1932), pp. 179-184. Jean Destrez, *La Pecia dans les Manuscrits universitaires du XIIIe et du XIVe siècle,* (Paris, 1935), p. 91 and plate 4.

In the work of A. Franklin we read that in 1310, Nicolas de Bar-le-Duc (Nicolaus de Barroducis) willed many books and much money to the Sorbonne. This manuscript was one of those books, being listed as no. 625 of the *Bibliothèque Impériale, manuscrite, fonds de la Sorbonne.* The hand is a simple, neat Gothic with moderate abbreviations. There are very few marginal corrections, and these are probably in the hand of the copyist. A series of numbers appears throughout the manuscript in various places along the margins, referring to the *peciæ* the scribe was copying. According to Fr. Destrez, *pecia* numbers in a manuscript generally indicate that it was copied from the exemplar kept by the University Stationers.

V. *Bibliotheca Vaticana Ottobonianus* 1145. Sæc. XIV. 2 col. to the half-folio.
Incipit : Sicut Philosophus dicit in X *Metaphysicæ* suæ, in omni genere est aliquid unum quod est principium et metrum omnium eorum quæ sunt in genere illo . . . (fol. 1ra).
Explicit : in singulos alios motores, qui est Deus benedictus in sæcula sæculorum. Amen. Expliciunt quæstiones reportatæ a Magistro Petro de Avernia. (fol. 50vb).

Z. Paris. *Bibliothèque Mazarine* 3498.
Parch. 345 × 230 mm., fol. 343, 2 col. to the half-folio, Sæc. XIV.
Incipit : Sicut Philosophus dicit in X *Metaphysicæ* suæ, in omni genere est aliquo unum quod est principium et metrum omnium eorum quæ sunt in genere illo . . . (fol. 1ra).
Explicit : in singulos alios motores, qui est Deus benedictus in sæcula sæculorum. Amen. Expliciunt quæstiones reportatæ a Magistro Petro de Alvernia. (fol. 104rb).

Cf. A. Molinier, *Catalogue des Manuscrits de la Bibliothèque Mazarine,* III (Paris, 1890), p. 110.

This manuscript was copied by at least two scribes. The greater portion of the manuscript is by one scribe, with the second scribe supplying only part of question 12, all of questions 13, 14 and 15 of book I, and question 1 of book II, which had been omitted by the first scribe.

M. Paris. *Bibliothèque Mazarine* 3481.
Parch. 320 × 214 mm., fol. 216, 2 cols., Sæc. XIV.
Incipit : Omnes homines natura scire desiderant. Sicut dicit Philosophus in X *Metaphysicæ*, in unoquoque genere est reperire unum primum quod est causa et mensura omnium aliorum in illo genere . . . (fol. 133ra).
Explicit : in singulos alios motores, qui est Deus benedictus in sæcula sæculorum. Amen. Expliciunt quæstiones metaphysicorum reportatæ a Magistro Petro de Alvernia. Deo Gratias. (fol. 216rb).

Cf. A. Molinier, *op. cit.*, pp. 100-101. E. Hocedez, *op. cit.*, pp. 179-184.
Both A. Molinier and E. Hocedez say that the manuscript is anterior to 1323. In some books, the titles of the questions are given in the bottom margin by the copyist. Some of these titles are by a cursive hand that has corrected certain portions of the manuscript. This latter hand adds a passage from the first book of the *Sentences* of John of Paris in the top margin of fol. 145r.

The order of questions in this manuscript is quite different from the others, with the exception of the Vienna manuscript described below. Many of the questions are of different structure and material than those of the other manuscripts.

A. Vienna. *Nationalbibliothek* 2330.
Sæc. XV. 2 col. to the half-folio.
Incipit : Sicut dicit Philosophus in X *Metaphysicæ* suæ, in omni genere est aliquid primum quod est principium et metrum omnium quæ sunt in genere illo . . . (fol. 60ra).
Explicit : in singulos alios motores, qui est Deus benedictus in sæcula sæculorum. Amen. Expliciunt quæstiones super X et XII *Metaphysicæ* reportatæ sub Magistro Petrus de Arvenia (fol. 98ra).

Cf. *Academia Cæsarea Vindobonensis, Tabulæ Codicum Manuscriptorum præter Græcos et Orientales in Bibliotheca Palatina Vindobonensi asservatorum,* vol. II (Vienna, 1868), p. 58.
This manuscript is of a late origin. The hand is quite cursive with extreme abbreviations. It follows Mazarine 3481 in the ordering of questions of books I and II, leaving out questions 17, 18 and 30 of book II. It generally follows the rest of the manuscripts for books III, IV and V. Book VI is completely different from all the other manuscripts, while book VII generally follows them. It contains no questions from books VIII or IX, and adds a section of twenty questions constituting book X, which is not to be found in any of the other manuscripts. Book XII adds three questions to question 6, and four to question 11, which, the scribe informs us in a marginal note, are from the *antiqua reportatio*.

C. Cambridge. *Peterhouse* 152.
Sæc. XIV. 2 cols.
Incipit : Sicut Philosophus dicit in X *Metaphysicæ* suæ, in omni genere est aliquid unum quod est principium et metrum eorum quæ sunt in genere illo . . . (fol. 129ra).
Explicit : in singulos alios motores, qui est Deus benedictus in sæcula sæculorum. Amen. Expliciunt quæstiones reportatæ a Magistro Petro de Alvernia.

Cf. M. R. James, *A Descriptive Catalogue of the Manuscripts in the Library of Peterhouse,* Cambridge, 1899, pp. 179-180.
This manuscript is written in a neat bookhand of the mid-fourteenth century, probably of English provenance, with moderate abbreviations. There are very few marginal corrections. Question 13 of book III is missing, but there are 2¼ folios left blank between questions 12 and 14.

V2. *Bibliotheca Vaticana* 845.
Membr. 543 × 233 mm., fol. 359, 2 cols. Sæc. XIV.

Incipit: Sicut dicit Philosophus in X *Metaphysicæ* suæ, in omni genere est aliquid unum quod est principium et metrum omnium illorum quæ sunt in genere illo . . . (fol. 136ra).

Explicit: in singulos alios motores, qui est Deus benedictus in sæcula sæculorum. Amen. Expliciunt quæstiones super XII *Metaphysicæ* secundum Magistrum Petrum de Avernia. (271vb).

Cf. A. Pelzer, *Bibliothecæ Vaticanæ codices manuscripti . . . codices Vaticani latini*, vol. II, 1931, pp. 211-212.

L. *Bibliotheca Vaticana*, ms. lat., 932.

Cf. A. Pelzer, *Codices Vaticani Latini*, Tom. II, pars prior, (Vatican Library, 1931), p. 345.

This manuscript is of the 14th century, copied on parchment (312 × 230) two columns each half-folio. *Quodlibet* II, *question* 2 begins on folio 118v.

T. Troyes, *Bibliothèque municipale*, ms. 269.

Cf. *Catalogue Général des manuscrits des bibliothèques publiques des départements*, II (Paris, 1855), p. 133.

This manuscript is of the 14th century, on parchment, large folio, with two columns the half-folio. The manuscript came originally from Clairvaux. *Quodlibet* II, *question* 2 begins on folio 147r.

Our edition of *Quodlibet* II, *question* 2 has been made from Mss. *L.* and *T.* We have used Ms. *T* as the base, since it offers generally a better text.

For the base of the edition of the *Quæstiones in Metaphysican* we have used Ms. *B*, correcting it from Mss. *V* and *Z*, which appear to belong to the same family. However, the variant readings, where possible, have been given from the other manuscripts. That this was not always possible is due to the fact that there appear to be three separate redactions.

The above listed manuscripts fall into two main groupings or families. Manuscripts *B*, *V*, and *Z* form one main group, while *M*, *A*, *C* and *V2* form the second. This second general group has a tenuous unity. Manuscripts *C*, and *V2*, while sharing many readings with *M* and *A*, are yet very close to the first group in the matter of number and order of questions. Manuscript *M* has so many additional questions that it seems to indicate another redaction by the author. It is a fairly early fourteenth century Ms. (before 1323), and seems quite accurate.

Manuscript *A* bears little resemblance to the other Mss. It follows *M* in its ordering of the questions in the first two books, and is generally in agreement with the ordering of the questions in the other manuscripts in books III, IV, V, VII and XII. However, as we noted above, books VI and X are different. The Ms. gives one the impression that the scribe had a number of manuscripts of the work of Peter's and attempted to collate them ; in other words, it represents what is generally called a contaminated tradition. As evidence of this, we have only to witness the marginal note of the scribe in which he mentions taking certain questions from an *antiqua reportatio*. Another fact which would lead one to believe that the scribe used several manuscripts is the readability of his text. It makes excellent sense, which, in a fifteenth century manuscript, is an excellent reason to be on one's guard, since the generally facile character of the text is no guarantee it reproduces the author's own words.

On the other hand, Ms. *V2* reads very poorly. The scribe showed his complete lack of understanding of what he was writing in the numerous and continuous misreadings found in this text. More than half the variants in each question were from this manuscript. Here are but a few of the misreadings : *in figura* for *infinita* ; *essentialiter* for *accidentaliter* ; *resolutionibus* for *revolutionibus* ; *inferioribus* for *in superioribus* ; *recipit* for *recedit* ; *quam habet* for *quamdam* ; etc.

PROŒMIUM

(163r) Sicut Philosophus dicit in decimo *Metaphysicæ* suæ [1], in omni genere [2] est aliquid unum [3] quod est principium et metrum omnium eorum quæ sunt in genere illo ; puta in genere colorum principium et metrum omnium aliorum est color albus ; in genere autem ponderum uncia. Et ratio est quoniam in omni genere oportet esse aliquid unum perfectissimum ; unde et eorum quæ sunt sub eodem [4] genere [5] unum est perfectius alio. Cujus ratio est ; nam genus dividitur in differentias contrarias [6]. Contrariorum autem unum est perfectius altero, quia unum se habet in ratione habitus, alterum autem in ratione privationis ; et ideo in omni genere est aliquid quod est perfectius alio.

Hoc etiam patet ; nam in eodem genere non possunt esse duo perfectissima ; nam aliquid dicitur perfectissimum [7] in genere aliquo eo quod magis [8] propinquum [9] se habet ad principium illius generis. Unde, si aliqua essent æque perfecta, necessario æque distarent ab illo [10] primo. Diversa autem eodem modo non possunt distare, immo [11] unum magis est [12], alterum minus ; et ideo in uno [13] genere non possunt esse duo æqualiter perfecta, sed unum tantum est perfectissimum [14]. In omni ergo genere est [15] unum perfectissimum ; quod [16] perfectissimum [17] est in aliquo genere principium est omnium [17] eorum quæ sunt in genere illo.

Et ex hoc quod [18] principium est [19], etiam [20] metrum [21] ; nam illud est [21] metrum per appropinquationem ad [22] quod, vel remotionem a quo, entia illius generis dicuntur magis et minus perfecta. In omni ergo genere est [23] aliquid unum quod est principium et metrum omnium eorum quæ [24] sunt postea [25]. Et ex hoc quod [26] est principium est etiam causa ; nam primum est causa omnium posteriorum [24], ut dicitur secundo hujus [27]. Et ideo in genere scientiarum est ponere aliquam scientiam unam [28] quæ est prima et metrum omnium aliarum [29]. Quæ autem sit [30] scientia ista sic [31] est [31] considerandum.

Illa scientia dicitur [32] esse prima et mensura omnium aliarum quæ considerat prima scibilia et prima intelligibilia, quæ etiam sunt mensura omnium aliorum [33] scibilium. Et ratio hujus est quoniam [34] scientia rationem et speciem habet ex objecto ; sic enim se habet scientia ad subjectum [35] sicut potentia ad actum. Nunc autem [36] potentia speciem habet ex actu sive [37] objecto ; et ideo scientia speciem et [38] rationem [38] sortitur ex [39] subjecto [39]. Propter quod ex [40] objecto habet quæ consequuntur ipsam speciem, ut esse primum [41] et metrum [40]. Et ideo [42] scientia illa metrum et mensura est aliarum quæ talia considerat, quæ [43] sunt prima et mensura omnium aliorum scibilium.

Quæ autem sunt [44] prima scibilia potest [45] manifestari tripliciter : Primo ex [46] comparatione [47] magis [48] universalis [49] ad minus. Universale enim est per [50] se [50] intelligibile ; sensus enim [51] est [51] singularium [52], intellectus vero [53] universalium [53] ; et ideo magis universale magis intelligibile, et maxime universale maxime intelligibile. Illa ergo [54] quæ maxime sunt intelligibilia et maxime scibilia sunt maxime universalia.

Secundo hoc apparet ; nam omne quod intelligitur, intelligitur [55] secundum quod ens actu ; ex hoc enim unumquodque intelligitur, quod rationem entis habet. Quod ergo magis habet rationem entis magis est intelligibile, et quod maxime maxime. Quæ

[1] Aristotle, *Meta.* I, 1, 1052b32.
[2] genus *B.*
[3] suum *A.*
[4] *om. A.*
[5] *add.* una *A.*
[6] differentias *V2.*
[7] perfectum *A.*
[8] *om. A.*
[9] propinque *A Z.*
[10] *add.* principio *A.*
[11] ab uno *V2.*
[12] et *A.*
[13] omni *A.*
[14] *add.* est *V.*
[15] *om. V* : et *V2.*
[16] *om. B V.*
[17] *om. A.*
[18] autem *B* : est *V2.*
[19] et *V2.*
[20] et *V2.*
[21] Homœoteleuton *V.*
[22] per *V2.*
[23] *om. A B Z.*
[24] *om. V2.*
[25] post *A.*
[26] *om. B.*
[27] Aristotle, *Meta.*, a. 1, 993b29.
[28] *om. V.*
[29] scientiarum *A.*
[30] scit *B.*
[31] *om. A.*
[32] dicit *Z.*
[33] *om. V.*
[34] ratio *V2.*
[35] objectum *A C V2.*
[36] etiam *B.*
[37] *om. A ; add.* actus autem sumitur *ex A.*
[38] *om. A.*
[39] *om. Z* : ex objecto *A.*
[40] *om. A* ; *add.* scientia considerans prima scibilia quæ omnia alia sequuntur, quæ etiam sunt aliorum omnium prima et mensura, sumet ex his rationem et speciem *A.*
[41] principium *V2.*
[42] *om. Z.*
[43] *add.* scilicet *A.*
[44] sint *A B Z.*
[45] possunt *in margin V.*
[46] *om. V2.*
[47] comparando *V2* : *add.* est *Z.*
[48] *om. V.*
[49] universale *V2.*
[50] *om. A.*
[51] autem *A* : autem est *V.*
[52] singularis *C.*
[53] unum *A.*
[54] *om. A C V2.*
[55] *om. C.*

ergo sunt actus[56], illa sunt maxime intelligibilia et[57] scibilia[57]. Hæc autem sunt maxime universalia ; ideo et cetera. Iterum hoc ostenditur ex comparatione[58] effectus ad causam ; effectus enim habet cognosci[59] a sua causa. Quod[60] ergo magis est causa, magis est secundum se cognoscibile[61]. Quæ ergo[62] sunt causæ primæ simpliciter[63] entium, maxime[64] secundum naturam suam sunt[65] intelligibilia, et per consequens prima[66] scibilia.

Hoc etiam tertio ostenditur ex objecto intellectus. Objectum[67] autem[68] intellectus est[69] immateriale et separatum ; nam intellectus[67] virtus[70] talis est, scilicet immaterialis et separata[71]. Quæ ergo maxime immaterialia[72] et separata sunt, maxime sunt intelligibilia. Illa ergo sunt prima[73] scibilia quæ sunt maxime universalia, maxime entia, causæ[74] primæ[75] simpliciter entium[76], immaterialia et separata[74]. Et si ista sunt[77] prima[77], manifestum est quod sunt mensura aliorum scibilium. Scientia igitur illa est prima et metrum omnium aliarum quæ considerat maxime entia, maxime universalia, maxime[78] separata et causas entium simpliciter primas.

Ista autem[79] quattuor pertinent[80] ad eandem[81] scientiam[82] ; ad eandem enim[83] scientiam[83] pertinet considerare genus aliquod et primum in genere illo, ut vult Philosophus quarto hujus[84]. Et ideo ad unam scientiam pertinet considerare ens secundum quod hujusmodi et causas primas entium, causas iterum universales et separatas. Unde et scientia quæ habet[85] omnia considerare[86] nominatur sapientia, prima philosophia, metaphysica et theologia. Dicitur autem sapientia quia[87] considerat causas simpliciter primas ; nam sapientis est ordinare ; hæc enim est una descriptio sapientis quam Philosophus ponit in[88] procemio hujus[89]. Ordo autem sumitur[90] ex ratione finis[91] ; et ideo qui ordinat[92] aliquid[93], ex consideratione finis ordinat[94]. Ex[95] hoc ergo quod aliqua scientia considerat finem dicitur sapientia. Et manifestum est quod causa finalis est prima causarum[96] et dicitur causa causarum[95]. Ex hoc ergo quod scientia aliqua considerat causam primam sub ratione causæ primæ dicitur esse sapientia.

Ex hoc autem quod considerat prima entia et entium principia dicitur prima philosophia ; hæc enim est[97] cognitio entis secundum se et etiam primorum entium. Ex hoc autem quod considerat entia maxime universalia dicitur[98] metaphysica. Naturalis enim ea[99] considerat[99] quæ minus sunt universalia et minus abstracta, talia scilicet quæ in sua ratione accipiunt materiam sensibilem. Mathematica[100] autem transcendit scientiam naturalem, quia illa quæ[1] ibi considerantur[2] magis sunt universalia et abstracta ; nam secundum rationem abstrahunt a materia sensibili, licet non secundum esse. Illa igitur quæ considerat maxime[3] universalia, quæ abstracta sunt et[4] secundum esse[4] et secundum rationem, recte[5] dicitur[6] meta physicam, id est, transcendens[7] physicam, id est, naturalem scientiam[8]. Ex his ergo[9] patet quod est aliqua scientia una quæ est prima et metrum sive[10] mensura omnium aliarum, et hæc est illa quæ considerat universalia maxime et etiam[11] separata et immaterialia. Unde et pro tanto dicitur divina[12], quia immateriales[13] substantias sive divinas considerat.

Ex his autem apparet tria, scilicet ordo hujus scientiae ad alias, dignitas et necessitas. Primum apparet sic. Si enim scientia rationem habet ex objecto, illa ergo[14] scientia

[56] *add.* purus *A C V2.*
[57] *om. A.*
[58] ratione *V2.*
[59] cognitionem *A.*
[60] quia *B.*
[61] cognoscibilis *B.*
[62] autem *V2.*
[63] *add.* est *B.*
[64] *add.* sunt *B* : *add.* sui *V2.*
[65] *add.* ut *V2.*
[66] *om. A* : potest *B.*
[67] Homœoteleuton *B.*
[68] enim *A* : *om. C.*
[69] *om. V2.*
[70] videtur *A.*
[71] separatus *A V2.*
[72] universalia *A.*
[73] maxime *A.*
[74] *om. B.*
[75] *om. A.*
[76] *add.* sunt *A* : entia *V2.*
[77] *om. V2.*
[78] *om. A.*
[79] *om. A.*
[80] pertinet *A* : *add.* considerari *A.*
[81] *om. A B.*
[82] autem *V2.*
[83] *om. V2.*
[84] Aristotle, *Meta.*, Γ, 2, 1003b15-23.
[85] hæc *C.*
[86] considerat *C.*
[87] quæ *A V.*
[88] *add.* primo *B.*
[89] Aristotle, *Meta.*, A, 2, 982a19.
[90] simpliciter *A.*
[91] *add.* est *A.*
[92] ordinant *V2.*
[93] aliquod *B Z.*
[94] ordinant *V2.*
[95] Homœoteleuton *A.*
[96] unde *C V2.*
[97] *om. V2.*
[98] *add.* esse *A.*
[99] considerat entia *A.*
[100] metaphysica *B.*
[1] autem *Z.*
[2] consideretur *B.*
[3] magis *A.*
[4] Homœoteleuton *Z* : *om.* et *A.*
[5] debet *A.*
[6] dici *A.*
[7] *add.* scientiam *A.*
[8] formam *A.*
[9] *om. V.*
[10] *add.* sine materia *Z* : *om.* sive mensura *A.*
[11] *om. A.*
[12] *add.* vel theoria *A.*
[13] materiales *B.*
[14] *om. Z.*

quæ est de[15] primo et[16] nobilissimo objecto est prima inter alias. Hæc autem[17] est scientia ista ; propter quod[18] inter[19] alias prima est ordine perfectionis, sed non ordine doctrinæ. Ex hoc etiam apparet dignitas hujus scientiæ, iterum et necessitas ; sapientia enim considerat prima intelligibilia et scibilia. Prima autem intelligibilia causa sunt scibilitatis et intelligibilitatis in omnibus aliis. Ratio ergo scientiæ et intellectus[20] ex primis[21] scibilibus in alia descendit, ut patet quarto *Metaphysicæ*[22]. Et ideo non potest aliquid cognosci in[23] scientia particulari nisi ex eo quod determinatur[23] in scientia ista, simpliciter dico et[24] a priori. Propter quod[25] Commentator super sextum *Ethicorum*[26], ubi Philosophus dicit *quemadmodum caput habens sapientia nobilissimorum*[27] *est*[28], ponens differentiam inter scientiam et sapientiam et[29] intellectum, artem[30] et prudentiam[31], dicit ibi[32] Commentator quod scientia ista rationem capitis habet ; scientiæ enim aliæ ex se principia non habent, sed eis sunt largita ex[33] ista[33]. (163v) Et ideo sine ista sunt aliæ acephalæ, id est sine capite. Et ideo[34] ista[35] necessaria[36] est ut habeatur scire in aliis scientiis. Unde et hæc prima principia omnium[37] scientiarum considerat, ut patet quarto hujus[38].

Ex his autem ulterius tria sequuntur, videlicet[39] quod hæc scientia est perfectissima, sufficientissima et delectabillima inter omnes. Primum patet ; nam[40] scientia[41] de primis entibus considerat propter quod, et[42] ejus consideratio perfectissima est[43]. Et hoc probatur sic ; nam perfectio theoriæ est ex perfectione objecti ; perfectissima[43] ergo[44] theoria[45] ex perfectissimo objecto. Objectum autem perfectissimum[46] est ens primum ; quare[47], cum de[48] isto[48] ente fuerit[49] hæc scientia, sequitur quod sit perfectissima. Hoc etiam apparet ex alio, quia perfectissimum[50] est quod[51] attingit proprio fini. Sed homo considerando[52] ea quæ determinantur in illa scientia attingit ad finem sibi proprium, saltem qui est finis hominis secundum naturam suam et quem[53] potest habere in hac vita ; quare et cetera.

Iterum est sufficientissima, quia omne perfectum[54] sufficiens ; et ideo[55] perfectissimum est[56] sufficientissimum. Hæc autem est[57] scientia ista ; quare et cetera. Iterum hoc declaratur ; omnes enim indigent necessariis ad[58] vitam[58]. Unde sapiens et prudens indigent necessariis ad vitam, ut dicitur quarto *Ethicorum*[59]. Sed largitis necessariis ad vitam, sapiens per se speculari potest. Non sic autem justus vel liberalis ; justus enim, etsi habeat necessaria ad vitam, indiget tamen[60] aliis per quæ exerceat opera justitiæ ; liberalis autem per quæ exerceat opera liberalitatis. Sed inventis solum[61] necessariis ad vitam, sapientia perfectissime haberi potest et acquiri, ut patet ex prooemio hujus[62] ; est enim inventa[63] præexistentibus necessariis ad vitam. Consideratio ergo[64] hujus scientiæ sufficientissima est.

Iterum est delectabillima ; nam delectatio consequitur operationem ; quare perfectissima[65] delectatio perfectissimam operationem. Non[66] tamen operationem[66] consequitur delectatio[67] absolute, sed prout comprehensa est, et[68] aliis[69] se[70] sentit[71] uniri principio illius[72] operationis ; comprehensio enim[73] unionis[74] convenientis cum convenienti[75] causa est delectationis. Perfectissima autem[76] operatio hominis in hac vita

[15] *om. A.*
[16] *om. V.*
[17] est *A.*
[18] autem *V* ; *add.* Avicenna *V* : *add.* Avicenna dicit quod *V2.*
[19] *om. V.*
[20] intelligentiæ *V2.*
[21] aliis *V2.*
[22] Aristotle, *Meta.*, Γ, 3, 1005b9-17.
[23] Homœoteleuton *A.*
[24] *om. Z.*
[25] *add.* dicit *A.*
[26] Averroes, *In* VI *Moralium Nicomachorum*, c. 7, fol. 86raC.
[27] bonorum *A V2.*
[28] Aristotle, *Eth. Nic.*, VI, 7, 1141a20.
[29] inter *A.*
[30] a ratione *V2.*
[31] prudenter *V2.*
[32] enim *V2.*
[33] *om. A.*
[34] *om. A.*
[35] ita *A.*
[36] inter *V2.*
[37] aliarum *V2.*
[38] Aristotle, *Meta.*, Γ, 3, 1005a19-25.
[39] videtur *V2.*
[40] *add.* hæc *A* : *add.* illa *V2* : *add.* habet *Z.*
[41] scientiam *Z.*
[42] *om. V2.*
[43] Homœoteleuton *A.*
[44] cujus *A.*
[45] *add.* est *A.*
[46] primum *B V2 Z* : primum et perfectissimum *A.*
[47] quia *B V2 Z.*
[48] quid *A.*
[49] sit *A.*
[50] perfectum *A C V2.*
[51] autem *B.*
[52] *add.* ad *B V Z.*
[53] qui *A V2* : quod *B.*
[54] *add.* est *A.*
[55] omnino *Z.*
[56] et *Z.*
[57] *om. B.*
[58] *om. A.*
[59] Aristotle, *Eth. Nic.*, X, 6, 1177a29-1177b1.
[60] cum *V2.*
[61] idem *B.*
[62] Aristotle, *Meta.*, A, 2, 982b22.
[63] inventæ *V.*
[64] autem *B.*
[65] *add.* operatio per *V2.*
[66] *om. B* : non tamen delectationem *A* : nam quam operationem *V2.*
[67] operationem *A.*
[68] *om. A* : in *V.*
[69] ad *A.*
[70] *om. B.*
[71] *om. A.*
[72] alicujus *V2.*
[73] *add.* secundum *A.*
[74] *add.* unitis *V2.*
[75] consequenti *V2.*
[76] *om. B.*

est secundum aliqua[77] quæ considerantur hic ; quare consideratio hujus scientiæ est homini delectabillima.

Ista ergo scientia est perfectissima[78], delectabilis et per[79] se[79] sufficiens. Et propter hoc plures[80] philosophi ante tempus Aristotelis, etiam ipse Aristoteles, laboraverunt ad comprehensionem et manifestationem hujus scientiæ ; ante Aristotelem Socrates[81], Plato, Leucippus et alii multi. Unde Philosophus, secundo hujus[82], dixit se accepisse quasdam enuntiationes de veritate a suis prædecessoribus, et illi ab aliis. Iterum et sequentes Aristotelis circa hanc scientiam laboraverunt, ut Algazel, Avicenna[83], Proclus ; quorum Avicenna et Algazel[83] magis sequuntur[84] sententiam Aristotelis in hac[85] parte scientiæ, parum addendo tamen vel immutando[86]. Proclus autem magis sequitur Platonem.

Inter omnes autem magis adhæremus sapientiæ Philosophi ; nam ex evidentioribus[87] semper[88] processit, et[89] a sensibilibus[90] non recessit. Unde dicit Simplicius, super[91] librum *Prædicamentorum*[92], duplici evidentia[91] existente[93], ex sensualibus[94] et intellectualibus[95], Philosophus cum vigentibus[96] sensuum[97] magis concordavit[98], quia a sensibilibus[99] manifestis non recessit. Propter quod[100] dicta ejus minoris inveniuntur contradictionis. Unde et Alexander, super librum *Meteorum*[1], dicit[2] : Nos[3] non secuti sumus sententiam[4] hujus hominis nisi quia minoris invenimus eam ambiguitatis et magis remotam a contradictione.

Ex omnibus quæ prædicta sunt manifestum est quid ponendum est subjectum in hac scientia, quoniam[5] ens subjectum est vel substantiæ divinæ et immateriales. Patet etiam[6] quis est[7] efficiens[8] hujus scientiæ, quoniam Aristoteles ; quamvis tamen[9] aliqui[10] dixerunt, quod non saltem secundum totum ; immo Theophrastus, discipulus ejus[11], dicitur tradidisse[12] primum librum[13] hujus. Hoc tamen non videtur esse verum, quoniam in aliis libris sequentibus multotiens mentionem facit de his quæ recitata sunt in primo hujus. Signum est igitur quod liber ille sit de intentione[14] ejus.

Iterum hoc ostendit modus locutionis Aristotelis[15], qui fuit sub connectione verborum et intellectuum. Unde sicut[16] Simplicius narrat[17] hic[18], tenuit[19] ipse in tota philosophia connectionem[20], scilicet verborum et intellectuum. Iterum, verborum[21] obscuritatem[22] immiscuit[23]. Cujus ratio duplex est : Una quidem[24] quia philosophi[25] noluerunt[26] idiotis manifestare scientiam suam sine labore et studio, ne contemnetur[27]. Et ideo philosophiam suam quidam[28] sub ænigmatibus tradiderunt[29], ut Plato ; quidam[30] autem sub fabulis veritatem suam occultaverunt ; magis autem præelegit Aristoteles obscuritatem sermonis[31]. Alia causa est exercitatio audientium[32] ; magis enim[33] exercitant[34] se audientes quoniam ad plenam intellectionem verborum sine labore attingere non possunt. Iterum, brevitatem verborum elegit ; sæpe enim per pauca verba et brevia intentionem suam exprimit quam aliquis per plura et longiora exprimeret[35].

Causa autem formalis hujus scientiæ duplex[36] est : forma tractatus et forma tractandi. Forma tractandi est modus agendi, qui est duplex : definitionis[37] et demonstrationis[38]. Modus autem[39] procedendi hujus[40] ut plurimum[41] est definitionis. Item, demonstra-

[77] principia *A*.
[78] perfecta *V2*.
[79] *om. A*.
[80] *om. A*.
[81] *om. A*.
[82] Aristotle, *Meta.*, a, 1, 993b17-8.
[83] Homœoteleuton *V*.
[84] *add.* intentionem et *A*.
[85] *om. A*.
[86] dimittendo *A*.
[87] evidentibus *A C*.
[88] quod *B*.
[89] quia *V2*.
[90] sensioribus *C*.
[91] *om. V2*.
[92] Simplicius, *In Categ.*, Procemium, ed. Kalbfleisch, p. 6, ll. 22-4.
[93] eunte *V2*.
[94] sensibus A.
[95] intellectibus A.
[96] ingentibus *Z*.
[97] sensu *A V2 Z*.
[98] exordinavit *V2*.
[99] *add.* et *A V2*.
[100] *om. V*.
[1] Non inveni.
[2] ostendit *A*.
[3] non *B*.
[4] scientiam *V2*.
[5] quam *Z* : *add.* primum *A*.
[6] in *A* : quid *Z*.
[7] *add.* causa *A C*.
[8] sufficiens *Z*.
[9] tantum *B* : similiter *Z*.
[10] *add.* qui *B Z*.
[11] *add.* qui *A B C V*.
[12] *esse* B — *followed by a blank space.*
[13] *om. B C*.
[14] traditione *A*.
[15] et ejus Aristoteles *V2*.
[16] *add.* probat Themistius *A*.
[17] *om. A*.
[18] hoc *Z* : Simplicius, *In Categ.*, Procem., p. 13, ll. 6-9.
[19] tenet *A*.
[20] commixtionem *A*.
[21] *om. A*.
[22] obscurit *A*.
[23] immus *A*.
[24] quod *B V Z*.
[25] *add.* est *A*.
[26] *om. A*.
[27] contemneretur *V2*.
[28] *om. V2*.
[29] condiderunt *V2*.
[30] quidem *V2*.
[31] sermonem *A*.
[32] *om. A*.
[33] autem *V2*.
[34] *om. A*.
[35] expriment *V2*.
[36] *om. B V Z*.
[37] definiens *A*.
[38] demonstrans *A*.
[39] enim *A C V2*.
[40] hic *B V2 Z*.
[41] philosophia *A* : philosophus *C*.

tionis est ; aliter enim non esset scientia. Forma tractatus est divisio hujus scientiæ in libros [43] separatos, et iterum libri in sua capitula. Finis autem hujus scientiæ est accessus ad cognitionem et speculationem principii primi, ut [44] tangit Simplicius [45] ; quod etiam primum principium est unum tantum, ut probat Philosophus in duodecimo [46] ; non est [47] enim bonum in universo principantium [48] multitudo [49].

LIBER I, QUÆSTIO 1

His visis quærantur hic quædam de subjecto hujus scientiæ, et primo utrum substantiæ separatæ sint subjectum in ista scientia.

Et videtur quod sic. <1> Scientia est de aliquo intelligibili. Ergo maxime scientia est de maxime scibili et maxime intelligibili ; nam ratio scientiæ semper est ex [1] objecto. Sed substantia divina est maxime intelligibilis [2] quia maxime [2] ens ; quare et cetera.

<2> Item, illud sub cujus ratione considerantur omnia, quæ considerantur in scientia illa [3], subjectum est in ea. Sed illud sub cujus ratione omnia considerantur [4], quæ [5] considerantur [5] in scientia illa, Deus est ; quare et cetera. Minor patet ; nam Commentator, super sextum hujus [6], ubi [7] Philosophus dicit quod tres sunt scientiæ theoricæ, naturalis, mathematica et divina [8], ibi [9] dicit quod modi philosophiæ speculativæ tres sunt, scientia [10] rerum [11] naturalium [11], rerum mathematicarum et rerum divinarum. Sicut autem scientiæ naturales dicuntur quia considerant [12] ea in [13] quorum definitione ponitur natura [14], similiter [15] scientiæ [16] rerum divinarum (164r) dicuntur [17] quia considerant [18] ea in quorum definitione ponitur Deus ; quare patet minor.

Oppositum arguitur per rationem Averrois quam [19] ponit contra Avicennam [20]. Nulla scientia demonstrat suum subjectum esse. Sed ista scientia demonstrat Deum esse, ut patet ex duodecimo hujus [21] ; quare Deus non est hic subjectum.

Præterea, illud non est subjectum in scientia ad quod [22] terminatur [23] cognitio illius scientiæ. Sed terminus cognitionis [24] hujus scientiæ est cognitio Dei ; quare et cetera.

Intelligendum est quod subjectum dicitur dupliciter : Uno modo quod est ens aliquod [25] actu, in potentia tamen ad illud [26] quod habet esse per ipsum. Et sic homo est subjectum albi, quia [27] homo secundum se est ens actu, in potentia tamen ad [26] album [28], quod [29] quid [29] album [30] per hominem habet subsistere. Sic autem non [31] quæritur hic de subjecto. Hoc tamen modo [31] loquendo de subjecto anima potest dici esse subjectum hujus scientiæ. Alio modo dicitur subjectum idem [32] quod objectum [32], et sic quærimus hic de subjecto.

Considerandum ergo primo [33] quid dicimus subjectum in scientia ; juxta quod sciendum quod subjectum in scientia quattuor requirit conditiones. Subjectum enim in scientia est illud [34] sub cujus ratione [35] considerantur omnia quæ [36] considerantur in scientia illa. Iterum, ipsum est quod [37] primo inter alia quæ considerantur [38] occurrit intellectui nostro. Iterum, oportet quod subjectum de his quæ considerantur in scientia manifestissimum [39] sit intellectui. Quarto requiritur quod sit tale ex cujus cognitione [40] procedatur ad cognitionem omnium aliorum.

42 difficilis *A*.
43 *add.* tractatus *Z*.
44 *om. A*.
45 Simplicius, *In Categ.*, Procœm., p. 6, ll. 7-11.
46 Aristotle, *Meta.*, Λ, 8, 1074a36.
47 *om. V2 Z*.
48 principii *A* : principio *B* : principium *C V V2 Z*. The only manuscript reading "principantium" is *M*, which has not been collated with the other mss. in the Introduction. This reading has been adopted because it is the only reading which fits the context.
49 Aristotle, *Meta.*, Λ, 10, 1076a5.
1 *add.* subjecto vel *A*.
2 Homœoteleuton *V*.
3 aliqua *A* : ista *C V2*.
4 consideretur *B Z*.
5 Homœoteleuton *A* : quæ considerentur *B Z*.
6 Averroes, *In* VI *Meta.*, 1, t. c. 2, fol. 147va*G*.
7 *om. V2*.
8 Aristotle, *Meta.*, E, 1, 1026a19.
9 *om. A* : et *C* : ubi *Z*.
10 scientiae *V2 Z*.
11 *om. B*.
12 considerantur *A* ; *add.* in eis *A*.
13 *om. A*.
14 materia *V*.
15 simpliciter *V2*.
16 scientia *A*.
17 dicitur *A*.
18 considerat *A*.
19 quare *B* : qui *V2*.
20 Averroes, *in* I *Phys.*, 5, t. c. 83, fol. 47va*G* ; see also *In* VIII *Phys.*, 3, t. c. 3, fol. 340ra*E*.
21 Aristotle, *Meta.*, Λ, 8, 1074a36.
22 *add.* non *V2*.
23 trahitur *B*.
24 *om. V2* : cognitione *Z*.
25 aliud *B*.
26 Homœoteleuton *V2*.
27 esse quod *B*.
28 aliam *V2*.
29 *om.* quod . . . subsistere *A* : quod quidam *V2*.
30 aliam *V2*.
31 *om. A*.
32 *om. C*.
33 *om. A*.
34 *om. A*.
35 *om. A* ; *add.* considerantur *A*.
36 quæcumque *A*.
37 autem *B Z*.
38 in scientia *A*.
39 manifestum *A*.
40 cognitio *B V*.

Declaratio[41] primi est : Subjectum se habet ad scientiam sicut objectum ad habitum vel potentiam. Objectum autem alicujus potentiæ[42] est sub cujus ratione cadunt omnia alia quæ movent potentiam illam, sicut objectum visus est illud sub cujus ratione videntur[43] quæ[44] videntur[44] a virtute visiva[45], puta si illud sit[46] coloratum vel luminosum. Similiter visio, quæ est actus[47] per quem aliquis[48] videt, determinatur per illud primum[49] in cujus virtute movetur potentia visiva[50].

Item, hoc apparet in[51] aliis scientiis[51]. Quicquid enim consideratur in scientia naturali, consideratur sub ratione mobilis vel motus. Unde omnia naturalia accipiunt motum in ratione sua. Et ex hoc sequitur[52] secundum, quia[53], si[54] omnia quæ considerantur in scientia considerentur sub ratione objecti[55], tunc illud[56] quod primo movet intellectum erit ratio illius objecti. Da enim contrarium, scilicet quod ipsum non primo[57] moveat intellectum, sequitur tunc quod non omnia cadebant[58] sub scientia[58] sub ratione objecti[59], sed sub ratione illius quod primo movet[60] intellectum. Hoc autem est inconveniens. Quare[61] manifestum est quod[62] subjectum in scientia primo notum est intellectui, si[63] sub ratione ejus considerentur[64] ea quæ in scientia determinari habent.

Ex his sequitur tertium, quod subjectum est notissimum ; illud[65] enim oportet esse notissimum[65], sub cujus ratione comprehenduntur omnia quæ comprehenduntur in scientia. Tale[66] autem est subjectum, ut prius ostensum est ; quare[67] notissimum est.

Et quia a notissimis universaliter procedendum est, ideo sequitur quartum, quod scilicet ex cognitione subjecti[68] procedendum est ad cognitionem aliorum determinatorum in[69] scientia. Et ex his sequitur quod de subjecto quicquid pertinet ad cognitionem ejus in se oportet supponere ; et ideo de subjecto oportet præcognoscere si est et quid est.

Ex his autem ad propositum dico quod Deus non est subjectum in scientia ista. Et hoc patet primo ex ultimo ; nam subjectum est ex cujus cognitione proceditur ad cognitionem aliorum. Sed in scientia[70] ista non proceditur[71] ex cognitione Dei ad cognitionem aliorum ; ideo Deus non potest esse hic subjectum.

Item, hoc declaratur ex penultimo. Illud enim est subjectum in scientia quod notissimum est intellectui. Sed[72] Deus non est hoc quod notissimum est intellectui[72]. Quamvis enim Deus sit maxime scibilis et intelligibilis secundum naturam suam, nobis tamen minime, ut patet secundo *Metaphysicæ*[73]. Sicut enim[74] oculus[75] vespertilionis se habet ad[76] lucem solis, sic intellectus noster se habet ad ea quæ sunt manifestissima in natura ; quare Deus non est hic subjectum.

Item, hoc apparet[77] ex secundo ; subjectum enim scientiæ est quod primo occurrit intellectui. Sed Deus non est quod primo occurrit intellectui[78] in[79] scientia ista, immo ens ; quare Deus non est hic subjectum. Item, hoc patet ex primo ; non enim[80] sub ratione Dei considerantur[81] omnia quæ considerantur in scientia ista, sed sub ratione entis ; ideo et cetera.

Avicenna autem aliam rationem sumit ad hoc[82]. Illud de[83] quo[83] quæritur in scientia ista[84] non est subjectum in ea, quia nulla[85] scientia probat subjectum esse ; esset enim aliquod[86] manifestius eo. Sed Deum esse probatur hic. Et quæritur quod probatur sic ; vel enim[87] Deum esse probatur hic vel non. Si sic[88], habetur propositum ; si non, vel est concessum in scientia et probatum[89] in alia, vel nec est concessum in ista nec etiam probatum in alia. Primum non potest stare, quoniam aliæ scientiæ considerant

41 Beginning here and throughout the rest of the Question, ms. *A* differs too greatly in literary construction to be collated with the other mss.
42 scientiæ *V2*.
43 videtur *B V* : *om. Z*.
44 Homœoteleuton *C*.
45 viciva *Z*.
46 *om. B*.
47 habitus *C V2* : *add.* quia *V2*
48 aliis *V2*.
49 primo *C V2*.
50 passiva *V2*.
51 *om. V2*.
52 *om. V2*.
53 quod *V2*.
54 *om. V2*.
55 subjecti *V2*.
56 idem *V2*.
57 *om. V*.
58 *om. V*.
59 subjecti *V2*.
60 *om. V2*.
61 quia *V2*.
62 autem *B*.
63 sed *V*.
64 consideretur *V2*.
65 Homœoteleuton *C*.
66 est *Z*.
67 quia *V*.
68 *om. V*.
69 *om. Z*.
70 substantia *V2*.
71 prosequitur *Z*.
72 Homœoteleuton *V2*.
73 Aristotle, *Meta.*, a, 1, 993b10-1.
74 quæ *V*.
75 oculo *V*.
76 a *B*.
77 patet *V V2*.
78 *om. B C V2 Z*.
79 *om. V*.
80 *om. V*.
81 consideratur *B*.
82 Avicenna, *Meta.*, I, 1, *B*, fol. 70ra.
83 quod *V2*.
84 natura *V* : illa *V2*.
85 aliquid *C* : nullus ia *Z*.
86 *om. V2*.
87 inesse *B*.
88 *add.* ea *V2*.
89 probatur *B*.

entia determinata et effectus et passiones eorum. Ex his autem quæ consequuntur ens determinatum non videtur simpliciter probari de ente[90]; quare videtur quod nulla alia scientia probat[91] Deum esse. Iterum, secundum non potest esse verum, quia hoc non esset[92] nisi[93] quia 'Deum esse' vel esset per[94] se notum vel desperatum cognosci ; quorum neutrum verum[95]. Quare Deum esse probatur hic ; quare et cetera.

Sed intelligendum quod Averroes, fine primi *Physicorum*[96], invehitur contra Avicennam dicens : Peccat qui dicit quod entia separata esse declaratur[97] in scientia divina, quoniam sunt subjectum in illa. Et supra secundum *Physicorum*[98] dicit quod entia separata esse determinatur in scientia naturali. Et ideo dixit Avicennam peccasse, qui dixit Deum esse probari in scientia ista. Sed iste non minus reprehensibilis est quam Avicenna ; peccavit enim in tribus[99].

Primo quia dicit quod separata esse non declaratur[100] in scientia illa, quoniam universaliter ex effectu causæ alicujus, si fuerit notior, potest demonstrari causa illa esse, quia esse effectus non est nisi[1] ex[1] causa. Sed in scientia ista considerantur[2] aliqua[3] quæ sunt effectus primi et quæ manifestum est esse ut possibile in entibus. Quare[4] in ista scientia[5] ex aliquo effectu primi magis manifeste potest declarari Deum[6] esse[6]. Et ad hoc Avicenna respexit quando[7] ex natura possibilis declaravit necesse esse[8].

Item, arguitur quod essentialius et verius potest probari Deum esse in scientia ista quam in scientia naturali, quoniam quando per plura media contingit ostendere aliquam conclusionem, per illud[9] medium quod est affinius, proportionalius et propinquius conclusioni verius probatur conclusio ; (164ᵛ) media enim et extrema in eodem genere debent esse, ut dicitur in *Posterioribus*[10]. Sed Deum esse demonstratur in scientia naturali per motum ; in scientia autem ista[11] demonstratur ex natura possibilis. Illud[12] autem est propinquius conclusioni quæ est Deum esse. Motus autem est effectus remotior[13] ; effectus enim proximus primi non est motus, immo dare esse mobili[14]. Quare etsi in utraque scientia, scilicet naturali et divina, probetur Deum esse, essentialius[15] tamen in scientia divina.

Item, peccat Averroes, quia contradicit Philosopho. Probat enim hic Philosophus Deum esse. Cum enim Deus se habeat ad alia entia in triplici genere causæ, scilicet causæ efficientis, formalis et finalis, Philosophus in secundo hujus[16] probat ipsum esse in genere causæ efficientis ; secundo hujus in genere etiam causæ formalis, in duodecimo hujus[17] ; et iterum, in ratione causæ finalis, in fine duodecimi[18], ubi probat ipsum esse bonum.

Tertio peccat Averroes, dicens substantias universales esse subjectum in ista scientia[19], ut ostensum est prius. Et ideo ratio Avicennæ stat ; non quod[20] Avicenna velit quod in hac scientia probetur Deum esse ita quod non in alia[21] ; immo potest probari in alia scientia, essentialius[22] tamen hic.

Ad rationes autem in oppositum : <1> Cum arguitur, maxime scientia est de maxime intelligibili, dicendum quod maxime intelligibile potest considerari[23] dupliciter[24] : vel secundum se vel quoad nos. Non est autem idem intelligibile secundum naturam et intelligibile quoad nos ; quæ enim sunt minus entia, et entia in potentia magis sunt nota quoad nos, minus autem[25] secundum naturam. Tunc dico[26] : Maxime scientia est de maxime intelligibili quoad nos, et non oportet quod sit de maxime intelligibili

90 *add.* simpliciter *C V2.*
91 probet *V2 Z.*
92 essentiam *V2.*
93 alibi *V2.*
94 de *V.*
95 *om. B* : *add.* est *C V2.*
96 AVERROES, *In* I *Phys.*, 5, t. c. 83, fol. 47va*G* ; see also *In* VIII *Phys.*, 3, t. c. 3, fol. 340ra*E*.
97 declarantur *C.*
98 AVERROES, *In* VIII *Phys.*, 3, t. c. 3, fol. 340ra*E*.
99 tertio *Z.*
100 declarantur *C V2.*
1 *om. V2.*
2 determinantur *V2* ; *add.* considerare *V2.*
3 alia *B Z.*
4 quia *V.*
5 *add.* consideratur *V*
6 esse dictum *V.*
7 quoniam *V2.*
8 AVICENNA, *Meta.*, I, 7, A, fol. 73ra.
9 idem *V2.*
10 ARISTOTLE, *Anal. Post.*, I, 7, 75b11.
11 ita *C* : illa *V.*
12 idem *V2.*
13 *add.* effecti *Z.*
14 mobilius *V.*
15 essentiale *V.*
16 ARISTOTLE, *Meta.*, a. 2, 994a6.
17 ARISTOTLE, *Meta.*, Λ, 9, 1075a10 ; cf. also *Meta.*, a, 2, 994a11-9.
18 ARISTOTLE, *Meta.*, Λ, 8, 1074a36. I am of the opinion that the text here, in the enumeration of the references to Aristotelian demonstrations of the existence of the First Being, is faulty.
19 materia *V2.*
20 autem *Z.*
21 *add.* quia *Z.*
22 et alicui *B.*
23 accipi *V2.*
24 potest *B.*
25 quam *V* : quod *V2* : *add.* quod *Z.*
26 *add.* autem *B C V2 Z.*

simpliciter, ut de subjecto primo. Et cum[27] dicitur quod Deus est maxime intelligibilis, dico quod verum est secundum se, non tamen est nobis ; ideo ratio non concludit.

<2> Ad aliud cum dicitur illud est subjectum hic sub cujus ratione considerantur omnia quæ considerantur[28] in scientia ista, concedendum est. Et cum dicitur Deus est hujusmodi, nego. Et tu dicis : Commentator hoc dicit. Dico quod Commentator fuit illius opinionis, et ideo hoc dixit.

LIBER I, QUÆSTIO 2

Quæritur utrum causæ primæ sint subjectum in ista scientia.

Et videtur quod sic. <1> Illud circa quod versatur scientia ista est subjectum in ea; Sed hæc scientia versatur circa causas primas, ut Philosophus dicit in prooemio hujus[1]. quare et cetera. Major patet quia subjectum est circa quod versatur scientia.

<2> Item, hoc sæpe videtur Philosophus dicere in prooemio hujus[2].

In oppositum est Avicenna in *Metaphysica* sua[3].

Intelligendum quod causæ primæ vel ultimæ, quæ eædem sunt, non sunt subjectum hujus scientiæ. Causæ enim primæ possunt[4] tripliciter considerari : vel secundum rationem universaliorem, videlicet[5] secundum hoc quod habent esse ; vel secundum quod causæ sunt, et hoc est secundum rationem propriam ; vel secundum rationes determinatas, ut secundum quod hæc causa vel illa. Causæ autem secundum quod causæ non sunt subjectum in hac[6] scientia, quoniam si sic[7], tunc accidentia et passiones quæ considerantur essent passiones causarum secundum quod causæ sunt. Quod tamen non est verum ; accidentia enim quæ[8] quæruntur hic sunt[9] particulare, universale[10], prius, posterius, totum et pars. Hæc autem sunt passiones entis ; ideo et cetera.

Item, nihil quod declaratur esse hic est subjectum in scientia ista. Sed causas primas esse declaratur hic ex esse causati[11]. Statim enim in principio doctrinæ non est manifestum utrum aliqua habeant[12] causam, et sic non manifestum est[13] causam[14] esse. Propter quod ulterius procedit ad declarandum causam esse ; quare et cetera.

Præterea, si causa secundum quod causa esset subjectum in hac scientia, tunc quælibet causa secundum propriam causalitatem consideraretur hic. Quod[15] tamen[16] non est verum de materia, ut Commentator dicit super septimum hujus[17] ; non[18] enim[18] consideratur hic materia nisi secundum[19] quod substantia, non autem[20] quod subjectum transmutationis[21] ; sic[22] autem[23] rationem causalitatis habet.

Item, nec causa secundum propriam et determinatam rationem est hic subjectum, puta causa agens secundum quod[24] agens, finis secundum quod finis et sic de aliis. Si[25] enim non sunt subjectum hic consideratæ secundum quod causa absolute, multo fortius[26] nec secundum quod hæc causa. Si igitur causæ sint hic subjectum, hoc erit secundum quod ens[27] sunt, et tunc non est aliud ponere nisi ens hic esse subjectum.

Ad rationes : <1> Cum arguitur, illud circa quod versatur ista scientia est subjectum in ea, dico quod hoc[28] non[29] est universaliter verum[30]. Circa enim aliqua versatur hæc scientia quæ non sunt hic subjectum, sed accidentia vel passiones subjecti. Et cum dicitur in minori quod hæc scientia versatur circa causas primas, dico[31] quod versatur circa causas primas[31] non[32] sicut circa subjectum, sed sicut[33] circa quasdam passiones ejus quod[34] est proprie hic subjectum. Et sic patet ad aliud.

27 *om. V2.*
28 consideretur *B Z* : considerentur *V.*
1 Aristotle, *Meta.*, A, 1, 981b29.
2 *ibid.* ; & *Meta.*, A, 2, 982b8.
3 Avicenna, *Meta.*, I, 1, D, fol. 70rb.
4 post sunt *Z.*
5 videt *V2.*
6 *om. V.*
7 *add.* est *V2.*
8 *om. V2.*
9 *add.* ille *V2.*
10 *om. V2.*
11 causat *Z.*
12 habent *B V Z.*
13 *add.* innate *V2.*
14 tamen *Z.*
15 *om. B.*
16 *om. V.*
17 Averroes, *In* VII *Meta.*, 2, 1, t. c. 7, fol. 157vb*M* ; & *ibid.*, t. c. 8, fol. 159vb*K*.
18 *om. Z.*
19 *om. Z.*
20 *add.* secundum *C Z.*
21 *add.* habemus autem propositionem *V.*
22 si *V.*
23 *om. V.*
24 quid *V2.*
25 sit *B.*
26 *add.* quod *Z.*
27 entia *C V2.*
28 autem *Z.*
29 hic *Z.*
30 vera *B C V2.*
31 Homœoteleuton *B.*
32 ut *B* : nec *V2.*
33 sint *B.*
34 quæ *B.*

LIBER I, QUÆSTIO 3

Quæritur utrum ens sit subjectum hujus scientiæ.

Et videtur quod non. <1> Ejus[1] quod est subjectum in scientia dicitur esse aliquas passiones differentes ab eo ; nam passio differt ab eo cujus est passio et e converso ; subjectum enim est illud cujus sunt passiones. Sed entis secundum quod ens non sunt passiones ab eo differentes[2], quia nihil est extra rationem entis ; quare et cetera.

<2> Item, a[3] subjecto scientiæ est aliquid diversum ; ab ente vero nihil est diversum ; quare et cetera.

Oppositum arguitur : <1> Scientia prima et maxime universalis dicitur esse de subjecto maxime universali[4]. Hæc autem scientia est maxime universalis ; ergo erit[5] de maxime universali. Hoc autem[6] est[6] ens ; quare et cetera.

<2> Item, scientia certissima debet esse de subjecto certissimo. Quod autem maxime manifestum est intellectui est ens, ut dicit Avicenna[7]. Quicquid[8] enim cadit in[9] intellectum[9], cadit sub ratione entis ; quare et cetera.

Intelligendum quod ens secundum quod ens est subjectum in hac scientia, et hoc declaratur sic. Subjectum in scientia est sub cujus ratione considerantur omnia quæ cadunt in scientia illa, et cujus ratio primo occurrit intellectui[10], et quod est notissimum intellectui, et ex cujus cognitione proceditur ad cognitionem aliorum in scientia. Sed hoc est ens universaliter. Quicquid enim consideratur in scientia ista, consideratur secundum quod ens, ut privatio, negatio, materia. Item, ens[11] primo occurrit intellectui, ut dicit Avicenna[12], et quilibet in se experitur. Item, ex cognitione entis proceditur in cognitionem aliorum. Unde et principia[13] simpliciter prima formantur in terminis entis ; quare et cetera.

Hoc etiam patet ratione Philosophi sexto hujus[14], et ratione Avicennæ[15], quæ in idem redit. Quælibet scientia particularis considerat ens aliquod determinatum, ut medicina[16] corpus sanabile[17] secundum[18] quod (165r) sanabile[18], et[19] nihil considerat[20] de sanabili[21] secundum quod ens. Similiter[22] naturalis considerat de ente mobili secundum quod mobile, non secundum quod ens ; ita quod[23] nulla scientia particularis considerat de ente secundum quod ens. Ens autem universaliter cadit in ratione omnium entium particularium. Si ergo ens universaliter non consideretur hic, remanebit inconsideratum ; et[24] sic illud remanebit inconsideratum[24] quod cadit in subjectis[25] omnium aliarum scientiarum. Hoc autem est inconveniens. Oportet ergo quod consideretur[26] in aliqua[27] scientia ; non nisi in ista quæ maxime universalis est ; quare et cetera.

Ad rationes : <1> Cum arguitur, ejus quod est subjectum in scientia sunt aliquæ passiones, dico quod[28] ejus[29] quod est subjectum primum in scientia non oportet quod sint passiones aliquæ, sed[30] verum est quod vel ipsius erunt passiones vel partium ipsius. Si enim de subjecto primo non demonstrentur aliquæ passiones, sed de suis partibus, non[31] oportet subjecti[32] primi esse passiones aliquas præter eas quæ sunt suarum partium. Et sic posset dici quod entis secundum[33] quod ens[33], cum sit subjectum primum, non sunt passiones aliquæ, sed partium ejus.

Vel potest dici ad minorem quod, scilicet, entis sunt aliquæ passiones. Et cum probatur[34] quod non, dicendum quod aliquid est differens[35] vel secundum rem vel secundum rationem. Similiter[36] passiones esse alicujus, hoc est[37] dupliciter : vel secundum rem vel secundum rationem. Entis autem secundum[38] quod[38] ens non

1 ens *V2*.
2 differenter *B V Z*.
3 in *B*.
4 universaliter *Z*.
5 ergo *Z*.
6 *om. B*.
7 Avicenna, *Meta.*, I, 6, A-B, fol. 72rb-va.
8 enim *B*.
9 intellectui *V2* : intellectu *Z* : *om.* intellectum *V2 Z*.
10 *add.* ut dicit Avicenna *V2*.
11 *om. B*.
12 Avicenna, *Meta.*, I, 6, A. fol. 72rb.
13 principium *B*.
14 Aristotle, *Meta.*, E, 1, 1025b7-9.
15 Avicenna, *Meta.*, I, 1, A. fol. 70ra.
16 *add.* cujus *V Z*.
17 sensibile *V2*.
18 Homœoteleuton *B C V2*.
19 *om. B V*.
20 consideret *V2*.
21 *add.* secundum quod sanabile et nihil considerat de sanabili *B*.
22 simpliciter *V*.
23 *om. B*.
24 Homœoteleuton *C*.
25 substantiis *V2*.
26 consideraretur *C* : consideratur *V2*.
27 aliam *V2*.
28 autem *Z*.
29 ens *V2*.
30 si *V2*.
31 *om. V*.
32 sub *B*.
33 *om. C V2*.
34 probabatur *Z*.
35 *om. B V V2 Z*.
36 simpliciter *V2*.
37 similis *Z*.
38 *om. B*.

possunt esse aliquæ passiones realiter differentes ab[39] ente[39], sed tantum[40] secundum rationem ; ex hoc enim dicitur ens quod esse habet. Huic autem rationi[41] quæ est ratio essendi possunt accidere multi respectus qui[42] causant passiones differentes ab ente secundum intellectum solum.

<2> Per idem patet ad secundum. Verum enim est quod ab[43] ente[43] nihil est diversum secundum rem ; est tamen aliquid diversum secundum rationem ; ideo et cetera.

LIBER IV, QUÆSTIO 1

(191v) *Est scientia quædam quæ speculatur ens*[1] et cetera. In isto quarto incipit Philosophus determinare de ente secundum quod ens, et de his quæ consequuntur ens secundum quod hujusmodi, ostendens primo quod est aliqua una scientia considerativa entis secundum quod ens. Circa quod quæratur utrum sit aliqua scientia quæ debeat considerare de ente secundum quod ens.

Videtur quod non. <1> Quia, si esset aliqua talis scientia, tunc oporteret entis secundum quod ens esse aliqua principia ; nam in omni scientia probantur passiones aliquæ de subjecto per principia subjecti. Omnis etiam scientia considerans subjectum, considerat[2] passiones et principia subjecti ; nam aliter scientia illa imperfecta esset. Sed[3] entis secundum quod ens non sunt aliqua principia. Tunc enim cujuslibet entis essent[4] causæ et principia, quia quod[5] inest alicui secundum quod ipsum inest sibi universaliter[5]; et tunc principium[6] non esset ens, quia[7] principii esset principium in infinitum ; quare et cetera.

<2> Item, si esset aliqua scientia considerativa entis secundum quod ens, tunc oporteret entis secundum quod ens esse aliquas passiones, (192r) quia omnis scientia habet demonstrare[8] passiones de subjecto suo. Sed entis secundum quod ens non sunt aliquæ passiones, quia passio est extra rationem subjecti et subjectum extra rationem passionis. Nihil autem est extra rationem entis ; nam ipsa includitur in rationibus omnium aliorum. Quare entis[9] secundum quod ens non sunt passiones ; quare et cetera.

In oppositum est Philosophus hic[10]. Vult enim quod sit aliqua scientia quæ considerat ens secundum quod ens, et illa non est aliqua scientia particularis, sed communis et universalis.

Intelligendum quod[11], si de aliquo ente particulari debeat haberi perfecta cognitio, necesse est aliquam scientiam esse quæ considerat de ente secundum quod ens, quia cognitio cujuslibet entis particularis dependet ex cognitione entis in universali ; hoc enim est quod primo cadit in cognitione intellectuali uniuscujusque. Si[12] igitur[12] in quacumque scientia particulari[13] tradatur[14] perfecta[15] cognitio de ente[16] particulari[17], necesse est præexistere scientiam aliquam quæ sit de ente secundum quod ens[15] ; et[18] hoc est quod Philosophus probat hic[18].

Ista autem scientia quæ considerat ens[19] simpliciter[20] non potest esse[21] scientia particularis ; illud enim quod primo et principaliter[22] considerat[23] scientia particularis[23] est suum subjectum proprium. Subjectum autem proprium[24], subjectum[24] suum, est ens particulare ; ergo scientia particularis non considerat nisi ens particulare. Ens ergo[25] universaliter[26] necessario[27] determinabitur in aliqua scientia alia a scientia quacumque particulari. Et[28] quia[28] ratio scientiæ[29] et[30] species et ordo est ex ratione

39 habente *B*.
40 solum *C* : totum *Z*.
41 rationem *V2*.
42 quæ *B*.
43 absente *V2*.
1 Aristotle, *Meta.*, Γ, 1, 1003a21.
2 considerans *V2*.
3 si *B* : licet *Z*.
4 esset *B*.
5 *om. V*.
6 principia *Z*.
7 *add.* sic *A C* : *add*, si *V2*.
8 demonstrationis *V2*.
9 ens *Z*.
10 Aristotle, *Meta.*, Γ, 1, 1003a21-3.
11 sed *B*.
12 signum *V2*.
13 particularis *B*.
14 *add.* et hoc est quod Philosophus probat hic *V2*.
15 *om. A*.
16 *add.* aliqui *C* : aliquo *V V2* : alicujus *Z*.
17 *om. V V2*.
18 *om. V2* : Aristotle, *Meta.*, Γ, 1, 1003a22-32.
19 *add.* similiter *Z*.
20 similiter *V2*.
21 *om. V2*.
22 principalis *B*.
23 *om. V2*.
24 *om. A C* : proprium subjectum autem *B*.
25 quorum *V*.
26 *om. V*.
27 *om. V2*.
28 est autem *V*.
29 substantiæ *V2*.
30 *add.* ratio *A*.

subjecti, ut[31] ratio habitus ex ratione objecti illius habitus, ideo ratio scientiæ quæ[32] est[33] de ente universaliter erit[34] ex ratione entis universaliter secundum quod ens[35]. Et ideo, si ens secundum quod ens sit ens universaliter, et non est aliquod particulare ens, oportet scientiam quæ est de tali ente esse universalem. Et istud est quod Philosophus probat secundo[36].

Ex hoc etiam quod talis scientia universalis est de ente secundum quod ens, sequitur quod ipsa est prima et principalis[37] inter omnes. Scientia enim quæ est de[38] eo quod primo occurrit intellectui nostro[39] est prima ; nam, cum scientia sit habitus intellectus, non est de aliquo nisi secundum quod apprehensum est ab intellectu. Et[40] ideo scientia quæ est de tali aliquo quod primo apprehensum est ab intellectu[40], et in[41] quod[42] intellectus primo fertur, videtur esse prima. Sed scientia universalis quæ considerat ens secundum quod ens est[43] de eo quod primo occurrit intellectui nostro ; nam ens secundum quod ens primo cognitum est ab intellectu nostro. Quare illa scientia dicitur esse prima inter alias. Est igitur aliqua scientia quæ considerat ens secundum quod ens[43], et hæc[44] est et universalis et est[45] ista quæ nunc quæritur[46].

Ad primam rationem cum arguitur, ejus quod consideratur in scientia oportet esse causas et principia, dico quod hoc non est universaliter verum ; nam non[47] de eo[48] quod consideratur ut[49] subjectum[50] in[51] scientia universali ; ejus enim[52] non[53] oportet esse causas vel principia nec in essendo nec in cognoscendo. Si autem[54] subjectum in scientia fuerit[55] tale quod ipsum sit maxime cognitum secundum rationem suam in scientia, ita etiam ut principia complexa[56] immediata fiant ex complexione[57] rationis[58] subjecti[59], ideo[60] ipsum etiam non[61] demonstretur[58] in aliqua scientia priori, talis subjecti[60] non sunt aliquæ causæ et principia ; esset enim[62] tunc procedere in infinitum. Ens autem[63] secundum quod ens ipsum est quo non est aliquid prius in essendo vel in cognoscendo ; et ideo ejus non sunt principia.

Et iterum, si respectu entis secundum quod ens essent causæ et principia, tunc et cujuslibet entis. Hoc autem[64] est falsum. Non igitur universaliter est verum quod ejus quod consideratur[64] in scientia sunt[65] causæ et principia, sed solum hoc habet veritatem de eo quod consideratur tamquam subjectum in scientia particulari ; tale enim[66] habet aliquid prius tam[67] secundum cognitionem quam secundum[68] esse. Et tu dicis quod Aristoteles[69] vult[69] quod entis secundum quod ens sint[70] principia et causæ ; dicendum quod non intendit per hoc nisi[71] quod[71] in ente secundum quod ens inveniuntur prima principia eorum quæ sunt prima principiata in entibus, non quod entis secundum[72] quod ens sint principia. Principia autem eorum quæ primo principiata sunt[73] in entibus[73] vocat Philosophus hic[74] principia prima simpliciter.

<2> Ad aliud cum dicitur, si[75] de ente[75] secundum quod ens esset aliqua scientia, tunc oporteret entis[76] secundum quod ens esse[77] aliquas[78] passiones, dico quod non oportet. Non enim necessarium est quod subjecti primi in scientia sit passio aliqua, nec hoc videmus in demonstratione[79]. Geometer[80] enim non demonstrat aliquam passionem de magnitudine absolute, quæ[81] est subjectum primum, sed[82] de magnitudine hac vel illa. Similiter[83] arithmeticus[84] de numero absolute aliquid[85] non demonstrat[85],

[31] aut *V*.
[32] *om. B*.
[33] *om. B C V V2*.
[34] *om. A* ; *add.* sive de ente secundum quod ens *A*.
[35] est *A B V V2 Z* : *add.* est ens universaliter *C*.
[36] Aristotle, *Meta.*, Γ, 2, 1003a23.
[37] principaliter *V* : principia *V2*.
[38] *om. B*.
[39] nostri *B* : *om. V2*.
[40] Homœoteleuton *V*.
[41] *om. V*.
[42] quid *V2*.
[43] *om.* est *B* : Homœoteleuton *V2*.
[44] hic *Z*.
[45] etiam *A Z*.
[46] consequenter *C*.
[47] *om. B* : *add.* omni *V*.
[48] *add.* non *B*.
[49] *om. V V2*.
[50] *om. V2*.
[51] *add.* sub *Z*.
[52] *om. A V*.
[53] *om. V*.
[54] enim *A C V2*.
[55] fuit *Z*.
[56] incomplexa *A*.
[57] commixtione *A*.
[58] cum ipso *A* : *om. Z* : demonstretur *reads* demonstratur *A* : Homœoteleuton demonstretur . subjecti [60] *V2*.
[59] *om. A* : secundi *B*.
[60] nec *A* : *om. V*.
[61] *om. A*.
[62] ens *B V V2*.
[63] enim *A V2*.
[64] *om. V* : consideratur *reads* consequitur *B Z* : sequitur *V2*.
[65] sicut *A* : sint *C Z*.
[66] autem *B V Z*.
[67] causa *A*.
[68] *om. B V Z*.
[69] *om. V2*.
[70] sunt *B C*.
[71] *om. A*.
[72] sed *B*.
[73] *om. A*.
[74] Aristotle, *Meta.*, Γ, 1, 1003a27.
[75] *om. V*.
[76] enti *V2*.
[77] essent *A*.
[78] proprias *A*.
[79] demonstrationibus *A* : demonstratis *C V2 Z*.
[80] geometria *V2*.
[81] quod *A*.
[82] *om. A* : si *B*.
[83] *add.* nec *A*.
[84] arsmetica *A*.
[85] demonstrat aliquid *B C V2 Z* : demonstrant aliquid *V*.

sed de hoc numero vel de illo. Vel potest dici quod entis secundum quod ens sunt passiones, interveniendo minorem. Et[86] cum[86] probatur quod non, quia nihil est diversum ab ente, dicendum quod[87] aliquid esse diversum ; hoc potest esse[88] dupliciter : vel secundum rem[89] vel secundum rationem[90] et modum ; secundum rem[91] sicut risibile est diversum ab homine, secundum rationem[92] ut album ab æquali[93]. Album enim et æquale[94] secundum rationem vel respectum quemdam differunt, non secundum rem ; æquale[95] enim habitudinem[96] ad alterum importat, album non.

Dicendum[97] igitur quod etsi[98] nihil[99] sit[100] diversum ab ente secundum rem, tamen est aliquid diversum[1] secundum rationem ; et hoc sufficit ad diversitatem passionum et sui subjecti. Et hoc modo passiones quæ consequuntur[2] hic sunt diversæ ab ente, quia diversi modi entis[3], sicut[4] unum et multa, pars et[5] totum, necessarium, impossibile, particulare, universale et sic de aliis. Omnia enim ista non differunt nisi secundum modum et rationem[6] quamdam ; nam idem quod est ens absolute est unum[7] ut indivisum[8]. Illud etiam quod[9] est ens secundum se, ut[10] refertur ad partem, rationem totius[11] habet. Unde, secundum Avicennam[12], hæc sunt[13] quæ considerantur[14] in scientia, modi scilicet diversi entis[15] et[16] partes[17] entis.

LIBER IV, QUÆSTIO 2

Quia Philosophus vult quod ens multis modis dicitur, sed non æquivoce, ideo quæratur utrum ens per unam rationem dicatur de omnibus entibus.

Videtur quod sic. (192v) <1> Illud quod est primum objectum intellectus oportet esse unius rationis secundum se. Sed ens simpliciter[1] est primum objectum intellectus ; quare ipsum est unius rationis in omnibus entibus. Major declaratur, quia, si aliquid non[2] unius rationis[3] sed[4] dictum secundum[5] prius et posterius esset[6] primum objectum intellectus[7], cum aliquid sit prius eis quæ dicuntur per prius et posterius[6], tunc sequitur[8] quod primo[9] objecto[10] intellectus esset aliquid prius. Hoc autem est impossibile. Oportet igitur objectum intellectus esse unum omnino in ratione. Minor declaratur ; nam Avicenna, primo *Metaphysicæ* suæ[11], dicit quod ens primo occurrit intellectui nostro ; quare et cetera.

<2> Item[12], ens prædicatur in quid de omnibus entibus, ergo per rationem unam, ut videtur[12].

Oppositum vult Philosophus et[13] duo[14] et septimo[15] hujus. Item et[13] Porphyrius[16] : Si quis enim omnia[17] entia vocet, æquivoce nuncupabit et non univoce.

Intelligendum autem est quod aliquid dicitur de pluribus tribus modis. Aliquid enim dicitur de pluribus secundum[18] rationes[19] penitus diversas, quarum neutra[20] habet habitudinem ad aliam[21]. Aliquid[21] vero dicitur[22] de pluribus secundum rationem eandem penitus[23] repertam in[24] pluribus[24]. Tertio modo dicitur aliquid de pluribus secundum rationes diversas, per habitudinem tamen ad[25] aliquid unum, quod est sicut subjectum, vel efficiens vel finis, ut Philosophus declarat in littera[26].

86 *om B.*
87 *add.* non *V2.*
88 inter *V2.*
89 rationem *A.*
90 rem *A.*
91 rationem *A.*
92 rem *A.*
93 quali *A C V2.*
94 quale *A C V2.*
95 quale *A C V2.*
96 habitudine *V.*
97 secundum *V.*
98 *om. V* : et sit *Z.*
99 non *V.*
100 *add.* secundo *V* : est *V2.*
1 *om. V.*
2 considerantur *A C* : consequitur *V2.*
3 entia *B.*
4 sint *Z.*
5 a *B.*
6 respectum *C V2.*
7 omnium *Z.*
8 diversum *V.*
9 *add.* quia *V.*
10 et *B.*
11 *om. V.*
12 AVICENNA, *Meta.*, I, 2, E, fol. 71ra.
13 est *V.*
14 consideratur *B V Z.*
15 *om. A.*
16 ad *B.*
17 partis *V* : partis partes *V2.*

1 similiter *V2.*
2 *add.* sit *B.*
3 *add.* sit *V.*
4 *add.* est *V.*
5 sed *B.*
6 Homœoteleuton *V.*
7 intellectio *B.*
8 sequeretur *A V2* : sequetur *V Z.*
9 prima *V2.*
10 objectio *V2.*
11 AVICENNA, *Meta.*, I, 6, A, fol. 72rb.
12 *om. B V Z.*
13 *om. A* ; *add.* hic *A* : *om.* et duo *V2.*
14 ARISTOTLE, *Meta.*, a, 2, 993b30.
15 quinto *V2* : ARISTOTLE, *Meta.*, Z, 1, 1028a9.
16 Non inveni.
17 ut dicit *A.*
18 sed *B.*
19 *om. V2.*
20 neutrum *A.*
21 alterum aliquid *A* : aliquid alia *V2.*
22 dicuntur *V2.*
23 in eis *A.*
24 *om. A.*
25 *om B Z.*
26 ARISTOTLE, *Meta.*, Γ, 2, 1003a33.

Quod autem dicitur primo modo de pluribus est æquivocum[27] a casu, sicut hoc quod est canis[28]; et tale dictum[29] de[30] pluribus[30] non consideratur in aliqua scientia una nisi secundum accidens, ut Commentator hic[31] dicit. Secundo autem modo dicitur aliquid de pluribus ut species specialissima[32]. Dicitur[33] enim[34] species[34] de pluribus secundum rationem unam, æqualiter participatam[35] ab illis pluribus, ita[36] quod illa plura non se habent secundum prius et posterius ad se invicem nisi[37] solum tempore[38], inquantum[36] unum est prius secundum tempus et alterum est posterius. Tertio vero modo dicitur aliquid de pluribus sicut ens et universaliter analogum. Ens enim dicitur de pluribus secundum diversas rationes, et in hoc convenit cum æquivoco ; tamen dicitur[39] de illis per habitudinem ad unum, et in hoc convenit cum[39] univoco[40]. Omne autem sic[41] dictum de pluribus dicitur unum[42] secundum analogiam[43] vel proportionem.

Ens autem primo[44] modo[44] non dicitur de pluribus, quia ratio[45] unius modi entis attenditur[46] in habitudine ad alium[47] modum, sicut esse et ratio privationis in habitudine ad ens cujus est[48] privatio[48]. Similiter[49] ratio dispositionis et negationis et motus et aliorum hujusmodi attenditur in habitudine et ordine ad substantiam. In[50] pure æquivocis unum non habet habitudinem ad alterum, nec[51] unum est principium essendi vel cognoscendi alterum[52]. Substantia autem principium est cognoscendi accidens ; et ideo ens de substantia et[53] accidente non dicitur pure æquivoce ; iterum nec pure[54] univoce, sicut dicitur species de suis individuis[55] ; nam ens de quibusdam dicitur per se, de quibusdam autem per accidens. Substantia enim per se est ens, sed qualitas non est per se ens, sed per aliud, ut per substantiam. Similiter est de aliis accidentibus. Ei autem quod est per se et ei quod est per accidens nulla una ratio communis invenitur ; et ideo ens univoce de illis[56] entibus non prædicatur.

Iterum, si ens esset unum secundum rationem in omnibus entibus, tunc maxime haberet[57] rationem generis. Hoc autem falsum est, ut Philosophus probavit tertio hujus[58]. Genus[59] enim est extra rationem differentiæ[60], et[61] e converso differentia[62] extra rationem generis ; nec enim animal secundum quod animal est rationale, nec rationale secundum[63] quod rationale[63] est animal. Propter quod genus de[64] differentia[61] per se non prædicatur. Sed ens per se prædicatur de omnibus differentiis entis. Nihil enim est ens quod[65] rationem entis per se non participat. Quare ens rationem generis non habet. Et hoc est de potissimis rationibus Aristotelis, propter quas posuit ens non esse genus nec unius rationis in omnibus entibus. Plato[66] tamen posuit ens et unum esse[67] genera et esse substantias entium ; similiter et Archytas[68] ante ipsum Platonem, qui quidem posuit ens habere[69] rationem unius[70] generis ad omnia decem prædicamenta.

Ens igitur non dicitur penitus æquivoce, nec etiam penitus univoce ; sed dicitur de omnibus entibus secundum analogiam, videlicet secundum diversas rationes, ut habent habitudinem ad aliquam rationem unam. Aliquid enim dicitur[71] ens[71] quia est ens secundum se, ut substantia, quæ secundum se primo et principaliter[72] dicitur ens. Aliqua autem dicuntur entia quia sunt passiones sive dispositiones vel proprietates substantiæ[73], sicut quantitas, qualitas et alia ; quædam[74] autem quia sunt[75] via ad substantiam, ut motus generationis ; quædam quia sunt corruptiones substantiæ ; quædam[76] autem[77] quia[78] sunt generativa vel activa substantiæ ; et multis aliis modis.

27 æquivoce *A V2*.
28 causa *V2*.
29 *add.* ita quod illa plura non se habent secundum prius et posterius ad se invicem nisi solum tempus inquantum *V2*.
30 *om. V2*.
31 Averroes, *In* IV *Meta.*, 2, t. c. 2, fol. 66ra*B*.
32 una *V2*.
33 *om. A* : de *V*.
34 *om. A*.
35 participantem *V*.
36 *om. V2*.
37 non *Z*.
38 tempus *B*.
39 *om. V*.
40 æquivoco *B*.
41 *om. V*.
42 *om. V*.
43 analogum *V2*.
44 non primo *B*.
45 non *B*.
46 activum dicitur *V2*.
47 alterum *A*.
48 *om. Z*.
49 simpliciter *B Z*.
50 *om. B* : quin *V2*.
51 item *B*.
52 *add.* a *V*.
53 ab *V2*.
54 æquivoce *V*.
55 modis *V2*.
56 aliis *B C V V2 Z*.
57 habere *V*.
58 Aristotle, *Meta.*, B, 3, 998b22-7.
59 generis *B*.
60 generis *V*.
61 Homœoteleuton *V*.
62 dicitur *B Z*.
63 Homœoteleuton *B*.
64 et *V Z*.
65 quoniam *A* : qua *B C*.
66 Aristotle, *Meta.*, A, 6, 987b23 ; B, 1, 996a5-7 ; Plato, *Sophist.*, n. 254.
67 *om. B V2*.
68 Cf. *supra*, Note 66.
69 *add.* unam *A*.
70 *om. A*.
71 differens *Z*.
72 principia *B*.
73 subjecto *B*.
74 quod *V2*.
75 est *V2*.
76 quarundam *V*.
77 *om. C V2* : aut *V*.
78 *om. B VZ*.

Omnes tamen isti modi entis secundum Simplicium, super *Prædicamentorum*[79], ad quattuor reducuntur. Ens[80] enim dicitur ab essentia.

Illud igitur quod est[81] ens aut est essentia secundum se, aut non est essentia secundum se sed privatio quædam[82] talis essentiæ, aut est mixtum ex aliqua privatione et essentia. Si autem aliquid dicatur[83] ens esse secundo modo, sic negationes et privationes dicuntur[84] entia[85], quia[86] habent ordinem ad essentiam aliquam quæ secundum se habet[87] esse. Cujusmodi sunt negationes aut etiam privationes ; licet tamen ista duo diversimode[88] dicantur[89] entia secundum ordinem quem habent ad aliud et ad aliud, ut patebit consequenter.

Si autem aliquid dicatur ens quia est essentia[90] aliqua secundum se, hoc modo essentia[91] in istis causatis[92] invenitur æquivoce[93]. Aut[94] enim essentia competit alicui habenti esse in se et non in alio secundum quod hujusmodi ; et hoc modo substantia dicitur esse ens, cum sit[95] essentia ens in se ipsa, non in alio. Si autem essentia competat[96] alicui habenti esse in alio ita quod illa essentia in se esse[97] non habet sed in alio[98], sic quantitas[99], qualitas et cetera[100] accidentia dicuntur entia ; eorum enim esse est in alio esse[1].

Si vero ens dicatur esse mixtum ex essentia et privatione essentialiter[2], sic motus dicitur ens. Motus enim includit rationem ejus ad quod est cum privatione vel imperfectione ; est enim actus imperfecti et entis (193r) in potentia, ut dicitur tertio *Physicorum*[3]. Apparet igitur quomodo ens non dicitur per unam rationem de omnibus entibus.

Ad rationem : <1> Cum arguitur primum objectum intellectus oportet esse unius rationis, dico quod in illis quæ dicuntur[4] secundum prius et posterius illud quod primo de numero illorum[5] accipitur ab intellectu est id quod est primum, et alia apprehenduntur[6] ab intellectu per ordinem ad primum. Istud autem[7] primum oportet esse unius rationis, cum sit objectum intellectus primum[8]. Ad minorem, cum dicitur ens simpliciter[9] dictum est primum objectum intellectus, dico quod ens primum quod[10] est simpliciter ens, quia principium est cognoscendi et essendi omnia[11] alia, est objectum primum intellectus, et istud est substantia. Unde quod primo occurrit intellectui est ratio essentiæ quæ est substantia, et non[12] ens[12] ipsum acceptum[13] in sua communitate ; sic enim[14] non habet rationem unam per quam intelligatur. Substantia igitur sub ratione essentiæ et quidditatis est objectum intellectus primo. Unde substantia præcedit omne accidens cognitione, definitione et tempore, ut vult Philosophus septimo hujus[15] ; et ideo principium est intelligendi omnia alia.

<2> Ad aliud, cum arguitur ens[16] prædicatur in quid, ergo per rationem unam, dico quod non sequitur. Si enim quæratur quid[17] est maximum latrabile[18], convenienter dicitur canis. Similiter, si quæratur quid est animal latrabile, dicitur canis. Ergo[19] canis est unius rationis. Non sequitur. Sic[20] enim[21] quod prædicatur non est[22] unius rationis sed[23] diversarum[19]. Similiter in proposito. Quamvis ens prædicetur in quid de uno[24] ente et de alio, non sequitur propter hoc quod prædicetur secundum rationem unam, sed secundum rationes diversas ; prædicatur[25] enim ens de substantia uno modo et de accidente alio modo, et sic non per[26] rationem unam.

79 Simplicius, *In Categ.*, 2, 1a20, p. 44, ll. 3-25.
80 quis *B* : *om. V* ; *add.* igitur ens aut est essentia aliqua secundum se vel non est secundum se. Sed primum quædam talis esse vel actus est vel substantiæ quæ est per se *V*.
81 *om. B*.
82 quod *V2*.
83 dicitur *A*.
84 ducentia *V*.
85 *om. V*.
86 quæ *A*.
87 habent *V*.
88 diversive de *B*.
89 dicatur *Z*.
90 materia *V2*.
91 *add.* causata *A*.
92 *om. A V*.
93 univoce *V*.
94 quando *V* : autem *Z*.
95 et *A*.
96 competit *A V2*.
97 *om. V2*.
98 *add.* ita quod illa essentia *B*.
99 *om. B*.
100 cum *V*.
1 *om. V2*.
2 essentiæ *A*.
3 Aristotle, *Phys.*, III, 1, 201a10.
4 dicunt *V*.
5 *om. V*.
6 comprehenduntur *A*.
7 quod *V*.
8 *om. A*.
9 supra *V2*.
10 *om. V V2*.
11 iam *V2*.
12 quod etsi *V*.
13 accepit *B* : accipit *Z*.
14 *om. A V2* : animal *B*.
15 Aristotle, *Meta.*, Z, 1, 1028a31-3.
16 *om. B C V V2 Z*.
17 quæ *B*.
18 *om. A B C V2 Z*.
19 *om. A* ; *add.* quæ tamen sequitur quod canis sit unius rationis *A*
20 sicut *B V2 Z*.
21 nec *C* : *om.* . est *Z*.
22 *om. C*.
23 *om.* sed diversarum *V* : sicut *V2* ; *add.* nec quid unius rationis est *V2* : sicut *Z* ; *add.* nec aliquid *Z*.
24 *om. A* : hoc *C V2* : *add.* de *V2*.
25 primo *A*.
26 *om. V* : *om.* unam *Z*.

LIBER V, QUÆSTIO 3

(205r) Quæritur utrum omnia nomina quæ distinguuntur [1] in isto quinto dicantur multipliciter.

Videtur quod non. Illa quæ habent vocem communem et rationem unam, secundum illud nomen non dicuntur multipliciter, quia quæ sic se habent univoca dicuntur, ut patet ex *Prædicamentis* [2]. Sed quædam nomina quæ hic distinguuntur [3] dicuntur [4] de pluribus quæ habent nomen unum et rationem unam secundum illud nomen. Omnia enim in [5] quæ Philosophus dividit [6] elementum unam rationem communem elementi habent, quam Philosophus ponit. Similiter est aliis ; ergo et cetera.

In oppositum est Philosophus, quarto hujus [7], ubi dixit quod omnia quæ consequenter distinguenda sunt in isto quinto [8] multipliciter dicuntur [9], puta ens et partes entis quæ (205v) consequuntur [10] ipsum secundum quod hujusmodi. Unde Philosophus ibidem, in principio quarti [11], dicit quod ens multipliciter dicitur ; igitur et cetera.

Dicendum quod omnia nomina quæ distinguuntur in isto quinto [12] multipliciter dicuntur, quoniam omnia nomina quæ [13] hic [14] distinguuntur [15] significant ens et unum, vel partes et [16] passiones istorum [17]. Quare omnia nomina quæ [18] hic distinguuntur [19] multipliciter [20] dicuntur. Sed intelligendum est quod eorum quæ dicuntur [21] de multis quædam [22] dicuntur de multis [22] per rationes diversas penitus, et hujusmodi sunt æquivoca ; quædam vero [23] per rationem penitus unam, et sunt univoca. Item, quædam dicuntur de multis non per rationes penitus diversas, sed [24] secundum aliquem modum, et ista sunt analoga.

Illa autem quæ distinguuntur [25] hic [26] non [27] dicuntur multipliciter [28] ita quod per [29] rationes penitus diversas ; nam quæ sic dicuntur multipliciter, ipsa dicuntur de multis quorum unum non habet habitudinem ad alterum, nec unum est [30] principium [31] cognoscendi alterum [32]. Quæ autem distinguuntur [33] hic dicuntur [28] de multis quorum unum significatur per habitudinem ad alterum quod [34] est primum [35] inter [36] illa [37] et [38] principium cognoscendi aliis [38]. Et ideo quæ distinguuntur [39] hic non dicuntur multipliciter quemadmodum [40] æquivoca, sed quemadmodum [41] analoga, in quibus id [42] quod posterius est significatur per habitudinem ad prius. Nam inter ea quæ analogice [43] dicuntur, nomen quod significat plura sic significat illud [44] quod est aliquid quod primo cadit sub significatione nominis, mediante [45] quo alia significantur posterius ; et hoc est dispositio nominum [46] quæ distinguuntur [47] in isto quinto [48], ut Commentator hic [49] dicit. Sic enim ens et unum multipliciter dicuntur, et quæ consequuntur [50] illa secundum quod hujusmodi [46].

Ad rationem cum arguitur, illa quæ habent vocem communem [51] et rationem unam [52] non dicuntur multipliciter, dicendum quod habere rationem unam, hoc potest esse duobus modis ; vel rationem unam æqualiter receptam [53] in pluribus, vel [54] rationem unam receptam [55] in pluribus [54] secundum prius et posterius et per habitudinem ad unum, ut Philosophus sæpe dicit [56]. Primo modo univoca [57] habent [58] rationem unam ;

[1] distinguitur *C V2*.
[2] Aristotle, *Categ.*, 1, 1a6.
[3] distinguitur *C*.
[4] *om. C*.
[5] *om. C*.
[6] dividat *Z*.
[7] Aristotle, *Meta.*, Γ, 2, 1003b5.
[8] quarto *V2*.
[9] videntur *Z*.
[10] consequitur *B*.
[11] Aristotle, *Meta.*, Γ, 2, 1003a33.
[12] quarto *V2*.
[13] quo *V*.
[14] ubi *B*.
[15] distinguitur *C V2*.
[16] *add.* per *V2*.
[17] verborum *Z* : *add.* quodlibet autem istorum nominum multipliciter dicuntur, nam ens et unum multipliciter dicuntur, ut apparet ex quarto hujus. Similiter et nomina singulariter partes et passiones istorum *V2*.
[18] *om. B*.
[19] distinguitur *V2*.
[20] materialiter *Z*.
[21] *add.* quædam *Z*.
[22] Homœoteleuton *A B V Z*.
[23] dicuntur *A V2* : quæ dicuntur *C*.
[24] et *V*.
[25] distinguitur *C V2*.
[26] *om. A B V Z*.
[27] *om. A*.
[28] Homœoteleuton *A*.
[29] *om. V*.
[30] cum *V*.
[31] primum *V2*.
[32] *om. Z*.
[33] distinguitur *C V2*.
[34] quia *V*.
[35] principium *A V V2*.
[36] intelligendi *A*.
[37] *add.* alia *A* : *om. V*.
[38] *om. A*.
[39] distinguitur *C V2*.
[40] quem quod *V*.
[41] sint *A*.
[42] nisi *V2*.
[43] analogica *V*.
[44] illo *V2*.
[45] *om. V*.
[46] *om. A* ; *add.* esse quod multipliciter causat *A*.
[47] distinguitur *C V2*.
[48] quarto *V2*.
[49] Averroes, *In* IV *Meta.*, 1, t. c. 1, fol. 100vb*K*.
[50] consequitur *B*.
[51] unam *A*.
[52] *add.* communem *A*.
[53] repertam *A V2*.
[54] Homœoteleuton *B*.
[55] repertam *A C V2 Z*.
[56] *om. V2* : cf. Aristotle, *Meta.*, Γ, 2, 1003a32-b4 ; K, 3, 1060b35-61a7.
[57] univoce *B*.
[58] habentis *A*.

secundo autem modo multipliciter dicta saltem secundum analogum[59]. Dicitur[60] enim analogum[60] de pluribus secundum rationes[61] diversas attributas alicui uni, et isto modo ultimo omnia quæ hic distinguuntur[62] habent rationem unam. Et ideo sequitur quod omnia multipliciter[63] dicantur sicut[64] analogum multipliciter dicitur[65].

LIBER V, QUÆSTIO 11

(208ʳ) Consequenter quæritur circa partem illam, *unum*[1] *dicitur aliud quid*[1], in qua parte Philosophus intendit distinguere nomina signantia subjectum istius scientiæ ; cujusmodi[2] sunt ens et unum, quæ[3] important unam et eandem naturam. Philosophus autem in distinguendo unum secundum accidens dicit quod accidens et subjectum possunt constituere unum secundum accidens, inquantum unum accidit alteri. Propter quod quæratur utrum subjectum et accidens sint unum.

Videtur quod non. <1> Quia, si[4] sint[5] unum, aut[6] ergo unum[6] secundum essentiam aut unum secundum esse. Quæ autem[7] sunt unum, altero istorum modorum sunt unum. Sed accidens et subjectum non sunt unum secundum essentiam[8]. Essentia[9] enim accidentis alia est ab essentia[10] subjecti ; subjectum enim immediatum[11] omnium accidentium est substantia, et[12] substantia et accidens immediate distinguunt ens ; quare distincta[13] sunt[14] in essentia. Iterum, non sunt unum in esse, quia Philosophus[14], primo *Physicorum*[15], dicit quod aliud est esse albo et susceptibili. Per[16] susceptibile[16] autem datur[17] intelligi subjectum suscipiens[18] albedinem ; quare[19] et cetera. Item, esse sequitur essentiam. Quorum igitur[20] essentiæ diversæ, et esse diversa. Sed subjecti et accidentis[20] sunt essentiæ diversæ ; quare et esse diversa ; ergo[21] et[22] cetera.

<2> Item[21], si[23] subjectum et accidens sint[24] unum, aut ergo[22] unum[25] genere aut specie[26] aut numero ; nam unum non dividitur in[27] plures[26] rationes secundum logicam ; vel etiam sunt unum proportione[28], quemadmodum[29] Philosophus posuit hic in littera[30]. Sed[31] subjectum et accidens non sunt unum[32] proportione, quia quæ sunt unum proportione vel[33] habent diversas proportiones ad unum vel eandem proportionem ad diversa. Nunc[34] autem subjectum et accidens non possunt habere diversas proportiones ad unum[34], ad quod dicantur[35], tamquam ad aliquod prius, quia nihil est prius[36] commune[37] istis duobus. Item, nec possunt habere[38] unam proportionem ad diversa ; subjectum enim et accidens nullam habent unam habitudinem[39]. Non sunt[40] ergo unum proportione. Item[41], nec sunt unum[42] genere, ut manifestum est. Constituunt[43] enim diversa genera prima. Et si non unum genere, quare[44] non specie, quia quæ non sunt unum[45] genere non sunt unum specie, ut vult Philosophus in isto capitulo[41]. (208ᵛ) Item, nec unum numero, quia[46] quæ sunt unum numero[46] sunt unum specie et genere ; quare per oppositum quæ[47] non sunt unum genere vel specie non sunt unum numero. Subjectum et accidens[48] non sunt unum[48] genere vel[49] specie,[49] ut ostensum est ; quare[50] nec numero ; ergo[51] et cetera.

In oppositum est Philosophus hic[52].

[59] analogiam *A V2*.
[60] Homœoteleuton *V*.
[61] rationem *V2*.
[62] distinguitur *V2*.
[63] materialiter *Z*.
[64] sic *V*.
[65] *om. V2*.
[1] utrum dicitur aliud dicitur aliud quidem *V2* : Aristotle, *Meta.*, Δ, 6, 1015b16.
[2] *add.* in omni *V2*.
[3] quem *V2*.
[4] sicut *Z*.
[5] sunt *B V2* : si *Z*.
[6] *om. B*.
[7] enim *A*.
[8] *om. V2*.
[9] esse *Z*.
[10] *add.* sui *V2* : esse *Z*.
[11] immediate *V*.
[12] est *Z*.
[13] indistincta *C*.
[14] *om. V2*.
[15] Aristotle, *Phys.*, I, 3, 186a28-32.
[16] *om. V2*.
[17] *om. A*.
[18] sustinens *A*.
[19] quia *V*.
[20] *om. B*.
[21] *om. A*.
[22] Homœoteleuton *V2*.
[23] *om. B V*.
[24] sunt *B V Z*.
[25] *om. A*.
[26] *om. V2*.
[27] in plures *reads* multiplices *V*.
[28] proportionale *V2*.
[29] quoniam modum *V2*.
[30] Aristotle, *Meta.*, Δ, 6, 1016b31
[31] secundum *Z*.
[32] *om. C*.
[33] non *A*.
[34] *om. A* : non *Z*.
[35] dicuntur *A*.
[36] *om. Z*.
[37] *om. A*.
[38] *add.* unum *V2*.
[39] habitudine *B*.
[40] *om. B*.
[41] Homœoteleuton *A* : Aristotle, *Meta.*, Δ, 6, 1016b35-1017a3.
[42] *om. V2*.
[43] constitutum *Z*.
[44] *om. Z*.
[45] *om. V2*.
[46] Homœoteleuton *Z*.
[47] *om. V2*.
[48] *om. V*.
[49] *om. A*.
[50] quia *Z*.
[51] genere *Z*.
[52] Aristotle, *Meta.*, Δ, 6, 1015b16-35.

Dicendum quod subjectum et accidens possunt facere unum in esse. Ratio enim per quam aliquid formaliter et primo dicitur unum est ratio indivisi[53]; unum enim esse est indivisum esse[54]. Indivisio autem est privatio, et[55] privatio[55] vult[56] habere naturam subjectam[57] in qua sit[58]. Et ideo ad hoc quod aliquid[59] sit unum, exigitur unitas et natura in qua unitas dicat indivisionem ; non enim unum importat solam privationem. Cum[60] enim numerus[61] componatur[62] ex unis, componeretur[63] ex puris privationibus ; et per[64] consequens non[65] esset numerus aliquid positive[66] dictum. Sic igitur unum erunt quæ sunt indivisa in natura aliqua.

Natura autem illa potest comparari ad ea quæ dicuntur unum sic[67], ut sit[68] natura eorum[69], vel[70] quod accidat[70] utrique vel alteri. Et si natura illa comparetur ad ea quæ sunt unum tamquam[71] aliquid quod essentialiter est in illis, tunc illa dicuntur unum secundum se et essentialiter, ut Socrates et Plato sunt unus[72] homo participatione speciei. Unde unum sunt in natura hominis secundum quod homo, et illa natura[73] essentialis est[74] utrique illorum.

Si autem natura illa in qua sunt indistincta[75] comparetur ad illa accidentaliter, tunc illa non dicuntur unum essentialiter, sed magis accidentaliter, quia accidit[76] eis natura in qua sunt indivisa[77], et per consequens unitas sive[78] indivisio in illa natura. Non[79] autem duo accidentia, comparata ad aliquod subjectum, esse indivisum habent in natura illius subjecti, quia tamen[80] natura subjecti non comparatur essentialiter ad utrumque ; immo duo accidentia dicuntur indivisa in subjecto propter hoc solum quod[81] subjectum accidit utrique accidenti[81]. Ideo[82] duo accidentia non possunt[83] esse unum essentialiter.

Similiter, cum subjectum et accidens dicantur[84] indivisa, natura[85] in qua est indivisio[86] accidit accidenti, puta natura subjecti, et non accidit ipsi subjecto ; et ideo indivisio in[87] tali[87] natura[88] est accidentalis. Propter quod non dicentur[89] unum per se et essentialiter, sed solum per accidens.

Duo ergo accidentia dicuntur unum respectu alicujus subjecti in cujus quidem[90] natura habent indivisionem inquantum ipsa accidit utrique accidentium[91]. Similiter[92] accidens et subjectum dicuntur unum, quia sunt indivisa[93] in natura una, scilicet in natura subjecti, licet illa natura subjecti aliter comparetur ad subjectum et aliter ad ipsum accidens[94] ; puta ad subjectum essentialiter et ad accidens accidentaliter. Subjectum ergo et accidens possunt dici indivisa in aliquo uno, scilicet in natura subjecti ; et ideo erunt[95] indivisa in omnibus quæ consequuntur[96] subjectum secundum[97] quod hujusmodi. Et quia in effectu est per se consequens subjectum[97], ideo subjectum et accidens dicuntur indivisa in esse in effectu. Sic[98] ergo sunt unum, quia in esse unum accidit alii[99].

Ad rationem : <1>[100] Cum arguitur, si[1] sunt unum[99], aut ergo unum secundum essentiam aut secundum esse, dico quod non sunt unum in essentia[2], sed unum in esse. Sed esse dicitur dupliciter : scilicet[3] esse essentiæ et esse in actu sive in effectu, sicut Antiqui[4] solebant distinguere, et satis convenienter. Voco[5] autem esse[6] essentiæ idem quod[7] ipsam essentiam, ita quod essentia[8] et esse essentiæ[9] secundum rem non differunt, sed solum secundum modum, sicut ens et esse ; nam ens et esse eandem rem

53 indivisum *Z*.
54 *om. C* : entia *V*.
55 *om. Z*.
56 privationem *V2* : utiliter *Z*.
57 *om. A*.
58 transit *V*.
59 ait *B*.
60 tunc *A C V2*.
61 nunc *B V* : *add.* nunc *A C*.
62 componitur *B V V2 Z*.
63 componetur *V2*.
64 *om. V2*.
65 *om. C*.
66 penitive *A*.
67 sicut *Z*.
68 sic *V2*.
69 *add.* esse naturalis *A C* : *add.* esse illis *V* : *add.* esse essentialis *V2*.
70 conveniat *V2*.
71 *add.* ad *A*.
72 unius *C*.
73 non est *A*.
74 *om A*
75 indivisa *A C V2*.
76 accidunt *Z*.
77 indifferentia *B V Z*.
78 sub *Z*.
79 nunc *A C V2*.
80 cum *V*.
81 quia subjecto accidit utrumque *A C*.
82 immo *V2*.
83 potest *Z*.
84 dicuntur *V*.
85 *add.* divisa non *V2*.
86 *add.* quæ *A*.
87 intelligi *Z*.
88 subjecto *A C* : *add.* non *B V Z*.
89 dicuntur *A* : dicatur *V2*.
90 *om. A* : quod *V2*.
91 accidentibus *Z*.
92 sibi *V2*.
93 *om. V2*.
94 agens *V2*.
95 *om. V2*.
96 consequitur *B*.
97 Homœoteleuton *V2* : *om.* subjectum *B*.
98 si *V2*.
99 *om. V2*.
100 *A* gives reply to second Argument before Ad 1.
1 *om. A*.
2 essentialiter *B*.
3 secundum *V*.
4 AVICENNA, *Meta.*, *V*, 1, A, fol. 86va ; V, 7, C, fol. 91ra.
5 vero *Z*.
6 *om. C V*.
7 et *A*.
8 esse *Z*.
9 *om. A*.

important, sed modo differenti. Ens enim illud quod dicit[10] per modum habitus et permanentis, esse autem per modum fieri verbaliter[11] signati. Similiter est de essentia[12] et[13] de[14] esse[15] essentiæ[16] ; quod enim[17] unum significat per modum habitus et per[18] se stantis[18], aliud id[19] idem significat per modum fieri, ut se habent[20] etiam caliditas[21] et calefacere ; eandem enim rem dicunt[22] sub[23] modis tamen[24] diversis. Esse ergo essentiæ non differt[25] ab ipsa rei essentia.

Esse autem in effectu dicitur idem quod rei existentia, secundum videlicet quod res subsistit in effectu. Et hoc est aliud a primo esse quod dicitur esse[26] essentiæ ; nam sine primo esse non possum intelligere essentiam rei, sine autem esse in effectu bene[27] possibile est. Et hæc est una ratio Algazelis[28] ad probandum quod esse in effectu sit accidens rei. Utrum autem sit[29] accidens vel essentia rerum non[30] determino nunc[31], quia de hoc sunt contrariæ et diversæ opiniones.

Subjectum ergo et accidens sunt unum in esse, non[32] quidem in esse[32] essentiæ, sed in esse existentiæ. Et hoc intendebat Philosophus primo[33] *Physicorum*[33], cum dixit quod aliud est esse albo et susceptibili[34] ; aliud enim est esse essentiæ[35] uni[36] et alteri, sed non esse existentiæ. Unde in esse in effectu indivisionem habent, et per consequens unitatem. Duo enim accidentia indivisa sunt in natura subjecti, non quidem essentialiter sed accidentaliter, cum natura illa ad duo accidentia solum accidentalem compositionem habeat[37] ; et ideo erunt indivisa in illo quod consequitur subjectum et accidens sibi. Hoc autem est esse in effectu ; et ideo in isto esse possunt duo accidentia vel unum accidens et suum subjectum esse unum quid et indivisum. Istud autem subjectum primo et principaliter est aliquid particulare ; nam esse[38] in[38] effectu et universaliter accidentia primo debentur suppositis, et posterius autem universalibus.

<2> Ad aliud, cum dicitur aut sunt unum genere, aut specie aut numero, dico[39] quod sunt unum numero[39]. Et cum arguitur quod non, quia dicit[40] Philosophus quinto hujus[41], quæcumque sunt unum numero[42] et[43] specie unum, et quæ specie unum omnia sunt genere unum[43], dico quod unum numero dicitur dupliciter : vel unum numero[44] numerositate essentiæ, vel unum numero numerositate esse. Primo modo dicuntur aliqua unum numero sicut definitio et definitum, et universaliter illa quæ dicunt[45] essentiam unam et indivisam numero. Secundo autem modo dicuntur[46] unum numero subjectum et[47] suum per se accidens, sicut homo et risibile[48], aut etiam[49] subjectum et[49] accidens commune. Unde hoc[50] intendens Philosophus primo *Topicorum*[51], dicit quod idem numero dicitur tripliciter, sicut idem definitione, idem proportione et idem accidente. Tunc[52] dico[52] quod illa quæ sunt unum numero[53] numerositate essentiæ sunt unum specie ; et hoc intellexit[54] Philosophus hic[55] cum dicebat quod quæ sunt numero unum sunt unum specie. Quæ autem sunt unum numero numerositate esse bene possunt esse specie[56] diversa[57] et etiam genere[57] ; et hoc modo subjectum et accidens sunt unum numero. Potest etiam dici quod sunt unum[58] proportione, non[59] quia[60] habent[61] eandem proportionem ad diversa, vel diversas proportiones ad idem, sed quia[62] unum attributionem habet ad alterum. Accidens[63] (209r) enim attributionem habet

10 dicit dici sit *B* : *add.* dicit *C V2* : dividit *Z.*
11 verba aliter *V* : verbalile *Z.*
12 *om. Z.*
13 *om., V Z.*
14 *om. B V V2 Z.*
15 *add.* et *Z.*
16 essentia *Z.*
17 *om. B.*
18 permanentis *A.*
19 *om. V2.*
20 *om. V2.*
21 calidas *V.*
22 dicuntur *Z.*
23 super *Z.*
24 *om. V* : causa *Z* : *add.* significandi *A C V2.*
25 differunt *V* : dicere *Z.*
26 rem *A.*
27 unde *V2 Z.*
28 ALGAZEL, *Meta.*, I, 1, 4, p. 26, ll. 18-26.
29 fit *A.*
30 nihil *B.*
31 non *Z.*
32 Homœoteleuton *B.*
33 *om. B V Z* : ARISTOTLE, *Phys.*, I, 3, 186a28-32.
34 susceptibile *B.*
35 existentiæ *B.*
36 verum *Z.*
37 habet *B* : habeant *C V V2.*
38 *om. B.*
39 Homœoteleuton *Z.*
40 dicitur *Z* : *om.* hujus *V2.*
41 homo *Z.* ARISTOTLE, *Meta.*, Δ, 6, 1016b35-1017a1.
42 *add.* ibi *V* : *add.* numerositate essentiæ vel unum numero *Z.*
43 sunt unum specie et genere *A.*
44 *add.* in *V.*
45 dicuntur *Z.*
46 *om. B* : dicens *Z.*
47 *om. Z.*
48 risibilis *Z.*
49 est subjectum etiam *Z.*
50 hic *Z.*
51 ARISTOTLE, *Topica*, I, 7, 103a25-30.
52 ita *A.*
53 *om. B V.*
54 intelligit *Z.*
55 ARISTOTLE, *Meta*, Δ, 6, 1016b36.
56 *om. A* : ipsæ *Z.*
57 diversæ genere *A.*
58 idem *A.*
59 et ideo *B V Z.*
60 quod *A.*
61 habeant *A.*
62 *om. V Z.*
63 *om. A* : subjectum *reads* substantiam *V2.*

ad subjectum[63], sicut vult Philosophus[64] quarto hujus[65] ; et ideo hoc modo possunt dici unum proportione.

LIBER VII, QUÆSTIO 9

(230v) Quæritur consequenter circa partem [1] illam, *quod quidem enim ut*[2] *quod aliquid*[3] *erat esse*[4], ubi Philosophus dissolvit dubitationem istam, utrum accidentium sit quod quid est et [5] definitio. Circa quod duo quærantur[6] : Primo [7], utrum [8] accidens pertineat [9] ad quod[10] quid est aliorum et[11] secundo, utrum accidentium sit quod quid est et [12] definitio [11].

De primo videtur quod accidens pertineat ad quod quid[13] est aliorum ; nam quod quid est[14] uniuscujusque rei est illud per cujus cognitionem cognoscitur unumquoque, ut dicitur consequenter. Illud ergo[15] per quod[16] aliquid cognoscitur[17], pertinet ad quod quid est illius. Sed per accidentia aliquid[18] cognoscitur, quia sicut dictum primo *De Anima*[19], *accidentia*[18] *magnam partem conferunt ad cognoscendum quod quid est ;* quare[20] accidens pertinet ad quod quid est [20] aliorum.

<2> Item, quod quid est est[21] illud quod significatur per definitionem ; ratio enim significans[22] quod quid erat esse definitio[23] est[23], ut[24] postea videbitur. Sed in definitione aliorum ponitur[25] accidens ; vult enim Philosophus[26] octavo hujus[27], quod in definitione rei perfecta[28] debent poni omnes causæ[29]. Nunc autem accidentia sunt causa[30] quorumdam aliorum, quia[31] Philosophus in quarto *Meteorum*[32] vult[33] quod qualitates primæ sunt[34] causæ agentes ad generationem ; gignunt enim calidum et[35] frigidum obtinentia[36] materiam, ut ibi dicit[37]. Quare in definitione aliquorum[35] ponitur accidens, et per consequens pertinet ad ipsorum[38] quod quid[39] est[40].

Oppositum arguitur : Posterius[41] non pertinet ad quod quid est prioris[41], quia quod quid est, secundum quod hujusmodi, causa est[42] ejus cujus est quod quid est. Posterius vero ut sic[43] non est causa priori[44]. Sed[45] accidentia sunt posteriora his[46] quorum sunt accidentia ; quare accidentia[47] ad[48] quod quid est[48] ipsorum non pertinent.

Intelligendum quod essentia[47] et quidditas rei[49] idem sunt secundum rem. Unde definitio, quia significat essentiam rei, dicitur significare quidditatem ; est enim definitio sermo indicans quid[50] est esse rei. Differunt enim[51] essentia et quidditas solum in modo ; quod enim dicit essentia absolute[52], illud[53] idem dicit[54] quidditas[55] in ordine[56] ad intellectum. Et sic[57] essentia rei in se et absolute dicitur[58], quidditas secundum quod est objectum intellectus et principium manifestativum aliorum quæ accidunt ei cujus est quidditas. Unde[59], quia quidditas[59] est per comparationem ad intellectum, ideo dicimus quod definitio quæ est cognitio intellectualis est significativa quidditatis[60]. Dicitur autem quidditas quia de re, cujus est quidditas, prædicatur in quid. Quod quid est autem denominative[61] dicitur a quidditate, ut albus ab albedine, et ens ab essentia. Ens autem et essentia in re nullam habent diversitatem, sed solum in modo significandi vel intelligendi ; nam illud quod essentia dicit per modum abstracti, ens dicit per modum concreti. Et consimiliter[62] est dicendum de quidditate et quod quid

64 Commentator *A*.
65 ARISTOTLE, *Meta.*, Γ, 4, 1007a35.
1 *om. V2.*
2 *om. M.*
3 *om. A M* : quid *V2.*
4 ARISTOTLE, *Meta*, Z, 4, 1030a3.
5 in *V2.*
6 quæratur *V* : *om. V2.*
7 primum *V2.*
8 *om. V.*
9 optineat *Z.*
10 *om. B.*
11 *om. A* : *om.* et *V2.*
12 *om. V2.*
13 aliquid *B.*
14 *om. M V2.*
15 *om. B M.*
16 *om. C* : *add.* ergo *M.*
17 *om. Z.*
18 Homœoteleuton *B.*
19 ARISTOTLE, *De Anima*, I, 1, 402b20.
20 Homœoteleuton *B V Z.*
21 *om. V2.*
22 signant *A.*
23 est definitione *A.*
24 *om. V2.*
25 *add.* enim *M.*
26 *om. V2.*
27 ARISTOTLE, *Meta.*, H, 2, 1043a14-27 ; cf. also H, 3, 1044a33-4.
28 perfectam *V2.*
29 esse *V.*
30 causæ *A C* : *om. M.*
31 quare *M.*
32 ARISTOTLE, *Meteora*, IV 1, 378b12-379a2.
33 dicit *A* : *om. V2.*
34 sint *M V2.*
35 *om. V2* : *om.* aliquorum *V.*
36 obtinere natura *A.*
37 sit *Z.*
38 *om. A* : ipsarum *B V Z.*
39 aliquid *B.*
40 *add.* aliorum *A.*
41 *om. A* ; add. sunt *A* : prioris *reads* priori *V2.*
42 *om. M.*
43 sit *B Z.*
44 prior *Z.*
45 sic *B.*
46 hi *A.*
47 Homœoteleuton *V2.*
48 *om. M.*
49 res *V.*
50 aliquid *V.*
51 autem *A C M V2.*
52 *om. A M.*
53 *om. V.*
54 *om. A.*
55 *add.* hoc *A.*
56 ordinem *B.*
57 *om. A.*
58 dico quod *V2.*
59 Homœoteleuton *V2.*
60 qui dicatur *V.*
61 in denominatione *V2.*
62 similiter *A C* : cum similiter *M V2.*

est. Quod enim dicit quidditas per modum abstracti [63], dicit quod quid est [64] per modum concreti [65] solum ; et [66] sic [66] ratione differunt.

Iterum, sic [67] se videntur habere quod quid est et ens ; solum enim [68] in ratione differentiam habent. Quod declaratur sic [69] : Concretum [70] enim [71] ad [72] concretum [73] se habet sicut abstractum ad [74] abstractum [74] se [75] videtur habere [75]. Si [76] igitur essentia et quidditas, quæ sunt abstracta, solum ratione differant [77], ut prius dictum est, tunc etiam et sua concreta sic se habebunt ad invicem quod solum [78] different in ratione. Hæc autem sunt quod quid est et [79] ipsum ens ; ens enim ab essentia dicitur denominative [80], et quod quid est [81] a quidditate ; quare manifestum quod ista [82] in [83] re [83] nullam habent diversitatem.

Cum ergo quæritur utrum accidens [84] pertineat [85] ad [86] quod quid est aliorum [87], dico quod non, quoniam quod quid est est idem secundum naturam cum [88] ente [88] cujus est quod quid est [89], differens tantum in ratione et respectu quodam [90]. Accidens autem et [91] id [91] cujus est accidens differunt [92] in natura et [93] ratione, et non [94] in solo respectu. Accidens enim, proprie accipiendo ipsum, est natura addita ei [95] cujus est. Et ideo [96] manifestum quod accidentia ad quod quid [97] est eorum quorum sunt accidentia non pertinent. Et ista [98] non sunt dicta ad præsens nisi ut [99] videatur [100] quomodo quod quid est se habet [1] ad ens, cujus est [2] quod quid est. Non enim dicit [3] rem additam sibi [4], sed rationem vel [5] respectum quemdam.

Ad rationem <1> cum arguitur, illud per quod cognoscitur aliquid pertinet ad quod [6] quid [6] est illius, est intelligendum quod duplex est cognitio vel principium cognitionis. Est [7] enim [8] quoddam principium cognitionis [7] essentialis, et [9] quoddam [9] principium [10] cognitionis [10] accidentalis [11]. Unde duplex est cognitio [12], scilicet essentialis ; et hæc est per cognitionem naturæ vel essentiæ [13] rei. Alia autem est cognitio accidentalis, et hæc habetur per cognitionem suorum accidentium. Istis vero duobus modis dicimur cognoscere rem, puta hominem. Aliquo enim modo [14] cognoscimus hominen cum cognoscimus aliquod accidens hominis ; simpliciter autem et per se cum [15] cognoscimus [15] essentiam ejus [16]. Tunc ad majorem, cum [17] dicitur illud per quod [18] cognoscitur aliquid [19] pertinet ad quod quid est illius [17], dico quod verum est si cognoscitur per illud essentialiter. Et cum dicitur in [20] minori quod [21] per [21] accidentia cognoscuntur [20] aliqua, dico quod verum est. Hoc tamen est cognitione accidentali. Unde quantumcumque aliquis [22] cognoscat [23] accidentia rei, non adhuc [23] cognoscit [24] rem secundum suam quidditatem. Sed verum est quod ex his potest devenire ad cognitionem quod [25] quid [25] est ; et ideo dicit [26] Philosophus primo *De Anima, accidentia magnam partem* et cetera [27].

<2> Ad aliud cum arguitur, quod quid est est [28] id [29] quod significatur per definitionem, dico [30] quod verum est. Nihilominus cum hoc stat quod in definitione aliquorum ponantur [31] aliqua quæ non pertinent ad suum quod quid est, sicut in definitione accidentium ponuntur [32] sua subjecta [33] ; hoc tamen concesso [34], respondendum est ad minorem [35],

63 *add.* ens *V2.*
64 *om. Z.*
65 *add.* unde *A C M.*
66 *om. A C M V2* ; *add.* in *A C M V2.*
67 sicut *M.*
68 et *V2.*
69 sicut *V.*
70 *om. B C M V V2 Z.*
71 *add.* concretum *B V2* : *om. Z.*
72 *om. V* : *add.* sic *A M.*
73 *om. V.*
74 *om. B* : *om.* ad *V2.*
75 *om. A.*
76 *om. B Z.*
77 differunt *A B C V Z.*
78 *om. A.*
79 *om. M.*
80 nominative *M* : de nomine *V2.*
81 *om. B V V2 Z.*
82 illa *B* : ita *Z.*
83 res *M.*
84 accidentia *A.*
85 pertineant *A.*
86 *om. Z.*
87 *om. A.*
88 *om. V2.*
89 *add.* idem secundum naturam cum ente cujus est quod quid est *M.*
90 *om. M* : *add.* sed *A.*
91 *om. M.*
92 differt *B C M V V2 Z.*
93 *om. M* : *add.* in *V2.*
94 *om. V2.*
95 enim *V2* : *om. Z.*
96 non *V2.*
97 *om. M.*
98 ita *V.*
99 *om. V2.*
100 videtur *V.*
1 habeat *A.*
2 ens *M.*
3 *om. V2.*
4 *om. A.*
5 *om. V2.*
6 quid quod *V2.*
7 Homœoteleuton *V2.*
8 *add.* cognitio *Z.*
9 *add.* est *C M* : et quidem *M* : quod quid est *V2.*
10 *om. A.*
11 accidens *V2.*
12 *add.* una *A.*
13 essentialis *V2.*
14 *om. A* : tamen *B V Z.*
15 hominem cognoscimus cum per *A.*
16 *add.* ipsum cognoscimus *A.*
17 *om. A* ; *add.* tunc *A.*
18 *add.* ad *M.*
19 *om. M.*
20 *om. V2* : *om.* in minori quod *A* : cognoscuntur *reads* cognoscitur *A B V Z.*
21 per quod *B* : *om. M* : et per *Z.*
22 aliquid *M.*
23 Homœoteleuton *B.*
24 cognoscat *B.*
25 quid quod *V2.*
26 *om. B C M V V2 Z.*
27 Aristotle, *De Anima,* I, 1, 402b20.
28 *om. V2.*
29 illud *A* : *om. M* : idem *V* : aliquid *V2.*
30 duo *V2.*
31 ponuntur *M.*
32 ponitur *V.*
33 substantia *M.*
34 *om. B.*
35 majorem *V.*

cum[36] dicitur[36] quod in definitione aliorum ponitur accidens, dico quod hoc non est necessarium. Et cum dicitur, definitio debet accipere omnes causas, et convenit accidens esse causam[37] alicujus in eo cujus est accidens, dico quod accidens[38] non est causa[39] rei[40] per se, sed per accidens, prout[41] scilicet est quædam dispositio necessaria ad formam, aut etiam instrumentum[42] principalis agentis. Agunt[43] enim aliquando formæ accidentales instrumentaliter[44] et in virtute alterius[45], puta[46] formæ[47] substantialis[48]. Et hoc intendit Philosophus quarto *Meteorum*[49], cum dicit[50] quod gignunt[51] calidum[52] et frigidum obtinentia[53] materiam. Sunt enim instrumentum generantis[54] principalis, a quo regulantur[55] in[56] actione sua[57].

LIBER VII, QUÆSTIO 25

(240v) Quæritur consequenter, quia Philosophus vult quod sufficiens est generans ut sit causa forma et materia. Omnis autem talis forma est ex his carnibus et ossibus et est alia et alia, quia materia est alia ; Callias enim et Socrates, quæ sunt individua, idem sunt in specie et diversa propter materiam. Ex quo Philosophus videtur innuere materiam esse causam diversitatis individuorum. Ideo solet hic quæri de causa individuationis et diversitatis individuorum. Et licet circa hoc possent multa quæri, quæratur tantum unum circa individuationem : Utrum scilicet accidentia possint[1] esse causa[2] individuationis substantiæ compositæ.

Et videtur quod sic. <1> Illud[3] enim secundum[4] alium[5] modum videtur esse causa individuationis, quod est causa multitudinis, quia quod per[6] sui divisionem causa est multitudinis, per sui indivisionem videtur esse causa individuationis. Sed accidens aliquod, puta quantitas, est causa diversitatis et multitudinis secundum numerum[7], saltem in habentibus materiam[8] ; si enim quæratur quare sunt multa secundum numerum, dicemus quod propter divisionem quantitatis. Unde[9] numerus causatur ex divisione continui, ut Philosophus dicit tertio *Physicorum*[10] ; ergo et cetera.

<2> Item, illud quo unum individuum primo ab alio individuo differt est[11] causa individuationis, quia differentia propria uniuscujusque et per quam proxime differt[12] ab unoquoque est id[13] per quod ipsum est simpliciter tale[14]. Sed id quo unum individuum primo differt ab alio est accidens ; non enim duo individua, puta Callias et Socrates, differunt genere vel[15] specie[15], et secundum substantiam absolute dictam. Quare videtur quod differunt[16] solo accidente ; ergo et cetera.

Hoc idem[17] videtur innuere Boethius in suis *Divisionibus*[18], ubi dicit quod divisio generis in species est divisio formalis, divisio autem speciei in[19] individua est divisio quantitativa, innuens per hoc quod quantitas est[20] id[21] quod facit individuum esse individuum.

<3> Item, hoc arguitur sic : Illud est[21] causa individuationis substantiæ, quo circumscripto[22], singulare est intelligibile[23], quia[24] per illud per quod aliquid primo est individuum, primo ab intelligibili differt[25]. Sed, circumscripto quolibet accidente, singulare est intelligibile ; circumscribantur enim omnia[26] accidentia a[27] forma[28], nihil[29] remanet nisi quod ad speciem pertinet[30], quæ quidem per se[31] intelligibilis[32] est ; ergo et cetera.

36 *om. A.*
37 tamen *V2.*
38 *add.* in *C.*
39 *om. A.*
40 re *V.*
41 secundum ut *M* : quod ut *V2.*
42 *add.* tunc *M.*
43 agens *B V Z* : agent *M.*
44 instrumentum *V2.*
45 alteri *V.*
46 *om B.*
47 forma *M.*
48 substantiales *V2.*
49 ARISTOTLE, *Meteora,* IV, 1, 378b12-379a2.
50 dixit *C.*
51 gingunt *V2.*
52 *om. V2.*
53 obtinenter *B* : obtinent *V Z.*
54 agentis *A.*
55 regulatur *A.*
56 *om. A.*
57 *om. M.*

1 possent *V* : possit *V2.*
2 omne *V2.*
3 *om. V2.*
4 *om. V2.*
5 illum *C* : *add.* secundum *V2.*
6 *om. B.*
7 materiam *Z.*
8 *add.* sed enim *V* : sint *V2.*
9 unum *B.*
10 ARISTOTLE, *Phys.*, III, 1, 200b19.
11 Homœoteleuton *V2.*
12 *om. M.*
13 idem *V2.*
14 *om. A* : *add.* sed differt *V2.*
15 *om. V.*
16 differant *A* : differens *V.*
17 enim *A M.*
18 BOETHIUS, *De Divisione,* P. L. 64, 878*B.*
19 *om. C Z.*
20 *om. M.*
21 Homœoteleuton *V2.*
22 circumscripta *M.*
23 *add.* sed *B C M V Z* : *add.* sed quia *V2.*
24 *om. M.*
25 *om. B.*
26 nomina *V2.*
27 *om. M V2.*
28 formæ *C M* : forte *Z.*
29 nec *A* : vel *V2.*
30 remaneant *A.*
31 *add.* quod (*in margin*) *C.*
32 intelligibile *A.*

Oppositum arguitur : Posterius in nullo genere est causa prioris, ut manifestum est de se. Sed omne accidens posterius est substantia individuata ; accidens enim dicitur eo[33] quod[33] advenit[34] in actu enti. Ens autem[35] in actu est existens in actu. Existens autem in actu non est nisi individuum. Quare prius est individuum in actu quam sibi adveniat accidens. Accidens ergo non est causa individuationis.

Et dicendum est adhuc[36], procedendo per[37] modum[38] inquisitionis, quod[39] substantia composita vel quidditas[40] substantiæ[41] compositæ secundum[42] se non est hæc vel individua ; nam quidditas[41] substantiæ compositæ[42] indifferenter reperitur in uno[43] et in pluribus. Quod autem tale est, non est secundum se individuum[44].

Item, substantia composita vel sua[45] quidditas per[46] formam[46] primo, accipiendo[47] rationem formæ absolute[48], non[49] hoc aliquid est vel individuum, quia quod[50] secundum rationem suam in pluribus reperitur, per illud non dicetur aliquid esse primo individuum. Sed forma[51] substantiæ compositæ secundum[52] se accepta potest[52] in pluribus reperiri. Unde et Philosophus dicit[53] eandem esse formam generantis et generati, aliam[54] tamen[55] materiam[56]. Quare[57] substantia composita per formam absolute non efficitur individua.

Item, nec per materiam, quia[58], sicut prius, quod pertinet ad rationem[59] plurimum, illud[60] non est causa individuationis. Sed materia secundum se pertinet ad rationem plurimum ; pertinet enim ad speciem. Materia enim[61] proportionatur formæ. Manifestum est ergo quod substantia[62] composita nec secundum se, nec per formam nec per materiam est hoc aliquid et[63] una numero.

Item, non est hoc aliquid[63] primo per aliquod accidens illi, quia illud[64] est individuum per se quod existit[65] in actu per se. Nam species secundum rationem speciei nec existit nec non existit simpliciter et in effectu, sed[66] secundum quod in suppositis est. Quare esse[67] in actu[66] convenit speciei et substantiæ per[68] supposita[68] primo. Quod ergo primo[69] subsistit in effectu est[70] substantia secundum quod individua. Quod apparet : Quando enim acquiritur esse[71] in[71] effectu[70], generatur hoc aliquid, et[72] quando corrumpitur, corrumpitur[73] hoc aliquid. Quare in genere substantiæ illud[74] est[75] individuum cujus est esse[76] per se. Dico autem[77] in genere substantiæ ; nam individua aliorum generum, cum sint accidentia, non sunt nata per se existere[78]. Hoc est ergo quod primo accidere est. Item, aliud[79] : Quod enim secundum se non est individuum[80], non est causa individuationis alicujus.

Ex primo[81] arguitur[82] quod accidens non possit[83] esse[83] causa individuationis, quia illud est hoc aliquid[84] universaliter[85] et individuum in[86] genere substantiæ[85] quod habet esse in effectu primo[87]. Quare[88] illud cujus non est esse in effectu primo non est individuum secundum se. Accidens autem sub nulla ratione universali vel[89] particulari habet[90] esse[90] in effectu[87] per se et primo. Non enim est album nisi cum sit quoddam[91] alterum quod est album, ut[92] dicitur secundo[93] *Posteriorum*[94]. Et iterum, accidentia non sunt entia nisi[95] quia entis, ut dicitur[93] quarto[96] hujus[97]. Nullum ergo accidens est secundum se individuum[98]. Quod vero secundum se[98] non est individuum non est

33 de eo quæ *M*.
34 adveniens *B C M V V2 Z*.
35 quod *V*.
36 *om. B* : *add.* quod *B M V V2 Z*.
37 pro *V2*.
38 manifeste *V2*.
39 quia *V Z*.
40 veritas *V2*.
41 Homœoteleuton *A*.
42 Homœoteleuton *M*.
43 una *B V Z*.
44 indivisionem *B*.
45 *om. V2*.
46 *om. A*.
47 *om. M*.
48 *om. A*.
49 nisi *V2*.
50 *om. V*.
51 formam *M*.
52 *om. M*.
53 *om. M*.
54 *om. V2*.
55 causam *V2*.
56 naturam *A C V*. Aristotle, *Meta.*, Z, 8, 1033b29-32.
57 quia *B*.
58 quare *M*.
59 divisionem *B*.
60 hæc *A* : idem *V2*.
61 etiam *B C M V V2 Z*.
62 *om. A*.
63 Homœoteleuton *V2*.
64 idem *V2*.
65 exit *A*.
66 *om. A*.
67 enim *V* : est *Z*.
68 *om. A*.
69 *om. A V2*.
70 Homœoteleuton *V2* : effectu *reads* effectum *C Z*.
71 essentiam *V Z*.
72 Homœoteleuton *V2*.
73 *om. B C V V2 Z*.
74 Homœoteleuton *V2*.
75 *add.* ibi *Z*.
76 *om. B*.
77 *om. C M V* : *add.* quod *B V2 Z*.
78 subsistere *V2*.
79 ad *B* : *om. M* : quod *V2*.
80 *add.* et hoc *B C V V2 Z*.
81 *add.* hoc *A M* : *om. V2*.
82 quæritur *B*.
83 esset *V2*.
84 *om. B M V Z*.
85 *om. M*.
86 *om.* in genere substantiæ *A C V2*.
87 Homœoteleuton *C*.
88 quia *V2*.
89 in *M*.
90 *om. B*.
91 quod *A*.
92 *add.* cum *V2*.
93 Homœoteleuton *V*.
94 Aristotle, *Anal. Post.*, II, 1, 89b32-3.
95 hoc *V2*.
96 in secundo *V2*.
97 Aristotle, *Meta.*, Γ, 4, 1007a36 ; cf. also Λ, 1, 1069a2-2-3 ; St. Thomas, *In XII Meta.*, 1, n. 2419.
98 Homœoteleuton *B*.

causa individuationis [99], ut secundo [100] accipiebatur [100]. Relinquitur ergo [1] quod substantia composita non est individua per aliquod accidens sibi.

Et hoc etiam declaratur ex alio. Quod enim quantum est de se est commune pluribus, non est [2] causa individuationis ; causam [3] enim [3] et effectum oportet esse proportionata [4]. Sed accidens [5] omne [6], sive per se sive cum alio quantum est, ex ratione sua est commune pluribus. Etiam [7], quotcumque [8] accidentia aggregentur [9], adhuc totum aggregatum commune est, sicut dicit Avicenna [10], quia, si componentia sunt communia [11], et compositum [12]. Manifestum [13] est ergo quod accidens non est causa individuationis [14].

Et si dicatur quod quantitas est causa individuationis, sed non quantitas sub [15] ratione [15] quantitatis, immo quantitas secundum quod hæc, contra : Qui sic dicit non solvit [16], sed mutat dubitationem. Si enim accidens secundum naturam suam non est causa individuationis, sed [17] secundum quod hæc, tunc quæro : Quid est illud [18] quod facit accidens esse hoc ? Ex quo [19] enim ex se non habet quod hoc sit, et per omne hoc est causa individuationis, tunc necessario competit sibi per aliud. Et tunc quæram de illo alio ; aut enim secundum se hoc est aut non ? Si sic, eadem ratione standum [20] erat in primo ; si autem sit [21] hoc per aliud, tunc fiat quæstio consimilis de illo. Et sic, dato quod accidens sit causa individuationis, aut procedetur [22] in [23] infinitum, aut erit devenire ad aliquod accidens, quod secundum se sit [24] hoc aliquid et individuum. Hoc autem falsum est, ut ostensum est prius. Et ideo credo quod nullum accidens, (241r) nec materia nec [25] forma [25] sit [26] causa individuationis. Ipsa etiam [27] substantia [28] composita ex [29] se [29] non est [30] individua. Et hæc omnia declarata sunt in præcedentibus.

Sed [31] est intelligendum, ut appareat differentia inter hoc aliquid et [32] individuum, et [33] per consequens diversa causa unius et alterius, quod, in genere substantiæ, individuum et hoc aliquid sunt una natura, sed differunt ratione. Et dico in genere substantiæ, quia individuum reperitur in genere accidentis, sed ibi non est hoc aliquid ; in genere autem substantiæ reperitur utrumque. Ratione vero [34] differunt ; nam aliquid dicitur [35] individuum, quia [36] non divisum [37] in plures substantias numero. Idem autem dicitur hoc aliquid, quia secundum se subsistit et habet esse. Unde hæc est ratio propter quam aliqua substantia dicitur hoc aliquid, quia est subsistens. Ratio enim hujus, quod est esse hoc aliquid, est per quam substantia hæc [38] differt [39] a substantia absolute dicta. Hoc autem est subsistere et per se habere esse. Sicut igitur in genere substantiæ eadem [40] est natura quæ per se subsistit, et actu non est divisa in plures substantias, sic eadem est [41] natura quæ est hoc aliquid [42] et individuum. Et sic habetur [43] propositum, quod, videlicet, individuum et hoc aliquid sunt [42] una natura, sed [44] ratio rei diversa.

Et ex hoc [45] sequitur quod causas differentes secundum rationes [46] habebunt. Dicitur enim [47] individuum quia [48] indivisum. Indivisum [49] autem de sua ratione indivisionem importat, indivisio vero privationem. Et ideo [50] individuum [51] secundum rationem propriam privatio quædam [52] est quemadmodum [53] et unum. Unde dicimus [54] individuum [55] quod [56] numero unum.

Privatio autem omnis [57] causam [58] materialem [58] habet per se, alias autem [59] nonnisi per accidens. Quod autem causam [60] materialem [44] per se habeat manifestum est ;

99 *add.* in alio *A.*
100 dicitur hujus *V2.*
1 *om. V2.*
2 *om. B.*
3 tamen causam *M.*
4 proportionalia *A* : proportionatam *C* : proportionatum *M V2.*
5 accidentis *V2.*
6 esse *B V V2 Z.*
7 *om. A* : et *C M V2.*
8 quæcumque *C* : quo *M.*
9 apparentur *M* : generentur *V2.*
10 Avicenna, *Meta.*, V, 4, D, fol. 89ra.
11 quia *M.*
12 composita *B C V V2 Z.*
13 verum *B.*
14 individuis *Z.*
15 substantia *M.*
16 solum *M.*
17 *om. C.*
18 *om. M.*
19 hoc *V2.*
20 facta dum *Z.*
21 sic *B.*
22 proceditur *V2.*
23 *om. V.*
24 *om. V2.*
25 nullo *M.*
26 *om. V2.*
27 et *V2.*
28 *om. M.*
29 *om. V.*
30 *om. V2.*
31 *om. C* : si *V2.*
32 *add.* inter *V2.*
33 *om. B.*
34 *om. A* : non *V2.*
35 *add.* et *B.*
36 quare *M.*
37 indivisum *B.*
38 homo *V2.*
39 differat *V2.*
40 eidem *A.*
41 *om. A B M V V2.*
42 *om. M* ; *add.* est *M* : sunt *reads* est *in A.*
43 haberetur *B V Z.*
44 *om.* . . . materialem *B Z.*
45 *om. A.*
46 rationem *V2.*
47 *om. A M.*
48 quare *M* : quod *V2.*
49 individuum *A V2.*
50 *om. C.*
51 indivisio *A.*
52 *om. V2.*
53 quoniam ad modum *V2.*
54 dicemus *V2.*
55 *om. V2.*
56 quia *A.*
57 *om. M.*
58 causas materiales *V V2.*
59 *add.* causas *A.*
60 *om. V.*

nam [61] privatio vult habere naturam [62] subjectam [63] de qua [64] dicatur. Cum enim [65] non sit nata esse per se, exigit [66] aliud in quo sit. Unde [67] est in subjecto [68] apto nato, ut voluit Philosophus quinto hujus [69]. Illud autem in quo est ipsa privatio dicimus causam materialem. Et ideo privationis est aliqua causa materialis per se.

Ejus tamen non est causa formalis per se, quoniam [70] omnis privatio, cum [71] sit privatio [71] alicujus perfectionis [72], est privatio formæ, quoniam forma et perfectio rei sunt idem. Nullius ergo privationis est causa formalis per se.

Hoc etiam apparet de causa activa, quoniam, secundum quod dicit Algazel [73], privationis non est causa efficiens, sed magis deficiens.

Tertio hoc apparet de causa finali. Sicut enim aliquid se habet ad causam activam, sic et ad finem ; nam agens comparatur [74] ad finem, et sunt sibi invicem causæ. Si igitur privationis non sit causa activa per [75] se [75], manifestum est quod nec finis. Individuatio ergo, cum sit quædam privatio [76], causam efficientem non habet per se, nec formalem nec [77] finalem [77], sed causam materialem solum habet per se [78]. Et hæc est natura substantiæ quæ subest individuationi.

Licet autem causam activam per se non habeat, tamen per accidens habet [79]. Si enim habitus [80] est causa habitus [81], et privatio erit causa privationis. Causa autem multitudinis individuorum est generans [82], inquantum agit in [83] materias [83] distinctas. Unde causa divisionis [84] est ipsum dividens, quod dicitur generans, quia [85] causa [84] privationis, videlicet indivisionis, erit privatio causæ [86] dividentis [87] per se ; individuum ergo, sub ratione qua [88] individuum, non [89] habet causam activam per se, sed privativam per [90] se [90].

Unde, si quæratur quare [91] non est hæc substantia divisa in plures substantias numero differentes, dicam quia [92] non est dividens. Et si quæratur propter quid [93] formaliter est hæc substantia indivisa [94], dicam quod propter [95] indivisionem, ita quod causa activa est privatio dividentis, causa vero [96] formalis est indivisio. Et istud [97] universaliter verum est de individuo [98] in substantia materiali, et accidentibus, et corporibus superioribus et omnino [99] a [100] materia [100] separatis. Sed si quæratur propter quid [1] est hoc [2] aliquid, aliter [3] dicendum est. Et primo quasi [4] per modum inquisitionis, quod substantia [5] in separatis et in compositis materialibus [6] non est hoc aliquid [7] per rem additam substantiæ ejus.

Et hoc convenit consimiliter [8] probari [9], sicut [10] Commentator probat super quartum hujus [11], quod unum non [12] dicit naturam [13] additam enti. Quia, si [14] substantia est hoc aliquid per rem [15] additam sibi [16], illam rem [17] additam [16] oportet esse hoc aliquid. Et [18] tunc quæram de illa [18] ; aut enim est hoc aliquid [19] per suam substantiam aut per aliquid sibi additum. Si [20] per substantiam suam, consimiliter standum erat [21] in primo. Si autem per additum, tunc [22] illud [23] additum [22] erit hoc aliquid, et fiat [24] quæstio [25] eadem quæ prius. Quare, vel [26] procedetur [27] in infinitum vel erit devenire [28] ad aliquam substantiam quæ [29] sit hoc aliquid [29] non [30] per rem additam sibi. Et si

61 quod omnis *V2*.
62 materiam *A C V2*.
63 substantiam *Z*.
64 *add.* sic *V2*.
65 *om. C*.
66 existit *V2*.
67 bene *V2*.
68 substantia *M*.
69 Aristotle, *Meta.*, Δ, 22, 1022b-24-5.
70 cum *M*.
71 est *A*.
72 imperfectionis *V2*.
73 Non inveni.
74 operatur *A M*.
75 *om. M*.
76 *om. A*.
77 *om. A*.
78 *add.* et hoc per se *V*.
79 *om. M*.
80 *add.* privationis *V2*.
81 *om. M*.
82 in generatum *V2*.
83 immateriales *B V*.
84 Homœoteleuton *B*.
85 quare *M*.
86 erit privatio *A* : *om. V* : omnes *V2*.
87 dividentes *V V2*.
88 quam *V2*.
89 *add.* natura *B*.
90 *om. C M V V2 Z*.
91 quia *B* : *om. V2*.
92 quare *V*.
93 quod *B C V2*.
94 *om. V2*.
95 *om. V2*.
96 enim *A M*.
97 ideo *V2*.
98 divisione *M* : indivisione *V2*.
99 esse *A*.
100 quam *V*.
1 quod *V2*.
2 *om. B V Z*.
3 animaliter *V2*.
4 arguitur *V2*.
5 *add.* esset *M* : *add.* est *V2*.
6 immaterialibus *V*.
7 *om. A M*.
8 consimile *V* : simpliciter *V2*.
9 probatur *V2* ; probare *B*.
10 sic *V2*.
11 Averroes, *In* IV *Meta.*, 2, t. c. 3, fol. 67vG.
12 *om. B*.
13 materiam *M*.
14 *om. V2*.
15 rationem *V2*.
16 Homœoteleuton *V2*.
17 rationem *A M*.
18 *om. M*.
19 aliquam *Z*.
20 sibi *V2*.
21 erant *M*.
22 *om. M*.
23 *add.* per *V2*.
24 fiet *A*.
25 quod *V2*.
26 nihil *V Z*.
27 proceditur *V2*.
28 *om. M*.
29 *om. A*.
30 licet *V2*.

hoc [31] verum sit de una substantia, eadem ratione et de [32] omni ; quia [33], quantum ad rationem substantiæ, una ab alia non differt. Si igitur inconveniens sit procedere in infinitum, relinquitur quod nulla substantia est hoc aliquid per rem additam sibi.

Et hujus [34] declaratio est ex alio. Si [35] substantia esset hoc aliquid per rem [36] additam sibi, tunc illud additum [37] aut esset de genere substantiæ aut de genere accidentis. Non [38] potest esse de genere accidentis [38], quia accidens non est causa quare aliquid sit hoc aliquid et individuum. Ergo oportet quod sit de genere substantiæ. Aut ergo materia, aut forma aut diversum aliquid ab his. Sed nec forma nec materia facit hoc aliquid, ut apparet ex præcedentibus. Nec [39] aliquid diversum [40] ab istis ; tunc enim aliqua [41] substantia esset per se ex pluribus composita quam ex materia et forma, et hoc statim apparet inconveniens.

Et est intelligendum quod ex quo substantia secundum rationem substantiæ non [42] est hoc aliquid per rem [43] additam sibi, tunc necessario [44] est [45] hoc [46] aliquid [46], et [47] determinatur ad hoc aliquid [47], per aliquid [48] secundum rationem. Et hoc non est per rationem absolutam, quia substantia per rationem absolutam, puta homo secundum quod homo, magis est intelligibilis [49] quam hoc aliquid. Ergo est hoc aliquid per rationem in respectu ad aliquid [50] dictam. Et hoc non est in respectu ad aliquod accidens, quia accidens præsupponit existens in actu, et existens in actu in genere substantiæ solum est hoc aliquid. Quare substantia [51] præexistit [52] ante [53] omnem respectum ad accidens.

Est ergo hoc [54] aliquid in ordine ad actionem, cujus dicitur esse [55] finis. Unde dicendum est quod substantia speciei est hoc aliquid, inquantum [56] est terminus hujus generationis, hujus agentis. Quod probatur, quia substantia speciei est hoc aliquid [56] secundum hoc quod habet esse, quia hoc aliquid est cujus est [57] primo esse. Sed esse competit substantiæ primo per hoc quod est terminus actionis [58] talis agentis, quia, videlicet, a tali agente introductum est in esse. Et ideo, si esse est ejus inquantum terminus est hujus actionis, dicam [59] quod substantia speciei est [60] hoc aliquid inquantum est terminus hujus actionis [59], ex hac materia et tali agente.

Et tu dices, substantia est hoc aliquid per respectum ad hoc agens ; quæram [61] unde [62] agens est hoc aliquid. Oportet [63] dare consimiliter quod per respectum ad hoc agens, et illud per respectum ad aliud agens, quod etiam fit hoc aliquid ; et sic ulterius procedendo quousque deveniatur ad [64] agens quod non est hoc [65] aliquid per respectum ad [66] aliud [66]. Dico quod hoc verum est. Et ideo concedo quod est devenire (241v) ad agens primum, quod secundum se est hoc aliquid, in [67] quo [67] non differt ratio speciei et subsistentiæ [68], per quam substantia dicitur hoc [69] aliquid [69]. In [70] aliis autem substantiis immaterialibus est hoc aliquid [70], inquantum sunt termini talis [71] factionis absolute. In istis vero [72] materialibus [73] est hoc aliquid per rationem habitam [74] vel per respectum ad agens, inquantum sunt termini hujus actionis, et hujus agentis [75], ex [76] hac materia, ita quod immediate unitas rei [77] generatæ [78] est ex unitate actionis, et unitas [77] actionis ex unitate materiæ. Et ideo dicimus [79] materiam, secundum quod signata [80] est, esse [81] causam individuationis.

Substantia ergo speciei non est individua vel hoc aliquid per rem additam, sed [82] per rationem. Substantia enim speciei absolute dicta non re, sed sola ratione differt

[31] *om. M.*
[32] *add.* alia *M.*
[33] *add.* sensum *V2.*
[34] *add.* in conclusione *V2.*
[35] sed *V2.*
[36] rationem *V2.*
[37] aliquid *V2.*
[38] Homœoteleuton *V2.*
[39] ut *V2.*
[40] *om. V2.*
[41] *om. M.*
[42] quæ *B.*
[43] se *V2.*
[44] necessarium *A* : necessare *V2.*
[45] *om. V2.*
[46] quod *A.*
[47] Homœoteleuton *V2.*
[48] aliquam *A.*
[49] intelligendum *V2.*
[50] *om B* : quid *V2.*
[51] *add.* hoc aliquid *A.*
[52] *add.* hoc aliquid *C M V2.*
[53] *add.* accidens vel *A.*
[54] *om. B V Z.*
[55] est *A.*
[56] Homœoteleuton *M.*
[57] *om. M.*
[58] generationis *A.*
[59] Homœoteleuton *V.*
[60] *om. Z.*
[61] et quia aut *B.*
[62] per quid *A* : unum *B.*
[63] erit *V2* : *add.* enim *A.*
[64] aliquid *B V2.*
[65] aliud *M.*
[66] *om. M.*
[67] *om. M.*
[68] subsistens *V2.*
[69] *om. V.*
[70] Homœoteleuton *M Z.*
[71] tales *V2.*
[72] *add.* inferioribus *A* : *om. M V2.*
[73] immaterialibus *V2.*
[74] additam *M.*
[75] *om. A.*
[76] in *M.*
[77] Homœoteleuton *V*
[78] generatur *C.*
[79] *om. M.*
[80] significata *V2.*
[81] est *A.*
[82] sive *V2.*

a substantia individua [83] et hoc aliquid. Illa [84] namque substantia quæ secundum quod comparatur [85] ad intellectum absolute dicitur intellecta, illa eadem ut est terminus talis actionis dicitur hoc aliquid. Et non est inconveniens, si [86] natura rei [87] esse intellectum habet et [88] universale [88] per solum respectum ad intellectum [89], quin similiter per solum respectum ad aliquid [89] extra habeat esse hoc aliquid et individuum. Et ideo [90] non dicam quod substantia sit in effectu per solam rationem, immo per formam ; sed per formam non existit nisi sub [91] habitudine ad agens. Istam habitudinem dico rationem quamdam additam [92] substantiæ, ita quod totum compositum [93] est per formam suam, cum [94] in ordine ad tale agens. Non autem existit per formam sub ratione qua comprehenditur [95] absolute [96] ; sic enim non comprehendam [97] ipsum [98] esse vel non esse.

Et ex hoc patet quod [99], quia [98] Antiqui [100] quærebant rem [1] aliquam esse principium [2] individuationis, ideo in diversas vias [3] inciderunt. Quia enim substantia est per formam et non per rem additam, individuum autem est cui [4] per se debetur esse, ideo dixerunt aliqui [5] formam esse principium individuationis. Et [6] si [7] isti intellexerunt [8] de natura formæ absolute [9], quod scilicet per eam absolute existat [10] substantia [11] composita, non ut in habitudine ad agens, non verum dixerunt. Unde, quia forma absolute accepta parum differt a forma ut est in ordine ad aliud dicta, ideo isti ad naturam [12] formæ [13] absolute attenderunt, sed respectum [14] dimiserunt.

Item, quia [15] quantitas inter [16] omnia immediatius adhæret [17] substantiæ singulari [18], et substantia [19] singularis [20] definitur per hic [21] et nunc [21], quæ [22] ad [23] genus [24] quantitatis videntur [25] pertinere [26], ideo [27] ponebant quidam [28] quantitatem [29] esse principium individuationis. Sed illud non valet ; non enim substantia singularis definitur per ista quia hæc substantiam [30] individuant [31], sed [32] quia ad substantiam individuatam [33] sequuntur [34]. Si [35] enim ratio [36] essentialis alicujus ignota est, definimus [37] ipsum per aliquid quod sequitur ad rationem ejus. Quia igitur ratio [38] singularis secundum quod singularis [39] ignota [40] est [40], ideo definitur per accidentia consequentia ad [41] rationem ejus.

Item, quia generans vel forma non est hoc aliquid nisi inquantum terminus hujus actionis, et hæc actio una est ex unitate materiæ, ideo materiam dixerunt quidam [42] causam individuationis. Et si isti dicerent totam substantiam esse [43] ita individuatam per ordinem ad [44] hanc materiam, non [45] male dicerent. Si autem intellexerunt [46] materiam absolute causam esse individuationis, falsus est intellectus.

Sic [47] ergo apparet ex [48] omnibus istis per quid substantia dicitur individua et hoc aliquid, quoniam non per [49] materiam [49], nec per formam, nec per aliquod accidens nec universaliter per aliquam rem sibi additam, sed per solam rationem. Apparet etiam causa controversiæ Antiquorum [50] de causa individuationis et dissolutio dubitationum. Sic autem optime determinatur unumquodque, cum res in se cognoscitur et

83 individuata *V2*.
84 *om. V2*.
85 operatur *M*.
86 sed *B*.
87 re *M*.
88 *om. A* : *om.* universale *V2* : *add.* habere *B*.
89 *om. A*.
90 ita *A M V*.
91 *om. V2*.
92 habitam *A C M V2*.
93 positum *V2*.
94 *add.* ut *C M*.
95 comprehendetur *Z*.
96 *om. A*.
97 comprehendat *V2*.
98 *add.* sicut *A M* : *add.* positum *C V2*.
99 quia quos *M* : quia *V2*.
100 Cf. *infra*, Notes 5, 28, 42, p. 173.
1 rationem *A M* : respectum *C* : relationem *V2*.
2 causam *A C M V2*.
3 *om. V2*.
4 et ei *B V Z*.
5 antiqui *V2*. Possibly Aristotle ; cf. Aristotle, *Meta.*, Λ, 5, 1071a27-9 ; Δ, 17, 1022a25-9.
6 sed *A*.
7 *om. M*.
8 distinxerunt *A*.
9 *om. M*.
10 existebat *A*.
11 forma *M*.
12 materiam *V2*.
13 formam *V*.
14 regulam *V2*.
15 quod *M V2* : *add.* quam *B*.
16 in *V2*.
17 inhærit *A*.
18 singulariter *V2*.
19 substantiæ *V2*.
20 singulariter *V2*.
21 hoc *M* : hoc in *V2*.
22 et *V* : quo *V2*.
23 id *V*.
24 agens *M*.
25 videbitur *A* : videtur *V2*.
26 ponere *A*.
27 *om. A*.
28 Aristotle, *Meta.*, Δ, 13, 1020a7-32 : *Phys.*, I, 2, 185a32-5.
29 habitudinem *V2*.
30 substantia *B*.
31 individuent *B C M V V2 Z*.
32 *om. V2*.
33 individuatio *V2*.
34 sequitur *A Z*.
35 nisi *B C V V2 Z* : ratio *M*.
36 *om. M*.
37 definitionis *V2*.
38 *add.* essentialis *A C M V2*.
39 singulariter *B* : significata *V2*.
40 *om. M V2*.
41 *om. A*.
42 *om. B C M V V2 Z*. Aristotle, *Meta.*, Z, 8, 1034a5-8 ; Z, 10, 1035b30.
43 *om. M*.
44 *om. V*.
45 ideo *V2*.
46 intellexerint *A* : intelligerent *V*.
47 si *M* : *om. V*.
48 *om. A B V M*.
49 permanet *V*.
50 *om. A*.

causæ controversiæ Antiquorum manifestantur. Opposita autem et dubitata quæcumque [51] solvuntur [52], sicut Philosophus dicit quarto *Physicorum* [53], inquirens definitionem [54] loci.

Apparet tamen [55] ex præcedentibus quod de ratione individui non sunt accidentia, sed respectus. Unde non est dicendum, sicut quidam [56] voluerunt, quod individuum in genere substantiæ sit ens secundum accidens. Si enim substantia prima est quæ [57] primo [57] et principaliter et maxime dicitur substantia, ut habetur in *Prædicamentis* [58], quod talis substantia ponatur [59] ens secundum accidens contra rationem est. Et ideo non ponam quod illa ratio, quam addit individuum supra speciem, sit res [60] aliqua signata [61] per individuum, immo est solus respectus, qui nihil reale addit supra substantiam absolute dictam [62].

Ad rationem <1> cum arguitur, illud idem [63] secundum alium modum dicitur causa individuationis quod est causa multitudinis, <dico quod illi> qui moti fuerunt ex ista ratione non distinxerunt [64] inter unum quod convertitur cum ente et unum quod est principium numeri, quod [65] est de genere quantitatis ; item, nec [66] inter multum quod opponitur uni [67], et quod convertitur cum ente, et multum quod est numerus, quod [68] est quantitas. Unum enim quod est principium numeri quantitatis [69], dicit naturam [70] additam supra ens, scilicet naturam continui. Et ideo quod sic est unum est aliquod quantum. Substantia autem separata [71] est una numero, sed non per quantitatem, sed per suam substantiam. Unde aliquid est unum numero et hoc aliquid per substantiam, et aliquid per quantitatem. Et similiter dicendum de multo ; est enim [72] multitudo substantiarum et multitudo continuorum.

Tunc, cum dicitur in majori [73], illud idem secundum alium modum [74] quod est causa multitudinis [75] est causa [75] unitatis vel individuationis, dico quod, comparando propriam multitudinem [76] ad propriam [76] unitatem, propositio veritatem habet. Et cum dicitur in minori quod quantitas per sui divisionem est causa multitudinis, dico [77] quod est causa [78] multitudinis [77] materialis [79], quæ est multitudo secundum quantitatem. Et ideo concedendum est quod per quantitatem [80] est [81] aliquid unum [82] numero quantum, sed non sequitur ergo per quantitatem est substantia una numero. Unde, si circumscriberem quantitatem, et considerarem ipsam substantiam, ut terminus est hujus actionis, adhuc considerarem ibi [83] unitatem in numero.

<2> Ad aliud, cum [84] arguitur, illud [85] quo unum individuum [85] differt ab alio est causa individuationis, concedatur [86]. Et [87] cum dicitur in minori quod per accidens unum (242r) individuum differt ab alio, dico quod, si voces accidens [88] rem [89] quæ [90] est de genere accidentis, propositio [91] veritatem non habet. Per nullum enim tale accidens Socrates [92] primo differt a Platone, quia nullum tale accidens [92] in ratione Socratis unde Socrates est includitur. Si autem voces accidens rationem additam substantiæ, puta respectum [93] vel ordinem [94], hoc modo propositio minor vera est. Sed quia [95] ista ratio non erat [96] nobis nota per quam duo individua differunt, et accidentia quæ consequuntur [97] rationem istam magis nota [98] sunt nobis, ideo [99] dicimus per talia accidentia individua differre.

<3> Ad tertium, illud est principium individuationis, quo circumscripto [100], singulare videtur esse intelligibile, concedatur. Et cum dicitur in minori quod, circumscripto

[51] quare *C M V2*.
[52] solvantur *M*.
[53] ARISTOTLE, *Phys.*, IV, 1, 208a34-7.
[54] definitione *B V Z*.
[55] tantum *C V A* : etiam *M* : et *V2*.
[56] BOETHIUS, *In Isag. Porph.*, III, 11, p. 234, l. 14 ; p. 235, l. 4.
[57] prima *V2*.
[58] ARISTOTLE, *Categ.*, 5, 2a11-3.
[59] ponitur *M*.
[60] ratio *V2*.
[61] significata *V2*.
[62] *add.* unde ista est penitus per se Socrates est homo *A M*. *Marginal note* — solutio factionem (2nd hand) *Z*.
[63] *om. M*.
[64] dixerunt *V2*.
[65] qui *A C M Z* : quæ *V V2*.
[66] *om. V2*.
[67] *om. V2*.
[68] qui *M V2 Z*.
[69] quanti *A C M V2*.
[70] materia *V*.
[71] *om. V2*.
[72] *add.* qua *V2*.
[73] minori *V2*.
[74] *om. M*.
[75] Homœoteleuton *B*.
[76] Homœoteleuton *B*.
[77] Homœoteleuton *B*.
[78] *om. V V2 Z*.
[79] immaterialis *B*.
[80] quam *M*.
[81] esse *A* : *om. M*.
[82] *add.* esse *M*.
[83] *om. V*.
[84] *om. V2*.
[85] in divisione *M* : *om. V2*.
[86] consequitur *V2*.
[87] ut *V*.
[88] *add.* etiam tunc *V*.
[89] respectum *A C M*.
[90] qui *A M*.
[91] propositionem *M*.
[92] Homœoteleuton *A*.
[93] respectu *V*.
[94] ordine *V*.
[95] *om. V2*.
[96] erit *V2*.
[97] sequitur *A*.
[98] non *B V* : vera *V2*.
[99] commune *C* : non *Z*.
[100] circumscripta *B V*.

quolibet accidente, singulare [1] est intelligibile, dico quod falsum est. Circumscripto quolibet accidente [1], adhuc potest considerari substantia ut terminus hujus actionis ; et hac consideratione habita, non est singulare ut sit per se intelligibile. Sed circumscripta [2] hac ratione et quolibet accidente, jam remanet [3] in intellectu [4] substantia absolute et habens naturam [5] universalem ; et ita [6] substantia inquantum terminus hujus actionis per se est individua [6].

Ad illud Boëthii, patet solutio per [7] prædicta [8].

LIBER IX, QUÆSTIO 3

(249v) Viso quod in substantiis immaterialibus reperitur potentia passiva, quæratur consequenter utrum potentia passiva in substantiis immaterialibus sit aliquid additum substantiæ earum.

Et videtur quod non [1]. <1> Quia, si sit aliquid additum, cum [2] illud non sit in essentia ipsarum, oportet quod sint in potentia ad illud. Aut ergo sunt in potentia ad illud per substantiam suam aut per aliquid additum. Si [3] per substantiam suam, tunc potentia quæ fuit ad potentiam est in substantia [4] earum, et tunc eadem ratione [5] standum erit [6] in potentia prima. Si autem dicatur quod per aliquid additum, tunc sunt [7] in potentia ad illud [8], et fiet quomodo consimilis quæ prius. Quare aut proceditur [9] in infinitum, aut potentia passiva in substantialibus [10] non [11] est aliquid [12] additum substantiæ. Procedere [13] in infinitum est inconveniens ; quare primum stabit [14] ; ergo et cetera.

<2> Item, si potentia in substantiis immaterialibus [15] esset aliquid additum essentiæ, cum ipsæ sint formæ simplices [16], sequitur tunc quod formæ simplices erunt subjectum accidentium. Hoc autem falsum est ; quare et cetera.

Oppositum arguitur : Potentia et actus sunt de eodem genere, sicut potentia quale et [17] actu quale [17] ; similiter potentia substantia [18] et [19] actu substantia [20]. Sed actus [21] ad quem est potentia in [22] immaterialibus est aliquid [23] additum substantiæ ipsarum [24] ; puta actus intelligendi rationes, etiam intelligendi mediantibus quibus intelligunt. Quare [25] potentia passiva ad [26] illa [27] erit [28] aliquid [29] additum et non erit natura ipsarum.

Potest dici quod in substantiis immaterialibus aliis a prima est ratio potentiæ passivæ ad [30] esse et ad [30] operationem intelligendi ; item, ad rationes vel species intelligibiles quæ sunt principia intelligendi rem. Et hoc quidem verum est, si [31] per [31] rationes intelligendi alias [32] a [33] substantiis [33] suis intelligant.

Et credo quod potentia passiva in eis ad esse non [34] est in re differens a naturis [35] earum, sed solum in ratione. Quod apparet ex duobus. Accipiamus aliquam intelligentiam. Hæc [36] intelligentia est in potentia ad esse ; quare [37] vel per [38] substantiam suam vel per rem additam substantiæ. Si [39] per substantiam suam, propositum habetur, videlicet quod potentia est in substantia ejus. Si vero dicatur quod per rem additam, tunc essentia ejus fuit in potentia ad rem illam ; et tunc ista potentia vel fuit in essentia ejus vel non. Si sic, ergo potentia passiva prima [40] fuit in substantia ejus, quæ est potentia ad esse [37] ; non est alia potentia prior. Si autem [41] dicatur quod fuit in potentia per rem additam, ergo sic [42] prius fuit in potentia ad rem illam, et fiet quæstio quæ

1 Homœoteleuton *V2*.
2 circumscripto *Z*.
3 *om. A*.
4 intellectum *M*.
5 materiam *V2* ; *add.* in materiam *V2*.
6 *om. A*.
7 *om. A M V2*.
8 *om. A*.

1 sic *M*.
2 *om. B*.
3 *om. Z*.
4 subjectis *V*.
5 *om. M*.
6 *add.* per aliquid additum *C*.
7 *om. B V Z* : fuit *V2*.
8 aliud *M* : *add.* quod *B Z*.
9 *om. V* : procedetur *C Z*.
10 inferioribus *V2* : superioribus *Z*.
11 *om. B* : tunc *V2*.
12 *om. M*.
13 potentiæ *V2* : *add.* quod *V Z* : *add.* aut *V2*.
14 stabat *B*.
15 materialibus *B*.
16 simplicitatis *B*.
17 Homœoteleuton *V*.
18 simili *V2*.
19 *om B*.
20 simili *V2*.
21 accidens *M*.
22 et *B*.
23 aliquod *V*.
24 ipsorum *M*.
25 quia *B C V*
26 cum *M*.
27 illam *B*.
28 est *V2*.
29 ad *M*.
30 *om. V2* ; *add.* et *V2*
31 super *V2*.
32 aliis *B*.
33 substantias *V2*.
34 *om. V2*.
35 natis *V*.
36 hinc *V2*.
37 *om.* . . . suam *M* : Homœoteleuton *V2*.
38 ad *B*.
39 et *V*.
40 *om. M*.
41 *add.* quod *B*.
42 sicut *B M V2*

prius, et sic in infinitum. Quare [43] vel [44] proceditur [44] in infinitum [43], vel potentia passiva erit in substantia ejus. Procedere autem [45] in [46] infinitum in causis passivis et activis est inconveniens, ut patet secundo hujus [47]. Quare [48] relinquitur quod potentia passiva prima, cujus [49] est potentia ad esse in substantiis immaterialibus, non est res addita substantiæ ipsarum [50].

Item, si dicatur quod esse [51] non est additum substantiæ in [52] immaterialibus [53], sed est ipsa [54] natura et substantia earum, cum immediatior sit potentia ei quod recipit per [55] illam potentiam quam [56] illud quod recipitur [55], multo fortius et [57] potentia in rebus immaterialibus erit natura [58] ipsarum. Si ergo [59] potentia passiva in eis non est [60] res addita, sed ratio quædam (non enim idem [61] secundum rationem [62] intelligitur [63] considerata secundum se, et ut est in potentia ad esse), sequitur quod potentia passiva in immaterialibus [64] est solum aliquid diversum in ratione a [65] substantia ipsarum [66].

Et hanc diversitatem oportet accipere ex ipso esse. Si [67] enim esse substantiarum immaterialium est idem [68] quod natura ipsarum, solum differens ratione, manifestum est quod dicendum erit de potentia ad esse in eisdem substantiis. In re enim idem est cum eis, sed differt ratione, ita quod proportionaliter, sicut [69] eadem [70] natura realiter [71] est quæ nominatur essentia [72] et dicitur hoc aliquid, nisi quod ut consideratur [73] secundum se [74] essentia dicitur, ut autem consideratur [75] secundum quod terminus hujus factionis a tali agente dicitur hoc aliquid ; similiter idem secundum rem in [76] immaterialibus est potentia passiva ad esse et ipsa essentia [77] earum, nisi quod [78] ratione differt. Intelligentia enim, ut habens [79] ordinem ad aliud [80] a quo potest recipere esse, potentia passiva dicitur ; ut autem secundum se consideratur [81], dicitur essentia [82]. Differt ergo ratione, et ita diversitas non accidit in Primo. Propter quod intelligentia deficit a simplicitate Primi, et quæcumque [83] est post [84] primum ens accedit ad naturam compositionis. Sic ergo potentia passiva ad esse non est res addita essentiæ immaterialium.

De potentia autem ad operationem vel rationem [85] intelligendi, dico quod in [86] intelligentia necesse est esse potentiam ad accidens [87] aliquod. Quæ potentia tamen est in essentia [88] sua, vel aliter proceditur in infinitum, quamvis [89] possint [90] esse aliæ potentiæ quæ erunt [91] de genere accidentium. Et similiter intelligo [92] de qualibet substantia. Accipiamus enim unam intelligentiam. In ea est aliquod accidens ; quare et [93] potentia ad illud. Potentia autem ista aut est in substantia intelligentiæ aut non. Si est in substantia, propositum [94] habetur [95]. Si autem non est in substantia [94], sed est res addita [96] substantiæ, ergo intelligentia est in potentia ad rem illam. Cuilibet enim [97] rei existenti in aliquo, correspondet potentia ad illud. Vel ergo est in potentia per [98] suam substantiam vel per aliquid [99] additum. Et sic vel procedetur [100] in infinitum, vel [1] erit devenire ad potentiam quæ est [2] respectu alicujus accidentis, quam necesse est esse in natura intelligentiæ. Procedere autem [3] in infinitum [1] inconveniens est ; quare reliquum stabit. Et non tantum [4] probat ratio in substantiis immaterialibus, sed [5] etiam in omnibus, ita quod [6] in [7] Sorte [8] oportet ponere potentiam ad aliquod [9]

43 procedetur *V2*.
44 istud pro parte dicitur *B* : vel parte dicitur *Z*.
45 aut *B*.
46 *om.* *B*.
47 Aristotle, *Meta.*, a, 2, 994a1-7.
48 quia *Z*.
49 *om.* *V2* : cujusmodi *Z*.
50 propriarum *V2*.
51 omne *M*.
52 *om.* *B*.
53 materialibus *A M V2*.
54 in potentia *V2*.
55 Homœoteleuton *B*.
56 *om.* *M*.
57 a *V*.
58 potentia *V2*.
59 *om.* *V*.
60 sit *A*.
61 *om.* *V2*.
62 *add.* est *C V V2 Z*.
63 intellectum *V2*.
64 materialibus *B M V Z*.
65 *om.* *V2*.
66 ipsorum *V2*.
67 sed *V2*.
68 *om.* *M*.
69 sint *Z*.
70 idem *V2*.
71 re autem *V2*.
72 de natura *B* : esse *V2*.
73 consideretur *B V Z*.
74 esse *V2*.
75 consideretur *B V Z*.
76 *om.* *M*.
77 *add.* et *V2*.
78 autem *B*.
79 *om.* *M*.
80 illud *B*.
81 consideretur *B*.
82 esse *V2*.
83 quodcumque *V2*.
84 *om.* *B*.
85 ratione *V*.
86 *om.* *V V2*.
87 aliquid *Z*.
88 esse *V2*.
89 *add.* et *C M V2*.
90 posuit *V Z* : primo fuit *V2*.
91 erit *V2*.
92 intelligentiæ *V2* : quod *Z*.
93 est *V2*.
94 Homœoteleuton *B*.
95 habent *V*.
96 *om.* *V2*.
97 autem *V2*.
98 ad *M V2*.
99 aliquod *V*.
100 proceditur *V*.
1 Homœoteleuton *V*.
2 *add.* ita *Z*.
3 in illi *V2*.
4 tamen *V2*.
5 secundum *V2*.
6 *om.* *M*.
7 materia *V2*.
8 forte *M* : formæ *V2*.
9 aliquid *V*.

accidens quæ [10] sit in essentia sua. Et hoc convenit [11] probare ratione consimili qua probatur hoc de intelligentia.

Est ergo [12] ponere potentiam passivam in intelligentia vel ad [13] operationem vel ad [14] rationem [15] intelligendi. Quæ tamen non est res addita substantiæ suæ, sed differens ratione, ita quod natura intelligentiæ, ut secundum [15] se consideratur [16], substantia erit, ut autem consideratur [17] in ordine ad accidens, habet rationem potentiæ respectu illius [18]. In intelligentia [18] ergo potentia quæ est ad esse [19] et etiam ad [20] accidens est [21] de [22] substantia sua. Quamvis autem potentia (250r) quæ est ad [19] accidens et quæ est ad esse [23] utraque [24] sit in substantia, differt tamen, quia una præsupponit aliam. Intelligentia enim, ut consideratur [25] ut habens ordinem ad aliud in recipiendo esse ab illo, dicitur potentia passiva ad esse ; ut alterum est terminus hujus actionis, dicitur esse in actu. Istam autem potentiam ad esse præsupponit potentia ad accidens. Prius [26] enim secundum rationem consideratur [27] hæc [28] intelligentia ut in potentia est ad esse quam ut est in potentia ad accidens [26].

Et ex hoc posset patere ordo [29] potentiarum [29], et quomodo una alteram præsupponit ; etiam ordo virtutum agentium [30] reducentium istas potentias ad suos actus. Sed istud dimittitur ad præsens. Sic ergo manifestum [31] est quod potentia universaliter [32] in unoquoque ad esse [33] est in [34] substantia ejus, et differt ratione. Similiter [35] potentia [36] ad accidens primum in omnibus substantiis est in substantia earum, et ratione differt. Nihilominus etiam possunt in quibusdam esse potentiæ differentes a [37] substantia. Ejusmodi potentiæ sunt ad qualitates aliquas, secundum quas agunt alterando vel transmutando.

Ad rationem cum arguitur, potentia et actus sunt de eodem genere, dico [38] quod, si considerentur [39] potentia et actus quantum ad rationes formales, sic sunt in eodem genere [38]. Sed si considerentur [40] quantum ad naturam subjectam non est verum universaliter. Naturam enim cui debetur respectus [41] ad actum aliquem et actum illum non oportet esse in eodem genere [42]. Et iterum, quamvis potentia et actus reperiantur [43] in quolibet genere et in eodem, non tamen sequitur quod potentia ad hunc [44] actum et actus ad [45] quem est hæc potentia universaliter sint in eodem genere. Unde ratio non concludit.

QUÆSTIO QUODLIBETALIS II, 4

(147r) Postea quæritur circa creaturas primas, et primo de his quæ pertinent ad substantias materiales simpliciter ; secundo de quibusdam quæ pertinent specialiter ad naturam humanam. Circa primum quærebantur tria : Primo, quantum ad esse actuale ; secundo, quantum ad ipsius substantiæ individuationem ; tertio, quantum ad rationem differentiæ.

Primo igitur quærebatur utrum esse in effectu sit [1] in essentia substantiæ compositæ aliquid causatum.

Et arguitur quod sic. <1> Quoniam esse in effectu se habet ad illud cujus est esse sicut lumen in aere ad ipsum aerem. Sicut enim lumen informat aerem, ita esse in effectu illud cujus est. Sed lumen in aere est aliquid additum ; est etiam aliquid causatum in eo a corpore luminoso. Igitur esse in effectu est aliquid additum essentiæ ejus cujus est, et aliquid causatum in ea.

[10] quod *V2.*
[11] contingit *V2.*
[12] etiam *V2.*
[13] *om. V.*
[14] *om. V2.*
[15] *om. Z* : cum se verum *erased Z.*
[16] consideretur *Z.*
[17] consideretur *B V V2 Z.*
[18] in intelligentia illius *Z.*
[19] Homœoteleuton *M.*
[20] *om. V.*
[21] *om. B.*
[22] *om. V2.*
[23] accidens *V2.*
[24] utrumque *C* : utrum *V2.*
[25] considerat *C.*
[26] Homœoteleuton *B V Z.*
[27] considerat *C.*
[28] hujusmodi *V2.*
[29] *om. M.*
[30] *om. M.*
[31] nullum *B.*
[32] *om. B.*
[33] *om. V.*
[34] *om. V2.*
[35] simpliciter *V2.*
[36] *om. V2.*
[37] *om. V2.*
[38] Homœoteleuton *M.*
[39] consideretur *B V.*
[40] consideretur *V.*
[41] *om. V2.*
[42] *om. M.*
[43] recipiantur *V2.*
[44] *om. B.*
[45] et id *M.*
[1] *om. L.*

<2> Præterea, si esse non esset aliquid additum essentiæ, sicut hæc est vera ab æterno : Essentia est essentia ; ita hæc esset vera æternaliter : Essentia est. Consequens est falsum ; ergo et antecedens. Non ergo esse est idem ipsi.

In oppositum est Commentator supra quartum *Metaphysicæ* [2].

De hac quæstione sunt diversæ opiniones magnorum, quorum auctoritas pro utraque parte probabilitatem quamdam inducit. Est enim quorumdam [3] opinio quod esse in effectu sit aliqua res addita supra essentiam substantiæ compositæ. Primo quidem quia nihil intelligi potest, non intellecto eo quod est per se in essentia ejus ; unumquodque enim intelligitur per intellectionem ejus primo. Sed substantia composita intelligitur, non intellecto esse ejus in effectu. Possumus enim intelligere quadratum, ignorando si est in natura, sicut dicit Avicenna in *Logica* sua [4]. Possumus etiam intelligere essentiam substantiæ, intelligendo eam non esse, sicut Deus intelligit ab æterno hominem, intelligendo eum non esse. Homo etiam nunc intelligit rosam, intelligendo eam non esse in rerum natura. Igitur esse non est in essentia substantiæ compositæ.

Secundo, quia participatum non est in [5] essentia [5] participantis primo. Participans enim in potentia est respectu participati primo. Nihil autem est [6] in potentia illi [7] quod est in essentia ejus. Sed substantia composita participat ipso esse, sicut dicit Boethius libro *De Hebdomadibus* [8], id est hebdomada : *Omne quod est participat esse ut sit.* Igitur esse non est in essentia substantiæ compositæ.

Aliorum [9] vero est opinio, quæ mihi ad præsens videtur rationabilior, quod scilicet esse in effectu sit in essentia substantiæ compositæ secundum rem. Et hoc primo per rationem sumptam ex dicto Philosophi quarto *Metaphysicæ* [10]. Quæcumque enim una generatione generantur et una corruptione corrumpuntur primo sunt una natura ; generatio enim et corruptio rationem habent ex per se terminis illarum, ergo et unitatem per se. Unde, secundum Philosophum, ad unitatem motus secundum naturam universaliter requiritur unitas per se termini ejus secundum terminum. Quamvis enim aliquid in eodem instanti generetur lignum, quantum et quale, hoc est diversis generationibus simul existentibus.

Sed substantia composita et esse in effectu ejus una generatione generantur primo. Non enim generatur substantia (147v) secundum se, sed ens in effectu, nec esse per se, sed substantia in esse. Unde definitur generatio, quod est via in esse. Una etiam corruptione corrumpuntur ; cum enim corrumpitur equus, corrumpitur equus existens primo. Unde definitur corruptio, quod est via vel transmutatio de esse in non esse primo. Unde Philosophus etiam dicit quarto *Metaphysicæ* [11], *idem est homo et homo ens, et non diversum aliquid.* Ostendit secundum dictam repetitam, homo et ens homo. Palam autem quia non separantur nec in generatione nec in corruptione. Igitur esse non est aliquid additum substantiæ compositæ.

Secundo apparet idem per rationem Commentatoris ibidem [12]. Quoniam substantia composita, cum est, aut est per suam essentiam formaliter et primo, aut per aliquid diversum ab ea secundum rem. Si est per essentiam suam formaliter, habetur propositum. Si autem per aliquid diversum re formaliter habet esse, illud quod formaliter est aliquo modo est in effectu. Aut igitur per se formaliter aut per aliquid additum. Si autem per aliquid additum, redibit eadem quæstio. Et sic vel erit procedere in infinitum, quod est impossibile, aut erit standum [13] in aliquo primo, quod erit per essentiam suam formaliter et primo.

Et confirmatur ratio ; quoniam, sic ponentes duple plura entia ponunt [14] quam ponentes contrarium. Si enim equus non sit per formam equi formaliter sed per formam additam ei, tunc equus habet formam additam formæ suæ. Similiter, si lignum non est in effectu per formam suam formaliter sed per formam additam formæ suæ, erunt

[2] Averroes, *In* IV *Meta.*, 2, t. c. 3, fol. 67r*F-G*.

[3] Cf. Giles of Rome, *Theoremata de Esse et Essentia ; Quodlibet* I, 9 ; St. Thomas, *In* I *Sent.*, 19, 2, 2 ; *De Ver.*, 27, 1, ad 8.

[4] Avicenna, *Logica*, I, fol. 2ar.

[5] esse *L*.

[6] *om. T*.

[7] illud *L*.

[8] Boethius, *De Hebdom.*, P. L. 64, 1311*C*.

[9] Cf. Godfrey of Fontaines, *Quodlibet* III, 1 ; Henry of Ghent, *Quodlibet* I, 9 ; *Quodlibet* X, 7 ; *Quodl.* XI, 3 ; Siger of Brabant, *Quæst. in Meta.*, Introd., 7, pp. 11-22 ; III, 2, pp. 85-6.

[10] Aristotle, *Meta.*, Γ, 2, 1003b28-9.

[11] Aristotle, *Meta.*, Γ, 2, 1003b27-9.

[12] Averroes, *In* IV *Meta.*, 2, t. c. 3, fol. 67v*G*.

[13] status *L*.

[14] ponuntur *T*.

in ligno duæ formæ. Similiter est de omnibus habentibus formam, et in substantia, et quantitate et qualitate. Cum ergo non sit una forma per quam lignum habet esse in effectu, et equus, et album [15] et quantum, cum esse in effectu eorum non sit unum, sequitur quod formæ entium erunt duple plures quam ponantur contra et secundum aliam opinionem.

Præterea, si substantia composita est formaliter per aliquid additum essentiæ suæ, illud est substantia vel accidens. Nihil enim medium est inter ipsa, cum substantia sit quod non est in subjecto, accidens vero quod est in subjecto, sicut dicitur in *Prædicamentis* [16]. Hæc autem sunt contradictoria, quorum secundum se nihil est medium. Si sit accidens, aut est quantitas, aut qualitas aut aliquod aliorum. Sed hoc impossibile est, quia substantia non [17] existit [18] per quantum, vel quale vel per aliquid aliorum hujusmodi, cum omnia accidentia in esse suo [19] supponant esse substantiæ. Accidens enim est quod enti in actu accidit, sicut dicit Averroes in *De Substantia Orbis* [20]. Si vero sit substantia, aut [21] est substantia [21] materia, aut compositum aut forma. Non materia, quoniam materia est qua aliquid potest esse materiam, non qua aliquid est [22]. Nec composita substantia, quoniam substantia composita subsistit formaliter per aliud differens ab ea. Si autem sit substantia forma [23], non est forma [24] per se subsistens [25] ; nihil enim subsistit formaliter per [26] illud quod est separatum ab eodem. Erit igitur forma substantialis inhærens. Sed hoc videtur impossibile, quia unius materiæ non est secundum actum nisi una forma substantialis, secundum Averroem *De Substantia Orbis* [27], quamvis quorumdam formæ [28] sint plures secundum virtutem. Et iterum, qua ratione habet esse formaliter per hanc, eadem ratione per primam. Quare videtur quod substantia composita formaliter non est in effectu per aliquid diversum [29] re ab essentia sua simpliciter. Et ideo concedendum videtur, sicut rationabilior, quod esse non est aliquid additum substantiæ compositæ, re differens ab essentia ejus simpliciter.

Qualiter autem esse se habet ad essentiam, dato quod sit existens in ea, dicunt quidam [30] quod realiter est idem cum ipsa, differens tamen quia essentia secundum absolutam considerationem essentia est. Ipsa autem eadem habet esse sub [31] respectu quodam, prout scilicet refertur ad agens sub ratione effectus vel ut terminus actionis ipsius. Et sic differt secundum intentionem, non secundum rationem solum, quemadmodum lux et lucere de essentia non prædicatur. Sed hoc videtur minus rationabile dictum ; quoniam, si substantia esse dicitur secundum respectum ad agens, tunc omnis substantia existens secundum quod hujusmodi ad aliquid dicetur. Quod videtur irrationabile. Præterea, si essentia secundum suum esse in actu est respectus quidam, tunc transmutatio, quæ terminatur ad substantiam existentem secundum quod hujusmodi, terminabitur ad respectum vel relationem. Quamvis enim transmutatio ad totum compositum terminetur, nihilominus [32] hæc est ratione formalis. Sed generatio terminatur ad substantiam, non secundum quod substantia, sed secundum esse ; generatio enim est via in esse per se. Igitur generatio terminatur ad aliquid per se. Hoc autem est impossibile ; in "ad [33] aliquid" enim non est motus, secundum Philosophum in quinto *Physicorum* [34]. Ergo et primum.

Non etiam videtur verum quod dicitur, quod esse ab essentia non differt secundum rem nec secundum rationem solam, sed secundum intentionem, cum omnis differentia sit differentia secundum rem vel secundum rationem, sicut [35] omne quod est vel est ens secundum rem vel secundum rationem [35]. Sed sicut eorum quæ differunt secundum rem, quædam plus et quædam minus secundum rem differunt, ita in his quæ <differunt> secundum rationem, quædam plus et quædam minus differunt secundum rationem. Et ideo possibile est quod aliquid, differens ab alio sola ratione, prædicetur de eo, aliud autem non prædicetur, quia ampliori differentia secundum rationem differt.

15 albus *L.*
16 ARISTOTLE, *Categ.*, 5, 2a12-3 ; 27-8.
17 *om. L.*
18 existat *L.*
19 *om. T.*
20 AVERROES, *De Substantia Orbis*, 1, fol. 4r*A*.
21 Homœoteleuton *L.*
22 *add.* esse *L.*
23 nec substantia forma quia *L.*
24 formæ *L.*
25 subsistere *L.*
26 *om. L.*
27 AVERROES, *De Subst. Orbis*, 1, fol. 3v*K*.
28 formatæ *T.*
29 diversa *L.*
30 Cf. HENRY OF GHENT, *Quodl.* I, 6, *ed. cit.* fol. 7v.
31 *om. T.*
32 *om. L.*
33 aliquid *T.*
34 ARISTOTLE, *Phys.*, V, 2, 225b11.
35 Homœoteleuton *T.*

Propter quod videtur esse dicendum quod esse denominative dicitur, et per modum concreti intelligitur, sicut omnia quæ significantur per modum verbi. Denominativa autem ab aliquo solo casu differentia secundum illud nomen habent appellationem. Similiter concreta respectu abstracti dicuntur concreta. Illud autem a quo substantia composita formaliter dicitur esse non est tota essentia ejus primo, sed forma. Propter quod est idem re cum ipsa forma, et ab ipsa denominat totam substantiam compositam, ita ut substantia composita habeat esse per formam ejus primo, quemadmodum album formaliter est album per albedinem, et aliquid luce formaliter lucet.

Et hujus ratio primo potest signum ex hoc, quia, cum duo sint ex quibus primo constituitur substantia composita, scilicet materia et forma, sicut materia ejus se habet ad posse esse, ita forma ad esse. Materia enim de se est in potentia ad actum et nihil est in actu, sed ita quod materia est illud per quod primo substantia composita potest, vel est in potentia et nullo modo in actu. Ergo forma erit qua primo et formaliter substantia composita est in actu, cum esse realiter sit in essentia.

Secundo, quia forma est illud quo [36] habens ipsam operatur primo, ut ex se manifestum est. Unumquodque autem operatur per id per quod est primo in actu, sicut per materiam patitur. Igitur forma est qua aliquis habet esse primo. Igitur secundum rem esse idem est primo ipsæ [37] formæ.

Tertio, quia omnis substantia composita intelligitur primo per formam, sicut transmutatur per materiam, sicut potest haberi per Philosophum septimo *Metaphysicæ* [38]. Unumquodque autem intelligitur secundum quod est in actu, nono *Metaphysicæ* [39]. Unde Commentator, super octavum ejusdem [40] : *Transmutatio fecit scire materiam*, actio vero formam. Ergo forma est qua formaliter et primo substantia composita habet esse in effectu.

Quarto, quia generatio substantiæ compositæ terminatur per se ad habens formam ut habens formam, cum sola forma primo inveniatur in [41] terminis [41] generationis, materia præexistente prius. Sed generatio primo terminatur ad esse in effectu, cum sit per se via in ipsum, igitur substantia composita est per formam primo. Quare esse substantiæ compositæ secundum rem est idem formæ primo, et non toti essentiæ ejus. Et per illam denominat totam substantiam, quia sibi pars non prædicatur de toto prædicatione dicente hoc est illud, sed prædicatione dicente hoc est tale [42]. Non est verum dicere quod substantia composita est suum esse ; verum est autem dicere quod substantia est. Et hoc est quod intendit Boethius octavo hebdomada vel *De Hebdomadibus* [43] : *In omni composito aliud est esse, aliud ipsum quod est*, quia aliud est forma, aliud compositum ex ipsa et materia.

In simplicibus vero, in quibus non est aliquid additum alii, verum est dicere quod substantia est, et quod est suum esse. Et hoc est quod intendit Boethius septimo hebdomada [44] : *Omne simplex esse et id quod est unum habet* [45], quia vero substantia composita non est sua forma nec etiam suum esse, verumtamen est, inquantum participat per materiam ipsam ; dicit in prima : *Diversum est esse et id quod est. Ipsum enim esse nondum* [46] *est* [46], *at vero quod est accepta essendi forma est atque consistit* [47].

Ad rationes in oppositum : <1> Ad primam, cum dicitur quod esse se habet ad substantiam compositam sicut lumen in aere ad ipsum aerem, dicendum quod non simpliciter ita se habet. Aer enim non est lucidus in actu per formam ejus substantialiter. Substantia autem composita est in effectu per formam ejus substantialem. Et ideo non ita se habet simpliciter. Quantum autem ad hoc simpliciter se habet quod, sicut aer per lumen inexistens formaliter lucet, ita substantia composita per formam inexistentem habet esse. Quod autem dicitur quod lumen est accidens aeris, verum est. Et ideo aer per ipsum habet quoddam esse accidentale. Forma autem non est accidens substantiæ compositæ, sed substantialis ; et ideo per ipsam habet esse substantiale primo.

36 secundum quod *L*.
37 ipsa *L*.
38 ARISTOTLE, *Meta.*, Z, 1, 1028a36-b2.
39 ARISTOTLE, *Meta.*, Θ, 10, 1051b30-2.
40 AVERROES, *In* VIII *Meta.*, 6, t. c. 12, fol. 220v*G*.
41 necessariis *L*.
42 idem *L*.
43 BOETHIUS, *loc. cit.*
44 *Ibid.*
45 habetur *T*.
46 non deest *L*.
47 BOETHIUS, *loc. cit.*

<2> Ad secundam, cum [48] dicitur [48], si esse sit in essentia, sicut hæc est vera ab æterno : Humanitas est humanitas ; ita et hæc : humanitas est vel homo est, concedatur. Et cum assumitur quod hæc est vera (148r) ab æterno : Humanitas est humanitas, posset dici uno modo quod non est verum ; nec enim humanitas est simpliciter, nec humanitas est humanitas ab æterno, nec aliquid nisi secundum intellectum. Et ideo verum fuit dicere ab æterno quod humanitas est humanitas intellecta ab æterno. Et ita etiam verum est quod humanitas habet esse intellectum ab æterno. Sicut enim essentia non existit ab æterno in rerum natura, nec essentia ab æterno in rerum natura, sed tantum ab [49] intellectu, sicut dictum fuit in prima quæstione.

Alio modo potest dici quod humanitas est humanitas intellecta ab æterno. In rerum autem natura non est humanitas nisi in potentia, ita quod humanitas non est humanitas in natura, sed potest esse humanitas. Proportionaliter dicendum est de esse, quia humanitas non est ab æterno in natura, sed potest esse ; et ideo non concludit ratio.

Ad rationes quæ adducebantur pro contraria opinione, dicendum ad primam, cum dicitur, nihil intelligitur, non intellecto eo quod est in essentia ejus, dicendum quod verum est quod non intelligitur aliquid, non intellecto eo quod est in essentia secundum quod in essentia est. Secundum autem aliam rationem quantum secundum illam qua est in essentia, nihil est inconveniens. Possumus enim intelligere lucem, non intelligendo lucere, et albedinem, non intelligendo album, quod tamen formaliter est per albedinem. Possumus etiam intelligere lucem, non intelligendo lucere, propter diversitatem in modo vel ratione.

Similiter possumus intelligere formam vel essentiam, non intelligendo aliquid esse per ipsam, propter diversitatem in modo vel ratione. Essentia enim vel forma per modum abstracti intelligitur ut sit, esse autem in compositis per modum denominationis quidem, vel per modum alii. Et ideo ratio non concludit.

Ad minorem autem [50], cum dicitur quod essentia potest intelligi, non intelligendo esse, immo etiam intelligendo non esse, dicendum quod non est verum simpliciter. Ad cujus intellectum considerandum est quod forma, quæ est pars essentiæ, est qua aliquid formaliter est, vel fuit, vel erit vel possibile est fore, esse vel etiam fuisse in natura formaliter. Quod enim nec est, nec fuit, nec erit nec possibile est esse, fuisse vel fore rationem essentiæ non habet, nec in se formam includit.

Quod ergo dicitur, quod essentia potest intelligi, non intelligendo esse, immo intelligendo non esse, si intelligatur de essentia quod per indifferentiam se habet ad fuisse, esse et fore, vel possibile est fuisse et fore formaliter, non est verum. Impossibile enim intelligere essentiam includentem formam, non intelligendo illud quo habens ipsam est, vel fuit vel erit formaliter, vel possibile est fuisse, vel esse vel fore formaliter, cum hoc dicamus formam quæ includitur in essentia habente ipsam.

Possumus tamen intelligere essentiam includentem formam, non intelligendo illud quod aliquid est nunc in rerum natura, immo intelligendo non esse nunc in natura. Non [51] autem sequitur : intelligimus essentiam, non intelligendo eam esse nunc vel intelligendo non esse nunc. Ergo possumus eam [52] intelligere, non [53] intelligendo esse in effectu. Similiter [54], cum esse in effectu [54] non solum dicatur de esse, sed etiam de fore vel fuisse, immo proceditur ab una causa veritatis ad plures negando.

Ad secundam, cum dicitur quod participatum non est in essentia participantis, dicendum quod verum est primo. Nihil enim est participans et participatum primo. Et cum assumitur quod substantia composita participat esse, verum est, sicut participat formam, qua formaliter dicitur esse quod est. Substantia autem composita est quidem participans et participatum, non secundum idem primo, sed [55] secundum naturam primo [55]. Secundum formam est participans [56], sicut album participat albedinem, per subjectum quod est in potentia primo ; participatum [57] autem secundum albedinem primo quæ est forma ipsius ; et ideo ratio illa non concludit.

[48] *om. T.*
[49] *om. L.*
[50] *add.* dicendum *L T.*
[51] nunc *T.*
[52] *om. L.*
[53] *om. L.*
[54] Homœoteleuton *L.*
[55] Homœoteleuton *T.*
[56] participatum *L.*
[57] participatur *L.*

The Universal and Supposition in a *Logica* Attributed to Richard of Campsall

EDWARD A. SYNAN

INTRODUCTION

THE texts which follow are the tract on the universal and the tract on supposition from a logical treatise which is known only in Ms. Bologna, number 2653, folios 1r-99v, Library of the University of Bologna [1]. It bears the title : *Logica Campsale Anglici valde utilis et realis contra Ocham* in a hand contemporary with that which wrote the text ; the *incipit* is : *Domine Jesu qui es terminus sine termino*... and the *explicit* : ... *et non convertitur, sicut patet. Lex contradictoriorum* [2]. The Ms. is written on paper with a few folios of parchment (a covering folio and 17-18, 35-36, 51-52, 69-70, 87-88 are of parchment) and its dimensions are 225 × 150 mm. The binding is modern and the first folio bears three library stamps : that of the Convent of the Holy Saviour, Bologna, the Bibliothèque Nationale, Paris, and that of the University of Bologna. These stamps are explained by the fact that Napoleon took the Ms. to the Paris Library from the Bologna Convent ; in accordance with the instructions of the Congress of Vienna, it was returned to Bologna and came into the possession of the University Library [3]. The script appears to be a fifteenth century English bookhand ; it is legible but not elegant. The text is in single column of about forty lines to the page ; folios 44 and 45 are missing. The work breaks off on folio 99v, interrupting a sentence of Chapter 63. A corrector's hand, similar but not identical to that which wrote the text, has supplied many omissions but some defects remain. The marginalia are generally without interest.

Internal evidence places the composition of the work after that of Ockham's *Summa Logicæ* (1324-1327) [4] and very probably before 1334 [5] ; it was almost certainly written before 1342 [6]. The first 61 Chapters are parallel, syllogism by syllogism generally speaking, to the *pars prima* of Ockham's *Summa Logicæ* ; Chapter 62 and the extant fragment of Chapter 63 are parallel to the opening discussions of the *pars secunda* of the same work. The tract on the universal edited here comprises Chapters 13-16 and the tract on supposition Chapters 50-61.

The attribution to "Campsall the Englishman" in the title is supported by the words : *Et ego Kamsal* in the text itself [7]. There was a Richard of Campsall at

[1] A study of this treatise with appendices comprising the texts edited here was submitted to the University of Toronto in partial fulfillment of the regulations for the degree of Doctor of Philosophy in the spring of 1952 under the title : *The "Logica" Attributed to Richard of Campsall ; Study and Texts.* This publication of the appendices has been graciously permitted by the School of Graduate Studies of the University of Toronto.

[2] This edition has been made from a microfilm reproduction of the manuscript.

[3] Information as to size, material, binding and the Napoleonic episode are supplied through the courtesy of Dr. Antonio Toschi, Director of the Library of the University of Bologna.

[4] *Cfr.* Ph. BÖHNER, ed. Ockham, *Summa Logicæ, pars prima,* (Louvain, St. Bonaventure, 1951), p. xii ; the editor gives convincing reasons for the extreme dates 1324-1327 of the completion of the work of Ockham with which the present text is concerned.

[5] *Logica*, fol. 67v : "... edito ab Innocentio et publicato per dominum Joannem papam xxii"; the contrast between the reference to "Innocent" without title or number and "the lord pope, John xxii" in the same passage gives a strong impression that the author wrote during the pontificate of John xxii (1317-1334), but it is not conclusive.

[6] This date is based on references (fol. 1r and fol. 83v) to a "Rogerius" who, it seems, should be identified as the Petrus Rogerius who became Clement vi in 1342 and reigned until 1352. He appears according to B. ROTH, *Franz von Mayronis, O.F.M., sein Leben, seine Werke, sein Lehre vom Formalunterschied in Gott,* (Werl i. Westfalen, Franziskus-Druckerei, 1936), p. 29 in the *Commentary on the Sentences* of Francis MAYRONIS, as *opponens*, cited as : "Unus tamen gratiosus socius, scil. Petrus Rogerii monachus..." and the thesis at issue is : "Quod Deus de potentia absoluta posset facere, quod aliquis frueretur essentia et non persona etiam clare eam videns." Since Campsall is mentioned in the *Commentary on the Sentences* of Walter Catton, Paris, Bibl. Nat., Cod. Lat. 15887, fol. 6v as holding that this thesis involves a contradiction, we have evidence that the names of Peter and of Campsall are associated with respect to the same theological dispute, and, if Catton's scribe is right (the mention of Campsall is in a table of contents which is not likely the work of Walter Catton himself), on the same side of that question and consequently as belonging to the same academic milieu.

[7] *Logica*, fol. 21v ; there is also a reference to this passage in a table of contents added to the text (fol. 100v).

Oxford from before 1306 until at least 1326, a Fellow first of Balliol and then of Merton, who is the most likely candidate for the man intended, but there are serious reasons for suspecting that this attribution may be erroneous [8].

The author describes his work as a brief treatment of what is useful for beginners in Logic and Theology [9]. He attacks Ockham for what he conceives to be abuses in citing "authorities", for his inconsistency in rejecting in Philosophy the formal distinction which he admits in Theology, and, above all, for trying to "save everything with concepts" [10], that is, for explaining all universals as mere intentions of the mind rather than as external realities. In following Ockham through the program of the *Summa Logicæ*, the author systematically applies a realist doctrine to each division of the *pars prima* of that work. He concedes to Ockham that our terms do signify the concepts of the mind, but, against the Venerable Inceptor, he insists that our concepts themselves naturally signify certain external realities which are formally universal, the existence of which is neither dependent upon the activity of the mind nor inconsistent with the fact that every concrete being is a true singular.

Viewed historically, this text is an early reaction against the *Summa Logicæ* in the name of a "Scotist" Metaphysics. The author is persuaded that Ockham has destroyed every possibility of philosophical and indeed of theological knowledge by erasing the world of common natures which this author considers the only adequate basis for true universal predication.

The spelling and punctuation of the original have not been preserved ; all editorial changes and insertions are indicated by the use of pointed brackets ; sub-headings in pointed brackets are editorial additions intended to make a somewhat tortuous text more lucid.

THE UNIVERSAL

CHAPTER — PAGE

[8] *Cfr.* E. Synan, 'Richard of Campsall, an English Theologian of the Fourteenth Century', *Mediæval Studies*, xiv, (1952), pp. 1-8.

[9] *Logica*, fol. 29v ; for this text, *v. infra*, note 56.

[10] For a criticism of Ockham's use of authorities, *cfr. Logica*, fol. 31v : ... dico quod hæc auctoritas infideliter allegatur. ; fol. 46v : Non ergo debet illa littera Philosophi intelligi sicut isti perversores pervertunt ... ; fol. 85r : ... abusio est negare tales propositiones concessas a philosophis et doctoribus et dicere quod falsæ sint 'de virtute sermonis', dando expositiones extortas ... With respect to the formal distinction, *v. infra*, note 30, and for the accusation that Ockham wishes to save everything with concepts, *Logica*, fol. 43v : Aliter autem accipitur pro conceptu vel voce significante et importante et supponente pro tali re. Et isto modo non utuntur 'prædicamento' nisi sumendo 'prædicamentum' pro signo prædicamenti — nisi quidam moderni decepti qui salvare volunt omnia per conceptus. Valde enim mirabile esset quod decem voces vel decem conceptus essent decem prima principia rerum — quod tamen, dicere oportent.

CAPITULUM DECIMUM TERTIUM [1]

De Singulari et Universali

Curabo postea de aliquibus de quibus facta fuit mentio magis in speciali pertractare ; quia vero superius de singulari et universali frequenter facta fuit mentio, et cum tam universalia quam singularia in differentia multimoda se habeant, ideo de singulis contentis sub quolibet istorum est dicendum ; et primo de singulari, et postea prolixius de universali.

<de singularibus>

Circa primum est sciendum quod singularia sunt in multiplici differentia. Quædam enim sunt singularia secundum esse et secundum dici et quædam secundum esse tantum. Singularia secundum esse et secundum dici sunt omnes res creatæ quæ non sunt signa rerum, et hoc sumendo illa sub una ultimata ratione formali. Hujusmodi autem sunt illa quæ per tales terminos : *Socrates, Plato, hic leo, hic asinus, hic lapis, hæc qualitas, hæc quantitas, hæc relatio*, et hujusmodi importantur.

Ista vero singularia se habent in triplici differentia quia quædam sunt singularia per se, quædam vero per accidens — non per se sed per aliud — et quædam sunt singularia incompleta. Ad cujus evidentiam est sciendum quod sicut unumquodque se habet [2] ad esse, sic ad esse singulare. Quædam vero sic se habent ad esse quod ad suum esse nullo alio præterquam causa ultima egent, nec aliquam perfectionem ad suum esse pertinentem ab alio recipiunt ; cujusmodi sunt omnia individua contenta sub *corpore* et sub aliis generibus sub *corpore* essentialiter ordinatis. Quædam vero sic se habent ad esse quod de se esse (12v) non habent, sed solum ex hoc quod sunt in aliquo ; cujusmodi sunt omnia accidentia quæ non sunt entia nisi quia entis [3]. Quædam vero sic se habent ad esse quod esse est cum altero essentialiter componere et ista immediate sub *substantia* sunt et non sub *corpore* nec sub aliquo genere inferiori continentur ; cujusmodi sunt materia et forma substantialis.

Illa igitur quæ habent esse primo modo dicto sunt singularia per se et completa ; illa quæ secundo modo habent esse non sunt singularia per se sed per illud per quod habent esse, scilicet, per subjectum ; illa vero quorum esse est cum alio essentialiter componere sunt singularia incompleta ; ad quod imaginandum juvat quod duo talium singularium unum solum singulare completum componant, quod esse nequaquam posset si quodlibet istorum in se esset singulare completum. Et de isto transeo quia magis ad philosophum naturalem pertinet.

Singularia vero secundum esse et non secundum dici sunt in duplici differentia quia quædam dicuntur de pluribus quorum unum esse sine altero non repugnat et quædam dicuntur de pluribus quorum unum esse sine altero repugnat et contradictionem includit. Prima sunt sicut *homo, animal, leo, lapis*, et hujusmodi ; planum est enim quod sive ista accipiantur pro vocibus vel pro conceptibus quod unumquodque vere et realiter potest esse (secundum esse) singulare et unum numero et tamen, sicut patet, quodlibet de pluribus dicitur ; et per consequens, satis congrue dictum est quod secundum esse sunt singularia, licet non secundum dici.

Singularia vero secundo modo dicta sunt in duplici differentia. Quædam enim dicuntur de pluribus quæ quidem plura ita sunt plura numero quod nullo modo sunt una res numero ; hujusmodi est iste terminus *relatio*. Patet enim quod iste terminus vere et realiter et secundum esse est singulare et tamen dicitur de pluribus, puta, de paternitate et filiatione quæ ita sunt distincta quod non sunt una res numero.

Quædam vero dicuntur de pluribus quæ plura sic sunt realiter distincta quod tamen sunt una res simplicissima, una, inquam, numero et singularis. Hoc est iste terminus *Deus*. Patet enim quod est una res numero, tamen dicitur de pluribus ut, puta, de

[1] Chapter numeration and titles are marginal additions by the contemporary hand which corrected the *Ms.* ; sub-titles in pointed brackets are my addition.

[2] *Ms. om.* habet.

[3] *Cfr.* Aristotle, *Meta.*, vi, 1 ; 1028a 18.

Patre et Filio et Spiritu Sancto, quæ sic sunt distincta quod tamen sunt una res simplicissima, puta, essentia divina.

Ex istis statim sequitur quod illi qui volunt dare unam descriptionem communem de singulari tamquam convenientem omnibus singularibus errant quia, sicut non potest dari definitio una de termino æquivoco quæ conveniat omnibus æquivocis, ita nec potest dari de isto termino *singulare*. Si enim dicatur, sicut dicunt quidam, quod singulare est "illud quod est unum et non plura" [4], patet quod singulari ultimo modo dicto hujusmodi definitio non competit quia illud sic est unum quod etiam est plura ; essentia enim divina ita est una quod etiam est plura, scilicet, tria supposita.

Sequitur etiam ex prædictis quod illi qui ponunt quod universale non est nisi quidam conceptus aut quædam vox [5], habent consequenter concedere vel dicere quod esse universale est singulare et singulare est universale — et illud non habent pro inconvenienti quia dicunt quod unus conceptus, respectu animæ in qua imprimitur, est singulare, sed cum ille conceptus sit una de formis singularibus in intellectu (13r) existentibus, in comparatione ad alia singularia extra animam quorum est naturalis similitudo est universale [6]. Et hoc non est plus inconveniens apud eos quam dicere quod idem est Pater et Filius respectu diversorum.

Patet etiam ex prædictis quomodo aliqui syllogismi qui dicuntur esse expositorii sunt paralogismi ; prædicant per æquivocationem sicut patebit magis postea. Hujusmodi est iste et consimiles : *Deus est Pater* ; *Deus est Filius* ; *ergo Pater est Filius*. Iste syllogismus non est expositorius quia ad hoc quod sit syllogismus expositorius, requiritur quod medium significet hoc aliquid non per modum quale quid, hoc est, quod sit singulare secundum rem et secundum dici.

Et sciendum quod licet de singularibus non posset dari una definitio conveniens omnibus, dari potest tamen de omnibus singularibus creatis una sufficiens et potest esse ista : singulare est illud cujus rationi et formalitati ultimatæ et completæ pluribus convenire repugnat. Quare autem addatur "ultimatæ et completæ" ex prædictis patere potest quia in quolibet singulari, quantumcumque simplici, multæ rationes formales includuntur quarum aliquæ non tribuunt singulari quod sit singulare et ideo ista "ultimata" vocatur per quam constituuntur in esse singulari. Et de hoc dicetur plus in sequentibus dubia aliqua declarando.

<de universalibus>

Istis sic aliqualiter declaratis, facilius est videre quid de universalibus est dicendum. Ad cujus evidentiam est sciendum quod sicut non debet concedi quod illud quod prædicatur de substantia sit substantia [7], ita non debet concedi quod illud quod prædicatur de pluribus sit universale, sed debet dici quod illud pro quo supponit illud quod prædicatur de pluribus est universale. Unde, nec vox neque conceptus est genus vel species, sed illud pro quo supponit vox vel conceptus [8]. Neque obstat huic quod dicit Porphyrius, quod "species est quæ prædicatur de pluribus, etc." [9] et sic de aliis universalibus, quia non vult dicere quod illud quod in voce vel in mente prædicatur sit species vel genus, sed quod prædicatur in re de pluribus. Ante enim quam ista

[4] OCKHAM, *Summa Logicæ*, i, 14 ; ed. Ph. Böhner, p. 44, l. 12.

[5] Thus OCKHAM, *ed. cit.*, p. 45, ll. 54-66.

[6] OCKHAM, *ed. cit.*, p. 44, ll. 31*sqq.*

[7] *Cfr.* ARISTOTLE, *Categ.* 4 ; 2a11 *sqq.* and 5 ; 3a7*sqq.*

[8] The importance of a theory of supposition to complete the doctrine of the universal is already apparent here ; this logical debate on the universal assumes two positions on the metaphysical structure of the real which are directly reflected in the discussions of Ockham and Campsall on that for which the universal term or concept can stand, that is, in their discussions on the supposition of terms ; Ockham agreed with the celebrated dictum of Porphyry (known to the mediæval Latin West through Boethius, *v.g. In Porphyrium Comm.*, lib. i ; PL 64, 82 B) that the extra-mental status of the predicables is no subject for the logician, but excused himself for dealing with it lest errors in metaphysics should vitiate logic : *Expositio Aurea*, prœm. lib. prædicab., Bologna, 1496 : Quamvis prædictæ quæstiones et consimiles non ad logicum sed ad metaphysicum sint pertinentes quia tamen ex earum ignorantia multi moderni in multiplices errores in logica sunt elapsi, ideo de ipsis breviter quid sit secundum intentionem Aristotelis et secundum veritatem dicendum est . . ., *cfr. Summa Logicæ*, i, 66 ; *ed. cit.*, p. 185, ll. 133-134 : Unde error istorum omnium, qui credebant aliquid esse in re præter singulare, et quod humanitas, quæ est distincta a singularibus est aliquid in individuis et de essentia eorum, induxit eos in istos errores et multos alios logicales. Hoc tamen ad logicum non pertinet considerare, sicut dixit Porphyrius in prologo.

[9] BOETHIUS, *Comm. in Porphyrium a se translatum*, lib. iii ; PL 64, **101 *A*.**

propositio : *Socrates est homo* formetur in mente, vere est in re ; non quod isti termini vel istæ voces in re præcedant, sed una propositio correspondens. Sicut enim uni propositioni in voce correspondet una propositio in mente, (non quod istæ propositiones in mente præcedant, sed præcedit una propositio quæ significat idem et pro eisdem verificatur de quibus verificatur propositio vocalis et pro tanto dicitur quod propositio formata in voce prius formatur in mente) [10], ita propositioni in mente correspondet et præcedit propositio in re, a veritate cujus propositionis dependet veritas propositionum mentalium et vocalium, et licet in veritate ista sit, tamen propositio ista nos latet nec innotescit nisi per propositiones mentales vel vocales.

Hoc viso, potest universale sic describi : universale est illud cui ex sua ratione formali pluribus convenire non repugnat. Et quod tales res universales sint quibus ex sua ratione formali pluribus convenire non repugnat probo.

Et primo, (ne male verba intelligendo contingat errare), sciendum quod nullus intelligit asserere nec dicere quod sit aliqua una res quæ actu sit in pluribus quia hæc dicere est absurdum [11], (13v) sed dicunt et volunt dicere recte loquentes quod natura humana quæ est in Socrate est una res cui, quantum est de se, non repugnat esse in Platone et Socrate, et convenire Socrati licet de facto sibi competere non possit ; et sicut est de humanitate Socratis, ita est de humanitate Platonis. Metaphysicus enim, qui considerat quidditatem rei in se, non considerat rem nisi talem qualem est sive quantum ad illa quæ sibi possunt in primo modo competere. Nunc autem, naturæ humanæ de se non competit quod sit *hæc,* quia tunc non posset pluribus convenire — quod falsum est. Sic autem considerata, de se est indifferens et communis ad quodlibet individuum, et ita una talis natura est in quolibet individuo determinata per differentiam materialem. Qualiter autem non valet ista consequentia : *sunt tot naturæ, quot sunt individua ; ergo, tot sunt species,* vel : *tot sunt genera,* patebit solvendo argumenta quæ contra istum modum ponendi fient.

Hoc viso, arguo sic : accipio istam definitionem : animal rationale mortale ; per istam definitionem importatur aliquid quod Socrati non repugnat sed convenit ; tunc arguo : aut per illud quod per istam definitionem importatur distinguitur Socrates a Platone aut per illud convenit Socrates cum Platone. (Non enim videtur dari medium quia per quodlibet prædicatum importatur aliquid per quod subjectum quod subjicitur, respectu prædicati talis, distinguitur ab A vel convenit cum A.) Si importetur aliquid per quod Socrates convenit cum Platone, (et patet quod Socrates distinguitur a Platone), ergo per aliud distinguitur quam per importatum per istam definitionem et per consequens habetur intentum. Si dicatur quod per importatum per istam definitionem Socrates distinguitur a Platone, contra : si hæc definitio importat aliquid per quod Socrates distinguitur a Platone, hæc definitio non potest prædicari de Platone. Consequens est falsum, ergo et antecedens. Consequentiam probo : si enim dicatur sic : *Socrates est albus,* si per importatum per prædicatum Socrates distinguitur a Platone, puta, quia Socrati competit albedo et Platoni non, contingit negare illud prædicatum a Platone dicendo : *Plato non est albus,* et nullo modo affirmare quia dicere hoc est dicere oppositum in adjecto et per consequens contingeret istam definitionem negare a Platone, quod contradictionem includit.

Tertio, arguo sic : hæc definitio : animal rationale mortale importat aliquid quod Socrati non repugnat ; hæc definitio importat aliquid quod Platoni convenit ; ergo, aliquid quod Platoni convenit, Socrati non repugnat ; et hoc est intentum. Et patet forma istius syllogismi quia expositorius est.

Omnes alias rationes quæ possunt pro illa conclusione fieri, require superius in secundo Doctoris Subtilis et tertia distinctione [12].

[10] A Boethian doctrine ; *cfr. In lib. de interpret.* (ed. "secunda") ; PL 64, 407 B ; *ibid.* 64, 297 B ; Ockham, *Summa Logicæ*, i, 1 ; ed. cit., p. 8, ll. 11-14 ; Campsall, *Logica*, i, 1 ; fol. 1r, ll. 3-4 : Potest autem terminus accipi pro termino prolato et pro concepto et pro scripto, et possunt aliquæ descriptiones utriusque assignari.

[11] Campsall excludes as strongly as Ockham an extreme realism which would posit a universal of such a nature as would be at once both one and many ; *v. infra*, notes 29 and 31.

[12] Scotus, *Opus Oxon.*, ii, d. 3, qq. 1-6 ; (ed. Vives, Paris, 1891-1895), t. 12, pp. 6-157.

CAPITULUM DECIMUM QUARTUM

In Quo Probatur Quod Universale Non Sit Aliqua Res

Licet multi non dubitent aliquid esse in re quod, quantum est de se, indifferens est ad multa quamvis illud non debeat dici universale nisi dum est actu intellectum, sicut superius declaravi, bonum est tamen propter simplices aliquas rationes quæ probant oppositum dissolvere.

Et arguit Ockham primo sic (apud Ockham in *Logica* sua, parte prima, capitulo decimo quinto) : [13]

<argumentum primum Ockhami>

"Nullum universale est substantia singularis et una numero. Si enim diceretur quod sic, sequitur quod Socrates esset sic aliquod universale, quia non est major ratio quare unum universale sit hæc substantia singularis quam alia ; nulla igitur substantia singularis est aliquod universale sed omnis substantia est una numero et singularis quia omnis substantia vel est una res et non plures vel est plures res. Si una et non plures, tunc est una numero ; hoc enim vocatur ab omnibus unum numero. Si autem aliqua substantia est plures res, vel est plures singulares res vel est plures res universales. Si primum etc. (14r) detur, sequitur quod una substantia esset plures substantiæ singulares et per consequens, eadem ratione, posset concedi quod aliqua substantia esset plures homines — et non posset dari ratio quare magis esset istæ res singulares quam illæ [14] — et tunc, quamvis universale distingueretur a particulari uno, tamen non distinguitur a pluribus. Si autem aliqua substantia est plures res universales, accipio unam istarum rerum universalium et quæro : aut est plures res aut est una et non plures. Si secundum detur, sequitur quod est singulare ; si primum detur, quæro : aut est plures res singulares aut plures universales, et ita vel erit processus in infinitum vel stabitur quod ista substantia est ita singularis quod non universalis. Ex quo relinquitur quod nulla substantia est universalis.

<argumentum secundum Ockhami>

Item, si aliquod universale esset substantia una existens in suis singularibus, distincta ab eis, sequitur quod posset esse sine eis quia omnis res, prior naturaliter alia, potest per divinam potentiam esse sine ea ; sed consequens est falsum ; ergo, etc.

<argumentum tertium Ockhami>

Item, si hæc opinio esset vera, nullum individuum posset creari si aliquod individuum præ-existeret quia non totum caperet esse de nihilo si universale, quod est in eo, prius fuit in alio. Propter idem etiam sequitur quod Deus non posset unum individuum substantiæ annihilare nisi cætera individua destruerentur quia si annihilaretur aliquod individuum, destrueret totum quod est in essentia individui et per consequens destrueret illud universale quod est in eo et in aliis et per consequens alia non manent cum non possint manere sine parte sua quale ponitur illud universale.

<argumentum quartum Ockhami>

Item, tale universale non posset poni totaliter extra essentiam illius individui ; esset igitur de essentia individui et per consequens individuum componeretur ex universalibus et ita individuum non esset magis singulare quam universale.

[13] *Ed. cit.*, pp. 45-51 ; the precise reference given in parentheses is a marginal addition.

[14] The text from : et non posset dari, to : res singulares quam illæ, is a marginal addition and does not appear in the modern edition of Ockham which is cited.

<argumentum quintum Ockhami>

Item, sequitur quod aliquid de essentia Christi esset miserum et damnatum quia ista natura communis, existens realiter in Christo et damnato, esset damnata, quia in Juda esset damnata ; hoc autem absurdum est."

Et dicit iste quod "multæ aliæ rationes possent adduci quas propter brevitatem" omittit. Pertractat istam conclusionem : an universale sit substantia et determinat quod nullum universale sit substantia, unde dicit quod "impossibile est esse substantiam quodcumque universaliter dictorum." [15]

<auctoritates ab Ockhamo citatæ>

"Et eandem conclusionem" confirmat "per Aristotelem, septimo *Metaphysicæ* [16], ubi ex intentione tractat istam conclusionem : 'an universale sit substantia determinata ?'

Item, decimo *Metaphysicæ* [17], dicit : 'si itaque nullum universalium possibile est esse substantiam, sicut in sermonibus de substantia et ente dictum est, nec possibile est esse proprium subjectum, nec unum aliquid præter multa' [18]."

"Ex" quo "patet quod secundum intentionem Aristotelis nullum universale est substantia quamvis supponat pro substantiis.

Item, Commentator, septimo *Metaphysicæ* [19] : 'in individuo non est substantia nisi materia et forma particularis ex quibus componitur.'

Item, ibidem [20], 'dicamus quod impossibile est ut aliquid eorum quæ dicuntur universalia sint substantia alicujus rei etsi declarent substantias rerum.'

Item, ibidem [21], 'impossibile est quod ista universalia sint partes substantiarum existentium per se.'

Item, octavo *Metaphysicæ* [22], 'univerale non est substantia neque genus.'

Item, decimo *Metaphysicæ* [23], 'cum universalia non sint substantiæ, manifestum est quod ens commune non est substantia existens extra animam.'

Ex prædictis auctoritatibus et pluribus aliis colligitur quod nullum universale sit substantia (14v) qualitercumque consideretur. Unde consideratio intellectus non facit quod aliquid sit substantia vel non sit substantia, quamvis significatio termini faciat quod de ipso non pro se prædicetur hoc nomen *substantia* vel aliud, sicut si iste terminus *canis* in ista propositione : *canis est animal* stat pro animali latrabili, vera est ; si pro cælesti sidere, falsa est. Quod tamen eadem res propter unam considerationem sit substantia et propter aliam non sit substantia, est impossibile.

Et ideo simpliciter concedendum est quod nullum universale sit substantia qualitercumque consideretur, sed quodlibet universale est intentio animæ quæ, secundum unam opinionem probabilem, ab actu intelligendi non differt. Unde dicunt quod intellectio qua intelligo *hominem* est signum naturale significans hominem et ita naturale sicut gemitus infirmitatis et tristitiæ seu doloris, et est tale signum quod potest stare pro hominibus in propositionibus mentalibus sicut et vox potest stare pro rebus in propositionibus vocalibus.

Quod autem universale sit intentio animæ, satis exprimit Avicenna, quinto *Metaphysicæ* [24] suæ, ubi dicit 'quod universale dicitur tribus modis. Dicitur enim universale secundum quod prædicatur in actu de multis sicut *homo* et dicitur universale intentio quam possibile est prædicari de pluribus', et similiter, 'dicitur etiam universale intentio quam nihil prohibet opinari quin prædicetur de multis.'

[15] ARISTOTLE, *Meta.*, vii, 13 ; 1038b8-9 ; the scribe has written the abbreviation for nomen in the phrase : quod nullum universale sit substantia ; I have corrected this obvious error to : *nullum*.

[16] *Ibid.*, vii, 13 ; 1038b, 1-1039a 23.

[17] *Ibid.*, x, 2 ; 1053b, 16-19.

[18] This text of Aristotle differs substantially in wording from the version quoted by Ockham : *cfr. Summa Logicæ*, i, 15 ; *ed. cit.*, p. 47, ll. 52-54.

[19] *Averrois Commentaria et Introductiones in Omnes Libros Aristotelis cum eorum Versione Latina*, (Meta.), (Venice apud Iuntas, 1574), t. 8, fol. 197rb. *D.*

[20] *Ibid.*, fol. 197 vb*K*.

[21] *Ibid.*, fol. 197 vb*K*.

[22] *Ibid.*, fol. 225 vb*K* ; this citation of Averroes is not verbatim according to the edition cited : cum universalia non sunt substantiæ, ergo neque genera sunt etiam substantiæ.

[23] *Ibid.*, fol. 255 vb*K*.

[24] *Avicennæ Perhypateci Philosophi ac Medicorum facile primi Opera in Lucem Redacta*, (Venice, 1508), *Meta.*, v, 1 ; fol. 86vA.

Et etiam ratione confirmari potest, nam omne universale secundum omnes est de multis prædicabile ; sed sola intentio vel signum voluntarie institutum est universale et quod substantia non sit nata prædicari patet quia, si sic, sequitur quod propositio componeretur ex substantiis particularibus et per consequens, subjectum esset Romæ et prædicatum in Anglia ; quod est absurdum.

Item, propositio non est nisi in mente vel in voce vel in scripto ; igitur, partes ejus non sunt nisi in mente vel in voce vel in scripto. Hujusmodi autem non sunt substantiæ particulares ; igitur, constat quod nulla propositio ex substantiis componitur ; componitur autem ex universalibus ; igitur, universalia non sunt substantiæ."

Et dicit si aliquibus videretur quod ista argumenta non procederent contra illam opinionem quæ ponit quod universalia sint in individuis, non quidem distincta realiter sed bene distincta formaliter ab eisdem, "in Socrate enim est natura humana quæ contrahitur ad Socratem per unam differentiam individualem, quæ ab illa differentia non distinguitur realiter sed formaliter, unde non sunt duæ res licet una non sit formaliter alia", contra hoc arguit ipse et dicit quod "illa opinio videtur sibi absurda et improbabilis, primo quia in creaturis numquam potest esse aliqua distinctio qualiscumque extra animam nisi ubi sunt res distinctæ. Si igitur inter istam naturam et istam differentiam sit qualiscumque distinctio, oportet quod sint res realiter distinctæ. Assumptum probat per formam syllogisticam sic : hæc natura non est distincta (15r) formaliter ab hac natura ; hæc differentia individualis est distincta formaliter ab hac natura ; ergo, hæc differentia individualis non est hæc natura.

Item, eadem res non est communis et propria ; sed secundum eos differentia individualis est propria, universale autem est commune ; igitur, nullum universale et differentia individualis sunt eadem res.

Item, eidem rei creatæ non possent convenire opposita ; commune autem et proprium sunt opposita ; igitur, eadem res non est communis et propria, quod tamen sequitur si differentia individualis et natura communis essent eadem res [25].

Item, si natura communis esset eadem realiter cum differentia individuali, igitur tot essent realiter naturæ communes quot sunt differentiæ individuales et per consequens, nullum eorum esset commune sed quodlibet esset proprium differentiæ cui est idem realiter.

Item, quælibet res seipsa vel per aliquid sibi intrinsecum distinguitur a quocumque distinguitur ; sed alia est humanitas Socratis et alia Platonis ; igitur, seipsis distinguuntur ; igitur, non per differentias additas.

Item, secundum sententiam Aristotelis [26], quæcumque differunt specie, differunt numero ; sed natura hominis et natura asini seipsis distinguuntur specie ; igitur, seipsis distinguuntur numero ; igitur, seipsa quælibet istarum est una numero.

Item, illud quod per nullam potentiam potest competere pluribus per nullam potentiam est prædicabile de pluribus ; sed talis natura, si sit eadem realiter cum differentia individuali, per nullam potentiam potest convenire pluribus quia nullo modo potest alteri individuo convenire ; igitur, per nullam potentiam potest esse prædicabile de pluribus et per consequens per nullam potentiam potest esse universale.

Item, accipio istam differentiam individualem et naturam quam contrahit et quæro : aut inter ea est minor distinctio quam inter duo individua aut major ; non major quia non differunt realiter, individua autem differunt realiter ; nec minor quia tunc essent ejusdem rationis sicut duo individua sunt ejusdem rationis et per consequens, si unum est de se unum numero et reliquum erit de se unum numero.

Item, quæro : aut natura est differentia individualis aut non est differentia individualis ; si sic, arguo syllogistice sic : hæc differentia individualis est propria et non communis ; hæc differentia individualis est natura ; igitur, natura est propria et non communis — quod est intentum.

[25] The argument : Item, eidem rei creatæ ... essent eadem res, occurs in the *Ms.* after the argument : Item, si natura communis ... est idem realiter ; the order has been corrected on the authority of Campsall's answers which contemplate our sequence and also of the edition of Ockham which has been cited.

[26] ARISTOTLE, *Meta.*, v, 6 ; 1016a 6-1017a 3.

Secundo, arguo sic syllogistice : hæc differentia individualis non est distincta formaliter a differentia individuali ; hæc differentia individualis est natura ; igitur, natura non est distincta formaliter a differentia individuali. Si autem detur quod hæc differentia individualis non est natura, habetur intentum nam sequitur : differentia individualis non est natura ; igitur, differentia individualis non est realiter natura quia ex opposito antecedentis sequitur oppositum consequentis sic arguendo : differentia individualis est natura. Consequentia patet quia a determinabili sumpto cum determinatione non diminuente neque destruente ad determinabilem per se sumptum est bona consequentia. *Realiter* autem non est determinatio destruens nec diminuens ; igitur, sequitur : differentia individualis est realiter natura ; igitur, differentia individualis est natura.

Item, intellectus potest videre istam naturam (15^{v}) humanam quæ est in Socrate, non videndo istam differentiam individualem, quia intellectus potest intelligere unum distinctorum formaliter non intelligendo reliquum et eadem ratione potest videre humanitatem quæ est in Platone, non videndo differentiam individualem. Videndo autem tales naturas, vere potest dicere hanc differre ab illa et per consequens vere seipsis distinguuntur, etiam differentiis individualibus circumscriptis — quod est intentum" [27].

Dicit igitur iste quod "secundum doctrinam Peripateticorum", nulla res est substantia nec aliquid est penitus imaginabile nisi "materia et forma vel compositum ex his."

Et ista argumenta reputantur majoris ponderis apud istos esse.

CAPITULUM DECIMUM QUINTUM

In Quo Respondetur Ad Rationes Quibus Probatur Quod Universale Non Sit Aliqua Res

Nunc restat ad prædicta argumenta respondere. Ad primum igitur, quando dicitur quod "nullum universale est substantia singularis etc.", concedo formaliter ; et quando dicit quod "omnis substantia est singularis", istam minorem simpliciter in termino.

Ad probationem : quando dicit quod "omnis substantia vel est una res et non plures, vel est plures res", dico quod hoc est simpliciter falsum. Unde illa natura, quam sit positurus communem, non est plures nec una. Sicut enim si esset aliquod subjectum quod nec esset album nec nigrum nec aliquo colore coloratum, non esset verum dicere quod esset simile vel dissimile, vel etiam si Deus posset similitudinem ab albedine separare, non esset simile vel dissimile quia simile importat subjectum et relationem, qua relatione carent per positum. Eodem modo est hic, nisi quod illud per quod hæc natura est una non distinguitur ab ea realiter. Non enim includit plus in intellectu quidditative ipsius naturæ illud per quod est una quam similitudo in intellectu albedinis includatur, et ideo sicut si velis loqui de albedine ut albedo est, nec debet concedi quod est similis vel dissimilis, sic si velis loqui de ista natura secundum suam propriam rationem formalem, non debet concedi quod est una vel plures, cum illud per quod est una ab ea formaliter distinguatur et distincto formaliter vere contingit ab alio unum formaliter removeri.

Ad aliud, quando dicitur quod, si in individuo esset aliqua natura distincta ab eo, sequitur quod posset sine eo esse, istam consequentiam nego.

Ad probationem : quando dicitur quod "omnis res etc.", ista propositio est concedenda, sed ex hoc nihil contingit nisi accipiendo unam minorem sub — quæ vel erit impertinens vel erit falsa. Oportet enim assumere sub talem minorem : "sed natura specifica est res prior naturaliter alia re, puta, sua differentia individuali". Tunc, est ista minor simpliciter falsa propter falsam implicationem quia implicatur quod natura specifica sit una res distincta realiter a sua differentia individuali, quod supra frequenter est negatum. Si autem dicatur quod ista consequentia potest aliter probari

[27] The argument : Item, intellectus potest . . . individualibus circumscriptis, quod est intentum, does not appear in the edition of Ockham which has been cited.

non accipiendo in ista majori nec res nec aliquid tale, sed solum sic arguendo : quando aliqua sic se habent quod unum est prius alio prioritate naturæ, prius per divinam potentiam potest fieri sine posteriori, ad illud : quod ista propositio generaliter sumpta est falsa ; patet enim quod subjectum naturaliter præcedit propriam passionem, et tamen Deus non posset facere subjectum sine propria passione. Si autem Doctor (16r) Subtilis quandoque talem propositionem concedat, debet intelligi de illis quæ sic ordinantur secundum prius et posterius quod prius non coincidit in identitatem realem cum posteriori, sicut quando probat quod Deus posset facere materiam absque omni forma quia præcedit natura hanc formam et quamlibet, et cum nulla forma per identitatem realem coincidit [28]. Tunc posset talis propositio adduci competenter, sed sic non est in proposito sicut patebit ; ideo non valet.

Ad tertium : patet quod frivolum est quia non currit contra istam viam [29] quia imaginatur ac si poneretur quod aliquid unum et idem esset in duobus individuis, quod non est verum licet aliquid sit in uno quod est ejusdem rationis cum aliquo quod est in alio, et tunc patet quod per hoc creatio non tollitur quia, licet aliqua ejusdem rationis sint in diversis individuis, tamen unum non est aliud.

Ad aliud : concedo quod est de essentia individui ; quando dicitur quod tunc singulare componeretur et cetera ; consequentia non valet, quia talis natura cum differentia individuali naturam compositam omnino facit. Si enim illa quæ distinguuntur formaliter compositum facerent, tanta esset compositio in divinis quanta esset in aliqua re creata, immo major, quod est absurdum. Et patet per istos, qui inter essentiam divinam et relationes distinctionem formalem concedunt [30], et ideo numquam debet concedi aliqua componere nisi realiter distinguantur. Et quia natura et differentia individualis non distinguuntur realiter, ideo concedi non debet quod individuum componant.

Ad aliam : patet quod nullam efficaciam habet quia non est inconveniens quod aliquid ejusdem rationis cum aliquo existente in Christo sit damnatum et quod aliquid in Juda damnatum non habeat repugnantiam, in quantum est ex se, quin posset Christo convenire, licet numquam competat in æternum. Et ideo, talia argumenta et consimilia plus ostendunt dementiam quam efficaciam.

Ad primam auctoritatem Philosophi : dico quod intentio Philosophi est in septimo *Metaphysicæ* [31] improbare opinionem Platonis qui posuit unum hominem qui esset de essentia individuorum. Arguit enim sufficienter per istum modum : concedebat enim Plato quod Socrates non est universale et quod Plato non est universale nec aliquid quod sit in Socrate vel Platone ; et tunc arguit ex datis quod, cum nec Socrates nec aliquid in Socrate, et sic de aliis, sit universale, et nihil potest esse substantia nisi sit individuum vel in individuo, ergo impossibile est quod aliquid "universaliter dictorum" — modo quo tu ponis — sit substantia. Et sic concedendum est quod nullum universale quale ponit Plato sit substantia quia non tale est, sed adhuc non est probatum nec

[28] *Cfr.* Scotus, *Opus Oxon.*, ii, d. 12, q. 1 ; ed. cit., t. 12, p. 564a, no. 16 : . . . mihi est contradictio quod materia sit terminus creationis et pars compositi et quod non habeat aliquod esse, cum tamen sit aliqua essentia . . . ; *ibid.*, q. 2, p. 576b : Item, quidquid Deus absolutum facit in creaturis mediante causa secunda potest facere sine illa causa secunda . . . sed forma est causa secunda quæ non est de essentia materiæ inquantum materia est mediante qua Deus dat esse materiæ ; ergo Deus sine illa potest facere materiam.

[29] The force of Campsall's position — istam viam — is to distinguish his realism of common natures from the extreme realism which Ockham opposes in the arguments of his *Summa*, i, 15 ; *v. supra*, note 11, and *infra*, note 31.

[30] For textual support of Campsall's patet per istos, *cfr.* Ockham, *Summa*, ii, (Paris, 1488), fol. 38v, b : talis distinctio non est ponenda in creaturis quamvis aliquo modo posset poni in divinis et hoc quia in creaturis impossibile est dari aliquam rem unam numero quæ sit realiter plures res et quælibet illarum sicut est in divinis . . . Quod autem talis distinctio formalis non sit ponenda, probavi in primo libro Sententiarum, secunda distinctione . . . ; Ockham has in mind his discussion of the Trinity of Persons in God, *In Sent.*, i, d. 2, q. 11 ; (Lyons, 1495) (unnumbered foll.) : Ad secundum dico sine assertione temeraria et preiudicio : quod talis distinctio est ponenda . . . sed non est ponenda nisi ubi credita compellunt . . . Unde dico quod non potest esse distinctio formalis nec talis contradictio verificari nisi ubi sunt distinctæ res realiter quod solum est possibile de personis divinis quia sunt tres personæ realiter distinctæ : et tamen sunt una res quia sunt una essentia numero. Et ita cum non sit possibile in creaturis : quod plures res distinctæ realiter sint una res, ideo in creaturis non est talis distinctio ponenda, nec unquam est ponenda ubi credita non compellunt . . .

[31] Campsall here seems to adopt for dialectical motives the interpretation of Plato which would make him an extreme realist — an interpretation which, he will remind us in Chapter 61 under "antonomastic supposition", he does not think is correct but considers to have been foisted upon Plato by Aristotle ; *v. supra*, notes 11 and 29.

probat Philosophus quod nihil est in Socrate cui, quantum est de se, Platoni convenire non repugnat, licet sibi de facto non competat.

Aliter potest dici secundum prædicta, quod licet in Socrate sit aliqua talis res indifferens, non quidem distincta realiter a differentia individuali, tamen non est complete universale nisi modo supra dicto fuerit intellecta, et tunc "universale" non solum dicit rem realem, sed rem cum tali respectu. Et tunc posset dici quod aliquando Philosophus æquivocat de universali ut (16v) utitur aliquando isto termino *universali* pro illo respectu, aliquando pro substrato illi respectui. Et in proposito utitur *universali* pro isto respectu et sic vera est auctoritas et videtur satis probabile dictum quia Philosophus quandoque dicit quod universalia sunt idem essentia et quidditate suorum inferiorum et aliquando dicit quod non sunt substantiæ [32] quod non posset stare nisi æquivoce isto termino utetur ; et per hoc posset ad multas auctoritates responderi. Patet enim intuenti librum *Prædicamentorum* [33] quod ibi in prædicamento *substantiæ* vocat Aristoteles genus et species "secundas substantias" et glossa qua ista auctoritas glossatur ab istis multum plus est extorta sicut postea magis patebit quam sit ista qua glossatur auctoritas septimo *Metaphysicæ*.

Ad illud decimo *Metaphysicæ:* dico quod sicut est impossibile quod universale sit substantia, accipiendo *universale* pro isto respectu, quia accidens non est substantia, ita est impossibile quod si poneretur aliqua talis res qualem ponit Plato, quod ista res esset substantia ; et ad istum intentum arguit Philosophus, septimo *Metaphysicæ* [34] contra Platonem. "Impossibile enim est", dicit Philosophus, "quod illud quod est substantia alicujus vel de essentia non sit illi proprium et intrinsecum", et, cum talis res non esset propria et intrinseca alicui individuo, impossibile esset quod esset substantia vel de essentia individui et per consequens, si esset, esset accidens ; non autem accidens est substantia et per hoc patet ad istam auctoritatem.

Ad primam auctoritatem Commentatoris : patet per prædicta quod non est contra istam viam. Concedendum est enim quod individuum non componitur nisi ex materia et forma quia talis natura cum nullo componitur ; arguere igitur ex illo antecedenti ad illud consequens est facere fallaciam consequentis quia arguitur ab uno antecedenti habenti plures causas veritatis ad unam determinate.

Ad aliam auctoritatem : patet quod currit contra Platonem. "Impossibile enim est", ut Commentator dicit Platoni "quod aliquod istorum quæ a re dicuntur universalia sit substantia alicujus rei" [35], et hoc quia illud quod est a re separatum non potest esse substantia illius rei ; nunc autem, secundum Platonem, tales res sive ideæ erant a rebus separatæ, etiam secundum Platonem.

Ad aliam auctoritatem : patet quod vera est ; nullus enim sanæ mentis umquam dixit quod talis natura esset pars individui, sed est totum ipsum individuum. Non enim posset esse talis natura cum sit realiter ipsum individuum pars ipsius individui, nisi idem esset pars suiipsius, quod contradictionem includit.

Ad alias duas auctoritates Commentatoris, patet per prædicta.

Ad illam auctoritatem Avicennæ : patet quod magis est pro ista parte quam contra. Per hoc enim quod dicit quod quoddam est "universale in actu" dat intelligere illam rem ut existit sub illo respectu de genere *actionis*. Non enim est ista res actualiter universalis nisi prout sub illo respectu actualiter existit. Per universale autem "in potentia" intelligit illam rem ut tamen illo respectu caret quia ut sic nec complete est universalis sed tantum in potentia. Si dicatur quod ipse vocet tales "intentiones", dico quod pro tanto vocat "intentiones" quia non dicuntur talia nisi quia ad intentionem vel actualiter vel potentialiter referuntur.

Ad alias duas (17r) rationes dictum est supra. Licet enim prædicatio non innotescat vel nisi in voce vel scripto vel conceptu, tamen vere et realiter sunt in re illa pro quibus

[32] Campsall has in mind such passages as *Categ.*, all chapter 5 ; *Meta.*, v, all chapter 8 ; vii, 3 ; 1028b33 ; 6 ; 1031a15-18 ; 13 ; 1038b1 — 1039a23.

[33] ARISTOTLE, *Categ.*, 5 ; 2b7-8.

[34] ARISTOTLE, *Meta.*, vii, 13 ; 1038b 8 *sqq.*

[35] *V. supra*, note 20.

termini supponunt et cuilibet termino (si non sit prædicatio ejusdem de se) [36] correspondet aliquid distinctum in re, licet non realiter, et hujusmodi requiritur supra.

Ad argumenta vero quæ fiunt contra modum istum dicendi, in speciali restat nunc respondere. Ad primum ergo, quando dicitur quod ponere aliquid in re singulari, quod de se sit indifferens et quod de se non sit singulare et quod de se potest esse universale quando est sub illo respectu, de quo supra dictum est, quod inquam talia dicere est absurdum, dico quod sic dicere non est absurdum, immo dicere oppositum magis est absurdum et irrationale.

Et tunc ad primum argumentum : quando dicit quod in creaturis non est ponenda aliqua talis distinctio, dico quod non est verum. Absurdum enim videtur quod talis distinctio ponatur in summe simplici, in summe idem, in summe distincto, et tamen quod non posset poni in illo quod in infinitum a tali simplicitate et identitate et in distinctione recedit. Et primo ponitur talis distinctio ab istis, puta, in persona divina quia per eos relatio in divinis distinguitur formaliter ab essentia divina [37]. Primum autem argumentum, per quod probant quod in creaturis non est ponenda talis distinctio, non concludit ; et primo reduco argumentum contra eos, accipiendo in divinis eundem modum arguendi sic : hæc natura (demonstrando essentiam divinam) non est distincta formaliter ab ista natura ; hæc relatio (demonstrando paternitatem) est distincta formaliter ab hac natura ; igitur, paternitas non est essentia divina. Et tunc arguo ultra : paternitas non est essentia divina ; ergo, paternitas non est realiter essentia divina. Consequentia patet quia arguitur a superiori ad inferius negative ; consequens est hæreticum ; igitur, antecedens. Sed antecedens fuit conclusio illius syllogismi ; ergo, non valuit. Oportet igitur te ad tuum argumentum respondere et quamcumque responsionem dederis, eamdem possum dare. Si dicis quod non est simile huic materiæ quia in isto syllogismo semper præmissæ sunt secundum determinationem Ecclesiæ vel Sacræ Scripturæ, conclusio vero non, et ideo deberent præmissæ concedi quamvis conclusio negetur (sed sic non est ex alia parte), contra autem, in prædicto syllogismo est aliquis defectus aut non est aliquis defectus. Si non est aliquis defectus, esset maximus error talem discursum negare quia videtur valde asininum quod Ecclesia doceat in trinitate discursus syllogisticos <hæreticos esse> [38] ubi nullus de toto mundo est defectus. Si est aliquis defectus, aut in materia aut in forma, et sive sic sive sic, eamdem responsionem dabo et sufficiat.

Ad argumentum ergo in se, dico quod manifeste est ibi fallacia consequentis et fallacia secundum quid et simpliciter. Totum enim argumentum currit supra istam consequentiam : "differentia individualis est distincta formaliter ab hac natura ; ergo, hæc differentia individualis non est hæc natura". Discipiuntur ergo isti ex hoc quod credunt quod, sicut esset bona consequentia quod si poneretur antecedens, poneretur et consequens, quod ita fit bona consequentia per oppositum — quod falsum est. Bene sequitur : "hæc differentia individualis non est hæc natura ; igitur, hæc differentia individualis est distincta formaliter ab hac natura" quia arguitur a superiori ad inferius (17v) negative, quæ consequentia bene tenet ; sed arguendo e contrario est fallacia consequentis. Sicut bene sequitur : "non est animal ; ergo, non est homo", sed e contrario falleret. Et ita est in proposito quia "esse idem" est superius et ad "esse idem formaliter" et ad "esse idem realiter". Arguitur ergo negative sic : "non est idem formaliter (vel : est distinctum formaliter) ; ergo, non est idem". Patet quod non valet. Est etiam in prædicto argumento fallacia non causa ut causa quia, sublata majori propositione, nihil minus sequitur conclusio. Patet etiam quod est fallacia

[36] Prædicatio ejusdem de se is current in mediæval logic, taking its origin from *Periherm.*, 23b, 15-21 ; *cfr.* Boethius, *Comm. de Interpret.* (ed. "prima"), PL 64, 387D : . . . verius igitur et propinquius est dicere de bono quoniam bonum est quam dicere de bono quoniam malum non est ; quod si hoc est etiam opinio quæ secundum se falsa est mendacior juste videbitur ea quæ secundum accidens mentitur ; Petrus Hispanus, *Summulæ Logicales*, tr. 12, ed. Bochenski, 12.24, p. 119 ; Campsall has previously referred to it as a Boethian doctrine (with an inaccurate reference to the *Liber Divisionum*, *cfr. Logica*, fol. 3r, ll. 6-7). Saint Thomas Aquinas comments on the original passage in the same sense : *In Periherm.*, Leon. ed., t. i, p. 124 : . . . idcirco magis false respectu affirmationes veræ est negatio ejusdem quam affirmatio contrarii.

[37] This constitutes Campsall's most effective rebuttal of Ockham's attack on common natures ; it contemplates, of course, such passages of the Venerable Inceptor as those given in note 30.

[38] *Ms. om.* hæreticos esse ; the context seems to demand these or equivalent words.

secundum quid et simpliciter ; sicut enim non sequitur : "non currit velociter ; ergo, non currit" sed est fallacia secundum quid et simpliciter, ita non sequitur : "non est idem formaliter (vel distinguitur formaliter) ; ergo, non est idem".

Pro toto ergo argumento sufficit scire quod quandocumque in aliquo discursu ponitur determinatio adverbialis in præmissis quæ non ponitur in conclusione, vel e contrario, quod semper in tali discursu committitur fallacia consequentis ; constat quod sic est in proposito ; ideo, etc.

Ad secundum et tertium, quod esse commune et proprium non sunt opposita nisi respectu ejusdem, non solum respectu ejusdem realiter, sed sunt opposita respectu ejusdem formaliter et ideo, quia esse commune et proprium conveniunt eidem rei per distinctas rationes formales, ideo non sunt opposita ; impossibile est autem quod per eamdem rationem formalem eidem conveniant quia sic sunt opposita et aliter non.

Ad quartum, patet quod est fallacia figuræ dictionis ; mutatur enim unum prædicamentum in aliud, hoc est, sub termino sub quo deberet fieri descensus per terminum importantem res de genere substantiæ fit descensus per terminum importantem res de genere quantitatis. Sub isto enim termino *idem*, qui est subjectum majoris, deberet fieri descensus per terminum importantem rem de genere substantiæ, et descensus fit per istos terminos *quot* et *tot* qui important quantitatem discretam ; ideo non valet.

Ad aliud, dico quod peccat in materia et in forma. Arguere enim a disjunctiva ad categoricam est facere fallaciam consequentis ; non enim sequitur : Socrates currit vel disputat (ut est propositio disjunctiva) ; igitur, Socrates currit. Ita est in proposito ; major enim est disjunctiva et minor categorica et concluditur in conclusione altera pars disjunctivæ — quem modum arguendi nullus tenet nisi qui Logicam ignorat. Minor etiam istius rationis falsa est ; dictum enim est quod nihil potest prædicari de humanitate cum humanitas sit tantum humanitas ; esse enim *idem* vel *diversum* vel *distinctum* non competit humanitati, unde nec etiam *alia ab humanitate Platonis*, nec *idem* nec *diversa*, et sic patet ad illud.

Ad aliud, dico quod non concludit, cujus ratio est quia quandocumque in aliquo discursu ponitur in conclusione aliqua determinatio, sive prædicati, sive subjecti, sive compositionis, quæ quidem determinatio non ponitur in utraque præmissarum, talis discursus non valet. Et quia *seipsis* ponitur in conclusione illius paralogismi tamquam determinatio illius prædicati quod est *distingui specie*, et non ponitur in majori, ideo est falsa. Et patet in exemplo : ponatur enim quod *omne currens alteratur* et *omne currens currat lente*, et tamen *quod alteratur, velociter alteratur* ; si tunc, arguo sic : omne quod alteratur, currit ; Socrates velociter alteratur ; ergo, Socrates velociter currit non sequitur. Nec est alius defectus assignandus in isto paralogismo nisi quia hæc determinatio *velociter* sumitur in conclusione cum tamen non sumatur in utraque præmissarum ; si tamen sumeretur in utraque præmissarum, adhuc non (18^{r}) valet nisi esset determinatio illius cujus est in conclusione.

Ad aliud, quando dicit quod illud "quod per nullam potentiam etc.", quæro quid intelligat per "competere pluribus" ; aut enim intelligit quod illud quod non potest pluribus competere per identitatem realem non potest de pluribus prædicari — et patet quod sic est simpliciter falsa etiam secundum eos quia unus conceptus, sive una vox, potest de pluribus prædicari, quibus tamen non potest per identitatem realem competere. Si autem intelligat quod illud quod non potest per prædicationem pluribus competere non prædicatur de pluribus, sic est vera et minor falsa quia talis natura, ut habens talem rationem, potest de pluribus prædicari.

Ad aliud, dico quod minus differunt differentia individualis et natura specifica quam duo individua, et tunc ad consequentiam, quando dicit "si minus differunt tunc sunt ejusdem rationis", consequentia nulla est. Et patet instantia in aliis terminis : minus enim differt albedo a nigredine quam a lapide et tamen non sequitur : ideo sunt ejusdem rationis, sed debet inferri : ergo aliquam convenientiam habet cum differentia individuali quam non habet unum individuum cum alio, et hoc est verum quia convenientiam realem quæ non est inter duo individua.

Ad ultimum, dico quod differentia individualis non est natura illa et tunc ad consequentiam, quando arguitur "differentia non est natura ; igitur, differentia non est realiter natura", consequentiam nego. Et ad probationem : quando dicitur quod "ex opposito consequentis sequitur oppositum antecedentis" nego ; immo oppositum consequentis stat cum antecedente quando prædicatur quod a determinabili sumpto cum determinatione *non* etc. Concedo istam quando dicitur quod *realiter* non est dictio distrahens ; dico quod respectu alicujus determinabilis est distrahens et respectu alicujus non, sicut hæc determinatio *secundum caput* respectu hujusmodi determinabilis *album* est dictio distrahens ; quia non sequitur : est albus secundum caput ; ergo, est albus ; respectu tamen hujusmodi determinabilis *crispus* non est dictio distrahens ; sequitur enim : est crispus secundum caput ; igitur, est crispus. Ita est de ista dictione *realiter* ; respectu enim hujusmodi determinabilis *currere* non est dictio distrahens quia sequitur : currit realiter ; ergo, currit. Respectu tamen hujusmodi determinabilis *idem,* est diminuens ; identitas enim realis compatitur secum aliquam distinctionem sive non-identitatem, puta, formalem ; identitas autem formalis non. Et tunc sicut non sequitur : est idem minori identitate ; ergo majori identitate, ita non sequitur : est idem realiter ; ergo, est idem formaliter, quia major identitas implicatur in consequente quam implicatur in antecedente ; ergo, etc.

CAPITULUM DECIMUM SEXTUM

In Quo Ostendit Quot Species Universalis

Istis sic generaliter præmissis de universali, videndum est quot sunt species universalium et, licet posset fieri contentio in verbis ponendo plures species quam quinque, dicendum est tamen ad præsens secundum quod loquuntur philosophi et auctores quod tantum sunt quinque species quarum numerus et sufficientia, sectando quæ dicta sunt et quæ dicentur, sic potest sumi quia omne universale aut prædicatur in quid aut in quale. Si in quid, hoc potest esse dupliciter quia illud quod sic prædicatur in quid aut significat aliquid quod potest competere quantum est de se essentialiter solum omnibus individuis alicujus speciei specialissimæ aut significat aliquid quod sic potest competere omnibus individuis diversarum specierum specialissimarum et non omnium specierum specialissimarum. Si primo modo, sic est species, non quod iste terminus vel iste conceptus sit species, sed quia isto termino utimur pro ista re quæ est species, cum res ad disputandum nobiscum ferre (18ᵛ) non possimus [39].

Si secundo modo, sic est genus. Ex hoc enim quod iste terminus *animal* importat aliquam rem quæ, quantum est de se, potest competere omnibus individuis essentialiter aliquarum specierum specialissimarum, licet non omnium, ex hoc vocatur genus, non quod iste terminus proprie loquendo sit genus, cum ista res quæ est genus possit essentialiter pluribus convenire, quantum est de se et iste terminus non, sed sicut vocamus homines illos reges qui in terra dominantur et imperant et quorum præceptis et mandatis oportet obedire sicut si rex præcipiat, ita est de isto termino *animal* ; ita enim omnibus et per omnia utimur isto termino sicut faceremus ista re si eam nobiscum possemus ferre, non quidem pro se, sed pro illa re quæ est genus quam iste terminus significat.

Si prædicatur in quale, hoc contingit dupliciter quia aut illud importat rem quæ constituit essentialiter id de quo prædicatur sicut pars constituit essentialiter illud cujus est pars, aut importat aliquid quod præsupponit rem in esse completo essentiali et reali.

Si primo modo, sic est differentia ; si secundo modo, hoc contingit dupliciter quia illud sic importatum aut supponit rem in esse completo quod potest præcedere illud importatum ordine durationis aut tantum ordine naturæ et nullo modo ordine durationis. Si secundo modo, sic est proprium ; si primo modo, sic est accidens.

[39] *Cfr.* ARISTOTLE, *Soph. Elench.*, i, 1 ; 164a5.

Ex istis sequitur primo quod illi qui dicunt quod *coloratum* potest dici genus respectu *albi* falsum dicunt quia quæro quando quæritur : quid est album? et respondetur : coloratum, — aut stat pro aliqua forma accidentali advenienti illi pro quo supponit iste terminus *album*, et sic non solum non prædicatur sicut genus sed est prædicatio impossibilis quia album nulla talis forma est, aut stat pro aliquo subjecto habente talem formam, et si sic, talis prædicatio non est vera per illum qui dicit quod quando quæritur : quid est hoc?, demonstrando subjectum albedinis, quia si respondeatur : coloratum, non est responsio conveniens, sed si coloratum supponeret pro isto subjecto, esset conveniens responsio. Aut stat pro uno aggregato ex utroque ; tunc non potest esse generis quia nihil tale potest esse de essentia aut importare essentiale aliquid, ut magis proprie loquatur, ipsi albo, sicut patet etiam secundum istum.

Si dicatur quod saltem aliquid potest esse genus large loquendo, per quod convenienter respondetur ad quæstionem factam per : quid? de aliquo, sed coloratum est hujusmodi quia si quæritur : quid est album? convenienter respondetur : coloratum ; ergo, etc., dico quod sive minor sit vera sive non, quod major est falsa ; quærendo enim de quolibet ente : quid est? convenienter respondetur per : ens, et tamen ens non est genus [40] et ita de multis aliis transcendentibus.

Secundo sequitur ex dictis quomodo potest faciliter vitari quod ens non sit genus, quia quamvis prædicetur in quid et importetur aliquid quod est de essentia inferiorum, quia tamen illud quod per ens importatur potest indifferenter cuilibet convenire [41], (19r) illud autem quod per genus importatur individuis aliquarum specierum et non omnium convenit, ideo ens non potest esse genus.

Tertio, patet ex dictis quomodo debent exponi auctoritates philosophorum et auctorum qui dicunt quod genera et species sunt de essentia suorum inferiorum. Non enim debent exponi, sicut aliqui false imaginantur, quod ideo dicantur esse de essentia inferiorum quia in eorum definitione ponuntur. Tam enim improprius et abusivus modus loquendi esset si pro tanto dicerentur esse de essentia inferiorum sicut si diceretur *homo* et *asinus* sunt eadem essentia quia idem, puta, *animal*, ponitur in definitione utriusque, immo multum improprior. Pro tanto ergo dicuntur esse de essentia suorum inferiorum quia importato per terminum quem vocamus genus omnibus suis inferioribus essentialiter convenire non repugnat, sicut supra frequenter dictum est et adhuc dicere non pigebit. Et iste modus est talis qualis est iste quo dicitur quod Deus est creator omnium rerum ; non enim intendimus quod Deus de facto omnes res creet cum ex sua maxima bonitate causis secundis dederit potestatem suos effectus producendi, sed intendimus per hoc quod Deus, si sibi placeret, quod posset omnes res, quæ nunc fiunt, per se sine causis secundis creare et quod sibi tales res creare non repugnat.

Quarto, sequitur quomodo potest vitari quod prædicamentum substantiæ et omnia alia novem prædicamenta non sunt de genere qualitatis, quod vitari non possunt nec volunt adversarii. Patet enim quod non possunt cum substantia ut est genus generalissimum non sit nisi quidem actus intelligendi, qui actus intelligendi ita est una vera qualitas informans animam sicut albedo informat parietem secundum istos ; patet, inquam, quod verum est dicere quod hæc qualitas, demonstrando genus generalissimum substantiæ, est qualitas, et sic de omnibus aliis prædicamentis, et per consequens, omnia prædicamenta sunt in genere qualitatis ; et non solum hoc, sed etiam quod idem est superius ad se, sicut verum est dicere quod iste actus intelligendi, qui est genus generalissimum, est qualitas. Et omnia ista concedunt, licet salvent quia sic prædicetur de omnibus, non tamen est genus ad omnia, et hoc quia non prædicatur de ipsis significative sumptis. Et hoc magis requiritur in Ockham, prima parte *Summæ* suæ, capitulo decimo septimo : "Et quoniam solutio dubiorum etc." [42] Secundum opinionem istam jam dictam, non oportet talia inconvenientia concedere nec tali difficultati incidere quia, cum genus et species sint veræ res extra animam et non conceptus nec vox, nisi modo quo dictum est, non oportet concedere quod illud quod est genus ad

[40] *Cfr.* ARISTOTLE, *Meta.*, iii, 3 ; 998b22.

[41] Campsall here gives an explanation in terms of the Scotist being, absolutely indifferent in itself, of Aristotle's position that being cannot be a genus ; *v. supra*, note 40.

[42] OCKHAM, *Summa Log.*, i, 17 ; *ed. cit.*, p. 52, ll. 1 *sqq.*

hominem et *asinum*, et sic de aliis, sit qualitas, sed quod vere est substantia ; idem dicendum est de prædicamento quantitatis et relationis et de generibus generalissimis, et sic de aliis. Et ista videtur mihi esse intentio Philosophi et auctorum authenticorum.

SUPPOSITION

CAPITULUM QUINQUAGESIMUM

Ponit Differentiam Inter Significationem Et Suppositionem

Postquam dictum est de proprietatibus competentibus terminis extra propositionem, dicendum est de proprietatibus competentibus eis in propositione, et primo de suppositione est dicendum.

Et circa illud capitulum, primo est sciendum quod differentia est inter significationem et suppositionem quia significare competit termino (82r) extra propositionem, sicut dicimus quod iste terminus *homo* significat aliquod commune omnibus hominibus, modo superius exposito [43], vel quod significat omnia individua contenta in specie humana, sed supponere termino extra propositionem non competit. Nec est sic intelligenda ista differentia quasi significare non competat termino etiam in propositione ; non enim propter hoc quod terminus in propositione ponitur perdit suum significatum quin significet sicut prius, sed est sic intelligenda, quod significare competit termino in propositione et extra ; supponere in propositione tantum. Contingit etiam aliquando terminum supponere pro illo quod nullo modo significat, sicut patet in ista propositione : *homo est vox*, *homo* enim supponit ibi pro quadam voce quam, tamen, non significat. Et ex hoc patet falsitas dicentium quod terminus non supponit nisi pro suo significato vel pro illis ad quæ significanda transumitur. Terminus enim communis non significat seipsum, sicut patebit in tractatu *de insolubilibus* [44], nec transumitur ad significandum seipsum quia, secundum ipsos, terminus communis non habet transitum nisi ad individua.

Primo sequitur ex hoc quod ille modus loquendi quo communiter dicitur quod terminus extra propositionem habet suppositionem naturalem est improprius et metaphoricus. Omnis enim habitudo termini communis per appellationem ad sua appellata est habitudo significantis ad illa quæ significantur per ipsum, unde, etiam si universale non posset intelligi nisi cum suis singularibus — quod tamen non est verum — vel si quovis alio modo concernat supposita, hoc est ex virtute significandi et non supponendi.

Secundo sciendum quod differentia est inter appellationem, suppositionem, et significationem. Appellatio enim proprie non competit termino nisi respectu singula-

[43] modo superius exposito, *i.e.* the theory of common natures to account for universal predication with respect to singulars ; *cfr.* Chapters 13-16.

[44] *Cfr.* remarks of the editor of Ockham, *Summa Log.*, *ed. cit.*, Intro., p. xi : "The *Tractatus de Obligationibus* together with the chapter *de Insolubili* present a rather confused picture . . . none of the oldest Mss. omits this tract and chapter. Its proper place seems to be at the end of the third part of the the third main part and immediately before the tract on the fallacies." Since our *Ms.* breaks off in the course of a chapter which parallels the first part of Ockham's *Summa Log.*, this tract of Campsall's is not extant.

rium, sicut iste terminus *homo* proprie non appellat nisi illa quæ secundario significat ; cujusmodi sunt Socrates et Plato et sic de aliis individuis contentis in specie humana, sicut dictum est supra [45], sed significare et supponere competit termino respectu multorum aliorum. Et ex hoc patet falsitas quorumdam dicentium quod appellatio est termini prædicabilis sine tempore significantis ; cum enim subjectum possit esse universale sicut et prædicatum, ita poterit subjectum esse commune per appellationem sicut et prædicatum.

Secundo sequitur ex hoc quod improprie loquuntur illi qui dicunt quod in ista propositione : *Socrates est albus* vel : *Socrates potest esse albus,* prædicatum appellat suam formam quia, sicut visum est, terminus non appellat formam sed individua. Et si dicatur sicut dicunt isti quod per *appellare formam* non intelligunt aliud nisi quod ad veritatem istius propositionis requiratur quod prædicatum sub propria forma prædicetur de illo pro quo supponit subjectum, vel de pronomine demonstrante illud pro quo supponit subjectum, istud non valet, tum quia illud pro quo supponit subjectum est vera res extra, res autem extra in se non subjicitur nec prædicatur secundum istos, tum quia ita competit de virtute sermonis ista proprietas cuicumque prædicato sicut isti.

Tertio sequitur ex dictis quod accipiendo suppositionem large, suppositio et appellatio habent se sicut superius et inferius. Unde bene sequitur iste terminus *homo* in ista propositione : *omnis homo currit* appellat sua supposita ; ergo, supponit pro illis, et universaliter, quandocumque terminus appellat, supponit, et non e converso, sicut patet in ista propositione : *homo est vox,* vel : *homo est species.*

Tertio notandum quod suppositio quandoque accipitur pro propositione per se nota vel pro propositione cui assensus vel dissensus propter auctoritatem dicentis quamvis illam non intelligamus de plano nec habemus rationes probabiles nec evidentes ad probandam [46] eam, sicut forte est de ista : *minima stellarum fixarum grossior est tota terra* [47].

Accipitur etiam suppositio pro propositione ad quam sustinendam tamquam veram vel falsam obligat quandoque opponens respondentem ; unde, si respondens non dicat convenienter, consuevit sibi dicere opponens : *tu male respondes quia devias a suppositione nostra,* vel : *non dicis convenienter ad suppositionem* (82v) *nostram.* Et de isto modo fiet mentio in tractatu *de obligationibus* [48] ; neutro autem istorum modorum utor ego suppositione in isto capitulo.

Alio modo accipitur suppositio *pro alio vel pro se positio* [49], verbi gratia, de primo si dicam : *homo currit* vel : *animal currit* ; non enim denotatur per istam propositionem : *homo currit* quod iste terminus vel iste conceptus currat, sed denotatur quod aliquod individuum speciei humanæ currat, puta, Socrates vel Plato, et per consequens, iste terminus non ponitur pro se, sed pro alio. *Vel pro se positio* ponitur propter istas propositiones : *"Socrates" est vox, "homo" est nomen, "animal" est trisyllabum,* et sic de aliis proprietatibus vocis. In istis enim propositionibus non supponunt isti termini pro aliquo alio a se ; non enim aliquod significatum per istum terminum *homo* nec primario nec secundario est vox vel nomen nisi secundum illos qui false ponunt quod terminus significat primo seipsum, sed præcise in talibus propositionibus et consimilibus stant isti termini pro seipsis.

Ex isto sequitur quod illa descriptio suppositionis quæ ponitur ab aliquibus ponentibus quod suppositio est *pro alio positio* non est sufficiens, sicut patet in multis propositionibus in quibus termini subjecti naturaliter supponunt et ideo descriptio statim data est magis conveniens quia convertitur cum descripto.

[45] Campsall has in mind his rejection of a separated universal ; his common nature exists only in the singular ; *cfr.* notes 11, 29, 31.

[46] *Ms.* ad probandum.

[47] This usage is to be associated with the improper species of supposition termed "antonomastic" ; *cfr. infra,* Chapter 61.

[48] This tract, like that *de Insolubilibus,* is not extant ; *v. supra,* note 44.

[49] *Cfr.* OCKHAM, *Summa Log.,* i, 63 ; *ed. cit.,* p. 176, ll. 12-17.

CAPITULUM QUINQUAGESIMUM PRIMUM

Ponit Divisionem Primariam Suppositionis Propriæ

His præambulis visis, sciendum est quod suppositio proprie accepta dividitur primo in suppositionem simplicem, formalem, personalem, et materialem [50].

<suppositio simplex>

Est autem suppositio simplex quando terminus supponit pro illo quod significat naturaliter vel quando supponit pro re concepta ut concepta ; verbi gratia de primo si dicatur : *"homo" est conceptus mentis.* Subjectum hic habet suppositionem simplicem quia supponit pro conceptu mentis quem conceptum significat, non ad placitum sed naturaliter, sicut dictum fuit in tractatu primo [51]. Dixi autem *pro illo quod significat naturaliter* quia quamvis aliquis terminus supponeret pro conceptu, dum tamen non significaret istum conceptum vel istos conceptus naturaliter, sed ad placitum, non haberet [52] suppositionem simplicem sed personalem, sicut patet in ista propositione : *"Socrates" est mentis conceptus*, in qua, quamvis prædicatum supponat pro conceptu, quia tamen istum conceptum significat ad placitum, ideo supponit personaliter. Ad cujus evidentiam est sciendum quod iste terminus *conceptus* aliquem conceptum significat naturaliter, puta, conceptum proprium correspondentem sibi pro quo, si supponeret, simpliciter supponeret, aliquem vero vel aliquos significat ad placitum, puta, conceptum *Socratis* vel *Platonis*, et sic de aliis pro quibus, si supponit, supponit personaliter sive significative.

Ex isto sequuntur duo ; primum est quod non semper quandocumque terminus supponit pro conceptu mentis est suppositio simplex, sed aliquando personalis vel significativa. Secundum est quod non semper ad veritatem propositionis requiritur quod subjectum et prædicatum habeant eamdem suppositionem, sed potest subjectum habere simplicem et prædicatum personalem sicut statim visum est et tamen, nihilominus propositio erat vera. Exemplum autem secundi est sic dicendo : *homo* vel *animal, est prædicabile de pluribus* ; *homo* enim vel *animal* non supponit pro aliqua re extra præcise quia secundum doctrinam Doctoris Subtilis, libro secundo, distinctione tertia, quæstione prima : "nihil . . . secundum quamcumque unitatem in re est tale quod secundum illam unitatem præcise sit in potentia proxima . . . ut dicatur de quolibet supposito prædicatione dicente 'hoc est hoc'." [53] Non ergo supponit pro re extra præcise, nec etiam supponit pro conceptu ; ideo supponit pro re concepta ut concepta, quod vero addat supra rem. Hoc quod dico "ut concepta", ratione cujus verificetur ista propositio *animal est prædicabile de pluribus*, prolixiori indiget inquisitione. Et si quæras in quibus terminis debent exerceri isti actus significati *animal est prædicabile de pluribus* et consimiles, dico quod in terminis habentibus suppositionem personalem dicendo sic : *homo est animal, equus est animal*, et sic de aliis in quibus tam prædicatum quam subjectum habent suppositionem personalem ; ex isto sequitur quod illi non intelligunt quid est suppositio simplex qui dicunt quod tunc est suppositio simplex quando terminus supponit pro intentione animæ si significative non sumatur [54]. Nam visum est quod aliquando terminus non sumptus significative habet suppositionem simplicem et tamen non supponit pro intentione animæ, sed pro re concepta.

[50] *Cfr.* OCKHAM, *ibid.*, p. 177, ll. 1-2, for his threefold division ; it should be remarked that the author of *Questiones date a Ricardo de Camsal super librum priorum analeticorum*, *Ms.* Gonville and Caius 668*, foll.76b-119b also proposes a threefold division of supposition in the determination of the question : Utrum syllogismus sit subjectum hujus? (fol. 77b) : . . . advertendum est quod suppositio triplex est : simplex, materialis, et personalis . . . The fourfold division of our author here seems exceptional and is one of the elements in the problem of the attribution of the present work.

[51] *i.e.*, in the first chapters of the *Logica*, 1, fol. 1r, ll. 33 *sqq.* : Et est sciendum quod differentia est inter istos terminos quia conceptus significat res extra naturaliter sed vox significat res extra ad placitum. Conceptus autem significat naturaliter ; terminus scriptus tam voces quam res extra quam conceptus ad placitum significat.

[52] *Ms.* haberent emended to : haberet.

[53] SCOTUS, *Opus Oxon.*, ii, d. 3, q. 1 ; *ed. cit.*, t. 12, p. 54.

[54] *Cfr.* OCKHAM, *Summa Log.*, i, 64 ; *ed. cit.*, p. 178, ll. 27-28 ; a marginal note remarks : contra hokam.

Secundo sequitur quod subjectum (83r) istius propositionis *homo est species* supponit pro re concepta. Ostensum est enim supra quod non potest supponere pro conceptu mentis nec potest supponere pro re extra præcise quia species ut sic est actualiter prædicabilis de pluribus, nulla autem res extra secundum quamcumque unitatem est sic actualiter prædicabilis de pluribus. Et sic conveniam cum Ockham in hoc quod ipse dicit quod subjectum istius propositionis *homo est species* habet suppositionem simplicem ; discordo tamen in hoc quia pono quod supponit pro re concepta, ipse vero dicit quod supponit pro conceptu [55].

<suppositio formalis>

Suppositio autem formalis est quando terminus supponit pro suo significato primario. Et ista suppositio extendit se tam ad res communes et communicabiles quam ad res singulares et incommunicabiles. Extendit se etiam ad illa quæ sunt in genere et ad illa quæ sunt extra genus. De rebus communibus et communicabilibus dicendo : *homini* vel *animali non repugnat convenire multis individuis per identitatem realem* ; *homo* enim et eodem modo *animal* in ista propositione pro natura communi quæ primo per istos terminos importatur, sicut ostensum est prius, supponit. De rebus singularibus et incommunicabilibus, (et utor isto termino *res* hic pro quolibet quod ita est in re extra quod non dependet ab operatione intellectus ut sic posset dici *res* quæcumque formalitas vel ratio formalis), dicendo sic : *'Socrates'* vel *'hic lapis' est unum numero primo et per se.* Hic enim supponit *Socrates* pro suo primario significato, puta, pro differentia individuali quia, secundum Doctorem Subtilem, illud per quod natura specifica contrahitur ad certum singulare est primo et per se unum numero ; illud autem, secundum ipsum, est gradus sive differentia individualis quæ primario significatur per istum terminum *Socrates*. Ex hoc patet quomodo aliqui syllogismi qui videntur esse expositorii ; cujusmodi est iste et consimiles : *Socrates est individuum primo et per se* ; *Socrates est homo primo et per se* ; *ergo, homo est individuum primo et per se* non sunt expositorii sed sunt paralogismi quidam, peccantes per fallaciam figuræ dictionis vel per æquivocationem. Nam ad hoc quod sit syllogismus expositorius requiritur cum aliis conditionibus (de quibus alias dicetur et jam est aliqualiter tactum) quod medium supponat in utraque propositione pro eadem, non solum realiter, sed formaliter. Sic autem non est in proposito quia *Socrates* in prima propositione supponit pro gradu individuali, in secunda autem supponit pro toto composito eo modo quo est ibi expositum ex gradu individuali et natura specifica et, per consequens, non valet. Et ita est de multis aliis quæ tamen a modernis difficilia reputantur propter defectum exercitii in Logica. De illis autem quæ sunt extra genus patet in istis propositionibus : *sapientia divina distinguitur formaliter ab essentia divina* ; *justitia divina distinguitur formaliter a paternitate vel a filiatione,* et sic de aliis. *Sapientia* enim in prima propositione supponit pro ratione formali sapientiæ quæ non est formaliter essentia divina, sicut habet alibi [56] declarari, et etiam est transcendens et supra omne genus, sicut fuit in capitulo *de genere* declaratum.

Ex isto sequitur quod totiens potest numerari ipsa suppositio, quot formalitates sunt in eadem re, et hoc est summe advertendum quia quandoque fiunt paralogismi qui videntur esse demonstrationes quorum defectus deprehenderet quis leviter qui sciret advertere certam suppositionem terminorum.

<suppositio personalis>

Suppositio personalis est quando terminus supponit pro individuis vel pro individuo. Et accipio hic *individuum* per se et primo ; cujusmodi est compositum ex gradu individuali et natura communi, et hoc sive ille terminus vel res importata per terminum conveniat

[55] *Cfr.* Ockham, *ibid.*, p. 178, ll. 29-30.

[56] alibi : *i.e.*, in Theology which Campsall early informs us is of ultimate interest in the *Logica* ; *cfr.* fol. 29v, ll. 12-15 : Et ista de universalibus ad præsens sufficiant, nec aliquis me reprehendat si ad plenum non tractabo de omnibus, quia in isto tractatu non intendo nisi breviter de quibusdam necessariis in Logica et in Theologia ad utilitatem simplicium pertractare.

illis individuis univoce vel æquivoce ; verbi gratia de univocis dicendo : *omnis homo currit*. *Homo* enim in subjecto supponit pro individuis quibus *homo* est communis univoce. Non enim illud prædicatum *currit* potest competere nisi individuo et singulari. Si etiam dicatur : *omnis dictio prolata est vox*, *vox* in prædicato habet suppositionem personalem quia supponit pro individuis suis quibus forte est (83v) communis univoce. Et dico "forte" propter istas voces : "bu", "ba". Ex hoc patet falsitas dicentium quod tunc supponit terminus personaliter quando supponit pro persona, nam aliquis terminus supponendo pro conceptu mentis vel pro voce prolata supponit personaliter et tamen non supponit pro persona et ideo debet suppositio personalis describi sicut dictum est. Verbi gratia de æquivocis dicendo : *omnis canis currens est canis* ; *canis* ex parte prædicati supponit personaliter quia pro individuis ; exigatur enim ad veritatem istius propositionis quod prædicatum supponat pro illis pro quibus subjectum, licet alio modo, sicut dicetur postea. Subjectum autem non potest supponere nisi pro individuis, sicut de ipso patet ; ergo, etc.

Ex isto patet falsitas dicentium [57] quod suppositio personalis est quando terminus supponit pro significatis, tum quia in ista propositione : *Socrates currit* vel *Socrates est homo*, subjectum primæ propositionis et prædicatum secundæ supponunt personaliter et tamen non supponunt pro significatis, tum quia in ista propositione *omnis canis currens est canis* prædicatum supponit personaliter et tamen non supponit pro significatis. Quod probo sic : *canis* significat ista æquivoce ; sed, significare æquivoce distrahit vel diminuit ; assignificare nunc autem a determinabili sumpto cum determinatione diminuente et distrahente ad ipsum negative est bona consequentia ; sequitur ergo *canis* significat ista individua æquivoce, ergo non significat ea. Ex hoc arguo sic : *canis* non significat ista et tamen pro eis supponit ; ergo, supponit pro non significatis et tamen, supponit personaliter ; ergo, etc.

Secundo patet ex hoc falsitas illius abusionis qua dicitur ab aliquibus quod in omni suppositione personali renovatur et multiplicatur significatum dictionis per æquivocationem. Illud enim plane est contra sententiam Aristotelis, nam illa uniuntur in aliquo quando nomen eis est commune et ratio sive definitio substantialis secundum illud nomen — in libro *Prædicamentorum*, capitulo primo [58], patet. Certum est quod Socrati et Platoni et ceteris individuis illud nomen *homo* est commune et etiam definitio secundum illud nomen communis est ; sed in suppositione personali iste terminus *homo* supponit pro istis individuis ; ergo, non oportet quod in suppositione personali significatum dictionis renovetur vel multiplicetur per æquivocationem.

<suppositio materialis>

Suppositio materialis subdividitur, nam quando terminus supponit pro voce vel pro scripto, et hoc si talis terminus non stet nec simpliciter nec formaliter nec personaliter tunc habet suppositionem materialem, ita quod nisi esset penuria vocabulorum, quando terminus supponit pro termino scripto, diceremus quod haberet aliam suppositionem quam simplicem vel formalem vel personalem vel materialem ; quia tamen non habemus nomen impositum, vocamus eam *materialem* propter hoc quia plus convenit cum ea, et ita est de multis aliis suppositionibus, adeo quod nisi esset penuria vocabulorum, suppositio posset dividi in multo plura inferiora vel species quam nunc dividatur.

Ex quo patet quod illi qui ita volunt limitare primas species suppositionis ut non ponant nisi duas vel tres, id est, Rogerius et Magister Abstractionum et Ockham, nimis errant. Dixi autem "si talis terminus non stet nec simpliciter etc." pro tanto, quia si aliquis terminus imponeretur ad significandum dictiones scriptas, si supponeret pro eis in propositione, non haberet suppositionem materialem sed formalem, sicut dictum est de termino significante voces vel conceptus, verbi gratia, quando terminus stat pro voce dicendo sic : "*homo*" *est vox*, "*homo*" *est nomen bisyllabum*, et sic de aliis.

[57] *Cfr*. Ockham, *ibid*., p. 178, ll. 24-26 ; a marginal note remarks ; contra hokam.

[58] Aristotle, *Categ*., 1 ; 1a6-7.

Subjectum enim istarum propositionum supponit pro voce. Exemplum quando supponit pro scripto, dicendo sic : *"homo" est dictio scripta*, et sic de similibus.

Et est diligenter advertendum cum quilibet terminus primæ intentionis, terminus dico categoricus, possit habere suppositiones prædictas, sequitur quod quantum est de virtute sermonis, quod quælibet propositio ubi ponitur talis terminus esset distinguenda dicendo quod talis terminus primæ intentionis potest habere talem suppositionem vel talem, et per consequens multæ propositiones quæ simpliciter conceduntur possent de virtute sermonis distingui et habere aliquem sensum falsum sicut patet (84r) de ista propositione : *homo est animal*. Si enim supponeret subjectum in ista propositione pro primario significato, est falsa. Et hoc est quod dictum est supra [59], quod nulla prædicatio est formalis proprie et subjective loquendo nisi illa in qua idem prædicatur de se ipso. Nec video quare ista propositio *homo est species* sit plus distinguenda de virtute sermonis, dicendo quod subjectum potest supponere pro conceptu mentis vel pro individuis secundum modum loquendi istorum, quam ista : *homo est animal*. Et si dicas quod in ista propositione *homo est species* subjectum comparatur extremo importanti intentionem animæ, in ista autem *homo est animal* non, et ideo una est distinguenda et altera non, illud non valet, tum quia illud prædicatum *animal* importat intentionem animæ magis proprie quam aliquid aliud, cum significet conceptum mentis naturaliter, rem autem extra ad placitum, sicut frequenter dictum est et, per consequens, quantum est de natura ipsius potest magis proprie supponere pro intentione animæ nisi aliud prohibeat, quam pro re extra, tum quia ex quo subjectum in ista propositione *homo est species* comparatur extremo importanti intentionem animæ posset esse satis certum cognoscenti quid importatur per nomen quod debet stare pro intentione animæ et, per consequens, quod non esset distinguenda ; sic autem non est certum de alia. Est igitur magnus defectus sententiare et determinare cum protervia de illis quæ dependent mere a voluntate utentium.

<regula 1>

Est ergo regula generalis, non necessaria tamen : nulla propositio in qua subjicitur terminus primæ intentionis et prædicatur terminus primæ intentionis non significans terminum scriptum, prædicatur, inquam, affirmative vel negative, est distinguenda distinctione qua dicitur quod potest supponere simpliciter vel personaliter, et sic de aliis, sed est simpliciter concedenda vel neganda nisi interveniat alius defectus vel ignorantia elenchi, et sic de aliis.

<regula 2>

Hac etiam distinctione non est distinguenda propositio in qua subjicitur et prædicatur nomen secundæ intentionis, et intelligo de prædicatione facta in recto propter unam cavillationem.

<regula 3>

In illis ergo propositionibus et non in aliis cadit hujusmodi distinctio in quibus subjicitur nomen vel terminus primæ intentionis et prædicatur terminus secundæ intentionis vel e converso. Et idem dico de termino importante dictionem scriptam. Et si quæras causas hujus, dico quod nulla est nisi voluntas utentium qui sic volunt uti. Ex hoc tamen sequitur aliqua utilitas ; cum enim magis communiter loquamur de propositionibus in quibus subjicitur et prædicatur terminus primæ intentionis,

[59] supra : *i.e. Logica*, 1 ; fol. 3r, ll. 4-10 : . . . accipiam istam propositionem 'legit est legit' et quæro aut est vera aut falsa. Non potest dici quod sit falsa quia idem prædicatur de se — nulla autem propositio est verior illa in qua idem de seipso prædicatur secundum Bœthium in libro *de Interp.* (emendation for Campsall's "*Divisionum*" — the correct reference is PL 64, 387). Si est vera, tunc quæro qualem suppositionem habet prædicatum : aut materialem aut simplicem aut significativam ? Non potest dici quod materialem quia sic esset falsa quia cum hæc vox non sit illa, nec propter eamdem rationem, potest dicere habere simplicem quia iste conceptus non est illa ; ergo, oportet dicere quod significativam, quod est intentum.

si consuetum fuisset eas distinguere, fuisset nimia prolixitas conferendo. Et ideo, forte ad vitandam prolixitatem, sic extitit ordinatum.

Propter primam regulam non sunt distinguendæ istæ propositiones : *homo est animal, Socrates est homo, homo est ens, animal,* etc., *homo est asinus, Deus est diabolus, homo non est animal, Deus non est sapiens,* et sic de aliis, sed sunt simpliciter concedendæ vel negandæ. Conclusio etiam illius paralogismi : *Socrates est monachus et est albus ; ergo, est monachus albus* [60] non est distinguenda isto modo, ut videlicet, quod prædicatum vel subjectum potest habere suppositionem simplicem vel formalem vel materialem, et sic de aliis, licet alio modo sint distinguendæ, et propter hoc adjeci in regula "nisi interveniat alius defectus."

Propter secundam regulam non sunt istæ propositiones distinguendæ : *individuum est species, species est genus, differentia est proprium, quod prædicatur subjicitur,* et sic de aliis, sed sunt simpliciter negandæ. Et si instes dicendo quod ista propositio est vera : *definitio est definitum,* dico quod accipiendo utrumque pro secunda intentione, quod falsa est simpliciter. Et si dicas : "ergo tu distinguis et tamen dixisti quod non debent distingui", dico quod de virtute sermonis ista non esset distinguenda, sed neganda simpliciter, sed hoc facit usus et modus loquendi quo homines non sic utuntur istis terminis sicut prædictis.

Propter tertiam regulam sunt tales propositiones distinguendæ : *"animal" prædicatur de pluribus, "homo" et sua definitio sunt idem realiter, "Socrates" est dictio scripta,* et sic de aliis innumeris quarum distinctionem et (84v) multitudinem studiosus et ingeniosus potest ex prædictis faciliter cognoscere ; et ista sufficiant.

CAPITULUM QUINQUAGESIMUM SECUNDUM

De Aliquibus Dubiis Suppositionis

Nunc autem post prædicta restat quædam dubia quæ occurrunt circa prædicta removere. Videretur enim alicui quod suppositio non esset sufficienter data nec divisa sicut nunc divisa est, nam ista : *rosa est pulcherrimus flos florum* et ista : *homo est dignissima creatura creaturarum* sunt veræ et conceduntur a philosophis sicut patet in prima propositione libri *de Pomo* vel *de Morte Aristotelis* [61], et tamen non videtur quod subjecta possint supponere aliquo prædictorum modorum. Si enim supponunt pro individuis, falsæ sunt cum quælibet singularis sit falsa quia nec iste homo nec iste, et sic de singulis, est *dignissima creatura creaturarum* ; et idem judicium est de isto subjecto *flos.* Nec etiam potest habere suppositionem simplicem quia nec conceptus nec res ut concepta est *dignissima creatura* etc. De conceptu non est dubium ; de re concepta probo sic : quia vel ista res concepta esset universalis vel singularis. Si singularis, tunc non est distinguenda etc. ; si res universalis, cum res universalis non sit perfectior suo singulari cum in inferiori includatur suum superius, sequitur quod non poterit pro illa verificari. Per idem patet ut videtur quod non potest habere suppositionem formalem, et de suppositione materiali non est dubium. Relinquitur ergo quod habeant aliam suppositionem et cum non sit facta mentio de ista, insufficienter est divisa.

Item potest dubitari de ista : *color est primum objectum visus* ; non enim videtur quod subjectum possit aliquo prædictorum modorum supponere. Si enim supponat personaliter, falsa est ; si etiam pro re communi sive formaliter supponat, falsa est quia nullus color videtur nec primo nec non primo nisi color singularis. De aliis suppositionibus non est dubium ; ergo, etc.

Item posset dubitari de ista : *homo prædicatur de pluribus* — pro quo supponit subjectum? Videtur enim quod supponat pro voce vel conceptu cum nihil sit prædicabile

[60] monachus albus : *i.e.* a member of the Cistercian Order.

[61] On this apocryphal work *cfr.* G. Lacombe, *Aristoteles Latinus,* pars prior, (Rome, 1939), p. 94, who refers to M. Grabmann, *Forschungen über die Lateinischen Aristoteles-Übersetzungen des xiii Jahrh.,* Zweiter Teil, (in : Beiträge z. Gesch. der Phil. des Mittelalters, Bd. xvii, Heft 5, 6, (Münster i. W. 1916), p. 249 ; *cfr.* also R. Klibansky, *The Continuity of the Platonic Tradition during the Middle Ages,* (London, 1950), p. 14.

de pluribus nisi vox vel conceptus et per consequens male dictum est supra quod supponat pro re concepta [62].

Item potest dubitari de ista : *hoc venditur hic et Parisius.* Non enim videtur quod subjectum possit aliquo prædictorum modorum supponere. Non enim potest supponere personaliter quia quælibet singularis est falsa cum nullum individuum vendatur hic et Parisius. Nec potest habere suppositionem formalem cum nulla talis formalitas vendatur hic et Parisius. Nec simpliciter nec materialiter, sicut de se patet.

Ad primum istorum dico quod subjectum utriusque habet suppositionem personalem et supponit pro individuo vel individuis, et quando dicitur quod quælibet singularis est falsa, nego. Immo, quælibet singularis est vera ; cuilibet enim singulari debet addi a parte prædicati unum adjectum subintellectum, quo posito, habetur intentio philosophorum et doctorum concedentium tales propositiones. Et sunt simpliciter veræ et propriæ, verbi gratia, dicendo sic : *homo est dignissima creaturarum,* manifestum est quod si subjectum supponat personaliter quod est propria et vera et quælibet singularis est vera et idem patet de alia ; et quod tales propositiones et consimiles, secundum intentionem Philosophi, sint tali modo supplendæ, alibi multotiens declaravi.

Ad aliud, dico quod subjectum supponit formaliter sive pro suo primario significato, puta, pro illa re communi quam dictum est supra [63] esse genus. Et quando dicitur quod nullus color videtur nisi singularis, dico quod aliquid esse singulare potest intelligi tripliciter : aliquid enim dicitur esse singulare primo et per se, sicut differentia individualis ; aliud per se et non primo, sicut illud quod resultat ex differentia individuali et natura specifica ; aliud autem quod nec per se nec primo, sed denominative, sicut patet in exemplo : corpus enim dicitur *animatum,* non formaliter, sed denominative. Unde, ista prædicatio : *corpus est animatum* est denominativa, non formalis. Quando ergo dicitur nullus color videtur nisi singularis, dico quod verum est nisi sit *singularis* aliquo prædictorum modorum. Nunc autem, color qui est primum objectum visus, licet non sit singularis per se primo, est tamen singularis per denominationem, et illud sufficit ad hoc quod possit videri. Idem est dicendum de ista propositione : *sonus est primum objectum* (85r) *auditus,* et de ista : *odor est primum objectum olfactus,* et sic de similibus. Et si dicatur contra istud : "oportet enim quod illud quod videtur agat in potentiam visivam cum *videre* sit quoddam pati, secundo *de Anima* [64], nihil autem agit nisi singulare et suppositum cum actiones sunt suppositorum, primo *Metaphysicæ* [65], oportet ergo quod illa res agat in potentiam et, per consequens, quod videatur et sit suppositum et singulare — cujus contrarium dictum est". Ad illud diceretur uno modo quod actio est suppositorum secundum Philosophum et tunc posset concedi quod illa natura communis est suppositum et, per consequens, potest agere. Et si argueretur : "est suppositum ; ergo, singulare", ista consequentia negaretur quia ratio suppositi abstrahit a ratione singularitatis. Nec posset ista solutio leviter infringi nisi per auctoritatem fidei de incarnatione Jesu. Aliter posset dici quod aliud est ratio agendi et aliud conditio agentis. Conditio enim agentis est singularitas, sed ratio formalis agendi potest multiplicari sicut et rationes formales sive formalitates multiplicantur in eadem re. Quando ergo dicitur quod "illa res non est singularis, non potest agere", ista consequentia negaretur quia singularitas non est ratio formalis agendi, sed solum conditio agentis. Aliter posset dici quando dicitur quod "nihil agit nisi singulare" — verum est nisi aliquo modo vel per se vel per denominationem ; et quando dicitur quod ista res non est singularis, non est verum quia ad minus est singularis per denominationem. Ex isto sequitur quod false dicunt illi qui dicunt quod subjecta talium propositionum supponunt simpliciter [66]. Secundo sequitur quod abusio est negare tales propositiones concessas a philosophis et doctoribus et dicere quod falsæ

[62] In this paragraph Campsall summarizes under *homo prædicatur de pluribus* a series of *dubia* proposed by Ockham with respect to various predicables ; he then proceeds immediately to the *piper venditur dubium* of the Venerable Inceptor.

[63] *Cfr.* Campsall's discussion of genus in Chapter 16 ; also, *Logica*, Chapter 18, fol. 20r, ll. 17-19 for this basic position : ... dico sicut prius quod genus non potest esse conceptus nec vox nec aliquod signum voluntarie institutum, nisi vocando 'genus' illud quod significat genus et supponit pro genus ...

[64] Aristotle, *de Anima*, ii, 7 ; 418a 27 *sqq*.

[65] Aristotle, *Meta.*, i, 1 ; 981a 17.

[66] *Cfr.* Ockham, *Summa Log.*, i, 66 ; *ed. cit.*, p. 184, ll. 102-127.

sint de virtute sermonis, dando expositiones extortas per actum exercitatum et significatum. Nam eadem facilitate qua dicetur mihi de una auctoritate Philosophi vel de una propositione quod est falsa de virtute sermonis, eadem ratione dicam ego de quacumque, et peribit locus ab auctoritate et non erit amplius nisi quod quilibet sequatur miserias et fallacias suas. Si enim homo nollet tenere quod res communis esset primum objectum visus vel auditus, saltem melius esset tales propositiones, *color est primum objectum visus*, et sic de aliis, curialiter distinguere secundum doctrinam Doctoris Subtilis dicendo quod hujus *primum* potest teneri positive vel privative. Si teneretur positive, diceretur quod falsæ sunt et si privative, veræ. Et illud non esset inconveniens quia Philosophus et doctores multas propositiones multiplices posuerunt.

Ad tertium dico quod subjectum supponit pro re concepta ut concepta ; quando dicitur quod nihil prædicatur de pluribus nisi vox vel conceptus, illud frequenter superius [67] ostensum est esse falsum.

Ad aliud [68] dico quod in ista propositione : *ens est primum objectum intellectus*, subjectum supponit formaliter, unde, ratio formalis entis est primum objectum intellectus ; non quidem quod omnis res concepta sit illa formalitas quæ primo importatur per istum terminum *ens* quia ista est transcendens, sed quia est primum in cognitione distincta aliorum objectorum, unde si vis distincte cognoscere *hominem*, oportet te incipere a conceptu *entis* et sic consequenter descendendo, secundum doctrinam Avicennæ, primo *Metaphysicæ* suæ, capitulo secundo [69], ubi ponit quod metaphysica est prima in ordine cognoscendi distincte. Secunda et tertia propositio, scilicet : *ens est primo verum*, et : *homo est primo risibilis*, sunt concedendæ quia de natura communi quæ primo importatur per istum terminum *homo* demonstratur ista propria passio *risibilitas* in syllogismo demonstrativo et non de aliquo singulari, cum de singulari nulla scientia sit, et idem judicium est de alia. Et tunc convenienter est dicendum quod subjecta supponunt formaliter.

Ad aliud dico secundum quod communiter dicunt sophistæ quod ista propositio : *piper venditur hic et Parisius* est distinguenda. Potest enim esse copulativa, et tunc enim pollet duabus propositionibus categoricis, istis videlicet : *piper venditur hic*, et : *piper venditur Parisius*. Et in isto sensu, vera est quia non denominatur nisi quod unum individuum piperis venditur hic et aliud Parisius. Et hoc est verum si sit de copulato extremo ; tunc ista copula etiam copulat inter terminos et est sensus quod idem individuum venditur hic et Parisius ; et iste falsus posset etiam distingui (85v) secundum compositionem et divisionem, et in sensu compositionis esset falsa et vera in sensu divisionis, quia semper resultaret idem sensus qui prius. Supponit igitur personaliter quia regula generalis est quod quando aliqua propositio est multiplex, si habeat aliquem sensum verum, dicendum est quod termini istius propositionis supponunt sicut in sensu vero. Aliter posset dici quod per istam propositionem intelligitur una alia, videlicet ista : *aliquid est commune essentialiter piperi qui venditur hic et piperi qui venditur Romæ*, et tunc haberet formalem suppositionem quia ista formalitas communis est. Nunc autem, terminus debet habere eamdem suppositionem in propositione exposita quam habet in expositione si proprie habet exponentem unam — quod dico propter propositiones reduplicativas, exclusivas, et exceptivas, quæ habent plures exponentes.

CAPITULUM QUINQUAGESIMUM TERTIUM

Est De Suppositione Materiali

Visa divisione suppositionis, de membris dividentibus est in speciali dicendum et de tribus quidem [70], scilicet, de simplici, formali, et materiali, non est magna difficultas. Nam omnis terminus, demonstrando sive sit categorematicus sive syncategorematicus,

[67] *Cfr.* Chapter 13.

[68] Campsall here adduces explicitly in his rebuttal an example of Ockham's which he omits in his positive presentation of the Venerable Inceptor's position ; *cfr.* OCKHAM, *loc. cit.*, p. 182, ll. 48-49.

[69] AVICENNA, *Meta.*, 1, 2 ; *ed. cit.*, fol. 70v*C* ; *cfr. ibid.*, 1, 3 ; fol. 71r, 71v*BCD*.

[70] *Ms.* quædam emended to quidem.

potest habere suppositionem materialem. De nominibus quidem et participiis et verbis, satis est manifestum, sicut patet in istis propositionibus : *"homo" est vox, "est" est tertiæ personæ, "currens" est participium.* Nam nihil est tertiæ personæ nec participium nisi quædam vox significativa.

Deinde patet de terminis syncategorematicis quod possunt talem suppositionem habere, sicut in istis propositionibus : *"bene" est adverbium, "si" est conjunctio,* et *"pro" est præpositio,* et sic de aliis. In omnibus enim talibus, subjecta supponunt pro vocibus prolatis. Propositio etiam potest talem suppositionem habere sicut si dicatur *"homo est animal" est propositio,* nisi quod ista propositio est distinguenda, nam illud prædicatum *propositio* potest . . .[71] ex pluribus vocibus proscriptæ et sic, secundum quod stat pro alio et alio, habet aliam et aliam suppositionem. Nec istud obstat superius dictis [72] quia si *propositio* sit nomen secundæ intentionis tunc bene stat cum dictis quia dictum fuit quod propositio in qua subjicitur nomen primæ intentionis et prædicatur nomen secundæ, vel e converso, est distinguenda. Si autem sit nomen primæ intentionis, adhuc non repugnat supra dictis quia iste terminus *propositio* ita significat vel potest supponere pro propositione scripta, sicut pro concepta vel prolata. Et ideo dictum fuit in regula data in præcedenti capitulo quod illa propositio in qua etiam prædicatur nomen primæ intentionis non significans terminum scriptum non est distinguenda. Et est sciendum quod *terminus* dupliciter potest accipi : primo modo large, alio modo stricte. Stricte sumendo vocatur *terminus* solum incomplexum quod non significat verum vel falsum et sic non sum ego usus semper *termino.* Aliter accipitur large pro quolibet quod potest esse extremum propositionis cujuscumque et sic vocatur *terminus* non solum una vox, sed etiam una tota propositio cum tota una propositio possit esse extremum propositionis, sicut patet in exemplo jam posito, et sic large accepi ego *terminum.*

Primo sciendum quod ista suppositio materialis potest multipliciter contingere. Nam uno modo contingit quando terminus qui non significat vocem supponit pro voce. Et dico "quando non significat vocem" quia si significaret vocem non esset suppositio materialis, sed personalis. Alio modo contingit quod quando terminus qui non significat dictionem scriptam vel orationem scriptam supponit pro dictione vel oratione scripta. Exemplum de primo dicendo sic : *"homo" est vox* ; exemplum de secundo dicendo sic : *"Socrates" est dictio scripta.* Contingit etiam alio modo quando dictio vel oratio non supponit pro se ipsa, sed pro alia dictione vel oratione quam tamen non significat, sicut patet in ista propositione : *"homo" prædicatur de Socrate,* et in ista : *"Socratem currere" est possibile, "Socratem currere" est verum, "homo" prædicatur de libro in obliquo,* et de consimilibus. Nam prædicatum primæ propositionis non supponit pro se ipso, sed supponit pro termino in quo mutatur quando exercetur iste actus significatus, puta, pro isto termino *Socrates.* Non enim prædicatur *homo* de isto termino *Socrates* dicendo : *Socrates est homo* ; et loquor hic de prædicatione vocali et non de prædicatione mentali quæ est in re. Eodem modo, hoc quod dico : *"Socratem currere"* non supponit pro se ipso in ista propositione : *"Socratem currere" est verum,* sed pro illo quod significatur in sensu compositionis, puta, pro ista propositione : *Socrates currit,* quam tamen non significat. Idem patet de tertio ; *homo* enim in subjecto non supponit pro se ipso, sed pro termino in quo mutatur in actu exercito, puta, isto obliquo *hominis,* quem tamen non significat. Non enim dicitur quando exercetur iste actus significatus : *liber est* (86r) *homo,* sed quod : *liber est hominis.* Ex isto patet falsitas dicentium quod quando terminus supponit nunc pro aliquibus quæ prius non significabat, quod tunc ampliatur ejus significatio ; non enim oportet quod terminus semper possit significare illud pro quo supponit, licet possit supponere pro illo quod significat, sicut statim patet in exemplis prædictis. Et ideo ampliatio non debet sic intelligi ; verumtamen, de hoc alibi fiet mentio.

De suppositione autem simplici, prout est pro conceptu et pro re concepta, et de suppositione formali, dicendum est consequenter secundum illa quæ dicta sunt in primo

[71] An erasure of about ten words is left blank by the corrector.

[72] *V. supra,* Chapter 51, the third rule under "material supposition".

tractatu [73]. Si enim verum sit quod dictum est ibi, quod, videlicet, participium et verbum et termini syncategorematici importent conceptus distinctos ab aliis terminis, tunc dicendum est consequenter quod quilibet terminus potest habere utramque istarum suppositionum sicut possunt habere suppositionem materialem. Et quasi omnia quæ dicta sunt de suppositione materiali possunt dici de suppositione simplici quando est pro conceptu. Sciendum tamen quod aliqui termini syncategorematici positi in propositione possunt habere duplex officium, sicut patet hic : *Socrates disputat vere*, vel : *Plato loquitur false*, nam illud adverbium *vere* potest esse determinatio compositionis vel determinatio rei verbi. Si sit determinatio rei verbi, sic est sensus, quod : *disputatio Socratis est vera* ; et sic cum illud adverbium *vere* in isto sensu æquipolleat termino categorematico, non est dubium quod sibi ut sic possunt competere suppositiones prædicatæ. Si autem sit determinatio compositionis, tunc est sensus quod ista propositio est vera : *Socrates disputat*. Et manifestum est quod isti sensus sunt diversi cum unus possit esse verus, altero existente falso. Et in isto sensu posset esse dubium utrum isti termino *vere* possent competere suppositiones prædicatæ ; quod tamen ingeniosis propter prolixitatem discutiendum relinquo. Et sic de isto capitulo dicta sufficiant.

CAPITULUM QUINQUAGESIMUM QUARTUM

Est De Suppositione Personali

De suppositione vero personali est communis logicorum sententia quod terminus categorematicus quando est extremum propositionis sumptus significative habet suppositionem personalem. Et per primam particulam excluduntur omnes termini syncategorematici ; cujusmodi sunt *si* et *omnis* et talia hujusmodi quæ non possunt suppositionem personalem habere. Per secundam excluduntur verba quæ non sunt proprie loquendo extrema propositionis. Nam licet hoc verbum *currit* possit prædicari in aliqua propositione dicendo : *homo currit*, et sic de multis aliis, quia tamen ista propositio resolvitur in aliam in qua de isto subjecto prædicatur participium derivatum ab hoc verbo *curro*, mediante hoc verbo substantivo *est*, dicendo : *Socrates est currens*, ideo non debet dici proprie extremum. Si etiam intelligitur de verbis infinitivi modi positis in subjecto vel prædicato quia videtur quod possint esse extremum propositionis, sicut dicendo : *comedere est bonum*, diceretur quod verbum infinitivi modi positum in subjecto vel in prædicato tenetur nominaliter et non verbaliter ex modo et usu loquentium, vel si non, propositio non est significativa. Per hanc etiam partem excluditur pars extremi quia sicut non est extremum ita nec supponit, sicut patet in ista propositione : *omnis homo logicus albus est*, quia enim *homo* non est extremum sed solum pars extremi, ideo non supponit nam si supponeret, distribueretur per signum universale quia illud quod supponit ex parte subjecti in propositione distribuitur per signum universale sibi immediate additum et per consequens, posito quod quatuor homines essent logici et quod quilibet illorum esset albus, et multi alii essent qui tamen non essent albi, tunc si *homo* supponeret, ista propositio esset falsa : *omnis homo logicus est albus*, nam cum *homo* distribueretur, staret confuse et distributive et per consequens pro quolibet contento sub eo et haberet multiplices singulares falsas, sicut de se patet. Ex quo de primo ad ultimum sequitur quod ista propositio : *omnis homo logicus est albus*, etiam casu posito, non esset vera et per consequens, sua contradictoria, ista videlicet : *aliquis homo logicus non est albus* esset vera, quia si una contradictoriarum est vera, altera est falsa et e converso. Illud autem repugnat posito et bene concesso ; igitur, *homo*

[73] *Cfr. Logica*, 1 ; fol. 1v, ll. 23-30 : . . . generaliter debet dici quod omnibus partibus orationis in voce conceptus distincti correspondent. Et quod hoc sit verum potest sic declarare : quia accipiatur ista propositio : *Socrates currit* ex una parte, et isti duo termini *Socrates*, *currens*, ex alia parte absque hoc quod *est* copulet inter illos. Quo facto, quæro : aut duabus vocibus istis *currens* et *currit* correspondent idem conceptus aut non ; si non, patet intentum, scilicet, quod verbo et participio distincti conceptus correspondent ; si sic, ergo isti duo termini simul sumpti, *Socrates currit* verum vel falsum significant ita et isti *Socrates currens* ; sed illud consequens falsum est sicut patet quia *Socrates currens* neque verum neque falsum significat ; ergo, etc.

in ista propositione, ideo quia est pars extremi, non supponit. Per tertiam particulam excluduntur idem termini categorematici quando supponunt simpliciter, formaliter, vel materialiter, sicut patet in ista propositione : *"homo" est vox*, et in consimilibus in quibus, sicut patet de se, subjecta non supponunt personaliter.

Suppositio autem personalis dividitur, nam quædam est discreta et quædam communis. Discreta autem suppositio est in qua terminus discretus supponit vel pronomen demonstrativum per se (86v) vel etiam adjunctum termino communi. Exemplum de primo, dicendo : *Socrates currit*, vel *Plato currit* ; exemplum de secundo, dicendo : *iste disputat, ille legit*, et sic de consimilibus ; exemplum de tertio, dicendo sic : *iste homo* vel *iste homo currit*. Unde generaliter talis suppositio reddit propositionem singularem et vocatur discreta quia sub subjecto habente talem suppositionem non contingit descendere aliqua plura nec copulative nec disjunctive nec per propositionem de copulato vel de disjuncto extremo, sicut contingit in aliis, sicut post patebit.

Suppositionem vero communem habet terminus quando supponit pro suis inferioribus. Et ista subdividitur quia quædam est determinata et quædam confusa. Suppositionem autem determinatam habet terminus quando contingit descendere ad contenta sub ipso per propositionem disjunctivam et vocatur determinata quia ad veritatem propositionis in qua terminus vel termini habent talem suppositionem exigitur determinata veritas alicujus singularis sed veritati ejusdem non repugnat veritas plurium singularium. Talem autem suppositionem habet *homo* in ista propositione : *homo est animal*. Supponit enim personaliter et determinate ; contingit enim descendere ad ejus contenta per propositionem disjunctivam dicendo : *ergo, iste homo est animal, vel iste homo est animal*, et sic de aliis, demonstratis contentis sub *homine*. Etiam sufficit veritas alicujus singularis ad verificandum illam quia ex qualibet formaliter infertur. Est ergo regula generalis quod quandocumque sub termino communi potest descendere ad singularia per propositionem disjunctivam et infertur talis propositio ex qualibet singulari formaliter, tunc ille terminus habet suppositionem personalem determinatam, verbi gratia, in ista propositione : *homo est animal*, utrumque extremum habet suppositionem determinatam nam sequitur : *homo est animal* ; *ergo, iste homo est animal*, vel *iste homo est animal*, quocumque homine demonstrato, *ergo, homo est animal* ; sequitur etiam : *homo est animal* ; *ergo, est hoc animal*, et sic de singulis. Et per consequens, utrumque extremum habet suppositionem personalem determinatam. Per hoc autem quod dixi, quod "infertur ex quolibet singulari formaliter" potest responderi ad quamdam instantiam quæ posset fieri, nam sub subjecto istius propositionis : *omnis essentia divina est sapiens*, contingit descendere per propositionem disjunctivam dicendo : *ergo, Pater est sapiens, vel Filius est sapiens*. Infertur etiam ex qualibet quia sequitur : *Filius est sapiens* ; *ergo, omnis essentia est sapiens*, quia cum ista non est consequentia formalis : *Filius est sapiens* ; *ergo, omnis essentia divina est sapiens*, sed solum tenet gratia materiæ, ideo subjectum non habet suppositionem prædictam.

Suppositio autem confusa subdividitur quia quædam est suppositio confusa tantum et quædam confusa et distributiva. Suppositio autem confusa tantum est in qua supponit terminus communis et non contingit descendere sub eo nec per propositionem disjunctivam nec per propositionem copulativam nec per propositionem de copulato extremo, sed solum per propositionem de disjuncto extremo, sicut patet in ista propositione : *omnis homo est animal*. *Animal* enim in prædicato supponit confuse tantum ; non enim contingit descendere per propositionem copulativam ut videlicet dicatur : *omnis homo est animal* ; *ergo, omnis homo est hoc animal, et hoc animal*, et sic de aliis. Nam antecedens est verum et consequens falsum, hoc tamen supposito quod ly *omnis* teneatur divisive, nam si collective teneretur, esset bona consequentia. Non contingit etiam descendere per propositionem disjunctivam quia non sequitur : *omnis homo est animal* ; *ergo, omnis homo est hoc animal vel omnis homo est illud animal*, et sic de singulis. Sed bene contingit descendere per propositionem de disjuncto prædicato, nam bene sequitur : *omnis homo est animal* ; *ergo, omnis homo est hoc animal vel hoc animal*, et sic de singulis. Nunc autem scimus quod bene sequitur nam illud prædicatum *hoc vel hoc animal*, et sic de singulis, potest prædicari de quolibet contento sub *homine*.

Si autem quæratur quam suppositionem habet terminus communis mediate sequens hoc signum *omne* quando ipsum signum collective tenetur, puta, qualem suppositionem habet *animal* in ista propositione : *omnis homo est animal,* si ly *omnis* teneatur collective, dicendum quod pro illo modo supponendi non habemus nomen proprium, nec illud est inconveniens, quia cum talia sint ad placitum, possent eis plura (87r) nomina imponi quam communiter imponantur. Convenit tamen ista suppositio cum suppositione confusa tantum in hoc quod sicut sub termino habente suppositionem confusam tantum non contingit descendere ad contenta nisi per propositionem de disjuncto extremo, sub autem termino supponente in propositione prædicta et signo se habente ut dictum est, contingit descendere per propositionem de copulato extremo, non tamen ad omnia contenta sub eo sed ad quædam sic et ad quædam non, sicut bene sequitur : *omnis homo est animal,* sumpto ly *omnis* collective, *ergo, omnis homo est hoc animal et hoc et hoc,* et sic descendendo ad omnia individua sub *homine* contenta ; potest ergo dici quod supponit confuse et distributive immobiliter, et hoc large accipiendo istam suppositionem. Et si dicatur quod numquam est dicendum quod illud signum *omne* teneatur collective vel divisive nisi quando est pluralis numeri, licet enim Magister Abstractionum dicat hoc, non credo tamen sibi in hoc. Non enim video quare non posset ita bene fieri illa divisio quando ly *omne* est numeri singularis, sicut quando est pluralis, nisi aliqua ratio assignaretur quam tamen nondum ipse assignat. Suppositio autem confusa et distributiva dividitur quia quædam est confusa et distributiva mobilis et quædam immobilis.

Suppositio autem confusa et distributiva mobilis est in qua supponit terminus communis pro omnibus suis inferioribus et contingit descendere sub tali termino ad ejus contenta copulative nec ex aliqua singulari infertur formaliter. Illud autem contingit quando signum universale additur termino communi immediate in identitate casus et numeri, quod dico propter congruitatem et hoc si in prædicta propositione nulla dictio exceptiva ponatur. Exemplum dicendo sic : *omnis homo est animal,* nam subjectum istius propositionis supponit confuse et distributive mobiliter. Contingit enim instare in materia contingenti, sicut manifeste de se patet. Utrum autem sequatur gratia materiæ, posito quod nullus homo sit nisi Socrates sit, *Socrates est animal ; ergo, omnis homo est animal,* in consequentiis patebit.

Suppositio autem confusa et distributiva immobilis est quando terminus supponit pro omnibus suis inferioribus et contingit descendere ad contenta aliqua sub tali termino copulative, sed non ad omnia. Hanc autem suppositionem habet terminus cui immediate adjungitur signum universale in identitate casus et numeri, et hoc quando ipsum sequitur in tali propositione dictio exceptiva, verbi gratia, dicendo sic : *omnis homo præter Socratem currit.* Illud subjectum *homo* supponit confuse et distributive immobiliter nam contingit descendere ad ejus contenta copulative, sed excepto illo solo cui dictio exceptiva adjungitur vel quibus adjungeretur si apponeretur pluribus, sicut hic : *omnis homo præter Socratem et Platonem currit.* Differt autem ista suppositio a prima in duabus : primo quia in prima contingit descendere copulative ad omnia contenta sub termino sic supponente, in ista autem non contingit ad omnia quia non ad partem extra captam. Non enim sequitur : *omnis homo præter Socratem currit ; ergo, Socrates currit,* sed magis : *ergo, Socrates non currit.* Et intelligo de descensu qui fit per propositionem vel propositiones affirmativas. Nam aliquo modo contingit descendere sub termino supponente secundo modo ad omnia contenta quia ad aliqua affirmative et ad aliquod negative, sicut patet intuenti.

Secunda differentia est quod sub termino supponente confuse et distributive mobiliter contingit descendere, nulla mutatione facta circa propositionem in qua supponit nisi quod loco termini communis ponitur terminus singularis vel discretus vel pronomen demonstrativum vel ipsemet terminus supponens cum pronomine demonstrativo. Sub termino autem supponente confuse et distributive immobiliter non contingit sic descendere, sed semper omittitur aliquid quod nec est terminus communis nec signum universale, sicut patet dicendo sic : *omnis homo, præter Socratem, currit ; ergo, Plato currit,* etc. In istis enim singularibus, aliquid omittitur quod in prima propositione accipitur, scilicet, pars extra capta et dictio exceptiva. Et notandum quando dixi quod terminus communis sequens mediate signum (87v) universale supponit confuse tantum, intellexi quando sequitur signum universale affirmativum quia, secundum expertos in Logica, signum universale negativum facit stare terminum communem sequentem etiam mediate confuse et distributive etiam mobiliter, sicut patet in ista propositione : *nullus homo est animal* ; *ergo, nullus homo est hoc animal, nec hoc animal, nec hoc animal,* et sic de aliis. Et idem judicium forte est de negatione. Et ista de isto capitulo ad præsens dicta sufficiant.

CAPITULUM QUINQUAGESIMUM QUINTUM

De Aliquibus Dubiis et Eorum Solutionibus

Quia vero "dubiorum solutio est veritatis manifestatio" [74], ideo utile est ad quædam dubia quæ possent moveri contra prædicta respondere.

<dubium primum de suppositione discreta>

Et primo potest esse dubitatio de suppositione discreta, nam dictum est quod suppositio discreta est "in qua supponit terminus discretus etc." Ex hoc videtur primo sequi quod suppositio simplex vel materialis sit suppositio discreta. Nam in ista propositione : *"Socrates" est vox,* supponit terminus discretus et tamen dictum est quod *Socrates* habet hic suppositionem materialem ; ergo, suppositio materialis est suppositio discreta ; sed suppositio discreta est personalis ; ergo, materialis est personalis — cujus oppositum dictum est.

Item, terminus supponens pro re singulari et discreta videtur habere suppositionem discretam ; sed in istis propositionibus : *"homo" est species, "homo" est vox,* subjecta supponunt pro re singulari et discreta ; ergo, videtur quod habeant suppositionem discretam ; sed suppositio discreta est personalis ; ergo, etc.

<ad dubium primum>

Ad ista dico quod suppositio discreta est in qua supponit terminus discretus etc., et hoc est intelligendum quando comparatur extremo illius naturæ quod solum competit rebus extra, distinguendo res extra contra signa rerum. Per hoc patet ad primam instantiam de ista propositione : *"Socrates" est vox,* nam quamvis supponat hic terminus discretus, non tamen comparatur extremo quod possit competere rei extra. In secunda autem non supponit terminus discretus quamvis prædicatum possit competere rei extra. Ad argumentum igitur quod innuitur, quod istis dico quod non sequitur : "supponit pro re discreta et singulari ; ergo, habet suppositionem discretam" nisi illa res distingueretur contra signa rerum, puta, contra voces et conceptus — sic autem non est in proposito. Et si dicatur quod ad minus subjectum istius propositionis : *"homo" est species,* supponit pro re discreta et singulari, distincta contra signa rerum, ergo videtur quod habeat suppositionem discretam, ad hoc dico quod bene verum est quod supponit pro re distincta contra signa rerum, sed tamen illa res non est singularis et discreta nisi denominative solum et hoc ad hoc non sufficit quod habeat suppositionem discretam.

Et si arguitur contra illud, quærendo de quantitate istarum propositionum, quia non videtur quod possit responderi nisi quod sint singulares, patet ; sed termini propositionum singularium videntur habere suppositionem discretam ; ergo, etc., ad illud, quidquid sit de quantitate istarum propositionum — non enim definio ad præsens quia de hoc postea tractabitur — dico quod consequentia ista non valet generaliter loquendo : "sunt propositiones singulares ; ergo, termini habent suppositionem discre-

[74] The phrase is borrowed from Ockham, Chapter 17, *op. cit.*, p. 52, l. 1.

tam" sicut patet de ista propositione : "*Socrates*" *est vox*, et eodem modo est de multis aliis.

<dubium secundum>

Secundo potest esse dubitatio de hoc quod dictum est quod suppositio discreta est in qua supponit terminus communis cum pronomine demonstrativo quia in ista propositione : *hæc arbor crescit in horto modo*, supponit terminus communis cum pronomine demonstrativo, et tamen non videtur quod subjectum habeat suppositionem discretam. Si enim habeat suppositionem discretam, falsa est et impossibilis, et tamen conceditur communiter ; ergo, etc.

<ad dubium secundum>

Ad istud dico quod ista propositio et omnes consimiles sunt de virtute sermonis falsæ. Per istam tamen intelligitur ista : *arbor consimilis speciei crescit in horto modo*, et ista est vera et supponit *hæc arbor* in subjecto determinate et, per consequens, in prima propositione supponebat determinate secundum illam communem regulam supra datam.

<dubium tertium>

Tertio potest esse dubitatio de hoc quod statim dictum est de suppositione discreta, quod videlicet, talem habet terminus discretus comparatus extremo competenti rei extra. Nam in ista propositione : *Socrates est animal*, supponit terminus discretus et comparatus (88^{r}) etc., et tamen non videtur habere suppositionem discretam quia cum iste terminus *Socrates* imponatur multis individuis erit communis per appellationem illis et poterit pro illis in propositione supponere et, per consequens, continget descendere sub ipso per propositionem disjunctivam dicendo : *Socrates est animal* ; *ergo, Socrates est animal*, (demonstrando unum hominem qui vocetur "Socrates"), *vel iste Socrates est animal*, (demonstrando alium), et sic de singulis individuis quæ significat iste terminus *Socrates*.

Infertur etiam formaliter ex qualibet tali, quia sequitur formaliter : *hic Socrates est animal*, (demonstrando unum), *ergo, Socrates est animal*. Sed terminus sub quo contingit descendere habet suppositionem determinatem, ut dictum est supra ; ergo, suppositio discreta est suppositio determinata et, per consequens, male ex opposito dividuntur — quod tamen factum est supra.

<ad dubium tertium>

Ad illud dicunt aliqui quod licet *Socrates* sit commune multis per appellationem, hoc tamen est æquivoce quia una impositione sive significatione non imponitur nisi ad significandum unum et, per consequens, non potest habere aliam suppositionem quam discretam.

Sed ista solutio non est sufficiens quia æquivocatio non impedit [75] quin terminus possit habere suppositionem confusam tantum vel etiam confusam et distributivam vel determinatam, nisi aliud impediat ; alias autem, ista propositio : *canis currit*, non esset distinguenda, nec etiam aliqua propositio in qua poneretur terminus æquivocus quia tunc semper staret determinate pro illis quibus una impositione imponitur ad significandum et esset tunc determinate vera vel falsa et, per consequens, non esset necessaria aliqua ars ad solvendum paralogismos peccantes per fallaciam æquivocationis, cujus oppositum patet, secundo *Elenchorum* [76]. Ista consequentia patet nam *canis* una impositione, imponitur ad significandum canem latrabilem, et tamen in propositione non stat solum pro cane latrabili quia tunc ista propositio : *canis currit*, posito quod unus canis currit, non esset distinguenda, sed esset simpliciter concedenda. Et si dicas quod "iste terminus *canis* semper ponitur ad significandum plura, una impositione, quia omnes canes sunt [77] latrabiles, *Socrates* non, ideo, non est simile", illud non

[75] *Ms.* impendit emended to impedit.

[76] Aristotle, *Soph. Elench.*, 19 ; 177a9-32.

[77] *Ms. om.* sunt.

impedit tum quia secundum istos etiam si non esset nisi unus canis latrabilis, si *canis* imponeretur ad significandum, non imponeretur una impositione nisi ad significandum illum canem, cum per eos terminus non possit significare nisi actualiter existentia et tamen, adhuc non obstante, nullo alio novo casu posito, adhuc propositio in qua poneretur iste terminus *canis* esset distinguenda penes æquivocationem, tum quia ad minus tantum habeo quod sicut *canis* in propositione non solum stat vel potest supponere pro illis quibus imponitur una impositione, sed etiam pro illis quibus imponitur multis impositionibus quia si non, ista propositio : *canis currit,* ut dictum est, nullum sensum haberet falsum. Ita *Socrates* non solum stabit in propositione pro illo cui imponitur una impositione, sed pro illis quibus imponitur multis impositionibus, nisi aliud quam æquivocatio impediat, quod satis evidenter est contra opinantem.

Dico igitur aliter quod quamvis *Socrates* possit imponi ad significandum plura individua, tamen illi, qui primo usi sunt isto termino, in quorum dispositione fuit uti eo ad placitum, non sciverunt quod iste terminus staret in propositione nisi pro uno, et per consequens, quod haberet nisi suppositionem discretam. Et si quæras causam, nulla est nisi voluntas utentium, quia forte, quantum est ex vi vocis, ita posset iste terminus *Socrates* stare in propositione pro pluribus sicut iste terminus *homo* : nos autem utimur terminis secundum modum nobis traditum ab antiquis.

Per hoc patet ad argumentum, quia proprie loquendo, cum iste terminus *Socrates* semper stat pro uno solo, non contingit sub eo descendere per propositionem disjunctivam nisi modo quo debemus uti isto termino mutato.

<dubium primum de suppositione confusa et distributiva mobili>

Secundo contingit dubitari de hoc quod dictum est de suppositione confusa et distributiva mobili. Dictum est enim quod "terminus communis cui immediate adjungitur signum universale in identitate casus et numeri habet talem suppositionem". Illud videtur non esse verum quia sequitur : *qualislibet homo currit* ; *ergo, Socrates currit,* et tamen est falsum, posito quod sint quatuor homines quorum quilibet habet unam qualitatem et currat ; Socrates autem habeat omnes qualitates et non currat.

<ad dubium primum>

Ad hoc dico quod licet illud signum *qualislibet* immediate secundum situm addatur isti termino communi *homo,* non (88v) tamen secundum veritatem orationis, et ideo non distribuit ipsum. Ad cujus evidentiam est sciendum quod quædam sunt signa importantia sua distributa et quædam non. Signa vero non importantia faciunt stare terminum cui adduntur immediate secundum situm vel prolationem confuse et distributive ; cujusmodi sunt ista : *omnis, nullus,* et si quæ sunt similia. Signa autem importantia sua distributabilia quæ important ; cujusmodi sunt *totus,* sumendo *totus* syncategorematice, et *qualislibet,* et si quæ sunt similia. Et ideo est regula generalis quod propositiones in quibus ponuntur talia signa debent resolvi in illas in quibus ponuntur distributabilia sua, sicut patet de ista propositione : *totus Socrates est minor Socrate* quæ debet resolvi in istam : *quælibet pars Socratis est minor Socrate,* et hoc si ly *totus* teneatur syncategorematice. Ista igitur propositio : *qualislibet homo currit* debet secundum veritatem sermonis resolvi in istam : *cujuslibet qualitatis homo currit,* in qua quidem propositione non distribuitur *homo* cum non sit extremum propositionis, sed hoc quod dico *cujuslibet qualitatis* distribuitur.

Ex isto posset sequi una regula utilis forte contra aliquos, quod licet terminus numquam posset ampliari nec restringi in significando, potest tamen restringi in supponendo, nam quando dicitur : *omnis homo albus currit, homo* indifferenter significat tam homines existentes quam non existentes, et tamen restringitur præcise ad supponendum pro hominibus albis et hoc, ratione adjuncti. Unde, si homines non essent nisi quatuor albi, adhuc prædicta propositio esset vera et de hoc magis alibi ; ergo, etc.

CAPITULUM QUINQUAGESIMUM SEXTUM

In Quo Ostenditur Quando Terminus Habet Suppositionem Determinatam

Quibusdam generalibus de suppositione expositis, videndum est in speciali quando terminus habet unam suppositionem et quando aliam. Et primo videndum est de terminis absolutis, secundo de relativis, quia de istis et de illis distinctæ regulæ dantur et de suppositione quidem discreta non debet aliud dici quam sit dictum.

<regula prima>

Pro suppositione autem determinata est una generalis regula quod hujusmodi suppositionem habet terminus communis in quacumque propositione in qua non additur sibi signum universale, nec mediate, nec immediate, nec aliqua negatio, nec aliquis terminus vel dictio negationem æquivalenter includens. Verbi gratia, in ista propositione : *albedo est color* ; quia enim isti termino *albedo* non additur signum universale nec negatio, nec aliqua dictio negationem æquivalenter includens, ideo supponit determinate et contingit descendere sub prædicto termino ad ejus contenta per propositionem disjunctivam et ex qualibet singulari ad quam contingit descendere formaliter, infertur eodem modo, quia isti termino *animal* in ista propositione : *Socrates est animal* non additur signum universale, nec negatio, nec dictio negationem æquivalenter includens, nec mediate, nec immediate, hoc est, nec sibi ipsi, nec extremo præcedenti ; ideo stat determinate.

Ex quo sequitur quod, quamvis talis terminus habeat semper talem suppositionem in propositione indefinita, habet etiam aliquando eam in propositione singulari. Similiter in ista propositione : *homo non est,* quamvis ponatur negatio, quia tamen non additur isti termino *homo,* nec mediate, nec immediate, et ideo determinate supponit. Idem judicium est de ista : *homo est omne animal,* sed non in ista propositione : *omne animal est substantia,* quia signum universale additur immediate isti termino *animal* ; ideo non habet suppositionem determinatam, sed supponit confuse et distributive. Similiter, quia istum terminum *substantia* præcedit signum universale, vel sibi additur mediate quia additur termino qui respectu sui subjicitur, ideo non stat determinate, sed confuse tantum. Similiter, quia isti termino *animal* additur negatio in ista propositione : *hoc non est animal,* ideo non habet suppositionem determinatam, sed supponit confuse et distributive cum contingit descendere ad omnia ejus contenta, sicut de se manifestum est. Et est sciendum quod "negationem addi prædicato immediate" non intelligitur ita stricte quin si sic, determinatio verbi sufficiat, sicut patet in propositione prædicta.

<regula secunda>

Secundo, sciendum quod si signum universale affirmativum præcederet mediate terminum communem et tamen non distribueret totum extremum præcedens, sed solum partem extremi, non plus immutaret ejus suppositionem quam si non præcederet, et hoc est verum secundum usum hominum, propter quod talia scire est utile, sicut patet in ista propositione : *videns omnem hominem est animal* ; quia enim illud signum *omnis* non distribuit totum illud extremum, (89[r]) sed solum partem extremi, puta, *hominem* ideo *animal* non aliter supponit quam supponat in ista : *videns hominem est animal,* et per consequens, sicut in ista supponit determinate, ita et in præcedenti. Idem patet in istis propositionibus : *cujuslibet hominis asinus currit,* nam illud prædicatum *currit* non supponit determinate, sed confuse, et hoc quia signum *cujuslibet* distribuit totum extremum ; in ista autem : *asinus cujuslibet hominis currit,* supponit determinate, sicut in indefinita propter hoc, quia signum non distribuit totum extremum. Exemplum autem de termino æquivalenter includente negationem patet in ista propositione : *homo differt ab animal,* nam illud prædicatum *animal* non habet suppositionem determinatam propter hoc, quia sibi additur hæc dictio *differt* quæ æquivalentem negationem includit, sed supponit confuse et distributive mobiliter ; unde bene sequitur : *homo differt ab animali* ; *ergo, homo differt ab hoc animali, et ab hoc,* et sic de singulis.

<dubium primum>

Sed hic occurrunt aliqua dubia, et primo posset dubitari de suppositione istius termini *homo* — quam, videlicet, suppositionem habet in ista propositione : *homo est animal,* etiam posito quod nullus homo sit. Non enim videtur quod habeat suppositionem determinatam, quia ad verificandum propositionem in qua terminus habet talem suppositionem, ad minus requiritur quod aliqua singularis, ad quam contingit sub tali termino descendere per propositionem disjunctivam, sit vera. Sed, posito quod nullus homo sit, non videtur quod aliqua singularis possit esse vera, quia nec Socrates est animal, casu posito, nec Plato, et sic de singulis. Vel igitur oportet quod ista propositio non sit vera vel quod aliter quam determinate supponat. Idem judicium est de ista : *homo albus est homo,* posito quod nullus homo sit albus.

<dubium secundum>

Secundo, potest esse dubium, qualiter supponunt termini istius propositionis : *homo fuit animal,* posito quod nullus homo fuerit. Non enim videtur quod possint supponere determinate, cum nullam singularem habeant veram, quia ista : *Socrates fuit animal,* casu posito, non est vera, nec ista : *Plato fuit animal,* et sic de singulis.

<dubium tertium>

Tertio, potest esse dubitatio pro quo supponunt prædicata propositionum de præterito et de futuro, puta, qualiter supponit homo in ista propositione : *album fuit homo,* et in ista : *Socrates erit homo.* Et est causa dubitationis quia non videtur quod *homo* possit significare nisi homines existentes, et, per consequens, nec quod possit prædicari nisi de hominibus existentibus et si non possit prædicari, nec, per consequens, poterit pro ipsis supponere.

<dubium quartum>

Quarto, posset esse dubium de subjecto istius propositionis : *equus tibi promittitur,* vel : *viginti libræ istius tibi debentur,* et de consimilibus, quam suppositionem habent subjecta. Non enim videtur quod habeant suppositionem determinatam cum non contingat descendere ad contenta sub ipsis per propositionem disjunctivam ; non enim sequitur : *equus tibi promittitur* ; *ergo, iste equus, vel iste,* et sic de singulis, cum quælibet singularis sit falsa, et idem judicium est de aliis.

<dubium quintum>

Quinto, potest esse dubium, qualem suppositionem habent subjecta istarum propositionum : *genera et species sunt secundæ substantiæ* ; *genera et differentia constituunt speciem.* Et est causa dubitationis quia non videtur quod possint habere suppositionem personalem, cum non supponant pro contentis, nec, per consequens, suppositionem determinatam, cum a superiori ad inferius sit bona consequentia.

<dubium sextum>

Sexto, posset esse dubitatio, qualiter supponant prædicata istarum propositionum : *Socrates privatur visu* ; *iste est aptus, natus, habere visum,* et sic de similibus.

<dubium septimum>

Septimo, de talibus : *tantum animal est homo*, et sic de aliis.

<dubium octavum>

Octavo, de istis : *Philosophus, Apostolus, dicit hoc* ; *Comes Burgundiæ pugnat* ; *manus regis liberabit nos*, et sic de multis talibus.

De istis autem : *actio et passio sunt res extra animam, relatio est vera res*, non oportet dubitare ; satis enim ostensum est supra quod oportet quod subjecta supponant pro rebus distinctis a rebus absolutis.

<ad dubium primum>

Ad primum dubium, dico quod illud exigit unam magnam difficultatem, utrum videlicet, ad hoc quod propositio sit necessaria requiratur quod prædicatum possit omni tempore prædicari de subjecto mediante hoc verbo *est* ; de qua tamen difficultate prolixe tractabitur in illo (89v) capitulo in quo inquiretur de conditionibus propositionum demonstrationem ingredientibus, quia ibi habet ista materia locum.

Secundo ergo, prout spectat ad propositionem, quod tales propositiones veræ sunt de virtute sermonis, etiam casu retento, et quod termini propositionum talium supponunt personaliter et determinate, et quando dicitur quod, casu posito, nulla singularis est vera, nego. Immo, dico quod quælibet singularis est vera, unde ista est vera : *Socrates est animal*, et ista : *Plato est animal*, nullo istorum existente.

Ad cujus evidentiam est sciendum quod quædam sunt prædicata quæ competunt subjecto primo vel secundo modo dicendi per se, et quædam quæ solum competunt subjecto per accidens. Prima sunt sicut *animal, corpus, substantia, risibile*, respectu *hominis* ; secunda vero prædicata se habent in duplici differentia, quia quædam important rem realiter distinctam a subjecto de quo prædicantur, existentem tamen formaliter et substantive in prædicto subjecto ; quædam important rem vel res realiter distinctas a subjecto, accipiendo *importare* pro *significare* vel pro *connotare* et extendendo *res reales* ad qualitates existentes in anima vel in phantasia vel in sensatione et hujusmodi potentiis. Prima prædicata sunt *album, nigrum, currens, loquens, comedens*, et hujusmodi. Nam dicendo sic : *Socrates est cogitatus*, per illud prædicatum *cogitatus* significatur vel connotatur aliqua res realiter distincta a Socrate, puta, aliquis actus intellectus vel aliquid consimile quod tamen in Socrate substantive non existit, et hoc supposito quod Socrates se ipsum non cognoscat, sed quod cognoscatur ab alio.

Prima autem prædicata quæ competunt subjecto primo vel secundo modo et etiam ista ultima quæ respiciunt actiones immanentes, indifferenter competunt re existenti vel non-existenti ; alia autem non. Ratio hujusmodi est quia per propositiones in quibus prædicantur prædicata secundo modo dicto, denotatur habitudo existentiæ, sed per propositiones primo et tertio modo dictas non, sed per aliquas solum habitudo consequentiæ.

Et quod illud sit de intentione in Logica expertorum patet in solutione hujusmodi sophismatis : *omne coloratum est* ; *omne album est coloratum* ; *ergo, omne album est*, posito quod sit unum individuum rubeum et aliud nigrum et nihil aliud, et unum album et nihil aliud, et sic de aliis coloribus, nam, casu posito, iste descensus non valet, sed peccat per fallaciam æquivocationis, nam æquivoce accipitur ly *est* in majori propositione et in minori, quia in majori *est* dicit esse existentiæ, sed in minori solum est nota consequentiæ ; cujusmodi est quando dico : *si est album, est coloratum*.

Et si arguatur contra : illa propositio non est vera quæ implicat falsum ; sed ista propositio : *homo albus est homo*, posito casu, falsum implicat quia implicat aliquem hominem esse album cum tamen nullus sit per positum ; ergo, etc., ad hoc dico : quidquid sit de majore, quod minor est falsa. Et quando dicitur quod implicat aliquem hominem esse album, hoc non est verum. Hoc enim verbum substantivum *est*, copulans superius cum inferiori, sive illud inferius sit inferius per se vel per accidens, non est nota ipsius existentiæ. Et ideo in omnibus talibus est fallacia secundum quid et simpliciter, vel aliquis alius specialis defectus, arguendo ab *est* tertio adjacens ad ipsum secundo adjacens, sicut patet per Philosophum, secundo *Perihermenias* [78].

Ex hoc patet falsitas dicentium quod subjectum prædictæ propositionis supponit personaliter et significative et tamen pro nullo supponit, nam bene sequitur : *supponit* ; *ergo pro aliquo* supponit, cum ab indefinita ad particularem, arguendo in eisdem terminis, sit bona consequentia. Et si dicas quod non debet sic inferri, sed sic : *supponit* ; *ergo, denotatur pro aliquo supponere,* ista responsio non sufficit et ideo probo primam consequentiam esse bonam. Illa consequentia est bona cujus oppositum consequentis infert oppositum antecedentis, sicut patet, primo *Priorum* [79] ; sed oppositum istius consequentis prædictæ infert oppositum antecedentis ; ergo, etc.

Probo, nam oppositum istius consequentis : *pro aliquo supponit* est illud : *pro nullo supponit,* nec autem sequitur (90^r) *pro nullo supponit,* cum a termino communi sumpto cum significato universali negativo ad ipsum cum negatione sumptum sit bona consequentia. Sequitur : *nullus homo* ; *ergo, non-homo* ; sed, *non supponere* est oppositum huic quod est *supponere,* quod fuit antecedens ; ergo, etc.

Secundo, sequitur quod falsum dicunt illi qui dicunt istam propositionem esse falsam : *Cæsar laudatur,* Cæsare non existente, nam, cum laus non sit in laudato, sed in laudante, illud prædicatum *laudatur* non importat aliquid quod in Cæsare realiter existat et, per consequens, nihil prohibet quin, non existente, possit de ipso prædicari secundum regulam superius datam, hoc supposito, quod ipso existente, possit de ipso prædicari.

Tertio, sequitur quod falsum est quod dicunt aliqui, scilicet, quod terminus non potest supponere pro illis quæ fuerunt nisi respectu verbi de præterito, nec pro illis quæ erunt nisi respectu verbi de futuro, puta, quod *homo* non potest supponere pro Socrate qui fuit et non est nisi respectu hujusmodi verbi *fuit,* dicendo : *Socrates fuit homo.* Motivum etiam eorum non valet ; termini enim, sicut ipsi false imaginantur, non imponuntur ad significandum solum res præsentes, sed etiam individua præterita et futura et ideo possunt pro eis supponere, etiam respectu verbi de præsenti. Et hoc est intelligendum quando copula copulat prædicatum essentiale vel primo vel secundo modo, vel præteritum quod solum competit subjecto per denominationem extrinsecam, sicut propter aliquem actum intellectus existentem in anima mea quo intelligo Socratem, Socrates denominatur *intellectus* vel *cogitatus,* et hoc sive Socrates sit, sive non sit, quia hoc non refert.

<ad dubium secundum>

Ad secundum dico quod *homo* habet suppositionem determinatam et est propositio falsa, casu proposito ; quando dicitur quod nulla singularis est vera, dicendum quod verum est. Nec hoc exigitur sed solum quod aliqua singularis sit falsa. Unde regula data superius [80] quod, scilicet, propositio in qua supponunt termini determinate exigit aliquam singularem veram determinate, intelligenda fuit quando supponunt in propositione vera, et eodem modo dicendum est proportionaliter quando supponunt in propositione falsa, quod, videlicet, exigitur quod aliqua singularis determinate sit falsa, et ita est in proposito quia ista est falsa, casu proposito : *Socrates fuit animal.*

Et si dicatur quod illud videtur repugnare statim dictis, nam dictum est quod *homo* significat indifferenter individua præsentia, præterita, et futura, et pro ipsis supponit in tantum quod etiam nullo homine existente, ista propositio est vera : *homo est animal.* Ex quibus dictis videtur posse inferri oppositum illius sic arguendo : omnis propositio de præsenti est postea vera de præterito si formetur, sicut si ista propositio sit modo vera : *Socrates est albus,* ista : *Socrates fuit albus,* erit vera cras, si formetur. Sed ista propositio est modo vera de præsenti : *homo est animal,* etiam si numquam fuisset homo, secundum superius dicta ; ergo, cras erit ista vera : *homo fuit animal,* si formetur, etiam posito quod numquam fuisset homo, cujus oppositum dictum est statim.

[78] ARISTOTLE, *Periherm.*, 10 ; 19b 19-20.

[79] Campsall seems to refer rather to the general theory of inference rather than to any specific text.

[80] *i.e.*, Chapter 54, in the discussion of "common supposition".

Ad illud dico quod illa major propositio nno est vera universaliter, quamvis hoc a multis credatur esse verum, sed capit instantiam in multis. Tenet ergo illa major quando propositio aliqua est vera de præsenti in qua prædicatur prædicatum accidentale reale, accidens, inquam, informans subjectum ; in illis autem in quibus prædicata competunt subjectis primo vel secundo modo dicendi per se, non tenet generaliter, licet in aliquo casu tenere possit.

Aliter possit dici distinguendo istam propositionem : *homo fuit animal* secundum amphiboliam. Potest enim esse unus sensus : *homo fuit animal*, hoc est, *hæc propositio fuit vera : "homo est animal"*, et iste sensus est verus et in isto sensu esset concedendum quod quando aliqua propositio est vera de præsenti quod postea possit esse vera de præterito, si formetur. Alius sensus posset esse : *aliquid in prædicatum per "hominem" fuit in rerum natura de quo poterat prædicari vel de quo actualiter prædicatur hoc prædicatum "animal"*, et iste sensus falsus est, casu retento, quia repugnat posito et sic est negandus processus sicut supra. Per verba planiora, posset dici quod ista propositio : *homo fuit animal*, casu posito, esset distinguenda secundum compositionem et divisionem, et in sensu compositionis esset vera, et falsa in sensu divisionis. Sed sive sic, sive sic, idem sensus resultat.

<ad dubium tertium>

Ad tertium dubium, dico quod prædicata propositionum de præterito possunt supponere pro præsentibus et præteritis, sicut prædicatum illius propositionis : *album* (90v) *fuit animal* potest supponere pro aliquo individuo nunc existente albo et etiam pro individuo quod prius fuit album et modo non est album. Magna enim miseria est dicere quod *album* in ista propositione : *homo fuit albus* non possit supponere pro illis quæ sunt, supposito quod multi homines adhuc existentes in rerum natura fuerunt albi [81] et quod adhuc modo sunt albi. Nam si ista non sit modo vera : *homo fuit albus*, etiam posito quod supponat pro præsentibus, sua opposita est vera, ista, videlicet : *homo non fuit albus*, sed sequitur : *homo non fuit albus*, accipiendo subjectum pro his quæ sunt ; ergo, ista numquam fuit vera : *homo est albus*, accipiendo semper *hominem* universaliter. Sed hoc falsum est, quia certum est quod ista aliquando fuit vera, casu posito : *homo est albus* ; ergo, etc. Sequitur etiam : *homo non fuit albus* ; *ergo, homo non fuit hic albus, nec hic albus*, et sic demonstrando omnia contenta sub isto termino *albedo*, cum supponat confuse et distributive mobiliter propter negationem præcedentem et, per consequens, sequitur : *homo non fuit albus* ; *ergo, hic homo* (demonstrando Socratem) *non fuit albus* ; (demonstrando seipsum, qui prius fuit albus) *est idem albus* ; sed hoc est falsum ; ergo, illud ex quo sequitur.

Est tamen advertendum quod in aliquo casu prædicati bene contingit distinguere propositionem in quam subjicitur talis terminus respectu talis prædicati et respectu verbi de præterito, sicut posito quod omnes homines qui umquam fuerunt albi corrumpantur et solum manerent in rerum natura illi qui numquam fuerunt albi nec etiam modo sunt de facto, tunc, isto casu posito, *homo fuit albus* esset distinguenda eo quod subjectum posset supponere pro illis qui sunt vel pro illis qui fuerunt. Si supponeret pro illis qui sunt, manifestum est quod esset falsa, retento casu ; si autem pro illis qui fuerunt, vera. Et sic patet quod nullum est inconveniens quod pro præsentibus possint supponere.

Si vero quæras, quam suppositionem habet *homo* in ista propositione : *Socrates erit homo*, dicendum est diversimode secundum quod circa hoc possunt diversi casus poni. Nam si ponatur quod Socrates sit homo modo in rerum natura et quod debeat durare per tres dies, tunc istud prædicatum habet suppositionem determinatam ; contingit enim descendere ad ejus contenta, casu posito, per propositionem disjunctivam : *Socrates erit homo* ; *ergo, Socrates erit hic homo vel Socrates erit hic homo* et sic de singulis. Si autem ponatur : <Socrates> [82] non sit nunc in rerum natura, tunc non habet ter-

[81] *Ms* alibi emended to : albi.

[82] Words in pointed brackets are not visible in photograph ; they are located on the extreme left of a marginal correction which runs from : *Socrates erit homo, ergo* to : descendere ad ejus contenta per propositionem disjunctivam and from : *vel Socrates* to : sic de singulis.

minus *homo* suppositionem determinatam sed confusam. Non enim contingit descendere ad ejus contenta <per proposition>em disjunctivam ; non sequitur : *Socrates erit homo* ; *ergo, Socrates erit hic homo* <*vel*> *Socrates erit ille homo,* et sic de singulis, sed solum contingit descendere per propositionem de disjuncto extremo sicut bene sequitur : *Socrates erit homo* ; *ergo, Socrates erit hic homo vel ille,* sic connumerando tam præsentia quam futura et, per consequens, supponit confuse tantum secundum regulam supra datam.

Patet igitur quomodo idem terminus in eadem propositione potest aliter et aliter supponere propter alium et alium casum et est utile scire volenti studere in libris doctorum et auctorum.

<ad dubium quartum>

Per hoc patet ad quartum dubium nam istæ propositiones : *equus tibi promittitur, viginti libræ tibi debentur,* secundum unum modum dicendi, falsæ sunt in sensu quem faciunt ; veræ tamen sunt in sensu in quo fiunt. Nam cum istum terminum *equus* non præcedat signum universale, nec negatio, sequitur quod supponat determinate ; si autem supponat determinate, certum est quod est falsa. Per istas ergo intelliguntur istæ : *tu habebis de dono alicujus equum,* ubi ly *equum* supponit confuse tantum ; habendo autem talem suppositionem vera est ; bene enim sequitur : *tu habebis de dono alicujus equum* ; *ergo, istum vel istum,* et sic numerando etiam futura.

Aliter dico quod istæ propositiones possunt concedi eo modo quo proponuntur, quia sicut tu non habes pro inconvenienti quod terminus iste ex parte prædicati confuse supponat tantum, quamvis ipsum non præcedat mediate signum universale, nec negatio, nec æquivalenter includens negationem, ita non habeo ego pro inconvenienti nisi aliud obstet quod terminus iste a parte subjecti supponat confuse tantum et, per consequens, non contingit descendere ad ejus contenta nisi per propositionem de disjuncto extremo, sicut nec contingit quando ponitur a parte prædicati.

Et si dicatur quod illud est contra prædicta quia dicebatur supra quod suppositio determinata est in qua supponit terminus communis cui non adjungitur signum universale, nec mediate, nec immediate, etc. ; sed sic est in proposito quia isti termino communi *equus* non adjungitur signum etc. ; ergo, videtur quod determinate supponat, dico quod illa regula debuit intelligi quando talis terminus præcedit vel sequitur verbum præsentis temporis vel quando non ponitur in propositione æquivalente (91r) propositioni de futuro.

Per hoc patet ad instantiam quæ fieri posset de prædicato istius propositionis : *Socrates erit homo* ; quamvis isti prædicato *homo* non adjungatur, nec mediate, nec immediate, signum universale, nec negatio, etc., quia tamen sequitur verbum futuri temporis, ideo determinate non supponit. Similiter, quia ista propositio : *equus tibi promittitur* æquipollet uni de futuro, puta, isti : *equus tibi dabitur ab aliquo* ; ideo, determinate non supponit. Verum est tamen quod illud non contingit in omni propositione de futuro, unde dare regulam generalem quando illud contingit et quando non, illud faciliter fieri non potest. Tenendum est tamen quod hoc in aliquibus contingit ; idem patet ad aliam propositionem.

<ad dubium quintum>

Ad quintum dubium dico quod ista propositio : *genera et species sunt secundæ substantiæ* et consimiles, vera est et concedenda eo modo quo ponitur et supponit subjectum pro illis formalitatibus de quibus dictum est. Et quando quæritur utrum supponat personaliter vel non, dico quod supponit personaliter. Ad cujus evidentiam est sciendum quod aliqui termini significant tales formalitates primo et principaliter et aliqui non primo nec principaliter sed secundario et consequenter, verbi gratia de primis : *homo, animal* ; *homo* enim primo et principaliter significat rationem formalem hominis, secundario vero individua, et eodem modo *animal* rationem formalem animalis et tales termini, quando supponunt pro illa ratione formali, non supponunt personaliter sed formaliter ut dictum est supra de ista propositione : *homo est species,* nam *homo* in subjecto supponit formaliter. Verbi gratia de secundis terminis, *species, genus,* et *differentia,* nam iste terminus *genus* primo et principaliter significat unum conceptum mentis communem omnibus formalitatibus quæ sunt *species* ; secundario vero, significat alias rationes formales. Nunc autem dictum est supra quod terminus supponens pro secundario significatis, (non accipiendo "secundarium significatum" sicut in relativis), supponit personaliter ; ergo, hoc subjectum : *genera et species* in prædicta propositione, supponit personaliter et determinate quia contingit descendere ad contenta sub eo per propositionem disjunctivam sicut bene sequitur : *genera et species sunt secundæ substantiæ* ; *ergo, hæc genera et hæ species sunt secundæ substantiæ,* et sic de aliis. Infertur etiam formaliter ex qualibet istarum, unde bene sequitur : *hæc genera et hæ species sunt secundæ substantiæ* (quibuscumque generibus et speciebus demonstratis) ; *ergo, genera et species sunt secundæ substantiæ.*

Quando ergo dicebatur arguendo ad oppositum quod non haberet suppositionem personalem cum non supponeret pro contentis, patet quod falsum hic assumitur quia istæ rationes formales sub terminis istis continentur sicut individua sub sua specie suo modo. Et huic concordat quod dicit unus doctor magnæ auctoritatis et expertus in Logica, dicens quod licet *homo,* respectu suorum individuorum, sit universale et commune simpliciter, secundum quid tamen, respectu hujusmodi quod dico *species,* est individuum et singulare.

<ad dubium sextum>

Ad sextum dubium dico quod de virtute sermonis non est quærendum qualem suppositionem habet prædicatum illius propositionis : *Socrates privatur visu* sed magis proprie loquendo esset quærendum quales suppositiones. Ratio autem hujus est quia ista propositio ad minus habet duas expositiones in quarum qualibet ponitur iste terminus *visus* et in una illarum propositionum habet unam suppositionem et in alia aliam. Nam illud verbum *privatur* est terminus æquivalenter includens negationem et ideo habet duas exponentes ; una est ista : *Socrates fuit in potentia habendi visum,* et ista est alia : *Socrates nullum visum habet,* vel ista : *Socrates non habet aliquem visum.* Et in prima propositione, forte ly *visum* habet suppositionem confusam tantum et dico "forte" quia forte adhuc habet alias propositiones exponentes ; in alia autem habet suppositionem confusam et distributivam mobilem. Si tamen usus præjudicet veritati, tunc cum ista : *Socrates privatur visu* communiter ex modo loquendi resolvatur in istas : *Socrates nullum visum habet* vel : *Socrates non habet visum aliquem,* dicendum est consequenter quod hoc prædicatum *visum* habet suppositionem confusam et distributivam mobilem, et hoc sive resolvatur in unam sive in aliam. Et per idem patet quid dicendum sit de ista : *Socrates est* (91v) *aptus, natus, habere visum.*

<ad dubium septimum>

Ad septimum dico quod prædicatum istius propositionis : *tantum animal est homo* habet suppositionem confusam distributivam mobilem et ad hoc videndum planius, resolvenda est ista propositio in suam præjacentem et tunc, secundum regulam supra dictam, judicandum est de suppositione terminorum in ista sicut in illa. <Præjacens>[83] autem est ista : *omnis homo est animal,* quia sicut videbitur postea, ab exclusiva ad universalem de terminis transpositis est bona consequentia ; unde bene sequitur : *tantum animal est homo* ; *ergo, omnis homo est animal.* Qualiter autem propositiones in quibus ponuntur tales dictiones exclusivæ sunt distinguendæ, patebit in capitulo de propositionibus exclusivis. Unde, forte de virtute sermonis, non esset dicendum de suppositione talium terminorum sicut nec præcedentium cum tales propositiones habeant plures exponentes in quarum una supponunt uno modo et in alia alio modo.

[83] A mark for the insertion of a word is visible, but not the word ; præjacens is my addition.

<ad dubium octavum>

Ad octavum dubium patebit post in uno capitulo in quo tractabitur de suppositione impropria, puta, de antonomastica, et geminata, et sic de aliis.

Si vero tandem finaliter quæretur de prædicatis istarum suppositionum et propositionum : *Socrates desinit esse albus*, *Socrates incipit esse grammaticus*, qualem suppositionem habeant prædicata, dicendum est sicut dictum est in sexto dubio quod, videlicet, proprie loquendo non est quærendum de suppositione talium sed magis de suppositionibus, cum quæque talium habeat duas exponentes in quibus prædicti termini supponunt aliter et aliter, sicut patet volenti resolvere.

Et hæc de dubiis dicta sufficiant et sic patet veritas capituli istius etc.

CAPITULUM QUINQUAGESIMUM SEPTIMUM

De Suppositione Confusa Tantum

Ostensum quid de suppositione determinata sit dicendum, nunc de suppositione confusa tantum est dicendum. Et de ista videtur mihi quod non potest, nec per unam regulam, nec per plures, sufficienter ostendi quando terminus habet talem suppositionem et quando non. Ratio hujus tacta est in capitulo præcedenti quia, sicut visum est ibi, aliqui termini positi in aliquibus propositionibus de futuro, quamvis eos non præcedat signum universale mediate, supponunt confuse tantum et in aliquibus non, et, per consequens, add andam regulam sufficientem ad ostendendum in quibus propositionibus de futuro termini supponunt confuse tantum et in quibus non, non esset cito factum. Possent tamen de ista suppositione dari aliquæ regulæ quæ logico possent sufficere communiter.

<regula prima>

Ad evidentiam, igitur, istius suppositionis est sciendum quod aliquando in propositione præcedunt verbum plures termini, aliquando unus — et intendo hic loqui de propositionibus propriis in quibus prædicantur et subjiciuntur termini communes. Si verbum præcedit unus solus terminus, tunc est una regula generalis quod, si illi termino ex parte subjecti addatur signum universale affirmativum, tunc prædicatum talis propositionis supponit confuse tantum. Exemplum de ista propositione : *omnis homo est animal*, nam quia hoc verbum *est* præcedit unus solus terminus significativus, *homo*, et sibi additur signum universale affirmativum, ideo hoc prædicatum *animal* supponit confuse tantum. Unde contingit descendere ad ejus contenta per propositionem de disjuncto extremo, nam bene sequitur : *omnis homo est animal* ; *ergo, omnis homo est hoc animal vel hoc*, et sic de aliis. Dixi autem "signum universale affirmativum" quia secus est dici signo universali negativo, nam signum universale negativum facit supponere terminum — etiam mediate sequentem — confuse et distributive.

<regula secunda>

Si autem ex parte subjecti ponantur plures termini, loquendo semper de terminis sicut supra, hoc potest contingere dupliciter, quia aut signum universale distribuit totum subjectum, hoc est, omnes terminos positos a parte subjecti, aut aliquos non. Si primo modo, sic adhuc prædicatum supponit tantum confuse, sicut patet in ista propositione : *cujuslibet hominis asinus currit*, nam illud prædicatum *currit* supponit confuse tantum. Et valent istæ duæ regulæ ad cognoscendum quando prædicatum supponit confuse tantum et quando non.

Si autem signum universale non determinet omnes terminos positos a parte subjecti, sed aliqui sic et aliqui non, non facit tunc prædicatum supponere confuse tantum, sed supponit sicut in propositione indefinita, sicut patet in ista propositione : *videns omnem*

(92r) *hominem est animal,* nam *animal* supponit determinate, quia forte etiam ista propositio non est universalis.

<regula generalior>

Ergo, istæ duæ regulæ possunt reduci ad unam quæ sufficiet ad cognoscendum quando prædicatum supponit confuse tantum et sit ista : quandocumque signum universale affirmativum distribuit vel determinat totum subjectum propositionis, si prædicatum illius propositionis sit terminus communis, supponit semper confuse tantum. Verbi gratia, dicendo : *omnis homo currit,* prædicatum enim istius propositionis supponit confuse tantum. Si etiam dicatur : *omnis homo albus est homo,* prædicatum supponit confuse tantum, quia hoc signum *omnis* est determinatio totius subjecti ; determinat enim totum hoc : *homo albus,* quod est subjectum propositionis cum præcedat copulam, et sufficit ad sciendum quando prædicatum confuse supponit.

<regulæ aliæ de suppositione confusa>

Ad sciendum autem quando aliqui termini, positi a parte subjecti sive qui præcedunt copulam, supponunt confuse tantum, sunt etiam aliquæ regulæ necessariæ. Ubi sciendum quod, si plures termini copulam præcedant, hoc potest contingere dupliciter, quia aut signum universale additum determinat totam præcedentem copulam aut non. Si non, tunc illud quod sequitur mediate signum universale a parte ejusdem extremi, supponit confuse tantum. Exemplum dicendo : *omni tempore post Adam fuit aliquis homo,* nam totum illud *tempus post Adam aliquis homo* præcedit hoc verbum *fuit,* quia tamen signum universale non est determinatio istius termini *homo* in prædicta propositione, ideo non supponit confuse et distributive, nec determinate, sicut patet manifeste, sed supponit confuse tantum. Bene enim contingit descendere ad ejus contenta per propositionem de disjuncto extremo ; sequitur enim : *omni tempore etc.* ; *ergo, omni tempore post Adam iste homo fuit, vel iste,* et sic de aliis. Idem judicium est de istis propositionibus : *omni tempore aliquid creabile erit, omnis homo animal fuit.*

Et est sciendum quod illud non solum est verum quando præcedit signum universale, sed etiam quando præcedit terminus æquivalens signo universali, sicut patet in istis propositionibus : *usque ad finem mundi aliquod animal erit, usque ad finem mundi asinus vel leo erit, semper homo fuit, tota die aliquis homo fuit hic intus* — posito quod individuis horis fuit intus, et sic de aliis. Nam *animal* in prima propositione, et *asinus* in secunda, et *homo* in tertia, quarta et quinta, tantum confuse supponunt, et hoc est intelligendum sustinendo quod prædictæ propositiones sint veræ, quia si aliquis nollet eas concedere, diceret faciliter quod prædicti termini determinate supponunt et quod omnes sunt falsæ. Et forte illud esset magis secundum proprietatem sermonis quam prædicto modo dicendo ; sophistæ tamen utuntur communiter arte prædicta.

Si autem signum universale determinet totam præcedentem copulam, hoc adhuc contingere potest dupliciter quia aut illi termini sunt ejusdem casus sicut est communiter quando sunt adjectivi et substantivi, aut non sunt ejusdem casus. Si non sint ejusdem casus, tunc terminus immediate sequens signum universale supponit confuse et distributive et terminus mediate sequens a parte ejusdem extremi confuse tantum, verbi gratia, dicendo sic : *cujuslibet hominis asinus currit* ; ly *homo* supponit confuse et distributive, sed ly *asinus* supponit confuse tantum, posito enim quod omnium hominum esset unus asinus qui curreret, certum est quod, casu posito, ista propositio esset vera et tamen non contingeret descendere ad contenta sub isto termino *asinus* nisi per propositionem de disjuncto extremo, sicut manifeste patet.

Si autem termini præcedentes copulam sint ejusdem casus sicut adjectivi et substantivi, tunc neutra eorum supponit confuse tantum, nec confuse et distributive. Exemplum de ista propositione : *omnis homo albus currit* ; posito enim quod non omnes homines sint albi et quod multi asini sint albi, sicut communiter est verum, et quod homines albi solum currant et asini albi non, tunc certum est quod non ad omnia contenta istius termini *homo* nec istius termini *albus* contingit descendere, nec copulative, nec disjunctive, (92v) nec etiam per propositiones de disjuncto vel copulato extremo. Neuter ergo istorum terminorum supponit, sed ambo simul supponunt confuse et distributive mobiliter ; unde, ad omnia contenta sub isto communi, suo modo *homo albus*, contingit descendere copulative. Unde bene sequitur : *omnis homo albus currit* ; *ergo iste homo albus currit et iste homo albus currit*, et sic de aliis. Et expedit ista scire propter sophisticationes aliquorum.

<regulæ de exponibilibus>

Visis his regulis, sequuntur aliæ regulæ, et est una regula : quod subjectum propositionis exclusivæ affirmativæ, illo modo quo possumus loqui de ejus suppositione propter illa quæ dicta sunt, supponit confuse tantum. Istud patet, quia in resolvendo propositionem exclusivam resolvitur in universalem affirmativam cujus prædicatum est subjectum exclusivæ ; prædicatum autem universalis affirmativæ supponit confuse tantum, verbi gratia, dicendo sic : *tantum animal est homo* ; *animal* supponit confuse tantum. Hæc enim infert istam : *omnis homo est animal,* ubi prædicatum tantum confuse supponit.

Alia regula est quod prædicatum propositionis reduplicativæ, illo modo quo possumus loqui etiam de ejus suppositione, supponit confuse tantum, verbi gratia, dicendo sic : *homo in quantum homo est risibilis,* nam quamvis non ponatur hoc signum universale vocabiliter, ponitur tamen æquivalenter, unde sequitur : *homo in quantum homo est risibilis* ; *ergo, omnis homo est risibilis,* sicut magis patebit post et, per consequens, contingit descendere sub hoc prædicato *risibile* per propositionem de disjuncto extremo, sicut manifeste patet.

Tertia regula est quod prædicatum propositionis exceptivæ supponit confuse tantum, verbi gratia, dicendo sic : *omnis homo, præter Socratem, currit,* nam hoc prædicatum *currit* supponit confuse tantum. Nam bene sequitur : *omnis homo, præter Socratem, currit* ; *ergo, omnis homo, præter Socratem, est hoc currens vel hoc currens vel hoc,* et sic de aliis. Quæ autem sint dictiones exceptivæ, reduplicativæ, et exclusivæ, et qualiter differunt, hoc patebit post in suis locis.

Quarta regula est quod termini aliquarum propositionum de futuro et hoc sive ponatur a parte subjecti sive prædicat — quamvis aliqui dicunt contrarium — supponunt confuse tantum, secundum quod est tactum in capitulo præcedenti. Exemplum de istis propositionibus : *Socrates erit homo,* posito quod Socrates non sit, *equus tibi promittitur, digitus tibi auferetur, sex solidi tibi debentur,* et sic de aliis, nam prædicatum istius propositionis : *Socrates erit homo,* casu retento, supponit confuse tantum. Unde bene sequitur : *Socrates erit homo* ; *ergo, Socrates erit hic homo vel hic homo,* et sic de aliis, denotando tam præsentia quam futura, quia tam ista quam illa per prædictum terminum importantur. Idem judicium est de subjectis aliarum propositionum ; quando tamen illud contingit et quando non, determinate sciri non potest et ista de isto capitulo sufficiant.

CAPITULUM QUINQUAGESIMUM OCTAVUM

De Suppositione Confusa et Distributiva

Quia vero circa suppositionem confusam et distributivam immobilem nihil oportet immutare cum per illa quæ dicta sunt in fine quinti [84] capituli possit faciliter sciri quando terminus habet talem suppositionem et quando non, ideo nunc de suppositione confusa et distributiva est dicendum.

Et ad videndum quando ille terminus habeat talem suppositionem est sciendum quod, secundum quod dictum est supra, quidam termini sunt negativi et quidam æqui-

[84] *i.e.*, Chapter 54, the fifth of the tract on supposition.

valenter solum includens negationem. Primi termini sunt *non*, *nullus*, et hujusmodi ; secundi vero se habent in duplici differentia quod quidam reddunt propositionem in qua ponuntur exclusivam, et quidam non. Primi sunt *tantum*, *solus*, et hujusmodi et hoc si ly *solus* teneatur syncategorematice. Secundi termini sunt *differunt*, *differens*, *aliter*, *distingui*, et sic de aliis.

<regula prima>

Ex istis igitur eliciuntur aliquæ regulæ et est prima regula quod quando dictio negativa est determinatio subjecti — et extendo hic "negativam dictionem" ad signum universale negativum — si extrema illius propositionis sint termini communes et subjecto non addatur signum universale affirmativum, tunc tam subjectum quam prædicatum supponunt confuse mobiliter, verbi gratia, dicendo sic : *nullus homo est animal*, *nullus homo currit*, *non-homo est animal*, et sic de aliis. Nam tam subjecta quam prædicata istarum propositionum supponunt confuse et distributive mobiliter, nam ad omnia contenta, tam de subjecto quam prædicato, contingit descendere copulative, nec ex aliqua singulari formaliter inferuntur ; bene sequitur : *nullus homo est animal* ; *ergo, Socrates non est animal et Plato non est animal*, et sic de singulis. (93r) Et non sequitur formaliter : *Socrates non est animal* ; *ergo, nullus homo est animal* ; sed forte sequitur [85] . . . ad impossibile sequitur quilibet præter suum contradictorium. Contingit etiam descendere sub prædicato copulative, sicut bene sequitur : *nullus homo est animal* ; *ergo, nullus homo est hoc animal nec hoc animal*, et sic de aliis. Et idem judicium est de singulis aliis. Est igitur regula generalis quod tam subjectum quam prædicatum propositionis universalis negativæ vel æquivalentis universali negativæ — quod dico propter istam propositionem : *non-homo est animal*, et propter istam : *omnis homo non est animal*, quæ forte æquipollet isti : *nullus homo est animal*, et propter istam : *omnis homo non est animal*, et propter consimiles — supponunt confuse et distributive mobiliter.

Dixi autem in prædicta regula "quando negatio est determinatio subjecti" quia si esset determinatio copulæ vel prædicati, tunc non faceret subjectum supponere confuse et distributive mobiliter, sed prædicatum tantum, sicut patet in ista propositione : *homo non est animal*, nam licet hic ponatur negatio, quia tamen non præcedit *hominem* mediate nec immediate, et ideo ejus suppositionem non immutat. Quia tamen adjungitur ipsi *animali* ideo facit ipsum stare confuse et distributive mobiliter.

Dixi autem "si extrema illius propositionis sint termini communes" quia, si uterque esset terminus singularis, si subjecto adderetur negatio, vel signum universale negativum, non esset propositio propria, sicut non est proprie dictum : *non-Socrates est Plato* vel : *non-Socrates currit*, et sic de aliis. Et si dicatur quod ista propositio : *nullus Socrates currit*, videtur esse propria, dicendum quod non est propria ; quamvis *Socrates* imponatur distinctis significantibus ad significanda plura individua, non stat tamen in propositione secundum usum loquentium nisi pro uno solo et, per consequens, in tali propositione, non intenditur prædicatum renovari nisi ab uno solo et ideo debet sic dici : *Socrates non currit*. Ex quo satis patet quod frustra additur signum negativum ; illud autem quod est falsum, statim debet a qualibet arte repelli ; ideo, etc.

Tertio adjeci quod "subjecto non addatur signum universale affirmativum" pro tanto quia, si sic, tunc negatio adveniens non faceret supponere subjectum confuse etc., sed magis determinate, sicut patet in ista propositione : *omnis homo est animal*, nam, si addatur negatio, subjectum non supponat confuse et distributive sed determinate, sicut patet dicendo sic : *non omnis homo est animal*. Subjectum enim istius propositionis supponit determinate quia æquivalet isti propositioni : *quidam homo non est animal*, ubi subjectum supponit determinate sicut patuit supra, eo modo autem, secundum artem supra datam, quando una propositio æquipollet alteri, eo modo supponunt termini in ista sicut in illa cui æquipollet.

[85] Nearly a full line is illegible.

<regula secunda>

Ex isto patet quod illa regula sophistarum qui dicunt quod "quidquid immobilitat etiam mobilitatum, mobilitat immobilitatum" non patitur instantiam, sed est simpliciter vera et hoc est intelligendum quod quando aliquis terminus non supponit mobiliter, sed determinate vel confuse tantum, tunc per appositionem negationis mobiliter, hoc est, supponit confuse et distributive mobiliter, sicut patet in isto termino *homo* in ista propositione : *quidam homo est animal.* Nam subjectum istius propositionis supponit determinate et, per consequens, est immobilitatum ; si tamen addatur igitur negatio dicendo : *non quidam homo est animal,* supponet confuse etc., et per consequens, erit mobilitatum quia tunc prædicta propositio æquipollet isti : *nullus homo est animal,* ubi *homo* supponit confuse et distributive mobiliter. idem patet de *animali* quod stat confuse tantum, cui, si addatur negatio dicendo : *quidam homo non est animal,* patet quod immobiliter quia habet suppositionem confusam et distributive mobiliter. Et sicut mobilitat immobilitatum, ita immobilitat mobilitatum, sicut patet de isto termino *homo* in ista propositione : *omnis homo est animal,* nam illud subjectum *homo* mobilitatum est quia supponit confuse et distributive mobiliter ; si tamen addatur sibi negatio dicendo : *non omnis homo currit,* tunc immobilitatur quia æquipollet suæ contradictoriæ in qua idem terminus supponit determinate tantum. Et sic patet quod regula prædicta generaliter est vera.

<regula tertia>

Ex ista autem potest sequi tertia regula deserviens isti suppositioni et est quod subjectum cujuslibet (93v) propositionis universalis affirmativæ, vel æquipollentis sibi, supponit confuse et distributive mobiliter, prædicatum autem non, sed confuse tantum. Verbi gratia, dicendo sic de propositione universali affirmativa : *omne animal est substantia,* nam subjectum istius propositionis supponit confuse et distributive mobiliter, prædicatum vero confuse tantum. Verbi gratia de propositione æquipollenti universali affirmativæ dicendo sic : *nullum animal non est substantia* ; subjectum enim istius propositionis supponit sicut subjectum præcedentis quia mutuo se æquipollent. Et ex hoc patet differentia inter signum universale affirmativum et etiam negativum, quia signum universale negativum facit stare terminum sequentem sive mediate sive immediate confuse et distributive ; signum autem universale affirmativum non, sed solum terminum immediate sequentem.

<regula quarta>

Quarta regula est quod quilibet terminus communis cui additur immediate aliquis terminorum includentium æquivalenter negationem, qui tamen non facit propositionem exclusivam, supponit[86] confuse et distributive mobiliter, verbi gratia, dicendo sic : *Socrates differt ab homine, Socrates distinguitur ab homine, Socrates est alius ab homine, Socrates est differens ab homine,* et sic de consimilibus. Differunt autem isti termini a terminis negativis pro tanto quia termini negativi possunt congrue et indifferenter addi tam subjecto quam prædicato.

Et si arguitur contra illud : "nam, ut videtur, bene sequitur : *Socrates differt a Platone* ; *Plato est homo* ; *ergo, Socrates differt ab homine* ; — sed præmissæ sunt veræ ; ergo, conclusio et, per consequens, male dictum est quod tales propositiones sunt impossibiles", ad illud dico quod quidquid sit de forma, quod hæc est fallacia consequentis cujus ratio est quia prædicatum conclusionis non debet aliter supponere in conclusione quam in præmissis. Et ideo, si in præmissis supponat confuse tantum et in conclusione supponat confuse et distributive mobiliter, non valet discursus sicut non sequitur : *omnis homo est animal* ; *Socrates est homo* ; *ergo, Socrates est omne animal,* sed est fallacia consequentis. Et hujus causa est quia iste terminus animal non debet aliter supponere

[86] *Ms.* faciunt and supponunt emended to facit and supponit.

in conclusione quam in præmissis, sed quia in præmissis supponit confuse tantum et in conclusione confuse et distributive, ista est fallacia consequentis.

<regula quinta>

Quinta regula est quod terminus sequens mediate terminum reddentem propositionem exclusivam, iste supponit confuse et distributive eo modo quo potest supponere, verbi gratia, dicendo sic : *tantum animal est homo,* nam illud prædicatum *homo,* sequens mediate dictionem exclusivam *tantum* supponit confuse etc. Quod patet resolvendo ipsam in suam præjacentem, nam sequitur : *tantum animal est homo* ; *ergo, omnis homo est animal.* Dixi autem "eo modo quo supponit" quia forte sicut [87] dictum est supra, termini talium propositionum exclusivarum non habent suppositionem solam, sed suppositiones pro tanto quia propositionibus pluribus æquipollent, et ista de isto capitulo sufficiant.

CAPITULUM QUINQUAGESIMUM NONUM

De Appellatione

Postquam dictum est de suppositione terminorum absolutorum, nunc de appellatione, amplificatione, et restrictione est dicendum.

Et pro appellatione quidem est sciendum quod differerentia est inter nomen appellativum et nomen proprium, quantum pertinet ad considerationem logici, in hoc quod nomen appellativum potest, secundum usum logicorum, supponere in propositione pro pluribus, nomen autem proprium non, loquendo proprie. Nam quamvis *Socrates* imponatur ad significanda diversa individua, diversis impositionibus, tamen numquam proprie supponit in propositione nisi pro uno, — nisi tunc opponens obligaret ad hoc respondentem sicut quandoque obligatur respondens ad sustinendam istam propositionem : *homo est asinus* esse veram — nec illud est, sicut aliqui false dicunt, propter hoc quia imponatur diversis, impositionibus diversis, sicut supra satis sufficienter est ostensum sed solum facit hoc voluntas et beneplacitum utentium. Et ex hoc oritur secunda differentia de qua tractatum est in capitulo præcedenti quod, videlicet, termino proprio non contingit proprie addere signum universale negativum vel affirmativum. Et ex istis potest aliqualiter apparere quid est appellatio. Unde potest sic describi : appellatio est (94r) termini communis pro omnibus vel pro pluribus individuis suppositio.

Dico autem "termini communis" propter duo : primo, ad differentiam termini proprii cui non competit appellare ; secundo, propter subjectum quod [88] posset esse terminus communis cui ita competit appellare sicut prædicato — licet oppositum quidam false dicant.

Dixi autem "pro omnibus vel pro pluribus" propter prædicatum propositionis universalis, nam licet non supponat nisi pro aliquibus individuorum suorum, sicut patet de prædicato istius propositionis : *omnis homo est animal,* nihilominus tamen appellat.

Tertio dixi "individuis" ad differentiam terminorum habentium suppositionem simplicem et materialem, nam licet *homo* in ista propositione : *"homo" est vox* supponat pro quadam voce, quia tamen illa vox non est individuum *hominis,* ideo non dicitur appellare.

Posui autem "suppositio" ad differentiam significationis, nam licet terminus communis vel nomen appellativum extra propositionem significet, sicut jam est supra dictum frequenter, non tamen proprie loquendo tunc appellat.

Ex hoc concluditur finaliter quod appellatio non distinguitur a suppositione nisi sicut inferius a suo superiori ; appellatio enim est quoddam contentum sub suppositione.

[87] *Ms.* sic emended to sicut. [88] *Ms.* qui emended to quod.

Secundo, sciendum quod sicut suppositio personalis dividitur in confusam tantum et in confusam et distributivam, ita appellatio potest dividi et possunt eædem regulæ dari quæ de illis suppositionibus datæ sunt ; sed quia patet diligenti, ideo ad præsens pertranseo exemplum.

Ad amplificationem vero et restrictionem est sciendum quod istæ non sunt proprietates competentes terminis ratione significationis eorum ; non enim est imaginandum — sicut quidam false imaginantur — quod terminus communis quandoque significat multa et quandoque pauciora et quod propter hoc dicatur "amplificari" et "restringi", sicut si modo sint mille homines et corrumpantur triginta, quod propter hoc dicatur significatum *hominis* restringi quia non significat illos homines triginta corruptos quos prius significabat quia, sicut dictum est supra, terminus communis essentialiter significat præterita, præsentia, et futura, et æqualiter pro ipsis in quibusdam propositionibus supponit. Amplificatio ergo et restrictio sunt proprietates competentes termino ratione suæ suppositionis ut, videlicet, tunc dicatur terminus amplificari quando supponit pro omnibus contentis sub, et restringi quando supponit pro aliquibus et aliquibus non. Istud vero contingit multipliciter nam aliquando terminus dicitur restringi quando supponit pro præsentibus et non pro præteritis nec pro futuris, et hoc ratione alicujus verbi vel adjectivi vel substantivi adjuncti ex parte ejusdem extremi vel etiam alterius. Aliquando autem restringitur quando supponit pro futuris et non pro præsentibus nec præteritis, et aliquando pro præteritis et non pro futuris nec præsentibus. Et hæc omnia contingunt propter aliquam novam participationem vel propter alicujus termini additionem, verbi gratia, quando restringitur ad supponendum pro præsentibus et non pro aliis, dicendo sic : *homo est currens*, vel : *homo est albus*, nam licet idem subjectum *homo* significet tam homines præteritos quam etiam futuros, tamen non supponit nisi pro hominibus existentibus in actu, et hoc si prædictæ propositiones sint veræ, quia nullus homo potest esse *currens* vel *albus* nisi actualiter existat.

Dixi autem "a parte ejusdem extremi vel alterius" propter istas propositiones : *homo albus est animal,* et : *hoc animal est album,* nam *animal* ex parte prædicati in utraque propositione restringitur ad supponendum pro individuis albis, et hoc propter istum terminum *albus* positum in una a parte subjecti et in alia a parte prædicati. Verbi gratia, quando restringitur ad supponendum pro futuris tantum, dicendo sic : *Anti-Christus erit homo,* nam licet significatum significet indifferenter omnia individua, non tamen supponit nisi pro unico individuo futuro ; et hoc non est solum ibi ratione hujus verbi *erit,* futuri temporis, sed magis sit hoc virtute subjecti. Verbi gratia, quando terminus supponit pro præterito, dicendo sic : *Socrates, qui non est, fuit homo* ; *homo* enim præcise non supponit nisi pro aliquo præterito, et hoc non est ratione hujus verbi *fuit,* sed magis ratione verbi substantivi negativi — quod patet (94v) in ista propositione : *Socrates fuit homo* ubi prædicatum supponit pro re præsenti, supposito quod Socrates adhuc sit in rerum natura, quamvis ipsum præcedat hoc verbum *fuit,* præteriti temporis.

Dixi autem "propter alicujus termini additionem" quia sicut patet in ista propositione : *omnis homo est animal, homo* in subjecto supponit indifferenter pro omnibus individuis et si addatur iste terminus : *grammaticus,* vel : *logicus,* vel : *albus,* et sic de aliis, restringitur virtute talium terminorum ad præcise pro individuis sic se habentibus supponendum.

Est tamen sciendum quod non potest certa regula dari ad sciendum qui sunt termini restricti et qui non. Aliqui false credunt quod non solum illud competat verbis sed etiam nominibus, pronominibus et adverbiis, sicut patet in ista propositione : *homo velociter currens est albus,* nam, si multi homines currerent lente, tunc totum illud *homo currens,* quantum est de se, æqualiter pro omnibus supponit ; si tamen unus solus curreret velociter, restringitur tunc per illud adverbium appositum ad supponendum præcise pro illo.

Adjeci autem quod terminus potest restringi propter "novam positionem" et illud potest multis modis contingere nam, sicut est dictum supra, si nullus casus ponatur sed solum proferatur ista propositio : *homo fuit albus,* subjectum potest supponere pro præsentibus vel pro futuris et, per consequens, non restringitur ad præsentia vel futura.

Si tamen diceretur : "pono quod omnes qui umquam [89] fuerunt albi corrumpantur et remaneant solum nigri", tunc si proponeretur ista propositio : *homo fuit albus*, ista esset distinguenda quia, si subjectum supponeret pro his qui sunt, falsa esset, casu posito ; si pro illis qui fuerunt, vera et, per consequens, ex tali propositione, restringitur prædictus terminus ad supponendum pro præteritis tantum, et iste est unus modus restringendi terminum.

Secundo modo sit restrictio termini propter novam positionem, ut si opponens dicat respondenti quod "quamdiu disputabimus quod iste terminus *canis* non significet nisi canem latrabilem" tunc, isto casu posito, terminus iste supponeret tantum pro talibus individuis nec haberet respondens istam propositionem in qua ponitur prædictus terminus penes æquivocationem distinguere, si diceret "cedat tempus".

Aliis modis potest fieri restrictio, quos tamen potest studiosus ex prædictis elicere faciliter, et ideo ad præsens pertranseo. Ista etiam quæ dicta sunt de restrictione sufficienter faciunt scire quid est amplificatio et quando et quomodo terminus dicitur et debet amplificari, nam quandoque potest contingere propter alicujus termini vel propter solam novam appositionem ; ideo ad præsens pertranseo.

CAPITULUM SEXAGESIMUM

De Suppositione Terminorum Relativorum

Dicto de suppositione terminorum absolutorum, dicendum est de suppositione terminorum relativorum. Ad cujus evidentiam est sciendum quod hic non accipiuntur "termini relativi" sicut communiter logici accipiunt, puta, pro illis quorum unus per alterum definitur ; cujusmodi est *pater, filius, simile, æquale*, et hujusmodi, licet quandoque in aliquibus propositionibus contingeret talibus terminis uti, sicut bene dicitur : *Socrates est similis Platoni*, vel *æqualis*, et sic de aliis. Sed debent hic accipi "termini relativi" generalius, more grammaticorum, scilicet, prout relativum potest dici omne quod est rei antelatæ recordativum, et isto modo talia pronomina : *iste, ille, qui, quæ*, et hujusmodi, possunt dici "termini relativi."

<divisio relativorum>

Hoc viso, sciendum est quod relativa, isto modo accepta, se habent in duplici differentia nam quædam vocantur relativa identitatis, quædam diversitatis. Sed relativa diversitatis sunt sicut *alter, reliquus*, etc. ; relativa vero identitatis se habent in duplici differentia quia, quædam referunt indifferenter tam individua prædicamenti substantiæ quam individua aliorum prædicamentorum ; quædam vero præcise referunt quædam entia per accidens composita ex individuis diversorum prædicamentorum. Relativa autem referentia entia per accidens sunt *qualis, quantus, tantus, totus*, et hujusmodi. Relativa autem referentia entia sive individua tam prædicamenti substantiæ quam aliorum prædicamentorum se habent in duplici differentia, nam quædam sunt reciproca et quædam non. Reciproca vero sunt *se, suus* ; non reciproca *ille, iste, idem*, et hujusmodi.

(95r) Et ex isto modo dicendi relativa et ex illis quæ dicentur in isto capitulo, patet falsitas dicentium quod relativa *iste, ille, idem*, et hujusmodi, sint relativa substantiæ et non accidentis, nam cum ista possint æque referre vel facere recordari de ipso accidente, si referatur, sicut de ipsa substantia — sicut post patebit — manifestum est quod non possunt plus dici, proprie loquendo, relativa substantiæ quam accidentis.

[89] *Ms.* numquam emended to umquam.

<regulæ de non reciprocis>

De relativis autem non reciprocis, referentibus tam individua substantiæ quam individua aliorum prædicamentorum, dantur aliquæ regulæ.

<regula prima>

Et prima est quod omnis propositio indefinita in qua talia relativa referuntur est distinguenda sicut patet : *hæc albedo disgregat et illa informat substantiam,* nam posito quod *albedo* in subjecto supponat pro albedine quæ est in Sacramento Altaris, tunc est ista propositio distinguenda, dicendo quod hoc relativum *illa* potest referre idem numero vel idem specie ; et in uno sensu est vera et in altero falsa, nam si referat idem numero, patet quod falsa est propositio, casu posito, quia tunc est sensus : *albedo, quæ est in Sacramento Altaris, disgregat et illa eadem informat substantiam,* et iste sensus est falsus quia certum est quod albedo in Sacramento Altaris non informat substantiam cum nulla substantia ibi informetur. Si autem referat idem specie, potest esse vera, quia tunc est sensus quod : *albedo, quæ est in Sacramento Altaris, disgregat et aliqua alia, quæ tamen est ejusdem speciei cum illa, informat substantiam,* et hoc [90] est verum quia albedo Socratis informat substantiam.

<consequentiæ duæ>

Ex isto sequuntur duo : primum est quod illud relativum, proprie loquendo, refert, tam substantiam quam accidens, quamvis contrarium dicat Ockham [91] ; secundo sequitur quod falsum est quod dicit idem quod, videlicet, tale relativum semper supponit pro eodem pro quo suum antecedens vel prima pars talis copulativæ, nisi accipiat pro eodem specie — quod tamen non facit, sed pro eodem numero sicut patet intuenti dicta sua.

Et si dicas quod quando tale relativum vel talis terminus non refert idem numero sed solum idem specie quod tunc non est relativum sed pronomen domonstrativum, istud non valet quia hic utor "relativo" eo modo quo grammatici utuntur. Nunc autem, certum est quod grammaticus habet pro eodem pronomen demonstrativum et relativum quia, secundum eum, pronomen demonstrativum est rei antelatæ recordativum, nec debet illud ita stricte intelligi quod non faciat recordari de eadem re numero vel specie.

<regula secunda>

Alia regula est quod sicut antecedens in propositione universali affirmativa quæ est pars unius copulativæ supponit confuse et distributive, ita illud relativum, illud antecedens referens, supponit etiam distributive ; verbi gratia, dicendo sic : *omnis homo currit et ille disputat,* nam sicut *homo* supponit confuse et distributive, ita hoc relativum *ille,* nec tamen debet sic intelligi quod fiat descensus sub antecedente per unum individuum et sub relativo per aliud, sed sub utroque per idem, puta, dicendo : *omnis homo currit et ille disputat* ; *ergo, Socrates currit et disputat et Plato currit et Plato disputat,* et sic de aliis. Et hoc est intelligendum proprie et de virtute sermonis, quamvis gratia materiæ posset aliter fieri.

<regula tertia>

Et est sciendum quod quando antecedens alicujus talis propositionis est terminus communis et non additur sibi signum universale, sed relativum referat idem specie et non idem numero, tunc loco relativi contingit consequenter ponere eundem terminum communem, sicut bene sequitur : *homo currit et ille disputat* ; *ergo, homo currit et homo disputat,* et hoc si *ille* referat idem specie quia, si referret idem numero, non contingeret

[90] *Ms.* hæc emended to hoc.

[91] OCKHAM, *Summa log.*, i, 76 ; *ed. cit.*, p. 210. ll. 5-13 and ll. 14-18.

inferre, sicut non sequitur : *Socrates et ille disputat* ; *ergo, homo currit et homo disputat*, quia in consequente implicatur diversitas et non in antecedente.

<regula quarta>

Quarto sciendum quod quamvis huic relativo addatur negatio, non tamen supponit confuse et distributive nisi suum antecedens supponat isto modo, sicut patet in ista propositione : *Socrates disputat et Plato non est ille* ; <hoc> enim relativum *ille*, quamvis addatur sibi negatio, non supponit confuse et distributive, sed tantummodo discrete, sicut suum antecedens, et ideo regula data supra de termino (95^{v}) supponente confuse et distributive, propter hoc quod additur sibi negatio, debet intelligi de terminis absolutis et non relativis.

<regulæ de reciprocis>

De relativis autem reciprocis, quæ secundum aliquos ideo vocantur "reciproca" quia suum antecedens in eadem categoria vel in alia indifferenter referunt, est sciendum quod talia relativa quandoque sunt extremum propositionis, quandoque solum pars extremi.

<regula prima>

Si sunt extremum propositionis, tunc est una regula generalis quod semper supponunt pro eodem pro quo suum antecedens, sicut patet in istis propositionibus : *Socrates vidit se, Socrates currit et cognoscit se*, et sic de aliis, nam hoc relativum *se* in utraque propositione pro ipso Socrate supponit.

<regula secunda>

Si autem talia relativa non sint extremum propositionis, sed pars extremi, tunc est alia regula quod numquam supponunt pro illo pro quo suum antecedens, sed primo vel pro illis pro quo — vel pro quibus — terminus substantivus sibi immediate adjunctus supponit sicut patet in istis propositionibus : *albedo disgregat et informat suum subjectum, Socrates disputat et suus asinus currit*, nam hoc relativum *suum* in propositione prima non supponit pro albedine sed pro subjecto albedinis pro quo supponit adjunctum suum substantivum, et idem est judicium de ipso in secunda propositione.

<regula tertia>

Tertia regula est quod quando tale relativum supponit pro suo antecedente, eo modo supponit sicut suum antecedens, ita, scilicet, quod si suum antecedens supponit confuse et distributive, et illud relativum ; sicut patet in ista propositione : *omnis homo vidit se*, in qua hoc relativum *se* supponit confuse et distributive ; debet tamen fieri descensus per individua sub utroque, sicut dictum est supra.

<regula unica de relativis diversitatis>

De relativis diversitatis est una regula quæ pro ipsis <dari potest> [92] quod, videlicet, talia relativa numquam supponunt pro eodem pro quo supponit suum antecedens, sed secundum proprietatem sermonis, semper supponunt pro aliquo alio, sicut patet in istis propositionibus : *si unum contrariorum est verum, reliquum est falsum* ; *unus homo currit et alter disputat*, et sic de aliis.

<regulæ de relativis de entibus per accidens : regula prima>

De relativis referentibus entia per accidens ; cujusmodi sunt *talis, quantus*, et hujusmodi, est sciendum quod relativum referens aliquod compositum ex aliquo individuo

[92] The words dari potest are supplied to fill a blank left by the scribe.

prædicamenti qualitatis et alio individuo alterius prædicamenti, numquam supponit pro eodem pro quo suum antecedens, et hoc in propositione propria, sed pro aliquo habenti qualitatem similem illi pro quo supponit antecedens, sicut patet in ista propositione : *Socrates est talis qualis est Plato,* nam hoc quod dico *quale* non supponit pro Socrate sed pro Platone habente eamdem qualitatem specie cum ipso. Idem judicium est de termino importante aliquod quantum quod, videlicet, non supponit pro illo pro quo antecedens sed pro aliquo æqualis quantitatis cum illo pro quo supponit antecedens, sicut patet in ista propositione : *Socrates est tantus quantus est Plato,* nam hoc quod dico *quantus* non supponit pro Socrate sed pro Platone, licet ad veritatem talis propositionis requiratur quod si Socrates habeat tres pedes vel quatuor longitudinis, quod Plato tot habeat et non plures.

<regula secunda>

Si autem sit relativum importans quantitatem discretam, tunc quandoque supponit pro eodem pro quo antecedens, quandoque pro alio — vel pro aliis — sicut patet in ista propositione : *duo homines currunt et tot disputant,* nam hoc quod dico *tot* potest indifferenter supponere pro illis pro quibus antecedens vel etiam pro aliis, nam si solum duo homines currerent et si idem disputarent, adhuc prædicta propositio esset vera.

Et est sciendum quod accipiendo suppositionem sicut accipit grammaticus, solum subjectum dicitur supponere quia, apud eum, idem subjectum supponit et reddit suppositionem verbo ; illud autem solum subjecto competit. Sed isto modo non accipiunt logici suppositionem, sed alio modo quo dictum est in principio istius tractatus [93], videlicet, secundum quod est pro se vel pro alio positio, secundum quod fuit ibi prolixius dictum. Et ista de suppositione proprie dicta sufficiant.

CAPITULUM SEXAGESIMUM PRIMUM

De Suppositione Impropria

Nunc autem prædictis adjungendum quod sicut multæ species sunt suppositionis propriæ, ita suppositionis impropriæ. Unde etiam dividitur suppositio impropria in antonomasticam, geminatam, synec (96r) dochicam, et metaphoricam [94], et in omnibus talibus propositionibus sumitur et supponit terminus improprie.

Suppositio autem antonomastica est quando terminus supponit pro aliquo individuo cui maxime et principaliter competit, verbi gratia : *Philosophus dicit hoc, Philosophus negat hoc.* In istis enim propositionibus, subjectum supponit pro Aristotele et hoc secundum usum modernorum qui ipsum inter philosophos reputant principaliorem et majorem, licet, secundum aliquos, Plato pro majori et excellentiori habebatur, unde de Platone dicit Tullius [95] in libro *de Natura Deorum,* Plato "deus philosophorum' et Augustinus : Plato, inquit, "omnium philosophorum prælatus". Et ego credo Platonem excellentiorem Aristotele ; ipse enim numquam cogitavit illas abusiones quas sibi Aristoteles imponit, sicut supra librum tertium *Physicorum* [96] in capitulo de infinito prolixius declaravi. De isto etiam modo supponendi patet in ista propositione : *Apostolus dicit hoc,* et in consimilibus.

[93] *i.e.* of the tract on suppositions, Chapter 50.

[94] The terms for the improper suppositions have apparently baffled the scribe ; for antonomasticam he has written autocam, perhaps judging the word in the model before him to be a derivative of auctor ; for synecdochicam, he has written sivedocam and sinodoca ; for metaphoricam, methodocam and methoca. It should be noted that the scribe habitually distinguishes clearly between u-v and n whereas it is unlikely that his model did.

[95] *Ms.* thimeus emended to Tullius ; the reference to CICERO's *de Natura Deorum* is ii, 12 ; (Teubner, p. 61) ; to SAINT AUGUSTINE : *De Civit. Dei,* viii, 4 (PL 41, 228) : Fortassis enim qui Platonem cæteris philosophis gentium longe recteque prælatum acutius atque veracius intellexisse . . . ; *cfr. Contra Julianum Pelagianum,* v, 15, 76 (PL 44, 777) : Plato, quem Cicero appellare non dubitat pene philosophorum deum . . .

[96] This is perhaps the *Questiones super 3 libr' phisicorum* listed in the catalogue of Saint Augustine's, Canterbury under the name Master Richard of Campsall ; *cfr.* M. R. JAMES, *The Ancient Libraries of Canterbury and Dover,* (Cambridge, 1903), p. 363.

Geminata autem suppositio est quando aliquis terminus communis in aliqua propositione copulativa supponit pro diversis individuis, puta, in prima parte pro uno et in secunda parte pro altero, sicut patet in ista propositione : *piper venditur hic et piper venditur Romæ*, nam sicut dictum est supra, ista propositio non est vera nisi sit copulativa et tunc prædictus terminus pro diversis supponit.

Synecdochica autem suppositio est quando pars supponit pro toto sicut patet in ista propositione : *manus regis liberabit nos*, et in consimilibus, nam hoc quod dico *manus* supponit pro toto rege et est locutio sicut et suppositio impropria.

Suppositio autem metaphorica est quando continens pro contento vel locus pro locato supponit, verbi gratia de primo dicendo : *bibe scyphum, comede scutellam*, et hujusmodi, nam *scyphum* in subjecto primæ propositionis non supponit pro se nec pro illo quod significat, sed pro vino quod ipso continetur ; et idem judicium est de prædicato secundæ propositionis. Verbi gratia quando locus pro locato supponit dicendo : *Burgundia pugnat contra Franciam, Persia* (?) *pugnat contra nos, Francia dominatur nobis*, et in consimilibus. Ad hoc enim quod tales sint veræ, requiritur quod subjecta supponant pro populo talis terræ et non pro terra illa, sicut patet manifeste. Et per hoc patet solutio illius dubitationis motæ in septimo capitulo hujus tractatus [97] de qua nondum erat dictum.

Et in hoc determinatur generaliter quoad illa quæ de suppositionibus, ampliationibus, et de restrictionibus, dicere intendebam in sequentibus de proprietatibus propositionum tractaturus, et sic ista sufficiant.

[97] *i.e.*, on supposition, Chapter 56 of the *Logica* is the seventh of those which deal with supposition ; *cfr.* notes 84, 93 for this usage which justifies our taking this block of chapters as a single treatise.

The Second Question of the Prologue to Walter Catton's Commentary on the Sentences. On Intuitive and Abstractive Knowledge

JEREMIAH O'CALLAGHAN, S.J.

INTRODUCTION

THE adoption of the name 'Walter Catton' is in conformity with the *Dictionary of National Biography* [1]. In contemporary manuscripts there were several ways of spelling the name [2]. The treatise which is here edited can be surely dated as somewhere between 1322 and 1323. The reasons assigned by L. Baudry seem irrefutable [3]; it would be hazardous to attempt a more exact dating.

The Manuscripts

The manuscripts which contain either part or whole of the *Lectura in Sententias* are the following :

Florence :	Bibl. Naz. Conv. Sopp. C.5.357.
Paris :	Bibl. Nat., Cod. lat. 15886.
	" " Cod. lat. 15887.
Cambridge :	Public Library, Ff. III, 26, f. 122, 123, 130b.

Hereafter we refer in the notes to the Paris Ms. 15886 as *A* ; Paris Ms. 15887 as *B* ; to the Florence Ms. as *F*.

We submit a description of the manuscripts based on our study of photostats and supplemented by the brief descriptions of E. Longpré [4] and L. Baudry [5]. Some remarks are necessary in order to make clear that certain paleographical difficulties mentioned by C. Michalski [6] do not apply to the section of Catton's text which we are editing.

The Florence Ms. Conv. Sopp. C.5.357 on parchment and in two columns averaging 57 lines a column is, according to Fr. Longpré's description, probably by an English fourteenth century hand. It contains 281 folios of text. The verso of the first folio (not numbered) bears the following inscription : "hic liber est conventus sanctæ (crucis) de Florentina, ordinis minorum. Commentum super magistrum sententiarum Chaton, N.402." Folios 221-222r provide a *Tabula* of books I and II. This *Tabula* is by a later hand. The manuscript contains many corrections and some serviceable marginal notes. The manuscript agrees with *A* at times, at others with *B*.

The Paris Ms., Cod. lat. 15886 [7], on parchment, is of the second half of the fourteenth century. It contains 191 folios of text, in sexternios. It is written in two columns, averaging 45 lines to the column. On the recto of the first folio there is a note by a seventeenth- or eighteenth-century hand : "Lectura Cathonis anglici in sententias pretii quadraginta soulz parisiis." On the recto of the second folio is also noted : "Ista lectura incompleta Chaton anglici est pauperum studentium colegii Sorbonne, pretii

1 Vol. III, p. 1234.

2 Cf. A. G. Little, *The Grey Friars of Oxford* (Oxford, 1892), p. 170 ; also *Fratris Thomæ vulgo dicti de Eccleston Tractatus de Adventu Fratrum Minorum in Angliam* (Manchester, 1952), p. 56, note 3i.

3 L. Baudry, 'Gauthier de Chatton et son Commentaire des Sentences' *Archives d'histoire doctrinale et littéraire du moyen âge*, XVIIIe Année, (Paris, 1943), 353.

4 E. Longpré, 'Gualterio di Catton. Un Maestro Franciscano d'Oxford,' *Studi Francescani*, IX (Firenze, 1923), 105-6.

5 L. Baudry, *op. cit.*, pp. 342-7.

6 Constantin Michalski, 'Die Vielfachen Redaktionen einiger Kommentare zu Petrus Lombardus', *Miscellanea F. Ehrle*, I (Rome, 1924), 236-9. Cf. also 'Les courants philosophiques à Oxford et à Paris pendant le xive siècle,' *Bulletin de l'Académie polonaise des sciences et des lettres*. Classe d'histoire et de philosophie (Cracow, 1921), 59-88.

7 Cf. L. Baudry, *op. cit.*, pp. 342-346.

quinquaginta soulz parisiis." This manuscript is designated *incompleta* because it stops short in the course of Book I, Dist. VII, q. 1, art. 1, with these words : "aut, intelligitur per potentiam elicitivam generationis quod generatio activa capiat esse ab illa potentia." The marginal notes are numerous and in some cases are of great utility for identifying the opinions Catton is opposing.

The Paris Ms., Cod. lat. 15887, on parchment, is of the second half of the fourteenth century. It comprises two parts, the first containing 39 and the second 141 folios ; after number 37 the folios are again numbered 1, 2, *etc.* This manuscript, which contains the entire work on the *Sentences,* is written in two columns, averaging 70 lines to the column. A note, f. 141, reads : "Iste liber est colegii magistrorum domus de Sorbonna ex legatia magistri Joannis de Sarselio, quondam socii domus, pretii XV florenas Incathenatur." The script is quite legible. Baudry says that the script of the second part, beginning with Book I, differs from that of the Prologue [8]. In this opinion we do not concur. We judge the script to be the same throughout. The marginal notes however, are by a different hand ; in this Baudry and Pelster [9] are almost certainly right against Michalski [10]

Although throughout the Prologue it is difficult to point to any of the three manuscripts as the best, since they are so similar, generally we have used Ms. 15887 as the basis of our text because it suffers from fewer omissions.

As a matter of fact, any paleographical consideration of these manuscripts must take steady cognizance of the considerable difference in the state of the text as we find it in the Prologue, and the quite different state of the text in the first and (in Ms. 15887) in the other three books. Michalski does not point out this difference. As a consequence, the conclusions he draws, namely, that a hostile *Reportator* recorded Ms. 15887 is misleading, if applied to the Prologue, though possibly correct if applied to the remainder of the manuscript ; (nevertheless, it is still more likely that the critical marginal notes are by another hand, as we stated above). Moreover, Lang's remark, that the script of Ms. 15886 is more legible yet more faulty than that of the Florence manuscript, is not to be maintained in regard to the Prologue, for he worked principally in the first book [11]. And even when this criticism is confined to the first book Baudry does not agree with it [12].

An attentive comparison of Mss. 15886 and 15887 shows that whereas in Book I these manuscripts manifest wide divergences, the text of the Prologue reads the same in each case. This prompts Baudry to say : "Il y a peu de chose à signaler en ce qui concerne le prologue." He then proceeds to exemplify the diversities found in Book I. In the two manuscripts under consideration, Book I has so many important variations, the one manuscript offering, for example, more articles to a question than the other, that they cannot be used to form a text which approximates the common readings we can fashion for the Prologue. This is not to say that the doctrine of the two manuscripts is different, but simply that it is treated more extensively in the one than in the other.

The above considerations of the manuscripts should be sufficient to make it clear that there is no serious difficulty about constructing a reliable text of Walter Catton if one's effort is limited to the Prologue. It remains true, however, that we have been forced to make some hard decisions regarding certain readings. The choice of one or other reading has a telling influence on how one is to interpret Catton as a critic of Ockham. Here we will say that when we found both manuscripts concurring in a particular case, we chose any succeeding reading from one or other manuscript which was necessary to make coherent sense with the already established reading. Using this device as a principle we think that it is possible to solve some of the thorny passages, in the accompanying text.

[8] *Op. cit.*, p. 347.
[9] F. Pelster, 'Aufsätze und Bücher,' *Scholastik,* I (Freiburg i/-Br., 1924), 144.
[10] *Op. cit.*, p. 238.
[11] A. Lang, 'Die Wege der Glaubensbegrundung bei den Scholastiken des 14 Jahrhunderts,' *Beiträge zur Geschichte der Philosophie und Theologie des Mittelalters,* XXX (Münster, 1930) 106 n. 1.
[12] *Op. cit.*, p. 348, n. 3.

It remains to determine, if possible, whether in Mss. 15886 and 15887 we have a *Reportatio* or an *Ordinatio.* In the works to which we have made reference frequently thus far, Pelster, Michalski, and Baudry speak of our manuscripts as *Reportationes.* That this is an accurate judgment of the text from Book I through Book IV can scarcely be questioned. That the readings of the manuscripts agree so consistently in the Prologue, and in this respect are so noticeably different from those in the succeeding sections of the text, tempts one to conjecture that the Prologue might be an *Ordinatio* in contrast to the *Reportatio* of the rest of the text. Against this, nevertheless, is the brief, almost crabbed style of writing and of argument to be found even in the Prologue. With admirable reserve Longpré says : "La sua argomentazione è generalmente concisa e sottile. Lo stile manca di limpidità." [13] Because of this lack of *limpidità* we judge that the Prologue, too, and consequently the text we are editing, is a *Reportatio* and not an *Ordinatio* of Catton's commentary.

In the edition all the variant readings have been noted with the exception of changes of word order where nothing doctrinal was at stake. Likewise it seemed to serve no real purpose to indicate the great number of unimportant variants such as *quod* and *quia, ergo* and *igitur, dicis* and *dicitur, illa* and *ista.* It has been difficult to choose between *intentio* and *intellectio.* A consistent policy has been adopted, namely, to follow the manuscript in which there could be no doubt of the reading ; since *intentio* was the much more frequent, it has been chosen as the better reading with *intellectio* being noted as a variant. There seems to be no considerable difference of meaning of the terms in the doctrine of Catton, except that *intentio* is somewhat more comprehensive.

LECTURÆ CHATON ANGLICI IN SENTENTIAS

PROLOGI

QUÆSTIO SECUNDA

Utrum Deus possit causare in puro viatore talem notitiam evidentem abstractivam de rebus significatis per articulos fidei, non causando visionem sui, qualis nata esset adquiri mediante visione sui [1]

Utrum Deus possit causare in puro viatore talem notitiam evidentem abstractivam de rebus significatis per articulos fidei, non causando visionem sui qualis nata esset adquiri mediante visione ejus.

Primo [2] quod sic, quia omnem formam absolutam nobis possibilem potest Deus causare immediate, aliter non appareret quin Deus indigeret concausante. Sed illa notitia evidens abstractiva, quæ nata esset adquiri mediante visione Dei, est res absoluta nobis possibilis ita bene sicut intuitiva. Ergo potest quocumque alio circumscripto a Deo causari.

Secundo sic : Si visio requiretur ad illam notitiam abstractivam causandam, hoc esset in aliquo genere causæ ; non [3] materialis, formalis, finalis certum est ; ergo in genere causæ [3] efficientis. Sed omnem efficientiam alterius potest Deus supplere. Oppositum istius est articulus condemnatus Parisius [4]. Ergo istam notitiam potest Deus [5] causare visione ista circumscripta.

Ad oppositum. Si [6] Deus hoc possit, ponatur in esse. Tunc ille qui haberet illam notitiam evidentem, si postea etiam daretur sibi visio Dei, tunc habita visione non cognosceret cognitione abstractiva evidentius quam prius. Quod falsum est, quia

[13] *Op. cit.*, p. 109.

[1] This title and the subsequent titles are from the *Tabula* of *B*, f. 2r. MS. *A* begins folio 10rb, MS. *B* begins folio 11vb, MS. *F* begins folio 8ra.

[2] probo *A*.

[3] *om.* non . . . causæ *A*.

[4] Parisicum *B*. Cf. Denifle-Chatelain, *Chartularium Universitatis Parisiensis*, I (Paris, 1889-97), no. 473, p. 546, item 43. Quod primum principium non potest esse causa diversorum factorum hic inferius, nisi mediantibus aliis causis, eo quod nullum transmutans diversimode transmutat, nisi transmutatum.

[5] *om. F*.

[6] quod si *A*.

omne totum majus est sua parte. Ergo intuitiva et illa abstractiva possunt simul causare aliam abstractivam evidentiorem præcedente.

Circa istam quæstionem sunt sex facienda. Primo, investigandum est utrum notitia intuitiva et abstractiva sint idem. (12r) Secundo, si intuitiva potest naturaliter esse sine suo objecto. Tertio, qualiter differunt [7]. Quarto, utrum in anima habeamus intentiones intuitivas sensibilium. Quinto, utrum in via cognoscamus actus nostros intuitive in intellectu. Sexto, respondendum est ad formam quæstionis.

Primus articulus est an notitia intuitiva et abstractiva sint idem realiter, et tenet quod non

Primus ergo articulus est videre utrum notitia intuitiva et abstractiva sint idem realiter. Et hic sunt diversæ opiniones hominum.

Una opinio [1] videtur esse quod notitia intuitiva et abstractiva non distinguuntur realiter, sed quod eadem notitia necessario est intuitiva rei quando [2] est præsens et abstractiva quando est absens, quia pluralitas non est ponenda sine necessitate. Sed hic est nulla necessitas, quia isti utuntur pro arte respondendi quod ubi possunt vitare omnia argumenta per positionem unius rei [3] aliter denominando eam alia [4] re [5] posita, et aliter ipsa [6] circumscripta, ibi negant tertiam rem. Sed in proposito omnia argumenta probantia distinctionem inter intuitivam et abstractivam possunt videri [7] ponendo quod eadem cognitio secundum numerum denominatur cognitio intuitiva, cum res cognita est præsens, eo quod conceptus cognitionis intuitivæ connotat objectum esse præsens, et quod ipsa eadem cognitio dicitur [8] et denominatur abstractiva quando res [9] est absens, quia denominatio ista per conceptum abstractum connotat rem esse absentem.

Contra istam opinionem. Primo quia ista ars respondendi sic universaliter non placet mihi. Primo quia æque esset ponendum quod quando albedo est præsens, tunc oculus est visio albedinis, et quando non est præsens non est ejus visio, eo quod visio significaret oculum connotando objectum esse præsens.

Secundo quia secundum illam artem respondendi esset dicendum quod anima esset [10] sua beatitudo quando Deus vult eam esse beatam et [11] non esset beatitudo quando Deus non vult eam esse beatam [11], eo quod beatitudo significat animam connotando Deum velle ipsam esse beatam.

Tertio quia secundum illam artem non esset [12] ponere fidem, spem, et [13] caritatem distinctas ab anima quia anima esset fides, spes, caritas quando Deus vult ipsam credere ; hoc enim connotat fides præter animam, et anima esset spes quando Deus vult eam sperare, et caritas quando Deus acceptat eam et non alias, quia hæc vocabula connotant Deum sic velle.

Quarto, sequitur quod sic Deus posset cognoscere aliquid quod ipse prius non cognovit, quia diceretur quod quando res contingens est, tunc Deus est cognitio sua et prius non fuit cognitio ejus, quia cognitio hoc connotat.

Quinto, sequitur secundum [14] illam artem quod anima esset actus ipse sciendi quando res sunt sibi sic evidenter præsentes sicut requiritur ad actum sciendi et alias [15] non, eo quod actus sciendi significat animam connotando res sic [16] esse præsentes. Ita [17] anima esset actus opinandi quando res esset sic præsens [17] sicut requiritur ad actum opinandi, et esset actus credendi, discendi, dubitandi et sic de quolibet actu quando

[7] *om.* Tertio . . . differunt *A*.

[1] *Marginal note* Opinio Campsale *AB*. The only known extant work attributed to Campsal is a *Logic*. In the manuscript of this work we did not find the opinion referred to by Catton. Fr. Victorin Doucet, O.F.M., supplies us with an interesting citation : "Une citation intéressante se lit également dans un I *Sent.* anonyme de la seconde moitié du xve siècle . . . conservé dans le MS. Vat. lat. 4284, fols. 1a-188b : 'Quidam doctor anglicus, qui vocatur campsale, ponit quod eadem res est notitia intuitiva et abstractiva, successive tamen et non simul . . .' (f. 52a). L'unique ouvrage connu de cet auteur est la *Logica Campsale anglici valde utilis et realis contra Ocham.*" VICTORIN DOUCET, O.F.M., 'L'Œuvre scolastique de Richard de Covington, O.F.M., *Archivum Franciscanum Historicum*, XXIX (1936), 420, n. 4. Cf. The article of E. Synan, p. 183 of this volume.

[2] quin *B*.

[3] *om. B*.

[4] illa *A*.

[5] rei *B*.

[6] *om. A*.

[7] vitari *F*.

[8] distinguitur *B*.

[9] *om. A*.

[10] est *AF*.

[11] *om.* et non . . . esse beatam *A*.

[12] est *A*.

[13] *om. AF*.

[14] quod *B*.

[15] alias *erased A*.

[16] *om. A*.

[17] *om.* Ita . . . præsens *A*.

res esset sic præsens sicut requiritur ad talem actum et non aliter, quia talis denominatio connotat res sic esse præsentes [18].

Sexto, sequeretur quod anima esset dilectio Dei quando esset conformis voluntati divinæ et esset odium Dei quando esset deformis, et esset velle quando movet corpus ad prosequendum, et esset nolle quando movet corpus ad fugam, et non aliter quia denominationes sic connotant.

Septimo, anima esset omnis sui habitus. Anima est habitus scientiæ postquam frequenter scivit [19] et non ante, et [20] habitus diligendi postquam frequenter [19] dilexit, et sic de omni habitu.

Octavo, sic aer esset lux quando sol esset præsens, et alias non. Aer etiam esset [21] species rei visibilis quando est inter oculum et rem visam. Et aer esset [22] sonus quando sit talis percussio corporis sonorosi. Isto modo albedo non est res distincta [23], quia in animali albedo [24] non est nisi pellis quando sub pelle non est sanguis vel humor niger [25] ; et quando sub pelle est sanguis, tunc pellis est rubedo, et quando alius humor, tunc est nigredo. Albedo etiam in aliis rebus est pars substantiæ quia non deperditur nisi parte substantiæ deperdita, et sic de aliis.

Nono, isto modo poneretur [26] quod angelus intelligit sic omnia per essentiam sicut Deus, quia et est omnis cognitio et omnis sua dilectio et omnis suus habitus ita quod omnia talia vocabula 'cognitio', 'dilectio', 'habitus', 'odium', 'error' significant essentiam suam connotando diversa.

Decimo, per eandem artem sustineretur quod substantia esset quantitas ita quod illa vocabula 'substantia' et [27] 'quantitas' significant eandem rem connotando diversa, eo quod quantitas significat illam rem habere partem extra partem ita ut coexistat loco.

Undecimo, per istam artem poneretur quod personæ divinæ essent absolutæ, quia licet ipsa persona [28] sit absoluta tantum cum significari potest relative per nomen connotativum, immo sequeretur quod nec ex [29] scriptura sacra nec ex determinatione ecclesiæ nec dictis sanctorum posset [30] probari pluralitas personarum in divinis, quia maxime hoc esset propter auctoritates dicentes quod Pater non est Filius nec Spiritus Sanctus. Sed tales auctoritates non probant quia diceretur quod ista tria nomina 'Pater' et [31] 'Filius' et 'Spiritus Sanctus' significant eandem rem personali identitate, quia tamen connotant diversa eo quod 'Pater' significat Deum esse talis essentiæ [32] quod ipsa posita ipsemet est productiva [33] creaturarum, et 'Filius' significat illam eandem rem esse notitiam creaturarum ex hoc quod essentia sua est talis conditionis, et 'Spiritus Sanctus' significat eandem rem esse amorem creaturæ ex hoc quod illa essentia et illa sapientia sunt talis conditionis. Ideo concedendum [34] quod unum non sit aliud sicut concederetur quod substantia non sit quantitas quia, licet significent eandem rem, tamen connotant diversa ; quia [35] sicut dicitur quod non est concedendum quod notitia intuitiva sit abstractiva quia, licet significent eandem rem, tamen connotant diversa ; ita in proposito.

Duodecimo, per eandem artem [36] diceretur quod nec ex [37] scriptura sacra [38] nec ex determinatione ecclesiæ nec ex [39] dictis sanctorum convinci possit quod Deus et diabolus, non sunt idem, quia, si sic, maxime hoc videretur per auctoritates sonantes quod Deus non sit diabolus. Sed per illas non probatur, ut dicitur, quia licet nomen Dei et nomen diaboli sint nomina ejusdem rei, quia tamen connotant diversa, eo quod nomen Dei significat illam rem esse causam bonorum effectuum ; nomen diaboli significat eandem rem esse causam immediatam, saltem partialem, malorum effectuum, ideo negatur unum de alio propter hoc quod connotata vocabulorum sunt diversa.

Forte diceretur quod licet non concederentur istæ duæ conclusiones ultimæ, tamen decem conclusiones præcedentes sunt universaliter concedendæ. Ideo arguo aliter contra illam conclusionem.

18 præsens *B*.
19 *om.* scivit . . . frequenter *B*.
20 *add.* est *F*.
21 est *AF*.
22 est *A*.
23 *add.* a substantia *F*.
24 *om. AF*.
25 nigri *B*.
26 ponetur *B*.
27 *om. B*.
28 *add.* extra *F*.
29 *om. A*.
30 possit *AF*.
31 *om. BF*.
32 talem essentiam F.
33 notitia *A*.
34 concedo *F*.
35 et *F*.
36 *om. B*.
37 *om. B*.
38 *om. B*.
39 *om. B*.

Primo sic : nihil negandum est a potentia Dei de quo non patet contradictio. Sed nulla contradictio apparet quod Deus conservet intellectum et notitiam abstractivam et quod ponat objectum præsens, licet intellectus non plus videat quam ante. Ergo ista propositio : Iste videt illud objectum, ad hoc quod ipsa sit vera non sufficit quod ista tria sint, sed oportet aliam rem ponere.

Secundo arguo sic : agens [40] uniformiter manens et æque præsens passo uniformiter disposito natum est causare uniformem effectum. Ergo si cognitio illa, quæ est abstractiva, cum [41] res est absens, uniformiter maneat quando res est præsens sicut prius et passum uniformiter dispositum [42] causabit uniformem effectum. Sed prius causabit [43] assensum quo assentitur [44] se non videre rem, saltem non causabit assensum quo assentitur [44] rem objectam esse præsentem. Ergo similiter se habebit ille actus quando res est præsens, et sic non est intuitiva.

Tertio arguo sic : non minus cognitio incomplexa uniformiter repræsentat rem sive sit absens sive præsens quam hæc propositio : 'Sors est' vel 'Sors currit'. Sed illa propositio est hujusmodi, quia aliter non posset aliqua eadem propositio esse vera et falsa, si conservaretur.

Quarto arguo sic : cognitio intuitiva et abstractiva se habent sicut actus organici requirentes organa alterius rationis. Patet de visione oculi et actu imaginandi. Ergo sunt actus et distincti [45] numero et distincti specie, quia aliter non habemus viam probandi sensationes diversorum sensuum distingui numero et specie ex subjectis vel [46] organis. Non enim plus sunt modo idem quam actus diversorum organorum.

Quinto, secundum istam viam non haberemus [47] ex naturalibus aliquam certitudinem, quia per omnem certitudinem, quam habemus ex experientia, quam experimur, apparet nobis quod visio nostra sensitiva non minus dependet a præsentia visibilis quam lumen a præsentia solis, et experimur quod lumen non manet naturaliter [48] in absentia corporis lucidi, et cetera.

Sexto sic : non plus notitia abstractiva incomplexa est visio incomplexa quam abstractiva complexa sit intuitiva complexa. Sed ibi non conceditur. Ergo et cetera.

Alia est opinio aliorum quod notitia intuitiva et abstractiva sint idem, quia sunt [49] ipsamet anima, eo quod in [50] anima non recipitur [51] aliquod accidens.

Contra istam opinionem. Et primo in generali quod in anima nata sunt [52] recipi accidentia.

Primo quia qui [53] aliter sentit, et particulariter [54] de sacramentis ecclesiæ, quam sentiat Sancta Romana Ecclesia est (12v) excommunicatus majori excommunicatione et sentiendus hæreticus, *Extra.*, *De Hæreticis*, 'Ad abolendam' [55]. Sed qui negat accidentia esse [56] in anima digne suscipientis sacramenta aliter sentit de sacramentis ecclesiæ quam sentit Romana Ecclesia, sicut patet in septimo libro *De Summa Trinitate et Fide Catholica* [57]. Credimus ibi inter opiniones, quæ erant de infusione virtutum in sacramentorum susceptione, illam opinionem quæ aliquando probabilior fuit, scilicet quod virtutes infunduntur in susceptione sacramentorum. Determinat dominus Papa esse tenendam cum dicit : "ipsam sacro approbante concilio dicimus eligendam."

40 accidens *AF*.
41 quando *BF*.
42 disponitur *A*.
43 causavit *F*.
44 assentit *B*.
45 *add.* actus *B*.
46 *om.* subjectis vel *A* ; abjectis *F*.
47 habemus *A*.
48 *om. B*.
49 sint *F*.
50 *om. A*.
51 recipit *A*.
52 sint *F*.
53 hic *B*.
54 specialiter *A*.
55 *Decretal. Gregor.* IX, Lib. V, Tit. VII. *De Hæreticis*, cap. IX "Ad abolendam . . ." : "qui de sacramento corporis et sanguinis Domini nostri Jesu Christi, vel de baptismate, seu de peccatorum confessione, matrimonio vel reliquis ecclesiasticis sacramentis aliter sentire aut docere non metuunt, quam sacrosancta Romana ecclesia prædicat et observat . . . pari vinculo perpetui anathematis innodamus." *Corpus Juris Canonici*, II (Leipzig, 1881), col. 780.
56 actum natum esse *A*.
57 *Clementinarum*, Lib. I, Tit. I *De summa Trinitate et Fide Catholica*, cap. un. : "Verum, quia, quantum ad effectum baptismi in parvulis, reperiuntur doctores quidam theologi opiniones contrarias habuisse, quibusdam ex ipsis dicentibus, per virtutem baptismi parvulis quidem culpam remitti, sed gratiam non conferri, aliis e contra asserentibus, quod et culpa eisdem in baptismo remittitur, et virtutes ac informans gratia infunduntur quoad habitum, etsi non pro illo tempore quoad usum : nos autem, attendentes generalem efficaciam mortis Christi, (quæ per baptisma applicatur pariter omnibus baptizatis,) opinionem secundam, (quæ dicit, tam parvulis quam adultis conferri in baptismo informantem gratiam et virtutes,) tamquam probabiliorem, et dictis sanctorum ac doctorum modernorum theologiæ magis consonam et concordem, sacro approbante concilio duximus eligendam." *Corpus Juris Canonici*, vol. II, col. 1154.

Item in septimo libro, titulo [58] *De Hæreticis* [59], capitulo, 'Ad nostram', inter alios errores quos condemnat, condemnat [60] quarto loco errorem dicentem quod homo possit finaliter beatitudinem secundum omnem gradum perfectionis in præsenti assequi sicut eam obtinebit in vita beata. Et ibidem quinto loco condemnat quod quælibet natura intellectualis seipsa naturaliter est beata, et quod anima non indiget lumine gloriæ ipsam elevante ad Deum videndum et [61] eo beate fruendum. Sed ista sequi videntur [62] si visio beatifica esset ipsamet anima [63], et cetera.

Secundo quia qui sentit quod ex puris naturalibus sine infusione donorum Dei viator sufficiat implere præcepta meritorie [64] et vitare [65] peccata, in hoc Pelagianus est. Sed qui negat omnia accidentia esse in anima, ipse ponit quod natura animæ sine omni dono sufficit ad [66] sic diligendum Deum quod impletur præceptum et vitatur peccatum. Ergo et cetera.

Tertio qui sentit quod anima affligi non possit nec dolere vel tristari, aliter sentit quam fides Catholica et de punitione damnatorum et de contritione peccatorum. Sed qui negat omnia accidentia esse in anima, sentire videtur quod anima affligi non possit nec dolere [67] nec tristari, quia aut [68] aliquod accidens sibi disconveniens recipitur in ea [69], et habetur propositum ; aut non, tunc non affligitur, quia non apparet quod, omni alia creatura sibi extrinseca absente vel non existente, non apparet quod ista anima sit afflicta nisi per aliquam formam in ea sibi nocivam.

Quarto arguo sic : si anima esset ipsamet cognitio, tunc non plus experiremur nos intelligere in capite quam in pede, quia experimur nos intelligere principaliter per hoc quod intentio est forma nostri. Sed si intentio esset ipsa anima, non aliter [70] esset intentio forma capitis quam pedis eo quod non [71] plus sumus animati in capite quam in pede.

Quinto arguo sic : nihil negandum est [72] a potentia Dei de quo non patet ipsum includere contradictionem. Sed nulla contradictio videtur quod intellectus sit et objectum sit [73] sibi præsens, et tamen quod non intelligat illud objectum ; aliter enim impossibile esset quin semper intelligeret Deum et semper intelligeret se ipsum. Ergo intellectum intelligere non est intellectum habere [74] objectum sibi præsens. Et ad hoc [75] quod hæc sit vera, plus requiritur quam quod [76] intellectus sit et objectum sit sibi [77] præsens. Hoc non est nisi quod tale accidens sit in [78] anima. Si dicas [79] 'requiritur' quod [80] Deus concauset [81] vel 'requiritur' [80] quod Deus non impediat, contra : Quid requiritur ad hoc [82] quod hæc [83] sit vera : Deus concausat, vel hæc [84] : Deus non impedit ? Aut 'requiritur' quod tale accidens sit in anima, et habetur propositum ; aut sufficiunt quod Deus sit et [85] anima sit [86] et objectum sit sibi præsens. Contra : Non est impossibile quod illa sint et tamen propositio ista sit [87] falsa. Ita arguendum est in infinitum.

Sexto, aliqua alia inconvenientia sequentur ad istam conclusionem. Primo quod actus diligendi [88] et nolendi implerent [89] præcepta Dei ; sic [90] actus diligendi proximum, quia simul potest aliquis diligere proximum et tamen nolle adimplere alia [91] præcepta Dei. Si ergo uterque actus sit anima ; ergo sunt idem inter se. Secundo quia aliquis potest esse justus et tamen velle [92] luxuriari. Ergo si utrumque sit in anima, tunc idem sunt justitia et luxuria et eodem modo idem [93] erunt castitas et temperantia, et sic idem erunt peccatum et virtus simul. Tertio sequitur de apprehensivis

[58] *om. B.*
[59] *Clementinarum,* Lib. V, Tit. III *De Hæreticis,* cap. III "Ad nostrum . . .". : "Quarto, quod homo potest ita finalem beatitudinem secundum omnem gradum perfectionis in præsentia sequi, sicut eam in vita obtinebit beata. Quinto, quod quælibet intellectualis natura in se ipsa naturaliter est beata, quodque anima non indiget lumine gloriæ, ipsam elevante ad Deum videndum, et eo beate fruendum." *Corpus Juris Canonici,* col. 1183.
[60] *om. B.*
[61] *om. A.*
[62] viderentur *F.*
[63] *om. A.*
[64] *om. B.*
[65] videre *A.*
[66] *add.* hoc *A.*
[67] doleri *BF.*
[68] *om. B.*
[69] eo *BF.*
[70] *om. B.*
[71] *om. B.*
[72] *om. B.*
[73] *om. B.*
[74] *om. B.*
[75] adhuc *B.*
[76] *om. B.*
[77] *om. B.*
[78] *om. A.*
[79] dicitur *A.*
[80] *om.* quod . . . requiritur *A.*
[81] causet *F.*
[82] *om.* ad hoc *A.*
[83] *om. B.*
[84] *add.* quod *B.*
[85] in *B.*
[86] *om. B.*
[87] est *A.*
[88] odiendi *AF.*
[89] implere *BF.*
[90] sit *BF.*
[91] talia *AF.*
[92] *om. B.*
[93] *om. A.*

quod scientia et error sunt idem quia potest errare in una conclusione et habere scientiam in alia materia. Si tunc illa sint anima, ergo idem sunt scientia et error. Quarto, similiter fides et error, fides et opinio, fides et hæresis de diversis, fides et caritas, et sic de omnibus quod sunt idem. Quinto sequitur quod in propositione falsa subjectum est prædicatum, et per consequens nulla est propositio affirmativa falsa, nec etiam negativa vera ubi subjectum negatur a prædicato, tamen sint idem. Sexto, si hoc poneretur, maxime hoc diceretur quia philosophia videtur sonare quod in [94] intelligentiis non est aliquod accidens. Sed hoc æque probat quod nec Deus posset infundere eis aliquod accidens, quia philosophia videtur æque sonare quod Deus non possit infundere eis aliquod accidens, et hoc non est sanum.

Confirmo quia in materia in qua philosophia tenet unam partem et determinatio ecclesiæ aliam, non est securum præbere fautoriam philosophiæ in illa materia.

Confirmo quia commentator, III *De Anima*, commento 15 [95], videtur sentire quod anima intelligat se ipsam per intentionem additam, et similiter alia [96].

Septimo, ad hoc sunt aliqui articuli excommunicati Parisius. Unus est decretum Gulielmi Episcopi dicens quod habens meliorà naturalia de necessitate habeat majorem gloriam et gratiam-error [97]. Alius est decretum Stephani quod in substantiis separatis, nulla sit possibilis transmutatio-error [98]. Item apponuntur [99] quinque articuli alii condemnati Parisius ; require [100] inferius, *Dist.* III, *Quæs.* 1 [1]. Ideo [2] videtur dicendum quod abstractiva et intuitiva realiter distinguuntur inter se et ab anima quia nec possunt esse una substantia nec unum accidens.

Item, ibi [3] est necessitas sufficiens ponendi tres res ubi propositio verificatur pro rebus et duæ res qualitercumque præsentes sine alia re non sufficiunt ad ejus veritatem, sicut patebit infra, *Dist.* III, *Quæs.* 1, art. 1 [4]. Sed ita est in proposito. Hæc propositio : Anima videt lapidem, est propositio verificabilis pro re. Sed ad ejus veritatem non sufficiunt anima et lapis vel cognitio abstractiva cum eis, quia non est contradictio quod ista simul sint, et tamen quod non videat lapidem.

Item, non requiritur tanta necessitas plurificandi res quod evidens sit contradictionem sequi, si non [5] plurificentur. Necessitas enim requisita ad hoc, quod rationabiliter ponantur plures, sufficit quod convenientius omnia salventur per plures quam per pauciores ; aliter enim nulla necessitas esset ponendi calorem distingui ab igne, quia omnia argumenta in oppositum salvarentur ponendo quod forma substantialis ignis esset calor. Quia tamen illa, quæ experimur, melius salvantur sic quam aliter ; ideo et cetera. Unde ubi tanta necessitas occurrit ponendi plura quanta [6] ponendi ignem distingui a suo calore, ibi est necessitas rationalis ponendi plura et distinctionem inter ea. Sed ita est in proposito.

Secundo dico quod notitia intuitiva et abstractiva distinguuntur specie quia, si essent actus organici, requirerent organa alterius speciei sicut visio et imaginatio.

Item aliter actus beatificus et cognitio Dei in via essent ejusdem rationis. Quod falsum est, quia unus non [7] potest produci de potentia subjecti cum creetur a Deo. Illa enim potentia esset frustra quia aut esset respectu Dei, hoc falsum quia Deus potest æque creare sicut producere de potentia subjecti, aut respectu creaturæ, et tunc [8] est frustra, quia nulla est creatura possibilis quæ potest aliquem beatificare effective immediate producendo beatitudinem. Sed cognitio Dei in via potest causari de potentia subjecti. Ergo et cetera.

[94] *om. A.*

[95] Averroes, *In III De Anima*, tx. c. 15 (Venetiis, 1584), fol. 159v: Cum dubitavit de intellectu materiali, utrum intellectum ex eo est ipse intellectus, aut aliud aliquo modo : et oportet si intellectus in eo est ipsum intellectum ut sit intellectum per se non per intentionem in eo, incœpit declarare quod est intellectum per intentionem in eo sicut aliæ res intellectæ : sed differt ab eis in hoc quod illa intentio est in se intellectus in actu, et in aliis rebus est intellectus in potentia.

[96] *om. B.*

[97] *Articulus Guillelmi Parisiensis Episcopi :* "Nonus quod qui habet meliora naturalia, de necessitate plus habebit de gratia et gloria. Hunc errorem reprobamus, firmiter enim credimus, quod Deus secundum quod preelegit et preordinavit, dabit unicuique gratiam et gloriam." *Chartularium Universitatis Parisiensis*, I (Paris, 1889), no. 128, p. 171.

[98] *Condemn. Stephani Parisiensis Episcopi :* Quod anima separata non est alterabilis secundum philosophiam, licet secundum fidem alteretur. *Op. cit.*, no. 113, p. 550.

[99] ad istud ponentur *AF*.

[100] *add.* ad *A*.

[1] Cf. *Lib.* I, *Dist.* III : fol. 71r; MS. *A*.

[2] non *B*.

[3] non *B*.

[4] *om. B.*

[5] *om. B.*

[6] quantum *B*.

[7] *om. B.*

[8] non *B*.

Secundus Articulus est utrum intuitiva potest naturaliter sine præsentia rei visæ, et improbat Petrum Aureolum [1]

Secundus articulus [2] quæstionis est videre utrum intuitiva sit naturaliter sine præsentia rei visæ. Hæc est opinio una quod notitia abstractiva facit rem apparere absentem, sed intuitiva constituit rem in quodam esse objectivo [3] apparente. Quod probant primo, quia si quis [4] existat in aqua in qua movetur, sibi videtur quod arbores in ripa moveantur ; secundo, quia aliter non appareret baculus esse fractus in aqua ; tertio, quia aliter non appareret circulus in igne cum virga ignita velociter movetur.

Secunda conclusio istius opinionis est quod actus intuitivus est de facto naturaliter et causatur naturaliter sine præsentia rei visæ [5]. Primo, quia visio solis et cujuscumque visibilis intensi [6] remanet in oculo, objecto recedente. Ergo et cetera. Secundo, quia in somniis aliquando homo judicat se videre vel audire ; ergo visio vel auditio est tunc in sensu exteriori. Tertio, quia timenti apparet quod sonos audiat et terribilia videat. Quarto, quia ludificatus videt ea quæ non sunt [7] sicut canes et castra. Quinto, quia oculus mollis videt rubeum etiam ipso recedente, quia aliter virtute illius visionis non apparerent alia [8] visibilia esse rubea.

Contra primam conclusionem istius opinionis, quod per actum intuitivum non ponatur res in quodam esse distincto ab actu videndi et ipsa re visa. Probo [9], quia posita albedine præsente et posita substantia actus videndi in potentia, omni alio ente distincto circumscripto, adhuc ipsa albedo esset visa. Ergo superfluit ponere illud ens distinctum.

Secundo, quia si ponatur illud ens distinctum, ipsum impediet visionem albedinis. Quia illud ens distinctum, si ipsum nec [10] est illa visio nec est ipsa albedo nec ambo simul ; (13r) ergo est tertium ab eis. Si ergo illud ens distinctum primo videatur, ergo albedo non videtur, sed ens distinctum. Quod est falsum [11]. Et per [12] consequens Deus non erit objectum beatificum, sed quoddam tale ens fictum.

Tertio, quia non est imaginabile quoniam illud ens fictum sit substantia vel actus, et per consequens est alicubi subjective.

Quarto, quia eadem ratione visio, qua Deus videt res, haberet talia entia distincta concomitantia ab æterno, et per consequens coordinatio [13] tot [14] entium fictorum erit [15] necessaria ab æterno, etiam [16] sit necesse esse [17] quod Deus non possit illa [18] destruere quot sunt creaturæ visibiles a Deo.

Quinto, quia non sequitur : Homerus est in opinione ; ergo Homerus est. Ergo esse in opinione non est nisi denominatio extrinseca eo quod non est nisi opinionem esse, et per consequens non est tale ens tertium.

Sexto, eadem ratione aliud ens fictum concomitaretur volitionem et per consequens nullus nec in via nec in patria frueret Deo propter se, sed quodam ente ficto. Unde ad istam viam videretur sequi quod nulla res extra cognoscitur vel videtur, sed quoddam ens fictum significans rem extra, nec quod Deus sit immediatum objectum. Videtur ergo [19] ad istud dicendum [20] secundum artem positam supra [21], quod ubi propositio verificatur pro entibus, si duo sufficiunt [22], non oportet tertium ponere. Sed ista propositio : Sors videt albedinem, verificatur pro entibus, et ad hoc quod ipsa sit vera sufficiunt hæc : entitas istius visionis et entitas illius albedinis, cum est præsens, quia istis positis, per possibile vel impossibile, omni alio ente ab eis circumscripto, adhuc necessario sequeretur quod illa propositio sit vera, et per consequens non est tale ens [23] fictum ibi.

Item, ubi consequentia est naturalis, si antecedens est res, consequens est res. Si, ergo, præter albedinem et præter istum actum [24] sit [25] unum tertium ens, quasi [26] ne-

[1] This article is a detailed criticism of PETRUS AUREOLUS, *Commentarium in I Sent.*, prologi, art. 4 (Rome, 1596), pp. 24-28.
[2] *om. B.*
[3] abstractivo *A.*
[4] aliquis *A.*
[5] in se *F.*
[6] *om. B.*
[7] *om. B.*
[8] entia *A.*
[9] *om. B.*
[10] non *B.*
[11] signum *B*, significativum *F.*
[12] pars *B.*
[13] ordinatio *B.*
[14] *om. B.*
[15] esse *B.*
[16] et *A.*
[17] *add.* et *A.*
[18] *om. A.*
[19] *om. B.*
[20] *add.* est *A.*
[21] Cf. p. 240
[22] sufficiant *F.*
[23] *om. A.*
[24] *om. B.*
[25] *add.* ibi *F.*
[26] quod *F.*

cessario et naturaliter consequitur naturam istius visionis. Ergo sicut [27] illa visio est realis, ita istud consequens erit ens reale distinctum ab utroque.

Item, minus videtur inconveniens concedere quod ipsemet actus videndi sit esse [28] objectivum rei extra et per consequens quod prædecessores ponentes talia entia objectiva hoc intellexerunt, quam quod præter actum et objectum, ens objectivum sit quoddam ens tertium distinctum ab utroque et ab ambobus simul. Probo istud, primo quia illud potest salvare quod ipsa res extra primo et immediate videatur et istud non potest hic [29] salvare. Secundo, quia esse visum non apparet esse nisi denominatio extrinseca, qua [30] objectum sive sit sive non sit denominatur visum ab ipsa visione, sicut potentiam videre *a* non est nisi istam visionem esse in potentia. Tertio, quia difficile est videre quod aliquod ens parvum vel magnum existat in universo nisi sicut substantia vel aliud [31] accidens.

Contra auctores dicentes [32] quod res habent esse in [33] anima, dico quod verum est [34] per extrinsecam denominationem. Nam quia materia est qua posita, agens naturale potest causare formam, ideo in modo loquendi eorum dicunt quod forma habet esse in materia. Et hoc non est nisi quia materia ipsa potest aliquo modo dici esse aliquid ipsius formæ per extrinsecam denominationem. Ita in proposito ipsa cognitio potest dici aliquod esse objecti per extrinsecam denominationem quia est qua posita, verum est dicere quod res est cognita, et hoc non est nisi cognitionem illam esse in anima, virtute cujus judicat qualis est res vel judicare potest.

Secundo, contra secundam conclusionem opinionis [35], probo quod visio rei non potest naturaliter causari re absente, nec etiam naturaliter diu conservari ipsa recedente. Probo primo, quia aliter periret omnis nostra certitudo, quia maxima certitudo nostra de sensibilibus convenit nobis per hoc quod experimur nostras sensationes per quas sensibilia nobis apparent præsentia. Si ergo sensatio causatur naturaliter re absente, et etiam diu conservetur sine ea, ergo illa via non est certa.

Confirmo quia ex sensibilibus generatur memoria et ex memoriis experientia. Aut ergo ex sensatione per quam apparet nobis res præsens convenit certitudinaliter arguere ipsam esse præsentem, et habetur propositum, aut non. Ergo [36] nulla est ars acquirendi certitudinem quod sic sit in re sicut [37] significatur per propositionem.

Secundo sic. Non minus dependet visio a præsentia [38] rei visibilis quam lumen a præsentia luminaris a quo causatur, quia quantum experimur unum et aliud sic judicamus dependere. Sed lumen non potest per causas naturales causari nec diu conservari sine præsentia luminaris vel illius a quo [39] causatur, sicut patet ad [40] sensum. Ergo et cetera.

Tertio, sequitur quod Deus non possit certificare nos evidenter quod res existat, quia aut per intuitivam aut per abstractivam incomplexam aut per abstractivam complexam. Non primam [41], quia illa non requirit [42] et etiam naturaliter rem esse præsentem per te, licet per actum appareat esse præsens. Nec secundo, quia notitia incomplexa abstractiva [43] potest æque esse, saltem non minus [44], absentis sicut præsentis [45]. Ergo non plus certificat rem esse præsentem quando est præsens quam quando est absens. Nec per abstractivam complexam quia si intuitiva [46] est naturaliter absentis [47], ergo multo fortius ipsa propositio in mente potest esse quando res non est præsens, quia experimur quod eadem propositio cum componatur ex cognitionibus abstractivis potest esse aliquando vera, aliquando falsa.

Quarto sic. Omnes notitiæ [48] intuitivæ creatæ æque naturaliter dependent ab objectis suis quia sunt actus ejusdem ordinis. Sed aliqua est possibilis quæ naturaliter requirit objectum existere, quia non est negandum a potentia Dei de quo non probatur ipsum includere contradictionem. Sed hoc non [49] potest hic probari. Ergo et cetera.

[27] si *B*.
[28] *om. A*.
[29] *om. A*.
[30] *om. A*, quam *F*.
[31] *om. B*.
[32] dicunt *F*.
[33] res est in *B*.
[34] *om. B*.
[35] *Marginal note:* Contra secundam conclusionem Petri quæ ponit quod intuitiva potest esse de re non existente. *A* fol. 12rb.
[36] *om. B*.
[37] quod *A*.
[38] reprentativa *A*.
[39] *om. B*.
[40] a *A*.
[41] primum *B*.
[42] requireret *A* ; requiritur *B*.
[43] *add.* ita *A*.
[44] *om.* saltem non minus *B*.
[45] absente sicut præsente *B*.
[46] *add.* complexa *B*.
[47] absente *B*.
[48] *om. BF*.
[49] modo *AF*

Quinto, quia aut intelligitur per abstractivam quod actus ille naturaliter æque indifferenter est natus existere sive res sit sive non sit, ita quod ideo dicatur existere [50] abstractive [51] quia in essendo indifferenter est quando objectum est et quando objectum non est ; et si isto modo vocetur abstractiva, non poteris ponere aliquam notitiam quin sit abstractiva quia quilibet per te indifferenter est [52] re existente vel non existente. Aut per abstractivam intelligitur talis cognitio per quam non apparent res [53] esse præsentes. Ergo adhuc sequitur propositum quia per nullam notitiam, quæ naturaliter est sine objecto, apparet res [54] esse [55] præsens. Nam aliter per causas naturales causaretur in nobis error invincibilis per naturam, quia per naturam causatur actus per quem apparet nobis res esse præsens quæ non est præsens, et virtute illius actus mens assentit rei significatæ per istam : *a* est præsens. Hic [56] mens errat per causationem causarum naturalium et est error invincibilis, quia nemo potest vinci per sensationem aliquam eo quod idem est argumentum de illa sensatione, nec per intellectum planum est. Ergo et cetera.

Sexto arguitur sic. Ista visio rei absentis a quo causaretur? Aut a re cujus est? Et habetur propositum. Aut ab aliquo habitu? Quod non. Quia nullus [57] præcedit primam sensationem. Aut ab aliqua specie prima? Hoc falsum est. Probo primo [58], quia nec illa species nata est naturaliter causari nec diu conservari sine præsentia illius cujus est, sicut patet de specie speculi, lumine medii, sono in aere. Secundo, quia species illa, si sit, non solum causaret visionem sui, sed [59] causaret visionem rei præsentis, et haberetur propositum. Ergo oportet quod causet visionem per quam appareat res esse [60] in tali situ in quo non est talis species nec ipsa res cujus est species ; quod non apparet verum. Sit enim [61] nulla illius speciei in aere ; esset signum falsum et error præcederet cognitionem. Non videtur dicendum quoad istud quod, licet aliquando visio prius causata nata sit manere per aliquod tempus re visa recedente, eo quod species intensa per quam immediate visio causatur remanet per aliquod tempus re ipsa recedente propter intentionem [62] speciei, tamen numquam nata est visio aliqua naturaliter causari vel diu conservari sine præsentia rei visæ, sicut probatum est, quia nec ipsa species causatur naturaliter nec diu remanet sine illo cujus est species, sicut [63] patet de lumine in medio, de sono in aere, de specie speculi ; aliter, sicut probatum est, non haberemus certitudinem de sensibus causatam per causas naturales.

Confirmo, quia auditio [64] soni remanet sono corrupto quia est auditio [64] soni [65] distantis ; aliter non judicaret se audire sonum ita distantem. Et ille sonus multiplicatur successive ; ergo non est, quando auditio est, et tamen non causatur naturaliter nisi ab illo sono causaretur ; non [66] tamen causatione quæ requirat causam et causatum simul existere, sed tali qua sufficit causatio succedere ex præcedenti.

Sed contra hoc dubitatur. Primo, quia idem argumentum est contra te, si visio manet per aliquod tempus in absentia rei. Ergo saltem illo tempore non haberetur certitudo per causas naturales. Secundo, quia æque probas quod nec Deus potest causare visionem sine præsentia rei. Tertio, quia tunc error esset ante cognitionem, eo quod species ipsa representaret rem esse in illo situ in quo prius, et hoc, si species conservet visionem sicut ponis.

Ad primum. Concedo quod pro illo tempore pro quo visio potest remanere recedente visibili non habetur certitudo ; tamen quia illa visio (13v) non durat diu post recessum visibilis ; ideo [67] potest quis postea habere certitudinem [68] utrum ita sit in re, quia per hoc sibi constabit, si visio illa diu duret.

Ad secundum [69] concedo etiam conclusionem quod non habemus talem certitudinem quin Deus, qui potest causare visionem sine præsentia rei posset causare in nobis unum actum quo judicaremus [70] aliter esse in re quam est ; tamen, cum hoc stat, quod

[50] *om. BF.*
[51] *om. B*, abstrahere *F.*
[52] *add.* in *A.*
[53] *add.* illæ *A.*
[54] *om. A.*
[55] *om. BF.*
[56] ergo *AF.*
[57] non *A.*
[58] *om. A.*
[59] *add.* enim *BF.*
[60] *om. AF.*
[61] *om. A.*
[62] intentionem *B.*
[63] sic *F.*
[64] *om.* auditio . . . quia est *A.*
[64] auditor *A.*
[65] *om.* soni *F.*
[66] *om.* Non tamen . . . ex præcedenti *BF.*
[67] *om. B.*
[68] *om. B.*
[69] *add.* dico *B.*
[70] judicamus *A.*

habeamus talem certitudinem, quod [71] per causas naturales [72] non possemus sic poni in errore invincibili.

Ad tertium dico, quod species intensa remanens per aliquod tempus post recessum rei [73] non representat rem esse in illo situ priusquam erat in illo situ ; nec etiam priusquam causabatur illa visio representavit illa species aliter quam fuit in re. Cum hoc tamen stat [74], quod illa species possit aliquamdiu conservare visionem illam sine re, et per consequens non est hic naturaliter aliquid quod non est natum causare visionem per quam res appareat videnti sicut est, et hoc præcedens visionem. Tamen est aliquid quod potest aliquamdiu conservare visionem [75] per quam postea propter mutationem rei [76] et conservationem ejusdem visionis res appareat esse ubi non est.

Ad primam rationem opinionis, cum dicitur de existente in aqua, dico quod illud non probat aliquid esse ens fictum objectivum distinctum a visione ipsa et [77] re visa ; sed solum probat quod propter [78] hoc quod ipse oculus sic movetur et etiam aqua, arbores in ripa sic continue causant alias et alias visiones, et eo ordine quod potentia immediate superior judicativa non sufficit judicare sicut est. Sed errat quia non advertit quomodo aliter causentur [79] istæ visiones quam causarentur, si arbores in ripa moverentur.

Ad secundam de baculo qui [80] apparet fractus, dico per idem quod non probat quod sit ibi aliquod ens fictum tale distinctum ab entibus subjectivis ; sed solum probat quod baculus in [81] aqua sic mota causat [82] tales visiones in [83] tali ordine successionis quod potentia judicativa conformis visui non advertit quin istæ visiones sint tales quales [84] causarentur, si baculus esset fractus. Ideo errant judicando baculum esse fractum.

Ad tertiam de circulo [85] ignito, dico dupliciter [86] : Primo sicut prius, quod non probat tale [87] ens fictum distinctum a visione et re extra ; sed solum probat quod ab igne, cum est in alio et alio situ per motum velocem, causantur aliæ et aliæ visiones tales et eo ordine quales causarentur, si esset ibi circulus igneus [88], saltem tales quod potentia superior conformis visui in judicando non sufficit ad percipiendum quod sunt aliæ visiones. Ideo errat judicando ibi esse circulum igneum. Aliter sic [89] dico, quod species, licet non possit primo causare visionem sine re ipsa, nec etiam diu conservare, tamen cum est intensa sic, quod ipsa species manet per aliquod tempus recedente visibili, tunc illa species sufficit ad conservandum visionem per tantum tempus quod visio ignis in tali situ remanet in oculo quousque ignis fuerit in alio situ, et forte usque ad completionem illius parvi circuli. Et per hoc quod tales visiones sunt simul, potentia superior judicativa conformiter visui judicat ibi esse circulum quia istæ visiones ignis pro alio et alio situ sint [90] tales et eo ordine causatæ quod potentia illa judicativa non sufficit ad judicandum sicut est.

Ex hoc patet quod per nullum istorum probatur quod visio causatur sine præsentia visibilis, quia in primo exemplo dico quod oculus non videt motum arboris in ripa, sed videt ipsam arborem, et per consequens res visa est. Cum hoc tamen stat quod talis est [91] ordo visionum [92] et tales sunt [93] visiones quod [94] potentia superior judicat ibi esse quod non est ibi. In secundo exemplo patet idem quia visus non videt fracturam baculi. Ideo non arguis quod visio sit ibi sine visibili, sed videt baculum et aquam talibus visionibus quod potentia superior judicat ibi esse fracturam quæ non est ibi. In tertio exemplo patet idem quia oculus non videt aliquem circulum igneum, sed tales sunt ibi visiones ipsius ignis causatæ ab igne in [95] alio et alio [96] situ ; quæ vero [97] sunt in re, quod potentia superior judicat ibi esse circulum igneum qui non est ibi. Et per consequens non [98] concludit [99].

71 *om. A.*
72 *add.* quod *A.*
73 *om. A.*
74 Tamen stat cum hoc *A.*
75 *om.* Tamen . . . visionem *B.*
76 *om. A.*
77 in *B.*
78 per *F.*
79 causantur *A.*
80 quia *A.*
81 et *A.*
82 causant *A.*
83 et *A.*
84 quales tales *A.*
85 oculo *A.*
86 simpliciter *AF.*
87 *om. B.*
88 (?) *A.*
89 *om. F.*
90 sunt *F.*
91 *om. AF.*
92 visionem *A.*
93 *om. A.*
94 et *A.*
95 et *B.*
96 *om.* et alio *A.*
97 vere *BF.*
98 *om. A.*
99 contradicit *F.*

Ad primum pro secunda conclusione, cum arguitur de visione solis, dicunt [100] aliqui quod intensum visibile imprimit aliquod objectum sensatum in visum et illud videtur recedente principali visibili. Contra hoc est conveniens [1] argumentum, quia recedente principali visibili apparet videnti quod videat idem quod prius et in eadem distantia et in eodem situ et in eadem magnitudine. Sed hoc non apparet [2] sibi per hoc quod præcise videret quodcumque sensibile impressum visui, quia non plus modo sufficeret visio illius visibilis impressi ad hoc quod ipsemet [3] videns sic judicet quam ad hoc quod unus alius videns illud sensibile impressum isti sic judicet.

Item non est majus inconveniens quod illa visio solis maneat per aliquod tempus recedente sole quam [4] quod illud lumen causatum in oculo a sole maneat in oculo per tempus recedente sole. Sed illud aliquamdiu manet ; patet per experientiam. Ergo et cetera [5].

Ideo dico quod istud experimentum de visione intensi [6] visibilis, et etiam illud aliud [7] experimentum supra positum de circulo igneo bene probant quod visio prius causata per præsentiam rei in esse reali potest per aliquod tempus conservari recedente visibili, quia species vel lumen ejus remanet. Sic ergo similiter potest illa visio, quia quantum experimur apparet nobis quod etiam lumen dependet a corpore lucido. Ergo tale lumen vel talis species potest conservare illam visionem per aliquod tempus ; tamen cum hoc stat quod visio rei non causaretur [8] primo nec etiam diu conservatur naturaliter sine præsentia rei visibilis cujus est.

Ad secundum de somniis dico quod in somniante non est aliqua visio rei non [9] præsentis. Sed dico quod est aliquis talis actus, quo posito, potentia judicativa judicat se videre aliquid quod non videt.

Contra. Sensus communis non est in actu suo nisi sensu particulari [10] existente in actu suo. Dico quod vel [11] istud non est generaliter verum, sed tantum in majori parte, sicut nec sensus errat in majori parte ; vel [12] secundo, istud est verum de motione sensus communis a re extra ; vel [13] tertio, oportet dicere quod istud judicium, quo in somniis judicat se videre, non est judicium sensus communis nisi æquivocando et [14] accipiendo sensum communem pro imaginatione illa qua aliquis imaginatur se videre, sed [15] quod est actus imaginationis [16] qua imaginatur se videre albedinem. Isto modo concederetur quod aliquis posset imaginari se videre Deum et tamen non ideo videret Deum. Vel quarto [17], oportet dicere quod, si utrumque concedatur, et quod sic judicare sit actus sensus communis et cum hoc quod sensus communis non est in actu suo nisi aliquis sensus particularis sit in actu suo ; si utrumque istorum concedatur, tunc oportet dicere quod in somno [18], occurrente aliqua occasione et forti imaginatione, tunc per illam imaginationem causatur aliquis motus in corpore et in organo sensus particularis aliqua dispositio causans aliquem actum ; qui actus non est visio albedinis. Ideo non est visio rei non existentis, sed est quidam actus habens pro objecto illam qualitatem causatam in organo sensus particularis per motum factum a vehemente imaginatione. Et tunc illo actu posito in sensu particulari potentia superior judicat se videre albedinem et sic errat. Non est ergo hic visio albedinis non existentis. Sed si [19] ita sit, ipsa est visio cujusdam rei præsentis, scilicet, illius qualitatis causatæ in organo visus per motum suum ab imaginatione.

Contra. Difficile est videre quod imaginatio causet talem motum corporis. Secundo, adhuc actus ille [20] videndi illam qualitatem sic causatam in organo sensus particularis non sufficit ut judicet se videre albedinem.

Ad primum istorum. Quilibet [20] experitur quod ad fortem imaginationem causatur febris, causantur multi motus in corpore, etiam causatur calor in corpore.

Ad secundum dico, quod si ita sit quod aliqua visio causetur in visu somniantis, illa non est visio alicujus non existentis, sed est visio alicujus qualitatis noviter causatæ

[100] dicerent *A*.
[1] *om. B*.
[2] appareret *F*.
[3] unus alius *B*.
[4] *om.* quam . . . sole *B*.
[5] *om.* et cetera *B*.
[6] inextensi *A* ; *om. F*.
[7] *om. A*.
[8] causetur *A*.
[9] nec *A*.
[10] *om. B*.
[11] *om. B*.
[12] *om. B*.
[13] *om. B*.
[14] in *A*.
[15] *om. B*.
[16] imaginative *BF*.
[17] tertio *AF*.
[18] somniante *A*.
[19] *om. B*.
[20] *add.* istorum *A*.

in illo organo ; tamen [21] est talis actus, quo posito, potentia superior non judicat illam distingui a visione albedinis. Ideo errando judicat se videre albedinem. Nec hic videtur inconveniens, quia aliquis vidit rosam depictam ; illa non est visio rosæ, et tamen [22] judicat se videre rosam ; ita ibi. Non ergo assero quod aliqua sit visio in visu somniantis se videre, sed dico quod si in ejus visu sit aliqua visio, illa non est nisi rei præsentis. Forte secundus modus dicendi est probabilior, quia per species quas somnians habet in parte sensitiva, per illas ad aliquem motum [23] determinatum complexionis suæ in somno causatur aliquis talis actus imaginandi talem visionem esse, aliter non posset somniare se [24] videre [25] per species et descriptiones per quas imaginatur (14r) visionem [26].

Ad tertium de timente dico quod vehementer timens judicat se audire aliqua quæ ipse non audit. Et hoc sicut prius, vel quia ex tali timore et vehemente imaginatione causatur aliquis motus in corpore ad quem consequitur [27] sonitus causans auditionem aliquam [28], tunc illa non est auditio rei absentis, sed soni præsentis sicut causati, licet tunc potentia superior erret judicando se audire aliquid aliud [29] non præsens ; vel quia per [30] species quas habet concurrente timore et motu corporis causatur aliqua imaginatio talis auditionis ; et tunc per illam judicet se audire et tamen non audiat.

Ad quartum dico quod ludificatus non videt res non entes, sed res præsentes ; tamen potentia superior non discernens distincte, quales res videt, errat judicando se videre aliqua, quæ tamen ipse non videt, sicut patet de vidente rosam depictam.

Ad quintum de circulo igneo patet et [31] demonstratum est [32] supra [33].

Tertius Articulus est per quem modum innotescit nobis differentia inter abstractivam et intuitivam, et improbat[ur] Ockham et opinionem Oxoniensis

Tertius articulus quæstionis est videre quomodo differunt notitia intuitiva et abstractiva respectu ejusdem objecti. Hæc est opinio aliquorum, quæstione prima prologi, articulo secundo [1], quod distinguuntur per istum modum, quia notitia intuitiva rei est talis, virtute cujus potest sciri utrum res sit vel non. Si enim res sit, statim intellectus judicat eam esse nisi impediatur propter imperfectionem illius notitiæ ; et eodem modo si esset perfecta talis notitia per potentiam divinam conservata de re [2] non existente, virtute illius notitiæ incomplexæ evidenter cognosceret illam [3] rem non esse. Virtute etiam ejus scitur veritas contingens de re, ut [4] qualis est, quantum distat, et hujusmodi. Sed per abstractivam ista non sciuntur eo quod abstrahit ab esse et non esse. Et infra [5] tenet quod intuitiva non potest esse naturaliter sine objecto, licet possit [6] de potentia Dei [7] ; abstractiva autem potest. Ex isto infert [8] quod ista [9] notitia intuitiva [10] est illa a qua incipit notitia experimentalis.

Contra istam opinionem probo quod notitia intuitiva perfecta in creaturis, si a Deo conservetur, non representet rem non [11] esse.

Primo, quia secundum [12] istud Deus non posset causare in nobis unum actum cognoscendi aliquam rem per quem ipsa appareret nobis esse præsens quando [13] esset absens. Et hoc falsum, quia nihil negandum ab eo de quo non concluditur ipsum inferre contradictionem. Consequentiam probo, quia [14] aut [15] illa cognitio rei [16] esset intuitiva, quod falsum est per te, quia ponis quod intuitiva est illa [17] per quam apparet res non [18] esse quando non est, aut abstractiva. Quod non, quia per te et [19] secundum veritatem per abstractivam non [20] apparet res esse præsens.

[21] *add.* non *AF*.
[22] *add.* non *A*.
[23] *om.* *B* ; modum *F*.
[24] *om.* *B*.
[25] *add.* Deum *AF*.
[26] *add.* Dei *AF*.
[27] *add.* aliquis *F*.
[28] *om.* aliquam . . . absentis *A*.
[29] *om.* *A*.
[30] *om.* *B*.
[31] *om.* patet et *AF*.
[32] dictum est *F*.
[33] *add.* isto articulo in responsione ad tertium pro propria opinione *B* ; cf. p. 244.

[1] OCKHAM, *In Sent.*, I, Prol., 1, (Lyons, 1394), Z.
[2] *om.* de re *A*.
[3] *om.* *A*.
[4] vel *A*.
[5] OCKHAM, *In Sent.*, I, Prol., 1, AA-GG.
[6] *om.* licet possit *A*.
[7] *add.* potest *A*.
[8] infertur *A*.
[9] *om.* *BF*.
[10] *om.* *A*.
[11] *om.* *AF*.
[12] *om.* *A*.
[13] quin *F*.
[14] *om.* quia . . . per te *F*.
[15] *om.* *B*.
[16] *add.* aut *B*.
[17] id. *F*.
[18] *om.* *AB*.
[19] *om.* *B*.
[20] *om.* *F*.

Secundo, quia non minus visio albedinis uniformiter se habet ad albedinem [21] sive res [22] sit sive non sit quam ista propositio in mente : Hæc substantia est, eo quod magis requirit rem esse quam illa [23] propositio ; sed illa propositio semper uniformiter representat rem sive sit sive non sit. Ergo et cetera.

Tertio, similiter ut supra [24], quod convenit actui per substantiam actus, si substantia ejus [25] maneat eadem, quocumque alio posito, adhuc ipsum potest sibi convenire, illo posito ; aliter enim [26] non posset probari de aliquo principio etiam particulari [27], quod [28] si maneat uniformiter, quod uniformiter agere possit respectu passi æque dispositi, concurrente eodem principio compartiali [29]. Si ergo re non existente maneat visio uniformiter sicut prius in substantia actus, ergo non repugnat sibi [30] in suo genere causandi partialiter quin causet [31] assensum consimilem qualem prius, saltem sibi [32] non repugnat quin in suo genere causandi causet consimilem assensum ; si est impedimentum, illud proveniet aliunde.

Confirmo quia non apparet unde sibi conveniat respectu ejusdem passi, et [33] ubi effectus causatur naturaliter, quod causet etiam partialiter effectum contrarium, quia non minus est repugnantia quod eadem sit visio per quam apparet sibi rem esse et postea non sit visio per quam apparet sibi rem esse, quam quod [34] per eandem visionem primo videatur [35] res in verbo et postea non videatur res in verbo [36], quia æque est transitus hic a contradictorio in contradictorium sicut ibi. Sed [37] ibi forte poneres quod esset repugnantia. Ergo et cetera.

Quarto, secundum istud haberes concedere quod iste actus videndi posset esse, et tamen quod per illum nec [38] appareret rem esse nec quod per illum appareret rem non esse [38], et per consequens eadem esset cognitio abstractiva et intuitiva. Quia non concederes [39] ; probo consequentiam. Ubi quodlibet aliquorum convenit alicui contingenter, si non sint contradictoria, Deus potest facere ipsum sine omnibus simul. Nam quod [40] Sors non possit esse, et tamen quod nec sedeat nec non sedeat [41], hoc est quia sedere et non sedere sunt immediata et contradictoria ; ideo necessario cuilibet contingit alterum istorum. Sed ubi quodlibet [42] illorum quorum quidlibet [43] convenit sibi contingenter est ponendum, ibi ipsum potest esse sine omnibus simul. Sic enim probatur materiam posse esse sine omni forma per te. Et hoc probo, quia quod non tollit, quin *a* sibi contingenter conveniat, non tollit quin ipsum possit esse sine *a*. Sed quod ipsum sit sine *b* non tollit quin *a* sibi conveniat contingenter, cum habeant naturas uniformes sicut patet [44] prius. Ergo et cetera [45]. Si ergo iste actus sit talis naturæ [46] quod virtute ejus aliquando scitur rem esse et aliquando scitur rem non esse, ergo non est contradictio quod neutrum sibi conveniat [47].

Confirmo quia [48] iste actus unde sibi [49] determinaret illam conditionem ista circumscripta? Aut propter [50] immediationem illarum conditionum, quod falsum est, cum non sint contradictoria ; aut quia ex natura sua determinat sibi tantum alteram conditionem [51], et habetur propositum ; aut quia determinat sibi quamlibet sub [52] disjunctione, quod non est verum quia disjungere vel disjunctive determinare solum videtur pertinere ad potentiam disjungentem [53].

Quinto, quia, ut dictum est supra, aliquis actus intuitivus, scilicet ille quo videtur intensum visibile, potest naturaliter manere per aliquod tempus post corruptionem [54] visibilis ; et tamen [55] tunc non est illud virtute cujus scitur illud visibile non esse, sicut patet per experientiam. Assumptum probatum est [56] supra, quia recedente sole remanet [57] visio qua apparet sol esse in eodem situ in quo prius. Aut ergo illa est [58]

[21] *om. A.*
[22] *om. B.*
[23] *om. B.*
[24] Cf. p. 247.
[25] illius *A.*
[26] *om. A.*
[27] partibili *F.*
[28] et *A.*
[29] compartibili *F.*
[30] si *A.*
[31] *om. A.*
[32] si *A.*
[33] *om. B.*
[34] *om. F.*
[35] videantur *AF.*
[36] videatur res in verbo *crossed out F.*
[37] sicut *B.*
[38] non appareret res non esse *A.*
[39] *om.* quia non concederes *B* ; quod concederes *F.*
[40] *add.* Deo *A.*
[41] *om.* nec non sedeat *A.*
[42] quolibet *B.*
[43] quolibet *F.*
[44] *om. BF.*
[45] *om.* et cetera *B.*
[46] *om. A.*
[47] conveniant *F.*
[48] *om. A.*
[49] *om. B.*
[50] per *A.*
[51] conditionum *B.*
[52] *om. AF.*
[53] distinguentis *AD.*
[54] receptionem *A.*
[55] *om. A.*
[56] *om. B.*
[57] *add.* una *B.*
[58] *om. B.*

visio solis et habetur propositum, aut non ; ergo terminatur ad aliud visibile præsens ; quod falsum est, quia æque virtute ejus judicatur sol esse in illo situ sicut prius. Hoc non esset, si haberet aliud pro objecto. Confirmo, quia non est majus inconveniens visionem manere per aliquod tempus, objecto recedente, quam lumen sicut nobis apparet. Sed ibi conceditur.

Alia opinio est quod ille idem qui modo est visio rei quando res est præsens, statim quando res est absens, ille idem [59] actus non est cognitio illius rei nec quo res cognoscitur abstractive, sicut dicit prima opinio, nec virtute cujus scitur rem non esse sicut dicit opinio præcedens. Immo nec est tunc cognitio rei, eo quod cum illo actu pro tunc stat ignorantia illius rei.

Contra istam opinionem sicut contra præcedentem. Primo, quia sic sustineretur quod oculus esset visio rei quando [60] est præsens, et tamen non esset cognitio ejus quando est absens. Secundo, quia sic Deus non posset causare visionem de re absente. Tertio, sic actus intuitivus minus [61] essentialiter representaret [62] rem quam hoc complexum : Sors est. Quarto, quia actus uniformiter se habet in entitate. Ergo uniformem assensum natus est causare quantum est ex parte sui.

Ex dictis patet quid [63] dicendum est [64] de differentia inter intuitivam et abstractivam ; quia aut quæris de intuitiva et abstractiva, quæ sunt cognitiones sensitivæ et actus organici, aut de intuitiva et abstractiva intellectionis [65]. Primo modo intelligendo, dico quod non sunt nisi [66] sensatio interior et exterior, vel potius sensatio exterior et [67] actus imaginandi. Secundo modo intelligendo de intellectivis cognitionibus, dico quod illarum differentia non innotescit nobis melius quam per sensationem exteriorem et imaginationem. Ideo dico quod sunt tales actus per quos anima sic se habet ad rem [68] per imaginationem et sensationem exteriorem in sentiendo rem, ita quod intuitiva intellectiva est talis actus per quem anima sic intelligit rem sicut per sensationem exteriorem sentit rem, et intellectio [69] abstractiva est illa per quam anima sic proportionaliter intelligit rem sicut per actum imaginandi sentit rem. Hæc est via per quam nobis innotescit differentia istorum actuum.

Ex isto sequuntur aliquæ differentiæ communiter usitatæ. Prima est quod per intuitivam nobis apparet res [70] sive res sit sive non sit, sed per abstractivam nec apparet res esse nec non esse, sive sit sive non sit. Secunda differentia est quia omnis intuitiva causata est quædam notitia simplex et [71] propria seu [72] cognitio singularis alicujus causata ante compositionem et divisionem. Sed cognitio abstractiva non est cognitio propria alicui singulari ante compositionem et divisionem, saltem cognitio abstractiva intellectiva. Non ergo dicitur abstractiva ex hoc quod indifferenter est vel [73] non est, sive res sit sive non sit, quia non omnis abstractiva est talis, eo quod illa abstractiva quæ causatur per intuitivam non est talis. Sed ideo est abstractiva quia ante compositionem non est propria singulari. Ergo sequitur corollarium quod verum dicunt ponentes quod Deus non potest facere intuitivam sine præsentia rei.

Ad istum intellectum, quia Deus non potest facere intuitivam quin per eam res appareat esse præsens sive sit sive non sit. (14^{v}) Similiter ad istum intellectum, quod Deus non potest facere intuitivam quæ naturaliter non requirat rem existere ad hoc quod causetur vel diu conservetur naturaliter, non sic de abstractiva. Contra ista. Primo quia cujus præsentia cognoscitur cum [74] est præsens, ejus absentia cognoscitur cum est absens. Sed istud non potest intelligi nisi per intuitivam. Antecedens patet, aliter non [75] probaretur quin præsentia panis perciperetur in Eucharistia. Secundo, eadem propositio [76] potest primo esse vera, scilicet rei existentis, et postea falsa, scilicet non existentis [77]. Tertio, si per intuitivam res appareat existere, ergo per eam constituitur in quodam esse apparenti ; quod negas.

[59] *om. B.*
[60] *om.* quando . . . ejus *A.*
[61] unius *A.*
[62] representat *B.*
[63] *om. B.*
[64] *om. BF.*
[65] intentionis *A.*
[66] *om. B.*
[67] *om. B.*
[68] *om.* intelligendo . . . rem *AF.*
[69] intentio *A.*
[70] *add.* esse *F.*
[71] *om. B.*
[72] *om. A* ; *add.* propria *F.*
[73] *om. B.*
[74] non *B.*
[75] *om. B.*
[76] *om. B.*
[77] et postea falsa ; igitur eadem re eadem visio potest primo esse vera et rei existentis *BF.*

Ad primum istorum, intelligo sic illud [78] argumentum : cujus præsentia cognoscitur intuitive cum est præsens, ejus absentia cognoscitur arguitive [79] cum est absens, quia aliquis potest percipere se non habere intuitivam illius rei, et ex hoc arguere quod illa res non est præsens quia, cum non sit ibi impedimentum quin videretur, si esset præsens, et non videtur, ergo non est præsens, et per consequens arguitive cognosceret ipsum non esse præsens.

Ex isto confirmo conclusionem principalem contra tertiam opinionem, quia non experimur nos cognoscere quod res non sit præsens nisi arguitive tantum, et experimur nos habere aliquam intuitivam per aliquod tempus re absente. Ergo sequitur quod per intuitivam non cognoscimus rem non esse.

Ad secundum argumentum, concedo quod eadem propositio potest primo esse vera et postea falsa. Ita visio et cognitio incomplexa potest esse talis per quam res apparet esse, quæ tamen non est [80], et hoc tam de potentia Dei quam etiam naturaliter per aliquod tempus post recessum rei. Similiter visio potest sic esse falsa modo sibi debito, quod ipsa sit talis virtute cujus ipse videns judicet se videre aliquam rem ; quam [81] tamen non videt.

Ad tertium argumentum dico quod rem apparere esse per intuitivam potest intelligi dupliciter [82]. Vel sic quod præter rem, quæ videtur, et [83] præter ipsam visionem causetur ibi quoddam ens distinctum objectivum, distinctum [84] ab eis, et isto modo non est ibi aliquod constitutum in esse apparenti, ut supra est probatum. Alio modo sic, quod res denominetur esse visa et apparens extrinseca denominatione ab ipsa visione. Isto modo forma dicitur esse in potentia passiva extrinseca denominatione ab ipsa materia, quia materiam esse est secundum modum loquendi hominum formam esse in potentia. Ita rem esse in anima est cognitionem esse in anima, qua posita, res denominatur cognita extrinseca denominatione. Et ideo ad istum intellectum, solet esse modus loquendi [85] hominum quod ipsa cognitio potest aliquo modo dici quoddam esse objecti et materia [86] quoddam [87] esse formæ. Isto modo visio diceretur quoddam esse rei visæ. Iste intellectus posset concedi, qui vellet ; tamen cum isto stat quod non sit ibi ens objectivum distinctum a visione et visibili.

Ad argumentum opinionis dico quod esset inconveniens quod idem actus non variatus ex natura sui posset aliquo [88] modo causare assensum et statim non posset, quantum est de se sine omni variatione sui, etiam sicut causa partialis. Ad secundum, non est simile, quia visio Dei non dependet a visibili sicut est in proposito. Ideo non est simile.

Quartus Articulus est utrum anima cognoscat sensibilia intuitive, et ita contra Ockham, an in homine sit tantum una anima per articulum Oxoniensem [1]

Opinio [2] est quod sic, quia homo non solum per sensum, immo etiam per intellectum apprehendit veritates contingentes et eis evidenter assentit. Aut ergo per intentionem intuitivam, et habetur propositum, aut non ; quod est [3] falsum, quia quæcumque alia notitia ab intuitiva æqualiter se habet sive res sit sive non sit [4]. Ergo non certificat intellectum de re. Confirmatur quia, nisi haberet intentionem intuitivam, tunc intellectus non acquireret [5] scientiam per experientiam quia nihil experiretur [6].

Contra istam opinionem arguo ; tamen præmitto esse notandum quod inter articulos condemnatos per [7] Kilwardbi sunt tres articuli condemnati [8] contra opinionem ponentem solum unam formam substantialem in homine. Primus articulus est quod vegetativa, sensitiva, et intellectiva sunt una forma simpliciter—error. Secundus articulus est quod vegetativa, sensitiva, et [9] intellectiva sint simul tempore in embryone—error. Tertius articulus est quod intellectiva introducta corrumpatur vegetativa et sensitiva—error.

[78] *om. A.*
[79] abstractive *A.*
[80] quæ tamen non est,] non tamen est non est *B.*
[81] *om. A.*
[82] *om. A.*
[83] quod *A.*
[84] *om. B.*
[85] *om. B.*
[86] materiam *B.*
[87] *om. B.*
[88] *om. BF.*
[1] Quartus articulus utrum anima intellectiva in via videat sensibilia intuitive *A B.*
[2] Cf. Ockham, *In I Sent.*, Prol., q. 1, art. 1, *U-Y.*
[3] *om. AF.*
[4] *om. A.*
[5] acquiret *F.*
[6] experietur *F.*
[7] *om. A.*
[8] Cf. *Chartularium Universitatis Parisiensis,* Vol. I, no. 474, p. 559, items 6, 7, 12.
[9] *om. B.*

Isti articuli intelliguntur a diversis diversimode. Aliqui intelligunt eos sic, quod vegetativa et sensitiva ibi sumantur materialiter pro forma substantiali quæ immediate disponit ad receptionem intellectivæ. Et quod sic ibi [10] sumatur, probatur quia solum intendit ibi condemnare opinionem ponentem solum unam formam substantialem in homine.

Aliter [11] intelligunt aliqui, quod vegetativa sumatur ibi pro quibusdam humoribus requisitis ad conversionem alimenti in rem alendam, et similiter quod sensitiva ibi sumatur pro sensu vitali uno vel [12] pluribus requisitis in corpore ad hoc quod anima [13] exerceat sensationes suas. Et utroque [14] istorum modorum sumitur sensitiva non pro forma, quæ recipit sensationes in homine, sed sumitur materialiter pro aliquo [15] requisito et disponente ad eam.

Tertio modo intelligunt aliqui [16] articulos sic, quod in primo articulo sumatur 'simpliciter' pro 'universaliter' ita, quod sit sensus, quod omnis vegetativa et omnis sensitiva inducta in istam materiam post principium istius alterationis sit anima intellectiva ; est error secundum eos, quia secundum eos una vegetativa et una sensitiva inducuntur ante intellectivam, sed ambæ corrumpuntur cum intellectiva inducitur. Et quia tertius articulus videtur esse contra istud, dicunt quod tertius articulus intelligit quod, intellectiva introducta, corrumpantur omnis vegetativa et omnis sensitiva—error, quia secundum eos anima [17] intellectiva est quædam sensitiva et quædam vegetativa. Ideo non omnis sensitiva et vegetativa hominis corrumpitur in adventum [18] intellectivæ.

Quarto modo intelligunt aliqui, quod mens articulorum sit ponere quod sint tres animæ in homine [19] realiter distinctæ, quarum prima introducitur prius tempore quam secunda, et secunda prius tempore quam tertia.

Isto præsupposito contingit diversimode arguere contra opinionem prædictam. Qualiter enim [20] arguendum esset contra eam intelligendo articulos prædictos quarto modo patebit infra.

Intelligentes autem articulos prædictos [21] primo modo probant quod non sunt [22] plures animæ in homine eo modo quo penitus in quarto intellectu.

Primo, sic ponere plures animas in homine quarum una educatur de potentia materiæ et alia infundatur, qualitercumque componant unum, est [23] error ille [24] quem Augustinus condemnat, *De Ecclesiasticis Dogmatibus*, cap. 15 [25]. Et communiter doctores qualiter omnes scribentes ponunt quod mens Augustini ibidem est condemnare plures animas ad istum intellectum quomodo intelligunt tenentes quod intellectiva et sensitiva distinguuntur.

Secundo, ad idem de Christo. Aut remansisset sua sensitiva in triduo cum corpore ; ergo non fuisset Christus univoce mortuus cum aliis, quia in aliis non remanet [26] sic. Aut cum anima, et sequitur idem quod Christus non fuisset univoce mortuus cum aliis. Aut corrumpetur [27] ; ergo deitas deposuit aliquando unam animam quam assumpserat, quod non est tutum sentire. Ergo oportet quod intelligatur illo primo modo [28].

Item confirmo, quia licet per articulos videatur condemnari unitatem formarum, tamen cum hoc stat quod tantum sit una anima in homine.

Tertio ad idem, quia aliter repugnaret cuidam articulo Parisius condemnato [29] qui dicit sic, quod anima rationalis quando recedit ab animali, adhuc remanet animal unum —error. Sed si in homine essent tales plures animæ successivæ introductæ sicut poneretur, si tenerentur articuli ad quartum intellectum, tunc quando anima rationalis recederet de animali, remaneret animal unum, quia eo [30] ordine posset procedere natura corrumpendo et generando, licet inter terminos contrarios. Ergo si natura in generando sic disponit materiam quod sensitiva una introducitur, et tamen non est disposita ut intellectiva quæ est nata esse simul cum illa sensitiva, tunc introducatur ; ergo similiter

[10] *om. F.*
[11] Similiter *F.*
[12] *add.* pro *B.*
[13] *om. B.*
[14] utrique *A.*
[15] illo *B.*
[16] *om. B.*
[17] *om. A.*
[18] adventu *BF.*
[19] *om. B.*
[20] autem *B.*
[21] *om.* prædictos *F*
[22] sint *B.*
[23] ille *A.*
[24] *om. A.*
[25] Cf. Ps. AUGUSTINE, *De Eccl. Dogm.*, ch. 15, PL 42, col. 1216.
[26] manet *BF.*
[27] corrumpebatur *F.*
[28] *om. F.*
[29] Cf. *Chartularium U. P.* no. 473, p. 550, item 114.
[30] eodem *F.*

in corrumpendo [31]. E [32] contra : natura prius potest introducere [33] dispositiones et incompossibiles intellectivæ vel corrumpere dispositiones requisitas ad intellectivam quam disponit [34] respectu sensitivæ ; et per consequens potest separari intellectiva manente sensitiva.

Arguo ergo contra opinionem de intuitiva. Et primo pono argumentum quod faceret ille qui teneret primum intellectum articuli supra dicti. Argueret enim sic. Illud quod immediate recipit sensationes exteriores non indiget alia notitia intuitiva respectu sensibilium extra. Sed illud idem [35] quod recipit intentiones est immediatum receptivum sensationum [36]. Ergo et cetera. Minor patet, quia illud quod immediate recipit sensationes, si distinguatur ab illo quod recepit intentiones, hoc esset vel quia sensitiva distinguitur ab intellectiva, vel quia potentiæ distinguuntur ab anima. Non primum, secundum primum intellectum articuli supra dicti, nisi sumendo sensitivam pro forma organizante [37] membra ad sentiendum. Sed illa non recipit sensationes immediate quia non est forma viva. Nec secundum, quia potentiæ, si distinguuntur [38] ab anima, sive essent substantiæ sive essent [39] accidentia, non essent formæ vivæ. Sic enim adhuc sequerentur (15r) plures animæ [40] in eadem materia, et si non essent formæ vivæ, non reciperent immediate [41] ipsas sensationes, et per consequens reciperentur immediate in anima indivisibili.

Secundo arguo sic ad conclusionem. Si in anima esset quædam intentio intuitiva, tunc illa determinaret sibi aliquod organum corporis pro subjecto licet non immediato, tamen [42] pro subjecto mediato, et per consequens experimur [43] eam in aliquo determinato organo. Probo, quia nisi intentiones omnes reciperentur in determinatis organis, tunc non plus experiremur nos intelligere in capite quam in pede, et quamcumque [44] potentiæ hominum intelligere per copulationem ad phantasmata. Tamen ex hoc quod intentio [45] recipitur experimur nos intelligere. Ergo si non aliter recipitur in capite quam in pede, non [46] plus experiremur nos intelligere in capite quam in pede. Ergo [47] non experimur nos habere aliquam talem intentionem intuitivam in aliquo determinato organo, quia non in organo aliquo interiori quia in illis non experimur nisi actus causabiles naturaliter in absentia rei, nec in organo exteriori quia in illis solum experimur sensationes exteriores. Ergo [48], et cetera.

Tertio arguo sic. Quæro per quem modum innotescit nobis differentia inter sensationem et intentionem ; aut per objecta [49] aut per [50] subjecta, aut quia sensatio causatur ad transmutationem organi et intentio non. Non [51] per objecta, quia illud idem quod imaginamur illud idem intelligimus, et omne quod intelligimus possumus imaginari, etiam universale, intelligentias [52], Deum, relationes, si sint.

Probo, quia non minus possumus imaginari ista quam chimæras et impossibilia. Ita enim imaginamur et Deum et actus intellectus et omnia talia per compositionem sicut imaginamur fictia [53] per compositionem. Ergo non convenit arguere istam distinctionem per objecta, quod aliquid sit intelligibile quod non sit a nobis imaginabile. Nec per subjecta, quia anima est immediatum receptivum omnium tam intentionum quam sensationum, et organa sunt subjecta mediata. Sed non est aliquod organum correspondens intentioni quod non correspondeat sensationi. Ergo ibi non contingit arguere. Et per consequens oportet dare tertium, quod arguatur distinguendo inter intentionem et sensationem. Quia omnis actus quia causatur ad transmutationem organi est sensatio in quocumque recipiatur, et omnis actus quem habemus non immediate causatum [54] per transmutationem organi est intentio. Cum [55] ergo non experiamur aliquam intuitivam quam non habemus immediate per transmutationem organi ; ergo non experimur aliquam intentionem intuitivam.

[31] corruptione *BF*.
[32] *om. B*.
[33] inducere *B*.
[34] inde ponat *B*.
[35] quod *B*.
[36] sensationem *A*.
[37] organice *A*.
[38] distinguantur *F*.
[39] *om. B*.
[40] *om. B*.
[41] *om. AF*.
[42] *om.* tamen . . . mediato *A*.
[43] experientur *B* ; experiremur *F*.
[44] quantumcumque *F*.
[45] intellectus *B*.
[46] *om.* non . . . pede *B*.
[47] Cum ergo *A*.
[48] *om. B*.
[49] *add.* potest *A*.
[50] *om. B*.
[51] *om. A*.
[52] *add.* et *A*.
[53] fictibilia *F* ; sic illa *A*.
[54] *om. B*.
[55] *om.* cum . . . organi *B*.

Quarto arguo sic. Nullus spiritus creatus habere potest intentionem intuitivam rei extra nisi per aliquam speciem vel habitum sibi datum a Deo ; et per consequens nec natura [56] conjuncta ; multo fortius ex quo non habet tales species concreatas vel habitus.

Assumptum probo. Primo, quia aliter, supposita generali influentia Dei qua permittit res habere actiones convenientes naturis suis eo modo quo calor potest calefacere [57], illa influentia Dei supposita, angelus non indigeret locutione nec illuminatione, si posset naturaliter habere intentiones intuitivas rerum, quia videret omnia complexa et incomplexa immediate alterius angeli et sciret quid illa significarent, quia sciret quod essent tales quales ipsemet format, et per consequens statim intelligeret ea quæ alius angelus intelligit et sic non indigeret locutione vel illuminatione facienda per angelum quemcumque etiam superiorem.

Secundo, sequeretur quod angelus non indigeret quod Deus daret sibi in creatione species vel habitus rerum, quia omnes, mediantibus intuitivis, possent sibi naturaliter adquirere.

Tertio, sequeretur quod angelus et anima separata possent naturaliter scire secreta cordium nostrorum, supposito quod Deus non impediat actiones illas naturales, non aliter quam impedit calorem calefacere. Sed hoc est falsum et contra Scripturam ponentem quod solus Deus novit corda [58].

Quarto, quia si sic, tunc naturaliter posset sibi adquirere visionem Dei et beatificare se ex naturalibus, quia per te natura sua est talis quæ sufficit ad adquirendum intentiones intuitivas rerum. Sed non minus respectu magis visibilis quam respectu visibilis minus perfecti. Ergo et cetera. Si dicis [59] : non est simile, quia hæc visio Dei creatur [60] ; non sic ibi. Contra : licet non possit in illam visionem quæ creatur [60], tamen non vitas quin aliquam aliam posset naturaliter habere, quia per te ipsum est tale ens quod sufficit ad adquirendum visiones rerum et non apparet quare [61] non possit tunc respectu talis [62] visibilis perfecti.

Quinto arguo sic. Ista intentio intuitiva aut causatur a [63] sensatione vel non. Si non, ergo intellectus non indiget sensu vel sensatione. Non potes dare primum, quia in quo genere causæ ista intentio requirit sensationem ? Non sicut materiam vel formam vel finem, ergo sicut efficientem, quia non ponis plures. Sed hoc non potes dicere, quia ideo probas quod sensatio nec [64] causat partialiter nec [65] totaliter assensum, quia illa quæ sunt in intellectu sufficiunt. Immo ex opposito [66], sicut tu poneres quod sensatio esset causa partialis vel totalis istius visionis, ita diceres [67] quod sensatio [68] est causa partialis vel totalis ipsius actus assentiendi ipsi rei contingenti. Et per consequens omnia salvarentur sine tali intentione intuitiva.

Confirmatur quia secundum istud intellectus non indigeret phantasmatibus quia habendo intentionem intuitivam sufficienter potest in actus sequentes.

Sexto arguo sic. Si propter certitudinem contingentium intellectus [69] indigeret in via intentione intuitiva, aut ergo illa esset ita clara visio sicut visio oculi vel non [70]. Si sic, hoc est falsum, quia quilibet experitur se solum habere de albedine unam visionem ita claram. Si non, contra : intellectus habet tantam certitudinem quantam potest facere visio ita clara sicut est [71] visio sensitiva. Si ergo certitudo intellectus requirit visionem intuitivam, ergo requiretur una visio intellectiva ita clara sicut est sensitiva.

Septimo sic. Ubi causa habet talem modum causandi qualem habet corpus lucidum in multiplicando lumen, ibi effectus habet aliquam causam effectivam ejus sibi immediatam secundum contactum. Hoc patet ex opposito. Sed visibile causando visionem videtur eam causare tali modo causandi quali lucidum causat lumen, sicut patet per experientiam. Immo nec lux distans causat visionem nisi per hoc quod causat lumen. Ergo visio causata habet aliquam causam [72] ejus [73] effectivam sibi immediatam se-

[56] anima *F*.
[57] causare *A*.
[58] II *Para*. vi, 30.
[59] dicitur *A*.
[60] causatur *F*.
[61] qualis *A*.
[62] *om*. *AF*.
[63] *om*. *B*.
[64] non *A*.
[65] vel *A*.
[66] posito *A*.
[67] diceretur tibi *F*.
[68] *om*. esset . . . sensatio *B*.
[69] *om*. *B*.
[70] *om*. *B*.
[71] *om*. *B*.
[72] *om*. *B*.
[73] *om*. *A*.

cundum contactum. Et per consequens, visio intellectiva causatur ab aliqua forma in parte sensitiva. Sed per te cognitio intuitiva non causatur ab aliquo alio a potentia et habitu, nisi tamen ab illo quod videtur per illam visionem. Ideo ponis quod una res non est species visibilis respectu alterius sic, quod causat visionem alterius priusquam visionem sui. Ergo sequitur quod per illam visionem intellectivam qua videtur albedo extra, videantur omnes sensationes præsuppositæ. Sed hoc experimur esse falsum.

Octavo, forte aliqua potentia sensitiva interior assentit rei significatæ per contingens [74], aliter non apparet quare brutum prosequeretur aliquid præsens [75] visum plus modo quam prius. Si ergo talis assensus rei contingenti requireret intuitivam, sequeretur quod brutum et homo haberent aliquas intuitivas sensitivas præter sensationes exteriores etiam in imaginatione, sicut [76] æque probatur per argumentum ; quod tamen non conceditur.

Videtur ergo dicendum quod anima in via non habet naturaliter aliquam intentionem intuitivam, quia [77] sensationes exteriores sibi sufficiunt ad causandum quemcumque assensum rebus significatis per propositiones contingentes. Cum enim anima format hoc complexum, 'Albedo existit', si simul cum hoc videat visione sensitiva albedinem omni alio circumscripto, causatur assensus rei significatæ per hoc complexum contingens 'albedo est'. Ergo præter [79] visionem sensitivam non oportet ibi ponere aliam cognitionem intuitivam respectu illius.

Contra ista. Primo, quia primum argumentum procedit ex falso, quod sensitiva et intuitiva non distinguuntur [79] in nobis. Nam contraria non sunt in eodem subjecto indivisibili. Sed actus voluntatis et actus appetitus sensitivi contrariantur, quia simul quando appetitus sensitivus concupiscit prosecutionem, voluntas tunc habet actum negandi illam [80] prosecutionem. Ideo dicit Apostolus : *Habeo legem in membris meis contrariam legi mentis meæ* [81]. Ergo et cetera.

Secundo, contra secundum argumentum. Quia si omnis intellectus haberet organum pro subjecto immediato [82], ergo anima separata non intelligeret quia non habet organa.

Tertio, quia non omnis sensatio causaretur [83] ad transmutationem organi, quia sic nullus [84] posset imaginari impossibilia. Nam non contingit illa imaginari nisi componendo. Sed si omnis actus sensitivus causaretur [85] ad transmutationem organi tunc non est ibi compositio, sed solum talis actus qualis causatur a re ipsa. Ergo et cetera.

Quarto, quia si nullus spiritus creatus habet intuitivam, ergo non potest aliter scire rem esse quando est quam quando non est.

Quinto, quia non oportet causam esse præsentem passo ad hoc quod causet, et per consequens non oportet effectum causari ab aliquo quod est simul cum passo.

Ad primum istorum. Ille qui teneret quod articulus supradictus solum intelligeretur modo prædicto, forte non cogeretur dicere quod hoc esset falsum. Ad probationem dico quod de virtute sermonis magis est concedendum quod actus appetitus sensitivi et aliquis actus voluntatis inclinant in opposita quam quod inter se contrarientur. Concedendo enim quod passio sensitiva inclinat in aliquam prosecutionem quam [86] voluntas non vult prosequi, ideo illa passio sensitiva inclinat in prosecutionem vel fugam cui actus voluntatis est incompossibilis. Ad argumentum ergo dico quod aliqua contrariari potest intelligi dupliciter : vel virtualiter, (15v) quia unum inclinat in prosecutionem vel [87] fugam alteri incompossibilem ; vel essentialiter et formaliter intrinsece sic, quod naturæ suæ absolutæ sunt naturaliter incompossibiles sicut velle et nolle. Primo modo contraria possunt inter se simul esse in eodem, non tamen contraria secundo modo. Sed passio sensitiva et actus voluntatis [88] non contrariantur sic [89], sicut alias dicetur ; ideo possunt [90] simul esse. Immo in eadem anima Christi compatiebantur [91] se dolor causatus ex propria vulneratione et gaudium ratiocinatum de eadem vulneratione.

[74] conceptus *A*.
[75] prius *B*.
[76] sed *A*.
[77] sed *A*.
[78] extra *B*.
[79] distinguantur *F*.
[80] *om. AF*.
[81] *Rom.*, vii, 21.
[82] mediato *F*.
[83] causetur *AF*.
[84] non *A*.
[85] causetur *AF*.
[86] *add.* tamen *F*.
[87] seu *B*.
[88] *om. B*.
[89] *om. A*.
[90] possent *A*.
[91] compaterentur *B*.

Ad auctoritatem Apostoli. Illa non est ad propositum quia non loquitur ibi vocando legem inordinatam membrorum aliquas passiones inordinatas in anima, quia tales tunc non habuit. Sed vocat ibi legem membrorum naturalem dispositionem corporalem membrorum et appetitus quæ prona est ad malum et inclinat in tales passiones mediantibus quibus movet in ulteriores prosecutiones contrarias legi mentis et rectæ rationi. Similiter, posito quod loquatur ibi de passionibus in anima, tunc dicendum quod contrariantur non formaliter sed virtualiter. Dicuntur in usu loquendi hominum contrariari ex hoc quod inclinant ad prosecutiones et fugas quas recta ratio prohibet.

Qui autem teneret quod articulus Kilwardbi supradictus omnino debeat intelligi quod condemnet opinionem ponentem tantum esse unam animam in homine, ipse tunc [92] loco primi argumenti facti contra opinionem argueret aliter sic : Non minus sensatio exterior sufficeret ad causandum mediate vel immediate talem assensum intellectus qualem habet in præsentia rei, sine hoc quod intellectus habeat aliam intuitivam, quam sufficiat ad causandum mediate vel immediate talem passionem in appetitu sensitivo qualem habet in præsentia rei, sine hoc quod in [93] appetitu sensitivo imprimatur una talis cognitio. Sed respectu appetitus sensitivi sufficit sensatio, et cetera [94]. Ergo similiter respectu intellectus, licet anima intellectiva distingueretur a sensitiva. Major patet dupliciter. Primo, quia anima intellectiva, si distinguatur [95] a sensitiva, adhuc esset in eodem organo cujuslibet sensus, et per consequens non distaret a sensu secundum situm [96]. Sed appetitus sensitivus distaret situ a sensu apprehensivo, si sensitiva sit forma extensa. Secundo, quia non minus potentia sensitiva subservit et ordinatur essentialiter ad intellectivam in homine quam ad appetitum sensitivum.

Ex istis duobus videtur sequi conclusio quod si sensatio sufficiat ad causandum actum appetitus sensitivi qualem habet in præsentia rei, licet non causetur in eo una cognitio prævia in illo appetitu, multo fortius sensatio sufficit [97] ad causandum assensum intellectus talem qualem [98] habet in præsentia rei, licet in intellectu non causetur [99] aliqua visio rei prævia.

Ex isto articulo et primo argumento facto contra opinionem potest formari argumentum completum sic : Sensitiva et intellectiva in homine aut sunt idem vel non. Si sic, ergo sensationes exteriores recipiuntur in eodem in quo sunt intentiones, et per consequens intellectus non indiget alia intuitiva. Si non, adhuc sensatio sufficit sine alia visione causare illum assensum intellectus qualem habet in præsentia rei non minus quam sufficiat [100] respectu appetitus sensitivi.

Ad secundum. Non sequitur, quia licet omnis intentio viæ recipiatur immediate in aliquo organo corporeo, tamen quia immediate recipitur in ipsa anima et non causatur ad transmutationem organi, ideo licet anima sit separata, tamen intentio sibi convenit quia et [1] ponitur tunc causa quæ potest causare intentionem et immediatum subjectum, quod potest recipere intentionem. Sed quia actus sensitivus, licet habeat pro immediato subjecto ipsam animam, quia tamen non causatur nisi per transmutationem organi, ideo tunc, cum anima est [2] separata, non potest in actus sentiendi. Utrum autem intentio sit ejusdem rationis quam elicit separata et conjuncta respectu ejusdem objecti, dubium est ; de quo alias.

Ad tertium. Concedo [3] quod omnis actus sentiendi causatur ad transformationem organi. Et concedo quod cum hoc stat [4], quod contingat imaginari falsa et illa quæ non sunt [5] possibilia ; tamen aliter in brutis et aliter in nobis. Nam frequenter quando sunt plures species vel habitus in parte sensitiva, si sensus exterior percipiat aliquid virtute cujus perceptionis immutetur organum imaginative tunc per illam immutationem cum speciebus diversarum rerum [6] prius habitis causatur frequenter unus actus imaginandi rem quæ [7] non est nec forte potest esse. Ut si prius haberet speciem montis et speciem auri, et tunc ex aliquo motu unius humoris in corpore vel plurium humorum

[92] habet *B*.
[93] *om. B*.
[94] *om. A*.
[95] distinguitur *B*.
[96] *om.* secundum situm *A*.
[97] sufficiet *B* ; *om. F*.
[98] qualem talem *A* ; *om.* qualem *B*.
[99] causatur *B*.
[100] diffiniat *A*.
[1] *om. B*.
[2] non est *AF*.
[3] *om.* concedo ... organi et *B*.
[4] stet *A*.
[5] *om. B*.
[6] *om. B*.
[7] *om.* rem quæ *B*.

vel ex perceptione alicujus sensus particularis contingeret organum imaginative sic immutari, quod ad ejus immutationem [8] cum speciebus illis causaretur unus actus imaginandi montem aureum. Iste modus causandi imagines incompossibilium [9] incomplexorum est communis nobis et brutis. Tunc [10] ad argumentum dico, quod iste modus imaginandi non requirit compositionem explicitam, sed requirit plures species haberi et concurrente cum hoc immutatione organi, et hoc æquivalet uni componi. Præter autem istum modum imaginandi communem nobis et brutis est alius modus causandi imagines qui solum convenit hominibus. Nam intellectus potest intelligere diversa et tunc componere conceptus simul, et sic [11] per compositionem explicitam causare conceptus, et illorum quæ non cadunt sub sensu, et etiam impossibilium [12]. Tunc dico quod conceptus ille intellectivus, cum est intensus, potest esse illud, quo posito, immutatur organum imaginative ad cujus immutationem causatur quidam actus imaginandi illud idem quod prius. Et per consequens ille actus imaginandi sive sit respectu spiritualium vel [13] corporalium, sive sit respectu possibilium vel impossibilium, causari potest mediante compositione intellectiva.

Confirmo istud, quia intellectus sic immediate [14] recipitur in corpore quod nos experimur nos intelligere. Ergo ad intentionem aliquam, ex quo sic recipitur, mediate in corpore nati sunt species et humores immutari et moveri. Et ad motionem specierum et humorum natum est organum imaginative immutari, et sic actus imaginandi causari ; maxime si habeantur species quæ consimilia representent.

Confirmo, quia ad actum dilectionis rei extra nati sunt spiritus incitari qui [15] serviunt organo appetitus sensitivi. Ergo similiter ad cognitiones intellectivas rerum possibilium vel [16] impossibilium nati sunt ibi spiritus immutari qui [17] serviunt organo imaginative.

Confirmo tertio, quia ad sensationes exteriores immutantur species servientes organo appetitus sensitivi. Aut ergo per hoc quod illæ sensationes recipiuntur immediate in anima et mediate in corpore, aut per hoc quod causatur ad transmutationem suorum organorum exteriorum. Si primum, habetur propositum, quia [18] cum intentiones æque recipiantur immediate in anima et mediate in organo, æque ad earum positionem immutantur [19] spiritus corpori servientes ad immutandum organa interiora. Non est dare secundum, quia posito quod organum visus immutaretur et tamen non causaretur visio, ex hoc non immutarentur species interiores. Si etiam visio corporalis infundetur sine transmutatione organi, adhuc æque immutarentur species illi et contingeret imaginari et appetere sicut modo. Ergo et cetera.

Ad quartum patebit in secundo ; dico enim quod spiritus creatus separatus videt res illas quarum datæ sunt sibi tales species, per quas eas videre potest. Aliquas ergo videt, scilicet illas quarum habet tales [20] species vel habitus qui ad hoc valent. Et aliquas non videt, scilicet illas quarum non habet tales [21] species. Si enim natura sua sufficeret, tunc omnia posset videre, supposita generali influentia Dei sic, quod Deus ibi influeret in actionibus convenientibus naturæ suæ sicut facit calori.

Ad quintum dico quod ubi est talis actio per qualem multiplicentur lumen et sonus et per qualem causatur visio, licet non oporteat esse suum effectivum esse præsens per contactum situalem, tamen oportet aliquam ejus causam esse præsentem. Sic immo forte hoc est verum de omni effectu corporeo, de quo tamen alias patebit.

Quintus Articulus est an anima videat actus suos intuitive in via, et tenet quod non

Quintus articulus est utrum intellectus videat actus suos intuitive in via.

Opinio [1] est quod sic, quia intellectus evidenter assentit propositioni huic contingenti, 'Ego intelligo' [2], 'Ego diligo'. Aut ergo habet aliquem actum cognoscendi suam intentionem et dilectionem quando est qualem non habet quando non est, vel non.

[8] mutationem *F*.
[9] incomplexum *A*.
[10] et tunc *AF*.
[11] tunc *B*.
[12] incomplexum *A*.
[13] sive *B*.
[14] mediate *B*.
[15] que *A*.
[16] et *B*.
[17] que *A*.
[18] *om. A* ; tamen *F*.
[19] immutabuntur *F*.
[20] *om. A*.
[21] *om. A*.
[1] OCKHAM, *In I Sent.*, Prol., I, *HH-LL*.
[2] *add.* te *B*.

Si sic, habetur propositum. Si non, ergo non plus assentit quando est quam quando non est. Secundo, quia intellectus potest adquirere scientiam de actibus suis per experientiam. Ergo cognoscit [3] illos actus experimentaliter et intuitive. Tertio, quia Augustinus [4], ex intentione XIII *Trinitatis* primo [5], tenet quod anima videt suam fidem.

Secundo [6] tenet hæc opinio quod non videt habitus suos, nec caritatem vel habitum fidei, nec imaginem Dei in anima, quia non experimur nos illos videre sicut actus.

Contra primum istorum est conveniens argumentum. Eadem ratione illa visio causaret necessario visionem [7], et illa visionem sui, et sic in infinitum. Dicunt quod est status in secundo et non in primo, quia hoc experimur. Nam secundum omnes ego intelligo me intelligere. Tamen non ideo ponunt infinitas intentiones [8] actu.

Contra istam opinionem. Primo, quia rationes suæ æque probant quod simul sunt actu infinitæ visiones. Nam visio aliqua est per quam [9] intentio [10] lapidis videtur. Probatur quia hæc propositio 'Ego [11] intelligo lapidem' non sufficit causare assensum, quia illa propositio potest manere quando [12] intentio [13] lapidis non est. Secundum eos ergo præter propositionem requiritur aliqua alia notitia quæ causat assensum. Illa non est abstractiva, quia [14] illa potest esse quando intentio [15] lapidis non est, ergo oportet quod sit intuitiva. (16r) Per eandem rationem arguo quod illa intuitiva videtur per aliam, quia formando hoc complexum, 'Ego video', ista propositio non causat assensum rei, sicut probatum est, quia potest esse propositio falsa. Ergo præter illam requiritur alia cognitio, et non abstractiva ; ergo intuitiva. Ita arguo de illo [16]. Et sic in infinitum nisi detur maximus numerus qualem non experimur.

Confirmo [17] quia æque poteris adquirere scientiam per experientiam de illa visione et æque de visione illius visionis et sic arguo de infinitis sicut tu [18] ponis de actu recto. Ergo æque probas infinitas.

Confirmo quia Augustinus æque poneret me videre visionem fidei meæ sicut quod videam meam fidem, quia æque poneret quod certitudinaliter cognoscitur.

Secundo, quod [19] superfluit ponere illam visionem. Quia quæro quomodo assentis rei significatæ per istam, 'Ego video'. Non per propositionem tantum, quia si propositio illa maneret, sicut habes dicere eo quod ponis omnem abstractivam posse naturaliter manere, et illa visio non, tunc non [20] causaret assensum. Ergo propositio est indifferens. Aut ergo assentis te videre assensu causato quia [21] ab illamet [22], aut assensu causato per visionem illius visionis. Si primum, tunc habetur propositum, quia non minus sufficit intentio lapidis causare assensum rei significatæ per istam, 'Ego intelligo lapidem', quam illa visio de qua loqueris sufficit causare per se assensum rei significatæ per istam, 'Ego video'. Si detur secundum, tunc itur [23] in infinitum ita quod infinite simul, quia semper posterior requirit [24] priorem esse sicut visio requirit suum visibile existere [25].

Confirmo istud. Omni alia cognitione [26] circumscripta, formata ista propositione, 'Ego credo in Deum', posito actu credendi, causatur assensus rei, quia ex quo res, cum est præsens, nata est causare visionem [27] sui, multo fortius est nata causare assensum

[3] contingit *B*.
[4] angelus *A*.
[5] *om. B*. Cf. St. Augustine, *De Trin.*, XIII, I, PL. 42, 1014.
[6] Ockham, *In I Sent.*, Prol., I, 1, RR, "Quintum dubium . . .". I, 2, XX, "Ad. Quintum . . .".
[7] *add.* sui *F*.
[8] intellectiones *B*.
[9] *add. in marg.* a *F*.
[10] intellectio *B*.
[11] *om.* Ego intelligo . . . propositio *B*.
[12] *add. in marg.* a *F*.
[13] intellectio *B*.
[14] *om.* quia . . . mon est *B*.
[15] *add.* in marg. a *F*.
[16] illa *F*.
[17] Vel sic intellectus evidenter assentit huic propositioni contingenti, ego intelligo lapidem per *a* intellectionem aut ergo habet respectu *a* quando *a* est aliquam cognitionem qualem non potest naturaliter habere quando *a* non est, vel non. Si non, ergo non plus assentit illi propositioni contingenti quando *a* est quam quando *a* non est. Si secunda, habet aliam intuitivam respectu *a*. Sit illa *b*. Arguo tunc eodem modo de *b* quia formet intellectus istam propositionem: ego intelligo *a* per intuitivam quæ est *b* ; aut igitur habet respectu *b* quando *b* est aliquam notitiam qualem non potest naturaliter habere quando *b* non est, vel non. Si non, ergo non plus assentit illi propositioni quando *b* est quam quando non est. Quod falsum est, quia tunc propositio est falsa. Si sic, ergo est ibi tertia intuitiva. Sit illa *c* : eodem modo arguo de *c*. Et sic de infinitis. Ex isto patet quod non contingit dare maximum numerum intuitivarum quia si esset status ad aliquam, sit illa *d* ; tunc arguo de *d* sicut prius est argutum de *a*, *b* et cetera *F*.
[18] *om. B*.
[19] *om. B*.
[20] *om. B*.
[21] *om. B*.
[22] *add.* visione *F*.
[23] *om. A*.
[24] *add.* posteriorem *A*.
[25] exterius *B*.
[26] significatione *A*.
[27] *om.* visionem .. . causare *B*.

quo intellectus assentit sic esse in re. Et per consequens, propter talem assensum non oportet ponere illam visionem.

Tertio, non vitas quin necessario causarentur infinite, quia, si experiris statum in secundo, quæro propter quid est status in secundo. Si dicis quod, quia illa visio non est visibilis a tali potentia, hoc est falsum, quia, si hæc visio esset in alia anima, posset videri ab ista. Ergo similiter modo quando informat eam. Antecedens tu concederes. Consequentiam probo, quia per hoc quod est in intellectu non tollitur quin possit videri quia per te intellectio lapidis est in [28] intellectu et tamen videtur ab eo. Ergo non est dandum quod, quia illa visio non est visibilis ab illo intellectu per viam tuam. Si dicis [29] quod, quia recipitur, habeo propositum, quia nec actus rectus tunc videtur.

Confirmo et probo quod non plus experiris ibi quam hic, quia actus intelligendi lapidem æque immediate recipitur in intellectu sicut visio illius intentionis. Ergo non aliter nec magis per se experiris unum illorum quam reliquum nec immediatius. Arguo ergo sic. Intentio [30] lapidis et visio illius intentionis [31] æque necessario sunt visibiles ab intellectu in quo sunt, et potentia est [32] æque disposita respectu utriusque, et utraque æque immediate recipitur in potentia. Ergo si experiris quod intentio [33] lapidis necessario causet visionem sui, æque experiris hoc de illa visione, quidquid dicatur verbotenus.

Ad istum articulum aliter dico, quod anima cognoscit actus suos sine omni intuitiva in via. Notandum tamen quod aut quæritur de 'cognoscere' tali cognitione quali cognoscitur sive res sit sive non sit, aut de cognitione intuitiva propria, aut de actu assentiendi rei significatæ per istam, 'Ego intelligo lapidem'. Si primo modo [34], planum est quod sic, quia tam existentia quam non existentia possunt cognosci. De cognitione secundo modo dico quod nulla est intuitiva in anima viatoris intellectiva nec rei extra [35] nec rei in anima. Si de tertia cognitione, dico quod anima assentit rei significatæ per istam 'Ego intelligo' sine omni intuitiva, quia præter istam propositionem, 'Ego intelligo lapidem', quæ propositio componitur ex cognitionibus abstractivis ; sive causetur per intuitivam sive non, non requiritur nisi quod illa intentio [36] recipiatur [37] in mente. Hoc sufficit quia ipsamet intentio [38] nata est causare assensum respectu sui sine omni intuitiva ejus media.

Confirmo istud quia anima dupliciter experitur aliquid, quia experitur aliquid sicut objectum, et aliquid experitur sicut subjectum unum experitur proprium actum ; aliter [39] enim iretur in infinitum, quia solum experiretur actum suum sicut objectum. Ergo est ibi alius actus cujus iste est objectum et illum experitur ; aut ergo sicut actum et non objectum, et habetur propositum, aut sicut objectum per alium actum, et sic in infinitum. Licet ergo experientia, qua anima experitur aliquid sicut objectum, requirat intuitivam, ideo anima nihil [40] sic experitur in via nisi per sensationes, tamen experientia qua experitur aliquid sicut actum et non sicut objectum non requirit talem intuitivam, et hoc quia sic experiri non est nisi subjectum unum recipere suum actum.

Confirmatur conclusio [41] quia ubi propositio affirmativa verificatur pro rebus, si duæ sufficiant æque ad verificandum propositionem sicut tres, solum pono duas. Sed hæc propositio, 'Anima experitur actum suum', est hujusmodi. Impossibile enim est quod cognitio actualis recipiatur in intellectu quin propositio verificetur.

Ad Augustinum dico quod per 'videre [42] fidem' solum intelligit recipere actum credendi. Isto modo videtur Magister Sententiarum intelligere ipsum, III distinctione 23, capitulo *Notandum est* [43]. Item Augustinus videtur frequenter dicere quod anima semper intelligit se actu elicito. Istud oportet quod [44] intelligatur quod omnis intellectio est talis, qua experta, statim anima assentiret se ipsam esse. Ita hic per 'videre fidem' intelligit quod recipere actum est tale videre vel tale experiri quod, illo posito, omni alio circumscripto, statim assentiret se credere vel actum credendi esse. Item

[28] *om. B.*
[29] dicitur *F.*
[30] intellectio *B.*
[31] intellectionis *B.*
[32] *om. B.*
[33] intellectus *B.*
[34] *om. B.*
[35] *om.* nec rei extra *B.*
[36] intellectio *B.*
[37] *om.* recipiatur . . . intentio *B.*
[38] intellectio *B.*
[39] *om.* Aliter . . . actum *A.*
[40] *om. A.*
[41] Confirmo conclusionem *AF.*
[42] *om. B.*
[43] PETER LOMBARD, III *Sent.*, Dist. XXIII, cap. 7 (Quarracchi, 1916), pp. 658-659.
[44] *om.* oportet quod *A.*

Augustinus [45] æque ponit animam videre suam ignorantiam. Item ponit quod non videt fidem sicut videt corpora exteriora. Ideo aliter sumit 'videre', non pro experientia objecti, sed actus.

Contra ista [46]. Primo, quia, si quando intentio lapidis [47] est in anima, non necessario causaret sui visionem, sequeretur quod aliquis post intentionem posset recordari se intellexisse, et tamen quod numquam prius intellexisset se intelligere. Quod est falsum.

Secundo, sequeretur quod actus rectus et [48] reflexus sint idem, quia per te idem est intelligere lapidem et intelligere se intelligere.

Tertio, sequeretur quod nullus potest scire [49] se errare, quia per eundem actum quo assentit sic esse in re non assentit se errare, nec per alium per te ; ergo nullo modo.

Quarto, sequitur quod æque probas quod non sit ire in infinitum in actibus reflexis, quia ex opposito, si itur in infinitum in eis, ergo intelligit se intelligere per aliud intelligere, et sic in infinitum. Et hoc est propositum [50].

Quinto, non apparet rationale quin beatus possit videre intuitive suum actum beatificum.

Dico sicut prius quod anima viatoris non habet naturaliter aliquem actum intuitivum quo videat actus suos.

Hoc adhuc confirmo sic. Quia aut virtute illius visionis essem certus quod ego intelligo lapidem ; aut solum essem certus quod intelligo, sed utrum lapidem vel non [51], hoc non esset certum virtute illius visionis. Non potes dicere primum, quia sic angelus videndo istam intentionem esset certus quod intelligeres lapidem, et per consequens non indigeret [52] locutione nec illuminatione. Et hoc reputas falsum quia alibi ponis quod licet unus angelus videat cognitionem alterius, tamen nescit cujus objecti est illa cognitio. Nec potest dici secundum, quia æque sum certus quod intelligo lapidem sicut sum certus quod intelligo, et [53] æque est contingens quod intelligam lapidem [54], et æque experior me intelligere lapidem.

Arguo ergo ex opposito. Ad hoc quod sim certus quod intelligam lapidem, non [55] est ibi aliqua visio quæ sufficiat ad hoc sine ulteriore discursu, sicut habes concedere. Cum ergo sim certus quod intelligo lapidem, oportet dicere quod hoc non sit per visionem, sed solum per hoc quod illa intentio [56] recipitur in anima.

Secundo, quia ista propositio, 'Ego intelligo' [57], posset [58] sine contradictione esse sine illa intentione [59] lapidis, tunc esset propositio falsa nec causaret assensum rei significatæ per eam. Sed omni alia visione circumscripta, posita intentione [60] ista [61] lapidis, statim [62] esset ista propositio vera, et ipsa cum ista intentione lapidis causaret assensum rei significatæ per eam, quia si cognitio intentionis [63] nata sit causare assensum rei significatæ per istam, 'Ego intelligo lapidem' [64], multo fortius ipsamet intentio [65], quando informat animam, nata est causare illum assensum. Et per consequens non est ibi alia visio.

Tertio sic. Si Deus conservaret istam propositionem in mente, 'Ego intelligo lapidem' [66], et cum hoc poneret in mente unam visionem illius intentionis [67] significatæ [68] per subjectum propositionis illius, et tamen quod [69] illa intentio [70] non esset, adhuc forte anima cum illa propositione et illa visione non sufficeret ad causandum assensum rei significatæ per istam propositionem, 'Ego intelligo lapidem' [71], saltem non talem assensum qualis causatur [72] per intuitivam. Sed circumscripta visione ista, posita ipsamet [73] intentione [74] lapidis, quæ [75] significatur per subjectum illius propositionis, causare potest anima assensum illi rei. Ergo ille assensus non requirit visionem intentionis.

45 alius *B*.
46 istam *A*.
47 lapidem *B*.
48 *om. A*.
49 *om. A*.
50 probatum *B*.
51 *om. A*.
52 indigeres *B*.
53 quod *AF*.
54 *om. A*.
55 non . . . discursu] arguo ergo ex opposito *F*.
56 intellectio *B*.
57 *add.* per *a* intellectionem lapidis *F*.
58 possum *A*.
59 intellectione *B*.
60 intellectione *B*.
61 *om. B*.
62 *om.* statim . . . lapidis *B*.
63 intentionum *A*.
64 *om.* lapidem *B* ; *add.* per a intellectionem *F*.
65 intellectio *B*.
66 *add.* per *a* intellectionem *F*.
67 intellectionis *B*.
68 *om.* significatæ . . . illius *AF*.
69 *om.* et tamen quod *B*.
70 intellectio *B*.
71 *om.* lapidem B ; add. per *a* intellectionem *F*.
72 significatur *A*.
73 *om. AF*.
74 intellectione *B*.
75 *om.* quæ . . . propositionis *AF*.

Primum assumptum patet. Quia non apparet quod anima sit talis naturæ quod ipsa sit nata causare assensum se intelligere per aliquam intentionem [76] quando non intelligit per eam [77], quia de nulla re anima est certius ipsam existere quam de actu proprio. Ergo si anima nata sit causare assensum istam [78] intentionem lapidis existere (16v) quando non existit, ergo anima esset nata causare in se ipsa errorem de sibi certissimis. Et per consequens numquam esset nata causare aliquam certitudinem in se ipsa propter quamcumque præsentiam cujuscumque rei.

Si dicis [79] : non est inconveniens quod Deus determinat animam [80] dando sibi habitum vel speciem vel visionem per quam assentiat esse in re illud quod non est in re [81].

Contra. Verum est quod Deus potest causare in anima assensum quo assentiat se intelligere quando non intelligit. Similiter Deus potest causare visionem per quam res appareat esse præsens, quæ non est præsens ; tamen non videtur quod ipsa anima per quamcumque speciem vel visionem sit nata causare assensum talem quia assentiat se ipsam intelligere quando non intelligit, quia ille assensus causatur naturaliter non solum ab anima et illa visione, si esset, sed etiam [82] ab illa intentione [83] lapidis [84] quia iste dependet naturaliter ab illa intentione in aliquo genere causæ, et anima non potest supplere, immo nulla creatura potest supplere, illam causalitatem. Ergo [85] quantumcumque esset anima et illa visio, si tamen illa intentio non esset, adhuc anima non sufficeret [86] causare illum assensum.

Quarto, non apparet plus quod intentio [87] vel dilectio causet visionem sui quam habitus vel anima, ex quo æque [88] est visibilis et anima æque nata est videre habitum sicut si esset in anima alterius. Si dicis, immo quia [89] hoc experimur et ibi non ; contra : omnia, quæ experimur, salvantur sine [90] illa visione. Immo, experientia est ad oppositum, quia, si esset ibi talis actus intuitivus, ergo sicut experimur sensationem nostram quamcumque imperfectam, ita [91] evidenter experimur [92] illam visionem ; quod apparet contra sensum.

Ad primum argumentum in oppositum. Licet propter istud non oporteat concedere consequentiam, tamen conclusio potest concedi. Concedo [93] enim quod aliquis potest recordari se intellexisse lapidem et tamen quod quando intellexit lapidem non advertit se intelligere. Et hoc habent dicere illi qui ponunt quod aliquis potest habere intentionem etiam [94] imperceptam, scilicet intentionem aliquam quam de facto intellectus [95] non advertit, licet posset [96] advertere et percipere eam. Et hoc patet quia aliquando aliquis [97] potest videre [98] sensibiliter aliquid, et tamen, quando videt, non advertere se videre. Sed post visionem per certa signa, quando advertit, percipit se vidisse.

Confirmo istud quia aliquis potest intelligere lapidem, et tamen non formare hoc complexum, 'Ego intelligo lapidem'. Et si non formet illud complexum, non causatur assensus rei significatæ per complexum. Et per consequens non [99] assentiet se intelligere, quia percipere se intelligere vel assentire se intelligere est assensus causatus per ipsammet intentionem lapidis mediante formatione complexi sine omni [100] intuitiva visione illius intentionis lapidis, quia intentiones [1] illæ, ex quibus componitur hoc complexum 'Ego intelligo lapidem', sunt abstractivæ et esse possent sine existentia illius actus recti ; aliter illa propositio non posset esse falsa.

Utrum autem illa intentio [2] lapidis, quæ [3] est actus rectus, aliquid causet in memoria, scilicet speciem vel dispositionem [4] ad habitum quæ sit principium actus recordandi, alias [5] patebit.

Ad secundum dico quod numquam sunt idem actus rectus et reflexus proprie, quia lapis extra et sua intentio [6] in anima sunt res distinctæ. Ergo et intentiones propriæ

[76] *om.* per aliquam intentionem *B* ; per *a* intentionem *F*.
[77] *om.* per eam *B*.
[78] suam *B*.
[79] dicitur *F*.
[80] *om. A*.
[81] *om.* in re *B*.
[82] et *F*.
[83] intentionem *B*.
[84] *om.* lapidis . . . intentione *AF*.
[85] ideo *B*.
[86] sufficit *A*.
[87] *add.* quod *A*.
[88] tam *B*.
[89] *om. B*.
[90] cum *B*.
[91] *om. F*.
[92] experiremur *F*
[93] et concedo *B*.
[94] *om. AF*.
[95] intelligens *F*.
[96] possit *A*.
[97] *om. AF*.
[98] *om. A*.
[99] *om. B*.
[100] cum *A*.
[1] intellectionis *B*.
[2] intellectio illa *B*.
[3] qui *A*.
[4] visionem *B*.
[5] *add.* non *B*.
[6] intellectio *B*

eis sunt distinctæ. Et per consequens alia est intentio [7], qua intelligitur lapis extra, et alia [8] qua intelligitur intentio [9] lapidis. Si et [10] videtur [11] lapis extra et etiam [12] videtur [13] intentio [14] lapidis alia visione, natum esset unum videri [15], et reliquum, licet etiam una visione possent [16] videri, sicut paries et tectum nata [17] sunt videri una visione simul vel distinctis visionibus [18], sicut placet homini. Tamen semper illa visio qua angelus cui conceditur videre intellectionem lapidis in mente hominis distingueretur ab illa intentione [19]. Ita certe, si angelus videat intentionem lapidis in se ipso, illa visio distinguitur ab illa intentione [20]. Tamen in via mens nostra nec potest videre suos intuitive, nec est necesse hoc ponere propter certitudinem habendam de actibus, ut dictum est. Angelus autem forte potest videre suos actus, licet propter consimilem certitudinem habendam de suis actibus, qualem viator habet de suis, non oporteat angelum videre suos actus.

Notandum tamen quod intelligere intentionem lapidis sicut [21] videre intentionem lapidis potest intelligi dupliciter. Vel sumendo 'intelligere' et [22] 'videre' intentionem lapidis proprie, et sic est quidam actus cujus objectum est ipsa intentio lapidis, et sic intentio lapidis et intentio seu visio illius intentionis [23] distinguuntur ; et isto modo dico quod ad certitudinem habendam de re significata per istam, 'Ego intelligo', non requiritur aliqua talis visio illius intentionis ; alio modo sumitur 'intelligere' et 'videre' intentionem lapidis magis improprie [24] quoad veritatem sermonis, tamen sic [25] aliquando sumitur ; propter usum loquendi hominum est [26] pro receptione illius intentionis lapidis in mente, quia mentem recipere intentionem lapidis est experiri istam intentionem, non sicut potentia experitur objectum, sed sicut potentia experitur actum suum [27] recipiendo illum. Quia ergo ex hoc quod intentio lapidis recipitur in mente statim cum mens format hoc complexum, 'Ego intelligo', causatur virtute istius receptionis actus assentiendi rei significatæ per complexum. Ideo potest ipsa [28] receptio vocari 'intelligere' seu 'videre' intentionem lapidis, quomodo dictum est supra quod angelus intelligit, quod anima videt suum actum credendi. Tunc dico quod anima non habet aliquem actum intuitivum intentionis [29] lapidis, sed solum recipit [30] intentionem lapidis, et hoc sufficit ad certitudinem actuum.

Contra. Cum intellectus format hoc complexum, 'Ego intelligo intentionem [31] lapidis' [32], tunc habet intentionem per quam intelligit intentionem lapidis, quia intentio intentionis [33] lapidis est pars propositionis. Dico quod verum est ; habet intentionem qua intelligit actum rectum, scilicet intentionem lapidis. Tamen illa intentio [34] non est visio illius intentionis, sed est ejus [35] cognitio abstractiva, quia se habet ad intentionem lapidis sicut imaginatio ad actum videndi quem imaginor me habere. Concedo ergo quod ibi potest haberi [36] actus reflexus, non tamen talis actus reflexus qui sit visio cujus objectum sit illa intentio [37] lapidis, sed solum cognitio abstractiva se habens ad intentionem lapidis abstractive, et non sicut ejus visio ; dico [38] in viatore.

Ad tertium argumentum. Dico quod aliquis potest evidenter cognoscere se errare, quia si assentiat rei significatæ per istam, 'Sors sedet', tunc quando innotescit sibi quod non est sic in re sicut ipse sentit, tunc similiter innotescit [39] se errare. Quando ergo quæritur per quem actum sciet hoc, dico per alium actum ab illo per quem errat [40]. Sed quia ille actus non est intuitivus, sed abstractivus ; ideo nihil ad propositum.

Ad quartum argumentum. Dico quod itur in infinitum in actibus reflexis ; etiam [41] si haberentur visiones [42], in visionibus iretur [43] in infinitum nisi aliunde repugnaret. Dico enim, si intentio [44] videretur visione aliqua, adhuc illa eadem ratione nata esset

[7] intellectio *B*.
[8] etiam *B*.
[9] intellectio *B*.
[10] etiam *B*.
[11] videretur *F*.
[12] *om. AF*.
[13] *om. AF*.
[14] intellectio *BF*.
[15] videre *F*.
[16] posset *B*.
[17] nati *B*.
[18] *om. B*.
[19] intellectio *B*.
[20] intellectione *B*.
[21] *om.* sicut . . . lapidis *B*.
[22] pro *B*.
[23] intellectionis *B* ; visionis *F*.
[24] proprie *A*.
[25] hoc *B*.
[26] si *A*.
[27] *add.* in *A*.
[28] ista *BF*.
[29] intentio *B* ; intentionem *F*.
[30] incipit *B*.
[31] *om. B*.
[32] lapidem *B*.
[33] intellectionis *B*.
[34] intellectio *B*.
[35] *om. B*.
[36] esse *A*.
[37] intellectio *B*.
[38] dicitur *A*.
[39] *add.* sibi *F*.
[40] *om. B*.
[41] et *A*.
[42] *add.* etiam *A*.
[43] itur *A*.
[44] intellectio *B*.

videri alia visione et sic in infinitum, eo quod non est status ad aliquam visionem quia illa sit nata videri alia visione. Quia tamen visio non est nata naturaliter causari vel diu conservari sine præsentia objecti, ideo semper visio posterior in istis visionibus reflexis semper requirit omnes præcedentes existere, quia, quacumque demonstrata, ista requirit suum objectum existere. Et illud objectum ejus [45] est una visio, et illa requirit suum objectum existere, et sic procedendo usque ad primam visionem.

Ex hoc sequitur quod, licet hæc intentio sit nata videri visione aliqua, et illa sit nata videri alia visione et sic in infinitum, ita quod ex parte visionum nulla esset repugnantia quin iretur in infinitum, immo nec esset repugnantia a parte potentiæ, si Deus faceret visionem sine objecto, quia tunc habendo posteriorem visionem, non essent visiones præcedentes. Ideo si anima procederet in infinitum, non propter hoc essent omnes visiones illæ simul, quia per potentiam Dei visio [46] posterior esset sine sui objecto. Tamen dico quod de facto nulla creatura potest de facto et naturaliter procedere in infinitum in actibus reflexis intuitivis, quia naturaliter non potest causare visionem sine objecto. Ergo non potest facere quin visio posterior requirat omnes præcedentes simul existere. Ergo creatura non potest ulterius procedere quam ad illum numerum visionum maximum qui potest sibi naturaliter competere. Et isto modo procedit argumentum. Si anima viatoris videret cognitionem lapidis, eadem ratione videret illam visionem, et sic procedendo usque [47] ad tantam multitudinem visionum quanta major sibi non potest naturaliter competere. Sed talem multitudinem visionum non experimur in nobis. Ideo [48] et cetera. Sed de actibus reflexis abstractivis non est sic, quia in illis posterior non requirit naturaliter priorem existere. Ideo in illis contingeret ire in infinitum, et sic [49] simul non esset magna multitudo cognitionum. Licet ergo ponam quod in via itur in infinitum (17ʳ) in actibus reflexis, tamen cum hoc stat quod illud argumentum teneat de actibus intuitivis. Etiam [50] duplex argumentum : primo, scilicet quod [51], si intentio nostra necessario causaret in anima visionem sui, eadem ratione illa visio necessario causaret visionem sui et sic in infinitum, nisi ponas quod habitus potentiæ determinet certum numerum ultra quem [52] <non> potest simul recipere plures visiones. Et adhuc sequitur quod talem multitudinem non experimur. Secundo, posito quod intentio lapidis non necessario causaret visionem sui, sed quod quando placeret voluntati, intellectus posset videre illam intentionem, adhuc eadem re quando placeret sibi intellectus posset per illam [53] visionem videre istam, et sic in infinitum, nisi potentia determinet sibi maximam multitudinem visionum in quam potest, et quod omnes visiones reflexæ subordinatæ essent simul. Et adhuc hoc falsum, quia talem multitudinem non experimur.

Ad quintum. Concedo quod beatus potest videre suam beatitudinem, non tamen viator. Ita enim potest videre suos habitus et anima seipsam esse factam [54] ad imaginem Dei. Et cum hoc non [55] conceditur [56] sibi competere in via.

Sextus Articulus est respondere ad quæstionem, et improbat Ockham

Sextus articulus est respondere ad quæstionem, utrum scilicet Deus possit causare in viatore talem notitiam evidentem abstractivam de creditis sine visione sui qualis nata est haberi mediante visione sui.

Opinio aliquorum [1] est primo, quod veritas contingens de Deo, quæ non cognoscitur evidenter [2] per notitiam intuitivam creaturæ, non potest evidenter cognosci nisi per notitiam intuitivam deitatis [3], ut ista, 'Deus est incarnatus', quia veritas contingens de re extra non cognoscitur evidenter nisi mediante notitia intuitiva aliqua rei extra, quia omnis alia notitia æqualiter se habet sive sic sit in re sive non. Si ergo non sufficiat notitia intuitiva creaturæ ; ergo requiritur notitia intuitiva Dei.

45 *om. B.*
46 *add.* exterior *B.*
47 ubique *B.*
48 Ergo *A.*
49 si *F.*
50 et *A.*
51 *om.* scilicet quod *AF.*
52 quod *AB.*
53 aliam *F.*
54 *om. B.*
55 *om. A.*
56 concedis *A.*

1 Ockham, *In I Sent.*, Prol., I, 5, QQ.
2 *om. A.*
3 distincta *B.*

Secundo, quia veritates necessariæ de Deo compositæ ex conceptibus connotativis, quæ non cognoscuntur evidenter nisi per notitiam evidentem alicujus contingentis, ut 'Deus est incarnatus', non potest evidenter cognosci nisi per notitiam intuitivam aliquam Dei. Si non sufficiat intuitiva creaturæ, quia ex quo talis non est evidens nisi per contingentem, et illa non est evidens nisi per intuitivam, ergo a primo.

Tertio, dicit quod veritas necessaria de Deo, in qua res ipsa prædicatur [4], si res potest probari, vel conceptus absolutus [5] evidenter cognoscibilis virtute notitiæ abstractivæ sine intuitiva, quia in illa veritate necessaria, si res prædicetur, illa non est nisi deitas ; ergo intellectus directe intelligens deitatem evidenter scit quod hæc res est illa. Si etiam absolutus simplex conceptus prædicetur, oportet quod sit univocus Deo et [6] aliis. Et per consequens sicut intelligens directe albedinem scit [7] evidenter quod albedo est color, ita intelligens sic Deum potest evidenter scire quod Deus sit ens, quod Deus sit intelligens. [8]

Contra istam opinionem. Primo, quia ista opinio videtur intelligere quod notitia intuitiva de re extra est illa quæ causat assensum complexo contingenti immediate.

Oppositum istius est probabilius, quia ex quo per istam intuitivam videtur non complexum, sed res extra ; ergo cognitio causata per intuitivam vel est cognitio sui ipsius intuitive, vel est ipsius rei visæ per intuitivam. Cum ergo illa propositio contingens nec [9] sit ista notitia intuitiva nec objectum visum per istam intuitivam, non apparet quod ista intuitiva causet immediate notitiam propositionis illius vel assensum ejus. Eadem enim [10] ratione causaret notitiam et assensum cujuslibet signi [11] significantis rem visam. Ideo [12] non assentitur illi complexo prius quam mens format hoc complexum, 'Hæc propositio est vera'. Sed antequam assentiat, quod ipsa sit vera, assentit sic esse in re. Ergo et cetera.

Confirmo istud, quia aliud est causare propositionem et aliud est causare notitiam vel assensum propositionis. Licet ergo notitia intuitiva concauset illas [13] cognitiones rei extra ex quibus componitur propositio, et per consequens concauset propositionem illam significantem rem contingenter existentem, tamen non ideo causat immediate cognitionem vel assensum habentem illam propositionem pro objecto cognito.

Secundo, quia assensus causatus per propositionem contingenter veram de re extra potest causari sine omni intuitiva. Nam ponatur quod aliquis videat Christum quoad deitatem et humanitatem. Tunc virtute istius visionis formaret immediate complexum contingens ex cognitionibus evidentibus causatis per intuitivam, et mediante complexo illo causat assensum veritatum rei significatæ. Probo ergo quod iste assensus rei significatæ per complexum illud contingens possit causari sine illa intuitiva, quia omnem formam absolutam potest Deus efficere sine alio, quia minus est quamcumque sic posse facere quam facere mundum non de aliquo. Sed illud potest. Ergo et cetera.

Confirmo, primo quia dicere quod Deus non possit immediate aliquid quod potest mediante causa secunda, error [14] inter articulos Parisius ; et qua ratione potest causare unum absolutum sine causa secunda, et aliud, saltem de accidentalibus. Secundo, quia nihil negandum est a potentia Dei de quo non [15] probatur ipsum includere contradictionem. Sed hoc non probatur hic. Tertio, quia [16] intuitiva potest a Deo fieri sine objecto et abstractiva sine intuitiva ; quia aut requiretur [17] ad efficiendum eam, aut in alio genere causæ. Si primum, Deus potest supplere illam efficientiam. Non secundum manifestum est [18]. Ita arguo tibi quod assensus talis per intuitivam sine contradictione posset causari [19] sine intuitiva prima. Tertio, per idem patet, quod etiam illa propositio, qualis nata [20] esset formari mediante visione Dei, posset [21] a Deo causari sine visione Dei, sicut probant eædem probationes. Ergo, assensus conveniens ipsi rei natus esset causari non solum a Deo, sed etiam per ipsam propositionem contingentem sine intuitiva prima cujus vicem Deus suppleret [22].

[4] probatur *AF*.
[5] *add.* est *F*.
[6] in *B*.
[7] *om. B*.
[8] intellectus *AF*.
[9] non *LF*.
[10] *om. B*.
[11] *om. B*.
[12] item *B*.
[13] *om.* illas . . . concauset *AF*.
[14] *om. A*. Cf. *Chart. Univ. Paris.*, I, n. 43, p. 547, item 63.
[15] *om. A*.
[16] *add.* ideo *F*.
[17] requirentur *AB*.
[18] *om. B*.
[19] causare *B*.
[20] *om. B*.
[21] *om.* posset . . . Dei *B*.
[22] sufficeret *A*.

Item aliqua non videretur contradictio quod Deus causaret in viatore tales species vel habitus quæ solum manerent quando res talis esset qualis [23] significata [24] per veritatem contingentem et per quas formaret aliquis propositionem evidentem, et tunc per illas et per propositionem [25] formatam causaretur assensus evidens rei significatæ, quia illæ species vel habitus solum essent quando res esset. Nihil apparet hic [26] includere contradictionem.

Item nulla apparet contradictio quin visio creaturæ sufficiat respectu contingentium de Deo, quia non est contradictio quod Deus causet assensum evidentem de re significata per istam conditionalem : 'Si Deus incarnetur dabitur tanta gratia homini vel tunc salvabitur homo et non aliter'. Si tunc assensus isti rei causetur [27] a Deo sine intuitiva sui, tunc eo ipso quod aliquis videret [28] tantam gratiam in homine, evidenter concluderet [29] Deum esse incarnatum.

Confirmo quia per visionem albedinis concludimus [30] substantiam esse ; aliter non probamus [31] substantiam esse nisi per hoc quod accidentia sunt et variantur. Sed non esset contradictio quod aliquod causatum a Deo esset tale ex cujus existentia æque probaretur Deum esse incarnatum, sicut ex accidentibus [32] probatur substantia esse.

Confirmo quia non est contradictio quod esset evidens quamcumque creaturam non esse nisi quia Deus vult eam esse. Sed ille cui hoc esset evidens seu in quo talis assensus causaretur a Deo sine visione sui, adhuc eo ipso quod videretur creaturam aliquam esse, evidenter concluderetur [33] Deum sic velle. Et tamen hæc [34] propositio est contingenter vera.

Contra secundam conclusionem. Quid intelligitur per conceptum connotativum? Aut conceptum relativum aut non. Si primum, melius esset concordari [35] in quid nominis cum aliis et dicere quod esset relativus, quia in principio requiritur in scientia concordantia in quid nominis. Non secundum quia, si conceptus connotativus non sit relativus, aut est simplex aut complexus. Si primum, ergo significat rem se habere ad aliud extrinsecum et est unus. Ergo est relativus quia sibi convenit definitio relativi, quia hoc ipsum quod est ad aliud se habere. Si sit conceptus complexus ex multis conceptionibus componentibus unam descriptionem, tunc non est aliquis unus conceptus simplex connotativus, sed tantum ipsa descriptio implicita, vel includens propositiones et quærendum est tunc de illis propositionibus sicut prius, et sic procedendo usque ad terminos simplices.

Secundo quia sequitur, assensus evidens rei contingentis potest causari sine visione prævia, et etiam propositio evidens quæ significat rem contingentem. Saltem per potentiam Dei ita possunt causari sine visione Dei, sicut est probatum. Ergo multo fortius propositio evidens necessaria significans rem relative [36], et etiam assensus sequens, possunt causari sine visione Dei. Consequentia est plana per te et antecedens est probatum.

Item si res necessario sit talis, qualis significatur per propositionem sic, quod ipsam aliter se habere includat contradictionem ; ergo possent causari habitus vel species vel saltem propositio aliqua in mente per quam esset evidens includere repugnantiam Deum non posse incarnari nec esse incarnabilem. Et tunc per illam constabit evidenter quod Deus sit incarnabilis sine visione Dei.

Contra tertiam conclusionem, non apparet quod per aliquam propositionem compositam ex terminis absolutis de ipso Deo possit ita evidenter cognosci res sine intuitiva Dei sicut cum intuitiva. Quia quantumcumque propositio significans 'Deus' esset (17v) evidens cognitio rei, tamen per ipsam intuitivam simul evidentius apprehenderetur et cognosceretur res significata quam per illam propositionem tantum quia omne totum est majus sua parte. Ergo contradictio est [37] quod ita evidenter cognoscatur vel quod [38] cognitio et apprehensio sit ita evidens sine intuitiva sicut cum intuitiva [39]. Tunc arguo : si habens illam propositionem et simul cum hoc videns Deum evidentius

[23] *om. B.*
[24] significati *F.*
[25] *add.* sic *F.*
[26] *om. B.*
[27] causaretur *F* ; causatur *A.*
[28] videat *B.*
[29] contradicetur *B.*
[30] contradicimus *B.*
[31] probaremus *B.*
[32] accidente *BF.*
[33] contradicetur *B* ; concluderet *F.*
[34] *om. B.*
[35] concedere *A.*
[36] *om. B.*
[37] *om. B.*
[38] *om. A.*
[39] *om.* sicut cum intuitiva *AF.*

cognoscat Deum, ergo est natus causari evidentior assensus quam si non videat Deum. Aut ergo Deus potest supplere causalitatem intuitivæ respectu illius assensus vel non. Si non, ergo non potest ille assensus evidens causari sine intuitiva. Non potes dicere quod sic, quia ponis de propositione connotativa quod ipsa non potest causare assensum evidentem sine intuitiva sicut tu loqueris ibi de potentia Dei ; ergo nec similiter ista propositio, quia in eodem genere causæ concurrit intuitiva respectu istius assensus et respectu illius assensus causandi [40] propositionem connotativam. Ergo si ibi non potest, nec hic etiam de potentia Dei.

Confirmo in secundo dicto et tertio. Aut loqueris de potentia Dei aut [41] non. Si sic, ergo est repugnantia quia in eodem genere causæ intuitiva concurreret utrobique. Si non, adhuc est repugnantia quia intuitiva concurrit utrobique in eodem genere causæ respectu assensus. Ergo si per naturam [42] ille assensus potest causari sine intuitiva, ita iste.

Item falsum est quod res extra sit pars propositionis, prædicatum vel subjectum, quia propositio potest esse re ipsa non existente. Ergo res extra nec [43] est propositio nec prædicatum vel subjectum in propositione. Assumptum patet. Aliter impossibile esset quod eadem propositio esset primo vera et postea falsa, etiam de potentia Dei.

Confirmo quia quantumcumque clare aliquis videat albedinem, tamen visio distinguitur a re. Ergo multo fortius propositio causata mediante visione.

Confirmo quia non est in potestate intellectus nostri componere [44] rem cum re vel dividere rem a re. Ergo propositio quæ est in nostra potestate non habet rem extra pro parte sua, sed est res significata per propositionem quæ est in anima vel per subjectum seu prædicatum.

Item falsum est quod omnis conceptus absolutus Dei esset communis et univocus creaturæ. Falsum est quia de Deo potest haberi conceptus simplex sibi proprius, et maxime de potentia Dei sicut hic quæritur. Nam nihil negandum est a potentia Dei de quo non probatur contradictio. Sed [45] quod aliquis habeat unam intentionem per quam intelligat Deum nihil aliud intelligendo, nulla apparet contradictio. Ergo et cetera. Sed illa intentio non est Deus, sed per eam Deus concipitur omni alio circumscripto. Ergo est conceptus Dei.

Aliter dicendum est [46] ad istum articulum, quia aut quæritur utrum Deus possit dare viatori sine visione sui habitus vel species per quas ita evidentes tales [47] propositiones formet et talem assensum causet sicut si aliquando vidisset Deum vel actu videret Deum ; aut quæritur secundo utrum omnis veritas de Deo quæ potest haberi mediante intuitiva possit probari per præmissas æque evidentes circumscripta visione sicut ipsa posita a quocumque causentur.

Si primo modo [48], dico quod non, quia illa [49] propositio est alterius rationis [50] in essendo, quam format videns Deum, ab illa quam formaret ille qui nec videt Deum nec unquam vidit. Cum ergo quantumque infunderetur habitus vel species, adhuc non sufficeret anima ad formandum talem propositionem circumscripta intuitiva, quia non potest creatura supplere causalitatem intuitivæ. Et per consequens vel non causaretur talis propositio vel Deus aliter concurreret supplendo causalitatem intuitivæ qualiter non concurreret si esset intuitiva, et hoc sive sit [51] propositio contingens sive necessaria absoluta vel connotativa qualitercumque. Eodem modo si infundantur tales habitus vel [52] species, et simul cum hoc Deus causet propositionem talem, qualem formaret videns Deum, si omnia ista causarentur a solo Deo sine intuitiva, adhuc anima cum istis non sufficeret causare talem assensum verificatum qualis causaretur per ista et per intuitivam simul, quia nullum istorum potest supplere causalitatem intuitivæ. Ergo si debet talis assensus causari, oportet quod hic fiat per hoc quod Deus supplet causalitatem illius notitiæ intuitivæ.

[40] *add. BF.*
[41] vel *AF.*
[42] materiam *A.*
[43] non *AB.*
[44] ponere *AF.*
[45] *om. F.*
[46] *om. B.*
[47] *om. B* ; species *del. F.*
[48] *om. B.*
[49] alia *BF.*
[50] rei *AF.*
[51] *om. A.*
[52] *om.* habitus vel *B.*

Ista [53] confirmantur per hoc, quia quosque [54] habitus vel species Deus infundat adhuc anima [55] per illos habitus et species et [56] intuitivam simul causaret propositiones compositas ex cognitionibus evidentioribus quam sine intuitiva. Et etiam propositio talis cum intuitiva causarent assensum alterius rationis ab illo qui causaretur sine intuiva causatione naturali per illos habitus. Probo, quia causa particularis alterius rationis potest [57] in aliquem effectum alterius rationis. Sed quando intuitiva concurrit cum eis, tunc concurrit ibi una causa particularis alterius rationis. Ergo [58] potest causare propositionem alterius rationis. Et per consequens talis assensus non est natus [59] causari per tales habitus vel species sine omni intuitiva, etiam quantumcumque propositiones illæ sint necessariæ. Ergo patet quod per nullum habitum vel species causales in mente viatoris posset viator [60] formare propositiones ita evidentes sine intuitiva, nec assensum ita evidentem causare sine intuitiva, sicut si causaret per intuitivam habitam cum eisdem.

Si quæratur secundo modo utrum scilicet omnis veritas de Deo in anima, sive sit [61] contingens sive sit necessaria, absoluta vel relativa, possit esse æque evidens in se vel probari per præmissas æque evidentes circumscripta visione sicut posita visione, a quocumque illæ præmissæ causantur.

Prima conclusio, quod quælibet veritas de Deo sive sit necessaria sive contingens, sive includat conceptus absolutos sive relativos, potest sine visione cujuscumque formari et probari per omnes propositiones significantes rem extra per quas probaretur, si anima haberet visionem tam Dei quam creaturæ cujuscumque [62], quia quælibet illarum propositionum distinguitur a notitia intuitiva tam Dei quam creaturæ. Ergo potest causari a Deo non causata visione Dei vel creaturæ. Et tamen tunc quælibet illarum esset æque vera circumscripta visione sicut visione [63] posita, quia quælibet significat rem extra. Ergo per eas æque potest illa conclusio probari circumscripta visione sicut visione posita, quia illæ propositiones æque componuntur ex cognitionibus perfectis [64] circumscripta visione, sicut ipsa posita. Et [65] ipsa est æque vera circumscripta visione sicut ipsa posita. Et per consequens æque veraciter et æque evidenter evidentia intrinseca terminorum propositionis inferunt conclusionem visione circumscripta sicut ipsa posita.

Secunda conclusio, quod nulla veritas theologica potest æque probari per propositiones significantes rem in anima, circumscripta visione, sicut posita visione [66], quia omnis talis veritas theologica nata esset probari per istam propositionem, "Ego video sic esse in re" sicut significatur per propositionem talem. Sed ista propositio non est æque evidenter vera circumscripta visione sicut ipsa posita, quia circumscripta visione hæc propositio, 'Ego video sic esse in re', est propositio falsa. Ergo propositio non est æque evidenter vera sicut posita visione.

Contra. Illa [67] propositio[68] distinguitur a visione. Ergo potest causari sine ea. Concedo conclusionem. Sed tamen, si causetur sine ea, tunc est propositio falsa quantumcumque componatur ex cognitionibus perfectis. Ergo ipsam esse evidenter veram est ipsam poni in mente cum visione illa quam significat. Ergo per consequens, ipsa circumscripta, nulla propositio probatur æque evidenter per propositionem, 'Ego video sic esse', sicut probaretur visione posita. Eodem modo esset arguendum de propositione de præterito. Hæc propositio, 'Ego vidi sic esse in re', non est [69] ita evidenter vera, si numquam vidit sicut si aliquando vidit remanente memoria illius visionis.

Ergo patet ad istum articulum quæstionis primo, quod per nullum habitum vel species potest conferri alteri sine visione Dei quod formet propositiones æque evidentes sicut formaret mediante visione Dei [70], et eadem ratione nec quod causet assensum æque evidentem. Secundo, quod [71] licet Deus possit facere quod sine visione aliquis probaret

[53] ita *A*.
[54] quousque *A* ; quoscumque *F*.
[55] omnia *B*.
[56] *om. A*.
[57] *om.* potest . . . rationis *A*.
[58] *om.* ergo . . . rationis *B*.
[59] *add.* potest *B*.
[60] *om. A*.
[61] *om. A*.
[62] *om.* creaturæ . . . creaturæ *B*.
[63] ipsa *B*.
[64] *del. B*.
[65] *om. A*.
[66] *om.* sicut posita visione *B*.
[67] *om. B*.
[68] *add.* non *A*.
[69] *om. B*.
[70] *om. B*.
[71] *om. A*.

quamcumque veritatem de Deo per præmissas significantes rem extra æque evidenter veras intrinsece sicut [72] visione posita, tamen non potest facere quod probet [73] tales veritates per præmissas æque evidenter [74] quæ significent res in anima. Prima pars istius patet, quia ex quibuscumque cognitionibus componatur propositio, saltem ipsa distinguitur ab intuitiva. Ergo potest causari sine ea, et eadem ratione omnes ejus præmissæ. Cum [75] ergo quælibet istarum significet rem extra sicut est in re, ergo quælibet est vera et componitur in se ex cognitionibus simplicibus evidentibus, quia ex talibus quales habuisset mediante intuitiva, eo quod talis producitur a Deo. Ergo quælibet est evidenter vera evidentia propositionum significantium rem extra. Secunda pars patet quæ, licet posita visione, probaretur per istam, "Ego video" seu "vidi sic esse". Sed [76] ista non est evidenter vera si [77] nec videat nec vidit. Et cetera [78].

Contra ista. Primo quia, ut videtur, eadem propositio potest formari quando est visio intuitiva et post, quia aliter eadem propositio non posset esse vera et falsa. Secundo, quia aliter propositio contingens esset necessaria ex terminis, quia non esset nata esse nisi quando res esset, sicut nec notitia intuitiva. Tertio, quia aliter [79] propositio contingens causaret assensum, omni alio circumscripto, et sic esset per se nota. Quarto, quia tunc ista propositio non componeretur ex cognitionibus abstractivis quæ [80] non sunt natæ naturaliter (18r) existere nisi quando res est.

Secundum dubium. Quia ponatur quod Deus causaret in anima aliqua sine [81] intuitiva omnes propositiones tales inferentes istam [82], 'Deus est ens, Deus est trinus et unus', quales natæ essent formari per intuitivam. Adhuc istæ non sufficerent causare aliquem assensum evidentem, quia omnis assensus evidens requirit vel propositionem per se notam vel experientiam, quia hoc est propositionem esse evidentem. Sed si non est hic intuitiva, non est hic [83] experientia sufficiens nec est per se nota quia propositiones per se notæ requirunt experientiam.

Tertium dubium. Quia Deus potest causare immediate assensum sine propositionibus. Ergo non oportet quod causentur propositiones.

Secundo [84], quia potest causare assensum rei significatæ per istam, 'Ego video Deum' [85], sine illa visione.

Tertio, quia propositio falsa potest probare verum. Ergo licet ista sit falsa, 'Ego video Deum', tamen potest probare istam, 'Deus est' [86]. Nam si aliquis assentiat se videre aliquid quod ipse non videat [87], tunc per propositionem falsam [88] probaret verum, quod res esset talis necessario ponatur. Ita in proposito.

Ad primum istorum dico ut in aliis, quod propositio formata mediante visione non est ejusdem rationis in essendo cum [89] propositione naturaliter formata sine visione. Immo nec [90] est propositio evidens [91] ejusdem rationis formata in actibus reflexis quando actus rectus est et [92] quando non est. Dico de propositione causata per causas naturales. Hæc patent [93], quia notitia intuitiva est quædam causa particularis respectu propositionis causandæ et respectu assensus subsequentis. Sed causa particularis alterius rationis potest in aliquem effectum alterius rationis, et de illo loquor. Unde non est imaginabile quin beati forment propositiones evidentiores de Deo quam viator.

Ad primum in oppositum dico quod propositio, quam format virtute visionis, et propositio, quam format circumscripta visione, sunt alterius rationis in essendo ; tamen per se [94] significant idem. Ergo non sunt una propositio in essendo, sed una [95] in significando, et ideo dicitur quod eadem est vera et falsa. Vel aliter, quod non omnis propositio potest remanere naturaliter in absentia rei. Adhuc aliter, quod ista propositio potest esse falsa eadem existens, eo modo quo eadem visio est modo vera et postea falsa [96]. Et [97] si conservetur a Deo, re corrupta, est falsa, ita quod si [98] a Deo

[72] sine *AF*.
[73] pro rebus *A*.
[74] evidentes *F*.
[75] *om. B*.
[76] ergo *F*.
[77] sive *B*.
[78] *om.* et cetera *B*.
[79] similiter *A*.
[80] quia *F*.
[81] *om. A*.
[82] *om. B*.
[83] *om. B*.
[84] tertio *F*.
[85] *om. B*.
[86] *om. B*.
[87] videret *A*.
[88] propositio falsa *B*.
[89] in *B*.
[90] non *A*.
[91] *om. B*.
[92] *om. B*.
[93] hoc patet *A*.
[94] *add.* eadem *A*.
[95] quia eadem *B*.
[96] *om. BF*.
[97] *om. AF*.
[98] *om.* quod si *B*.

conservetur propositio, re corrupta, ipsa est falsa. Quia ergo res contingens faciliter aliter se habet, ideo [99] sic conceditur. Adhuc aliter potest dici, quod verum est eadem propositio contingens potest esse vera et falsa per causas naturales, non tamen omnis propositio contingens. Ista enim propositio quæ nata est formari a non vidente rem aliquando est vera, aliquando est [100] falsa, quia ista non dependet a re in essendo. Sed ista quæ causatur per intuitivam non. Ideo non abstrahit eam sicut aliam.

Ad secundam probationem. Nego consequentiam [1] ; quia licet propositio ista non esset naturaliter nata existere nisi quando intuitiva esset, nec intuitiva nisi quando res est, tamen quia propositio potest saltem a Deo conservari sicut etiam intuitiva, et tunc quod res significata per eam, cum sit contingens, non sit talis qualis significatur, ideo tunc propositio ista esset falsa. Non sic de necessariis, quia propositio ista necessario est vera, quia res significata per eam necessario est talis quando existit qualis significatur [2] per illam propositionem.

Ad tertium. Propositio contingens aliqua sic potest concedi per se nota, quod statim causet [3] assensum omni præmissa circumscripta ; tamen propter argumentum non oportet hoc concedere, quia licet naturaliter requirat rem esse, tamen ex hoc non potest concludi quod sit per se nota.

Ad quartum dico quod immo propositio ista componitur ex cognitionibus abstractivis distinctis contra intuitivas, quia nulla ejus pars est talis cognitio intellectiva qualis est sensatio exterior in sensitiva. Concedo tamen quod non abstrahat sic quod naturaliter sit indifferens ut sit vel non sit re non existente, et hoc per causas naturales. Unde non sequitur : omnis notitia intuitiva naturaliter [4] requirit præsentiam objecti ; ergo omnis notitia requirens præsentiam objecti est intuitiva. Item est abstractiva abstrahens a quolibet singulari ita quod non est cognitio propria singularis cujuscumque ante compositionem et divisionem.

Ad secundum dubium dici potest dupliciter. Primo sic, quia si per quamcumque potentiam [5] formarentur in mente alicujus omnes propositiones quæ natæ sunt esse præmissæ ad istam, "Deus est trinus et unus", sine visione Dei [6], quæ natæ sunt formari mediante visione Dei, tunc esset ibi aliqua propositio significans rem extra de qua esset evidens suum oppositum includere repugnantiam terminorum. Et per consequens talis propositio, circumscripta omni alia experientia, nata esset causare aliquem assensum evidentem, licet non tantum quantus causaretur per illam propositionem et per intuitivam simul.

Assumptum probo dupliciter. Primo sic : nisi ibi formaretur aliqua propositio de re extra cujus oppositum evidenter includeret contradictoria, sequeretur [7] quod creatura non posset ad plenum certificari sic esse in re, quia per intuitivam non posset perfecte certificari sic esse in re [8] eo quod ipsa [9] potest fieri re non existente tali qualis apparet, saltem per potentiam Dei. Ergo [10] erit certitudo per propositiones quarum oppositæ includunt repugnantiam, vel nullo modo. Secundo [11] sic : oppositum istius articuli, "Deus est trinus et unus", vel includit contradictionem vel infert contradictionem esse in re ; aliter Deus [12] possit verificare [13] eam. Ergo licet inter propositiones, quas formamus de facto, de nulla sit nobis evidens suum oppositum includere repugnantiam, tunc non apparet quin videns Deum possit aliquas formare significantes rem extra quarum oppositæ evidenter includerent repugnantiam. Et per consequens si per quamcumque potentiam [14] formarentur in mente sine visione Dei vere causarent aliquem assensum evidentem ipsi rei significatæ per eas [15].

Similiter [16] potest dici ad argumentum, quod propositio composita ex cognitionibus evidentibus incomplexis, quales natæ sunt haberi per visionem Dei et illa quæ significat rem extra sive sit contingens sive necessaria in significando ipsam [17] statim cum est in mente, circumscripta omni visione et experientia distincta ab ea, ipsa, nata est causare

[99] iam *B*.
[100] *om. B*.
[1] *om. B*.
[2] significetur *A*.
[3] causaret *A*.
[4] *om. A*.
[5] propositionem *A*.
[6] *om.* Dei . . . Dei *AF*.
[7] sequitur *B*.
[8] *om.* sic esse in re *AF* ; *add.* eo quod ipsa potest certificari *A*.
[9] *om. BF*.
[10] *add.* nihil *BF*.
[11] tertio *BF*.
[12] aliæ de quibus *B*.
[13] posset videre *A*.
[14] *om. A*.
[15] *om.* per eas *B*.
[16] *om.* similiter . . . evidentibus *B*.
[17] ipsa *F*.

assensum evidentem de re significata, licet non talem qualis causaretur per illam propositionem et [18] intuitivam simul. Hoc patet primo quia experimur quod propositio contingens vel necessaria in nobis causat aliquem assensum partialiter vel totaliter sine intuitiva, aliquando assensum creditivum ut quando unus assentit dictis alterius, aliquando assensum opinativum. Ergo propositio composita ex cognitionibus [19] evidentioribus, sive significet rem contingentem sive necessariam, nata est causare assensum magis evidentem. Si ergo sit talis qualis nata est formari per intuitivam, ipsa multo magis sufficeret sine intuitiva ad causandum evidentem [20] assensum. Secundo patet per idem. Nam ideo intuitiva causat assensum evidentem maxima evidentia quæ nata est haberi [21] per notitias experimentales, quia ipsa naturaliter requirit et representat sic esse in re [22] sicut significat. Sed ista propositio, talis qualis est [23], nata est [24] formari per intuitivam ; ipsa naturaliter requirit sic esse in re sicut [25] significat et representat sic esse in re. Nec est naturaliter nata [26] esse in mente nisi sic sit in re, quia [27] non est nata esse naturaliter nisi intuitiva sit et ista non est naturaliter suum esse nisi sic sit in re. Ergo sequitur quod ista propositio nata est causare aliquem assensum rei quam significat etiam evidentem, sed non talem qualis causaretur per intuitivam.

Contra primam istarum responsionum. Si propositio aliqua possibilis formari de Deo sit talis quod ejus [28] oppositum includeret repugnantiam, sequeretur quod viator de facto adquireret evidentem assensum respectu [29] credendorum, quia omne illud quod significatur per propositiones quas format beatus, significatur per propositiones quas format [30] viator, quia eorundem est fides et theologia et beatitudo. Si ergo propositio in mente beati est talis quia ejus oppositum significat repugnantiam, ergo propositio quam viator de facto format est talis [31] quod ejus oppositum includit [32] repugnantiam. Cum ergo naturaliter est [33] evidens propositionem includentem repugnantiam esse impossibilem et suum oppositum esse [34] necessarium, sequitur quod esset [35] nobis modo naturaliter evidens articulum fidei esse necessarium.

Item contra secundam solutionem, quod præter quamcumque propositionem necessario requiratur aliqua alia experientia ad hoc quod causetur assensus evidens, quia non est propositio evidens nisi sit evidens subjectum esse ; hoc enim præsupponitur. Sed subjectum esse non est evidens nisi per experientiam. Aliter enim præmissæ demonstrationis non præsupponerent præcognitiones.

Ad primum istorum. Concedo quod oppositum articuli fidei quem [36] nos formamus in via significat repugnantiam [37] esse in re, aliter Deus posset verificare [38] illud complexum. Tamen dico quod hoc non est evidens, quia non formamus complexa de Deo ex talibus cognitionibus, quibus positis in mente, sit evidens [39] unam oppositorum esse necessariam et aliam impossibilem. Ergo illa quam formamus [40] non causat assensum ita evidentem sicut illa [41] quam format beatus, licet idem significent.

Ad secundum istorum. Aut intelligis quod præter propositionem requiratur quod de facto est ibi aliquis alius actus quo experiatur rem esse ad hoc quod causetur assensus evidens. Nego istud. Sufficit, quod propositio sit talis virtute cujus assentiret evidenter rem esse. Sed hoc potest per propositionem talem qualis nata est formari de re extra per [42] intuitivam. Aut intelligis quod præter propositionem nata [43] sit haberi talis experientia distincta, et hoc [44] potest concedi.

Ad probationem. Concedo quod de facto omnis propositio evidens, quæ naturaliter formatur, præsupponit experientiam talem mediante qua causantur cognitiones illæ ex quibus componitur ista propositio. Ideo ista præsupponit experientiam aliquam virtute cujus mediate vel immediate concludatur subjectum esse. Tamen si per potentiam Dei causaretur [45] propositio sine illa experientia per quam nata esset formari, tunc non oporteret.

[18] *om. B.*
[19] *om. B.*
[20] *om. B.*
[21] causari *A.*
[22] *om.* in re *A.*
[23] *om. A.*
[24] *add.* causari *B.*
[25] quod *A.*
[26] *add.* sic *B.*
[27] *om.* quia . . . in re *B.*
[28] est *A.*
[29] *om. F.*
[30] *om. A.*
[31] *add.* qualis *B.*
[32] significat *B.*
[33] sit *F.*
[34] *om. B.*
[35] *add.* in *A.*
[36] quam *B.*
[37] *om. B.*
[38] videre *A.*
[39] *om. A.*
[40] formamus *F.*
[41] *om. A.*
[42] *om. B.*
[43] in anima *A.*
[44] sic *B.*
[45] causetur *AF.*

Ad tertium dubium principale. Ad primum istorum, concedo quod Deus immediate causare potest assensum sine propositionibus, et, e contra, ideo Deus non requirit propositiones illas existere, ut ipse causet. Tamen ipsa anima non est nata causare talem assensum evidentem nisi per propositiones sic evidentes. Alius enim est assensus quem causaret anima per propositiones tales quales ipse formaret per habitus seu species infusas et alius est assensus quem causaret mediantibus talibus propositionibus quales natæ essent formari mediante intuitiva, quæ non causarentur [46] sine intuitiva nisi a Deo totaliter vel supplente vicem particularis agentis.

Ad secundum illius dubii. Concedo quod Deus potest causare assensum rei significatæ per istam, "Ego video", licet propositio sit falsa, quia non minus hoc potest Deus quam facere visionem sine objecto. Tamen cum hoc stat quod non esset (18v) propositio [47] evidens, quia propositio non esset vera, licet appareret evidens.

Ad tertium illius dubii. Concedo quod ex falsis potest probari verum, non tamen evidenter, quia evidens probatio requirit quod propositio probans componatur ex cognitionibus evidentibus et sit evidenter vera.

Ad responsiones principales primæ partis quæstionis. Concedo quod et habitus et species et propositiones et assensus potest Deus immediate causare sine intuitiva, et [48] hoc tam conjunctim quam divisim. Tamen, non existente intuitiva, hæc propositio : "Ego video sic esse in re", non esset evidenter vera [49] ; tunc per eam nihil evidenter probaretur.

Ad primum in oppositum. Aut intelligis quod Deus causet solum propositiones tales in anima quales natæ essent [50] adquiri per intuitivam, et tunc anima per illam propositionem causet assensum quam potest. Tunc dico quod si postea infundatur intuitiva, tunc non formabitur alia propositio, sed causabitur alius assensus, quia ista propositio cum intuitiva causant evidentiorem assensum quam propositio solum. Aut intelligis quod Deus causet illum assensum qui natus esset causari per intuitivam. Tunc dico quod si postea infundatur intuitiva non causabitur major assensus quia prævenitur per potentiam Dei.

Ad secundum in oppositum. Patet per idem.

[46] **causantur** ***F.***
[47] **probatio** ***B.***
[48] *om. B.*
[49] *add.* ideo ***AF.***
[50] **sunt** ***A.***

The First Quodlibet of Jean Quidort

AMBROSE J. HEIMAN, C.Pp.S.

Little is known of the life of Jean Quidort ; contemporary documents referring to him are few indeed. In 1303 he is mentioned among the Dominicans of the Monastery of St. James in Paris who signed an appeal to the council called by Philip the Fair against Boniface VIII [1]. According to an early catalogue of the Dominican Masters in Theology in the University of Paris, he received his Licentiate in Theology in 1304 and died in 1306 at the papal curia in Bordeaux [2]. This information is expanded in a notice from the early months of 1306. Here we read that Jean had been forbidden to teach or dispute at Paris because he had inaugurated a *positionem novam* concerning the presence of the Body of Christ in the Holy Eucharist. He had gone to the papal curia to appeal his case, but died before a final decision was given [3].

There can be no doubt that the John of Paris of these documents is Jean Quidort. It also seems certain that he is the John of Paris who was the subject of a *Commendatio fratris Johannis de Parisius, quando habuit suas vesperas*, published by M. Grabmann [4]. This *Commendatio* was apparently read by his promoter on the eve of his receiving his Licentiate in Theology. It informs us that he had entered a monastery at an early age ,[5] but was a famous Master of Arts before he became a Dominican [6]. When he became a Master of Arts is not certain. But we have a letter dated August 6, 1290 [7], in which a John of Paris is mentioned among a group of students recommended for the Licentiate in Arts in the University of Paris. It is very possible and even probable that this John of Paris is Jean Quidort [8].

If this identification is true, we can reconstruct the few known facts concerning the life of Jean Quidort as follows. At an early age he entered a monastery, but did not become a monk at this time. In 1290 he received his Licentiate in Arts and between 1290 and 1303 became a Dominican. He received his Licentiate in Theology in 1304 and died in the early months of 1306. His quodlibetal dispute therefore took place either in 1304 or in 1305, after he had received his Licentiate in Theology and before he was expelled from the University because of his doctrine concerning the Holy Eucharist [9].

The Manuscript : Paris, Bibl. Nat. Cod. Lat. 14,572, folios 1r-4v.

[1] Cf. H. Denifle, *Chartularium Universitatis Parisiensis* II (Paris 1891), p. 43, n. 634 ; cf. also J. Leclercq, *Jean de Paris et l'Ecclésiologie du XIII*e *siècle* (Paris, 1942), pp. 20-21.

[2] "Frater Johannes Parisiensis, licentiatus anno domini MCCCIII°. Hic obiit in Curia Romana Burdegalis, ubi diffinitivam sententiam expectabit anno domini MCCCVI° in festo sancti Mauricii." Cf. H. Denifle, *op. cit.*, p. 212.

[3] "Frater Johannes Parisiensis de Ordine fratrum Prædicatorum, subtilis homo et expertus in multis scientiis actuque regens in theologia, ponens de corpore Christi in sacramento altaris positionem novam et Parisius non consuetam audiri vel poni, ab episcopo Parisiensi Guillelmo de Orillac et magistris et bachallariis theologiæ pluries auditus, tandem ab archiepiscopo Biturcensi Egidio, et episcopo Ambianensi Guillelmo, et magistris theologicæ facultatis et multis aliis viris discretis examinata ejus positione, prohibitus est amplius legere et disputare Parisius. Sed ipse ad curiam appellavit et ivit, et postea ibidem obiit." *Idem*, p. 120, n. 656.

[4] "Studien zu Johannes Quidort von Paris, O. Pr.", *Sitzungsberichte der Bayerischen Akademie der Wissenschaften. Philosophisch-philologische und historische Klasse*, Jahrgang 1922, 3. Abhandlung. (München, 1922), 58-60.

[5] "Sic et Johannes noster ab infantia sua mundum relinquens adiit claustrum religionis, ut facilius et mundius posset vivere et deo servire." *Ibid.*, p. 59.

[6] "Talis est noster Johannes, qui fuit famosus magister in artibus in vico straminum antequam intraret religionem. *Ibid.*

[7] Cf. H. Denifle, *op. cit.*, p. 43, n. 569.

[8] Grabmann believes that this identification is impossible, but his argument is not convincing. He bases his conclusion upon the statement of the *Commendatio* that Jean *adiit claustrum religionis* at an early age, and would therefore have been listed as 'frater Johannes Parisiensis' rather than as 'Johannes Parisiensis'. But the same *Commendatio* informs us that Jean was a famous Master of Arts *antequam intraret religionem.* It seems that we should conclude that Jean entered a monastery at an early age, but did not become a Dominican until later in life when he was already a Master of Arts. Cf. M. Grabmann, *op. cit.*, p. 9.

[9] It is possible that another *Quodlibet* is to be attributed to Jean Quidort. In a manuscript of Klösterneuberg, Cod. 179, fol. 278-281 we find a group of quodlibetal questions which are identical with questions contained in what has been published as the eighth *Quodlibet* of Hervé Nédellec in the edition of Zimara (Venice, 1513). In the Klösterneuberg manuscript, however, they close with the note (fol. 281) : "Explicit quodlibet Johannis Parisiensis." Cf. P. Glorieux, *La Littérature quodlibétique* II (Paris, 1935), p. 182.

Jean Quidort's *First Quodlibet* is preserved in but one known manuscript, Cod. Lat. 14,572 (fol. 1^{r}-4^{v}) of the Bibliothèque Nationale in Paris [10]. As is noted in the lower margin of fol. 1^{r}, this manuscript was at one time the property of the Abbey of St. Victor in Paris :

Iste liber est Sancti Victoris Parisiensis. Quicumque eum furatus fuerit vel celaverit vel titulum istum deleverit, anathema sit. Amen.

The product of a fourteenth century scribe, it is compactly written in a clear hand. The text is copied in two columns, averaging fifty-three lines to the column. At the head of folio 1^{r} we find, in what appears to be the same hand as the text itself, the title : *Quodlibet Johannis Parisiensis.* The title is repeated in a modern hand. Folio 4^{v} closes with the words : *Explicit Quodlibet Johannis Parisiensis.*

The text itself evidences the painstaking care of a conscientious scribe. There are very few marginal corrections. The initial letter of the various questions is usually missing, although space is always left for the rubricist [11]. There are many lacunæ in the text : at times, almost a whole line is left blank. Most of these lacunæ are found where reference is made to an authority. Often a space is left for the insertion of the name of the work cited, or of the number of the particular chapter or section of the work. At other times a part of the quotation is omitted. There are only a few instances in which a part of the thought of Quidort himself is omitted.

QUODLIBET JOHANNIS PARISIENSIS

<*QUÆSTIO I.*>

<*Se*>cundum ordinem rerum in nostro *Quolibet,* quæsita fuerunt quædam pertinentia ad ens in communi, quædam vero pertinentia ad ens in speciali. Inter pertinentia ad ens in communi quæsitum fuit utrum unum et idem simpliciter possit habere rationem relati et absoluti accidentis.

Videtur quod non quia, sicut dividitur accidens in absolutum et relatum, ita ens in substantiam et accidens. Sed quod est substantia non est accidens, quia quod vere est nulli accidit. Ergo videtur quod sicut non potest aliquid esse in se et in alio, sic non possit esse in se et ad aliud.

Contra. Forma separata est aliquid absolutum et tamen dependet ab alio, ut a Deo, et sic est relatum. Et albedo est qualitas, et sic absolutum quid, et dependet a subjecto, et sic aliquid relatum. Et scientia est qualitas et est in genere relationis.

Respondeo. Secundum Philosophum in *Prædicamentis* [12], quæcumque rationem circuli suscipiunt, illa circuli sunt, quia idem est suscipere rationem alicujus et esse illud. Idem ergo est quærere utrum aliquid possit habere rationem absoluti et respectivi, et quærere utrum idem possit esse absolutum et relatum.

Potest autem aliquid relatum esse intelligi dupliciter : uno modo sicut respectus dicitur ad aliud esse, et sic relatum est ratio prædicamenti relationis sicut esse per se est ratio prædicamenti substantiæ. Sortes vero et Plato sunt res hujus prædicamenti. Talis ergo respectus non est res prædicamenti, sed ratio prædicamentalis et modus realis. Alio modo intelligitur esse ad aliud sicut res sub respectu, ut albedo sub respectu, et sic relatum dicitur res prædicamenti.

Si ergo intelligatur quæstio primo modo, dico quod idem non potest esse relatum et absolutum, quia eadem res non est idem quod suus modus. Nec dico quod hoc ideo sit quia res faciat compositionem cum suo modo, sed quia nulla res est idem quod suus modus. Licet enim cæcitas non faciat compositionem cum oculo, non tamen propterea

[10] Cf. P. Glorieux, *Répertoire des Maîtres en Théologie de Paris au XIIIe siècle* I (Paris, 1933), p. 191 ; *La Littérature quodlibétique de 1260 à 1320* (Kain, 1925), p. 229.

[11] *Octavo* and *Nono* are written out in full, although space is allowed for an initial letter.

[12] 8, 11a7.

idem sunt oculus et cæcitas, quia res non est idem cum suo modo. Similiter nec albedo est idem quod respectus fundatus in ea, non quia <non> faciant compositionem sicut perfectum et imperfectum non faciunt compositionem in rebus, sed ideo non sunt idem quia res non est suus modus quamvis realis dicatur modus realitate sui fundamenti.

Si vero secundo modo intelligatur quæstio de absoluto et relato, secundum quod dicit rem sub respectu, rem scilicet prædicamentalem, et quærat utrum eadem res sit vel esse possit absoluta et relata, dico quod hæc potest dupliciter intelligi, scilicet secundum existentiam realem, et sic dico quod non. Esse enim relatum est esse sub respectu ad aliud ; esse autem absolutum est esse in se. Et ideo, sicut idem non potest esse substantia et accidens, sic nec absolutum et relatum, quia contradictio implicatur utrobique. Esset enim per se et non per se, et in se et non in se. Nulla enim res est immediate sub respectu nisi accidens solum, quia substantia non habet ordinem ad aliquid secundum se, sed solum secundum aliquid sibi additum ; et res absoluta, hoc modo, non est nisi substantia, et res relata non est nisi accidens. Et ideo, sicut nihil est substantia et accidens, sic nihil idem est relatum et absolutum. Substantia enim dependet a Deo in ratione creati, et non secundum quod substantia vel essentia sed secundum esse actuale, quia creavit Deus ut essent omnia. Et sic substantia, secundum esse quod sibi accidit, dependet a Deo ut a causa, nec ad aliquam creaturam habet dependentiam vel ordinem nisi secundum quod aliquid sibi accidit, sicut homo non est duplum nisi secundum quantitatem, nec similis nisi secundum qualitatem, nec aliquid producitur nisi secundum qualitatem. Si autem accipitur secundum acceptionem intellectus, sic potest eadem res habere rationem absoluti et relati, quia eadem res, ut albedo et scientia, potest considerari absolute sine respectu, et quantum ad hoc absolute consideratur ; in quantum vero consideratur sub respectu, dicit respectum. Licet enim in rerum natura res non subsit respectui, ut albedo similitudini, tamen quia respectus ille est præter rationem albedinis, potest sine illo considerari si sic se teneat ex parte considerationis intellectus.

Sed dices : Numquid quia idem potest considerari sub respectu et sine respectu, idem poterit esse in diversis prædicamentis, entis absoluti et entis relati, cum prædicamenta sint impermixta? Dico quod potest, quia secundum quod res sub respectu diversimode consideratur potest esse in uno prædicamento vel in pluribus simul, nam res accidentalis super quam fundatur respectus, ut albedo, potest tripliciter considerari, scilicet : vel absolute, et sic tantum in genere entis, ut in genere qualitatis ; vel ut sub respectu est principaliter significato, et sic tantum in genere relationis est, ut similitudo — similitudo enim non significat respectum tantum, sed rem sub respectu, scilicet albedinem —; vel tertio, ut significat rem sub respectu solum connotato, et tunc est in duobus generibus, ut scientia qualitas est et relatum est. Unde dicit Simplicius super *Prædicamenta* [13] : Nihil prohibet idem esse in diversis prædicamentis, sicut mensura secundum se est in genere quantitatis, ratione autem respectus in genere relationis . . . Diversimode autem Aristoteles et Avicenna, quia secundum Aristotelem [14] scientia est qualitas secundum esse, relatio autem secundum dici. Avicenna autem, IX *Metaphysicæ* suæ, cap. 1[15], dicit quod non potest idem esse in diversis generibus quia scientia est simpliciter in genere qualitatis, sed ut est sub respectu est quasi quædam relatio. Res enim, ut cadit sub alio respectu, efficitur alia et alia, et sic est quasi in diversis prædicamentis.

Ad primum ergo dicendum quod eadem res non potest esse in se et in alio secundum realem existentiam sicut nec substantia et accidens ; similiter autem nec eadem res secundum realem existentiam non potest esse absoluta et relata. Sed bene secundum acceptionem intellectus potest sumi res ut in alio et ut non in alio, sicut albedo quæ semper est in alio, cum sumitur in abstracto ut non in alio, quia absque subjecto. Similiter idem potest considerari absolute et ut relatum.

[13] *In Aristotelis Categorias Commentarium* 8, ed. C. Kalbfleisch (Commentaria in Aristotelem Græca VIII, Berlin, 1907), p. 292.

[14] Cf. *Categoriæ* 9, 11a24.

[15] Cf. VII, IC (Venice, 1508), fol. 95vb.

Sed dices : Tu ponis quia res diversimode consideratur, scilicet absolute et sub respectu, et secundum hoc est in diversis prædicamentis. Quare ergo non ponis quod albedo faciat similiter duo prædicamenta prout consideratur in alio et non ut in alio? Respondeo. Distinctio inter substantiam et accidens est distinctio in<*ter*> rem et rem ; distinctio autem accidentium non oportet quod sit inter rem et rem, sed secundum diversos modos prædicandi de substantia, sicut patet per Philosophum . . . [16] Et quia diversum modum prædicandi habet accidens abstractum prædicatum de subjecto et prædicatum ut sumitur sub respectu, ideo facit aliud et aliud prædicamentum. Sed accidens significatum ut in alio et non ut in alio non facit diversum modum prædicandi de subjecto, quia abstractum non prædicatur de subjecto, sed solum concretum. Sed aliter prædicatur de subjecto album et album sub ratione similitudinis. Ideo hoc facit aliud prædicamentum, illud vero non.

<*QUÆSTIO II.*>

<*Se*>cundo quæritur utrum ei quod est necesse esse formaliter repugnet esse ab alio.

Videtur quod sic quia esse ab alio est esse possibile, quia quod recipit esse ab alio est in potentia respectu illius. Possibile autem et necessarium opponuntur. Ergo etc.

Contra est Avicenna, *Metaphysicæ* suæ, cap. . . . [17], qui dicit quod multa sunt necesse esse.

Respondeo. Sciendum quod aliquid habere esse formaliter per suam essentiam potest dupliciter intelligi, et secundum hoc fuit duplex error philosophorum. Primo modo, ut dicatur aliquid formaliter esse seipso, sicut calidum calet per suam essentiam quia nihil calet formaliter nisi calore quia calere est calor significatus ut actus aliquo modo, quia sua essentia est sibi formale principium essendi ; sicut corpus calidum calefacit calore quia calor est sibi principium exercendi actum calefactionis, sic, quia essentia est principium factivum esse quia esse se habet consequenter ad essentiam. Et secundum hoc, de hoc quod est creaturam formaliter necesse esse ab alio, dupliciter incurritur error, quia forte Philosophus substantias separatas a materia posuit esse formaliter necesse esse ; forte, quia [18] secundum eum sunt suum esse. Unde in tertio *de Anima* [19] dicit quod aliud est magnitudo et magnitudinis esse, et aliud aqua et aquæ esse, quia in omnibus mathematicis et naturalibus differt esse et essentia, sed non in substantiis separatis. Sed in eis idem est caro et carnis esse, id est, substantia separata est seipsa quia est suum esse. Et sic videtur posuisse quia per seipsam fit formaliter necesse esse, sicut homo de necessitate est animal quia per suam essentiam. Sic, quia substantia separata est suum esse, ideo est necesse esse formaliter, licet secundum eum ab alio habeat esse quia posuit a quo omnia.

Alii vero, Platonici philosophi, posuerunt quod res non est suum esse nisi consecutive, quia esse consequitur formam. Et ideo res amittit esse quia amittit formam et non aliter. In his ergo quæ consequuntur formam . . . non est necesse esse formaliter quia in eis differt forma et consequentia formam et, quia tale potest amittere formam, potest etiam amittere esse ; sed in his quæ sunt formæ simplices, quia ibi est forma et habens formam. Nulla autem res potest seipsam amittere nec possunt amittere formas suas, et per consequens neque esse. Unde dicit <*Proclus*> [20], propositione libri sui *de Elementis* [21], quod nulla res simpliciter amittit seipsam. Dicerent igitur isti quod forma simpliciter non potest amittere esse, et sic formaliter necesse est esse et tamen est a quodam alio.

Sed non videtur mihi aliquo modo possibile quod res habeat undecumque esse necesse formaliter ab alio. Et ideo pono unum solum necesse esse, scilicet Deum ; omnia

[16] Cf. *Metaphysica* Z, 1, 1028a10 ; θ, 1, 1045b27.
[17] IX, 4B (Venice, 1508), fol. 104vb.
[18] Written superscript ; scarcely legible.
[19] 4, 429b10 ; cf. *Metaphysica* Λ, 6, 1071b3 ; cf. Avicenna, *Metaphysica* IX, 4B (Venice, 1508), fol. 104vb.
[20] Ms. : 60?
[21] Prop. 46, ed. E. R. Dodds (Oxford, 1933), p. 46.

autem alia, possibilia. Quod declaro dupliciter : primo ex eo (1v) quod est rem esse seipsa formaliter ; secundo, ex eo quod est rem ex necessitate habere esse.

Primum patet sic : illud enim quod convenit alicui per essentiam suam non potest ei convenire ab alio ; nec per participationem — unde Boethius libro *de Hebdomadibus* [22] ista dividit ex opposito : convenire aliquid alicui essentialiter et convenire per participationem simpliciter — nec effective, quia efficiens non facit aliquid tale nisi quia dat formam sibi qua sit tale formaliter, ut ignis facit ferrum calidum calore quem sibi imprimit. Si ergo res per suam essentiam habet esse formaliter, tunc ejus essentia nihil ab alio recipit quo formaliter sit sicut ferrum fit calidum per calorem receptum. Ferrum enim est ferrum per suam essentiam et non ab alio effective quia, si esset ferrum ab alio effective, reciperet aliquid super essentiam suam quo esset ferrum. Impossibile est ergo quod aliquid sit formaliter a se et ab alio effective. Unde Boethius libro *de Hebdomadibus* [23] et Porretanus, ibidem [24], dicunt quod alio est res aliquid et ens simpliciter quia, secundum eos, quod res sit simpliciter habet per suam essentiam ; quod autem per participationem actu habet a Deo ; et Philosophus, V *Metaphysicæ* [25], quod homo est homo nulla alia causa est, quod autem cuprum sit rotundum est causa aliqua effectiva. Et Anselmus libro *de Prædestinatione* [26] dicit quod aliquid sit futurum bene habet causam ; similiter quod album sit habet causam ; quod autem album sit album non habet causam, sed est ab æterno. Sic ergo repugnat et sequitur contradictio quod aliquid sit formaliter seipso et ab alio.

Secundum sic : quia, cum unumquodque habeat esse vel a se vel ab alio, ex se non habet necesse esse sed est contingens esse et non esse si habet esse ab alio. Et ideo necesse esse repugnat ei quod est habere esse ab alio.

Sed dices : Dicam quod res ipsa de natura sua non est determinata ad esse vel non esse, sed ab alio, et sic necesse habet esse ab alio, sicut aër de se non est determinatus ad hoc quod sit lucidus sed, si ponatur sol fixus et non moveri et stare in directo aspectu ad hanc partem aëris, non potest aër non esse lucidus et sic necesse erit aërem esse lucidum, et tamen ab alio, ut a sole. Sic dicit Avicenna [27] quod aliquid est necesse esse et tamen ab alio ut creaturæ spirituales quæ sunt a primo, sicut conclusiones necesse habent esse a principiis necessariis.

Sed hoc non est intelligibile mihi quod aliquid sit necesse esse ab alio effective, bene tamen principiative, sicut Dei Filius a Patre. Si enim res aliqua qua<*e*> de se non est determinata nec ad esse nec ad non esse determinetur ad necesse esse, oportet quod hoc sit propter necessariam habitudinem hujus ad illud tamquam sine quo illud esse non possit, ut in principiis et conclusione demonstrationis apparet. Sed principium necesse esse, quod est Deus, ad nihil aliud habet necessariam habitudinem sive necessitatem habitudinis sicut sine quo esse non possit, sicut habent principia ad conclusiones, quia, cum Deus non agat ex necessitate naturæ, tunc enim non esset primum agens et primum necesse esse, quia, quod agit ex necessitate naturæ præsupponit aliud agens quia agit ex prædestinatione finis sibi præstiti a priori agente. Nullum autem agens intellectuale aliquid producit nisi secundum exigentiam finis et, quia nullum productum in diversitate essentiæ exigitur ad esse Dei, nullam necessariam habitudinem Deus habet ad aliquid. Ergo contradictoria implicat quod aliquid sit necesse esse ab alio. Quamvis enim creaturæ spirituales per privationem . . . quæ sit in seipsis, hoc est per essentiam quæ non est ab alio ; non tamen sunt necesse esse.

Sed Aristoteles posuit [28] quod substantia separata sit suum necesse esse formaliter et tamen ab alio. Si posuit, nescio. Si tamen ita intenderit, dico quod non posuit quod ab alio esse habuerit, sed sub alio. Quamlibet enim ipsarum, secundum ipsum, intelligam quasi quemdam deum non habentem esse ab alio sed sub alio, quia primam

[22] *Quomodo Substantiæ in eo quod Sint, Bonæ Sint,* PL 64, 1311 ; ed. H. F. Stewart-H. K. Rand, *Boethius, The Theological Tractates* (London, 1926), p. 42.

[23] *Idem,* PL 64, 1311 ; ed. Stewart-Rand, p. 40.

[24] *Commentaria in Librum Quomodo Substantiæ Bonæ Sint,* PL 64, 1318-1319.

[25] Z, 8, 1033a24.

[26] *De Concordia Præscientiæ et Prædestionationis et Gratiæ Dei cum Libero Arbitrio* I, 2, PL 158, 510 ; ed. F. S. Schmitt (Seckau and Edinburgh, 1938-1946) I, p. 249.

[27] Cf. *Metaphysica* IX, 43 (Venice, 1508), fol. 104vb.

[28] Cf. *supra,* n. 10.

posuit majoris influentiæ sub qua omnes alias voluit contineri, alias vero contractioris influentiæ et ideo contentas sub illa.

Ad illud quod dicit Proclus, quod res simplex non potest amittere suam formam et per consequens neque esse, dico quod anima et quælibet forma dat esse quidditativum et non actuale. Sed forma actualitatis solum dat esse actuale ; nec forma habet esse nisi ab actualitate. Unde si tolles causalitatem primi principii et actualitatem, forma non dat esse nec habet esse ; et si actualitatem Deus a forma subtraheret, forma vel esse nihil esset.

Ad argumentum in contrarium dicendum quod in hoc non teneo Avicennam, nam Philosophus dicit in primo *Cœli et Mundi* [29] quod impossibile est quod aliquid sit necesse esse et habeat esse ab alio.

<QUÆSTIO III.>

<*T*>ertio quæritur utrum in divinis personæ constituantur per aliquid absolutum.

Arguitur quod sic quia in divinis non est nisi absolutum et relatum. Sed in divinis relatio, ut relatio, non constituit sed personam constitutam consequitur, nam aliquis prius generat quam sit pater. Ergo etc.

Præterea [30] relatio supponit alietatem, quia relatio est ad aliud se habere. Ergo relatio distinctionem supponit. Ergo etc.

Contra. Boethius, libro *de Trinitate* [31] : Relatio multiplicat trinitatem.

Respondeo. Hic per ordinem quatuor sunt facienda : primo, ne in æquivoco laboremus, præmittendum est quod absolutum et relatum diversimode accipitur secundum philosophos et theologos ; secundo, ostendemus quod sub ratione absoluti nullum absolutum constituit vel distinguit supposita in divinis ; tertio, cum relatio constituat et distinguat, utrum relatio originis vel origo ; quarto, quod relatio originis, non origo, alio modo constituit et distinguit.

Circa primum sciendum quod absolutum et relatum idem est quod ad se dictum et ad aliud. Philosophi igitur largius sumunt relatum et strictius absolutum ; theologi vero, e contrario, largius absolutum et strictius relatum. Quia, secundum philosophos [32], illud dicitur absolutum quod significat rem sub respectu, ut scientia, virtus, et hujusmodi, illud autem relatum dicitur quod significat respectum ; unde secundum philosophos sola essentia diceretur quid absolutum forte, alia vero omnia, ut potentia, virtus, scientia et hujusmodi sunt relativa secundum dici. Secundum theologos [33], e contrario, absolutum dicitur omne illud quod significat rem non sub respectu ad personam, quantumcumque dicat rem sub respectu ad creaturam sicut intelligere, velle, creare et hujusmodi. Unde Augustinus libro *de Trinitate* [34] dicit quod omnia talia ad se dicuntur quia non dicunt respectum ad personam. Illud autem solum dicitur relativum quod dicit respectum ad personam. In quæstione ergo proposita sumitur absolutum et relatum secundum hanc ultimam acceptionem theologorum.

Circa secundum sciendum quod non videtur debere concedi quod aliquid absolutum, vel absolute dictum, commune scilicet tribus personis, sit personæ alicujus divinæ constitutivum vel distinctivum, quia hypostasis in divinis nominat aliquid incommunicatum quod nulli alii convenit. Sola enim prima substantia in genere substantiæ dicitur hypostasis. Tale enim oportet constitui et distingui quod de uno et non de pluribus dicitur, et ideo per nullum absolutum potest constitui vel distingui. Cum ergo in divinis præter absolutum non sit nisi relatum, sequitur : constitutio et distinctio fiant per hoc.

Circa tertium sciendum quod in divinis invenitur duplex [35] relatio, scilicet : Pater et Filius ; generans et generatum, a quo alter et qui ab alio. Primæ dicuntur relationes

[29] I, 12, 281b25.

[30] Ms. : propterea.

[31] 6, PL 64, 1255 ; ed. Stewart-Rand, p. 28.

[32] Cf. Aristotle, *Categoriæ* 6, 6b1 ff. ; Averroes, *In Prædicamentis* p. 3, t.c. 2 (Venice, 1562-1576) I, 2, 2, fol. 39ra ; Aristotle, *Metaphysica* Δ, 15, 1021a26 ; Averroes, *In V Metaphysicorum* t.c. 20 (Venice, 1562-1576) VIII, fol. 129rb-va.

[33] Cf. St. Thomas, *Ia*, 85, 2, ad 2 et ad 3 ; St. Bonaventure, *In I Sent.* d. 33, a. 1, q. 1, ad 3, ed. Quarrachi I, p. 573 ; St. Thomas, *In V Meta.* lect. 17, ed. Cathala nn. 1028-1029.

[34] VII, 1, 2, PL 42, 934 ; cf. V, 5, 6, PL 42, 914.

[35] Ms. corrected, in marginal note, from 'duplex' to 'triplex'.

originis consecutivæ, scilicet paternitas et filiatio ; secundæ vero dicuntur relationes originis intransitivæ, scilicet generans et generatum, et a quo alter et qui ab alio.

Dixerunt ergo quidam [36] quod relationes quæ sunt originis intransitivæ sunt constituentes personas in divinis, et non quæ sunt originis consecutivæ ; et hoc quia, cum hypostasis sit dicta de uno solo, per id oportet quod constituatur persona in suo esse hypostatico quod primo occurrit, de nullo alio dici. Sed hujusmodi sunt origines quia ex eo est Pater quia generat. Ipsæ autem relationes originis intransitivæ distinguunt. Nec tamen dicunt se negare quod personæ divinæ constituuntur et distinguuntur per relationes quia et origines relationes quædam sunt.

Sed hoc non videtur verum. Modus enim distinguendi personas in divinis est uniformis in omnibus. Non videtur autem verum quod origo constituat personam filii, sed filiatio quia, cum hypostasis sit in natura quid actu distinctum, non <*videtur*> [37] posse constitui et distingui nisi per ens in natura. Sed origo non est existens in natura, sed significatur ut via tendens in naturam ; et sic accipitur ut via tendens ad constitutionem et distinctionem Filii sicut et generatione aliquid constituitur et distinguitur in suo esse tamquam via ad constitutionem et distinctionem, et non tanquam realiter et formaliter constituente et distinguente. Sed tale non distinguitur ut via ad aliquid nisi quia relatum ad aliquid quo formaliter distinguitur. Numquam enim filius sua nativitate vel origine passiva constitueretur in sua personalitate et distingueretur nisi per hoc quo a patre distinguitur. Hoc enim est filiatio ad quam origo terminatur. Sicut ergo filiatione constituitur filius, sic etiam paternitate pater.

Circa quartum oportet dicere quod sub alia et alia ratione paternitas constituat personam Patris et distinguat, et similiter de filiatione (2r) et spiratione passiva ; et secundum rationem priorem constituat quam distinguat sicut et in naturalibus invenimus quandoque prius tempore hypostasim intelligi constitutam in natura sua quam distinctam ab alia, ut Sortem a Platone. Tolle enim omnem hominem a Sorte, Sortes erit constitutus in natura et non distinctus ab alio, sicut Adam prius tempore fuit persona constituta in natura sua humana quam distincta ab Eva. Oportet ergo quod relatio sub priori ratione constituat quam distinguat. Paternitas autem non potest nisi dupliciter considerari, scilicet vel ut proprietas vel ut relatio ; ut proprietas <*constituit*> [38] secundum aliquos ; ut relatio, distinguit [39].

Sed hoc est petere <*principium*> quia quæro sub qua ratione est proprietas et sub qua ratione est relatio. Dico ergo quod paternitas potest dupliciter considerari et essentia similiter, nam paternitas et est relatio et est idem quod essentia, et essentia similiter est essentia et idem relationi. Paternitas ergo, ut est idem quod essentia, constituit ; ut relatio, distinguit. Prior autem est consideratio qua consideratur ut eadem cum essentia. Similiter essentia ut essentia dupliciter consideratur, scilicet, essentia ut essentia et essentia ut relatio vel eadem relationi. Essentia ergo ut essentia est principium actus essentialis ; essentia vero ut relatio est principium actus notionalis. Sic ergo essentia ut relatio est principium constituendi, et ideo ut relatio est principium distinguendi. Hypostasis autem non est nomen relativi, ideoque constituitur per relationem, non ut relatio est, sed ut essentia. Sed distinctum est nomen relativi, ideoque per relationem distinguitur.

Sed dices : Ponis hypostasim absolutam in divinis quia relationem ut essentiam dicis personam constituere. Dico quod non pono hypostasim absolutam in divinis, sed pono hypostasim relatam considerari ut absolutam. Et sic non sequitur quod ponam hypostasim constitutam per absolutum, sed quælibet earum potest absolute considerari licet nulla earum sit absoluta. Absolute igitur se tenet ex parte considerantis, sed non ex parte rei consideratæ. Sed quod sit distincta hoc habet quia relata ; ideo per relationem [ut per relationem] ut relationem distinguuntur.

Ad argumentum primum dicendum quod quodlibet illorum dictorum dupliciter consideratur quia et absolutum est relatum et relatum est absolutum. Ergo, licet

[36] Cf. Henry of Ghent, *Quod.* V, 8 (Venice, 1613) I, fol. 244r.

[37] Ms. : ut.

[38] Ms. read 'constituat . . . distinguat'. 'Distinguat' has been corrected to 'distinguit' ; 'constituat' has not been corrected.

[39] Cf. Godfrey of Fontaines, *Quod.* VII, 3, ed. M. de Wulf-J. Hoffmans (*Les Philosophes belges*, III, Louvain, 1914), p. 284.

in divinis non sit nisi absolutum et relatum, tamen unumquodque eorum potest considerari dupliciter, scilicet absolutum et relatum, et ut est idem cum relato. Cum ergo dicis quod relatio ut relatio non constituit sed personam constitutam consequitur, dico quod relatio ut essentia constituit, sed relatio ut relatio distinguit. Essentia ut est idem cum paternitate est principium generandi ; ut est essentia est principium intelligendi, volendi et similium.

Ad secundum dicendum quod in creaturis duplex distinctio invenitur in relativis ; una quam relatio præsupponit, alia quam relatio facit ; in Deo autem nulla est distinctio nisi quam relatio facit. Cujus causa est quia in creaturis super uno absoluto potest duplex relatio fundari, non autem duplex relatio opposita propter limitationem naturæ creatæ. Ideo in creaturis duæ relationes præsupponunt distinctionem duorum fundamentorum, ut duplum et [et] dimidium præsupponunt distinctionem magni et parvi quia duplum fundatur super magno, dimidium super parvo. Sed in divinis, propter illimitationem essentiæ, possunt fundari oppositæ relationes super eodem fundamento essentiæ. Distinctio ergo quam in divinis facit relatio nihil præsupponit, sed relatio omnem distinctionem facit. Relatio etiam in creaturis non facit referri relatione quam præsupponit, sed tantum ea quam facit.

<*QUÆSTIO IV.*>

<*Q*>uarto quærebatur de Deo in habitudine ad creaturas in quantum finis, utrum qui amovet a Deo causam finalem amoveat ab eo aliquam perfectionem.

Et videtur quod sic quia finis est causa causarum, V *Metaphysicæ* [40], quia ad eum omnes aliæ causæ ordinantur. Cui ergo attribuuntur omnes perfectiones attribuetur perfectio finis, quia sub ratione finis est perfectius quam sub ratione aliarum causarum. Sed Deus est perfectissimus et continet omnia alia et eorum perfectiones. Ergo etc.

Contra. *In principio creavit Deus cœlum et terram* [41]. Ibi non fit mentio de fine vel ejus causalitate.

Respondeo. Hæc quæstio potest intelligi dupliciter : uno modo quod aliquis removeat a Deo causam finalem, id est, quod Deus non sit causa finalis agentium creatorum propter quam omnia agunt ; alio modo ut intelligatur hæc quod Deus non agit propter finem, sed naturaliter vel casualiter. Primo modo removere a Deo causam finalem est removere a Deo perfectionem, quia secundum Dionysium [42] ratio boni est ratio perfecti. Ratio autem boni est ratio finis, quia bonum est quod omnia appetunt. Nihil igitur agit nisi propter ipsum vel assequendo in se, sicut homo ; vel assequendo in aliqua perfectione, ut in esse vel in quadam assimilatione in esse creaturæ. Movet enim Deus superiora per modum desiderati et amati. Propter hæc enim agunt quæcumque agunt, ut dicitur primo *Cæli et Mundi* [43]. Si vero secundo modo removeatur a Deo causa finalis prima facie videtur quod non sit a Deo removere perfectionem, immo hoc dare Deo est perfectionis ; nam, sicut materia est imperfecta de se, perficitur autem per formam, sic agens imperfectum est nisi perficiatur per finem. Sic ergo Deo attribuere causam finalem est attribuere imperfectionem ; cujus causa est quia causa differt secundum esse ab eo cujus causa est.

Licet autem Deus agat propter finem, non tamen propter causam finalem quia non agit propter aliquem finem extrinsecum exsequendum. Ideo advertendum quod finis distinguitur dupliciter, scilicet, finis operis et finis operantis. Finis operis est ut collectionis lapidum domus ; finis operantis est habitare in domo. Deus ergo semper agit propter finem operis quia qui hoc negaret a Deo removeret perfectionem, quia, scilicet, Deum dicere operari ita quod suum opus non sit ordinatum ad finem est dicere Deum operari casualiter. Dei autem opus est ordinatum. Propter hoc enim opus naturæ est opus intelligentiæ quia hoc ab aliquo intellectu procedit, sicut quod aranea

[40] Δ, 2, 1015b23 ; cf. Avicenna, *Metaphysica* VI, 5E (Venice, 1508), fol. 94va ; Averroes, *In III Metaphysicorum* t.c. 3 (Venice, 1562-1576) I, 2, 2, fol. 41vb ; St. Thomas, *In V Metaphysicorum* lect. 3, ed. Cathala, n. 782 ; cf. *Metaphysica* θ, 8, 1049b4.

[41] *Genesis* i, 1.

[42] Cf. *De Divinis Nominibus* IV, 20, PG 3, 720.

[43] Cf. *Ethica Nichomachea* I, 1, 1094a1.

sic ordinate suam telam faciat et avis nidum suum ; unde et semper eodem modo agunt. Omne autem casuale est reducibile in per se agens. Ideo qui hoc modo diceret Deum non agere propter finem diceret Deum esse agens imperfectum. Si vero finis accipiatur pro fine operantis, dicere Deum agere propter causam finalem sui operantis est imperfectionis quia hoc esset in Deo ponere quod agat propter alium finem a seipso, et sic removere hoc a Deo esset perfectionis.

Sed agere propter finem agentis est dupliciter : vel propter finem desideratum, vel propter finem amatum. Agere autem propter finem desideratum tamquam assequendum ab eo sicut propter causam finalem est imperfectionis. Sed dicere quod agat propter finem amatum est dicere quod agat propter finem habitum ut alii communicetur, sicut Avicenna exemplificat, XII *Metaphysicæ* suæ [44], quod aliter fodit quis in orto propter fontem habendum et aliter propter fontem habitum aliis communicandum. Sic Deus operatur propter finem operantis amatum ut nobis quod jam habet communicet. Ideo dicit Magister secundo *Sententiarum* [45] quod Deus agit propter suam bonitatem et nostram utilitatem.

Ad argumentum dicendum quod licet scriptura divina ibi non attribuat Deo rationem finis, alibi tamen hoc ei attribuit. Ecclesiastici [46] : *Omnia propter seipsum operatus est Dominus.*

<*QUÆSTIO V.*>

<*Q*>uinto quæritur <*de*> Deo in habitudine ad creaturas, in quantum tamen est earum principium, et quæritur utrum Deus posset facere voluntatem sine anima.

Et videtur quod sic quia Deus potest facere sine suo subjecto omne accidens quod differt realiter a subjecto. Sed voluntas est quoddam accidens realiter distinctum ab essentia animæ. Ergo etc.

Contra. Omne agens separatum eundum actum elicit sicut conjunctum, sicut albedo in sacramento altaris separata immutat visum sicut conjuncta, et quantitas etiam recipit albedinem cum est separata sicut conjuncta. Ergo sicut voluntas conjuncta est beatificabilis, sic etiam separata.

Respondeo. Circa ista accidentia, et alia quæ in alio producuntur, aliqui [47] attenderunt distinctionem inter creari et ab alio separari ; nam aliquid imperfectum producere attestatur imperfectioni producentis, sed conservare imperfectum in suo esse attestatur perfectioni. Dixerunt ergo quod cum accidens separatum a subjecto non habeat suæ naturæ perfectum modum, sicut nec anima separata, quia accidentis esse est inesse ; si autem separetur a subjecto non habet suæ naturæ perfectum modum cum Dei perfecta sint opera, sicut non posset animam humanam extra corpus separatam creare, sic nec accidens extra subjectum separatum producere ; sed accidens ut productum et subjecto naturaliter unitum posset Deus separare et separatum (2^v) jam conservare.

Sed hoc solvitur per Augustinum, *super Genesim ad Litteram,* cap. ubi quærit utrum Deus produxerit lunam primam vel quartam decimam [48]. Et arguit quod non, quia quarta decima non dicitur nisi . . . nec primam cum Dei perfecta sint opera. Luna autem prima sit imperfecta quarta decima. Et respondet quod potest dici quod prima producta sit, et ad rationem dicit quod potest dici quod omnia opera Dei sunt perfecta quia a nullo alio agente sunt perfectibilia. Et sic Deus nunquam producit aliquem effectum imperfectum ab alio perfectibilem.

Et ideo dico quod Deus potest accidens producere separatum si accidens sit res distincta a suo subjecto. Potest, inquam, producere separatum vel quantum ad id quod est sicut . . . et similia. Unde si voluntas dicit quid absolutum et addat supra essentiam animæ aliquid re distinctum ab ea, Deus potest eam producere separatam sine anima.

Ad argumentum in contrarium dicendum quod suppono quod omnes potentiæ animæ differant realiter ab essentia. De distinctione earum inter se est duplex opinio.

[44] Cf. II, 2D (Venice, 1508), fol. 103ra.

[45] d. 1, c. 4, ed. Quaracchi I, p.309.

[46] *Proverbs* xvi, 4.

[47] Cf. St. Thomas, *IIIa*, q. 77, a. 1 ; *C.G.* IV, c. 65 ; *Quod.* IX, q. 3.

[48] I, 15, 30, PL 34, 276 ; CSEL XXVIII, sect. iii, pars 2, p. 56.

Augustinus, enim, XIV *de Civitate Dei*, ubi comparat trinitatem animæ trinitati increatæ [49], videtur ponere quod, quamvis memoria, intelligentia et voluntas sint realiter distinctæ potentiæ ab essentia animæ, sunt tamen una res. Unde dicit [50] in illa trinitate tres personæ sunt unus Deus in una essentia ; sed in ista trinitate creata istæ tres partes sunt in uno homine, sed non sunt unus homo ; sed sunt in una anima, sed non sunt una anima. Sed illud quod est in ea excellentius vocatur mens. Sicut imaginemur formam magnetis [51] ipsa differt a materia, habet tamen tria nomina, quia forma illa secundum quod dat esse magneti [51] dicitur forma ; secundum quod est principium occultæ operationis, qua scilicet trahit ferrum, est potentia naturalis ; prout est principium motus deorsum dicitur forma gravitatis. Et secundum hoc voluntas non potest separari ab intelligentia et memoria et sic esset quoddam beatificabile etiam separata, sed non ita perfecte beatificabile sicut conjuncta, sicut nec anima a corpore separata ita est perfecte beatificabilis sicut cum est conjuncta, et tunc movetur voluntas ab intellectu sibi connaturali.

Si autem voluntas est realiter distincta ab intellectu et ab essentia animæ, impossibile est quod sibi conveniat volitio, non quia non habeat principium receptivum actus, sed quia non habeat principium effectivum, quia bonum apprehensum facit voluntatem in actu. Nec sufficit bonum apprehensum sub ratione boni a quocumque apprehendatur, sed oportet quod apprehendatur ab intellectu sibi connaturali si debeat movere voluntatem. Nec sufficit quod apprehendatur ab intellectu meo ut moveat tuam voluntatem. Et ideo, cum voluntas separata ab anima secundum istam opinionem non habeat intellectum connaturalem sibi et corradicatum in essentia animæ, id est voluntate eadem, non poterit velle quia deest sibi principium actionis et volitionis.

Sed dices : Saltem si intellectus esset separatus, ipse posset esse beatificabilis, quia beatitudo ponitur in intellectu et omnia accidunt intellectui separato sicut et conjuncto, ut videtur. Dico quod nec talis intellectus esset beatificabilis. Licet enim ab objecto posset moveri, hæc tamen motio ab objecto, secundum Augustinum, non sufficit ad intellectionem sed bene ad informationem, sicut ipse ponit, IX *de Trinitate* [52]. Nam, sicut in visione requiritur visiva potentia, visibile informans sensum et voluntas copulans prolem parenti, et ubi deesset voluntas esset quidem informatio visivæ potentiæ sed non visio, sic hic esset informatio intellectus sed non intellectio. Et, quia in intellectione beatitudo consistit, intellectus separatus non habens secum connaturalem voluntatem non esset beatificabilis.

<*QUÆSTIO VI.*>

<*S*>exto quæritur utrum Deus possit facere creaturam quæ non duret nisi per unum instans.

Videtur quod non quia si Deus talem creaturam produceret quæ per solum instans duraret, in eodem instanti haberet esse et non esse ; quod est inconveniens.

Sed contra. Videmus quod sol a quolibet puncto producit radium. Cum ergo sol continue moveatur et non sit in quolibet puncto nisi per instans, oportet quod producat radium quod non duret nisi per instans.

Respondeo. Quidam [53] dicunt quod hoc est impossibile quacumque virtute, quia in omni transmutatione de uno in aliud oportet ponere instans quod distinguat tempus in quo subjectum fuit in priori passione a tempore quo fuit vel est sub passione sequenti. Et oportet quod illud instans sit sequentis passionis ita quod non sit ponere ultimum instans quo aliquid perdidit albedinem, sed bene sit ponere primum instans quod aliquid fuit sub nigredine et primo factum est nigrum. Si ergo Deus produceret aliquid in esse quod statim desineret esse, oportet quod ponatur tempus distinctum per instans quod distinguat tempus quo incepit esse a tempore quo incepit non esse. Et cum illud instans sit dandum sequenti passioni, oportet quod dicatur quod toto tempore præteriti

[49] Cf. *De Trinitate* XIV, 6, 8-9, PL 42, 1042.
[50] Cf. *De Trinitate* XV, 23, 43, PL 42, 1090.
[51] Ms. : mannetis ... manneti.
[52] 12, 18, PL 42, 970-972.
[53] Cf. Averroes, *In VIII Physicorum* t.c. 23 (Venice, 1562-1576) IV. fol. 358ra ff.

fuit et instanti temporis sequentis incepit non esse ; et sic oportet quod in tempore habuerit esse. Et sic oportet quod cum aliquid transit de esse ad non esse, vel e contrario, quod in tempore fiat transitus iste ita quod tempore præteriti sit et in instanti temporis sequentis incipiat esse.

Sed hoc non obstante, dico quod Deus creaturam posset producere quæ non duraret nisi per instans. Quod declaro primo in quiete sic : nam 'incipit' et 'desinit' alio modo exponunt<*ur*> in permanentibus, alio modo in successivis [54], quia in permanentibus cum dicitur 'incipit esse album' intelligitur sic : ante non fuit album sed nunc primo est album ; 'desinit vero esse album', id est, ante fuit album et nunc primo non est album. In successivis vero sic : 'incipit dealbari', id est nunc non dealbatur sed postea dealbabitur ; et similiter 'incipit moveri', id est nunc non movetur sed postea movebitur. 'Desinit' vero e contrario quia 'desinit dealbari', id est prius dealbabatur sed nunc non dealbatur ; et 'desinit moveri', id est prius movebatur sed nunc non movetur.

Adducamus ergo illud exemplum de faba quæ, si sursum projiciatur contra molam descendentem, licet motu reflexo, qui componitur ex contrariis, fit mora media per se et quies temporalis per accidens, tamen potest esse quod non sit temporalis quies sed instantanea ; quia, cum faba collidatur contra molam, incipit moveri deorsum, id est non movetur sed postea movebitur sursum. Est ergo dare ibi [dare] instans in quo illud corpus quiescat inter duos motus contrarios. Sic autem non potest dici de motibus permanentium, quando scilicet ex albo fit nigrum vel e contra, quia in talibus non est dare instans medium in quo corpus quod subitur motui nec sit album nec sit nigrum quia 'incipit' et 'desinit' in eis aliter exponitur, ut dictum est, quia 'incipit esse album' id est nunc primo est album, et 'desinit esse nigrum' id est ante erat nigrum et nunc primo non est nigrum.

Secundo, idem declaro in motibus. Philosophus [55] enim et Commentator in IV *Physicorum* [56] dicunt quod si esset ponere vacuum motus de extremo in extremum fieret in instanti. Hunc autem motum oportet esse compositum ex pluribus mutatis esse. Simul ergo esset superius et inferius.

Sed dices : Hæc positio est impossibilis et sequitur ad impossibile, scilicet ad hoc quod ponitur vacuum. Sed dico quod et in pleno et potest lapis in instanti moveri, quia quod corpus movetur in medio vacui in instanti, secundum Commentatorem [57], est propter medii resistentiam quæ ibi non est. Addo, autem, propter cœlum. Quod aliquid non moveatur in instanti vel est propter resistentiam medii ad mobile vel est propter resistentiam mobilis ad motorem, quia non tollitur . . . . Et propter hoc forte est in cœlo motus in tempore quod Deus posset apponere virtutem motori secundum quantitatem resistentiæ mobilis ad motorem vel medii ad mobile, et sic movetur in instanti et non in tempore. Et ideo signanter dicit Philosophus in VII *Physicorum* [58] quod si esset motus a virtute infinita posset esse in instanti.

Sed dices : Si aliquod corpus movetur, omnis autem motus est super lineam, linea autem habet duo puncta, ergo et in motu est dare necessarie duo mutata esse simul, quia corpus simul est sursum et deorsum. Dico quod aliquid potest esse et non esse in eodem instanti quia duo indivisibilia nunquam faciunt majus sed plus, ut plura puncta. Linea enim divisa non est major seipsa integra ; habet tamen plura puncta actu, nec autem duo puncta separata per se stantia. Quia non faciunt majus in mensura continua, non respondebit eis majus sed solum instans. Sic ergo si ponas duo mutata esse discreta, non respondebit eis nisi instans unum, non autem quantum sicut ejus mensura quia nihil mensuratur tempore continuo nisi quantum, sed duo indivisibilia temporis discreti. Respondebit eis ut propriæ mensuræ in tempore autem continuo solum instans. Unde nec tamen simul erunt, licet in (3r) [in] eodem instanti temporis, quia cuilibet respondebit suum proprium instans discretum.

Tertio idem declaro de motu, quod in instanti possit fieri, sic : tempus dupliciter se habet ad motum, quia vel ut quantitas motus et ejus extensio et numerus, vel ut

[54] Ms. contains an illegible marginal gloss.

[55] *Physica* IV, 8, 215b12.

[56] t.c. 71 (Venice, 1562-1576) IV, fol. 160ra.

[57] *Ibid.*

[58] VIII, 10, 266a26.

mensura. Primo enim modo non est mensura quia sic est idem quod motus extensio, et est subjecto idem cum motu. Et distinguuntur tempora sicut et motus hoc modo ; sed quando sumitur ut mensura motus, sic est in alio subjecto quam motus, quia motus cœli non mensuratur a tempore in quo est motus sicut in subjecto, sed alii motus inferiorum qui sunt distincti subjecto a motu cœli, sicut substantia quanta non mensuratur sua propria quantitate. Oportet autem quod mensura et mensuratum sint subjecto distincta. Cum ergo dicimus quod motus est in instanti vel in tempore, tempus sumitur ut mensura. Motus enim non invenitur sine tempore ; et hoc ideo quia <*quantum*> est, et quantum mensuratur quanto [59]. Si ergo potest declarari quod motus potest fieri a Deo sine quantitate, tunc sibi non respondebit nisi unum instans. Probatio quod possit : duplex est quantitas, discreta et continua. Discreta distinguitur quia vel ejus partes sunt simul, ut numerus ; vel sibi succedunt, ut oratio. Similiter in continua alicujus partes sunt simul, ut superficiei ; aliqua est succedentium partium, ut tempus quod est extensio motus. Sicut ergo videmus quod quantitas substantiæ realiter differt a substantia, et ideo Deus potest facere substantiam sine quantitate et quantitatem sine substantia quia consequitur subjectum per se secundo modo non primo, sic poterit <*separare*> quantitatem motus, id est tempus, a motu. Sicut autem substantia separata a sua quantitate est indivisibilis, ut dicitur primo *Physicorum* [60], sic motus separatus a tempore est indivisibilis et erit mensurabilis instanti.

Sed dices : Philosophus dicit [61] quod prius et posterius in tempore sunt a priori et posteriori in motu ; adhuc ergo, separato tempore a motu, erit in motu prius et posterius. Dico quod si tempus quod est passio motus separatur a motu, motus erit indivisibilis. Sciendum tamen quod tempus tripliciter sumitur. Quandoque sumitur pro extensione, et sic est continua quantitas ; quandoque pro numeratione facta ab anima, et sic est quantitas discreta ; quandoque pro extensione motus numerata ab anima sicut linea tripedalis, et sic est discretum in continuo vel continuum sub discreto. Primo modo Augustinus [62] vocat tempus ; similiter Proclus propositione sui libri [63]. Si autem sumatur secundo modo, sicut dicit Philosophus [64] quod tempus est numerus motus. Et ista numeratio est in anima, secundum Galienum [65]. Commentator [66] vero accipit perfectius tempus, dicens quod tempus est quantitas motus numerata ab anima. Quando ergo dicis prius et posterius in tempore sunt a priori et posteriori in motu, verum a priori et posteriori in quantitate motus sed non in motu. Iste enim numerus accipitur formatus ab anima circa partes extensionis motus. Quantitas autem se tenet ex parte quantitatis motus quæ est extensio. Sed si tempus perfecte sumatur non relinquetur, ablato tempore, nisi motus indivisibilis. Cum ergo quantitas numerata ab anima sit res distincta a motu, potest Deus facere motum indivisibilem quia sine tempore.

Quarto, idem declaro in formis permanentibus. Secundum enim opinionem dicentium [67] quod caritas et omnis qualitas intensa et remissa non sunt eadem numero, non solum est possibile Deo, immo natura hoc facit. Probatio : creet Deus aliquod corpus calidum in frigido loco. In primo instanti suæ actionis incipit calor remitti, id est caliditas ejus non est remissa sed postea remittetur. Erit ergo in primo instanti intensus calor. In toto vero sequenti tempore erit remissus. Si ergo hoc est, et caliditas intensa et remissa, secundum istos, non est eadem numero, caliditas intensa non habuit esse nisi in instanti ; licet non credam hoc, quia scilicet caliditas intensa et remissa non sunt eadem numero.

Sed dices : Cum res transit de esse ad non esse oportet quod ponatur tempus distinguens et instans dabitur passioni sequenti, et sic res nunquam fuerit. Dico ad hoc

[59] Ms. corrected to 'quanto'.
[60] Cf. I, 2, 185b16.
[61] Cf. *Physica*, IV, 11, 219a23.
[62] Cf. *Confessionum Libri Tredecim* XI, 26, PL 32, 822 ; CSEL XXXIII, sect. i, pars 1, p. 303 ; *De Civitate Dei* XXII, 15, PL 41, 363 ; CSEL XL, sect. v, pars 1, p. 590.
[63] Prop. 52 ff., *ed. cit.*, pp. 50 ff.
[64] Cf. *Physica* IV, 11, 220a24.
[65] Cf. Averroes, *In IV Physicorum* t.c. 97 (Venice, 1562-1576) IV, fol. 177vb ; t.c. 98, fol. 179rb.
[66] Cf. *In IV Physicorum* t.c. 109 (Venice, 1562-1576) IV, fol. 187ra ; t.c. 88, fol. 174ra.
[67] Cf. Godfrey of Fontaines, *Quod.* II, q. 10, ed. M. de Wulf-A. Pelzer (*Les Philosophes belges* II, Louvain, 1904), p. 145 ; *Quod.* IX, q. 11, ed. J. Hoffmans (*Les Philosophes belges* IV, Louvain, 1924), pp. 247 ff.

quod contrario modo est quando res transit de non esse ad esse et de esse ad non esse. Quia quando aliquid de hoc in aliud oportet ponere instans quod detur passioni sequenti, sic quando transitur de non esse ad esse, ut de non nigro ad nigrum. Causa hujus est, secundum Commentatorem [68], quia oportet dare instans distinctum temporis enti quod est dignius quam non ens vel illud quod habet rationem non entis, ut album, quod habet rationem non nigri. Si autem de esse sit transitus ad non esse erit dare ultimum instans quo fuit sub prima passione et toto tempore sequenti habebit non esse et de.... Dicam quod in instanti isto habet primo non esse et in toto tempore sequenti habebit non esse.

Vel dicendum quod ea quæ fiunt virtute divina ita se habent quod in eis statim transfertur indivisibile ad indivisibile mensuræ æquivoce dictæ, quia indivisibile in continuo respondet indivisibili in quantitate continua sine mensura. Sed quando aliquid indivisibile virtute divina separatur a continuo, respondet sibi mensura alia a mensura continui, scilicet instans quod est indivisibile temporis non continui, sed discreti. Si autem respondeat tali instans in tempore continuo, non erit propria mensura ejus.

Ad argumentum dicendum quod in eodem instanti temporis continui habet esse sursum et deorsum, quia his non respondet mensura temporis continui, sed discreti. Non tamen simul est sursum et deorsum ; sicut et mille intellectionibus angelorum non respondeat nisi unum instans temporis continui, non possunt tamen esse simul.

<*QUÆSTIO VII.*>

<*S*>eptimo quæritur utrum Deus possit aliquid producere quod non sit determinatæ naturæ vel quidditatis.

Videtur quod sic quia, secundum vos, Deus potest facere esse sine essentia, quod non est determinatæ naturæ vel speciei.

Contra. Solus Deus est indeterminatus ad genus et speciem.

Respondeo. Dupliciter potest intelligi quod aliquid sit indeterminatæ naturæ et quidditatis. Uno modo negative, quia sic nec est determinatum ad genus et speciem, nec est determinabile. Et sic solus Deus est indeterminatæ naturæ, nec aliquid potest produci ab alio sic indeterminatæ naturæ.

Alio modo privative, et hoc dupliciter : vel quia scilicet non est determinatum, sed determinabile tamen ad genus et ad speciem, vel quia est determinatum ad genus et indeterminatum tamen ad speciem. Primo modo accipiendo indeterminatum Deus potest producere aliquid quod non est determinatæ naturæ tam ex parte materiæ quam ex parte esse, quia materia, cum non sit determinata ad genus nec speciem nisi per formam, si detur ei esse per amorem, quod credo Deum posse facere absque forma per quam <*prædeterminetur*> [69] ad quidditatem hominis vel asini, per formam, scilicet, hujus vel illius, erit materia illa nec in genere nec in specie, quia nihil per esse reponitur in genere vel specie sed per formam ; et sic materia erit ens, sed non aliquod ens. Et hoc dico possibile si essentia differt ab esse realiter, sicut credo. Similiter dico de esse, quod est, secundum se, indeterminatum ad genus et speciem licet sit actus existentium in genere. Unde reducitur ad genus et ad speciem rei cujus est. Deus igitur potest creare illud esse quod est aliud ab essentia et potest sibi conferre esse per se vel entitatem, et sic erit separatum ab essentia ; sed non secundum quod esse vel actus, sed secundum id quod est potest ab essentia separari virtute divina.

Si autem secundo modo sumatur indeterminatum privative, distinguo quod aliud est de substantiis et quibusdam accidentibus, et aliud de quibusdam accidentibus quæ sortiuntur speciem ex additamento. De primis enim dixerunt quidam [70] quod Deus potest aliquid indeterminatum ad speciem producere et producit, ut patet in embrione priusquam vivat vita hominis. Non enim est homo nec in aliqua alia specie, sed, ut

[68] Cf. *In VIII Physicorum* t.c. 62-63 (Venice, 1562-1576) IV, fol. 401rb-403ra.

[69] Ms. : perdeterminetur.

[70] Cf. St. Thomas, *De Potentia* III, a. 9, ad 10.

dicunt, individuum subalterni generis vel subalternæ speciei, scilicet animalis ; determinatum tamen ab activo principio ad unam speciem.

Sed ego non credo hoc bene dictum, quia nulla substantia specificatur ex additamento nec ex aliquo extrinseco a natura sui generis. Differentia enim specifica non est aliquid extrinsecum vel alienum a natura generis. Non enim alia res est animal et rationale. Ideo impossibile credo quod aliquod individuum ponatur sub genere animalis et non sub specie vel in specie aliqua. Unde Augustinus libro *LXXXIII Quæstionum*, quæstione . . . [71] : Omne quod est aut corpus aut incorporeum est, et corporeum omne corporea specie et incorporeum incorporea continetur ; et Algazel in *Metaphysica* sua [72] : Sicut non possum imaginari yle . . . , (3v) sic impossibile est quod res subsistat in natura sua et non sit alicujus speciei. Ideo [73] dico de accidentibus quæ non sortiuntur speciem ex objecto vel additamento, ut albedo et similia. In accidentibus vero aliis quæ ex sui natura sunt determinata ad genus, ex alio vero [non] contrahuntur ad speciem, ut simitas et hujusmodi, in talibus [non] posset Deus facere aliquid separatum determinatum ad genus et indeterminatum ad speciem. Sic, si Deus separaret simitatem nasi, cui remaneret curvitas separata quæ esset determinati generis quia quartæ speciei qualitas, sed non remaneret simitas. Et sic de similibus est dicendum.

Ad argumentum patet sic ex jam dictis.

<*QUÆSTIO VIII.*>

Octavo quæritur utrum aliquid positivum possit produci a non ente.

Et videtur quod sic quia habitus augetur per actum, non autem per actum sequentem, quia sic aliquid esset causa prioris se ; quod est impossibile ; nec per actum præcedentem quia ille jam non est amplius.

Contra. Philosophus, . . . *Ethicorum* [74], dicit quod actus . . . .

Respondeo. Ex verbis argumentis non apparebat ejus intentio ; sed, ut dictum fuit mihi, intendit quærere utrum qualitas intensa et remissa sit eadem numero vel diversa.

Quidam autem dixerunt [75] quod est diversa et alia et alia numero, quod multipliciter astruunt. Primo sic : Si qualitas intensa et remissa sunt idem numero, tunc in motu intensionis qualitas remissa manebit cum qualitate intensa ; et tunc, cum qualitas remissa sit terminus a quo et intensa terminus ad quem, termini motus simul erunt et duæ qualitates ejusdem speciei in eodem subjecto ; quod est inconveniens.

Secundo sic : Motus nihil aliud est nisi forma fluens. In omni autem motu nos videmus quod abjicitur terminus a quo et acquiritur terminus ad quem. Sed qualitas remissa est terminus a quo et intensa terminus ad quem, vel e contra. Ergo etc.

Tertio sic : Sicut sunt termini, sic sunt incompossibiles. Sed motus incipit a remissa et terminatur ad [terminatur ad] intensam. Ergo etc. Videmus enim quod diversi motus non terminantur ad eandem formam quia motus diversi differunt secundum differentiam terminorum. Nunc autem potest fieri quod motus terminetur ad formam remissam et in determinato tempore incipiat ab illa motus et terminetur ad intensam. Ergo cum isti sunt diversi motus, oportet quod forma intensa et remissa sint diversæ.

Præterea. Philosophus secundo *de Generatione* [76] dicit quod differentia est inter <*nutritionem*> [77] et augmentum, quia in <*nutritione*> [77] manet idem alitum ; sed in augmento non manet idem quantum. Ergo in alteratione similiter non manebit eadem albedo vel qualitas intensa vel remissa.

Sed hæc opinio videtur falsa et in se et in sua radice ; in se quidem quia est contra sanctos et philosophos, sensum et rationem. Contra sanctos quidem quia Augustinus in *Sermone XLIX super Joannem* [78] dicit : Meminisse debemus quod fides ædificabatur, non ut quæ prius non erat inciperet sed ut illa quæ erat jam cresceret. Idem dicit in

[71] 54, PL 40, 38.
[72] I, 1, 3, ed. J. T. Muckle (Toronto, 1933), p. 17, 1, 8.
[73] Read 'Idem'?
[74] Perhaps II, 1, 1103a31 ff.
[75] Cf. Godfrey of Fontaines, *Quod.* II, q. 10, *ed. cit.*, p. 145 ; *Quod.* IX, q. 11, *ed. cit.*, pp. 247 ff.
[76] Cf. I, 4, 319b6.
[77] Ms. : mutationem . . . mutatione.
[78] *Tractatus XLIX in Joannis Evangelium*, 11, PL 35, 1752.

Sermone LXXIX [79] : Credebat hoc non fide nova, sed fide aucta. Ergo eadem numero est parva et magna fides.

Contra philosophos, nam Avicenna in *Physica* sua [80] dicit : In motu intensionis et remissionis qualitas parva non amittit esse dum augetur quia si hoc esset non intenderetur, quia quod non est vel esse amittit non intenditur. Et ponit exemplum de albedine. Idem Avicenna in *Metaphysica* sua, tractatu viii, cap. 3 [81], dicit : Sic doctor, id est Aristoteles, tantum posuit duos modos quibus aliquid fit ex alio. Unus est quo aliquid fit ex alio per modum conversionis, ut cum ex aëre fit ignis, et sic non manet idem per essentiam cum eo ad quod movetur ; alius est quod manet cum augetur aliquid.... Et subjungit : Ex homine non efficitur vir quia homo non contrariatur viro, sed ex puero efficitur vir quia vir contrariatur puero.

Contra sensum est quia si dicas quod in toto motu intensionis et remissionis semper est alia et alia forma, sequitur quod convenit infinita actu pertransire, non in potentia. Sed si albedo remissa [cum] corrumpitur et alia generatur intensa, pones infinitos gradus albedinis pertransitos, quia inter generationem et corruptionem oportet ponere quietem mediam. Unde, sicut Philosophus dicit [82] quod si linea continuaretur punctis in quolibet mobili esset infinita pertransire, sic si albedo intensa et remissa differrent numero. Nam si qualitas intensa et remissa non sunt eadem, tollitur continuitas et unitas motus quæ, secundum Philosophum, V *Physicorum* [83], non est nisi secundum unitatem formæ secundum quam est motus, et continuitatem similiter. Unde, quia das gradus distinctos formæ, impossibile est quod des motum continuum in forma illa.

Sed respondent [84] quod ad continuitatem et unitatem motus tria requiruntur, scilicet : unitas et continuitas temporis ; unitas subjecti mobilis ; et unitas termini ad quem. Sed differenter in tribus istis, secundum istos, unitas requiritur quia ut sit motus unus et continuus oportet quod prima duo sint unum numero, scilicet tempus et mobile. Sufficit autem quod tertium sit unum specie et, quia qualitas intensa et remissa sunt eadem specie, sufficit hoc a<*d*> continuitatem. Quod patet per Philosophum, qui dicit [85] : Unitas autem motus in his tribus : quod, in quo et quando. Et exponit illud 'in quo' dicens : Illud autem 'in quo' dico specie, id est in specie, secundum Commentatorem, ibidem [86].

Sed est contra intentionem Philosophi et Commentatoris, quia verbum prædictum, li 'in specie', non est expositivum ejus quod dico 'unum vel individuum', sed retorquetur li 'in specie' ad id quod 'in quo' dicitur, id est in forma, quasi diceret ut motus sit similiter unus numero, requiritur unitas in moto, forma et tempore. Unde Commentator, ibidem [87] : Necesse est ut illa natura vel forma in qua est motus sit una numero determinatæ naturæ. Male ergo trahunt li 'in specie' ad unum vel individuum, sed debet trahi ad li 'in quo'.

Falsa est etiam hæc positio in radice quia nullum fundamentum habet.

Ad primum ergo quod dicunt, quod remissa idem manet vel abjicitur, dico quod gradus remissus manet in majori. Dices : Ergo accidentia plura ejusdem speciei sunt simul. Dico quod non remanet gradus remissus sicut realiter distinctus ab intenso secundum actum, licet sit ibi actu ; sicut in continuo quælibet pars est actu, non tamen actu est distincta a toto vel alia parte.

Ad secundum dico quod secus est de motu qui est de contrario in contrarium et de motu qui est de imperfecto ad imperfectum, quia ubi est contrarietas terminus a quo abjicitur secundum rem, non autem ubi est motus de imperfecto ad imperfectum, secundum Avicennam [88], quia de termino a quo nihil secundum rem abjicitur sed solum intentio remissionis et imperfectionis secundum quam contrariatur intensæ formæ.

Ad tertium dico quod termini sunt incompossibiles et incontingentes in contrariis secundum rem. Ideo oportet quod terminus a quo secundum rem in eis abjiciatur,

[79] *Tractatus LXXIX in Joannis Evangelium*, 1, PL 35, 1838.
[80] Cf. Averroes, *In IV Physicorum* t.c. 84 (Venice, 1562-1576) IV, fol. 170vb ff.
[81] Cf. 2A (Venice, 1508), fol. 97vb.
[82] Cf. *Physica* VI, 231b10 ff.
[83] V, 4, 228a30.
[84] Cf. *supra*, n. 75.
[85] Cf. *Physica* IV, 4, 227b24.
[86] *In V Physicorum* t.c. 34 (Venice, 1562-1576) IV, fol. 228ra.
[87] *In V Physicorum* t.c. 33 (Venice, 1562-1576) IV, fol. 228vb.
[88] Cf. *supra*, n. 80.

sed in aliis secundum rationem et intentionem. Et ideo oportet quod secundum hoc adjiciatur terminus a quo.

Ad quartum dico per intentionem majoris, quia in qualibet imperfecta non est inconveniens diversos motus interceptos quiete ad eam intensam terminari, ut secundum unum terminetur ad remissam et secundum alium ad intensam.

Sed dices : Isti motus sunt modales, non reales. Respondeo : Perfectum et imperfectum sunt modi reales ; non sic videtur universale et particulare. Et cum terminus motus sit causa unitatis et diversitatis motus, non est necesse quod tanta [m] distinctio sit in causa sicut quanta est in effectu vel motu.

Ad verbum Philosophi dico quod pro tanto dicit quod in nutritione manet idem quia substantia secundum quam fit nutritio indivisibilis est et simplex, nec intenditur nec remittitur. Sed in augmento est idem et non idem quia idem secundum essentiam et non idem secundum extensionem, quia augmentum est stabilis essentiæ sed instabilis mensura. Unde Commentator, V *Metaphysicæ* [89] : Motus est unus, et forma in toto motu manet una ; tamen aliter quam quiescens, quia hæc semper eadem et modo perfecto, sed mota est eadem sed modo diminuto quia variata secundum perfectionis gradum.

<QUÆSTIO IX.>

Nono quæritur utrum cœlum sit subjectum simplex.

Videtur quod sic quia Commentator dicit [90] quod cœlum est subjectum simplex, non compositum ex materia et forma.

Contra. Secundo *Metaphysicæ* [91] : In omni motu oportet imaginari materiam.

Respondeo. Advertendum est quod Commentator videtur aliquando [92] ponere quod cœlum sit subjectum simplex ; aliquando quod sit compositum ex subjecto et forma ; et hoc frequenter libro *de Cœlo et Mundo* [93] et libro *de Substantia Orbis* [94], ubi advertendum quod aliud intelligitur nomine orbis, aliud nomine cœli, quia orbis nominat solum corpus orbiculare, sed cœlum nominat corpus compositum ex corpore mobili et virtute influxa et motore suo. Et ideo Commentator referens ad mobile dicit quod est compositum ex subjecto et forma quia ex orbe et virtute (4r) influxa ; sed de orbe dicit quod est subjectum simplex non compositum ex diversis naturis. Quod astruunt quidam [95] sic ; quia, sicut motus arguit locum, sic generatio materiam, quarto *Physicorum* [96], sed in cœlo non est generatio et tamen est motus qui requirit subjectum, ergo non est ibi materia, solum ergo subjectum simplex.

Præterea, sicut forma terminatur ad esse quia est principium quo aliquid determinatur ut sit, materia est indeterminata ad esse et ad non esse cum ex se non sit. Sed cœlum non est determinatum ad esse et ad non esse. Ergo est corpus simplex.

Præterea, sicut est impossibile quod aliquid habeat formam et non sit in actu, sic impossibile est quod habeat materiam et non sit in potentia ad esse et ad non esse.

Sed hæc positio est absurda in se et in sua radice, et contrariatur Philosopho, qui dicit [97] quod cœlum est sua tota materia. Est etiam contra dicta sanctorum. Damascenus enim dicit [98] quod sol, luna et astra sunt composita ex materia et forma. Basilius [99] etiam et Ambrosius [100] dicunt quod cœlum, sol et luna et astra omnia sunt composita ex primordiali materia.

Contrariatur etiam sensui et rationi quia, si cœlum est corpus simplex aut simplex subjectum, dicitur sicut materia pura aut sicut forma pura. Si est simplex sicut materia pura, sine actu, tunc orbis erit corpus imperfectius quocumque alio corpore quia omnia alia corpora sunt perfecta per formas. Si autem sit simplex sicut forma pura et actus

[89] Cf. *In V Physicorum* t.c. 36 (Venice, 1562-1576) IV, fol. 229v.
[90] *In de Cœlo* t.c. 20 (Venice, 1562-1576) V, fol. 15ra ; *De Substantia Orbis* cap. 2 (Venice, 1562-1576) IX, fol. 5vb.
[91] Cf. Z, 7, 1032a15 ; H, 1, 1042a 34 ; Λ, 1, 1069b3.
[92] Cf. *supra*, n. 90.
[93] t.c. 95 (Venice, 1562-1576) V, fol. 63vb.
[94] Cf. cap. 5 (Venice, 1562-1576) IX, fol. 10vb ; cap. 1, fol. 3ra.
[95] Cf. Godfrey of Fontaines, *Quod.* V, q. 2, *ed. cit.*, pp. 7 ff. ; Duns Scotus, *Opus Oxoniense* II, d. 14, q. 1, ed. Vives XII, p. 641.
[96] IV, 4, 211b31.
[97] Cf. *De Cœlo* I, 9, 278a25.
[98] Cf. *De Fide Orthodoxa* II, 7, PG 94, 897.
[99] Cf. *Homiliæ in Hexæmeron* II, 3, PG 29, 34.
[100] Cf. *Hexæmeron* II, 12, PL 14, 157 ; CSEL XXXII, pars 1, p. 41.

subsistens, erit perfectius anima rationali quæ est actus delatus super rem aliam, quia est unibilis materiæ.

Præterea, quia dicimus quantitas consequitur substantiam ratione materiæ, qualitas autem ratione formæ, reputamus absurdum qualitatem quæ consequitur forma<*m*> corporalem attribuere substantiæ separatæ ut dicatur angelus albus. Ergo absurdius si quantitatem quæ consequitur substantiam ratione materiæ attribuamus formæ subsistenti et actui puro. Absurdius enim esset dicere angelum rotundum quam album.

Secundo deficit in sua radice. Hanc autem radicem amovent [1] aliqui, dicentes quod cœlum habet materiam corruptibilem per naturam, incorruptibilem vero per voluntatem divinam, ut Plato in *Timæo* [2], ubi dicit sic : Dii deorum, quorum opifex, paterque, ego ; natura quidem dissolubiles estis, sed voluntate mea indissolubiles. Damascenus etiam dicit [3] quod sol, luna et hujusmodi sunt per naturam visioni subjecta, et composita ex materia et forma.

Alii philosophi [4] dixerunt quod cœlum est incorruptibile propter motum. Sicut circulus non cadit donec movetur, et sicut aqua mota non putrescit, sic cœlum, quia semper movetur, est incorruptibile.

Moderni vero sic : Cœlum per naturam suam est incorruptibile ; nec tamen propter hoc oportet separari materiam a cœlo. Et hoc dupliciter declarant. Quidam [5] enim dicunt quod cœlum [6] habet materiam ejusdem rationis cum inferioribus et tamen est incorruptibile, non propter carentiam [7] materiæ sed propter diversitatem formæ, quia materia ut materia non est principium corruptionis, sed ut privationi annexa, de qua dicitur primo *Physicorum* [8] quod machinatur ad maleficium corruptionis. Nunc autem materia non habet de se privationem annexam quia, cum materia habeat de se respectum ad omnem formam, forma imperfecta, quia non continet virtute omnem formam ad quam materia est in potentia, ideo relinquit in ea privationem. Si autem contineret, perficeret totum appetitum materiæ. Forma autem cœli continet virtualiter omnem formam ad quam materia est in potentia, ut formas inferiorum corporum. Ex diversitate ergo formæ provenit quod corpus incorruptibile sit semper perfectum forma quia omnes formæ sunt in terminis, id est in cœlo quod est terminus corporum. Materia igitur ut est sub forma imperfecta est naturalis et sic comparatur meretrici cui non sufficit vir suus ; sed materia in cœlo non est naturalis quia non est principium generationis et corruptionis et comparatur mulieri castæ cui sufficit vir suus quia forma ejus terminat totum appetitum materiæ.

Hæc opinio est contra philosophum, nam libro *de Cœlo et Mundo* [9] dicit quod cœlum est ex tota materia sua. Illud autem quod habet materiam ejusdem rationis non potest esse ex tota materia sua. Est etiam contra rationem, quia perfectum et imperfectum non tollit privationem annexam quia sic privatio est in materia quando non est sub forma mixti, sicut quando est sub forma elementi. Forma etiam quæ est anima rationalis est perfectior aliis et tamen habet privationem annexam ratione cujus machinatur ad corruptionem. Non ergo tollit privationem perfecta forma [10], sed semper sequitur privatio materiam inferiorum. Quod sic patet : sidus cœleste non continet aliud sidus in virtute, licet contineat omnem formam inferiorum quia virtute eorum educitur de potentia materiæ. Si ergo materia propter hoc machinatur in maleficium corruptionis quia forma quam habet non continet aliam, ergo unum sidus erit corruptibile in aliud.

Ideo dico quod alterius rationis materiam habet cœlum a materia inferiorum. Ubi sciendum quod materia superiorum et inferiorum in hoc conveniunt quod neutra habet esse nisi per formam ; sed in hoc differunt quia materia inferiorum non est determinata ad formam sed indeterminata ad formam et ad privationem formæ, sicut et ad esse et ad non esse. Materia autem cœlestis sic est determinata ad formam quæ

[1] Ms. : amovunt.

[2] 41A ; cf. Chalcidius, *Commentarium in Timæum* 16, ed. F. Mullachius, *Fragmenta Philosophorum Græcorum* II (Paris, 1867), p. 169.

[3] Cf. *De Fide Orthodoxa* II, 7, PG 94, 897.

[4] Cf. Aristotle, *De Cœlo* I, ii, 10, 269a31 ; I, iii, 4, 270a12.

[5] Cf. Giles of Rome, *In II Sent.*, D. XII, q. 3, a. 3-4, (Venice 1581), folios 552-6.

[6] Ms. : celunt.

[7] Ms. : caritiam.

[8] I, 9, 192a23.

[9] I, 9, 278a25.

[10] Ms. : perfectæ formæ.

est indeterminata ad ubi sicut subjectum est indeterminatum respectu alicujus formæ substantialis. Et non proprie dicitur esse in potentia nisi illud quod non est nisi in quantum determinatur ab alio, sicut ignis non proprie dicitur esse in potentia ad esse calidum, sed lignum. Similiter materia respectu formæ substantialis se habet quia quædam est indeterminata respectu formæ et privationis, ut materia inferiorum, ideo est indeterminata ad esse ; alia autem de sui natura est determinata respectu formæ et per consequens ad esse substantiale quia sese habet ad esse sicut ignis ad esse calidum, est tamen indeterminata ad hoc esse vel illud.

Sed dices : Si ponis hanc materiam determinatam ad formam, hanc autem indeterminatam, istæ secundæ materiæ, cum sint puræ potentiæ, unde habebunt distinctionem? Cum in fundamento naturæ nihil sit distinctum et in pura potentia, non sit possibilis distinctio.

Respondeo : In principiis distinctionis rerum non est quærere causam distinctionis. Res enim quæ differunt bene distinguuntur per principia, sed principia non. Quædam enim differunt numero sub specie ; hujus causa est distinctio quantitatis. Quædam differunt specie, hujus causa est distinctio formalis. Quædam differunt genere et hæc differunt per materiam. Sicut ergo individua sub specie differunt numero per quantitatem, quæ tamen non habent aliam causam suæ distinctionis sed seipsa distinguitur, et species distinguitur per formas quæ similiter distinguuntur seipsis, sic ea quæ genere distinguuntur differunt quia habent aliam et aliam materiam, quæ tamen seipsis distinctæ sunt ab invicem non ab aliquo alio.

Ad primum dicendum : Motus non arguit nisi subjectum, sicut generatio materiam. Subjecto autem accidit quod sit compositum ex materia et forma, vel non compositum. Dico quod dato quod hoc sit verum, tamen motus localis arguit subjectum compositum ex materia et forma quia non convenit nisi habenti quantitatem, quia nullum indivisibile movetur localiter commensurando se loco.

Ad secundum dicendum quod verum est de materia inferiorum, sicut lignum est in potentia ad esse calidum et non esse ; sed materia superiorum est determinata ad esse sicut ignis ad esse calidum.

<QUÆSTIO X.>

<*D*>ecimo quæsitum est utrum anima rationalis corpori uniatur immediate.

Quod non quia anima est actus corporis physici, etc. Ergo supponit corporeitatem in materia quam informat.

Contra. Forma dat esse. Ergo unius entis una forma sicut et unum esse. Homo autem est unum ens. Ergo etc.

Respondeo. Dicendum quod immediate uniri materiæ potest dupliciter intelligi : vel quantum ad fieri, et sic nulla forma naturalis unitur immediate primæ materiæ sed mediantibus dispositionibus, quia quodlibet non efficitur in quolibet sed in determinato. Ante enim introductionem formæ oportet materiam disponi ad formæ susceptionem. Vel quantum ad esse, et sic quærebat opponens secundum intentionem suam. Et sic dico quod antiquorum opinio fuit quod nulla forma specifica unitur immediate materiæ primæ sed mediantibus formis mediis, sicut Avicebron libro *Fontis Vitæ* [11], qui posuit quod materia induit diversas formas secundum ordinem se habentes, ut primo formam generalissimi, ut substantiæ quam unitas et multitudo, quæ est per replicationem et sunt transcendentia, consequuntur. Secundo autem gradu induunt formam corporeitatis ad quam consequitur magnitudo. Ut sic numeri descendant in magnitudines. Hoc autem modo primo induens formam generalissimi est pura metaphysica ; induens autem formam subalterni est pura physica. Nec calida nec frigida nec pondus habet, etc., sed sunt ei cognatæ quædam potentiæ quæ erumpunt

[11] Cf. V, 20, ed. C. Bæumker, *Beiträge zur Geschichte der Philosophie des Mittelalters* I, n. 2-4, (Münster, 1891-1892), p. 294 ; V, 8, p. 270.

in actum ad præsentiam agentis. In tertio autem gradu est sub forma specialissimi, ut ligni, etc.

Contra hanc positionem est quia tunc non esset prædicatio generis de specie in eo quod ipsum.

Alii [12] dicunt quod unica sola forma est in homine et in quolibet ente, et quod immediate forma unitur materiæ primæ, et quod expirata anima manet idem corpus quod prius, non corpus quidem generis sed quod nominat compositum ex materia et forma, quæcumque sit illa quam consequitur trina dimensio. Corpus autem pars nominat tantum primam materiam ut est sub forma extensa per quantitatem. Ideo dicunt quod anima expirante quod materia manet cum suo modo essendi, scilicet extensivo. Idem est corpus vivum et mortuum [13] sed non corpus (4v) quod est genus.

Hoc autem non intelligo quia illi qui distinguunt inter corpus quod est genus et quod est pars non sic intelligunt, sed quod utrumque nominaret aggregatum. Avicenna enim in tractatu ... *Metaphysicæ suæ* [14] dicit quod corpus pars dicit cum præcisione id quod corpus genus dicit sine præcisione et quasi cum inclusione. Ideo corpus genus prædicatur de specie quia virtualiter continet totum. Pars autem non prædicatur de toto.

Item, si corpus pars esset sic ut dictum est, tunc sequeretur quod sicut homo est compositum ex anima et corpore, sic aër ex corpore et aëritate ; quod sic accipiendo corpus extensum per quantitatem nominat et formam. Quod est inconveniens, quia in solis animatis hoc dicitur.

Ideo alii [15] ponentes unitatem formæ dicunt quod anima unitur materiæ primæ et est forma corporeitatis et vita, etc. Dicunt [16] ergo quod in solo Christo est idem corpus vivum et mortuum, sed in homine et in bruto non est idem. Sed in Christo propter suppositum divinum est idem quia, ut dicunt, corporeitas nominat formam quam consequitur trina dimensio. Christus autem est habens corporeitatem. Omnis autem forma trahitur in Christo ad esse suppositi divini. Cum ergo Christus mortuus fuit, nova fuit corporeitas introducta, non tamen fuit aliud corpus quam prius quia idem <*suppositum*> [17] mansit habens corporeitatem quam prius. In aliis autem, quia suppositum per mortem corrumpitur, non est idem corpus vivum et mortuum nisi æquivoce.

Sed contra hoc arguitur, quia Augustinus libro *de Immortalitate Animæ* [18] retractat istam opinionem, dicens quod ab eadem forma essentia habet esse quod sit corpus vivum sive universaliter ut mundus, sive particulariter ut homo. Libro autem *Retractationum* [19] dicit quod ab eadem forma essentia habet quod sit res et viva, etc. "Hoc autem temere dictum est." Respondeo : Illam retractationem factam in primo libro invenies [20] ; in secundo libro [21] dicit sic : Non semper retracto quod falsum est, sed quia aliquando non discussum vel dubium et indiscussum. Vel dicendum, exponendo dictum doctoris, non invenitur quod expresse dicat unitatem formæ nisi formæ secundum istum modum quem dicam ; qui non habet calumniam. In homine enim secundum unum modum non est nisi una forma substantialis ; et secundum alium modum in eo sunt plures formæ. Ubi intelligo quod ordo formarum <*tripliciter*> [22] potest intelligi : vel secundum ordinem prædicamenti, vel secundum ordinem partium universi, vel secundum ordinem partium heterogenearum. Primo modo posuit Avicebron dicens [23] quod alia est forma secundum quam aliquid est substantia, alia secundum quam est corpus, alia secundum quam est una, etc. Et secundum istum ordinem iste doctor invehitur, ut patet ex mediis suis.

Secundo modo, verbi gratia, partes universi habent ordinem secundum magis et minus perfectum, secundum quod formæ sunt magis et minus immersæ materiæ. In

[12] Cf. Giles of Lessines, *De Unitate Formæ* III, 5, ed. M. De-Wulf (*Les Philosophes belges* I, Louvain, 1901), p. 82, cf. Jean Quidort, *Correctorium Corruptorii "Circa"*, a. 30, ed. J. P. Müller (Rome, 1941), p. 175.

[13] Ms. : motuum.

[14] Cf. V, 3A (Venice, 1508), fol. 88ra.

[15] Cf. St. Thomas, *Ia*, q. 76, a. 3-4.

[16] Cf. St. Thomas, *IIIa*, q. 50, 5c et ad 1 ; *C.G.* IV, c. 81, ad 2.

[17] Ms. : lacuna.

[18] XV, 24, PL 32, 1033.

[19] I, 5, 3, PL 32, 591.

[20] Ms. : inveniens.

[21] II, 5-6, PL 32, 632 ; cf. I, 11, PL 32, 602 ; cf. Jean Quidort, *Correctorim Corruptorii "Circa"*, a. 30, *ed. cit.*, p. 182.

[22] Ms. : dupliciter.

[23] Cf. *Fons Vitæ* V, 30, *ed. cit.*, p. 294 ; V, 8, p. 270 ; III, 17, p. 117.

primo gradu sunt formæ elementorum, quæ non habent operationem nisi quæ convenit qualitatibus elementaribus. In secundo gradu sunt mixta quæ habent aliquam operationem excedentem hujusmodi qualitates, ut magnes qui [24] ferrum attrahit. In tertio gradu sunt plantæ et vegetabilia, quæ magis sunt elevatæ in suis operationibus. In quarto gradu sunt animalia sensibilia, quæ recipiunt speciem sine materia. In quinto gradu est homo, cujus intellectus recipit et sine materia et sine conditionibus materiæ. Posset ergo intelligi quod forma elementi simul cum forma mixti maneret, et forma mixti cum vegetabili, et sic de aliis ascendendo. Et sic non sunt plures formæ quarum una mediante alia informaret, ut quod secunda informaret primam materiam mediante prima, et tertia mediante secunda, et sic deinceps ; sed in quolibet ente entium una forma hoc modo.

Si vero intelligatur tertio modo, verbi gratia, homo est compositus ex anima et corpore, quod anima sit forma corporis et carnis et hepatis et oculi et aliarum partium ita quod ex eis integretur una forma corporeitatis, dico quod hoc forte non fuit contra intentionem doctoris ; si enim sumatur forma corporeitatis quod est genus, non alia forma hominis quæ est anima et forma corporeitatis. Sed si sumatur prout est forma partis non fuit, ut videtur, hæc opinio contra intentionem doctoris. Hæc enim forma partis integratur ex formis diversarum partium quæ sunt inter se distinctæ secundum essentias, eædem tamen secundum esse. Quod autem hoc quod perficitur per animam oportet esse compositum sic ex forma corporeitatis, sic patet : materia est propter formam. Sed quædam sunt formæ quæ non exercent aliquid per organum. Et in talibus subjectum simplex est perfectibile solum per formam, ut in elementis et mixtis. Sed, quia anima est forma in homine et bruto, propter sui perfectionem est principium diversarum operationum quæ non possunt exerceri per materiam simplicem sed requirunt diversitatem partium materiæ, quæ diversitas non potest esse per materiam, cum in fundamento naturæ nihil sit distinctum. Ideo oportet quod anima uniatur materiæ sic perfectæ per corporeitatem ; id est, habeat diversitatem organorum coaptorum ad operationes.

Sed dices quod iste doctor dicit [25] quod eadem est forma hepatis et nervi. Respondeo : Eadem forma substantiali distinguuntur specie caro, nervus, etc. Hæ enim formæ possunt dupliciter considerari : vel secundum essentiam, et sic distinguitur forma hepatis et a se et a forma substantiali quæ est totius ; vel secundum esse, et sic sunt una quia nulla earum est ibi secundum esse proprium licet dent esse quid distinctum natura in virtute ad separationem. Quæ facta sunt distincta secundum esse quia statim forma illa separatur a toto ipsa erumpit in esse proprium et distinctum.

Sed dices : Est idem corpus hominis mortuum et vivum. Respondeo : Si sumas corpus quod est genus non, quia forma illa ablata est. Corpus autem non est in genere vel specie, sed pars speciei, sicut et anima separata non est species, sed pars speciei. Sed corpus quod est pars est idem secundum essentiam, sed non secundum esse, quia corporeitas, prout erat in corpore suo, non erat sub proprio suo esse. Licet quamlibet formam consequitur esse, tamen quando stat sub perfectiori forma stat sub esse illius. Si ergo doctor inveniatur dicere quod est una forma tantum in homine potest dici, secundum istos, quod loquitur primo modo contra Avicebron. Et sic dixit quod alia forma est ossis et nervi, vel eadem est eadem secundum esse, alia et alia secundum essentiam.

Sed dices : Quare ergo non ponis tres dimensiones, quia omnem formam corporeitatis consequitur trina dimensio ? Si ergo ponis corporeitatem quæ est pars et quæ est genus, ergo ponas duo genera dimensionum quarum una sequatur formam corporeitatis quæ est genus, et alia formam corporeitatis quæ est pars. Respondeo : Sicut dicimus de esse, sic posset dici de trina dimensione. Sicut enim ad omnem formam substantialem sequitur esse et tamen forma imperfecta simul est cum perfecta sub esse ejus, secundum istos [26], sic licet naturaliter omnem formam corporeitatis sequatur trina

[24] Ms. : quæ.

[25] Cf. St. Thomas, *C.G.* II, c. 58 et 72 ; *De Spiritualibus Creaturis*, a. 4 ; *De Anima*, a. 10.

[26] Cf. Richard of Middleton, *In II Sent.*, d. 17, a. 1 (Brescia, 1591) II, p. 218.

dimensio quia tamen una est perfecta, alia imperfecta, corpus quod est pars non est sub propria trina dimensione sed sub trina dimensione corporeitatis quamvis sit in potentia, quia cum separata fuerit ab illa, statim erumpet [27] sub propria trina dimensione. Et sic si sumatur forma corporeitatis prout est genus, non est alia forma ; sed si sumatur pro parte, est alia et alia.

Ista positio non valet nec in se, quia supponit quod corporeitas quæ est forma partis integratur ex diversis formis partialibus, præsupponitur animæ ut subtractum, et distincta sunt illa ante adventum formæ. Quod est impossibile, nam illud quod præsupponit formam substantialem non præexigitur ante eam. Distinctio autem quæ est inter carnem, ossa, nervum, etc., non exigitur nisi propter operationem ; et quanto majorem diversitatem habet operationum res, tanto requirit majorem diversitatem in partibus. Non est ergo distinctio talium per suas formas substantiales distinctas, sed [28] solum secundum diversos gradus contemperamenti ; qui gradus sunt consubstantiales partibus in quantum sunt organizatæ, sed non simpliciter. Hoc autem contemperamentum præsupponit formam substantialem. Ideo vult doctor quod non sit alia forma a qua sit caro et nervus etc., sed eadem.

Hoc etiam patet per Avicennam in *Metaphysica* sua [29], qui distinguit inter partem corpus et corpus totum. Non distinguit inter ea tamquam inter omnino diversa. Unde dicit quod si forma corporeitatis sumitur cum præcisione sensus et motus et hujusmodi, ut Thomas [30]. Si autem cum virtuali inclusione sensus et motus et hujusmodi, sic est corpus quod est genus et prædicatur de toto, et sic eadem est forma. Sicut autem in elementis qualitates quæ sunt in eis præcedunt, quantum ad fieri, formam substantialem, corrumpuntur autem corruptione subjecti ut in aëre corrupto corrumpitur illa dispositio per accidens, sic [31] in animatis hæc organizatio quæ acquiritur corpore perfectibili per formam substantialem præcedit, quantum ad fieri, introductionem formæ vel animæ, sed ea introducta corrumpitur illa organizatio per accidens ad corruptionem subjecti sui et sequitur similis organizatio in specie.

Ad argumentum in contrarium dicendum quod non dicitur quod anima sit actus corporis physici, etc., sicut lumen est perfectio diaphani, quia sequeretur quod sicut diaphanitas est alia a luce et cum ea manet, sic et in proposito. Sed corpus non abjicit animam, secundo *de Anima* [32], quia non habet quod sit corpus nisi per animam sicut lux est actus corporis lucidi.

Explicit Quodlibet Joannis Parisiensis.

[27] Ms. : erumpent.
[28] Ms. : secundum.
[29] V, 3A (Venice, 1508), fol. 88ra.
[30] *In I Sent.*, d. 25, q. 1, a. 1, ad 2.
[31] Ms. : sicut.
[32] II, 1, 413a4.

Summa *De Bono* of Ulrich of Strasbourg

Liber II : Tractatus 2, Cap. I, II, III ; Tractatus 3, Cap. I, II

FRANCIS COLLINGWOOD

SUMMA DE BONO, LIBER SECUNDUS

Incipit Liber Secundus qui est de unitate divinæ naturæ

TRACTATUS SECUNDUS

De nomine dicente substantiam divinam

Capitulum primum : De stabiliendo esse divino.
Capitulum Tertium : Quid hoc nomen nominet in Deo et qualiter ei conveniat.
Capitulum Quartum : De his quæ attribuuntur Deo ratione hujus nominis 'Qui Est' et de ejus dignitate.

TRACTATUS TERTIUS

De nomine significante id quod est causa omnium divinarum processionum scilicet de bonitate et sibi adjunctis, quæ sunt lumen, pulchrum, amor, et de malo opposito bono, et de voluntate divina, quæ est subjectum amoris et cujus objectum est bonum.

Capitulum Primum : De bono dicto secundum veritatem essentiæ.
Capitulum Secundum : De bono dicto secundum denominationem suæ causæ.

The Manuscripts

V. Biblioteca Vaticana, 1311.

This manuscript of 215 folios is written entirely on parchment in two columns averaging seventy-eight lines each. The lettering is clear and precise and the writing is very compact. M[lle.] Daguillon dates it as being from the beginning of the fifteenth century. It contains the six books of the *Summa de Bono*, except the chapter "De Sanctitate", which is found as chapter 28 of Tractate IV of Book VI in the Paris manuscript, and also Tractate V of Book VI is missing. There is no mention that the work is to be completed. The chapter titles are abbreviated and there are a number of omissions. Marginal notes are very few, as are marginal corrections. It is punctuated. It is closer to the Louvain manuscript D 320 than to any other and is indispensable to the edition as a glance at the variants will disclose.

L. Louvain, Bibliothèque Universitaire D 320.

This manuscript of 320 folios is written on paper and is arranged in two columns of 46 lines each. The writing is quite legible and this manuscript has the least abbreviations of any of the manuscripts used in this edition. On the last folio the scribe has left us his name and the date when he finished his copying. "Laus Deo Patri, beataque Genitrici totique curiæ cœlesti finitum per Henricum Weert anno Domini MCCCCLXX."

There are marginal notes of the same period as the text, as well as marginal numeration of paragraphs and sometimes sub-titles. Marginal corrections are few. There is some punctuation. The manuscript contains only Books I to IV of the *Summa De Bono.* However after Tractate III of Book IV, there is added a supplement consisting of Tractates IV, V, and VI, which is a treatise on the soul following the plan of the *De Anima* of Aristotle. Only the Louvain manuscript contains this supplement although the manuscript of St. Omer, 152, after Tractate III of Book IV, has this note : "Sequitur tractatus quartus quarti libri, qui est de natura et substantia animæ." The following folios are blank as though designated to receive the supplement found in the Louvain manuscript. The Vienna manuscript, 3924, also mentions that the fourth book is incomplete and the manuscript of Munich Clm. 6496, signifies the existence of Tractates V and VI of Book IV.

This manuscript has a few omissions and is closest to the Vatican manuscript 1311.

P. Paris, Bibliothèque Nationale, 15900.

This manuscript of 356 folios is written on parchment and paper, it is written in two columns of 42 lines to the column and seems to be all in the same hand. Although there are few marginal notes, there are many little schemes of the subject matter and often hands with the index finger directed at a part of the text. The text is often corrected by both interlinear and marginal corrections. It has some punctuation. It contains only the first four books of the *Summa De Bono*. The fifth and sixth books are contained in the manuscript Paris 15901. Daguillon dates it as being of the fifteenth century. It represents a tradition different from that of the Vatican and Louvain manuscripts.

O. St. Omer, Bibliothèque Municipale, 120.

Written on paper this manuscript of 170 folios has the division into two columns of 48 lines each. The writing, of the fifteenth century according to Daguillon, is somewhat faded and rather difficult to read. It all seems to be of the same hand. Punctuation is rare. Many passages are illegible because of the marring caused by humidity. Many superscript signs are likewise marred. There are no marginal notes properly speaking, but a few schemes of the subject matter. There are some corrections in the same hand and others in darker ink after the Paris manuscript or the exemplar of both. The manuscript contains only the first three books of the *Summa De Bono* ; Books IV, V, and VI are to be found in the Manuscript of St. Omer, 152.

W. Vienna, Nationalbibliothek, 3924.

This manuscript of 295 folios is written on paper and parchment in two columns of 52 lines each. Of the fifteenth century, according to Daguillon, the manuscript is in several hands. The letters are badly formed and it is difficult to read. Folios 291^r to 295^v contains a table of contents grouped alphabetically indicating the Book, Tractate, and Chapter, where the contents are treated. The text of Book IV, Tractate 3, is not complete, lacking a part of Chapter 8 and the succeeding chapters to the middle of chapter 13.

The Louvain and Vatican manuscripts represent one family whose coherence is fairly close. The other three represent a different and not very closely related family which has just enough similarities among its members and enough common differences with Vatican and Louvain to be able to be considered a family. Since the Vatican and the Paris manuscripts are the best in their respective families and mutually complement each other in achieving a correct text, it is impossible to declare one as more basic than the other.

TRACTATUS SECUNDUS SECUNDI LIBRI

De nomine dicente substantiam divinam

CAPITULUM PRIMUM

De stabiliendo esse divino

Inter [1] nomina divina pertinentia ad unitam theologiam, de quibus est hic noster liber secundus, primum nomen est illud quo se Deus notificavit Moysi *Exodi III* [2]*: Qui*

[1] *add.* omnia *L.*

[2] *Exodus* iii, 14.

est, misit me ad vos, si nomina comparentur [3] ad invicem secundum proprias rationes. Sic enim sicut in creaturis prima rerum creatarum est esse, quia secundum Commentatorem [4], hoc solum est per creationem simplicis naturæ, quæ nihil [5] sibi [6] præsupponit, et alia omnia sunt per informationem determinationis communis naturæ entis, quam omnia etiam transcendentia in sua ratione implicant et aliquid ei addunt, sic etiam in divinis nominibus sumptis a creaturis ratio entis in aliis nominibus [7] includitur et non e converso. Unde etiam Boethius [8] dicit creatorem posse intelligi entem sine bonitate, et ideo Dionysius v capitulo de *Divinis Nominibus* [9] et Rabbi Moyses in libro *Ducis Neutrorum* [10] dicunt hoc nomen, *'qui est'*, esse primum. Si vero sumantur nomina inquantum sunt in causa prima actu causante inquantum causa est, sic illud nomen est [11] primum quod in causando est principalius et universalius, et hoc est hoc nomen 'bonus', quia, cum finis sit causa causarum secundum Philosophum [12], bonum quod dicit finem moventem Deum ad causandum, qui [13] omnia creavit propter semetipsum, est principalius quam ens quod est causa efficiens univoca. Similiter cum nomen boni tam in latino quam in græco dicatur a vocatione et clamore, quo Deus *vocat ea quæ non sunt, tamquam ea quæ sunt* [14] : bonum enim [15] in latino dicitur a boo boas, id est, voco vocas, et kalos, quod est nomen boni in græco, dicitur a kalo kalas, id est, clamo clamas [16] : patet bonum universalius esse in causando quam ens duplici ratione. Primo, quia ens ut causa univoca non causat nisi entia, sed bonum vocat vocatione effectiva [17] etiam [18] non entia ad esse, et sic dicit Commentator [19] super v capitulo Dionysii de *Divinis Nominibus*, quod plures sunt participationes boni quam entis. Secundo, quia bonum est diffusivum sui et esse, ut dicit Dionysius [20] ; ens autem non diffundit bonum, quia dicit Boethius [21] quod, si paulisper intelligamus [22] Deum esse et non esse bonum, causata ab ipso erunt entia et non bona. Unde sic Damascenus [23] dicit Dionysium dicere quod bonum est primum nomen, et Dionysius [24] etiam ipsum præordinat huic nomini, *'qui est'*, et omnibus [25] aliis [26].

Primo ergo, contra insipientem, qui dixit *in corde suo: non est Deus* [27], probemus hoc nomen Deo convenire ostendendo, quia est Deus et quia unus est demonstrative [28] demonstratione per effectum, quæ, licet non dicat propter quid, tamen demonstrat quia est. Dicamus ergo quod omnis motus ejus, quod movetur sive moveat motum sive omnino non moveat, reducitur sicut ad causam ad unum primum movens seipsum [29] ; quia omne motum non movens seipsum est motum ab alio sibi non conjuncto, quod non semper movet, sed tunc tantum quando conjungitur (8r) mobili. Unde cum tunc exeat de potentia ad actum, oportet quod ante se habeat aliud movens educens ipsum de potentia ad actum. Et si illud etiam movetur ab alio distincto a se subjecto et loco, oportet iterum motorem ejus per aliud movens reduci ad actum. Ergo vel proceditur in infinitum, quod est impossibile, quia tunc nihil moveret vel moveretur eo quod in infinito non est accipere primum, et si non moveat primum, nullum aliorum movet ; vel sit in eo quod movetur a motore sibi conjuncto, et tale compositum vocamus nos movens seipsum. Et cum unus ordo non stet nisi in uno primo, illud erit tantum unum. Probata est ergo prædicta propositio [30]. Ulterius autem, quamvis iste motor hujus moventis seipsum sit conjunctus mobili quocumque modo, tamen et istum et omnem alium motorem oportet esse distinctum a mobili, vel [31] per definitionem tantum, ut [32] sint essentiæ diversæ, etiamsi sit unum esse hujus compositi, ut patet in animalibus quæ etiam movent seipsa, vel per esse et definitionem. Oportet ergo quod motus hujus

3 comparantur *WO*.
4 commentator V ; Cf. *Dionysiaca*, I (Paris, 1937), introd. p. lxxvi.
5 Non *V*.
6 nisi *V*.
7 rationibus *P*.
8 Boethius, *De Hebdom.* (PL 64, 1312) ed. Lœb, p. 41.
9 Dionysius, *D.N.* 337, V. 5, (PG 3, 819).
10 Moses Maimonides, *Guide for The Perplexed*, I, 57-58.
11 erit *PLOW*.
12 Aristotle, *Phys.*, II, 3, (194b 33).
13 qua *V*.
14 *Rom.*, iv, 17.
15 *om. PLOW*.
16 as *L* ; Dionysius, *D.N.* 180, IV, 7, (PG 3, 701).
17 effectus *L*.
18 et *L*.
19 St. Maximus, *Scholia In Lib. De Div. Nom.* (PG 4, 310).
20 Dionysius, *D.N* 245, IV, 120, (PG 3, 718).
21 Boethius, *De Hebdom.* (PL 64 1312) ed. Loeb, p. 41.
22 intelligatur *V*.
23 Damascenus, *De Fide Orth.*, I, 9 (PG 94, 835).
24 Dionysius, *D.N.* 322, V, 1, (PG 3, 815).
25 aliis *PLOW*.
26 nominibus *PLOW*.
27 *Ps.* xiii, 1.
28 demonstrantem *W*.
29 Aristotle, *Phys.*, VIII, 5, (257a, 31).
30 proposito prædicto *W*.
31 omit, tamen et istum et omnem alium motorem oportet esse distinctum a mobili vel *L*.
32 nec *L*.

quod est movens primum in genere moventium [33] quæ sunt mota, reducatur [34] in [35] alium motorem priorem sicut simplex prius est composito. Prius autem primo in genere non est nisi prius extra genus ; ergo oportet esse unum primo primum motorem, qui sit extra genus illorum moventium [36], quæ movent [37] mota [38] ; et ideo necessario est omnino immobile, scilicet per [39] se, quia tunc [40] non esset extra [41] genus. Et per accidens quia, cum omne per accidens necessario reducatur ad per se, oporteret [42] ante primo primum motorem esse alium priorem a [43] quo causaretur suus motus per accidens. Oportet etiam [44] ipsum esse unum quia, cum suum mobile moveatur tantum uno motu continuo et perpetuo, et unus motus necessario sit unius motoris tantum, erit iste motor unus.

Ex his omnibus [45] sequitur [46] quod in ordine omnis motus oportet esse tria, scilicet id quod movetur tantum et non movet, et secundo id quod tantum movet et non movetur, et tertio quod movet, motum ab alio. Unde etiam sic est in ordine universi. Omnis autem natura univoce participata a pluribus necessario est essentialiter in uno primo illius generis [47], a quo in omnibus aliis causatur, quia, cum omne participans [48] ab alio [49] participet, iret [50] hoc in infinitum, nisi staret ad illud quod illam naturam habet per essentiam. Et [51] patet quod necessario stat in ipso sicut in causa totius participationis. Si ergo connumerentur simul omnia hæc, quæ habent illam naturam, sive per essentiam, sive per participationem, oportet quod illa natura [52] ab aliquo primo illius connumerationis causetur in omnibus aliis sicut causa prior est causato. Cum ergo natura motus sit aliquo modo in omnibus tribus [53] supradictis, et ibi universaliter omnia sint [54] inclusa ad quæ quocumque modo pertinet hæc natura, oportet quod unum sit primum quod sit causa [55] motus in omnibus aliis. Hoc autem non potest esse [56] illud quod movetur tantum et non movet, quia causa motus movet, nec etiam medium quod movet motum est hoc quia illud non est causa motus in omnibus, sed tantum in uno, scilicet in eo quod tantum movetur. Nec facit ad propositum, si ista moventia mota sint [57] plura [58] materialiter, quia formaliter omnia unum sunt quo ad formam moventis moti. Ergo illud quod est movens tantum est unum primum, movens per essentiam suam omnia, immobile manens omnino per se et per accidens. Hoc autem est omnium primum principium [59] quod stabile manens dat cuncta moveri [60] ; quod nos Deum vocamus.

Cum autem primum movens in universo sit prima causa efficiens, et [61] a [62] prima causa habent omnes causæ secundæ [63] et quod sunt et quod causæ sunt, necessario sequitur quod omnia moventia et esse et movere habent ab illa una prima causa ; sed moventia sunt tam corporalia quam spiritualia. Ergo [64] falsa est hæresis, quæ dicit aliud esse primum principium [65] invisibilium et aliud visibilium.

CAPITULUM TERTIUM [1]

Quid hoc nomen nominet in Deo et qualiter ei conveniat.

Hoc nomen, '*qui est*', dicit in Deo esse absolutum ab omni dependentia sicut esse omnium creaturarum dependet a sua causa, et dicit esse superplenum ad indeficienter effluendum [2] in causata ; quod nec aliqua determinatione superadditæ naturæ contractum est ad speciem, nec participatione sui est individuatum, sed est ubique et semper. Et hoc [3] vult dicere Damascenus [4] cum dicit [5] quod hoc nomen significat pelagus substan-

33 viventium *L.*
34 reducantur *L.*
35 ad *POW.*
36 *om. WO.*
37 moventur *L.*
38 *om. V.*
39 pro *W.*
40 *om. V.*
41 *om. L.*
42 oportuit *L.*
43 *om. V.*
44 enim *PW.*
45 *om. L.*
46 consequitur *O.*
47 *om. V.*
48 participas *W.*
49 aliquo *W.*
50 neque *L.*
51 *add.* sic *WO.*
52 materia *O.*
53 rebus *L.*
54 sunt *O.*
55 *add.* omnis *O.*
56 esse potest *POW.*
57 sunt *O.*
58 *om. V.*
59 principium primum *POW.*
60 Boethius, *De Cons.*, III, met. 9, (PL 63, 758) ed. Fortescue, p. 81, 3.
61 a *PLOW.*
62 qua *PLOW.*
63 secundæ causæ *L.*
64 quæ *L.*
65 principium primum *L.*
1 *add.* tractatus secundus *POW.*
2 influendum *PLOW.*
3 *om. VW.*
4 quod PW ; Damascenus, *De Fide Ortho.*, I, 9, (PG 94, 835).
5 *add.* cum dicit *V.*

tiæ infinitæ, et non quid est. Pelagus enim [6] vocat esse divinum inquantum ipsum non solum in se perfectum est omnium generum perfectionibus, sicut omnia flumina fluunt [7] in mare, *Ecclesiastes I* [8], sed etiam tamquam plus quam perfectum redundans extra se est principium omnium entium creatorum, sicut dicit Philosophus [9] quod mare est indeficiens principium fluminum, et sic [10] hoc nomen dicitur de Deo causaliter.

Substantiam vero vocat illam naturam quæ perfecte est ens per se existens, et non per aliud ; et hæc est sola divina natura quæ portat omnia virtute sua, et ideo a nullo sibi substante portatur et esse solius talis substantiæ est esse absolute necessarium necessitate immutabilitatis ; et ideo sua singulari excellentia differt ab omni esse [11] creato [12]. Et ideo sic esse de Deo prædicatur per eminentiam, super quam fundatur negatio, qua Deus magis proprie dicitur non ens quam ens, secundum quod nomen entis sumitur ab ente nobis noto. Infinitum autem vocat hoc esse, id est non finitum et pro id est indeterminatum [13] ad hic [14] vel [15] nunc per aliquam individuationem, sicut necessario omne esse participatum est determinatum, quia, cum necessario differant [16] participans et participatum, oportet hoc esse differre ab eo cujus est ; et ideo non est ipsum, sed est [17] actus ejus. Actus autem sunt suppositorum ; ergo omne esse participatum est alicujus suppositi, actus determinatus per individuationem [18] in supposito. Sed esse primum est ipsum primum ens essentialiter et non participative ; et ideo nihil habet individuans, sed manet universale universalitate indeterminationis ad hic et nunc ; sed est ubique et semper et est omnino simplex. Quod etiam infra addit et dicit quod hoc nomen solius essentiæ est demonstrativum [19], et non quid est, significat etiam hoc esse habere in se omnia, quæ perfectionis sunt perfectissimo modo, scilicet non per additionem eorum super commune esse ad perficiendum ipsum in se et distinguendum ab aliis, sed per omnimodam identitatem. Propter quam per nullum eorum trahitur ad aliam naturam [20] a natura entis simplicis, sed est ipsum simplex esse et omnia quæ de ipso dicuntur sunt ipsum esse divinum. Unde est sensus : non dicit quid est, id est dicit Deum non esse quid, id est aliquid ; hoc enim nomen 'aliquid' secundum Avicennam [21] multivocum est ad nomen entis secundum rem [22], quia nullam realem intentionem addit super ipsum, ut ex oppositis eorum patet, scilicet non ens et non aliquid sive nihil ; quæ idem sunt ; tamen addit super ipsum rationem alicujus determinationis ad speciale ens per naturam extraneam enti. Unde Boethius [23] dicit, quod omne, quod est citra primum, ab alio habet quod est [24], ab alio quod aliquid est. Esse ergo divinum non est aliquid, id est, non est per aliquam realem differentiam specificatum. Unde dicit Dionysius [25] : etenim non hoc quidem est Deus [26], hoc [27] autem non est ; neque alicubi est, alicubi autem non est, sed omnia est, ut omnium causa.

Sic [28] ergo patet, quod hujusmodi infinitas esse divini non facit ipsum omnino esse extra intellectum, sed quod per suprahabitos [29] modos [30] scilicet per causam et per [31] eminentiam potest a nobis cognosci. Et ideo [32] sic nostro nomine potest Deus ab ipso nominari præcipue ab ipso Deo qui hoc nomen Moysi revelavit. Est etiam hoc nomen præ ceteris nomen substantiæ divinæ [33], ut dicit Dionysius [34], secundum [35] rationem nominis, quia sic [36] alia dicunt [37] opera Dei vel consequentia substantiam vel [38] relationem ad creaturam, ut supra patuit. Unde cognitio nostra de Deo oritur quidem a creatura. Sic enim [39] vere dicit Dionysius in *Epistola ad Gaium* [40]*:* Si aliquis videns Deum intelligit [41] quod vidit, non ipsum vidit, sed aliquid eorum, quæ sunt ejus, quæ existunt et cognoscuntur ; sed cum [42] terminantur in creatore cum abnegatione omnium a Deo,

[6] *om. V.*
[7] *om. V.*
[8] *Eccle.* i, 7.
[9] ARISTOTLE, *Meteor.*, II, 3 (356b 25).
[10] *om. L.*
[11] *om. L.*
[12] causato *W.*
[13] non determinatum *L.*
[14] hoc *P.*
[15] *add.* ad *L.*
[16] differunt *L.*
[17] *om.* sed est ; *add.* secundum *W.*
[18] indivisionem *L.*
[19] determinativum *LW.*
[20] *add.* id est *L.*
[21] AVICENNA, *Meta.*, I, 6, fol. 72va.
[22] esse *O.*
[23] BOETHIUS, *De Hebdom.* (PL 64, 1311) ed. Lœb, p. 40.
[24] *add.* et *O.*
[25] DIONYSIUS, *D.N.* 355, V, 8 (PG 3, 823).
[26] aliquis *L.*
[27] hic *W.*
[28] similiter *L.*
[29] supradistinctos *POW.*
[30] *add.* positos in hujus capitulo principio POW ; Cf. Bk. II, Tr. I, c. 1.
[31] *om. O.*
[32] *om. L.*
[33] *om. L.*
[34] DAMASCENUS, LV ; DIONYSIUS, *D.N.* 323, V, 1, (PG 3, 815).
[35] *add.* enim *L.*
[36] *add.* scilicet *P.*
[37] dicuntur *LO.*
[38] *om. L.*
[39] etiam *O.*
[40] DIONYSIUS, *Ep. I,* (PG 3, 1066).
[41] Intellexit *LV.*
[42] tamen *VW.*

apprehendit [43] intellectus noster substantiam divinam per eminentiam separatam et differentem ab omnibus sibi notis ; quamvis propter [44] eandem eminentiam non solum non [45] noscat eum, sicut est, sed etiam quod [46] sic est imperfecte, cognoscat [47] ; et sic de Deo apprehendit intellectus noster hoc nomen Dei substantiale, scilicet '*qui est*'.

Dubitant etiam aliqui an hoc nomen sit nomen personæ vel essentiæ, et dicunt illud [48] nomen esse [49] illius cujus est loqui, quia Scriptura inducit Deum loquentem [50] : *Ego sum qui sum.* Locutio [51] autem sicut et omnis actio est suppositi [5] secundum Philosophum [52], et non ipsius naturæ ; ergo hoc est nomen personæ. Et quidam horum [53] dicunt hoc esse nomen unius personæ, scilicet Filii [54], quia quæ sequuntur, scilicet [55] : *Videns vidi afflictionem populi mei* etc. significant opus nostræ redemptionis quod [56] proprium [57] est Filio, et persona loquentis de rubo, etiam secundum Gregorium [58], exprimit incarnationem Filii. Alii ex modo loquendi dicunt hoc esse trium personarum, quia 'ego', quod est demonstrativum [59] primæ personæ, pertinet ad Patrem qui est principium totius divinitatis, ut dicit Augustinus [60]. 'Qui' vero secundum Priscianum [61] habet in se articulum subjunctum [62], qui secundum notitiam suppositorum demonstrat. Et ideo convenit Filio qui habet subauctoritatem respectu Patris ; et secundum ordinem naturæ, quem in divinis dicit esse Augustinus [63], est secunda in Trinitate persona. 'Sum' autem significat substantiam ut actum ab utroque egredientem ; et ideo convenit Spiritui Sancto qui procedit ab utroque. Sed tenendum est istud [64] esse nomen essentiale secundum Dionysium et [65] Damascenum et Hieronymum [66], quia significat esse divinam, quod idem est quod essentia divina. Cui etiam convenit loqui, quia ipsa est ipsum suum suppositum commune tribus personis in quo significatur [67], sicut in habente ipsam, cum dico 'Deus'. Quæ autem dicta sunt pro illis erroribus, vel symbolice dicta sunt, vel secundum appropriationem.

Ens autem vel esse sumitur dupliciter, scilicet communiter communitate analogiæ ad creaturam et creatorem, vel specialiter secundum eminentem rationem qua est in Deo. Primo modo esse non est proprium Deo quia est omnibus entibus commune. Secundo modo solius Dei est ut dicitur in *Job* [68]. *Nonne tu, qui solus es* ; quia esse secundum istum modum eminentiæ, qui expositus est, soli Deo convenit. Ideoque, '*qui est*', quia importat esse secundum talem modum, ut patet ex prædictis, est nomen Dei proprium.

Ratione ergo eminentiæ et causalitatis differt esse divinum ab omni alio esse, et est speciale ens [69] per seipsum distinctum ab esse causato, sicut causa a causato [70] et [71] perfectum ab imperfecto, et non est ratione suprahabitæ [72] indeterminationis esse universale, quod ut inhærens forma de omnibus prædicatur. Ratione autem univocæ causalitatis secundum quam [73] a primo esse, inquantum hujusmodi, est omne aliud esse, est [74] similitudo omnis esse ad ipsum. Et hæc natura entis non est perfectio et forma alicujus entis, inquantum est [75] differens ab esse divino, quia sic per distantiam a vero ente, cadit in non ens [76], quod potius est privatio quam forma. Sed est forma et perfectio inquantum est similitudo veri perfecti esse. Et ideo quando formaliter de aliquo prædicatur, hoc fit [77] inquantum est per similitudinem ipsum esse divinum. Et sic vere dicit Dionysius [78] quod esse omnium est super esse deitas [79].

43 *add.* autem *WO*.
44 per *O*.
45 *om. WO*.
46 quia *VO*.
47 cognoscit *L*.
48 hoc *O*.
49 esse nomen *L*.
50 *Exodus* iii, 14.
51 *add.* est *V*.
52 Aristotle, *Meta.*, VII, 1 (1028a, 20).
53 *in margin O*.
54 filii scilicet *POW*.
55 *om. L* ; *Exodus* iii, 7.
56 quæ *L*.
57 propria *L*.
58 Gregory, *Hom. In Ezech.*, I, 7, (PL 76, 844).
59 demonstratum *V*.
60 St. Augustinus, *De Trin.*, IV, 20, (PL 42, 908).
61 Prisciani Cæsariensis, *Opera*, Lib. XVII, cap. IV, p. 22, line 5, 27.
62 subjunctivum *L*.
63 St. Augustine, *Contra Max.*, II, xiv, (PL 42, 775).
64 illud *L*
65 *om. O*.
66 Dionysius, *D.N.* 60, II, 1, (PG 3, 638) Damascenus, *De Fide Ortho.* (PG 94, 835).
67 *add.* quia (*deleted*) *W*.
68 Add, xiii L ; *Job* xiv, 4.
69 esse *L*.
70 *om.* sicut causa a causato *PW*.
71 ut *POW*.
72 superhabitæ *L*.
73 quod *L*.
74 et *W*.
75 *add.* forma alicujus entis *WO*.
76 esse *L*.
77 est *O*.
78 Dionysius, *Cœl. Hier.*, IV, 1, (PG 3, 178).
79 deitatis *POW*.

CAPITULUM QUARTUM

De his quæ attribuuntur Deo ratione hujus nominis 'qui est' et de ejus dignitate

De hoc etiam [1] esse multa dicuntur a Sanctis, scilicet quod sit solum verum [2] esse ut dicit Hieronymus *Ad Marcellam* [3]. Augustinus vero [4], V livro *De Trinitate* [5] dicit hoc solum proprie dici [6] essentiam vel [7] esse. Hilarius etiam in VII [8] libro [9] *De Trinitate* [10] plura sibi attribuit dicens : Esse non est accidens Deo, sed subsistens veritas, et manens causa, et naturalis generis proprietas. Verum enim est illud solum esse, quod simplex est, ac per hoc nulla extranea natura determinante permixtum est [11], sicut dicitur verum [12] aurum impermixtum et purum. Sic enim [13] dicit Philosophus in *V Metaphysicæ* [14] quod esse significat veritatem rei quia, cum dicimus aliquid esse, monstramus [15] ipsum esse verum [16]. Et sic ex prædictis patet quod esse divinum est esse verum, quia nihil habet in se præter se. Sed omnis creatura, cum necessario sit speciale ens differens ab aliis, habet præter esse, quod est omnibus commune, aliud incidens in naturam [17] entis [18] ut determinatio in [19] determinatum quod ipsum specificat, et distinguit ab aliis, quia non potest idem esse ratio convenientiæ et differentiæ ; et ideo habet falsum esse.

Proprie etiam ei soli convenit aliquod nomen, cui pure convenit ratio nominis sine permixtione oppositi, sicut magis proprie dicitur aliquid album, quanto [20] est nigro impermixtius. Ideoque [21] illud [22] proprie est quod habet esse sine non esse. Hoc autem creaturæ non potest convenire, etiamsi fuisset ab æterno, ut philosophi dixerunt, quia [23] creatura [24] nihilominus [25] est [26] causata ; et ideo in se et absolute habet non esse [27]. Et [28] per respectum ad suam causam habet esse et est in potentia non ens, potentia conditionata scilicet si subtraheretur influentia causæ ; et illa potentia ad non esse est aliquid non entis, sicut potentia ad esse est aliquid [29] entis [30], ut dicit Avicenna [31]; et ita [32] habet rationem hujus nominis permixtam privationi oppositæ rationis. Deus ergo proprie est quia, cum ipse sit causa et non causatum, habet esse absolute in se sine respectu et habet esse puri actus sine potentia ad non esse. Et ideo suum esse impermixtum est suæ oppositæ rationi.

Hilarius [33] vero non sumit nomen accidentis proprie pro eo scilicet quod advenit post esse completum ex principiis subjecti, quia sic nulli [34] rei suum esse est accidens, sed sumit ipsum transumptive pro accidentali, quod habet modum accidentis, qualiter etiam substantia substantiæ accidit, sicut habentis [35] corporis [36]. Et sic tria [37] habet esse creatum in quibus habet tres conditiones accidentis. Una conditio accidentis est quod accidens non in se sed in sua causa, quæ est suum subjectum, sustentatur, quia ejus esse est inesse ; et similiter esse causatum sustentatur [38] in prima causa [39] continente omnia verbo virtutis suæ. Et ideo esse creaturæ est accidentale ; esse autem [40] creatoris est [41] subsistens in se ; et ideo est veritas impermixta compositione alicujus extranei, quia compositum hoc in illis componentibus subsisteret [42], et non in se.

Secunda conditio est, quæ sequitur ex prædicta conditione, quod sicut [43] accidens potest inesse et non inesse, ita potest esse et non esse ; et similiter [44] esse causatum, ex quo prædicto modo habet potentiam ad non esse, potest esse et non esse ex hoc ipso quod causatum est. Sed cum esse divinum sit univoca causa omnis esse, et ideo esse suum a se habeat [45] non ab alio, indeficiens necessario perseverat ; quia quod [46] res

1 *add.* nomine *WO*.
2 verum solum *PO*.
3 Jerome, *Epist.* XXXVI, 15, (PL 22, 459).
4 *add.* in *L*.
5 St. Augustine, *De Trin.* IV, 2 (PL 42, 912).
6 dicere *O*.
7 et *O*.
8 *6 L*.
9 *om. L*.
10 Hilary VII, *De Trin.* (PL 10, 208).
11 *om L*.
12 *add.* esse *O*.
13 etiam *O*.
14 Aristotle, *Meta.* V, 7, (1017a 31).
15 demonstramus *O*.
16 *add.* esse *P*.
17 materia *V*.
18 *om. L*.
19 *om. P*.
20 quantum *P*, quod *W*.
21 ideo quod *P*.
22 id *L*.
23 *add.* nihilominus (*delete*) *P*.
24 *om. V*.
25 nulla *PL*.
26 *om. OW* ; *add.* nisi *PL*.
27 non habet esse *LO*.
28 sed *POW*.
29 aliquod *V*.
30 ens *LV*.
31 Avicenna, *Meta.*, III, 10, fol. 83va.
32 illa *L*.
33 Hilary, *loc. cit.*
34 nullius *O*.
35 habitus *PLOW*.
36 corpori *PLOW*.
37 res *L*.
38 *om.* sustentatur *POW*.
39 *add.* sustentatur *POW*.
40 *om. W*.
41 *add.* esse *O*.
42 subsistens (subsisteret, *in the margin*) *L* ; subsisterit *V*.
43 *add.* esse *O*.
44 sic *L*.
45 *add.* et *LO*.
46 *om. V*.

habet a se hoc necessario semper [47] habet sine potentia deficiendi ; et sic dicit Hilarius [48] quod esse divinum est causa omnis esse [49], et ideo est [50] manens, ita quod nihil sui succedit in præteritum nec accedit in futurum nec potest deficere præsens.

Tertia conditio est, quod accidentis essentia non est ipsa quidditas subjecti, etiam quando secundum esse unum sunt, ut dicit Philosophus in *I Physicorum* [51], sed facit compositionem cum ipsa, quæ est ex subjecto et accidente. Et similiter esse causatum commune omnibus est natura differens a natura contrahente hoc commune ad ens speciale. Sed esse primum est quidquid habet ; et sic [52] dicit Hilarius [53], quod est proprietas naturalis, id est propria natura, quæ in creaturis unumquodque [54] informat [55] specifica differentia. Quæ proprietas est generis, id est generalis naturæ [56] entis, quia quidquid videtur specificare esse divinum, illud est ipsum esse secundum rem.

Cum vero [57] videamus creaturas quæ tantum habent esse ignobiliores esse illis quæ habent esse determinatum [58] ad vitam, vel sensum, vel intellectum ; tamen [59] Dionysius [60] dicit hoc nomen 'qui est' esse nobilius ceteris nominibus Dei. Cui etiam consentit Damascenus [61] dicens ipsum esse principalius nomen Dei. Et Rabbi Moyses [62] dicit hoc esse nomen Dei [63] ineffabile, quod dignissimum habeatur [64]. Et bene dicit, quia [65] hoc nomen fuit principium vitæ passionis illius [66], scilicet Deus, cujus est hoc nomen, est vita in puro actu existens, quæ [67] est principium vitæ passionis, id est qua est [68] passio viventis, id est receptio per participationem, sicut semper actus est principium potentiæ. Quod mirum statim dissolvitur, si [69] istas divinæ perfectionis distributiones [70] dupliciter consideramus, scilicet vel [71] secundum essentias suas [72] vel secundum esse. Secundum essentias suas omnino [73] diversa sunt, ita quod etiam per [74] subjectum prior forma separatur a secunda, et secunda per suam rationem facit compositionem cum prima ; et sic esse dignius est omnibus aliis, quia, cum primum sit principium aliorum, ipsum est principium omnium aliarum formarum, et prima emanatio Dei, et [75] simplicior et non dependens ab aliis, sed omnia alia dependet ab ipso [76]. Et sic in prima propositione [77] *Libri de Causis* [78] vocatur prima causa quæ plus influit quam secunda. Secundum esse vero semper [79] posterior forma sine omni compositione essentiali, ut totum virtuale implicat priorem, sicut trigonum est in tetragono, et etiam sine compositione addit super priorem formam aliquam participationem divinæ bonitatis, quam simplex esse non importat, quia quæ in [80] Deo differunt ratione, in creaturis realiter separantur ; et sic posteriores formæ sunt nobiliores prioribus.

Quando ergo ipsas divinas perfectiones comparamus secundum rationes suarum essentiarum ad invicem, verum [81] dicunt supradicti auctores, quod primum est nobilissimum. Sed quando secundum esse sumuntur in rebus creatis, tunc causatum est nobilius, quod per similitudinem Deo est propinquius, et forma quæ plures divinæ bonitatis participationes includit est nobilior.

47 *om. L.*
48 Hilary, *De Trin.*, II, 34. (PL 10, 74).
49 *add.* et sui causa non est *PLOW*.
50 *om.* et ideo est *L.*
51 Aristotle, *Phys.*, I, 3, (186b 14).
52 *om. L.*
53 Hilary, *De Trin.*, VII (PL 10, 208).
54 quodcumque *O.*
55 specificat *PW.*
56 natura *L.*
57 ergo *V.*
58 indeterminatum *L.*
59 cum *V.*
60 Dionysius, *D.N.* 323, V, 1 (PG 3, 815).
61 Damascenus, *De Fide Orth.*, I, 9, (PG 94, 836).
62 Moses Maimonides, *Guide For The Perplexed*, I, 58.
63 *om. L.*
64 habebatur *V.*
65 quod *L.*
66 iste *L* ; ille *V.*
67 qui *POW.*
68 *om.* id est qua est, et est *PLOW* ; *add.* quæ *L.*
69 quia *L* ; *add.* secundum *P.*
70 discretiones *L.*
71 *om. L.*
72 *om. O.*
73 omnia *L.*
74 præter *P.*
75 est *W.*
76 ipsa *W.*
77 probatione *V.*
78 *Liber de Causis*, Prop. I, Bardenhewer, p. 163.
79 *om. PLOW.*
80 *om. W.*
81 *om. L.*

TRACTATUS TERTIUS SECUNDI LIBRI [1]

DE NOMINE SIGNIFICANTE ID QUOD EST CAUSA OMNIUM DIVINARUM PROCESSIONUM SCILICET DE BONITATE ET SIBI ADJUNCTIS, QUÆ SUNT LUMEN, PULCHRUM, AMOR, ET DE MALO OPPOSITO BONO, ET DE VOLUNTATE DIVINA, QUÆ EST SUBJECTUM AMORIS ET CUJUS OBJECTUM EST BONUM.

CAPITULUM PRIMUM

De bono dicto secundum veritatem essentiæ

Bonum ut dicit Boethius in libro *De Hebdomadibus* [2] dupliciter [3] dicitur [4], vel secundum veritatem suæ essentiæ, vel denominatione [5] suæ causæ. Bonitate primo modo dicta *nemo est bonus nisi solus Deus*, ut Christus testatur, *Marci* X, et *Lucæ* XVIII [6] ; quia in ipso solo bonitas nihil addit super essentiam, ut patet ex prædictis, et etiam quia in ipso solo est pura bonitas, eo quod omnia alia ex se possunt non esse ; et sic [7] dicit Avicenna [8] : quidquid aliquo modo privationem potest pati, ipsum non est omnino expers malitiæ et imperfectionis. Unde etiam cum ipse Deus dicitur [9] 'summum bonum', 'summum' nihil realiter addit super bonum, sed tantum ostendit [10] perfectionem [11] hujus boni, quæ est in termino ex hoc quod habet quidquid est perfectionis, et unumquodque habet in summo infinitatis, et hoc simpliciter sine imperfectione compositionis.

Ex hoc patet quod huic [12] bono non opponitur malum, in quod nihil mali potest incidere, quia opposita possunt eidem inesse. Tamen inquantum non sumitur secundum se, sed secundum suam [13] voluntatem, non [14] voluntatem beneplaciti, cui nihil potest resistere, sed secundum voluntatem signi, et ejus effectus, sic ratione voluntatis dicit Augustinus in *XI De Civitate Dei* [15], vitium [16] est [17] contrarium Deo sicut bonum malo. Ratione autem effectus hujus voluntatis, præcipue secundum signa voluntatis, quæ ordinant nos in bonum, contrariatur ei adversa potestas secundum illud : *Qui non est mecum contra me est* [18], voluntate resistendi, non potestate lædendi, ut dicit Augustinus in *XI De Civitate Dei* [19].

Cum etiam iste [20], ad quem non esse non pertinet, scilicet in se quia æternus est, nec secundum rationem causæ quia hoc est per bonitatem, quæ est diffusiva esse, ut dicit Dionysius [21], non sit causa deficiendi, ut dicit Augustinus in libro *LXXXIII Quæstionum* [22] et, ut idem dicit, totum nomen mali sit acceptum a privatione et defectu, sequitur necessario quod Deus nullius mali, inquantum malum est, causa sit [23]. Tamen malum culpæ, inquantum est actio et non inquantum est [24] culpa, est [25] ab ipso, cum ab ipso sit omne ens. Et quantum ad malum pœnæ, non est *malum in civitate quod Dominus non fecerit* [26] ; non inquantum malum [27], id est inquantum est defectus boni naturalis, sed inquantum justum, quia ordo justitiæ, quo culpa ordinatur per pœnam, ut dicit Philosophus [28], est ab universali providentia omnia ordinante. (9r) Et sic describit Dionysius IV capitulo *De Divinis Nominibus* [29] bonum dicens : bonum est, ut eloquia dicunt, ex quo omnia subsistunt [30] et sunt [31], sicut ex causa perfecta deducta [32] et in quo omnia consistunt [33], sicut in potenti plantatione custodita et contenta, et ad quod omnia convertuntur quemadmodum ad proprium singula finem. Et quod desiderant omnia, verum est vel in se, ut Sancti Deum desiderant, vel in sua similitudine, sicut

1 *om.* secundi libri *L.*
2 BOETHIUS, *De Hebdom.* (PL 64, 1312) ed. Lœb, p. 41.
3 *Om. PW* dicitur dupliciter *V.*
4 *add.* scilicet *PLOW.*
5 denominationem *W.*
6 *om.* (Marci x et Lucæ xviii) PLOW. *Marci* x, 18 ; *Lucæ* xviii, 19.
7 sicut *LV.*
8 AVICENNA, *Meta.*, VIII, 6, fol. 100 ra.
9 dicit *W.*
10 dicit *L.*
11 perfectio *W.*
12 hoc *V.*
13 *add.* suam *V.*
14 modo *W.*
15 ST. AUGUSTINE, *De Civ. Dei*, XII, 3, (PL 41, 351).
16 unum *V.*
17 esse *PLOW.*
18 *Matth.*, xii, 30.
19 ST. AUGUSTINE, *loc. cit.*
20 ille *PLOW.*
21 DIONYSIUS, *D.N.* 245, IV, 20, (PG 3, 748).
22 ST. AUGUSTINE, *De Div. Quæst.*, LXXXIII, q. 21, (PL 40, 16).
23 sit causa *POW.*
24 *om. PLW.*
25 *add.* est *W.*
26 *Amos*, iii, 6.
27 *add.* est *L.*
28 *om.* ut dicit Philosophus *L* ; ARISTOTLE, *Eth. Nicom.*, X, 9 (1180a 4).
29 DIONYSIUS, *D.N.* 168, IV, 4, (PG 3, 699).
30 consistunt *L.*
31 et sunt. *L.*
32 educta *W.*
33 *om.* sicut ex causa perfecta deducta et in quo omnia consistunt *L.*

omnis res desiderando suam perfectionem quæ [34] est similitudo perfectionis divinæ, desiderat ipsum summum bonum per se, et per accidens desiderat illam [35] perfectionem secundum id quod est.

Est enim [36] quadruplex desiderium secundum Dionysium [37], scilicet desiderium intellectuale quod est cum cognitione, et desiderium sensibile, et desiderium vivorum, quod [38] est naturalis motus vivifici desiderii ut in plantis, et desiderium naturale, quod est eorum quæ tantum existunt, et hoc est secundum aptitudinem ad substantiæ participationem. Hæc autem omnia Augustinus [39] reducit in [40] duplicem appetitum, scilicet animalem et naturalem. Inter hæc autem constat quod appetitus naturalis intellectualis naturæ appetit suam perfectionem, quæ est ejus inquantum intellectus est ; et hæc perfectio est reductio ejus in similitudinem primæ causæ ; hæc [41] enim est ultima prosperitas animæ rationalis, ut dicit Augustinus [42]. Et ideo appetit scientiam vel virtutem, non inquantum est talis natura, quia sic deficit a similitudine Dei, sed inquantum est lumen lucis veræ quæ *illuminat omnem hominem venientem* [43] etc. [44]

Similiter sensibilis appetitus perfectio non habet rationem perfectionis ex ratione propriæ naturæ, cum sic sit obumbratio [45] et defectus lucis primæ causæ, sed inquantum aliquid illius lucis adhuc in eo manet, sic est perfectio, et ideo sic desideratur. Naturalis autem et vitalis appetitus nec potest dici appetitus, nisi inquantum motus ad perfectionem est opus [46] intelligentiæ moventis omnia per ordinem in finem, quia secundum Philosophum [47] opus naturæ est opus intelligentiæ. Unde [48] quod iste [49] motor intendit, illud est [50] quod hoc desiderio appetitur, et hæc est diffusio suæ [51] bonitatis per similitudinem et non hæc vel illa natura inquantum talis, quia sic ab ejus similitudine recedit. Ex his patet qualiter omnia bonum [52] desiderant, et quomodo, ut dicit Aristoteles, [53] optime Philosophi enuntiant [54] bonum quod omnia desiderant, et quid [55] sit illud bonum, scilicet perfectio cujuslibet rei inquantum est similitudo primæ bonitatis, et quod licet bonum [56] multiplicetur materialiter secundum perfectibilia [57], tamen formaliter est una bonitas omnium, quæ est in omnibus ratio desiderabilitatis [58] ; quod est similitudo primæ bonitatis.

Cum etiam secundum Philosophum [59] illud, cui primo et essentialiter convenit aliquod nomen, sit causa intentionis illius nominis in omnibus aliis, patet quod omne bonum, inquantum hujusmodi, est a Deo ut [60] a causa efficiente et exemplari et finali. Sic etiam solum bene intelligitur quod dicit Augustinus in IX [61] *De Trinitate* [62]. Bonum, inquit, hoc et [63] bonum illud, tolle hoc et tolle illud, et vide bonum ipsum, ita Deum videbis bonum omnis boni. Hoc enim non est verum, et intelligatur quod ipse Deus sit bonitas formaliter inhærens bonis, quæ ab eis abstrahitur per intellectum, quia tunc divina natura esset mutabilis et componibilis cum alio et divisa in partes. Sed intelligendum est quod per talem abstractionem accipitur in intellectu una ratio formalis omnis bonitatis quæ est similitudo summi boni, et in illa videt intellectus id, cujus similitudo est, quia non potest videri similitudo inquantum est [64] similitudo, nisi eadem numero visione videatur id, cujus est similitudo. Sic etiam intelligitur [65] quod dicit Dionysius IV capitulo *De Divinis Nominibus* [66] : Per universa vadit perfecta bonitas ; non enim vadit immutabilis bonitas per sui mutationem, sed per gradualem sui in suis similitudinibus communicationem.

[34] quem *W*.
[35] autem *V*.
[36] autem *O*.
[37] Dionysius, *D.N.* 168, IV, 4, (PG 3, 699).
[38] *add.* quod *W*.
[39] St. Augustine, *De Civ. Dei*, XIX, 1, (PL 41, 621).
[40] ad *O*.
[41] hoc *LV*.
[42] St. Augustinus, *De Gen. Ad Litt.*, c. 15 (PL 34, 350).
[43] *om. O*.
[44] in hunc mundum *L* ; *John* i, 9.
[45] umbra *L*.
[46] *om. V*.
[47] Aristotle, *Phys.*, II, 5, (196b, 17-21) *Phys.*, II, 8, (199b 30) *De Anima*, II, 4, (415b 15).
[48] *add.* patet *O*.
[49] ille *PLOW*.
[50] *om. LO*.
[51] *om. O*.
[52] *om. LV*.
[53] Aristotle, *Eth. Nicom.*, I, 1, (1094a 1).
[54] enuntiaverunt *L*.
[55] quod *LV*.
[56] *add.* licet *L*.
[57] perfectionalia *L*.
[58] desideratis *L*.
[59] Aristotle, *Meta.*, XI, 10, (1075a 38-61).
[60] tamquam *O*.
[61] quinto *W*.
[62] St. Augustine, *De Trin.*, VIII, *3*, (PL 42, 949).
[63] est *P*.
[64] *om. O*.
[65] *add.* id *L*.
[66] Dionysius, *D.N.* 247, 2, IV, 20, (PG 3, 71).

CAPITULUM SECUNDUM

De bono dicto secundum denominationem suæ causæ

Secundo modo dicitur bonum denominatione suæ causæ [1] cujus [2] similitudo denominatur a suo exemplari, et hæc est bonitas omnis [3] creaturæ. Et omnis creatura sic est bona, quia omne operans per suam essentiam, formam, secundum quam operatur, diffundit per omnem istam operationem. Sed summum bonum non operatur per potentiam differentem a sua essentia producendo res, sed per suam essentiam [4]. Et [5] formalis [6] ratio hujus operis est ipsa [7] bonitas, ut dicunt Boethius et Plato [8], quia ejus ratio est esse diffusivum sui et esse ut dicit Dionysius [9]. Ergo in omnia creata diffundit similitudinem suæ bonitatis. Et ideo bonum convertitur cum ente secundum [10] supposita. Unde cum 'participare' sit partem capere, id est ab alio accipere, cum omnis creatura suam bonitatem ab alio [11] accipiat, et nulla earum habeat vel totam similitudinem summi boni, qua diversa diversimode Deum imitantur vel totam naturam bonitatis creatæ, sed potius multum illius naturæ sit extra quodlibet determinatum bonum, patet quod creatura est bona participatione [12].

Tamen cum accipere sit potentiæ passivæ, sicut duplex est potentia passiva, scilicet potentia materialis et potentia subjecti, quod est completum in se perfectibile tantum quantum [13] ad accidentalia consequentia esse, sic etiam duplex est participatio : Una quando potentia materialis ab alio accipit suam essentialem perfectionem, et hoc secundum partem quia aliquid illius naturæ est extra hanc materiam. Et sic omnis creatura est bona participatione suæ naturalis perfectionis, quæ ponit ipsam in speciem ; unde dicit Avicenna [14] quod perfectio essendi est bonitas essendi. Unde patet quod istud non excludit quin bonitas sit rebus essentialis, non solum ut proprietas inseparabiliter et immediate consequens essentiam rei, ut aliqui dicunt, sed sicut causa formalis intrans essentiam rei.

Secundo modo est participatio, quando completum in esse recipit perfectionem consequentem esse ; et sic nihil participatur nisi accidens, quia omne consequens esse completum est accidens, ut dicit Avicenna [15] ; et quia omne accidens est separabile secundum rem vel secundum rationem suæ naturæ, et non solum secundum rationem intelligendi, quia omne, quod est post [16] esse completum, ex eadem ratione potest deserere illud, quod sui ad esse non indiget. Ideo sic vere dicunt Augustinus in libro *LXXXIII Quæstionum* [17], et Boethius *De Hebdomadibus* [18] et Dionysius IV capitulo *De Divinis Nominibus* [19], quod omne, quod habetur participatione, potest non haberi. Et sic distinguo de bonitate. Cum enim [20] bonitas rei sit sua perfectio, duplex est perfectio secundum Philosophum [21], scilicet perfectio prima quæ est secundum formam, et perfectio secunda quæ est per operationem naturalem illius formæ. Unde etiam duplex est bonitas [22] rei : Una quæ est perfectio rei per suam formam essentialem [23], et sic res non est bona, scilicet quæ potest non haberi [24], tali participatione [25] ; sed sua forma, a qua sumitur ejus differentia specifica, est ejus bonitas. Propter quod in [26] ordine universi illa res dicitur melior alia, cujus differentia completiva nobilior est [27] et perfectior [28]. Sed alia ratione est illa perfectio [29] forma et bonum, quia inquantum dat esse sic est forma, sed inquantum est perfectio intenta ab efficiente et desiderata a suo perfectibili sic [30] est bonitas. Unde quia sic ipsa est finis intentionis et desiderii, sic verum dicit [31] Philosophus [32], quod omne quod est bonum secundum se et propter suam

[1] *om. V.*
[2] sicut *V.*
[3] *om. PLOW.*
[4] *add.* et formam *PLOW.*
[5] est *O.*
[6] *om.* et formalis *L.*
[7] *om. L.*
[8] Boethius, *De Hebdom.* (PL 64, 1313) ; Plato, *Timæus*, 29.
[9] Dionysius, *D N.* 245, IV, 20, (PG 3, 718).
[10] *add.* sua *POW.*
[11] *om. O* ; aliquo *L.*
[12] participative *PLOW.*
[13] *om. L.*
[14] Avicenna, *Meta.*, VIII, 6, fol. 100ra.
[15] Avicenna, *Meta.*, III, 7, fol. 81vb.
[16] præter *PLOW*
[17] St. Augustine, *De Div. Quæst.*, LXXXIII, q. 23 (PL 40, 16).
[18] Boethius, *De Hebdom.* (PL 64, 1313) ed. Lœb, p. 42
[19] Dionysius, *D N.* 250, IV, 20 (PG 3, 719).
[20] *om. V.*
[21] Aristotle, *Meta.*, VIII, 8, (1050a 30).
[22] *add.* illius *W.*
[23] essentialem formam *O.*
[24] *om.* scilicet quæ potest non haberi *PLOW.*
[25] perfectione *L.*
[26] *om. V.*
[27] *om. L.*
[28] *add.* est *L.*
[29] perfectior *P.*
[30] *om. POW.*
[31] sic philosophus dicit verum *PW* ; philosophus dicit *O.*
[32] Aristotle, *Phys.*, II, 3, (195a 23).

naturam finis est [33] ; et non solum re unum sunt bonum et finis, sed etiam ratio boni est ratio finis, ut dicit Philosophus [34]. Utriusque enim ratio formalis est quod sit desiderabile.

Et sic patet quod bonum, licet [35] convertatur cum ente, propter hoc quod esse non est sine aliqua perfectione, eo quod omne esse est a forma, tamen realiter addit super ens perfectionem determinantem et complentem commune ens. Unde quod dicit Avicenna [36] quod esse est bonitas pura [37], et probat hoc quia id quod desiderat omnis res est [38] esse, ita [39] quod, ut dicit Philosophus [40], propter esse divinum operatur quidquid operatur, non est intelligendum quod eadem [41] sit [42] intentio entis communis et boni, sed quod eadem sit natura boni et esse proprii [43] rei, quod [44] est esse ejus definitivum, quod est actus formæ a qua sumitur omnis formalis definitio. Et sic etiam intelligitur quod dicunt Augustinus et Boethius [45], scilicet quod omne ens inquantum est, bonum est, non quod intentio bonitatis creatæ [46] sit eadem cum intentione entis communis, cum unum possit intelligi sine alio, ut dicit Boethius [47]. Nec etiam solum est hoc verum secundum convertentiam in suppositis, ut aliqui dicunt, sed quia intentio bonitatis realiter eadem est [48] cum esse formali, quod nihil aliud est quam determinatæ formæ diffusio in materia, vel in eo quod est loco materiæ in spiritualibus non habentibus materiam.

Ex his patet quomodo diversimode Deus est bonus essentialiter, et creatura, quia hoc quod dico essentialiter in Deo dicitur a simplici natura entis secundum realem unitatem harum intentionum, quia bonitas in eo nihil addit super purum ens, licet differant ratione nominum ; sed in creatura dicitur ab essentia formæ, quæ est præter ens commune [49] determinans ipsam ad certam speciem entis, secundum quod dicunt Boethius et Avicenna [50], quod omne ens præter esse commune omnibus habet aliquam certitudinem id est certam quidditatem, qua est aliquid, id est, ens determinatum et ab aliis differens. Hæc [51] enim est [52] ultima perfectio rei quæ etiam est ejus bonitas. Secundo modo dicitur bonitas secunda perfectio rei quæ est per operationem ; nam secundum Damascenum et Philosophum [53] nulla res destituitur propria operatione, sicut nec propria natura, quia, cum natura sit principium motus ejus, in quo est per se et non secundum accidens, ut dicit Philosophus [54], esset natura vana, si propriam operationem non haberet. Et sic vult Philosophus in *Ethicis* [55], quod nobilissima operatio alicujus naturæ est finis ejus.

Referendo autem hanc divisionem boni ad naturam humanam, patet ratio divisionis quæ communiter ponitur [56], scilicet quod est bonum naturæ et ex genere et ex circumstantia et moris et gratiæ et beatitudinis. Nam bonum naturæ est primum membrum prædictæ divisionis. Secundum autem membrum ejusdem [57] divisionis includit omnia alia, quia operatio humana, quæ, ut dicit Philosophus [58], est finis hominis, non est perfecta per solam naturam, quia non sufficit quod bonum fiat nisi fiat etiam bene, ut dicunt Augustinus et Philosophus [59] ; sed oportet quod [60] informetur, ut fiat bonum bene. Actus ergo humanus vel est finis ultimus in genere, vel est ad finem. Si sit finis ultimus in genere, sic est beatitudo sive felicitas. Quod enim ista consistit in operatione, patet per hoc quod omnis delectatio in operatione consistit, quia, ut dicit Philosophus [61], delectatio est operatio naturalis et non impedita. Aut ergo est in genere vitæ activæ naturalis, et sic est felicitas civilis [62] secundum Philosophum [63], quæ, inquantum est [64]

33 est finis *P*.
34 Aristotle, *Meta.*, III, 3 (996a 23).
35 scilicet *V*.
36 Avicenna, *Meta.*, VIII, 6, fol. 100ra.
37 prima *W*.
38 esset *W*.
39 ut *V*.
40 Aristotle, *Meta.*, XI, 10, (1075a 15) cf. *Eth.*, IX, 7, (1168a 5).
41 *add.* quod eadem *V*.
42 est *O*.
43 proprie *POW*.
44 id *L*.
45 St. Augustine, *De Doct. Christ.*, I, 32, (PL 34, 32) Boethius, *De Hebdom.* (PL 64, 1312) ed. Lœb, p. 41.
46 naturæ *POW*.
47 Boethius, *De Hebdom.* (PL 64, 1312) ed. Lœb, p. 41.
48 *om. PO*.
49 *om. L*.
50 Avicenna, *Meta.*, VIII, 6, fol. 99va. Boethius, *De Hebdom.* (PL 64, 1311) ed. Lœb, p. 40.
51 hoc *W*.
52 est enim *L*.
53 Aristotle, *Meta.*, V, 4, (1015a 13).
54 Aristotle, *Ethic. Nicom.*, IV, 1, (1121a 5).
55 Aristotle, *Ethic. Nicom.*, I, 1, (1094a 4).
56 Cf. St. Albert the Great, *Sum. Theol.*, I, q. 26, m. I, a. 1.
57 prædictæ *L*.
58 Aristotle, *Ethic. Nicom.*, I, 10, (1101a 14).
59 Aristotle, *Ethic. Nicom.*, II, 6, (1106a 22).
60 ut *POW*.
61 Aristotle, *Ethic. Nicom.*, X, 7, (1177a 19).
62 rationalis *L*.
63 Aristotle, *Ethic. Nicom.*, X, 7, (1177a 12 — 1177b 12).
64 *om. O*.

felicitas, est actus virtutis perfectissimæ in illo genere, sicut est prudentia secundum quam omnes virtutes aliæ regulantur, inquantum ipsa confert rationi perfectam rectitudinem. Sed inquantum est beatitudo quæ secundum Boethium [65] est status omnium bonorum aggregatione perfectus, sic exigit omnia, quæ pertinent ad bonum statum hominis secundum conversationem inter homines, scilicet sanitatem, nobilitatem, divitias, bonam fortunam et hujusmodi. Sed tamen hæc sunt felicitati accidentalia. Vel est in genere vitæ contemplativæ secundum facultatem naturæ, et sic est felicitas contemplativa quæ, inquantum felicitas [66], consistit in altissimo actu altissimæ potentiæ animæ secundum nobilissimum habitum. Et hæc est speculatio Dei et separatarum substantiarum per intellectum speculativum secundum habitum sapientiæ philosophicæ, qui [67] in metaphysica acquiretur. Sed inquantum est beatitudo sic requirit etiam civilem felicitatem quæ per quietationem passionum ponit hominem in statu optimæ dispositionis ad contemplandum.

Vel est in genere vitæ activæ secundum statum gratiæ, et sic est beatitudo, quæ integratur ex quinque donis regentibus in hac vita, sicut sunt spiritus scientiæ, et pietatis, consilii [68], fortitudinis, et timoris, et ex beatitudinibus perficientibus et ex delectatione [69] fructuum spiritus. Vel est in genere vitæ contemplativæ in statu gratiæ, et sic est beatitudo quæ est integrata [70] ex actibus duorum donorum dirigentium in Dei contemplatione [71] et beatitudinum perficientium, et delectationibus fructuum spiritus, qui ad hos [72] actus pertinent.

Vel est in genere status divini et omnino [73] supernaturalis, et sic est felicitas patriæ cœlestis (9v) quæ, inquantum est felicitas, consistit in Dei fruitione quæ est actus voluntatis in ordine ad intellectum cognoscentem et ad appetitum apprehendentem esse desiderabile. Sed inquantum est beatitudo, habet [74] omne quod expedit ad bonum corporis et animæ et societatis et loci convenientis [75] et hujusmodi. Si autem sit actus qui est ad finem, tunc vel est ad felicitatem supernaturalem vel naturalem. Primo modo oportet quo operatio habeat perfectionem supernaturalem proportionantem actum suo fini, et sic est bonum gratiæ in quo includuntur omnes virtutes gratuitæ, quia istæ [76] sunt derivationes ipsius.

Secundo modo vel est [77] informatio prima et generalissima, quæ est in genere moris [78], et potest specificari ad diversas species virtutum et vitiorum, sicut est illa informatio, quæ est per [79] debitum objectum, non naturæ, sed moris, quia de ista bonitate nunc est secundo [80] modo [81], et sic est bonum ex genere. Vel actus est [82] informatus recta ratione secundum proportionem, qua potest in nobis generari [83] habitum virtutis sibi similem [84], et sic est bonum ex circumstantia. Et hoc est actus informatus omnibus circumstantiis, quibus potest virtus generata vestire eum, præter solum hoc, quod habitus facit delectationem in opere ; vel est elicitus ex virtute generata per frequenter operari et sic est bonum moris.

Cum autem perfectio formalis, quæ est bonitas rei, sit media inter primam causam fundentem omnem perfectionem et inter suum perfectibile, rationem [85] perfectionis et boni non habet secundum istam secundam rationem, quia ipsa [86] sic habet multas imperfectiones, scilicet quod est obumbrata et composita et divisa et hic et nunc et hujusmodi ; sed secundum primam rationem habet rationem boni perficientis, quia sic imitatur perfectionem suæ causæ in multis, scilicet quod est formalis et intellectualis [87], quod est simplex et [88] invariabilis, quod est ubique et semper et hujusmodi. Et sic verum dicunt Augustinus et Boethius [89] quod, quia Deus est bonus, ideo omnis [90] creatura est bona, ita quod, si, ut dicit Boethius [91], per intellectum ponamus Deum esse et non bonum

[65] Boethius, *De Consol.*, III, prose 2, (PL 63, 724) ed. Fortescue, p. 62, 3.
[66] *om. V.*
[67] quæ *L.*
[68] *add.* et *PLOW.*
[69] delectationibus *PLOW.*
[70] integra *W.*
[71] contemplationem *LO.*
[72] hoc *V.*
[73] *add.* status *O.*
[74] habens *L.*
[75] convenientis *PW.*
[76] illæ *PLW.*
[77] *om. WO.*
[78] *om. W.*
[79] *om.* per *PLOW.*
[80] sermo *WO.*
[81] *om. WO.*
[82] *om. O.*
[83] generare *PLOW.*
[84] simile *V.*
[85] ratione *V.*
[86] ista *P.*
[87] intelligibilis *WO.*
[88] quod est *W.*
[89] St. Augustine, *De Trin.*, VIII, 3, (PL 42, 949) Boethius, *De Hebdom.* (PL 64, 1313) ed. Lœb, p. 42.
[90] *om. O.*
[91] Boethius, *De Hebdom.* (PL 64, 1312) ed. Lœb, p. 41.

esse, creatura a causa ente erit ens, sed non bona ; quia sic communicabit perfectiones secundum secundam rationem secundum quam dat esse, et non secundum primam secundum quam est perfectio et bonum. Quia etiam quælibet forma tendit ad suam naturalem operationem sicut ad finem et bonum, verum dicit Boethius [92] quod res est bona inquantum tendit ad bonum, quia nihil tendit nisi ad sibi simile ; hoc enim verum est de ultima in genere bonitate rei, quæ est ejus operatio, inquantum [93] tendit per naturam formæ suæ, quæ illi operationi est similis, sicut quilibet habitus est similis operationi quam elicit. Quod autem operatio sit finis et bonum rei, hoc non habet inquantum operatio, quia sic omnis operatio esset finis, sed inquantum est perfectio desiderata. Specialiter autem loquendo de operatione humana, non elevata super naturam, est hæc perfectio triplex ; quia vel [94] consequitur ipsam operationem ut effectus causam et sic est bonum delectabile, quia delectatio, sive sit animalis, sive sit virtutis est operatio perfecta sine impedimento secundum habitum connaturalem operationi secundum Philososophum [95] ; vel incidit ex objecto [96] circa quod est operatio, et sic est bonum utile ; vel advenit ex habitu informante opus, et sic est bonum honestum.

Ratione autem istius ultimi, scilicet inquantum operatio honesta est finis a quo res dicitur bona, distinguit Augustinus, in libro *De Natura Boni* [97], bona maxima et minima et media, quia sic ista [98], quibus ita essentialiter annexus est iste finis, quod est effectus eorum inseparabilis illa sunt maxima bona ut virtutes. Illa autem quæ necessaria sunt ad hunc finem, sed tamen finis est ab eis separabilis [99], sunt in secundo gradu, ut [100] potentiæ animæ. Illa autem, quæ non sunt ad finem necessaria, sed potius indifferentia, ita quod possunt prodesse vel obesse, sunt in ultimo gradu, ut species corporum et hujusmodi. Dixi autem hanc divisionem esse secundum rationem finis et boni quæ [1] est operatio honesta, quia secundum quod bonum sumitur in ipsa essentia rei, sic idem auctor jam dictas differentias boni aliis attribuit in libro *De Doctrina Christiana* [2], scilicet quod maximum bonum vocat [3] illud quo fruendum est, scilicet quod ut causa est omnis boni bonum ; et minimum bonum vocat illud [4] quod tantum participat hujus boni similitudinem, scilicet bonum quo utendum est [5] ; et media bona vocat illa quæ non solum per similitudinem, sed etiam per essentiam, ut objectum fruitionis participant summo bono, sicut illa quæ utuntur et fruuntur.

Quamvis autem omnes creaturæ sint [6] a Deo, cujus justitia est sua bonitas, non tamen omnis creatura est justa, quia est a [7] justo [8], sicut est bona quia est a bono. Et hoc ideo, quia bonitas est generalis conditio consequens ens, inquantum est ens, eo quod ipsum esse est a forma quæ est bonitas rei ; et ideo [9] diffunditur in omnia entia. Justitia autem, licet in Deo sit idem quod bonitas, tamen secundum suam rationem dicit specialem rationem suæ [10] bonitatis, quæ non potest esse nisi in rationali vel intellectuali natura ; quæ ratio est bonitas virtutis ; et hæc est ratio Boethii in libro *De Hebdomadibus* [11].

Et quod his amplius est, cum non solum a sapiente Deo sint omnia, sed etiam secundum rationem sapientiæ sint ab eo, sicut et secundum rationem bonitatis secundum illud Psalmi [12] : *omnia in sapientia fecisti*, non tamen omnia sunt sapientia sicut sunt [13] bona, quia secundum rationem intelligendi, sapientia, secundum rationem sapientiæ, est dispositio primi operantis inquantum operatur per intellectum, et non est forma universalis et primi operantis, inquantum est universale, secundum cujus definitionem [14] est divina [15] operatio [16]. Et [17] non oportet quod omnes perfectiones causæ quæ sunt ejus, secundum quod est perfectior causato, sint in omnibus causatis ; sed oportet quod forma, quæ est principium operationis in ipso, omnibus communicetur, si est

92 omit, (Boethius . . . verum dicit Boethius) L Boethius, *De Hebdom.* (PL 64, 1311-12) ed. Lœb, p. 40.
93 in quam *W*.
94 *om. WO*.
95 Aristotle, *Eth. Nicom.*, X, 7, (1177a 11).
96 *add.* contra *V*.
97 St. Augustine, *De Nat. Boni*, Cap. 3, (PL 42, 553).
98 illa *PW*.
99 *add.* ut *W*.
100 *om. O*.
1 quo *W*.
2 St. Augustine, *De Doct. Christ.*, I, 5, (PL 34, 21) Cf. *De Trin.*, VIII, 3, (PL 42, 949).
3 vocatur *V*.
4 id *O*.
5 *om. V*.
6 sunt *O*.
7 *om. V*.
8 justa *V*.
9 non *L*.
10 *om. PLOW*.
11 Boethius, *De Hebdom.* (PL 64, 1314) ed. Lœb, p. 42.
12 *Ps.* cxxiii, 24.
13 *om. O*.
14 diffusionem *PLOW*.
15 prima *PLOW*.
16 *add.* divina *PLOW*.
17 *add.* ideo *O*.

perfecta et univoca operatio. Et hæc est sua formalis perfectio et bonitas, inquantum sunt attributa essentiæ divinæ. Quod ideo addo, quia secundum rationem intelligendi bonitas Dei, inquantum est finis movens ejus voluntatem ad operandum, sub ista ratione est conditio causæ primæ non communicata omnibus creaturis, sed tantum illis [18] quorum [19] est operari per [20] voluntatem et intentionem finis.

Cum autem creatura nec esse nec bonitatem habeat absolutam, sed tamen dependentem a primo ente bono, patet quod simpliciter nulla creatura est incommutabiliter bona. Sed incommutabilitate dependentiæ vel suppositionis omnia sunt incommutabiliter bona, bonitate quidem dependentiæ ut incorruptibilia ; bonitate autem suppositionis existentiæ rei sunt bona corruptibilia, non solum bonitate naturæ ut corporalia, sed etiam bonitate honesti ut virtutes ; quia istæ possunt non esse, et tunc nec bonæ sunt, sed quamdiu sunt, tunc secundum Augustinum [21] ita eis recte vivitur quod nemo eis male utitur.

Ex hac autem [22] bonitate virtutis Philosophus ponit in *V Metaphysicæ* [23] bonitatis modum transumptum ad malum, scilicet quando aliquid est perfectum in malitia, ita quod attingit ejus ultimum cui nihil deest illius [24] malitiæ sicut dicimus bonum furem.

18 *om. V.*
19 quarum *PLOW.*
20 secundum *O.*
21 St. Augustine, *De Lib. Arb.*, II, 18, (PL 32, 1267).
22 enim *PW.*
23 Aristotle, *Meta.*, V, 16, (1021b 25).
24 *om. L.*

Selected Questions from the Writings of Thomas of Sutton, O.P.

JOSEPH J. PRZEZDZIECKI

1. MANUSCRIPTS

THE *Quodlibets* of Thomas of Sutton [1] are contained in three known manuscripts and the *Quæstiones Disputatæ* in five [2]. It should be noted, however, as far as the present edition is concerned, that *Q. D.* 2 is not included in the collection of *Quæstiones Disputatæ* transmitted by the Erfurt Ms. All of the available manuscripts have been employed in the preparation of this edition. The description of these submitted below is based, for the most part, on a personal study of microfilm copies.

M — Oxford, Merton College, Cod. 138, ff. 338.

F. EHRLE, "Thomas de Sutton, sein Leben, seine *Quodlibet* und seine *Quæstiones disputatæ*", *Festschrift Georg von Hertling* (Kempten-Munich, 1913), 434-35.
J. HOFFMANS-A. PELZER, "Étude sur les manuscrits des *Quodlibet*", *Le Quodlibet XV et trois Questions ordinaires de Godefroid de Fontaines*, (Les Philosophes belges, XIV, Louvain, 1937) pp. 152-55.

On parchment, 35 × 22 cm., in two columns. Written in England not later than 1325.

1. f. 1r-154r : *Quodl.* V-XIV of Godfrey of Fontaines.
2. f. 154v-229r : *Quodl.* I-IV of Thomas of Sutton.
3. f. 229v-338r : *Quæstiones Disputatæ* of Thomas of Sutton.

The outside leaf bears the following inscription : "Liber Magistri Willelmi Reed ex emptione de bonis sibi datis per Magistrum Nicholaum de Sandwycho. Oretis igitur pro utroque". And on the same leaf, in another hand : "Liber domus de Merton in Oxonia in communi libraria ibidem studentium ex dono Venerabilis Domini Willelmi tertii episcopi Cicastrensis. Oretis igitur pro eodem et benefactoribus ejusdem ac fidelium animabus a purgatorio liberandis. Walter Robert notarius".

The script is good clear Gothic uninfluenced by cursive. Though there are only a few corrections, the text is excellent. This manuscript has served as the basis of the present edition for reasons to be explained later.

A — Erfurt, Stadtbibliothek, Cod. Amplon. Fol. 369, ff. 200.

F. PELSTER, "Thomas von Sutton O. Pr., ein Oxforder Verteidiger der thomistischen Lehre", *Zeitschrift für katholische Theologie*, XLVI (1922), 236-40.

On parchment, 29 × 20 cm., in two columns. The section containing the works of Thomas of Sutton was written in the first half of the fourteenth century.

1. f. 1r-68r : A long series of *Quæstiones Disputatæ*. Twenty-eight of these belong to Thomas of Sutton. [3]
2. f. 70r-71v : A *Quæstio* of Thomas Anglicus.
3. f. 71v-91r : *Quæstiones* by various authors.
4. f. 91r-92r : *Quæstio Disputata* 34 by Thomas of Sutton.
5. f. 92v : Table of contents.
6. f. 93r-146v : Anonymous *Quæstiones*.
7. f. 147r-200r : Three *Quæstiones* by John de Ripa.

[1] On the life and literary activity of Thomas of Sutton, see W. A. HINNEBUSCH, O.P., *The Early English Friars Preachers* (Rome, 1951), pp. 396-410. The author refers to all the pertinent literature on the subject.

[2] P. Glorieux mentions Cod. Naples VII C 47 as containing *Quæstiones Disputatæ* of Thomas of Sutton (*Dict. de Théol. Cath.*, XIV, pt. 2, Paris, 1941, col. 2868). Through the kindness of Dr. Guerriera Guerrieri, who sent me the table of contents of this Ms., it was possible to ascertain that this is not so. The Ms. contains six Questions by some unknown English Dominican. The notation reads : "Subscriptas Quæstiones disputavit quidam ex Prædicatorum ordine Anglicus".

[3] The order of these Questions is quite different from that of the Oxford Ms. Pelster indicates this very clearly in his list (cf. *art. cit.*, p. 401).

The script is a rather fine Gothic and quite legible. There are occasional marginal corrections, indicating a desire to copy exactly. The text, however, is definitely inferior to that of *M* and *O*, as is clear from the numerous omissions which this manuscript has in common with *B*. These undoubtedly stem, for the most part, from a defective apograph. Pelster's praise of this manuscript is a little excessive [4].

B — Basel, Universitätsbibliothek, Cod. B. IV 4, ff. 191.
F. EHRLE, *art. cit.*, pp. 433-34.

On parchment, 35 × 25 cm., in two columns. Written in Germany around 1350.

1. f. 1r-64v : *Quodlibets* of Nicholas Trivet.
2. f. 65r-189v : *Quodl.* I-IV and *Quæstiones Disputatæ* of Thomas of Sutton.
3. f. 190r-191v : Table of contents.

The script of this manuscript is rather blurred in some places, due probably to the fact that the parchment was not properly cured. The text is only fair. There are many minor omissions which are practically never supplied. As in the case of the previous manuscript, many of these faults are not due to the copyist.

O— Bibliotheca Apostolica Vaticana, Cod. Ottob. 1126, ff. 157.
F. EHRLE, *art. cit.*, pp. 432-33.

On parchment, 31 × 23 cm., in two columns. English and probably copied between 1325 and 1350.

1. f. 1v-4v : Three anonymous *Quæstiones Disputatæ*.
2. f. 4v-16v : A *Quodlibet* by an unknown author.
3. f. 17r-44v : Six *Quæstiones Disputatæ* of Thomas of Sutton.
4. f. 45r-90v : *Quodl.* I-II of Thomas of Sutton.
5. f. 91r-92v : A fragment of a lecture on Sacred Scripture.
6. f. 93r-155r : *Commentarium in Sent.* III-IV, attributed in the manuscript to Cowton.
7. f. 155v-156v : *Quæstio.*
8. f. 157r : A foreword to the *Com. in Sent.* III.

The script is very much like that of the Oxford manuscript. The text is excellent. The manuscript has been very carefully corrected by another hand, perhaps from the copy used by the original scribe.

T — Troyes, Bibliothèque de la Ville, Cod. 717, ff. 177.
F. EHRLE, *art. cit.*, pp. 434-35.

On parchment, 31 × 23 cm., in two columns. Written between 1325 and 1350.

1. f. 2r-12v : A *Commentary on Galatians*.
2. f. 13r-177r : A series of 49 *Quæstiones Disputatæ*, attributed in the manuscript to Thomas of Sutton. Ten of these are found in *M*.

This is without doubt the poorest of the manuscripts. It is written in a very fine hand, but has little else to commend it. The manuscript abounds in homœoteleuta. The scribe's reading of abbreviations is in many instances faulty, unless we are to ascribe this to a poor apograph. The value of *T* is negligible.

Broadly speaking, these manuscripts fall into two classes. The first embraces Mss. *MOT* and the second *AB*. None of the manuscripts, however, is descended directly from another. In the first group the relationship is closest between *M* and *O*, the two best manuscripts. There are differences, of course, but these generally do not affect the sense of a passage. In the case of the group *AB* it is quite clear from the numerous omissions which these manuscripts have in common that they go back to a single original, but there must have been a few intermediaries, because there are readings in each which can hardly be explained by the fairly common practice of transcribing phrases rather than words.

[4] F. PELSTER, *art. cit*, p. 240

2. THE EDITION

The present edition of selected Questions from Thomas of Sutton includes qq. 12-16 of *Quodl.* I and 2-4 of the *Quæstiones Disputatæ.* Though this group of Questions does not give us a complete account of Sutton's psychology, it goes a long way in acquainting us with some of his principal positions and the direction of his thought. From a doctrinal standpoint, *Q. D.* 2 is of particular importance for the understanding of Thomas of Sutton. But while we admire the metaphysical skill which he displays in defending the complete passivity of the possible intellect, the doctrine is indeed a very strange philosophical position, and it is certainly not Thomistic, but then Sutton never really says that it is. The study of this problem will have to be reserved for another time. In *Q. D.* 4 Sutton is on safer ground. There he defends a genuine Thomistic doctrine, and is perfectly aware of that fact, as is clear from the references he makes to St. Thomas.

The excellent condition of Mss. *M* and *O* have made for the establishement of a splendid text. It was not easy to decide which of these two manuscripts should serve as a base for the present edition, for the text is equally good in both. In the end, our choice fell upon *M*, for it was felt that the incompleteness of *O* would necessitate a useless shift to *M* for a future edition of *Quodl.* III-IV and the 29 *Quæstiones Disputatæ* which are lacking in this manuscript. This seemed reason enough for adopting *M* as the basic text from the start, especially since the text of *O* differs so very seldom from *M* in any important respect.

I have not, on occasion, hesitated to depart from *M*, sometimes because a reading of *M* was obviously corrupt and sometimes because the other Mss. offered a better reading. Rejected variants of *M* and *O* are always noted in the critical apparatus, except for occasional unimportant departures of *O* from the word order of *M*. Insignificant readings of the other Mss. are omitted, especially in the edition of the *Quæstiones Disputatæ*. I have adopted the same practice with regard to the numerous homœoteleuta of *T*.

References to Averroes are given to *Averrois Commentaria et Introductiones in omnes libros Aristotelis cum eorum Versione Latina* (Venice, 1562, 1573-74).

3. AUTHENTICITY AND DATING

Quodlibet I and *Quæstiones Disputatæ* 2-4 are definitely to be ascribed to Thomas of Sutton. The testimony of the Oxford Ms. is decisive on this point. On f. 154^v we read : "*Quodlibetum* Magistri Thomæ Sutton, socii domus Merton, postmodum ordinis Prædicatorum". A similar notation appears before the *Quæstiones Disputatæ* : "Incipiunt *Quæstiones Ordinariæ* Thomæ Sutton" (f. 229^v). Moreover, the *explicit* of three manuscripts attributes *Q. D.* 3 to Thomas of Sutton. From internal evidence it is clear that all the Questions of this edition belong to the same author.

The problem of dating these Questions is notoriously difficult to settle. Pelster places the first two *Quodlibets* in 1285-87 or 1286-88 [5], and Glorieux assigns *Quodlibet* I to 1284 [6]. These dates seem to be a little too early, especially since Sutton, in *Quodlibet* I, q. 15, implicitly refers to Henry of Ghent's *Quodlibet* X, q. 9 (Christmas, 1286). Consequently, allowing for an interval of a few years, *Quodlibet* I was held around 1290 or perhaps even shortly after 1293. It is impossible to be more precise, for the whole problem hinges on the date of Sutton's *inception*, and this as yet is uncertain [7]. *Quæstiones Disputatæ* 2-4 were written after 1286, since they refer to Henry of Ghent's *Quodlibet* IX, q. 5 (Easter, 1286) and the above-mentioned *Quodlibet* X, q. 9. I have read through all the philosophical material in the Oxford Ms. in an effort to date the *Quæstiones Disputatæ* more precisely, but all to no avail. The *Quæstiones Disputatæ* of this edition were probably written not later than 1295.

[5] F. PELSTER, "Thomas von Sutton und das Correctorium 'Quare detraxisti'," *Mélanges Auguste Pelzer* (Louvain, 1947), pp. 461, 463.

[6] GLORIEUX, *La littérature quodlibétique de* 1260 *à* 1320, I (Kain, 1925), p. 293.

[7] Cf. HINNEBUSCH, *op. cit.*, pp. 398, 407.

QUODLIBETUM PRIMUM

Quæstio 12

UTRUM ANIMA INTELLECTIVA EDUCATUR DE POTENTIA MATERIÆ[1]

ARGUITUR quod sic.

Potentia activa [2] cujuscumque substantiæ specificæ est principium operandi, secundum quod est talis substantiæ ; verbi gratia, potentia nutritiva in bove nutrit (*M* 163r) bovem, secundum quod est bos, et similiter augmentativa potentia ; et similiter generativa potentia [3] est principium generandi non solum animal sed bovem. Sed potentia generativa in homine est virtus consequens animam intellectivam, per quam homo est homo. Ergo potentia generativa in homine est principium generandi hominem, non solum [4] secundum quod est animal, sed secundum quod est homo. Cum generatio hominis sit univoca [5], sicut et generatio aliorum [6] animalium perfectorum, oportet igitur quod, sicut potentia generativa in brutis attingit ad educendum de potentia materiæ [7] formam specificam similem illi formæ cujus est, ita [8] potentia generativa in homine attingat ad eductionem animæ intellectivæ de potentia materiæ ; alioquin erit frustra. Ergo anima intellectiva educitur de potentia materiæ.

CONTRA. Si educeretur de potentia materiæ, esset corruptibilis, sicut animæ brutorum, quod est contra fidem.

RESPONDEO. Dicendum quod anima intellectiva non educitur de potentia materiæ, sed est ab extrinseco, sicut dicit Philosophus decimo sexto libro *De Animalibus* [9]. Et hoc probat ibi per hoc quod ejus operatio non habet communicationem cum corpore aliquo modo, quia intelligere est operatio non in materia corporali. Unumquodque autem sicut operatur, ita habet esse, quia ejus est operari cujus est esse. Cum igitur anima intellectiva possit operari sine corpore, ipsa potest esse sine corpore, et per consequens non educitur de potentia materiæ corporalis, sed procedit in esse per creationem ; et ideo non corrumpitur propter indispositionem corporis, sed remanet separata in esse suo.

Sciendum tamen est quod, quia [10] anima intellectiva est in confinio formarum separatarum a materia et [11] formarum materialium [12], ejus productio partim convenit cum productione formarum separatarum, et partim convenit cum productione formarum materialium. Quia enim intellectiva est, et per consequens incorruptibilis, non potest agens naturale ad ejus productionem attingere educendo ipsam de potentia materiæ. Quia tamen est actus corporis corruptibilis, sicut formæ materiales, ideo non producitur, nisi per agens naturale materia corporalis disponatur et proportionetur, sicut contingit in productione aliarum formarum materialium ; et actio naturalis per quam disponitur corpus ad susceptionem animæ intellectivæ dicitur generatio, sicut in productione aliarum formarum materialium, et propter hoc dicimus hominem generari, sicut dicimus equum vel leonem generari. Et sicut generatio equi vel leonis est generatio univoca, ita et generatio hominis ; homo enim generat hominem similem in specie, sicut equus equum, quamvis forma hominis non producatur per generationem sicut forma equi. Sed quia materia corporalis per virtutem generativam et virtutem seminis disponitur sufficienter ad hoc quod sit susceptiva animæ rationalis, ideo dicitur homo generare [13] hominem. Propter hoc enim quod anima rationalis transcendit materiam, ita quod

[1] In *B* this Question begins on f. 107v and in *O* on f. 56r.
[2] activæ *O*.
[3] *om.* et similiter generativa potentia *B*.
[4] sequitur *B*.
[5] unica *B*.
[6] *om. B*.
[7] *om. B*.
[8] *om. B*.
[9] *De Gen. Animalium* II, 3, 736b 19-29.
[10] *om. B*.
[11] *om.* formarum . . . et *B*.
[12] As is clear from his *Quæstio Disputata* 19 (*M* 289rb-va), Thomas of Sutton's source for this doctrine is Pseudo-Dionysius ; cf. *De Div. Nom.* VII, 3, ed. G. THÉRY, *Études Dionysiennes*, II (Paris, 1937), pp. 253f. See also *Liber de Causis*, ed. O. BARDENHEWER, *Die Pseudo-Aristotelische Schrift ueber das Reine Gute, bekannt unter den Namen Liber de Causis* (Freiburg i/B., 1882), p. 165 ; Isaac ISRAELI, *Liber de Definicionibus*, ed. J. T. Muckle, *Archives d'hist. doct. et litt. du moyen âge*, XII-XIII (1937-1938), 313.
[13] generat *B*.

esse suum non totaliter dependet a materia, sicut aliæ formæ, quæ sunt omnino materiales, ideo oportet quod aliter sit generatio hominis, cujus anima rationalis est forma, quam aliorum generabilium ; ita scilicet quod generans non attingat ad productionem animæ rationalis, sed ad dispositionem et formationem corporis humani ; quo sufficienter disposito per virtutem seminis, anima a Deo creatur in corpore. Et hoc est quod dicitur in libro *De Ecclesiasticis Dogmatibus* : "Dicimus corpus tantum per conjugii copulam seminari ; creationem autem animæ solum Creatorem omnium nosse, Dei vero judicio reservandum est ; corpusque coagulari in vulva et compingi atque formari [14], ac formato jam corpore, animam creari et infundi, ut vivat in utero homo, anima constans et [15] corpore, et egreditur vivus ex utero, plenus humana substantia" [16].

Ad argumentum dicendum quod verum est quod potentia generativa in homine est virtus consequens animam intellectivam, quia eadem substantia simplex est vegetativa, sensitiva et [17] intellectiva. Et propter hoc generativa potentia in homine est principium generandi hominem secundum quod homo. Sed ex hoc non sequitur quod attingat ad eductionem animæ intellectivæ de potentia materiæ, quia ipsa non est educibilis de potentia materiæ, sed solum est producibilis [18] per creationem, sicut patet ex [19] sua immortalitate. Unde [20] aliter est principium generandi quam potentia generativa in brutis, quorum animæ sunt corruptibiles.

Sed tu dices : ex quo est virtus activa animæ intellectivæ, oportet quod sit principium producendi animam intellectivam et non aliam ; et ita vel attinget [21] ad productionem illius [22] vel nullius [23].

Et ego respondeo quod quia [24] potentia generativa est virtus activa animæ intellectivæ, ideo est tanquam agens instrumentale ipsius, et propter hoc ipsa et virtus in semine disponunt materiam, ut sit perfectibilis ab anima intellectiva et a nulla alia, quod non esset, nisi esset virtus animæ intellectivæ. Quia tamen anima intellectiva non est per generationem producibilis propter suam perfectionem, oportet dicere quod anima intellectiva generantis et potentia generativa et virtus seminis et omnia quæ agunt in generatione hominis, agunt tanquam quædam instrumenta Dei, qui solus potest animam producere. Unde non est potentia generativa hominis frustra, quamvis non attingat ad productionem animæ rationalis. Non enim semper actio instrumenti attingit ad effectum principalis agentis, sed quandoque tantum disponit ad ipsum, sicut calor naturalis in corpore animalis non potest convertere alimentum in substantiam animalis, sed decoquit et præparat, ut sit aptum ad conversionem.

Nec etiam propter hoc sequitur quod potentia generativa hominis sit imperfectior quam sit in brutis, licet in brutis attingat [25] ad productionem formæ specificæ, et non in homine ; immo in homine est perfectior. Perfectius enim est disponere materiam [26] sufficienter ad animam rationalem quam aliam quamcumque formam materialem de potentia materiæ educere, quia eductio formæ materialis de potentia materiæ consequitur dispositionem materiæ necessario ex actione agentis disponentis ; et ita non est majus vel perfectius ibi disponere materiam et inducere formam quam disponere materiam, ex quo disponere materiam est inducere formam. Unde cum in generatione hominis materia perfectius disponatur et nobilioribus dispositionibus quam in generatione alicujus [27] alterius compositi, sequitur quod perfectius agat potentia generativa hominis quam cujuscumque bruti vel alterius rei.

Sed adhuc videtur restare dubitatio [28], quia [29] generatio non videtur aliud significare suo nomine quam productionem [30] formæ substantialis, vel ipsam formam substantialem ut in fieri. Motus enim in generatione [31] qualitatis non est aliud quam qualitas ipsa tendens ad perfectionem, ita quod non differt [32] a termino motus, nisi sicut imperfectum

[14] *om.* creationem ... formari *B*.
[15] in *B*.
[16] Gennadius, *De Eccles. Dogm.*, ed. C. H. Turner, "*Liber Ecclesiasticorum Dogmatum* attributed to Gennadius", *Journal of Theological Studies*, VII (1905-1906), 92, n. 14.
[17] *om. B*.
[18] *om.* de potentia materiæ sed ... producibilis *B*.
[19] de *B*.
[20] non *B*.
[21] attingit *B*.
[22] illi *M*.
[23] illius *M*.
[24] *om. B*.
[25] attingit *M*.
[26] in quæ *for* materiam *B*.
[27] *om. O*.
[28] dicendum *B*.
[29] quod *B*.
[30] productio *B*.
[31] genere *O*.
[32] *om. B*.

a perfecto. Cum igitur [33] generatio sit mutatio in genere substantiæ, generatio videtur esse ipsa forma substantialis ut est in fieri. Sed constat quod generatio non est anima intellectiva ut est in fieri, nisi educatur de potentia [34] materiæ. Ergo vel oportet dicere quod anima intellectiva educatur de potentia materiæ vel quod homo non generatur. Cum igitur ab omnibus sit concessum quod homo generatur ab homine, relinquitur quod anima hominis educatur de potentia materiæ.

Sed adhuc istud [35] non concludit [36], quia generatio dupliciter accipitur. Uno modo pro inductione formæ substantialis specificæ rei generatæ, quæ est subita mutatio et terminus alterationis ; et hoc modo non potest dici quod sit generatio hominis ab homine. Alio modo dicitur generatio tota alteratio, quæ terminatur ad formam substantialem, ad quam etiam ordinatur, et sic generatio est motus continuus, prout Philosophus dicit in sexto *Physicorum* [37], quod omne quod generatur prius generabatur ; et isto modo dicimus hominem generari ab homine, prout scilicet per virtutem hominis generantis formantur successive partes corporis humani : primo cor, deinde alia membra [38], quousque corpus sit formatum (163v) ad hoc quod sit perfectibile ab anima intellectiva. Sic [39] autem sumendo generationem, ipsa non est forma substantialis in fieri, et ideo non sequitur, si homo generat hominem, quod anima hominis educatur de potentia materiæ.

Quæstio 13

UTRUM VIRTUTES APPREHENSIVÆ SIVE INTRINSECÆ SIVE EXTRINSECÆ DUCANTUR DE POTENTIA AD [1] ACTUM PER ALIQUOD PRINCIPIUM INTRINSECUM [2]

Arguitur quod non, quia sunt passivæ potentiæ et comparantur ad sua objecta sicut ad sua activa ; et ideo intelligere et sentire sunt passiones. Ergo ducuntur per principium extrinsecum, non [3] per intrinsecum.

1. Contra. Vivum distinguitur a non vivo per habere principium sui motus ; dicitur enim vivum aliquid cum [4] potest in opus vitæ, ut attrahere alimentum, ut dicitur secundo *De Generatione Animalium* [5]. Sed sentire est opus vitæ. Ergo est a principio intrinseco non solum passivo, quia tale principium intrinsecum operationum habent non viva ; ergo a principio intrinseco activo est sentire, et similiter intelligere, quia sentiens est vivens, et similiter intelligens secundum quod hujusmodi.

2. Præterea. Secundum Augustinum agens est præstantius patiente et judicans judicato [6], et non ideo [7] præstantius quia agit, sed quia est præstantius, ideo agit. Sed objectum potentiæ sensitivæ vel intellectivæ non est præstantius quam illæ [8] potentiæ. Ergo oportet aliquod principium esse intrinsecum quo virtutes apprehensivæ ducantur de potentia ad actum.

3. Præterea. Objectum est finis potentiæ, terminans actum ejus ; non ergo est [9] effective movens potentiam.

4. Præterea. Augustinus dicit undecimo *De Trinitate* quod "visio gignitur ex re visibili et vidente" [10] ; ergo non est tantum a re visibili.

5. Præterea. Si objecta movent effective operans ad operandum, tunc aliquis moveretur effective ad domificandum per ligna vel lapides ; ista enim sunt objecta in quæ terminatur sua operatio. Ista ergo ducerent ipsum de potentia ad actum, et

[33] *om. B ;* ergo *O.*
[34] *add.* animæ *B.*
[35] illud *B.*
[36] includit *corrected to* non concludit *O.*
[37] *Phys.* VI, 6, 237b 9-10.
[38] Cf. *De Gen. Anim.* II, 1, 735a 24-26.
[39] sicut *M.*
[1] *om. O.*
[2] extrinsecum *B ; corrected from* extrinsecum *al. manu O.* In *B* this Question begins on f. 108r and in *O* on f. 56v.
[3] et *B.*
[4] quod *O.*
[5] *De Gen. Animalium* II, 3, 736b 12f.
[6] Cf. *De Genesi ad Lit.* XII, 16, 33 ; PL 34, 467 : "Omni enim modo præstantior est qui facit ea re de qua aliquid facit" ; *De Lib. Arb.* II, 5, 12 ; PL 32, 1247 : "Nulli autem dubium est eum qui judicat eo de quo judicat esse meliorem" ; *De Vera Relig.*, 29, 53 ; PL 34, 145 : "... præstantiorem esse judicantem quam illa res de qua judicatur".
[7] *add.* est *BO.*
[8] ipsæ *B.*
[9] *om. B.*
[10] *De Trinitate* XI, 2, 3 ; PL 42, 986.

similiter ignis duceretur ad calefaciendum per calefactibile. Sed ista sunt manifeste falsa. Ergo objecta non [11] movent effective.

Ista quæstio mota fuit propter illos qui ponunt virtutes apprehensivas in animalibus esse potentias totaliter passivas, et non ducere seipsas ad actum cognoscendi [12]; hoc enim videtur esse contra communem hominum opinionem. Homines namque loquentes [13] in ista materia communiter imaginantur quod virtus apprehensiva, ut visus, non solum sit virtus passiva, sed cum hoc est activa. Dicunt enim quod visus recipit speciem coloris per actionem coloris, et sic est passiva potentia ; sed cum jam habet speciem, per illam speciem ducit se de potentia ad actum videndi, et sic est activus respectu apprehensionis [14], quamvis sit passivus respectu speciei, quæ est principium videndi. Et imaginantur quod visio sit quædam alia res absoluta quam species, quæ est principium videndi, sicut in gravi motus gravis deorsum est omnino alia res a gravitate, quæ est principium illius motus [15].

Sed ista imaginatio falsa est, immo impossibilis. Verum est quod sensus recipit a sensibili, et illud quod primo [16] recipitur in eo est ipsa sensatio : sensatio est prima passio sensus quæ causatur a sensibili ; auditio [17] est prima passio auditus a sono, et est actus qui dicitur auditio idem actus cum sonatione quæ est actio soni, nam actio et passio sunt unus motus, ut dicitur tertio *Physicorum* [18]. Hæc est sententia Philosophi in [19] secundo *De Anima* [20]. Et eodem modo est de aliis sensibus [21], quia sicut ibidem dicit universaliter : "Unus et idem est actus sensibilis et sensitivi" [22]. Et universalius [23] adhuc [24] : Idem est actus mobilis et moventis, et est in eo quod movetur ita quod prima [25] passio visus a visibili est ipsa visio. Et verum est quod primum quod recipit visus a visibili est species vel similitudo ipsius visibilis ; sed ista species non est alius actus a visione, sed est de essentia visionis, et [26] non est extrinseca a visione, sicut gravitas a motu gravis. Sed ipsa visio est ipsa informatio visus per speciem, ita quod non sit ibi alia informatio quam speciei quæ sit visio, sicut dicit Augustinus undecimo libro *De Trinitate*, capitulo secundo. Dicit sic : "Tardioribus ingeniis difficillime [27] persuaderi potest formari in sensu nostro imaginem rei visibilis, cum eam videmus, et eandem formam esse visionem" [28].

Quantum ad primum istorum duorum, non habetis tarda ingenia, sed quantum ad secundum, ingenia vestra [29] sunt valde tarda propter pravam consuetudinem. Sed Augustinus ibi dicit speciem rei visibilis esse visionem, et e contrario [30], quia unum glossat per alterum, et e contrario [31], non solum semel vel bis, sed pluries [32], ut [33] tarditatem auditorum auferat ad credendum. Dicit enim sic : "Imago quæ fit [34] in sensu, id est, visio" [35]. Et in principio sexti capituli dicit sic : "Visionis illius, id est, formæ, quæ fit [36] in sensu cernentis, quasi parens est forma corporis ex qua fit" [37]. Ecce, dicit quod forma corporis visibilis, ex qua fit visio, est quasi parens visionis. Certe, si visus esset activus respectu [38] visionis, non diceret quod forma corporis esset quasi parens visionis, nec quod forma corporis est ex qua fit visio, sed [39] diceret visum esse quasi parentem visionis [40], et quod ex visu fit visio. Hoc autem nunquam dicit, immo ex-

[11] *om. B.*
[12] Sutton is probably referring to some Oxford masters whom I have been unable to identify. It is also possible that he has Godfrey of Fontaines in mind. Godfrey certainly holds the position to which Sutton alludes, and which in fact Sutton himself adopts. For Godfrey's view on this point, see his *Quodl.* VIII, q. 2 ; ed. J. Hoffmans, 'Le huitième Quodlibet de Godefroid de Fontaines', *Les Philosophes Belges*, IV, fasc. 1, (Louvain, 1924), 31f ; *Quodl.* IX, q. 19 ; ed. J. Hoffmans, 'Le neuvième Quodlibet de Godefroid de Fontaines', *Les Philosophes Belges*, IV, fasc. 2, (Louvain, 1928), 276f. Godfrey had already implicitly affirmed this opinion in the first year of his regency at the University of Paris (1285) ; cf. *Quodl.* I, q. 7 ; ed. M. De Wulf-A. Pelzer, 'Les quatre premiers Quodlibets de Godefroid de Fontaines', *Les Philosophes Belges*, II (Louvain, 1904), 19-21.
[13] loquuntur *B.*
[14] visionis *supersc. M* ; *add.* visionis *O.* This alternate reading seems to be a gloss.
[15] Sutton is referring to Henry of Ghent ; cf. Henry of Ghent, *Quodl.* II, q. 6 ; I (Venice, 1613) fol. 52ra-b : "Dicendum . . . ad obiectum".
[16] post *B.*
[17] *add.* enim *B.*
[18] *Phys.* III, 3, 202b 11.
[19] *om. B.*
[20] *De Anima* II, 5, 416b 33-35 ; III, 2, 425b 27-426a 1.
[21] sensibilibus *B* ; cf. *De Anima* III, 2, 426a 9.
[22] *De Anima* III, 2, 425b 27.
[23] ulterius *B.*
[24] Cf. *De Anima* II, 5, 417a 14-16.
[25] illa *B.*
[26] *om. M.*
[27] difficile *O.*
[28] *De Trinitate* XI, 2, 3 ; PL 42, 987.
[29] multa *B* ; multa *supersc. M* ; *add. in mg.* multa *O.*
[30] converso *B.*
[31] converso *B.*
[32] plures *M.*
[33] *om. M.*
[34] sit *M.*
[35] *De Trinitate* XI, 2, 5 ; PL 42, 988.
[36] sit *M.*
[37] *De Trinitate* XI, 5, 9 ; PL 42, 991.
[38] *add.* scilicet *B.*
[39] si *O.*
[40] *om. M.*

cludit sensum ab activitate [41] respectu visionis. Dicit enim sic secundo capitulo, quod "informatio [42] sensus, quæ visio dicitur, a solo imprimitur corpore quod videtur, id est, a re aliqua visibili" [43]. Si a solo corpore visibili [44] visio imprimitur, ergo non effective a sensu causatur.

Hoc etiam per rationem ostendo : Cognitio nihil aliud est quam assimilatio cognoscentis ad cognoscibile. Visio igitur nihil aliud est quam assimilatio visus ad visibile. Sed per speciem visibilis, quæ est ejus similitudo, visus est assimilatus visibili, ita quod ipsa informatio [45] speciei, cum sit similitudo rei, est assimilatio visus ad visibile. Ergo illa informatio est visio. Sed constat quod respectu illius informationis sensus visus non est activus, sed tantum passivus ; ergo et [46] respectu visionis. Quod autem visio non sit aliud quam assimilatio visus ad visibile, patet, sive dicatur quod visio sit effective a visibili immediate, sive sit a sensu habente jam speciem, quia omne agens agit sibi simile in passo. Si igitur visibile agit visionem in visu, ipsa erit assimilatio visus ad [47] visibile, et eadem ratione, si dicatur quod visio non sit immediate a visibili, sed a sensu habente speciem visibilis, visio adhuc nihil aliud erit [48] quam assimilatio ad illam speciem quæ est sua causa, sicut calefactio nihil aliud est quam quædam assimilatio ad calorem calefacientis. Si autem visio sit assimilatio ad speciem visibilis, sequitur quod sit assimilatio ad ipsum visibile, quia species est similitudo ipsius visibilis, et ita assimilatio ad speciem est assimilatio ad visibile cujus est species. Et ita sequitur, cum [49] impressio speciei in visu [50] non sit nisi quædam assimilatio visus ad visibile, quod vel erunt simul duæ visiones ejusdem visibilis in eodem visu, quod est impossibile, vel visio erit immediate impressa a visibili et non erit effective a visu.

Præterea, si visibile non potest immediate causare visionem in visu, sed suam similitudinem, quæ sit alia res a visione, eadem ratione illa similitudo in visu causata, si aliquid causat, causat suam similitudinem, quia omne agens agit sibi simile, id est, causat suam similitudinem. Tunc quæro de illa similitudine, utrum sua informatio sit visio vel non. Si sic, eadem ratione standum fuit in prima similitudine, et dicendum fuit quod sua informatio sit visio ; si non, tunc adhuc requiritur alia actio sensus ad hoc quod sit visio per istam [51] similitudinem, et procedetur [52] in infinitum et nunquam erit (164^r) visio, quod est impossibile. Oportet igitur stare in principio et dicere quod informatio speciei, quæ immediate causatur a visibili in visu, sit ipsa visio.

Decipiuntur autem multi [53] in hac materia ex usu loquendi, quo dicimus speciem in visu esse [54] principium videndi ; propter hoc enim imaginantur quod videre sit quædam [55] alia res absoluta quam species, quæ est ejus principium, sicut motus gravis est quædam alia res a gravitate, quæ est ejus principium. Sed non advertunt quod principium operationis aliquando includitur in sua operatione, sicut lux, quæ est principium lucendi in sole, includitur in actu lucendi, et calor in actu calendi. Et isto modo species visibilis est principium videndi, et est intrinsecum principium ipsi operationi, non extrinsecum [56], sicut gravitas est principium motus gravis.

Ad primum objectum dicendum quod vivum distinguitur a non vivo per operationes, secundum quas vivum transcendit res inanimatas. Et quia non solum transcendit eas per hoc quod movet seipsum per principium intrinsecum, sed per cognitionem, per quam perficitur formis rerum cognitarum, ideo vivum non solum distinguitur a non vivo per hoc quod habet in se principium activum sui motus, sed per hoc quod habet acquirere [57] ab alio [58] extrinseco activo formam, quæ est principium cognoscendi, quæ est ejus perfectio spiritualiter continens perfectionem alterius rei. Unde anima per hoc quod est cognoscitiva est quodammodo omnia, ut dicitur in tertio *De Anima* [59] : est enim omnia sensibilia per sensum et omnia intelligibilia per intellectum, et sic transcendit omne non vivum. Et sic sentire est opus vitæ non propter hoc quod est a prin-

[41] actualitate *O*.
[42] formatio *B*.
[43] *De Trinitate* XI, 2, 3 ; PL 42, 986.
[44] *om. O*.
[45] formatio *B*.
[46] *om. BO*.
[47] a *M*.
[48] *add.* quia per illam speciem non posset causare nisi speciem in se *M*.
[49] quod *B*.
[50] visum *B*.
[51] illam *BO*.
[52] procederetur *B*.
[53] Cf. *supra*, n. 15.
[54] est *M*.
[55] *add.* sicut calor est principium calefaciendi *M*.
[56] intrinsecum *B*.
[57] acquiretur *M*.
[58] *om. B*.
[59] *De Anima* III, 8, 431b 21f.

cipio intrinseco activo, sed quia perficit modo spirituali supra modum operationum rerum inanimatarum [60] ; "sensus enim est susceptivus specierum sine materia" [61].

AD SECUNDUM dicendum : quod "agens est præstantius patiente", hoc verum est quantum ad hoc quod est agens, id est, quantum ad formam qua [62] agens agit, quam agens habet et patiens non habet nisi recipiendo ab agente. Et verum est quod, quia [63] est præstantius et nobilius quoad hoc, ideo agit ; sed cum non semper est agens simpliciter nobilius quam patiens, ut patet cum homo patitur a cane mordente, agens simpliciter est ignobilius quam patiens et tantum secundum quid est nobilius. Et isto modo objectum potentiæ sensitivæ se habet ad potentiam sensitivam, quod frequenter est ignobilius quam potentia simpliciter et absolute et nobilius solum secundum quid [64] ; nihil enim prohibet unam potentiam passivam esse simpliciter nobiliorem alia potentia activa.

AD TERTIUM dicendum quod operatio potentiæ apprehensivæ non transit ad extra nec terminatur ad objectum, ita quod in ipso recipiatur, sed solum sic terminatur ad objectum quod de objecto apprehenso fit [65] judicium ; sed e contrario [66], operatio objecti terminatur ad potentiam apprehensivam, ita quod in ipsa recipitur, et ideo oportet dicere quod objectum moveat potentiam effective.

AD QUARTUM, scilicet ad illud Augustini : "visio [67] gignitur ex re visibili et vidente", dicendum quod verum est ex visibili agente et vidente patiente, id est, ex visibili active et vidente passive. Sic exponit [68] Augustinus seipsum expresse dicens : "Ex visibili et vidente gignitur visio, ita sane ut ex vidente sit sensus oculorum et aspicientis et intuentis intentio. Illa tamen informatio sensus, quæ visio dicitur, a solo imprimatur corpore quod videtur, id est, a re aliqua visibili" [69]. Unde ista auctoritas manifeste exprimit propositum meum.

AD QUINTUM dicendum quod ædificabile [70], quod est objectum, vel potius materia artis ædificativæ [71], comparatur ad artem sicut patiens ad agens, et similiter calefactibile ad calorem ; et ideo tale objectum non ducit agens de potentia ad actum, sed e contrario [72] ; semper enim agens ducit patiens de potentia ad actum. Et ideo quia objecta potentiarum apprehensivarum sunt potentiæ activæ, oportet necessario quod ducant illas potentias de potentia ad actum.

Quæstio 14

UTRUM INTELLECTUS HUMANUS HABEAT EX SE PER ESSENTIAM SUAM ANTEQUAM SPECIEM ALICUJUS REI RECEPERIT [1] UNDE SIT [2] INTELLIGIBILE VEL [3] UNDE INTELLIGATUR [4]

ARGUITUR quod sic.

Majus est quod aliquid habeat ex se unde intelligat [5], quam quod habeat ex se unde intelligatur [6]. Sed intellectus noster ex seipso habet virtutem ut intelligat, nec ad hoc aliquo alio indiget, sicut nec materia ad hoc quod formam recipiat. Ergo multo fortius ex seipso habebit unde intelligatur.

Probatio primæ [7] propositionis : Esse intelligibile, vel habere unde intelligatur, quasi passive sumendo, convenit omni rei habenti entitatem. Quantum enim habet aliquid de entitate, tantum habet [8] de veritate, et per consequens de intelligibilitate per modum objecti, sicut etiam lapis habet unde intelligatur ; quidditas enim rei materialis est objectum intellectus. Sed quod aliquid habeat virtutem intellectivam, id est, unde intelligat, soli naturæ intellectuali convenit ; et ita hæc potestas intellectiva præsupponit quidditatem rei et entitatem intelligibilem, quia semper [9] nobilius continet virtutem

60 animatarum *B*.
61 *De Anima* II, 12, 424a 17f.
62 quo *MO*.
63 *om. B*.
64 *om.* Et isto . . . secundum quid *B*.
65 sit *BM*.
66 converso *B*.
67 visus *M*.
68 *add.* ipse *O*.
69 *De Trinitate* XI, 2, 3 ; PL 42, 986.
70 *om.* Ad quintum . . . ædificabile *M*.
71 ædificatione *B*.
72 converso *B*.
1 reciperat *M*.
2 sicut *M*.
3 *om. MO*.
4 In *B* this Question begins on f. 109r, in *O* on fol. 57v.
5 intelligatur *O*.
6 intelligat *O*.
7 primo *B*.
8 *om. B*.
9 si *M* ; si *deleted O*.

ignobilioris, et amplius. Ergo majus et perfectius est quod aliquid habeat unde intelligat, quam quod habeat unde intelligatur, quia hoc præsupponit illud.

CONTRA. Unumquodque est cognoscibile seu intelligibile secundum quod est in actu, et non secundum quod est [10] in potentia, sicut patet ex nono *Metaphysicæ* [11]. Sed intellectus noster, antequam habeat aliquam speciem, est in pura potentia, sicut materia prima antequam formam habeat. Ergo intellectus noster non est de se intelligibilis.

RESPONDEO. Istam quæstionem movet Philosophus in tertio *De Anima*, et solvit [12], et hoc est signum utilitatis et difficultatis ejus.

Et ad ejus solutionem duo sunt supponenda, quæ Aristoteles declarat [13], antequam quæstionem istam moveat, scilicet quod intellectus est virtus passiva, et quod est immaterialis ; nam sicut dicit Commentator in principio tertii *De Anima* [14] : "Aristoteles declaravit hæc duo de intellectu, scilicet ipsum esse in genere virtutum passivarum, et ipsum non esse transmutabilem, quia neque est corpus neque virtus in corpore ; nam hæc duo sunt principium omnium quæ dicuntur de [15] intellectu. Et sicut Plato dicit : 'Maximus sermo debet esse in principio' [16] ; 'minimus enim error in principio est causa maximi erroris in fine', sicut dicit Aristoteles" [17]. Hæc sunt verba Commentatoris.

Ulterius est attendendum quod duo sunt genera entium, scilicet [18] sensibilia, quæ sunt materialia et cognoscuntur sensu, et intelligibilia, quæ sunt a materia separata et cognoscuntur intellectu. Sensibilia sunt magis coartata et magis limitata, et ideo magis imperfecta quam intelligibilia ; forma enim materialis limitatur per materiam. Formæ autem separatæ a materia, quæ sunt intelligibiles, sunt magis amplæ, et quodammodo illimitatæ, et ideo magis perfectæ. Unde intelligibilia sunt supra sensibilia, quæ sunt materialia in ordine entium, sicut intellectus est superior virtus quam sensus. Omnes autem formæ quæ sunt in materia sunt totaliter alligatæ materiæ, excepta anima humana, quæ est in confinio formarum materialium et immaterialium [19]. Ipsa autem est quodammodo materialis, cum sit actus corporis, et quodammodo immaterialis, quia habet virtutem aliquam [20] elevatam supra corpus, virtutem scilicet intellectivam. Ex quo sequitur quod intellectus humanus sit infimum ens in genere intelligibilium, sicut materia prima est infima in genere sensibilium ; et hoc Commentator dicit [21], et hoc necesse est dicere, quia, cum sit virtus immaterialis, oportet quod pertineat ad genus intelligibilium, et cum sit virtus illius formæ quæ est in confinio sensibilium et intelligibilium [22], primum scilicet ejus [23], in quo excedit (164^{v}) genus sensibilium, oportet quod sit infimum in genere intelligibilium.

Adjungamus ad hoc aliud principium, scilicet quod intellectus est potentia passiva, et habebimus [24] quod ipse intellectus est tantum in potentia in genere intelligibilium, quantum est de se, quia omnis potentia passiva, quantum est de se, nihil habet actualitatis, sicut etiam Philosophus dicit de intellectu, quod non est in actu aliquod entium antequam intelligat [25]. Est igitur intellectus sic infimum ens in genere intelligibilium quod tantum est in potentia ex se. Et ex hoc sequitur quod non habet de se unde intelligi possit, cum sit omnino in potentia, sicut materia prima non habet de se [26] unde sentiri possit ; nihil enim est cognoscibile nisi secundum esse [27] in actu, sicut declarat Philosophus nono *Metaphysicæ* [28]. Unde advertendum est quod ad hoc quod aliquid sit intelligibile in actu, duo necessario requiruntur in ipso : unum est quod sit [29] immateriale, et istud [30] deficit substantiis materialibus, sed [31] non [32] deficit intellectui possibili ; aliud est quod sit aliquid in actu, et istud [33] deficit intellectui possibili, sed

[10] *om. B.*
[11] *Meta.* IX, 9, 1051a 29-32.
[12] *De Anima* III, 4, 429b 27-430a 9.
[13] *De Anima* III, 4, 429a 10-b 23.
[14] AVERROES, *In III De Anima*, 4, t. c. 4, f. 137*E*.
[15] in *MO*.
[16] I have not found this statement in Plato. It may be a garbled version of Plato's remark in *Rep.* II, 377*B*.
[17] *De Cælo* I, 5, 271b 14.
[18] sicut *M*.
[19] Cf. PSEUDO-DIONYSIUS, *De Divinis Nominibus* VII, 3, (ed. P. G. Théry), pp. 253f.
[20] aliam *B*.
[21] AVERROES, *In III De Anima*, 4, t. c. 5, f. 151*D*.
[22] *om.* et cum . . . intelligibilium *B*.
[23] ens *corrected to* ejus *O*.
[24] habemus *O*.
[25] *De Anima* III, 4, 429a 22-24.
[26] *om.* unde intelligi . . . de se *B*.
[27] quod est *for* esse *BO*.
[28] *Meta.* IX, 9, 1051a 29-32.
[29] *om. B*.
[30] illud *B*.
[31] et *B*.
[32] illud *B*.
[33] illud *B*.

non deficit substantiis materialibus ; et ideo tam substantiis materialibus quam intellectui possibili acquiritur quod sint actu intelligibiles per aliquid alterum ab ipsis.

Et si bene advertamus, per illud idem substantiæ materiales fiunt [34] actu intelligibiles, per quod intellectus possibilis fit actu intelligibilis [35], scilicet per speciem abstractam per intellectum agentem, quia per illam speciem substantia materialis habet esse immateriale, quod non habet de se, et per eandem speciem intellectus fit in actu, cum de se non sit in actu ; et ita acquirit intellectus per illam speciem illam conditionem quæ sibi deficiebat ad hoc quod esset intelligibilis, scilicet actualitatem, et substantia materialis per illam speciem acquirit illam conditionem intelligibilitatis quæ sibi deficiebat de se, scilicet immaterialitatem. Et propter hoc Philosophus, solvens quæstionem, dicit quod intellectus est intelligibilis sicut et alia [36], scilicet sicut [37] substantiæ materiales, quia per speciem existentem in eo, sicut glossat Commentator [38]. Et per talem speciem alia intelliguntur, scilicet lapis, lignum et hujusmodi substantiæ materiales quæ intelliguntur a nobis.

Si autem quidditates rerum materialium essent separatæ a materia, sicut Plato posuit [39], ipsæ essent de se et [40] actu intelligibiles et intellectivæ. Ex hoc enim quod essent immateriales, haberent virtutem ut intelligerent, et ex hoc quod essent in actu, haberent ex se unde intelligi possent. Et propter hoc dicit bene Commentator [41] quod Plato non posuit intellectum agentem, nec indiguit ponere, sicut Aristoteles, qui posuit quidditates rerum in materia signata ; sic enim non sunt intelligibiles, sed sunt extra genus intelligibilium. Sed secundum opinionem Platonis quidditates rerum materialium sunt actu in genere intelligibilium de se eo modo quo nos [42] ponimus substantias separatas esse de se actu intelligibiles. Unde sicut substantiæ separatæ de se habent virtutem et ut intelligant et ut intelligantur, ita secundum opinionem Platonis quidditates rerum materialium haberent virtutem de se ut intelligerent et ut intelligerentur.

Sed tunc est dubitatio bona de specie quæ est in intellectu, quia secundum prædicta videtur quod ipsa debeat habere virtutem non solum ut [43] intelligatur, sed etiam ut intelligat ; est enim in genere intelligibilium, cum sit abstracta a materia, et cum hoc est actus quidam ; non est enim potentia tantum de se sicut intellectus. Quare ergo non potest species illa intelligere?

Ad hoc dicendum quod, cum omnis operatio sit rei subsistentis, et intelligere sit operari, oportet necessario quod nihil habeat virtutem ut intelligat nisi quod est subsistens. Species autem intelligibilis in intellectu non est subsistens, sed est forma intellectus per quam intellectus intelligit, vel magis proprie, per quam homo intelligit, quia homo subsistit, non autem intellectus. Quia igitur species, quamvis sit in genere intelligibilium, quia tamen est in illo genere non ut illud cujus est operari, sed est alterius cujus est operari, ideo non habet virtutem [44] intelligendi, sed per ipsam iste homo intelligit. Si autem species intelligibilis esset ita separata a materia sicut Plato posuit, tunc esset subsistens, et tunc ei deberetur [45] operatio intelligendi tanquam ex debito naturæ suæ, quia nulla res per se ens destituitur propria operatione, sicut dicit Damascenus [46].

Sed adhuc occurrit dubium : Quia intellectus noster [47] non est subsistens, sicut nec species intelligibilis, quare ergo dicemus intellectum habere [48] virtutem ut intelligat, et quod species intelligibilis non habeat virtutem ut intelligat?

Ad hoc dicendum quod quamvis operari propriissime attribuatur rei subsistenti, tamen attribuitur operari illi principio ratione cujus res subsistens operatur, sed non ita proprie. Et hoc communiter est verum, sive operari sit agere, sive sit pati ; verbi gratia, non solum dicimus quod ignis calefacit, sed quod calor ignis calefacit. Similiter non solum [49] dicimus quod compositum ex materia et forma transmutatur vel patitur vel recipit ratione materiæ, sed etiam dicimus quod materia transmutatur, patitur vel recipit, et hoc est quia ratione materiæ [50] compositum transmutatur vel patitur.

[34] *add.* in *B.*
[35] intelligibiles *M.*
[36] *De Anima* III, 4, 430a 3.
[37] scilicet *B.*
[38] Averroes, *In III De Anima*, 4, t. c. 15, fol. 159*F*.
[39] Cf. *Phædo* 100*DE* ; *Theætetus* 156*A* ; Aristotle, *Meta.* I, 6, 987b 4-10 ; I, 9, 991b 1-4.
[40] in *B.*
[41] Averroes, *In III De Anima*, 5, t. c. 18, fol. 161*F*.
[42] omnes *B.*
[43] *om. B.*
[44] virtutes *B*
[45] debetur *B.*
[46] *De Fide Orth.* II, 23 ; *PG* 94, 950*B*.
[47] *om. B.*
[48] *om.* intellectum habere *M.*
[49] *om. M.*
[50] *om.* sed etiam ... materiæ *B.*

Et ideo quia compositum non transmutatur [51] nec [52] patitur ratione formæ, ideo non dicimus quod forma [53] transmutatur vel patitur, sicut dicimus quod materia transmutatur vel patitur. Nunc autem intelligere est quoddam pati, et ideo intelligere [54] non solum attribuitur homini, sed illi principio passivo ratione cujus intelligit. Hoc autem principium passivum est intellectus, quia sicut compositum ex materia et forma patitur per principium passivum quod est materia, ita homo iste intelligit per potentiam passivam quæ est intellectus. Et propter hoc, quia species intelligibilis non est principium passivum respectu hujus passionis quæ est intelligere, ideo speciei intelligibili non potest attribui quod intelligat, nec quod virtutem habeat ut intelligat, sicut attribuitur intellectui ; principio enim formali nunquam attribuitur passio, sed tantum principio passivo. Species autem intelligibilis non est principium passivum, sed est principium formale intelligendi ; ideo non potest dici quod intelligat, sicut potest dici quod intellectus intelligit. Quia tamen species intelligibilis est actus quidam immaterialis, ideo [55] de se habet unde potest intelligi. Intellectus vero possibilis, quia est tantum in potentia, non habet de se unde possit [56] intelligi [57].

Ad argumentum, cum dicitur quod majus est alicui habere ex se unde intelligat, quam habere ex se unde intelligatur, dicendum est per interemptionem [58], quia quod accipitur esse majus, illud est minus ; quia in unoquoque genere majus est esse in actu in illo genere quam esse in potentia in eodem genere. Esse autem intellectivum est esse in potentia, esse [59] autem intelligibile est esse in actu in eodem genere ; et ideo majus est quod aliquid sit ex se intelligibile quam quod sit de se intellectivum. Sed verum est quod non potest esse aliquid quod de se sit intelligibile, quin ipsum sit de se intellectivum ; quod enim [60] est de se intelligibile, ipsum est de se separatum a materia et in actu, et omne separatum a materia est intelligens ; et ideo omne de se intelligibile est intellectivum, sicut patet de substantiis separatis, sed non e contrario [61], quia, intellectivum, in quantum hujusmodi, non est intelligibile de se, sicut patet de anima intellectiva, quæ est tantum in potentia intelligibilis de se. Sed quia est de se intellectiva, ideo nobilior est quam res materiales, quæ non sunt intelligibiles nisi in potentia propter suam materialitatem, propter quam nunquam possunt fieri intellectivæ. Unde falsum est quod assumitur ad probationem primæ propositionis, quod lapidi et [62] omni [63] rei habenti entitatem convenit habere de se unde intelligatur. Hoc non est verum ; immo res materiales (165r) fiunt intelligibiles per aliud, per hoc scilicet quod habent esse immateriale in intellectu, et per hoc sunt quidditates rerum materialium objecta intellectus.

Et cum dicitur ulterius, "quantum habet aliquid de entitate, tantum habet de veritate", istud [64] verum est, loquendo [65] de veritate quæ est in re per comparationem ad intellectum divinum, quia unumquodque, quantum habet de entitate, in tantum implet hoc ad quod est ordinatum per intellectum divinum ; sed non est verum universaliter de veritate quæ est in intellectu nostro. Res enim materialis, quamvis habeat de se entitatem in actu, non tamen habet de se veritatem in intellectu nostro, sed per suam speciem ; et similiter habet intelligibilitatem, non de se, sed per suam speciem.

[51] *om.* patitur vel recipit et . . transmutatur *M*.
[52] vel *B*.
[53] *add.* vel *M*.
[54] *om. B*.
[55] unde *B*.
[56] potest *M*.
[57] *B* adds the following : Si quæras, quomodo intelligere possit attribui Deo, cum intelligere sit pati in nobis et similiter intellectus noster passio, dico quod sicut sapientia in homine est accidens et non attribuitur Deo, in quo nullum est accidens, amoto a significatione nominis illo quod est imperfectionis, ita et intellectus intelligere attribuitur Deo, in quo non est aliqua potentia passiva nec aliquo modo pati, amoto a significatione nominis eo quod est imperfectionis, ut remaneat illud tantum quod est perfectionis. In *M* this passage occurs in the form of a note on f. 165v. A few readings are different. Thus for *noster passio* we read *noster passivus* ; for *nominis illo* we read *nominis omni illo* ; for *aliquo modo pati M* has *aliquod pati*. The passage is omitted completely by *O*.
[58] interpretationem *B*.
[59] est *O*.
[60] *om. O*.
[61] converso *B*.
[62] *add.* ideo *B*.
[63] *om. B*.
[64] illud *B*.
[65] *om. B*.

Quæstio 15

UTRUM SPECIES RECEPTA IN INTELLECTU POSSIT EFFECTIVE AGERE IN IPSUM INTELLECTUM IN QUO EST[1]

Arguitur quod sic, si intellectus est mere passivus ; et ita in intellectu est passio aliquo modo, sive formando verbum, sive judicando de objecto.

Cum omni passioni respondeat actio, quia passio est effectus illatioque actionis, necesse est quod sit aliquod agens quod agat effective in ipsum [2] intellectum in talibus motionibus. Sed hoc agens non potest esse nisi vel objectum vel species objecti in intellectu, ut videtur. Non autem objectum extra est agens, quia illud in se non attingit intellectum ; agens autem et patiens sunt simul [3].

Et iterum pono quod objectum destruatur ; tunc, cum non habeat esse in se, nullam ex se habebit operationem. Ergo oportet quod ipsa species sit agens in tali operatione, quia aliud agens inveniri non potest.

Contra. Si species effective ageret in intellectum [4], illa actio esset propria speciei et non conveniret intellectui nisi sicut passivo [5]. Ergo posset ista species separari ab intellectu secundum esse, quia [6] sic probatur quod anima intellectiva separatur [7] a corpore, quia potest operari per se sine corpore. Et propterea, si sic, diceretur potius quod ipsa species formaret verbum, quam quod intellectus formet ; hoc autem non dicitur ; ergo species non agit effective.

Ad quæstionem dicendum quod dupliciter est species in intellectu : uno modo in actu secundum esse perfectum ; alio modo secundum habitum, quasi medio modo inter potentiam puram et actum perfectum, prout scilicet species dicitur conservari [8] in memoria intellectiva ; quam memoriam non pono aliam potentiam ab intellectu possibili, quia intellectus est locus specierum, locus scilicet in quo conservantur [9] species, ut dicitur in [10] tertio *De Anima* [11].

Si loquamur de specie primo modo, prout scilicet informat aciem intellectus, sic manifestum est quod non agit effective in ipsum intellectum, sed tantum formaliter, et hoc est agere vel movere metaphorice. Nulla enim forma agit effective in proprium subjectum ; species autem est forma intellectus possibilis, et ejus informatio est operatio intellectus, quia nihil aliud est intellectum intelligere quam speciem intelligibilem in se perfecte habere.

Sed si loquamur de specie secundo modo, tunc non est ita manifestum, utrum species, scilicet ut est in memoria, agat effective vel non. Sunt enim auctoritates Augustini, quæ videntur expresse dicere quod illud, quod est in memoria, agat effective ad productionem verbi. Dicit enim [12] decimo quinto libro *De Trinitate*, capitulo decimo, quod "necesse est, cum verbum (*sic*) loquimur, . . . ex ipsa scientia quam memoria tenemus, nascatur verbum, quod ejusmodi est, cujusmodi est illa scientia de qua nascitur" [13]. Et in eodem libro dicit postea [14], capitulo undecimo, quod verbum "gignitur de scientia quæ manet in animo, quando eadem scientia intus dicitur sicuti est. Simillima enim est [15] visio cogitationis visioni scientiæ" [16]. Et post, capitulo duodecimo, dicit : "Humanus animus thesauro memoriæ condita tenet, ex quibus [17] gignitur verbum verum, quando quod scimus loquimur . . . Tunc enim est verbum simillimum rei notæ [18] de qua gignitur" [19].

Hujusmodi verba sæpe dicit. Ex quibus videtur prima facie, quod species in memoria effective agat ad productionem verbi ; dicit enim verbum *nasci* ex illa et *esse simillimum* illi [20] et *gigni* ex illa. Sed si interius perscrutemur [21], et non sistamus in superficie verborum, non est ibi actio proprie dicta, sed tantum secundum similitudinem vel

[1] In *B* this Question begins on fol. 109v, in *O* on fol. 58v.
[2] primum *B*.
[3] similiter *B*.
[4] intellectu *O*.
[5] *corrected from* passio *al. manu O*.
[6] *om. B*.
[7] separaretur *B*.
[8] conservare *M*.
[9] consequantur *B*.
[10] *om. BO*.
[11] *De Anima* III, 4, 429a 27-28.
[12] *om. B*.
[13] *De Trinitate* XV, 10, 19 ; PL 42, 1071.
[14] *om. B*.
[15] *om. M*.
[16] *De Trinitate* XV, 11, 20 ; PL 42, 1072.
[17] cujus *B*.
[18] necesse *B*.
[19] *De Trinitate* XV, 12, 22 ; PL 42, 1075.
[20] ei *B*.
[21] persequemur *O*.

metaphoram. Et hoc probatur ex hoc quod intellectus habens speciem in habitu non est in potentia proprie dicta, sed solum secundum similitudinem ; et ideo non ducitur [22] ad actum intelligendi per agens proprie dictum, nec per actionem proprie dictam ; non enim propter aliud cogimur ponere agens, nisi ut per ipsum ducatur [23] potentia passiva ad actum.

Quod autem non sit intellectus in potentia proprie dicta, quando habet speciem, expresse dicit Commentator tertio *De Anima* super illam litteram Philosophi : *Est quidem* [24] *et* [25] *tunc*, scilicet quando [26] habet [27] species, *in potentia quoquo modo, non tamen similiter ut est ante addiscere* [28] *aut invenire* [29]. Ubi dicit Commentator quod est tunc in potentia propinqua actui. "Potentiæ autem propinquæ actui non indigent extrahente eas de potentia ad actum, remotæ potentiæ autem indigent ; et ideo dixit quod, cum intellectus fuerit in hac dispositione, tunc erit potentia quoquo modo, id est, tunc dicetur de eo hoc nomen *potentia* non vere, sed [30] modo simili" [31]. Hæc sunt verba ejus [32]. Non igitur est intellectus in potentia vere et proprie quando habet speciem [33] in habitu, et ideo non indiget causa agente ut intelligat per illam speciem.

Et hoc est quod dicit idem Commentator manifestius in octavo *Physicorum*, ubi Philosophus ostendit quod gravia et levia non movent seipsa, et quod non indigent aliquo motore per se, sed tantum per accidens, quia non sunt in potentia essentiali, sed tantum in potentia accidentali. Unde ibi dicit Philosophus quod "sciens non considerans est potentia quodammodo, sed non sicut ante addiscere. Cum autem sic se habeat, si aliquid non prohibet, operatur et considerat, aut erit ignorantia" [34]. Commentator ibi exponit sic, id est : "Et [35] addiscens, antequam addiscat, dicitur esse in potentia alio modo ab eo <quo> [36] dicitur in eo qui habet scientiam in tempore in [37] quo non utitur sua scientia. . . . Prima enim potentia est de genere potentiæ essentialis, secunda vero est de genere potentiæ accidentalis. Et ideo potentia essentialis indiget ad hoc quod exeat in actum agente essentialiter", id est, per se ; "secunda autem non indiget agente ad hoc quod exeat in actum nisi per accidens, quoniam non est <in> [38] potentia nisi propter impediens" [39]. Et paulo post : "Et si aliquis [40] diceret quod sciens, quando non utitur sua scientia, est sciens in potentia eo modo quo dicimus in addiscente esse sciens in potentia", ita scilicet quod sit potentia vera potentia essentialis, "contingeret quod sciens, quando non utitur sua scientia, est ignorans" [41]. Sic igitur habemus expresse quod habens [42] habitum non est in potentia proprie et per se [43], sed secundum similitudinem et per accidens ; et ideo non oportet ponere ibi aliquod agens quod de novo agat per se, sed tantum removens prohibens, quod agit per accidens. Quia tamen est ibi potentia secundum similitudinem, ideo est ibi actio secundum similitudinem ; et sic operatio intellectus dicitur actio manens in agente, scilicet secundum [44] similitudinem, et sic intellectus habens speciem in habitu dicitur agere. Et sic loquitur ibi Commentator quando dicit, quod sciens in habitu "non indiget in sua actione motore extrinseco in actu, sed aget suam actionem nisi aliquid impediat" [45]. Et sic debent intelligi auctoritates Augustini allegatæ supra, scilicet quod illa gignitio verbi, et nascentia verbi, ex eo quod est in memoria, sit secundum similitudinem, non quod ibi ducatur intellectus de potentia ad actum nisi per accidens, per absentiam prohibentis.

Nec etiam in divinis est gignitio Verbi nisi per talem modum, non quod ibi potentia ducatur (165v) ad actum ; unde in divinis non est proprie actio ad intra, nec agens, nec [46] patiens, nec aliquid actum vel effectum [47]. Unde generatio in divinis non est,

[22] dicitur *B*.
[23] dicatur *B*.
[24] quod *O*.
[25] *om. O*.
[26] quare *B*.
[27] *om. M*.
[28] dicere *M*.
[29] *De Anima* III, 4, 429b 8-9.
[30] est *B*.
[31] Averroes, *In III De Anima*, 4, t. c. 8, f. 155v.
[32] *om. MO*.
[33] species *B*.
[34] *Phys.* VIII, 4, 255b 2-5.
[35] *om. B*.
[36] *om.* all Mss.
[37] *om. B*.
[38] *om.* all Mss.
[39] Averroes, *In VIII Phys.*, 4, t. c. 32, f. 370*DE*.
[40] quis *M*.
[41] Averroes, *ibid.*, fol. 370*L*.
[42] habemus *B*.
[43] *om.* et per se *B*.
[44] dicendum *B*.
[45] Averroes, *In VIII Phys.*, 4, t. c. 32, f. 370*KL*.
[46] et *O*.
[47] An allusion to the opinion of Henry of Ghent ; cf. *Summa*, art. 35, q. 2, (Paris, 1520) ff. 222*V*-223*Z*. This important work has recently been reprinted photographically ; cf. *Summæ Quæstionum Ordinariarum . . . Henrici a Gandavo* (St. Bonaventure, N. Y.-Louvain-Paderborn, 1953).

proprie loquendo, actio, sicut nec gignitio verbi in mente nostra, sed est emanatio quædam verbi ab eo quod est in memoria, prout esse emanat ab essentia ; non enim fluit esse ab essentia effective, sed est effective ab agente extrinseco. Et similiter etiam [48] propria accidentia uniuscujusque substantiæ emanant ab ipsa substantia, non tamen effective, ita quod ducat ea de potentia ad actum, quia non est substantia in potentia passiva respectu suorum propriorum accidentium, sive cadat impedimentum inter substantiam et suum [49] accidens [50], sive non [51]. Quamvis enim aqua possit impediri a sua frigiditate per ignem calefacientem, tamen nunquam est in potentia essentiali ad eam, sed tantum in potentia accidentali, quæ ducitur ad actum per removens prohibens, scilicet per illud quod aufert ignem. Unde in hoc decipiuntur multi homines [52] quod nesciunt, quid est esse in potentia accidentali tantum ; et propter hoc ad omnem operationem novam ponunt aliquid quod de novo agat illam operationem, quod sit per se agens. Cum tamen hoc non sit verum, nisi ubi est potentia essentialis — ubi autem est potentia accidentalis tantum, non est aliquid per se agens, sed solum removens prohibens, quia non est potentia nisi propter prohibens — et ideo remoto prohibente, absque alio effectivo, res exit in actum [53], sicut grave superius detentum, remoto prohibente, movetur statim deorsum. Et eodem modo intellectus habens speciem intelligibilem in habitu, et non considerans propter aliquod impedimentum, remoto impedimento, statim considerat per illam. Nec debet quæri alia causa per [54] se faciens ipsum considerare, quia agens per se non requiritur de novo nisi propter potentiam essentialem.

Et ut hoc magis intelligamus, inquiramus quomodo [55] possit aliquid esse in potentia accidentali tantum. Videtur enim [56] quod, ubicumque aliquid [57] fit de novo in actu, ibi præcedat potentia, de qua per se educatur actus. Sed talis est potentia essentialis [58] per se, non per accidens. Quandocumque igitur aliquid fit quod prius non fuit, ibi necessario est potentia essentialis. Cum igitur intellectus habens speciem de novo intelligat, oportet quod respectu actus intelligendi sit in potentia essentiali antequam intelligat ; alioquin actus intelligendi non educeretur de aliqua [59] potentia, et per consequens crearetur, quod [60] falsum est.

Ad hoc respondeo quod verum est quod respectu cujuslibet actus novi oportet ponere potentiam essentialem præcedentem illum actum secundum tempus vel mediate vel immediate. Immediate, sicut cum aliquis ignorans per docentem fit [61] de novo [62] sciens, et sicut materia aquæ [63] per ignem agentem recipit formam ignis de novo [64]. Mediate vero, sicut cum aliquis habens scientiam et impeditus considerare, postea, remoto impedimento, incipit de novo [65] considerare secundum scientiam. Tunc enim [66] non est immediate in potentia essentiali, durante impedimento, respectu illius [67] actus considerandi, sed fuit in potentia essentiali respectu illius antequam addisceret, et ista potentia essentialis ducebatur ad actum per doctrinam quando addiscebat ; docens enim, causando scientiam, causat considerationem secundum illam scientiam. Sed verum est quod impedimentum potest cadere inter scientiam et considerationem, sed hoc est per accidens, et ideo tunc habens scientiam est in potentia accidentali, et istam potentiam accidentalem ducit ad actum removens prohibens. Sed quia non est ibi tunc potentia essentialis, non [68] requiritur ibi agens per se : neque species [69], neque intellectus, neque aliquid aliud. Sic enim se habet considerare ad habere scientiam, sicut calor ignis habet se ad formam ignis, hoc excepto, quod inter formam ignis et calorem non potest cadere impedimentum, sed inter habitum scientiæ et actualem considerationem potest cadere impedimentum vel per occupationem, vel per infirmi-

[48] *om. M.*
[49] substantiam *B.*
[50] actionis *B.*
[51] An allusion to Henry of Ghent ; cf. *Quodl.* X, q. 9 ; II (Venice, 1613), fol. 164ra : "Et videtur mihi . . . sua accidentia" ; *ibid.*, fol. 164rb : "Et hoc totum . . . *Quodlibet*".
[52] Cf. Henry of Ghent, *Quodl.* IX, q. 5 ; *ed. cit.*, II, f. 81va : "Quæ vero . . . locum suum" ; *Quodl.* X, q. 9 : *ed. cit.*, fol. 165vb : "Ad secundum . . . virtute".
[53] *om.* in actum *B.*
[54] *om. B.*
[55] quando *B.*
[56] *om. O.*
[57] *om. M.*
[58] *add.* potentia *BO.*
[59] alia *B.*
[60] *om. B.*
[61] sit *BM.*
[62] *om.* de novo *B.*
[63] quæ *O.*
[64] *om.* de novo *B.*
[65] *om.* de novo *B.*
[66] *om. O.*
[67] alius *B.*
[68] ideo *O.*
[69] *om.* neque species *B.*

tatem, vel per voluntatem [70]. Unde sicut illud agens, quod ducit formam ignis de potentia essentiali ad actum, ducit etiam calorem ignis de potentia ad actum, ita illud agens, quod ducit aliquem de potentia essentiali ad habitum scientiæ, ducit eum de potentia essentiali ad actum considerandi, ita quod, durante habitu scientiæ, non est in potentia essentiali ; et [71] ideo non requirit agens de novo quod per se agat ad considerationem, sed tantum agens per accidens quod removeat impedimentum, si sit impedimentum [72]. Unde quamvis ad actum considerandi non præcedat immediate potentia essentialis, præcessit tamen prius, antequam haberet habitum scientiæ. Et eodem modo est de potentia essentiali quæ [73] est ad motus gravium et levium quibus moventur [74], amoto impedimento. Ibi enim est accipere potentiam essentialem, sed non præcedentem immediate ante actum, sed mediate. Nec potentia essentialis ad hoc præcessit in ipsis gravibus vel levibus quæ moventur, sed in illis rebus [75] ex quibus fiunt gravia et levia. Et hoc expresse dicit Commentator quarto [76] *Cæli et Mundi*. Dicit sic : "Joannes erravit et dixit quod inventi sunt motus in subjectis sine potentia antecedente, secundum [77] tempus existente in [78] illis subjectis. Et dictum fuit ei quod potentia præcedens hic motum non est in moto nisi violente, sed est [79] in ea re ex [80] qua fit res mota ; verbi gratia, quod potentia ad motum ignis in loco non est in igne, sed in illo ex quo ignis fit, ut oleo aut ligno" [81]. Unde verum est quod [82] respectu cujuslibet actus novi est aliqua [83] potentia essentialis præcedens secundum tempus, sed aliquando non immediate ante actum, sed mediate ; sicut in ligno est potentia essentialis ad formam ignis et ad motum ejus ad superius, et ista potentia ad motum ducitur ad actum per generationem ignis, quia "generans . . . dat . . . formam et omnia accidentia consequentia formam, quorum unum est motus in loco", ut dicit Commentator octavo *Physicorum* [84].

Sed contra istud videtur expresse loqui Commentator tertio *Cæli et Mundi*. Ibi dicit quod "lapis movet se, in quantum est gravis in actu, et movetur, in quantum est potentia inferius. Et causa in hoc, quod [85] invenitur uno modo in actu et alio modo in potentia est, quia componitur ex materia et forma. Forma [86] igitur ejus movet, in quantum est forma, et movetur, secundum quod est in materia" [87]. Non enim est in potentia ad inferius, nisi secundum quod est in materia. Ecce, expresse dicit [88] quod grave movet se secundum quod grave.

Sed si advertamus ibi processum suum, illud non est contra jam dicta. Statim enim post hæc verba subdit sic : "Et ideo lapis non est motus per se essentialiter, sed assimilatur ei quod movetur per se", et movet se [89] accidentaliter . . . "Et omne quod movet se accidentaliter, necesse est ut moveat se, quia [90] essentialiter movet aliud motum a se ; verbi gratia, quia homo non movet se accidentaliter in nave, nisi quia movet navem essentialiter. Et cum ita sit, lapis igitur non movet essentialiter nisi aerem in quo est, et movet se, quia hoc quod movet se sequitur motum aeris, sicut de homine cum nave. Et cum ita sit, aer igitur et aqua necessaria sunt in motu lapidis" [91].

Manifeste dicit quod lapis non movet se nisi per accidens. Sicut homo in navi, movens navem per se, movet se per accidens cum nave, ita lapis, motus a generante, movet per se aerem, et ad motum aeris successivum movetur in aere successive ; et ita movet se per accidens motu [92] continuo [93], et non in instanti, et movet se tanquam removens prohibens ; continuitas enim aeris impedit motum gravis, et ita, dividendo aerem, removet prohibens, et sic movet se per accidens [94].

Ad argumentum, cum dicitur quod objectum intellectus non agit in [95] intellectum [96], quia non attingit ipsum, dicendum quod objectum, prout est extra animam, non attingit

[70] Cf. St. Thomas, *In VIII Phys.*, lect. 8, n. 3.
[71] *om. O.*
[72] *om.* si sit impedimentum *B.*
[73] quod *M.*
[74] *add.* et *B.*
[75] *om. B.*
[76] *om. M.*
[77] sed *M.*
[78] *om. M.*
[79] *om. M.*
[80] a *B.*
[81] Averroes, *In IV De Cælo*, 3, t. c. 24, f. 252*IK*.
[82] *om.* verum est quod *B.*
[83] alia *B.*
[84] Averroes, *In VIII Phys.*, 4, t. c. 32, f. 370*G*.
[85] *om. B.*
[86] *om. O.*
[87] Averroes, *In III De Cælo*, 2, t. c. 28, f. 198*KL*.
[88] *om. BM.*
[89] *om. O.*
[90] quod *B.*
[91] Averroes, *In III De Cælo*, 2, t. c. 28, ff. 198*L*-199*B*.
[92] motio *B.*
[93] *om. B.*
[94] *om.* et movet se . . . accidens *BO.*
[95] *om. B.*
[96] intellectu *O.*

intellectum (166r) immediate, attingit tamen ipsum, prout [97] habet esse in virtute phantastica ; sic enim in virtute intellectus agentis movet intellectum possibilem.

Et cum ulterius arguitur, ponendo quod objectum sit destructum, dicendum quod, quando intellectus habet in memoria sua [98] speciem objecti, potest intelligere illud objectum, sive objectum sit, sive non, quia tunc est in potentia accidentali tantum, et non requiritur ibi aliquod per se agens, sed tantum remotio impedimenti.

Et tu dicis contra hoc : intellectio est passio, et passioni respondet actio, et per consequens agens.

Et ego dico ad hoc quod illa intellectio non est passio, sed est operatio, et ideo non est ibi actio aliqua neque agens per se ; non enim omne intelligere est pati, sed illud tantum quod est ex actione phantasmatis et per receptionem intellectus. Unde ubi non est receptio, ibi intelligere non est pati, sicut in [99] angelis et in intellectu nostro considerante per species, quas habet in habitu absque receptione.

Si autem aliquis velit dicere, secundum aliam opinionem [100], quam reputo falsam, quod in omni intellectione intellectus recipit a phantasmate, tunc dicendum est quod phantasma, quod est objectum intellectus, semper movet intellectum ad formationem verbi, etiam si objectum extra destruatur, secundum quod dicitur secundo *De Anima* [1], quod intelligimus cum volumus, quia universalia, quæ sunt objecta intellectus, quodammodo sunt in anima universalia, id est, secundum expositionem Commentatoris, "intentiones imaginabiles, quæ sunt universales potentia, licet non actu" [2] ; et ideo dixit : *quodammodo sunt in anima.* Nec tamen propter hoc sequitur quod phantasma formet verbum, quia formare verbum non est agere proprie dictum, sed solum est agere secundum similitudinem ; et ideo debet attribui intellectui, qui [3] non est activus nisi secundum similitudinem, et non [4] phantasmati quod agit proprie, nec etiam objecto extra, nec alicui [5] quod sit proprie agens.

Si [6] quæras, quid est causa efficiens syllogizandi et verbum formandi et judicandi [7], dico quod ex quo intellectus est in potentia accidentali respectu istorum, impossibile est quod aliquod agens per se efficiat ista de novo, et sic quæris impossibile.

Quæstio 16

UTRUM AD ACTUM COGNITIVÆ VIRTUTIS REQUIRATUR ALIA PRÆSENTIA OBJECTI QUAM PRÆSENTIA PRINCIPII FORMALIS [1]

Arguitur quod non.

1. Actus cognitivæ virtutis non est aliud nisi esse formalis principii in ipsa virtute cognitiva. Ergo præsentia formalis principii sufficit.

2. Præterea. Actus cognitivæ [2] virtutis est manens in ipsa tanquam perfectio ipsius, non transiens in objectum ad perficiendum objectum ; omnis igitur [3] præsentia objecti quæ [4] requiritur [5] ad actum est propter perfectionem potentiæ. Non igitur requiritur præsentia objecti nisi ad causandum similitudinem suam, quæ [6] perficit potentiam [7]. Præsentia ergo speciei cognoscibilis sufficit absque alia præsentia objecti ; alioquin sequeretur quod lapis esset in anima, perficiens intellectum ad intelligendum lapidem, quod falsum est.

Contra. Si non requiritur alia præsentia objecti, duo inconvenientia sequuntur. Unum est quod propter absentiam rei non est necesse formare verbum de re, ex quo sufficit præsentia formalis principii. Aliud est quod aliquis actus creaturæ, puta videre Deum per essentiam, quantum ad id quod absolutum dicit, sit substantia divina, quia

[97] *add.* ipsum *O.*
[98] *om. B.*
[99] *om. O.*
[100] The words *omnis intellectio* which Sutton uses to describe this view obviously refer only to human intellection. It is possible that he is alluding to St. Thomas, *Summa Theol.* I, q. 84, art. 7.
[1] *De Anima* II, 5, 417b 23-25.

[2] Averroes, *In II De Anima*, 5, t. c. 60, f. 81*A*.
[3] quia si *M.*
[4] *om. B.*
[5] alicujus *B.*
[6] sed *M.*
[7] This same objection is to be found in Godfrey of Fontaines ; cf. *Quodl.* I, q. 7 ; (ed. De Wulf-Pelzer), p. 18.

[1] In *B* this Question begins on fol. 110v, in *O* on fol. 60r.
[2] cognoscitivæ *MO.*
[3] igitur omnis *M.*
[4] non *B.*
[5] requirit *M.*
[6] quo *O.*
[7] objectum *BO.*

actus videndi Deum non est aliud quam præsentia essentiæ divinæ apud intellectum beati. Ista autem præsentia rem absolutam non dicit supra essentiam divinam.

RESPONDEO. Ista quæstio mota fuit propter opinionem quamdam in [8] scriptis relictam de novo [9], quæ negat species esse impressas in intellectu per quas intelligamus. Dicit enim quod vanum est eas ponere propter cognitionem, quia ad intellectionem requiritur quod objectum intellectus sit præsens in ratione moventis et causantis actum intelligendi, et sic est præsens in virtute imaginativa, et non est in intellectu nisi ut in cognoscente tantum ; et illa præsentia objecti sufficit, et ideo superfluum est ponere species in intellectu. Unde alia præsentia objecti requiritur [10] quam [11] per speciem, et illa non requiritur.

Et ponit exemplum in visu sic : Si per agens supernaturale species coloris imprimeretur et conservaretur in oculo, præsentia illius speciei non faceret illum colorem [12] videri ab oculo, quia non faceret illum colorem esse præsentem ; cognitio enim fit per hoc quod potentia cognoscitiva ducitur ad actum per cognoscibile præsens. Species autem, si ponatur in virtute intellectiva, non facit cognoscibile esse præsens ad ducendum de potentia ad actum intellectum ; immo ipsum est præsens, si species in intellectu non ponitur, præsens, inquam, non in intellectu nisi ut in cognoscente, sed in virtute imaginativa, prout requiritur ut sit movens intellectum. In intellectu [13] tamen ponit [14] causari quemdam habitum scientiæ, per quem exprimitur in intellectu, cum intelligit, species quædam objecti, per quam intellectus assimilatur ipsi objecto ; et ita sunt ibi species expressæ, sed non [15] species impressæ et conservatæ [16]. Unde Augustinus nullam mentionem facit de speciebus, quantum ad partem intellectivam, sed solum ponit species in potentiis sensitivis. Unde non dicit quod intellectus ex specie in memoria format verbum, sed dicit [17] quod verbum nascitur, formatur ex scientia quam memoria tenemus [18] ; ita quod ipse ponit habitum scientiæ in intellectu, sed non ponit ibi species. Et similiter Philosophus. Dicit enim Philosophus [19] quod "habens scientiam, et non considerans, est in potentia ut consideret [20], sed non sicut ante addiscere aut invenire" [21] ; non dicit "habens *speciem* et non considerans". De speciebus [22] non facit mentionem, sed solum de scientia, nisi solum de speciebus expressis, cum dicit "animam esse locum specierum, non totam, sed intellectum locum specierum" [23], scilicet expressarum ex scientia quæ est in memoria.

Ista positio duplicem repugnantiam continet. Primo enim repugnat sibi ipsi [24] in hoc quod negat species imprimi in intellectum, et ponit actum intelligendi causari ab objecto [25] in virtute imaginativa. Ista duo repugnant, quia cum omne agens agat [26] sibi simile, phantasma illustratum, agens in intellectum, causat ibi suam [27] similitudinem, quæ non potest esse aliud quam species ; et per consequens, ex quo causat actum intelligendi, actus intelligendi non est aliud quam præsentia actualis speciei ; et ita oportet quod intelligere nihil aliud sit quam esse speciei impressæ in intellectu : nihil aliud potest esse quam [28] intellectum habere speciem impressam sibi. Si enim intelligere esset aliud, tunc agens non ageret sibi simile, quod est impossibile. Ponere igitur quod phantasma causet actum intelligendi, et non speciem intelligibilem, est ponere quod imprimat speciem et quod [29] non imprimat speciem. Unde falsum est exemplum positum de visu. Si enim per agens supernaturale species coloris imprimeretur et conservaretur in oculo, ita manifeste videretur ille color qui repræsentaretur per speciem illam, si ille color esset absens, sicut si esset præsens [30] ; et clauso oculo videretur, quia, sicut dicit Augustinus [31], species visibilis est ipsa visio.

[8] *om. B.*

[9] The reference is clearly to HENRY OF GHENT, *Quodl. V*, q. 14 ; I (Venice, 1613), ff. 259vb-260ra : "Præterea ... in ipso". But see also *Summa*, art. 40, q. 2, (Paris, 1520), fol. 257*BC* ; *Quodl.* XIII, q. 11 ; *ed. cit.*, II, f. 309va : "Quod ergo ... erit sermo". For Henry of Ghent's doctrine on the *species impressa*, see T. NYS, *De Werking van het Menselijk Verstand volgens Hendrik Van Gent* (Louvain, 1949), pp. 50-98.

[10] sequitur *B.*

[11] secunda *B.*

[12] calorem *B.*

[13] *om.* in intellectu *B.*

[14] Cf. HENRY OF GHENT, *Quodl.* V, q. 14 ; *ed. cit.*, fol. 261vb : "Propter quod ... in illa".

[15] *add.* sunt *B.*

[16] conservantæ *M.*

[17] *om. B.*

[18] ST. AUGUSTINE, *De Trinitate* XV, 10, 19 ; PL 42, 1071.

[19] *om. B.*

[20] consideraret *B* ; consideretur *M.*

[21] *Phys.* VIII, 4, 255b 2-3 ; cf. also *De Anima* III, 4, 429b 5-10.

[22] *add.* autem *MO.*

[23] *De Anima* III, 4, 429a 28-29.

[24] *om. B.*

[25] oculo *B.*

[26] agit *B.*

[27] *om. M.*

[28] *om. BO.*

[29] *om. B.*

[30] *om.* sicut si esset præsens *B.*

[31] *De Trinitate* XI, 2, 3 ; PL 42, 987.

In alio etiam repugnat hæc positio sibi ipsi, quia ponit quod ex scientia, quæ est in memoria, gignitur et exprimitur vera actione species, sed non ex specie quæ sit in memoria. Ista duo dicta sese [32] mutuo interimunt. Quando enim ex scientia, quæ est in memoria, exprimitur species in intelligentia, aut hoc intelligitur sic, quod illud idem quod est in memoria fiat in intelligentia, et ibi sit species, aut aliud gignitur in intelligentia quam quod tenetur in memoria. Si idem numero quod est in memoria (166v) fiat in intelligentia, tunc, cum <in> [33] intelligentia sit species expressa, oportet quod in memoria fuerit [34] species ab objecto impressa ; et ita ex specie in memoria exprimitur species in intelligentia, si ex scientia in memoria exprimitur species. Si autem aliud numero exprimitur in intelligentia quam quod fuit in memoria, et vera actione proprie dicta, tunc arguo [35] sic : per actionem ejus quod est in memoria gignitur et exprimitur species objecti in intelligentia ; sed agens non potest agere nisi simile sibi ; ergo cum illud quod exprimitur sit species objecti, oportet necessario quod sit similis ei a quo exprimitur. Oportet igitur in scientia, quæ est in memoria, esse aliquid cui assimilatur illud quod est in intelligentia ; et ita cum illud quod est in memoria non sit ipsum objectum, oportet quod sit quædam similitudo objecti sive species ; alioquin illud quod exprimitur non erit sibi simile, et ita agens non agit sibi simile, quod est impossibile. Non ergo stant simul, quod ex scientia, quæ est in memoria nostra, exprimatur species et quod non sit [36] species in memoria, quia ex hoc quod ponitur habitus scientiæ in memoria, ex quo exprimitur species, consequens est necessario quod sint [37] species impressæ.

Sed oportet adhuc videre causam, quare Augustinus et etiam [38] Philosophus sic loquuntur, quod scilicet in memoria sit scientia, ex qua gignitur verbum, magis quam quod [39] sit species, cum tamen ibi sint species.

Ad quod dico quod aliter sunt species reconditæ in memoria intellectiva quam gignantur in potentiis sensitivis. In potentiis sensitivis [40] exterioribus species impressæ ab objectis præsentibus recipiuntur, et non secundum aliquem ordinem, sed sicut occurrunt objecta immutantia sensus ; nec ibi conservantur, sed evanescunt ad absentiam objectorum. In potentiis autem sensitivis interioribus, ut in imaginativa et memorativa [41], non solum recipiuntur a sensibus exterioribus species impressæ, sed conservantur in habitu ; et a speciebus sic conservatis formantur species expressæ in actu imaginationis. Sed illæ species conservatæ non sunt ibi secundum debitum ordinem, qui est in perfecta cognitione et [42] perfecto usu cognitionis [43], quia potentiæ sensitivæ non est ordinare nec conferre. In intellectu autem possibili recipiuntur species impressæ a phantasmatibus et conservantur in habitu. Et quia intellectus possibilis conservat species, ideo est memoria. Et non solum conservantur sicut recipiuntur, sed ordinantur [44] secundum quod requirit perfectio cognitionis ; rationis enim est ordinare et conferre. Unde per studium et investigationem rationis, tam addiscendo quam inveniendo, collocantur species intelligibiles in intellectu secundum ordinem cognoscendi qui nobis convenit, ut scilicet primo sit species quæ repræsentet rem confuso modo, quia confusa sunt nobis magis nota ; post illam collocatur species per quam repræsentatur minus confusum, minus universale, et sic deinceps, quousque perveniamus ad speciem per quam cognoscitur res, prout est distincta a quocumque alio. Sic autem cognoscere rem est cognoscere [45] per definitionem, quæ pertinet ad scientiam, quia definitio est principium demonstrationis [46].

Similiter [47] ordinate conservantur species quæ repræsentant extrema compositionis : primo species subjecti [48], postea species prædicati. Similiter per doctrinam et [49] inventionem ordinantur in intellectu : primo species quæ pertinent ad principia, et consequenter quæ [50] <pertinent> [51] ad conclusiones [52], quæ sequuntur ex illis prin-

[32] de se *B*.
[33] *om.* all Mss.
[34] sit *B*.
[35] arguitur *B*.
[36] *om.* species et quod non sit *B*
[37] sit *M*.
[38] *om. O*.
[39] *om. M*.
[40] *om.* In potentiis sensitivis *B*.
[41] *om.* et memorativa *B*.
[42] in *B*.
[43] *om. B* ; cognitio *M*.
[44] *om.* sed ordinantur *B*.
[45] *om* rem est cognoscere *B*.
[46] divisionis *B* ; cf. *Post An.* II, 3, 90b 24.
[47] *add.* et *B*.
[48] objecti *B*.
[49] *om. B*.
[50] *om. BM*.
[51] *om.* all Mss.
[52] *om.* ad conclusiones *B*.

cipiis. Et quia sic ordinate conservantur species [53] in intellectu, ideo potest intellectus uti suis speciebus, cum voluerit, ad considerandum ordinate de rebus quarum habet species. Hoc autem nihil aliud est quam ipsas species [54] esse habitum scientialem, quia habitus est quo quis potest uti cum voluerit. Unde nihil aliud est habitus scientiæ in intellectu quam species intelligibiles secundum debitum ordinem in eo conservatæ.

In potentiis autem sensitivis species cognoscitivæ non habent rationem habitus, quia carent hujusmodi ordinatione, et ideo solummodo vocantur species. Sed in intellectu digniori nomine nominantur, scilicet nomine scientiæ ; unumquodque enim denominatur a digniori. Et propter hoc Augustinus et etiam Philosophus magis loquuntur de scientia per quam consideramus, quam [55] de speciebus per quas consideramus, quia quamvis scientia sit ordinata collectio specierum intelligibilium, tamen non est ipsæ species, absolute loquendo, sed aliquid dignius. Et quælibet species sic ordinatur in intellectu respectu actus considerandi, ut sit quasi quædam pars scientiæ ; et ideo [56] magis proprie dicimur considerare per scientiam quam per species, sicut magis consuetum est dici quod exercitus regis debellavit castrum, quam quod homines regis debellabant [57] castrum [58], quamvis exercitus non sit aliud quam ordinata collectio hominum, quia respectu hujus actus debellandi castrum quilibet particularis homo est pars totius exercitus ; ille enim actus non est actus hominis, per se loquendo, sed actus ipsius exercitus.

Et similiter actus considerandi per intellectum, cum sit actus ordinatus, non est proprie per species, sed per scientiam, quæ est habitus ordinatus, collectus ex multis speciebus ; et ideo Augustinus gignitionem verbi dicit esse ex scientia quæ est in memoria, et non dicit quod est ex speciebus quæ sunt in memoria. Si tamen dixisset verbum gigni ex speciebus, verum dixisset, sed non ita appropriate. Simile igitur est dicere quod in intellectu est habitus scientiæ, sed non species, ac si diceretur quod in aliquo loco esset exercitus regis, sed non essent ibi homines, quod est [59] satis derisibile. Dico igitur quod ad actum intelligendi non requiritur alia præsentia objecti quam per speciem, quia habere speciem intelligibilem in actu perfecto, hoc est intelligere. Unde non requiritur præsentia objecti moventis intellectum, nisi ut causetur species quæ non habetur.

Ad [60] argumentum in oppositum dicendum quod non sequitur hoc [61] inconveniens, quod [62] non sit necesse formare verbum de re propter absentiam rei, quia nihil aliud [63] est formare verbum quam speciem actu informantem intellectum concipere. Ipsa enim species, quæ est principium intelligendi, prout concipitur ab intellectu reflectente se [64] supra [65] eam, est verbum et terminus intellectionis, et necessario pertinens ad actum intelligendi ; immo est de substantia actus intelligendi.

Ad aliud dico quod videre [66] Deum per essentiam nihil aliud est quam habere essentiam divinam per modum intelligibilem actu perficientem intellectum, sicut videre lapidem nihil aliud est [67] quam habere speciem lapidis actu perficientem intellectum ; ita quod in actu beato videndi Deum duo includuntur, scilicet essentia divina in obliquo, et perfici ab ea, seu habere eam, et hoc in recto. Unde quantum ad illud quod cadit in obliquo, ille actus non est accidens, nec aliud quam essentia divina ; sed quantum ad illud quod cadit in recto, est aliud, et videtur illud esse quoddam absolutum *habere aliquid* vel *perfici aliquo*, et non est solus respectus. Unde non sequitur quod actus beatus videndi Deum, quoad id quod est absolutum, sit tantum essentia divina, sed quod sit habere essentiam divinam. Etiam si nihil aliud absolutum esset medium inter essentiam divinam et intellectum, adhuc non esset illud [68] videre essentia divina, sed esset habere essentiam divinam, ita quod essentia divina cadat [69] in obliquo, non in recto ; et hoc est quod dicit Augustinus *Ad Dardanum* : "Beatissimi sunt quibus hoc est Deum habere quod nosse" [70].

[53] *om. B.*
[54] res *B.*
[55] quod *B.*
[56] non *M.*
[57] debellant *O.*
[58] *om.* quam quod . . . castrum *B.*
[59] esse *B.*
[60] *om. B.*
[61] *om. B.*
[62] quia *B.*
[63] *om. B.*
[64] *om. M.*
[65] super *BO.*
[66] viderunt *B.*
[67] *om. B.*
[68] *om. M.*
[69] cadit *B.*
[70] *Epist.* 187 *Ad Dardanum* VI, 21 ; PL 33, 840.

Quæstio Disputata 2

UTRUM INTELLECTUS ANIMÆ NOSTRÆ QUI VOCATUR POSSIBILIS SIT TOTALITER PASSIVA POTENTIA VEL ALIQUO MODO ACTIVA [1]

ARGUITUR [2] quod sit potentia totaliter passiva.

1. Philosophus dicit tertio *De Anima* [3] quod intelligere est pati et non est agere. Ergo intellectus est potentia passiva et non est aliquo modo activa.

Consequentia patet, quia potentiæ cognoscuntur [4] per actus ; quarumcumque enim potentiarum actus sunt agere, ipsæ sunt activæ, et quarum actus sunt pati, ipsæ sunt passivæ.

2. PRÆTEREA. Si intellectus esset [5] potentia activa, ejus operatio esset transiens in rem exteriorem. Consequens est falsum, quia intelligere manet in [6] intellectu. Ergo et antecedens est falsum.

Consequentia probatur ex hoc quod potentia activa est principium transmutandi aliud, in quantum aliud. Operatio igitur potentiæ activæ transit in aliud, et non manet in potentia activa.

AD QUÆSTIONEM RESPONSUM FUIT quod potentia intellectiva est aliquo modo passiva et aliquo modo activa. Passiva est non cum abjectione dispositionis contrariæ dispositioni agentis, sed in quantum omne [7] receptivum dicitur passivum et omne recipere dicitur pati ; intellectus enim possibilis recipit speciem [8] ab objecto. Sed quia actus intellectus non solum est *in* intellectu, sed est *ab* intellectu, ideo est aliquo modo activus respectu suæ operationis.

Ad primum argumentum dicebat [9] quod intelligere dicitur pati, quantum ad hoc quod receptio requiritur *in* intellectu ad actum intelligendi ; tamen in quantum intelligere est *ab* intellectu, sic intelligere non est pati sed agere.

Ad secundum dixit quod duplex est actio : una [10] quæ manet in agente [11], et alia quæ transit ad exterius et manet in patiente. Et cum dicitur quod "potentia activa est principium transmutandi aliud, in quantum aliud", hoc habet veritatem de actionibus transeuntibus, quod potentiæ activæ [12] earum sunt principia transmutandi aliud [13] ; non autem habet [14] veritatem de actione [15] manente in agente, quod potentia activa ipsius [16] sit principium transmutandi aliud, in quantum aliud.

3. CONTRA RESPONSIONEM [17] ad quæstionem : Omne agens agit per hoc quod est in [18] actu. Quod ergo nihil habet actualitatis de se, nullo modo est de se activum. Sed intellectus possibilis nihil habet actualitatis de se, quia totaliter est in potentia

[1] In *B* this Questions begins on fol. 170r, in *O* on fol. 24r, in *T* on fol. 164v.

Thomas of Sutton defends the doctrine of the complete passivity of the possible intellect on several occasions, but nowhere with the thoroughness which he exhibits in the present Question. He discusses the problem *ex professo* in the following Questions : *Quodl.* III, q. 11 : Utrum intellectus noster possibilis se habeat active in formando verbum (*M* 196v) ; *Q.D.* 15 : Utrum intellectus et voluntas, quæ sunt vires animæ, sint potentiæ puræ, vel sint actus quidam (*M* 277r) ; *Q.D.* 17 : Utrum verbum mentis humanæ sit ab intellectu effective (*M* 283r). To this list should be added a *Quæstio Disputata* found only in *Cod. B.* IV 4 : Utrum voluntas, vel aliquid aliud existens virtualiter tale, possit se facere formaliter tale (*B* 181r). The same doctrine is also affirmed in a *Quæstio* of *Cod. Rossianus* IX 121 (also referred to as *Vat. Ros.* 431) : Utrum intellectus respectu actus intelligendi sit potentia passiva vel activa (*R* 30v). On the attribution of the Questions of this Ms. to Thomas of Sutton, see F. PELSTER, "Thomas von Sutton, O. Pr., ein Oxforder Verteidiger der thomistischen Lehre" *Zeit. für kath. Theol.*, XLVI (1922), 216-23.

For purposes of comparative study, reference should also be made here to Godfrey of Fontaines, a contemporary of Thomas of Sutton at the University of Paris. I have not been able to discover in the *Works* of Sutton any clear citations from Godfrey's *Quodlibets*, but the teaching of the two masters on the intellect and will is so remarkably close that is leads me to suspect that Sutton was well aware of the Parisian master's fundamental positions. Moreover, both masters have in common a positive dislike for the views of Henry of Ghent. I suspect that this dislike was communicated to Sutton by Godfrey of Fontaines. The following Questions of Godfrey of Fontaines are very helpful for the understanding of the present Question : *Quodl.* I, q. 7 ; ed. De Wulf-Pelzer, 'Les quatre premiers Quodlibets de Godefroid de Fontaines', *Les Philosophes Belges*, II (Louvain, 1904), 18-21 ; *Quodl.* I, q. 9 ; *ed. cit.*, pp. 22-23 ; *Quodl.* VI, q. 7 ; ed. De Wulf-Hoffmans, 'Les Quodlibets Cinq, Six et Sept de Godefroid de Fontaines', *Les Phil. Belges*, III (Louvain, 1914), 148-72 ; *Quodl.* VIII, q. 2 ; ed. Hoffmans, 'Les Quodlibets VIII-X de Godefroid de Fontaines', *Les Phil. Belges*, IV (Louvain, 1924-31), 18-33 ; *Quodl.* IX, q. 19 ; *ed. cit.*, pp. 270-81 ; *Quodl.* X, q. 12 ; *ed. cit.*, pp. 358-66.

[2] Et arguitur *T*.

[3] *De Anima* III, 4, 429a 13-14.

[4] distinguuntur *T*.

[5] *om. B.*

[6] *om. B.*

[7] esse *B*.

[8] species *B*.

[9] dicebatur *B*.

[10] *om. B.*

[11] *om.* in agente *B*.

[12] *om. B.*

[13] *om. T.*

[14] *om. B.*

[15] *om.* de actione *B*.

[16] *om. B.*

[17] rationem *B*.

[18] *om. O.*

in genere intelligibilium. Ergo nullo modo est activus respectu actus intelligendi ; et ita intelligere non est *ab* eo nisi passive.

4. PRÆTEREA. Contra aliud : Eo modo intelligere est pati [19] ab intelligibili, quo modo sentire est pati a sensibili. Sed sentire est active a solo sensibili, et nullo modo a sensu. Ergo intelligere est active a solo intelligibili, et nullo modo ab intellectu.

Probatio assumpti [20] : Augustinus, undecimo, capitulo secundo, *De Trinitate,* dicit quod "informatio sensus, quæ visio dicitur, a solo imprimitur corpore quod videtur" [21].

5. PRÆTEREA. Contra aliud : Hæc est generalis ratio potentiæ activæ, scilicet quod sit principium transmutandi aliud, in quantum aliud, nec potest generalior dari [22]. Ergo convenit omni potentiæ activæ, et ita sequitur ut prius : si intellectus sit potentia activa, intelligere erit transmutatio alterius rei, in qua recipitur, et non manebit in intellectu [23].

Ad primum istorum dicebat quod intellectus, etsi sit in potentia tantum, quantum est de se, tamen, secundum quod informatus est specie intelligibili, est in actu ; et ideo, prout est sic in actu per speciem, potest active [24] elicere [25] suum actum [26].

6. CONTRA. Quamvis intellectus per speciem fiat in actu, non tamen per speciem fit actus ; immo manet ipsa potentia, sicut materia prima, licet sit in actu per formam, tamen semper manet potentia, non actus. Sed potentia activa est actus. Ergo ex hoc quod intellectus est in actu per speciem, intellectus non est potentia aliquo modo [27] activa, sed solum habens in se potentiam activam ; sicut materia prima, habens formam, non est potentia activa, sed tantum passiva, licet habeat in se potentiam activam, ut calorem vel frigiditatem. Et ita habetur propositum, scilicet [28] quod intellectus est potentia totaliter passiva.

Ad hoc [29] dicebat quod non intendebat dicere quod intellectus de se esset aliquo modo activus, sed quod intellectus informatus specie, per naturam speciei active se habet ad eliciendum actum intelligendi.

7. Contra istum modum ponendi quod intellectus sit activus per accidens, scilicet per speciem qua informatur, arguitur sic : Nullum compositum, ratione suæ formæ, agit in seipsum, quia sic aliquid existens in actu [30] duceret seipsum de potentia in actum, quia agens est in actu et patiens in potentia. Intellectus et species sunt ut unum compositum ex materia et forma. Ergo intellectus per speciem non agit ad eliciendum in seipso actum intelligendi.

Ad hoc dicebat quod non est inconveniens aliquod compositum esse in actu secundum unam rationem et esse in potentia secundum aliam rationem. Et prout est in potentia, potest duci ad actum, et hoc a seipso, prout est in actu ; et sic intellectus, prout est in potentia ad operationem intelligendi, potest duci ad actum intelligendi a seipso, prout est [31] in actu per speciem.

8. CONTRA. Philosophus in octavo *Physicorum* [32] demonstrat quod necesse est devenire ad aliquod movens [33] immobile [34], et ex [35] motu qui sensibiliter apparet in rebus probat hoc [36]. Et fundatur sua probatio super hanc propositionem : "Omne quod movetur, ab alio movetur" [37]. Et ideo [38] illam propositionem probat multum diffuse [39], quia si ipsa negaretur, totus processus suus cassaretur. Oportet igitur accipere pro certo, quod omne quod movetur, ab alio movetur, et per consequens quod nihil moveat seipsum ; et per consequens quod nihil ducatur a seipso de potentia ad

19 *om. B.*
20 *add.* est *O.*
21 *De Trinitate* XI, 2, 3 ; PL 42, 986.
22 dici *T.*
23 *M* has the following in the form of a note at the bottom of fol. 232v : Cum dicitur potentia activa principium agendi in aliud, respondent aliqui quod ubi est potentia passiva essentialis, ibi requiritur potentia activa, quæ sit principium agendi in aliud ; exemplum est de gravi antequam habeat formam. Sed ubi est potentia passiva accidentalis, non oportet ponere potentiam activam quæ agat in aliud, sed sufficit quod agat in se. Contra. Potentia passiva accidentalis non requirit nisi potentiam activam agentis per accidens, scilicet removentis prohibens. Si igitur talis potentia sit agentis in seipso, scilicet in intellectu, sequitur quod intellectus sit causa per accidens suæ operationis, et non per se, quod falsum est. Si autem sit causa activa essentialis per se, sequitur quod habens speciem est in potentia essentiali.
24 accipere *B.*
25 *om. T.*
26 *om. T.*
27 *om.* aliquo modo *B.*
28 *om. O.*
29 *add.* autem *O.*
30 potentia *O.*
31 existit *O.*
32 *Phys.* VIII, 5, 256a 4-258b 9.
33 *om.* demonstrat . . . movens *B.*
34 de mobile *B.*
35 *om. B.*
36 *om. B ;* immobilitatem primi moventis *for* hoc *T.*
37 *Phys.* VIII, 5, 256a 13-14.
38 *om. M.*
39 Cf. *Phys.* VIII, 4, 254b 7-256a 3.

actum ; alioquin diceretur Philosopho quod aliquid potest moveri a seipso, quia ratione partis, qua est in actu, potest movere, et ratione partis, qua est in potentia, potest moveri, et ita non oportet ponere aliquod movens immobile.

Ad hoc dicebat quod ratio Philosophi bene tenet de motu corporali qui est in corporibus quantis [40], ubi mobile non potest reflecti supra se, sed in rebus immaterialibus non habet locum, quia res immaterialis [41] potest convertere se supra seipsam, et ideo [42] potest movere seipsam [43].

9. CONTRA. Philosophus ducit ad hoc inconveniens, si aliquid moveat se, quod idem secundum idem erit simul in actu et in potentia [44]. Sed non solum est [45] inconveniens in rebus materialibus quantitativis [46], quod unum et idem sit in actu et in potentia respectu ejusdem, sed etiam hoc est inconveniens in [47] immaterialibus. Sed illud sequitur, si aliquid immateriale moveret [48] seipsum, eodem modo sicut et in materialibus, quia quod movet est in actu quantum ad id quod causatur, quod autem movetur est in potentia respectu illius quod causatur, quia recipiens oportet esse denudatum ab eo quod recipit. Si igitur immateriale moveat seipsum, causando aliquid in seipso, erit in actu et in potentia respectu illius causati, et habebit illud simul et non habebit, quod est impossibile.

Ad hoc [49] dicebat [50] quod inconveniens est aliquid idem simul habere aliquid et non habere, ita quod eodem modo habeat et non habeat ; sed quod [51] diversimode habeat et non habeat, non est inconveniens, ut scilicet habeat aliquid virtualiter, et non habeat illud formaliter. Et sic intellectus informatus [52] specie habet virtualiter actum intelligendi, sed non habet formaliter nisi cum actu intelligit [53].

10. CONTRA. Species existens in intellectu est ejusdem naturæ, seu speciei, cum operatione intelligendi per illam speciem, quia sicut species est similitudo objecti, ita intellectio est assimilatio [54] ad objectum. Sed quando aliquid habet aliquam [55] perfectionem eandem [56] specie cum alia, habet illam aliam [57] formaliter. Intellectus ergo informatus specie habet actum (233r) intelligendi formaliter ; non igitur potest causare actum intelligendi [58] in seipso.

Dicebat quod species est in intellectu per modum habitus permanentis tanquam actus primus, sed operatio intelligendi est ibi per modum transeuntis, per modum fieri ; et ideo diversimode sunt ibi, et propter hoc per speciem potest causari operatio in intellectu.

11. CONTRA. Species aut est perfectior quam operatio, vel imperfectior [59], vel æque perfecta. Si sit perfectior, frustra est ponere quod ibi causetur operatio, quia tunc operatio nihil faceret ad perfectionem intellectus. Similiter etiam si sit æque perfecta. Si autem species [60] sit imperfectior [61], tunc non potest [62] causare operationem, nec intellectus per speciem, quia nihil agit ultra suam virtutem. Nullo igitur modo potest intellectus causare active in se operationem intelligendi, sed oportet quod causetur ab intelligibili. Et eodem modo potest probari de quocumque alio, quod non potest causare aliquid in seipso, quia si habeat illud perfecte, non indiget quod causetur in eo hoc imperfecte ; non potest causare illud perfecte [63].

Dicebat quod species, in quantum est principium operationis, est perfectior quam operatio, sed in quantum est in potentia, est imperfectior ; et non oportet quod causa sit nobilior effectu, simpliciter loquendo, sed in quantum est causa.

12. CONTRA. Si species ex hoc quod est principium [64] non est perfectior [65], nisi secundum modum intelligendi, sicut in divinis Pater, qui est principium Filii, non est

[40] quantitativis *T*.
[41] materialis *T* ; *add. al. m.* non *T*.
[42] non *T*.
[43] Cf. HENRY OF GHENT, *Quodl.* X, q. 9 ; II (Venice, 1613), fol. 166rb : "Unde quandocumque . . . concludunt".
[44] *Phys.* VIII, 5, 257a 33-b 12.
[45] *add.* hoc *B*.
[46] *add.* scilicet *T*.
[47] *om. B*.
[48] moveretur *M*.
[49] *add.* autem *O*.
[50] dicitur *O*.
[51] *om. B*.
[52] formatus *B*.
[53] *T adds* : Contra. Quod habet aliquid sub esse perfectiori, non se movet ad illud habendum sub esse imperfectiori. Sed habere actum intelligendi virtualiter est perfectius quam habere eum formaliter, ut patet de calore in sole. Ergo, etc.
[54] similitudo *B*.
[55] *om. T*.
[56] eadem *T*.
[57] *om. T*.
[58] *om.* formaliter non . . . intelligendi *B*.
[59] perfectior *M*.
[60] operatio *T*.
[61] perfectior *T*.
[62] *add.* species *T*.
[63] *om.* in eo . . . perfecte *B*.
[64] *om.* ex hoc . . . principium *T*.
[65] *add.* nisi ex hoc quod est principium tunc non est perfectior *T*.

perfectior Filio, tunc arguo sic : Tota perfectio intellectus in hoc consistit quod assimilatur rebus quas intelligit. Cum igitur operatio magis assimilet [66] intellectum intelligibili quam species, ista [67] perfectior et expressior assimilatio non causabitur [68] ab imperfectiori [69] similitudine. Non ergo potest causari per speciem, quæ minus est expressa similitudo, et ita [70] causatur immediate ab intelligibili.

Dicebat quod species habet perfecte perfectionem operationis non formaliter, sed virtualiter ; et ideo per speciem potest intellectus causare operationem.

13. Contra. Illud quod habet aliquam perfectionem [71] virtualiter, et non formaliter, non determinatur ad illam [72] perfectionem ut illam tantum habeat, sed in uno simplici habet multas alias perfectiones cum illa ; et ideo tale agens est æquivocum, non univocum, sicut patet de sole [73], qui virtualiter habet calorem, non formaliter, et cum hoc habet multas alias [74] perfectiones istorum [75] inferiorum virtualiter. Sed species intelligibilis nullam aliam perfectionem habet quam respectu operationis intelligendi. Ergo illam perfectionem habet formaliter. Non igitur potest esse principium causandi operationem in intellectu, qui non caret illa perfectione.

14. Præterea. Tam species quam operatio intelligendi pertinet ad speciem illam, in qua specie est intelligibile. Sed quæcumque uni et eidem sunt eadem specie, inter se sunt eadem specie. Species igitur intelligibilis et intellectio sunt ejusdem speciei. Ergo utraque est ibi formaliter ; et ita, cum utraque sit in intellectu, una non potest esse principium activum productionis alterius, quia sic intellectus per potentiam activam non duceretur de potentia ad actum, sed duceretur de actu in actum, quod est impossibile.

15. Præterea. Commentator dicit in octavo *Physicorum* [76] quod generans, quod dat corpori formam, dat omnia accidentia consequentia [77] formam ; et sicut dat gravi formam suam, ita dat ei motum deorsum. Illud igitur quod est receptivum [78] formæ, et nullo modo activum, est [79] etiam susceptivum motus vel operationis consequentis formam, et nullo modo activum respectu illius. Sed intellectus est respectu speciei intelligibilis potentia passiva tantum et nullo modo activa. Ergo et respectu operationis intelligendi, quæ consequitur ad speciem, nullo modo [80] erit activa, sed tantum passiva.

16. Præterea. Philosophus dicit ibidem quod gravia et levia non habent in seipsis principium activum sui motus, sed tantum passivum [81]. Ergo nec intellectus habens speciem habet in se principium activum suæ operationis, sed passivum tantum.

Consequentia probatur, quia quantum ad hoc ponit ibi Philosophus similitudinem utrobique, quia [82] sicut grave non est in potentia essentiali, sed tantum in potentia accidentali propter impediens, ita habens habitum scientiæ, et non considerans, non est in potentia essentiali, sed tantum in potentia accidentali propter impediens [83]. Talis autem potentia ducitur ad actum per removens prohibens, et non per aliud. Ergo nihil aliud est ibi principium activum nisi removens prohibens.

Oppositum arguitur. 1. Commentator super principium tertii *De Anima* dicit [84] quod intellectus "non habet de intentione passionis nisi hoc tantum, quod recipit formam quam comprehendit" [85]. Sed præter recipere habet judicare ; judicare autem est agere. Ergo intellectus qui de se est judicativus, de se est activus. Et est potentia. Ergo est potentia de se activa.

2. Præterea. Augustinus, nono *De Trinitate*, capitulo duodecimo [86], dicit quod mens, quando cognoscit se, "sola parens est notitiæ suæ" [87]. Ergo ipsa est activa suæ notitiæ, et nihil aliud. Est [88] igitur intellectus potentia activa et non tantum passiva,

3. Præterea. Intellectus est ens [89] immateriale de se et non habet ab objecto neque quod sit ens, neque quod sit immateriale. Sed nullum [90] ens destituitur propria

[66] silieret *B*.
[67] ita *T*.
[68] *om. B*.
[69] inferiori *M*.
[70] ideo *O*.
[71] operationem perfectiorem *T*.
[72] istam *O*.
[73] Cf. Aristotle, *Phys.* II, 2, 194b 13.
[74] *om. T*.
[75] illorum *MO*.
[76] Averroes, *In VIII Phys.*, 4, t. c. 32, f. 370*G*.
[77] *om. T ; add.* ad *T*.
[78] receptum *B*.
[79] *om. T*.
[80] *om.* respectu operationis . . .modo *B*.
[81] *Phys.* VIII, 4, 255b 35-256a 1.
[82] quod *O*.
[83] *Phys.* VIII, 4, 255a 23-b 12.
[84] *om. M*.
[85] Averroes, *In III De Anima*, 4, t. c. 3, f. 137*B*.
[86] *om.* capitulo duodecimo *T*.
[87] *De Trinitate* IX, 12, 18 ; PL 42, 970.
[88] *om. T*.
[89] *om. B*.
[90] utrum *B*.

operatione [91] ; propria autem operatio intellectus est intelligere. Ergo de se [92], præter actionem objecti, agit operationem intelligendi.

4. PRÆTEREA. Illud quod ex aliqua [93] parte est actus formalis de se, est de se [94] activum. Unde causa prima, quia est actus purus ex omni parte, ideo ex omni parte potest agere. Sed potentia intellectiva animæ nostræ est ex aliqua [95] parte actus vel perfectio ; est enim perfectio quædam ipsius animæ. Ergo ex se est activa potentia et non tantum passiva.

5. PRÆTEREA. Anima separata intelligit [96] se per essentiam suam. Sed hoc non esset, nisi active se haberet ad actum intelligendi se [97], quia ibi [98] nihil aliud est activum illius cognitionis. Ergo intellectus est activa potentia de se respectu actus intelligendi.

6. PRÆTEREA. Philosophus in nono *Metaphysicæ* distinguit actionem, dicens quod quædam est actio transiens in [99] exterius, et quædam est actio manens in agente, "ut visio in vidente et speculatio in speculante" [100]. Vult [1] quod speculans sit agens. Intellectus igitur speculativus, cum [2] sit potentia animæ, est potentia activa, sicut ejus operatio est actio.

7. PRÆTEREA. Intelligere se habet ad intellectum, sicut lucere se habet ad solem vel ad ignem. Sed sol causat active in se actum lucendi, et similiter ignis, quia nulla alia causa activa ibi invenitur. Ergo intellectus causat in se actum intelligendi sicut causa efficiens [3].

8. PRÆTEREA. Imago Trinitatis est in mente penes hæc tria : memoriam, intelligentiam, et voluntatem ; quia sicut ex Patre cælesti generatur Filius seu Verbum, et ab utroque Spiritus Sanctus <procedit> [4], ita ex eo quod est in [5] memoria nascitur verbum in [6] intelligentia, et procedit amor. Unde Augustinus dicit decimo quinto [7] libro, capitulo decimo, *De Trinitate* : "Necesse est cum verum loquimur, id est, quod scimus loquimur, ex ipsa scientia quam memoria tenemus, nascatur verbum quod ejusmodi sit omnino, cujusmodi [8] est illa scientia de qua nascitur. Formata quippe cogitatio ab ea re quam [9] scimus, verbum est quod in corde dicimus" [10]. Sed memoria et intellectus sunt una potentia per intellectum. Ergo formatur et nascitur [11] verbum in [12] actu intelligendi ; et ita intellectus est activus et non passivus tantum.

RESPONDEO. Ista quæstio, prout [13] disputata fuit, continet in se duos articulos : quorum unus est, an intellectus possibilis sit de se potentia tantum passiva, vel de se sit non solum passiva sed activa potentia ; alius [14] est, utrum intellectus possibilis, per speciem quam habet in memoria, sit activus respectu operationis intelligendi, ita scilicet [15] quod species intelligibilis sit potentia activa respectu illius operationis, sicut quidam dicunt [16], vel non sit potentia activa respectu ejus, sicut alii dicunt [17].

Ad solutionem istorum duorum quæsitorum volo accipere quinque conditiones generales quæ sunt de ratione potentiæ activæ, et quinque conditiones eis correspondentes ex parte potentiæ passivæ. Et manifestabo istas conditiones per propositiones (233v) manifestas. Et quoad primum, ostendam per aliquas conditiones potentiæ [18] activæ, et etiam per conditiones potentiæ passivæ eis correspondentes, quod [19] intellectus possibilis de se est potentia tantum passiva. Similiter etiam, quantum ad alium articulum, ostendam per aliquas conditiones potentiæ activæ [20], quod species intelligibilis existens in memoria intellectiva non est activa respectu operationis intelligendi, et per consequens nec intellectus est activus per ipsam speciem.

[91] Cf. ST. JOHN DAMASCENE, *De Fide Orth.* II, 23 ; PG 94, 950*B*.
[92] *om.* de se *T*.
[93] alia *T*.
[94] *om.* de se *T*.
[95] alia *BT*.
[96] intelliget *T*.
[97] sed *T*.
[98] *om. T*.
[99] *om. B*.
[100] *Meta.* IX, 8, 1050a 23-36.
[1] *add.* igitur *OT*.
[2] tantum *T*.
[3] *om.* Præterea . . . efficiens *BOT*.
[4] *om.* all Mss.
[5] *om. T*.
[6] *om. M*.
[7] *om.* decimo quinto *B*.
[8] cujus *T*.
[9] tanquam *for* re quam *B*.
[10] *De Trinitate* XV, 10, 19 ; PL 42, 1071.
[11] *om.* et nascitur *B*.
[12] *om. O*.
[13] *add.* quæstio *B*.
[14] secundus *B*.
[15] *om. B*.
[16] Cf. HENRY OF GHENT, *Quodl.* IV, q. 21 ; *ed. cit.*, I, f. 200rb : "Et ideo . . . intelligendi" ; *ibid.*, fol. 200va : "Et quemadmodum . . . ab eis".
[17] The reference may be to GODFREY OF FONTAINES, *Quodl.* I, q. 9 ; *ed. cit.*, pp. 22f ; cf. also *Quodl.* VIII, q. 2 ; *ed. cit.*, p. 30.
[18] *om. B*.
[19] idem *M*.
[20] *om. T*.

<*Articulus Primus*>

Sciendum est igitur quod una [1] conditio potentiæ activæ est quod ipsa est actus ; et conditio huic correspondens ex parte potentiæ passivæ est quod ipsa non est actus, sed potentia tantum.

Secunda conditio [2] potentiæ [3] activæ est quod ejus similitudo producitur in patiente, ita quod forma producta est similis potentiæ activæ ; et conditio huic correspondens ex parte potentiæ passivæ est quod forma producta non sit sibi [4] similis, sed est assimilata agenti per formam productam.

Tertia conditio potentiæ activæ est quod ipsa est distincta a patiente ; et conditio huic correspondens ex parte [5] potentiæ passivæ est quod ipsa est distincta ab agente.

Quarta conditio est quod cuilibet potentiæ activæ naturali correspondeat potentia aliqua [6] naturalis passiva quam effective ducat ad actum ; et conditio huic correspondens est quod cuilibet potentiæ passivæ respondet [7] aliqua [8] potentia activa, sine qua non ducitur [9] ad actum.

Quinta conditio est quod potentia activa naturalis est principium productivum per motum vel mutationem ; et conditio huic correspondens ex parte potentiæ passivæ est quod ipsa non ducitur ad actum nisi per motum vel mutationem.

Est igitur prima conditio [10] potentiæ activæ quod ipsa est actus. Hoc manifestum est per hoc [11] quod omne agens agit secundum quod est [12] in actu, id est [13], per actum suum. Ille autem actus per quem agit potentia activa est. Potentia igitur activa nihil aliud est quam [14] quidam actus agentis. Et per oppositum, potentia passiva non est actus, sed potentia tantum, quia omne quod patitur, patitur secundum quod est in potentia. Potentia autem secundum quam patitur est potentia passiva ; principium enim quo patiens patitur dicitur potentia passiva. Est [15] igitur potentia passiva potentia [16] tantum, et non actus, quia nihil patitur secundum quod est in actu, sed tantum secundum [17] quod est in potentia. Et loquor nunc de passione communiter, prout omnis receptio dicitur passio. Illud igitur quod nihil habet actualitatis, sed est potentia tantum, nullo modo est potentia activa.

Si ergo intellectus possibilis [18] de se sit potentia tantum, nihil habens actualitatis, oportet dicere quod sit potentia passiva tantum [19], nullo modo activa de se. Hoc autem oportet dicere de ipso [20], quod de se sit tantum in [21] potentia ; intellectum enim possibilem vocamus illam partem animæ per quam patitur anima, recipiendo species [22] intelligibiles [23] omnis actus intelligendi. Patitur autem anima secundum quod est [24] in potentia, et non secundum quod est in actu. Intellectus igitur possibilis est de se in potentia tantum, et non in actu. Unde Philosophus dicit [25] de ipso quod "nihil est [26] actu eorum quæ sunt antequam intelligat" [27]. Et Commentator dicit ibi quod ille intellectus "nullam habet naturam et essentiam qua constituatur . . ., nisi naturam possibilitatis, cum denudetur ab omnibus formis materialibus et [28] intelligibilibus" [29]. Et dicit quod hæc est definitio ipsius, "quod est in potentia omnes intentiones formarum materialium universalium, et non est in actu aliquod entium antequam intelligat ipsum" [30], ita quod sicut materia prima substituatur per posse, ita ista materia, quæ dicitur intellectus, definitur per posse, per hoc scilicet quod potest recipere omnes formas universales, sicut materia prima omnes formas individuales [31]. Ergo intellectus possibilis non est aliquo modo potentia activa [32].

Sed forte videtur aliquibus [33] quod nimis extendit Commentator similitudinem inter materiam primam et intellectum possibilem. Quamvis enim utrobique sit receptio

1 ista *B*.
2 *om. B*.
3 potentia *B*.
4 *om. T*.
5 *om. B*.
6 *om. T*.
7 correspondet *B*.
8 alia *T*.
9 producitur *T*.
10 *om. B*.
11 *om.* per hoc *B*.
12 se *for* quod est *B*.
13 *om.* id est *T*.
14 quam est *M*.
15 *om. B*.
16 *om.* Est . . . potentia *T*.
17 *om. M*.
18 *om. B*.
19 *add.* et *T*.
20 eo *B*.
21 *om.* tantum in *B*.
22 formas *B* ; *add.* formas *supersc. M* ; formas species *T* ; *add.* vel species *supersc. O*.
23 *add.* et *T*.
24 *om. B*.
25 *om. B*.
26 *add.* in *T*.
27 *De Anima* III, 4, 429a 22-24.
28 *om.* materialibus et *T*.
29 Averroes, *In III De Anima*, 4, t. c. 5, f. 138*F*.
30 *Ibid.*, fol. 139*A*.
31 Cf. Averroes, *ibid.*, f. 139*BC*.
32 activa potentia *M*.
33 I have been unable to locate any such criticism of Averroes.

formarum, tamen differentia est in hoc quod materia prima nullam habet [34] operationem in se, ita quod ipsa [35] eliciat operationem, sed omnis operatio est elicita [36] per formam quæ est in materia ; intellectus vero possibilis, postquam habet speciem, elicit in seipso operationem intelligendi ad quam determinatur per speciem. Et ita videtur quod licet materia prima nullam actualitatem habeat ad eliciendum operationem, tamen oportet intellectui possibili attribuere aliquam [37] actualitatem per quam [38] possit suam operationem elicere ; et ita non erit in potentia tantum de se, sed aliquam actualitatem habebit, propter quam erit potentia [39] activa et non solum passiva.

Sed ad hoc dico quod nullo modo debet concedi intellectui possibili, quod active eliciat de se operationem intelligendi. Ex quo enim ex [40] receptione specierum manifestum est quod ille intellectus est potentia passiva qua anima patitur, nullo modo potest eidem principio convenire quod sit illud quo anima agat ; sic enim sequeretur quod potentia esset actus, et quod secundum idem aliquid ageret et pateretur, quæ sunt impossibilia. Quamvis enim idem sit in potentia et in actu, tamen ipsa potentia, qua aliquid dicitur in potentia, non est actus, qua illud est in actu, sicut materia non est forma, quia [41] sunt diversa principia ipsius [42] quorum sunt. Similiter potentia et actus sunt diversa principia illius quorum sunt. Unde [43] potentia qua anima patitur est alia a potentia qua anima agit. Et ita dicere quod intellectus possibilis de se sit in potentia, et cum hoc [44] de se actualitatem habeat ad agendum [45], est dicere [46] quod ipse sit duæ potentiæ animæ et non tantum una potentia : duo principia [47] erit et non tantum unum principium. Hoc autem inconveniens nullus concedit. Oportet igitur omnes concedere quod ex quo intellectus est potentia passiva, quod nullo modo de se sit potentia activa [48], et quod nullam actualitatem de se habeat, plus quam materia prima, ex quo est illud principium quo anima patitur. Operatio enim [49] cujuslibet potentiæ passivæ elicitur active ab objecto suo, et a [50] nullo alio, nisi a voluntate, quæ movet alias potentias ad exercendum actus suos. Unde quod potentiæ passivæ dicuntur elicere suos actus, hoc semper intelligendum est passive, non active. Non enim est ibi elicere aliquid aliud secundum rem quam operari vel pati, sicut etiam elicere operationem potentiæ activæ non est aliud secundum rem ab illa operatione ; et ideo non requiritur aliud [51] eliciens active quam [52] ipsum agens. Et quia actio et passio sunt unus motus, ideo etiam passio, quæ est operatio patientis, elicitur active ab agente. Unde ponere aliud eliciens est ponere frustra in natura.

Si autem aliquis dicat quod elicere operationem sit aliud ab operatione... [53] Contra : tunc illud elicere, cum sit operatio, elicietur, et erit procedere in infinitum ; et sic operatio dependeret [54] ex infinitis, quod est impossibile.

Præterea, si intellectus haberet in se actualitatem respectu actus intelligendi, quidquid intelligeret, intelligeret sine [55] omni receptione ab extrinseco et sine omni specie, ita quod nullo alio formali principio intelligeret quam [56] seipso, sicut et sensus sentiret sine sensibilibus quæ sunt extra, si sensus esset in actu. Unde secundo *De Anima* dicit Philosophus quod quia [57] sensus non est in actu de se, sed tantum in potentia, ideo non sentit [58] sine sensibilibus exterioribus [59]. Quando enim potentia operativa est in actu, et operatio sua manet in ipsa, ita quod non transit in aliquid extrinsecum, ibi nihil extrinsecum requiritur ad illam operationem (234r), sicut calidum calet sine aliquo extrinseco, et [60] lucidum lucet, ut sol, sine receptione ab extrinseco ; agens enim [61] extrinsecum non requiritur ad operationem alicujus, nisi ut aliquid ducatur ad actum. Si igitur [62] intellectus de se esset in actu, non reciperet ad hoc quod inintelligeret ; et quia semper esset in actu, semper intelligeret quidquid intelligere posset, sicut est de [63] Deo.

[34] *om. B.*
[35] *om. M.*
[36] illicita *M.*
[37] aliam *T.*
[38] postquam *B.*
[39] *om. O.*
[40] *om. B.*
[41] quæ *B.*
[42] illorum *T.*
[43] una *B.*
[44] *add.* quod *O.*
[45] *add.* principia illius quorum sunt *T.*
[46] *om. T.*
[47] *om. T.*
[48] passiva *B.*
[49] igitur *B.*
[50] *om. B.*
[51] *om. B.*
[52] *add.* quod *T.*
[53] *add.* per actionem agentis *T* ; *this addition is deleted in M.*
[54] dependebit *O.*
[55] absque *B.*
[56] *add.* in *B.*
[57] *om. BT.*
[58] *add.* sensus *B.*
[59] *De Anima* II, 5, 417a 6-9.
[60] *om.* sine aliquo . . . et *O.*
[61] *om. B.*
[62] ergo *O.*
[63] *om. T.*

Et præterea, suum intelligere esset suum esse, quia intelligere nihil aliud est quam esse formæ ipsius intellectus. Unde si intellectus esset actus, vel forma, esse ipsius intellectus esset suum intelligere, sicut calefieri non [64] est aliud quam esse caloris in fieri in [65] calefactibili ; omnis enim [66] operatio, sive sit actio, sive non, non est aliud quam esse formæ in illo in quo est operatio, formæ, dico, quæ est principium operandi. Et quando illa forma non habetur absque receptione ab [67] extrinseco, illa operatio est passio ; quando autem est forma indita, tunc non est passio, sed est operatio sine actione et sine passione [68] ; informatio enim principii operativi est ipsa operatio. Notandum enim quod sicut forma substantialis est principium essendi ipsi materiæ, ita species intelligibilis est principium intelligendi ipsi intellectui ; ita quod sicut se habet forma substantialis ad esse vel informare [69], ita se habet species intelligibilis ad intelligere. Et non est major differentia inter speciem intelligibilem et intelligere quam inter formam et esse, quia speciem intelligibilem informare intellectum, hoc [70] est intellectum intelligere, sicut animam informare corpus nihil aliud est quam corpus vivere, et universaliter formam actuare materiam est ipsam materiam [71] esse in actu. Sicut enim esse est actualitas formæ, ita intelligere est actualitas speciei intelligibilis [72], et universaliter omnis operatio est actualitas formæ in eo in quo est operatio, sive sit operatio quæ dicitur transiens, sive operatio quæ dicitur manens. Et propter hoc non solum est [73] hoc [74] verum de intellectu humano, quod nihil actualitatis de se habeat, sed est [75] verum de omni intellectu creato, scilicet angelico ; comparatur enim intellectus angelicus ad species quas [76] habet [77] sicut potentia ad actum. Sicut enim non solum materia istorum inferiorum est pura potentia de se, sed etiam [78] materia corporum cælestium, ita non solum intellectus humanus est pura potentia, sed etiam intellectus angelicus. Verum est tamen quod intellectus angelicus non est potentia passiva sicut est intellectus humanus, quia non recipit species, sed a principio est in actu respectu suorum intelligibilium, sicut materia corporum cælestium non est potentia passiva, quia non procedit de [79] potentia in actum, sed semper est perfecta per actum, quamvis de se sit pura potentia. Sed [80] intellectus humanus et est pura potentia et procedit de potentia ad actum, recipiendo species intelligibiles, sicut materia istorum corporum inferiorum, et ideo est [81] potentia passiva, sicut materia istorum [82] corporum est potentia passiva. Intellectus autem divinus est actus purus, et hoc respectu omnium intelligibilium, et ideo neque recipit speciem per quam intelligat [83], nec est perfectus per aliud a se, per quod intelligat, sed seipso, tanquam principio formali, omnia intelligit ; et ideo nec est potentia passiva, quia nihil recipit, nec habet aliquid potentialitatis, quia per nihil aliud perficitur. Sic igitur ex hoc quod potentia activa est actus, et potentia passiva non, sed potentia tantum, patet quod intellectus possibilis [84] est potentia passiva et non activa.

Secundo, potest hoc ostendi [85] per aliam conditionem potentiæ activæ, quia forma producta per actionem agentis est similitudo potentiæ activæ. Ista conditio manifesta est per hoc quod [86] omne agens agit simile sibi, producendo formam similem formæ per quam agit, ut docet Philosophus septimo *Metaphysicæ* [87] ; et sic assimilat sibi patiens, prout scilicet forma producta, quæ est similitudo potentiæ activæ agentis, perficit potentiam passivam patientis. Manifestum est autem quod non solum species intelligibiles quæ sunt in intellectu in habitu, sed [88] etiam [89] ipsæ conceptiones intellectus sunt similitudines rerum intellectarum, assimilantes intellectum rebus intellectis, quia cognitio fit per assimilationem cognoscentis ad cognitum. Unde in principio libri *Perihermenias* dicit Philosophus quod passiones animæ, quas ipse vocat intellectus quos [90] voces significant, sunt similitudines rerum [91]. Et Augustinus nono [92], capitulo

[64] nihil *O*.
[65] *om. B*.
[66] *om. B*.
[67] *om.* receptione ab *B*.
[68] sine passione et sine actione *O*.
[69] informari *B*.
[70] non *B*.
[71] *om. B*.
[72] *om. B*.
[73] solum non est *B*.
[74] *om. B*.
[75] erit *O*.
[76] suas *M*.
[77] habet *deleted M*.
[78] *illegible B*.
[79] *illeg. B*.
[80] *om. B*.
[81] *om. T*.
[82] *add.* inferiorum *T*.
[83] *illeg. B*.
[84] *om. B*.
[85] *om. B*.
[86] *illeg. B*.
[87] *Meta.* VII, 8, 1033b 29-32.
[88] *illeg. B*.
[89] et *M*.
[90] quas *B*.
[91] *De Interpretatione*, 1, 16a 3-8.
[92] *om. T*.

undecimo, *De Trinitate*, dicit quod "notitia habet similitudinem ad eam [93] rem ... cujus est notitia" [94]. Et Anselmus in *Monologion*, capitulo trigesimo tertio, dicit quod "quamcumque rem mens, seu [95] per corporis imaginationem, seu per rationem, cupit veraciter cogitare, ejus scilicet rei [96] utique similitudinem, quantum valet, in ipsa sua cogitatione conatur exprimere" [97]. Cum igitur actus intelligendi sint similitudines rerum [98] intellectarum, et nullo modo similitudines intellectus, sed intellectus per illos actus est assimilatus rebus intellectis, sequitur quod [99] potentia activa illorum actuum sit totaliter ex parte rerum intellectarum, et nullo modo ex parte intellectus, sed [100] quod intellectus sit tantum potentia passiva respectu illorum actuum.

Tertio, potest ostendi hoc idem per tertiam conditionem potentiæ activæ. De ratione [1] potentiæ activæ est quod sit distincta a patiente, sicut patet ex ejus definitione ; potentia enim activa est [2] principium transmutandi aliud, in quantum aliud. Cum igitur intellectus possibilis [3] patiatur ab intelligibilibus, et non sit distinctus a seipso, sequitur quod nullo modo sit potentia activa respectu actus intelligendi quem recipit [4] ; non enim est dubium, quin actus intelligendi recipiantur in intellectu. Est igitur intellectus possibilis [5] potentia passiva respectu ipsorum [6] actuum. Si igitur respectu eorum esset aliquo modo potentia activa, esset distinctus a [7] seipso, aliud a seipso, quod est impossibile. Impossibile est ergo [8] quod intellectus possibilis sit aliquo modo de se potentia activa, sed tantum [9] passiva. Et hoc est primum quod pro certo tenendum est de intellectu tanquam principium. Unde hoc est primum quod Philosophus dicit de ipso in tertio *De Anima* [10]. Dicit enim [11] in principio tertii [12] quod "intelligere est sicut sentire", quia sicut sentimus quandoque in potentia et [13] quandoque in actu, ita intelligimus quandoque in potentia et quandoque in actu. Et ex hoc infert quod sicut sentire est quoddam pati a sensibili, ita intelligere est quoddam pati ab intelligibili, accipiendo [14] pati communiter pro recipere. Unde Commentator dicit quod intelligere nihil aliud est quam recipere intentiones universales [15] ; et [16] ita intellectus est potentia passiva quantum ad intelligere, sicut sensus est potentia passiva quantum [17] ad sentire. Unde dicit Commentator quod intellectum "esse de genere virtutum passivarum" est "principium omnium quæ dicuntur de intellectu. Et sicut Plato dixit : 'Maximus sermo debet esse in principio' [18] ; 'minimus enim error in principio est causa maximi erroris in fine', sicut dicit Aristoteles" [19]. Verba sunt Commentatoris. Et [20] hoc sufficiat de primo.

<*Articulus Secundus*>

SECUNDO, quantum ad secundum articulum, videndum est de specie intelligibili existente in intellectu, utrum sit potentia activa respectu operationis intelligendi. Ipsa autem dupliciter est in intellectu : uno modo in actu perfecto, et sic sine dubio non est activa respectu intelligere, quia intelligere nihil aliud est quam esse ipsius speciei intelligibilis perficientis intellectum. Alio modo est in habitu, et videtur esse dubium de illa [1], scilicet quæ est in memoria intellectiva, utrum ipsa sit potentia activa qua elicitur actus intelligendi, ita quod per ipsam intellectus sit activus (234v), licet non sit activus de se.

Et dicendum est ad hoc quod non, si proprie loquamur. Sciendum est enim quod idem agens quod dat alicui formam aliquam, dat ei accidentia consequentia formam, sicut patet in generatione ignis. Ignis generans qui dat materiæ, in quam agit, formam ignis, dat ei ex consequenti calorem qui consequitur formam ignis, et levitatem et sicci-

93 eandem *B*.
94 *De Trinitate* IX, 11, 16 ; PL 42, 970.
95 *illeg. B* ; sive *O*.
96 *illeg. B*.
97 *Monologion*, c. 33 ; ed. F. S. Schmitt, *S. Anselmi Opera Omnia* I (Seckau, 1938), p. 26.
98 *om. B*.
99 et cum *for* sequitur quod *T*.
100 sequitur *T*.
1 *illeg. B*.
2 *om. B*
3 *illeg. B*.
4 *om.* quem recipit *B*.
5 *om. B*.
6 istorum *O*.
7 in *B*.
8 *illeg. B*.
9 *add.* potentia *O*.
10 *De Anima* III, 4, 429a 13-28 ; see also ST. THOMAS, *In III De Anima*, lect. 7, n. 675.
11 *om. B*.
12 *om. O*.
13 *om. B*.
14 accipio *M*.
15 AVERROES, *In III De Anima*, 4, t. c. 5, f. 139*BC*.
16 *illeg. B*.
17 *illeg. B*.
18 The reference may be to *Rep.* II, 377*B* ; see *supra*, *Quodl.* I,q . 14, n. 16.
19 *De Cælo* I, 5, 271b 14 ; AVERROES, *In III De Anima*, 4, t. c. 4, f. 137*E*.
20 *illeg. B*.
1 ista *B*.

tatem, ita quod eadem potentia est activa respectu formæ ignis geniti et respectu accidentium consequentium illam formam. Et non est forma substantialis ignis geniti potentia activa respectu caloris ejusdem ignis, nec levitatis [2], sed tantum calor ignis generantis est potentia activa [3] respectu formæ substantialis ignis geniti et respectu accidentium consequentium illam formam. Si autem aliquod accidentium, quæ sunt nata consequi formam ignis, impediatur [4] per aliquid, ne consequatur formam ignis, sicut esse sursum, quod natum est consequi formam ignis, quandoque prohibetur ab igne per aliquam violentiam, statim remoto prohibente, consequitur formam ignis ; et ista [5] consecutio est a generante ignem, sicut et alia accidentia quæ consequuntur formam ignis, inter quæ et formam ignis non potest cadere impedimentum. Unde sicut forma ignis non est potentia activa respectu caloris qui consequitur formam ignis, ita etiam forma [6] ignis non est potentia activa respectu motus ignis [7] sursum, postquam violenter detinetur deorsum ; et ideo Philosophus dicit in octavo *Physicorum* quod gravia et levia moventur a generante ad loca sua et non habent in seipsis principium activum sui motus, sed passivum tantum [8]. Et hoc intelligo, scilicet quod habeant [9] principium passivum tantum [10], non solum quoad [11] inchoationem motus sui, sed etiam quoad executionem ipsius, quamvis aliqui aliter dicant [12], scilicet quod, licet gravia et levia, quoad inchoationem sui motus, moveantur [13] a generante vel a solvente prohibens, tamen dicunt quod [14] quoad executionem motus moventur a seipsis per formas suas, tanquam per principia activa sui motus. Istud [15] non est verum, quia neque habent principium activum sui motus quoad motus inchoationem, neque quoad motus executionem, quia motus illi, quantum ad sui executionem, sunt accidentia consequentia formas gravium et levium. Dicit enim Commentator octavo *Physicorum* quod "generans est [16] illud quod dat corpori simplici generato formam suam, et omnia accidentia [17] consequentia formam, quorum unum [18] est motus in loco" [19]. Et ideo ab eisdem potentiis activis sunt illi motus quoad [20] sui executionem, a quibus sunt formæ gravium et levium ; dans enim formam dat ex consequenti omnia accidentia consequentia formam.

Ulterius ad propositum. Sciendum [21] quod sicut ad formam gravis sequitur motus deorsum, nisi impediatur, ita ad speciem intelligibilem sequitur operatio intelligendi, nisi impediatur, sicut dicit Philosophus ibi [22] in octavo *Physicorum* [23]. Oportet igitur [24] secundum prædicta dicere quod ab eadem potentia activa sit species intelligibilis quæ est in habitu in intellectu, et ipsa operatio intelligendi. Unde cum species intelligibilis non sit a seipsa, tanquam a potentia activa, nec operatio intelligendi erit ab ipsa specie, tanquam a potentia activa ; et hoc dico proprie loquendo. Si tamen aliquis velit [25] vocare activum alicujus accidentis illud ad quod consequitur [26] illud accidens, ut quod substantia ignis sit activa sui caloris, quia ad ipsam consequitur suus calor, ipse necesse [27] habet concedere quod species intelligibilis sit principium activum respectu operationis intelligendi, et quod intellectus per [28] speciem [29] agat illam operationem. Sed iste qui sic loquitur, quamvis verum intellectum forte [30] habeat de re [31], tamen falsum loquitur ore, quia non recte utitur significatione hujus nominis *activum*. Principium enim activum proprie significat illud, quo aliquid ab eo [32] distinctum active vel effective mutatur [33], et per mutationem de potentia ad actum ducitur ; ita quod tria sunt de ratione potentiæ activæ quæ modo sunt ad propositum. Unum est [34] quod per ipsam aliquid distinctum ab ea et suo subjecto [35] mutatur [36]. Aliud est quod [37] per mutationem [38] vel motum aliquid per ipsam producatur ; unde Philoso-

[2] Sutton is here rejecting the view of the Solemn Doctor ; cf. HENRY OF GHENT, *Quodl.* X, q. 9 ; *ed. cit.*, II, ff. 164ra-va : "Dicendum . . . dictum modum".
[3] *om. B.*
[4] impeditur *B.*
[5] illa *O.*
[6] formam *M.*
[7] *om. B.*
[8] *Phys.* VIII, 4, 254b 33-255a 19 ; 255b 35-256a 1.
[9] habeat *B.*
[10] *om. B.*
[11] quantum ad *B.*
[12] Cf. HENRY OF GHENT, *Quodl.* IX, q. 5 ; *ed. cit.*, II, f. 81va : "Quæ vero . . . locum suum".
[13] moveret *B* ; moveatur *M.*
[14] *om. B.*
[15] Illud *BO.*
[16] *om. M.*
[17] *om. O.*
[18] unus *B.*
[19] AVERROES, *In VIII Phys.*, 4, t. c. 32, f. 370*G*.
[20] qui ad *M*
[21] *add.* est *O.*
[22] *om. B.*
[23] *Phys.* VIII, 4, 255b 21-23.
[24] *add.* quod *B* ; *om. T*
[25] *om. T.*
[26] sequitur *O.*
[27] *om. B.*
[28] *om. T.*
[29] speciei *T.*
[30] *add.* aliquis *B.*
[31] se *T.*
[32] *add.* est *T.*
[33] immutatur *B* ; active mutatur vel effective *O.*
[34] erit *T.*
[35] objecto *T* ; objecto *corr. al. m. to* subjecto *O.*
[36] immutatur *B.*
[37] *om.* est quod *B.*
[38] transmutationem *B.*

phus vocat causam agentem unum "principium motus" [39], quia causat mediante motu. Tertium est quod passivum de potentia in actum per ipsam ducatur [40].

Nullum autem istorum trium convenit formæ ad quam sequitur aliud [41] per naturalem connexionem. Quando enim ad formam ignis consequitur naturaliter calor, ex illa consecutione [42] non mutatur [43] aliquid patiens illum calorem distinctum ab igne ; nec [44] ille calor producitur per mutationem vel motum medium inter formam ignis et [45] calorem ; nec etiam per formam ignis ducitur ad actum potentia ad calorem, quia habita forma ignis in materia, non est [46] potentia ad calorem [47] quæ possit duci ad actum. Similiter si grave existens sursum impediatur, ne ad formam gravis consequatur motus deorsum, quando, remoto prohibente, consequitur actus, non mutatur aliquid distinctum a gravi quod suscipiat illum [48] motum, quia ille [49] motus manet in gravi ; nec ille motus producitur per mutationem mediam inter formam gravis [50] et illum motum ; nec grave per formam suam ducitur de potentia ad actum illius motus, quia grave habens formam suam, quando prohibetur a motu suo, non est in potentia essentiali ad motum, sed tantum in potentia accidentali propter violentiam prohibentis, et ista potentia sufficienter ducitur ad actum per removens prohibens. Unde nulla est ibi potentia quæ ducatur ad actum per formam gravis.

Eodem modo intelligendum est in proposito. Quando intellectus, habens speciem intelligibilem in habitu, impeditur, ne ad speciem consequatur actualis consideratio, si [51], remoto prohibente, consequitur actualis consideratio per speciem, non mutatur aliquid distinctum ab intellectu habente speciem, quod distinctam suscipiat operationem intelligendi ; et ita deficit speciei unum quod est de ratione potentiæ activæ. Similiter actualis consideratio non producitur a specie per mutationem mediam inter speciem et operationem intelligendi ; et sic deficit speciei [52] aliud [53] quod est de ratione potentiæ activæ. Nec etiam intellectus habens speciem ducitur de potentia ad actum intelligendi, quia non est in potentia ad actum intelligendi nisi propter prohibens, et ideo illa [54] potentia totaliter ducitur ad actum per solvens prohibens, et non per speciem ; et sic deficit speciei tertium quod est de ratione potentiæ activæ. Unde qui dicit speciem intelligibilem esse potentiam activam respectu operationis intelligendi, ipse attribuit ei definitum, cujus definitionem oportet de eo negare, quod est magnum inconveniens.

Si autem dicatur quod species intelligibilis dicitur [55] potentia activa, sed non [56] prout potentia activa (235r) sic definitur : "Potentia activa est principium transmutandi aliud, in quantum aliud" [57] ; tunc oportet invenire aliam rationem potentiæ activæ communiorem ista. Hoc autem esse non potest, quia hæc est ratio communissima potentiæ activæ, quæ convenit universaliter omni potentiæ activæ, sicut dicit [58] Philosophus, ubi dat istam definitionem, quod "totaliter", id est, universaliter, "potestas est principium, etc." [59] ; et declaravit [60] eam [61] in potentiis etiam [62] immaterialibus [63]. Et si esset aliqua potentia quæ non esset principium transmutandi aliud, idem ageret in seipsum et causaret [64] in seipso illud quod habet actu prius.

Si autem dicatur [65] quod illud quod aliquid habet uno modo, causat in seipso alio modo, ut illud quod habet virtualiter causat in seipso [66] ut sit in eo formaliter, istud [67] non valet ; quia si aliquid causatur alio modo quam præfuerit [68] in agente, oportet illam diversitatem in modo provenire ex aliqua [69] diversitate vel ex parte potentiæ activæ vel ex parte potentiæ passivæ [70]. Si autem idem ageret in seipsum, nulla di-

39 *Meta.* V, 12, 1019a 15.
40 producatur *M.*
41 aliquid *B.*
42 consuetudine *T.*
43 immutatur *B.*
44 ut *B.*
45 vel *T.*
46 *add.* in *T.*
47 *om.* quia habita .. calorem *B.*
48 istum *BOT.*
49 iste *B.*
50 ignis *B.*
51 sed *M.*
52 *om. M.*
53 illud *M.*
54 ista *BO.*
55 *add.* de *B.*
56 *om. M.*
57 Cf. ARISTOTLE, *Meta.* V, 12, 1019a 15f.
58 *add.* ibi *OT.*
59 *Meta.* V, 12, 1019a 19f.
60 declarat *O.* Sutton has no other Aristotelian text in mind but is simply inferring from the adverb ὅλως that the definition given by Aristotle applies even to immaterial powers.
61 ea *B.*
62 et *BMT.*
63 *om.* potestas ... immaterialibus *T.*
64 caret *M.*
65 Cf. HENRY OF GHENT, *Quodl.* X, q. 9 ; *ed. cit.*, II, fol. 165vb : "Ad secundum ... virtute".
66 se *B.*
67 illud *O.*
68 prius fuerit *T.*
69 altera *B* ; alia *T.*
70 *om.* vel ex parte potentiæ passivæ *T.*

versitas esset neque ex parte agentis, neque ex parte patientis, quare aliquid produceretur sub [71] alio modo quam prius haberetur, quia idem non est diversum a seipso. Unde illud dictum stare non potest [72].

Nec potest dici [73] quod in rebus immaterialibus [74] idem potest agere in seipsum, quia res immaterialis potest [75] convertere se supra se, sed in rebus materialibus quantis hoc esse non potest.

Istud similiter nihil [76] valet, quia istud [77] est universaliter verum tam in materialibus quam in [78] immaterialibus [79], quod nulla res agit in seipsam, nec ducit seipsam de potentia ad actum, quia sequeretur quod esset in actu antequam duceretur ad actum [80]. Et quia res, antequam ducatur de potentia ad actum, non est in actu, sequeretur quod simul esset in actu et non esset in actu secundum idem, et ita [81] contradictoria [82] simul, quod est inconveniens maximum non solum in rebus quantis, sed [83] in rebus immaterialibus. Non igitur in rebus [84] immaterialibus [85] potest aliquid agere in seipsum, quamvis possit convertere se supra seipsum, sicut intellectus potest se intelligere et voluntas potest se velle ; talis enim conversio est absque actione intellectus vel affectus in seipsum. Quamvis enim Deus et angelus intelligant [86] seipsos et ament, tamen ibi nulla est actio ; et ita est in aliis.

Quando angelus intelligit se, vel aliud a se, non est ibi aliqua [87] potentia activa ducens intellectum suum de potentia in actum, sed intelligere [88] illud [89] consequitur essentiam angeli, quæ est principium formale suæ intellectionis, vel speciem sibi inditam, quæ est principium formale intelligendi aliud a se. Forma autem non coincidit in idem numero cum efficiente, et per consequens nec cum potentia activa efficientis, sed solum in idem specie, ut habetur secundo *Physicorum* [90]. Unde simpliciter dicendum est quod species intelligibilis in [91] nullo intellectu est potentia activa intelligendi, nec intellectus per speciem est activus ; sed species intelligibilis est natura, prout natura definitur in secundo *Physicorum* sic : "Natura est principium et causa motus et quietis [92] ejus [93], in quo est primo et per se, et non per accidens" [94]. Et similiter [95] est de forma gravis respectu motus et quietis gravis, quod est principium quod est natura. Natura autem non coincidit cum potentia activa, quia oppositas conditiones habent in suis rationibus ; quia potentia activa est principium mutandi aliud ab eo in quo [96] est, natura autem est principium mutandi [97] illud in quo est. Unde natura dividitur secundum Philosophum [98] in materiam et formam, quæ sunt principia intrinseca ; non autem continet sub se principium activum quod est principium extrinsecum.

Sed propter argumenta quæ sunt ad oppositum intelligendum est quod, quamvis tales formæ, ad quas naturaliter consequuntur operationes, non sint [99] potentiæ activæ respectu illarum (activæ, dico, secundum veritatem et [100] existentiam), sunt tamen activæ earum [1] secundum famositatem et apparentiam. Quando enim operatio rei est manifesta, et causa activa exterius [2] non apparet, sed latet, tunc [3] æstimatur apparenter quod causa activa sit intrinseca, licet secundum [4] veritatem non sit ; verbi gratia, in operatione sentiendi latet multitudinem vulgi, quod sensibilia agant in sensum, et quod [5] sensus patiatur a sensibilibus : latet vulgum quod color agat in visum, vel [6] sonus in auditum. Et propter hoc apparet vulgo quod sentire sit agere, et quod sensus sit activus per principium intrinsecum. Et propter hoc dicit Commentator secundo *De Anima* [7], quod nomina quæ secundum veritatem significant pati habent figuram

[71] ex *B*.
[72] For Godfrey of Fontaines' attack on this distinction of Henry of Ghent, see *Quodl.* VIII, q. 2 ; *ed. cit.*, pp. 20-23.
[73] Cf. HENRY OF GHENT, *Quodl.* X, q. 9 ; *ed. cit.*, II, fol. 166rb : "Unde quandocumque ... concludunt".
[74] materialibus *B*.
[75] se *B*.
[76] non *T*.
[77] illud *O*.
[78] *om. B*.
[79] *om.* quam in immaterialibus *M* ; immaterialibus quam in materialibus *O*.
[80] *om.* quia sequeretur ... actum *B*.
[81] *om. M*.
[82] contradictio *B*.
[83] *add.* etiam *B*.
[84] *om.* in rebus *B*.
[85] materialibus *T*.
[86] intelligunt *B*.
[87] alia *BT*.
[88] intellectus *T*.
[89] ille *T*.
[90] *Phys.* II, 7, 198a 24-26.
[91] *om. T*.
[92] principium motus et causa quietis *T*.
[93] *om. T*
[94] *Phys.* II, 1, 192b 21-23.
[95] sic *B*.
[96] quod *for* in quo *T*.
[97] transmutandi *T*.
[98] *Phys.* II, 1, 193a 28-31.
[99] sunt *B*.
[100] *add.* secundum *O*.
[1] illarum *B* ; eorum *T*.
[2] ejus *B*.
[3] *om. T*.
[4] *add.* rei *O*.
[5] quia *T*.
[6] et *B*.
[7] AVERROES, *In III De Anima*, 2, t. c. 140, f. 123*E*.

nominum significantium agere ; passio enim visus est videre, et tamen habet figuram, id est, vocem [8] actionis, et similitudinem. Similiter est de gravibus et levibus, de quibus Philosophus ostendit quod secundum veritatem non movent se, sed moventur ab alio [9]. Quia enim motor extrinsecus non apparet, quando moventur, apparent [10] movere seipsa, ita quod habeant in seipsis principium activum sui motus propter similitudinem quam habent ad ea quæ moventur ex se. Unde dicit Commentator quarto *De Cælo et Mundo* [11], quod lapis et alia corpora inanimata, quantum ad motum suum localem, assimilantur eis quæ moventur ex se, et [12] non assimilantur eis quantum ad alios motus, quia impediens "in aliis motibus non potest prohibere accidens consequens formam" sine hoc quod prohibeat formam. Sed quantum ad motum localem, "impediens in eis potest dividere inter formam et accidens consequens formam [13] ; verbi gratia, lapis prohibetur a motu ad inferius, licet non prohibeatur a forma". Et sic assimilantur illis quæ movent seipsa, quamvis secundum veritatem non moveant seipsa.

Utroque istorum modorum apparet, secundum similitudinem quandam, quod [14] intellectus moveat se ad intelligendum, scilicet et [15] quia movens extrinsecum est latens (præcipue quantum ad vulgus), et quia intellectus habens speciem non indiget motore extrinseco, qui ducat ipsum de potentia essentiali ad actum. Et ideo multa verba activa attribuuntur intellectui respectu actus intelligendi, scilicet quod intellectus eliciat actum, id est, extrahat [16], et [17] quod judicet, et quod formet verbum, et gignat, et exprimat, quamvis secundum veritatem istæ operationes non sint ab intellectu active, sed solum secundum apparentiam, ut dictum est [18]. Et per hoc respondendum est ad argumenta in oppositum.

Omnes autem rationes adductæ pro parte ista bene procedunt et necessario concludunt tam contra rationes [19] quam ad principalem conclusionem, ut patet ex his quæ dicta sunt.

Ad primum argumentum in oppositum dicendum quod Commentator non vult per illa verba dicere quod sola receptio intellectus sit passio, et quod [20] operationes intellectus, quæ sunt intelligere, judicare, componere, sint actiones, sed vult [21] excludere ab intellectu illum modum passionis, quo patitur sensus, qui [22] est virtus organica. Sensus enim patitur aliquo modo passione proprie dicta, saltem per accidens, quia [23] proportio organi corrumpitur ab [24] excellenti [25] sensibili. Sic autem non patitur intellectus, qui non habet organum [26]. Unde ibi dicit Philosophus quod "non est similis impassibilitas [27] sensitivi et intellectivi" [28] ; tamen, prout receptio dicitur passio, ipsum [29] intelligere secundum seipsum est pati, quia intelligere est quoddam recipere, et omnis operatio intellectus est receptio [30]. Et similiter sentire est pati, proprie loquendo et per se, quia sentire est quoddam recipere a sensibili [31].

Ad secundum dicendum quod illud quod est in memoria intellectiva dicitur esse parens notitiæ [32], quæ [33] est in intelligentia actuali, propter hoc quod notitia est ei similis, et est ex illa consecutive [34], quamvis non active, nisi [35] secundum [36] apparentiam. Et sic mens, quando intelligit se, dicitur esse parens (235v) notitiæ suæ.

Ad tertium dicendum quod nullum ens destituitur [37] propria operatione [38] ; unde nec intellectus destituitur sua operatione quæ est intelligere. Sed tamen illa operatio est passio, et est active ab objecto et passive a se, et hoc quia est immaterialis et in potentia.

Ad quartum dicendum quod intellectus possibilis nihil penitus actualitatis de se habet plus quam materia prima ; nec [39] est actus vel perfectio animæ, sed est quiddam

[8] nomine *B*.
[9] *Phys.* VIII, 4, 254b 33-255a 19 ; 255b 35-256a 1.
[10] habent *T*.
[11] Averroes, *In IV De Cælo*, 3, t. c. 25, f. 254*AB*.
[12] *om. B*.
[13] *om.* sine hoc . . . formam *M*.
[14] *om. B*.
[15] *om. BT*.
[16] eliciat, id est, extrahat actum *T*.
[17] *om. B ;* etiam *T*.
[18] *om.* ut dictum est *B*.
[19] responsiones *O*.
[20] *om. T*.
[21] *add.* Philosophus *BMT*.
[22] quæ *BT*.
[23] quod *B*.
[24] *om. T*.
[25] *om. B*.
[26] Cf. Aristotle, *De Anima* III, 4, 429a 29-b 4.
[27] passibilitas *T*.
[28] *Ibid.*, III, 4, 429a 30f.
[29] quantum *B*.
[30] receptibilis *B* ; *om.* dicitur passio . . . receptio *M*.
[31] sensibilibus *M*.
[32] *add.* suæ *B*.
[33] quod *B*.
[34] consecutione *M*.
[35] non *M*.
[36] per *O*.
[37] distinguitur *M*.
[38] ratione *M*.
[39] ut *T*.

susceptivum perfectionis animæ. Anima enim non actu perficitur per potentiam intellectivam, sed per eam potest perfici, et per operationem ejus actu perficitur.

AD QUINTUM dicendum quod intellectio, qua anima separata intelligit se per essentiam suam, neque est actio, neque passio, sed est operatio entis in actu sine receptione, sicut lucere in sole neque est [40] actio neque passio. Ad illam autem operationem intelligendi, qua anima separata cognoscit se [41], ipse intellectus est potentia tantum, et essentia animæ est actus ejus perficiens ipsum ad intelligendum. Quando autem virtus operativa est in actu, tunc operatur, nec requiritur ibi aliquod principium activum, nec passivum, cum operatio non sit actio nec [42] passio.

AD SEXTUM dicendum quod Philosophus in nono operationem [43] sentiendi, et similiter [44] speculationem, vocat [45] actionem, sed non quia talis operatio sit actio secundum veritatem et esse [46], sed secundum apparentiam et secundum dici, quia loquitur ut plures [47]. Sed [48] in tertio *De Anima* [49], ubi determinat exquisite de illis operationibus, dicit quod sentire est pati et quod intelligere est pati ; et illud dicit secundum propriam sententiam, sicut etiam, conformando se communi locutioni, aliqua [50] vasa vocavit vacua, ubi non erat nisi aer [51], quamvis demonstravit quod impossibile sit esse vacuum in capitulo de [52] vacuo, quarto *Physicorum* [53].

AD SEPTIMUM dicendum quod lucere in sole vel in igne non est active a sole vel ab igne ; nec est aliud quam esse lucis in sole [54] vel in igne. Non est autem active nisi ab eo, a quo est lux active ; ab eodem [55] enim agente est forma et esse formæ. Et similiter ab eodem agente est intelligere et species intelligibilis, quia intelligere [56] nihil aliud est quam esse [57] formæ intelligibilis in intellectu. Unde si forma intelligibilis esset suum esse [58], ipsa forma, vel species intelligibilis, esset ipsum intelligere. Sed in solo Deo forma, qua intellectus intelligit, est suum esse. Et ideo in solo Deo intelligere est ejus essentia.

AD ULTIMUM dicendum quod per intellectum possibilem formatur verbum de re intellecta. Sed formare per intellectum non est agere, sed pati, ut dicit Commentator tertio *De Anima* [59]. Unde formatio verbi est active a re intellecta, prout sonant verba Augustini allegata, cum dicit : "Formata cogitatio ab ea re quam scimus verbum est" [60]. Quod autem dicimus intellectum formare verbum, vel gignere, hoc non est quia intellectui possibili conveniat hujusmodi [61] agere secundum propriam rationem potentiæ activæ, sed quia ista operatio est ipsius, prout est in actu per speciem. Nec etiam in divinis est potentia activa in Patre, secundum propriam rationem suam, respectu generationis Filii, sicut Filius Dei non proprie dicitur actus, vel factus, quia non [62] est [63] ibi potentia passiva quæ ducatur ad actum per transmutationem [64]. Potentia autem activa est principium transmutationis in alio [65], quod est in potentia. Deus autem est actus purus, sine permixtione [66] potentiæ passivæ, et intransmutabilis, apud quem non est transmutatio. Unde potentia generandi non est proprie activa in Patre nec suum generare est agere, quamvis per modum agere significetur [67]. Ipsi cum Filio et Spiritui Sancto sit honor et imperium in sæcula sæculorum. Amen [68].

[40] *om. B.*
[41] *om. B.*
[42] vel *B.*
[43] opinionem *B.*
[44] sic *B.*
[45] nominat *O.*
[46] essentia *T.*
[47] præsens *M.*
[48] *om. T.*
[49] *De Anima* III, 4, 429a 13-18.
[50] alia *BT.*
[51] *Phys.* IV, 6, 213a 29-31.
[52] *om. M.*
[53] *Phys.* IV, 7, 214a 16-b 11. *B* and *M* have the following reply to this solution in the form of a note : Contra rationem ad sextum arguitur : Intelligere nostrum, cum sit quidam (quidem *B*) effectus, virtualiter est in sua causa efficiente ; alioquin non fieret a sua causa (*om. B*) efficiente. Quando igitur causatur a sua causa efficiente proprie dicta, aut transit in aliud, aut manet in ipsa. Non transit in aliud, sicut expresse dicit ibi Philosophus. Ergo manet in causa agente proprie dicta. Sed manet in intellectu. Ergo intellectus est proprie efficiens actum intelligendi.
[54] *om.* in sole *T.*
[55] eo *M.*
[56] *om. M.*
[57] est *M.*
[58] *add.* tunc *O.*
[59] AVERROES, *In III De Anima*, 4, t. c. 2, f. 136*F* ; also *ibid.*, t. c. 5, f. 151*A*.
[60] *De Trinitate* XV, 10, 19 ; PL 42, 1071.
[61] hujus *M.*
[62] hæc *T.*
[63] *om. B.*
[64] Sutton is here alluding to the position of Henry of Ghent ; cf. *Summa*, art. 35, qq. 1 and 2, (Paris, 1520), ff. 221r-223v.
[65] aliud *B.*
[66] permixtio *T.*
[67] significatur *B.*
[68] *add.* et sic terminatur quæstio *O.*

Quæstio Disputata 3

UTRUM ANIMA HUMANA COGNOSCAT SEIPSAM PER SUAM ESSENTIAM TANQUAM PER FORMALE PRINCIPIUM VEL PER SPECIEM ABSTRACTAM A PHANTASMATIBUS[1]

ARGUITUR quod per suam essentiam.

1. Augustinus, nono libro *De Trinitate*, capitulo quarto [2], dicit quod mens "seipsam per seipsam novit, cum sit incorporea" [3]. Ex [4] hoc habetur [5] quod sicut aliæ substantiæ incorporeæ cognoscunt se per suas essentias, ita [6] et mens, cum sit incorporea.

2. PRÆTEREA. Unumquodque est intelligibile per hoc quod habet esse immateriale [7] præsens intellectui. Istud [8] patet inducendo in omnibus quæ intelliguntur. Sed mens nostra habet esse immateriale [9] per suam essentiam, et est præsens intellectui seu menti [10], quia nihil [11] est magis præsens menti quam ipsamet sibi [12]. Ergo ipsa mens nostra est intelligibilis per suam essentiam a seipsa, et [13] non per speciem.

AD QUÆSTIONEM dicebat Respondens quod anima non cognoscit se per suam essentiam, nisi prius fuerit reducta de potentia ad actum per speciem abstractam a phantasmate [14]. Quia enim anima est infima omnium substantiarum intellectualium [15], naturaliter habet recipere suam cognitionem a rebus sensibilibus, mediantibus sensibus ; et ideo primo recipit speciem rei materialis, et ipsam [16] quidditatem [17] rei materialis primo [18] cognoscit per illam [19] speciem. Quando autem sic reducta est in actum, tunc [20] poterit anima se cognoscere actualiter, prius autem non, nisi secundum habitum. Et sic intelligit Augustinus, quod mens cognoscit [21] seipsam per seipsam, scilicet in habitu, non autem in [22] actu, antequam habuerit [23] speciem. Et per hoc patet responsio ad objecta [24].

3. CONTRA. Quod hoc sit contra mentem Augustini videtur. Ipse enim dicit in decimo [25] quarto libro, capitulo quarto, *De Trinitate* [26] : "Nihil tam [27] novit mens quam id [28] quod sibi præsto est. Nec menti [29] magis quidquam [30] præsto est quam ipsa sibi" [31]. Ergo [32] mens sic [33] novit seipsam, quod [34] nihil magis novit [35] quam seipsam. Hæc est ratio ipsius [36]. Sed ista ratio nihil valet, si non posset seipsam cognoscere, nisi prius cognosceret aliud per speciem, quia sic prima propositio, quam [37] assumit, esset falsa ; et similiter conclusio. Ergo secundum mentem Augustini oportet dicere quod mens [38] cognoscat [39] se per seipsam antequam habeat speciem, et quod non reducatur ad actum cognoscendi se per speciem aliquam [40] ; alioquin illud aliud, quod mens primo cognoscit per speciem, erit sibi magis notum quam ipsa [41] mens, quæ [42] posterius cognoscitur [43].

Dicebat quod, cum dicit Augustinus "nihil tam novit mens quam [44] id quod sibi præsto est", scilicet seipsam, loquitur de cognitione habituali, non autem [45] actuali.

4. CONTRA. Per illud idem, quo cognoscitur aliquid in habitu a mente, cognoscitur in actu, quando illud actualiter considerat ; verbi gratia, per speciem lapidis in memoria cognoscitur lapis habitualiter, et per eandem cognoscitur actualiter, quando mens actualiter considerat lapidem. Si igitur mens novit [46] se in habitu per seipsam, et non per speciem, sequitur quod novit se in actu per seipsam, et non [47] per speciem.

[1] In *A* this Question begins on fol. 58r, in *B* on fol. 92v, in *O* on fol. 20v, in *T* on fol. 161v.
[2] capitulo quarto *De Trinitate* *ABOT*.
[3] *De Trinitate* IX, 3, 3 ; PL 42, 963.
[4] Et *A*.
[5] habebitur *B*.
[6] *om. AB*.
[7] materiale *A*.
[8] illud *BO*.
[9] materiale *A*.
[10] præsens suæ menti *A*.
[11] *add.* aliud *A*.
[12] *om. T*.
[13] *om. A*.
[14] *add.* Et hujus ratio est *O*.
[15] intelligibilium *A*.
[16] *om. AB*.
[17] quidditatis *A*.
[18] *add.* et *A*.
[19] ipsam *O*.
[20] *om. AB*.
[21] intelligit *A*.
[22] *om. O*.
[23] *add.* per *AB*.
[24] omnia *B* ; objecto *M*.
[25] *om. T*.
[26] *add.* quod *T*.
[27] tamen *A*.
[28] idem *B*.
[29] *om. T*.
[30] quidquid *O*.
[31] *De Trinitate* XIV, 4, 7 ; PL 42, 1040.
[32] Igitur *O*.
[33] *om. AB*.
[34] quia *AB*.
[35] nolet *B*.
[36] sua *T*.
[37] *add.* scilicet *B*.
[38] *om. T* ; *add.* nisi prius *T*.
[39] cognosceret *T*.
[40] aliam *AT*.
[41] ipsamet *AB*.
[42] qua *AB*.
[43] cognoscetur *B*.
[44] quod *M*.
[45] *add.* de *AOT*.
[46] cognovit *AB*.
[47] *om. A*.

Et ita oportet intelligere dictum Augustini non solum de cognitione habituali, sed de actuali.

Sed dicebat quod verum est quod in habitu et in actu mens novit se per seipsam, sed tamen non novit se in actu, nisi reducatur [48] in actum per speciem.

5. CONTRA. Habens habitum non reducitur ad actum per aliam formam quam per habitum, quia habitus est forma per quam habens habitum reducitur ad actum ; et ita si habens habitum [49] requireret [50] aliam formam ducentem se ad actum [51], habens habitum esset non habens [52] habitum. Si igitur mens novit se in habitu per seipsam absque specie, oportet quod ducatur ad actum noscendi [53] se [54] per seipsam absque specie.

Sed dicebat quod mens sine specie cognoscit se in habitu per seipsam, sed non (236r) in habitu completo et [55] sufficiente ad hoc quod eliciatur actus, et ideo requiritur species ; si autem nosceret se per seipsam habitu completo, non requireretur [56] species.

6. CONTRA. Non sunt nisi tres gradus in cognitione alicujus rei : vel est cognitio rei [57] in pura potentia essentiali, sicut "ante addiscere vel invenire" [58] ; vel in potentia accidentali [59], et hoc [60] in habitu, quando mens habet sufficiens principium cognoscendi [61], licet non actu consideret [62] ; vel tertio modo in actuali [63] consideratione. Primo modo non intelligit [64] Augustinus, quod mens novit se per seipsam et nihil magis, quia hoc est [65] manifeste falsum et derisorium, quod [66] nihil novit magis quam quod novit in potentia tantum. Ergo intelligit secundo modo vel tertio, et ita sequitur quod non requiratur species ad hoc quod mens cognoscat se.

7. AD PRINCIPALE : Unumquodque est cognoscibile per hoc quod est in actu ; verbi gratia, coloratum in actu est sensibile, non autem coloratum in potentia [67]. Sed anima per suam essentiam est in actu, quia per suam essentiam est actus. Ergo [68] per suam essentiam est cognoscibilis ; sed non a sensu ; ergo ab intellectu cognoscitur per suam essentiam.

Sed dicebat quod anima, licet sit in actu, quia tamen est infima in genere intelligibilium [69], ideo non sufficit sua actualitas ad hoc quod intelligatur, quia debilem actualitatem habet propter vicinitatem ejus ad res materiales.

8. CONTRA. Ista corpora materialia, ut lapis, plumbum, ferrum, quæ sunt inferiora quam anima, et per consequens minorem actualitatem habent quam anima [70], sufficientem actualitatem habent ad hoc quod sint intelligibilia, hoc excepto, quod non habent esse immateriale apud intellectum. Unde quam cito per actionem intellectus agentis acquirunt esse immateriale apud intellectum, fiunt actu intelligibilia. Sed mens humana majorem actualitatem habet quam quodcumque corpus, cum [71] sit spiritus præstantior omni corpore, et habet de se esse [72] immateriale præsto sibi. Ergo non obstante, quod sit infima in genere mentium [73], ipsa [74] habet sufficientem actualitatem ad hoc [75] quod intelligatur.

9. PRÆTEREA. Sicut [76] anima est infima in genere intelligibilium, ita est infima in genere intellectivorum. Sed non obstante, quod sit infima in genere intellectivorum [77], ipsa per suam essentiam est actu intellectiva. Ergo similiter, non obstante, quod sit infima in genere [78] intelligibilium, ipsa per suam essentiam est actu intelligibilis, et [79] ita sufficit sua actualitas.

10. PRÆTEREA. Ista ratio confirmatur sic : Esse intellectivum est nobilius quam esse intelligibile, sicut nobilius est intelligere quam intelligi, quia operatio intelligendi est nobilissima operatio, intelligi autem convenit cuilibet rei quantumcumque imperfectæ. Si igitur anima non impeditur per hoc quod est infima omnium [80] substantia-

[48] ducatur *AB*.
[49] *om.* reducitur . . . habitum *AB*.
[50] requirit *A*.
[51] *add.* quia *A*.
[52] non esset habens *O*.
[53] cognoscendi *AB*.
[54] *om. A*.
[55] *om. M*.
[56] requiritur *AB*.
[57] *om.* vel est . . . rei *A*.
[58] *De Anima* III, 4, 429b 9.
[59] actuali *T*.
[60] *add.* est *OT*.
[61] *om.* et hoc . . . cognoscendi *AB*.
[62] considerat *B* ; consideretur *M*.
[63] actu *M*.
[64] intellectus non sit *for* non intelligit *AB*.
[65] *add.* de mente *AB*.
[66] quia *ABT*.
[67] Cf. ARISTOTLE, *De Anima* II, 7, 418a 26-b 3 ; III, 5, 430a 16.
[68] Igitur *O*.
[69] *add.* et *AB*.
[70] *add.* semper *A*.
[71] quod *AB*.
[72] esse de se *M*.
[73] entium *T* ; m *deleted in* mentium *M*.
[74] *add.* de se *AB*.
[75] *om. M*.
[76] Si *M*.
[77] intelligibilium *A*.
[78] *om.* intellectivorum ipsa . . . genere *AT*.
[79] se *AB*.
[80] *om. A*.

rum intellectualium, quin sit actu intellectiva, multo minus impedietur per hoc, ne [81] sit actu intelligibilis, quia esse actu intelligibile est minoris perfectionis, et ideo magis videtur convenire infimo spiritui quam esse intellectivum, quod est majoris perfectionis.

Aliter dicebatur quod anima, quamvis habeat sufficientem actualitatem ad hoc quod sit actu intelligibilis, non tamen habet sufficientem immaterialitatem ad hoc, et hoc propter propinquitatem ejus ad materialia.

11. Contra. Anima [82] secundum mentem non habet minorem actualitatem quam sit actualitas, quam dat rebus materialibus per lumen [83] intellectus agentis ; nihil enim agit ultra virtutem quam habet. Sed per intellectum agentem res materiales habent sufficientem immaterialitatem ad hoc quod sint actu intelligibiles. Ergo et mens nostra habet de se sufficientem actualitatem ad hoc quod sit actu intelligibilis.

Sed tunc dicebatur quod, licet mens habeat tantam [84] immaterialitatem, quantam habent res abstractæ per intellectum agentem, tamen aliud deficit ei, quia non habet rationem determinativi [85] respectu intellectus, sicut habent res abstractæ per intellectum agentem.

12. Contra. Hæc est causa, quare res materiales, quando abstrahuntur, determinant intellectum [86], quia habent determinatam naturam generis determinati et speciei determinatæ ; intellectus autem de se est [87] indeterminatus. Sed ista causa reperitur in [88] anima ; ipsa enim est natura determinata constituens speciem determinatam, scilicet speciem humanam. Ergo sicut species lapidis potest determinare intellectum ad intelligendum lapidem, ita [89] anima nostra potest determinare intellectum ad cognoscendum seipsam [90].

Sed dicebatur quod convenit animæ, ex statu quo unita est corpori, non posse intelligere, nisi recipiendo a sensibus corporeis.

13. Contra. Unio animæ cum corpore est [91] naturalis et non contra naturam. Ergo ex unione animæ cum corpore non impeditur anima quantum ad suam propriam operationem. Cum igitur ostensum sit quod ipsa de se est sufficienter intelligibilis, non impedietur [92] ex unione cum corpore, quin per se intelligatur ; semper enim habens formam, quæ est principium operandi, potest operari, nisi violenter prohibeatur [93]. Unde si unio cum corpore esset causa hujusmodi impedimenti, unio illa esset violenta et non naturalis, sicut illud quod prohibet grave, ne [94] descendat, est violentum et contra naturam gravis. Sed manifeste falsum est quod unio animæ cum corpore sit violenta et contra naturam [95], cum [96] ex [97] anima et corpore naturaliter [98] constituatur [99] species humana. Ergo anima ex unione ejus cum corpore non impeditur ab operatione naturali [100] intelligendi seipsam per suam essentiam.

14. Præterea. Ad principale : Sicut dictum est, secundum Augustinum, "mens nihil tam novit quam id quod sibi præsto est" [1]. Sed nihil est intimius [2] menti, nec magis præsto, quam ipsa sibi. Ergo [3] nihil intimius novit mens quam seipsam. Cum igitur essentia mentis sit maxime intima [4] sibi, sequitur quod mens cognoscat se per suam essentiam ; plus enim est [5] ipsa intima sibi quam aliqua [6] species.

15. Præterea. Anima vel [7] cognoscit se per suam essentiam, vel per speciem, vel per suum actum. Non per speciem, quia species est repræsentativa illius rei cujus est, et non est repræsentativa animæ. Nec per actum suum, quia accipiamus [8] actum, quo anima cognoscit quidditatem per suam speciem, vocetur A. Istum actum A non cognoscit, nisi per alium actum, quia non eodem actu, quo cognoscit [9] objectum, cognoscit ipsum actum ; sic enim multa intelligeret simul, quod falsum est. Alio igitur [10] actu cognoscit actum A. Sit ille alius actus B. Sed isti duo actus non possunt esse

[81] quod *T*.
[82] Ista *A*.
[83] in virtute *for* per lumen *T*.
[84] tam *M*.
[85] determinatam *AB* ; determinati *T*.
[86] *add.* agentem *T*.
[87] *om. A*.
[88] *add.* ipsa *T*.
[89] in *B*.
[90] seipsum *T*.
[91] *om. M*.
[92] impeditur *B*.
[93] impediatur *AB*.
[94] ne grave *AB*.
[95] *om.* Sed . . . naturam *O*.
[96] *add.* ergo *O*.
[97] *om. B*.
[98] *om. AB*.
[99] constituitur *AB*.
[100] *om. A*.
[1] *De Trinitate* XIV, 4, 7 ; PL 42, 1040.
[2] immediatius *B*.
[3] Igitur *O*.
[4] *add.* menti *T*.
[5] *om. B*.
[6] alia *AB*.
[7] *om. A*.
[8] accipimus *AB*.
[9] cognoscitur *O*.
[10] ergo *AB*.

simul. Ergo quando A [11] est, B non est, et ita cognoscitur A per actum qui non est. Quando igitur cognoscitur A, cognitio ejus non est ; sed hoc est impossibile ; ergo impossibile est [12] quod anima cognoscatur per suum actum præcognitum.

16. PRÆTEREA. Anima separata non cognoscit se per speciem quæ abstrahatur [13] a phantasmatibus, quia non habet connexionem ad phantasmata secundum [14] illum statum. Ergo [15] cognoscit se per suam essentiam. Sed hoc non posset esse, nisi sua essentia esset de se actu intelligibilis. Ergo cum hoc conveniat animæ naturaliter, quod sit de se actu intelligibilis, et ipsa sit [16] perfectior corpori unita quam a corpore separata, sicut omnis pars in suo toto est perfectior naturaliter [17] quam [18] separata (236v) a toto, anima corpori unita est actu intelligibilis de se, et ita cognoscit se per suam essentiam.

17. PRÆTEREA. Non potest esse alia ratio, propter [19] quam anima non sit actu intelligibilis, nisi quia sic se habet in genere intelligibilium, sicut materia prima in genere sensibilium. Sed ista ratio non videtur cogere, quia materia prima in corporibus cælestibus habet aliquid [20] actualitatis in genere sensibilium. Ergo anima in genere intelligibilium aliquid actualitatis potest habere.

Probatio assumpti [21] : Materia corporum cælestium nobilior est quam materia istorum [22] inferiorum. Hoc [23] non [24] posset esse, nisi [25] aliquid actualitatis haberet. Si enim esset pura potentia, esset proprie nihil, ita quod materia istorum [26] inferiorum non esset inferior eo [27] ; sed hoc est falsum ; ergo aliquam actualitatem habet in genere entium.

Et confirmatur per hoc quod nihil recedit a puro primo [28] actu, quin habeat aliquid potentialitatis ; ergo [29] nec aliquid recedit a pura potentia, quin habeat aliquid actualitatis. Cum igitur materia corporum cælestium perfectior sit quam materia corporum inferiorum, et sic recedat [30] a pura potentia, non potest carere omni actualitate.

18. PRÆTEREA. Omnis substantia intellectualis, quæ semper intelligit actu, intelligit se per suam essentiam, quia per nullam speciem semper actu intelligit. Sed anima humana semper actu intelligit, Ergo, etc.

Probatio assumpti : Dicit Damascenus in tertio libro, capitulo decimo quinto : "Si Christus assumpsit intellectum humanum, animam scilicet intellectualem et rationalem, intelliget [31] omnino et semper intelliget" [32]. Ex hoc habetur quod anima humana semper actu intelligit [33].

19. PRÆTEREA. Illud quod habet [34] esse intentionale non potest esse principium operationis realis. Sed species in intellectu habet esse intentionale ; actus autem intelligendi est operatio realis. Ergo species non potest esse principium quo anima intelligit se. Relinquitur ergo quod anima cognoscat se [35] per suam essentiam.

20. PRÆTEREA. Per illud formale principium mens cognoscit se [36], quod præsto est menti tanquam sufficiens causa cognoscendi se. Sed tale est ipsa mens, quia dicit Augustinus decimo *De Trinitate*, capitulo nono [37], quod [38] "cum dicitur menti *cognosce teipsam* [39], eo ictu [40] quo intelligit quod dictum est *teipsam* [41], cognoscit seipsam ; nec ob [42] aliud quam eo quod sibi præsens est" [43]. Ergo per suam essentiam, tanquam per rationem formalem cognoscendi, cognoscit se.

21. PRÆTEREA. Anima est perfectior quam aliquod accidens rei materialis, quia propinquior est primo principio. Sed accidens ignis [44], ut [45] calor [46], est principium formale immediatum [47] calefactionis ; et similiter est de aliis accidentibus [48]. Ergo

[11] *om.* *AB*.
[12] *om.* ergo impossibile est *AB*.
[13] abstrahitur *T*.
[14] ad *AB*.
[15] Ideo *AB*.
[16] est *O*.
[17] *om.* quod sit . . . naturaliter *A*.
[18] *add.* quando sit *AB*.
[19] *om.* *AB*.
[20] *om.* *B*.
[21] *om.* *AB*.
[22] illorum *M*.
[23] Sed hoc *A*.
[24] *om.* *A*.
[25] si *B*.
[26] illorum *M*.
[27] ea *T*.
[28] *om.* *ABT*.
[29] igitur *O*.
[30] recedit *A*.
[31] intelligit *T*.
[32] intelligit *T*. *De Fide Orth.* III, 15, 234 ; PG 94, 1055*D*.
[33] intelliget *AB*.
[34] *om.* quod habet *T*.
[35] *add.* quod præsto est menti *B*.
[36] *om.* *B*.
[37] capitulo nono *De Trinitate* *ABOT*.
[38] quia *T*.
[39] ipsam *ABT*.
[40] visu *A* ; usu *B*.
[41] de ipsa *AB* ; seipsam *T*.
[42] ab *M*.
[43] *De Trinitate* X, 9, 12 ; PL 42, 980.
[44] *om.* Sed accidens ignis *M*.
[45] *om.* *AB*.
[46] calore *A*.
[47] *add.* suæ *T*.
[48] actibus aliis *A*.

et anima [49] est immediatum principium formale suæ cognitionis absque [50] omni specie.

22. Prӕterea. Illud est principium formale cognitionis alicujus rei quod est parens notitiæ illius [51] rei, sicut patet quod species lapidis in memoria, quæ est parens notitiæ de lapide, est principium formale quo cognoscitur lapis. Sed sola mens est parens notitiæ suiipsius, quando cognoscit se, secundum Augustinum, quinto *De Trinitate*, capitulo ultimo [52]. Ergo mens cognoscit se per seipsam tanquam per formale principium.

23. Prӕterea. Augustinus [53], duodecimo *Super Genesim ad Litteram* [54], dicit quod intellectualis [55] visio "eas res continet, quæ non habent imagines sui similes, quæ non sunt quod ipsæ". Sed mens et ejus affectio videntur intellectuali visione, ut dicit ibidem [56]. Ergo mens non cognoscit seipsam per aliquid [57] quod non sit idem quod ipsa, et ita non cognoscit se per speciem receptam, sed tantum per suam essentiam.

Oppositum arguitur per Philosophum, qui dicit tertio *De Anima* [58], quod intellectus est intelligibilis, sicut et alia intelligibilia [59], scilicet "per intentionem in eo" existentem, ut exponit Commentator [60]. Sic enim alia intelligibilia intelliguntur, scilicet [61] non per suam essentiam, sed per speciem.

Respondeo. Quia [62] his diebus multi tenent, quod mens nostra [63] cognoscit se per suam essentiam tanquam per formale principium, et hoc dicunt esse de mente Augustini [64] (quorum utrumque reputo esse falsum), ideo tria volo manifestare. Primo, ostendam ex his quæ manifeste apparent [65], quod non cognoscit se per suam essentiam formaliter [66], ut tenentes contrariam opinionem percipiant eam [67] repugnare his quæ manifeste apparent ; et ista probatio erit [68] a posteriori. Secundo, declarabo causam, propter quam non [69] potest mens nostra cognoscere [70] se [71] per suam essentiam, quia nihil perfecte cognoscitur, nisi causa ejus cognoscatur ; et hæc declaratio erit [72] a priori [73]. Tertio, exponendum est, quid [74] Augustinus senserit, cum dicit mentem cognoscere se per seipsam et per sui præsentiam, quia per hoc apparebit, quomodo sententia Augustini non repugnat sententiæ Aristotelis.

De primo accipiendum [75] est pro manifesto, quod natura animæ non est per se nota omnibus ; immo a [76] multis est ignota. Similiter etiam manifestum est quod multi philosophantes, qui laboraverunt studiose ad sciendum naturam animæ, erraverunt a veritate, quia, sicut dicit Augustinus in decimo *De Trinitate* [77], et Philosophus in primo *De Anima* [78], quidam dixerunt animam esse ignem, quidam aerem, quidam aquam, quidam ex corporibus indivisibilibus compositam ; et multi alii [79] errores fuerunt circa eam. Et ex [80] hoc sequitur tertium manifestum [81], quod difficile est cognoscere naturam animæ, sicut et Philosophus dicit in principio libri *De Anima* : "Omnino difficillimorum [82] est accipere aliquam fidem de ipsa" [83]. Si autem anima cognosceret se per suam essentiam formaliter, sua essentia esset omnibus per se nota ; nullus etiam erraret circa ipsam, sed [84] ab omnibus cognosceretur, sine omni difficultate, statim a principio suæ creationis.

49 *om.* et anima *AB*.
50 ab *M*.
51 alicujus *A*.
52 *De Trinitate* IX, 12, 18 ; PL 42, 970.
53 *om. AB*.
54 *De Genesi ad Lit.* XII, 6, 15 ; PL 34, 458-59.
55 intellectus vel *A*.
56 *Ibid.*, XII, 6, 15 ; XII, 10, 21 ; PL 34, 458-59, 461.
57 aliud *A*.
58 tertio *De Anima* qui dicit *B*.
59 *De Anima* III, 4, 430a 3.
60 Averroes, *In III De Anima*, 4, t. c. 15, f. 159*F*.
61 *om. O*.
62 *add.* in *O*.
63 ipsa *AB*.
64 Cf. Henry of Ghent, *Quodl.* III, q. 14 ; I (Venice, 1613), fol. 109va : "Et similiter . . . operari" ; Matthew of Aquasparta, *Quæstio* 5 in *De Humanæ Cognitionis Ratione Anecdota quædam Seraphici Doctoris S. Bonaventuræ et nonnullorum ipsius Discipulorum* (Quaracchi, 1883), pp. 169ff ; John Pecham, *Quodlibet Romanum*, IV, q. 4 ; ed. F. M. Delorme, *Joannis de Pecham Quodlibet Romanum* (Rome, 1938), pp. 69f. ; Roger Marston, *Quæstio Disputata De Anima* 1 in *Fr. Rogeri Marston, O.F.M.*, *Quæstiones Disputatæ* (Bibl. Franc. Schol. Med. Aevi, VII, Quaracchi, 1932), pp. 201ff. ; Peter John Olivi, *In II Sent.*, q. 76 ; ed. B. Jansen, s.j., *Quæstiones In Secundum Librum Sententiarum* (Bibl. Franc. Schol. Med. Aevi, VI, Quaracchi, 1926), pp. 145ff.
65 manifesta esse videntur *AB* ; *add.* apparet *A*.
66 *om. T*.
67 *om. A*.
68 est *A*.
69 *om. B*.
70 Secundo declaranda est causa quare anima non cognoscit *O*.
71 *om. A*.
72 est *AB*.
73 posteriori *A*.
74 quod *AB*.
75 dicendum *AB*.
76 *om. O*.
77 *De Trinitate* X, 7, 9 ; PL 42, 978.
78 *De Anima* I, 2, 405a 2-b 10.
79 *om. A*.
80 *om. A*.
81 membrum *T*.
82 difficillimarum *B*.
83 *De Anima* I, 1, 402a 10f.
84 *om. MO ;* immo *T*.

Istud [85] probatur sic : Error vel difficultas non convenit in cognitione intellectiva, quæ habetur absque omni syllogismo et absque hoc quod ex multis sensibus fiat memoria, et ex multis memoriis experimentum, et ex multis experimentis universale principium [86]. Si enim aliqua cognitio intellectiva statim habeatur ex sensu, sicut quod totum est majus [87] parte, circa talem cognitionem nullus potest esse [88] error, nulla difficultas, sed tale est intellectui per se [89] notum. Si autem aliquid posset [90] cognosci ab intellectu absque omni cognitione sensitiva, illud adhuc esset magis per se [91] notum intellectui, et minus posset esse [92] error vel difficultas [93] circa ejus cognitionem. Sed si anima cognosceret se per suam essentiam formaliter, ejus cognitio non acquireretur per syllogismum, neque per sensus [94] multiplicatos [95] et memorias et experimenta, immo neque per sensum ; ipsa enim præsens sibi repræsentaret [96] se sibi naturaliter. Et cum sit præsens sibi [97] secundum omnem sui rationem, omnem rationem suam [98] repræsentaret sibi, et nullam aliam repræsentaret quæ sibi convenit. Ergo natura animæ esset cuilibet per se nota naturaliter a principio magis quam quodcumque principium cujus termini cognoscuntur per sensum, sine omni errore, sine omni difficultate. Sed manifeste experimur opposita horum, ut dictum est. Ergo opinio quæ ponit mentem cognoscere se per suam essentiam, tanquam per formale principium sui repræsentativum, repugnat his quæ manifeste apparent.

Hoc habito, secundo declaranda est causa, quare mens nostra non intelligit se [99] per suam essentiam formaliter, sicut aliæ mentes seipsas intelligunt per seipsas. Causa autem hujus bene assignatur a Philosopho [100] et suis expositoribus, quia (237r) scilicet intellectus noster, cum sit infimus omnium intellectuum [1], in principio est totaliter in potentia, et nullo modo in actu in genere intelligibilium, sicut materia prima [2] in istis inferioribus est tantum in potentia de se in genere sensibilium. Unde et [3] Averroes comparat intellectum [4] materiæ primæ [5] et Philosophus ipse [6] comparat [7] ipsum [8] tabulæ nudæ [9], in qua nihil est scriptum [10], id est, quæ nullam picturam habet [11], sed est [12] tantum in potentia respectu imaginum vel picturarum [13]. Nunc autem manifestum est quod ab eo quod est in potentia tantum nulla procedit operatio ; unumquodque enim operatur secundum quod est [14] actu. Intellectus igitur noster de se nihil [15] potest intelligere, et ita, cum non sit in actu per essentiam animæ, non potest intelligere animam per seipsam. Quamvis enim detur [16] quod essentia animæ sit actu intelligibilis, tamen, quia non actuat intellectum suum, non intelligitur ab intellectu suo per seipsam.

E contrario [17] est de intellectibus angelicis [18]. Quilibet enim intellectus angelicus a principio est in actu, perfectus omnibus intelligibilibus ; unde potest comparari materiæ corporum cælestium, si ponantur composita ex materia et forma. Illa [19] enim materia a principio fuit [20] perfecta formis suis, et non est in potentia tantum respectu alicujus formæ quam acquirat, sicut materia istorum inferiorum, quæ nullam formam habet, nisi quam acquirit [21] per generationem. Unde potest comparari intellectus angelicus tabulæ plenæ picturis, quia omnis intelligentia est plena formis, id est, speciebus intelligibilibus, ut dicitur in [22] libro *De Causis* [23]. Et sicut intellectus angeli [24] perficitur speciebus ad intelligendum alia a se, ita perficitur per ipsam essentiam angelicam [25], cujus est potentia, ad intelligendum ipsam essentiam. Unde angelus seipsum intelligit per suam essentiam, et semper intelligit [26] se, quia sua essentia semper

[85] Illud *O*.
[86] Cf. ARISTOTLE, *Post. An.* II, 19, 100a 4-8.
[87] *add.* sua *O*.
[88] *om. A*.
[89] *om.* per se *B*.
[90] possit *O*.
[91] *om.* per se *B*.
[92] *om. B*.
[93] *om.* sed tale . . . difficultas *A*.
[94] sensum *M*.
[95] multiplices *A*.
[96] repræsentat *T*.
[97] *om.* naturaliter . . . sibi *B*.
[98] *om.* omnem rationem suam *A*.
[99] *om. T*.
[100] *De Anima* III, 4, 429b 31-33.
[1] intelligibilium *A*.
[2] *om. T*.
[3] *om. O*.
[4] *om. A*.
[5] AVERROES, *In III De Anima*, 4, t. c. 5, f. 151*D*.
[6] *om. AB*.
[7] *add.* supra *T*.
[8] ipsam *A*.
[9] rasæ *A*.
[10] *add.* vel depictum *A*. *De Anima* III, 4, 429b 32-430a 2.
[11] *om.* id est . . . habet *A*.
[12] *om. A*.
[13] This amplification of the Aristotelian metaphor was suggested to Sutton by Averroes ; Cf. *In III De Anima*, 4, t. c. 14, f. 158*E*.
[14] *add.* in *BO*.
[15] non *mg. al., m. M*.
[16] videtur *T*.
[17] E contra vero *A*.
[18] intellectu angelico *AB*.
[19] Ista *AB*.
[20] *add.* composita vel *A*.
[21] acquirat *B*.
[22] *om. OT*.
[23] *om. De Causis AB*. *Liber De Causis*, sect. 9 ; ed. O. Bardenhewer, *Die pseudo-aristotelische Schrift ueber das Reine Gute, bekannt unter den Namen Liber de Causis* (Freiburg i/B., 1882), p. 173.
[24] angelicus *T*.
[25] *om. T*.
[26] perficit *A*.

perficit suum intellectum, sicut corpus solis, quia semper habet lucem, nec recipit eam [27] aliunde, ideo semper lucet. Quia igitur essentia angeli est forma intellectus sui, ideo angelus non intelligit se per speciem, sicut intelligit alia per species, sed intelligit se per suam essentiam.

Et e contra, quia anima humana non est forma intellectus sui, ideo non intelligit se per suam essentiam, sed intelligit se sicut et alia, scilicet [28] per speciem. Et hoc est quod Philosophus dicit in [29] tertio *De Anima* [30], quod intellectus est intelligibilis sicut et [31] alia, quasi dicens : per idem intelligitur a se, per quod intelliguntur alia. Per species autem [32] intelligit alia, quorum sunt species, et per hoc quod cognoscit se intelligere illa [33], cognoscit seipsum [34]. Hæc igitur est causa, quare anima nostra non cognoscit se per seipsam formaliter, quia intellectus ejus est totaliter in potentia.

Et eadem causa est de sensu, propter quam sensus non sentiunt seipsos, sicut patet [35] ex secundo *De Anima.* Movet ibi Philosophus dubitationem : propter quid sensus non sentiunt seipsos, et propter quid sensus non sentiunt sine [36] sensibilibus extra, ut sine [37] igne, terra, et aliis? [38] Et solvit utramque dubitationem una solutione [39], dicens quod "manifestum est quod sensus non est in actu, sed tantum in potentia". Et quia est tantum in potentia in genere sensibilium, "ideo non sentit seipsum, sicut combustibile non comburit se per [40] seipsum sine [41] combustivo". Si autem combustibile esset [42] de se combustivum, sive ignitum, "combureret seipsum per seipsum, et non indigeret igne" exteriore ad hoc quod [43] combureretur [44]. Et similiter si sensus essent in actu, sentirent [45] seipsos, et sentirent [46] sine præsentia sensibilium quæ sunt extra. Si enim sensus essent in actu, non requireretur medium inter sensum et sensibile, sicut modo requiritur [47] ; medium enim non requiritur, nisi ut sensibile uniatur sensui et faciat ipsum in actu. Propter hoc enim sensibile positum supra sensum non sentitur, quia sic positum non facit sensum in actu [48]. Et eadem ratio est, quare sensus non sentit sensibile, nisi sit præsens, quia sensibile in sua [49] absentia non movet sensum [50] ut sit in actu [51]. Pone igitur [52] quod sensus de se sint [53] in actu, sicut Empedocles [54] posuit [55] ; sequitur quod ipsi sentiant seipsos, licet non sit medium inter se et seipsos. Sequitur etiam quod sentiant alia sensibilia in eorum absentia, sicut imaginativa imaginatur absentia, propter hoc quod est in actu per phantasmata [56] eorum in eorum absentia ; unumquodque enim [57] existens in actu operatur, nisi habeat impedimentum. Quia igitur sensus est in potentia, et non in actu, ideo sensus non sentit seipsum. Et eodem modo est de intellectu nostro, quod quia [58] est in potentia, et non [59] in actu per essentiam animæ, ideo anima non intelligit se per suam essentiam.

Sed in assignatione hujus causæ videtur esse unum dubium : ex hoc enim quod intellectus noster est infimus omnium intellectuum [60] non videtur sequi necessario, quod sit totaliter in potentia. Cum enim infimus [61] intellectus [62] angelicus sit totaliter in actu, rationabile videtur quod intellectus humanus [63] sit, quantum ad aliquid, in potentia, et quantum ad aliquid in actu, et non sit totaliter in potentia. Et ita videtur quod, cum [64] essentia animæ sit naturaliter ei præsens [65], quantum ad ipsam sit in actu ; et sic anima debeat [66] intelligere se per essentiam suam, secundum quod intellectus noster sit [67] in potentia respectu specierum [68] rerum materialium, quarum cognitionem acquirit per sensus.

[27] *om. A.*
[28] *om. AB.*
[29] *om. O.*
[30] *De Anima* III, 4, 430a 2.
[31] *om. T.*
[32] *om.* intelliguntur . . . autem *A.*
[33] anima *A.*
[34] seipsam *A.*
[35] *om. A.*
[36] cum *AB.*
[37] cum *AB.*
[38] *De Anima* II, 5, 417a 3-6.
[39] *De Anima* II, 5, 417a 7-10.
[40] *om.* se per *B.*
[41] se *A.*
[42] est *A.*
[43] ut *T.*
[44] combureret *T.*
[45] sentient *B.*
[46] sentient *B.*
[47] *add.* medium *T.*
[48] Cf. Aristotle, *De Anima* II, 7, 419a 13.
[49] *om.* in sua *AB.*
[50] convertendum A ; *om. B.*
[51] Cf. Aristotle, *De Anima* II, 5, 417b 24f.
[52] ergo *ABOT.*
[53] sit *T.*
[54] semper *B.*
[55] ponit *O.* On Empedocles' position, see Aristotle, *De Anima* II, 5, 416b 35-417a 1 ; see also St. Thomas, *In II De Anima*, lect. 10, nn. 352-54.
[56] phantasma *A.*
[57] *om. M.*
[58] qui *for* quod quia *AB* ; *om. T.*
[59] *add.* est *O.*
[60] intelligibilium *A.*
[61] *om. A.*
[62] *om. B.*
[63] noster *A* ; *om. B.*
[64] *om. AB.*
[65] *add.* et *A.*
[66] poterit *T.*
[67] non sunt sic *for* noster sit *T.*
[68] *om. T.*

Sed ad hanc dubitationem tollendam, dico quod non est possibile quod infimus intellectus, scilicet humanus [69], sit aliquo modo in actu in principio in sui conditione, quia qua ratione esset capax unius formæ a Deo immediate productæ, eadem ratione esset capax [70] aliarum. Sicut oculus vespertilionis [71] non potest recipere aliquam speciem coloris ex illustratione lucis diei, quia qua ratione esset capax unius, et alterius, et omnium [72], et sic posset videre quodcumque visibile in lumine solis in die ; eodem modo intellectus noster, si esset capax unius formæ per illustrationem solis immaterialis, qui Deus est, eadem ratione esset capax aliarum specierum per eandem illustrationem influxarum a principio. Et sic, cum Deus provideat unicuique rei naturali [73] secundum suam capacitatem, intellectus noster [74] a principio suæ creationis esset [75] plenus formis intelligibilibus, quibus [76] omnia cognosceret [77], et per consequens non [78] esset unibilis corpori ad acquirendum scientiam rerum ; nec esset intellectus infimus, sed esset intelligentia separata plena formis [79].

Cum igitur manifestum sit intellectum nostrum esse infimum, necesse est quod in principio sit tantum in potentia, et nullo modo in actu. Et quia tantum est in potentia [80], ideo naturaliter est unibilis corpori, ut perficiatur quantum ad suam operationem ; et ideo etiam naturaliter habet convertere se ad phantasmata, quæ sunt objecta sibi proportionata. Et ideo dicit Philosophus quod anima nihil intelligit absque [81] phantasmate [82]. Unde [83] convenientissime comparat Philosophus intellectum animæ nostræ ad oculum vespertilionis [84], qui est oculus debilissimus, quia sicut oculus vespertilionis [85] non potest videre per species illustratas a sole, ita intellectus noster non potest videre per [86] species effluxas a Deo ; et sicut [87] oculus vespertilionis videt in tenebris, licet debiliter, ita intellectus noster intelligit in [88] phantasmatibus, quæ sunt quasi tenebræ respectu intelligibilium separatorum. Unde et [89] Augustinus, (237^{v}) nono *De Trinitate*, capitulo septimo, vocat phantasmata velut quoddam nubilum, et caliginem, et densissimas nebulas [90].

Et sicut [91] oculus vespertilionis species colorum propinquorum in tenebris existentium illuminat aliqualiter luce oculorum intrinseca, ut possit movere visum suum modo [92] debili sibi proportionato, ita intellectus animæ nostræ phantasmata, quæ sunt [93] sibi maxime [94] propinqua, tanquam in tenebris materiæ existentia, quia sunt in virtute organica, illuminat aliqualiter luce menti intrinseca, scilicet intellectu agente, qui [95] est ut [96] lumen secundum Philosophum [97] ; per quam illustrationem fiunt proportionata ad movendum intellectum possibilem.

Et sicut oculus vespertilionis confusam et imperfectam cognitionem habet [98] de his quæ videt, tum propter debilitatem visus, tum propter imperfectionem [99] specierum debiliter illustratarum, ita intellectus noster imperfectam [100] cognitionem habet de his quæ intelligit per comparationem ad alios intellectus, tum propter imbecillitatem ex parte intellectus, tum propter defectum perfectæ repræsentationis ex parte specierum debiliter illustratarum.

Unde in ordine rerum constitutus est intellectus noster in medio, seu confinio, rerum immaterialium et materialium [1], non potens [2] se convertere ad immaterialia, propter improportionalitatem, sed ad materialia ; sicut vespertilio [3] in medio foraminis sedens, ex una parte, ubi intrat, habet [4] lumen diei, ad quod aspicere non potest, quia non est proportionatum suis oculis, ex alia parte interiori habet tenebras, et ad illas se convertit [5],

[69] infimus, scilicet, intellectus humanus *AB* ; *om.* scilicet humanus *T*.
[70] *add.* unius et alterius et *A*.
[71] Cf. Aristotle, *Meta.* II, 1, 993b 9-11.
[72] *om.* et omnium *A*.
[73] materiali *T*.
[74] non sunt *for* noster *T*.
[75] *om. AB.*
[76] *om. T.*
[77] *add.* et præcognosceret *A*.
[78] *om. AB.*
[79] Cf. *Liber De Causis*, sect. 9 ; ed. Bardenhewer, p. 173.
[80] *add.* et nullo modo in actu *T*.
[81] sine *OT*.
[82] *De Anima* III, 8, 432a 8f.
[83] Verum *A*.
[84] Cf. *Meta.* II, 1, 993b 9-11.
[85] *om.* qui est . . . vespertilionis *B*.
[86] *om. T.*
[87] sic *T*.
[88] a *M*.
[89] *om. O.*
[90] *om. T.* *De Trinitate* IX, 6, 10-11 ; PL 42, 966.
[91] sic *B* ; si *M*.
[92] in quantum *B*.
[93] *add.* intrinseca *A*.
[94] *om. A.*
[95] quæ *BM*.
[96] *om. T.*
[97] *De Anima* III, 5, 430a 15.
[98] *om. M.*
[99] perfectionem *B*.
[100] perfectam *T*.
[1] Cf. Pseudo-Dionysius, *De Div. Nom.* VII, 3 ; ed. G. Théry, *Études Dionysiennes*, II (Paris, 1937), pp. 253f.
[2] potest *M*.
[3] sicut oculus vespertilionis *A*.
[4] *om. AB.*
[5] convertat *M*.

ut in eis suo debili modo videat. Habemus igitur causam, quare anima nostra non cognoscit [6] se per suam essentiam formaliter, quia scilicet ipse intellectus animæ nostræ a principio est tantum in potentia, et sic non actuatur per essentiam animæ [7] ad intelligendum, et propter hoc naturaliter convertit se ad phantasmata, ut ab eis perficiatur ad intelligendum ; et per consequens anima, quamvis sit præsens intellectui [8] secundum esse [9], non tamen est præsens conspectui suo, quia non convertit se ad eam, sed ad phantasmata rerum materialium [10].

Tertio restat ut exponantur verba Augustini dicentis, quod mens novit se per seipsam, et non ob [11] aliud, nisi [12] eo quod sibi præsens est [13].

Circa hoc advertendum est quod dupliciter potest intelligi, quod mens cognoscit [14] se per seipsam. Uno modo, ut hæc præpositio *per* denotet [15] habitudinem causæ formalis ipsius cognitionis, ut scilicet mens sit principium formale determinans intellectum ad intelligendum seipsam [16] eo modo, quo species lapidis determinat intellectum [17] ad intelligendum lapidem. Et isto modo non intelligit Augustinus quod mens novit se per seipsam. Quod patet ex hoc quod Augustinus, in decimo *De Trinitate* [18], narrat multos errores quibus homines erraverunt circa essentiam animæ ; qui errores non possent [19] contingere, si isto modo mens nosset [20] se per seipsam, ut ostensum est.

Alio modo potest intelligi quod mens [21] novit [22] se per seipsam ; ut hæc præpositio *per* denotet [23] habitudinem principii [24] cognoscitivi pervenientis per discursum ad sui cognitionem per reflexionem super actum suum, per quem cognoscit seipsam [25] ; quia cum mens nostra sit rationalis, potest discurrere ab uno cognito ad aliquid sibi incognitum, sicut a principiis ad conclusiones. Et isto modo, per hoc quod cognoscit rem [26] extra per suam speciem, reflectitur super suum actum, et a suo actu cognito discurrit ulterius ad cognoscendum se esse, ex quo talem actum producit. Sed istum [27] discursum nunquam faceret, nisi prius aliquid directe [28] cognosceret per speciem. Isto modo intelligendi cognoscit per [29] seipsam omnia incorporea [30] quæ cognoscit, sed maxime seipsam, quia propter præsentiam suiipsius producentis actum, statim, cum voluerit, potest seipsam cognoscere quia est ; non autem sic statim [31] potest nosse [32] alia incorporea [33] absentia, ut [34] Cherubim et [35] Seraphim. Et hoc est quod dicit Augustinus in decimo *De Trinitate*, capitulo nono : "Non velut absentem se quærat mens cernere, sed præsentem se curet discernere ; nec se quasi non noverit cognoscat, sed ab eo quod alterum novit dignoscat" [36]. Et sequitur : "Non ita dicitur menti *cognosce teipsam*, sicut dicitur : *cognosce Cherubim et Seraphim* . . . Sed cum dicitur menti *cognosce*

[6] cognoscat *B*.

[7] *om. AB*.

[8] *om. T*.

[9] se *A*.

[10] There follows in *M* a passage which very probably was not written by Thomas of Sutton, especially since it occurs in *B* and *O* (*alia manu*) in the form of a note and is omitted entirely by *A* and *T*. The passage follows : Hic dubitatur : Sed (*om. BO*) cum anima intellectiva partim sit separata, et partim corpori immersa (diversa *B*), quare non convertit se intellectus ad essentiam animæ, in quantum elevata est supra corpus (*om. B*), sicut ad phantasmata se convertit, in quantum est actus corporis?

Ad hoc dicendum quod hoc est propter debilitatem virtutis intellectualis, quæ est improportionalis formæ intelligibili causatæ immediate a Deo, sicut oculus noctuæ, propter suam debilitatem, est improportionalis ad convertendum se ad lumen solis. Forma enim (*om. B*) intelligibilis immaterialis a Deo influxa repræsentat perfecte omnia quæ ad ipsam pertinent, ut forma equi in mente angeli omnes equos ; virtus autem luminis (*om. O*) intellectualis animæ nostræ non potest cognoscere simul omnia individua unius speciei, sed tantum unum, et similiter nec ipsam animam perfecte et distincte, sicut ejus est repræsentare.

In *B* the note continues : Quod necesse est ad intellectum possibilem vel (read : in) statu præsentis vitæ convertere se ad phantasmata, patet per argumenta sumpta a signo, sicut patet per prima argumenta quarti libri *In Sententiis* [St. Thomas, *In IV Sent.*, d. 50, q. 1, a. 2]. Sed quare hoc est necesse? Una causa, sed non præcisa, est ut quidditas rei materialis, quantum ad omnia quæ ipsam circumstant, perfecte cognoscatur. Sed quia aliquid quod quandoque cognoscitur est simpliciter immateriale et non habet accidentia sensibilia annexa, sicut patet de habitu partis intellectivæ, ideo causa finalis et præcisa est modus essendi ipsius intellectus cui oportet esse suum proportionetur, sicut patet ibidem et *Contra Gentiles*, libro secundo, capitulo septuagesimo secundo [II, 73] ; item, octogesimo primo et cito post [II, 80 ; 81].

[11] ab *AB*.

[12] vel *T*.

[13] *De Trinitate* X, 9, 12 ; PL 42, 980.

[14] novit *A*.

[15] denotat *B*.

[16] seipsum *A*.

[17] species determinant intellectum lapidis *B*.

[18] *om. De Trinitate AB*. *De Trinitate* X, 7, 9 ; PL 42, 978.

[19] possunt *A*.

[20] cognoscit *A* ; cognoscunt *B* ; nosceret *T*.

[21] *om. A*.

[22] cognoscit *B*.

[23] denotat *AB*.

[24] principii habitudinem *M*.

[25] seipsum *AB*.

[26] *om. AB*.

[27] illum *O*.

[28] *om. T*.

[29] *om. AB*.

[30] corpora *T*.

[31] *om. T*.

[32] noscere *T*.

[33] corpora *T* ; *add.* in *T*.

[34] a *A* ; *om. B*.

[35] *add.* ab *A*.

[36] *De Trinitate* X, 9, 12 ; PL 42, 980.

teipsam, eo ictu quo dicitur *teipsam* cognoscit [37] seipsam ; nec ob aliud, quam eo quod sibi præsens est" [38].

Et quia mens potest se cognoscere cum voluerit, propter sui præsentiam, ideo dicitur quod semper cognoscit se [39] in habitu ; habitus enim est quo quis potest uti cum voluerit. Et hoc est quod dicit Augustinus decimo quarto *De Trinitate,* capitulo sexto, quod "cum mens non cogitat se, non est in conspectu suo, nec de illa suus formatur obtuitus [40], sed tamen novit se tanquam ipsa sibi [41] sit memoria sui. Sicut multarum disciplinarum peritus ea quæ novit, ejus memoria continentur, nec [42] est aliquid inde in conspectu ejus, nisi [43] unde [44] cogitat ; cetera in arcana quadam [45] notitia sunt recondita [46], quæ memoria nuncupatur" [47]. Ex quo patet quod Augustinus intendit dicere, quod semper mens se novit in habitu, non autem in actu. Hoc enim exemplum suum manifeste prætendit, quia [48] multarum disciplinarum peritus novit ea, unde non cogitat [49] actu, sed habitu tantum.

Patet etiam ex dictis quod sententia Augustini dicentis, quod "mens cognoscit se per seipsam, et non ob aliud, quam eo quod sibi præsens est" [50], non repugnat sententiæ Philosophi [51], qui dicit intellectum intelligere se per speciem et non per seipsum [52]. Quando enim [53] dicit Augustinus quod cognoscit se mens per [54] seipsam, hæc præpositio *per* denotat habitudinem principii cognoscitivi suiipsius et etiam habitudinem principii productivi operationis per quam cognoscitur. Et quod dicit Augustinus quod *non ob aliud* cognoscit se [55], vult negare [56] cognitionem mentis de seipsa esse per speciem per sensus collectam [57], quæ species mentem [58] repræsentet [59] (238r). Quod autem Philosophus dicit, quod cognoscit se per speciem et non per seipsam, intendit quod species est illud per quod primo intellectus est in actu (propter quam actualitatem potest discurrere ad sui cognitionem), et quod [60] non est intellectus in actu per seipsum absque specie, ut possit se cognoscere. Et sic Augustini et Philosophi una est sententia in nullo discordans. Tamen aliter loquitur Augustinus quam Philosophus, quia alium finem intendebat ex cognitione mentis Augustinus quam Philosophus. Philosophus enim non intendebat alium finem quam tradere doctrinam veram de cognitione qua intellectus cognoscit se, quantum ad hoc quod ducitur in actum ad cognoscendum se. Augustinus autem intendebat declarare imaginem Trinitatis in mente, prout mens cognoscit se, et ideo [61] habuit docere, quomodo notitia, qua mens novit [62] se, est similis menti sicut proles parenti ; et ideo [63] necesse habuit ponere mentem tanquam parentem [64], non autem speciem [65], quia notitia, qua mens novit se, non est similis speciei, sed menti est par et similis et identidem [66], sicut Augustinus dicit [67] ; et ideo dicit quod mens novit se per seipsam. Et per dicta [68] patet responsio ad rationes.

Ad primum, cum dicit Augustinus quod mens novit se per seipsam, dicendum quod hoc ideo dicit [69], quia [70] non acquirit mens speciem per sensus, quæ [71] mentem repræsentet, sicut acquirit species rerum corporearum per sensus, quæ species repræsentant [72] res corporeas [73] quarum sunt species.

Ad secundum dicendum quod licet anima sit præsens intellectui suo secundum esse [74], tamen non est sibi præsens secundum rationem intelligibilis, quia intellectus non potest convertere se super animam ; sicut facies alicujus hominis, quamvis sit præsens oculis suis propriis [75] secundum situm, non tamen est [76] præsens secundum aspectum in ratione visibilis, quia visus ex dispositione situs sui non potest se convertere ad faciem, ut facies sit suo aspectui directa.

[37] cognoscere *T.*
[38] *De Trinitate* X, 9, 12 ; PL 42, 980.
[39] *om. A.*
[40] intuitus *AB.*
[41] *om. B.*
[42] ut *AB.*
[43] non *A.*
[44] unum *AB.*
[45] quædam *A.*
[46] condita *M.*
[47] *De Trinitate* XIV, 6, 8 ; PL 42, 1042.
[48] quod *B.*
[49] *add.* in *A* ; *add.* non *BMO.*
[50] *De Trinitate* X, 9, 12 ; PL 42, 980.
[51] Cf. *De Anima* III, 4, 430a 2f.
[52] seipsam *AB.*
[53] *om. T.*
[54] *om.* seipsum Quando . . . per *AB.*
[55] *om. A.*
[56] notare *B.*
[57] collectiva *A.*
[58] mentis suæ *AB.*
[59] repræsentat *T.*
[60] quando *M.*
[61] *add.* necesse *O.*
[62] cognovit *AB.*
[63] non *A.*
[64] præsentem *A.*
[65] species *B.*
[66] *om.* et identidem *AB* ; idem *T.*
[67] *De Trinitate* IX, 11, 16 ; PL 42, 970.
[68] prædicta *B.*
[69] *add.* Augustinus *T.*
[70] quod *A.*
[71] quia *AB.*
[72] repræsentat *B.*
[73] incorporeas *B.*
[74] *om. AB.*
[75] *om. T.*
[76] *add.* sibi *A.*

AD TERTIUM dicendum quod mens nihil magis [77] novit quam seipsam, quæ [78] sibi præsto est, et hoc cognitione reflexa, quia cognoscendo quodcumque objectum, statim potest reflecti supra se propter sui præsentiam ; sed tamen [79], antequam sic reflectatur [80] supra se, necesse est quod cognoscat aliquid per speciem cognitione directa.

AD QUARTUM dicendum eodem modo, quod bene concludit quod mens non solum in habitu, sed in actu, cognoscit se per seipsam. Oportet tamen quod prius ducatur de potentia in actum per speciem.

AD QUINTUM dicendum quod menti [81] non convenit proprie ratio habitus respectu cognitionis sui [82], antequam aliquam speciem receperit [83] ; sed statim habita quacumque specie, cognoscit seipsam semper in habitu. Nec oportet ulterius aliquam [84] speciem recipere ad hoc quod actu cognoscat [85] seipsam.

AD SEXTUM dicendum quod bene procedit et concludit, quod antequam mens speciem habeat, cognoscit se in potentia pura ; quando autem habet speciem, cognoscit se habitualiter [86], quia potest considerare se esse et vivere cum voluerit.

AD SEPTIMUM dicendum quod quamvis concedatur quod substantia animæ sit aliquid in actu in genere intelligibilium, tamen illa actualitas non actuat intellectum animæ, quia intellectus non potest se convertere ad essentiam animæ, sed ad phantasmata rerum materialium.

AD OCTAVUM dicendum quod non est ex defectu actualitatis animæ quod non intelligitur [87] ab intellectu suo, sed quia actualitas animæ non actuat intellectum tanquam forma intellectus, quia intellectus non convertit se [88] ad immaterialia, sed ad materialia [89], quæ sunt objecta sibi proportionata per lumen intellectus agentis.

AD NONUM dicendum quod anima est [90] actu intellectiva. Sed esse [91] intellectivum non [92] est esse actu, sed potentia tantum, sicut esse receptivum vel passivum non est esse actu, sed potentia [93]. Sed esse actu intelligibile est esse actu. Et ideo anima, quæ est infima substantia intellectualis, non est sibi actu intelligibilis de se, licet de se sit intellectiva. Intellectus autem animæ nostræ non est actu intelligibilis de se [94], nec sibi nec alio intellectui.

AD DECIMUM dicendum quod intelligibile comparatur ad intellectum sicut agens ad patiens, vel sicut forma ad materiam. Et quamvis [95] aliquando [96] patiens sit simpliciter nobilius quam agens, tamen agens, in quantum hujusmodi [97], nobilius est patiente, in quantum patiens. Unde licet intellectivum [98] sit nobilius aliquo intelligibili, tamen illud quod est de se intelligibile est nobilius quam intellectivum [99] ; et ideo necesse est ut [100] infimum in genere intelligibilium sit intellectivum, et non sit actu intelligibile de se, sicut infimum in genere entium est materia, non autem forma vel agens.

AD UNDECIMUM dicendum quod bene concludit, quod non est propter defectum immaterialitatis [1] in mente [2] quod ipsa non est actu a se cognoscibilis, sed quia non est præsens sibi in ratione formæ intelligibilis [3], sicut sunt sibi præsentes species rerum materialium.

AD DUODECIMUM dicendum quod bene concludit, quod mens sit quiddam [4] determinatum [5], sed tamen non determinat intellectum, quia non est sibi præsens sub ratione formæ determinantis ad intelligendum seipsam, sicut species rerum materialium determinant.

AD DECIMUM TERTIUM dicendum quod bene concludit contra responsionem [6] quæ dicebat, quod anima [7] impeditur per unionem sui ad corpus, ne possit intelligere se per seipsam, sed tantum per speciem acceptam per sensus, ac si anima separata intelligeret se per seipsam, sed quia unitur corpori impeditur ab illa operatione. Illud nullo

77 aliud *AB*.
78 ut *AB*.
79 tantum *B*.
80 *om.* sic reflectatur *T*.
81 quod de mente *AB*.
82 suæ *T*.
83 reciperit *M*.
84 aliam *A*.
85 cognoscit *AB*.
86 actualiter *AB*.
87 intelligit *A*.
88 *om. B*.
89 *om.* sed ad materialia *MT*.
90 *add.* ex *B*.
91 *om. T*.
92 *om.* Sed esse . . . non *M* ; *add.* intelligibile *M*.
93 *add.* esse *T*.
94 *om.* de se *A*.
95 Unde licet *A*.
96 *om. A* ; *om.* Et . . . aliquando *B*.
97 agens *A* ; *om. B*.
98 intellectus *AT*.
99 intellectus *T*.
100 quod *AB*.
1 materialitatis *A*.
2 *om.* in mente *AB*.
3 *om.* sed quia . . . intelligibilis *A*.
4 quidem *A* ; quoddam *T*.
5 *om. T*.
6 rationem *AB*.
7 *om. A*.

modo potest esse, quod forma impediatur in sua propria operatione per materiam cui naturaliter unitur ; materia enim est propter formam, ut scilicet forma [8] habeat [9] in ea suas proprias operationes, quas habere non potest nisi in materia sic disposita. Et ita materia non est impeditiva operationis formæ, sed ad operationem formæ [10] finaliter ordinata.

Ad decimum quartum dicendum quod verum concludit, quod nihil cognoscit mens quod sit sibi intimius quam sua essentia ; et ideo [11] illud quod maxime intime cognoscit est sua essentia [12]. Sed cum hoc stat quod essentiam suam intimam non cognoscat [13] nisi per speciem.

Ad decimum quintum dicendum quod mens cognoscit se et [14] per speciem et per actum suum. Per speciem quidem, non tanquam per similitudinem animæ quæ ipsam repræsentet, sed tanquam per quemdam actum [15] animæ, quo anima de se in potentia existens reducitur ad actum, ut possit ex hoc ad sui cognitionem pervenire. Similiter etiam [16] dandum est quod [17] aliquo modo cognoscit se anima per suum actum, quia percipiendo suum actum, percipit se esse per quemdam discursum [18] ; actum autem suum cognoscit alio [19] actu sequente, qui [20] non est simul cum actu cognito. Unde actus primus cognitus non est nisi [21] in memoria, quando [22] cognoscitur secundo actu, et sic non sequitur quod quando cognoscitur primus actus, quod tunc ejus cognitio non sit, sed sequitur (238v) quod tunc [23] ipse actus cognitus [24] non sit nisi in memoria, et hoc non est inconveniens.

Ad decimum sextum dicendum quod verum est, quod anima separata cognoscit se per suam essentiam tanquam per formam intelligibilem, quia in illo [25] statu habet aspectum directum ad substantias immateriales et non ad phantasmata ; sed non sequitur propter hoc quod ipsa, conjuncta corpori, cognoscat se per suam essentiam, quia in statu conjunctionis non cognoscit nisi per conversionem ad phantasmata. Et quamvis anima unita [26] corpori sit perfectior, in quantum est forma, quam [27] quando est separata, tamen, in quantum est intelligens, non est perfectior, sed imperfectior quoad modum [28] cognoscendi ; quia, quando est separata, est libera ad convertendum se ad substantias intellectuales, quæ sunt secundum se [29] intelligibiles, ut recipiat influentiam ab eis, et præcipue a Deo, qui influit sibi species per quas intelligit ; a cujus influentia [30] impeditur per gravedinem et occupationem corporis cui unitur.

Ad decimum septimum dicendum quod, ponendo materiam in corporibus cælestibus, dicendum [31] est [32] nihilominus [33] ipsam esse puram potentiam. Est tamen perfectior quam materia istorum inferiorum propter hoc quod est ordinata ad nobiliorem formam ; potentia enim judicanda [34] est ex actu. Et quamvis non possit esse nisi unus purus actus, tamen possunt esse plura participantia [35] actus diversos quæ [36] sunt puræ potentiæ ; et hujus ratio est, quia purus actus multiplicari non potest, sed pura potentia multiplicari potest secundum multitudinem [37] actuum ad quos ordinatur [38].

Ad decimum octavum dicendum quod anima humana puri viatoris non semper actu intelligit, quia saltem in somno impeditur ne intelligat. Sed verum est quod anima Christi, qui simul [39] fuit viator et comprehensor [40], semper intellexit visione beata in Verbo, sed non illa intellectione [41] quæ fuit per conversionem ad phantasmata. Et per hoc patet ad auctoritatem Damasceni, quia non vult dicere quod semper intellexit per conversionem ad phantasmata, de qua intellectione [42] nunc loquimur.

Ad undevigesimum dicendum quod species in [43] intellectu, quando informat [44] aciem [45] intellectus, non habet esse intentionale sed reale [46]. Si autem concedatur

[8] *om. A.*
[9] habeatur *T.*
[10] *add.* sequitur *A* ; *add.* est *T.*
[11] *om. M.*
[12] *om.* et ideo . . . essentia *AB.*
[13] cognoscit *A.*
[14] *om. A.*
[15] quamdam intellectum *A.*
[16] et *AB.*
[17] quia *AB.*
[18] decursum *MT.*
[19] aliquo *M.*
[20] quæ *B.*
[21] *om. A.*
[22] qua *T.*
[23] *om.* quod tunc *B.*
[24] *om.* sed sequitur . . . cognitus *A* ; cognitio *B.*
[25] isto *O.*
[26] conjuncta *AB.*
[27] *om. T.*
[28] medium *A.*
[29] *om. AB.*
[30] ad cujus influentiam *A.*
[31] duplex *B.*
[32] *om. O.*
[33] *add.* ponendum est *O.*
[34] judicata *A.*
[35] participantia recipientia *al. m. mg. O.*
[36] qui *T.*
[37] multiplicationem *OT.*
[38] ordinantur *T.*
[39] sibi *A* ; similiter *B.*
[40] apprehensor *M* ; apprehensor *corr. al. m. to* comprehensor *O.*
[41] intellectiva *A.*
[42] intellectiva *A.*
[43] *om. M.*
[44] format *B.*
[45] active *T.*
[46] rationale *A.*

quod in memoria habeat esse intentionale, tamen dicendum [47] est quod habet [48] esse reale in virtute, et ideo potest esse causa [49] realis effectus.

Ad vigesimum dicendum quod mens cognoscit se "non ob aliud, quam eo quod sibi præsens est", secundum Augustinum [50]. Et per hoc quod dicit *non ob aliud,* removet omne aliud [51] a causalitate cognitionis reflexæ de anima, quia notitia de mente, quæ est proles mentis, non [52] est similitudo alicujus nisi ipsius mentis. Unde isto modo verum est quod mens cognoscit se per suam essentiam, in quantum essentia sua præsens producit actum quo intelligit se ; tamen ista [53] cognitio [54] præsupponit speciem abstractam per quam [55] mens actuatur, ut possit ad suiipsius cognitionem devenire per reflexionem.

Ad vigesimum primum dicendum quod calor et frigus et hujusmodi accidentia sunt immediata principia operationum, non propter [56] hoc quod sunt perfectiora [57] quam substantiæ quarum [58] sunt, quæ non sunt [59] proxima principia suarum operationum, sed propter hoc quod determinant substantias quarum sunt ad determinatas operationes ; substantia enim de se indifferenter se habet ad diversas suas operationes [60], et ideo requirit diversas virtutes sibi superaddi, per quas determinetur [61] ad illas operationes : per unam scilicet virtutem ad unam operationem secundum speciem vel secundum genus, vel potius ad unum genus vel speciem operationum ; per aliam ad aliud [62] genus operationum. Et eodem modo est de anima et suis virtutibus et suis operationibus.

Ad vigesimum secundum dicendum quod, loquendo [63] de cognitione reflexa, qua mens cognoscit se (excludendo cognitionem objecti, quæ est per [64] speciem), sola mens est parens notitiæ suæ, et sic loquitur Augustinus [65] ; tamen illam cognitionem habere non potest, antequam fuerit in actu per speciem objecti.

Ad ultimum dicendum quod mens videtur a se intellectuali visione tantum ; et ideo non videtur per aliquam [66] similitudinem quæ sit sui repræsentativa, sicut corporalia videntur per sui similitudines collectas per sensus [67], et ideo [68] videntur visione spirituali et corporali, et non dicuntur videri visione intellectuali ; quia intellectualis visio, secundum Augustinum [69], distinguitur ab aliis visionibus in hoc [70] quod [71] aliis visionibus videntur [72] res quæ habent similitudines in anima. Quamvis ita [73] per intellectum videantur [74], non autem visione intellectuali ; visione namque [75] intellectuali [76] dicuntur videri quæ per solum intellectum videntur, et non per sensum vel phantasmata [77], sicut mens videtur et ea quæ sunt in mente. Requiritur tamen aliqua [78] similitudo in mente, per quam actuetur ad hoc quod mens cognoscat se cognitione reflexa. Mens autem humana, quando separata est [79], videt seipsam directe per seipsam ; et sic etiam [80] mens beata per essentiam divinam videt Deum, et in illa visione habet vitam æternam. Ipsa sit hujus sermonis finis, quia ipsa nobis promittitur omnium actionum finis.

[Explicit quæstio disputata a Fratre Thoma de Suttona] [81].

Quæstio Disputata 4

UTRUM POTENTIÆ ANIMÆ DIFFERANT SECUNDUM REM ABSOLUTAM AB ESSENTIA ANIMÆ [1]

Et arguitur quod sic.

1. Unum et [2] idem simplex absolutum non agit in seipsum. Sed una potentia animæ agit in aliam, quia intellectus agens agit in [3] possibilem. Ergo illæ duæ potentiæ non

[47] respondendum adhuc *AB*.
[48] habeat *AB*.
[49] *om.* ideo potest . . . causa *A*.
[50] *De Trinitate* X, 9, 12 ; PL 42, 980.
[51] *om. B*.
[52] *om. T*.
[53] ita *M*.
[54] *add.* prius *T*.
[55] postquam *AB*.
[56] semper *M*.
[57] per *A*.
[58] quorum *A*.
[59] *om. B*.
[60] *om.* substantia enim . . . operationes *A*.
[61] determinatur *AB*.
[62] illud *T*.
[63] loquitur *A*.
[64] secundum *A*.
[65] *De Trinitate* IX, 12, 18 ; PL 42, 970.
[66] aliam *ABT*.
[67] sensum *A*.
[68] *add.* non *A*.
[69] *De Genesi ad Litt.* XII, 6, 15 ; 7,16 ; PL 34, 458-59.
[70] multipliciter *for* in hoc *A*.
[71] quia *A* ; *add.* in *AB*.
[72] videmus *T*.
[73] etiam *ABO*.
[74] videatur *T*.
[75] nunquam *T*.
[76] *om.* videantur . . . intellectuali *A*.
[77] phantasmatam *AM*.
[78] alia *T*.
[79] *om. AB*.
[80] *om. T*.
[81] *om.* quæstio . . . Suttona *A* ; *om.* Explicit . . . Suttona *T*.

[1] In *A* this Question begins on fol. 51r, in *B* on fol. 164r, in *O* on fol. 34r, in *T* on fol. 176r.
[2] *om. T*.
[3] *add.* intellectum *A*.

sunt unum [4] simplex absolutum. Sed essentia animæ [5] est [6] una forma simplex absoluta. Ergo potentiæ animæ differunt [7] secundum rem absolutam ab essentia animæ.

2. PRÆTEREA. Actus diversarum potentiarum, ut videre et [8] audire, differunt tanquam res absolutæ, diversæ secundum genus [9]. Sed potentiæ distinguuntur per actus. Ergo potentiæ diversæ sunt diversæ res absolutæ.

AD PRIMUM dicebat [10] quod major est falsa, ut patet de voluntate, quæ active producit actum suum in seipsa, et ita, cum sit simplex, agit in seipsam. Dicebat etiam quod minor est falsa ; non enim intellectus agens agit [11] in intellectum possibilem, sed in phantasmata ; phantasmata autem agunt in [12] intellectum possibilem.

AD SECUNDUM dicebat quod non requiritur tanta diversitas in potentiis, quanta est in actibus potentiarum, et ideo, licet actus differant secundum rem absolutam, non [13] oportet potentias secundum rem absolutam [14] differre ; sed solum secundum relationes [15] distinguuntur.

3. CONTRA primum dictum arguitur sic : Omne agens agit secundum quod est in actu, et omne patiens patitur secundum quod est in potentia. Sed potentia et actus sunt diversa [16] principia, nec possunt esse sine compositione. Quod ergo agit in seipsum, non potest esse simplex ; cujus oppositum datum fuit.

4. PRÆTEREA. Contra aliud : Philosophus tertio *De Anima* dicit quod intellectus agens se habet ad [17] possibilem, "sicut ars ad materiam" [18]. Sed ars se habet ad materiam, sicut activum ad proprium passivum. Ergo [19] intellectus agens agit [20] in possibilem tanquam in proprium passivum. Unde ibi dicit Philosophus quod [21] intellectus agens est quo [22] est omnia facere, et [23] possibilis est [24] quo est omnia fieri [25].

5. PRÆTEREA. Contra responsionem [26] ad secundum arguitur sic : Potentia visiva recipit speciem [27] a visibili, non a sono (239r), auditus [28] recipit a sono, non [29] a visibili. Ratio hujus diversitatis non est ex parte objectorum tantum, quia si visus et auditus essent eadem natura, utrumque objectum æqualiter ageret in utrumque. Oportet ergo dicere quod diversitas realis sit ex parte recipientium, et ita sequitur quod ad differentiam realem actuum [30] secundum genus [31] sequatur diversitas realis potentiarum.

AD PRIMUM istorum dicebat quod potentia et actus non semper [32] faciunt compositionem rerum absolutarum diversarum, sed solum relationum diversarum [33]. Unde idem absolutum potest agere in seipsum, sed oportet quod [34], secundum quod est agens et patiens, habeat diversas [35] relationes reales.

6. CONTRA. Deus est actus purus sine permixtione potentiæ. Hoc necesse est ponere propter ipsius perfectam simplicitatem. Sed si actus et potentia nullam compositionem facerent, non repugnaret simplicitati Dei, quod in eo essent actus et potentia. Ergo cum hoc suæ simplicitati repugnet, sequitur quod potentia et actus, ubicumque sunt, faciunt compositionem.

7. PRÆTEREA. Oportet omne agens habere in seipso perfectionem quam debet causare ; alioquin non causabit eam, quia nihil dat vel communicat quod non habet. Oportet etiam omne patiens esse denudatum ab illo quod recipit, alioquin non reciperet, quia nihil recipit id [36] quod habet prius. Si igitur [37] aliquid simplex causaret aliquid in seipso, agendo in seipsum, unum et idem simplex simul haberet aliquid et careret illo [38] eodem, et sic contradictoria verificarentur de eodem, quia idem haberet aliquid et non haberet simul et semel.

Ad hoc [39] dicebat quod non est inconveniens aliquid idem [40] habere aliquid virtualiter et non habere [41] illud formaliter ; et sic non est inconveniens aliquid habens aliquam

[4] *add.* et idem *A.*
[5] *om. A.*
[6] et *A.*
[7] differant *MO.*
[8] *om. MOT.*
[9] *om.* secundum genus *T.*
[10] dicebatur *A* ; dico *BT* ; dicendum *O.*
[11] *om. A.*
[12] *om. T.*
[13] *add.* ideo *B.*
[14] absolutas secundum rem *T.*
[15] rationes *T.*
[16] *om. B.*
[17] *add.* intellectum *O.*
[18] *De Anima* III, 5, 430a 14.
[19] Ideo *B.*
[20] *om. A.*
[21] *om.* Philosophus quod *B.*
[22] quod *T.*
[23] *add.* intellectus *A.*
[24] *om. B.*
[25] *De Anima* III, 5, 430a 14f.
[26] rationem *B* ; solutionem *T.*
[27] *om. O.*
[28] *add.* autem *B.*
[29] *add.* autem *OT.*
[30] actum *M.*
[31] *om.* secundum genus *A.*
[32] *om. T.*
[33] absolutarum relationum *AB*
[34] *om. B.*
[35] diversitas *M.*
[36] illud *AOT.*
[37] ergo *O.*
[38] *om. AB.*
[39] objectum *B.*
[40] *om. B.*
[41] haberet *M.*

perfectionem virtualiter, et non formaliter [42], causare in seipso illam perfectionem, ut habeat eam formaliter. Unde non est contradictio, si idem habeat perfectionem aliquam uno modo, et non habeat [43] alio modo, quia non similiter habet et non habet, sed dissimiliter [44]. Sed verum est quod, secundum quod aliquid causat aliquid in seipso, oportet quod habeat in se diversas relationes reales, quibus referatur ad [45] se, in quantum est agens et patiens.

8. Contra. Ejusdem ad [46] se non est relatio realis, quia relatio realis exigit [47] duo extrema realiter. In eodem autem [48] simplici non est accipere duo extrema realiter, sed tantum secundum rationem, in quantum ratio bis accipit [49] unum, tanquam esset duo. Ergo [50] in eodem simplici non potest esse realis relatio ad seipsum, sed tantum relatio rationis. Si igitur agentis ad patiens est relatio realis, ut dictum est [51], non potest idem agere in seipsum.

9. Præterea. Relatio rationis exigit duo extrema secundum rationem distincta. Ergo [52] relatio realis exigit [53] extrema secundum rem distincta.

Probatio tam [54] antecedentis quam [55] consequentiæ [56] est [57], quia hoc est de ratione relationis quod requirit [58] aliud extremum quam illud in quo est, quia esse relativi [59] est ad aliud se habere.

10. Præterea. Habere aliquam perfectionem in virtute activa est habere eam eminentiori modo quam habere eam formaliter, sicut [60] patet inducendo in omnibus. Sed habens aliquam perfectionem eminentiori modo non redderetur [61] perfectius, si [62] haberet illam perfectionem modo ignobiliori. Si igitur aliquid causaret [63] in se aliquem actum formaliter, quem præhabuit [64] virtualiter, sequitur quod actus causatus non perficit ipsum, ut sit perfectius propter illum actum ; et ita intellectus vel voluntas, si causant in se suos actus [65], actus [66] intelligendi non perficit intellectum, nec actus volendi voluntatem, quod falsum est.

Ad hoc dicebat quod habens aliquam perfectionem virtualiter redditur perfectius per hoc quod acquirit eam formaliter, quia perfectius est habere aliquam perfectionem et [67] virtualiter et formaliter quam virtualiter tantum.

11. Contra. Deus habet in virtute activa [68] perfectiones omnium rerum, et non habet eas formaliter, scilicet secundum proprias formas rerum [69] secundum suas species, quia non habet formam equi nec [70] auri. Si igitur perfectius sit habere aliquam perfectionem virtualiter et formaliter quam virtualiter tantum, Deus non esset omnino perfectus, cum multæ perfectiones formales [71] sibi desint, scilicet perfectiones formales omnium creaturarum [72]. Hoc autem falsum est, quia Deus est quo majus vel [73] perfectius cogitari [74] non potest, secundum Anselmum [75].

Ad hoc dicebat quod perfectius est [76] habere et virtualiter et formaliter quam tantum virtualiter, quando aliquid natum est habere utroque modo. Sed Deus non est natus habere formaliter [77] perfectiones creaturarum, univoce [78] scilicet [79] cum creaturis. Et ideo non habere formaliter in ipso non est carentia alicujus perfectionis.

12. Contra. Deus natus est habere omnimodam perfectionem secundum omnem modum quo perfectio perficere potest. Si igitur [80] perfectio formaliter perficit illud quod habet illam perfectionem virtualiter et reddit ipsum perfectius, Deus natus est habere perfectiones creaturarum omnium formaliter. Si igitur non [81] est natus habere eas formaliter, hoc non est nisi quia [82] habet eas eminentiori modo, scilicet virtualiter ;

[42] *add.* et *T.*
[43] *om. AB.*
[44] This is the view of Henry of Ghent ; cf. *Quodl.* X, q. 9 ; II (Venice, 1613), fol. 165vb : "Ad secundum ... virtute".
[45] a *T.*
[46] a *B.*
[47] habet *B.*
[48] ergo *O.*
[49] accipit bis *M.*
[50] Ideo *AB.*
[51] *om.* ut dictum est *B.*
[52] Ideo *B.*
[53] *add.* duo *OT.*
[54] *om. B.*
[55] et *B.*
[56] consequentis *ABT.*
[57] *om. T.*
[58] recipit *B* ; requirat *T.*
[59] relationis *T.*
[60] ut *AB.*
[61] reddetur *O.*
[62] sed *B.*
[63] caret *B.*
[64] habuit *T.*
[65] *add.* tunc *O.*
[66] *om. T.*
[67] *om. ABT.*
[68] activæ *M.*
[69] *add.* scilicet *A* ; *add.* sed *T.*
[70] vel *B.*
[71] *om. B.*
[72] omnium creaturarum sibi desint *for* sibi, etc. *AB.*
[73] et *A.*
[74] excogitari *A.*
[75] *Proslogium,* c. 2 ; ed. F. S. Schmitt, *S. Anselmi Opera Omnia* I (Seckau, 1938), p. 101.
[76] *add.* aliquid *A.*
[77] formaliter habere *M.*
[78] univocum *B.*
[79] *om. O.*
[80] ergo *O.*
[81] Vel si non *A.*
[82] quod *M.*

et ita sequitur quod habere aliquam perfectionem virtualiter et formaliter non est perfectius quam habere eam tantum [83] virtualiter.

13. PRÆTEREA. Si aliquid habens aliquam perfectionem virtualiter causat illam in se formaliter, et sic fit [84] perfectius, ipsum per actionem suam perficit seipsum. Sed hoc est impossibile, quod aliquid perficiat seipsum [85], quia dicit Dionysius in *De Angelica Hierarchia*, quod [86] sicut nihil potest facere se, ita nihil potest perficere se [87]. Ergo [88] impossibile est quod [89] habens perfectionem virtualiter causet in se illam formaliter, ut per hoc sit perfectius.

14. PRÆTEREA. Commentator septimo [90] *Metaphysicæ* [91] dicit quod formæ substantiales non sunt principia agendi vel patiendi, sed qualitates, et loquitur de principiis immediatis agendi vel patiendi. Sed anima est forma substantialis. Ergo [92] non [93] est immediatum principium [94] operandi. Potentiæ autem animæ sunt principia immediata operationum animæ. Ergo [95] potentiæ animæ non sunt idem cum essentia animæ.

15. PRÆTEREA. Contra responsionem [96]: Illud quod convenit essentiæ divinæ ratione illimitationis et infinitatis, non convenit alicui creaturæ, neque ratione sui, neque ratione alterius finiti. Sed omne fundamentum relationum realium [97] oppositarum convenit essentiæ divinæ ratione suæ illimitationis. Ergo [98] hoc non convenit essentiæ animæ, nec ratione sui, nec ratione actus sui. Et eodem modo potest argui quod nec voluntati.

16. PRÆTEREA. Nulla qualitas est [99] substantia, hoc est, immediata. Potentiæ [100] animæ sunt qualitates. Ergo [1] non sunt substantiæ; et ita sunt [2] aliæ res absolutæ ab essentia animæ.

Assumptum ostenditur per hoc quod [3] potentiæ animæ sunt potentiæ naturales [4]. Potentiæ [5] autem naturales [6] ad operationem [7] sunt in secunda specie qualitatis secundum Philosophum in *Prædicamentis* [8]. Super quo passu dicit Simplicius quod potentia naturalis est idoneitas, qua illud cujus est provehitur [9] ad actum [10]. Et ita [11] sequitur quod potentia animæ est in secunda specie qualitatis.

17. PRÆTEREA. Quando aliquid [12] passivum est semper approximatum activo, quod [13] semper [14] est dispositum ad agendum, si passivum quandoque patitur et quandoque non, necesse est dicere quod passivum quandoque sit dispositum ad patiendum et quandoque non. Et similiter [15] e contrario erit: si agens quandoque agit et quandoque non, præsente passivo disposito, oportet ponere quod illud agens quandoque sit in dispositione ad agendum et quandoque non. Sed voluntas est semper sibi præsens. Si igitur moveat seipsam, cum quandoque non moveat (239v) et quandoque moveat, oportet quod aliquando [16] habeat [17] dispositionem [18], propter quam nunc movet [19] et non prius. Unde Commentator octavo *Physicorum* dicit, quod [20] insani capitis est dicere quod aliquid nunc moveat et non prius, nisi propter aliquam dispositionem, quam modo [21] habet et prius non habebat [22]. Sed dispositio voluntatis ad movendum non est solus respectus, sed aliquid positivum, quia respectus consequitur motionem motoris, et non est dispositio ad movendum. Ergo [23] nec voluntas movens, nec aliquid aliud quod movet, differt ab eo quod movetur per solum respectum.

18. PRÆTEREA. Relatio realis non fundatur in aliquo, nisi illud habet vel modum numeri, vel rationem mensuræ, vel potentiæ activæ, vel [24] passivæ, ut dicitur [25] quinto

[83] solum *AB*.
[84] sit *O*.
[85] *om.* Sed . . . seipsum *B*.
[86] *om. A*.
[87] *De Cælesti Hierarchia* III, 2; ed. G. Théry, *Études Dionysiennes*, II (Paris, 1937), p. 20.
[88] Sic igitur *A*.
[89] *add.* aliquid *A*.
[90] nono *AB*.
[91] AVERROES, *In VII Meta.*, 9, t. c. 31, f. 181*AB*.
[92] Ideo *AB*.
[93] *om. B*.
[94] *add.* agendi seu *A*.
[95] Ideo *B*.
[96] rationem. Evidently the *Opponens* had made a point which is being answered here, but his argument is not found in any of the Mss.
[97] *om. A*.
[98] Ideo *AB*.
[99] *om. M*.
[100] Potentia *B*.
[1] Ideo *AB*.
[2] *add.* potentiæ animæ *A*; *add.* potentiæ *B*.
[3] quia *B*.
[4] *add.* ad operationem *A*.
[5] Potentia *OT*.
[6] naturalis *OT*.
[7] operationes *T*.
[8] *Cat.*, 8, 9a 14-16.
[9] provenitur *B*; provehatur *M*; provehatur *corr. to* provehitur *O*.
[10] Cf. C. KALBFLEISCH, *Simplicii in Aristotelis Categorias Commentarium* (Berlin, 1907), p. 243, lines 11-16.
[11] *om. M*.
[12] aliquod *AOT*.
[13] quo *T*.
[14] per se *for* semper *M*.
[15] Vel *for* Et similiter *B*.
[16] *om. A*.
[17] *add.* aliquam *A*.
[18] *om. B*.
[19] moveat *A*.
[20] *om. M*.
[21] nunc *A*.
[22] AVERROES, *In VIII Phys.*, 1, t. c. 4, f. 341*HI*.
[23] Ideo *B*.
[24] *add.* potentiæ *A*.
[25] ex *for* ut dicitur *B*.

Metaphysicæ[26]. Sed potentia animæ habet[27] relationem realem ad suum objectum. Si igitur fundatur illa relatio in essentia animæ, hoc erit[28] quia ipsa essentia animæ habet modum numeri, vel mensuræ, vel potentiæ. Sed non habet modum numeri nec rationem mensuræ respectu objecti. Ergo[29] sibi convenit ratio potentiæ, propter quam relatio in ea fundatur ; et ita potentia animæ præsupponitur relationi. Sed quod præsupponit aliud, non constituit ipsum[30] formaliter. Ergo per relationem non constituitur potentia animæ formaliter, sed[31] per aliquid absolutum superadditum essentiæ animæ[32].

19. PRÆTEREA. Ubi sunt actus et potentia secundum rationem, ibi est compositio secundum rationem. Ergo[33] ubi sunt potentia et actus secundum rem, ibi[34] est compositio secundum rem. Sed movens est realiter in actu, et motum est realiter in potentia. Ergo[35] movens et motum faciunt compositionem secundum rem ; et ita nullum simplex potest movere seipsum, cujus oppositum dictum est[36].

20. PRÆTEREA. Si sit relatio realis voluntatis ad seipsam, quia[37] movet seipsam[38], hoc erit ratione medii. Sed hoc esse non potest, quia secundum Philosophum in quinto *Metaphysicæ*[39], illud quod refertur non dicitur relative nisi ad unum tantum. Sed voluntas refertur ad volitum ratione motus medii. Ergo[40] ratione illius motus non refertur ad seipsam ; cujus oppositum dictum est.

<OPPOSITUM ARGUITUR>. 1. CONTRA. Potentiæ[41] animæ sunt partes animæ secundum Augustinum[42], Boethium[43], et Aristotelem[44], et alios doctores[45]. Et hoc etiam videtur ex hoc quod anima est totum potentiale, non habens alias partes quam partes potentiales sive potentias. Sed partes animæ non sunt accidentia, quia ex non substantiis non fit substantia[46] ; substantia autem animæ jungitur[47] ex suis partibus secundum Boethium, *Libro Divisionum*[48]. Ergo[49] potentiæ animæ non sunt accidentia, et ita sunt ipsa essentia animæ.

Dicebat[50] quod, cum potentia et actus sint in eodem genere, et actus qui sunt operationes animæ sint[51] in genere accidentis, oportet quod potentiæ operativæ sint in genere accidentis, superadditæ essentiæ animæ quæ est substantia. Et quando auctores vocant potentias animæ[52] partes animæ[53], non accipiunt partes pro illis accidentibus superadditis quæ sunt potentiæ, sed pro ipsa essentia, prout subest illis potentiis superadditis, ita quod essentia animæ, prout subest[54] uni potentiæ, dicitur una pars[55], et prout subest alteri, dicitur alia[56] pars.

2. CONTRA rationem arguitur sic : Hoc[57] quod Philosophus dicit[58], quod potentia et actus sunt in eodem genere, non potest intelligi sic, quod universaliter illa res, quæ est potentia, sit, secundum id quod est, in eodem genere cum actu suo ; quia[59] ipse in duodecimo *Metaphysicæ*[60], ubi determinat quod potentia et actus sunt in quolibet genere, et etiam[61] privatio[62], manifestat hoc sic : In colore sunt ista[63] principia : album[64] actus[65], nigrum[66] privatio, superficies[67] potentia. Similiter in[68] illuminatione : aer potentia, lumen actus, tenebræ privatio ; et ita[69] de aliis. Sed superficies non est in eodem genere cum colore secundum id quod est, nec aer in[70] eodem genere cum lumine secundum id quod est aer. Oportet ergo[71] sic intelligere in generibus accidentium, quod potentia et actus pertinent ad idem genus, quod scilicet potentia

[26] *Meta.* V, 15, 1020b 26-31.
[27] *om. A.*
[28] *add.* vel *A.*
[29] Ideo *AB.*
[30] rationem *T.*
[31] *om.* Ergo per . . . sed *B.*
[32] *om. B.*
[33] Ideo *B.*
[34] ubi *M.*
[35] Ideo *AB.*
[36] *om. T.*
[37] quod *T.*
[38] *add.* et *M.*
[39] *Meta.* V, 15, 1021a 10f.
[40] Ideo *B.*
[41] potentia *B.*
[42] *om. AB.* *De Trinitate* IX, 4, 6 ; X, 11, 18 ; PL 42, 964, 983.
[43] *Liber de Divisione*, PL 64, 888*C.*
[44] *De Anima* II, 1, 413a 3-6 ; III, 4, 429a 10ff ; III, 9, 432a 15ff.
[45] Cf. Roger MARSTON, *Quæstio Disputata De Anima* 9 in *Fr. Rogeri Marston, o.f.m., Quæstiones Disputatæ* (Bibl. Franc. Schol. Med. Aevi, VII, Quaracchi, 1932), p 422 ; Peter John OLIVI, *In II Sent.*. q. 54 ; ed. B. Jansen, s.j., *Quæstiones in Secundum Librum Sententiarum* (Bibl.Franc. Schol. Med. Aevi, VI, Quaracchi, 1926), pp. 253, 256ff.
[46] anima *O.*
[47] gignitur *T.*
[48] *Liber de Divisione*, PL 64, 888*C.*
[49] Ideo *B.*
[50] Dicebatur *AB.*
[51] sunt *B.*
[52] *om. T.*
[53] *om.* partes animæ *M.*
[54] subditur *A.*
[55] *om. T.*
[56] altera *AB.*
[57] *om. AB.*
[58] Cf. *Meta.* XII, 4, 1070b 10-17 5, 1071a 24-35.
[59] quod *B.*
[60] *Meta.* XII, 4, 1070b 18-21.
[61] sicut *AB.*
[62] *add.* et habitus *AB.*
[63] *add.* tria *T.*
[64] *add.* ut *A.*
[65] *om. B.*
[66] *add.* ut *A.*
[67] *add.* ut *A.*
[68] materiæ *B*
[69] sic *AB.*
[70] cum *M.*
[71] ideo *B.*

secundum primam [72] rationem et habitudinem ad actum pertinet [73] ad idem [74] genus cum actu, et non secundum id quod est. Sed secundum istum intellectum, potentiæ animæ, secundum id quod sunt, non sunt de genere illo in quo sunt operationes, sed de alio [75] genere ; et ita ratio illa non concludit propositum, sed magis oppositum.

3. PRÆTEREA. Ratio philosophantium est, quod melius est ponere pauciora principia quam plura, si sit possibile [76]. Sed actus et potentia sunt principia rerum, et possibile est quod res unius generis sit potentia ordinata ad actum alterius generis ; res enim unius generis est in potentia ad rem alterius generis, sicut dicimus quod corpus est in potentia ad sanitatem, et animam dicimus esse in potentia ad scientiam. Ergo [77] melius est ponere rem [78] unius generis esse potentiam ad actum alterius generis, quam ponere plura principia, scilicet quod præter rem unius generis, quæ est in potentia ad actum alterius generis, ponatur alia potentia ad illum actum, quæ sit in eodem genere cum illo actu ; et ita anima secundum suam substantiam [79] poterit esse potentia respectu suæ operationis.

4. PRÆTEREA. In divinis potentia generandi est essentia divina. Actus vero generandi est de [80] genere relationis. Non ergo potentia et actus sunt in eodem genere.

5. PRÆTEREA. Superficies est in potentia ad albedinem tanquam ad actum. Aut [81] ergo [82] per se est potentia ad illum actum aut per aliquid additum de genere qualitatis. Si per se, habetur propositum ; si per aliquid [83] additum [84], illud additum [85] erit accidens et actus superficiei, et ita superficies erit in potentia ad illud. Ergo vel per se [86] vel per [87] additum erit potentia ad illud ; et sic vel erit procedere in [88] infinitum, quod est impossibile, vel [89] stare in aliquo actu de genere qualitatis, ad quem [90] superficies per se sit in [91] potentia, erit necessarium [92]. Et ita potentia et actus [93] non sunt in eodem genere, accipiendo potentiam secundum id quod est.

6. PRÆTEREA. Potentia pugillandi est in secunda specie qualitatis [94]. Actus pugillandi est in genere actionis. Ergo non semper potentia, secundum id quod est, est [95] in genere eodem cum suo actu [96].

7. PRÆTEREA [97]. Gratia immediate perficit essentiam [98] animæ. Comparatur igitur [99] gratia ad essentiam animæ, sicut actus [100] ad propriam potentiam. Anima igitur secundum suam essentiam est potentia sua. Cum igitur gratia sit in genere qualitatis, non est potentia in eodem genere cum suo actu.

8. PRÆTEREA. Si potentiæ animæ sint accidentia, potentiæ erunt actus animæ, et anima erit potentia ad illos actus. Ergo cum anima sit substantia, potentia [1] non est in eodem genere cum [2] actu.

9. PRÆTEREA. Contra hoc quod dicebat [3], quod partes [4] sunt ipsa essentia animæ, prout subest diversis potentiis, arguitur sic : Potentiæ animæ sunt partes animæ [5]. Si igitur [6] partes animæ sunt essentia animæ, prout subjicitur diversis potentiis, potentiæ animæ sunt essentia [7] animæ [8], prout ipsa subjicitur ipsis, quod falsum est.

10. PRÆTEREA. Aristoteles aut accipit partes animæ pro accidentibus tantum, aut pro essentia animæ tantum, aut [9] pro conjuncto ex anima et accidentibus. Non [10] pro accidentibus tantum, quia in secundo *De Anima* [11] dicit quod illa pars animæ, quæ est visus, est substantia oculi secundum rationem, id est, forma substantialis oculi ; et etiam per [12] hoc quod partes animæ sunt [13] substantiæ partium corporis, probat quod tota anima est substantia totius corporis [14]. Nec accipit partes animæ pro con-

[72] aliquam *AO* ; aliam *B*.
[73] pertinent *T*.
[74] illud *T*.
[75] illo *T*.
[76] Cf. ARISTOTLE, *Phys.* I, 4, 188a 17f.
[77] Ideo *B*.
[78] *om. A*.
[79] naturam *A*.
[80] in *O*.
[81] *om. B*.
[82] ideo *B*.
[83] *add.* accidens *B* ; *add.* et *T*.
[84] *add.* quod sit accidens *A*.
[85] *om. A* ; *om.* illud additum *B*.
[86] *om.* vel per se *B*.
[87] *add.* aliquid *A*.
[88] *om. B*.
[89] *add.* erit *A*.
[90] quam *B*.
[91] *om. A*.
[92] *om.* erit necessarium *A* ; necessaria *B*.
[93] *om.* et actus *B*.
[94] Cf. ARISTOTLE, *Cat.*, 8, 9a 14f.
[95] *om. BT*.
[96] *B adds* : Præterea. Post gratiam non habita gratia re non aliter accipitur in essentia animæ. Igitur intelligit quod componatur ex actu et potentia, vel quod actus re aliter recipiat.
[97] *om. B*.
[98] potentiam *B*.
[99] ergo *O*.
[100] accidens *T*.
[1] *om. A*.
[2] *add.* suo *B*.
[3] Cf. *supra*, Ad 1.
[4] *add.* animæ *O*.
[5] *om. B*.
[6] ergo *B*.
[7] essentiæ *M*.
[8] *om. T*.
[9] *om. B*.
[10] *om. T*.
[11] *om. De Anima BMOT*. *De Anima* II, 1, 412b 18-20.
[12] propter *AB*.
[13] *add.* partes *A*.
[14] *De Anima* II, 1, 412b 22-413a 3.

juncto ex substantia animæ et accidentibus propter eandem rationem, quia aggregatum ex substantia et accidente non est substantia [15]. (240r) Hoc totum *homo albus* [16] non est substantia, quia non est [17] unum ens. Relinquitur ergo quod [18] Aristoteles accipiat partes animæ pro ipsa essentia animæ tantum, in ordine tamen ad operationes diversas. Cum igitur potentiæ animæ sint partes animæ, potentiæ animæ sunt ipsa essentia animæ, prout ipsa secundum se habet ordinem ad diversas operationes secundum [19] genus, cujusmodi [20] sunt intelligere [21], sentire et hujusmodi.

11. Præterea. In rebus materialibus, ubi est actio per contrarietatem, ut quando ignis agit in aquam, convertendo ipsam in sui naturam, duplex est principium operandi, scilicet forma substantialis et forma accidentalis, ut calor. Causa autem [22] quare ibi requiritur principium activum accidentale est, ut per [23] ipsum expellatur contrarium et patiens disponatur ad suscipiendum formam substantialem. Unde licet in principio forma substantialis non sit principium immediatum, tamen in fine, quando inducitur forma substantialis, forma substantialis [24] agentis [25] est immediatum principium activum. Si igitur propter [26] hanc causam ponitur [27] ibi principium activum quod sit accidens, oportet quod ubi patiens sufficienter est [28] dispositum a principio, ibi forma substantialis est immediatum principium operandi [29]. Sed ita est in operationibus animæ, quod anima est disposita ad suas [30] operationes intelligendi et sentiendi. Ergo ipsa anima est principium hujusmodi operationum [31], et nullum [32] accidens superadditum.

Dicebat quod in rebus materialibus forma accidentalis agit in virtute formæ substantialis, ita quod non solum disponit materiam, sed etiam [33] in [34] virtute formæ substantialis inducit formam substantialem.

12. Contra. Si accidens est principium producendi substantiam, prout agit in virtute formæ substantialis, quæro de illa virtute : aut est accidens aut substantia? Si sit accidens, ergo [35] virtute tali non potest in productionem substantiæ, quia accidens per virtutem [36], quæ [37] accidens est, non potest in productionem substantiæ. Si autem illa virtus sit substantia, tunc erit ipsa forma substantialis [38], et ita forma substantialis est immediatum principium productionis substantiæ.

13. Præterea. Ad principale : Si aliquid agat aliquid per unum instrumentum, et aliud per aliud instrumentum, et instrumenta differant [39] specie, oportet quod actiones differant specie, et quod [40] actio unius instrumenti non terminetur ad terminum actionis alterius instrumenti. Sed si intellectus [41] et voluntas sint [42] accidentia, erunt instrumenta animæ per quæ [43] anima operatur diversas operationes, et erunt diversa specie. Ergo actio intellectus non poterit terminari ad bonum, cum actio voluntatis ad bonum terminetur [44], et ita intellectus non poterit intelligere bonum ; et eadem ratione nec [45] voluntas poterit velle verum. Sed hoc est falsum. Ergo [46] falsum est illud ex quo hoc [47] sequitur, scilicet quod intellectus et voluntas differunt specie ; et ita oportet dicere quod sunt una essentia animæ.

14. Præterea. Augustinus, undecimo libro [48] *De Trinitate*, capitulo undecimo, dicit quod "hæc tria, memoria, intelligentia [49], voluntas . . ., non sunt tres substantiæ, sed una substantia" [50]. Et paulo post dicit quod "eo sunt unum, quo una vita, una mens, una essentia ; et quidquid aliud ad [51] seipsa singula dicuntur, etiam [52] simul [53] non pluraliter, sed singulariter dicuntur [54]. Eo vero sunt tria, quo ad se invicem referuntur" [55]. Ergo, etc.

15. Præterea. In istis tribus consistit imago summæ Trinitatis. Ergo illo modo sunt tria et unum, quo modo repræsentabunt imaginem summæ Trinitatis personarum

[15] *add.* quia *A.*
[16] *om. B.*
[17] *om. B.*
[18] *om. M.*
[19] scilicet *M.*
[20] cujus *BT.*
[21] *add.* et *O.*
[22] aut *T.*
[23] *om. B.*
[24] *om.* forma substantialis *AMO.*
[25] *add.* et *B.*
[26] per *M.*
[27] potest *B.*
[28] *om. B.*
[29] essendi *B.*
[30] suos *M.*
[31] *om. B.*
[32] verum *T.*
[33] *om. A.*
[34] *om. BOT.*
[35] *add.* in *B.*
[36] in virtute *T.*
[37] qua *T.*
[38] formalis *for* forma substantialis *B.*
[39] differunt *B.*
[40] quia *O.*
[41] instrumentum *T.*
[42] sunt *B.*
[43] quam *B.*
[44] terminatur *B.*
[45] non *A.*
[46] Igitur *T.*
[47] *om. A.*
[48] *om. A.*
[49] *add.* et *AO* ; intellectus *B.*
[50] *De Trinitate* X, 11, 18 ; PL 42, 983.
[51] a *B.*
[52] et *T.*
[53] similiter *M.*
[54] *om.* etiam . . . dicuntur *B.*
[55] *Ibid.*

divinarum in unitate essentiæ, et non alio modo. Sed hoc repræsentabunt maxime, si ponantur una essentia et tria secundum relationes [56]. Ergo sic intelligit Augustinus et non aliter.

Dicebat [57] quod Augustinus intelligit ista tria esse unam substantiam [58], prout comparantur [59] ad ipsam animam ut memoratam [60], intellectam [61] et volitam [62]; et hoc non est aliud quam dicere quod ipsa anima memorata [63], intellecta [64] et volita [65] est una substantia. Et eodem modo intelligendum est quod dicit in nono libro [66]: mentem, notitiam et amorem esse in anima substantialiter, non [67] accidentaliter, tanquam in subjecto [68].

16. Contra. Augustinus probat in nono *De Trinitate* quod ista tria, mens, notitia et amor non sunt in anima tanquam accidentia in subjecto, sicut color [69] est in corpore. Per illam [70] rationem accidens non excedit subjectum in quo est; mens autem, notitia et amor se extendunt ad alia quam ad animam [71]. Ergo non sunt in anima ut accidentia [72] in subjecto. Unde concludit de istis tribus quod non sunt accidentia in subjecto [73], et non concludit de anima cognita et amata. Ergo illa expositio non est de mente Augustini.

17. Præterea. Augustinus dicit ibi in illa probatione quod eo "amore quo mens amat se, potest amare et [74] aliud præter se" [75]. Quæro, quomodo accipit ibi amorem? Non pro ipsa anima, ut amata est, quia per animam, ut [76] amata est [77], non amat mens aliud [78] a se, nec etiam seipsam. Nec accipit amorem pro actu [79] amandi [80], quia non eodem actu amandi [81] quo amat se, amat et alia [82], sed alio et alio actu. Ergo relinquitur quod accipiatur ibi amor pro potentia amativa, et ita sequitur quod potentia illa sit substantia.

18. Præterea. Augustinus ibidem [83] non solum intendit probare hanc negativam [84], quod hæc tria, mens, notitia et amor non sunt accidentia [85], sed [86] hanc affirmativam, quod hæc tria sunt substantialiter in anima, sicut patet ex verbis suis. Sed quamvis hæc tria non sint accidentia per comparationem ad animam, ut nota est et amata, sed per comparationem ad animam cognoscentem et amantem, tamen hæc tria non sunt substantiæ [87] per comparationem ad animam, ut nota est et amata, si secundum se sint accidentia. Et ita Augustinus non probaret propositum, si ista essent secundum se accidentia animæ.

19. Præterea. Si potentiæ animæ sint accidentia animæ, Deus potest separare ipsas ab anima, sicut in sacramento Altaris separat quantitatem a substantia. Ponantur ergo separatæ; tunc eis competunt operationes, et essentiæ animæ [88] non competunt operationes [89], cum non habeat potentias operativas. Potentia igitur erit nobilior quam essentia animæ, quod est impossibile.

20. Præterea. Substantia intellectualis per hoc quod est immaterialis potest reflecti supra [90] se [91], seipsam cognoscendo et amando. Sed circumscriptis omnibus [92] accidentibus, ipsa est immaterialis. Ergo circumscriptis omnibus [93], ipsa potest reflecti supra se [94], seipsam [95] cognoscendo et amando, sed nonnisi per potentiam intellectivam et voluntatem. Ergo illæ [96] potentiæ conveniunt substantiæ intellectuali, circumscriptis omnibus accidentibus.

21. Præterea. Philosophus in tertio *De Anima*, loquens de intellectu agente, dicit quod est substantia actu ens [97]. Sed intellectus agens est potentia animæ.

[56] plures *corr. al. m. to* respectus *M*.
[57] Dicebatur *A*.
[58] essentiam *AB*.
[59] comparatur *B*.
[60] memorativa *B*; memorata *M*.
[61] intellectiva *BT*.
[62] volitiva *BT*.
Cf. *De Trinitate* X, 11, 18; PL 42, 983.
[63] memorativa *AB*.
[64] intellectiva *AB*.
[65] volitiva *AB*.
[66] om. *A*.
De Trinitate IX, 4, 5: PL 42, 963.
[67] *add.* autem *T*.
[68] Cf. St. Thomas, *Summa Theol.*, I, q. 77, a. 1, ad 1.
[69] calor *B*.
[70] istam *ABT*.
[71] *De Trinitate* IX, 4, 5; PL 42, 963.
[72] accidens *AT*.
[73] *Ibid.*
[74] *om. A*.
[75] *Ibid.*
[76] *add.* anima *T*.
[77] *om. T*.
[78] alia *O*.
[79] *om.* pro actu *T*.
[80] *add. mg.* quo amat se et alia *A*.
[81] *om.* quia non ... amandi *B*.
[82] *add.* quia non amat eodem actu amandi quo amat se et aliud *B*.
[83] ibi *B*.
[84] *add.* scilicet *A*.
[85] notitia *T*.
[86] et *B*.
[87] substantia *A*.
[88] *om. T*.
[89] *om. T*.
[90] in *B*.
[91] *om. BT*.
[92] *om. A*.
[93] accidentibus *A*.
[94] *om. ABO*.
[95] reflectere se supra seipsam *T*.
[96] istæ duæ *A*; ipsæ *M*.
[97] *De Anima* III, 5, 430a 18.

Ergo potentia animæ est substantia, et eadem ratione aliæ potentiæ sunt ipsa [98] substantia [99].

22. Præterea. Maxime proprium est substantiæ quod [100] sit susceptiva contrariorum [1]. Sed potentiæ animæ sunt susceptivæ contrariorum, sicut voluntas virtutis et vitii, et intellectus veritatis et erroris, sive [2] veri et falsi. Ergo potentiæ (240v) animæ sunt substantia aliqua ; sed nonnisi substantia animæ. Ergo sunt idem quod essentia animæ [3].

Respondeo [4]. Circa istam quæstionem primo declaranda est differentia inter potentiam et actum. Sicut enim antiqui philosophi erraverunt eo quod non distinxerunt inter potentiam et actum, ita moderni philosophantes [5] errant in hac quæstione [6], et multis aliis, eo quod non recte distinguunt inter potentiam et actum.

Sciendum est [7] enim quod, cum ens dividatur per potentiam passivam et actum tanquam per differentias oppositas [8], adeo universaliter ista differunt, quod nulla potentia actus est et nullus actus potentia est ; ita quod potentia non solum non [9] est actus, qui est ejus complementum, immo cum hoc non est [10] aliquis alius [11] actus. Hoc autem ad præsens ostendetur [12] primo. Secundo, declarabitur quod universaliter potentia et actus sunt in eodem genere, ubicumque proceditur de potentia ad actum. Tertio [13], per ista duo manifestabitur quod rationes quædam, quæ communiter adducuntur ad ostendendum quod potentiæ animæ non sunt idem quod essentia animæ [14], de necessitate concludunt [15]. Quarto, solventur rationes adductæ ad partem oppositam [16].

Circa primum sciendum quod philosophi posuerunt potentiam et actum principia eorum quæ fiunt, ita quod universaliter, quandocumque aliquid fit, ista duo principia oportet ibi concurrere. Ad hoc autem ponendum inducti sunt per istam viam : antequam res fiat, ut sit ens in actu, possibile est ipsam [17] fieri et [18] esse in actu. Si enim non esset [19] possibile ipsam [20] fieri vel esse, impossibile esset ipsam fieri vel esse, et per consequens nunquam fieret nec [21] esset, cujus oppositum ad sensum viderunt [22]. Illud autem quo aliquid dicitur possibile fieri vel esse est [23] potentia ; sicut enim a justitia denominatur aliquis justus, ita a potentia denominatur aliquid possibile, loquendo de potentia passiva. Et ideo necesse habuerunt ponere quod, ubicumque aliquid fit per quamcumque transmutationem, præexistat potentia tanquam rei principium, per quod dicitur possibile illam rem esse [24]. Et quia illud quod fit, fit [25] ens in actu (denominatur autem ens in actu [26] per actum, sicut aliquid dicitur esse in motu per motum), ideo necesse habebant ponere actum esse [27] quoddam aliud principium in omni productione, tam naturali quam artificiali.

Ulterius. Quando possibile aliquod fit [28] ens in actu, non sic ducitur ad actum, quod potentia, per quam dicebatur possibile, fiat ipse actus. Si enim ita esset, sequeretur quod illud factum, cum esset in actu, non esset possibile esse, ita quod, quando aliquis actu ambularet, non esset [29] possibile ipsum ambulare : ex quo enim non manet potentia, sed conversa est in actum, non est possibile ipsum ambulare, quando actu ambulat ; nihil enim est possibile, nisi dum est potentia qua [30] dicitur possibile. Oportet igitur sic intelligere potentiam et actum esse principia, quod potentia non fiat actus, sed fiat sub actu et maneat cum actu, quando res est in actu. Et hoc est quod Philosophus dicit [31] in secundo *Perihermenias* [32], quod dupliciter dicitur aliquid possibile, scilicet

[98] *om. T.*
[99] *add.* animæ *A.*
[100] *add.* ipsa *A.*
[1] Cf. Aristotle, *Cat.*, 5, 4a 10f.
[2] vel *A.*
[3] For this argument, see St. Thomas, *De Spir. Creat.*, a. 11, arg. 13 ; see also the author of *Le Correctorium Corruptorii "Quare"*, 110 ; ed. P. Glorieux (Le Saulchoir, 1927), p. 413.
[4] *om. BMOT.*
[5] philosophi *A.* Thomas of Sutton has Henry of Ghent particularly in mind. As will be seen later, the present Question is directed chiefly against the latter's *Quodl.* III, q. 14.
[6] in hoc quidem *A* ; conclusione *T.*
[7] *om. A.*
[8] Cf. Aristotle, *Meta.* IX, 1, 1045b 33f.
[9] *om. B.*
[10] *om. B.*
[11] *om. T.*
[12] ostenditur *B.*
[13] *add.* sic activum est *M.*
[14] quæ *B.*
[15] He has arguments of St. Thomas in mind, as will appear below.
[16] propositam *B.*
[17] eam *T.*
[18] vel *A.*
[19] est *A.*
[20] *om.* fieri . . . ipsam *B.*
[21] vel *AB.*
[22] Cf. Aristotle, *Meta.* IX, 3, 1046b 29-1047b 2.
[23] dicitur *A.*
[24] fieri *T.*
[25] *om. T.*
[26] *om.* denominatur . . . actu *B.*
[27] *om. O.*
[28] fit aliquid *B.*
[29] *om.* sequeretur . . . esset *T.*
[30] quæ *T.*
[31] ostendit *O.*
[32] *De Interpretatione*, 13, 23a 7-14.

possibile cum actu et possibile ante actum. Et similiter distinguit duplicem potentiam, scilicet cum actu et ante actum.

Ulterius. Advertendum est diligenter unum quod principaliter intendo probare, quia [33] multum facit ad sciendum istam [34] quæstionem, quod scilicet nullus actus [35] est potentia receptiva vel passiva ; ita quod quamvis aliquis actus sit in potentia ad alium actum, non tamen per seipsum est in potentia ad illum actum, ita quod sit potentia receptiva illius, sed per aliquid aliud, quod non est actus, recipit illum actum [36].

Et hoc [37] ostendo duabus rationibus [38]. Prima ratio sumitur ex differentia potentiæ et actus in modo principiandi. Potentia enim [39] non potest habere illud cujus est principium, sive sit esse, sive operari, nisi per receptionem. Actus autem habet [40] illud cujus est principium, sive sit esse, quod est actus primus, sive sit [41] operatio, quæ [42] est actus secundus, sine omni receptione. Cum igitur recipere et non recipere non possint [43] convenire eidem, non potest aliquid unum et idem esse potentia passiva et [44] actus.

Prima propositio sic probatur : Potentia passiva non habet de se illud [45] cujus est principium. Oportet igitur ad hoc quod habeat ipsum, ut acquirat ipsum aliunde ab alio ; hoc autem est recipere. Illud autem [46] a quo recipit est ipsum agens, sive causa efficiens. Necesse est igitur potentiam pati et recipere ab agente, ad hoc quod habeat illud cujus est principium.

Hoc etiam videmus universaliter in omnibus potentiis passivis, sive sint potentiæ ad esse, sive ad [47] operari. Materia enim, quæ est potentia ad esse substantiale, non habet esse, nisi [48] patiendo et recipiendo ab agente. Similiter diaphoneitas, quæ est potentia aeris [49] ad esse accidentale, scilicet luminis, non habet esse luminis, nisi patiendo et recipiendo a corpore luminoso [50]. Similiter intellectus noster, qui est potentia ad operationem intelligendi, non intelligit, nisi per hoc quod recipit a phantasmatibus ; et sic de aliis potentiis passivis. Unde propter hoc dicuntur potentiæ passivæ sive receptivæ [51].

Secunda propositio probatur multipliciter. Primo [52] sic : Ubicumque est receptio, ad hoc est receptio, ut actus habeatur, qui est principium essendi vel operandi. Quo actu habito, non est ulterius receptio ad hoc quod sit esse vel operari ; recipiens enim nihil aliud recipit quam actum, qui est principium essendi vel operandi. Cujus probatio est, quod [53] recipiens nihil aliud recipit quam similitudinem agentis ; similitudo autem agentis est actus, quia agens agit secundum quod est in actu, et ita recipiens recipit actum. Actus autem receptus est principium essendi vel operandi. Materia enim recipit actum substantialem qui est principium essendi, diaphonum recipit lumen, quod est actus qui est principium suæ illuminationis. Similiter intellectus noster recipit speciem quæ est actus et principium intelligendi. Quando autem recipitur talis actus, qui [54] est principium essendi vel operandi, non est ulterius receptio ad hoc quod sit esse vel operari, sicut patet manifeste in [55] prædictis exemplis.

Pone ergo aliquem actum in aliquo qui non sit receptus [56] in ipso, sed habeatur [57] a [58] principio et sit principium essendi vel operandi ; habebit illud esse vel illud operari sine omni receptione. Si enim reciperet aliquid, nihil aliud reciperet nisi actum, qui esset principium illius esse vel operationis. Hoc autem [59] esse non potest, quia positum est quod habeat ipsum actum, et recipiens oportet esse denudatum ab eo quod recipit. Ergo actus, qui est principium alicujus, habet illud sine [60] receptione.

[33] quod *O*.
[34] illam *M*.
[35] *add.* completus *M*.
[36] *M* and *O* have a note which according to a sign in *O* seems to refer to this passage. It reads as follows : Sciendum quod, cum operari non sit aliud quam esse formæ, quæ est principium operandi, si ponatur aliquod principium vel potentia operandi esse actus, non potest poni quod operari suum sit aliquod (aliud *O*) quam esse ejus. Si enim ponatur aliud, erit illud aliud frustra, et melius est ponere pauciora quam plura.
[37] *om. T*.
[38] *add.* quarum *T*.
[39] *add.* passiva *M*.
[40] *om. B*.
[41] *om. AB*.
[42] quod *A* ; qui *T*.
[43] possunt *B*.
[44] vel *A*.
[45] *om. A*.
[46] *om. T*.
[47] *om. B*.
[48] in *M*.
[49] aer *deleted A*.
[50] Cf. Aristotle, *De Anima* II, 7 418b 12f.
[51] *om.* sive receptivæ *B*.
[52] *add.* ergo *B*.
[53] quia *AT*.
[54] *om. B*.
[55] *om. B*.
[56] recipitur *for* sit receptus *A*.
[57] habeat *T*.
[58] in *B*.
[59] *om. T*.
[60] in *M*.

PRÆTEREA. Hoc videmus universaliter in illis, ubi non est receptio actus, quod propter hoc quod a principio habent actum [61], non recipiunt aliquid ad hoc quod habeant esse vel operationem. Substantia enim separata, quia a principio habet formam, quæ est principium essendi substantialiter, nihil recipit ad hoc quod sit. Similiter, quia substantia separata habet ab initio species innatas, quæ sunt principia intelligendi, nihil recipit ad hoc quod intelligat. Similiter sol, quia [62] a principio habet actum qui est lux, quæ [63] est principium (240r) lucendi [64], nihil recipit ad hoc quod luceat [65]. Similiter ignis, quia a principio habet calorem, qui est principium formale calendi, ideo calet absque omni receptione. Et sicut est de illis quæ [66] habent actum, qui est principium operationis manentis intra, ita est de illis quæ [67] habent actum, qui est principium operationis transeuntis extra, scilicet quod nihil recipiunt ad hoc quod habeant suas operationes. Ignis enim non recipit aliquid ad hoc quod calefaciat, propter hoc quod [68] semper habet calorem qui est principium activum calefaciendi. Similiter sol, ad hoc quod illuminet medium, nihil recipit, propter hoc [69] quod semper habet actum qui est lux, quæ [70] est principium activum illuminationis. Nihil enim recipit secundum quod est in actu, sed secundum quod denudatur ab actu. Omnis igitur actus, existens principium alicujus, habet illud absque receptione.

PRÆTEREA. Si actus, qui est principium alicujus, reciperet [71] aliquid, ut haberet [72] illud cujus est principium, nihil aliud reciperet [73] nisi actum qui esset [74] principium illius, ut visum est. Si autem reciperet [75] talem actum, eadem ratione ille actus receptus reciperet [76] alium actum, et procederetur in infinitum. Sed hoc est impossibile. Ergo impossibile est quod aliquis actus recipiat aliquid ad hoc quod habeat illud cujus est principium.

PRÆTEREA. Si actus, qui est principium alicujus, recipit actum qui sit principium ejusdem, actus receptus vel [77] erit ejusdem naturæ cum actu recipiente vel alterius naturæ. Non potest esse ejusdem naturæ, quia recipiens oportet esse denudatum a natura illa [78] quam recipit. Nec potest esse alterius naturæ, quia actus alterius naturæ non potest esse principium nisi alterius principiati. Ergo actus, qui est principium alicujus [79], non recipit aliquid, ut habeat illud cujus est principium. Oportet igitur dicere quod, si actus aliquis recipit aliquo modo actum qui sit principium alicujus, actus recipiens non est principium ejusdem nisi remotum, et per consequens non erit potentia ordinata ad illud, sed per aliquid ei [80] additum ordinatur ad illud [81].

PRÆTEREA. Nihil mutatur [82] ad sui perfectionem secundum quod est [83] perfectum, sed secundum quod est [84] imperfectum. Sed recipere actum est mutari ad perfectionem. Ergo nihil recipit actum secundum quod est perfectum. Sed per actum [85] unumquodque est perfectum [86]. Ergo nihil recipit actum per suum actum, sed per aliquam potentiam denudatam ab actu, secundum quam [87] est [88] imperfectum possibile [89] ab alio perfici.

PRÆTEREA. Hæc [90] est sententia Aristotelis [91] et sui Commentatoris. Dicit enim Averroes in libello [92] *De Substantia Orbis*, quod si subjectum formarum substantialium "esset substantia simplex existens in actu, tunc esset impassibile [93] et non receptivum; quod enim est actu, non recipit aliquid secundum quod est in actu. Unde natura hujusmodi subjecti recipientis substantiales formas, scilicet primæ materiæ, necesse est esse naturam potentiæ, scilicet quod potentia est ejus differentia substantialis; et ideo [94] nullam habet formam propriam et naturam existentem in actu, sed ejus substantia est in posse [95], et ex hoc materia recipit omnes formas" [96]. Et paulo post dicit quod "pati est contrarium actui" [97]. Hæc sunt verba ipsius. In quibus manifeste

[61] *add.* et *T*.
[62] *om. BT*.
[63] *om.* est lux quæ *T*.
[64] vivendi *A*; *add.* et *T*.
[65] nihil quod luceat recipit ad hoc *B*.
[66] qui *BT*.
[67] qui *BT*.
[68] *om. T*.
[69] *om. B*.
[70] qui *OT*.
[71] recipiet *M*.
[72] *om.* aliquid ut haberet *O*.
[73] recipiet *M*.
[74] est *AO*.
[75] recipiet *M*.
[76] recipiet *M*.
[77] *om. T*.
[78] *om. AB*.
[79] *om. O*; actus *T*.
[80] ejus *M*.
[81] *om.* ad illud *B*.
[82] *om. T*.
[83] *om. T*.
[84] *om. T*.
[85] *om.* secundum quod . . . actum *B*.
[86] *om.* Ergo . . . perfectum *A*.
[87] quem *T*.
[88] *om. B*.
[89] *add.* est *M*.
[90] *om. B*.
[91] *Meta.* IX, 9, 1051a 29-32.
[92] *om. A*.
[93] impossibile *B*.
[94] *om. T*.
[95] positione *B*.
[96] AVERROES, *De Substantia Orbis*, 1, fol. 3*L*.
[97] *Ibid.*, fol. 4*B*.

apparet, quod hac necessitate coacti sunt philosophi [98] ponere materiam primam esse puram potentiam, quia si esset in actu, nihil reciperet [99], quia universaliter, quod est in actu, non recipit secundum quod est in actu. Hæc est demonstratio [100] philosophorum de materia prima.

PRÆTEREA. Primo *Physicorum,* dicit idem Commentator, quod si materia haberet aliquam [1] formam propriam, "tunc generatio in substantia esset alteratio, et formæ essent accidentia" [2]. Ista consequentia nihil [3] valeret, si unus actus substantialis posset recipere supra se alium actum substantialem ; tunc enim materia, habens unam formam propriam [4] substantialem, reciperet [5] aliam formam per generationem, et tunc illa generatio non esset alteratio, quia forma inducta non esset accidens.

PRÆTEREA. Ejusdem virtutis est dictum Philosophi in principio [6] libri [7] *De* [8] *Generatione,* scilicet quod omnes antiqui, qui posuerunt unum principium materiale, scilicet corpus aliquod, ut aerem, vel ignem, aut aliquid medium, necesse habent dicere generationem esse idem cum alteratione. Semper enim manet in generatione, secundum eos, unum subjectum in actu, et tale dicimus alterari [9]. Illud non esset [10] verum [11], si unus actus reciperet alium actum. Si enim substantia in actu reciperet formam substantialem, non diceremus [12] tale ens in actu alterari, sed perfici substantialiter.

PRÆTEREA. Istud manifeste apparet esse [13] de mente Philosophi in secundo *De Anima.* Movet ibi [14] dubitationem : Quare sensus non sentiunt sine [15] sensibilibus extra [16], sed per hoc quod recipiunt ab eis, et quare etiam sensus [17] non sentiunt seipsos? [18] Et respondet, dicens quod manifestum est, quod hoc ideo est, quia potentia sensitiva est potentia [19] tantum, et non est actu [20]. Quia enim nihil operatur secundum quod est in potentia tantum, cum sensus sit tantum in potentia, non potest de se sentire ; immo cum unumquodque operetur secundum quod est in actu, ad hoc quod sensus sentiat, necesse est quod fiat in actu per receptionem a sensibilibus [ad hoc [21] quod sentiat], sicut ad hoc quod luna luceat, cum non habeat de se lucem [22], necesse est quod recipiat lucem a sole. Si autem sensus esset [23] in actu in genere sensibilium, tunc sentiret [24] sine sensibilibus quæ sunt extra, et non indigeret [25] recipere ab eis ; immo non posset [26] recipere ab eis, cum haberet [27] actu naturam sensibilium de se, sicut sol, qui de se [28] habet lucem, non potest recipere lucem ab extra, et ideo lucet absque receptione ab extra [29]. Similiter, si sensus essent in actu, sentirent seipsos per hoc quod haberent in se [30] naturam sensibilium, sicut sol lucet in seipso per lucem quam habet de se. Sed quia sensus sunt in potentia tantum, ideo non sentiunt sine receptione a sensibilibus, neque etiam sentiunt seipsos propter eandem causam.

Et quod hæc fuerit mens Philosophi patet per exemplum quod subjungit de combustibili [31], quod non comburit seipsum sine combustivo, quia est in potentia tantum in genere combustivi. Si autem combustibile esset actu in genere combustivi, combureret seipsum, et nihil indigeret ignem exteriorem actu esse ad hoc quod combureretur ; immo ex quo de se haberet calorem combustivum, non posset recipere calorem ab igne exteriori. Patet igitur quod de mente Philosophi est, quod quando actus est principium operandi, ille actus non potest recipere [32] ab agente exteriori [33] ad hoc quod sit operatio. Quando enim principium operandi est potentia tantum, tunc non potest esse operatio, nisi potentia illa recipiat [34] ab extrinseco actum, qui sit principium formale operationis. Nec mirum, quia potentia non vadit per [35] se ad actum, sed ducitur ad actum per agens quod est in actu, per hoc scilicet quod recipit ab ipso actum [36]. Hæc igitur est prima ratio sufficienter declarata.

98 *om.* dicit quod . . . philosophi *M.*
99 recipiet *M.*
100 intentio *T.*
1 aliam *B.*
2 AVERROES, *In I Phys.,* 7, t. c. 69, fol. 40 *M.*
3 non *B.*
4 *om. B.*
5 recipiet *M.*
6 primo *A.*
7 *om. A.*
8 *om.* libri *De B.*
9 *De Generatione* I, 1, 314b 1-3.
10 est *O.*
11 *om. B.*
12 diceretur *A.*
13 *om. A.*
14 ubi movet *A.*
15 *om. M.*
16 *om. T.*
17 *om. O.*
18 *De Anima* II, 5, 417a 3f.
19 quia potentia est potentia sensitiva *B.*
20 *De Anima* II, 5, 417a 6f.
21 *om. B.*
22 lumen *T.*
23 essent *AB.*
24 sentirent *AB.*
25 indigerent *AB.*
26 possent *A.*
27 haberent *A.*
28 *om.* de se *T.*
29 *om.* et ideo lucet . . . extra *A.*
30 se in *B.*
31 *De Anima* II, 5, 417a 7-9.
32 *add.* aliquid *A* ; *om.* calorem ab . . . recipere *B.*
33 *om.* ab agente exteriori *A.*
34 *add.* aliquid *A.*
35 de *AB.*
36 actu *M.*

Secunda ratio principalis similis est huic, et sumitur ex ordine potentiæ ad actum secundum prius et posterius. Potentia enim præcedit secundum tempus illud cujus est principium ; actus vero non præcedit secundum tempus illud cujus est principium [37]. Ergo nullus actus, qui [38] est principium alicujus, est [39] potentia [40] passiva [41] respectu ejusdem [42].

Prima propositio patet ex nono *Metaphysicæ* [43], et manifesta est etiam de potentiis animæ ; præcedunt enim tempore suas operationes quarum sunt principia [44].

Secunda etiam propositio manifesta erit inducenti in omnibus. Actus enim qui est principium, vel est principium essendi vel principium [45] operandi. Si sit principium essendi, manifestum est quod non præcedit illud cujus est principium ; nihil enim præcedit secundum tempus suum esse, alioquin esset antequam esset. Unde videmus quod forma substantialis, quæ [46] est principium essendi in igne vel [47] aere, non præcedit illud esse. Si vero actus sit principium operandi, illa operatio vel erit manens intra, vel erit transiens ad extra. Si manet intra, non potest esse posterior quam actus qui est ejus [48] principium, quia tale operari adhuc non est aliud quam esse talis actus ; verbi gratia (241v), intelligere non est aliud quam esse [49] speciei intelligibilis, et [50] similiter sentire non est aliud quam esse speciei sensibilis, quæ [51] est principium sentiendi. Unde cum nullus actus præcedit [52] suum esse, actus qui est principium talis operationis non præcedit operationem talem ; nullum enim impedimentum potest cadere inter rem et suum esse. Si vero actus sit principium operationis transeuntis ad extra, si illud in quod transit sit præsens operanti, adhuc illa operatio non erit [53] posterior quam actus qui est suum principium. Si enim calefactibile sit approximatum igni, quam cito ignis est habens calorem, qui est principium calefaciendi, tam cito est [54] calefactio. Patet igitur quod actus, qui est principium alicujus, non præcedit secundum tempus illud cujus est principium. Unde sequitur quod nullus actus sit potentia passiva, cum potentia passiva præcedat [55] tempore illud cujus est principium. Hoc igitur probatum est.

Ulterius. Ex hoc sequitur quod, cum ad omnem transmutationem concurrant [56] ista duo principia, potentia et actus [57], in omni nova operatione potentia et actus sunt in eodem genere [58], ita quod potentia, secundum [59] id quod est, est [60] in illo genere in quo est actus. Ostensum est enim quod unus actus non [61] est potentia ad alium actum, ita quod actus unius generis non est potentia ordinata ad actum alterius generis. Oportet igitur potentiam passivam esse potentiam, non actum. Aut igitur potentia est in eodem genere cum actu ad quem [62] ordinatur, aut in alio genere priori [63]. Si in eodem genere [64], habetur [65] propositum. Si in alio genere priori, cum in illo genere priori [66] sit actus ad quem ordinatur potentia, illa potentia aut est in [67] illo [68] eodem genere, aut [69] in alio genere priori. Si in eodem genere, eadem ratione standum fuit in principio. Si in alio genere priori, fiet [70] eadem quæstio, et ita procedetur in infinitum, vel dicetur quod potentia passiva sit in eodem genere [71] cum actu ad quem ordinatur.

Si autem aliquis velit dicere quod materia prima de genere substantiæ est potentia ordinata non solum ad actus substantiales, sed etiam ad [72] actus accidentales, hoc stare non potest, quia nulla potentia passiva recipit suum actum per medium aliquod [73]; ita quod unus actus ejus sit medius inter ipsam et alium actum ad quem ordinatur, quia inter rem et suam actualitatem non potest cadere medium. Formæ autem substantiales immediate perficiunt materiam, non autem formæ [74] accidentales. Ergo materia prima non est potentia ordinata ad formas accidentales.

[37] *om.* actus vero . . . principium *B.*
[38] *om. B.*
[39] *om. AB.*
[40] *om. O.*
[41] præcedente *A.*
[42] *add.* est idem cum potentia *A.*
[43] *Meta.* IX, 8, 1049b 19-23.
[44] *om. T.*
[45] *om. B.*
[46] *om. T.*
[47] et *A.*
[48] *om. AB.*
[49] esset *M*
[50] *om. AB.*
[51] quod *B.*
[52] præcedat *AO.*
[53] est *A.*
[54] esset *AB.*
[55] præcedit *BO.*
[56] concurrunt *B.*
[57] *add.* ita *B.*
[58] *om. O.*
[59] *om. BMO.*
[60] *om. B.*
[61] qui *M.*
[62] quam *B.*
[63] *add.* cum in illo genere priori *B*
[64] *om. T.*
[65] habeo *A.*
[66] *om.* cum . . . priori *A.*
[67] *om. B.*
[68] *om. A.*
[69] *om. B.*
[70] erit *T.*
[71] *om.* et ita . . . genere *B.*
[72] *om. B.*
[73] aliud *B.*
[74] *om. A.*

PRÆTEREA. Manifestum est quod potentiæ sensitivæ non sunt ipsa essentia materiæ primæ, nec etiam potentia intellectiva, quia recipiunt species sine materia.

PRÆTEREA. Corpora cælestia et aer recipiunt lumen per unam naturam communem[75], scilicet per naturam diaphoneitatis, [76] et constat quod non per materiam [77] communem, quia aer non communicat in materia cum corporibus cælestibus. Non [78] igitur materia prima est potentia ordinata ad actus accidentales. Relinquitur igitur quod in omni transmutatione, vel nova operatione, oportet ponere potentiam in eodem genere cum actu ; ista enim principia oportet esse naturalia in omni operatione naturali, sicut cuilibet potentiæ activæ naturali correspondet potentia passiva naturalis.

Huic consonat dictum Philosophi in duodecimo [79] *Metaphysicæ* [80], ubi dicit quod potentia et actus sunt principia in quolibet prædicamento, et sunt diversa in diversis prædicamentis, ita quod non sunt in diversis prædicamentis eadem, neque secundum speciem, neque secundum genus, sed solum secundum [81] proportionem. Ubi dicit Commentator quod principia eorum "quæ differunt genere, differunt genere [82], et eorum quæ differunt specie [causæ], differunt specie [83], et quæ numero, numero" [84]. Et super quintum *Physicorum* dicit Commentator, quod "potentia ad unumquodque prædicamentum est in illo genere prædicamenti" [85] in quo est actus, scilicet "potentia ad substantiam est . . . in prædicamento substantiæ, et potentia ad quantum et ad alia prædicamenta" similiter est in illis prædicamentis [86], et universaliter, "potentia ad aliquam rem est de genere illius rei" [87]. Relinquitur igitur ex dictis quod potentia passiva ordinata ad actus accidentales, cum non sit [88] aliquis actus, nec sit materia prima, sed in eodem genere cum actu ad quem ordinatur, consequatur [89] formam rei inseparabiliter, tam [90] in rebus inanimatis [91], quam in rebus [92] animatis [93]. Et sic potentiæ animæ consequuntur [94] animam et non sunt [95] ipsa essentia animæ.

HIS VISIS, restat [96] manifestare [97] quod rationes, quæ communiter ponuntur in scriptis ad ostendendum quod potentiæ animæ non sunt essentia animæ [98], de necessitate concludunt, quia fundantur [99] super his quæ jam sunt probata, quæ sunt causæ, quare oportet ponere potentias animæ accidentia [100] ; et ita sunt demonstrationes procedentes ex causis conclusionis [1].

Una ratio ponitur talis [2]. Potentia et actus dividunt ens et quodlibet genus entis. Oportet igitur quod ad idem genus pertineant potentia et actus. Et ita oportet quod, quando [3] actus non est in genere substantiæ, potentia, quæ est ad illum actum, non sit in genere substantiæ. Cum igitur actus, qui est operatio animæ, non sit de genere substantiæ, nec potentia ad illum actum est de genere substantiæ ; et per consequens potentia animæ non est anima, cum anima [4] sit de genere substantiæ.

In ista ratione nihil [5] est dubium nisi unum, scilicet quod potentia et actus sunt in eodem genere. Unde cum hoc sit superius sufficienter ostensum, debet tota dubitatio cessare de evidentia hujus argumenti [6].

Sed adhuc contra hoc instant aliqui [7], dicentes quod non est verum de potentia operativa et actu, qui est operatio, quod [8] talis potentia et actus sunt [9] in eodem genere. Et hoc volunt probare per illos qui istam rationem adducunt [10] ; secundum illos namque qui sic arguunt, potentiæ animæ sunt de genere qualitatis [11], operationes vero animæ

[75] *om. A.*
[76] Cf. ARISTOTLE, *De Anima* II, 7, 418b 6-9 ; ST. THOMAS, *In II De Anima*, lect. 14, n. 404.
[77] naturam *B.*
[78] Sicut *T.*
[79] tertio *T.*
[80] *Meta.* XII, 4, 1070a 31-b 21.
[81] *om. B.*
[82] *om.* differunt genere *AB.*
[83] *om.* causæ differunt specie *B.*
[84] et eorum quæ differunt specie et quæ numero causæ sunt quæ differunt specie et quæ differunt numero *A* ; *om. B.* AVERROES, *In XII Meta.*, 5, t. c. 28, f. 312*M.*
[85] *om. A.*
[86] quantum in prædicamento quantitatis et sic de aliis prædicamentis *A.* AVERROES, *In V Phys.*, 1, t. c. 9, ff. 214*L*-215*A.*
[87] *om. T.* AVERROES, *ibid.*, f. 215*C.*
[88] *om. A.*
[89] consequitur *AT.*
[90] tum *T.*
[91] animatis *AB.*
[92] *om.* in rebus *B.*
[93] inanimatis *AB.*
[94] *add.* ipsam *A.*
[95] *om. T.*
[96] *add.* tertio *A.*
[97] manifestare oportet *T.*
[98] *om.* non sunt . . . animæ *B.*
[99] fundatur *T.*
[100] accidentales *M.*

[1] conclusis *A.*
[2] Cf. ST. THOMAS, *Summa Theol.*, I, q. 77, a. 1.
[3] quandoque *T.*
[4] *om.* cum anima *B.*
[5] non *AB.*
[6] *add.* quod potentia et actus sunt in eodem genere *AB.*
[7] I have not been able to find a writer who argues against St. Thomas in the fashion described by Thomas of Sutton.
[8] quia *B.*
[9] sint *AT* ; *om. M.*
[10] *om. B.*
[11] Cf. ST. THOMAS, *Summa Theol.*, I, q. 77, a. 1, ad 5.

de genere actionis vel passionis : sentire enim est pati [12], intelligere est pati [13], abstrahere per intellectum agentem est agere [14]. Et ita secundum eos non sunt potentiæ animæ in eodem genere cum actibus suis, et sic sibi ipsis contradicunt in dictis suis. Et propter hoc videtur, quod hoc [15] sit intelligendum de actu permanente qui non est operatio, quod sit in eodem genere [16] cum sua potentia, sicut sanitas vel pulchritudo ; et sic ratio ista non est ad propositum, quia non habet hoc [17] veritatem de actu qui est operatio, quod sit in eodem genere cum potentia operativa.

Sed si bene advertamus, ista cavillatio [18] non impedit [19] necessitatem rationis in aliquo, quia, sicut ostensum est, oportet [20] hoc esse verum universaliter, quod potentia et actus sunt in eodem genere. Sed intelligendum est quod idem motus et eadem operatio pertinent [21] ad diversa prædicamenta secundum diversa quæ sunt in motu vel operatione. Dicit enim Commentator super tertium [22] *Physicorum* [23], quod motus, secundum quod non differt a perfectione ad quam vadit, nisi secundum magis et minus, necesse est ut sit de genere perfectionis illius [24] quæ est terminus motus ; et sic alteratio, quæ [25] est motus ad qualitatem, est de genere qualitatis, et motus, qui est ad quantitatem, est in genere quantitatis. Alio modo loquendo de motu, secundum scilicet quod motus est via ad rem [26], prout scilicet [27] est ab agente, est in genere actionis ; prout autem est via ad rem et receptus [28] in patiente [29], sic ille [30] idem motus est in genere [31] passionis. Vult igitur Commentator quod motus qui uno modo est in genere actionis, alio modo est in genere passionis, et tertio modo [32] in genere qualitatis. Et hoc est necessarium, quia omnis actio et passio includit aliquam [33] formam absolutam quæ pertinet ad aliud genus quam ad agere vel [34] pati, sicut calefactio est calor imperfectus tendens ad perfectionem. Calor autem est in genere qualitatis [35], et [36] ita calefactio est de [37] genere qualitatis ; sed secundum quod apprehenditur ut ab agente, et tendens ad perfectionem, est in genere actionis, prout scilicet calefactio est calefacientis actio ; prout autem apprehenditur ille calor [38] ut receptus in patiente, et cum hoc [39] tendens ad perfectionem ulteriorem, est in genere passionis (242r), prout scilicet calefactio est calefactibilis passio.

Eodem modo necesse est dicere de operationibus animæ, quod quamvis sint de genere actionis, vel de genere passionis, sunt tamen alio modo de genere [40] qualitatis ; sicut sentire, quod est pati, vel [41] in genere passionis, est tamen de genere qualitatis, quia sentire non est aliud quam habere in sensu speciem sensibilem quæ est de genere qualitatis ; et ita [42] sentire est in eodem genere cum potentia sensitiva, cum sit de genere qualitatis, non obstante, quod sentire [43] est in genere passionis. Et ita patet quod nulla potentia operativa est in alio genere quam sit sua operatio. Unde sicut sentire uno modo est in genere passionis, ita et [44] potentia sensitiva uno modo est in eodem genere, prout scilicet [45] passiva est [46] ab objecto et [47] receptiva [48] ipsius actus sentiendi ; talis enim habitudo facit eam reduci ad prædicamentum passionis. Et universaliter, in quocumque genere [49] est actus, in eodem genere [50] est potentia ad illum actum, sive sit potentia passiva, sive activa. Unde irrationale [51] est quod dicitur, quod potentia est in eodem genere cum suo actu, quando actus ille est permanens [52], et non quando actus est operatio vel motus, ut patet ex dictis.

Et aliter etiam ostenditur hoc, quia potentia quæ [53] est ad actum permanentem non recipit illum actum, nisi per aliquam [54] operationem qua [55] mutatur et ducitur ad illum

[12] *Ibid.*, I, q. 78, a. 3 ; *In II De Anima* lect. 10, n. 350.
[13] *Ibid.*, I, q. 79, a. 2.
[14] *Ibid.*, I, q. 79, a. 3.
[15] *om. AB.*
[16] *om. B.*
[17] *om. T.*
[18] ratio *T.*
[19] impediet *T.*
[20] *om. T.*
[21] pertinet *AMOT.*
[22] secundum *B.*
[23] Averroes, *In III Phys.*, 1, t. c. 4, f. 87*CD.*
[24] de perfectione illius generis *corrected in mg. A.*
[25] qui *MO.*
[26] *add.* et *A.*
[27] *om. A.*
[28] recepta *T.*
[29] passibilitate *T.*
[30] iste *O.*
[31] *om.* est in genere *T.*
[32] *add.* est *A.*
[33] aliam *T.*
[34] et *T.*
[35] *om. B.*
[36] *om. B.*
[37] in *BOT.*
[38] *om. B.*
[39] *om. B.*
[40] *add.* scilicet *O.*
[41] est *A.*
[42] *om. AB.*
[43] *add.* non *B.*
[44] et ita *B.*
[45] *add.* potentia *O.*
[46] *om. T.*
[47] *om. O.*
[48] receptivum *B.*
[49] *add.* in quo *A.*
[50] *om. AB.*
[51] irrationabile *A.*
[52] manens *O.*
[53] *om. B.*
[54] aliam *T.*
[55] quæ *B.*

actum. Prius igitur est [56] receptio illius operationis vel motus quam receptio actus permanentis qui est terminus, et eadem est potentia receptiva utriusque. Motus autem [57] non differt a termino motus, qui est actus permanens, nisi sicut imperfectum a perfecto in eodem genere et specie. Ergo sicut potentia passiva est in eodem genere cum actu permanente, ita oportet quod sit in eodem genere cum actu suo qui est motus vel operatio, ita quod ista sint in eodem genere. Et hoc Commentator dicit in quinto *Physicorum* [58], quod potentia ad formam, et motus qui est via ad formam, et forma quæ est terminus motus, sunt in eodem prædicamento. Est igitur generaliter verum quod potentia et actus sunt in eodem genere, et non solum de potentia passiva et suo actu, sed etiam de potentia activa et actu suo. Si enim loquamur de potentiis activis in agentibus univocis, potentia activa et suus actus, qui est operatio, non solum pertinent ad idem genus, sed etiam ad eandem speciem, sicut patet de calore ignis et calefactione. Similiter etiam [59] in agentibus æquivocis oportet potentiam activam ejusdem generis saltem esse cum suo actu ; ut cum sol calefacit ista inferiora, virtus solis qua [60] calefacit est ejusdem generis cum calefactione istorum inferiorum a [61] virtute solis, quia omne agens [62] agit sibi simile, ut dicitur septimo [63] *Metaphysicæ* [64]. Universaliter igitur potentia et suus actus sunt in eodem genere. Unde cum nulla operatio animæ sit in genere substantiæ, sicut omnes concedunt, relinquitur quod nulla potentia animæ sit essentia animæ ; et sic evidens est necessitas istius rationis.

PRÆTEREA [65]. Aliam rationem adducunt doctores sic : "Anima secundum suam essentiam est actus. Si ergo ipsa essentia animæ esset [66] immediatum operationis principium, semper habens animam actu haberet opera vitæ, sicut semper habens animam actu est vivum. Non enim, in quantum est forma, est actus ordinatus ad ulteriorem actum, sed [67] est ultimus terminus generationis ; nihil enim est in potentia ad actum aliquem in quantum est actus. Unde quod sit in potentia adhuc ad alium actum, hoc non competit ei secundum suam essentiam, in quantum est forma, sed secundum suam potentiam. Et sic ipsa anima, secundum quod subest suæ potentiæ, dicitur actus primus, ordinatus ad actum secundum. Nunc autem [68] habens animam invenitur non semper esse in actu operum [69] vitæ. Unde etiam in definitione animæ dicitur quod est 'actus corporis potentia vitam habentis, quæ tamen [70] potentia non abicit animam' [71]. Relinquitur ergo quod essentia animæ non est potentia sua operativa" [72].

Hujus rationis necessitas patet ex his quæ probata sunt. Ostensum est enim quod operatio, cujus principium est actus, non est [73] posterior tempore [74] quam sit illud principium, sed simul [75] est semper cum eo, quia operari nihil aliud est quam habere actum, qui est operationis principium. Et ex hoc [76] manifesta [77] est ista consequentia. Si essentia animæ esset immediatum principium suarum operationum, habens animam semper haberet actu operationes animæ, sicut habens animam semper est actu vivum, propter hoc quod anima est immediatum principium vivendi vel [78] essendi vivum : "vivere enim viventibus est esse" [79]. Non enim habens [80] animam, in quantum [81] habet eam, est [82] in potentia ad aliquem actum [83] ; nihil enim est in potentia ad actum [84], in quantum est actu, sicut dicit Commentator [85], et sicut ista [86] ratio allegat. Oportet igitur cum habens animam sit in potentia ad aliquam [87] operationem, quod hoc sit per potentiam additam [88] super essentiam animæ, ut sic anima, secundum [89] quod subest illi potentiæ, sit in potentia ad talem operationem quam non semper habet. Si enim anima [90] secundum suam essentiam esset potentia ordinata ad aliquam [91] operationem, nullo modo posset impediri, quin actu haberet illam operationem, quia illa operatio

[56] *add.* operatio *T.*
[57] et *T.*
[58] AVERROES, *In V Phys.*, 1, t. c. 9, f. 214*L*.
[59] et *M.*
[60] quæ *B.*
[61] *om. T.*
[62] quod agit *for* agens *B.*
[63] *om. T.*
[64] *Meta.* VII, 7, 1032a 22-25.
[65] *om. A.*
[66] est *A.*
[67] si *M.*
[68] *om. T.*
[69] *om. AB.*
[70] autem *T.*
[71] *De Anima* II, 1, 412b 25.
[72] ST. THOMAS, *Summa Theol.*, I, q. 77, a. 1.
[73] sit *B.*
[74] ratione *T.*
[75] *om. AB.*
[76] *om.* ex hoc *T.*
[77] manifestata *O.*
[78] id est *ABT* ; et *O.*
[79] ARISTOTLE, *De Anima* II, 4, 415b 13.
[80] habens enim *T.*
[81] *om.* in quantum *A.*
[82] *om. A.*
[83] *add.* in quantum anima est in potentia ad aliquem actum *A.*
[84] *om.* nihil enim . . . actum *B.*
[85] AVERROES, *In III De Anima*, 4, t. c. 4, f. 137*F*.
[86] *om. T.*
[87] aliam *T.*
[88] habitam *O.*
[89] sub *M.*
[90] omnia *B.*
[91] aliam *BT.*

non esset nisi esse animæ ; operatio enim non est aliud quam existentia formæ, quæ est principium operandi in eo in quo est operatio. Sicut igitur non potest cadere impedimentum inter animam et suum esse [92], ita non posset [93] cadere impedimentum inter animam [94] et suam operationem, si ipsa esset principium immediatum operationis, quia suum operari est suum esse ; et ita [95] si esset sine operatione, esset sine esse suo, et ita simul esset et non esset, quod est impossibile manifestum [96]. Relinquitur igitur quod, cum anima non semper habeat suas operationes, [quod] ipsa [97] non sit suæ potentiæ operativæ [98]. Et patet quod [99] evidentia hujus rationis est [100] ex hoc quod nullus actus est potentia passiva ad alium actum, quod principaliter ostensum fuit [1].

Tertia ratio adducitur, quæ talis est [2]. Sicut se habet esse ad essentiam, ita et [3] operari ad potentiam [4]. Ergo permutata proportione, sicut se habet esse ad operari, ita se habet [5] essentia ad potentiam. Sed in solo Deo esse est operari. Ergo in solo Deo essentia est ejus potentia. Non igitur [6] in anima, vel in aliqua [7] creatura, potentia est ipsa rei essentia ; immo dicere hoc est attribuere creaturæ [8] divinam simplicitatem [9].

Istam rationem quidam conantur dissolvere [10], dicentes quod non est verum in creatura, quod sicut se habet esse ad essentiam, ita operari ad potentiam. Dicunt enim quod esse non est ita accidens essentiæ quod pertineat ad genus accidentis ; operari autem est omnino accidentale potentiæ, ita quod [11], licet potentia sit de genere substantiæ, tamen operari est accidens extra genus substantiæ in creaturis ; et sic dicunt istam rationem falsum [12] accipere, et ideo [13] non valere [14].

Sed si reducamus ad memoriam quod potentia et actus sunt in eodem genere, patet quod nihil valet ista responsio [15] ad impediendum rationem ; quia cum operari sit accidens in omni creatura, oportet similiter potentiam esse in eodem genere accidentis. Et non potest esse in genere substantiæ. Unde necessarium est quod sicut se habet esse ad essentiam, ita se habeat [16] operari ad potentiam [17]. Sicut enim esse est actualitas [18] essentiæ, et per consequens in eodem genere cum essentia, ita operari est actualitas potentiæ, et per consequens in eodem genere cum potentia. Impossibile igitur est quod potentia sit in genere substantiæ et operari extra genus substantiæ.

Et sciendum quod sine ista propositione habet ratio [19] necessitatem eandem, quam habet ratio præcedens, immediate ex hoc scilicet, quod operari non est aliud quam esse formæ, quæ est principium operandi immediatum. Da ergo quod aliqua [20] essentia, quæ forma est, sit potentia operativa ; esse ejus non erit aliud quam operari. Et propter hoc necesse est quod sicut in solo Deo esse [21] est (242v) operari, ita in solo Deo essentia sit potentia operativa. Unde universaliter est verum quod sicut se habet esse ad operari, quantum ad identitatem vel diversitatem, ita se habet essentia ad potentiam, quantum ad identitatem vel diversitatem ; et sic patet evidentia hujus [22] rationis [23].

Ex his patet quod verum est quod Avicenna dicit [24], quod illud quod agit per essentiam suam, tanquam per potentiam, est primum agens. Hoc sequitur necessario ex prædicta ratione. Cum enim sic se habeat operari ad potentiam, sicut [25] esse ad essentiam in unoquoque, et per consequens, sicut se habet esse ad operari, sic se habet [26] essentia ad potentiam, cum in solo primo agente esse sit operari, in ipso solo essentia

92 esse ejus *O*.
93 potest *O*.
94 *om.* et suum . . . animam *B*.
95 *om. AB*.
96 manifestum impossibile *ABOT*.
97 *om. AB*.
98 *om. AB*.
99 *om. A*.
100 *add.* operativæ *B*.
1 quod fuit supra probatum *al. m. O*.
2 This argument is based on St. Thomas, *De Anima*, a. 12, Sed contra ; see also *Summa Theol.*, I, q. 54, a. 3 ; I, q. 79, a. 1. Sutton, however, culled it from Henry of Ghent, who complains that it is being used unfairly against him ; cf. *Quodl.* III, q. 14 ; *ed. cit.*, I, fol. 109va : "Sed sic credunt . . . eius potentia." I have not been able to determine who used this argument against Henry within a few years after St. Thomas' death.
3 *om. A*.
4 operationem *T*.
5 *om.* se habet *A*.
6 ergo *ABOT*.
7 alia *BT*.
8 ei *O*.
9 *om.* potentia est . . . simplicitatem *T*.
10 solvere *O*. The reference is to Henry of Ghent, *Quodl.* III, q. 14 ; *ed. cit.*, I, f. 109va : "Et est respondendum . . . adminiculo."
11 *om.* operari autem . . . ita quod *T*.
12 falsam *AB*.
13 *om. B*.
14 tenere *B*.
15 ratio *B*.
16 habet *AO*.
17 Cf. St. Thomas, *Summa Theol.*, I, q. 79, a. 1.
18 actualis *B*.
19 rationem *B*.
20 alia *T*.
21 *om. M*.
22 istius *AB*.
23 *om. B*.
24 *Meta*, tr. VI, c. 2 ; *ed. cit.*, fol. 92rb ; but see also *Meta.*, tr. VIII, c. 7, *passim*.
25 *add.* se habet *T*.
26 *om.* esse ad . . . se habet *B*.

est potentia [27] per quam operatur. Et ita in omni creato aliquid participatur additum essentiæ per quod agit, ita quod agit non per essentiam, sed per aliquid participatum quod sit [28] principium operationis immediatum [29]. Illud igitur quod agit per essentiam suam, tanquam per principium immediatum [30] actionis, est primum agens ; alioquin, si agens per essentiam suam esset creatura, operatio creaturæ non esset accidens, sed in genere substantiæ, cum potentia operativa et operatio sint ejusdem generis.

Similiter ex prædictis patet necessitas alterius rationis, quæ talis est. Una potentia movet aliam, ut intellectus agens intellectum possibilem. Sed idem non movet seipsum. Ergo diversæ potentiæ [31], quarum una est activa et movens [32], et alia passiva et mota, non sunt una essentia animæ. Cum enim idem [33] non possit esse potentia et actus, ut visum est, potentia autem [34] activa est actus, et potentia passiva est potentia et non actus, non potest una simplex essentia animæ esse potentia activa et potentia passiva. Et ista ratio deducta fuit in disputatione et ponitur in scriptis [35].

Adhuc ponitur alia ratio talis. Quædam sunt potentiæ alligatæ [36] organo corporali, sicut [37] potentiæ vegetativæ et sensitivæ, et diversæ potentiæ diversis organis ; quædam vero sunt non [38] alligatæ [39] organo, sicut potentiæ partis intellectivæ, ut intellectus et voluntas. Sed hoc non posset esse [40], si omnes potentiæ animæ essent animæ essentia, quia in diversis organis anima habet operationes genere diversas, quæ non possunt esse nisi in potentiis realiter diversis. Ergo potentiæ animæ non sunt ipsa essentia [41].

Ad istam rationem quidam [42] respondent sic [43]. Dicunt quod ista diversitas [44], quod quædam potentiæ sunt organicæ et quædam non, non est ex parte potentiarum, sed convenit ex diversitate eorum quæ determinant animam ad diversas operationes. Anima enim [45], prout determinatur [46] ad operationes suas diversas [47] per diversas dispositiones organorum, est diversæ potentiæ vegetativæ et sensitivæ, et sic sortitur, ut dicunt, diversa nomina potentiarum [48]. Secundum vero quod determinatur ad operationem intelligendi per species intelligibiles, quas recipit sine organo, ipsa est potentia intellectiva ; et secundum quod aliquid ei proponitur ut bonum, et sic determinatur ad volendum, sic ipsa anima est voluntas, quæ est potentia activa, ut dicunt, quæ non recipit, sed determinatur [49] ad operandum per hoc quod bonum est sibi præsens per intellectum. Potentia enim activa per hoc determinatur ad agendum quod materia, in quam [50] agere debet, est sibi approximata [51], sicut patet de calore ignis qui calefacit, quando calefactibile est [52] approximatum. Et eodem modo [53] anima [54] est intellectus agens, quando determinatur ad abstrahendum per hoc quod phantasma sibi præsentatur in virtute phantastica. Unde nulla diversitas est in potentiis quæ sunt ipsa anima, sed solum in illis quæ determinant animam ad diversas operationes.

Sed si bene discutiatur ista responsio [55], per ipsam [56] ratio [57] non solvitur, sed confirmatur, et hoc quantum ad tria dicta in responsione.

Primo, quantum ad hoc quod dicit animam determinari ad suas operationes sensitivas et vegetativas per diversitatem organorum [58]. Cum enim determinetur, <determinatur> ad operationes sentiendi non solum diversas secundum speciem, cujusmodi sunt visio albi et visio nigri, sed etiam ad operationes sentiendi diversas secundum genus, cujusmodi sunt visio coloris [59] et auditio soni. Actus [60] vero diversi secundum genus non habent unum genus subjectum proximum, sed diversa, secundum Philosophum, quinto *Metaphysicæ* [61]. Ergo [62] illæ operationes sentiendi non sunt in essentia animæ

[27] potentia est essentia *A*.
[28] est *A*.
[29] Cf. St. Thomas, *In I Sent.*, d. 3, q. 4, a. 2, Contra.
[30] *add.* operationis vel *A*.
[31] *om. B.*
[32] *om.* et movens *T*.
[33] *om. B.*
[34] enim *T*.
[35] Cf. St. Thomas, *De Spir. Creat.*, a. 11, Tertio ; *De Anima*, a. 12, Resp.
[36] allegatæ *M*.
[37] *add.* etiam *B*.
[38] *om. B.*
[39] allegatæ *M*
[40] *om. B.*
[41] Cf. St. Thomas, *In I Sent.*, d. 3, q. 4, a. 2 ; *De Spir. Creat.*, a. 11, Secundo.
[42] Cf. Henry of Ghent, *Quodl.* III, q. 14 ; *ed. cit.*, I, ff. 109vb-110ra : "Sed quod dicitur .. intellectiva."
[43] *add.* et *AO*.
[44] *add.* scilicet *A*.
[45] autem *O*.
[46] terminatur *B*.
[47] *om. O.*
[48] Henry of Ghent is here following the teaching of Alcher of Clairvaux ; cf. *De Spiritu et Anima*, c. 4 ; PL 40, 782.
[49] licet determinetur *A*.
[50] quantum *T*.
[51] approximatum *B*.
[52] *add.* sibi *A*.
[53] alius *B*.
[54] *om. B.*
[55] *add.* parum valet quia *A* ; ratio *B*.
[56] istam *T*.
[57] rationem *BT*.
[58] Cf. Henry of Ghent, *Quodl.* III, q. 14 ; *ed. cit.*, I, fol. 109rb : "Sic intelligimus . . . dictum est".
[59] caloris *M*.
[60] Sed actus *T*.
[61] *Meta.* V, 28, 1024b 9f.
[62] Igitur *O*.

tanquam in subjecto proximo, sed requirunt [63] potentias realiter diversas in diversis organis.

Secundo, ex hoc quod dicitur [64] quod anima determinatur ad intelligendum per receptionem specierum intelligibilium [65]. Patet ex prædictis quod ex hoc sequitur ipsam essentiam animæ non esse potentiam intellectivam ; ex quo enim essentia animæ est actus, et actui repugnat recipere, ut probatum est, essentia animæ non est potentia intellectiva, quam oportet ponere receptivam.

Tertio, ex hoc quod dicitur quod potentiæ activæ determinantur ad operationes animæ per hoc quod materia in quam agunt est approximata [66]. Patet ex prædictis [67] quod ex hoc sequitur ipsam essentiam animæ non esse suas [68] potentias activas. Quod enim agit per essentiam suam, tanquam per potentiam, oportet tale esse quod suum operari sit suum esse substantiale, quia operari nihil aliud est quam actualitas formæ, quæ est principium operandi in eodem genere existens cum potentia operativa, sicut esse est actualitas essentiæ in eodem genere cum essentia [69], ita quod, quando [70] essentia est potentia activa [71], actio est esse substantiale. Cum igitur anima non determinatur [72] ad suum esse substantiale per hoc quod materia in [73] quam agit sibi approximatur, determinatur autem [74] ad suas operationes [75] per approximationem materiæ, sequitur quod [76] actio animæ non sit esse suum substantiale, et per consequens potentia sua activa non est ipsa essentia animæ.

His visis, restat solvere rationes ostendentes quod potentiæ animæ sunt ipsa essentia animæ, quod est quartum [77] principale.

Ad primum, cum dicitur [78] "potentiæ animæ sunt partes animæ, etc.", dico quod potentiæ animæ non sunt partes animæ, sed partes animæ sunt essentia animæ, prout subest potentiis animæ, quæ sunt animæ proprietates. Ipsa enim anima [79] propter suam perfectionem habet multas virtutes vel potentias ad diversas operationes, et diversas [80] in diversis partibus corporis ; et ideo anima, quæ simplex est, dicitur totum potentiale [81], quia ad ipsam consequuntur omnes potentiæ et partes ejus potentiales. Non sunt ipsæ potentiæ, sed ipsa essentia animæ est [82] diversæ suæ [83] partes, prout ad ipsam consequuntur diversæ potentiæ quæ sunt proprietates ipsius. In ipsa enim essentia animæ, quæ simplex est, est tanta perfectio unite [84], ut possit perficere diversas partes corporis ad diversas operationes per diversas potentias quæ ad ipsam consequuntur. Et ipsa, ut est in diversis partibus corporis, dicitur esse diversæ suæ partes, et sic [85] sortitur diversa nomina, ita quod pars visiva, seu visus, est ipsa anima, ut perficit oculum ad videndum ; sic enim consequitur [86] eam potentia visiva. Pars autem auditiva, vel auditus, est ipsa essentia animæ [87], ut perficit aures ad audiendum. Et sic anima jungitur ex suis partibus, non tanquam ex diversis rebus, sed tanquam ex seipsa, ut est diversarum potentiarum causa in diversis partibus corporis, ita quod anima dicitur totum ad similitudinem totius corporis cujus est perfectio. Corpus enim est quoddam [88] totum organicum [89] et perficitur ab anima quæ una et simplex est. Et integratur corpus organicum [90] ex diversis organis quæ diversimode perficiuntur ab anima ad diversas operationes ; et ideo anima, secundum quod perficit diversas partes organicas, dicitur diversæ (243r) partes animæ per quandam similitudinem ad diversas partes organicas corporis.

Cum tamen quælibet pars animæ sit eadem res absoluta cum quacumque alia parte, et diversitas non est nisi per respectus diversos ad diversas operationes, vel ad diversas partes corporis, et propter hoc anima prædicatur de qualibet sui parte. Sensus enim [91] est anima et intellectus est anima, et ita de aliis [92] ; ita tamen quod illa nomina *sensus*

63 requiruntur *M*.
64 *om.* quod dicitur *T*.
65 Cf. Henry of Ghent, *Quodl.* III, q. 14 ; *ed. cit.*, I, fol. 109va : "Intellectus . . . operari".
66 Cf. Henry of Ghent, *Quodl.* III, q. 14 ; *ed. cit.*, I, ff. 108vb-109ra : "Quod in hoc . . . misceatur".
67 dictis *A*.
68 *om. A*.
69 *add.* existens *A*.
70 *om. B*.
71 *add.* vel operativa *A*.
72 determinetur *A*.
73 per *T*.
74 sed determinetur *A*.
75 actiones *BO* ; *add.* actiones *T*.
76 *add.* quædam *A*.
77 tertium *BMOT*.
78 *add.* quod *AB*.
79 *om.* proprietates . . anima *T*.
80 *add.* operationes *T*.
81 For the meaning of *totum potentiale,* see St. Thomas, *Summa Theol.*, I, q. 76, a. 8 ; *In I Sent.*, d. 8, q. 5, a. 3.
82 et *B*.
83 sunt *B*.
84 vitæ *T*.
85 *om. A*.
86 sequitur *B*.
87 *om. B*.
88 *om. A*.
89 organizatum *T*.
90 organizatum *T*.
91 *om. B*.
92 *om.* et ita de aliis *M*.

et *intellectus* non sint [93] nomina potentiarum, sed nomina partium ; prout enim sunt nomina potentiarum, anima non prædicatur de eis. Et propter hoc [94] etiam [95] Boethius, *Libro Divisionum* [96], posuit divisionem animæ in suas partes inter divisiones per se, non inter divisiones per accidens. Sicut [97] enim totum universale [98], quod [99] per se prædicatur de suis partibus, per se dividitur in suas partes, et non per accidens, ita totum potentiale, ut anima, sicut per se prædicatur de suis partibus, ita per se dividitur in illas. Unde et propter istam similitudinem ad totum universale, anima potest dici totum et habere partes, in quantum ipsa recipitur in diversis partibus [100] corporis, et sic sortitur diversa nomina de quibus per se [1] prædicatur. Nec dicitur totum potentiale propter hoc quod partes suæ sint potentiæ, sed quia in diversis partibus corporis consequuntur [2] ipsam diversæ potentiæ ad diversas operationes exercendas, quamvis aliquid animæ rationalis in nulla parte corporis sit. Unde Augustinus, decimo [3] quinto libro [4] *De Trinitate*, capitulo septimo, dicit quod, "detracto corpore, si sola anima cogitetur [5], aliquid ejus [6] est mens, tanquam ejus caput, vel oculus, vel facies, sed non hæc ut corpora cogitanda [7] sunt" [8]. Et sic intelligenda sunt dicta tam [9] sanctorum quam philosophorum de partibus animæ [10], scilicet quod non sint potentiæ animæ.

Ad secundum dicendum quod nomina propria non sunt imposita potentiis propriis singulorum generum. Nec mirum, quia non sunt per se cognitæ, sed cognoscuntur per actus suos ; et ideo actibus propria nomina imponuntur, non autem potentiis [11]. Et ideo Philosophus in duodecimo *Metaphysicæ* [12], loco potentiarum, accipit nomina rerum magis [13] notarum, ad quas potentiæ consequuntur. Unde pro potentia ad colorem accipit superficiem, quia ad superficiem corporis terminati consequitur potentia ad colores. Ex simili causa, loco differentiarum substantialium, Philosophus frequenter ponit nomina accidentium magis notorum, per quæ devenitur [14] in cognitionem differentiarum substantialium [15].

Ad tertium dicendum quod melius est [16] ponere pauciora principia quam plura, quantum possibile est. Sed non est possibile quod res unius generis sit potentia ad actum [17] alterius generis, ut ostensum est ; et ideo necesse est [18] in omni transmutatione potentiam et actum esse ejusdem generis.

Ad quartum dicendum quod actus generandi in divinis [19], secundum quod est operatio naturæ [20], prout scilicet intelligitur sub ratione absoluta, est substantia. Et ideo oportet ponere quod potentia generandi sit substantia, vel essentia, secundum illam [21] considerationem ; nisi [22] enim generare esset substantia divinitatis, Filius genitus non esset Deus nec substantia. Sed secundum quod generare est in genere relationis, sic essentia, secundum quod induit aliquem respectum, est potentia generandi [23], et ille respectus non significatur nomine Paternitatis, sed nomine generativi.

Ad quintum dicendum quod superficies est in potentia ad albedinem non per se, sed per quandam potentiam additam. Sed non est procedere in infinitum, quia ad illam potentiam additam superficies non est in potentia, neque substantia, quæ [24] est subjectum superficiei, quia illa potentia consequitur substantiam rei et oritur ex principiis ejus sine [25] transmutatione media. Ubi autem non est transmutatio, ibi non est potentia. Illa autem potentia ad albedinem non est actus superficiei, nec alicujus [26] alterius, sed est accidens in potentia sic se habens ad colores, sicut materia prima in genere substantiæ se habet ad formas substantiales ; et ita est de omnibus potentiis passivis, ad quoscumque actus ordinentur, cujuscumque generis sint [27], quod semper

[93] sunt *T*.
[94] *om. B*.
[95] *om. A*.
[96] *Liber de Divisione*, PL 64, 888*C*.
[97] Sic *T*.
[98] For the meaning of *totum universale*, see St. Thomas, *Summa Theol.*, I, q. 77, a. 1, ad 1.
[99] *add.* est *M*.
[100] *add.* nominibus *B*.
[1] *om.* per se *A*.
[2] *om. B*.
[3] *om. BT*.
[4] *om. AO*
[5] cogitet *T*.
[6] *om. T*.
[7] cogitata *B*.
[8] *De Trinitate* XV, 7, 11 ; PL 42, 1065.
[9] tanquam *M*.
[10] *om. B*.
[11] *om.* non autem potentiis *T*.
[12] *Meta.* XII, 4, 1070b 18-21.
[13] *om. A*.
[14] deveniunt *T*.
[15] See, e.g., *Meta.* VII, 12, 1037b 8-1038a 35.
[16] *om. T*.
[17] *om.* ad actum *AB*.
[18] esse *M* ; *add.* quod *T*.
[19] in individuis *B*.
[20] *om. T*.
[21] istam *ABT*.
[22] ubi *B*.
[23] operandi *T*.
[24] *om. B*.
[25] absque *A*.
[26] *om.* nec alicujus *A*.
[27] *om. T*.

sic se habent ad actus illius generis, sicut materia in genere substantiæ [28] se habet ad formas substantiales.

AD SEXTUM dicendum [29] quod actus pugillandi, quamvis uno modo sit in genere actionis, tamen alio modo est in genere qualitatis, sicut et [30] potentia pugillandi, sicut [31] declaratum est de motu.

AD SEPTIMUM dicendum quod, cum gratia sit actus supernaturalis infusus animæ supernaturaliter a Deo [32], non oportet ponere aliquam [33] potentiam supernaturalem [34] susceptivam ipsius, sed ipsa essentia animæ per potentiam [35] obedientiæ, quæ in ipsa essentia animæ est, quæ est capax Dei, recipit gratiam, quæ dat sibi esse spirituale supernaturale. Nunc autem loquimur de potentia naturali et actu naturali, quod [36] sunt in eodem genere, et ideo ista instantia non est ad propositum.

AD OCTAVUM dicendum quod anima non est in potentia ad suas potentias, prout nunc loquimur de potentia passiva respectu aliquorum actuum. Potentia enim passiva, ut nunc loquimur, non ponitur respectu aliquorum actuum [37], nisi [38] quando actus recipiuntur per transmutationem mediam inter potentiam et illos actus. Potentiæ autem animæ per nullam operationem mediam inter animam et ipsas inducuntur, sed oriuntur ex essentia animæ, sicut propriæ passiones immediate consequuntur sua subjecta, quæ sine eis esse non possunt. Unde essentia animæ non præcedit tempore suas potentias, sicut potentia passiva præcedit actum suum secundum tempus, ut supra dictum [39] est.

AD NONUM dicendum [40] per interemptionem, cum dicitur quod partes animæ sunt potentiæ animæ ; hoc enim falsum est, ut patet ex dictis, et ideo non sequitur conclusio nisi falsa.

AD DECIMUM dicendum est eodem modo. Quamvis enim partes animæ sint essentia animæ in ordine ad diversas operationes, quia tamen partes animæ non sunt [41] potentiæ animæ, ideo non sequitur quod potentiæ animæ sint ipsa [42] essentia animæ.

AD UNDECIMUM dicendum quod in rebus materialibus agentibus, ut in igne, accidens est immediatum principium agendi, non solum quantum [43] ad expulsionem contrarii a patiente, sed etiam quantum [44] ad inductionem formæ substantialis. Accidens enim, in quantum agit in virtute formæ [45] substantialis, tanquam instrumentum ejus, inducit in [46] materia patientis formam substantialem ; hoc enim est de ratione instrumenti, quod attingat finem principalis agentis. Sic [47] enim dirigitur instrumentum a principali agente [48], ut actio instrumenti sit [49] introductio [50] formæ, quam intendit principale agens, sicut videmus in artificialibus. Securis enim carpentarii sic dirigitur a carpentario, ut per sectionem lignorum et conjunctionem [51] inducatur [52] in lignis forma domus ; non autem sic, quod ipsa ars artificis, quæ est in anima ejus, immediate inducat formam domus. Unde falsum est quod quidam dicunt [53], quod [54] quando generatur substantia, forma substantialis agentis in fine transmutationis est immediatum principium introducendi formam substantialem ; ita quod principium immediatum generandi ignem est forma substantialis ignis generantis, sicut principium calefactionis est caliditas, ut sic, alteratione completa, substantia ignis agens [55] producat sibi simile in specie per suam formam substantialem immediate. Unde dicendum quod forma substantialis ignis, mediante calore tanquam instrumento, est causa formæ ignis geniti. Unde Avicenna, sexto *Metaphysicæ,* dicit [56] quod "est agens per seipsum et est agens [57] per virtutem. Sed quod est per seipsum [58] agens est sicut calor, si esset per se existens [59] expoliatus [60] et ageret, et tunc quod provenit ex eo, provenit ob [61] hoc

[28] *om. T.*
[29] dico *OT.*
[30] etiam *AB.*
[31] sic *B.*
[32] *om.* a Deo *T.*
[33] aliam *T.*
[34] naturalem *MOT.*
[35] *om.* supernaturalem . . . potentiam *B.*
[36] quæ *A.*
[37] *om.* Potentia . . . actuum *B.*
[38] *om. T.*
[39] tactum *T.*
[40] *add.* quod *T.*
[41] sint *T.*
[42] *om. O.*
[43] *om. B.*
[44] *om. B.*
[45] *om. B.*
[46] *om. B.*
[47] Sicut *A.*
[48] *om.* Sic . . . agente *T.*
[49] *add.* in cujus *B.*
[50] inductione *B.*
[51] ut per conjunctionem lignorum *B* ; *om. T.*
[52] *om. M.*
[53] Cf. HENRY OF GHENT, *Quodl.* III, q. 14 ; *ed. cit.*, I, f. 106ra-b : "Non solum . . . *De Gener*".
[54] *add.* in omni generatione *A.*
[55] agentis *A.*
[56] *om. B.*
[57] *om.* est agens *B.*
[58] *om.* Sed . . . seipsum *B*
[59] *add* et *A.*
[60] expectaret *T.*
[61] ab *A.*

quod est calor tantum [62]. Agens per virtutem est sicut ignis, qui est agens per calorem suum" [63]. Ex hoc habetur [64] quod ignis non agit per suam formam substantialem, quia tunc esset agens per seipsum, cum tamen Avicenna dicat ignem esse agentem per virtutem suam (243v), quæ [65] est calor, distinguendo agens per virtutem ab agente per seipsum. Si tamen [66] aliquis concederet formam substantialem ignis esse [67] principium immediatum ad producendum formam substantialem ignis, ex hoc non sequeretur [68] quod potentiæ animæ essent forma substantialis ; nam per operationes animæ non producitur forma substantialis [69], sicut per ignem producitur ignis. Nec ipsæ operationes animæ sunt substantiæ, sed accidentia. Potentia autem et actus sunt in eodem genere, ut ostensum est. Unde potentias animæ oportet ponere accidentia.

Ad duodecimum dicendum quod cum dicimus accidens agere per [70] virtutem [71] formæ substantialis, non intelligimus aliud quam quod ipsum accidens sit [72] virtus operativa ipsius substantiæ [73], et hoc est esse principium activum instrumentale respectu substantiæ agentis. Unde quamvis talis virtus non sit substantia sed accidens, est tamen instrumentum substantiæ, quia est virtus [74] consequens substantiam talem ; et quia est instrumentum talis substantiæ [75], ideo attingit ad productionem substantiæ. Nec requiritur ibi [76] alia virtus, quæ sit substantia, quam [77] forma substantialis, quæ est principium activum remotum tantum, non autem [78] immediatum. Unde quia accidens est instrumentum substantiæ in agendo, convenit quod idem accidens secundum speciem [79], in diversis subjectis secundum [80] speciem, attingat [81] ad productionem diversarum substantiarum secundum speciem, prout est instrumentum diversarum substantiarum ; sicut calor, prout est instrumentum substantiæ ignis [82], attingit ad productionem ignis, prout autem calor est instrumentum animæ, attingit ad productionem carnis, cujus forma est anima, ut patet in nutritione animalium.

Ad decimum tertium dicendum quod verum est quod [83], quia [84] istæ duæ potentiæ, intellectus et voluntas, realiter differunt, ideo [85] actus earum non terminantur ad idem objectum formaliter, quamvis terminentur ad idem materialiter. Unde intellectus non potest intelligere bonum sub ratione boni, ita quod bonum, prout est objectum intellectus, dicatur bonum ; immo [86] sub illa [87] ratione dicitur verum, non autem bonum. Potest tamen intellectus intelligere quod bonum sit objectum voluntatis et sic intelligere ipsum sub ratione boni per respectum ad voluntatem [88]. Et similiter voluntas non potest velle verum sic, quod verum sub ratione veri sit suum objectum, quamvis possit velle id [89] quod est verum, quod scilicet [90] dicitur verum, prout intelligitur ab intellectu. Unde patet quod intellectus et voluntas habent diversa objecta, considerando eorum formales rationes, quamvis objecta earum sint eadem materialiter ; cujus identitatis causa est universalitas seu nobilitas illarum [91] potentiarum. Utraque enim potentia extendit [92] se in operando ad omne ens, et ideo oportet objectum utriusque esse convertibile cum ente, scilicet tam bonum quam verum. Ex quo consequens est quod omne illud quod continetur sub objecto intellectus, illud [93] idem, secundum aliam rationem, contineatur sub objecto voluntatis, et e contrario. Nec hoc impedit distinctionem realem istarum potentiarum, quia potentiæ distinguuntur secundum formalem rationem objectorum, non autem secundum materialem eorum diversitatem, sicut etiam [94] diversi habitus scientiæ possunt esse de eodem secundum rem [95], secundum rationes tamen diversas.

Ad decimum quartum dicendum quod, cum partes animæ et potentiæ animæ eisdem nominibus nominentur, ista tria, memoria, intelligentia et voluntas, possunt accipi vel [96] prout sunt partes animæ [97], vel prout sunt potentiæ animæ. Si autem Augustinus

[62] calefactum *for* calor tantum *MT*.
[63] *Meta.*, tr. VI, c. 2 ; *ed. cit.*, fol. 92rb.
[64] sequitur *O*.
[65] qui *MO*.
[66] autem *B*.
[67] est *M*.
[68] sequitur *A*.
[69] *om.* nam . . . substantialis *B*.
[70] in *O*.
[71] in virtute *ABT*.
[72] *add.* ut *B*.
[73] *om. B*.
[74] virtus est *B*.
[75] *om.* quia est . . . substantiæ *T*.
[76] *om. A*.
[77] quod *M*.
[78] *om. B*.
[79] *add.* est *T*.
[80] sub *M*.
[81] attingit *ABM* ; attinget *T*.
[82] ignis substantiæ *A* ; *om. B*.
[83] *om. B*.
[84] *om. A*.
[85] ita *M*.
[86] *om. B*.
[87] ista *A* ; alia *M*.
[88] *om.* ad voluntatem *T*.
[89] illud *AO* ; idem *M*.
[90] scilicet quod *T*.
[91] istarum *AB*.
[92] excedit *T*.
[93] alium *B*.
[94] et *AB*.
[95] *om.* secundum rem *B*.
[96] et *T*.
[97] *om. B*.

accipiat hæc tria, prout sunt partes animæ, sic absque omni dubitatione verum est [98] quod dicit, quod hæc tria sunt una essentia, quia partes animæ non sunt aliud quam essentia animæ, ut dictum est. Sed ex hoc non sequitur quod potentiæ [99] animæ sint [100] ipsa essentia animæ, quia partes animæ non sunt potentiæ animæ. Si autem Augustinus accipiat ista tria, prout sunt potentiæ animæ [1], tunc non est ita manifestum quod dicit, et tunc oportet intelligere dictum suum, prout ista tria comparantur ad essentiam animæ ut ad objectum, non autem prout [2] comparantur [3] ad ipsam ut ad subjectum ; una enim et eadem est essentia animæ quam memoria meminit, et quam intelligentia intelligit, et quam voluntas vult. Loquitur enim de istis tribus, prout anima memoratur se [4], intelligit se et vult seipsam ; et sic dicuntur esse una essentia, in quantum una essentia animæ est memorata, intellecta et volita. Primus tamen modus plus placet mihi, quia magis salvat mentem [5] Augustini et plus consonat verbis suis [6], præcipue cum ipse [7] faciat sæpe mentionem in illo libro de partibus animæ, non autem de [8] potentiis.

Ad decimum quintum dicendum quod illa ratio bene probat, quia [9] illa tria sunt ipsa essentia animæ, prout accipitur ut partes ; sed prout accipiuntur ut potentiæ animæ, sic impossibile est ut [10] sint ipsa essentia animæ. Sic [11] tamen [12] repræsentant [13] aliquo modo [14] imaginem Trinitatis, licet non ita perfecte sicut prout sunt partes. Unde verisimile est quod Augustinus accipiat ista tria pro partibus animæ, non autem pro potentiis.

Ad decimum sextum dicendum quod ipsa anima cognoscit se et amat se per sui præsentiam, ita quod ipsa anima est cognitio [15] habitualis [16] suiipsius ; et [17] similiter est [18] amor habitualis suiipsius. Unde in nono *De Trinitate* dicit Augustinus [19] quod mens novit se et amat se per seipsam, habituali scilicet cognitione et amore. Et sic dicit ista tria esse unum (et sic dictum suum habet veritatem sine aliqua [20] extorsione verborum), quod sunt in anima substantialiter ; et sic semper novit se et amat se, non cognitione actuali sed habituali. Et isto modo potest intelligi dictum Augustini in nono, quod scilicet mens [21], notitia et amor non sunt in anima ut accidentia in subjecto, quia sic sunt ipsa substantia animæ, quæ etiam novit et amat alia a se et non solum seipsam.

Quidquid autem sit de mente Augustini, ratio ista non valet [22] ad propositum, quia notitia et amor non sunt nomina [23] potentiarum, sed vel sunt nomina habituum vel operationum ; et ideo ex hoc quod Augustinus probat ista [24] non esse accidentia, non habetur quod potentiæ animæ non sunt accidentia, sed quod aliqui habitus vel operationes animæ non sunt accidentia. De operationibus autem [25] animæ nullus negat, quin omnes sint accidentia. Etiam notitia actualis, qua anima novit seipsam, accidens est, et similiter amor actualis, quo amat seipsam, accidens est. Notitia etiam [26] habitualis, qua novit alia, accidens est, quia accepta est ab extra ; et similiter amor habitualis quo amat alia. Unde relinquitur quod notitia et amor accipiantur ab Augustino ibidem pro notitia habituali qua anima novit se, et pro amore habituali quo [27] amat se. Sic enim non sunt accidentia, ut dictum est.

Ad decimum septimum dicendum quod, quando Augustinus [28] dicit quod mens eo amore, quo amat se, amat et aliud, non accipit amorem pro potentia, sed pro habituali amore quo amat se, scilicet [29] pro ipsa anima ; et verum est quod illo eodem amore amat alia, non tamen tanquam [30] habitu [31] vel actu, sed tanquam principio amandi, non proximo et immediato sed primo.

98 *om. M.*
99 *om. T.*
100 sunt *O.*
1 *om. B ; om.* Si . . . animæ *M.*
2 ut *A.*
3 comparatur *O.*
4 *add.* et *A.*
5 *om. T.*
6 *om. T.*
7 ille *O.*
8 *om. B.*
9 quod *ABO*
10 quod *A.*
11 Sed *A.*
12 *om. B.*
13 repræsentat *B.*
14 sic tria aliquo modo repræsentant *T.*
15 *add.* vel notitia *supersc. M* ; *add.* vel notitia *A.*
16 virtualis *B* ; notitia et cognitio habitualis *O* ; est vel notitia cognitio habitualis *T.*
17 *om. M.*
18 *om. A.*
19 *De Trinitate* IX, 3, 3 ; PL 42, 962-3.
20 alia *B.*
21 *add.* et *AB.*
22 est *T.*
23 notitia *T.*
24 *om. B.*
25 *om. B.*
26 autem *T.*
27 *add.* anima *A.*
28 Augustinus quando *B.*
29 et *T.*
30 *om. T.*
31 habitum *M.*

Ad decimum octavum respondendum est [32] per idem. Probat enim Augustinus hanc affirmativam [33], quod hæc tria sunt substantialiter in anima [34], et hoc est verum, secundum [35] quod notitia et amor accipiuntur [36] pro habituali notitia et amore sui ipsius [37], quia sic sunt ipsa substantia animæ. Si autem accipiantur notitia et amor pro actibus, sic mens [38], notitia et amor non sunt una essentia in seipsis, sed dicuntur esse una essentia, in quantum una (244r) essentia animæ, quæ est eorum objectum, est [39] memorata, intellecta et volita. Sic [40] enim non sunt accidentia, quia sic se extendunt ad alia extra animam. Accidens autem, secundum quod accidens, non excedit suum subjectum, cui inhæret. Secundum autem quod notitia et amor comparantur ad animam ut cognitam et amatam, sic non inhærent, et ideo sic recedunt a proprietate accidentis et participant proprietatem substantiæ, et sic dicuntur esse in anima substantialiter.

Ad undevigesimum dicendum quod non est factibile quod potentiæ animæ [41], quæ sunt habilitates quædam ad operationem, maneant separatæ ab anima, sicut non [42] est factibile quod risibilitas separetur [43] ab homine et maneat per se, ita quod risibile non sit homo, vel quod habens [44] tres angulos æquales duobus rectis non sit triangulus. Tale proprium non potest intelligi esse sine subjecto sine repugnantia intellectuum. Unde non est mirum, si, hoc supposito, sequatur [45] inconveniens. Nec est simile de quantitate, quia non habet tantam dependentiam ad substantiam [46], præcipue cum ipsa de se sit individuata et alia [47] individuentur per ipsam [48]. Et patet manifeste defectus hujus rationis, quia si esset bona ratio, calor et color et lux, et omnes potentiæ essent substantiæ, quod omnibus manifestum est [49] esse falsum. Ista autem ratio posset fieri [50] de illis, sicut de potentiis animæ.

Ad vigesimum dicendum quod immaterialitas [51] non est tota causa et sufficiens reflexionis substantiæ supra seipsam ; reflexio enim est per cognitionem et amorem, et ista sunt accidentia. Et similiter requiruntur potentiæ, quæ sunt accidentia, scilicet intellectus et voluntas. Unde istis circumscriptis, non potest esse reflexio, immo nec substantia intellectualis creata.

Ad vigesimum primum dicendum quod, cum dicit Philosophus quod [52] intellectus agens est substantia actu ens, accipit substantiam pro essentia, ut [53] sit sensus : intellectus agens est essentia quæ est actus ; et in hoc ponit differentiam ejus ab intellectu possibili, qui non est essentia quæ sit actus, sed est potentia tantum secundum suam essentiam. Universaliter enim potentia activa actus est, et potentia passiva non est actus. Unde Philosophus non accipit ibi substantiam, prout dividitur contra accidens, sed prout substantia reperitur in omni genere et dividitur contra illud quod concomitatur essentiam.

Ad vigesimum secundum dicendum quod sola substantia, proprie loquendo [54], est susceptiva contrariorum tanquam subjectum eorum ; omnia enim accidentia sunt in substantia ut in subjecto immediato. Quamvis enim unum accidens sit causa qua [55] substantia suscipit aliud accidens, tamen unum accidens non est subjectum alterius, ita quod sit subjectum ejus immediatum, et substantia sit subjectum [56] mediatum. Sed tamen quia substantia per unum accidens suscipit aliud, dicitur unum accidens suscipere aliud propter causalitatem quam habet super illud. Et sic dicitur voluntas suscipere contraria [57], scilicet virtutem et vitium, et sic dicitur superficies suscipere albedinem et nigredinem, non tanquam subjectum cui inhærent, sed tanquam quiddam præsuppositum [58] et causa inhærentiæ eorum in substantia ; et quod isto modo suscipit [59] contraria, non est in genere substantiæ. Unde ratio non concludit, quod aliqua [60] potentia animæ sit substantia, sed sola potentia Dei est sua substantia. Ipsi sit honor et gloria [61]. Amen.

[32] *om. A.*
[33] *add.* scilicet *O.*
[34] *om.* in anima *T*
[35] *om. T.*
[36] accipitur *O.*
[37] *om. B.*
[38] *add.* et *O.*
[39] *om. T.*
[40] Et sic *T.*
[41] *om. B.*
[42] nunc *T.*
[43] *om. T.*
[44] *om. B.*
[45] sequitur *B.*
[46] subjectum *A.*
[47] illa *A.*
[48] per eam individuantur *T.*
[49] *om. M.*
[50] *om. T.*
[51] *om. B.*
[52] *om. T.*
[53] *add.* scilicet *O.*
[54] *add.* non *A.*
[55] quare *A* ; quæ *B.*
[56] *add* ejus *A.*
[57] *om. B.*
[58] suppositum *AM.*
[59] suscipiat *T.*
[60] alia *T.*
[61] *add.* in sæcula sæculorum *T.*

Index of Proper Names